无机化学

主　编　王书民
主　审　胡满成　李仲谨

科学出版社
北　京

内 容 简 介

本书是根据教育部“化学类专业指导性专业规范”为地方高校应用型化学类专业人才培养而编写的。

全书共28章。化学原理部分包括物质的聚集状态、原子结构、化学键理论与分子结构、晶体的结构、化学热力学初步、化学反应动力学基础、酸碱和酸碱反应、氧化还原反应、配位化合物、化学平衡通论、酸碱解离平衡、沉淀-溶解平衡、配位平衡、氧化还原平衡和核化学15章;元素化学基础包括碱金属与碱土金属、硼族元素、碳族元素、氮族元素、氧族元素、卤素、氢和稀有气体、过渡元素概论、4～7族重要元素及其化合物、8～10族元素、11族元素和12族元素、镧系元素和锕系元素12章。全面系统地阐述了化学原理和元素化学基础知识,适当反映学科发展和科技进步的最新成果,突出实用性,图文并茂,内容丰富。每章正文前有本章学习要求、背景问题和章图,正文中有例题和思考题,正文后有适量习题,利于教学。本书将配套学习指导、多媒体教学课件和教学参考书。

本书可作为地方高校化学及相关专业的无机化学教材,也可作为综合大学、高等师范院校化学及相关专业的教学参考书。

图书在版编目(CIP)数据

无机化学/王书民主编.—北京:科学出版社,2013

ISBN 978-7-03-037587-2

Ⅰ.①无…　Ⅱ.①王…　Ⅲ.①无机化学-高等学校-教材　Ⅳ.①O61

中国版本图书馆CIP数据核字(2013)第114223号

责任编辑:陈雅娴 / 责任校对:刘小梅

责任印制:张　伟 / 封面设计:无极书装

科学出版社出版

北京东黄城根北街16号

邮政编码: 100717

http://www.sciencep.com

北京凌奇印刷有限责任公司印刷

科学出版社发行　各地新华书店经销

*

2013年8月第　一　版　开本:787×1092　1/16

2025年7月第十四次印刷　印张:37 1/2　插页:1

字数:931 000

定价: 89.00元

(如有印装质量问题,我社负责调换)

《无机化学》编写委员会

主　编　王书民

副主编　王福民　晏志军　唐志华

编　委(按姓氏汉语拼音排序)

党民团　范　广　黄宏升　姜　敏　焦宝娟

金华峰　李　敏　庞海霞　唐志华　王福民

王书民　王香爱　武立州　熊海涛　徐浩龙

许　琼　晏志军　张万锋　周春生

序

随着我国高等教育的迅速发展，我国化学类专业的数量也已跃升至世界第一，并呈现不同的层次、不同的类型和不同的规格，对专业教材也具有不同的需求。由陕西理工学院、宝鸡文理学院、咸阳师范学院、渭南师范学院、西安文理学院、榆林学院、商洛学院和安康学院八所陕西地方院校教师联合编写的《无机化学》教材，针对普通院校化学教学的需求，在一定程度上弥补了同类教材的空缺。

该教材以教育部高等学校化学类专业教学指导分委员会制定的“化学类专业指导性专业规范”（以下简称“专业规范”）为指导，着力体现化学学科的完整性和科学性。“专业规范”是国家对本科教学质量的最低要求，主要规定本科学生应该学习的基本理论、基本技能和基本应用，各种层次的高校化学类专业的本科教学，都必须满足这个最低要求。因此我高兴地注意到，该教材涵括了“专业规范”要求教授的各知识点，没有因为是针对普通院校而低于“专业规范”的要求。另一方面，“专业规范”上不封顶，鼓励不同层次的学校在这个最低要求基础上增加各自的要求，体现各校的办学定位和办学特色。这本教材也体现了教学指导委员会的这一指导精神，在达到“专业规范”要求的前提下，突出了培养应用型人才、为地方经济服务等特点，使教材贴近学科发展，贴近教学实际。

我个人也长期从事“无机化学”本科基础课的教学工作。这门课是化学专业学生学习的第一门专业课。与中学教学不同，在高校教学中，每位教师都力求体现个人的风格与特质，尽可能地结合科研与学科的进展，除了保证必需教授的知识点以外，往往并不是“照本宣科”地拘泥于教材的内容。因此，高校的教材不像中学的教科书，更多的是起着教学参考书的作用。同时，高校的教师和学生都不应当将任何一本教材当作“金科玉律”，学生在学习时应当学会批判性的思维方法，无论教材的内容或是教师的观点（当然也包括我个人的观点）都可能有不少疏漏和错误。因此，教师和学生（也包括教材的作者）都没有必要、也不应当要求选用的教材是完美无缺的，应当允许这些教材在保证基本概念正确的前提下，在教学的实践中不断改进和完善。我也同样希望这本教材的作者能在教材出版后注意汲取师生们的意见和建议，不断改善和提高。

我国的高等教育已经结束了数量增加的过程，更着眼于质量的提升。西部地区地方院校教学质量提升的空间可能更大。为此，教育部高等学校化学类专业教学指导分委员会在国家自然科学基金委员会的资助下，每年都举办“西部地区高校化学教师培训班”，得到了西部地区院校的大力支持和有关教师的积极参与。这本教材的编写，反映了西部地区地方院校化学教师对提高教学质量和对教材建设的重视，我衷心地期望他们能在今后的教学研究和教学改革中，取得新的成绩和做出新的贡献。

郑兰荪

中国科学院院士

2013年6月14日

前　言

我国的高等教育已经从精英教育转向大众教育，不同类型的高等教育，社会对其毕业生的质量要求有着本质区别。精英教育旨在培养研究型、学科型人才，大众教育旨在培养不同层次、不同类型、不同规格的高素质应用型专门人才。实行人才分类培养，使不同类型的学校都能在合理的定位和专业特色下办出一流的高等教育。

教育部实行质量工程以来，一本教材和高职高专教材建设工作取得了很大成果，而二本教材建设相应严重滞后于教学要求，造成在教材选用时常存在“高不成、低不就”的困惑。

陕西高校林立，陕西理工学院、宝鸡文理学院、咸阳师范学院、渭南师范学院、西安文理学院、榆林学院、商洛学院和安康学院同属陕西地方院校（二本院校），都是在师范教育基础上发展起来的，其中后六所高校均是 2002 年后由专科升为本科的院校，八院校的生源均为二本边缘，因此八院校的教学具有很大的共同点，教学中面临着同样的困境，尤其是面临高等教育改革深化和竞争日益激烈的严峻考验。

2009 年冬季，陕西八所地方本科院校化学与化学工程院系的负责人共聚一堂（商洛会议），在科学出版社的支持下，就面临的共同问题进行研讨并取得了共识。

(1) 共同开发编写符合自身特点的教学资源具有紧迫性和必要性。在论证的基础上，八院校中的化学化工院系拟通过化学类专业建设协调组形式，加强交流，合作研究，共同参与，建设与时俱进的化学类本科专业课程体系，并组织编写出版系列化教材。

(2) 地方本科院校在改革发展中一定要坚持“四重”，即“重地方、重服务、重特色、重实践”。特殊的教育类型具有三大特点：①具有高等教育的功能和职能；②培养应用型人才；③为地方经济服务。这种特点反映在教材编写上，应同时突出基础知识、应用技能和专门知识。教材建设要与培养目标相一致。

(3) 教材编写要以教育部“化学类专业指导性专业规范”为指导，以满足化学、化工和应用化学专业人才培养方案的要求为目标，既能体现化学学科的完整性和科学性，又能满足不同学校三个专业的教学需要和不同层次学生学习的需要。新编教材力求既具有学科性，又突出实用性，积极着力于提高学生的学习兴趣和综合素质，培养学生的科学思维方法和创新能力，理论知识坚持必需、够用为度的原则，创建教材的新体系。

《无机化学》立体化教材是八院校共建立体化教材的第一部，包括主教材、电子教案、学生自学指导书和教师参考书。经过第二次商洛会议、渭南会议、咸阳会议和安康会议，认为教材新体系应坚持开放、创新、与时俱进的原则，编出有个性的教材，并确定了编写大纲和分工方案。其中，科学出版社有关人员到场并给予了具体指导。

对于化学、化工和应用化学专业来说，无机化学课程十分重要，起着专业课程的导论性作用，要把如何凸显基础扎实、知识面宽和科学思维活跃定为本课程创新改革的指导思想；要强化新教材的思想教育功能，发挥培育创新思维的功能，具有鲜明的时代气息。应该做到以利于学生后续课程的学习和为持续教育打下较为坚实的基础，能让学生愉快地走进化学、学习化学。

《无机化学》由八院校长期从事无机化学教学的一线教师共同编写。编写组熟悉国内外无机化学教学的现状，充分研究了八院校长期以来无机化学教学中存在的问题，提出了实用、有效的解决方案，使教材贴近教学实际、贴近学科发展，力争使教材具有研究性、理性化和艺术化。这是地方院校合作共享、提升化学类专业教学质量的有力创举。

"无机化学立体化教材"与教学零距离是本套立体化教材编写理念和预期目标。我们力争使之成为第一部完全意义的地方高校应用型化学类专业人才培养教材。

本书共 28 章，全面系统地阐述了化学原理和元素化学基础知识，元素化学凸显元素共性和重要元素及其化合物的讲解，适当反映学科发展和科技进步的最新成果，突出实用性，图文并茂，内容丰富。

参加编写的教师有商洛学院王书民（第 5、6、24、25、26 章）、周春生（绪论）；渭南师范学院王福民（第 18 章）、党民团（第 21 章）、王香爱（第 20 章）和徐浩龙（第 19 章）；西安文理学院晏志军（第 3、22、23 章）、焦宝娟（第 4 章）和李敏（第 1 章）；陕西理工学院唐志华（第 7、11 章）、姜敏（第 9、13 章）、庞海霞（第 12 章）、熊海涛（第 10 章）和许琼（第 8、14 章）；咸阳师范学院范广（第 2 章、附录）；安康学院黄宏升（第 16 章）、武立州（第 27 章）、张万锋（第 15 章）和金华峰（第 17 章）。全书由王书民担任主编，并由陕西师范大学胡满成和陕西科技大学李仲谨担任主审。

本书在编写过程中受到了国内多位教学名师的指点，他们的思想已经融入了本书的体系之中。因此，可以毫不夸张地说，本书是一线教师智慧的结晶，也是新一代一线教师的有力帮手。

本书在编写过程中受到了陕西省八所地方院校诸位领导的大力支持，获得了商洛学院教务处的教学立项和经费支持，同时得到了科学出版社的支持，在此表示深深的感谢。在编写过程中参考了部分教材和论文，已在文后参考文献中列出，在此对所有的作者表示深深的谢意。

特别感谢中国科学院院士、厦门大学郑兰荪教授在百忙中对陕西高等教育的关心和指导，并为本书作序。

编书的过程是艰辛的，心情是激动的。我们也是在改革的洪流中摸着石头过河。鉴于我们的水平有限，疏漏和不足之处在所难免，敬请广大教师和学生批评指正。

王书民(happywshm@126.com)

周春生(slzhoucs@126.com)

2013 年春于商洛

目　　录

第0章　绪　　论

本章学习要求

(1) 了解化学的定义和研究对象；
(2) 了解化学在社会发展中的作用和中心地位；
(3) 了解无机化学发展的趋势；
(4) 了解学习无机化学的基本方法。

【背景问题】

(1) 科学家在总结20世纪最重要的科学技术进展时，认为当属激光技术(laser technology)、半导体(semiconductor)、电脑(computer)、生物技术(biotechnology)、核技术(nuclear technology)和航空航天技术(aerospace technology)六大进展。也有人总结20世纪100年里有最重要的十大科学技术发明。但是，您能理解1951年诺贝尔化学奖获得者G. T. Seaborg博士为什么于1979年在美国化学会成立100周年大会上讲话中说"化学是人类进步的关键"吗？

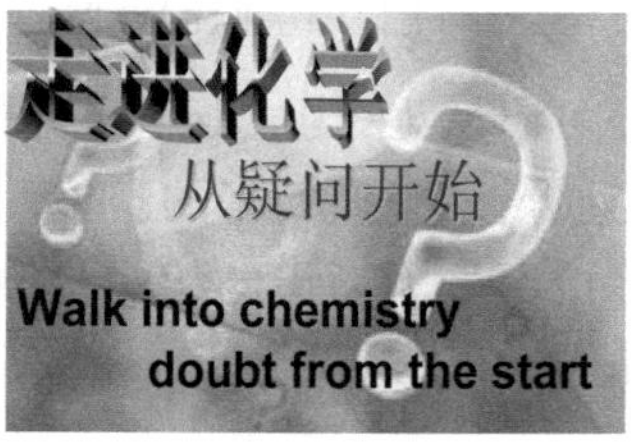

(2) 过去俗话总说"学会数理化，走遍天下都不怕"。那么，为什么最先是从欧洲开始人们认为现代科学中"化学是一门中心学科"？

(3) 现代无机化学经历着怎样的发展？

0.1　化学是研究物质变化的科学

0.1.1　化学的一般定义

化学是研究物质变化的科学。世界上的物质多种多样，从宏观到介观、从介观到微观，还有看不见、摸不着的各种场，它们的运动形式纷呈万状。大多数人相信，我们所处的物质世界是由一次大爆炸演变而来的。

1929年，美国天文学家哈勃(E. P. Hubble)发现：不管你往哪个方向看，远处的星系总是在急速地远离我们而去，即"宇宙正在不断膨胀"。既然宇宙现在正在膨胀，如果沿时间回溯，那么，以前宇宙肯定比现在小，肯定有那么一个时刻，宇宙中所有东西都聚集在一起，宇宙必然有个起点。

人们猜想宇宙起始于一个非常小的点——奇点(singularity)，也称时空奇点(singularity of space time)。奇点温度极高且无限致密，今天所观测到的全部物质世界统统都集中在这个很小的范围内。在没有昨天的一天，这个奇点发生了一次惊天动地的"大爆炸"(the big bang)，这是一个由热到冷、由密到稀、体积不断膨胀的过程，且一直膨胀到现在。您也许要问，那宇宙诞生之前有什么呢？宇宙之外又有什么呢？大爆炸理论认为，您这种问法本身就是错误的。按照德国物理学家爱因斯坦(A. Einstein)的相对论(Einstein's theory of relativity)，时间和空间是合为一体的四维时空，大爆炸的起点既是空间的起始点，又是时间的起始点。宇宙包含一切，没有什么宇宙之前，也没有什么宇宙之外。从星系退行的速度和星系间的距离可以反推出宇宙的年龄，现在比较权威的看法是宇宙年龄大概为 140 亿年左右。位于瑞士日内瓦近郊欧洲核子研究组织 CERN 的大型强子对撞机(large hadron collider，LHC，图 0-1)，其实验目的之一就是探索宇宙的起源，再现大爆炸。在大型离子对撞机实验中，重铅核子将进行对撞(图 0-2)，产生 10 万倍于太阳中部的温度，进而形成一个大爆炸后瞬间存在的微型版的"原始汤"(primordial soup)。

图 0-1 欧洲大型强子对撞机

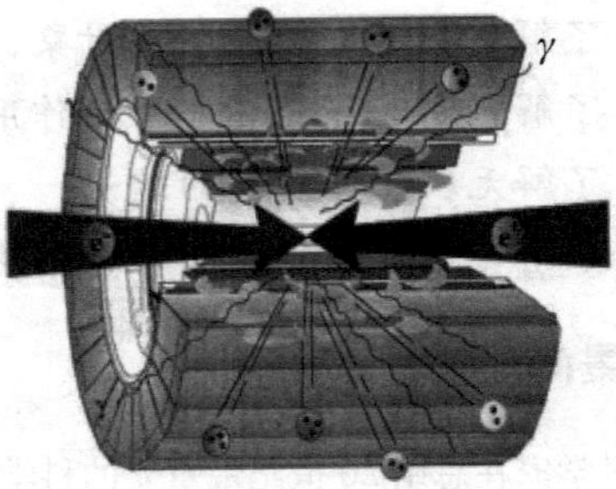

图 0-2 质子束流的对撞

可以认为，构成万千世界的原子、分子或离子就是在大爆炸之后的宇宙演变过程中经过能量与质量的互换而来的。

按照爱因斯坦的相对论原理，质量和能量之间存在下面的关系——质能公式(mass energy formula)：

$$E=mc^2$$

式中，E 代表能量；m 代表质量；c 代表光速。用最简单的话来说，这个等式的意思是：由于光速不变，质量和能量是等价的，它们是同一东西的两种形式，能量是获释的质量，质量是等待获释的能量。

那么，化学研究的对象是哪个范畴的物质呢？所研究的内容又是哪种运动形式呢？

化学是主要在分子、原子或离子等层次上研究物质的组成、结构、性能、相互变化以及变化过程中能量关系的科学(图 0-3)。简单而言，化学可定义为研究物质化学变化的科学。而化学变化是指由于分子或原子、离子等核外电子运动状态变化而引起物质组成质变的一类变化。

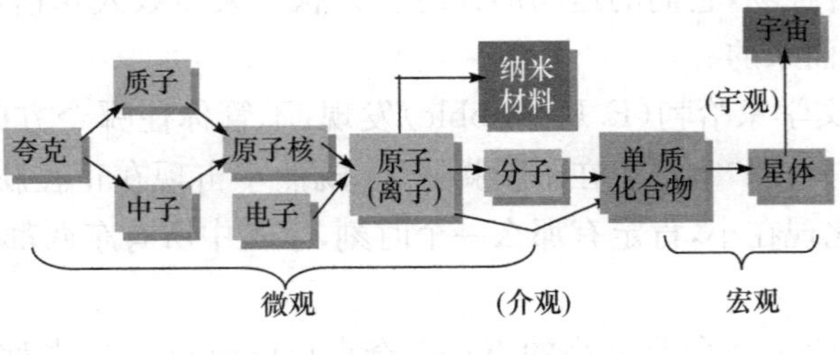

图 0-3 化学研究的对象

0.1.2 化学的新发展和新地位

1. 化学的内涵和定义在发展

中国科学院院士、北京大学徐光宪教授认为，化学的内涵和定义都在随时代的前进而改变和延伸。他认为"21世纪的化学是研究泛分子的科学"。这是泛指21世纪化学的研究对象，可以分为10个层次：原子层次、分子片层次、结构单元层次、分子层次、超分子层次、高分子层次、生物分子层次、纳米分子和纳米聚集体层次以及复杂分子体系及其组装体的层次。按照研究物质的化学运动的对象和方法不同，一般地，可以用图0-4简单地表示化学学科的主要分支。但是，随着化学在各方面的应用，化学与其他学科的结合及新技术、新材料的发展，又陆续形成了许多新的分支和边缘学科，如农业化学、生物化学、海洋化学、环境化学等。

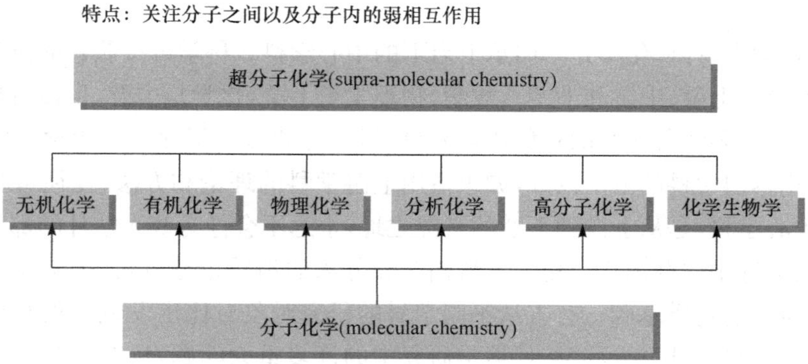

图0-4 化学学科的主要分支

和化学的内涵随时代前进而改变一样，化学的定义也在改变。在19世纪，恩格斯认为化学是原子的科学，因为化学是研究化学变化，即改变原子的组合和排布，而原子本身不变的科学。到了20世纪，人们认为化学是研究分子的科学，因为在这100年中，人们大量发现天然或人工合成分子和化合物，没有别的科学能像化学那样制造出如此众多的新分子、新物质。在徐光宪先生的论文和《展望21世纪的化学》一书中，认为21世纪的化学应该定义为：21世纪的化学是研究原子、分子片、结构单元、分子、高分子、原子分子团簇、原子分子的激发态、过渡态、吸附态、超分子、生物大分子、分子和原子的各种不同维数、不同尺度和不同复杂程度的聚集态和组装态，直到分子材料、分子器件和分子机器的合成和反应、制备、剪裁和组装、分离和分析、结构和构象、粒度和形貌、物理和化学性能、生理和生物活性及其输运和调控的作用机制，以及上述各方面的规律、相互关系和应用的自然科学。

2. 化学的新地位

关于化学学科的地位，化学大师们有过精辟的描述。超分子化学之父、诺贝尔奖获得者法国化学家莱恩(J. M. Lehn)认为："生物体和非生物体，有生命的和无生命的物质都是由分子和分子有序聚集体所构成，化学扮演着将组成无生命物体的分子与组成有生命物体的复杂分子聚集体和分子体系联系在一起的桥梁作用。"当今物质世界的产生和发展是一个长期的化学进化的过程。伴随着化学进化，物质世界由无序走向有序，由无意识走向有意识。而且，可以预期，化学进化还将继续下去，人类文明绝对不是物质世界化学进化的终极。国际著名的化学战略家、美国化学家G. M. Whitesides认为："化学处在革命性变革的前夜，化学就是未来，没有化学就没有未来，化学不能代表一切，但没有化学肯定没有一切。"这些论述都表明了化学学科对人类社会发展的重要支撑作用。

1）化学是一门中心学科

根据自然科学发展的历史和现实不难做出判断：在自然科学中，化学居于基础核心地位，没有化学学科的支撑，要创制新材料、发现新药物、理解生命过程、解决环境问题、开发利用新能源也是几乎不可能的。

为什么说“化学是一门中心学科”？这是基于以下几方面的考虑。

首先，化学是一门社会迫切需要的中心学科，化学与衣、食、住、行、能源、信息、材料、国防、环境保护、医药卫生、资源利用等都有密切的关系，它能促进社会发展。合成化学永远是社会发展的基础。

其次，从科学本身讲，化学是一门承上启下的中心学科。科学可按照它的研究对象由简单到复杂的程度分为上游、中游和下游。数学、物理学是上游，化学是中游，生命、材料、环境等朝阳科学是下游。上游学科研究的对象比较简单，但研究的深度很深。下游学科的研究对象比较复杂，除了用本门学科的方法以外，如果借用上游学科的理论和方法，往往可收事半功倍之效。化学是中心学科，是从上游到下游的必经之地，永远不会像有些人估计的那样将要在物理学与生物学的夹缝中逐渐消亡。化学学科创造和分离的物质正是材料学、生命科学、医学、环境学、物理学研究的物质基础。有人从不同学科的研究对象对比出发说明很有特点（表 0-1），似乎材料学、生命科学、医学、药学、环境学研究中的许多重大问题，只有在“分子”水平上才能得到解决。

表 0-1　各门学科的研究对象及其相对关系

学科分类	物理学	化学	材料学	生命科学	医学	环境学	物理学
	数学						
研究对象	原子核及更小的微粒	原子、分子及其各种凝聚态	分子材料、各种凝聚态材料	生物体	人体	人类环境中种凝聚态物质	物体天体
研究对象尺寸	小——→大						

第三，化学是与信息、生命、材料、环境、能源、地球、空间和核科学八大朝阳科学（sun-rise science）都有紧密的联系、互相交叉和渗透，才产生了许多交叉学科，并在相互促进中共同发展。

2）化学与其他学科的交叉

徐光宪院士认为“21 世纪是信息科学、合成化学和生命科学共同繁荣的世纪”，这给化学与其他自然科学的交叉指明了方向。国务院 2006 年发布《国家中长期科学和技术发展规划纲要（2006—2020 年）》，部署了四项重大科学研究规划，涉及蛋白质研究、量子调控研究、纳米研究和发育与生殖研究等研究领域，其中的 16 个重大专项多数都是跨学科领域的。21 世纪，化学将与信息、生命、材料、环境、能源、地球、空间和核科学八大朝阳科学更加广泛地互相交叉和渗透，化学科学上的新理论、新学科、新技术、新成果的出现将在这些交叉点上。交叉学科研究是未来科学发展的主要方向，实现科学研究的跨学科性不仅是科学自身发展的需要，也是全球经济和人类社会发展的需要。2003 年由美国硅谷产学研各界组成的智囊机构一致认为，20 世纪 90 年代迅速发展的生物技术、信息技术、纳米技术正在共同酝酿下一个科技创新高潮。

0.2 研究化学的目的

0.2.1 化学是人们了解世界、创造社会的基础

人类社会赖以生存和发展的基础是物质资料的生产。自然界中的物质可以分为几类。

(1) 可以直接利用的物质。棉花可以直接用来织布，煤可以直接用作燃料，水可以直接饮用解渴。

(2) 加工处理后才能用的物质。铁矿石只有经过冶炼才能变成用途极广的钢铁，石英只有经过复杂加工才能变成现代社会高科技产业中广泛使用的半导体材料和光导纤维材料。

(3) 可以直接利用，但经过加工处理后可做它用或变成价值更高的有用物质的物质。煤尽管可以直接使用，但经过加工可生产出许多的有用物质，如聚乙烯、乙酸纤维、碳纤维等，人们身上的衣服很有可能就是煤的深加工产品。

这些从自然资源中提取有用物质的加工处理方法，就是化学的方法。

人们研究化学的最终目的就是通过认识物质化学变化的规律，去驯服物质，把各种自然界取得的原料进行加工和改造，可以得到比粗品更好或自然界完全没有的新物质。现在，人们通过化学手段，几乎可以随心所欲地改造它们，使它们为人类造福。因此，许多大师给予了化学很多的殊荣。俄国化学家罗诺索夫(M. V. Lomonosov)说“化学是第二自然的创造者”。1965年诺贝尔化学奖获得者伍德沃德(R. B. Woodward)说“化学在老的自然界旁边又建立了一个新的自然界”。1951年诺贝尔化学奖获得者西博格(G. T. Seaborg)说“化学是人类进步的关键”。显然，化学是人们了解世界、创造社会的基础。

0.2.2 化学是人类进步的关键

不难想象，化学对人类的生存和社会发展有多么重大的意义！如果不对自然水加以纯化，如果不使用化肥和农药，如果不冶炼矿石以获取大量的金属，如果不从自然资源中提取千万种纯物质，如果不合成出千千万万种自然界所没有的新物质、新药品……那么，人类将是多么的不幸！正是由于化学的发展和其他科学的发展，人类社会才发展到了今天这个地步！

20世纪的科学技术，不管是科学家总结的六大重大进展，还是十大发明，其中缺少任何一项，人类都能够生存。但如果缺少了化学合成技术(chemical synthetic technology)，人类的生存和发展将是难以想象的。化学与人类的衣、食、住、行以及能源、信息、材料、国防、环境保护、医药卫生、资源利用等方面都有密切的联系，它是一门社会迫切需要的实用学科。例如，利用化学生产化肥和农药，以增加粮食产量；利用化学合成药物，以抑制细菌和病毒，保障人体健康；利用化学开发并综合应用自然资源和保护环境，以使人类生活得更加美好。还是西博格博士说得好：“化学是人类进步的关键。”那么，化学在20世纪都做了哪些呢？

1. 化学肥料

世界粮食产量虽每年都有所增长，但粮食消费也在每年快速增长，因为人口在增长。目前，世界人口总数为69.09亿。按照联合国人口基金会的预测，到2050年世界人口将增至91.5亿。以20世纪人口和粮食的增长事实可以明显反映出这个问题(图0-5)。

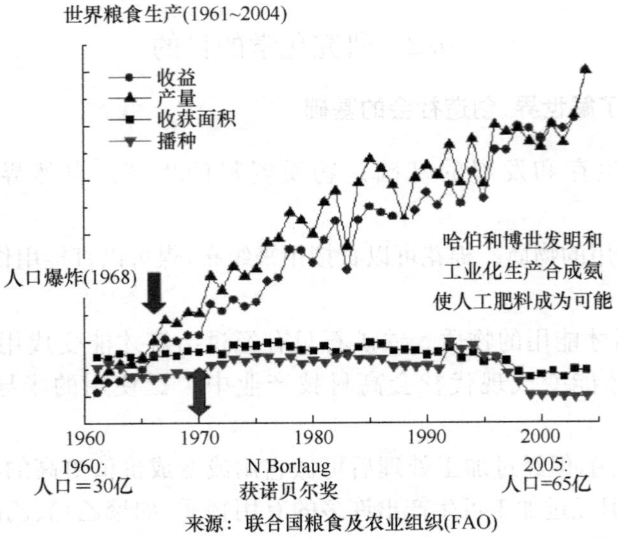

图 0-5　1961～2004 年世界粮食与人口增长示意图

德国化学家哈伯(F. Haber,1868—1934)从 1902 年开始研究由氮气和氢气直接合成氨。于 1908 年申请专利,即“循环法”,在此基础上,他继续研究,于 1909 年改进了合成,氨的含量达到 6%以上。这是至今工业普遍采用的直接合成法(图 0-6)。当今世界上有 1/3 的粮食产量直接来源于施用化学肥料所导致的增产。这意味着,如果没有化肥工业,在 20 世纪全世界有 20 亿人会因饥饿而丧生！化肥的合成结束了人类完全依靠天然氮肥的历史,将人类从饥饿中拯救了出来。人们赞扬哈伯说:你是天使,为人类带来丰收和喜悦,是用空气制造面包的圣人!

图 0-6　合成氨合成塔

新的固氮研究是通过过渡金属的分子氮配合物来活化 N≡N 化学键的。可喜的进程有：

1965 年的 $[Ru(NH_3)_5(H_2O)]^{2+}(aq)+N_2(g) \longrightarrow [Ru(NH_3)_5(N_2)]^{2+}(aq)+H_2O(l)$

1995 年的 $2Mo(NRAr)_3+N_2 \longrightarrow [(ArRN)_3Mo—N=N—Mo(NRAr)_3] \longrightarrow 2(ArRN)_3Mo\equiv N$

1998 年的 $W(PMe_2Ph)_4(N_2)_2+[RuCl(\eta^2\text{-}H_2)(dppp)]X \longrightarrow NH_3$

后一反应是在常压和温度 55℃的条件下,产率竟达到 55%!

2. 化学农药

化学农药在农业生产中有着突出的特点和起着历史功勋作用,在未来 50 年内仍然是有害生物防治的主体。大量事实表明:农药的作用是不容置疑的。据统计,如果不施用农药,因受病、虫、草、害的影响,全世界粮食将人均损失 1/3。据报道,在美国,不使用农药,农作物和畜产品减产 30%,而农产品的价格将上涨 50%～70%;在英国,不使用农药,谷类作物将减产 45%,甜菜减产 67%,马铃薯减产 42%;不使用杀虫剂,因病害侵染造成葡萄减产 100%,花生减产 25%～75%。使用农药带来的效益为农药费用的 4 倍。我国粮食作物由于使用化学农药,每年挽回的粮食损失占总产量的 7%。据联合国统计,亚、非、拉国家如果不使用农药防治棉花害虫，棉花将损失50%。中国农业科学院植物保护研究所研究员、北京农药学会理事袁会珠说：基地的蔬菜如果不使用农药，将要减产六七成。

3. 化学纤维

化学纤维是用天然的或人工合成的高分子物质为原料、经过化学或物理方法加工而制得的纤维的统称。因所用高分子化合物来源不同，可分为以天然高分子物质为原料的人造纤维和以合成高分子物质为原料的合成纤维（简称化纤）。常见的纺织品，如黏胶布、涤纶卡其、锦纶丝袜、腈纶毛线以及丙纶地毯等，都是用化学纤维制成的。

我国是全球最主要的纺织品输出国，但同时也可以说是全球最主要的纤维消费国家。我国人造纤维的生产量70%～80%供应国内消费使用，但是在不断的扩产增建下，我国的人造纤维的出口比例将会逐渐增加，预测至2020年全球的各种纤维需求量更将推升到9500万t。未来纤维需求量增加的部分主要集中在我国大陆及东欧。我国2004年人均纤维消费量为6.6kg，尚低于全球人均7.5kg的水平。目前我国服装、服饰和工业用纤维所占比例构成为52∶27∶21。

世界纤维消耗量中，化学纤维约占一半。没有合成纤维工业，将有接近1/2的人口没有办法解决“温”的问题。化学纤维装扮着世界，美化着人类生活。

4. 化学合成药物

从20世纪初至80年代，是化学药物飞速发展的时代，在此期间，发现及发明了现在所使用的一些重要的药物，为人类健康做出了贡献。化学合成药物的发展使得许多不治之症得以治愈，使人们的寿命延长了将近1倍，也大大改善了人类的生存品质。例如，人们熟知的青霉素的发现和大量生产，拯救了千百万肺炎、脑膜炎、脓肿、败血症患者的生命，及时抢救了许多的伤病员。进入21世纪，化学合成药物仍然是最有效、最常用、最大量及最重要的治疗药物。同时，化学的发展使得人们对药物分子改造的设想得以实现，合成药物成为人类健康的守护神。

5. 超纯材料

许多物质只有在达到超纯时（称为超纯材料，ultra-pure material）才会显示出特殊的性能或功能。例如，极微量的杂质就能引起半导体性能明显的变化。因此，要控制半导体的性质，首先就要把材料提纯到尽可能高的纯度，使之成为超纯物质，再在超纯材料中掺入适量的某种杂质，方能获得具有所需性质的半导体材料。化学提纯是重要的超提纯技术之一，得到的超纯材料是现代电子工业的物质基础。化学为现代电子、资讯工业提供了发展的基石。

6. 石油冶炼

20世纪是石油化工大发展的100年，世界化工总产值约1万亿美元左右，其中80%以上的产品与石油化工有关，世界乙烯年生产能力达到5000万t。

世界要高速发展，没有能源不行。就目前来讲，石油和煤炭等矿物燃料仍是主要的能源来源。石油冶炼、煤的深度利用和高能推进剂制备是化学制备技术发展的结果，化学已经是高科技腾飞的促进剂（图0-7）。

图 0-7　化学是高科技腾飞的促进剂

显然,在过去的 100 多年里,化学特别是合成化学的发展为人类的生存、生存品质的改善做出了其他六大科学技术进步或十大技术发明所无法比拟的贡献。可见,化学合成技术的发展和完善是化学科学工作者在 20 世纪对人类做出的最大贡献,也是 20 世纪最伟大的科学技术进展。

所以我们说,化学虽然造成了污染,但更造就了繁荣和辉煌,有了化学,我们的生活才如此丰富多彩,我们的生活品质才得以不断提升!中国科学院院长白春礼教授为化学年百年纪念专门写了一篇文章,题目为《化学创造美好生活》。21 世纪化学在化工、材料、环境等领域的作用也将非常突出。中国科学院院士、中国化学会理事长姚建年教授说:"化学的贡献将得到更加极致的体现!"

0.3　无机化学学科的现状、发展和特点

0.3.1　无机化学的研究范围

无机化学是研究无机物质的组成、性质、结构和反应的科学,是化学中最古老的分支学科。无机物质包括除有机化合物以外的所有元素及其化合物(即便是碳元素,它还研究着二氧化碳、一氧化碳、碳酸、二硫化碳、碳酸盐等简单的碳化合物),因此无机化学的研究范围极其广阔。化学中最重要的一些概念和规律,如元素、分子、化合、分解、定比定律和元素周期律等,都是无机化学早期发展过程中形成和发现的。目前无机化学仍是化学科学中最基础的部分。因为它研究的对象覆盖整个周期表中的元素,它遇到的结构类型丰富多彩,研究的化学键型复杂多变,涉及化学根本问题的规律及理论也大都是由无机化学衍生出来的。无机化合物的多样性,导致了在实践中的一系列重要应用。

无机化学的主要分支学科包括元素无机化学(普通元素化学、稀有元素化学、稀土元素化学)、配位化学、金属简单化合物化学、无机高分子化学、无机合成化学、物理无机化学和核化学等。另有新兴的边缘学科:生物无机化学、固体无机化学、金属有机化学、金属酶化学等。

0.3.2　无机化学学科的现状和发展趋势简介

无机化学的各个前沿领域内容十分丰富。它们的新概念、新理论、新方法、新反应、新结构和新的功能,在化学科学的基础研究中具有重要地位,促进了化学科学的发展,并为其未来展现了广阔的前景。在国家自然科学基金委员会组织编写的《无机化学学科发展战略调研报告》中指出,当前无机化学的发展有两个明显趋势:一个是在广度上的拓宽,另一个是在深度上的推进。在广度上的拓宽是适应当前科学技术发展的高度综合的大趋势所需要的,表现在学科之间的交叉渗透并形成新的学科生长点。当前无机化学主要形成了六个学科分支即元素无机

化学、固体无机化学、配位化学、生物无机化学、物理无机化学和核化学。在深度上的推进表现在当前无机化学的研究正广泛地采用物理学和物理化学的实验手段和理论方法，深入到原子、分子和分子聚集体层次去研究物质的结构及其与性能的关系，化学反应的微观历程和宏观化学规律的微观依据。

1. 金属有机化合物化学

金属有机化合物化学（metal organic compound chemical）是现代无机化学中第一个活跃的领域。金属有机化合物通常指至少含有一个 M—C 键的化合物。它发展的几个里程碑可用图 0-8 表示。

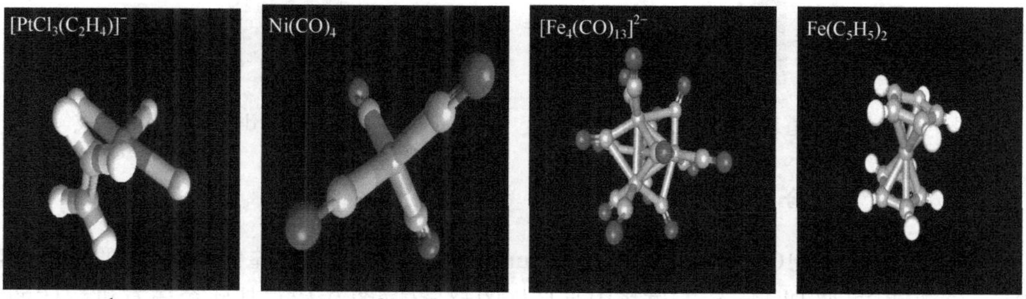

图 0-8　金属有机化合物发展的前 4 个里程碑

近几十年该领域的发展十分迅速。有多位科学家因在该领域的贡献获得了诺贝尔化学奖。最近的一次是美国科学家理查德·赫克，日本科学家根岸英一和铃木章因开发更有效的连接碳原子以构建复杂分子的方法获得 2010 年诺贝尔化学奖。他们通过实验发现：碳原子会和钯原子连接在一起，进行一系列化学反应。这一技术让化学家能够精确有效地制造他们需要的复杂化合物。目前钯催化交叉偶联反应技术已在全球的科研、医药生产和电子工业等领域得到广泛应用。

2. 配位化学

在 20 世纪，无机化学最活跃的领域就是配位化学（coordination chemistry）。在其结构研究方面，依赖物理测试手段已经能够定量地得出配合物结构的细节（图 0-9）；在成键理论方面，利用晶体场-配位场理论、分子轨道理论可以对配合物的形成、磁学、光谱学的性质等理论问题作出说明（图 0-10）；在热力学方面，已能准确测定或计算配合物形成和转化的热力学数据；在动力学方面，利用经特别设计的配体合成某种模型化合物，用于研究配位反应的机理，确定反应的类型，即配合物形成和转化的动力学知识也获得了迅速发展；同时，金属羰基化合物以及类似的配合物研究极大地推动了价键理论的发展，σ-π 协同成键方式丰富

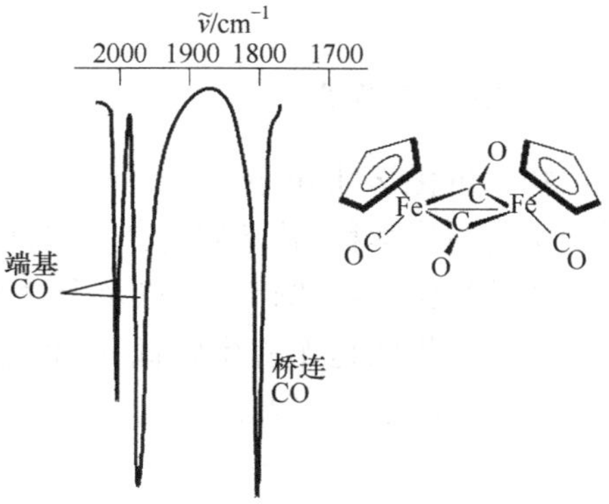

图 0-9　红外光谱分析金属有机化合物的结构

了配位成键的宝库(图 0-11)。

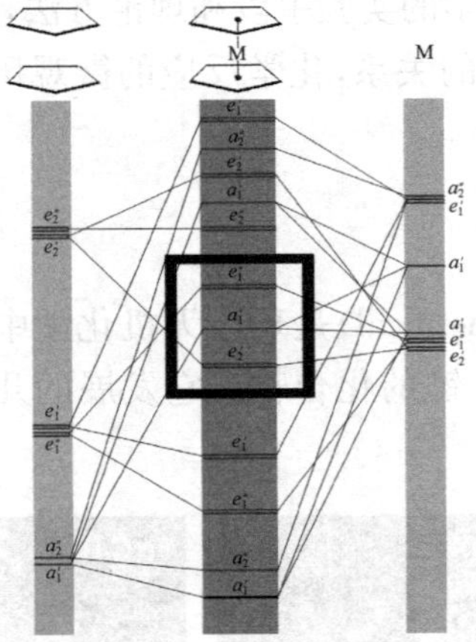

图 0-10　分子轨道理论分析 $FeCp_2$ 化学键

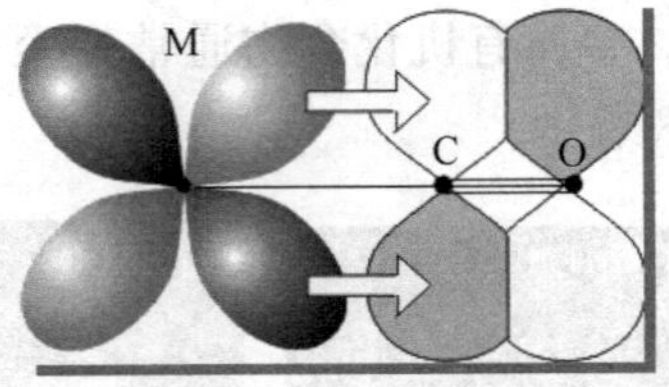

图 0-11　dπ-pπ 配键的形成

3. 金属原子簇化合物化学

金属原子簇化合物(metal cluster compound)大多具有优良的催化性能，有的还具有特殊的电学、磁学性质，如 $PbMo_6S_8$ 在磁场中是良好的超导体(图 0-12)，某些含硫有机配体的簇合物有特殊的生物活性，是研究铁硫蛋白和固氮酶的模型物。

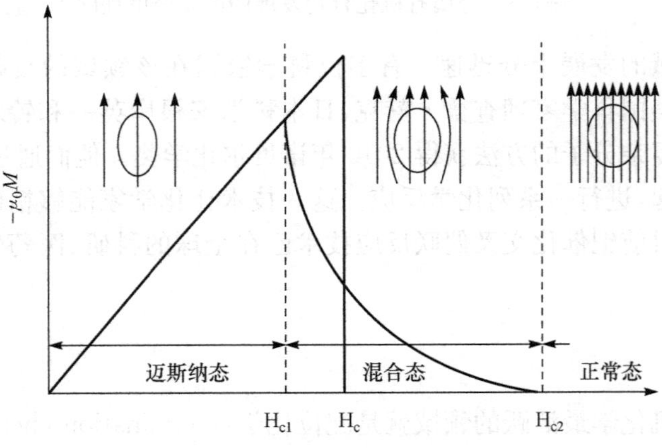

图 0-12　$PbMo_6S_8$ 在磁场中是良好的超导体

4. 生物无机化学

生物无机化学(biological inorganic chemistry)是最近几十年发展起来的无机化学与生物化学交叉的边缘学科，其基础研究方向直接与生命过程相关，主要探讨人体中的微量金属离子与蛋白质的配位作用(图 0-13)以及金属酶的活性中心对生物功能的影响和在生命过程中的作用。值得一提的是无机生物固氮，现在已经得出了固氮酶是由铁蛋白和钼铁蛋白构成的(图 0-14)，其中铁、硫、钼都是功能元素。

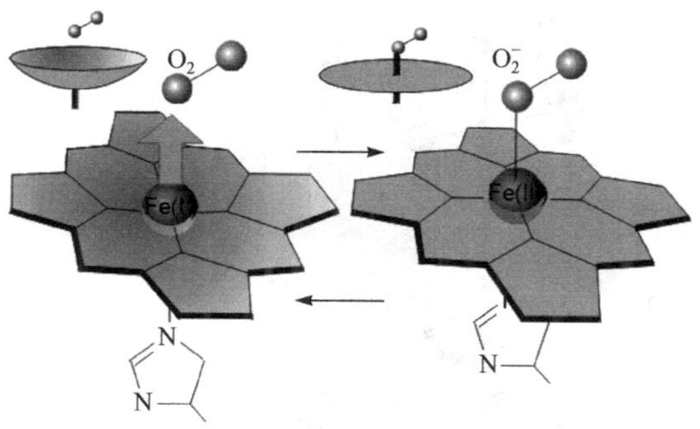

图 0-13　血红蛋白的血红素中心

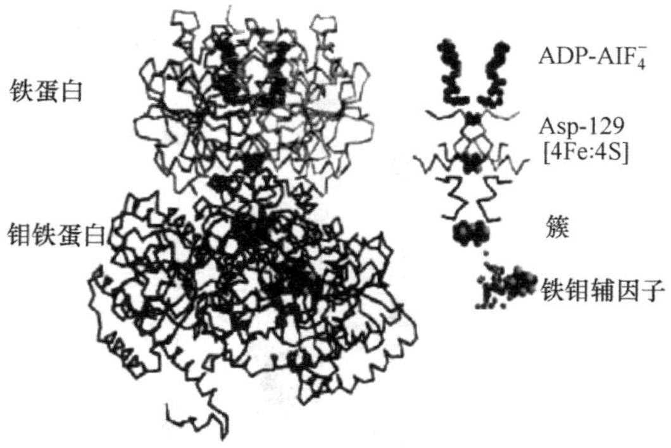

图 0-14　固氮酶的结构

5. 无机固体化学

现代社会中的三大支柱产业能源、信息和材料都与无机化学的基础研究密切相关。特别是无机固体材料(inorganic solid material)在材料学研究和应用中占有重要的地位。

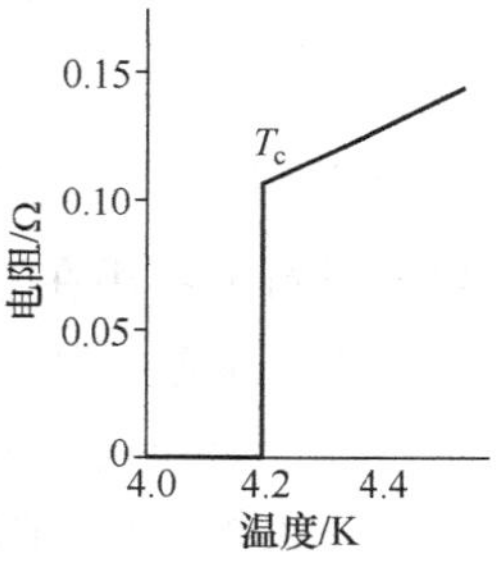

图 0-15　汞的电阻-温度关系

例如,超导材料[又称为超导体(superconductor)]的研究和应用曾引起全球性的"超导热"。1911 年,K. Onnes 首次观察到超导现象。他在将汞冷却到 4.2K 以下温度时,发现金属汞的电阻突然降低到观察到的极小值(图 0-15)。此后,许多金属和合金都被发现它们在低于某一临界温度 T_c 时具有零电阻(zero resistance)。超导体都具有两个突出的性质:一是临界温度(形成超导态的温度 T_c)以下的电阻为零;二是显示 Meissner 效应(图 0-16)。人们熟知的磁悬浮列车(maglev train,图 0-17,上海—杭州磁悬浮火车最高时速达 $500km \cdot h^{-1}$)和核磁共振成像技术就是超导技术的实际应用。

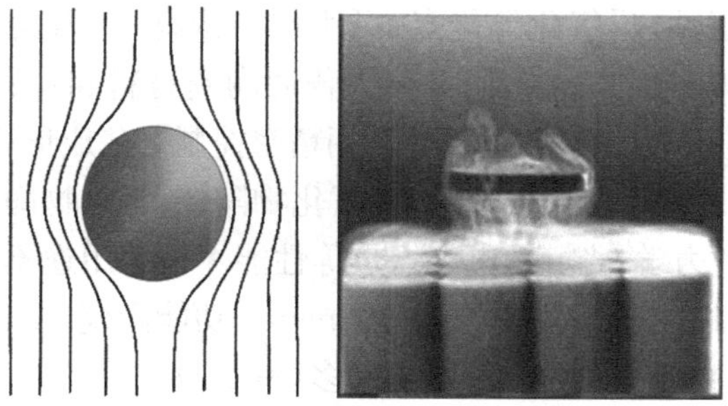

图 0-16　超导体的排斥磁场效应

图 0-17　磁悬浮火车

发展中的几个里程碑分别是:来自伊利诺伊大学的 J. Bardeen、L. Cooper 和 R. Schrieffer 不仅解释了电阻消失的现象,同时还解释了超导体的许多磁学和热学性质,即 BCS 理论。他们的发现还对粒子物理理论有重要的影响,并且为解释高温超导现象的尝试提供了依据。他们因超导的 BCS 理论获得 1972 年诺贝尔物理学奖。瑞士 IBM 苏黎世实验室教授 J. G. Bednorz 因发现陶瓷材料中的超导电性所作的重大突破,导致混合的氧化物在 35K 显示超导性,随后与瑞士物理学家 K. A. Müller 共同获得了 1987 年的诺贝尔物理学奖。1998 年,朱经武和吴茂昆发现类似的化合物 $YBa_2Cu_3O_7$ 在 95K 显示超导性(图 0-18),该化合物属于有"缺陷"的钙钛矿型结构。

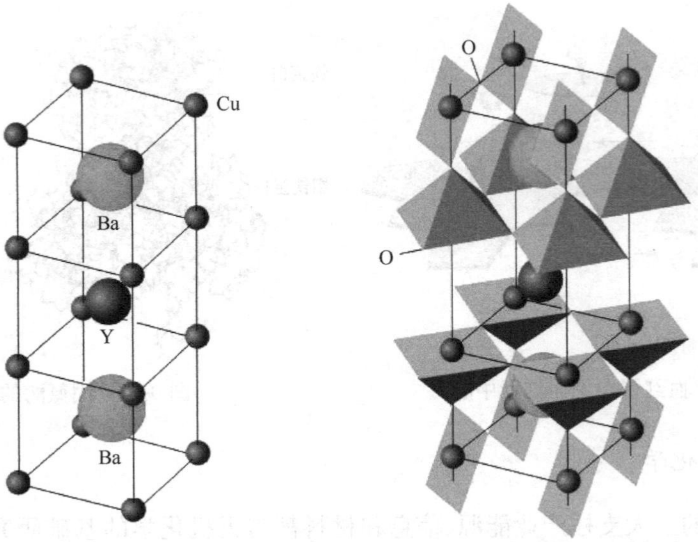

(a) 金属原子的位置　　(b) 以金属原子为中心的氧多面体

图 0-18　$YBa_2Cu_3O_7$超导体的结构

与钙钛矿中金属离子的正八面体环境不同,"123"化合物中的金属离子具有平面四方形或四方锥配位环境

超导材料最终用在器件上才有用。在制造超导器件的道路上,一个重要的目标就是要找到作为纳米尺度超导体的材料。这样的超薄超导体将在超导晶体管以及最终的超快、节能电子学中发挥重要作用。在 2009 年 10 月 9 日的《自然》杂志上,美国能源部布鲁克海文国家实验室的科学家报告说,他们成功利用多种铜氧化物材料制造出了双层高温超导薄膜。尽管任何一层材料本身都不具有超导电性,但在二者的界面 2～3nm 厚的范围内却展现出了一个超导区域。此外,研究人员还进一步证实了,如果暴露于臭氧,该双层材料的超导临界温度可以提升到超过 50K,这是一个相对很高的温度,更可能有实际的应用价值。

陶瓷材料(ceramic material)是用天然或合成化合物经过成形和高温烧结制成的一类无机非金属材料。它具有高熔点、高硬度、高耐磨性、耐氧化等优点,可用作结构材料、刀具材料。由于陶瓷还具有某些特殊的性能,又可作为功能材料。它们又分为普通陶瓷材料和特种陶瓷材料两大类。其中特种陶瓷材料是采用高纯度人工合成的原料,利用精密控制工艺成形烧结制成,一般具有某些特殊性能,以适应各种需要。根据其主要成分,有氧化物陶瓷、氮化物陶瓷、碳化物陶瓷、金属陶瓷等。特种陶瓷具有特殊的力学、光、声、电、磁、热等性能。根据用途不同,特种陶瓷材料可分为结构陶瓷(structural ceramics)、工具陶瓷(tool ceramics)、功能陶瓷(functional ceramics)。功能陶瓷通常具有特殊的物理性能,涉及的应用领域比较多(表 0-2)。

表 0-2　常用功能陶瓷的组成、特性及应用

种　类	性能特征	主要组成	用　途
介电陶瓷	绝缘性	Al_2O_3、Mg_2SiO_4	集成电路基板
	热电性	$PbTiO_3$、$BaTiO_3$	热敏电阻
	压电性	$PbTiO_3$、$LiNbO_3$	振荡器
	强介电性	$BaTiO_3$	电容器
光学陶瓷	荧光、发光性	Al_2O_3CrNd 玻璃	激光

续表

种　类	性能特征	主要组成	用　途
	红外透过性	CaAs、CdTe	红外线窗口
	高透明度	SiO_2	光导纤维
	电发色效应	WO_3	显示器
磁性陶瓷	软磁性	$ZnFe_2O$、γ-Fe_2O_3	磁带、各种高频磁芯
	硬磁性	$SrO \cdot 6Fe_2O_3$	电声器件、仪表及控制器件的磁芯
半导体陶瓷	光电效应	CdS、Ca_2S_x	太阳电池
	阻抗温度变化效应	VO_2、NiO	温度传感器
	热电子放射效应	LaB_6、BaO	热阴极

另外，高能蓄电池、燃料电池的应用也需特殊的固体材料，信息的产生、转化、存储、调制、传输、传感、处理和显示都要有相应的固体物质作为材料和器件。

6. 非金属无机化学

非金属无机化学(non-metallic inorganic chemistry)的发展也很飞速。除了前面提到的稀有气体化学以外，非金属无机材料已成了材料的宝库(图 0-19)。

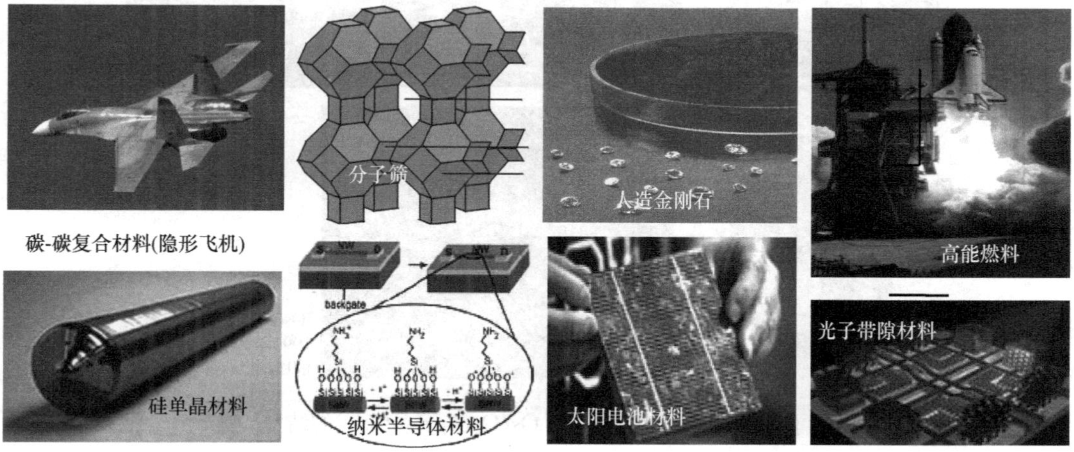

图 0-19　一些非金属材料

非金属无机化学发展中突出的领域还有硼烷化学(borane chemistry)和富勒烯化学(fullerene chemistry)。

硼氢化合物又称硼烷(borane)。硼与氢不能直接反应，德国斯托克(A. Stock)通过硼化镁与酸的反应最先制备了硼氢化合物。后经 20 余年的研究制备并鉴定出组成或者符合通式 B_nH_{n+4}，或者符合通式 B_nH_{n+6} 的多种硼氢化合物及其衍生物。所有的硼烷都可燃，相对分子质量较小的硼烷在空气中自燃并发出绿色闪光，最终燃烧产物为硼的水合氧化物。由于反应中放出大量热，人们曾指望将硼烷用作火箭燃料。后由于多种原因，这一设想未能成为现实。但它将硼氢化学的研究推向了前沿研究领域。这时化学家已合成了多种结构复杂的化合物，利普斯克(W. Lipscomb)用 X 射线单晶衍射的方法测定了硼烷和碳硼烷的结构，解释了它们的成键作用，从而获得 1976 年诺贝尔化学奖。

以C_{60}为代表的富勒烯家族的发现是世界科学史上的一个里程碑。10余年来，几乎全世界所有著名大学和研究所的科学家都进行了与富勒烯有关的研究。这些研究几乎涉及物理学、化学以及材料科学的各个领域，同时对生物学、医学、天文学以及地质学等也产生了巨大冲击，使富勒烯家族成为当前科学界研究的热点。

富勒烯中以C_{60}(图0-20)最稳定，其笼状结构酷似足球，相当于一个由二十面体截顶而得的三十二面体。32个面中包括12个五边形面和20个六边形面，每个五边形均与5个六边形共边，而六边形则将12个五边形彼此隔开。与石墨相似，C_{60}分子中每个C原子以sp^2杂化方式与相邻的C原子成键，剩余的p轨道在C_{60}的外围和内腔形成球面离域大π键，可简单地将其表示为每个C原子与周围3个C原子形成2个单键和1个双键。C_{60}室温下为分子晶体(面心立方结构)，能隙为1.5eV，意味着C_{60}为半导体。显然其活泼性与分子中存在双键有关。C_{60}是一个直径为0.7nm的空心球，其内腔可以容纳直径为0.5nm的其他原子，如K、Na、Cs、La、Ca、Ba、Sr、U和多个离子(生成富勒烯的包合物MnC_{60})。其中，掺K的K_3C_{60}在-255℃为超导体。

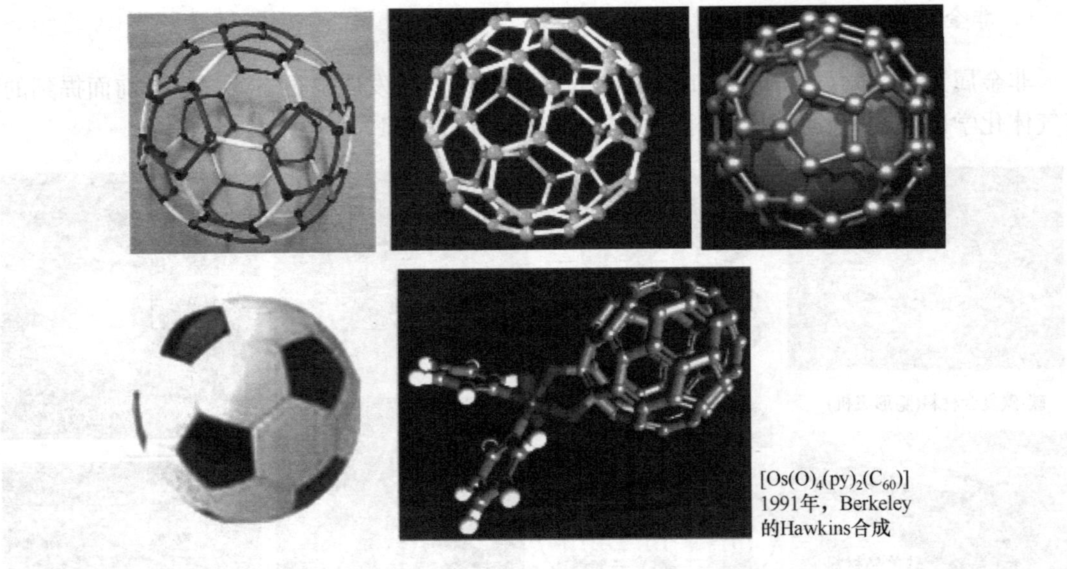

图0-20　C_{60}及其化合物[$Os(O)_4(py)_2(C_{60})$]的结构

近几年来，有关富勒烯的研究水平在不断提高，特别是有关富勒烯的交叉学科的研究取得了重大进展。这一对现在、将来，对物理、化学及其他科学研究都将产生重大影响的辉煌成果，使得富勒烯家族的发现者美国的科尔(R. F. Curl)、斯莫乐(R. E. Smalley)与英国的克罗托(H. W. Kroto)共同分享了1996年诺贝尔化学奖。

7. *超分子化学*

超分子化学是一门处于近代化学、材料化学和生命科学交汇点的新兴学科。以非共价键弱相互作用力键合起来的复杂有序且有特定功能的分子结合体——“超分子”是共价键分子化学的一次升华，被称为“超越分子概念的化学”，它不仅在材料科学、信息科学，而且在生命科学中均具有重要的理论意义和广阔的应用前景。超分子化学研究的内容主要包括：分子识别，分为离子客体的受体和分子客体的受体；环糊精；生物有机体系和生物无机体系的超分子反应性及传输；固态超分子化学，又分为晶体工程、二维和三维的无机网络；超分子化学中的物理方法；模板，自组装和自组织；超分子技术，又分为分子器件(图 0-21)和分子技术的应用。

为了鼓励和推进超分子化学的深入研究，1987 年诺贝尔化学奖授予了超分子化学研究方面的三位科学家：美国的彼德森(C. J. Pedersen)、克拉姆(D. J. Cram)和法国的莱恩(J. M. Lehn)。莱恩在获奖演说中曾为超分子化学作了如下解释：超分子化学是研究两种以上的化学物种通过分子间力相互作用缔结而成的具有特定结构和功能的超分子体系的科学。

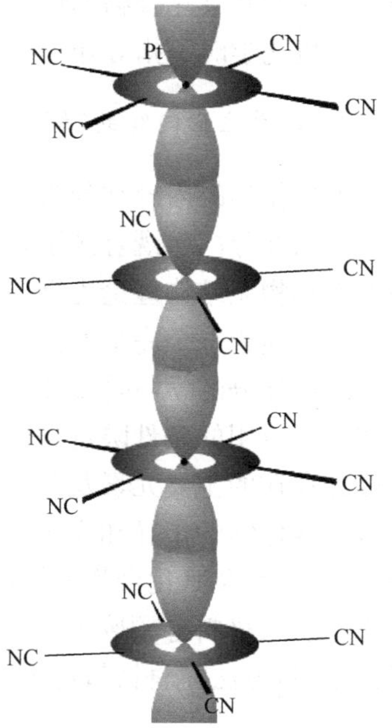

图 0-21 可作为分子导线的配合物 $K_2Pt(CN)_4 \cdot 0.3Br \cdot 3H_2O$

0.3.3 现代无机化学发展的特点

从上面的叙述中可以明显地看到现代无机化学发展的特点。

(1) 从宏观到微观。现代无机化学是既有翔实的实验资料，又有坚实的理论基础的完整科学。

(2) 从定性描述向定量化方向发展。现代无机化学特别是结构无机化学已普遍应用线性代数、群论、矢量分析、拓扑学、数学物理等现代的数学理论和方法，应用电子计算机对许多反映结构信息及物理化学性能的物理量进行科学计算和数学处理。这种数学计算又与高灵敏度、高精度、多功能的定量实验测定方法相结合，使研究结果达到了精确定量的水平。

(3) 既分化又综合，出现许多边缘和交叉学科。一方面是自身发展，各分支学科相互综合，又与其他学科相互渗透，形成了许多边缘和交叉学科。

这些显示了现代无机化学发展中在广度上的拓宽和在深度上的推进。

0.4 学习无机化学的方法

无机化学往往被认为是化学专业学生学习化学的开始，常称为“大一化学”。在国外常用“*General Chemistry*”或“*Introduction to Modern Chemistry*”的书名。按中国科学院院士、南开大学申泮文教授的解释，应有“化学导论”之意。大一无机化学既有自己的教学内容，又是后续课程学习的基础。我们理解是无机化学具有引导学生“走进化学”(walk into chemistry)的作用。因此，下面介绍的学习方法既具有一些共性，也存在“一家之言”之嫌，仅供参考。

0.4.1 重视化学理论的指导作用

1. 必须重视元素周期律的指导作用

自从元素周期律(periodic law of elements)被国际化学界普遍承认，无机化学就在此基础上首次连成了一个完整的科学体系，成为了近代无机化学的基石。恩格斯评价说：“门捷列夫不自觉地应用黑格尔的量转化为质的规律，完成了科学史上的一个勋业，这个勋业可以和勒维耶(U. Le Verrier，1811—1877)计算出尚未知道的行星海王星轨道的勋业居于同等地位。”说周期律是现代物质结构理论发展的基础，就是说周期律真正能解释化学的本质，它在理论上内容极为丰富(包括周期性、同族性、区域性、上下左右各种规律)，对化学的发展起着指导作用；

说周期律指导了对元素及其化合物性质的系统研究，就是说系统无机化学一般就是指按周期分类对元素及其化合物的性质、结构及其反应所进行的叙述和讨论。因此，重视元素周期律在学习无机化学时的指导作用是首要的，您会真正“走进化学”。

2. 必须注意内容的“纲举目张”

无机化学的内容常分为两个部分：理论部分（化学原理）和元素部分（叙述部分）的讲解和学习。两部分内容既有区别，又有联系。本书中，我们拟以化学原理，特别是化学热力学、化学动力学和物质结构理论为纲，贯穿于全书内容的论述中，着眼于基本理论的理解和应用，把两部分内容连成一个完整的体系。

理论部分的学习是要建立一个“无机化学框架”（图 0-22），更重于基本理论概念的准确建立和结果应用的条件限定，而不必纠缠于具体数学过程的推导。元素部分的学习就是要在对自然界存在的主要元素及其化合物的性质及反应规律有一个总体了解的基础上，注重化学原理对元素化学的指导和应用作用，注重元素和化合物在周期表中的规律性理解，加深理解、判断、解释元素及其化合物的性质与结构的关系，使两者有机结合。能很好地认识当今在环境、能源、生命、材料等领域中一些重要现象的本质，了解在这些领域中采用的与化学密切相关的新技术、新方法、新材料，这才能谈得上在这些领域中有所创新。

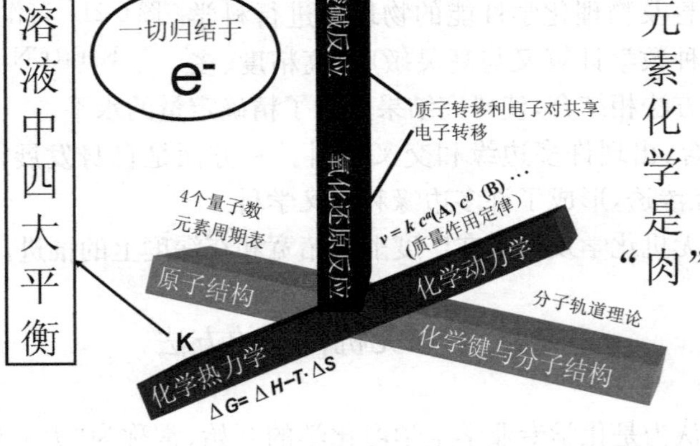

图 0-22　本书建立的无机化学框架

0.4.2　重视化学史的学习

任何一门科学都有它的发展史，化学科学也毫不例外。我国著名教育家、化学家傅鹰教授曾经多次指出：“一门科学的历史是这门科学中最宝贵的一部分，因为科学只能给我们知识，而历史却能给我们智慧。”在实施化学教学素质教育的诸多途径中，进行化学史的学习是一项必不可少、行之有效的措施。它既有利于启发我们去掌握化学发展的规律，提高发现问题、分析问题、解决问题的能力，又有利于引导我们去正确认识主观与客观、理论与实践、个人与社会、人类与自然的种种辩证关系，从而培养提高我们的整体素质和创新思维。

1. 化学史学习有助于拓展知识视野，了解科学知识的动态形成过程

化学中的每一个概念、定律、原理或理论的提出，都有其特定的历史背景。当我们后人审视其成就或不足时，就会更深刻地理解其生动的形成过程，更会懂得如何继承和发展这些理

论。众所周知,1895年11月8日伦琴(W. K. Rontgen)发现了X射线。然而,对于伦琴的发现"机遇"在他之前已有不少科学家同样遇到,但他们却让"好运气"擦肩而过,与成功无缘。

(1) 1880年,德国物理学家戈尔德施泰因(E. Goldstein)在研究阴极射线时就注意到这一现象,但他误将此现象作为"以太"的证据去理解而失去发现机会。

(2) 1985年,英国牛津一位物理学家史密斯(F. Smith)发现保存在照相底片盒中的底片变黑了,而盒子就放在克鲁克斯放电管的旁边,事后只让助手以后把底片放到别的地方保管作罢。

(3) 1887年,克鲁克斯(W. Crookes)在研究放电管时就发现放在实验装置附近的底片变得模糊不清,他却认为是底片有问题而退给了厂家。

(4) 1890年,美国的古德斯庇(A. W. Goodspeed)和金宁斯(W. N. Jeanings)在宾夕法尼亚大学做电火花实验时意外地拍摄到带凸台圆盘的X射线照片,却未解释这一奇怪的效应而与其他废片放到一起了。

(5) 1893年,勒纳德(P. Lenard)就清楚地指出,他得到的射线能产生感光效应,并得到一张与伦琴几乎完全相同的照片,甚至还在放电管的铝小窗和照相底片之间插了纸片和铝片,却又没有解释。

(6) 1894年,汤姆孙(J. J. Thomson)在测阴极射线速度时就有观察到X射线的纪录,但他"没有工夫专注这一偶然现象"。

事实说明"机遇只偏爱那些有准备头脑的人"。

2. 化学史学习有助于了解科学探索的过程,进行科学思维方法的熏陶

科学研究是实实在在的东西,来不得半点虚假,只能实事求是。这既是科学发展的真正动力,也是科学家必须具有的人格魅力。从讲科学家从事科学研究的故事,引申到讲科学家的人品,这是一个从物质到精神境界的提升,也有利于培养我们一丝不苟、实事求是的科学精神。稀有气体化学史上有两个惊人发现。其一是有关稀有气体氩的发现:1785年,当发现氧元素的卡文迪许在火花放电下用氮气和氧气制取氧化氮时,总是发现反应完全后总是余下一个约为原体积1/120的微小气泡,并且指出这个小气泡不与氧气化合。但是他那时候还没有称量千分之几克的精密天平,也没有光谱分析法,他只好把这个小气泡放走了,没有能够真正地发现氩气。1893年,瑞利(原名J. W. Strutt)用精密天平重测氮的密度,发现由空气中分离得到的氮的密度为1.2565g·L^{-1},而由氨分解出来的氮的密度为1.2507g·L^{-1}。两者仅在小数点后第三位有差别。瑞利在《科学》上征答,莱姆赛(W. Ramsay)应答。1894年,两人分别用化学和物理的方法证明了该"小气泡"不是N_2,而是当时未知的一种新元素——氩。自然,除了两位科学家的严谨态度,还得益于当时已有的精密天平和光谱分析法。

其二是1930年,鲍林(L. Pauling)根据理论计算认为,氙能生成氧化物和氟化物,但实验化学家的尝试却屡屡失败。巴特利(N. Bartlett)于1962年发现,O_2与PtF_6反应形成化学式为O_2PtF_6的化合物,该化合物是个离子型化合物$[O_2]^+[PtF_6]^-$。于是巴特利就想:从O_2分子移去一个电子所需的能量(1177kJ·mol^{-1})几乎等于Xe的第一电离能(1170kJ·mol^{-1}),Xe原子的体积也大约等于O_2分子的体积,继而设计了热化学循环,计算了与O_2PtF_6对应的$XePtF_6$的标准生成焓为负值(−60kJ·mol^{-1})。据此判断,制备可能成功。1962年3月23日下午6时45分巴特利第一个观察到"惰性气体"元素的化学行为:$XePtF_6$红色液体生成!从而结束

了稀有气体“没有化学”的历史。

3. 化学史学习有助于对学习化学情感态度价值观的培养

丰富多彩的化学史常会以动人的故事使我们激动不已，会激发起我们学习化学的兴趣，使我们感受并赞赏化学科学研究，培养献身科学的精神和严谨治学的科学态度，让我们走进化学并热爱化学事业。

0.4.3 重视学习中思维方法的训练

思维是我们对客观事物和现象的间接的认识过程。重视学习中思维方法的训练，有利于无机化学知识的学习和积累、素质培养。建议在学习中，预习和听讲使用“演绎法”，复习和总结使用“归纳法”；在化学原理学习中采用“演绎法”，在元素部分采用“归纳法”。

演绎法即演绎推理，指从普遍性结论或一般性事理推导出个别性结论的论证方法。从中学到大学，可以说学习是“从小化学到大化学”的学习过程，特别在化学原理学习中，要学习许多基本原理、定律、理论、新概念，在了解了知识大背景之下去掌握课程的基本原理，为了这个目的，需要依此加强对多个具体问题的认识和释疑。例如，学了“原子结构理论”，就要会填写每个元素原子的电子式；学了化学键中的“杂化理论”，就需要会解释许多具体分子的化学键形成及其空间结构；学了“热力学初步”，就要会用热力学基本原理判断某个具体化学反应的进行与否和程度如何。显然，演绎法在这里是大有作为的。

归纳法即归纳论证，是一种由个别到一般的论证方法。它通过许多个别的事例或分论点，然后归纳出它们所共有的特性，从而得出一个一般性的结论。在元素部分学习和章节复习中采用“归纳法”显然是有利的。因为首先要学习和掌握许多具体元素及其化合物的反应、结构、性质和用途之后，才可用化学原理解释、比较，归纳有利于提升、记忆和提纲挈领。有学生在学完每一章后，采用归纳法将一章的内容只写于一张纸上，达到了“书越读越薄”的效果。

自然，演绎法和归纳法在学习中是相辅相成的。

0.4.4 重视化学实验的训练

化学学科发展至今，仍然既是理论科学又是实验科学。当前是个知识大爆炸的年代，1900年在 *Chemical Abstracts*（CA）上登录的已知化合物只有55万种，1945年达到110万种，1970年为236.7万种，1999年12月31日已达2340万种。这些化合物哪里来？都是在实验室中合成出来的。已故中国科学院院士戴安邦教授致力于化学教育和科学研究70年，生前特别强调的一个观点就是“实验教学是实施全面化学教育最有效的教学形式”。他身体力行，培育了中国几代人才。他认为：“我们现在提出来全面的化学教育就是要求教学不仅是传授知识和技术，还有更重要的就是要训练科学方法和科学思维，同时还要培养科学精神和科学品德，这就是全面的化学教育。”

应用知识是智力的表现，应用化学知识的要素是：操作、动手，能够设计实验、布置实验——观察、测量——查阅、接受间接知识测量——记忆（包括分析）——想象——表述。这样的要求和目的只能通过化学实验实现。因为化学实验能达到培养目标，帮助形成化学基本概念、理解化学定律和化学原理，有利于掌握物质知识和联系生产实际，培养观察能力、分析和解决问题的能力以及思维能力，可以学会正确地掌握实验的基本方法和基本技能，增强化学计算和绘制图表的能力。总之，从认识和发展来看，学习的主动性和兴趣主要来源于自己动手做实验，动脑观察和思考。通过操作，强化知觉感受、动作反应与大脑神经的联系，既培养了实验操作技能，又激发了观察、思维、想象等能力。

无机化学实验既为学好无机化学所必需，也是一名化学家成长的基础。

0.4.5 重视做好化学习题

做好化学习题在化学学习中起着举足轻重的作用。它可以建立起一个人的专业自信心，促成建立起自己的知识框架。

鲍林是获得两次诺贝尔奖的少数人之一，他从事于物理化学和结构化学的研究工作，在进加州理工学院前，就对 Noyes 和 Sherrill 的 *Chemical Principles* 上的 500 道(实际是 498 道)习题情有独钟，全部认真解答。鲍林说："(我做完这 500 道习题后)大大加深了对物理化学的认识。Noyes 对逻辑的缜密思维的强调以及他引导学生发现定律和规则的技巧，对我自己的科学思维方式影响很大。"无独有偶，我国中国科学院院士、北京大学教授徐光宪先生也从事于物理化学和结构化学的研究工作，他做了同样的事："我认为物理化学教材中最有启发性的是 Noyes 和 Sherrill 著的 *Chemical Principles*。我做完了书中 498 道习题，并把它归入了自己的框架。从此我自信物理化学读通了，过关了。"

徐光宪先生给我们做了楷模，他认为这是最好的自学方法，这样做可以建立起自己的知识框架，为终身学习奠定基础。著名有机化学家、教育家邢其毅教授为此也发表过精辟的见解："习题的基本价值在于解决问题过程的基本训练。"又说："解题的过程是思考、推理的过程，所以做习题实际上是训练学生各种能力的有效途径。"扎实的功底来源于扎实的学习，学习过关的第一步便是认真完成习题。

习 题

0-1 如何理解化学是研究物质化学变化的科学？

0-2 许多学者对化学下过不同的定义：

(1) 化学是研究物质的科学。

(2) 化学是研究物质的性质及其转变的科学。

(3) 化学是关于物质及其组成、结构、属性和相互转化的科学。

(4) 化学主要是研究物质的分子转变规律的科学。

你对这些定义的看法如何？试讨论。

0-3 化学是在分子、原子或离子等层次上研究物质的科学，这句话的真实含义是什么？

0-4 举例说明物理变化和化学变化的特征。

0-5 说明建立正确的物质观的意义。

0-6 化学在国民经济中的作用如何？

0-7 为什么说 21 世纪是交叉学科的时代？

0-8 我国近代化学落后的原因是什么？我们应当从中吸取什么教训？

0-9 现代无机化学发展的特点有哪些？

0-10 查阅文献，说明批判性思维的内涵。它对我们学习无机化学有哪些启示？

第 1 章　物质的聚集状态

本章学习要求

(1) 掌握理想气体状态方程及其相关计算；
(2) 了解气体的速率分布和能量分布、气体扩散定律；
(3) 掌握溶液浓度的表示方法；
(4) 了解难挥发性非电解质稀溶液的通性及其有关应用和计算；
(5) 了解晶体的宏观特点。

【背景问题】

(1) 为什么潜水员在冷水中潜水必须戴头盔？

植物是如何喝水的?

(2) 制造原子弹的关键技术是铀-235 的分离与浓缩。天然铀中铀-235 只占 0.7%，而原子弹对铀的浓缩度要求很高，铀-235 必须达到 90%以上。铀-238 和铀-235的化学性质相同，质量相差甚微，要把铀-235 从铀-238 中分离出来特别困难。而分离的一种方法就是利用"热扩散分离法"。其原理是什么？

(3) 生命离不开水。当你站在参天大树下时，有没有想过它是如何从土壤吸收水分然后输送到每一个枝叶？

随着温度降低，室温时气态(gaseous state)的物质可以转化成液态(liquid state)、固态(solid state)。如果升高温度数百万度，气态可以转化为等离子态(plasma state)，所有原子和分子游离成带电的电子和正离子，人们称等离子态为物质的第四态。一些金属、合金、金属间化合物和氧化物，当温度低于临界温度时出现超导电性(superconductivity，即零电阻现象)和完全抗磁性(perfect diamagnetism，把磁力线完全排除出体外现象)。液氦温度低于−271℃时还出现超流现象(superfluid phenomena)，液体的黏滞度几乎为零，杯子内的液氦会沿器壁流到杯子下面，液体的传热系数比铜还好。上述两种现象可称为超导态(superconducting state)和超流态(superfluid)，称为物质的第五态(图 1-1)。

本章主要介绍物质三个常态的一些基本概念，讨论理想气体和理想溶液，满足无机化学课程需要。关于实际气体和实际溶液将在后续课程深入讨论。气体分子运动论、气体扩散定律及稀溶液的依数性等内容将在物理化学课程中详细讨论。晶体结构将在第 4 章详细讨论。

【思考题】

1-1　图 1-1 表示了物态与温度的关系。如果再有压力参与，物态又会是怎样的变化呢？

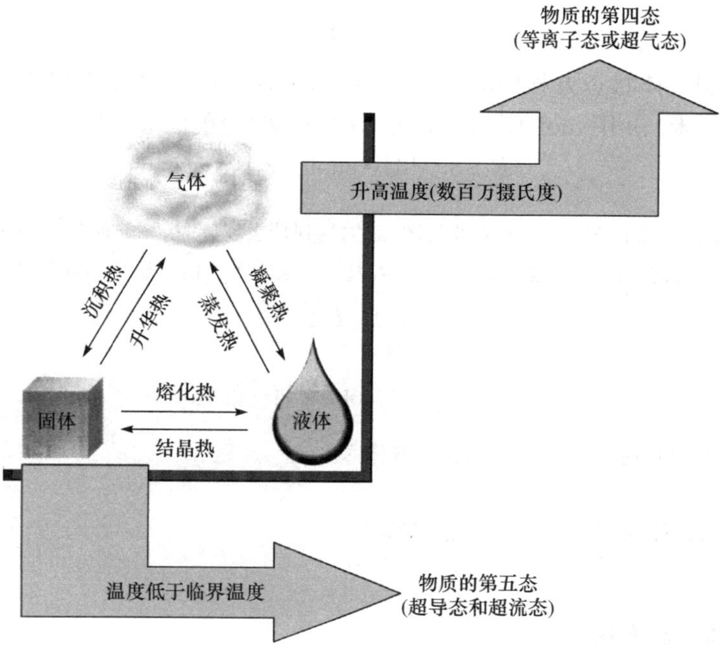

图 1-1　温度与物态

1.1　气　　体

1.1.1　理想气体状态方程

理想气体是以实际气体为依据抽象而成的气体模型。它是为了研究方便而忽略气体分子的自身体积,将分子看成是有质量的几何点(质点)。分子与分子、分子与器壁之间的碰撞是完全弹性碰撞,无动能损耗。实际气体压力不大时,分子之间平均距离很大,气体分子本身的体积可以忽略不计,分子间吸引力相比之下可以忽略不计,实际气体的行为就十分接近理想气体行为,可当作理想气体来处理。在高温和低压下,实际气体接近理想气体。

中学时,我们已了解了关于描述气体的几个物理量之间的经验公式。

n,T 一定时,气体的 V 与 p 成反比,即波义耳(Boyle)定律:

$$V \propto 1/p \tag{1-1}$$

n,p 一定时,V 与 T 成正比,即盖·吕萨克(Gay Lussac)定律:

$$V \propto T \tag{1-2}$$

p,T 一定时,V 与 n 成正比,即阿伏伽德罗(Avogadro)定律:

$$V \propto n \tag{1-3}$$

综合以上三式可得到:

$$V \propto nT/p \tag{1-4}$$

以 R 作比例系数,则有

$$V = nRT/p \tag{1-5}$$

通常写成

$$pV=nRT \tag{1-6}$$

上式即为理想气体状态方程(state equation of ideal gas)。在国际单位中，p 用 Pa(帕斯卡)、V 用 m^3(立方米)、n 用 mol(摩尔)、T 用 K(开尔文)为单位，此时

$$R=8.314\text{J}\cdot\text{mol}^{-1}\cdot\text{K}^{-1} \tag{1-7}$$

【例题 1-1】 一敞口烧瓶在 280K 时所盛的气体，需加热到什么温度时，才能使其三分之一气体逸出？

解 由题知要使三分之一的气体溢出瓶外，即使体积为原来的 1.5 倍。压力始终保持不变，因此有

$$\frac{p_0V_1}{T_1}=\frac{p_0V_2}{T_2}$$

所以有

$$T_2=\frac{T_1V_2}{V_1}=280\text{K}\times1.5=420\text{K}$$

答：需加热到 420K 时，才能使其三分之一气体逸出。

【思考题】

1-2　p 和 V 取不同单位时，R 的取值情况如何？

1.1.2　实际气体状态方程

理想气体是在对实际气体进行假定的基础上抽象出的模型，用其处理实际气体时，实验数据会出现偏离(图 1-2)。因此，必须对理想气体状态方程进行修正，才能够适用于实际气体，修正来自两方面。

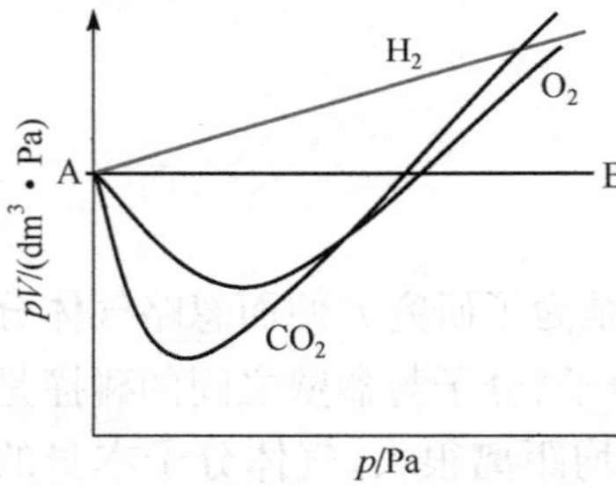

图 1-2　实际气体的 pV-p 示意图

理想气体的 p 是忽略了分子间的吸引力，由分子自由碰撞器壁的结果。实际气体的压强是碰壁分子受内层分子引力而不能自由碰撞器壁的结果，所以

$$p_{实}<p \tag{1-8}$$

用 $p_{内}$ 表示 $p_{实}$ 与 p 的差，称为内压强，则有

$$p=p_{实}+p_{内} \tag{1-9}$$

我们来讨论 $p_{内}$ 的大小，$p_{内}$ 是两部分分子吸引的结果，它与两部分分子在单位体积内的个数成正比，即与两部分分子的密度成正比

$$p_{内}\propto\left[\frac{n_{外}}{V}\right]\left[\frac{n_{内}}{V}\right] \tag{1-10}$$

两部分分子共处一体，密度一致，因此有

$$p_{内}\propto\left[\frac{n}{V}\right]^2 \tag{1-11}$$

比例系数为 a，则有

$$p=p_{实}+a\left[\frac{n}{V}\right]^2 \tag{1-12}$$

理想气体的体积是指气体分子可以自由运动，且可以无限压缩的理想空间，原因是气体分子自身无体积。但实际气体分子的自身体积不能忽略，只有从实际气体的体积 $V_{实}$ 中减去分子自身的体积，才能得到相当于理想气体的体积的自由空间，即气体分子可以自由运动，又可

以无限压缩。

例如，在 5dm^3 的容器中，充满实际气体，由于分子自身体积的存在，分子不能随意运动，且不可无限压缩，若分子体积为 $V_{分子}=B\ \text{dm}^3$，则 $V_{实}=5\text{dm}^3$，而

$$V=V_{实}-V_{分子}=(5-B)\text{dm}^3 \tag{1-13}$$

设每摩尔气体分子的体积为 $b\ \text{dm}^3\cdot\text{mol}^{-1}$，对于 n mol 实际气体，则有

$$V=V_{实}-nb \tag{1-14}$$

理想气体状态方程：$pV=nRT$，将式(1-12)和式(1-14)代入其中，得

$$\left[p_{实}+a\left(\frac{n}{V}\right)^2\right][V_{实}-nb]=nRT \tag{1-15}$$

这个方程称范德华方程(van der Waals equation)，只是实际气体状态方程中的一种形式。a,b 称为气体的范德华常数(van der Waals constant)。显然，不同的气体范德华常数不同，反映出其与理想气体的偏差程度不同，a 和 b 的值越大，实际气体偏离理想气体的程度越大(表 1-1)。

当 $n=1$ 时，有

$$\left[p_{实}+\frac{a}{\tilde{V}^2}\right][\tilde{V}_{实}-b]=RT \tag{1-16}$$

式中，$\tilde{V}$ 为摩尔体积。

表 1-1　实际气体的范德华常数

气　体	$a/(\text{kPa}\cdot\text{L}^2\cdot\text{mol}^{-2})$	$b/(\text{L})$	气　体	$a/(\text{kPa}\cdot\text{L}^2\cdot\text{mol}^{-2})$	$b/(\text{L})$
H_2	3.445	0.0237	NH_3	422.55	0.0317
O_2	137.89	0.0318	H_2O	553.26	0.0305
CH_4	227.99	0.0128	C_2H_5OH	121.60	0.0841

由表 1-1 可以看出：由于不同气体各有自己的结构和性质关系，范德华方程仍仅是近似的。在工业气体反应工程中，对于气体对象仍然需要为它建立特有的带有更多校正因素的状态方程。

1.1.3　分压定律和分体积定律

由两种或两种以上的气体混合在一起组成的体系，称为混合气体(mixed gas)，组成混合气体的每种气体都称为该混合气体的组分气体。显然，空气是混合气体，其中的 O_2、N_2、CO_2 等，均为空气的组分气体。

组分气体的物质的量用 n_i 表示，混合气体的物质的量用 n 表示，则

$$n=\sum_i n_i \tag{1-17}$$

其中 i 组分气体的摩尔分数用 x_i 表示，则

$$x_i=\frac{n_i}{n} \tag{1-18}$$

$$\sum_i x_i=1 \tag{1-19}$$

混合气体所占有的体积称为总体积，用 $V_{总}$ 表示。当某组分气体单独存在且占有总体积时，其具有的压强称为该组分气体的分压，用 p_i 表示，且有关系式：$p_iV_{总}=n_iRT$。

混合气体所具有的压强称为总压，用 $p_{总}$ 表示。当某组分气体单独存在且具有总压时，其所占有的体积称为该组分气体的分体积，用 V_i 表示。关系式为：$p_{总}V_i=n_iRT$，$V_i/V_{总}$ 称为该组分气体的体积分数。

道尔顿(Dalton)进行了大量实验，提出了混合气体的分压定律：混合气体的总压等于各组分气体的分压之和，即 $p_{总}=\sum_i p_i$，此定律称为道尔顿分压定律(Dalton law of additive pressure，图 1-3)。

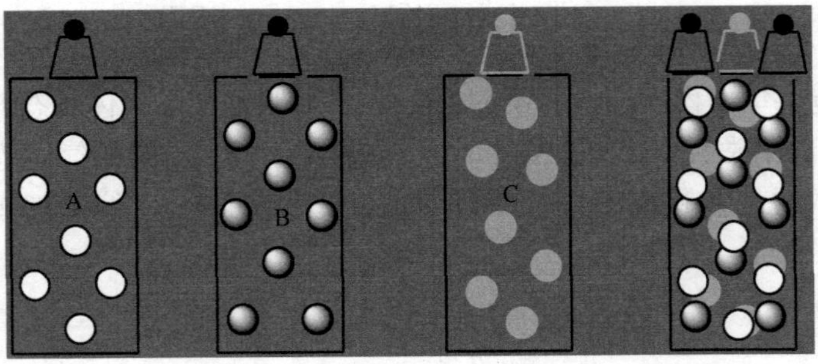

图 1-3　道尔顿分压定律示意图

理想气体混合时，由于分子间无相互作用，在容器中碰撞器壁产生压力时，与独立存在时是相同的，即在混合气体中，组分气体是各自独立的，这是分压定律的实质。对于整个混合气体体系，应有

$$p_{总}V_{总}=nRT \tag{1-20}$$

由道尔顿分压定律 $p_iV_{总}=n_iRT$，有

$$\frac{p_i}{p_{总}}=\frac{n_i}{n}=x_i \tag{1-21}$$

即

$$p_i=p_{总}x_i \tag{1-22}$$

又因 $p_{总}V_i=n_iRT$

$$\frac{V_i}{V_{总}}=\frac{n_i}{n}=x_i \tag{1-23}$$

因此

$$p_i=p_{总}x_i=p_{总}\frac{V_i}{V_{总}} \tag{1-24}$$

这是分压定律的重要结论：组分气体的分压等于总压与该组分气体的摩尔分数之积。

【例题 1-2】 某温度下，将 2×10^5 Pa 的 O_2($3dm^3$)和 3×10^5 Pa 的 N_2($6dm^3$)充入 $6dm^3$ 的真空容器中，求混合气体各组分的分压及总压。

解　由分压的定义，对于 O_2

$$p_1=2\times10^5\text{Pa}\qquad V_1=3\text{dm}^3\quad V_2=6\text{dm}^3$$

$$p(O_2)=\frac{p_1V_1}{V_2}=\frac{2\times10^5\times3}{6}=1\times10^5(\text{Pa})$$

同理

$$p(N_2)=\frac{p_1V_1}{V_2}=\frac{3\times10^5\times6}{6}=3\times10^5(\text{Pa})$$

由道尔顿分压定律

$$p_{总}=p(O_2)+p(N_2)=1\times10^5+3\times10^5=4\times10^5(Pa)$$

答：混合气体中 O_2 的分压为 1×10^5 Pa，N_2 的分压为 3×10^5 Pa，总压为 4×10^5 Pa。

【例题 1-3】 常压下（1×10^5 Pa），将 4.4g CO_2、11.2 gN_2 和 16g O_2 混合，求混合后各组分的分压。

解 各组分的组成为

$$n(CO_2)=\frac{4.4}{44}=0.1mol \qquad n(N_2)=\frac{11.2}{28}=0.4mol \qquad n(O_2)=\frac{16}{32}=0.5mol$$

$$n_{总}=n(CO_2)+n(N_2)+n(O_2)=0.1+0.4+0.5=1.0(mol)$$

$$p(CO_2)=p_{总}x(CO_2)=1\times10^5\times\frac{0.1}{1.0}=1\times10^4(Pa)$$

$$p(N_2)=p_{总}x(N_2)=1\times10^5\times\frac{0.4}{1.0}=4\times10^4(Pa)$$

$$p(O_2)=p_{总}x(O_2)=1\times10^5\times\frac{0.5}{1.0}=5\times10^4(Pa)$$

答：混合气体中 CO_2 的分压为 1×10^4 Pa，N_2 的分压为 4×10^4 Pa，O_2 的分压为 5×10^4 Pa。

1.1.4 气体扩散定律

1831 年英国物理学家格雷姆（T. Graham）指出：同温同压下各种不同气体扩散速率与气体密度的平方根成反比。这就是气体扩散定律（law of gas diffusion）。气体的扩散速率既可以理解为单位时间内扩散的距离，又可理解为单位时间内完成扩散的气体的质量或体积。

若以 u 表示扩散速率，ρ 表示密度，则有

$$\frac{u_A}{u_B}=\sqrt{\frac{\rho_B}{\rho_A}} \tag{1-25}$$

由理想气体状态方程 $pV=nRT$

$$pV=\frac{m}{M}RT \tag{1-26}$$

$$M=\frac{mRT}{V\ p} \tag{1-27}$$

$$M=\rho\frac{RT}{p} \tag{1-28}$$

$$\frac{u_A}{u_B}=\sqrt{\frac{M_r(B)}{M_r(A)}} \tag{1-29}$$

【例题 1-4】 50cm^3 氧气通过多孔性隔膜扩散需 20s，20cm^3 另一种气体通过该膜需 9.2s。求这种气体的相对分子质量。

解 单位时间内气体扩散的体积和扩散的速率成正比，因此

$$\frac{u(O_2)}{u(X)}=\frac{50/20}{20/9.2}=\sqrt{\frac{M_r(X)}{M_r(O_2)}}=\sqrt{\frac{M_r(X)}{32}}$$

$$M_r(X)=42.32$$

答：这种气体的相对分子质量为 42.32。

1.1.5 气体分子运动论

1. 气体分子的速率分布

处于同一体系的大量的气体分子相互碰撞，运动速率不一样，且不断改变，但其速率分布有一定规律。

麦克斯韦(Maxwell)研究了计算气体分子速率分布的公式，得到了麦氏分布函数：

$$f(v)=4\pi\left(\frac{m}{2\pi kT}\right)^{3/2}\mathrm{e}^{-\frac{mv^2}{2kT}}v^2 \tag{1-30}$$

讨论了分子运动速率的分布(图 1-4)。如中学物理中描述，分子分布规律是速率极大和极小的分子都较少，而速率居中的分子较多。

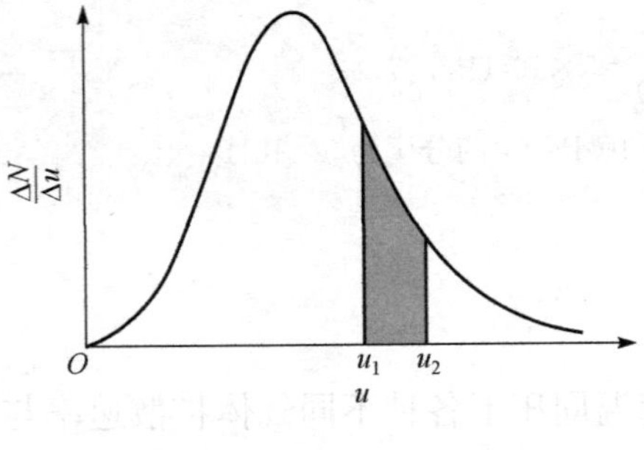

图 1-4　气体分子的速率分布

图 1-4 中，横坐标 u 为分子运动速率，纵坐标为单位速率间隔内分子的数目。曲线下覆盖的面积表示在 u_1 和 u_2 之间的气体分子的数目，是一个绝对的数量 N。

但这种图将因气体的多少而不同，因而 N 值不同。若将纵坐标改一下，除以 N，那么 $\frac{\frac{\Delta N}{\Delta u}}{N}=\frac{1}{N}\frac{\Delta N}{\Delta u}$，$N$ 是分子总数，则曲线下所覆盖的面积将是某速率区间内分子数占分子总数的分数(图 1-5)，即覆盖的面积表示速率在 $u_1\sim u_2$ 的分子占分子总数的分数。曲线下覆盖的总面积为单位 1。

只要温度相同，不论气体的量是多少，曲线一致。在 u_p 附近的小区间里，分子数目最多，即具有 u_p 速率的分子数目最多，分数最大。这里的 u_p 称为最概然速率(most probable speed)，又称为最可几速率，它表示气体在一定温度下分布在最概然速率 u_p 附近单位速率间隔内的相对分子数最多。最概然速率 u_p 小于算术平均速率 $\bar{u}$。算术平均速率为

$$\bar{u}=\frac{N_1u_1+N_2u_2+\cdots+N_Nu_N}{N} \tag{1-31}$$

方均根速率(root-mean-square speed)为

$$\sqrt{\overline{u^2}}=\sqrt{\frac{N_1u_1^2+N_2u_2^2+\cdots+N_Nu_N^2}{N_1+N_2+\cdots+N_N}} \tag{1-32}$$

温度增高，分子的运动速率普遍增大，最概然速率也增大，但具有最概然速率的分子分数少了。两条曲线下覆盖的面积是相等的(图 1-6)，均为单位 1。

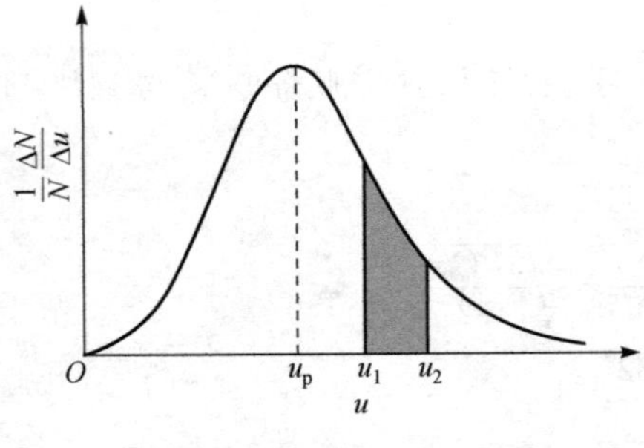

图 1-5　气体分子的速率分布最概然速率

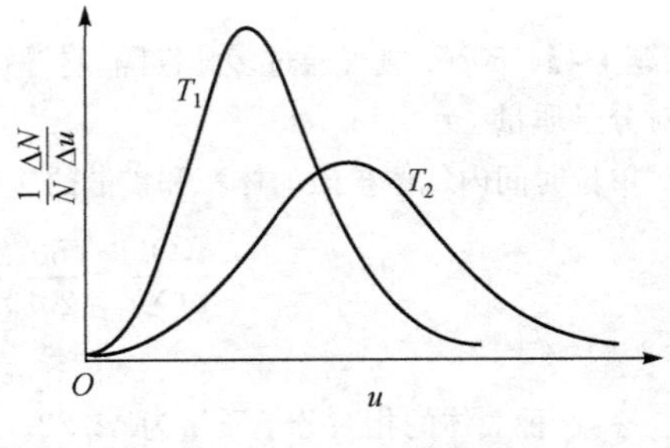

图 1-6　不同温度时的速率分布曲线($T_2>T_1$)

三种气体运动速率可用图 1-7 表示。三种速率的比例是 $\sqrt{\overline{u^2}}:\bar{u}:u_p=1.000:0.921:0.816$。

2. 气体分子的能量分布

气体分子的能量分布受其速率分布影响，并有着类似的分布，开始时较陡，后趋于平缓。此能量分布图是在三维空间的讨论结果(图 1-8)。在无机化学中，甚至在物理化学中，常用能量分布的近似公式来计算：

$$f_{E_0}=\frac{N_i}{N}e^{-E_0/RT} \tag{1-33}$$

式中，E_0是能量；N_i表示能量超过E_0 的分子的个数；N_i/N 是能量超过 E_0 的分子的分数；f_{E_0} 即是这个分数。从式中可以看出，E_0 越大时，f_{E_0} 越小。

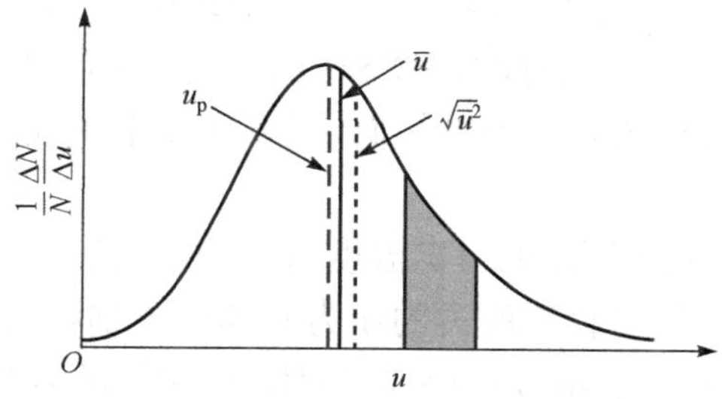

图 1-7　三种统计速率的比较

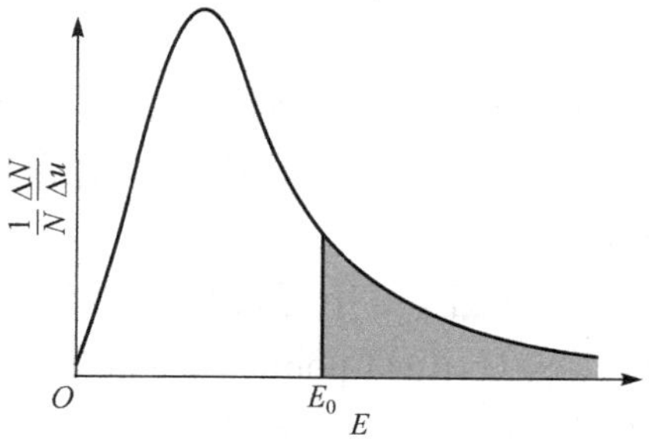

图 1-8　气体分子的能量分布

1.1.6　气体的液化

1. 气体液化的条件

从图 1-1 中得知，气体变成液体的过程称为液化或凝聚(liquefied or condensation)。气体液化就是改变物态的结构和性质。任何气体要液化，必须的条件是降低温度或同时加压。因为降温可以减小液体的饱和蒸气压，加压可以减小气体分子间的距离，有利于增大分子间的引力。

实验结果告诉我们：单纯的降温的确可以使气体液化，但是单纯采用加压的方法却未必能奏效，只有将温度降到一定值后，然后加压到一定程度才可实现气体的液化。

【思考题】

1-3　为什么单纯采用加压的方法不能使气体液化？

2. 水的相图

在加压下使气体液化所需的一定温度是什么呢？怎么确定呢？还是先看一下水的相图再讨论吧。

众所周知，水有三种不同的聚集状态，在指定的温度、压力下可以互成平衡，在特定条件下还可以建立其三相平衡体系，即水的相图(phase diagram of water)。在通常压力下，水的相图为单组分系统中最简单的相图。在此系统中只有一个相存在时，即水以气相或液相或固相存

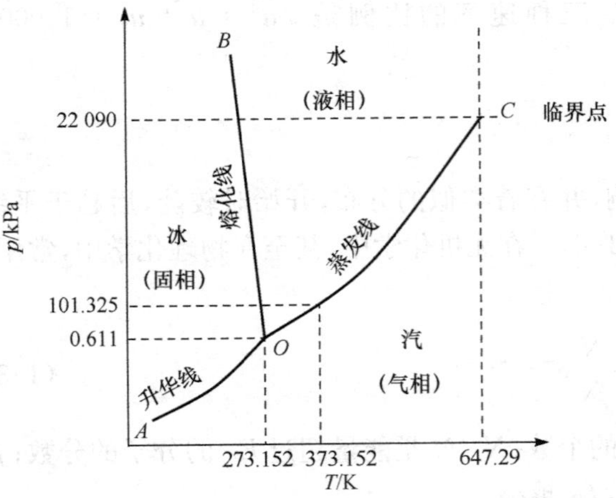

图 1-9　水的相图

在时，温度、压力均可变更。因此，在 T-p 图上有三个面各代表这三个相。在此系统中可能存在的两相平衡有三种情形，即液-气平衡、固-气平衡、固-液平衡，此时系统 T 和 p 只有一个能任意变更。因此，在 T-p 图上有三条线各代表上述三种两相平衡。在此系统中可能存在的三相平衡为固-液-气三相平衡，此时系统的 T 和 p 均已一定，不能变更。因此，在 T-p 图上有一个三相点。水的相图的具体形状如图 1-9 所示。其中 OC 线是液-气平衡线，即水的蒸气压曲线；OA 线是固-气平衡线，即冰的蒸气压曲线；OB 线是固-液平衡线；O 点是冰-水-气三相平衡的三相点(triple point)，从图中可以看出，此时的温度和压力均已一定，温度为 273.152K，压力为 0.611kPa。这就是常说的水的相图有三个单相面，三条两相平衡线，一个三相点。

显然，从图 1-9 中可以看到"在加压下使气体液化所需的一定温度"在 C 点。这个点称为水的临界点(critical point)。临界点的温度、1mol 气态物质所占的压力和体积分别称为临界温度(critical temperature，T_c)、临界压力(critical pressure，p_c)和临界体积(critical volume，V_c)，统称为临界常数(critical constant)。一些气体的临界常数和熔、沸点列于表 1-2。

表 1-2　一些气体的临界常数和熔、沸点

气　体	T_c/K	p_c/Pa	V_c/($m^3 \cdot mol^{-1}$)	熔点/K	沸点/K
He	5.1	2.28×10^5	5.77×10^{-5}	1	
H_2	33.1	1.30×10^6	6.50×10^{-5}	14	20
N_2	126	3.39×10^6	9.00×10^{-5}	63	104
O_2	154.6	5.08×10^6	7.44×10^{-5}	54	90
CH_4	190.9	4.64×10^6	9.88×10^{-5}	90	156
CO_2	304.1	7.39×10^6	9.56×10^{-5}	104	169
NH_3	408.4	1.13×10^7	7.23×10^{-5}	195	240
Cl_2	417	7.71×10^6	1.24×10^{-4}	122	239
H_2O	647.2	2.21×10^7	4.50×10^{-4}	273	373

从表 1-2 可看出，He、H_2、O_2 等的熔、沸点都很低，难以液化；NH_3、H_2O 等却易于液化。气态物质处于临界状态时是一种亚稳态，气体和液体之间的性质差别消失，两者之间的界面也消失。无机合成化学家利用这点发明了"水热/溶剂热合成法"，在这种状态下制备了无数在常态下无法得到的新物种。一个典型的例子是李亚栋、钱逸泰在 700℃下将 CCl_4 和金属 Na 发生类似 Wurtz 反应制成了金刚石，该工作在 *Science* 上发表不久就被美国《化学与工程新闻》评价为"稻草变黄金"。

【思考题】

1-4　在水的相图中，为什么 OB 线向下可延伸到绝对零度，向上延伸却不能超过 B？OB 线向上只可延伸到 2×10^{8} Pa 和 -20℃左右，若压力再增加又会怎么样？

1-5　为什么 He、H_2、O_2 等熔、沸点都很低的物质难以液化？NH_3、H_2O 等却易于液化？

1-6　为什么"水热/溶剂热合成法"可以制备出在常态下无法得到的新物种？

1.2　溶液和液体

1.2.1　液体状态

液体状态是分子由无序运动的气态到分子完全有序定位的晶体之间的一种过渡状态。它没有确定的形状，往往受容器影响。但它的体积在压力及温度不变的环境下，是固定不变的。此外，液体对容器边施加压力和其他物态一样。这压力传送向四面八方，不但不会减少并且随深度一起增加(水越深，水压越大的原因)。液体具有一定的流动性和掺混性，具有固定的凝固点和沸点。

在液体中，分子间的空间已被分子间引力局限到最小程度，所以改变压力时对液体的体积几乎没有影响。对液体升高温度时，大多数液体会发生体积膨胀，从而使其密度减小；升高温度使液体分子动能增大，分子运动加剧而与分子间引力相对抗，不过由此产生的体积膨胀比气体体积随温度膨胀要小得多。

液体具有表面张力。在液体内部的一个分子在各个方向上均等地被周围分子吸引，但在液面上的分子仅下面被内部分子吸引，因而液面分子被拉向内部，倾向于使液体表面收缩到最小，这可以说明小液滴呈圆球形的原因。液体表面张力随温度升高而降低。

【思考题】

1-7　为什么液体表面张力随温度升高而降低？

液体分子之间的距离要比气体分子之间的距离小得多，所以液体分子彼此之间是受分子间力约束的，在一般情况下分子不容易逃逸。液体分子一般只在平衡位置附近做无规则振动，在振动过程中各分子的能量将发生变化。然而要了解液体的结构却并非易事。根据 pH 与溶液中存在的各物种的化学平衡关系计算给出溶液中物种分布和物化性质随温度、浓度和阳离子的变化规律，然后用同步辐射衍射仪反射法测定溶液的衍射数据，最后结合光谱学及计算机模拟结果，通过几何模型给出溶液中各种化学键长，推测出液体结构，恐怕是研究液体结构的前沿课题。

1. 液体的蒸发或气化

在液体中分子互相碰撞时，分子的动能会连续变化。但总体上有些分子瞬时具有相对较高的能量，而有些分子具有相对较低的能量。靠近液面具有高能量的分子可以克服周围分子的引力从液面逸出，此时的现象称为蒸发或气化(evaporation or gasification)。蒸发或气化过程可以继续进行直到全部液体蒸发。在一定温度下，蒸发 1mol 液体所需要的总热量称为该液体的摩尔蒸发焓或摩尔气化焓(molar enthalpy of vaporization)，用符号 $\Delta_{vap}H_m$ 表示，单位为 kJ · mol^{-1}。常把 $\Delta_{vap}H_m$ 规定为在正常沸点下的气化焓(表 1-3)。

表 1-3 正常沸点下液体的气化焓和固体的摩尔凝固焓

液体或固体	正常沸点 t_b/℃	$\Delta_{vap}H_m$/(kJ · mol^{-1})	熔点 t_m/℃	$\Delta_{fus}H_m$/(kJ · mol^{-1})
水	100.0	40.67	0.0	6.03
苯	80.1	30.35	5.5	9.83
乙醇	78.5	38.57	−117.2	4.60
四氯化碳	76.7	30.0	−22.9	2.51
氯仿	61.3	29.37	−63.5	9.20
二硫化碳	46.3	26.78	−112.1	4.39

【思考题】

1-8 为什么温度升高到临界温度时,液体的气化焓为零?

1-9 为什么人体通过表面皮肤的汗水蒸发可以在炎热天气保持体温恒定?

当蒸气凝聚成液体时,两相间的焓差就以热的形式释放出来,这份热效应称为摩尔凝固热(molar of condensation heat),它在数值上等于摩尔气化焓。

2. 液体的饱和蒸气压

液体在密闭的容器中蒸发时,蒸气分子不能远离液体,有的蒸气分子会撞击液体面被液体俘获又重新回到液体中。

$$H_2O(l) \underset{凝聚}{\overset{蒸发}{\rightleftharpoons}} H_2O(g)$$

当蒸发速率与凝聚速率相等时,液相与气相达到了平衡,气相中蒸气分子的浓度恒定不变。我们就把在一定温度下,与液体处于相平衡的蒸气所具有的压力称为饱和蒸气压(saturated vapor pressure)。同一物质在不同温度下有不同的蒸气压,并随着温度的升高而增大(图 1-10)。

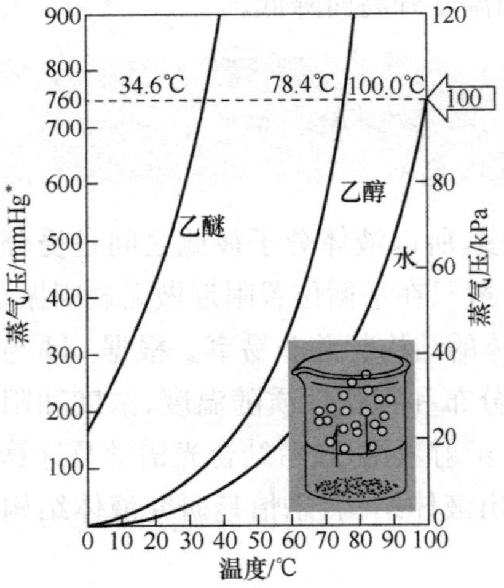

图 1-10 液体的蒸气压-温度曲线

3. 液体的沸点

观察液体的蒸气压-温度曲线,当达到一定温度时,产生的蒸气压力等于外界压力时,整个液体内部都冒出大量气泡,气泡上升至液面,随即破裂而逸出。这种现象称为沸腾(boiling)。所以液体沸腾的条件是液体的蒸气压等于外界压力,沸腾时的温度称为液体的沸点(boiling point)。如果外界压力为 101.325kPa,液体的沸点称为正常沸点(normal boiling point)。如果加大外界压力,沸点就高于正常沸点,反之,减压,沸点就会低于正常沸点。例如,高原地方食品难以煮熟,就要使用高

* 1mmHg=133.322Pa。

压锅蒸煮食物。减压蒸馏化合物也是这个道理。

【例题 1-5】 采用减压蒸馏精制苯酚。已知苯酚的正常沸点为 455.1K，如果外压为 1.333×10^4 Pa，苯酚的沸点为多少？已知 $\Delta_{vap}H_m=48.139\text{kJ}\cdot\text{mol}^{-1}$。

解　已知 $p_1=1.013\times10^5\text{Pa}, p_2=1.333\times10^4\text{Pa}$

$$\Delta_{vap}H_m=48.139\text{kJ}\cdot\text{mol}^{-1}$$

$$R=8.314\text{J}\cdot\text{K}^{-1}\cdot\text{mol}^{-1}$$

代入描述两个不同温度下蒸气压关系的克劳修斯-克拉贝龙(Clansius-Clapeyron)方程：

$$\lg\frac{p_1}{p_2}=-\frac{\Delta H}{2.303R}\left(\frac{1}{T_2}-\frac{1}{T_1}\right)$$

$$\lg\frac{1.013\times10^5}{1.333\times10^4}=-\frac{48\,139}{2.303\times8.314}\left(\frac{1}{T_2}-\frac{1}{455.1}\right)$$

$$T_2=393\text{K}$$

答：苯酚的沸点为 393K。

4. 液体的凝固点

当一种液体受冷时，分子运动逐渐变慢，最后达到一种温度状态，分子的动能足够低，即一旦温度降低到分子所具有的平均动能不足以克服分子间的引力时，会使分子间引力足以固定在晶格点上，此时物质开始凝固(solidification)。

一种液体的正常凝固点是在 100kPa 下该物质液相与固相达成平衡时的温度。在凝固点上，固-液平衡体系的温度一直保持恒定，直到液体完全凝固时为止。在凝固点时 1mol 物质完全凝固所需取走的热量称为该物质的摩尔凝固焓(molar enthalpy of solidification)，用符号 $\Delta_{fus}H_m$ 表示，单位为 $\text{kJ}\cdot\text{mol}^{-1}$。一些物质的摩尔凝固焓列于表 1-3。

1.2.2　溶液浓度的表示方法

溶液浓度是指给定量的溶剂或溶液中溶解的溶质的量。可以说：溶液中溶质的量越大，浓度就越大。溶液浓度既可以定性表达，也可以定量表达。通常所称的“稀溶液”或“浓溶液”属定性表达。前者是指溶质浓度相对较小的溶液，后者则指溶质浓度相对较大的溶液，但对“较小”和“较大”没有明确界定。

定量表达方法有多种。例如，试剂硫酸标签上标出的浓度为 98%，是指 100g 硫酸溶液中含 98g H_2SO_4。这样表示的浓度称为“质量分数”，工业上使用较广泛。溶液浓度有时也用“体积分数”表达，如汽车水箱防冻液的体积分数为 25.0%，该溶液是将 25.0mL 甲醇用水稀释至 100mL 得到的。用溶质质量和溶液体积组合表示的浓度称为“质量/体积分数”，如浓度为 0.9%的 NaCl 注射液，是指 100mL 溶液中溶有 0.9g NaCl 的水溶液。

本节介绍四种法定的表示浓度的物理量，它们是物质的量浓度、质量摩尔浓度、摩尔分数和质量分数。由于前三种表示方法都以“物质的量”为基础，这里首先介绍物质的量(amount of substance)这一概念。它是国际单位制的 7 个基本物理量之一。物质的量的量符号为 n，B 物质的物质的量定义为该物质的质量(m)除以它的摩尔质量(M)：

$$n(\text{B})=\frac{\text{B 物质的质量}}{\text{B 物质的摩尔质量}}=\frac{m(\text{B})}{M(\text{B})}\tag{1-34}$$

例如,样品 O_2(g)的质量为 128.0g,相应的物质的量为

$$n(O_2)=m(B)/M(B)=128.0g/32.0g\cdot mol^{-1}=4.00mol$$

本例说明,一物质的物质的量由一个数字和单位 mol 组成。或者说,一物质的物质的量是该物质以 mol 为单位的量。

1. 物质的量浓度

溶液中 B 物质的物质的量浓度(amount of substance concentration)定义为

$$c(B)=\frac{B\text{物质的物质的量}}{\text{溶液的体积}}=\frac{n(B)}{V(sol)} \tag{1-35}$$

式中,c 为物质的量浓度符号,单位常用 $mol\cdot L^{-1}$或 $mol\cdot dm^{-3}$。物质的量浓度表达的是 1L 溶液中溶质的物质的量,它是化学上使用最频繁的浓度表达方式,因而简称**浓度**(concentration)。

2. 质量摩尔浓度

溶液中 B 溶质的质量摩尔浓度(molality)定义为

$$b(B)=\frac{\text{溶质 B 的物质的量}}{\text{溶剂的质量}}=\frac{n(B)}{m(solv)} \tag{1-36}$$

式中,b 为质量摩尔浓度符号,单位为 $mol\cdot kg^{-1}$。质量摩尔浓度表达的是 1kg 溶剂中溶质的物质的量。

当溶剂为水时,1L 稀溶液的质量接近 1kg。这意味着,如果溶质的量相同,式(1-35)中的 c(B)与式(1-36)中的 b(B)在数值上将十分接近。那么,既然有了物质的量浓度,为什么还要定义质量摩尔浓度呢?这是因为,前者是以溶液的体积为基础定义的,而后者则以溶剂的质量为基础定义。以体积为基础的溶液浓度受温度变化影响。如图 1-11 所示,如果在 25℃的室温使用 20℃室温下按物质的量浓度配制的溶液,实际浓度就会低于标签浓度,给结果带来误差。物质的量浓度通常只用于化学计量测量,如滴定分析。在这类测量中,温度变化带进的误差往往不会超出方法本身的误差范围。质量摩尔浓度不随温度变化而变化,不会带来这样的问题。下面接着介绍的摩尔分数也不受温度影响,对高精确度的测量(如溶液依数性的测量)而言,则要使用质量摩尔浓度或摩尔分数。

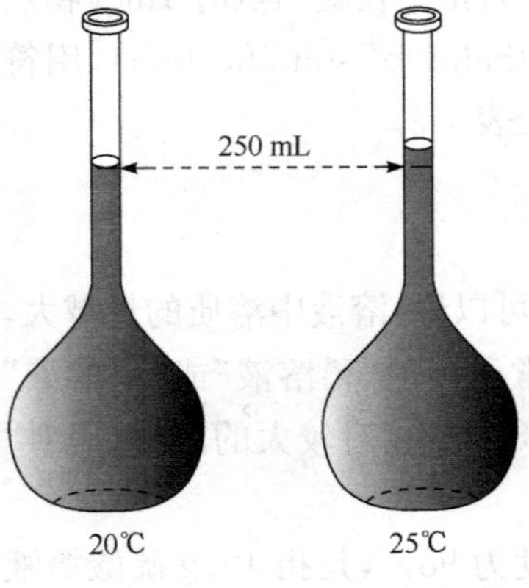

图 1-11 物质的量浓度随温度变化而变化

3. 摩尔分数

溶液中 B 物质的摩尔分数(molar fraction)定义为

$$x(B)=\frac{B\text{物质的物质的量}}{\text{各物质的物质的量之和}}=\frac{n(B)}{n(A)+n(B)+\cdots} \tag{1-37}$$

式中,x 为摩尔分数符号。摩尔分数没有单位,量纲为一。显而易见,溶液中所有组分的摩尔分数之和为 1。

4. 质量分数

B 物质的质量分数(mass fraction)定义为

$$w(\text{B})=\frac{\text{B 物质的质量}}{\text{混合物的质量}} \tag{1-38}$$

式中,w 为质量分数,没有单位,量纲为一。化学上用质量分数表示混合物(包括溶液和非均相混合物)样品中某物质的含量,如 2.5g 某纯碱试样中含 Na_2CO_3 2.0g,该样品中 Na_2CO_3 的质量分数 $w(Na_2CO_3)=0.80$。质量分数也用来表示纯化合物中某组成元素的含量。

【思考题】

1-10　对于稀溶液,为什么可以近似地用物质的量浓度代替质量摩尔浓度?

1.2.3　溶液的依数性

溶质的溶解是一个物理化学过程,溶解的结果是溶质和溶剂的某些性质发生了变化。这些性质变化分为两类:第一类性质变化取决于物质的本性;第二类性质变化仅与溶质的量(浓度)有关而与溶质的本性无关。第二类性质变化适用于难挥发的非电解质的稀溶液,所以又称稀溶液依数性或稀溶液通性(colligative properties of dilute solution or dilute solution connectivity)。

1. 溶液的蒸气压下降

首先介绍溶液的蒸气压下降(vapor pressure of the solution lowering)及其原理,从而为讨论其他几种依数性作铺垫。

如图 1-12 所示,钟罩(a)下方的烧杯盛有一定体积的纯水。液体中的水分子不断离开表面进入气相,气相的水分子也不断回到液体表面,最终达到平衡状态。平衡状态下,钟罩里水蒸气的分压就是该温度下水的蒸气压。钟罩(b)下方的烧杯盛有相同体积的葡萄糖水溶液,该系统也以同样的过程到达平衡。平衡状态下,钟罩里水蒸气的分压是该温度下溶液的蒸气压,它小于钟罩(a)下方纯溶剂的水的蒸气压。直白的说法是:溶剂的部分表面被溶质所占据,因此在单位时间内逸出液面的溶剂分子数就相应减少,结果达到平衡时,溶液的蒸气压必然低于纯溶剂的蒸气压。

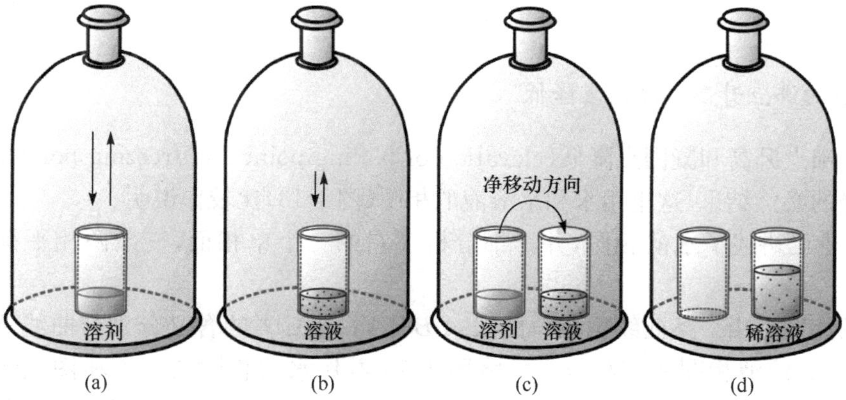

图 1-12　溶液的蒸气压小于纯溶剂的蒸气压

钟罩(c)下方的两个烧杯分别盛有等体积的溶剂和溶液。当蒸气压对溶剂呈饱和状态时，对溶液已呈过饱和状态，从而导致水分子从纯溶剂到溶液的净移动。溶剂杯中的液面逐渐下降，溶液杯中的液面则不断上升。

钟罩(d)显示最终状态。只要时间足够长，溶剂杯中的水会全部转移到溶液杯中去，使后者溶液体积加倍。

溶液的蒸气压低于纯溶剂的蒸气压，其压差是导致上述转移的驱动力。同一空间存在两个趋向平衡的过程，当纯水通过形成水蒸气试图达到自身的气-液平衡时，就为葡萄糖溶液创造了条件，让更多的气体水分子回到溶液的液面。尽管移动过程中葡萄糖溶液的浓度越来越低，但终归还是溶液。由于溶液的蒸气压总是低于纯溶剂的蒸气压，上述溶剂分子的净移动过程能够持续，直到纯溶剂被耗尽。

理想溶液的蒸气压用**拉乌尔定律**(Raoult's law)表达：溶液上方由溶剂产生的分压等于纯溶剂的蒸气压乘以溶液中溶剂的摩尔分数。数学表达式为

$$p = xp^0 \tag{1-39}$$

式中，p 表示溶液的蒸气压；p^0 表示纯溶剂的蒸气压；x 表示溶剂的摩尔分数。由于 $x<1$，所以 $p<p^0$。实际溶液(特别是浓度较大的溶液)不能精确地服从拉乌尔定律。

溶液蒸气压降低的性质是一种"依数性"。在一定量的水中，溶解 1.0mol 葡萄糖($C_6H_{12}O_6$，非电解质)或溶解 1.0mol 乙二醇[$C_2H_4(OH)_2$，非电解质]，其蒸气压下降程度大体都相同。

【例题 1-6】 已知 20℃时水的饱和蒸气压为 2.33kPa。将 17.1g 蔗糖($C_{12}H_{22}O_{11}$)与 3.00g 尿素[$CO(NH_2)_2$]分别溶于 100g 水。计算形成溶液的蒸气压。

解 两种溶质的摩尔质量是 $M_1=342\text{g}\cdot\text{mol}^{-1}$ 和 $M_2=60.0\text{g}\cdot\text{mol}^{-1}$

$$b_1=\frac{17.1\text{g}}{342\text{g}\cdot\text{mol}^{-1}}\times\frac{1000\text{g H}_2\text{O}}{100\text{g H}_2\text{O}}=0.500\text{mol}\cdot\text{kg}^{-1}$$

$$b_2=\frac{3.00\text{g}}{60.0\text{g}\cdot\text{mol}^{-1}}\times\frac{1000\text{g H}_2\text{O}}{100\text{g H}_2\text{O}}=0.500\text{mol}\cdot\text{kg}^{-1}$$

两种溶液中水的摩尔分数相同，1kg 水的物质的量为 55.5mol

$$x(H_2O)=\frac{55.5}{55.5+0.5}=0.991$$

所以，两种溶液的蒸气压均为　　$p=2.33\text{kPa}\times0.991=2.31\text{kPa}$

答：溶液的蒸气压为 2.31kPa。

2. 溶液的沸点升高和凝固点降低

溶液的沸点升高和凝固点降低(elevation of boiling point and freezing point lowering)是蒸气压下降的必然结果，这里用水和水溶液的相图(图 1-13)比较作说明。

图 1-9 中已讲述了水的相图，并详细分析了它的三个单相面，三条两相平衡线，一个三相点。

溶液的相图也由 3 条曲线构成。曲线 $A'B'$、$A'C'$、$A'D'$ 的含义分别与曲线 AB、AC、AD 相类似，A' 点是溶液相图的三相点。可将图 1-13 看作水的相图与溶液相图在纸面的叠加。从叠加图上发现，曲线 $A'D'$ 与曲线 AD 的低温段相重叠。造成这种重叠的原因是，从水溶液

析出的固体也是纯冰，而不是“凝固的溶液”。在这里，固相与气相之间的平衡依然是冰与水蒸气之间的平衡。

既然曲线 AB 上的任何一点表示一定温度下的水蒸气压，当水蒸气压为 101.3kPa（标准态压力）时，对应的温度理应是水的标准沸点了。溶液的蒸气压下降导致曲线 $A'B'$ 只能处于曲线 AB 的下方，要让其水蒸气压达到标准态压力，只能期待更高的温度。图中用 ΔT_b 表示沸点升高值。

纯水的凝固点和水溶液的凝固点应当是图中水平虚线与曲线 AC 和曲线 $A'C'$ 的两个交叉点对应的温度。而凝固点是上升或是下降，则取决于曲线 AC 和 $A'C'$ 的相对位置。

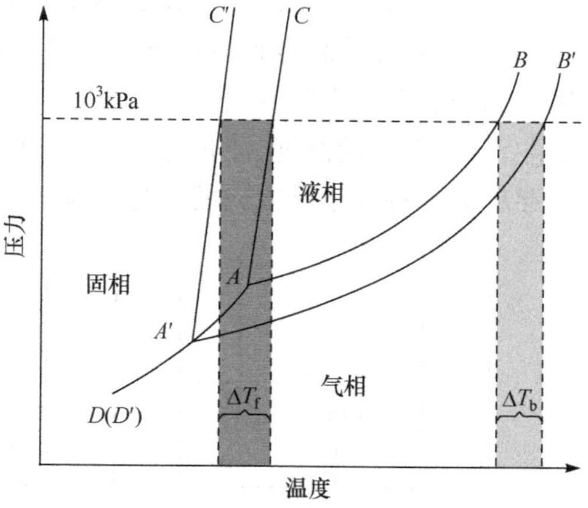

图 1-13　水和水溶液的相图：溶液蒸气压下降的说明

两条曲线的重要特征之一是，都从各自的三相点出发向上延伸。由于溶液的蒸气压曲线（$A'B'$）处于水的蒸气压曲线（AB）下方，与曲线 $A'D'$（AD）只能在更低的温度相交。即溶液的三相点温度低于水的三相点温度，这正好能说明溶液的凝固点下降，图中用 ΔT_f 表示。

沸点升高值和凝固点降低值均与溶液的质量摩尔浓度 b 成正比：

$$\Delta T_b = K_b b \tag{1-40}$$

$$\Delta T_f = K_f b \tag{1-41}$$

式中，K_b 和 K_f 分别为**沸点升高常数**（boiling point elevation constant）和**凝固点降低常数**（freezing point depression constant），分别代表 $b=1\text{mol}\cdot\text{kg}^{-1}$ 时沸点的升高值和凝固点的降低值。不同溶剂的 K_b、K_f 各不相同，表 1-4 给出几个例子。

表 1-4　几种溶剂的沸点升高常数和凝固点降低常数

溶　剂	$K_b/(\text{K}\cdot\text{mol}^{-1}\cdot\text{kg})$	$K_f/(\text{K}\cdot\text{mol}^{-1}\cdot\text{kg})$	溶　剂	$K_b/(\text{K}\cdot\text{mol}^{-1}\cdot\text{kg})$	$K_f/(\text{K}\cdot\text{mol}^{-1}\cdot\text{kg})$
乙酸	3.07	3.90	苯酚	3.56	7.27
苯	2.53	5.12	水	0.51	1.86
硝基苯	5.24	8.1	三氯甲烷	3.63	4.68

沸点升高值和凝固点降低值与溶质的性质无关。例如，$K_b(H_2O)=0.52\text{K}\cdot\text{mol}^{-1}\cdot\text{kg}$，不论 $1\text{mol}\cdot\text{kg}^{-1}$ 的蔗糖水溶液还是 $0.5\text{mol}\cdot\text{kg}^{-1}$ 的尿素水溶液，其沸点均比纯水沸点高出 0.52K。

【思考题】

1-11　NaCl 是强电解质。它能适用于难挥发的非电解质的稀溶液的依数性各定量公式吗？

3. 溶液的渗透压

有些多孔性膜（包括生物膜和合成膜）与溶液接触时，只允许某些粒子（分子和离子）通过，这种性质称为半透性（semipermeablity）。允许通过的粒子往往是体积较小的粒子（如溶剂水分子)，被阻挡的往往是体积较大的溶质分子或离子。

图 1-14 用来讨论溶液的渗透压。图 1-14(a)中 U 形管的右臂装有某种溶质的水溶液，被半透膜隔开的左臂则装有同体积的水，左右两臂的 H_2O 分子都可以发生穿越半透膜的迁移。由于左臂中 H_2O 的浓度(质量分数等于 1)大于右臂中 H_2O 的浓度(质量分数小于 1)，自左向右的穿越速率将大于反方向的穿越速率。

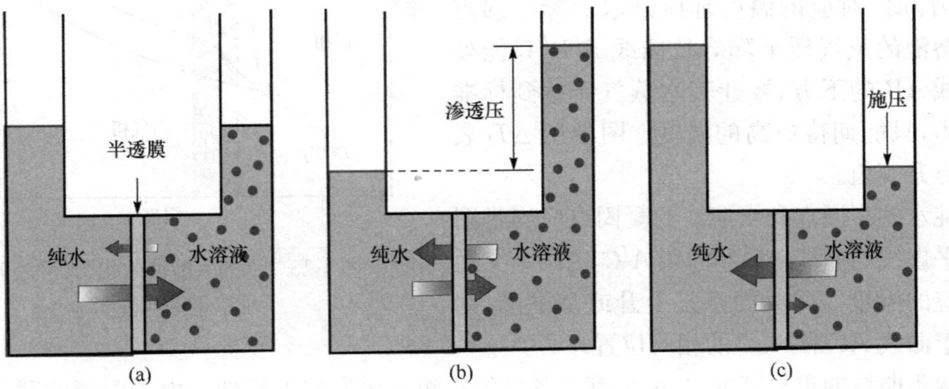

图 1-14　渗透和反向渗透

图 1-14(b)给出穿越迁移的净结果：右臂液面升高，左臂液面下降。尽管左臂中 H_2O 的浓度永远大于右臂中 H_2O 的浓度，在这里却不能再现图 1-12 中发生的全部转移。这是因为，随着左、右两臂液面差的逐渐扩大，压力差也在逐渐增加，最终导致 H_2O 分子以相同的速率从不同方向穿越半透膜。将这种平衡状态下的压差称为该溶液的**渗透压**(osmotic pressure)。溶液浓度越大，渗透压(Π)越大。定量表达式为

$$\Pi = cRT \tag{1-42}$$

式中，c 为物质的量浓度；R 为摩尔气体常量；T 为热力学温度。

图 1-14(c)表示了海水脱盐的原理与渗透作用密切相关。如果 U 形管右臂的溶液是海水，而且在其上方施加的压力大于渗透压，则可导致 H_2O 分子发生自右至左的净迁移，即发生**反向渗透**(reverse osmosis)。反向渗透原理不但可用在紧急状态下为海员提供饮用水，甚至可用于居民的正常供水。反向渗透还可用于净化工业污水和生活污水，在排放前脱除溶解于其中的物质。

4. 溶液的依数性应用

不论在实验室还是在日常生活中，溶液的依数性都得到了广泛的应用。放在食盐水中的黄瓜通过渗透作用失水并皱缩为咸菜。渗透作用会使放在水中的蔫萝卜重新坚挺。食盐用于腌制咸肉，是因为涂抹在肉品表面的盐分会使细菌细胞通过渗透失水而皱缩，并最终导致细菌死亡。渗透作用在生命系统中起着非常重要的作用，如红血细胞在输液过程中发生的皱缩作用和溶血作用。食盐可使水的凝固点下降 21℃或更多，如果实验需要的低温不低于－21℃，食盐和冰的混合物将是一种方便的选择。依据同样原理，食盐也被用作道路的融雪剂。人们用醇(如甲醇、乙醇、乙二醇、甘油等)的水溶液作为汽车的防冻液。

1) 测定分子的摩尔质量

上述四种依数性都可以用于物质摩尔质量的测定，但由于测定蒸气压和渗透压的技术比

较困难，所以常用沸点升高和凝固点降低这两种依数性来测定溶质的摩尔质量，只是对于摩尔质量特别大的物质如血色素等生物大分子才采用渗透压法。

【例题 1-7】 把 1.09g 葡萄糖溶于 20g 水中所得溶液在 101 325Pa 下沸点升高了 0.156K，求葡萄糖的摩尔质量 M。

解　查水的 $K_b=0.512\text{K}\cdot\text{mol}^{-1}\cdot\text{kg}$，由公式 $\Delta T_b=K_b b$

$$0.156\text{K}=0.512\text{K}\cdot\text{mol}^{-1}\cdot\text{kg}\times\frac{\frac{1.09\text{g}}{M}}{\frac{20}{1000}\text{kg}}$$

$$M=\frac{1.09\times0.512}{0.02\times0.156}\text{g}\cdot\text{mol}^{-1}=179\text{g}\cdot\text{mol}^{-1}$$

答：葡萄糖的摩尔质量为 $179\text{g}\cdot\text{mol}^{-1}$。

2）制作防冻剂和冷冻剂

溶液的凝固点降低原理在实际工作中很有用处。在严寒的冬天，为防止汽车水箱冻裂，常在水箱中加入甘油或乙二醇以降低水的凝固点，这样可以防止水箱中的水因结冰而体积膨大，胀裂水箱。

【例题 1-8】 为防止汽车水箱在寒冬季节冻裂，需使水的凝固点下降到 253K，则在每 1000g 水中应加入甘油多少克？（甘油的分子式为 $C_3H_8O_3$，$M=92\text{g}\cdot\text{mol}^{-1}$）

解　查水的 $K_f=1.86\text{K}\cdot\text{mol}^{-1}\cdot\text{kg}$，$\Delta T_f=273\text{K}-253\text{K}=20\text{K}$，依公式

$$\Delta T_f=K_f\cdot b$$

$$b=\frac{\Delta T_f}{K_f}=\frac{20.0\text{K}}{1.86\text{K}\cdot\text{mol}^{-1}\cdot\text{kg}}$$

$$=10.75\text{mol}\cdot\text{kg}^{-1}$$

依据题意，1000g 水中应加入 10.75mol 甘油，其质量为

$$10.75\text{mol}\times92\text{g}\cdot\text{mol}^{-1}=989\text{g}$$

答：在每 1000g 水中应加入甘油 989g。

3）配置等渗输液

渗透现象在许多生物过程中有着不可缺少的作用，特别是人体静脉输液所用的营养液（如葡萄糖等）都需经过细心调节以使它与血液具有同样的渗透压（约 780kPa），否则血细胞将遭到破坏。

【例题 1-9】 临床上用的葡萄糖（$C_6H_{12}O_6$，相对分子质量为 180）等渗液的凝固点降低值为 0.543℃，溶液的密度为 $1.085\text{g}\cdot\text{cm}^{-3}$。试求此葡萄糖溶液的质量分数和 37℃时人体血液的渗透压。

解　依公式

$$\Delta T_f=K_f\cdot b$$

$$b=\frac{\Delta T_f}{K_f}=\frac{0.543\text{K}}{1.86\text{K}\cdot\text{mol}^{-1}\cdot\text{kg}}=0.292\text{mol}\cdot\text{kg}^{-1}$$

此葡萄糖溶液的质量分数为$\dfrac{0.292\times180}{0.292\times180+1000}\times100\%=4.99\%$

因为

$$c=\frac{0.292}{(1000+0.292\times180)/1.085}\times1000=0.301(\text{mol}\cdot\text{dm}^{-3})$$

所以　$\Pi=cRT=0.301\times8.314\times(37+273)=0.301\times8.314\times310=775.8(\text{kPa})$

答：此葡萄糖溶液的质量分数为4.99%，37℃时人体血液的渗透压为775.8kPa。

1.3 固　　体

固体(solid)具有固定的形状和体积，这表明固体内部的原子、分子或离子间具有很强的吸引力。固体与气体间的一个显著区别是扩散速率不同，固体扩散的速率远慢于气体。

结构测定表明：有的固体其微粒是有规律的，称为晶体(crystal)；有的固体其微粒的排列则毫无规律，称为非晶体(non crystal)，也称为无定形体(amorphous body)。

1.3.1 晶体

晶体是内部质点在三维空间成周期性重复排列的固体。晶体有以下几个鲜明的特征。

1. 自范性

所有晶体均具有能自发地形成封闭的几何多面体外形的性质。晶体生长过程中自发地形成晶面，晶面相交成为晶棱，晶棱会聚成顶点，从而具有能够形成多面体外形的特点，这就是晶体的自范性。规则的几何多面体外形表明晶体内部结构是规则的。当然晶体的外形由于受外界条件的影响，往往同一晶体物质的各种不同样品的外形可能不完全相同。例如，大家熟知的食盐晶体在正常结晶条件下呈立方晶体外形，当在含有尿素的母液中结晶时，则呈现出削去顶角的立方体甚至八面体外形。

2. 均匀性

在宏观情况下，一块晶体内部各个部分的物理性质和化学性质都是相同的，这种性质称为晶体的均匀性。例如，相同的密度，相同的化学组成等。晶体的均匀性来源于晶体中质点排布的周期很小，宏观观察分辨不出微观的不连续性。气体、液体和玻璃体也有均匀性，但那是来源于质点杂乱无章地分布，其均匀性是质点无序分布的统计结果。

3. 各向异性

晶体的宏观物理性质是各向异性的。各向异性是指同一晶体在不同方向上具有不同的物理性质。例如，在不同方向上具有不同的电导率、不同的热膨胀系数、不同的折射率、不同的压电性能以及不同的机械强度等。石墨的横向导电能力是竖向的1万倍。晶体的这种性质表明晶体内部的规则性在不同方向是不一样的。因为一般情况下，在周期性结构中，不同方向上质点的排列情况是不同的，因此在物理性质上具有各向异性。

而玻璃态等非晶态物质，则不会出现各向异性，而是各向等性。例如，玻璃的折射率和热膨胀系数等，一般不随测定的方向而改变。

4. 有确定的熔点

晶体具有周期性结构，长程有序。晶体熔化过程是晶体长程序解体的过程。破坏长程序所需的能量就是熔化热。所以晶体具有特定的熔点。反之，也说明晶体内部结构的规则性是长程有序的。

而玻璃体则没有一定的熔点。在加热玻璃时，由于玻璃中的质点排列杂乱无章，不同部位熔化所需温度不同，玻璃体只有一个玻璃化温度，到一定温度，玻璃体先软化，黏度再逐渐变小，可流动，最后变为液体。

5. 晶体的对称性

晶体往往具有明显的、高度的对称性。晶体的对称性可以分为宏观和微观两种。晶体的宏观对称性可以从晶体的外形上表现出来。

6. 晶体对X射线、电子流和中子流的衍射

由于晶体结构的周期大小和X射线、电子流和中子流的波长相当，可以作为三维光栅，使X射线、电子流和中子流发生衍射效应。这些衍射法能获得有关晶体结构可靠而精准的数据。尤其是晶体的X射线衍射成为了解晶体内部结构的重要实验方法。非晶体物质没有周期性结构，只能产生散射效应，得不到衍射图像。

上述晶体的特性是由晶体内部质点排列的周期性所决定的，是各种晶体所共有的，是晶体的基本性质。

晶体的这些宏观性质特征表明，晶体中的原子、分子(通常称为粒子)是按一定方式重复排列的。这种性质称为晶体结构的周期性。这是晶体微观结构最基本的特征，而无定形固体不具有上述特点。有关晶体的内部结构将在第4章讲述。

晶体有各向异性的特点，有些晶体因在各个方向上排列的差异而导致各向异性。各向异性只有在单晶中才能表现出来。固态物质有晶体与非晶态物质(无定形固体)之分，根据晶体中微粒之间的相互作用的性质，可将晶体分为如下4种基本类型。

(1) 金属晶体：金属晶体中微粒之间的相互作用是金属键。金属键是无方向性也无饱和性的，因此金属原子总是与尽量多的其他金属原子结合。金属原子的配位数都很高。作用力的大小由金属键的强弱来决定。这类晶体熔、沸点高，不溶于水，硬度大，导电性一般很好，延展性也一般很好。

(2) 离子晶体：离子晶体中微粒之间的相互作用是离子键。离子键无方向性，也无饱和性，在离子周围可以尽量多地排列异号离子，而这些异号离子之间也存在斥力，所以要尽量远离。由于离子键的作用很强，离子不能在晶体中自由移动，它们的导电性差，熔、沸点高。

(3) 分子晶体：分子晶体中基本微粒为小分子，微粒之间的相互作用是分子间力。这类晶体的特点是熔、沸点低，硬度小，导电性差，无网状氢键时一般性柔，有网状氢键时性脆，水溶性视其极性而定。

(4) 原子晶体：原子晶体中基本微粒为原子，微粒之间的相互作用是共价键。这类晶体的特点是熔、沸点高，不溶于水，硬度大，导电性一般较差，无延展性。

1.3.2　非晶体

非晶体又称无定形体。内部原子或分子的排列呈现杂乱无章的分布状态的固体称为非晶体，如玻璃、沥青、石蜡等。非晶体不具备晶体的三大特点，如晶体受热有固定熔点 T_m，非晶体就没有固定的熔点，这是因为非晶体由于分子、原子的排列不规则，吸收热量后不需要破坏其空间点阵，只用来提高平均动能，所以当从外界吸收热量时，便由硬变软，最后变成液体，只存在一个玻璃化温度 T_g(图 1-15)。

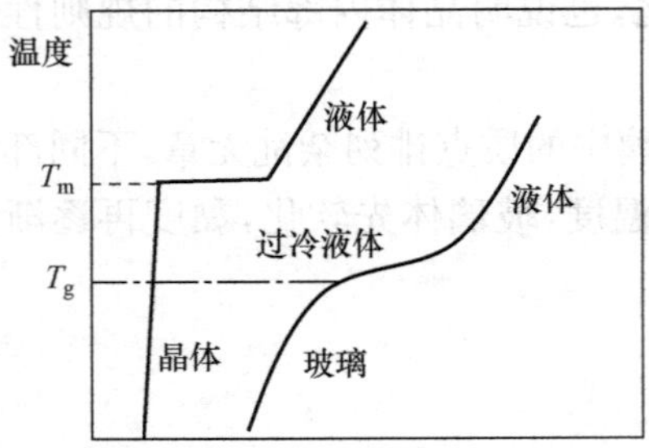

图 1-15　晶体和非晶体的熔化

非晶态固体包括非晶态电介质、非晶态半导体、非晶态金属。它们有特殊的物理、化学性质。例如，金属玻璃(非晶态金属)比一般(晶态)金属的强度高、弹性好、硬度和韧性高、抗腐蚀性好、导磁性强、电阻率高等。这使非晶态固体有多方面的应用。它是一个正在发展中的新的研究领域，近年来得到了迅速的发展。

习　　题

1-1　某气体在 293K 和 9.97×10^4 Pa 时体积为 $0.19dm^3$，质量为 0.132g。试求该气体的相对分子质量，并指出它可能是何种气体。

1-2　有一容积为 $30dm^3$ 的高压气瓶，可以耐压 2.5×10^4 kPa。试求在 298K 时可装多少千克 O_2 而不致发生危险。

1-3　一容器中有 4.4g CO_2、14g N_2 和 12.8g O_2，气体总压为 2.026×10^5 Pa，求各组分的分压。

1-4　在 273K 时，将相同初压的 $4.0dm^3$ N_2 和 $1.0dm^3$ O_2 压缩到一个容积为 $2.0dm^3$ 的真空容器中，混合气体的总压为 3.26×10^5 Pa。求：

(1) 两种气体的初压。

(2) 混合气体中各组分气体的分压。

(3) 各气体的物质的量。

1-5　$10.00cm^3$ NaCl 饱和溶液的质量为 12.003g，将其蒸干后得 NaCl 3.173g，计算：

(1) NaCl 的溶解度。

(2) 溶液的质量分数。

(3) 溶液的物质的量浓度。

(4) 溶液的质量摩尔浓度。

(5) 溶液中盐的摩尔分数和水的摩尔分数。

1-6　在 293K 时，蔗糖($C_{12}H_{22}O_{11}$)水溶液的蒸气压是 2110Pa，纯水的蒸气压是 2333Pa。试计算 1000g 水中含蔗糖的质量。

1-7　常压下将 2.0g 尿素(CON_2H_4)溶入 75g 水中，求该溶液的凝固点。(已知水的 $K_f=1.86K\cdot mol^{-1}\cdot kg$)

1-8　人的血浆凝固点为−0.56℃，求 37℃时人血浆的渗透压。

1-9　一未知气体的扩散速率为 $31.50mL\cdot min^{-1}$，在相同的实验条件下 O_2 的扩散速率为 $30.50mL\cdot min^{-1}$，则该气体的相对分子质量为多少？

1-10　在应用溶液的依数性时，应有哪些限定条件？

第2章　原子结构

本章学习要求

(1) 了解人类认识原子结构的简单历史；

(2) 了解原子能级、波粒二象性、原子轨道和电子云的概念以及原子核外电子运动的近代概念；

(3) 了解描述核外电子运动和自旋运动状态的四个量子数，掌握四个量子数的物理意义、取值范围；

(4) 熟悉 s、p、d 原子轨道的形状和方向；

(5) 理解原子结构近似能级图，掌握原子核外电子排布的三个原理和 s、p、d、f 区元素的原子结构特点；

(6) 会从原子的电子层结构了解元素性质，熟悉原子半径、电离能、电子亲和能和电负性的周期性变化；

(7) 掌握原子结构与元素周期律间的关系。

【背景问题】

(1) 了解人类认识原子结构的简单历史后，您认为原子核外电子运动的近代概念是什么？其基础是什么？随着科学技术的发展，您认为人类对原子结构的认识还会深入吗？

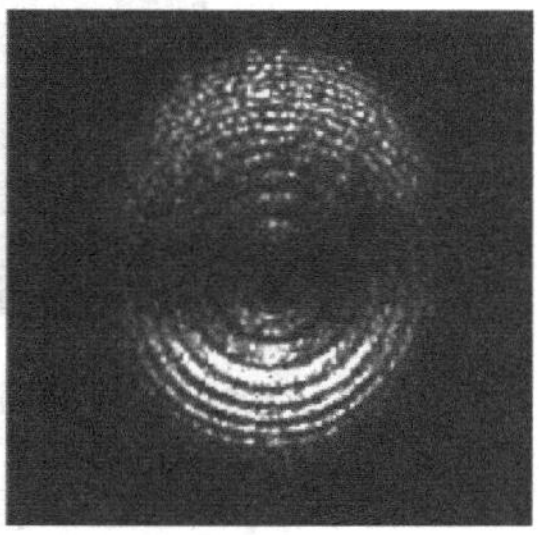

(2) 2008 年，美国《物理评论快报》发表了瑞典伦德大学科学家的一篇论文，报道他们首次拍摄到电子运动的连续画面(右图)。在此之前，科学家都是用间接的方法研究电子运动的，如反映电子跃迁的氢原子光谱。但这类光谱只反映了电子运动的结果，而不是电子运动的过程。您认为这与“测不准原理”矛盾吗？

(3) 建造在瑞士欧洲核子研究中心(CERN)的大型强子对撞机(LHC)已经开始运行。实验中，科学家使重铅粒子进行对撞，产生 10 万倍于太阳中部的温度，进而形成一个大爆炸后瞬间(不足十亿分之一秒)存在的微型版的“原子汤”。您认为这对于研究元素的形成和更重的新元素的合成有什么重大意义？

2.1　原子结构理论发展简介

原子是物质发生反应的基本微粒，也是化学上最重要、使用最频繁的术语之一。但是人们对原子结构的认识却经历了一个多世纪。

2.1.1　原子结构模型

古希腊哲学家德谟克利特(Democritus)最早提出了原子的概念：一切物质都是由某种不可穿透的微粒构成；对不同物质而言，微粒的形状和大小不同；微粒处于不断运动的状态之中；

微粒可以通过某种方式结合。德谟克利特将这种微粒称为"atom",希腊意为"不可再分"。

另一位古希腊哲学家亚里士多德(Aristotle)提出了物质是由土、气、水、火四要素构成的,而这一概念的统治地位竟达1500年之久。

随着科学的发展,道尔顿(J. Dalton)于1803年提出了第一个关于原子结构的学说,成为人们认识物质漫长道路上的重要里程碑。道尔顿认为:每一种化学元素有一种原子;同种原子质量相同,不同种原子质量不同;原子不可再分;一种原子不会转变为另一种原子;化学反应只是改变了原子的结合方式。道尔顿同样认为原子是不可再分的,就是一个实心球体,无结构可言。

然而,汤姆孙(J. J. Thomson)于1897年发现了电子,并测定了电子的质荷比(m/e)。这一发现震惊了整个科学界,原子中含有带负电荷的电子,就必然有带正电的物质与之达到电荷平衡,原子的内部必然存在特殊的结构。这一发现使得原子不可再分、原子无实际结构的概念永远被抛弃。

发现电子之后,汤姆孙于1903年提出了原子结构模型,即"葡萄干面包"模型(raisin bread model)。他认为原子是正电荷连续分布的球体,电子之间以最大的距离分布在该球体中,就像葡萄干"镶嵌"在蛋糕中一样(图2-1)。然而该模型却无法解释α粒子散射(α particle scattering)的实验结果。

卢瑟福(L. Rutherford)根据α粒子散射的实验结果提出了新模型,即著名的"太阳-行星"模型(the sun-the planetary model,图2-2),其要点是:①所有原子都有一个核即原子核(nucleus);②核的体积只占整个原子体积极小的一部分;③原子的正电荷和绝大部分质量集中在核上;④电子像行星绕着太阳那样绕核运动。

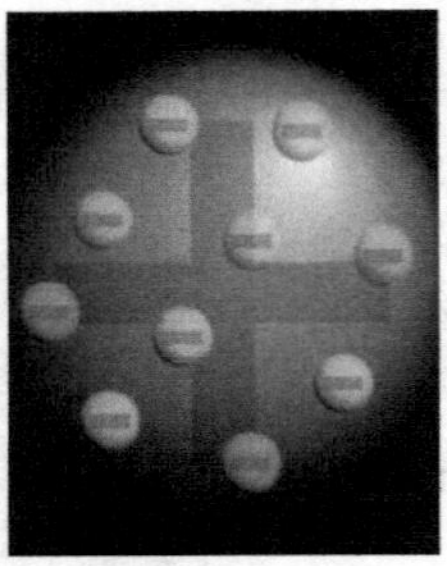

图2-1　汤姆孙的"葡萄干面包"原子结构模型

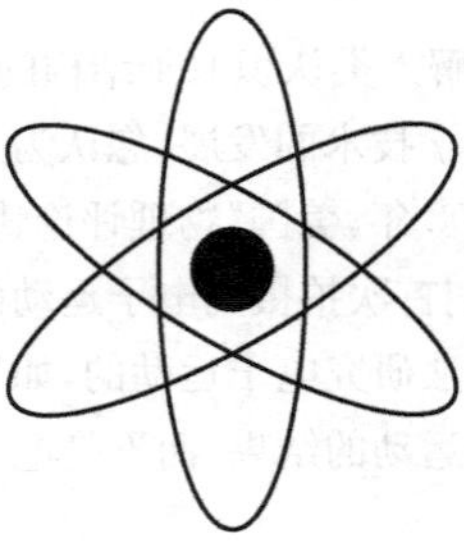

图2-2　卢瑟福的"太阳-行星"原子结构模型

卢瑟福的新模型成功地解释了α粒子散射的实验结果。但将电子与核的关系比作行星与太阳的关系,却受到了质疑。按照经典物理学,核外电子受到原子的库仑引力的作用,不可能是静止的,它一定是以一定的速度绕核转动。既然电子在运动,它的电磁场就在变化,而变化的电磁场会激发电磁波。也就是说,它将把自己绕核转动的能量以电磁波的形式辐射出去。因此,电子绕核转动这个系统是不稳定的,电子会不断失去能量,最后与原子核相撞并导致原子毁灭(图2-3)。但是事实不是这样,原子是个很稳定的系统。

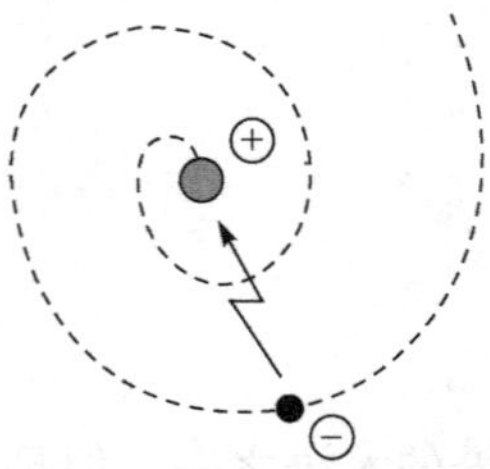

图2-3　一种失败的原子模型

2.1.2　氢原子光谱

一束白光通过三棱镜折射后,可以分解成赤橙黄绿蓝靛紫等不同波长的光谱,称为**连续光谱**(continuous spectrum)。例如,自然界中,雨后天空的彩虹是连续光谱。

原子受火焰、电弧、电火花等方法激发时，发出不同频率的光线，光线通过三棱镜折射，由于折射率不同，在屏幕上得到一系列不连续的谱线，称为**线状光谱**(linear spectrum)。

在真空管中充入少量 $H_2(g)$，通过高压放电，H_2 可以产生可见光、紫外光和红外光，这些光经过三棱镜分成一系列按波长大小排列的线状光谱(图 2-4)。

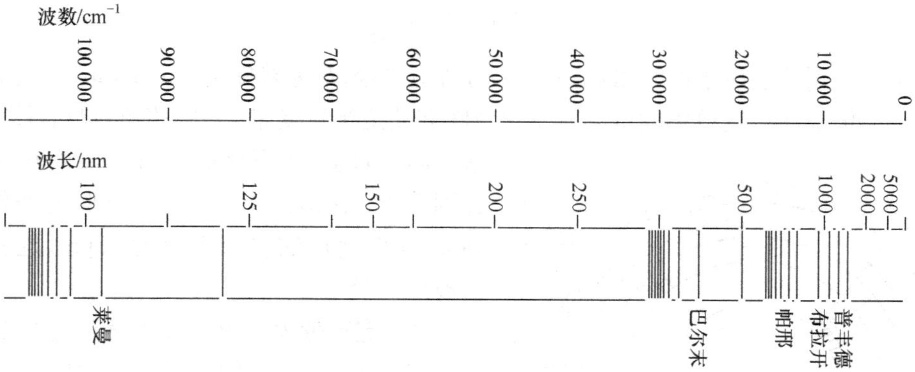

图 2-4　氢原子的线状光谱

氢原子光谱是所有元素的光谱中最简单的光谱，由五组线系组成，即紫外区的莱曼(Lyman)系、可见区的巴尔末(Balmer)系、红外区的帕邢(Paschen)系、布拉开(Brackett)系和普丰德(Pfund)系。任何一条谱线的波数(wave number)都满足简单的经验关系式(2-1)：

$$\tilde{\nu}=R_{\infty}\left(\frac{1}{n_1^2}-\frac{1}{n_2^2}\right) \tag{2-1}$$

式中，$\tilde{\nu}$ 为波数的符号，它定义为波长的倒数，单位常用 cm^{-1}；R_{∞} 为里德堡常量，实验确定为 $1.097\ 37\times10^5 cm^{-1}$；$n_2$ 大于 n_1，二者都是不大的正整数。各线系 n 的允许值见表 2-1。

表 2-1　公式(2-1)中的合理取值

名　称	n_1	n_2
莱曼系	1	2,3,4,…
巴尔末系	2	3,4,5,…
帕邢系	3	4,5,6,…
布拉开	4	5,6,7,…
普丰德系	5	6,7,8,…

2.1.3　玻尔理论

卢瑟福的核式结构模型除了无法解释原子的稳定性之外，还无法解释原子的线状光谱。根据经典电磁理论，电子辐射的电磁波的频率就是它绕核转动的频率。电子的能量越小，它离原子核就越来越近，转动也就越来越快。这个变化是连续的，也就是说，应该看到原子辐射的各种频率(波长)的光，即原子的光谱应该是连续的。而实际上看到的是分立的线状光谱。

这些矛盾说明，尽管经典物理学理论可以很好地应用于宏观物体，但它不能用于解释原子世界的现象，引入新观念是必要的。

1913 年，年轻的丹麦物理学家玻尔(N. Bohr)在总结当时最新的物理学发现——普朗克黑体辐射和量子概念、爱因斯坦光子论、卢瑟福原子带核模型等的基础上建立了氢原子核外电子运动模型，解释了氢原子光谱，后人称为玻尔理论。

玻尔理论基于下述3条假设。

(1) **固定轨道**。玻尔理论认为，电子不是在任意轨道上绕核运动，只能在一些符合一定条件的固定轨道上绕核运动。固定轨道是指轨道角动量P只能等于$h/(2\pi)$的整数倍：

$$P=mvr=n\frac{h}{2\pi} \tag{2-2}$$

式中，m和v分别代表电子的质量和速度；r为轨道半径；h为普朗克常量；n取1、2、3、…正整数，称为量子化条件。轨道角动量的量子化意味着轨道半径受量子化条件的制约，图2-5示出这些固定轨道，从距核最近的一条轨道算起，n值分别等于1、2、3、4、5、6、7。根据假定条件计算得到$n=1$时允许的轨道半径为53pm，这就是著名的玻尔半径。

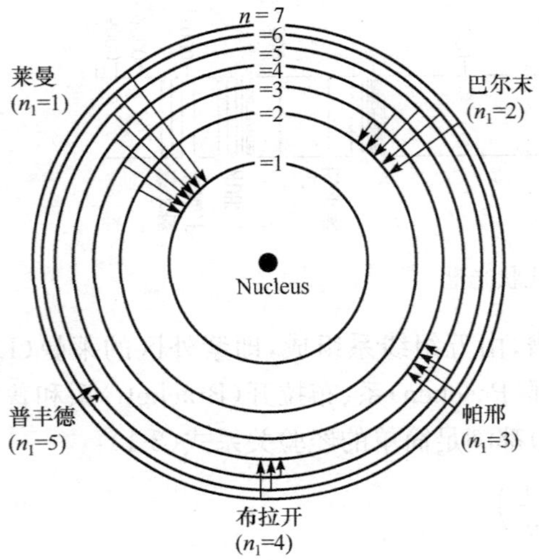

图2-5 玻尔模型的固定轨道

(2) **定态假设**。电子在上述固定轨道上运动时具有一定的、不变的能量，既不凭空吸收能量，也不凭空放出能量，这种状态称为**定态**(stationary state)。n值为1的定态称为**基态**(ground state)，其余的定态都是**激发态**(excited state)。基态是能量最低即最稳定的状态。各激发态的能量随n值增大而增高。

(3) **跃迁规则**。在正常情况下，原子中的电子尽可能处在离核最近的轨道上，当原子中的电子获得能量时(如放电、辐射等)，可以跃迁到离核较远的激发态轨道上去。反过来，处于激发态的电子向基态或能量较低的激发态跃迁时，会以光子的形式放出能量，光子能量的大小取决于跃迁所涉及的两条轨道间的能量差。根据普朗克关系式，该能量差与跃迁过程产生的光子的频率互成正比：

$$\Delta E=E_2-E_1=h\nu \tag{2-3}$$

如果电子由能量为E_1的轨道跃至能量为E_2的轨道，显然应从外部吸收同样的能量。

玻尔理论较好地解释了实验观察到的氢原子和类氢离子(He^+、Li^{2+}等)的线状光谱，但不能解释多电子体系(如2个电子的He原子)的光谱现象。而且，精密光谱仪得到的谱图显示，上述氢原子谱线中的某些谱线是由两条精细谱线组成的，这更是玻尔理论无法解释的。其根本原因在于玻尔的原子模型是建立在牛顿的经典力学理论基础上的。它的假设是把原子描绘成一个太阳系，认为电子在核外运动就犹如行星围绕着太阳转动一样，会遵循经典力学的运动规律，但实际上电子这样微小、运动速度又极快的粒子在极小的原子体积内运动，是根本不遵循经典力学的运动规律的。玻尔理论的缺陷促使人们去研究和建立能描述电子运动规律的量子力学原子模型。

【思考题】

2-1 电子由激发态返回基态时，发出的光的频率由什么决定？

2-2 请指出玻尔理论中关于固定轨道假设的缺陷。

2.2 氢原子的量子力学模型

2.2.1 光的波粒二象性

1. 光电效应与光子学说

赫兹(H. R. Hertz)于1887年发现,只要光的频率超过某一极限频率,某些金属(特别是Cs和Rb、K、Na、Li等碱金属)受光照射后,金属表面立即就会逸出光电子,发生**光电效应**(photoelectric effect)。经典物理学认为,任何频率的光所携带的能量都随光强度的增大而增大;照射时间越长,积累在金属表面的能量也越多。这意味着,只要光照时间足够长,金属表面原子中的电子都可以积累到足够的能量,最终克服与晶格骨架之间的引力而离开金属表面。但实际并非如此,对某一特定金属而言,不是任何频率的光都能使其发射光电子。每种金属都有一个特征的最小频率(也称临界频率),低于这一频率的光线不论其强度多大和照射时间多长,都不能导致光电效应。

1905年,爱因斯坦(A. Einstein)提出**光子学说**(photon theory),成功解释了光电效应。爱因斯坦认为,入射光本身的能量也按普朗克方程量子化,并将这一份份数值为 $h\nu$ 的能量称为**光子**(photon),一束光线就是一束光子流。频率一定的光子其能量都相同,光的强弱只表明光子的多少,而与每个光子的能量无关。一个光子的行为像一颗微粒那样与金属原子中的一个电子碰撞,并将其 $h\nu$ 的能量传给电子。显然,只有该电子获得的能量足以使它从金属表面逸出的情况下,光电效应才能发生。例如,以红光[$\nu=(4.3\sim4.6)\times10^{14}\,\text{s}^{-1}$]照射金属钾的表面,无论光的强度多大和照射时间多久,都不能产生光电子。但若改用黄光[$\nu=(5.1\sim5.2)\times10^{14}\,\text{s}^{-1}$],即使光的强度很弱,也会立即产生光电效应(钾的临界频率 $\nu=5.0\times10^{14}\,\text{s}^{-1}$)。光电效应与光子学说表明了光具有粒子性。

2. 光的衍射

光在传播过程中,遇到障碍物或小孔(窄缝)时,它有离开直线路径、使传播方向发生弯曲的现象。这种现象称为光的衍射。光的衍射证明了光具有波动性。

3. 光的波粒二象性

在19世纪,关于光的本性问题,有两派不同的学说。一派是牛顿所主张的微粒说,认为光是从发光体发出的而且以一定速度向空间传播的一种微粒;另一派是惠更斯所倡议的光的波动说,认为光是在媒质中传播的一种波动。1905年,爱因斯坦把光的粒子说和光的波动说统一起来,提出了光的波粒二象性。光的波粒二象性简单说就是光既具有波动特性,又具有粒子特性。

普朗克的量子论和爱因斯坦的光子学说中提出了关系式:

$$E=h\nu \tag{2-4}$$

结合相对论中的质能方程 $E=mc^2$,可以推出光子的波长 λ 和动量 P 之间的关系:

$$P=mc=E/c=h\nu/c=h/\lambda \tag{2-5}$$

上述两式中左边的能量 E 和动量 P 是表征粒子性的物理量,右边的频率 ν 和波长 λ 是表征波动性的物理量,这两种性质通过普朗克常量 h 定量地联系起来,从而揭示了光的本质。

2.2.2　电子的波粒二象性

1. 德布罗意假设与物质波

爱因斯坦提出光的粒子性后，1924 年，年轻的法国物理学家德布罗意(de Broglie)在论文中写道：19 世纪以来，只注重了光的波动性的研究，而忽略了粒子性的研究，在实物粒子的研究方面，是否犯了相反的错误呢？他认为，既然电磁波具有类似于微粒的性质，运动中的微粒就应当具有类似于波的性质。他给出了由微粒质量(m)和运动速度(v)计算运动物体波长(λ)的公式：

$$\lambda=\frac{h}{mv} \tag{2-6}$$

式中，h 为普朗克常量。

人们将运动中的微粒产生的德布罗意波称为**物质波**(matter wave)。

2. 电子的波动性证明——电子衍射

1927 年，两位美国科学家戴维森(C. J. Davision)和革末(L. H. Germer)应用 Ni 晶体进行的电子衍射实验证实了德布罗意的假设：电子具有波动性。将一束电子流经一定电压加速后通过金属单晶体，像单色光通过小圆孔一样发生衍射现象，在感光底片的屏幕上得到一系列明暗相间的衍射环。有趣的是，计算得到的数值与德布罗意公式得到的波长之间误差不超过 1%！衍射环的出现与电子束强度(电子的数量)无关，换言之，即使电子速度弱到电子逐个地穿过晶体中金属原子之间的狭缝，只要时间足够长，感光屏上照样出现同样的衍射环。

3. 电子的波动性的统计解释

对图 2-6 所示的电子衍射环，科学上目前普遍接受玻恩(M. Born)的“统计解释”：若电子流较强，即单位时间里射出的电子多，则很快得到明暗相间的衍射环纹；若电子流强度相当小，电子一个一个通过光栅，底片上会出现一个一个点，表明电子具有粒子性，而且无法预测电子会出现在什么位置，随着时间的推移，点的数目逐渐增多，当射出的电子的数目和强电子流射出的数目相同时，衍射环纹也和强电子流的环纹一样，从而显示出电子的波动性，即电子的波动性与其微粒行为的统计性规律相联系。虽然人们无法得知每个电子落在感光屏的哪个部位，但统计结果却能显示电子在不同区域出现的机会。因此，电子的波动性可以看成是电子的粒子性的统计结果。出现机会多(概率大)的区域就是微粒波强度大的区域，反之亦然。从这个意义上讲，实物的微粒波是概率波，是性质上不同于光波的一种波。

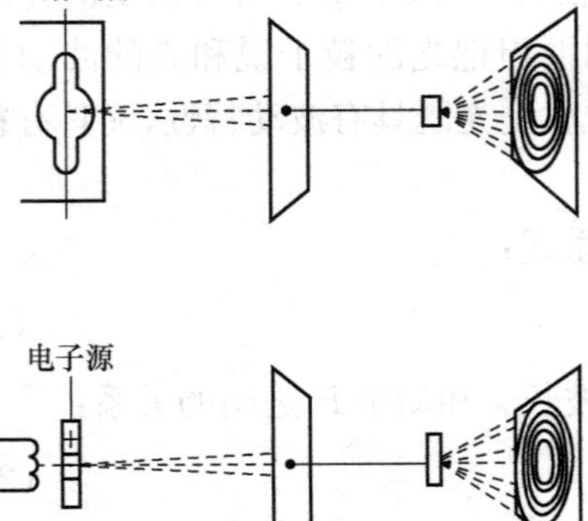

图 2-6　光、X 射线及电子的衍射条纹

4. 不确定关系

1927 年海森堡(W. Heisenberg)提出了**测不准原理**(uncertainty principle)：不可能同时测得电子的精确

位置和精确动量。其数学表达式称为测不准关系式：

$$\Delta x \cdot \Delta P \geqslant \frac{h}{4\pi} \tag{2-7}$$

式中，Δx 和 ΔP 分别表示位置不精确量和动量不精确量；h 为普朗克常量。关系式表明：Δx 越小，ΔP 就越大，以确保两项的乘积不小于 $h/(4\pi)$。或者说，位置测定得越准确，测得的动量就越不准确，反之亦然。事实上，迄今未能找到一种既不改变电子位置又不改变电子动量的实验方法，以同时精确测定其位置和动量。

测不准关系很好地反映了微观粒子的运动特征，但对于宏观物体却不适用，表明不能像利用经典力学处理宏观物体那样去处理微观粒子。

【例题 2-1】 假设子弹的质量为 0.01kg，速度为 $1.0\times10^3\ m\cdot s^{-1}$，若子弹速度的不确定程度为 $10^{-3}m\cdot s^{-1}$，试计算：

（1）子弹运动的波长。把计算结果与波长最短的 γ 射线（$\lambda=1\times10^{-5}$ nm）相比，可得到什么结论？

（2）子弹位置的不确定量。计算结果又说明什么问题？

解 （1）根据德布罗意关系式，可计算子弹运动的波长：

$$\lambda=\frac{h}{P}=\frac{h}{mv}=6.626\times10^{-35}(m)=6.626\times10^{-26}(nm)$$

已知波长最短的电磁波 γ 射线的波长为 10^{-5} nm，可见子弹的波长太小而无法测量。

（2）根据海森堡测不准关系式，子弹位置的不确定量可如下计算：

$$\Delta x\geqslant\frac{h}{4\pi\Delta P}=\frac{h}{4\pi m\cdot\Delta v}=\frac{6.626\times10^{-34}}{4\times3.14\times0.01\times1.0\times10^{-3}}=5.03\times10^{-30}(m)$$

可见宏观物体运动的位置不确定量很小，可以忽略不计，因此可认为有确定的轨道。

2.3 核外电子运动状态的描述

德布罗意的物质波理论和海森堡的测不准原理，否定了玻尔提出的原子结构模型。因为电子具有波粒二象性，不能同时准确地测定电子的运动速度和空间位置，这说明玻尔理论中关于核外电子的运动具有固定的轨道的观点不符合微观粒子运动的客观规律。那么该如何描述电子的运动状态呢？

2.3.1 薛定谔方程

1. 薛定谔方程

德布罗意的物质波理论和海森堡的测不准原理，说明微观粒子既具有波粒二象性，又不能同时准确地测定位置和动量，也就是说微观粒子不会有确定的轨道。1926 年薛定谔（Schrodinger）根据波粒二象性的概念提出了一个描述微观粒子运动的基本方程——薛定谔波动方程。这个方程是一个二阶偏微分方程，它的形式为

$$\frac{\partial^2\psi}{\partial x^2}+\frac{\partial^2\psi}{\partial y^2}+\frac{\partial^2\psi}{\partial z^2}=-\frac{8\pi^2 m}{h^2}(E-V)\psi \tag{2-8}$$

式中，h 为普朗克常量；m 为微粒的质量；E 为体系的总能量（动能与势能之和）；V 代表势能；

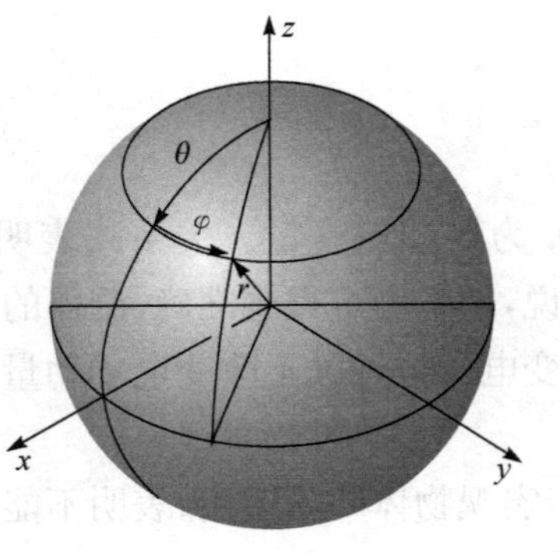

图 2-7　球极坐标与直角坐标的关系

x,y,z 是微粒的空间坐标；ψ 为描写特定微粒运动状态的波函数。不难看出，方程中既包含着体现微粒性的物理量(如 m)，也包含着体现波动性的物理量(ψ)。求解薛定谔方程，就是求得描述微粒运动状态的波函数 ψ 以及与该状态相对应的能量 E。可见在量子力学中是用波函数和与其对应的能量来描述微观粒子运动状态的。求解得到的 ψ 不是具体数值，而是包括三个常数项(n,l,m)、三个变量(x,y,z)的函数式 $\psi_{n,l,m}(x,y,z)$。由于原子核具有球形对称的库仑场，人们更喜欢用球极坐标代替直角坐标(笛卡儿坐标)，对应的函数式为 $\psi_{n,l,m}(r,\theta,\varphi)$。两种坐标之间的关系如图 2-7 所示。

2. 波函数与原子轨道

数学上由薛定谔方程解得的 $\psi_{n,l,m}(r,\theta,\varphi)$ 可以有许多个，但物理意义上并非都是合理的。为了得到描述电子运动状态的合理解，三个常数项(n,l,m)只能按一定的规则取值。我们将有合理解的函数式称为**波函数**(wave function)，它们以 n,l,m 的合理取值为前提。既然 n,l,m 是描述原子轨道的量子数，借用经典力学中描述物体运动的"轨道"的概念，把波函数称为**原子轨道**(atomic orbital)，即

波函数＝薛定谔方程的合理解＝原子轨道

这里需要特别注意：此处所指的原子轨道与玻尔原子模型所指的原子轨道截然不同。前者指电子在原子核外运动的某个空间范围，后者是指原子核外电子运动的某个确定的圆形轨道。有时为了避免与经典力学中的玻尔轨道相混淆，又称为原子轨函(原子轨道函数)，即波函数的空间图像就是原子轨道，原子轨道的表示式就是波函数。为此，波函数与原子轨道常作同义语混用。

3. 原子轨道的角度分布与径向分布

1) 原子轨道的角度分布

$\psi_{n,l,m}(x,y,z)$ 是薛定谔方程的合理解，是原子轨道的数学表达形式。但由于 $\psi_{n,l,m}(x,y,z)$ 是一个三维空间函数，难以用简单图形表达清楚。因此我们可以借助于球极坐标，作相应的坐标变换。

$$\psi_{n,l,m}(x,y,z) \rightarrow \psi_{n,l,m}(r,\theta,\varphi) \rightarrow R_{n,l}(r) \cdot Y_{l,m}(\theta,\varphi)$$

由此可见，$R_{n,l}(r)$ 只是 r 的函数，称为原子轨道(波函数)的径向分布函数，只与 n,l 有关；$Y_{l,m}(\theta,\varphi)$ 称为原子轨道(波函数)的角度部分。

从坐标原点出发，引出方向为(θ,φ)的直线，取其长度为 Y。将所有这些线段的端点连起来，在空间形成一个曲面，得到的图形则是 Y 的球坐标图，称为原子轨道(波函数)的角度分布图(图 2-8)。

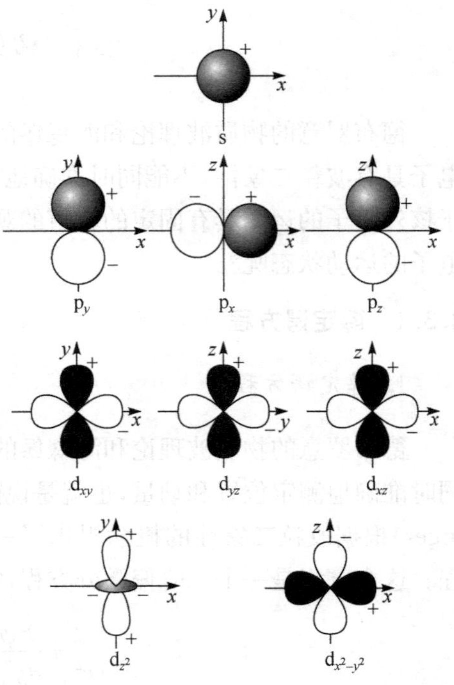

图 2-8　波函数的角度分布图

由于波函数角度分布图取决于 l 及 m，与主量子数 n 无关，因此 Y_{1s}、Y_{2s}、Y_{3s}等图形是相同的，Y_{2p_x}、Y_{3p_y}、Y_{4p_z} 是相等的。

波函数（原子轨道）的角度分布图的意义：①表示波函数角度部分随 θ,φ 的变化，与 r 无关；②表示原子轨道在空间伸展的极大值方向及原子轨道正负号（对称性）；③用于判断能否形成化学键及成键的方向（分子结构理论：杂化轨道、分子轨道）。

2）原子轨道的径向分布

波函数 $R(r)$在任意方向上随 r 变化所作的图为原子轨道（波函数）径向分布图，用来表示原子轨道（波函数）径向部分随 r 的变化。

若以 $R(r)$为纵坐标，r 为横坐标作图，可得各种状态的电子的概率的径向分布图（图 2-9）。

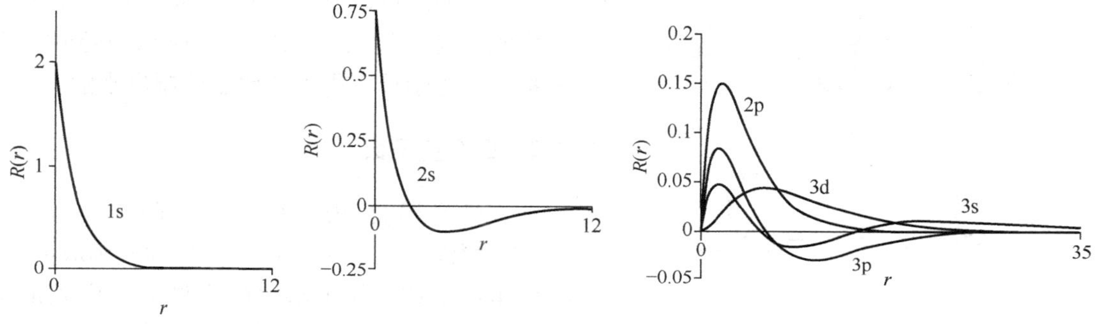

图 2-9　波函数的径向分布图

由图 2-9 可见，s 轨道的径向分布与 p、d 明显不同，s 轨道离核越近时，正值越大，1s 只取正值，2s 图形由正变负，3s 由正-负-正的变化。2p、3p、3d 原子轨道的径向部分离核较近，径向函数值为零。径向函数值为零的点称为节点，显然节点数等于 $n-l-1$。

4. 概率密度与电子云

1）概率密度

我们知道，核外电子运动具有波粒二象性。根据测不准关系，我们不可能推测核外某一电子在某一瞬间所处的位置，但是对大量或一个电子的千百万次运动，我们可以用统计的方法，来判断电子在核外空间某区域内出现机会的多少，发现有明显的统计规律性。我们把电子在某空间区域内出现的机会称为概率，显然出现机会多则概率大，出现机会少则概率小。

但波函数与水波、声波等机械波是不同的，它没有直观的物理意义。波函数的物理意义是通过$|\psi|^2$体现的。$|\psi|^2$代表核外空间某处单位微体积中电子出现的概率，即概率密度。根据光的衍射图，光的强度与光子的密度成正比，电子的衍射图与光的行为一样，衍射强度大的地方（亮环），电子出现的概率大，反之则小。由此也可以证明，衍射强度与电子密度成正比，所以$|\psi|^2$值的大小可以反映电子出现的概率密度的大小。

2）电子云

为了形象地表示核外电子运动的概率分布情况，化学上习惯用小黑点分布的疏密表示电子出现概率密度的相对大小。小黑点较密的地方，表示概率密度较大，单位体积内电子出现的机会多。用这种方法来描述电子在核外出现的概率密度分布所得的空间图像称为电子云（图 2-10）。

既然以小黑点的疏密来表示概率密度大小所得的图像称为电子云，概率密度又可以直接

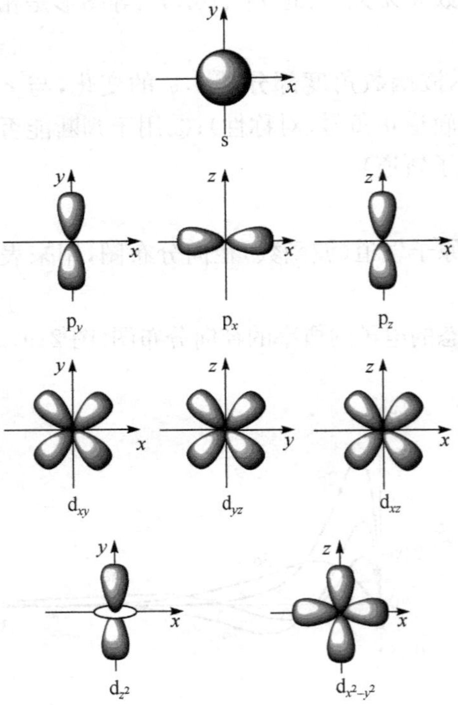

图 2-10　电子云角度分布图

用$|\varphi|^2$来表示，那么若以$|\varphi|^2$作图，应得到电子云的近似图像。将$|\varphi|^2$的角度分布部分($|Y|^2$)作图，所得的图像就称为电子云角度分布图。电子云的角度分布剖面图与相应的原子轨道角度分布剖面图基本相似，但有两点不同：①原子轨道角度分布图带有正、负号，而电子云角度分布图均为正值(习惯不标出正号)；②电子云角度分布图比原子轨道角度分布图要“瘦”些，这是因为 Y 值一般是小于 1 的，所以$|Y|^2$值就更小。

从以上介绍可以看出，原子轨道和电子云的空间图像既不是通过实验、更不是直接观察到的，而是根据量子力学计算得到的数据绘制出来的。

2.3.2　四个量子数

前面已经提及，为了得到薛定谔方程的合理解，三个常数项(n、l、m)只能按一定的规则取值，n、l、m 称作量子数。除了求解薛定谔方程引入的这三个量子数之外，还有一个描述电子自旋特征的量子数 m_s。这些量子数对描述电子的能量、原子轨道或电子云的形状和空间伸展方向，以及多电子原子核外电子的排布是非常重要的。

1. 主量子数 n

主量子数(principal quantum number)n 表示原子中电子出现概率最大的区域离核的远近，是决定电子能级的主要量子数。n 只能取 1、2、3、…正整数。主量子数 n 是描述电子离核的远近程度的参数，电子运动的能量主要由主量子数 n 来决定，n 值越大，电子的能量越高。一个 n 值也表示一个电子层，与各 n 值对应的电子层符号如下：

n	1	2	3	4	5	6	7
电子层符号	K	L	M	N	O	P	Q

2. 角量子数 l

角量子数(azimuthal quantum number)l 的取值受制于 n 值，只能取 0 至包括($n-1$)在内的正整数，l 是用来描述电子云形状的。一个取值对应于一个亚层(subshell 或 sublevel)，电子层中亚层的数目随 n 值增大而增多。例如，$n=1$、2、3、4 的电子层分别有 1 个、2 个、3 个和 4 个亚层。像电子层可用符号表示一样，亚层也有自己的符号，$l=0$、1、2、3 的亚层分别称为 s 亚层、p 亚层、d 亚层、f 亚层。同一层中各亚层的能级稍有差别，并按 $E_{ns}<E_{np}<E_{nd}<E_{nf}$ 的顺序增高。原子中电子的能级是由 n 和 l 两个量子数共同决定的。

3. 磁量子数 m

同一亚层(l 值相同)中的几条轨道对原子核的取向不同，**磁量子数**(magnetic quantum

number)描述轨道在空间的伸展方向。m 的允许取值为 $+l$ 到 $-l$ 之间的正、负整数和 0，见表2-2。

表 2-2 磁量子数 m 的取值范围

l	m	轨道数
0(s)	0	1
1(p)	+1 0 −1	3
2(d)	+2 +1 0 −1 −2	5
3(f)	+3 +2 +1 0 −1 −2 −3	7

磁量子数表示原子轨道在空间的伸展方向。例如，$l=1$ 时 m 的允许取值为 $+1$、0 和 -1，三个取值意味着 p 亚层有三种取向，即三条轨道。根据同样的推论，s、d、f 亚层的轨道数分别为 1、5、7。n 和 l 值相同的条件下，m 值不同的轨道具有相同的能级，这种能级相同的轨道互为等价轨道(equivalent orbital)。

4. 自旋量子数 m_s

原子光谱实验发现，强磁场存在时光谱图上的每条谱线均由两条十分靠近的谱线组成，人们将其归因于原子中电子绕自身轴的旋转，即电子的自旋。**自旋量子数**(spin quantum number)是描写电子自旋运动的量子数。自旋运动使电子具有类似于微磁体的行为(图 2-11)。m_s 的允许取值为($+1/2$)和($-1/2$)，表示两种相反方向的自旋电子，分别用↑和↓表示。图 2-11 给出想象中的两种自旋方向和与之相关的磁场。在成对电子中，自旋方向相反的两个电子产生的反向磁场相互抵消，因而不显示磁性。

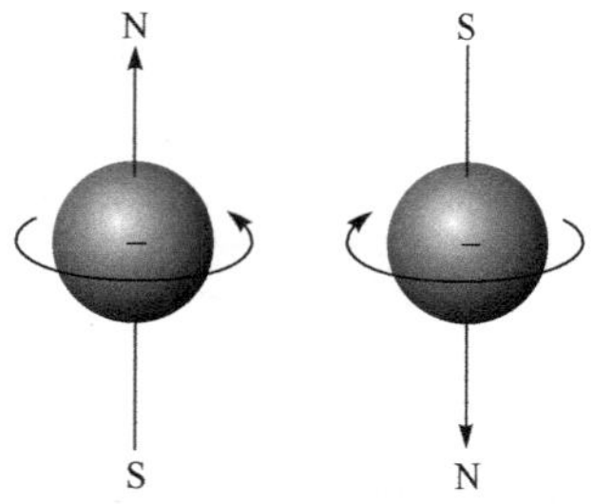

图 2-11 电子的自旋方向示意图

【例题 2-2】 下列各组量子数中，合理的一组是

a. $n=3, l=1, m=+1, m_s=+1/2$

b. $n=4, l=25, m=-1, m_s=+1/2$

c. $n=3, l=3, m=+1, m_s=-1/2$

d. $n=4, l=2, m=+3, m_s=-1/2$

解 根据四个量子数之间的制约关系，显然只有 a 组是合理的。

2.4 核外电子的排布

2.4.1 多电子原子的能级

1. 鲍林近似能级顺序图——电子进入轨道的顺序

原子中各原子轨道能级的高低主要根据光谱实验确定，但也可从理论上去推算。原子轨道能级的相对高低情况若用图示法近似表示，就是近似能级图。在无机化学中比较实用的是鲍林(L. Pauling)近似能级图。

某元素只要根据其原子光谱中的谱线所对应的能量，就可以作出该元素原子的原子轨道能级图。1939 年鲍林对周期系中各元素原子的原子轨道能级图进行分析、归纳，总结出多电子原子中原子轨道能级图，以表示各原子轨道之间能量的高低顺序(图 2-12)。

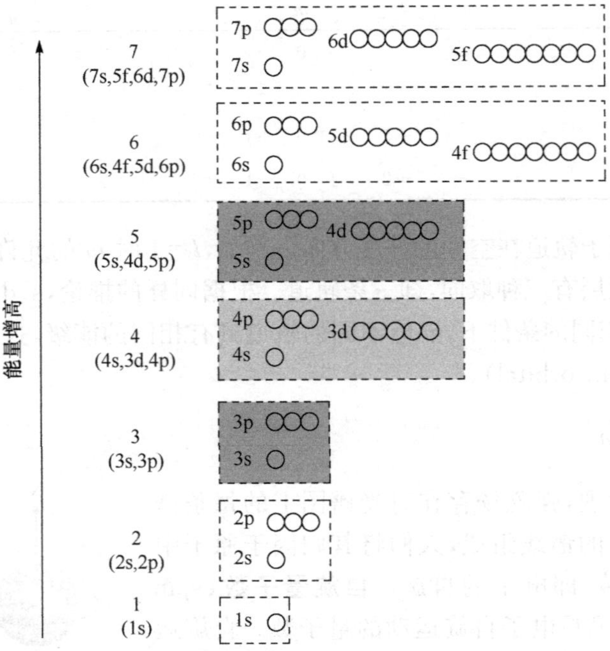

图 2-12　鲍林近似能级图

在图中每一个小圆圈代表一个原子轨道。每个小圆圈所在的位置的高低就表示这个轨道能量的高低(但并未按真实比例绘出)。图中还根据各轨道能量大小的相互接近情况，把原子轨道划分为若干个能级组(图中虚线方框内各原子轨道的能量较接近，构成一个能级组)。以后我们将会了解“能级组”与元素周期表的周期是相对应的。

这样的能级组共七个，从能量最低的一组算起分别称为第一能级组、第二能级组等。各能级组均以 s 轨道开始并以 p 轨道结束(第一能级组例外，注意主量子数为 1 时不存在 p 轨道的事实)，后面我们将会发现七个能级组与周期表中七个周期的对应关系。顺序图提供的其他信息如下。

(1) n 值相同时，轨道的能级由 l 值决定。l 值越大，能级越高。n 值相同而轨道能级不同的现象称为能级分裂。例如

$$E_{4s}<E_{4p}<E_{4d}<E_{4f}$$

(2) n 和 l 都不同时出现更为复杂的情况，主量子数小的能级可能高于主量子数大的能级，即能级交错。能级交错现象出现于第四能级组开始的各能级组中。例如，第六能级组的$E_{6s}<E_{4f}<E_{5d}$。

需要注意的是，鲍林图只适用于多电子原子，即至少含有两个电子的原子。氢原子的能级图简单得多，它的轨道能级只取决于 n 值。n 值相同的轨道其能量都相同，或者说不发生能级分裂。

对鲍林近似能级图，需要明确以下几点。

(1) 如前所述，它是从周期系中各元素原子轨道能级图中归纳出来的一般规律，不可能完全反映出每个元素的原子轨道能级的相对高低，所以只有近似意义。

(2) 它原意是要反映同一原子内各原子轨道能级之间的相对高低。所以，不能用鲍林近

似能级图来比较不同元素原子轨道能级的相对高低。

(3) 经进一步研究发现，鲍林近似能级图实际上只反映同一原子外电子层中原子轨道能级的相对高低，而不一定能完全反映内电子层中原子轨道能级的相对高低。

(4) 电子在某一轨道上的能量，实际上与原子序数(更本质地说与核电荷数)有关。核电荷数越多，对电子的吸引力越大，电子离核越近的结果使其所在轨道能量越低。轨道能级之间的相对高低情况，与鲍林近似能级图会有所不同。

2. 徐光宪规则——轨道能级高低的比较

我国著名化学家徐光宪先生提出关于轨道能量的$(n+0.7l)$近似规律。他认为轨道能量的高低顺序可由$(n+0.7l)$值判断，数值大小顺序对应于轨道能量的高低顺序。还将首位数相同的能级归为一个能级组，并推出随原子序数增加，电子在轨道中填充的顺序为

1s 2s 2p 3s 3p 4s 3d 4p 5s 4d 5p 6s 4f 5d 6p 7s 5f…

例如，K 原子的最后一个电子填充在 3d 还是 4s 轨道使原子能量较低呢?

因为$(3+0.7\times2)>(4+0.7\times0)$，所以电子应填在 4s 轨道上。该近似规律得出与鲍林相同的能级顺序和分组结果。

3. 屏蔽效应与钻穿效应

1) 屏蔽效应

在多电子原子中，一个电子不仅要受原子核的吸引，而且还要受到其他电子的排斥力，从而会使核对该电子的吸引降低。我们将其他电子对某一电子排斥的作用归结为抵消了一部分核电荷，使**有效核电荷**(effective nuclear charge)降低，削弱了核电荷对该电子吸引作用，称为**屏蔽效应**(shielding effect)。

若有效核电荷用符号 Z^* 表示，核电荷用符号 Z 表示，被抵消的核电荷数用符号 σ 表示，则它们有以下的关系：

$$Z^* = Z - \sigma \tag{2-9}$$

σ 又称**屏蔽常数**(shielding constant)，表示屏蔽作用的大小。这样对于多电子原子中的一个电子，如果屏蔽常数 σ 越大，屏蔽效应就越大，则电子受到吸引的有效核电荷减少，电子的能量就升高。显然，如果我们能计算原子中其他电子对某个电子的屏蔽常数 σ，就可求得该电子的近似能量。以此方法，即可求得多电子原子中各轨道能级的近似能量。屏蔽常数的计算可用斯莱特(J. C. Slater)提出的经验公式。

(1) 将原子中的电子分成以下几组：

(1s)(2s,2p)(3s,3p)(3d)(4s,4p)(4d)(4f)(5s,5p)(5d)(5f)(6s,6p)(6d)(6f)

(2) 位于被屏蔽电子的右边的各组对被屏蔽电子的 $\sigma=0$，可以近似认为外层电子对内层电子没有屏蔽作用。

(3) 1s 轨道上的两个电子之间的 $\sigma=0.3$，其他主量子数相同的各分层电子之间的$\sigma=0.35$。

(4) 被屏蔽的电子为 ns 或 np 时，则主量子数为$(n-1)$的各电子对的 $\sigma=0.85$，而主量子数小于$(n-1)$的各电子对的 $\sigma=1$。

(5) 被屏蔽的电子为 nd 或 nf 时，则位于它们左边各组电子对的屏蔽常数 $\sigma=1$。

在计算某原子中某个电子的 σ 值时，可将有关屏蔽电子对该电子的 σ 值相加而得。

2）钻穿效应

n 相同，l 不同（ns，np，nd，nf）的原子轨道，其轨道径向分布不同，电子穿过内层（即 n 更小的轨道）而回避其他电子屏蔽的能力不同，因而具有不同的能量。这种由于角量子数 l 不同，其壳层概率的径向分布不同而引起的能级能量的变化称为**钻穿效应**（penetration effect）。

在多电子原子中，原子轨道的能级变化大体有以下三种。

（1）n 不同、l 相同的能级，n 越大，轨道离核越远，外层电子受内层的屏蔽效应也越大，能级越高，核对该轨道上的电子吸引力就越弱。例如，$E_{1s}<E_{2s}<E_{3s}<E_{4s}$。

（2）n 相同、l 不同的能级，当 n 相同时，角量子数小的，峰越多，钻得就越深，离核就越近，受核的吸引力就越强，由于钻穿能力 ns>np>nd>nf，所以核对电子的吸引能力 ns>np>nd>nf，或 l 增大，轨道离核较远，受同层其他电子的屏蔽效应就大，能级升高，核对该轨道上的电子吸引力相应减弱。例如，$E_{4s}<E_{4p}<E_{4d}<E_{4f}$。

（3）n 不同、l 不同的能级，原子轨道的能级顺序较为复杂。例如，$E_{4s}<E_{3d}$，$E_{5s}<E_{4d}$，$E_{6s}<E_{4f}<E_{5d}$等。

这可用钻穿效应加以解释。例如，4s 的能级低于 3d，从壳层概率径向分布图可以看出，4s 离核最近的小峰，钻得很深，核对它的吸引力增强，使轨道能级降低的作用超过了主量子数增大使轨道能级升高的作用，因此 $E_{4s}<E_{3d}$，使能级发生错位。同样也能解释 $E_{5s}<E_{4d}$，$E_{6s}<E_{4f}<E_{5d}$等。

屏蔽效应和钻穿效应均能对多电子原子的原子轨道能级高低变化加以说明，而后者对能级交错的现象能进行圆满的解释。

【例题 2-3】 试分别计算在原子序数为 12，16，25 的元素原子中，4s 和 3d 轨道哪个能量高。从计算结果可得出什么结论？

解　对于 12 号元素：

原子中的核外电子排布式为 $1s^2 2s^2 2p^6 3s^2$，当 3s 的一个电子激发至 4s 轨道后，电子排布式为 $1s^2 2s^2 2p^6 3s^1 4s^1$，则 4s 电子受到的屏蔽常数为

$$\sigma_{4s}=1\times 0.85+10\times 1=10.85$$

4s 电子的能量为

$$E_{4s}=-13.6\times\frac{(12-10.85)^2}{4^2}=-1.12(\text{eV})$$

当 3s 的一个电子激发至 3d 轨道后，电子排布式为 $1s^2 2s^2 2p^6 3s^1 3d^1$，则 3d 电子受到的屏蔽常数为

$$\sigma_{3d}=11\times 1.0=11$$

3d 电子的能量为

$$E_{3d}=-13.6\times\frac{(12-11)^2}{3^2}=-1.51(\text{eV})$$

可见，在 12 号元素的原子中，$E_{4s}>E_{3d}$。

对于 16 号元素：

原子中的核外电子排布式为 $1s^2 2s^2 2p^6 3s^2 3p^4$，当 3p 的一个电子激发至 4s 轨道后，电子排布式为 $1s^2 2s^2 2p^6 3s^2 3p^3 4s^1$，则 4s 电子受到的屏蔽常数为

$$\sigma_{4s}=5\times 0.85+10\times 1.0=14.25$$

4s 电子的能量为

$$E_{4s}=-13.6\times\frac{(16-14.25)^2}{4^2}=-2.60(\text{eV})$$

当 3p 的一个电子激发至 3d 轨道后，电子排布式为 $1s^2 2s^2 2p^6 3s^2 3p^3 3d^1$，则 3d 电子受到的屏蔽常数为

$$\sigma_{3d}=15\times1.0=15.0$$

3d 电子的能量为

$$E_{3d}=-13.6\times\frac{(16-15)^2}{3^2}=-1.51(\text{eV})$$

可见，在 16 号元素的原子中，$E_{4s}<E_{3d}$。

对于 25 号元素：

原子中的核外电子排布式为 $1s^2 2s^2 2p^6 3s^2 3p^6 3d^5 4s^2$，则 4s 电子受到的屏蔽常数为

$$\sigma_{4s}=1\times0.35+13\times0.85+10\times1.0=21.40$$

4s 电子的能量为

$$E_{4s}=-13.6\times\frac{(25-21.40)^2}{4^2}=-11.02(\text{eV})$$

则 3d 电子受到的屏蔽常数为

$$\sigma_{3d}=4\times0.35+18\times1.0=19.40$$

3d 电子的能量为

$$E_{3d}=-13.6\times\frac{(25-19.40)^2}{3^2}=-47.39(\text{eV})$$

可见，在 25 号元素的原子中，$E_{4s}>E_{3d}$。

从计算可知：电子所处的能级与它感受到的有效核电荷有关。在多电子原子中，对给定的 n 而言，亚层轨道能级随 l 值的增大而升高。

4. 科顿原子轨道能级图——原子核外电子的能量顺序

1962 年，美国无机结构化学家科顿(F. A. Cotton)用最简洁的方法总结出周期表中元素原子轨道能量高低随原子序数增加的变化规律，如图 2-13 所示。图中横坐标为原子序数，纵坐标为轨道能量。由图可见：

(1) 原子序数为 1 的氢原子，轨道能量只与 n 值有关。

(2) n 值相同时均为简并轨道。

(3) 随原子序数的增加，即核对电子的吸引力也增加，使得各种轨道的能量都有所降低。

从图中又能清楚地看出原子序数为 19(K)和 20(Ca)附近发生的能级交错现象。从放大图中更加清楚看到从 Sc 开始 3d 的能量又低于 4s。而在鲍林近似能级图中尚未反映这一点。

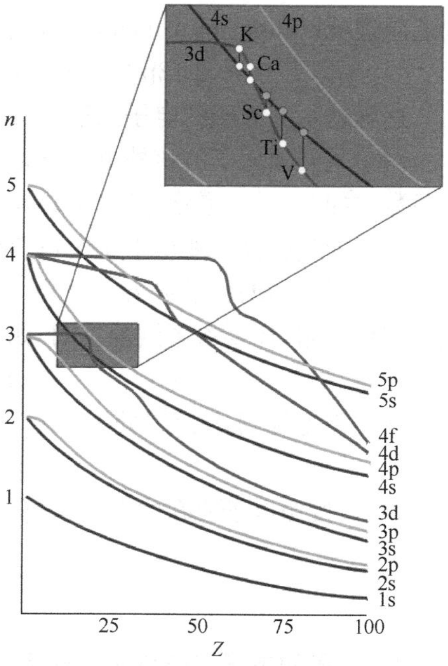

图 2-13　科顿原子轨道能级图

2.4.2　核外电子的排布规则

前面的各节讨论了原子中核外电子的运动状态，即原子轨道的形状、能量的高低及在空间的伸展方向等。但是电子是分布在某一个可能的状态中，还是分布在各种可能的状态中？是优先占据能量较低的原子轨道，还是优先占据能量较高的轨道？根据原子光谱实验的结果和对元素周期系的分析、归纳，核外电子排布服从三个基本原理。

1. 泡利不相容原理

在同一原子中,不可能有四个量子数完全相同的电子存在,即每一条轨道内最多只能容纳两个自旋方向相反的电子。

2. 能量最低原理

电子总是优先占据可供占据的能量最低的轨道,占满能量较低的轨道后才进入能量较高的轨道。能量最低原理认为,基态原子核外电子的排布力求使整个原子的能量处于最低状态。

3. 洪德规则

原子在同一亚层的等价轨道上分布电子时,将尽可能单独分布在不同的轨道,而且自旋方向相同(或称自旋平行)。这样分布时,原子的能量较低,体系较稳定。例如,Mn 原子 3d 轨道中的 5 个电子按下面列出的方式(a)而不是按方式(b)排布。

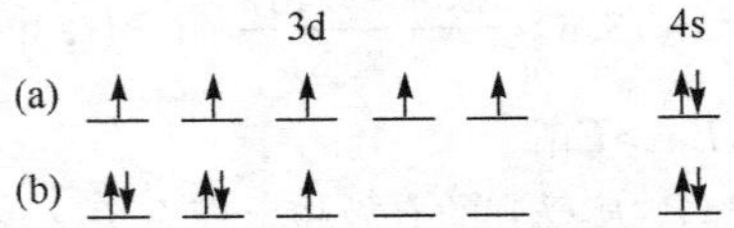

洪德规则另一层含义是对于同一个电子亚层,当电子排布处于全满(s^2、p^6、d^{10}、f^{14})、半满(s^1、p^3、d^5、f^7)或全空(s^0、p^0、d^0、f^0)时比较稳定。

2.4.3 电子排布

随着核电荷数递增,大多数元素的电中性基态原子的电子填入核外电子运动轨道时服从**构造原理**(building up principle),顺序如下:

1s 2s 2p 3s 3p 4s 3d 4p 5s 4d 5p 6s 4f 5d 6p 7s 5f 6d 7p

这就是基态原子的**电子组态**(electron configuration),也称电子构型。

对于某元素原子的核外电子排布情况,先确定该原子的核外电子数(原子序数、质子数、核电荷数),如 24 号元素铬,其原子核外共有 24 个电子,然后将这 24 个电子从能量最低的 1s 亚层依次往能量较高的亚层上排布,只有前面的亚层填满后,才去填充后面的亚层,每一个亚层上最多能够排布的电子数为:s 亚层 2 个,p 亚层 6 个,d 亚层 10 个,f 亚层 14 个。最外层电子到底怎样排布,还要参考洪德规则,如 24 号元素铬的 24 个核外电子依次排列为

1s 2s 2p 3s 3p 4s 3d

根据洪德规则,d 亚层处于半充满时较为稳定,其电子核外排布情况应为

$1s^2 2s^2 2p^6 3s^2 3p^6 4s^1 3d^5$

最后,按照电子所在的电子层离核的远近顺序,改写成 $1s^2 2s^2 2p^6 3s^2 3p^6 3d^5 4s^1$ 即可。

2.5 元素周期律

2.5.1 原子的电子组态与元素分区

元素的化学性质主要取决于价电子,而周期表中“区”的划分主要是基于价电子构型的不同。根据元素最后 1 个电子填充的能级不同,将周期表中的元素分为 4 个区,这实际上是把价

电子构型相似的元素集中分在一个区(图 2-14 和表 2-3)。

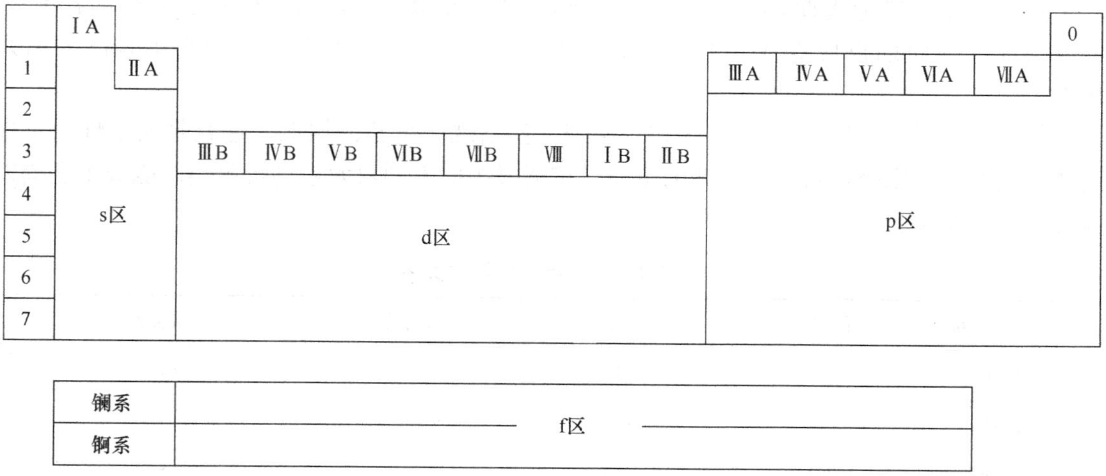

图 2-14　周期表中元素的分区

表 2-3　元素分区与原子结构

按区划分	价电子层结构	电子填充情况	按族划分
s 区	$ns^{1\sim2}$	在最外层的 s 轨道上填充电子	ⅠA，ⅡA
p 区	$ns^2np^{1\sim6}$	在最外层的 p 轨道上填充电子	ⅢA，ⅣA，ⅤA，ⅥA，ⅦA 和零族
d 区	$(n-1)d^{1\sim9}ns^{1\sim2}$	在次外层的 d 轨道与最外层的 s 轨道填充电子	ⅠB，ⅡB，ⅢB，ⅣB，ⅤB，ⅥB，ⅦB 和Ⅷ
f 区	$(n-2)f^{0\sim14}ns^2$	在内层的$(n-2)$f 轨道上填充电子	镧系和锕系

s 区元素：最后 1 个电子填充在 s 轨道上的元素，价电子的构型是 ns^1 或 ns^2，位于周期表的左侧，包括ⅠA 和ⅡA 族，它们容易失去电子形成+1 或+2 价离子，它们是活泼金属。

p 区元素：最后 1 个电子填充在 p 轨道上的元素，价电子构型是 $ns^2np^{1\sim6}$，位于长周期表右侧，包括ⅢA～ⅦA 族元素。稀有气体元素也属于 p 区。

s 区和 p 区的共同特点是：最后 1 个电子都排布在最外层，最外层电子的总数等于该元素的族数。s 区和 p 区就是按族划分的周期表中的主族。

d 区元素：它的电子构型是$(n-1)d^{1\sim9}ns^{1\sim2}$，最后 1 个电子基本都是填充在次外层，即$(n-1)$层 d 轨道上的元素(个别也有例外)，位于长周期的中部。这些元素常有可变化的氧化态。它包括ⅠB～ⅦB 族和Ⅷ族元素。

f 区元素：最后 1 个电子填充在 f 轨道上，它包括镧系和锕系元素，由于该区包括的元素数较多(各有 15 种元素)，常将其列于周期表之下。

2.5.2　原子的电子组态与元素周期的关系

从各元素原子的电子层结构可知，当主量子数 n 依次增加时，n 每增加 1 个数值就增加一个能级组，也就增加一个新的电子层，而每一个能级组就相当于周期表中的一个周期。从长式周期表上可知，在第四周期中，从 21 号元素 Sc 到 30 号元素 Zn，它们新增的电子都是填充到 3d 轨道上，这 10 种元素称为第四周期的过渡元素。从 39 号元素 Y 到 48 号元素 Cd，新增的电子都是填充到 4d 轨道上，这 10 种元素称为第五周期的过渡元素。在第六周期中，从 57 号元素 La 到 71 号元素 Lu，新增的电子都是依次填充在 4f 轨道上，这 14 种元素习惯上称为镧系元素。从 72 号元素 Hf 到 80 号元素 Hg，新增加的电子则依次填充到 5d 轨道上，这也是过渡元素。第七周期，从 87 号元素 Fr 到 112 号元素 Uub，共 25 种元素是不完全周期，可以预计这一周期也应有 32 种元素，其中从 89 号元素 Ac 到 103 号元素 Lu，称为锕系元素。

每当主量子数增加 1 时，相应的在周期表上就出现一个新的周期。这就是元素性质呈周期性变化的根本原因，换言之，周期的本质是按能级组的不同对元素进行分类。能级组和周期性的关系可参阅表 2-4。

表 2-4　能级组与周期的关系

周期数与名称	能级组	起止元素	所含元素个数	电子填充次序
1 特短周期	1	H→He	2	$1s^2$
2 短周期	2	Li→Ne	8	$2s^{1\sim2}\rightarrow2p^{1\sim6}$
3 短周期	3	Na→Ar	8	$3s^{1\sim2}\rightarrow3p^{1\sim6}$
4 长周期	4	K→Kr	18	$4s^{1\sim2}\rightarrow3d^{1\sim10}\rightarrow4p^{1\sim6}$
5 长周期	5	Rb→Xe	18	$5s^{1\sim2}\rightarrow4d^{1\sim10}\rightarrow5p^{1\sim6}$
6 特长周期	6	Cs→Rn	32	$6s^{1\sim2}\rightarrow4f^{1\sim14}\rightarrow5d^{1\sim10}\rightarrow6p^{1\sim6}$
7 特长周期	7	Fr→Uuo	32	$7s^{1\sim2}\rightarrow5f^{1\sim14}\rightarrow6d^{1\sim10}\rightarrow7p^{1\sim6}$

2.6　元素基本性质的周期

2.6.1　原子半径

按照量子力学的观点，电子在核外运动没有固定轨道，只是概率分布不同。因此，对原子来说并不存在固定的半径。迄今所有的原子半径都是在结合状态下测定的。通常所说的原子半径是指相邻原子的平均核间距。根据原子与原子间作用力的不同，原子半径一般可分为三种：共价半径、金属半径和范德华半径。

共价半径(covalent radius)定义为以共价单键结合的两个相同原子的核间距的一半。

金属半径(metallic radius)定义为金属晶体中两个相接触的金属原子的核间距的一半。

范德华半径(van der Waals radius)定义为当两个原子只靠范德华力(分子间作用力)互相吸引时，它们核间距的一半。

1. *同一周期中原子半径的递变规律*

同周期元素原子半径表现出自左向右减小的总趋势。同一周期中原子半径的变化有两个因素在起作用，从左到右随着核电荷的增加，原子核对外层电子的吸引力也增加，使原子半径逐渐缩小；另外，随着核外电子数的增加，电子间的相互排斥力也增强，使得原子半径增大，这是两个作用相反的因素。但是，由于增加的电子不足以完全屏蔽增加的核电荷，因而从左到右有效核电荷逐渐增加，原子半径逐渐减小(表 2-5，图 2-15)。

表 2-5 原子半径的变化规律(pm)

Li	Be											B	C	N	O	F
157	112											88	77	74	66	64
Na	Mg											Al	Si	P	S	Cl
191	160											143	118	110	104	99
K	Ca	Sc	Ti	V	Cr	Mn	Fe	Co	Ni	Cu	Zn	Ga	Ge	As	Se	Br
235	197	164	147	135	129	137	126	125	125	128	137	153	122	121	104	114
Rb	Sr	Y	Zr	Nb	Mo	Tc	Ru	Rh	Pd	Ag	Cd	In	Sn	Sb	Te	I
250	215	182	160	147	140	135	134	134	137	144	152	167	158	141	137	133
Cs	Ba	Lu	Hf	Ta	W	Re	Os	Ir	Pt	Au	Hg	Tl	Pb	Bi		
272	224	172	159	147	141	137	135	136	139	144	155	171	175	182		

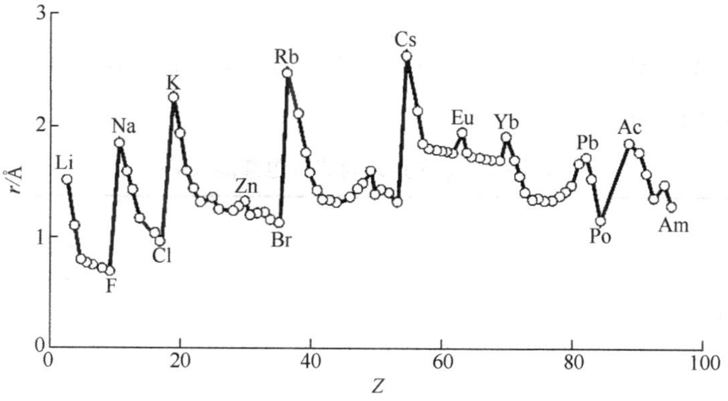

图 2-15 原子半径随原子序数的周期性变化曲线

但主族元素、过渡元素和内过渡元素减小得快慢不同。主族元素减小最快。以第三周期自 Na 至 Cl 的 7 种原子为例，减小总幅度 92pm，以平均 15.3pm 的速度减小。过渡元素原子半径表现得不规则，但总体上还是减小，而且减小得较慢。以第一过渡系元素为例，自 Sc 至 Zn 的 10 种原子减小总幅度 27pm，以平均 3.0pm 的速度减小。内过渡元素减小最慢。从 La(183pm)到 Lu(172pm)减小总幅度 11pm，以平均不到 1pm 的速度减小。

2. 镧系收缩现象

镧系元素原子半径自左至右缓慢减小的现象称为镧系收缩(lanthanide contraction)。由于 4f 电子对 s 和 d 电子的屏蔽不完全，从镧(La)到镥(Lu)随核电荷和 4f 电子数的逐渐增加，有效核电荷也逐渐增加，引起整个原子体积逐渐缩小，使得铕(Eu)以后的元素离子半径接近钇(Y)，构成性质极相似的钇组元素，彼此在自然界共生，难于分离；同时使得第三过渡系与第二过渡系的同族元素原子(或离子)半径相近，如铪与锆、钽与铌、钨与钼等，它们性质上极为相似，也常共生而难以分离。

3. 同一族中原子半径的递变规律

同一主族元素的原子半径从上到下逐渐增大，这是因为从上到下，元素原子的电子层数增多起主要作用，所以半径增大。副族元素的原子半径从上到下的变化不很明显。第五、六周期的一些同族元素如铌和钽、钼和钨、锝和铼等它们的原子半径十分相近，这是由于镧系收缩的结果。

2.6.2　电离能

一个基态的气态原子失去 1 个电子成为＋1 价气态正离子所需要的能量，称为该元素的第一电离能，用 I_1 表示，单位 $kJ \cdot mol^{-1}$。例如

$$Al(g) - e^- \longrightarrow Al^+(g) \quad \Delta H = I_1 \tag{2-10}$$

$$Al^+(g) - e^- \longrightarrow Al^{2+}(g) \quad \Delta H = I_2 \tag{2-11}$$

$$Al^{2+}(g) - e^- \longrightarrow Al^{3+}(g) \quad \Delta H = I_3 \tag{2-12}$$

再从正离子相继逐个失去电子所需的最小能量则称为第二、第三、……电离能。电离能的大小反映原子失去电子的难易，电离能越大，失电子越难。各级电离能符号分别用 I_1、I_2、I_3 等表示，它们的数值关系为 $I_1 < I_2 < I_3 \cdots$ 因为随着离子电荷的递增，离子半径递减，失去电子需要的能量也递增。

表 2-6 给出主族元素的第一电离能，从图 2-16 可以清楚地看到周期表中元素的第一电离能随原子序数的周期性变化规律。

表 2-6　主族元素的第一电离能(eV)

H 13.60							He 24.59
Li 5.32	Be 9.32	B 8.30	C 11.26	N 14.53	O 13.62	F 17.42	Ne 21.56
Na 5.14	Mg 7.64	Al 5.98	Si 8.15	P 10.48	S 10.36	Cl 12.97	Ar 15.76
K 4.34	Ca 6.11	Ga 6.00	Ge 7.90	As 9.81	Se 9.75	Br 11.81	Kr 14.00
Rb 4.18	Sr 5.69	In 5.79	Sn 7.34	Sb 8.64	Te 9.01	I 10.45	Xe 12.13
Cs 3.89	Ba 5.21	Tl 6.11	Pb 7.42	Bi 7.29	Po 8.42	At 9.64	Rn 10.74

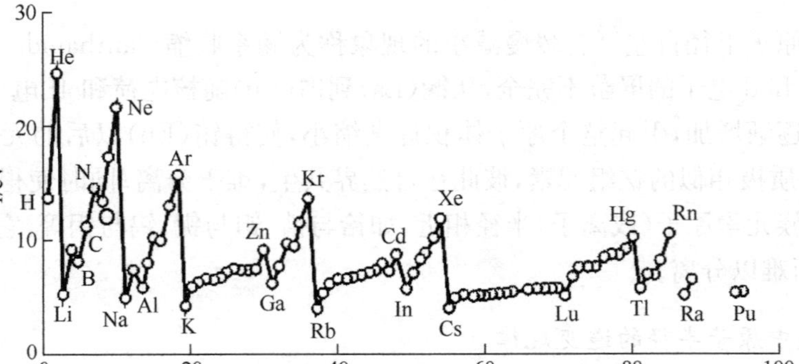

图 2-16　元素第一电离能随原子序数的周期性变化

元素原子的第一电离能随原子序数的增加呈现明显的周期性变化。电离能的大小主要取决于原子的核电荷、半径和电子构型。

同一周期，自左向右核电荷增加，原子核对外层电子的吸引力也增加，半径减小，因此电离能也随之增大。

同一主族中，从上到下电子层数增加，原子核对外层电子的引力减小，半径增大，电离能也随之减小。

除了核电荷和半径因素外，电子构型对电离能的影响也很大。各周期中稀有气体的电离能最大，部分原因就是它们的原子具有稳定的 8 电子结构。从图中可以看出，在同一周期中，元素的第一电离能从左到右总的趋势是依次增大，但在某些地方出现曲折变化。以第二周期为例，这种曲折出现在硼和氧的次序上，B 在 Be 后，但 B 的电离能反而比 Be 小，O 在 N 后，但 O 的电离能反而比 N 小。这是因为 B 的电子构型为 $2s^2 2p^1$，B 失去一个电子后具有 $2s^2 2p^0$ 的结构；O 的电子构型为 $2s^2 2p^4$，O 失去一个电子后具有 $2s^2 2p^3$ 的结构，根据洪德规则，等价轨道全满、半满或全空是比较稳定的结构，硼和氧失去电子后，分别成为全空（p^0）和半满（p^3）构型，所需的能量较小。副族元素的电离能变化缓慢，而且规律性不明显，因为它们新增加的电子是填入 $(n-1)$d 轨道或 $(n-2)$f 轨道，而最外层基本相同。

元素的第一电离能越小，表示它越容易失去电子，该元素的金属性也越强。因此，元素第一电离能可用来衡量元素的金属活泼性。此外，电离能还可用于说明元素通常呈现的价态，对于钠、镁和铝，电离能分别在 I_1、I_2 和 I_3 后迅速增大，这表明钠、镁和铝分别难以失去第二、第三、第四个电子，因此通常呈现的价态分别为 +1、+2 和 +3。由此可见，元素的电离能是元素的重要性质之一。

【思考题】

2-3 Na^+ 和 Ne 具有相同的电子构型：$1s^2 2s^2 2p^6$，气态 Ne 原子失去一个电子时 I_1 的值是 $2081kJ \cdot mol^{-1}$，而气态 Na^+ 失去第二个电子时 I_2 的值是 $4562kJ \cdot mol^{-1}$。试用所学理论进行解释。

电离能的大小可以用来衡量原子失去电子的难易，也可以用来判断原子失去电子的数目和形成的阳离子所带的电荷。如果 $I_2 \gg I_1$，则原子易形成 +1 价阳离子而不易形成 +2 价阳离子；如果 $I_3 \gg I_2 > I_1$，即 I 在 I_2 和 I_3 之间突然增大，则元素 R 可以形成 R^+ 或 R^{2+} 而难于形成 R^{3+}。

可归纳为：如果 $I_{(n+1)}/I_n \gg I_n/I_{(n-1)}$，即电离能在 I_n 与 $I_{(n+1)}$ 之间发生突变，则元素的原子易形成 $+n$ 价离子而不易形成 $+(n+1)$ 价离子。多数非金属元素原子的 I_1 较大，难于失去电子形成阳离子，而易于得到电子形成阴离子，或与其他原子形成共用电子对。

2.6.3 电子亲和能

元素的一个基态的气态原子得到电子形成 −1 价气态负离子时所放出的能量称为该元素的第一电子亲和能。常以符号 E_A 表示。像电离能一样，电子亲和能也有第一、第二、……之分。某些元素的电子亲和能列于表 2-7。

如果将电离能看作原子失电子难易程度的量度，电子亲和能则是原子得电子难易程度的量度。元素的电子亲和能越大，原子获取电子的能力就越强（非金属性越强）。周期表右上角非金属元素的电子亲和能都是最大的。一般来说，电子亲和能随原子半径的增大而减小，即在同一族中由上向下减小，而在同一周期中由左到右增大。表 2-7 中所列数据显示出两点“异常”。

(1) 第二周期从 B 到 F 的电子亲和能均低于第三周期同族元素。这并不意味着第二周期元素的非金属性相对比较弱。造成这种现象的原因是第二周期元素原子半径很小，更大程度的电子云密集导致电子间更强的排斥力。正是这种排斥力使外来的一个电子进入原子变得困难些。

(2) 第 2 族元素的电子亲和能明显低于同周期第 1 族元素。该现象的产生与两族元素的电子构型有关：两族元素的电子构型分别为[稀有气体构型]ns^1 和[稀有气体构型]ns^2。对第 1 族元素而言，外来电子进入 ns 轨道，但对第 2 族元素而言，却只能进入 np 轨道。核的正电荷对 p 轨道电子束缚得比较松，换个说法，就是亲和力比较小。事实上，第 2 族原子的核电荷被两个 s 电子屏蔽得如此有效，以致获得电子的过程甚至成为吸热过程。

表 2-7　主族元素的第一电子亲和能(eV)

H 0.754							He −0.5
Li 0.618	Be ≤0	B 0.277	C 1.263	N −0.07	O 1.461	F 3.399	Ne −1.2
Na 0.548	Mg ≤0	Al 0.441	Si 1.385	P 0.747	S 2.077	Cl 3.617	Ar −1.0
K 0.502	Ca 0.02	Ga 0.30	Ge 1.2	As 0.81	Se 2.021	Br 3.365	Kr −1.0
Rb 0.486	Sr 0.05	In 0.3	Sn 1.2	Sb 1.07	Te 1.971	I 3.059	Xe −0.8

有些元素在形成化合物时，既不是完全失去电子，也不是完全得到电子，如 NH_3 中的 N 和 H。因此不能仅从电离能来衡量元素的金属性或从电子亲和能来衡量元素的非金属性，需要把两者结合起来考虑。鲍林在 1932 年将电离能、电子亲和能综合考虑引入了电负性的概念。

【思考题】

2-4　运用所学知识判断第三周期元素的电子亲和能的变化趋势。

2.6.4　元素的电负性

鲍林于 1932 年首次引入电负性的概念，用来表示两个不同原子形成化学键时吸引电子能力的相对强弱。通常以希腊字母 χ 为电负性的符号。鲍林给电负性下的定义为“电负性是元素的原子在化合物中吸引电子能力的标度”。元素电负性数值越大，表示其原子在化合物中吸引电子的能力越强；反之，电负性数值越小，相应原子在化合物中吸引电子的能力越弱(稀有气体原子除外)。

对于一个物理概念，确立概念和建立标度常是两回事。同一个物理量，标度不同，数值不同。电负性可以通过多种实验的和理论的方法来建立标度。电负性概念和第一个电负性标度是由鲍林提出的，鲍林假定氟的电负性为 4.0，作为确定其他元素电负性的相对标准，根据热化学的数据和分子的键能计算出电负性的数值。本书主要采用鲍林的电负性数据。值得注意的是，同一元素处于不同氧化态时，其电负性数值也不同。表 2-8 中所列的电负性值是指该元素最稳定的氧化态的电负性值。电负性是指元素的原子在分子中吸引电子能力的相对大小，它较全面地反映了元素金属和非金属性的强弱。

表 2-8　鲍林电负性数据

H 2.20							He
Li 0.98	Be 1.57	B 2.04	C 2.55	N 3.04	O 3.44	F 3.98	Ne
Na 0.93	Mg 1.31	Al 1.61	Si 1.90	P 2.19	S 2.58	Cl 3.16	Ar
K 0.82	Ca 1.00	Ga 1.81	Ge 2.01	As 2.18	Se 2.55	Br 2.96	Kr 3.0
Rb 0.82	Sr 0.95	In 1.78	Sn 1.96	Sb 2.05	Te 2.10	I 2.66	Xe 2.6
Cs 0.79	Ba 0.89	Tl 2.04	Pb 2.33	Bi 2.02			

【思考题】

2-5　运用鲍林电负性数据判断周期表中主族元素氧化性的变化规律。

习　　题

2-1　已知 K 的第一电离能是 419kJ · mol^{-1}。计算使一个钾原子电离的光子波长。(已知 $h=6.63\times10^{-34}$ J · s，$N_A=6.02\times10^{23}$)

2-2　K 原子一条光谱线的频率为 7.47×10^{14} s^{-1}，求此波长光子的能量。($h=6.63\times10^{-34}$ J · s，$N_A=6.02\times10^{23}$)

2-3　德布罗意提出了微观粒子波长与动量的关系式：

$$\lambda=\frac{h}{P}=\frac{h}{mv}$$

海森堡又提出了微观粒子存在如下测不准关系：

$$\Delta x\geqslant\frac{h}{4\pi\Delta P}\qquad (h=6.626\times10^{-34}\,\text{kg}\cdot\text{m}^2\cdot\text{s}^{-1})$$

假设子弹的质量为 0.01kg，速度为 1.0×10^3 m · s^{-1}，若子弹速度的不确定程度为10^{-3} m · s^{-1}，试计算：

(1) 子弹运动的波长。把计算结果与波长最短的 γ 射线($\lambda=1\times10^{-5}$ nm)相比，可得到什么结论？

(2) 子弹位置的不确定量。计算结果又说明什么问题？

2-4　玻尔理论给出了氢原子不同轨道上电子的能量计算公式：

$$E=-2.18\times10^{-18}\times\frac{1}{n^2}(\text{J})$$

试计算基态 He^+ 的电离能。

2-5　下列说法是否正确？对错误的说法给予说明。

(1) 主量子数 n 为 3 时有 3s,3p,3d,3f 四条轨道；

(2) 多电子原子中，若几个电子处在同一能级组，则它们的能量也相同；

(3) 元素所处的族数与其原子最外层的电子数相同；

(4) 氢原子 2s 轨道和 2p 轨道能量相同，但氟原子的 2s 轨道能量低于 2p 轨道能量。

2-6　比较下列原子轨道能量的相对高低(以>、<或=符号表示)。

(1) 氢原子中，E_{3s}__________ E_{3p}，E_{3d}__________ E_{4s}；

(2) 钾原子中，E_{3s}__________ E_{3p}，E_{3d}__________ E_{4s}；

(3) 铁原子中，E_{3s}__________ E_{3p}，E_{3d}__________ E_{4s}。

2-7　某元素在 Kr 之前，该元素的原子失去两个电子后的离子在角量子数为 2 的轨道中有一个单电子，若只失去一个电子，则离子的轨道中没有单电子。写出该元素的符号及基态原子核外电子排布式，并指出该元素在周期表中的位置。

2-8　判断下列各组量子数是否合理。

(1) $n=3, l=1, m=+1, m_s=+1/2$

(2) $n=4, l=2, m=-1, m_s=+1/2$

(3) $n=3, l=3, m=+1, m_s=-1/2$

(4) $n=4, l=2, m=+3, m_s=-1/2$

2-9　写出下列微粒的电子结构，并说明它们的磁性质。

(1) Zn　(2) Mn　(3) As　(4) Rb　(5) F

(6) Cr　(7) Cu　(8) Fe^{2+} (9) V^{2+}　(10) La^{3+}

2-10　运用所学知识判断第三周期元素的电离能和电子亲和能的变化趋势。

第3章　化学键理论与分子结构

本章学习要求

(1) 认识化学键的本质；

(2) 掌握离子键的形成及其特点；

(3) 掌握离子的特征及离子极化概念；

(4) 掌握价键理论的内容，会用价键理论解释共价键的特征，会用价电子对互斥理论和杂化轨道理论解释简单的分子结构；

(5) 初步认识分子轨道，掌握第二周期元素分子轨道的特点；

(6) 理解金属键理论，特别是能带理论，会用能带理论解释固体分类；

(7) 认识分子间作用力和氢键的本质，会用其解释对物质性质的影响。

【背景问题】

(1) 半个多世纪以来，实验和理论化学家都在努力寻找最大配位数的碳分子体系，从而拓展对碳乃至化学键的根本性认识。中国科学院上海应用物理研究所研究员高嶷及其合作者在国际学术期刊《物理化学快报》上报道了目前理论上发现的最大配位且稳定的碳分子体系。他们发现，只有钛原子能够和碳形成七配位的超配位碳分子体系[CTi_7^{2+}]，而这是目前为止理论上发现的最大配位且稳定的碳分子体系。您能就此谈谈这项研究对丰富配位化学和化学键基本概念的作用吗？

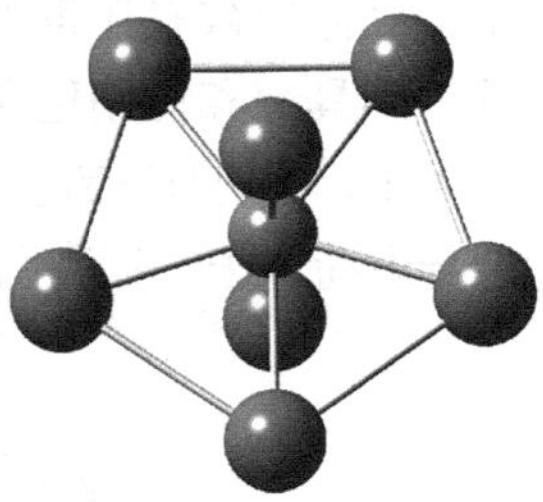

(2) 1998年，美国的奥地利裔科学家科恩(W. Kohn)教授和英国的波普(J. Pople)教授，以在量子化学计算方面的杰出贡献获得年度诺贝尔化学奖。颁奖公报宣称“化学已不再是单纯的实验科学了，量子化学已成为广大化学家的工具，将和实验研究结果一起来阐明分子体系的性质”。这表明化学已经成为一门真正的严密科学。您能以量子化学对价键理论、价键参数的计算和拟合，谈谈颁奖公报的意义吗？

(3) 氢键在DNA(脱氧核糖核酸)和RNA(核糖核酸)中连接着互补编码基因的碱基对，构成了各种蛋白质结构，在生物化学中很重要。传统理论认为，只有形成了氢键才能实现质子迁移，氢键网络就像一种“质子线”。2012年，美国伯克利国家实验室的研究小组的一项研究表明，封锁氢键质子也能实现迁移。您能就此谈谈对氢键的深刻认识吗？

分子是参与化学反应的基本单元，是由原子组成且能保持原物质化学性质的基本微粒。最简单的分子为单原子分子，为数不多，如稀有气体；绝大多数分子为多原子分子，可达千千万万。例如，一块钻石可看作一个巨大分子，其中的原子数取决于钻石的大小。一般来说，我们把由数目确定的原子组成的、具有一定稳定性的物种称为分子。其中把两个原子组成如Cl_2和N_2等称为双原子分子；把多于两个原子组成的分子如H_2O、O_3、S_8、C_6H_6等分子称为多原子分子。

要把氢分子H_2和氮气N_2拆分为H原子和N原子需要施加巨大的能量，说明分子中各原子之间存在一种强大的作用力，我们把这种分子内部原子之间的强相互作用力称为**化学键**。

阐释化学键的学说称为化学键理论，化学键理论可解释为什么有些原子之间（如 Na 与 Cl 之间）能够相互结合而有些原子之间（如 Na 与 Ne 之间）却不能，为什么由原子构成的单质（如 N_2 与 P_4）和化合物（如 HCl 与 HI）具有不同的稳定性，结合在一起的原子为什么这样排布而不那样排布（如 CO_2 分子的三个原子处在一条直线上，而不像 H_2O 分子那样形成小于 180°的角）等诸如此类的问题，为什么同样的组成，原子之间的连接方式不一样就导致形成的分子具有完全不同的性质和用途。换言之，化学键理论能够解释物质的外在性质与内部结构之间的依赖关系。但遗憾的是，迄今尚无统一的理论能够做到这一点。本章仅介绍金属键理论、共价键理论和离子键理论 3 种基本类型的化学键理论。

3.1 离子键理论

3.1.1 离子键及其特点

离子键理论是 20 世纪初由德国化学家科塞尔（W. Kossel）根据稀有气体原子具有稳定结构的事实提出的。他认为，电离能小的金属原子（活泼的金属原子）和电子亲和能大的非金属原子（活泼的非金属原子）相互靠近时失去或获得电子生成具有稀有气体稳定电子结构的正、负离子，然后通过库仑静电引力生成离子化合物。这种正、负离子间的静电引力称为离子键（ionic bond）。正、负离子规则排列而形成离子型晶体。

库仑力的性质决定了离子键区别于共价键的特点：既没有方向性，也不具饱和性。没有方向性是指晶体中被看作带电小圆球的正、负离子在空间任何方向上吸引相反电荷离子的能力是等同的。不具饱和性则包含两重含义：正、负离子周围邻接的异电荷离子数主要取决于正、负离子的相对大小，与各自所带电荷的多少无直接关系；一个离子除吸引最邻近的异电荷离子外，还可吸引远层异电荷离子。让我们通过 NaCl 晶体[图 3-1(a)]和 CsCl 晶体[图 3-1(b)]的示意图作说明。

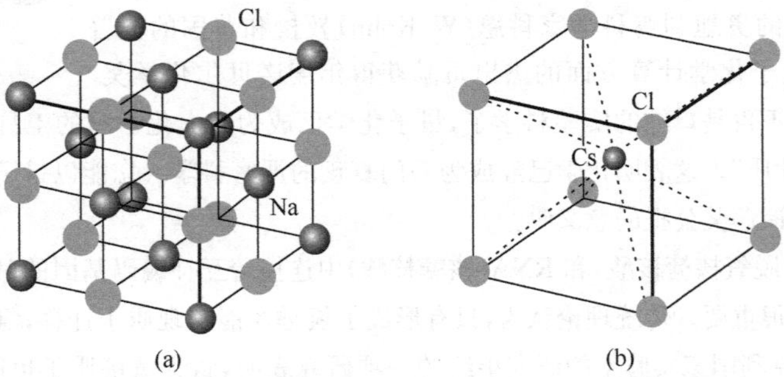

图 3-1 氯化钠晶体(a)和氯化铯晶体(b)中离子的排列

由于电荷作用力伸向四面八方，晶体中每种离子都被相反电荷的其他离子所包围。与钠离子和铯离子邻近的氯离子的排布尽管有一定的方向（NaCl 中排布在以钠离子为中心的八面体顶角，CsCl 中排布在以铯离子为中心的立方体顶角），但完全是出自空间稳定性的需要，与作用力的方向无关。为了便于理解，不妨设想将钠或铯离子原位旋转任一角度，周围的氯离子不会改变原来的位置。与 CsCl 晶体相比，NaCl 中与钠离子邻近的氯离子数较少，这一事实也是由空间因素造成的，钠离子周围不能排布更多的氯离子是由于体积较小，而不是由于正离子电场的作用力已饱和。MO（M＝Mg、Ca、Sr、Ba）中构成晶体的正、负离子电荷数都是 2，却具有与 NaCl 相同的排布方式。这个例子能够说明一个离子周围的异电荷离子数与各自所带电荷的多少（或者说与电荷产生的作用力的强弱）无关。

【思考题】

3-1　如何证明离子晶体的结构质点是正、负离子？

3-2　如何从离子键的形成阐述键的离子性与元素电负性的关系？

离子键的强度可用晶格能(lattice energy,U)的大小来度量。晶格能定义为 1mol 的离子晶体解离为自由气态离子时所吸收的能量。

$$MX(s) \longrightarrow M^+(g) + X^-(g) \tag{3-1}$$

晶格能的数值有两个来源，一是来源于理论计算值，放在结构化学里讲；二是来源于热化学实验值，即设计一个热化学循环(thermochemical cycle)，然后根据实验测得的热化学量(如生成热、升华热、解离能、电离能、电子亲和能)进行计算。

【例题 3-1】 已知下列数据，计算 $AlF_3(s)$的晶格能。

(1) 铝原子的气化热	$Al(s) = Al(g)$	$326kJ \cdot mol^{-1}$
(2) 气态铝原子的电离能	$Al(g) = Al^{3+} + 3e^-$	$5138kJ \cdot mol^{-1}$
(3) $AlF_3(s)$的生成反应热	$2Al(s) + 3F_2(g) = 2AlF_3(s)$	$-3020.8kJ \cdot mol^{-1}$
(4) 气态 $F_2(g)$的解离能	$F_2(g) = 2F(g)$	$160kJ \cdot mol^{-1}$
(5) 气态 F(g)原子的电子亲和能	$F(g) + e^- = F^-(g)$	$-350kJ \cdot mol^{-1}$

解　依据题目数据设计一个玻恩-哈伯循环：

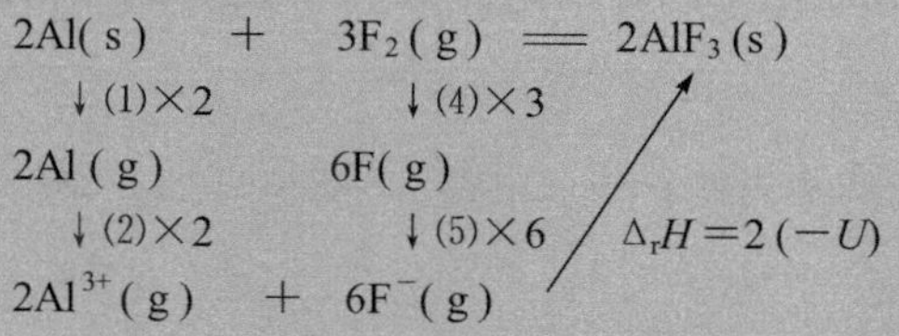

则　　$(3) = (1)\times2 + (2)\times2 + (4)\times3 + (5)\times6 + 2(-U)$

所以 $AlF_3(s)$的晶格能　$U = [(1)\times2 + (2)\times2 + (4)\times3 + (5)\times6 - (3)] \div 2$

$= [326\times2 + 5138\times2 + 160\times3 - 350\times6 + 3020.8] \div 2$

$= [652 + 10\,276 + 480 - 2100 + 12\,328.8] \div 2$

$= 12\,328.8 \div 2 = 6164.4(kJ \cdot mol^{-1})$

晶体类型相同时，晶格能大小与正、负离子电荷数的乘积成正比，与它们之间的距离 r_0 成反比。后面会看到，离子的电子层结构不同也会影响到晶格能的大小。晶格能越大，表明正、负离子间结合力越强，晶体的熔点越高、硬度越大。表 3-1 给出几种离子化合物的晶格能和熔点，这些化合物中的离子都具有类似 NaCl 的排列方式。

表 3-1　某些离子型化合物的晶格能(ΔU)和熔点

化合物	离子的电荷	r_0/pm	$\Delta U/(kJ \cdot mol^{-1})$	t(熔点)/℃
NaF	+1,−1	231	923	993
NaCl	+1,−1	282	786	801
NaBr	+1,−1	298	747	747
NaI	+1,−1	323	704	661
MgO	+2,−2	210	3791	2852

续表

化合物	离子的电荷	r_0/pm	ΔU/(kJ · mol^{-1})	t(熔点)/℃
CaO	+2,−2	240	3401	2614
SrO	+2,−2	257	3223	2430
BaO	+2,−2	275	3054	1918

离子型化合物具有如下通性:绝大多数情况下为晶态固体,硬度大,易击碎,熔点、沸点高,熔化热、气化热高,熔融状态下能导电,许多(不是所有)化合物溶于水。这些性质都可由离子键理论得到解释。以 NaCl 晶体为例,由正、负离子交替排列而构成的晶体中无法划出各个独立的 NaCl 分子,只能把整个晶体看作一个巨大分子。由固态向熔融态的转化需要破坏离子间的强相互作用力(破坏化学键),因而熔点比较高。同样也可解释其硬度,破坏晶格需要较强的外力。NaCl 固态时导电性很差,是由于作为电流载体的正、负离子在静电引力作用下只能在晶格结点附近振动而无法自由移动;熔融状态下导电性急剧上升,则归因于化学键遭到很大程度破坏后而产生的离子流动性。固态和熔融状态下导电性均随温度升高而缓慢上升,则分别与晶体中离子振动的加剧和熔体中离子流动性的提高有关。晶体表面的正、负离子具有剩余势场,它们对溶剂水分子偶极的吸引导致表面离子水合,形成的水合离子接着随水分子的热运动离开晶体表面而导致晶体溶解。溶解度的大小不但与表面离子水合作用的强弱有关,在很大程度上显然取决于晶格能。例如,表 3-1 给出的 8 个化合物中以 MgO 的晶格能最大,其溶解度也最小。

【思考题】

3-3 为什么 NaCl 和 CuCl 中阴离子相同,阳离子电荷相同、离子半径接近,但前者易溶于水,而后者却难溶于水?

3.1.2 离子的特征

离子型化合物的性质取决于离子键的强度,由晶格能的概念又知该强度取决于组成化合物的离子的电荷(charge)、半径(radius)和电子构型(electronic configuration)三大特征。

1. 离子的电荷

(1) 正离子通常由金属原子失去电子形成,其电荷等于中性原子失去电子的数目,如 Li^+、Be^{2+}、Al^{3+} 等。周期表中元素正离子的电荷一般情况下不大于 4,+4 价离子往往是由半径较大而电离能较小的过渡元素和内过渡元素形成的,如 Th^{4+} 和 Ce^{4+} 。

(2) 负离子通常由非金属原子得到电子形成,其电荷等于中性原子获得电子的数目;出现在离子晶体中的负离子还可以是多原子离子(如 SO_4^{2-})。元素负离子的电荷通常不大于 3,Mg_3N_2 中也许存在真正的 N^{3-} 负离子。氢的化合物几乎都是共价化合物,形成离子化合物(如 NaH)时以 −1 价形式(H^-)出现,与卤素更相似。

2. 离子的半径

与原子半径一样,由于电子云没有边界,离子半径(ionic radius)这个概念也没有确定的含义。在离子晶体中,阳、阴离子相互接触,可以把它们看成不等径圆球的周期性排列。离子键的键长也就可被看成阳、阴离子不等径圆球相切的核间距(nuclear separation)。因此,离子半径是指在离子晶体中的接触半径，即离子键的键长是相邻两种离子的半径之和。一般说的离子半径是以 NaCl 型离子晶体为标准的数值。NaCl 型离子晶体属于面心立方晶格（face-centered cubic lattice）结构，阳离子和阴离子相间排列，利用 X 射线衍射法可以精确测定 NaCl 型晶体的晶胞参数（cell parameters）a，它的一半就是两种异号电荷离子的半径和 d（图 3-2）。通常以 F^-（$r=133$pm）和 O^{2-}（$r=132$pm）的离子半径作为标准，求得其他离子的离子半径。

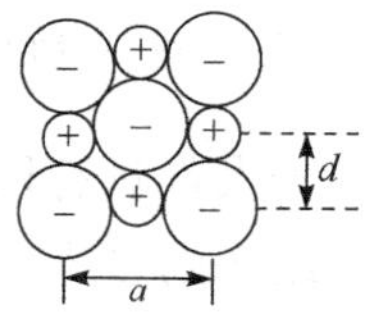

图 3-2　NaCl 型晶体的晶胞参数 a 和核间距 d 的示意图

离子半径变化规律如下。

(1) 对同一主族具有相同电荷的离子而言，半径自上而下逐渐增大。例如

$$Li^+ < Na^+ < K^+ < Rb^+ < Cs^+ ;F^- < Cl^- < Br^- < I^-$$

(2) 对同一元素的正离子而言，半径随离子电荷升高而减小。例如，$Fe^{3+} < Fe^{2+}$。

(3) 对等电子离子而言，半径随负电荷的降低和正电荷的升高而减小。例如

$$O^{2-} > F^- > Na^+ > Mg^{2+} > Al^{3+}$$

(4) 相同电荷的过渡元素和内过渡元素正离子的半径均随原子序数的增加而减小。

离子半径随原子序数的增加也显示出与原子半径（图 3-3 中上方曲线）相似的周期性。

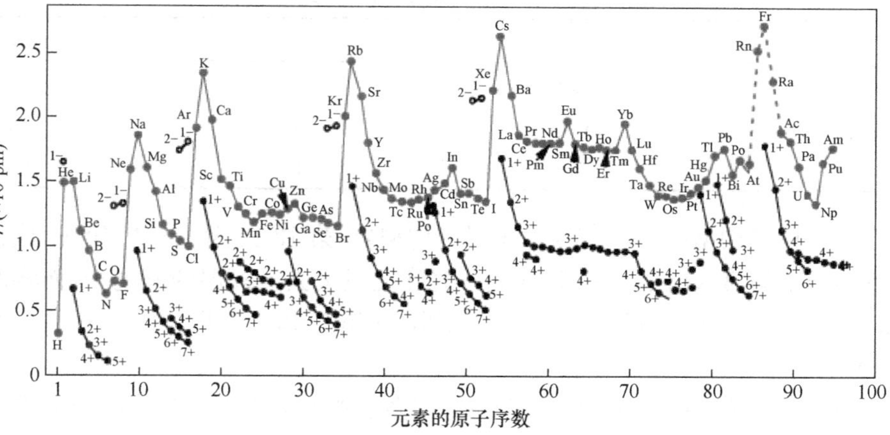

图 3-3　原子半径（上）和离子半径的周期性变化

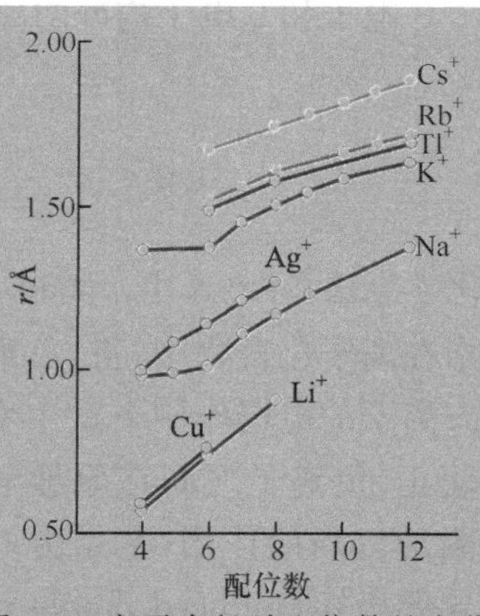

图 3-4　离子半径随配位数的变化

【例题 3-2】 引用离子半径解释化合物的性质时应该注意哪些问题?

解　第一，必须选用同一套数据，混用来源不同的数据多半要导致错误的结论。第二，比较离子半径大小时应使用同一种配位数得来的数值，这是因为离子半径随配位数的增大而增大(图 3-4)。离子半径随配位数变化而变化的事实是可以理解的，10 个座位的饭桌安排 12 位客人，各自与桌心的距离自然会增大。所以从这个角度讲，我们推荐使用山农（R. D. Shanon）的离子半径数据（考虑到配位数的影响）。

3. 离子的电子构型

负离子大都具有稀有气体元素的电子构型，而正离子则随元素在周期表中的不同位置，显示出电子组态的多样性。大体可分为四大类。

(1) 8电子和2电子构型(稀有气体电子构型)。周期表中靠近稀有气体元素之前和之后的那些元素得到或失去电子成为这种构型的阴、阳离子，见表3-2。

表3-2　具有稀有气体电子构型的离子

15/ⅤA	16/ⅥA	17/ⅦA	18/ⅧA	1/ⅠA	2/ⅡA	3/ⅢA	13/ⅢA
		H^-	[He]	Li^+	Be^{2+}		
N^{3-}	O^{2-}	F^-	[Ne]	Na^+	Mg^{2+}		Al^{3+}
P^{3-}	S^{2-}	Cl^-	[Ar]	K^+	Ca^{2+}	Sc^{3+}	
	Se^{2-}	Br^-	[Kr]	Rb^+	Sr^{2+}	Y^{3+}	
	Te^{2-}	I^-	[Xe]	Cs^+	Ba^{2+}	La^{3+}	

(2) 18电子构型(拟稀有气体组态)。第11族、第12族以及第13族和第14族的长周期元素形成的电荷数等于族号减10的正离子具有这种组态(表3-3)。

表3-3　具有18电子构型的离子

11	12	13	14
Cu^+	Zn^{2+}	Ga^{3+}	Ge^{4+}
Ag^+	Cd^{2+}	In^{3+}	Sn^{4+}
Au^+	Hg^{2+}	Tl^{3+}	Pb^{4+}

(3) 18+2电子构型(含 ns^2 惰性电子对的构型)。第13族、第14族、第15族长周期元素(特别是它们当中的第六周期元素)形成离子时往往只失去最外层的p电子，而将两个s电子保留下来。例如，Ga^+、In^+、Tl^+；Ge^{2+}、Sn^{2+}、Pb^{2+}；Sb^{3+}、Bi^{3+}。Tl^+、Pb^{2+} 和 Bi^{3+} 都是非常稳定的阳离子。

(4) 不规则电子构型(9～17电子构型)　许多过渡元素失去部分价电子形成这种构型的离子，如 Ti^{3+}、V^{3+}、Cr^{3+}、Mn^{2+}、Fe^{3+}、Co^{2+}、Ni^{2+}、Cu^{2+}、Au^{3+} 等。

一般来说，不同类型的阳离子对同种负离子的结合力大小顺序为

18或18+2电子构型的离子＞9～17电子构型的离子＞8电子和2电子构型的离子

3.1.3　离子极化

1. 诱导偶极

离子极化(ionic polarization)的概念是1923年由波兰化学家法扬斯(K. K. Fajans)首先提出。离子极化指在离子化合物中，正、负离子的电子云分别在对方离子的电场作用下发生变形的现象。离子极化使正、负离子之间在原静电相互作用的基础上又附加以新的作用，它是由离子在极化时产生的诱导偶极矩(induced dipole moment，μ)引起的(图3-5)。μ 与电场强度 E 的比值 μ/E

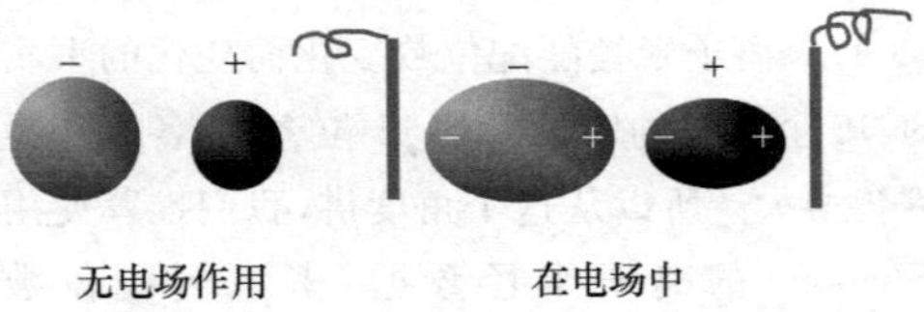

图3-5　离子在电场作用下产生诱导偶极矩

称为极化率(polarizability),它可作为离子可极化性大小的量度。

2. 离子的极化和变形

(1) 无论是阳离子或阴离子都有极化作用和变形性两个方面,但是阳离子半径一般比阴离子小,所以阳离子的极化作用大,而阴离子的变形性大。阴离子使正离子的极化作用(阴离子变形后使正离子电子云发生变形),称为附加极化作用。

(2) 离子的极化作用可使典型的离子键向典型的共价键过渡。这是因为阳、阴离子之间的极化作用加强了"离子对"的作用力,而削弱了离子对与离子对之间的作用力的结果。

3. 离子极化作用的规律

(1) 阳离子电荷越高,半径越小,离子势 $\varphi(Z^*/r)$ 越大,则极化作用越强。

(2) 在相同离子电荷和半径相近的情况下,不同电子构型的正离子极化作用不同:8 电子构型<9～17 电子构型<18 或 18+2 电子构型。

【思考题】

3-4　为什么 $r(Hg^{2+})=102pm$,$r(Ca^{2+})=100pm$,但 Hg^{2+} 的极化作用大于 Ca^{2+}?

(3) 阴离子的电荷越高,半径越大,变形性就越大,如 F<Cl。

(4) 对于复杂的阴离子,中心离子的氧化数越高,变形性越小,如氯的含氧酸根的变形性从大到小排列为 $ClO^- > ClO_2^- > ClO_3^- > ClO_4^-$。

4. 离子极化对金属化合物性质的影响

离子极化的结果使离子键成分减少,而共价键成分增加,从而产生一定的结构效应,影响化合物的物理、化学性质。

(1) 引起金属化合物熔点的变化,如 $MgCl_2$ 的熔点高于 $CuCl_2$ 的熔点。

(2) 引起金属化合物溶解性的变化,如卤化物在水中的溶解度顺序是 AgF>AgCl>AgBr>AgI。这是由于从 F^- 到 I^- 受到 Ag 的极化作用而变形性增大的缘故。

(3) 引起金属盐热稳定性的差异,如 $NaHCO_3$ 的热稳定性小于 Na_2CO_3。从 $BeCO_3$～$BaCO_3$ 热稳定性增大,这是由于金属离子对 O^{2-} 的极化作用越强,金属碳酸盐越不稳定。

(4) 引起金属化合物颜色的变化。极化作用越强,金属化合物的颜色越深。例如

AgCl(白),AgBr(浅黄),AgI(黄)

$HgCl_2$(白),$HgBr_2$(白),HgI_2(红)

(5) 引起金属化合物晶型的转变。例如,对 CdS 而言,$r^+/r^- = 97pm/184pm = 0.53 > 0.414$(见第 4 章),理应是 NaCl 型,即六配位,实际上,CdS 晶体是四配位的 ZnS 型。这说明 $r^+/r^- < 0.414$。这是由于离子极化致使电子云进一步重叠而使 r^+/r^- 比值变小的缘故。

(6) 离子极化增强引起化合物导电性和金属性的改变。在有的情况下,阴离子被阳离子极化后,使电子脱离阴离子而成为自由电子,这样就使离子晶体向金属晶体过渡,化合物的电导率、金属性都相应增强,如 FeS、CoS、NiS 都有一定的金属性。

应该强调的是,离子极化理论是对离子键理论的一种补充,在无机化学中有一定的实用价

值。但在无机化合物中,离子型化合物毕竟只是一部分,因此在应用离子极化理论时,必须充分注意该理论的局限性,切勿乱加套用。由于离子极化作用会导致体系势能降低释放出能量,这部分能量称为离子极化能(ionic polarization energy),它甚至影响到离子晶体晶格能的计算。

3.2 共 价 键

共价键(covalent bond)(包括配位键)是化学键的一种,两个或多个原子共同使用它们的外层电子,在理想情况下达到电子饱和的状态,由此组成比较稳定的化学结构称为共价键。其本质是原子轨道重叠后,高概率地出现在两个原子核之间的电子与两个原子核之间的电性作用。通常认为,两元素电负性差值远大于 1.7 时,形成离子键;远小于 1.7 时,形成共价键;在 1.7 附近时,它们的成键具有离子键和共价键的双重特性,离子极化理论可以很好地解释这种现象。

3.2.1 现代价键理论

1923 年,美国化学家路易斯(G. N. Lewis)提出共价键的电子对理论。他把费兰克兰(E. Frankland)结构式中"短棍"解释为两个原子各取出一个电子配对,"—"是一对共用电子"═"是两对共用电子,"≡"是三对共用电子,即将经典的费兰克兰化合价假定为原子能够提供的形成共用电子对的电子数。还认为分子中的原子都有形成稀有气体电子结构的趋势(8 电子稳定构型,又称八隅律),以求得本身的稳定。而达到这种结构,并非通过电子转移形成离子键来完成,而是通过共用电子对来实现。他把"共用电子对"维系的化学作用力称为共价键,后人称这种观念为路易斯共价键理论。这种用"—"表示共价键,同时两个小黑点表示一对孤对电子的结构式称为路易斯结构式,也称电子结构式。

路易斯的贡献在于提出了一种不同于离子键的新的键型,解释了两元素电负性差值 $\Delta\chi$ 比较小的元素之间原子的成键事实。但路易斯没有说明这种键的实质,适应性不强。在解释 BCl_3(缺电子中心)、PCl_5(多电子中心)等未达到稀有气体结构的分子时,遇到困难。BCl_3 分子中,B 原子提供 3 个单电子,分别与 3 个氯原子的一个单电子配对成键,此时每个氯原子的价层达 8 个电子稳定构型,但 B 原子周围只有 6 个电子,不满足八隅律。同样在 PCl_5 分子中,每个氯原子满足八隅律,但 P 原子周围有 10 个电子,也不满足 8 电子稳定构型。另外,该理论也不能解释共价键的特性(如方向性、饱和性)。因此,路易斯价键理论虽是具有划时代意义的共价键理论,但它具有很大的局限性。

1927 年,海特勒(W. H. Heitler)和伦敦(F. London)用量子力学处理氢分子,用近似方法算出了氢分子体系的波函数,首次用量子力学方法解决共价键问题,揭示了共价键的本质是电性的。

1929 年,贝特等提出配位场理论,最先用于讨论过渡金属离子在晶体场中的能级分裂,后来又与分子轨道理论结合,发展成为现代的配位场理论。

1930 年,美国化学家鲍林在研究碳的正四面体构型时提出杂化轨道理论,认为能级相近的轨道在受激时可以发生杂化,形成新的简并轨道,其理论依据就是电子的波粒二象性,而波是可以叠加的。他计算出了多种杂化轨道的形状,并因在价键理论方面的突出贡献而获得 1954 年诺贝尔化学奖。

1932 年，洪德(F. Hund)将共价键分为 σ 键、π 键、δ 键三种，使价键理论进一步系统化，与经典的化合价理论有机地结合起来。

同年，美国化学家马利肯(R. S. Mulliken)提出分子轨道理论。认为化合物中的电子不属于某个原子，而是在整个分子内运动。他的方法和经典化学相距太远，计算又很繁琐，一时不被化学界所接受。后经过密立根(R. A. Millikan)、伦纳德(P. Lennard)、休克尔(E. Hückel)等的完善，在化学界逐渐得到认可。

1940 年，希吉维克(H. Sidgwick)和鲍威尔(T. A. Powell)在总结实验事实的基础上提出了一种简单的理论模型，用以预测简单分子或离子的立体结构。这种理论模型后经吉列斯比(R. J. Gillespie)和尼霍尔姆(R. S. Nyholm)在 20 世纪 50 年代加以发展，定名为价层电子对互斥理论。价层电子对互斥理论与杂化轨道理论相结合，可以半定量地推测分子的成键方式与分子结构。

1951 年，日本科学家福井谦一提出前线轨道理论，认为分子中能量最高的分子轨道(HOMO)和没有被电子占据的、能量最低的分子轨道(LUMO)是决定一个体系发生化学反应的关键，其他能量的分子轨道对于化学反应虽然有影响但是影响很小，可以暂时忽略。

1965 年，美国化学家伍德沃德(R. B. Woodward)与霍夫曼(R. Hoffmann)参照福井谦一的前线轨道理论，提出了分子轨道对称守恒原理。分子轨道理论得到了新的发展。

由于计算机技术的迅猛发展，量子化学与计算机化学日新月异，对分子结构的推算变得越发精确，期间也诞生了一大批优秀的化学家，他们的研究成果极大地推动着现代共价键理论的发展。

本课程仅要求学生了解这些理论的主要结论和相关概念，并在此基础上解释化合物的结构和性质。

3.2.2　价键理论

价键理论(valence bond theory，简称 VB 理论)，是基于路易斯理论电子配对思想发展起来的共价键理论。价键理论将应用量子力学解决氢分子问题的成果推广到其他共价化合物中，成功解释了许多分子的结构问题。

1. 共价键的形成和本质

1927 年，海特勒和伦敦在运用量子力学方法处理氢气分子的过程中，得到了分子能量 E 和核间距 R 之间的关系曲线[图 3-6(a)]，发现若两个氢原子相互接近，它们的电子自旋方向相反时，随着轨道的重叠(波函数相加)会出现一个概率密度较大的区域，氢原子将在系统能量最低核间距处成键[图 3-6(b)]；若两个氢原子的电子自旋方向相同，则相减的波函数单调递减，系统能量无限趋近 $E=0$，没有最低点，无法成键。因此，价键理论通过对氢分子的研究阐明了电子配对的内在原因和共价键的本质。

显然，从量子力学方法讲，共价键的形成条件为：①键合原子双方各提供自旋方向相反的未成对电子(想一想自旋方向相同呢)；②键合双方原子轨道应尽可能最大程度地重叠；③服从能量最低原理。共价键的本质是电性的——电子出现概率较大处为共价键(“浓浓”的负电荷电子云将两个核“黏合”在一起)。

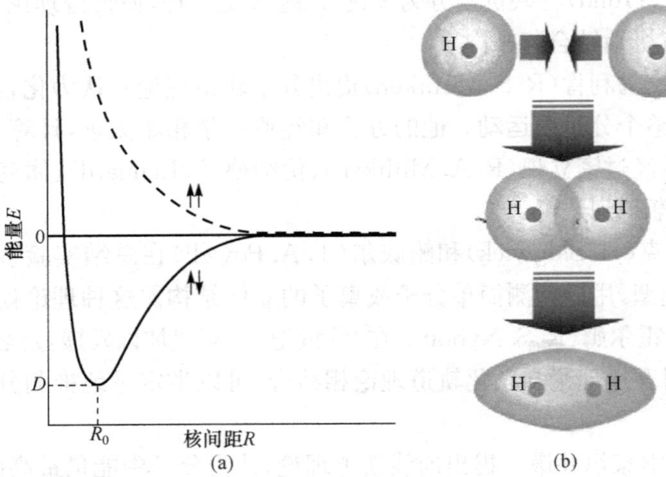

图 3-6　H_2分子形成过程分子能量 E 和核间距 R 之间的关系曲线(a)和轨道重叠示意图(b)

2. 共价键的特点

共价键的主要特点是具有饱和性和方向性。在共价键的形成过程中,因为每个原子所能提供的未成对电子数是一定的,一个原子的一个未成对电子与其他原子的未成对电子配对后,就不能再与其他电子配对,即每个成键原子能提供用于形成共价键的轨道数是一定的,每个原子能形成的共价键总数也就是一定的,这就是共价键的饱和性。第二周期元素原子的价层只有 4 个轨道,形成共价分子时最多只能形成 4 个共价键。第三周期元素原子的价层有 9 个轨道,这一事实被用来解释相关的某些化合物为什么不服从八隅律。

【思考题】

3-5　为什么说定比定律的内在原因之一是共价键的饱和性?

在第 1 章已知除 s 轨道是球形的以外,其他原子轨道都有其固定的延展方向,所以共价键在形成时,轨道重叠也有固定的方向,才能满足轨道的最大重叠,共价键也有它的方向性,共价键的方向决定着分子的构型。

3. 共价键的类型

共价键按成键方式可以进行不同的分类,分类包括了所有的共价键。

1) σ 键

由两个原子轨道沿轨道对称轴方向相互重叠导致电子在核间出现概率增大而形成的共价键,称为 σ 键(sigma bond),形象地记为“头碰头”(见例题 3-3 图)。σ 键属于定域键,它可以是一般共价键,也可以是配位共价键。一般的单键都是 σ 键。后面讲的原子轨道发生杂化后形成的共价键也是 σ 键。由于 σ 键是沿轨道对称轴方向形成的,轨道间重叠程度大,所以,通常 σ 键的键能比较大,不易断裂(是否意味着反应性较弱),而且,由于有效重叠只有一次,所以两个原子间至多只能形成一个 σ 键。例如,HCl 分子中的 3p 和 1s 轨道,Cl_2 中的 3p 和 3p 轨道的成键。

【例题 3-3】 以图形表示都有哪些原子轨道之间可以形成 σ 键？

解　可用下图表示：

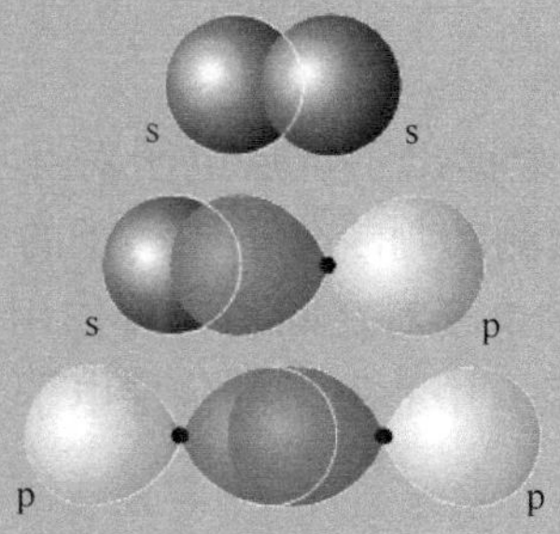

2) π 键

成键原子的未杂化 p 轨道通过平行、侧面重叠而形成的共价键，称为 π 键(pi bond)，形象地记为“肩并肩”[图 3-7(a)]。π 键与 σ 键不同，它的成键轨道必须是未成对的 p 轨道。π 键性质各异，有 2c-2e 的定域键，也可以是共轭 π 键[图 3-7(b)]和反馈 π 键[图 3-7(c)]。两个原子间可以形成最多两个 π 键，如碳碳双键中存在一个 σ 键、一个 π 键，而碳碳叁键中存在一个 σ 键、两个 π 键。

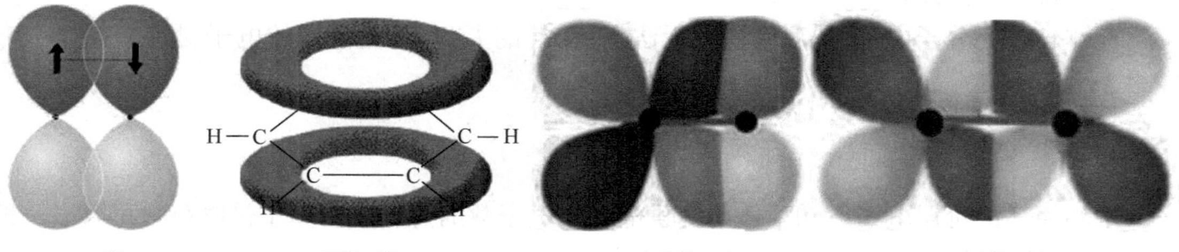

(a) 正常 2c-2e的p-p π键　(b) 苯环中的6c-6e 共轭π键　(c) 反馈π键

图 3-7　各种 π 键

【思考题】

3-6　如果在一定条件下由两个 d 轨道四重交盖会形成共价键吗？

4. 配位共价键

配位共价键(coordinate covalent bond)简称配位键，是一种特殊的共价键，它的特点在于共用的一对电子出自同一原子。形成配位键的条件是，一个原子有孤对电子，而另一个原子有空轨道。这部分内容可参见第 9 章配位反应，这里不再赘述。

【例题 3-4】 配位共价键与一般共价键有什么异同？

解　配位共价键与一般共价键的区别只体现在成键过程上，它们的键参数是相同的。例如，铵根离子的氮氢键中，有三个是一般共价键，一个是配位共价键，但这四个键完全等价，铵根离子也是完全对称的正四面体形。在书写时，一般共价键使用符号“—”；配位共价键使用符号“→”，箭头从配体指向受体。

3.2.3 价层电子对互斥理论

1. 理论基础

1940年美国的希吉维克等相继提出了价层电子对互斥理论(valence shell electron pair repulsion theory,VSEPR),用以预测和判断分子或离子的几何构型,认为分子或离子的几何构型主要取决于与中心原子相关的电子对之间的排斥作用。该电子对既可以是成键的,也可以是未成键的(称为孤对电子)。只有中心原子的价层电子才能够对分子的形状产生有意义的影响。

分子中电子对间排斥的三种情况为

(1) 孤对电子间的排斥(孤-孤排斥)。

(2) 孤对电子和成键电子对之间的排斥(孤-成排斥)。

(3) 成键电子对之间的排斥(成-成排斥)。

分子会尽力避免这些排斥来保持稳定。当排斥不能避免时,整个分子倾向于形成排斥最弱的结构(与理想形状有最小差异的方式)。

孤对电子间的排斥被认为大于孤对电子和成键电子对之间的排斥,后者又大于成键电子对之间的排斥。因此,分子更倾向于最弱的成-成排斥。

配体较多的分子中,电子对间甚至无法保持90°的夹角,因此它们的电子对更倾向于分布在多个平面上。

2. 确定中心原子中价层电子对数

中心原子的价层电子数和配体所提供的共用电子数的总和减去离子带电荷数再除以2即为中心原子的价层电子对数:

价层电子对数=1/2(中心原子的价层电子数+配位原子提供的σ电子数−离子电荷代数值)

这里有一些规定:

(1) 作为配体,卤素原子和H原子提供1个电子,氧族元素的原子不提供电子。

(2) 作为中心原子,卤素原子按提供7个电子计算,氧族元素的原子按提供6个电子计算。

(3) 对于复杂离子,在计算价层电子对数时,还应加上负离子的电荷数或减去正离子的电荷数。

(4) 计算电子对数时,若剩余1个电子,也当作1对电子处理。

(5) 双键、叁键等多重键作为1对电子看待。

3. 判断分子的空间构型

价层电子对互斥理论常用AXE方法计算分子构型。这种方法也称ABE,其中A代表中心原子,X或B代表配位原子,E代表孤对电子。

不难推出中心原子上只有成键电子对和同时带有孤对电子时,共价分子的基本形状如表3-4所示。

表 3-4　中心原子上只有键电子对和同时带有孤对电子时共价分子的基本形状

分子类型	分子形状	中心原子价电子对的排布方式	分子的几何构型	实　例
AX_1E_n	直线形			HF、O_2
AX_2E_0	直线形			$BeCl_2$、$HgCl_2$、CO_2
AX_2E_1	角形	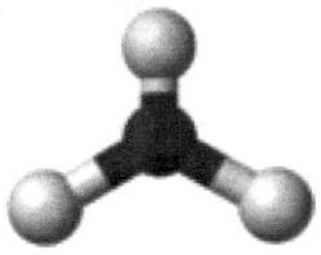	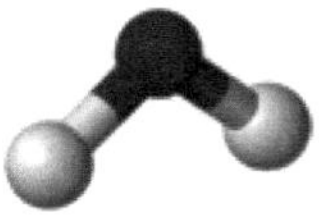	NO_2^-、SO_2、O_3
AX_2E_2	角形	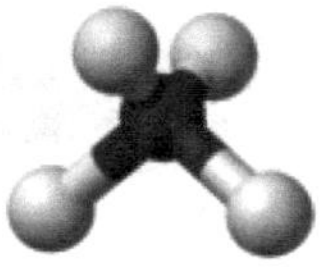	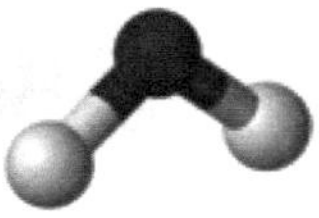	H_2O、OF_2
AX_2E_3	直线形			XeF_2、I_3^-
AX_3E_0	平面三角形	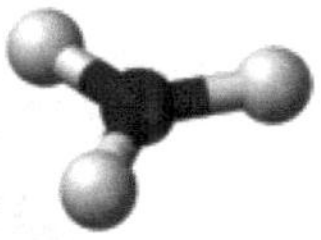	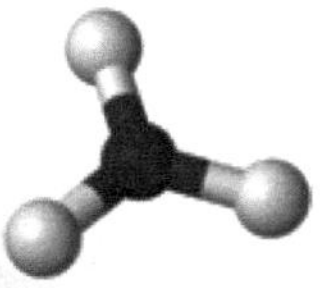	BF_3、CO_3^{2-}、NO_3、SO_3
AX_3E_1	三角锥形	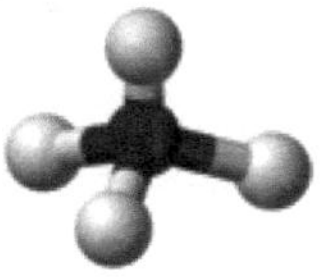		NH_3、PCl_3
AX_3E_2	T 字形			ClF_3、BrF_3
AX_4E_0	四面体形			CH_4、PO_4^{3-}、SO_4^{2-}、ClO_4^-
AX_4E_1	变形四面体形			SF_4

续表

分子类型	分子形状	中心原子价电子对的排布方式	分子的几何构型	实　例
AX_4E_2	平面四方形			XeF_4
AX_5E_0	三角双锥形			PCl_5
AX_5E_1	四角锥形		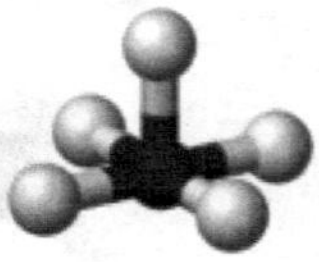	ClF_5、BrF_5
AX_5E_2	平面五角形			XeF_5^-
AX_6E_0	八面体形			SF_6
AX_6E_1	五角锥形	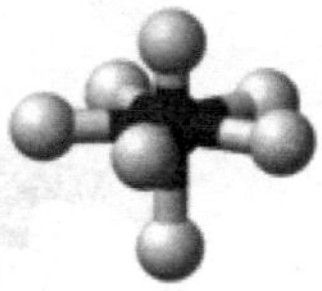		$XeOF_5^-$、IOF_5^{2-}
AX_7E_0	五角双锥形			IF_7
AX_8E_0	四方反棱柱形	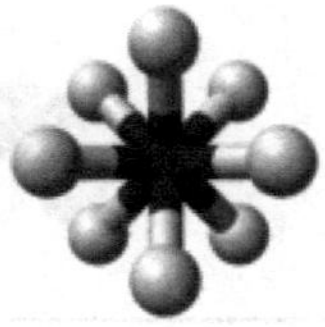		XeF_8^{2-}、ZrF_8^{4-}、ReF_8^-

为了帮助读者判断分子几何形状，有必要对表 3-4 作如下附加说明：

(1) 对 AX_3E_2型 T 字型分子而言，孤对电子优先代替平伏位置上的原子和相关的键对电子。

(2) 对 AX_5E_2型平面五角形分子而言，第二对孤对电子优先代替第一对孤对电子反位的那个原子和相关的键对电子。

(3) 将与双键和叁键对应的两对和三对电子都看作一个“超级电子对”，从而使问题的讨论得以简化。例如，将 CO_2分子中两个双键的电子看作 C 原子上的两个超级电子对，不难预言 CO_2为 AE_2型直线形分子。

【例题 3-5】 判断 OF_2分子的基本形状。

解　写出路易斯结构式，并读出中心原子周围价电子对的总数：

$$:\ddot{\underset{..}{F}}-\ddot{\underset{..}{O}}-\ddot{\underset{..}{F}}:$$

中心原子价层有 4 对电子。4 对价电子的理想排布方式为正四面体，但考虑到 4 对价电子中有两对孤对电子，所以分子的实际几何形状为角形，相当于表 3-4 中的 AX_2E_2型分子。

3.2.4　杂化轨道理论

上面介绍的价键理论不能解释大多数多原子分子中的键长和键角。例如，如果 H_2O 和 NH_3分子中的 O—H 键和 N—H 键分别是由 H 原子的 1s 轨道与 O 原子和 N 原子中单电子占据的 2p 轨道重叠形成的，∠HOH 和∠HNH 键角应为 90°。事实上，上述两个键角各自都远大于 90°。鲍林提出的杂化轨道理论(hybrid orbital theory)解决了这类难题。杂化轨道是指同一原子中相关的原子轨道混合形成该原子的一组新轨道。

1. 杂化轨道理论要点

(1) 中心原子能量相近的不同轨道在外界的影响下(量子化学称为微扰)会发生杂化，形成新的轨道，称杂化原子轨道，简称杂化轨道。

(2) 参加杂化的原子轨道数目与形成的杂化轨道数目相等，不同类型的杂化轨道，其空间取向不同。

(3) 各种杂化轨道的“形状”均为葫芦形，由分布在原子核两侧的大、小叶瓣组成角度分布，比单纯的原子轨道更为集中，成分和能量(杂化后的能级相当于杂化前有关电子能级的中间值)也都会发生改变，因而重叠程度也更大，更加利于成键。

2. 杂化轨道的形成

图 3-8 以 $BeCl_2$为例描述了这类分子的形成过程。基态 Be 原子中的 1 个 2s 电子被激发至 2p 轨道，能量和形状都不相同的 1 个 2s 轨道和 1 个 2p 轨道通过杂化形成 2 个能量和形状相同的 sp 杂化轨道。新轨道的电子密度在核的一方相对集中(葫芦形)，这种形状更有利于实现最大重叠。由于 2 个杂化轨道在核外空间以 180°取向，两个 Cl 原子各以 1 个 p 轨道与之重叠形成直线形 $BeCl_2$分子。由 1 个 s 轨道与 2 个 p 轨道混合产生 3 个等同的 sp^2杂化轨道，每个 sp^2杂化轨道中含有(1/3)原 s 轨道和(2/3)原 p 轨道的成分。

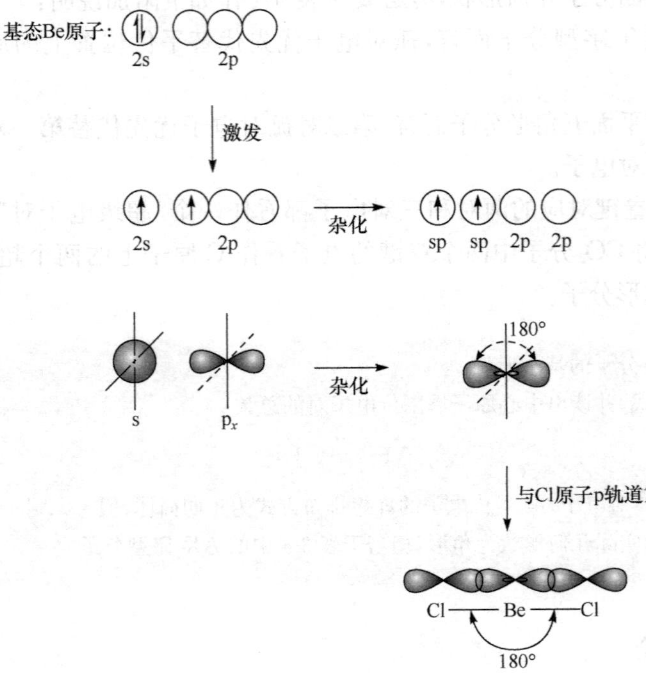

图 3-8 通过 sp 杂化形成 $BeCl_2$ 共价分子过程的示意图

3. 杂化轨道的类型

杂化只能发生在能级接近的轨道之间，如主量子数相同的 s 轨道与 p 轨道之间，或 s 轨道、p 轨道、d 轨道之间。过渡元素原子的 $(n-1)$d 亚层与 ns、np 亚层轨道能级接近，它们之间也能发生杂化。杂化轨道名称由带数字上标的亚层符号组合而成，数字上标表示参与杂化的轨道数而不是电子数。亚层符号按能级升高的顺序排列，如 d^2sp^3 和 sp^3d^2 代表着两种不同的杂化轨道，前者来自 $(n-1)$d、ns、np 轨道的杂化，后者则来自 ns、np、nd 轨道的杂化。

不同类型的杂化轨道，其空间取向不同：

sp	两轨道间夹角 180°
sp^2	三角形顶角
sp^3	正四面体顶点
sp^3d	三角双锥体顶点
sp^3d^2	正八面体顶点
dsp^2	平面四方形顶角
dsp^3	四方锥体或三角双锥体顶点
d^2sp^3	正八面体顶点

4. 不等性杂化轨道

上面讲的杂化轨道的空间取向不是化合物的结构。在化合物中，这些轨道可能被孤对电子填充，如 N 原子进行 sp^3 杂化形成的 NH_3 分子中，有一对孤对电子，那么 NH_3 的空间结构是三角锥形（正四面体的一个顶点是孤对电子，电子是“看不见”的）。再如 O 原子进行 sp^3 杂化形成的 H_2O 分子中，有两对孤对电子，那么 H_2O 的空间结构是角形（正四面体的两个顶点是孤对电子）。

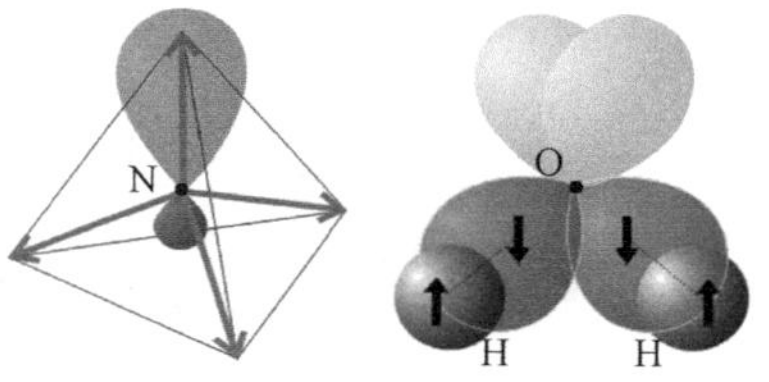

(a) NH_3　(b) H_2O

图 3-9　sp^3 不等性杂化

【思考题】

3-7　sp 和 sp^2 是否也有不等性杂化一说？请各举一例说明。

尽管鲍林的杂化轨道理论源于量子力学原理，是对价键理论的补充。但是，长期以来该理论只是被用作经验性的简便判断方法，且常会出现误判。而在计算化学取得长足进步的今天，已经拥有非常便捷的计算工具，能够迅速对分子体系的杂化形式进行分析和判断。因此，有人提出“是杂化轨道该退休的时候了吗”，但立即遭到大多数教育家的反对，认为杂化轨道理论也是现代化学从感性认识到理性认识发展的一个缩影，在教学工作中可以帮助学生理解和领会一个化学理论随时代不断演进和完善的过程，进而加深学生对于化学这门学科的领悟。何况 20 世纪 80 年代出现的自然键轨道法（natural bond orbital method，NBO）对杂化轨道理论作了进一步完善，同时也进一步巩固了杂化概念的理论基础。

3.2.5　分子轨道理论

分子轨道理论（molecular orbital theory）是比价键理论更精确的方法，可以定义**分子轨道**（molecular orbital）为具有特定能量的某电子在相互键合的两个或多个原子核附近空间出现概率最大的区域。按照分子轨道概念，运动中的电子不只局限在自身的核外，而是运动在更大范围内。共价键的形成被归因于电子获得更大运动空间而导致的能量下降。

处理分子轨道的方法与处理原子轨道有点相似，首先弄清分子轨道的数目和能级，再由原子算出可用来填充这些轨道的电子数，最后按一定规则将电子填入分子轨道，像写原子的电子组态那样写出分子的电子组态。电子填入分子轨道时服从以下规则。

(1) 尽先占据能量最低的轨道，低能级轨道填满后才进入能级较高的轨道（能量最低原理）。

(2) 每个分子轨道最多只能填入 2 个自旋相反的电子（泡利不相容原理）。

(3) 分布到等价分子轨道时总是尽可能分占轨道（洪德规则）。

分子轨道理论能解释一些价键理论无法解释的现象，如氧分子的顺磁性。

1. H_2 和“He_2”中的分子轨道

尽管分子轨道理论原则上不承认原子轨道的个性，但其处理方法往往以原子轨道作为出发点。例如，分子轨道的数目等于键合原子原子轨道数之和。两个 H 原子相互接近时，由两个 1s 轨道组合得到能级不同、空间扩展区域也不同的两个分子轨道，如图 3-10 所示。能级较低的一个称为**成键分子轨道**（bonding molecular orbital），能级较高的一个称为**反键分子轨道**（antibonding molecular orbital）。成键轨道上的电子将核吸引在一起（注意图中成键电子密度主要分布在两核之间），反键轨道上的电子不仅不提供这种吸引力（注意图中反键电子密度主要分布在两核外侧），反而使两核相互排斥。

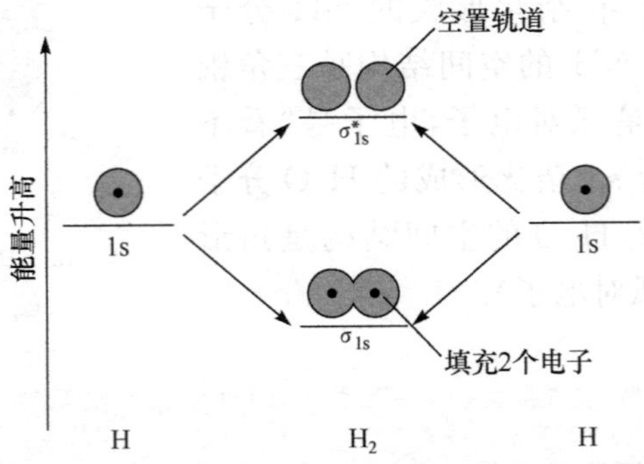

图 3-10　反应 $H+H \longrightarrow H_2$ 中原子轨道和分子轨道的相对能级图

H_2分子的成键轨道和反键轨道分别称为 σ_{1s} 和 σ_{1s}^* 轨道。σ 表示电子密度绕键轴对称，下标 1s 表示分子轨道由 1s 原子轨道组合而成，上标“ * ”表示反键轨道。由图 3-10 可知，系统的势能低于未键合原子势能的情况下才能形成化学键。这意味着，成键分子轨道能级低于成键原子轨道的能级，而反键分子轨道能级高于成键原子轨道的能级。两个分子轨道可以分布 4 个电子，H_2分子的 2 个电子优先填入 σ_{1s}轨道而使 σ_{1s}^* 轨道空置。分子轨道法将 H_2分子的电子组态写为 σ_{1s}^2，数字上标表示轨道中的电子数。

两个 He 原子（电子组态为 $1s^2$）相互接近时发生类似的情况，两个 1s 原子轨道组合得到一个 σ_{1s}和一个 σ_{1s}^* 轨道。4 个待分布电子恰好填满 σ_{1s} 和 σ_{1s}^* 轨道，分子的电子组态应为 $\sigma_{1s}^2\sigma_{1s}^{*2}$。成键电子数与反键电子数相等，净结果是产生的引力与斥力相抵消，即两个 He 原子不形成共价键。分子轨道理论的这一判断，与 He 在气态以单原子分子存在的事实相一致。

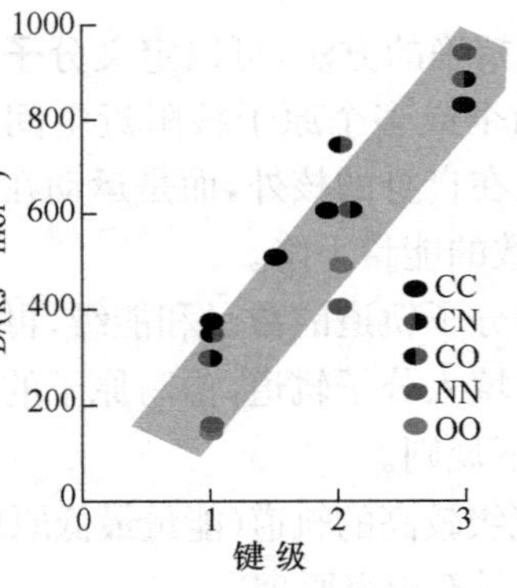

图 3-11　键级-键强的关系

描述分子中相邻原子之间的成键强度的物理量称为键级（bond order），又称键序。键级高，键强；反之，键弱（图 3-11）；即对于键级小于 4 的大多数分子而言，键级越大，分子越稳定。分子轨道理论可按下述公式计算键级：

键级＝(1/2)[（成键电子数）－（反键电子数）]

对 H_2分子而言

键级＝(1/2)[2－0]＝1

对“He_2”分子而言

键级＝(1/2)[2－2]＝0

后面将会看到，键级还有可能是分数。

2. 第二周期元素双原子分子的分子轨道

第二周期元素原子共 5 个原子轨道：一个 1s 轨道，一个 2s 轨道和三个 2p 轨道。与第一周期的 H 和 He 不同，这里的 1s 原子轨道是内层轨道。由于 1s 电子基本保持原子特征，组合为分子轨道时可不予考虑。这种轨道上的电子有时称为**非键电子**。另一不同在于 p 轨道参与组合，导致了形成 π 键的可能。价键理论中介绍过，p 轨道平行重叠（“肩并肩”重叠）形成 π 键。分子轨道理论采用类似的处理方法，即原子的 p 轨道平行组合形成 π 分子轨道，电子占据 π 分子轨道形成 π 键。由于以“头对头”方式相互接近的 p 轨道仍然组合为 σ 分子轨道，因而在两个原子 6 个 p 轨道组合而成的 6 个分子轨道中，2 个为 σ 轨道（σ 和 σ^* 轨道各一个），其余 4 个为 π 轨道（π 和 π^* 轨道各 2 个）。p-p 轨道组合形成 σ 分子轨道和 π 分子轨道的情形如图 3-12 所示。

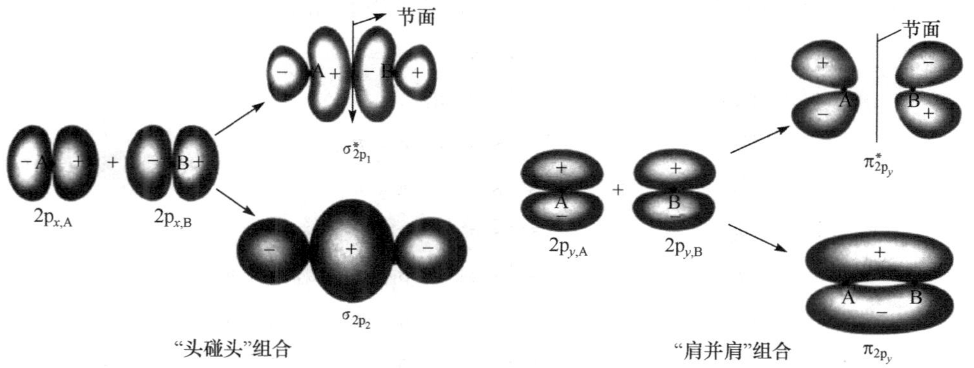

图 3-12　p-p 原子轨道组合成分子轨道示意图

第二周期元素第二层的 4 个原子轨道组合产生 8 个分子轨道，这些轨道的相对能级表示如图 3-13 所示。图中两个 π_{2p} 轨道的能级与 σ_{2p} 接近。一般预期 σ_{2p} 能级低于 π_{2p}，这是因为 σ 键通常更强些。在有些分子中，上述两种轨道的能级十分接近，以致相互颠倒过来。迄今得到的实验结果表明，第二周期较轻的双原子分子（从 Li_2 至 N_2）的 σ_{2p} 能级高于 π_{2p}，而 O_2 和 F_2 分子中的 σ_{2p} 能级低于 π_{2p}。

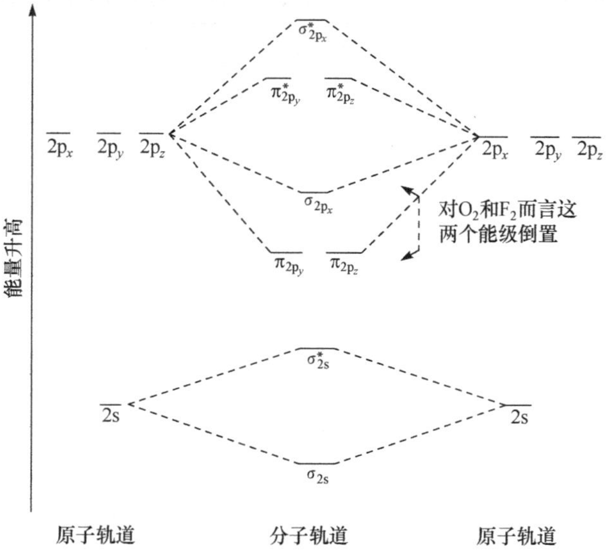

图 3-13　第二周期元素原子轨道和分子轨道的相对能级

【思考题】

3-8　为什么第二周期较轻的双原子分子（从 Li_2 至 N_2）的 σ_{2p} 能级高于 π_{2p}，而 O_2 和 F_2 分子中的 σ_{2p} 能级低于 π_{2p}？

3. 第二周期元素同核双原子分子的电子组态

同核双原子分子是指相同元素原子组成的双原子分子。第二周期元素同核双原子分子包括 Li_2、Be_2、B_2、C_2、N_2、O_2、F_2和 Ne_2分子。它们的电子组态如下：

Li_2	$1s^2 1s^2 \sigma_{2s}^2$
Be_2	$1s^2 1s^2 \sigma_{2s}^2 \sigma_{2s}^{*2}$
B_2	$1s^2 1s^2 \sigma_{2s}^2 \sigma_{2s}^{*2} \pi_{2p_y}^1 \pi_{2p_z}^1$
C_2	$1s^2 1s^2 \sigma_{2s}^2 \sigma_{2s}^{*2} \pi_{2p_y}^2 \pi_{2p_z}^2$
N_2	$1s^2 1s^2 \sigma_{2s}^2 \sigma_{2s}^{*2} \pi_{2p_y}^2 \pi_{2p_z}^2 \sigma_{2p_x}^2$
O_2	$1s^2 1s^2 \sigma_{2s}^2 \sigma_{2s}^{*2} \sigma_{2p_x}^2 \pi_{2p_y}^2 \pi_{2p_z}^2 \pi_{2p_y}^{*1} \pi_{2p_z}^{*1}$
F_2	$1s^2 1s^2 \sigma_{2s}^2 \sigma_{2s}^{*2} \sigma_{2p_x}^2 \pi_{2p_y}^2 \pi_{2p_z}^2 \pi_{2p_y}^{*2} \pi_{2p_z}^{*2}$
Ne_2	$1s^2 1s^2 \sigma_{2s}^2 \sigma_{2s}^{*2} \sigma_{2p_x}^2 \pi_{2p_y}^2 \pi_{2p_z}^2 \pi_{2p_y}^{*2} \pi_{2p_z}^{*2} \sigma_{2p_x}^{*2}$

像原子的电子组态一样，分子的电子组态也是按一定规则将电子逐个填入轨道而得到的一种序列。由于 1s 电子基本保持原子特征而不参与分子轨道，因而将其按原子电子组态的表示方法排在序列的最前部。

4. 用分子轨道理论解释双原子物种的性质

表 3-5 列出某些双原子物种的键级、键长和键解离能。可以看出，分子轨道理论用来解释这些性质是成功的。

表 3-5　第一和第二周期元素双原子分子(离子)的某些性质

物　种	电子总数	键　级	键长/pm	键的解离能/($kJ \cdot mol^{-1}$)
H_2	2	1	74	436
“He_2”	4	0	—	—
Li_2	6	1	267	111
“Be_2”	8	0	—	—
B_2	10	1	159	295
C_2	12	2	124	593
N_2	14	3	109	946
O_2^+	15	2.5	112	641
O_2	16	2	121	498
O_2^-	17	1.5	130	398
F_2	18	1	141	158
“Ne_2”	20	0	—	—

Li_2分子　Li 原子的电子组态为 $1s^2 2s^1$，Li_2分子含 6 个电子：4 个填入非键轨道，余下的 2 个电子填入由 2s 原子轨道组合得到的成键 σ 轨道。Li_2分子算得的键级为 1，气态分子已由实验检出，但稳定性比 H_2分子低得多。这是因为与氢相比，锂原子的体积和两个锂原子核间的排斥力都要大。

“Be_2”分子　Be 原子的电子组态为 $1s^2 2s^2$，“Be_2”分子应含 8 个电子：4 个填入非键轨道，余下的 4 个占满 σ_{2s} 和 σ_{2s}^* 轨道。算得的键级为 0，表明两个 Be 原子间不形成化学键。与预期的结果相同，迄今尚未检出 Be_2 分子的存在。

B_2 分子　B 原子的电子组态为 $1s^22s^22p^1$，B_2 分子共 10 个电子填入分子轨道：4 个填入非键轨道，4 个填入 σ_{2s} 和 σ_{2s}^* 轨道，其余 2 个填入 π 轨道。受洪德规则支配，最后 2 个电子应分别进入 π_{2p_y} 和 π_{2p_z} 轨道。B_2 分子算得的键级为 1。可以判断，B—B 间存在共价键，B_2 分子应显示两个单电子产生的顺磁性。实验结果表明两个判断都正确。需要特别指出，二电子顺磁性是 π_{2p} 能级低于 σ_{2p} 的重要证据。如果 σ_{2p} 能级低于 π_{2p}，最后两个电子将会成对填入 σ_{2p}，从而使 B_2 分子显示反磁性。

C_2 分子　C 原子的电子组态为 $1s^22s^22p^2$，C_2 分子共 12 个电子填入分子轨道。4 个填入非键轨道，4 个填入 σ_{2s} 和 σ_{2s}^* 轨道，其余 4 个填入 π_{2p_y} 和 π_{2p_z} 轨道。由于全部电子都成对，因而 C_2 分子显示反磁性。算得的键级为 2，暗示分子具有一定稳定性。事实上，高温或放电条件下已经检出 C_2 分子的存在。

N_2 分子　N 原子的电子组态为 $1s^22s^22p^3$，N_2 分子共 14 个电子填入分子轨道。4 个填入非键轨道，4 个填入 σ_{2s} 和 σ_{2s}^* 轨道，4 个填入 π_{2p_y} 和 π_{2p_z} 轨道，其余 2 个成对填入 σ_{2p_x} 轨道。由于全部电子都成对，因而分子显示反磁性。算得的键级为 3，符合大家所熟悉的 N_2 的性质。

O_2 分子和它的两个离子（O_2^+、O_2^-）　请留意图 3-13 中的标示，O_2 分子和 F_2 分子的 σ_{2p_x} 轨道能级低于 π_{2p_y} 和 π_{2p_z} 轨道。O 原子的电子组态为 $1s^22s^22p^4$，O_2 分子共 16 个电子填入分子轨道。前 14 个电子按能级由低到高的顺序填至 π_{2p_y} 和 π_{2p_z}，余下的 2 个电子分别进入两个等价反键轨道 $\pi_{2p_y}^*$ 和 $\pi_{2p_z}^*$。O_2 分子表现的二电子顺磁性在这里得到合理解释。解释 O_2 分子顺磁性是分子轨道理论取得的最大成功之一，目前已有的几种化学键理论中，只有分子轨道理论能做到这一点。

分子轨道理论还能解释 O_2 分子和两个离子（O_2^+、O_2^-）中键的相对解离能和键长。根据电子排布算得 O_2 分子的键级为 2。在 O_2 的最高占有轨道 $\pi_{2p_y}^*$ 上移去或填入一个电子则得 O_2^+ 和 O_2^- 的电子组态，它们的键级分别由 2 升降至 2.5 和 1.5。一般来说，键长随键级的增大而减小，键的解离能则随键级的增大而增大。O_2、O_2^+、O_2^- 和 B_2、C_2、N_2 两个系列的数据都能说明这一点（表 3-5）。

F_2 分子　F 原子的电子组态为 $1s^22s^22p^5$，F_2 分子中的所有电子都成对。键级为 1，与路易斯结构式相一致。

"Ne_2"分子　Ne 原子的电子组态为 $1s^22s^22p^6$，在 Ne_2 分子中，电子应该填满图 3-13 中的所有分子轨道，键级为 0。实验从未检测出 Ne_2 分子的存在，与分子轨道理论的判断相一致。

5. 分子轨道理论与价键理论的比较

价键理论将键的形成解释为原子轨道的重叠，重叠越大，形成的键越强。为了判断能否和如何成键，必须首先考察相关原子在成键之前的结构。用于重叠的原子轨道上必须要有形成共价键所需的 2 个电子，既可以是两个轨道各 1 个电子，也可以是一个轨道含 2 个电子，而另一轨道则空着。

分子轨道也以原子轨道作为考虑问题的出发点，也可以不考虑内层电子。所不同的是在原子轨道组合而成的分子轨道中，原子轨道失去了自己的个性。分子轨道理论把分子看作一个整体，参与成键的电子不再从属于某一个原子，而是在整个分子势场中运动。如果将重叠起来的原子轨道比作边缘相互重叠的油煎荷包蛋，分子轨道则可看作双黄蛋，在两种比喻中，蛋黄都相当于原子核。

无论是价键理论还是分子轨道理论,实现有效成键都必须满足以下3个条件。

(1) 形成共价键的电子所占据的轨道能级相近。

(2) 这些轨道间必须尽可能多地重叠,以使体系能量尽可能降低。

(3) 用于重叠的轨道必须对键轴具有相同的对称性。

三个条件分别称为**能量近似原则**、**最大重叠原则**和**对称性匹配原则**,对它们的进一步阐释将在后续课程结构化学里进行。

价键理论可以很好地说明分子结构与分子几何形状之间的关系。其图形清楚地表示出原子中哪些轨道参与成键,但不能表示出轨道的相对能级。分子轨道法的缺点是不能给出轨道的空间图像,但能相当成功地预言某一特定的化学键能否形成。例如,分子轨道理论成功预言了不可能存在Be_2分子,价键理论做不到这一点。

3.3 金属键理论

周期表中80%的元素为金属元素,除汞以外的其他金属室温下都是固体。金属具有光泽、优良的导电性和导热性及易于延展等特性。金属的特性反映出其内部金属原子之间具有不同于离子键和共价键的结合力,把这种结合力称为金属键。

中学教材介绍过关于金属键的"电子海模型"(electronic sea model)。与非金属原子相比,金属原子的半径比较大,核对价电子的吸引力比较弱。这些价电子容易从金属原子上脱落下来汇成"电子海",留下的正离子网状骨架犹如浸泡于这种电子海洋中(图3-14)。脱落下来的电子能在整个晶体中自由流动,因而被称为自由电子或离域电子,后一名称强调电子既不再属于某一特定原子,也不属于某两个特定的成键原子(对比共价键理论中的电子对概念)。金属中自由电子与金属正离子间的作用力称为**金属键**(metallic bond),或者称为**改性共价键**。正是这种作用力将金属原子"胶合"起来形成金属晶体。

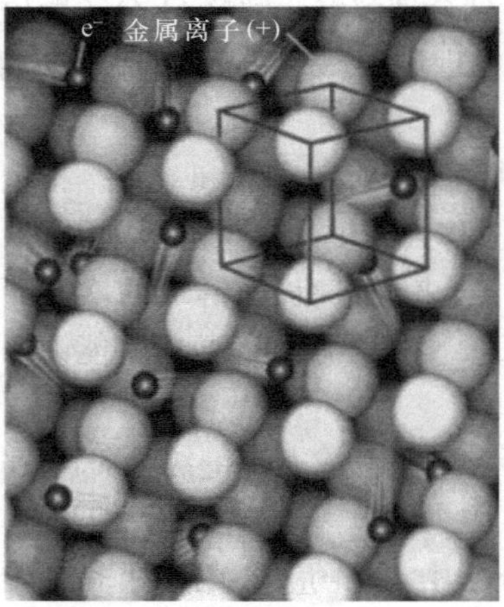

图3-14　电子海示意图

这种成键模型虽然过于简单,但用来定性解释金属的大多数特征却十分成功。自由电子不受某种具有特征能量和方向的键的束缚,因而能吸收并重新发射很宽波长范围的光线,从而使金属不透明且具金属光泽。自由电子在外电场影响下定向流动形成电流,使金属具有良好的导电性。金属的导热性也与自由电子有关,运动中的自由电子与金属离子通过碰撞而交换能量,进而将能量从一个部位迅速传至另一部位。与离子型和共价型物质不同,外力作用于金属晶体时,正离子间发生的滑动不会导致键的断裂,使金属表现出良好的延性和展性,从而便于进行机械加工。金属具有较高的沸点和气化热,表明金属正离子不易跳出"电子海"。一般来说,价电子越多,金属的熔、沸点也越高,认为这是由于更多的电子"下海"后增强了金属键。价电子多的金属其硬度和密度通常也较大。

处理金属成键作用的"分子轨道理论"将金属晶体看作一个巨大分子,结合在一起的无数个金属原子形成无数个分子轨道。对双原子、三原子或更多原子组成的分子而言,电子处在由

2 个、3 个或更多个原子轨道组合而成的分子轨道中，但对金属这种巨大分子而言，价电子则处在整块金属千千万万条原子轨道组合而成的分子轨道。这样就产生了金属的能带理论(band theory of metals，金属键的量子力学模型)。

我们已经讲过，两个锂原子的两个 2s 轨道组合成一个成键和一个反键 σ 轨道。既然分子轨道数等于参与组合的原子轨道数，3 个、10 个、n 个锂原子就应产生 3 个、10 个、n 个 σ_{2s} 轨道。由于这些轨道处于许多不同的能级，成键轨道间的能量差和反键轨道间的能量差会随原子数的增多变得越来越小[图 3-15(a)]。这些轨道能级实际上变得如此接近，以致可将其看成连续状态。一组连续状态的分子轨道被称为一个**能带**(energy band)。由 Li 原子的 2s 原子轨道形成的上述能带离域于整块金属，“电子海”中的电子正是处在金属的这种离域轨道上。由于每个锂原子只有 1 个价电子，该离域轨道应处于半满状态。电子成对地处于能带内部能级最低的轨道上，使能级较高的一半轨道空置。在充满了电子的能带的最高能级上，电子靠近能量较低的空能级，从而很容易离开原来能级，进入能量略高的空能级。这意味着电子的自由运动，电子在其中能自由运动的能带称为**导带**(conduction band)。在导带中，能量高得足以摆脱正离子吸引力的电子是传导电子。外电场存在时，传导电子按电场方向运动形成电流。对低能级上的电子而言，由于需要较大能量才能进入空能级，因而通常不参与传导。

乍看上去，像镁这样的金属似乎应为非导体，因为最高的能带已被每个 Mg 原子提供的 2 个 3s 电子所充满[图 3-15(b)]，而事实上金属镁能导电。能带理论认为，Mg 原子的 3p 空轨道形成一个空能带，该能带与 3s 能带发生部分重叠。这样一来，3s 能带上的电子就可向 3p 能带移动了。金属中最高的全充满能带称为**价带**(valence band)，金属的价带和导带相重叠。能带与能带之间的区域称为**禁带**或**带隙**(forbidden energy gap)，电子不可能具有与禁区相对应的能量。根据此理论可把固体分为导体、绝缘体和半导体。导体具有导带。绝缘体只有满带和空带，且禁带宽度较大($E_g \geqslant 5eV$)，在外电场作用下，满带中的电子不能跃迁到导带，不能导电。半导体虽只有满带、空带，但禁带宽度较小($E_g \leqslant 3eV$)，在一定条件下，满带中的电子可被激发跃迁到空带，同时在满带上产生空穴，因而能导电(图 3-16)。

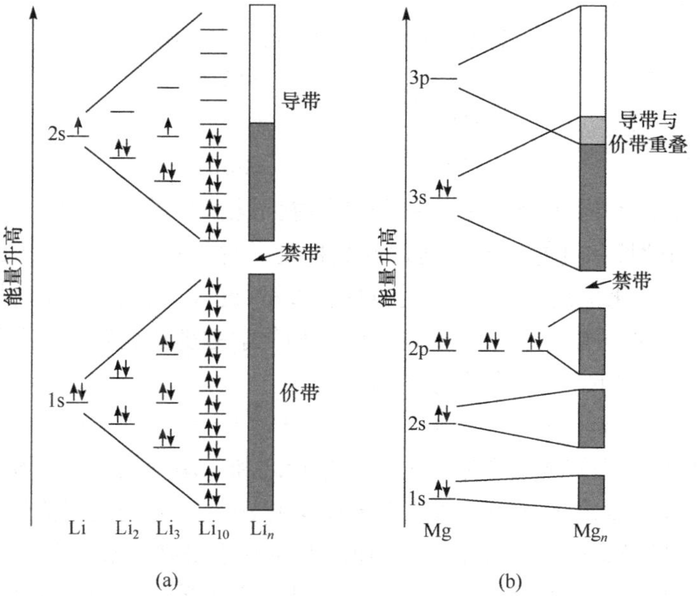

图 3-15　金属锂(a)和金属镁(b)能带形成示意图

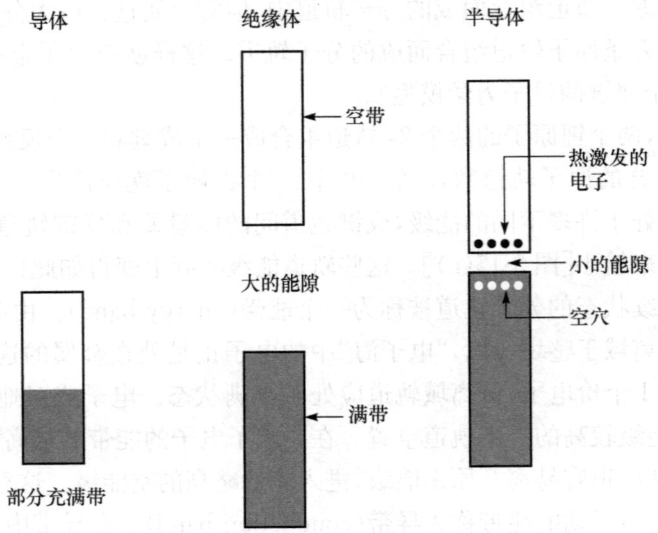

图 3-16　依据能带理论划分固体为导体、绝缘体和半导体

3.4　键参数和共价分子的性质

3.4.1　键参数

化学键的形成情况完全可由复杂的量子力学计算得出，由此可对分子的结构进行定量描述。但分子的几何构型可用几个物理量加以确定，这些物理量称为键参数(bond parameter)。

1. 键长

分子内相邻原子之间的核间距称为键长(bond length)，即成键两原子核之间的距离。一般键长越小，键越强。例如

	键长/pm	键能/(kJ · mol^{-1})
C—C	154	345.6
C═C	133	602.0
C≡C	120	835.1

另外，相同的键在不同化合物中的键长和键能不相等。例如，CH_3OH 和 C_2H_6 中均有 C—H 键，而它们的键长和键能不同。通常的数据是一种统计平均值。键长的大小与原子的大小、原子和电荷以及化学键的性质(单键、双键、叁键、键级、共轭)、环境(共轭效应、空间阻碍效应和相邻基团电负性的影响)等因素有关，同一种化学键键长还有一定差异：

O_2^+、O_2、O_2^-、O_2^{2-} 中的 O—O 键依次增长

$$d(\text{H—F})<d(\text{H—Cl})<d(\text{H—Br})<d(\text{H—I})$$

共价键的键长可以理解成键合原子的共价半径之和。用同核共价半径的一半可以求出许多元素的共价半径，已知 r_A 求 r_B 还可以借助差减法有 d(A—B)的测定值估计。当然共价半径的通用数据总是经过经验或理论校正的平均值，不同方法得到的数据并不一定相等。为比较不同原子的共价半径，共价键的性质必须相同，为此建立了单键共价半径的概念。经常呈重键而不呈单键的元素的单键共价半径需经理论计算获得。如前所述，主族元素共价半径显示很

好的周期性——从上到下半径增大，从左到右半径减小。

2. 键能

键能(bond energy)是指在标准状态下把基态化学键分解成气态基态的原子所需的能量。

$$AB(g) \longrightarrow A(g) + B(g) \qquad \Delta H = E_{AB} = D_{AB}$$

对于双原子分子，解离能 D_{AB} 等于键能 E_{AB}，但对于多原子分子，只是一种统计平均值，或者说是近似值。因此要注意解离能与键能的区别与联系。例如 NH_3

$$NH_3(g) \longrightarrow H(g) + NH_2(g) \qquad D_1 = 435.1 kJ \cdot mol^{-1}$$

$$NH_2(g) \longrightarrow H(g) + NH(g) \qquad D_2 = 397.5 kJ \cdot mol^{-1}$$

$$NH(g) \longrightarrow H(g) + N(g) \qquad D_3 = 338.9 kJ \cdot mol^{-1}$$

三个 D 值不同，而且 $E_{N-H} = (D_1 + D_2 + D_3)/3 = 390.5 kJ \cdot mol^{-1}$。另外，$E$ 可以表示键的强度，E 大，则键强。可以通过键能变化估算化学反应中的能量变化。

3. 键角

键角(bond angle)是指多原子分子中键与键之间的夹角。然而，键角不像键长和键能，每个分子均不相同，不可能形成通用的标准。键角的大小严重影响分子的许多性质，如极性，从而影响其溶解度、沸点等。键角是决定分子几何构型的重要因素。影响键角的因素主要是中心原子的杂化类型，在电子构型相同的分子中，其中心原子的孤对电子、电负性以及配位原子的电负性等因素对分子的键角有较大影响。

(1) 孤对电子的影响。孤对电子的负电集中，可以排斥其余成键电子对，使键角变小，NH_3 分子中 4 对电子对构型呈四面体，分子构型三角锥。键角∠HNH 为 107°，这是由于孤对电子对 N—H 成键电子对的排斥，键角从 109°28′变为 107.3°。同理水分子的键角∠HOH 从 109°28′变为 104.5°(因为两对孤对电子成键电子对排斥更大)。

(2) 中心原子电负性的影响。在等性杂化中，中心原子的电负性大小对分子的键角没有影响，但对于不等性杂化而言，中心原子的电负性对键角有影响。中心原子的电负性越大，其电子云密度就越大，成键电子对电子云之间的排斥力就越大，使键角变大。

【思考题】

3-9　排列并解释氢化物 NH_3、PH_3、AsH_3 和 SbH_3 的键角大小。

(3) 配体电负性的影响。中心原子相同，配体电负性大时，电对电子云距离中心原子远，彼此间斥力变小，键角变小，如 PCl_3(100°)<PBr_3(101.5°)<PI_3(102°)。

3.4.2　键的极性与分子的极性

极性是一个电学概念，度量极性的物理量称为偶极矩(dipole moment，μ)，它是偶极子两极(带相同电量的正电端和负电端)的电量(电偶极子的电量)q 和偶极子两极的距离 l 的乘积。

$$\mu = ql \tag{3-2}$$

偶极矩是矢量，由电负性弱的一端指向电负性强的一端，即从正到负。键矩也可以由实验测得。

μ 以德拜(D)为单位，当 $q=1.62\times10^{-19}$ C(电子所带电量)，$d=1.0\times10^{-10}$ cm 时，$\mu=4.8$D。

$\mu=0$ 的共价键称为非极性共价键；$\mu\neq0$ 的共价键称为极性键。对应的 $\mu=0$ 的分子称为非极性分子，$\mu\neq0$ 的分子称为极性分子。

对双原子分子而言，分子偶极矩等于键的偶极矩；对多原子分子而言，分子偶极矩则等于键偶极矩的矢量和。图 3-17 列举出几个实例，箭头由偶极的正端指向负端。H_2O 分子和 NH_3 分子的偶极矩不为零。极性分子这种固有的偶极称为永久偶极(permanent dipole)，非极性分子在极性分子诱导下产生的偶极则称为诱导偶极(induced dipole)。另一种偶极称为瞬间偶极(instantaneous dipole)，它是由不断运动的电子和不停振动的原子核在某一瞬间的相对位移造成分子正、负电荷重心分离引起的。多原子分子的极性不但取决于键的极性，而且取决于分子的几何形状。C—O 和 C—Cl 键都是极性键，分子几何形状的对称性导致 CO_2 和 CCl_4 都是非极性分子。

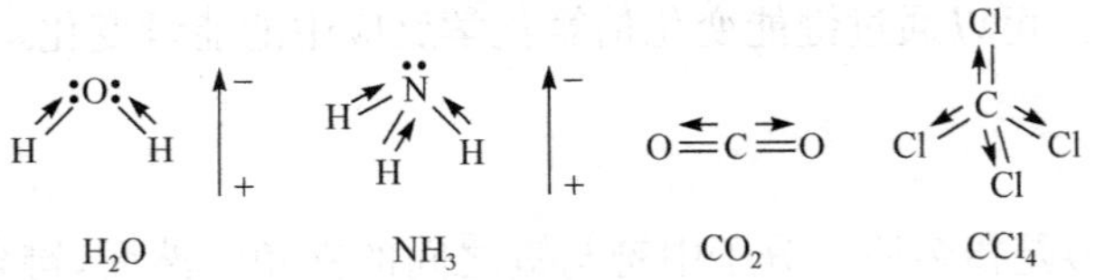

图 3-17　几种气体多原子分子的偶极矩

【思考题】

3-10　排列并解释异核双原子分子 HF、HCl、HBr 和 HI 的极性大小。

3.5　分子间作用力和氢键

除化学键外，分子间某些大基团之间或小分子与大分子的基团间，还存在着各种各样的作用力，总称为分子间作用力(intermolecular force)。相对化学键而言，分子间力是一类弱作用力。化学键的键能数量级一般为 $10^2\sim10^3$ kJ · mol^{-1}，而分子间力的能量只达几个或几十个 kJ · mol^{-1}，比化学键弱得多。相对化学键，大多数分子间力是短程作用力，只有分子或基团距离很近时才显现出来。范德华力(van der Waals force)和氢键(hydrogen bond)是两类最常见的分子间作用力。

3.5.1　分子间作用力——范德华力

范德华力普遍存在于固、液、气态任何微粒之间。不过，范德华力是一种作用力与距离的六次方成反比的短程力，其作用范围为 300～500pm，微粒相离较远，就可忽略。范德华力没有方向性和饱和性，不受微粒之间的方向和数量的限制。根据不同来源又将范德华力分解为三种不同的作用力——色散力、诱导力和取向力。

1. 色散力

分子中电子云体积庞大，而原子核体积很小，分子处于永恒不停的运动之中，对分子运动的每一个瞬间，分子的电子云与原子核骨架会失去平衡，也就是说分子在运动中总是会产生瞬间偶极，这种瞬间偶极的产生是随机的，因此对于一段时间平均来说，它们会相互抵消。当分子间相互靠拢时，它们的瞬间偶极矩之间会产生电性引力，这就是色散力[dispersion force，图 3-18(b)]也称为伦敦力(London force)。由于各种分子均有瞬间偶极，因此色散力存在于极性分子-极性分子、极性分子-非极性分子及非极性分子-非极性分子之间。色散力不仅是所有分子都有的最普遍存在的范德华力，而且经常是范德华力的主要构成。

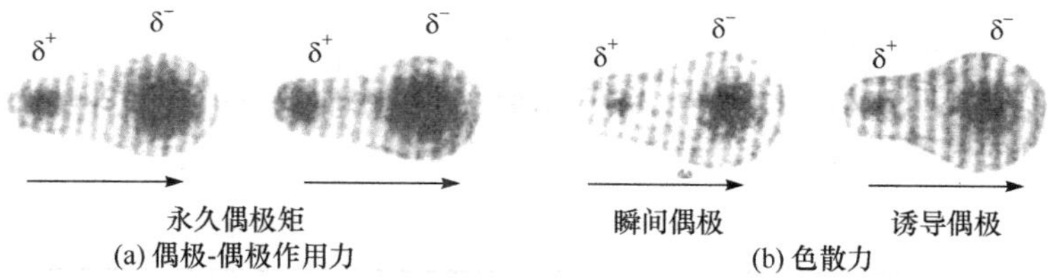

图 3-18　分子间力

色散力的大小既依赖于分子的大小，也依赖于分子的形状。相对分子质量越大，分子的结构越不对称，其瞬间偶极矩就越大，色散力也就越大，分子的熔、沸点就越高。例如，可以忽略丙烷、正丁烷和正戊烷之间分子形状的影响(均为直链化合物)，色散力随分子体积的增大而增大，导致沸点按同一顺序升高。

$CH_3CH_2CH_3$	$CH_3CH_2CH_2CH_3$	$CH_3CH_2CH_2CH_2CH_3$
沸点−44.5℃	沸点−0.5℃	沸点 36℃

2. 取向力

极性分子具有偶极，当极性分子靠近时，分子间会由于同极相斥、异极相吸而倾向于有序排列，我们把这种作用力称为取向力(orientation force)，又称为定向力[图 3-18(a)]，是极性分子与极性分子之间的固有偶极与固有偶极之间的静电引力。取向力大小与分子偶极矩 μ^2 成正比，分子偶极矩越大，取向力越大。表 3-6 的数据有助于说明这种关系，三种分子的相对分子质量接近，意味着分子间的色散力相近；三种情况下都不存在分子间氢键。SiH_4、PH_3、H_2S 的熔点和沸点按列出的顺序依次升高，被认为偶极-偶极作用力按同一顺序增大而引起的。

表 3-6　偶极-偶极相互作用力对物理性质的影响

性　质	SiH_4	PH_3	H_2S
相对分子质量	32.092	33.998	34.076
熔点/℃	−185.0	−133.81	−85.60
沸点/℃	−111.2	−87.78	−60.75
$\mu/\times(10^{-30}C\cdot m)$	0	1.83	3.67

固有偶极与固有偶极之间的作用力会使极性分子尽可能地依分子的固有偶极矩的方向整齐排列。当然，气体分子动能很大，只有在十分靠拢的瞬间才会出现这种取向现象，分子的剧烈热运动很快破坏了分子的取向。

对大多数极性分子，取向力仅占其范德华力构成的很小份额，少数强极性分子例外(表 3-7)。

表 3-7 范德华作用力的分配(kJ · mol^{-1})

分子	取向力	诱导力	色散力	总和
Ar	0.000	0.000	8.5	8.5
CO	0.003	0.008	8.75	8.75
HI	0.025	0.113	25.87	26.00
HBr	0.69	0.502	21.94	23.11
HCl	3.31	1.00	16.83	21.14
NH_3	13.31	1.55	14.95	29.60
H_2O	36.39	1.93	9.00	47.31

3. 诱导力

极性分子在外电场作用下，其偶极会增大。在电场的影响下增加的偶极称为诱导偶极(induced dipole)。诱导偶极用$\Delta\mu$表示，其强度大小和电场强度成正比，也和分子的变形性成正比。分子的变形性即分子的正负电重心的可分程度，分子体积越大，电子越多，变形性越大。

在极性分子的诱导偶极作用下，邻近它的分子会产生诱导偶极，分子间的诱导偶极与固有偶极之间的电性引力称为诱导力。极性分子作为电场，使非极性分子产生诱导偶极或使极性分子的偶极增大(也产生诱导偶极)，这时诱导偶极与永久偶极之间形成诱导力，因此诱导力存在于极性分子与极性分子之间，也存在于极性分子与非极性分子之间。

显然，诱导偶极矩的大小由两部分组成：固有偶极矩的大小和分子的变形性大小。分子的变形性的大小可以用“极化率”来衡量。极化率越大，分子越容易变形，在同一固有偶极矩作用下产生的偶极矩就越大。例如，稀有气体在水中的溶解度随着气体原子序数增大而增大。

3.5.2 氢键

1. 氢键的概念

氢键(hydrogen bond)是指键合于某一电负性大、半径小的原子上的 H 原子与一个含孤对电子的电负性大、半径小的原子之间的结合力，通常表示为 X—H …Y，式中的 X—H 为正常共价键，Y 代表含孤对电子的电负性原子。Y 与 X 可以是同一种原子，也可以是不同种原子。H 原子与电负性大、半径小的非金属元素(如 F、O、N、Cl 等)形成共价键时，由于电子对被强烈吸向后者，本身在一定程度上“裸露”出来。这种情况导致该 H 原子能以静电引力作用于另一共价键中的电负性原子而形成氢键，成为两个大电负性原子之间的桥原子。

【思考题】

3-11 氢键只存在于分子之间吗？

3-12 氢键的方向性由什么决定？(提示：现代结构研究证明，大部分物质氢键中的夹角并不是 180°)

2. 氢键的性质

表 3-8 给出氢键与一般共价作用力的比较。数据表明，大多数氢键比共价键弱得多。桥 H 原子不处于两个被桥连的原子核的正中间，这类氢键称为不对称氢键(asymmetric hydrogen bond)。桥 H 原子处于两个被桥连原子核正中间的氢键称为对称氢键(symmetric hydrogen bond)。对称氢键的作用力较强，如 K[HF_2]中的阴离子[F…H…F]$^-$，其解离能与 F_2 分子中 F—F 共价键的解离能(159kJ · mol^{-1})相当。

表 3-8　不同类型氢键的解离能

类　型	氢　键	解离能近似值/(kJ · mol^{-1})
不对称氢键	F—H …FH	29
不对称氢键	HO—H …OH_2	25
不对称氢键	H_2N—H …NH_3	17
不对称氢键	HS—H …SH_2	7
对称氢键	F …H …F	165

3. 氢键对物质性质的影响

图 3-19 用来说明氢键作用力对物质性质的影响。第 14 族元素的二元氢化合物的沸点自 CH_4 至 SnH_4 逐渐升高，这种变化趋势与分子间色散力按同一方向增大的趋势相一致。如果不存在氢键，第 15 族、第 16 族和第 17 族元素的二元氢化合物也应该显示同样的趋势。但是，这种判断只对第三至第五周期元素化合物是正确的，第二周期元素的 3 个化合物(NH_3、H_2O 和 HF)的沸点远高于正常趋势。这种偏离主要是氢键造成的，N 原子、O 原子和 F 原子不仅电负性大而且半径小，具备形成较强氢键的基本条件。

氢键在冰的形成中起着关键的作用，图 3-20 给出冰的结构。图中圆球表示 O 原子，H 原子没有绘出，它们处在连接两个 O 原子的线段上。每个 O 原子键合有 4 个 H 原子，其中两个是原来 H_2O 分子中以共价键结合的 H 原子，另外两个是 O 原子的两对孤对电子分别与另外两个 H_2O 分子通过氢键结合的 H 原子。这种键合方式在三维空间无限延伸，形成了包含大量“空洞”的蜂窝状结构。这种结构导致冰的密度小于水，从而总是浮在水面上。这一自然现象使天然水体中的生物在冬季免遭冻死的灾难。

除了图 3-19 显示了分子间氢键对物质的熔点和沸点影响外，还会影响到物质的黏度。例如甘油、磷酸和浓硫酸等多羟基化合物，由于分子间可以形成众多的氢键，所以通常为黏稠状液体。分子内形成氢键常会使物质的酸性增强，如苯甲酸、邻羟基苯甲酸和 2,6-二羟基苯甲酸的酸解离常数分别为 6.2×10^{-12}、9.9×10^{-11} 和 5.0×10^{-9}。在极性溶剂中，溶质和溶剂的分子间形成氢键，则溶质的溶解度增大，如果溶质分子形成分子内氢键，则在极性溶剂中的溶解度减小，在非极性溶剂中的溶解度增大。氢键甚至影响到化学反应性，如羟基苯甲醛的三个异构体中，邻羟基苯甲醛与羟胺和肼的反应速率显著大于间羟基苯甲醛和对羟基苯甲醛，原因是邻羟基苯甲醛分子中的—CHO 和—OH 之间形成氢键，降低了羰基碳原子上的电子云密度，从而增加了亲核反应活性。

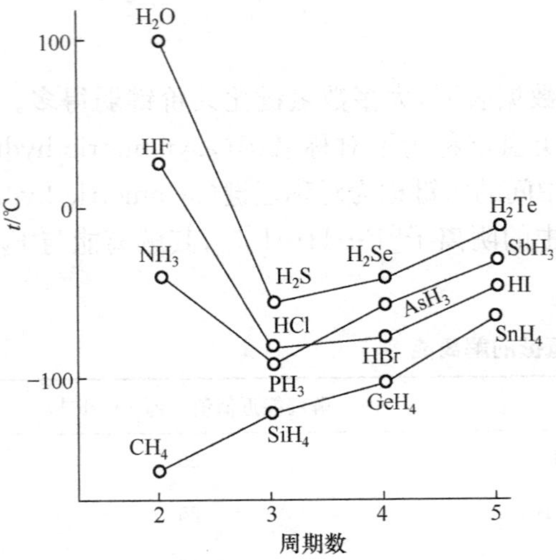

图 3-19 氢键存在对性质的影响

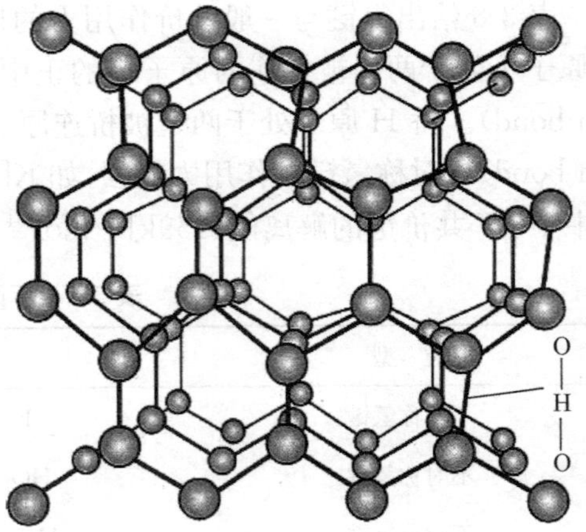

图 3-20 冰的结构

【例题 3-6】 氢键是怎样对生命体系发挥极端重要作用的?

解 最有代表性的例子是,通过氢键形成脱氧核糖核酸(deoxyribonucleic acid,DNA)的双螺旋结构。在DNA双螺旋链中互补碱之间形成的氢键:两条链的主链都由磷酸根连接在一起的糖单元组成,碱基(含有N原子的基团)则接在糖单元上,分别为腺嘌呤和胸腺嘧啶,两个碱基互称为"互补碱"。互补碱的精确匹配使得它们之间能够形成氢键。如果没有碱基对之间形成的氢键,就不可能组装成DNA双螺旋链。

习 题

3-1 水分子中氧原子的杂化轨道是( )

A. sp B. sp^2 C. sp^3 D. dsp^2

3-2 下列化合物中,极性最大的是( )

A. CS_2 B. H_2S C. SO_3 D. $SnCl_4$

3-3 下列分子中,偶极矩不等于零的是( )

A. $BeCl_2$ B. BF_3 C. NF_3 D. CO_2

3-4 下列说法是否正确?举例说明并解释原因。

(1) 非极性分子中只有非极性共价键。

(2) 极性分子中的化学键都有极性。

(3) 形成离子晶体的化合物中不可能有共价键。

(4) 全由共价键结合形成的化合物只能形成分子晶体。

(5) 相对分子质量越大,分子间力越大。

(6) 色散力只存在于非极性分子之间。

(7) σ 键比 π 键的键能大。

(8) 化合物中阳离子的极化能力越强,在水中的溶解度越小。

3-5 对 N_2、O_2 分子回答下列问题。

(1) 分别写出它们的分子轨道式。

(2) 计算它们的键级,说明它们的成键情况和磁性。

(3) N_2^+、O_2^+分别与 N_2、O_2分子相比，键的强度是如何变化的？

3-6 综合应用杂化轨道理论和价层电子对互斥理论填写下表。

物 质	中心原子价层电子对数	成键电子对数	孤对电子数	空间几何构型	中心原子杂化轨道类型	是否极性分子
XeF_4						
AsO_4^{3-}						
CH_2F_2						
BCl_3						
SF_4						

3-7 回答下列问题，并作出简要解释。

(1) MgO 的硬度比 LiF 的______，因为____________________。

(2) NH_3的沸点比 PH_3的______，因为____________________。

(3) $FeCl_3$的熔点比 $FeCl_2$的______，因为____________________。

(4) HgS 的颜色比 ZnS 的______，因为____________________。

(5) AgF 的溶解度比 AgCl 的______，因为____________________。

3-8 判断下列各组物质的两种化合物分子之间存在着的分子间力的类型。

(1) 苯和四氯化碳 (2) 甲醇和水

(3) 氦和水 (4) 氯化氢和溴化氢

3-9 下表中列出了 AgX 的颜色和溶解度：

化合物	AgF	AgCl	AgBr	Ag I
颜色	无色	白色	淡黄	黄
溶解度/($mol \cdot L^{-1}$)	易溶	1.34×10^{-5}	7.07×10^{-7}	9.11×10^{-9}

试解释为什么从 AgF 至 AgI 颜色逐渐加深、溶解度逐渐减小。

3-10 形成下列分子时是由两原子的哪些原子轨道重叠而成？(形成 σ 键时原子轨道的重叠均沿 x 轴)

(1) Cl_2 (2) N_2(π 分子轨道) (3) CO (σ 分子轨道) (4) HCl

第 4 章　晶体的结构

本章学习要求

(1) 掌握晶体外型的对称性——七大晶系；

(2) 了解晶体的微观结构——14 种点阵；

(3) 了解晶体的基本类型及晶体内部粒子的堆积方式；

(4) 了解离子晶体常见的几种类型以及 MX 型化合物晶体类型与正、负离子半径比之间的关系；

(5) 初步了解晶体缺陷的基本概念。

【背景问题】

(1) 我们说晶体具有能够形成多面体外形的特点。那么，具有多面体外形的玻璃或冰糖是否可称为晶体？这个概念错在哪里？

(2) 为什么组成相同的物质会形成不同的晶体构型？它们的微观结构是否相同？

(3) 为什么晶体结构分紧密堆积和非紧密堆积？各适用于哪类晶体？

(4) 什么样的晶体称为“完美晶体”？

(5) 以色列科学家达尼埃尔·谢赫特曼因发现准晶体独享 2011 年诺贝尔化学奖。为什么科学界给了他“颠覆了固体的分类”这么高的评价？准晶体与晶体的区别在哪里？

能源、信息和材料是现代社会发展的三大支柱，而材料又是能源和信息的物质基础。绝大多数材料的使用形态是固体材料，晶体结构又是描述固体结构的基础。因此研究晶体的结构十分重要。固体可以划分为如下种类(这里不包括目前激烈讨论的“准晶体”)。

固体 (solid state)
- 无定形体和玻璃体 (amorphous and glassy)　(固体中原子排列近程有序、远程无序)
- 晶体 (crystal)
  - 完美晶体 (perfect crystal)　(原子在三维空间排列无限、延伸有序，并有严格周期性)
  - 缺陷晶体 (defect crystal)　(固体中原子排列有易位、错位以及本体组成以外的杂质)

在本书第 1 章“物质的聚集状态”中，讲解固体时曾大体讲了固体的分类及晶体在宏观、外表等方面的特性以及晶体的分类和一般性质；在第 3 章“化学键理论与分子结构”中介绍了晶格能、离子和离子极化及离子变形、共价成键模型等与晶体相关的知识。本章将重点讲解完美晶体的对称性和微观结构、晶体基本类型及内部粒子的堆积方式，简要介绍晶体缺陷的基本概念和晶体的一般应用。

4.1　晶体的微观结构特征

晶体的宏观性质特征表明，晶体中的原子、离子、分子(通常称作粒子)是按一定方式重复排列的。这种性质称作晶体结构的周期性(periodicity)。这是晶体微观结构最基本的特征。晶体的另一个特征是对称性(symmetry)。

4.1.1　几个基本概念

晶体结构的特征主要是指两方面，为了理解晶体微观结构的周期性和对称性这两个特征，先要熟悉几个概念。

1. 周期性

周期性是指一定数量、种类的原子、离子、分子或基团(粒子)在空间排列时每隔一定距离重复出现的现象。在晶体内部，粒子在三维空间做周期性重复排列。

2. 结构单元

结构单元(constitutional unit)是指重复周期中的具体内容，包括粒子的种类、数量及其在空间的排列方式，即周期性重复单元(periodic repeated unit)。同一晶体中结构单元的组成相同、空间结构相同，若忽略具体的表面效应，结构单元的周围环境也相同。结构单元可以是单个原子或分子，也可以是离子团或多个分子。例如，干冰晶体结构单元为 CO_2，食盐晶体结构单元为一个 Na^+ 和一个 Cl^-，萤石晶体结构单元为一个 Ca^{2+} 和两个 F^-。

【思考题】

4-1　请分别指出一维链状聚乙烯分子(相邻碳原子的构象不同)、石墨分子、层状硼酸晶体的结构单元。

3. 点阵

如果把每个结构单元用一个点表示，可得到一组点，这些点按一定规律排列在空间。研究这些点在空间重复排列的方式，就可以更好地描述晶体内部质点排布的周期性。从晶体中无数个结构单元中抽象出来的无数个点，在三维空间按一定周期重复，就构成了点阵(lattice)。因此点阵是一组无限个全同点的集合，连接其中任意两点可得一向量，将各个点按此向量平移能使其复原，凡满足这样条件的一组点就称为点阵。点阵中的每个点都具有相同的周围环境。例如，无限多的等同圆球(可以设想成晶体中的质点)按直线并互相接触排列成一行(图 4-1)，把每个球抽象成一个几何学上的点画在圆球的中心上，这些点就组成一个一维点阵(one dimensional lattice)，或称直线点阵(linear lattice)。因为按图中任意两点连成的向量如图中的 $\vec{a}$ 进行平移，整个点阵就可以复原。同样还有平面点阵和空间点阵。将平面点阵和空间点阵的点阵点用直线连接起来就成为平面格子和空间格子。

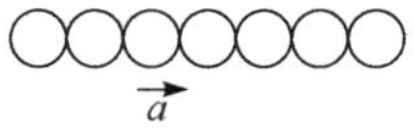

图 4-1　直线点阵

【例题 4-1】 请画出平面点阵和空间点阵示意图。

解 平面点阵在二维平面上，代表原子或分子的黑色球在两个方向，存在各自的平移向量，可以平移复合，具有严格的周期性。

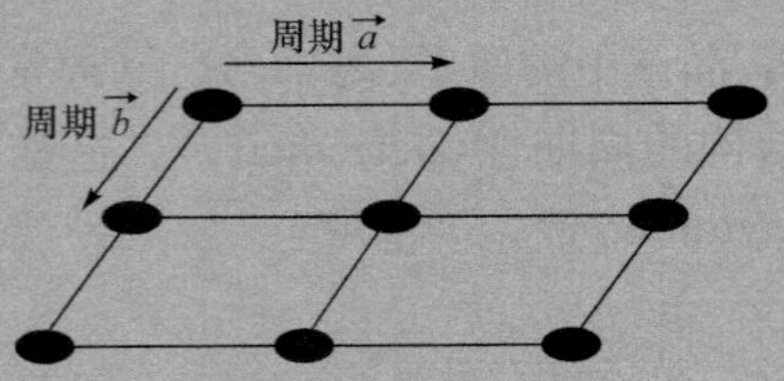

空间点阵自然在三维空间按三个方向平移各自的向量，模仿上图即可画出点阵示意图。

点阵结构（lattice structure）是一个在空间三维无限延伸的三维网格，也称作格子（check）。点阵上的网格交点称作点阵点或格点（lattice point）。显然，格点就是我们所说的一个个晶体中的结构单元抽提成的一个个数学点。

【例题 4-2】 点阵和点阵结构有什么异同?

解 点阵和点阵结构都是描述晶体微观结构中的术语，因此，提到它们的时候，就是把它们当作无限的、不连续的结点或结构基元的排列。另外它们也是相关的，只要在点阵结构每个等同部分（结构基元）中抽出一个相当点，即得到点阵，反之，在点阵中的结点上放置结构基元，即产生点阵结构。

它们的不同点为

点　阵	人为的、抽象的	结　点	素单位	复单位
点阵结构	客观的、具体的	结构基元	素晶胞	复晶胞

4. 晶体结构-点阵结构-结构单元的关系

为认识不同晶体的结构，就要明白晶体结构、点阵结构和结构单元的关系。因为实际晶体成千上万、花样繁多，不可能具体讨论每一个晶体的结构情形，但点阵结构却是为数不多的几种。只要将这几种为数不多的点阵结构类型弄清楚，然后将具体晶体的结构单元与点阵点复合，就可以知道该晶体的结构，而无需一个一个地讨论具体晶体的结构情形。这就是在研究晶体结构时需要引入点阵概念的原因。上述研究思路可以概括为如下公式：

晶体结构＝点阵结构　＋　结构单元
（花样繁多）（为数不多）　（与具体晶体有关）

5. 单位点阵与晶胞

引入点阵概念后，可将成千上万的具体晶体简化为研究为数不多的几种点阵结构。对于三维点阵结构，采用三组不共面的平行线将全部点阵点连接起来。这样，整个点阵就可以看作是由一系列形状、大小完全相同并且相互紧密排列在一起的平行六面体构成。这些平行六面体有各种取法，在《结构化学》中会具体讲解。

【思考题】

4-2　已知选取最小六面体作为单位点阵应遵循的三条规则如下：①所选六面体必须能够反映点阵的宏观对称性，这是首要的条件；②在满足上述条件下，所选取的平行六面体应具有尽可能多的直角；③在满足以上两条规则的条件下，所选取的平行六面体应具有最小的体积。

如下图所示的三维点阵结构的一个小部分，采用三组不共面的平行线将全部点阵点连接起来，围成了一个小的六面体。试依据上述规则判断图中给出的 3 种六面体哪个是合理的。

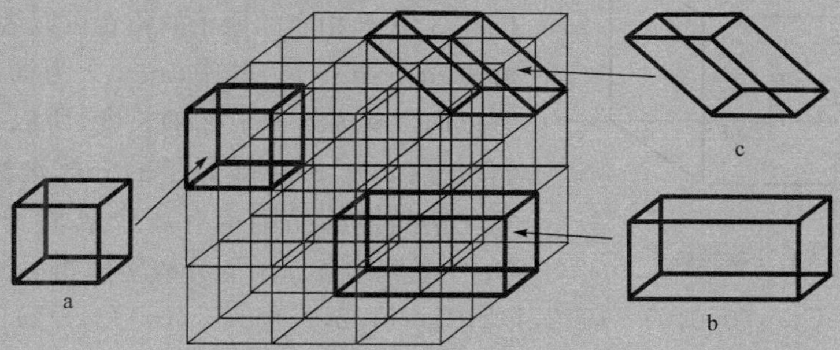

实际研究时，既没有必要也不可能拿一个无限大的三维点阵来研究，而是取点阵结构的一小部分作为研究单位。所选取的点阵研究单位就是晶体结构中能够重复平移的最简单部分，并且这个平移的最小单位足以代表晶体的对称性，此研究单位称为单位点阵(unit lattice)。将晶体的结构单元复合到单位点阵上就得到晶胞(unit cell)。晶胞是可以代表晶体的最小单位。在晶体的三维周期结构中，按照晶体内部结构的周期性，划分出一个个大小和形状完全形同的平行六面体，作为晶体结构的基本重复单位，称为晶胞，即

晶胞　=　单位点阵　+　结构单元

晶胞的形状一定是平行六面体，但三条边的长度不一定相等(a、b、c 的长度不一定相等)，也不一定互相垂直(三条边的夹角并非全部 90°)。晶胞的形状和大小是由晶体的结构决定的。能用一个点阵点代表晶胞中的全部内容者，称为素晶胞，它即为一个结构单元。含两个或两个以上结构单元的晶胞称为复晶胞(complex cell)。

晶胞是晶体结构的基本结构单元，整个晶体就是按晶胞在三维空间周期重复排列而成。因此研究晶体结构时就可以简化为先抽取点阵、复合结构单元后研究晶胞即可。

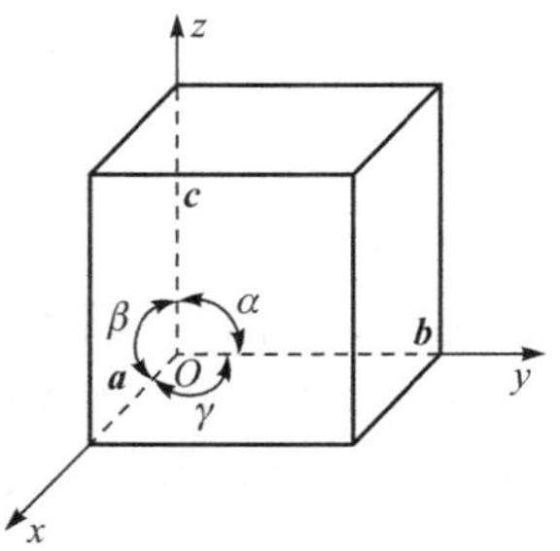

图 4-2　晶胞和晶胞参数

晶胞的大小和形状可用 a、b、c、α、β、γ 六个参数即晶胞参数(cell parameters)来描述。取平行六面体的一个顶角作为原点来建立直角坐标系，a、b、c 为六面体边长，α、β、γ 分别是 bc、ca、ab 所组成的夹角(图 4-2)。

了解了上述基本概念，对于晶体内部粒子在三维空间做周期性重复排列的特征就容易理解了。

晶体的结构除了三维周期性之外，还有一个非常重要的性质，即对称性。对称性不仅可以简单、清楚地描述晶体的结构，而且可以简化衍射实验和结构分析的计算(指测定晶体结构的基本方法——X 射线衍射法)。对其对称性的了解要从晶体结构的周期性出发，需要讨论对称元素、对称操作、晶系、晶族、晶体学点群、空间点阵形式等内容。对初学者而言太过庞杂，本书不作重点介绍，详细讨论会在后续课程中学习。

6. 晶胞中原子的位置——原子分数坐标

要了解晶胞中某原子的位置，可在晶胞中建立直角坐标系，利用晶胞的 3 个基本向量 $\boldsymbol{a}$、$\boldsymbol{b}$、$\boldsymbol{c}$，取与它们相平行的坐标轴，即 $\boldsymbol{a} \parallel ox$、$\boldsymbol{b} \parallel oy$、$\boldsymbol{c} \parallel oz$，同时规定坐标轴的长度为 a、b、c，则晶胞中空间某点或原子的位置可以用 3 个数(x,y,z)来规定。如图 4-3 中 P 相应的原子的位置可以表示为向量 $\boldsymbol{op}$，即 $\boldsymbol{op}=x\boldsymbol{a}+y\boldsymbol{b}+c\boldsymbol{z}$。其中，$x$、$y$、$z$ 为标量。由于该坐标系以向量 $\boldsymbol{a}$、$\boldsymbol{b}$、$\boldsymbol{c}$ 为坐标轴长度，所以 x、y、$z\leqslant 1$，因此将坐标(x,y,z)称作原子的分数坐标。例如，图 4-4 氯化钠晶体的晶胞中有 4 个氯离子和 4 个钠离子，NaCl 晶胞中各原子的分数坐标如下：

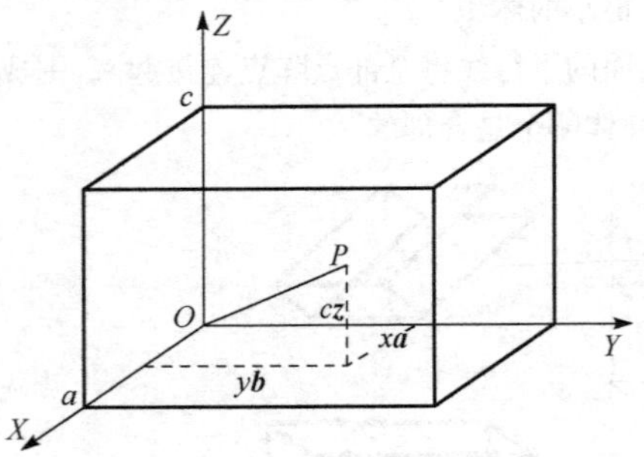

图 4-3　原子分数坐标系

Cl^-：(0,0,0)　(1/2,1/2,0)　(1/2,0,1/2)　(0,1/2,1/2)

Na^+：(1/2,0,0)　(0,1/2,0)　(0,0,1/2)　(1/2,1/2,1/2)

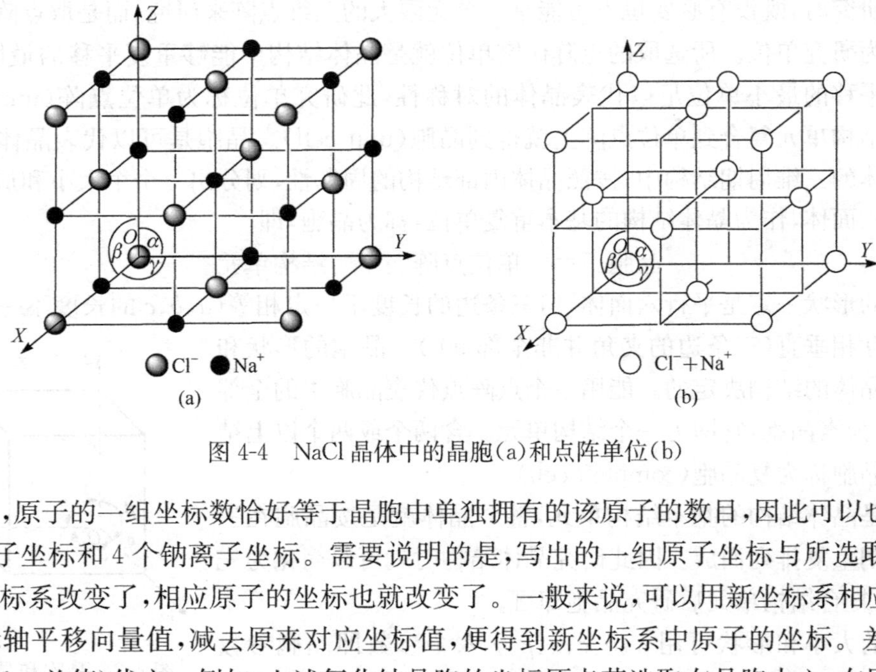

图 4-4　NaCl 晶体中的晶胞(a)和点阵单位(b)

显然，原子的一组坐标数恰好等于晶胞中单独拥有的该原子的数目，因此可以也只能写出 4 个氯离子坐标和 4 个钠离子坐标。需要说明的是，写出的一组原子坐标与所选取的坐标系有关。坐标系改变了，相应原子的坐标也就改变了。一般来说，可以用新坐标系相应原来坐标系的坐标轴平移向量值，减去原来对应坐标值，便得到新坐标系中原子的坐标。差值若为负值，则用(1－差值)代之。例如，上述氯化钠晶胞的坐标原点若选取在晶胞中心，在原来的原子坐标中相应的 x、y、z 值均减去 1/2，则得到新的一组坐标：

Cl^-：(1/2,1/2,1/2)　(0,0,1/2)　(0,1/2,0)　(1/2,0,0)

Na^+：(0,1/2,1/2)　(1/2,0,1/2)　(1/2,1/2,0)　(0,0,0)

4.1.2　晶系和空间点阵排列形式

对数以万计的实际晶体，采用点阵和单位点阵描述后，就可简化为研究为数不多的几种点阵或单位点阵，这些点阵称为晶系(crystal system)。根据晶体结构所具有的特征对称元素可将晶体分成七大晶系(表 4-1)。当一个未知晶体的晶胞参数被测定以后，其晶系就大致确定了。但只是大致确定，因为晶系是由特征对称元素所确定的，而不是仅由晶胞参数决定。如果再考虑六面体的面上和体中有无面心或体心，即带心形式进行分类，又可将七大晶系划分为 14 种空间点阵形式，即布拉维(Bravais)格子(表 4-2)。

表 4-1　七大晶系

晶　系	边　长	夹　角	晶体实例
立方(cubic)	$a=b=c$	$\alpha=\beta=\gamma=90°$	NaCl
三方(trigonal)	$a=b=c$	$\alpha=\beta=\gamma\neq 90°$	Al_2O_3
四方(tetragonal)	$a=b\neq c$	$\alpha=\beta=\gamma=90°$	SnO_2
六方(hexagonal)	$a=b\neq c$	$\alpha=\beta=90°, \gamma=120°$	AgI
正交(orthorhombic)	$a\neq b\neq c$	$\alpha=\beta=\gamma=90°$	$HgCl_2$
单斜(monoclinic)	$a\neq b\neq c$	$\alpha=\beta=90°, \gamma\neq 90°$	$KClO_3$
三斜(triclinic)	$a\neq b\neq c$	$\alpha\neq\beta\neq\gamma\neq 90°$	$CuSO_4 \cdot 5H_2O$

表 4-2　14 种空间点阵排列形式

格子 / 晶系	简单格子	体心格子	面心格子	底心格子
立方晶系	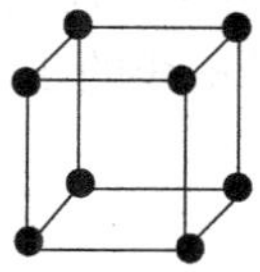	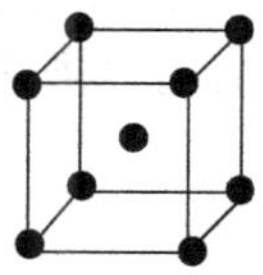	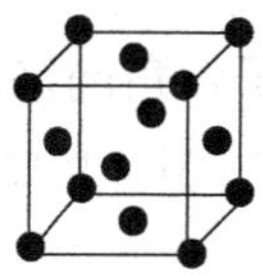	
四方晶系	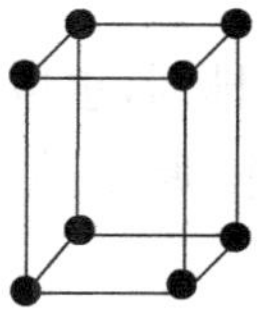	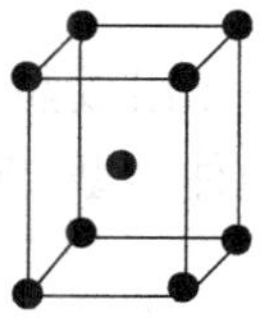		
正交晶系	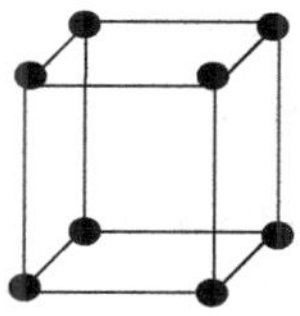	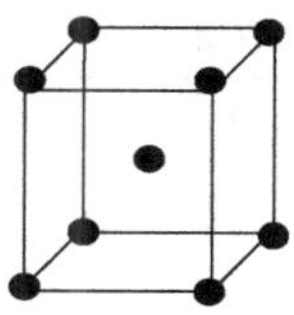	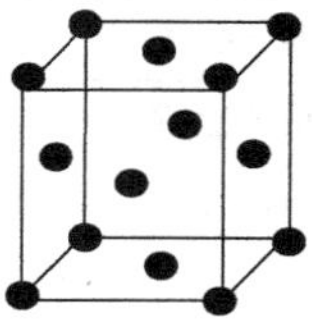	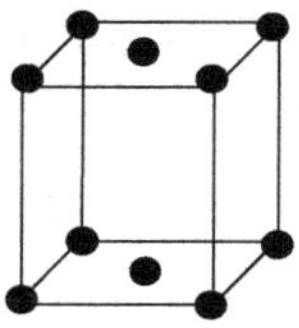
单斜晶系	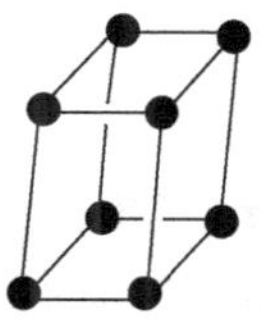			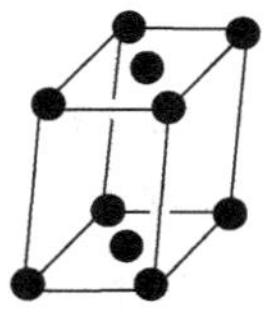
三斜晶系				

续表

晶系＼格子	简单格子	体心格子	面心格子	底心格子
三方晶系	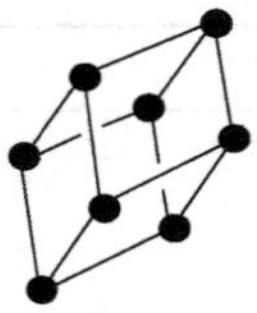			
六方晶系	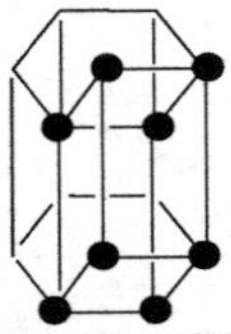			

按照七大晶系 14 种布拉维晶格(格子)的特点,若同一种物质中的微粒按不同的方式排列,就会生成不同的晶体而表现出不同的物理性质。例如,碳原子按一种方式排列可以生成金刚石,而按另一种方式排列时会生成石墨,金刚石与石墨的物理性质有很大的不同。金刚石属立方晶系,面心立方格子。碳原子位于面心立方的所有结点位置和交替分布在立方体内的1/2四面体间隙的位置。每个碳原子和周围 4 个碳原子按四面体配位,形成碳碳共价单键。石墨属立方晶系构型,碳原子六角网格第一层对第二层错开六角形对角线的 1/2 而平行叠合,第三层和第一层位置重复,成 ABAB 序列。

4.2　晶体的基本类型

晶体的物理性质,如熔点和硬度,既取决于组成晶体粒子的排列,也取决于粒子间的作用力。晶体常按照粒子间作用力的不同分为四种类型,即离子晶体、原子晶体、分子晶体和金属晶体。它们的一些基本性质见表 4-3。

表 4-3　各种类型晶体参数及性质

晶体的基本类型	离子晶体	原子晶体	分子晶体	金属晶体
晶格结点上的粒子	正、负离子	中性原子	中性分子	金属原子、正离子
结点上粒子间作用力	离子键	共价键	分子间力(氢键)	金属键
有无独立分子	无	无	有	无
熔、沸点	高	很高	很低	较高
硬度	大	很大	—	较大
机械加工性	差	差	—	延展性好
溶解性	溶于水	差	极性分子可溶	(金属光泽)
导电性	溶、熔可导电	溶、熔均不导电	极性分子溶、熔可导电	良好
物例	活泼金属盐和氧化物	ⅢA、ⅣA 的单质及化合物,如 C、Si、Ge、B_4C、SiC、BN、AlN、SiO_2	常温下液、气态物质和易升华固体	金属单质和合金

4.2.1　原子晶体

原子晶体(atom crystal)中周期排列的物质微粒为中性原子,原子与原子之间通常以强烈的共价键互相结合,构成一个具有空间网状结构的巨大分子。原子晶体中微粒的种类可以相同也可以不同,典型的原子晶体有金刚石、半导体材料单晶硅和单晶锗、碳化硅和二氧化硅。原子晶体是由大量原子结合而成,可用化学式表示物质的组成。单质的化学式直接用元素符号表示,两种以上元素组成的原子晶体,按各原子数目的最简比写化学式。

由于共价键的方向性,晶体中原子的空间排列主要取决于共价键的空间指向;共价键的饱和性的特征使得在原子晶体中,围绕着一个原子在其周围排列的其他原子的数目不会很多,即配位数较小,其数目取决于该原子能够形成共价键的数目。因此,原子晶体也称为共价晶体(covalent crystal)。例如,金刚石晶体中(图 4-5),每个碳原子都以四个 sp^3 杂化轨道与周围其他碳原子成键,所以金刚石晶体形成了正四面体的结构。

原子晶体中原子之间强烈的共价键作用,使得破坏共价键时需要耗费很大能量,因此原子晶体硬度大,熔、沸点高,不溶于一般的溶剂。金刚石的熔点大约为 3570℃,硬度为 10。对不同的原子晶体,组成晶体的原子半径越小,共价键的键长越短,共价键越牢固,晶体的熔、沸点越高,如金刚石、碳化硅、硅晶体的熔、沸点依次降低。原子晶体的熔、沸点一般比分子晶体和离子晶体高。

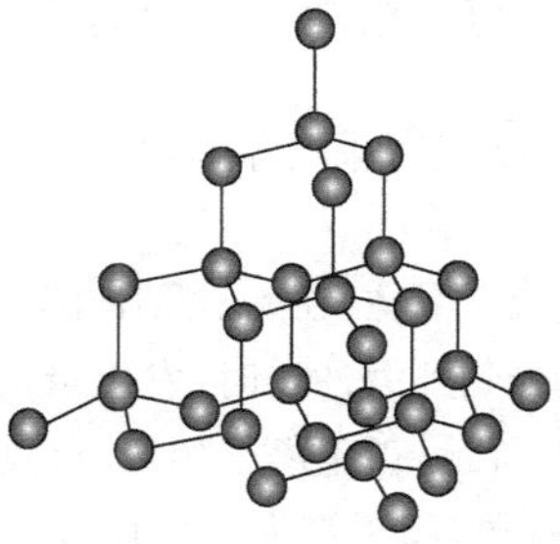

图 4-5　金刚石的晶体结构

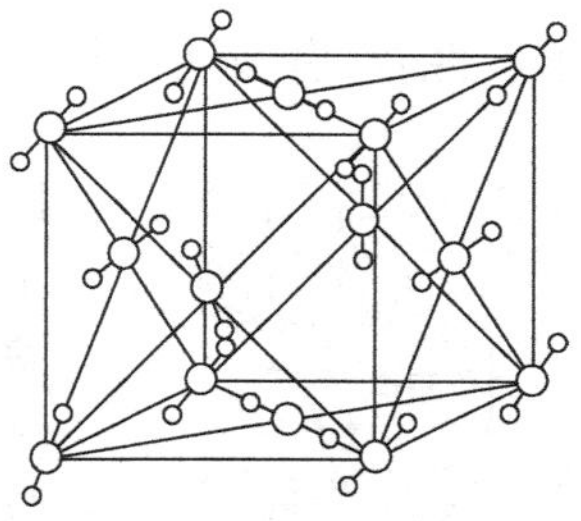

图 4-6　CO_2的晶体结构

4.2.2　分子晶体

分子晶体(molecular crystal)中周期排列的物质微粒为共价分子或单原子,分子之间通常以弱的分子间力(范德华力和/或氢键)互相作用,而分子内的原子之间则以强的共价键互相结合。例如,低温下 CO_2的晶体呈面心结构(图 4-6),CO_2分子分别占据立方体的 8 个顶点和 6 个面的中心位置,CO_2分子内部是以 C═O 共价键结合,而在晶体中 CO_2分子间只存在色散力。非金属单质(如 O_2、Cl_2、S、I_2)和某些化合物(如 CO_2、NH_3、H_2O 和苯甲酸、尿素等)在降温凝聚时可形成分子晶体。

在分子晶体中存在着独立的分子,由于分子之间没有方向性与饱和性,所以分子晶体内部的分子一般尽可能趋于紧密堆积的形式,配位数可高达 12。

由于范德华作用力较弱,分子间的结合力不强,只要供给较少的能量,晶体就会被破坏,所以分子晶体的硬度较小,熔点较低,挥发性大,在常温下以气体或液体形式存在。即使在常温下呈固态的,也会因其挥发性大,蒸气压高,常具有升华性,如碘(I_2)、萘($C_{10}H_8$)等。分子晶体晶格结点上是电中性分子,因此固态和熔融态时都不导电,它们都是性能较好的绝缘材料,一些分子晶体如冰醋酸溶于水后生成水合离子,则能导电。

绝大多数共价化合物都能形成分子晶体，只有很少的一部分共价化合物以原子晶体形式存在。

4.2.3　离子晶体

1. 离子晶体的一般特点

离子晶体(ionic crystal)中周期排列的物质微粒为正、负离子，正、负离子间以离子键(静电作用)相结合，如氯化钠(图 4-4)。在离子晶体中，正、负离子按照一定的格式交替排列，具有一定的几何外形，如 NaCl 是正立方体晶系，Na^+ 与 Cl^- 相间排列，每个 Na^+ 同时吸引 6 个 Cl^-，每个 Cl^- 同时吸引 6 个 Na^+。不同的离子晶体，离子的排列方式可能不同，形成的晶体类型也不一定相同。常见的离子晶体有强碱、大多数的盐和活泼金属氧化物。某些有机化合物的阳离子和阴离子也可以形成离子晶体。

离子键没有方向性和饱和性，为保持系统的低能量状态，各离子尽可能多地吸引异号离子，因此离子晶体配位数一般较高。离子晶体中不存在单独的分子，整个晶体可以看成是一个巨型分子，化学式代表正、负离子最简个数比。

多数离子晶体易溶于水等极性溶剂。离子晶体的水溶液或熔融液都易导电。

离子晶体中正、负离子间以较强的离子键相互作用，所以离子晶体一般具有较高的熔点和较大的硬度，延展性差，有脆性。其熔点、硬度等物理性质与晶格能的大小有关。

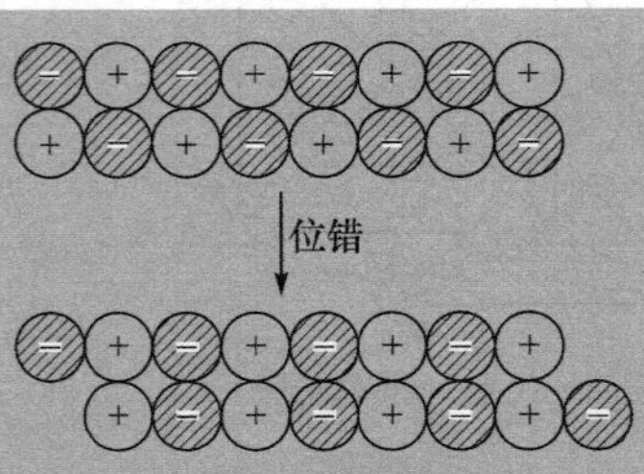

图 4-7　离子晶体受外力发生错动

【例题 4-3】　为什么 $CaCO_3$ 只可采用雕刻加工，而不可采用锻造加工？

解　这是因为 $CaCO_3$ 是离子晶体，在离子晶体中，正、负离子有规则地交替排列。当晶体受到外力冲击时，发生错位，即各层离子位置发生错动，如图 4-7 所示，正正离子相切，负负离子相切，彼此排斥，使吸引力大大减弱，离子键失去作用，所以硬度虽然很大，但比较脆，延展性较差。

2. 立方晶系 MX 型离子晶体的结构类型

表 4-2 列出晶体的七大晶系和 14 种布拉维格子的关系，对离子晶体而言，该关系同样适用。离子晶体的结构具有多样性，但以形式最稳定的构型存在为原则。

在离子晶体中，离子的排布方式与下列因素有关：

(1) 离子所带电荷多少(与离子化合物的价型有关，因为价型不同，静电引力就不同)。

(2) 正、负离子的大小(正、负离子半径比)。

(3) 离子的极化作用大小。

本节以立方晶系 MX 型离子晶体为例，讨论离子晶体的结构类型与正、负离子半径比的关系。

一般来说，阳离子的半径总小于阴离子的半径。所以，在离子晶体中，负离子作一定方式堆积，正离子则充填在其形成的多面体孔隙中。这样，就可以用围绕正离子形成的负离子配位多面体来讨论晶体结构。在每一个正离子的周围形成一个负离子配位多面体时，正、负离子的距离取决于它们的半径和。正离子的配位数，即负离子配位多面体的类型则取决于正、负离子的半径比值。一般来说，离子晶体中当正、负离子之间的距离正好等于正、负离子的半径之和时体系才处于最低能量状态，即当正、负离子处于最密堆积时，晶体是稳定的。密堆积即离子间采取空隙最小的排列方式。这样，正、负离子的排列和能量的关系可用图 4-8 所示。

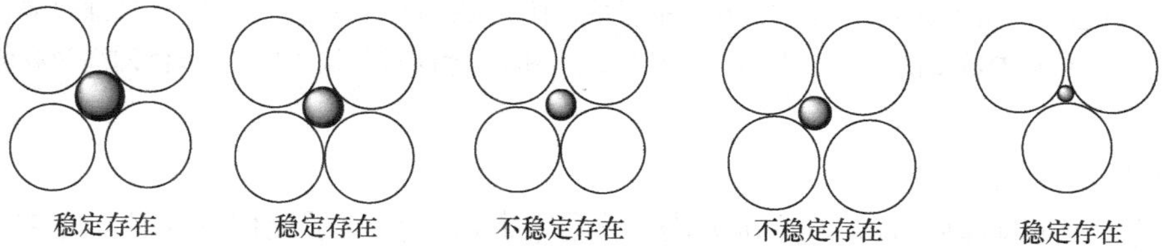

图 4-8　离子半径大小与晶体稳定性

对于最简单的立方晶系 MX 型离子晶体，有以下几种典型的结构类型，它们有着不同的配位数(图 4-9)。

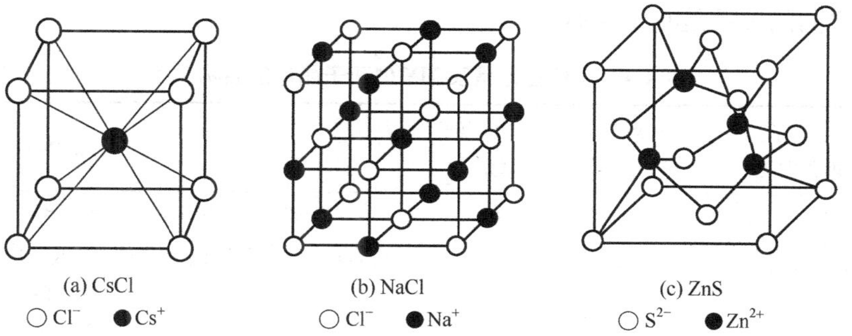

图 4-9　立方晶系 MX 型离子晶体的结构

1) CsCl 型

由于金属离子的半径较大，已接近负离子的半径，负离子不能再保持最密堆积状态，而是按简单立方堆积排列，正离子正好嵌在由负离子所构成的立方体的中央，形成体心立方晶格(body centered cubic lattice)。整个晶体是由正、负两种离子穿插排列而成，每种离子都以同样的形式联系在一起。正、负离子配位数都是 8，常记作 8∶8，晶胞中正、负离子个数分别等于 1(1/8×8=1)。典型的例子就是 CsCl，这也是把这种堆积称为 CsCl 型的缘故。

【思考题】

4-3　如何算得 CsCl 型堆积中，晶胞中的每种原子的配位数都是 8？晶胞单独占有的原子数为 2？

4-4　体心立方晶格属于立方晶系，其晶格参数特征为 $a=b=c$，$\alpha=\beta=\gamma=90°$。试通过画图找出原子的半径 r 和晶胞参数 a 的关系。提示：先做出以立方体的地面对角线为底、立方体的高为高的截面。

2) NaCl 型

在 NaCl 型的晶体结构中(图 4-10)，其中负离子(Cl^-)按面心立方密堆积排布，面心正离子(Na^+)则嵌在八面体空隙中，在其 8 个顶角和 6 个面上各有 1 个原子，每个晶胞的原子数$n=1/8\times8+1/2\times6=4$。此类结构中，正、负离子配位数都是 6，晶胞中正、负离子数目各为 4。

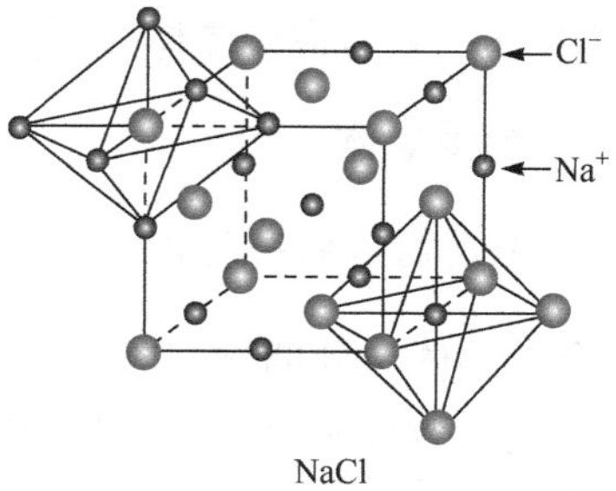

图 4-10　NaCl 晶体结构中的八面体空隙

【思考题】

4-5 如何算得 NaCl 型堆积中,晶胞中的每种原子的配位数都是 6? 晶胞单独占有的原子数为 8?

4-6 面心立方晶格属于立方晶系,其晶格参数特征为 $a=b=c$,$\alpha=\beta=\gamma=90°$。试通过画图找出原子的半径 r 和晶胞参数 a 的关系。提示:先做出以立方体的地面对角线为底、立方体的高为高的截面。

3) 立方 ZnS 型

在立方 ZnS(闪锌矿,zinc blende)型离子晶体中,正、负离子配位数是 4。此类结构中,金属离子通常嵌在由负离子形成的立方密堆积结构的四面体空隙中。立方密堆积结构具有面心立方晶格,晶胞中正、负离子数各为 4($n=1/8\times8+1/2\times6=4$)。

由以上三例可以看到,离子晶体的稳定条件是正、负离子尽可能接触,配位数尽可能大。这个条件是受正、负离子半径比(r_+/r_-)制约的。正、负离子半径比与立方晶系 MX 型二元离子晶体结构之间的关系是有规律的(表 4-4)。

表 4-4 几种立方晶系 MX 型离子晶体的结构类型

离子晶体类型	负离子堆积方式	正离子所占间隙	正负离子配位数	r_+/r_-	晶体实例
CsCl 型	简单立方堆积	立方体	8 : 8	0.732～1	CsCl,CsBr,CsI,TlCl,NH_4Cl,TlBr,TlI
NaCl 型	面心立方密堆积	八面体	6 : 6	0.414～0.732	MX(M=Li,Na,K,Rb;X=F,Cl,Br,I) MX(M=Mg,Ca,Sr;X=O,S,Se,Te) BaX(X=O,S,Se,Te) AgX(X=F,Cl,Br),CdO
ZnS 型	面心立方堆积	四面体	4 : 4	0.225～0.414	MgTe,BeX(X=O,S,Se,Te) CuX(X=F,Cl,Br) ZnX(X=O,S,Se,Te),AgI HgX(X=O,S,Se,Te)

【思考题】

4-7 对不同的离子晶体类型,r_+/r_- 的值是怎么计算出来的?

当然,并非所有离子型晶体化合物的构型都严格地遵循离子半径比规则(ionic radius ratio rule)。由于离子半径数据不十分精确和离子相互作用因素的影响,根据半径比规则推测的结果有时与实际晶体类型有出入。例如,在氯化铷中,Rb^+ 与 Cl^- 的半径比 $r_+/r_-=0.82$,应属于配位数为 8 的 CsCl 型,而实际上它的配位数为 6,属于 NaCl 型。当半径比 r_+/r_- 值接近极限值时,要考虑该晶体有可能同时存在两种构型。

4.2.4 金属晶体

1. 金属晶体的一般特点

金属晶体中周期排列的物质微粒为金属原子或金属正离子,它们之间依靠金属键互相结合。绝大多数金属单质及一些金属合金都属于金属晶体,如镁、铝、铁和铜等。

金属晶体中金属键没有方向性和饱和性,金属晶体中金属原子尽可能趋于紧密堆积的形式,这种堆积可使金属原子都有较高的配位数。元素周期表中约有 2/3 的金属原子配位数高达 12，也有配位数为 8 或 6 的。

根据金属键的“电子海模型”理论，金属晶体中存在金属离子(或金属原子)和自由电子，金属离子和自由电子之间存在较强烈的金属键，自由电子在整个晶体中自由运动，使得金属晶体具有良好的导热和导电性。自由电子可以吸收可见光，并将能量向四周散射，使得金属不透明，具有金属光泽。当金属受外力时，金属原子之间容易相对滑动，但由于金属键没有方向性，金属键仍存在，金属即使变形也不易断裂，表现出有良好的延展性和机械强度。金属离子的半径越小、离子电荷越高，金属键越强，金属的熔、沸点越高。例如，周期系ⅠA 族金属由上而下，随着金属离子半径的增大，熔、沸点递减。第三周期金属按 Na、Mg、Al 顺序，熔、沸点递增。

金属晶体中不存在游离的金属原子，通常用元素符号代表金属单质的化学式。

2. 晶体中原子的堆积方式

金属晶体中，金属原子包括离子都设想为等径实心圆球，让它们在一个立方体盒子里做堆积，则堆积方式主要有简单立方堆积、体心立方堆积、面心立方密堆积和六方密堆积等类型。

1) 简单立方堆积

先将圆球堆成一层方形球面(图 4-11)，然后把第二层球直接堆到第一层球的顶部，这样堆积的结果是 8 个球组成最简单立方的重复单元，即晶胞(图 4-12)。这是一种 AAA 堆积方式，晶体学中称为简单立方堆积(simple cubic packing，SCP)。每个晶胞中含有的原子数＝8×1/8＝1，每个金属原子的配位数是 6。

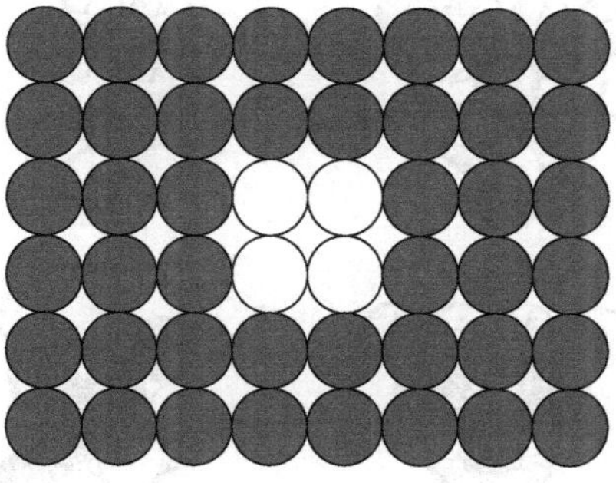

图 4-11　将金属原子堆成一层方形球面的俯视图

图 4-12　简单立方堆积示意图

可以用几何的方法算出在这种结构中只有 52％的空隙被球占据，即空间利用率为 52％。其实，只有一个元素钋结晶成简单立方结构。

2) 体心立方堆积

第二种排列是将第二层球堆放在第一层球的空穴处，第三层球堆放在第二层球的空隙处，以此类推地排列下去，结果是奇数层的原子是在等同重复的位置上，偶数层的原子也在等同重复的位置上，这是一种 ABAB 堆积方式，称为体心立方堆积(body centered cubic packing，BCCP)。在这种堆积中，每一个球分别与上层和下一层各四个球接触，因此每个金属原子的配位数为 8(图 4-13)，每个晶胞含有的原子数＝8×1/8＋1＝2。这种堆积是比简单立方堆积更有效的一种堆积方式，空间利用率可

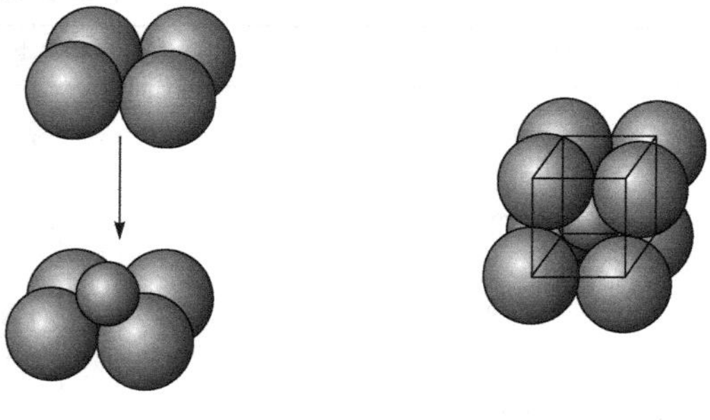

图 4-13　体心立方堆积结构及相应的一个晶胞

达 68%。碱金属及许多过渡金属如 V、Nb、Ta、Cr、Mo、W、Fe 等都是体心立方结构。

3) 面心立方密堆积和六方密堆积

还有两种更有效的堆积方式，即堆积得更紧密，其空间利用率都在 74%，因此称为密堆积结构(close packing structure)，堆积的第一层都如图 4-14 所示。等径球在二维平面排列时，两两相切，可在一个平面上达到最密集排列，此时每个球与邻近的 6 个球相切，球心的位置在 A，称作密置层 A[图 4-14(a)]；在 A 层中，每毗邻相切的 3 个球之间形成一个曲边三角形的空隙，将二球在上、一球在下形成的空隙(三角形顶点朝上)记作 B，一球在上、二球在下形成的空隙(三角形顶点朝下)记作 C。与 A 层相同的第二个密置层在 A 层上堆积时，可以置于 A 层的 B 或 C 空隙中。位于 B 空隙形成第二个密置层 B 层[图 4-14(b)]。再继续堆积第三层时则有两种方式：一种堆积是在 A 层的正上方，形成了 ABAB…的堆积[图 4-14(c)]，从中抽出最小晶胞[图 4-14(e)]，这是六方晶格(hexagonal close packed lattice，HCP)，六方晶格中每个晶胞中原子数＝1/6×12＋1/2×2＋3＝6；另一种是堆积在 A 层的 C 空隙的正上方，形成了第 3 个密置层 C，再堆积第四层只能在 A 层球心的正上方，依次循环就形成了 ABCABC…的堆积[图 4-14(d)]，从中抽出最小晶胞[图 4-14(f)]，这是面心立方堆积(face-centered cubic closest packing，FCCP)。由于六个面心的每个原子均被两个晶胞共享，每个面心立方晶胞含有的原子数＝8×1/8＋6×1/2＝4。周期表中 50 多种金属，如 Ca、Sr、Ba、Cu、Ag、Au、Ni、Pb、Pt 和 Pd 等都是 FCCP 结构。许多金属如 Be、Mg、Sc、Ti、Co、Zn、Cd 等具有 HCP 结构。

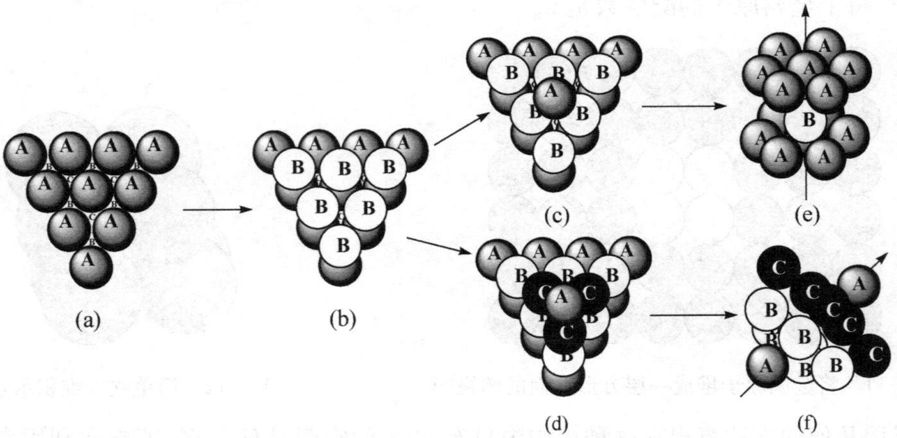

图 4-14　等径球的密堆排列

表 4-5 汇总了等径球堆积结构与晶胞特征参数。

表 4-5　等径球堆积结构与晶胞特征参数

晶格类型	原子半径与晶胞参数 a 的关系	晶胞中原子数	空间利用率
FCCP	$r=\frac{\sqrt{2}}{4}a$	4	0.7405
BCCP	$r=\frac{\sqrt{3}}{4}a$	2	0.6801
HCP	$r=\frac{1}{2}a$	6	0.7405
SCP	$r=\frac{1}{2}a$	1	0.5239

【思考题】

4-8　表 4-5 中不同等径球堆积结构中原子半径与晶胞参数 a 的关系是怎么推导出的？

4-9　您认为金属晶体的堆积还会有什么种类的堆积？

以上介绍了按晶体质点之间的作用力分类的 4 种典型结构。实际上，很多晶体的质点之间存在着键型过渡（图 4-15），因而会形成一系列过渡型晶体或混合型晶体。例如，石墨和六方氮化硼（图 4-16），就是混合型晶体的典型例子，同一层内类似共价键（原子晶体）结构，而层与层之间类似分子晶体。另外，离子的极化也会影响到键型，所以也会影响到晶体结构（见第 2 章）。

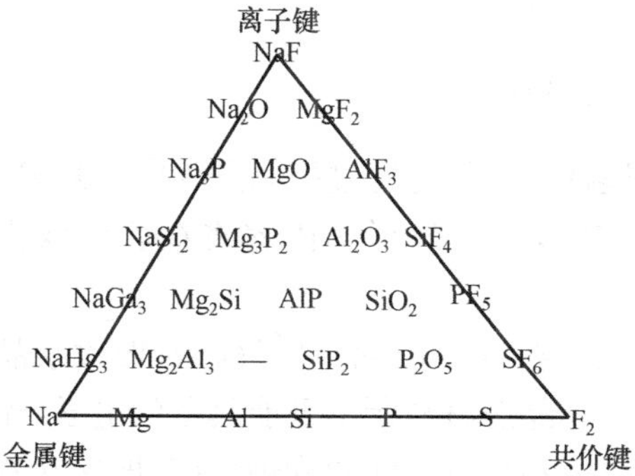

图 4-15　化学键型变异现象

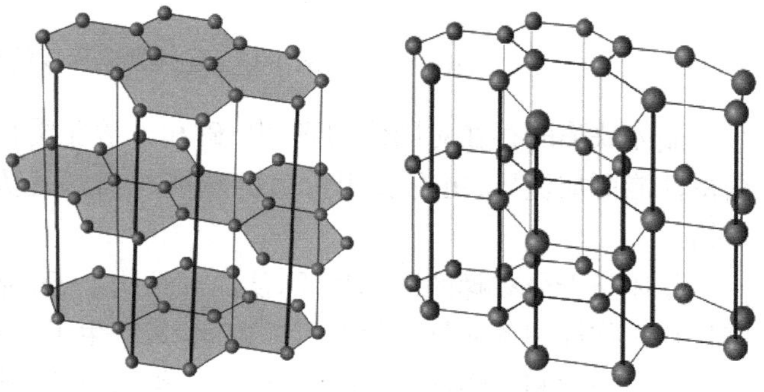

图 4-16　石墨（左）和六方氮化硼（右）的结构

4.3　晶体缺陷简介

在理想晶体中，原子按一定的次序严格地处在空间有规则的、周期性的格点上。但在实际的晶体中，由于晶体形成条件、原子的热运动及其他条件的影响，原子的排列不可能那样完整和规则，往往存在偏离了理想晶体结构的区域。这些与完整周期性点阵结构的偏离就是晶体中的缺陷（defect），它破坏了晶体的对称性。实际上，所有的晶体均有缺陷。缺陷的重要性在于它们能够影响晶体的性质，如机械强度、导电性、耐磨性、耐腐蚀性和化学反应性能等。由热力学原因而存在的缺陷称为固有缺陷（inherent defect）；非热力学原因造成的缺陷称为外赋缺陷（又称为杂质缺陷，impurity defect）。后一种缺陷可通过提纯或改变合成条件而得到控制。此外还需区分点缺陷（point defect）与扩展缺陷（extended defect）。前者出现在单个格点上，后者则按一维、二维（线缺陷，line defect）和三维（面缺陷，surface defect）方位有序排列。

晶体为什么会有缺陷？这是因为所有晶体都有产生点缺陷的热力学倾向。缺陷会使晶体由有序结构变为无序结构从而使熵值增加。有缺陷的晶体的吉布斯自由能来自焓和熵两方面的贡献，由于熵是体系无序度的量度，因而任何实际晶体（其中总有一些原子不处在它们应该出现的位置上）的熵值都高于完美晶体（热力学第三定律）。这就是说，缺陷对晶体吉布斯自由能的贡献是负项。缺陷的形成通常是吸热过程（因而缺陷晶体的焓值较高），但只要 $T>0$，吉布斯自由能在缺陷的某一非零浓度将会出现极小值[图 4-17(a)]，即缺陷会自发形成。而且，温度升高时吉布斯自由能的极小值向缺陷浓度较高的方向移动[图 4-17(b)]。

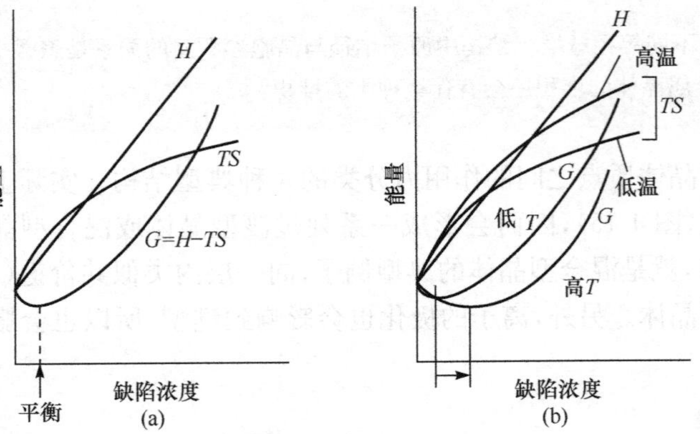

图 4-17 晶体缺陷形成的热力学解释

晶体缺陷的存在对固体的光、电、磁和力学性质有显著影响，但是通过控制点阵中的缺陷，获得性能更加优异、更有实用价值的功能材料却是人们需要的。较详细内容将在后续课程介绍。

晶体是十分有趣的固体物质，从内部结构上看，晶体具有长程有序的格子构造，形成了晶体材料对称性和各向异性等特点。由此，又产生了一系列非晶态材料所不可能具备的电学、光学、力学、磁学和热学性质，从而产生了一类反映这些性质的物理量之间的物理效应，即交互效应。正是这些神奇的交互效应，使声（力）、光、热、电、磁等能量的不同表现形式在晶体中相互转化，从而使晶体材料成为现代科技及其产业不可或缺的关键材料。它们更是我们日常生活离不开的材料。例如，人类每天食用的氯化钠晶体，电视机、电冰箱等凡是跟电有关的其内部都有大量晶体制成的器件；现在扮演重要角色的计算机更是全身都是晶体器件，CPU、内存、硬盘等都是大量的晶体器件在起关键作用。

习 题

4-1 区分下列各概念并加以解释。

(1) 晶格与晶胞　(2) 点阵与点阵结构　(3) 素晶胞和复晶胞

4-2 选择题。

(1) 下列物质中熔点最低的是(　　)

A. NaCl　B. KBr　C. KCl　D. MgO

(2) 下列物质中熔化焓最小的是(　　)

A. H_2O　B. CO_2　C. MgO　D. SiO_2

(3) 下列晶体中属于原子晶体的是(　　)

A. 氖　B. 食盐　C. 干冰　D. 金刚石

(4) 下列晶体直接由原子构成，且属于分子晶体的是(　　)

A. 固态氢　B. 固态氖　C. 磷　D. 三氧化硫

(5) 干冰和二氧化硅晶体同属于ⅣA元素的最高价氧化态，它们的熔、沸点差别很大的原因是(　　)

A. 二氧化硅相对分子质量大于二氧化碳相对分子质量

B. C、O键键能比Si、O键键能小

C. 干冰为分子晶体，二氧化硅为原子晶体

D. 干冰易升华，二氧化硅不能

(6) 支持固态氨是分子晶体的事实是(　　)

A. 氮原子不能形成阳离子　　B. 铵离子不能单独存在

C. 常温下，氨是气态物质　　D. 氨极易溶于水

(7) 2003 年美国《科学》杂志报道，在超高压下，科学家用激光器将 CO_2 加热到 1800K，成功制得了类似石英的 CO_2 原子晶体。下列关于 CO_2 晶体的叙述中不正确的是(　　)

A. 晶体中 C、O 原子个数比为 1 : 2

B. 该晶体的熔点、沸点高，硬度大

C. 晶体中 C—O—C 的键角为 180°

D. 晶体中 C、O 原子最外层都满足 8 电子结构

(8) 氮化硅是一种新合成的结构材料，它是一种超硬、耐磨、耐高温的物质，下列各组物质熔化时，所克服的微粒间的作用力与氮化硅熔化时所克服的微粒间的作用力相同的是(　　)

A. 硝石和金刚石　　B. 晶体硅和水晶

C. 冰和干冰　　D. 萘和蒽

4-3　填表。

物　质	晶体类型	结点上的粒子	粒子间的作用力
Kr			
$[Cu(NH_3)_4]SO_4$			
SiC			
Zn			

4-4　已知下列两类化合物的熔点如下：

钠的卤化物	NaF	NaCl	NaBr	NaI
熔点/℃	993	801	747	661
硅的卤化物	SiF_4	$SiCl_4$	$SiBr_4$	SiI_4
熔点/℃	−90.2	−70	5.4	120.5

试说明：

(1) 为什么钠的卤化物的熔点总是比相应硅的卤化物的熔点高？

(2) 为什么钠的卤化物的熔点递变规律与硅的卤化物的不一致？

4-5　判断下列分子晶体的熔点高低。

(1) SiF_4、$SiCl_4$、$SiBr_4$、SiI_4　　(2) H_2O、H_2S、H_2Se、H_2Te

4-6　描述晶体的七大晶系和 14 种布拉维格子之间的关系。

4-7　原子晶体和分子晶体各有什么特征？

4-8　立方系 MX 型离子晶体的晶体类型与正、负离子的半径比有何关系？

4-9　金属晶体中原子的堆积方式有哪些？各自的空间利用率是多少？

4-10　讨论晶体缺陷形成的热力学因素。

第 5 章　化学热力学初步

本章学习要求

(1) 准确掌握热力学的基本概念和函数 U、H、S、G 的物理意义；

(2) 了解化学反应变化过程中的反应热及其测定，掌握恒压反应热与 U、恒容反应热与 H 的关系及相关计算；

(3) 能够熟练应用赫斯定律及状态函数性质进行简单热力学计算；

(4) 初步学习熵、熵变和绝对熵的概念，初步了解热力学第一、第二、第三定律的概念；

(5) 掌握吉布斯自由能的有关性质及其与化学反应自发性的关系；

(6) 能够熟练应用吉布斯-亥姆霍兹方程进行相关计算；

(7) 初步了解化学反应等温式的意义和推导。

【背景问题】

(1) 人们从未怀疑过这样一个事实：人不吃饭不行，马不吃草不行。请依此说明为什么永动机是不可能造出来的。

(2) 液态水变成气态水肯定是吸热反应。您能科学地解释为什么在寒冷的冬天湿的衣服也能变干？

(3) 是否只要是放热反应一定能够自发进行？

(4) 在冬天用煤炭炉取暖时，有人说在家里放几盆水或者在煤炭炉上放一壶水，并打开壶盖，就能防止煤气中毒，真的吗？谈谈你的看法。

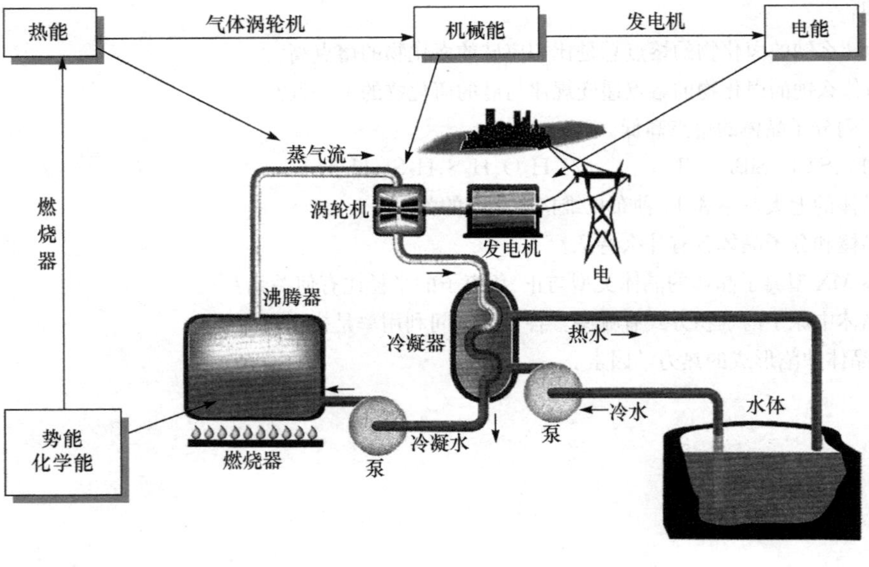

在化学反应的研究中总会涉及化学两个重要领域：化学热力学和化学动力学。它们包括①怎么判断化学反应在一定条件下向哪个方向发生(涉及反应的自发性问题)；②如果该化学反应能向某个方向发生，反应是吸热还是放热(涉及反应的热效应问题)；③如果该化学反应能

向某个方向发生，反应能进行到什么程度(涉及化学平衡问题)；④如果该化学反应能向某个方向发生，反应进行得快还是慢(涉及化学速率问题)。其中前三个问题属于热力学研究的范畴，而第四个问题则属于动力学研究范畴。本章将学习与解决前三个问题相关的内容。化学热力学方法具有“宏观”、“统计”和“不涉及时间”三个特点，它研究系统内大量粒子的统计行为，而不适用于个别分子、原子等微观粒子，不考虑物质的微观结构和反应具体经历的过程。这三个特点决定了热力学的特优点和局限性。

本章将先介绍几个重要的热力学函数，然后利用这些函数来判断化学反应进行的方向和反应过程的能量变化。讲解中初步关联到利用热力学方法解决问题的热力学第一、第二、第三定律的概念。

5.1　化学热力学的基本概念

热力学(thermodynamics)是专门研究能量相互转变过程中所遵循的法则的一门科学，即不需要知道物质的内部结构，只从能量的观点出发便可得到一系列规律的一门科学。热力学的基础主要为热力学三大定律，即热力学第一定律(1842 年德国物理学家 J. R. Meger 提出)、热力学第二定律(最早的表达式先后由德国的物理学家 R. Clausius 于 1950 年、英国物理学家 W. T. K. Lord 于 1951 年提出)、热力学第三定律(1906 年德国物理化学家 W. H. Nernst 提出)。

将热力学定律、原理和方法用于研究化学过程以及伴随这些化学过程而发生的物理变化，便形成了**化学热力学**(chemical thermodynamics)。

热力学所用词语的含义有严格的规定，有的和我们日常所熟悉的一致，有的却不同。

5.1.1　系统与环境

被人为划定的作为研究对象的物质称为**系统**(system，也译为“体系”)，系统以外的和系统有密切关系的其余物质世界都是**环境**(surroundings)。

按照系统与环境之间的关系，可将系统分为三类(图 5-1)。

(1) 敞开系统[open system，图 5-1(a)]：系统与环境之间既有能量交换，也有物质交换。

(2) 封闭系统[closed system，图 5-1(b)]：系统与环境之间没有物质交换，只有能量交换。

(3) 孤立系统[isolated system，图 5-1(c)]：系统与环境之间既没有物质交换，也没有能量交换。

真正的孤立系统是不存在的，它是为了研究方便而建立的一种理想模型。化学反应往往是在封闭系统下进行的。

如不特别说明，本书讨论的系统都属于封闭系统。

(a)　(b)　(c)

图 5-1　敞开系统(a)，封闭系统(b)和孤立系统(c)

【思考题】

5-1 系统和环境之间有没有明显界限?

5-2 既然孤立系统不存在,为什么还要建立这样一个数学模型?

5.1.2 热力学温度和热力学标准压力

热力学温度(thermodynamic temperature)又称**绝对温度**(absolute temperature),国际单位制(SI)的7个基本量之一,符号为T,单位开尔文(Kelvin),简称开,国际代号K。以绝对零度(0K)为最低温度,规定水的三相点的温度为273.16K,而水的三相点温度为0.01℃。因此热力学温度T与人们惯用的摄氏温度t的关系是$T=t+273.15$。

1标准大气压为$1.013\ 25\times10^5$Pa(帕斯卡,简称帕),但考虑到1.013 25不是整数,使用起来不方便,国际纯粹与应用化学联合会(International Union of Pure and Applied Chemistry,IUPAC)提出了**热力学标准压力**(thermodynamic standard pressure)这个概念,规定:$p^{\ominus}=$ 1bar(巴)$=10^5$Pa(帕)=100kPa(千帕)。

系统的性质也称为系统的**热力学性质**(thermodynamic property),是指系统的宏观性质,系统中物质的量n、质量m、压力p、温度T、体积V、浓度c、黏度η等都属于系统的热力学性质。

系统的热力学性质分为广度性质和强度性质。

(1) 广度性质(extensive property),又称为容量性质,这种性质的数值与系统中所含物质的量成正比,具有简单加和性,即系统的某一广度性质的数值等于各部分这种性质的数值的简单加和,如质量m、体积V、热力学能U、熵S、焓H、热容量C_p等。

(2) 强度性质(intensive property),这种性质的数值与系统所含物质的量无关。强度性质不具有加和性,如温度T、压力p、浓度c等。显然,广度性质除以系统的物质的量后就与系统的量无关,而变成了强度性质,如摩尔体积V_m。

【思考题】

5-3 什么是系统的宏观性质?

5-4 广度性质和强度性质有什么区别?

5.1.3 状态和状态函数

系统的**热力学状态**(thermodynamic state)简称为**状态**,是系统中所有热力学性质的综合表现。

描述系统热力学状态的函数称为**热力学函数**(thermodynamic state function),简称为**状态函数**(state function),状态函数是系统状态的单值函数,它具有两个重要特征。

(1) 状态确定了,状态函数也就确定了。状态函数只与系统所处的状态有关,与这个状态是怎样变化来的无关,即不提供历史信息。

(2) 状态改变了,状态函数也就变了,状态函数的改变值只取决于系统开始时的状态(始态)和终了时的状态(终态),而与变化所经历的具体途径无关。

温度就是一个状态函数。如果将一杯水从初态温度T_1变到终态温度T_2,温度的改变量

只与 T_1、T_2 有关，而与改变的途径无关，即 $\Delta T = T_2 - T_1$。

这个“只管两头”的概念给我们提供了极大方便。

【思考题】

5-5　如何理解状态的含义？“只管两头”是什么意思？

5-6　如何理解“状态变了，状态函数也就变了”这句话？

5.1.4　过程与途径

系统的状态发生变化，从初态变到了终态，则称为系统经历了一个热力学（变化）过程，简称为过程（process）。过程可以分为

(1) 恒压过程（isobaric process）：系统的初态、终态和外界压力保持恒定的过程。

(2) 恒容过程（isovolumetric process）：系统的初态、终态体积不变的过程。

(3) 恒温过程（isothermal process）：系统的初态、终态温度不变的过程。

(4) 绝热过程（adiabatic process）：系统和环境之间没有进行热量交换的过程。

系统经历一个过程，由初态变化到终态，这种变化过程可以采取许多种不同的具体方式来实现，实现这个过程的每一种具体的方式就称为一种途径。完成过程的具体步骤称为**途径**（path，图 5-2）。

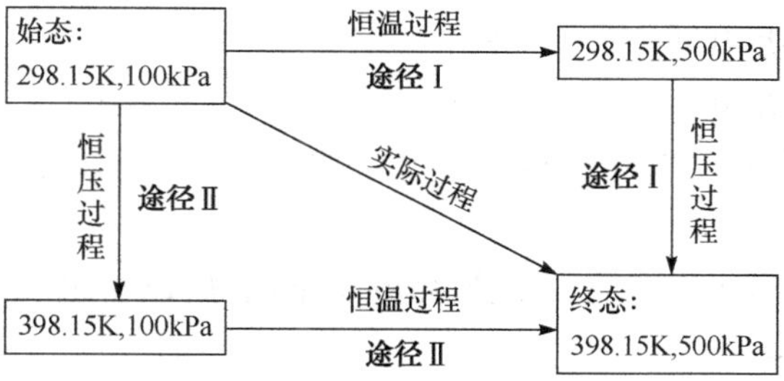

图 5-2　实际过程可简化为不同途径

5.1.5　热力学能、热和功

由于系统与环境之间存在着温度差而引起的系统与环境之间所交换的能量称为**热能**（heat energy），简称为**热**（heat，Q），单位为 $kJ \cdot mol^{-1}$，规定：

(1) 吸热过程（endothermic process）或者吸热反应（endothermic reaction），系统从环境吸热，Q 值为“+”号，简述为“吸热为正”。例如，$NH_4NO_3(s)$在水中的溶解过程。

(2) 放热过程（exothermic process）或者放热反应（exothermic reaction），系统向环境放热，Q 值为“−”号，简述为“放热为负”。例如，$H_2(g)$与 $O_2(g)$反应生成 $H_2O(g)$的过程。

总结为：“吸正放负”或“吸热为正，放热为负”。

“过程”是物理过程和化学过程的泛指，“反应”只能用于化学过程。

热不是状态函数，而是途径函数。途径函数数学上称为泛函（functional），它的微小变化用符号“δ”表示，“δ”表示不是全微分。在微小过程中传递的热量用符号“δQ”表示。热的一般计算公式为

$$\delta Q = mC\mathrm{d}T$$

$$Q = mC(T_2 - T_1) \tag{5-1}$$

式中，C 称为比热容(heat capacity)，指使系统温度上升 1℃(或 1K)所需的热量。一般来说，热容是温度的函数，即 $C = f(T)$。热容既与系统的性质有关，也与系统的质量有关。与之相关的一个物理量称为比热容(specific heat capacity)，它是单位质量纯物质的热容。比热容简称比热(specific heat)，量符号为 C，其量值用下式计算：

$$C = Q/(m\Delta T)$$

式中，Q 等于实验测得的热效应；m 为试样的质量；ΔT 为试样在实验前后的温度变化。注意，我们将 ΔT 规定为($T_{终} - T_{始}$)。

将上式移项转化为计算热效应的公式：

$$Q = mC\Delta T \tag{5-2}$$

$$Q = \text{热容} \times \Delta T \tag{5-3}$$

有了实验测得的 ΔT，如果再从手册中查得物质的比热容，就可通过式(5-2)计算热效应。系统不是纯物质的情况下无法查得比热容值，则需通过式(5-3)，求助系统的热容值进行计算。

系统和环境之间除了热传递以外，其他各种形式传递的能量都称为**功**(work，W)，单位为 $kJ \cdot mol^{-1}$。

自然，在使用过程中 Q 和 W 都有一个值的正负问题。可用图 5-3 表示它们的关系。要注意到，定义某一过程是吸热还是放热，Q 和 W 值是"+"号还是"−"号，存在着一个"系统为主体"原则，都是拿"系统"说事的。

(1) 环境对系统做功，W 值为"+"号。

(2) 系统对环境做功，W 值为"−"号。

可总结为："得正失负"、"吸正放负"或"得功为正，失功为负"、"吸功为正，放功为负"(图 5-3)。

功是途径函数。沿不同的途径，系统所做的功不同，所以功也不是状态函数，在微小过程中功的符号用"δW"表示。

功可以分为两类：体积功(volume work，图 5-4)和非体积功，体积功也称为无用功，非体积功也称为有用功。如果不作特殊说明，通常所说的功是指体积功。

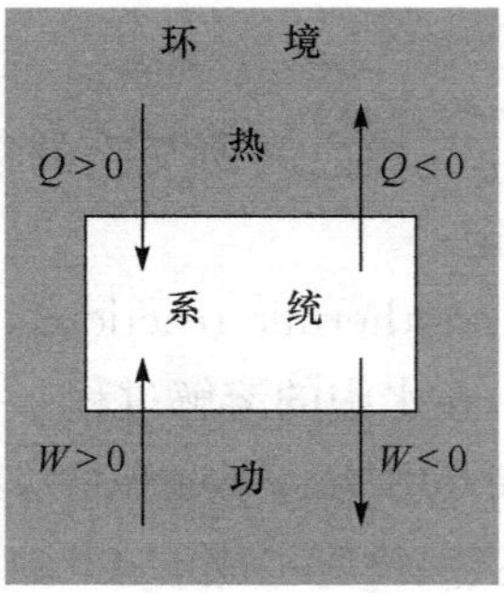

图 5-3 "系统为主体"原则

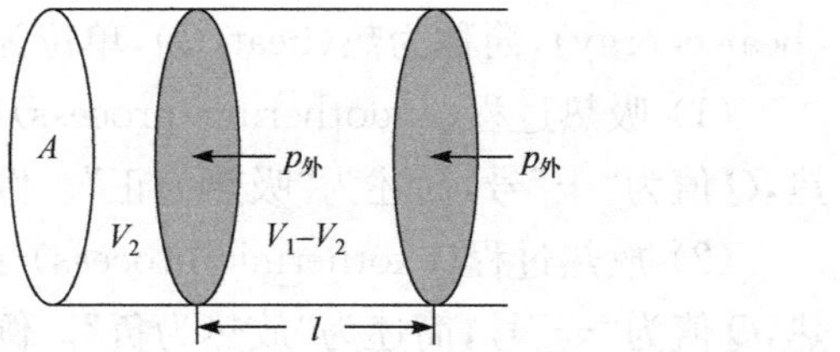

图 5-4 系统做体积功

体积功的一般计算公式为

$$\delta W = -p_{外} \cdot A \cdot dl = -p_{外} \cdot dV$$

$$W = -p_{外}(V_2 - V_1) = -p_{外}\Delta V \tag{5-4}$$

【思考题】

5-7　热力学中讲的“热”和我们生活中所说的“热”有什么不同？

5-8　什么是体积功？它和非体积功有什么本质区别？您能不能举例说明什么是非体积功？

5-9　功是状态函数吗？热是状态函数吗？

热力学能(thermodynamic energy, U)，单位为 $kJ \cdot mol^{-1}$，过去也称内能，是系统内各种形式的能量的总和。例如，系统内分子的动能(包括分子的平动能、转动能和振动能)、分子内电子运动的能量、原子核内的能量、分子间作用力的能等，难以胜数。但可以肯定的是，系统的热力学能在一定状态下是一定的，因而热力学能是状态函数，是系统的广度性质。

由于存在多种形式的运动和相互作用，任何系统的热力学能都无法精确测定出来，也就是说，热力学能的绝对值难以确定，也没有确定绝对值的必要，在热力学研究中，我们只要知道热力学能的变化值——热力学能变也就够了。热力学能变(ΔU)必然等于过程的终态热力学能与始态热力学能之差：

$$\Delta U = U_{终} - U_{始} \tag{5-5}$$

(1) 系统热力学能升高，ΔU 值为“+”号。

(2) 系统热力学能降低，ΔU 值为“−”号。

【思考题】

5-10　如何理解热力学能没有绝对值？

5-11　内能为什么要改称热力学能？它是状态函数吗？

5.2　热力学第一定律

5.2.1　热力学第一定律

1. 形形色色永动机

人们从未怀疑过这样一个事实：人不吃饭不行，马不吃草不行。但是，历史上却曾有不少人希望设计一种机器，这种机器不消耗任何能量，却可以源源不断地对外做功。这种机器被称为**永动机**(perpetual motion machine)。历史上，人们提出了很多种永动机的制作方案。虽然人们经过多种尝试，做了多种努力，但永动机无一例外地归于失败。人们把这种不消耗能量的机器称为**第一类永动机**(perpetual machine of the first kind)(除了第一类永动机外，后来还出现了第二类永动机和第三类永动机)。人们把第一类永动机形象地称为“又叫马儿跑、还叫马儿不吃草”。

【思考题】

5-12　关于永动机，您有什么看法？为什么热力学第一定律可以描述为“第一类永动机是不可能造出来的”？

能量守恒定律(the law of conservation of energy)的发现使人们进一步认识到，任何一部机器只能使能量从一种形式转化为另一种形式，而不能无中生有地制造能量，因此第一类永动机是不可能造出来的。能量守恒定律也称为**能量转化与守恒定律**(transformation and conservation of energy)，即**热力学第一定律**(the first law of thermodynamics)。

热电厂的生产流程最能反映出能量转化与守恒(参见章图)。

2. 热力学第一定律

如果环境向系统供热，系统的温度就要上升，这表明系统的热力学能增加了，其增加量就等于系统吸收的热量，$\Delta U=Q$；如果环境对系统做功，系统的热力学能也能增加，其增加量等于环境对它所做的功，$\Delta U=W$；如果环境同时对系统供热和做功，系统热力学能的增加量就等于吸收的热量和环境对系统所做功之和：

$$\Delta U=Q+W \tag{5-6}$$

当然，系统放热、系统向环境做功或者系统既向环境放热又向环境做功，或者是从环境吸热向环境做功，或者是环境对系统做功而系统向环境放热，这个关系式永远成立。

式(5-6)就是热力学第一定律的数学表达式。

【例题 5-1】 计算下列系统热力学能的变化(ΔU)，并由此讨论"系统"和"环境"的热力学能的关系。

(1) 系统吸收了 60kJ 的热，并对环境做了 40kJ 的功。

(2) 系统放出了 50kJ 的热，环境对系统做了 70kJ 的功。

解 (1) $Q=+60\text{kJ}\quad W=-40\text{kJ}$

$\Delta U=Q+W=[(+60)+(-40)]\text{kJ}=+20\text{kJ}$

(2) $Q=-50\text{kJ}\quad W=+70\text{kJ}$

$\Delta U=Q+W=[(-50)+(+70)]\text{kJ}=+20\text{kJ}$

答：系统的热力学能变化都是+20kJ。由此，我们也知道了两种情况下，环境热力学能变化都是+20kJ。体现了"热现象"中的能量守恒。显然，"系统"加"环境"构成"孤立系统"，即"宇宙"。

5.2.2 化学反应的热效应与焓变

化学反应的本质就是旧的化学键的断裂和新的化学键的生成，化学键的断裂需要消耗能量，而化学键的生成能够释放能量，化学反应过程必然伴随着能量的吸收或放出，这种在化学反应过程中放出或吸收的能量称为**化学反应的热效应**(heat effect of chemical reaction)。研究纯物质化学和物理变化过程中热效应的学科称为热化学(thermochemistry)。

1. 恒容反应热与热力学能变

如果化学反应在体积不变的条件下进行，反应前和反应后系统温度相同，系统只做体积功。

$$W=-p(V_2-V_1)=0$$

$$\Delta U=Q_V \tag{5-7}$$

Q_V就是恒容反应的热效应(简称恒容反应热)，可以通过实验测定出来。因为恒容反应的热量全部用来改变系统的热力学能，所以，恒容反应的热效应可以用反应的热力学能变 $\Delta_r U$ 表示。

2. 恒压反应热与焓变

如果化学反应在压力不变的条件下进行，反应前和反应后系统温度相同，系统只做体积功。

$$W=-p(V_2-V_1)$$
$$\Delta U=Q_p+W$$
$$U_2-U_1=Q_p-p(V_2-V_1)$$
$$Q_p=U_2-U_1+pV_2-pV_1$$
$$=(U_2+pV_2)-(U_1+pV_1) \quad (5\text{-}8)$$

这里需要引出一个新的状态函数——**焓**(enthalpy,H),单位为 $kJ \cdot mol^{-1}$,它和热力学能一样无法知道绝对值,只能通过实验间接知道其改变量——焓变:

$$H\equiv U+pV \quad (5\text{-}9)$$
$$Q_p=H_2-H_1=\Delta H \quad (5\text{-}10)$$

Q_p就是恒压反应的热效应,简称恒压反应热,可以通过实验测定出来。焓不是热力学能,仅是与热力学能相关的一个物理量。焓被认为是系统内部可供转化为热的势能。焓变 $\Delta_r H$ 在数值上等于恒压化学反应热 Q_p。

3. 热力学能变与焓变的关系

$$\Delta_r H=\Delta_r U+\Delta pV \quad (5\text{-}11)$$
$$\Delta_r H=\Delta_r U+\Delta nRT \quad (5\text{-}12)$$

式中,Δn 是反应前后气体物质的计量数的改变量。

应用上式计算时,注意单位的统一,R 应取 $8.314\times10^{-3}kJ \cdot K^{-1} \cdot mol^{-1}$。

【例题 5-2】 298K 时,反应 $2A(s)+5B_2(g)=\!=\!=2AB_5(g)$的 ΔU 为 $63kJ \cdot mol^{-1}$,求该温度下的 $\Delta_r H$。

解 由题意可知,在恒温、恒压、反应只有体积功的条件下,有

$$\Delta_r H=\Delta_r U+p\Delta V$$

再由理想气体状态方程可知

$$p\Delta V=\Delta nRT$$

其中,Δn 为生成物与反应物气体的物质的量之差(固体的体积忽略不计)

$$\Delta_r H=\Delta_r U+\Delta nRT$$
$$=63kJ \cdot mol^{-1}+(2-5)\times8.314J \cdot K^{-1} \cdot mol^{-1}\times298K$$
$$=55.6kJ \cdot mol^{-1}$$

答:该温度下 $\Delta_r H$ 为 $55.6kJ \cdot mol^{-1}$。

5.2.3　化学反应热效应的计算

1. 热化学方程式和热力学标准状态

表示化学反应与热效应关系的方程式称为**热化学方程式**(thermochemical equation)。

中学化学课本把反应热写在化学方程式里,例如

$$2H_2(g)+O_2(g)=\!=\!=2H_2O(g)+483.6kJ \cdot mol^{-1}$$

$+Q$ 表示放热,$-Q$ 表示吸热,在化学热力学中应表示为

$$2H_2(g)+O_2(g)=\!=\!=2H_2O(g) \qquad \Delta_r H^\ominus=-483.6kJ \cdot mol^{-1}$$
$$4H_2(g)+2O_2(g)=\!=\!=4H_2O(g) \qquad \Delta_r H^\ominus=-967.2kJ \cdot mol^{-1}$$

$$2H_2(g)+O_2(g)=\!=\!=2H_2O(l) \qquad \Delta_r H^{\ominus}=-571.6\text{kJ}\cdot\text{mol}^{-1}$$

$$2H_2O(l)=\!=\!=2H_2(g)+O_2(g) \qquad \Delta_r H^{\ominus}=+571.6\text{kJ}\cdot\text{mol}^{-1}$$

通过比较以上四个热化学方程式可以看出，反应的焓变由于方程式的书写形式、反应物和生成物的状态、物质前面的系数不同而不同。如果反应不是在常温、常压条件下进行，通常要在箭头上方标出具体反应条件。

化学反应各种各样，反应条件可能千变万化。为了使测得的 $\Delta_r H$ 值具有可比性，有必要规定某些测定条件。热力学中常用**标准反应焓**(standard enthalpy of reaction)这个概念，它是化学反应系统中的各个组分都处于标准状态下测得的反应焓。

完整表示标准反应焓的符号为 $\Delta_r H_m^{\ominus}(T)$，Δ 表示变化值，r 表示化学反应，$H$ 右上标"⊖"代表热力学标准状态(简称标准态)，m 代表按照所给反应方程式发生 1mol 反应，括号里的 T 是指定的温度，如果没有特别标明，温度均指 298.15K，它是热力学数据表中最常采用的温度。物质的热力学**标准状态**(standard state)是指在 1×10^5 Pa 压力和某一指定温度下物质的物理状态，具体规定如下：

(1) 气体物质的标准态除指物理状态为气态外，还指该气体的压力(或在混合气体中的分压)值为 1×10^5Pa，标准态压力的符号为 $p^{\ominus}$。

(2) 溶液的标准态规定溶质活度为 $1\text{mol}\cdot\text{kg}^{-1}$，标准态活度的符号为 $c^{\ominus}$。一般情况下，我们常用 $1\text{mol}\cdot\text{L}^{-1}$来代替 $1\text{mol}\cdot\text{kg}^{-1}$。

(3) 液体和固体的标准态是指处于标准态压力下的纯物质的物理状态。固体物质在该压力和指定温度下如果具有几种不同的晶形，给出焓值时必须标明晶形，如碳有金刚石和石墨两种晶形，必须注明。

2. 赫斯定律及其应用

不少反应焓难以由实验测得，但实验测定也不是得到反应焓的唯一手段。计算是获取热化学数据的一个重要途径。1840 年，俄国化学家赫斯(G. H. Hess)在总结大量实验事实(热化学实验数据)的基础后指出："定压或定容条件下的任意化学反应，在不做其他功时，不论是一步完成的还是几步完成的，其热效应总是相同的(反应热的总值相等)。"这就是著名的**赫斯定律**(Hess's law，图 5-5)。换句话说，化学反应的反应热只与反应系统的始态和终态有关，而与反应的途径无关。赫斯定律实际上是"热力学能和焓是状态函数"这一结论的进一步体现。利用这一定律可以从已经精确测定的反应热效应来计算难于测量或不能测量的反应的热效应。

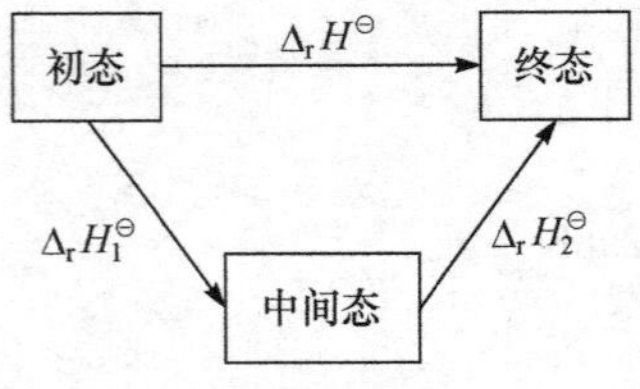

图 5-5 赫斯定律

由于热力学能(U)和焓(H)都是状态函数，所以 ΔU 和 ΔH 只与系统的始、末状态有关，而与"历程"无关。可见，对于恒容或恒压化学反应来说，只要反应物和产物的状态确定了，反应的热效应 Q_V 或 Q_p 也就确定了，反应是否有中间步骤或有无催化剂介入等均对 Q_V 或 Q_p 数值没有影响。根据赫斯定律

$$\Delta_r H^{\ominus}=\Delta_r H_1^{\ominus}+\Delta_r H_2^{\ominus} \tag{5-13}$$

使用该定律要注意：

(1) 赫斯定律只适用于等温等压或等温等容过程，各步反应的温度应相同。

(2) 热效应与参与反应的各物质的本性、聚集状态、完成反应的物质数量，反应进行的方

式、温度、压力等因素均有关，这就要求涉及的各个反应式必须是严格完整的热化学方程式。

(3) 各步反应均不做非体积功。

(4) 各个涉及的同一物质应具有相同的聚集状态。

(5) 化学反应的反应热(ΔH)只与反应系统的始态或终态有关，而与反应途径无关。

【例题 5-3】 在 298.15K，标准状态下，已知下列反应的热力学数据：

(1) $C(s)+O_2(g) \longrightarrow CO_2(g)$　　$\Delta_r H_1^\ominus = -393.5kJ \cdot mol^{-1}$

(2) $CO(g)+1/2O_2(g) \longrightarrow CO_2(g)$　　$\Delta_r H_2^\ominus = -282.8kJ \cdot mol^{-1}$

求下列反应的反应热($\Delta_r H_3^\ominus$)。

$$C(s)+1/2O_2(g) \longrightarrow CO(g)$$

分析：由于我们无法控制让 1mol C 和 0.5mol O_2 完全反应直接生成 1mol CO，因此，该反应的反应热是无法直接通过实验测定的，只能通过热力学计算得到。

我们知道，当氧气充足时，木炭可以完全燃烧，完全转化为 CO_2，这个反应的反应热即为 $\Delta_r H_1^\ominus$，可以通过实验直接测出。另外，我们可以通过一定的手段得到纯净的 CO，让纯净的 CO 完全燃烧转化为 CO_2，这个反应的反应热 $\Delta_r H_2^\ominus$ 也可以通过实验直接测得。

我们可以将木炭的燃烧生成二氧化碳这个反应设计成两种途径进行，一种途径是直接得到二氧化碳，另一种则是首先转化为一氧化碳，然后再由一氧化碳转化为二氧化碳。如图 5-6 所示。根据赫斯定律，这两种途径的热效应是相等的，即 $\Delta_r H_1^\ominus = \Delta_r H_2^\ominus + \Delta_r H_3^\ominus$。

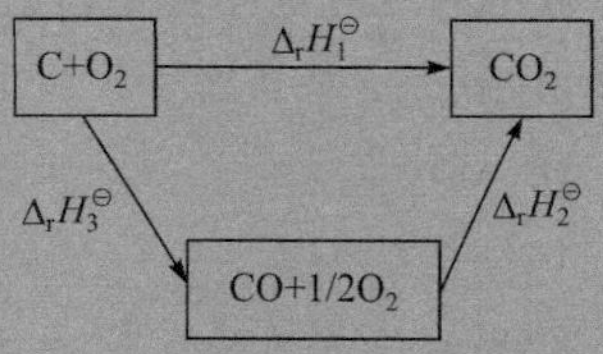

图 5-6　利用赫斯定律计算标准摩尔反应焓的热力学循环示意图

解　根据赫斯定律，$\Delta_r H_1^\ominus = \Delta_r H_2^\ominus + \Delta_r H_3^\ominus$

$$\begin{aligned}\Delta_r H_3^\ominus &= \Delta_r H_1^\ominus - \Delta_r H_2^\ominus \\ &= -393.5-(-282.8) \\ &= -110.7(kJ \cdot mol^{-1})\end{aligned}$$

答：298.15K，在标准状态下，该反应的反应热为 $-110.7kJ \cdot mol^{-1}$。

【例题 5-4】 在 298.15K，标准状态下，已知下列反应的热力学数据：

(1) $Fe_2O_3(s)+3CO(g) \xlongequal{} 2Fe(s)+3CO_2(g)$　　$\Delta_r H_1^\ominus = -27.6kJ \cdot mol^{-1}$

(2) $3Fe_2O_3(s)+CO(g) \xlongequal{} 2Fe_3O_4(s)+CO_2(g)$　　$\Delta_r H_2^\ominus = -58.58kJ \cdot mol^{-1}$

(3) $Fe_3O_4(s)+CO(g) \xlongequal{} 3FeO(s)+CO_2(g)$　　$\Delta_r H_3^\ominus = +38.07kJ \cdot mol^{-1}$

不查表计算下列反应的 $\Delta_r H_4^\ominus$。

$$FeO(s)+CO(g) \xlongequal{} Fe(s)+CO_2(g)$$

解　由[反应(1)×3－反应(2)－反应(3)×2]/6 得

$$FeO(s)+CO(g) \xlongequal{} Fe(s)+CO_2(g)$$

根据赫斯定律，有

$$\begin{aligned}\Delta_r H_4^\ominus &= [3\Delta_r H_1^\ominus - \Delta_r H_2^\ominus - 2\Delta_r H_3^\ominus]/6 \\ &= [3\times(-27.6)-(-58.58)-2\times(+38.07)]/6 \\ &= -16.73(kJ \cdot mol^{-1})\end{aligned}$$

答：该反应的 $\Delta_r H_4^\ominus$ 为 $-16.73kJ \cdot mol^{-1}$。

3. 标准摩尔生成焓及其应用

任何化学手册都无法全部录入迄今报道的所有化学反应的标准反应焓，只能查到数千种常见纯净物的**标准生成焓**(standard enthalpy of formation)。标准生成焓在热力学上是这样规定的：在一定温度下，由处于标准状态的各种元素的指定单质（参比单质）生成标准状态的1mol 某种纯净物的热效应（反应焓），称为该温度下该物质的标准摩尔生成焓（热）。

标准生成焓完整的符号为 $\Delta_f H_m^\ominus(T)$，简写为 $\Delta_f H^\ominus$，单位 $kJ \cdot mol^{-1}$，下标“f”为“formation”的首字母。参比单质也称为最稳定的单质，其标准生成焓规定为零，这相当于物理学中在计算势能时规定的零势能面。如果某单质存在多种形式，当然只能选择热力学上最稳定的一种作为参比。例如，石墨的稳定性高于金刚石，被选定为碳的参比单质。但元素磷是为数不多的例外之一，白磷被选为参比单质，但它却不是最稳定的形式，长时间放置会转化为红磷（表 5-1）。

$$P(s,白) = P(s,红) \qquad \Delta_f H_m^\ominus(红磷,s) = \Delta_r H^\ominus = -17.6kJ \cdot mol^{-1}$$

$$C(石墨) + O_2(g) = CO_2(g) \qquad \Delta_f H_m^\ominus(CO_2,g) = \Delta_r H^\ominus = -393.51kJ \cdot mol^{-1}$$

表 5-1　一些常见物质的标准摩尔生成焓

物　质	$\Delta_f H_m^\ominus(298.15K)/(kJ \cdot mol^{-1})$	物　质	$\Delta_f H_m^\ominus(298.15K)/(kJ \cdot mol^{-1})$
C(石墨)	0.000	$SO_2(g)$	−296.81
C(金刚石)	+1.987	$SO_3(g)$	−395.7
P(红磷)	−17.6	HF(g)	−273.30
P(白磷)	0.000	HCl(g)	−92.31
$H_2O(g)$	−241.80	HBr(g)	−36.29
$H_2O(l)$	−285.83	HI(g)	+26.50
CO(g)	−110.53	NO(g)	+90.25
$CO_2(g)$	−393.51	$NO_2(g)$	+33.2

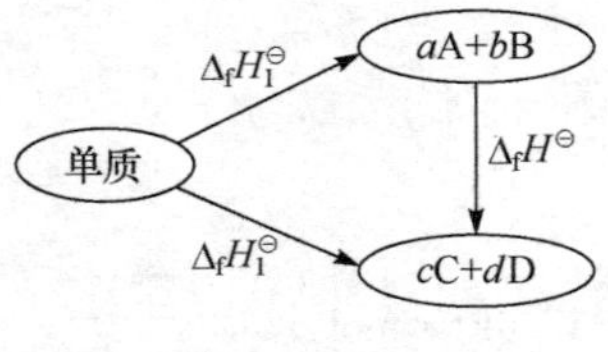

图 5-7　标准摩尔焓变与标准摩尔生成焓之间的关系

对于化学反应

$$aA + bB = cC + dD$$

$$\Delta_r H^\ominus = (c\Delta_f H_C^\ominus + d\Delta_f H_D^\ominus) - (a\Delta_f H_A^\ominus + b\Delta_f H_B^\ominus) \quad (5\text{-}14)$$

化学反应的标准摩尔焓变等于产物的标准摩尔生成焓之和减去反应物的标准摩尔生成焓之和，即

$$\Delta_r H^\ominus = \sum \nu_j \Delta_f H^\ominus(产物) - \sum \nu_i \Delta_f H^\ominus(反应物) \quad (5\text{-}15)$$

式(5-14)既表示了化学反应的标准摩尔焓变与物质标准摩尔生成焓之间的关系（图 5-7），也是求得化学反应标准摩尔焓变最为常用和方便的方法之一。

【例题 5-5】　已知下列反应的热力学数据

	$CaCO_3(s)$	$CaO(s)$	$CO_2(g)$
$\Delta_f H_m^\ominus(298.15K)/(kJ \cdot mol^{-1})$	−1207.6	−634.9	−393.5

$$CaCO_3(s) = CaO(s) + CO_2(g)$$

求 298.15K，标准状态下该反应的热效应。

解　$\Delta_r H_m^\ominus = [\Delta_f H_m^\ominus(CaO,s) + \Delta_f H_m^\ominus(CO_2,g)] - \Delta_f H_m^\ominus(CaCO_3,s)$

$= [(-634.9) + (-393.5)] - (-1207.6)$

$= 179.2(kJ \cdot mol^{-1})$

答：298.15K，在标准状态下，该反应的反应热为 $179.2kJ \cdot mol^{-1}$。

4. 标准摩尔燃烧焓及其应用

1）标准摩尔燃烧焓

对于可燃物，我们常用到其**标准摩尔燃烧焓**（standard enthalpy of combustion），定义为：在标准压力和一定温度下，1mol 物质完全燃烧时的反应焓变。单位 $kJ \cdot mol^{-1}$，符号 $\Delta_c H_m^\ominus$，简写为 $\Delta_c H^\ominus$，其中 c 表示燃烧（combustion）。

标准摩尔燃烧焓为有机化合物的重要参数，一些常见物质的标准摩尔燃烧焓见表 5-2。

表 5-2　一些常见物质的标准摩尔燃烧焓

物　质	$\Delta_c H_m^\ominus(298.15K)/(kJ \cdot mol^{-1})$	物　质	$\Delta_c H_m^\ominus(298.15K)/(kJ \cdot mol^{-1})$
$CH_4(g)$	−890.8	$C_6H_6(l)$	−3267.6
$C_2H_6(g)$	−1560.7	$C_7H_8(l)$	−3910.3
$HCHO(g)$	−570.7	$C_6H_5OH(l)$	−3053.3
$CH_3OH(l)$	−726.1	$C_6H_5COOH(s)$	−3226.9
$C_2H_5OH(l)$	−1366.8	$C_{12}H_{22}O_{11}(s)$	−5640.9

对于任一化学反应

$$aA + bB = cC + dD$$

$$\Delta_r H^\ominus = (a\Delta_c H_A^\ominus + b\Delta_c H_B^\ominus) - (c\Delta_c H_C^\ominus + d\Delta_c H_D^\ominus) \tag{5-16}$$

就是说，化学反应的标准摩尔焓变等于反应物的标准摩尔燃烧焓之和减去产物的标准摩尔燃烧焓之和，即

$$\Delta_r H^\ominus = \sum \nu_j \Delta_c H^\ominus(\text{反应物}) - \sum \nu_i \Delta_c H^\ominus(\text{产物}) \tag{5-17}$$

2）热量计

测量热效应的装置称为热量计（calorimeter）。如果系统与环境能够发生热交换，反应热就是系统恢复到起始温度后与环境交换了的热量。然而在实际测量中，人们无法将系统准确恢复到它的起始温度，只能设计某种测量方法，进而借助计算得到反应热。这里介绍的两类热量计都是根据这种思路设计的，将测量环境设计成孤立系统，并在其中插入温度计，记录反应所造成的温度变化，然后根据系统的热容进行计算。

图 5-8 所示的弹式热量计（bomb calorimeter）适用于测定物质的燃烧热。燃烧反应在一个可以完全密封的厚壁钢制容器（“钢弹”）内进行。这种容器的外观像个小炸弹，弹式热量计因此而得名。测量的一般程序如下：将称量过的待燃烧物放入钢弹并充以确保燃烧完全的高压氧；将钢弹密封并浸入有绝热外套的水浴中，待温度恒定后从温度计上读取水温；通过引燃丝引发样品与氧之间的反应，放出的热使水和与水相接触的热量计部件升温；温度恒定后再一次读取水温，反应后和反应前的水温差即 ΔT。由于反应是在弹体内部体积恒定的条件下进行的，所以弹式量热是恒容量热，恒容反应热用 Q_V 表示。

例题 5-6 用来说明计算原理。计算要用到热容数据，绝热外套内部的水浴和浸在水中的所有器物是一个孤立系统，该系统的热容有一个特定术语为热量计常数（calorimeter constant）。

【例题 5-6】 298K 和 100kPa 下，苯甲酸(C_6H_5COOH,s)的标准摩尔燃烧焓为$-3226.9kJ\cdot mol^{-1}$，石墨和氢气的标准摩尔燃烧焓分别为$-393.51kJ\cdot mol^{-1}$和$-285.83kJ\cdot mol^{-1}$，求苯甲酸的标准摩尔生成焓。

解 苯甲酸完全燃烧反应方程式为

$$2C_6H_5COOH(s)+15O_2(g)=\!=\!=14CO_2(g)+6H_2O(l)$$

其中，石墨的标准摩尔燃烧焓即为二氧化碳的标准摩尔生成焓，氢气的标准摩尔燃烧焓即为水的标准摩尔生成焓，苯甲酸的标准摩尔燃烧焓的二倍即为该反应的标准摩尔焓变。

$$\Delta_r H_m^{\ominus}=14\Delta_f H_m^{\ominus}(CO_2,g)+6\Delta_f H_m^{\ominus}(H_2O,l)-2\Delta_f H_m^{\ominus}(C_6H_5COOH,s)=2\Delta_c H_m^{\ominus}(C_6H_5COOH,s)$$

$$\begin{aligned}\Delta_f H_m^{\ominus}(C_6H_5COOH,s)&=[14\Delta_f H_m^{\ominus}(CO_2,g)+6\Delta_f H_m^{\ominus}(H_2O,l)-2\Delta_c H_m^{\ominus}(C_6H_5COOH,s)]/2\\&=[14\times(-393.51)+6\times(-285.83)-2\times(-3226.9)]/2\\&=-385.19(kJ\cdot mol^{-1})\end{aligned}$$

答：苯甲酸的标准摩尔生成焓为$-385.19kJ\cdot mol^{-1}$。

图 5-9 所示的装置被称为“咖啡杯”式热量计，常用来说明恒压量热的原理。这种热量计使用了绝热材料(塑料杯，软木塞)但却不密封，反应在大气的恒定压力下进行，因此称为恒压量热。恒压量热常用于测量溶液反应的热效应Q_p，即反应焓变$\Delta_r H$。例题 5-7 用来说明测量过程和计算原理。

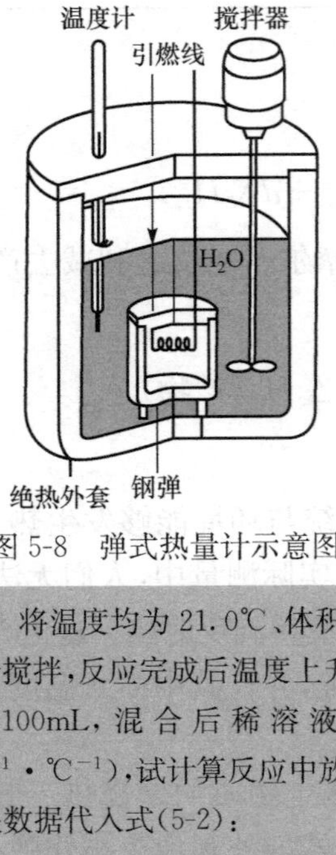

图 5-8　弹式热量计示意图

图 5-9　咖啡杯热量计示意图

【例题 5-7】 将温度均为 21.0℃、体积均为 50mL、浓度均为$1.0mol\cdot dm^{-3}$的 HCl 和 NaOH 溶液在咖啡杯中混合搅拌，反应完成后温度上升至 27.5℃。假定过程中散失的微小热量可忽略不计，混合溶液的体积为 100mL，混合后稀溶液的密度和比热使用水的密度($1.0g\cdot cm^{-3}$)和比热容($4.18J\cdot g^{-1}\cdot ℃^{-1}$)，试计算反应中放出的热量$q$。

解 将相关数据代入式(5-2)：

$$Q_p=mC\Delta T=100g\times4.18J\cdot g^{-1}\cdot ℃^{-1}\times(27.5℃-21.0℃)=2.70\times10^3J$$

【思考题】

5-13 在 298K 和 100kPa 下，反应 C(石墨)$+O_2(g)=\!=\!=CO_2(g)$的恒压热效应($\Delta_r H_m^{\ominus}$)为$-395.5kJ\cdot mol^{-1}$，该数据还有另外两种含义，你知道是什么吗？

5-14 某次火箭发射，用N_2H_4(联氨，肼)在NO_2中燃烧，生成氮气和液态水，已知

$$N_2(g)+2O_2(g)=\!=\!=2NO_2(g)\qquad \Delta_r H_1=+67.2kJ\cdot mol^{-1}$$

$$N_2H_4(g)+O_2(g)=\!=\!=N_2(g)+2H_2O(l)\qquad \Delta_r H_2=-534kJ\cdot mol^{-1}$$

假如都在相同条件下，你能写出发射火箭反应的热化学方程式吗？

5. 化学键的解离能与反应焓变的关系

化学反应的本质是旧的化学键的断裂和新的化学键的生成，破坏化学键需要消耗能量，而生成新的化学键却可以释放能量，消耗的能量与放出的能量的净效应就是化学反应的反应热。

通常用**化学键的解离能**(bond dissociation energy，BDE)来表示，一些常见化学键的解离能见表 5-3。

表 5-3　一些常见化学键的解离能

化学键	$E_m^\ominus(298.15K)/(kJ \cdot mol^{-1})$	化学键	$E_m^\ominus(298.15K)/(kJ \cdot mol^{-1})$
C—H	411	N—H	389
C—C	345	Cl—Cl	243
C═C	602	H—Cl	431
O—H	458	N≡N	945

利用化学键的解离能可以估算反应的焓变

$$\Delta_r H^\ominus \approx \sum(\nu_i E_m^\ominus)_{反应物} - \sum(\nu_i E_m^\ominus)_{生成物} \tag{5-18}$$

其中，ν_i 为第 i 种化学键的数目。

【例题 5-8】 298K 和 100kPa 下，利用化学键的解离能估算下列反应的反应热效应。

$$2NH_3(g) + 3Cl_2(g) = N_2(g) + 6HCl(g)$$

解　反应物中有 6 个 N—H 键，3 个 Cl—Cl 键；产物中有 1 个 N≡N 键和 6 个 H—Cl 键

$$\Delta_r H^\ominus \approx [6E^\ominus(N—H) + 3E^\ominus(Cl—Cl)] - [E^\ominus(N≡N) + 6E^\ominus(H—Cl)]$$
$$\approx [(6\times389 + 3\times243) - (945 + 6\times431)]kJ \cdot mol^{-1}$$
$$\approx -468kJ \cdot mol^{-1}$$

答：该反应的反应热约为 $-468kJ \cdot mol^{-1}$。

【思考题】

5-15　为什么这里说“利用化学键的解离能可以估算反应的焓变”而不是“计算”？

5-16　至此，您能总结出几种获取化学反应热的方法？

5.3　化学反应的方向

5.3.1　反应的自发性

1. 自发过程和非自发过程

将气体导入 1L 的玻璃容器并使气压等于 1×10^5 Pa，该容器通过关闭着的活塞与另一个处于真空状态的 1L 玻璃容器相隔[图 5-10(a)]。打开活塞后，气体会从容器的左部自发膨胀至右部，直至两部分的气压都达到 0.5×10^5 Pa[图 5-10(b)]，这一过程是自发过程。很难想象在没有外力的情况下，图 5-10(b)一个玻璃球中的气体会完全回到另一个玻璃球。因此，与前述自发膨胀相反的过程是非自发过程。

自发过程(spontaneous process)：系统发生的远离自身现状的过程，过程一旦开始，不需

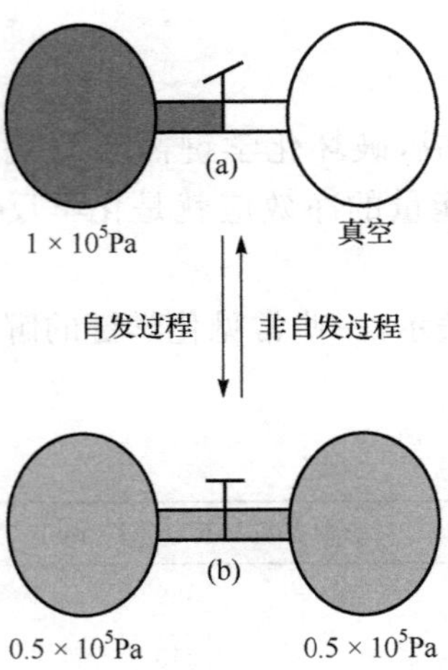

图 5-10　自发过程与非自发过程

来自系统外部的作用就能继续下去，即不需要消耗有用功就能进行的过程。例如，水从高处流到低处就是一个自发过程。

非自发过程(nonspontaneous process)：不断施加外力才能发生的过程，即需要消耗有用功才能进行的过程。例如，水从低处被移到高处就是一个非自发过程。

铁钉在空气中会逐渐生锈，只要时间足够长，几乎所有的铁都会转化为 Fe_2O_3：

$$4Fe(s)+3O_2(g)=\!=\!=2Fe_2O_3(s)$$

化学上说该反应是自发反应。相反的过程[从 Fe_2O_3(铁矿石)提取金属铁]需要外加还原剂并在高温下才能完成，则是非自发过程。通过上述例子想要引出如下结论：

(1) 如果过程是自发过程，逆过程一定是非自发过程。

(2) 自发过程和非自发过程都可以发生，不同的是前者无需外力推动，而后者则需要从系统外部进行必要的干预。

2. 常见的自发过程的特征

在标准状态下

(1) 铁钉会在潮湿空气中生锈

$$4Fe(s)+3O_2(g)=\!=\!=2Fe_2O_3(s) \qquad \Delta_rH_1^\ominus=-1648.4kJ\cdot mol^{-1}$$

(2) 无水硫酸铜具有强的吸水性

$$CuSO_4(s)+5H_2O(g)=\!=\!=CuSO_4\cdot 5H_2O(s) \qquad \Delta_rH_2^\ominus=-78.96kJ\cdot mol^{-1}$$

(3) 氯化氢气体遇到氨气冒白烟

$$HCl(g)+NH_3(g)=\!=\!=NH_4Cl(s) \qquad \Delta_rH_3^\ominus=-176.91kJ\cdot mol^{-1}$$

(4) 在寒冷的冬天，湿的衣服也能变干

$$H_2O(l)=\!=\!=H_2O(g) \qquad \Delta_rH_4^\ominus=+44.04kJ\cdot mol^{-1}$$

(5) 氮气能够稳定存在

$$2N_2(g)+O_2(g)=\!=\!=2N_2O(g) \qquad \Delta_rH_5^\ominus=+163.2kJ\cdot mol^{-1}$$

过程(1)、(2)、(3)属于放热过程，常温下都能够自发进行。

过程(2)的逆过程属于吸热过程，但当温度超过 510K 时将发生逆转，$CuSO_4\cdot 5H_2O(s)$ 将自发地分解为 $CuSO_4(s)$ 和 $H_2O(g)$。

过程(3)的逆过程也属于吸热过程，当温度超过 621K 时，过程(3)也会发生逆转，$NH_4Cl(s)$将自发地分解为 $HCl(g)$ 和 $NH_3(g)$。

热似乎就是过程自发进行的一种推动力，对于吸热过程，温度的升高无疑是有利的。

过程(4)属于吸热过程，常温下(甚至低温下)能够自发进行，高温下更加有利，而当温度降低时，其逆过程却能自发进行，如冬天我们常看到窗子上会结满水珠，这些水珠都是由空气中的水蒸气冷凝后得到的。

过程(5)也属于吸热过程，但无论温度高低，其过程以及其逆过程却都不能自发进行。

看来，焓变和温度并不是影响过程自发性进行的唯一因素，过程之所以能够自发进行还应该有其他的推动力。那么，其他推动力是什么呢？

5.3.2　熵的初步概念

我们还是从分析过程(4)开始，对于液态的水，分子间距离很小，分子间作用力大，分子结合紧密，分子运动受到的束缚力大，运动区域小，分子排列比较有序。但对于气态的水，分子间距离很大，分子间作用力很小，分子间结合非常不紧密，分子运动受到的束缚力非常小，运动区域非常大，排列非常无序。可以看出，水由液态转化为气态的过程就是水分子运动区域变大、运动自由度变大、无序化程度增加的过程。科学研究已经表明，这就是过程自发进行的另外一种推动力。为了描述这一推动力，我们需要引入一个新的状态函数——熵。熵与自发性有关。

1. 熵的定义

熵(entropy，符号为 S)是系统混乱程度或不规则程度的量度。玻耳兹曼(L. Boltzmann，1844—1906，奥地利物理学家)在研究分子运动统计现象的基础上指出，熵与系统的微观状态数有如下关系：

$$S=k\ln\Omega \tag{5-19}$$

式中，k 称为玻耳兹曼常量，$k=R/N_A=1.38\times10^{-23}\,\text{J}\cdot\text{K}^{-1}$，其中 R 为摩尔气体常量，$R=8.314\text{J}\cdot\text{K}^{-1}\cdot\text{mol}^{-1}$，$N_A$为阿伏伽德罗常量，$N_A=6.02\times10^{23}\,\text{mol}^{-1}$。$\Omega$ 表示系统的微观状态数，它与微观粒子数和位置数有关(表 5-4)，如图 5-11 所示。

表 5-4　微观状态数

系　统	微观粒子数	位置数	微观状态数
(1)	3	3	6
(2)	3	4	24
(3)	2	4	12

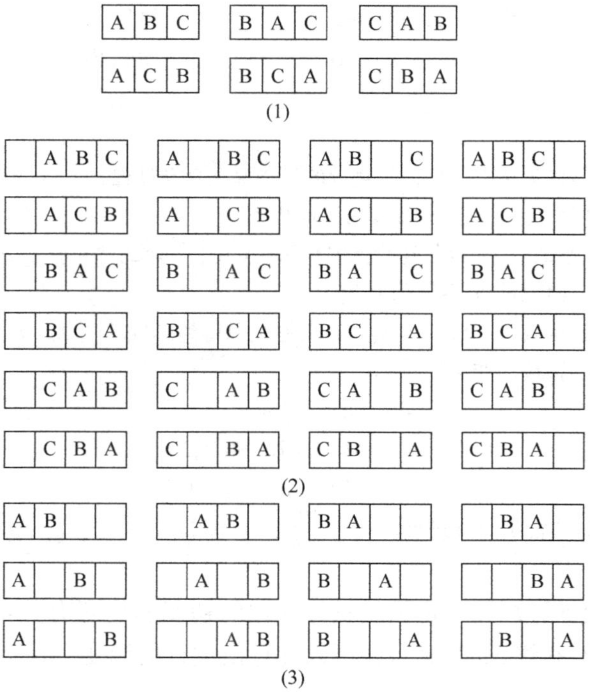

图 5-11　系统的微观状态数与位置数和微观粒子数的关系

系统的微观状态数越大，表示系统越无序、越混乱，熵越大。

熵是状态函数，具有加和性，属于系统的广度性质，单位为 $J \cdot mol^{-1} \cdot K^{-1}$。

联系过程(4)，液态的水之所以能够自发地变成气态的水，是由于系统的混乱度增加了，即熵值增加了，$\Delta S = S_{气态水} - S_{液态水} > 0$。或者说，系统有趋向于最大混乱度的倾向，系统混乱度增大有利于反应自发地进行。

从熵的单位可以看出，它是能量与热力学温度的比值。其实，熵也称为“热温商”，是不能再被转化做功的能量的总和，或者说是一种不能做有用功的能量，一种无用的能量。对于一个恒温可逆过程，当有微小的热量 δQ 传递时，$dS = \delta Q/T$。

2. 热力学第二定律——熵增原理

热力学第二定律是根据大量观察结果总结出来的热运动规律，有下述表述方式：

(1) 热量总是从高温物体传到低温物体，不可能作相反的传递而不引起其他的变化。

(2) 功可以全部转化为热，但任何热机不能全部地、连续不断地把所接受的热量转变为功，而不产生其他任何影响(无法制造第二类永动机)。

(3) 在孤立系统中，实际发生的过程总使整个系统的熵值增大，此即熵增原理。这也是孤立系统过程自发性判断的依据。

$\Delta S_{孤立} > 0$　　自发过程

$\Delta S_{孤立} < 0$　　非自发过程

$\Delta S_{孤立} = 0$　　平衡态

真正的孤立系统是不存在的，熵增原理是不是就没有用呢？

科学家终能找到问题的解决办法。我们可以将系统与它的环境联合起来，组成一个大的系统，这个大的系统可以看成是孤立系统，即宇宙。

$\Delta S_{系统} + \Delta S_{环境} > 0$　　自发过程

$\Delta S_{系统} + \Delta S_{环境} < 0$　　非自发过程

$\Delta S_{系统} + \Delta S_{环境} = 0$　　平衡态

【例题 5-9】 证明热量从高温热源传向低温热源的过程属于自发过程。

证明 设高温热源温度为 T_1，低温热源温度为 T_2，$T_1 > T_2$。

高温热源将一个微小的热量 δQ 传递给低温热源后，由于传递的热量很小，可以近似认为热量传递后高温热源温度仍为 T_1，低温热源温度仍为 T_2。

高温热源失去热量，熵减少，$dS_1 = -\delta Q/T_1$；低温热源得到热量，熵增加，$dS_2 = \delta Q/T_2$。把两个热源合起来当成一个系统来看，熵的变化是

$$\begin{aligned} dS &= dS_2 + dS_1 \\ &= \delta Q(1/T_2 - 1/T_1) \\ &= (T_1 - T_2)\delta Q/(T_1 T_2) \end{aligned}$$

因为 $dS > 0$，所以过程能够自发进行。

熵既然是一个状态函数，其变化量就只与变化的初态和终态有关，而与变化的途径无关。如果我们能够知道初态和终态的熵值，就可以计算出过程的熵变，从而对过程的自发性做出准确的判断。

$$\Delta S = S_{\text{终态}} - S_{\text{初态}} \tag{5-20}$$

问题是我们能不能知道熵的绝对值呢？

熵和热力学能、焓不一样，我们可以知道物质的熵值。

【思考题】

5-17　在低温下水自发地结成冰，是否违反熵增原理？为什么？

5-18　您能否从熵增原理解释为什么金字塔要比摩天大楼稳定？

3. 热力学第三定律与标准熵

1906年，能斯特（W. H. Nernst，德国）提出了**热力学第三定律**（the third law of thermodynamics）：纯物质完整有序晶体在0K时的熵值为零。

$$S_0(\text{完整晶体，0K}) = 0 \tag{5-21}$$

温度为0K，物质内部的热运动全部停止，任何完美晶体中的原子或分子只有一种排列形式［图5-12(a)］，即微观状态数 $\Omega=1$，$S_0=k\ln 1=0$；只要温度稍微变大，排列形式增加［图5-12(b)］，微观状态数增多，熵增大。

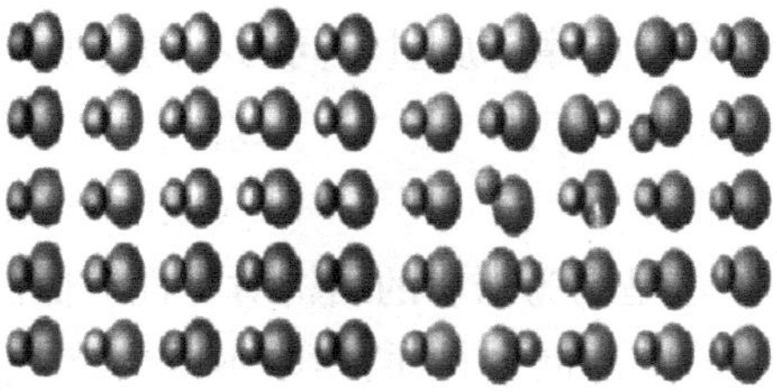

图5-12　温度对熵值的影响

设给一系统加热，使温度升高

$$0 \rightarrow T$$

则

$$\Delta S = S_T - S_0 = S_T \quad (S_T\text{：绝对熵}) \tag{5-22}$$

其中 ΔS 可以通过微积分运算得到，这将在物理化学课程中学习，这里不作讨论。也就是说，理论上，任何物质在任何温度下的熵的绝对值都可以通过实验测得。S_T 称为规定熵或绝对熵（absolute entropy）。但我们常用的是物质在标准状态下的摩尔熵值——标准熵 $S_m^\ominus$，一般用 $S_m^\ominus(298.15\text{K})$，单位为 $\text{J}\cdot\text{mol}^{-1}\cdot\text{K}^{-1}$。表5-5列出一些物质的标准熵。

表5-5　一些物质的标准熵(298.15K)

物　质	$S_m^\ominus/(\text{J}\cdot\text{mol}^{-1}\cdot\text{K}^{-1})$	物　质	$S_m^\ominus/(\text{J}\cdot\text{mol}^{-1}\cdot\text{K}^{-1})$
C(石墨)	5.7	SO_2(g)	248.2
C(金刚石)	2.4	SO_3(g)	256.8
P(红磷)	22.8	HF(g)	173.8
P(白磷)	41.1	HCl(g)	186.9
H_2O(g)	188.8	HBr(g)	198.7
H_2O(l)	70.0	HI(g)	206.6
CO(g)	197.7	NO(g)	210.65
CO_2(g)	213.8	NO_2(g)	239.95

下面介绍熵值大小的一些变化趋势：

(1) 物质的标准熵随温度升高而增大。例如，对于 CS_2(l)

$$S_m^\ominus(161.15\text{K}) = 103\text{J}\cdot\text{mol}^{-1}\cdot\text{K}^{-1}$$

$$S_m^\ominus(298.15\text{K}) = 150\text{J}\cdot\text{mol}^{-1}\cdot\text{K}^{-1}$$

这是因为动能随温度的升高而增大，导致微粒运动的自由度增大。

(2) 对同一物质而言，$S_m^\ominus(g) > S_m^\ominus(l) > S_m^\ominus(s)$。例如

H_2O	Br_2	Na	I_2
188.8(g)	245.4(g)	153.7(g)	260.7(g)
70.0(l)	152.2(l)	51.3(s)	116.1(s) (单位:$J \cdot mol^{-1} \cdot K^{-1}$)

(3) 气态多原子分子的 $S_m^\ominus$ 大于气态单原子分子的 $S_m^\ominus$。例如

Ar(g)	NO(g)	NO_2(g)
154.8	210.65	239.95 (单位:$J \cdot mol^{-1} \cdot K^{-1}$)

(4) 对气态物质而言，压力越高，熵越小。例如

$$S_m(O_2, 298.15K, 100kPa) = 205J \cdot mol^{-1} \cdot K^{-1}$$

$$S_m(O_2, 298.15K, 600kPa) = 190J \cdot mol^{-1} \cdot K^{-1}$$

(5) 对摩尔质量相同的不同物质而言，结构越复杂，$S_m^\ominus$ 越大。例如

$$S_m^\ominus(\text{乙醇}, 298.15K) = 283J \cdot mol^{-1} \cdot K^{-1}$$

$$S_m^\ominus(\text{二甲醚}, 298.15K) = 267J \cdot mol^{-1} \cdot K^{-1}$$

这是因为前者的结构对称性较低。

(6) 对同系物而言，摩尔质量越大，$S_m^\ominus$ 越大。例如

F_2(g)	Cl_2(g)	Br_2(g)	I_2(g)
202.8	223.1	245.5	260.7
CH_4	C_2H_6	C_3H_8	C_4H_{10}
186	230	270	310 (单位:$J \cdot mol^{-1} \cdot K^{-1}$)

【例题 5-10】 从以下各对物质中找出有较大混乱度的物质，其中，除已标明条件外，每对物质都具有相同的温度和压力。

(1) Br_2(g), Br_2(l)　　(2) Ar(g, 0.1kPa), Ar(g, 0.01kPa)

(3) HF(g), HCl(g)　　(4) C_2H_6(g), CH_4(g)

(5) NH_4Cl(s), NH_4I(s)　　(6) HCl(g, 1000K), HCl(g, 298K)

解 (1) Br_2(g)　(2) Ar(g, 0.01kPa)　(3) HCl(g)

(4) C_2H_6(g)　(5) NH_4I(s)　(6) HCl(g, 1000K)

【思考题】

5-19 您能说出上述判断的依据吗？

4. 化学反应标准熵变的计算

熵是一种状态函数，其改变量只与变化的初态和终态有关

$$\Delta_r S^\ominus = S^\ominus_{\text{终态}} - S^\ominus_{\text{初态}} \tag{5-23}$$

对于反应

$$aA + bB \xlongequal{\quad} cC + dD$$

$$\Delta_r S^\ominus = (cS_C^\ominus + dS_D^\ominus) - (aS_A^\ominus + bS_B^\ominus) \tag{5-24}$$

化学反应的熵变 $\Delta_r S^\ominus$ 称为反应熵，可用类似于表达反应焓($\Delta_r H^\ominus$)的式(5-14)表示：

$$\Delta_r S^\ominus = \sum \nu_j S^\ominus(\text{产物}) - \sum \nu_i S^\ominus(\text{反应物}) \tag{5-25}$$

【例题 5-11】　已知下列物质的热力学数据，计算 298.15K 时反应的标准熵变。

	$CaCO_3(s) \xlongequal{} CaO(s) + CO_2(g)$		
$S_m^\ominus/(J \cdot mol^{-1} \cdot K^{-1})$	91.7	38.1	213.8

解

$$\Delta_r S^\ominus = [S_m^\ominus(CaO,s) + S_m^\ominus(CO_2,g)] - S_m^\ominus(CaCO_3,s)$$
$$= 38.1 + 213.8 - 91.7$$
$$= 160.2(J \cdot mol^{-1} \cdot K^{-1})$$

答：298.15K 时，该反应的标准熵变为 $160.2J \cdot mol^{-1} \cdot K^{-1}$。

$\Delta_r S^\ominus = 160.2J \cdot mol^{-1} \cdot K^{-1}$，熵值增大，有利于反应进行；$\Delta_r H^\ominus = 179.2kJ \cdot mol^{-1}$（例题 5-5），需要吸热，不利于反应进行。显然，两种反应的驱动力对反应的影响是相反的，我们无法判断在标准状态下，298.15K 时，该反应能否自发进行。

由上面可知，系统发生自发变化存在两种驱动力，它们同时支配着宏观系统的变化方向，一种是趋向于最低能量状态（向环境放出热量，使系统能量降低）；一种是趋向于最大混乱度（熵值增大，使系统无序化程度加深）。如果同时考虑两种驱动力的影响，就会出现以下四种情况。

（1）$\Delta H < 0$、$\Delta S > 0$：放热熵增，两种驱动力影响一致，可以明确无误地判定过程自发。

（2）$\Delta H > 0$、$\Delta S < 0$：吸热熵减，两种驱动力影响一致，可以明确无误地判定过程非自发。

（3）$\Delta H < 0$、$\Delta S < 0$：放热熵减，两种驱动力影响不一致，无法给出明确判断。

（4）$\Delta H > 0$、$\Delta S > 0$：吸热熵增，两种驱动力影响不一致，无法给出明确判断。

既然当两种驱动力影响不一致时我们无法对过程的自发性做出明确判断，那么，我们能不能找到一个新的状态函数，该函数既能反映出焓对过程自发性的影响程度，又可以反映出熵对过程自发性的影响程度，从而对过程的自发性给出明确无误的判断呢？

这一新的状态函数就是吉布斯自由能。

5.3.3　吉布斯自由能

1. 有用功与吉布斯自由能

前面研究反应的热效应时，反复强调“常温常压、系统只做体积功”，如果既做体积功，又做非体积功呢？这时，常温常压下的热力学第一定律就可以写成下面的形式：

$$\Delta U = Q + W_{体积} + W_{非体积}$$
$$Q = \Delta U - W_{体积} - W_{非体积}$$
$$= \Delta U - (-p\Delta V) - W_{非体积} \tag{5-26}$$
$$= \Delta H - W_{非体积}$$

恒温恒压可逆过程系统可以做最大功 $W_{可逆}$，吸最多热 $Q_{可逆}$（这一结论可以在物理化学课程中得到证明），则式(5-26)可以写成：

$$Q_{可逆} \geqslant \Delta H - W_{非体积} \tag{5-27}$$

上式等号只有可逆过程成立，在恒温过程中

$$\Delta S = Q_{可逆}/T$$

即

$$Q_{可逆} = T\Delta S$$

代入式(5-27)

$$T\Delta S \geqslant \Delta H - W_{非体积}$$
$$T(S_2 - S_1) \geqslant (H_2 - H_1) - W_{非体积}$$

$$T_2S_2 - T_1S_1 \geqslant (H_2 - H_1) - W_{非体积}$$

则 $$W_{非体积} \geqslant (H_2 - T_2S_2) - (H_1 - T_1S_1) \tag{5-28}$$

令 $$G \equiv H - TS \tag{5-29}$$

G 称为**吉布斯自由能**(Gibbs free energy),简称自由能。代表系统做非体积功(有用功)的能力,单位为 $kJ \cdot mol^{-1}$。

将式(5-29)代入式(5-28)

$$W_{非体积} \geqslant G_2 - G_1$$

$$-\Delta G \geqslant -W_{非体积} \tag{5-30}$$

上式表明,变化过程中吉布斯自由能的减少量就是系统能够对环境所做非体积功的最大值。

得到的暗示是,热不可能完全转化成功,即使是再好的热机;变化能不能自发进行,要看变化过程中系统能不能对环境做有用功,即

$\Delta_r G < 0$ 自发过程

$\Delta_r G > 0$ 非自发过程

$\Delta_r G = 0$ 平衡状态

$\Delta_r G$ 代表了化学反应的总驱动力,它就是化学家长期以来所寻找的、明确判断过程自发性的物理量!

那么,怎么计算化学反应的 $\Delta_r G$ 呢?

2. 化学反应标准吉布斯自由能变的计算

根据 $G \equiv H - TS$,我们不可能知道焓的绝对值,也就不可能知道吉布斯自由能的绝对值。其实,也没有必要知道其绝对值,只要知道变化过程的吉布斯自由能变就行了。

和计算反应的标准焓变类似,在这需要引出**标准摩尔生成吉布斯自由能**(standard Gibbs free energy of formation)的物理量,其定义为:在一定温度下,由处于标准状态的各种元素的指定单质(参比单质)生成标准状态的 1mol 某种纯净物的吉布斯自由能变,称为该温度下该物质的标准摩尔生成吉布斯自由能。

标准摩尔生成吉布斯自由能完整的符号为 $\Delta_f G_m^{\ominus}(T)$,简写为 $\Delta_f G^{\ominus}$,单位为 $kJ \cdot mol^{-1}$,下标"f"为"formation"的首字母。参比单质也称为最稳定的单质,其标准生成吉布斯自由能规定为零。一些物质的标准摩尔生成吉布斯自由能数据如表 5-6 所示。

表 5-6 一些常见物质的标准摩尔生成吉布斯自由能

物 质	$\Delta_f G_m^{\ominus}(298.15K)/(kJ \cdot mol^{-1})$	物 质	$\Delta_f G_m^{\ominus}(298.15K)/(kJ \cdot mol^{-1})$
C(石墨)	0.000	$SO_2(g)$	−300.1
C(金刚石)	+2.9	$SO_3(g)$	−371.1
P(红磷)	−12.1	HF(g)	−275.4
P(白磷)	0.000	HCl(g)	−95.3
$H_2O(g)$	−228.6	HBr(g)	−53.4
$H_2O(l)$	−237.1	HI(g)	+1.7
CO(g)	−137.2	NO(g)	+87.6
$CO_2(g)$	−394.4	$NO_2(g)$	+51.3

对于反应

$$aA + bB \longrightarrow cC + dD$$

$$\Delta_r G^\ominus = (c\Delta_f H_C^\ominus + d\Delta_f H_D^\ominus) - (a\Delta_f H_A^\ominus + b\Delta_f H_B^\ominus) \quad (5\text{-}31)$$

即

$$\Delta_r G_m^\ominus = \sum \nu_j \Delta_f G_m^\ominus(\text{产物}) - \sum \nu_i \Delta_f G_m^\ominus(\text{反应物}) \quad (5\text{-}32)$$

在 298.15K，标准状态下，化学反应的自发性可用 $\Delta_r G^\ominus$ 判断：

$\Delta_r G^\ominus < 0$ 在 298.15K，标准状态下，自发反应

$\Delta_r G^\ominus > 0$ 在 298.15K，标准状态下，非自发反应

$\Delta_r G^\ominus = 0$ 在 298.15K，标准状态下，反应处于平衡状态

【例题 5-12】 已知下列物质的标准摩尔生成吉布斯自由能数据，求 298.15K，标准状态下该反应的吉布斯自由能变，并判断反应的自发性。

	$CaCO_3(s) \longrightarrow$	$CaO(s) +$	$CO_2(g)$
$\Delta_f G_m^\ominus(298.15K)/(kJ \cdot mol^{-1})$	−1129.1	−603.3	−394.4

解 $\Delta_r G_m^\ominus = [\Delta_f G_m^\ominus(CaO, s) + \Delta_f G_m^\ominus(CO_2, g)] - \Delta_f G_m^\ominus(CaCO_3, s)$

$= [(-603.3) + (-394.4)] - (-1129.1)$

$= 131.4(kJ \cdot mol^{-1})$

因为 $\Delta_r G_m^\ominus > 0$，所以在 298.15K，标准状态下，该反应不能自发进行。

答：在 298.15K，标准状态下，该反应的吉布斯自由能变为 131.4kJ · mol^{-1}，该反应不能自发进行。

上面的判断仅限于 298.15K，问题在于化学反应不可能都在该温度下进行。如果温度发生变化，反应的自发性会如何变化呢？

5.3.4 温度对化学反应自发性的影响——吉布斯-亥姆霍兹公式

$$G \equiv H - TS$$

$$G_1 = H_1 - TS_1$$

$$G_2 = H_2 - TS_2$$

$$\begin{aligned}\Delta_r G = G_2 - G_1 &= (H_2 - TS_2) - (H_1 - TS_1) \\ &= (H_2 - H_1) - T(S_2 - S_1) \quad (5\text{-}33) \\ &= \Delta_r H - T\Delta_r S\end{aligned}$$

上式称为吉布斯-亥姆霍兹公式(Gibbs-Helmholtz formula)。

298.15K 时 $\Delta_r G(298.15K) = \Delta_r H(298.15K) - T\Delta_r S(298.15K)$，一般情况下可认为

$$\Delta_r H(T) \approx \Delta_r H(298.15K)$$

$$\Delta_r S(T) \approx \Delta_r S(298.15K)$$

则

$$\begin{aligned}\Delta_r G(T) &= \Delta_r H(T) - T\Delta_r S(T) \\ &\approx \Delta_r H(298.15K) - T\Delta_r S(298.15K) \quad (5\text{-}34)\end{aligned}$$

标准状态下

$$\Delta_r G^\ominus(T) \approx \Delta_r H^\ominus(298.15K) - T\Delta_r S^\ominus(298.15K) \quad (5\text{-}35)$$

【例题 5-13】 已知下列反应的热力学数据：

	$CaCO_3(s) \longrightarrow$	$CaO(s) +$	$CO_2(g)$
$\Delta_f H_m^\ominus(298.15K)/(kJ \cdot mol^{-1})$	−1207.6	−634.9	−393.5
$S_m^\ominus(298.15K)/(J \cdot mol^{-1} \cdot K^{-1})$	91.7	38.1	213.8

(1) 标准状态下，298.15K，该反应能否自发进行？

(2) 标准状态下，该反应在多高温度下能够自发进行？

解 (1) $\Delta_r H^\ominus = [\Delta_f H^\ominus(CaO,s) + \Delta_f H^\ominus(CO_2,g)] - \Delta_f H^\ominus(CaCO_3,s)$

$= [(-634.9) + (-393.5)] - (-1207.6)$

$= 179.2(kJ \cdot mol^{-1})$

$\Delta_r S^\ominus = [S_m^\ominus(CaO,s) + S_m^\ominus(CO_2,g)] - S_m^\ominus(CaCO_3,s)$

$= 38.1 + 213.8 - 91.7$

$= 160.2(J \cdot mol^{-1} \cdot K^{-1})$

根据吉布斯-亥姆霍兹方程得

$$\Delta_r G^\ominus(298.15K) = \Delta_r H^\ominus(298.15K) - T\Delta_r S^\ominus(298.15K)$$
$$= 179.2 - 298.15 \times 160.2 \times 10^{-3}$$
$$= 131.4(kJ \cdot mol^{-1})$$

因为 $\Delta_r G^\ominus > 0$，所以在 298.15K，标准状态下，该反应不能自发进行。

(2) 如果反应要自发进行，$\Delta_r G^\ominus(T) < 0$，最低限度 $\Delta_r G^\ominus(T) = 0$

$$\Delta_r G^\ominus(T) \approx \Delta_r H^\ominus(298.15K) - T\Delta_r S^\ominus(298.15K) \leqslant 0$$
$$179.2 - 160.2 \times 10^{-3} T \leqslant 0$$
$$T \geqslant 1118.60K$$

在标准状态下，当温度高于 1118.60K(845.45℃)时，该反应能够自发进行。

答：(1)该条件下反应不能自发进行；(2)在标准状态下，当温度高于 845.45℃时，该反应能够自发进行。

通过以上例题可以看出，化学反应的方向转变温度为

$$T_{转变} \approx \Delta_r H^\ominus(298.15K)/\Delta_r S^\ominus(298.15K) \tag{5-36}$$

由例题 5-13 可推测恒压下温度对反应自发性的影响有表 5-7 所列 4 种情况，并可用图 5-13 示意。

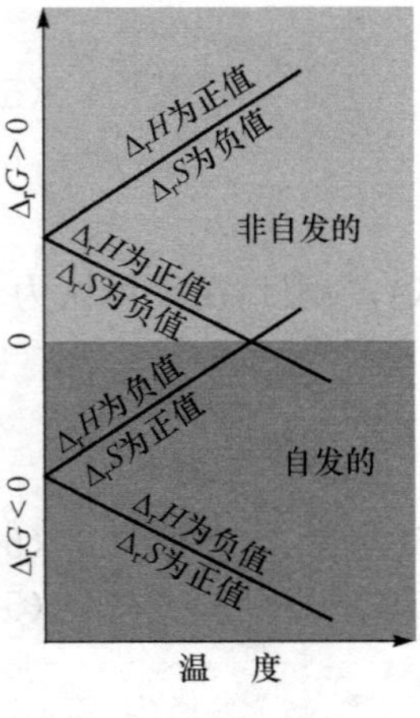

图 5-13　恒压下温度对反应自发性影响的示意图

表 5-7　恒压下温度对反应自发性的影响

种　类	$\Delta_r H$	$\Delta_r S$	$\Delta_r G = \Delta_r H - T\Delta_r S$	讨　论
焓减熵增型	−	+	−	在任何温度下正反应都能自发进行
焓增熵减型	+	−	+	在任何温度下正反应均不能自发进行
焓增熵增型	+	+	在低温　+ 在高温　−	只有在高温下正反应能自发进行
焓减熵减型	−	−	在低温　− 在高温　+	只有在低温下正反应能自发进行

【思考题】

5-20 为什么温度对化学反应的 ΔG 影响很大，而对 ΔH 和 ΔS 影响却很小？

5-21 为什么有些过程的 $\Delta G^\ominus>0$，却能自发进行？

5-22 为什么在一定条件下有些反应的 $\Delta G<0$，但实际上未发生反应？

5-23 除了上面例题5-12和例题5-13求算反应的吉布斯自由能变的两种方法外，还有什么方法（提示：利用赫斯定律）？

5-24 如果温度不变，反应处于非标准状态，化学反应的自发性又如何判断呢？

5.3.5 化学反应的等温式

对于反应 $a\mathrm{A}+b\mathrm{B}=\!=\!=c\mathrm{C}+d\mathrm{D}$

各组分活度为 $a_\mathrm{A}\quad a_\mathrm{B}\quad a_\mathrm{C}\quad a_\mathrm{D}$

令

$$Q_a=\frac{a_\mathrm{C}^c a_\mathrm{D}^d}{a_\mathrm{A}^a a_\mathrm{B}^b}$$

有

$$\Delta_\mathrm{r}G(T)=\Delta_\mathrm{r}G^\ominus(T)+RT\ln Q_a \tag{5-37}$$

该式称为**化学反应等温式**（chemical reaction isotherm），也称范特霍夫（1852—1911，van't Hoff，荷兰人）等温式，用以判断反应处于一定温度，任意状态时进行的方向。Q_a 称为活度商（activity quotient）。

关于化学反应等温式将在化学平衡一章详细学习。

【例题5-14】 25℃时，反应热力学数据如下

	$CO(g)$	$+H_2O(g)=\!=\!=$	$CO_2(g)$	$+H_2(g)$
$\Delta_\mathrm{f}G_\mathrm{m}^\ominus/(\mathrm{kJ\cdot mol^{-1}})$	−137.2	−228.6	−394.4	0

(1) 计算在标准状态下，25℃时，该反应能不能自发进行。

(2) 如果空气中CO(g)浓度达到0.0001%（实际上超过0.0001%就会引起人中毒，使人行动迟缓），水蒸气浓度达1%（此时空气湿度大约25%，空气湿度在45%～55%对人体健康有利，高于55%细菌会大量滋生，使人免疫力降低），$CO_2(g)$ 的浓度都达到0.2%（这时会对身体造成伤害，需要换气），$H_2(g)$ 达到4%（氢气的爆炸极限为4%～75%），计算25℃时该反应能不能自发进行。

解 (1) $\Delta_\mathrm{r}G_\mathrm{m}^\ominus=\Delta_\mathrm{f}G_\mathrm{m}^\ominus(H_2,g)+\Delta_\mathrm{f}G_\mathrm{m}^\ominus(CO_2,g)-\Delta_\mathrm{f}G_\mathrm{m}^\ominus(CO,g)-\Delta_\mathrm{f}G_\mathrm{m}^\ominus(H_2O,g)$

$=0+(-394.4)-(-137.2)-(-228.6)$

$=-28.6(\mathrm{kJ\cdot mol^{-1}})<0$

所以，在标准状态下，25℃时，该反应能自发进行。

(2) 根据题意，$a(CO,g)=0.0001\%$　　$a(H_2O,g)=1\%$

$a(CO_2,g)=0.2\%$　　$a(H_2,g)=4\%$

$Q_a=8\times10^3$

根据等温式　$\Delta_\mathrm{r}G_\mathrm{m}=\Delta_\mathrm{r}G_\mathrm{m}^\ominus+RT\ln Q_a$

$=-28.6\mathrm{kJ\cdot mol^{-1}}+8.314\mathrm{J\cdot K^{-1}\cdot mol^{-1}}\times298.15\mathrm{K}\ln8\times10^3$

$=-6.3\mathrm{kJ\cdot mol^{-1}}<0$

所以，在该状态下，25℃时，该反应能自发进行。

【思考题】

5-25 您能深刻理解化学反应等温式的意义吗?

5-26 在冬天用煤炭炉取暖时,有人说在家里放几盆水或者在煤炭炉上放一壶水,并打开壶盖,就能防止煤气中毒,真的吗?谈谈你的看法。

习　题

5-1 下列说法是否正确?对错误的说法给予说明。

(1) 系统的焓等于恒压热效应。

(2) 系统的焓变就是该过程的热效应。

(3) 因为 $\Delta H=Q_p$,所以恒压过程才有 ΔH。

(4) 单质的焓值等于零。

(5) $\Delta S>0$ 的反应都能自发进行。

(6) $\Delta G^{\ominus}<0$ 的反应都能自发进行。

(7) 冰在室温下能融化为水,是熵增起了主要作用的结果。

(8) 稳定单质的 $\Delta_f H_m^{\ominus}=0$,$\Delta_f G_m^{\ominus}=0$,$S_m^{\ominus}=0$。

(9) 生成物的分子数比反应物的分子数多,则反应的 $\Delta_r S_m^{\ominus}>0$。

(10) 虽然气、液、固态物质的标准生成焓与水溶液中离子的标准生成焓所用的参考态不同,但它们可一起用于计算有气、液、固态物质和离子同时参加的反应焓变。

5-2 估计下列各变化是熵增还是熵减?

(1) 硝酸铵爆炸　$2NH_4NO_3(s)=\!=\!=2N_2(g)+4H_2O(g)+O_2(g)$

(2) 水煤气转化　$CO(g)+H_2O(g)\rightleftharpoons CO_2(g)+H_2(g)$

(3) 臭氧的生成　$3O_2(g)=\!=\!=2O_3(g)$

(4) 气体等温膨胀

(5) 苯与甲苯相混溶

(6) 沉淀从过饱和水溶液中结晶出来

(7) 渗透

5-3 不必查表,比较下列各组物质中哪一个焓值较大。

(1) 298K 的 1mol $H_2O(l)$和 348K 的 1mol $H_2O(l)$。

(2) 1mol 的 $CH_3OH(l)$和 1mol 的 $CH_3OH(g)$。

(3) 1mol 的 C(石墨)+1mol 的 $O_2(g)$和 1mol 的 $CO_2(g)$。

(4) 1mol $N_2(g)$+3mol $H_2(g)$的混合物和 2mol 的 $NH_3(g)$。

5-4 联氨(肼)N_2H_4是一种高能火箭燃料,其反应为

$$2N_2H_4(l)+N_2O_4(g)=\!=\!=3N_2(g)+4H_2O(l)$$

试用标准摩尔生成焓数据计算 $N_2H_4(l)$的标准摩尔燃烧焓。

5-5 已知下列热化学反应的标准摩尔焓变数据

$$Fe_2O_3(s)+3CO(g)=\!=\!=2Fe(s)+3CO_2(g) \qquad \Delta_r H_1^{\ominus}=-27.61\text{kJ}\cdot\text{mol}^{-1}$$

$$3Fe_2O_3(s)+CO(g)=\!=\!=2Fe_3O_4(s)+CO_2(g) \qquad \Delta_r H_2^{\ominus}=-58.58\text{kJ}\cdot\text{mol}^{-1}$$

$$Fe_3O_4(s)+CO(g)=\!=\!=3FeO(s)+CO_2(g) \qquad \Delta_r H_3^{\ominus}=38.07\text{kJ}\cdot\text{mol}^{-1}$$

(1) 利用赫斯定律下面反应的 $\Delta_r H_4^{\ominus}$

$$FeO(s)+CO(g)=\!=\!=Fe(s)+CO_2(g)$$

(2) 利用上一步的计算结果和书后的热力学数据计算 FeO(s)标准摩尔生成焓。

5-6 1mol 水在其沸点 100℃下气化,恒压气化热为 2260kJ · kg^{-1}。求该过程的 $\Delta_r H^{\ominus}$、$\Delta_r G^{\ominus}$和 $\Delta_r S^{\ominus}$。

5-7　白云石的化学式可以表示为 $CaCO_3 \cdot MgCO_3$，其性质可以看成是 $CaCO_3$ 与 $MgCO_3$ 混合物。遇热白云石放出 CO_2，试用热力学数据判断在 600K 和 1200K 时分解产物是什么。(提示：计算各自的转向温度)

5-8　$CuSO_4 \cdot 5H_2O$ 的风化可用下式表示

$$CuSO_4 \cdot 5H_2O(s) = CuSO_4(s) + 5H_2O(g)$$

试求：(1) 298.15K 时的 $\Delta_r G_m^\ominus$；

(2) 298.15K 时，若空气中水蒸气相对湿度为 60%，在敞开容器中上述反应的 $\Delta_r G_m$，此时，$CuSO_4 \cdot 5H_2O$ 能否风化为 $CuSO_4$？

已知 298.15K 时，水蒸气的饱和蒸气压为 3.168kPa。

5-9　利用热力学第二定律，通过计算判断室温时铁能否被氧气氧化。

(提示：首先利用热力学数据计算出铁被氧气氧化为三氧化二铁反应的标准焓变和熵变，该熵变为系统的熵变，该焓变的相反数就是环境的焓变，这样就可以计算出环境的熵变，然后利用总的熵变进行判断)

5-10　已知 $1/2N_2 + 1/2O_2 = NO$，$\Delta_r H^\ominus = 105kJ \cdot mol^{-1}$，$\Delta_r S^\ominus = 12.12J \cdot mol^{-1} \cdot K^{-1}$，在常温下用来固氮是行不通的，而在高炉炼铁时总有相当量的 NO 产生而污染空气，为什么？

第 6 章　化学反应动力学基础

本章学习要求

(1) 初步了解化学反应速率、速率方程、碰撞理论、过渡状态理论和活化能等概念；
(2) 理解并会用浓度、温度、催化剂等因素解释它们对化学反应速率的影响；
(3) 初步掌握阿伦尼乌斯公式的应用，会用其求算活化能及某温度下的反应速率；
(4) 理解反应分子数和反应级数的概念，会进行基元反应有关的简单计算。

【背景问题】

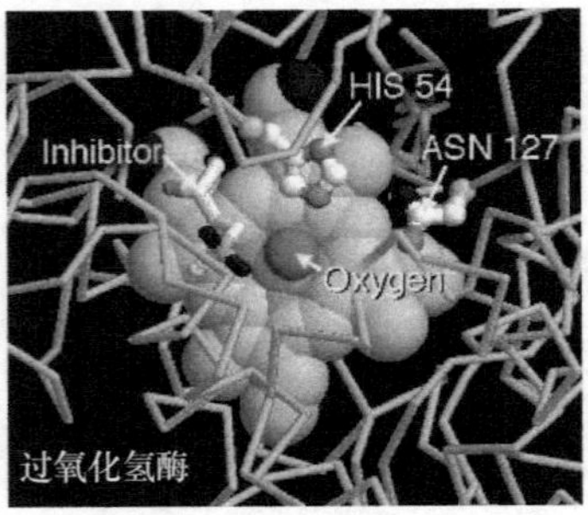

(1) 氢气和氧气的反应是放热反应，从热力学上讲化学反应的驱动力很大。但事实上，在标准状态下，该反应却进行得非常慢，即使把它们放置一万年，也根本看不到有水生成。这是什么原因？

(2) 对应 $H_2+I_2 \longrightarrow 2HI$，在条件 $T=500℃$，$c(HI)=1.0\times10^{-3}$ $mol\cdot dm^{-1}$，$d(HI)=4.0\times10^{-10}$ m 下，若每次碰撞都反应，则理论碰撞次数为 4.6×10^{28} 次 $\cdot dm^{-1}\cdot s^{-1}$，速率为 $7.6\times10^{4}\ mol^{-1}\cdot dm^{-1}\cdot s^{-1}$，然而实际碰撞次数却为 $1.2\times10^{-8}\ mol^{-1}\cdot dm^{-1}\cdot s^{-1}$。这是为什么呢？

(3) 为什么把食品放在冰柜中，时间长了也会发霉呢？

(4) 加入催化剂能否改变化学反应的平衡状态，生成原先不能生成的产物呢？

如果一个化学反应的驱动力很大，是否就意味着该化学反应就进行得很快呢？我们先来研究下面这一最为常见的化学反应：

$$H_2(g)+1/2O_2(g) \longrightarrow H_2O(l) \qquad \Delta_r G^\ominus=-237.18kJ\cdot mol^{-1}$$

显然，标准状态下，该反应能够自发进行，而且驱动力非常大。但事实上，在标准状态下，该反应却进行得非常慢，我们根本看不到有水生成，即使把它们放置一万年。但如果在氢气和氧气的混合气体中加入铂粉，瞬间就能看到有水生成。

下面化学反应的驱动力很小，但该反应却进行得相当快，瞬间就可以完成。

$$2NO_2(g) \longrightarrow N_2O_4(g) \qquad \Delta_r G^\ominus=-4.78kJ\cdot mol^{-1}$$

看来，热力学仅解决了化学反应向哪个方向进行的可能性问题，不涉及时间、反应速率，也不涉及反应机理。化学反应进行得快与慢，热力学对此无能为力，动力学却能回答这一问题。化学动力学(化学的动力学)研究的是反应进行的速率，并根据研究反应速率提供的信息探讨反应机理(reaction mechanism)，即研究反应的快慢和反应进行的途径。其主要任务就是要回答化学反应的“现实性”问题。

本章先讲述化学反应速率的定义和测定方法，然后讨论外界条件对化学反应速率(chemical reaction rate)的影响，介绍关于化学反应速率的阿伦尼乌斯公式以及有效碰撞理论和过渡状态理论。

6.1　化学反应速率及其表示方法

化学反应速率因不同的反应而区别很大：火药爆炸瞬间完成；酸碱中和反应只需要几秒钟；高温固相合成无机材料、有机合成、高分子合成需要几小时甚至更长时间；橡胶老化需要很多年；而石油、煤的形成需要几百万年。

那么，如何描述一个化学反应的速率呢？

化学反应速率是描述化学反应在一定条件下，反应物转化为生成物快慢的物理量，通常用单位时间内反应物浓度的减少量或生成物浓度的增加量来表示。浓度单位为 mol · dm^{-3}，时间单位常用秒(s，second)、分(min，minute)、小时(h，hour)等。

化学反应的进行不可能从头到尾保持一个速率，反应进行到不同阶段肯定快慢不同，如果不想知道什么时候快、什么时候慢，只想知道化学反应的总的快慢，那么，就需要用到**平均速率**(average rate)这个概念；如果需要知道某一时刻反应的快慢，就需要用到**瞬时速率**(instantaneous rate)这一概念。平均速率和瞬时速率是反应速率的两种表示方法。

6.1.1　平均速率

在一定温度下，H_2O_2 可以自发地分解，反应在不同时刻的浓度见表 6-1。

$$2H_2O_2 = 2H_2O + O_2\uparrow$$

表 6-1　某一温度下双氧水溶液中双氧水浓度 c 随时间 t 的变化数据

t/s	c/(mol · dm^{-3})	Δt/s	Δc/(mol · dm^{-3})	$\Delta c/\Delta t$/(mol · dm^{-3} · s^{-1})
0	2.32			
400	1.72	400	−0.60	15.0×10^{-4}
800	1.30	400	−0.42	10.5×10^{-4}
1200	0.98	400	−0.32	8.0×10^{-4}
1600	0.73	400	−0.25	6.3×10^{-4}
2000	0.54	400	−0.19	4.8×10^{-4}
2400	0.39	400	−0.15	3.8×10^{-4}

注：表中的 $-\Delta c/\Delta t$ 即为双氧水分解反应的平均速率。

平均速率(average rate)指某一时间范围内，反应物转化为生成物的速率：

$$\bar{r}(H_2O_2) = -\frac{\Delta c(H_2O_2)}{\Delta t} \tag{6-1}$$

公式中的负号并没有什么特殊意义，仅是为了使计算结果为正值。

对于一般的化学反应

$$aA + bB = gG + hH$$

原则上，用任何一种反应物或生成物的浓度变化均可表示化学反应速率(但我们经常采用其浓度变化易于测量的那种物质来进行研究)：

$$\bar{r} = \frac{dc_A}{a dt} = \frac{dc_B}{b dt} = \frac{dc_G}{g dt} = \frac{dc_H}{h dt} \tag{6-2}$$

【思考题】

6-1　在双氧水分解反应中，能不能用产物 O_2 来表示该反应的速率大小呢？请您写出以 O_2 表示的速率表达式。

从表中的数据可以看出，不同时间范围内，平均速率是不同的。在研究影响反应速率的因素时，经常要用到某一时刻的反应速率。这时，用平均速率就显得粗糙，因为这段时间里速率在变化，影响因素也在变化。为了准确反映某一时刻的速率大小，就必须用瞬时速率来描述。

6.1.2　瞬时速率

瞬时速率(instantaneous rate)：某一时刻反应物转化为生成物的速率。它实际上是平均速率的极限值。

$$r(H_2O_2)=\lim_{\Delta t\to 0}-\frac{\Delta c(H_2O_2)}{\Delta t}=-\frac{dc(H_2O_2)}{dt} \tag{6-3}$$

瞬时速率的求法：

(1) 作浓度-时间曲线图(图 6-1)。

(2) 在指定时间的曲线位置上作切线。

(3) 求出切线的斜率。

(4) 切线斜率的绝对值即为瞬时速率。

例如，反应进行到 1200s 时的速率为

$$r(1200s)=6.25\times10^{-4}mol\cdot dm^{-3}\cdot s^{-1}$$

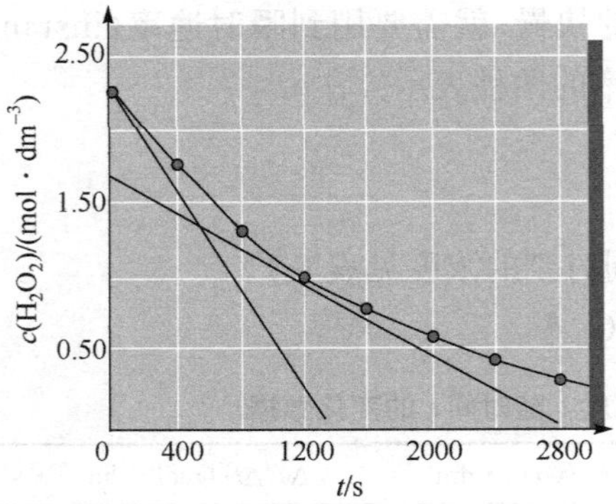

图 6-1　c-t 曲线与即时速率

【思考题】

6-2　化学反应的本质就是原子的重新组合，包括旧的化学键的断裂和新的化学键的形成两个方面。那么，怎样才能实现旧的化学键的断裂呢？

6.2　反应速率理论简介

6.2.1　碰撞理论

1918 年，路易斯(Lewis)以气体运动论为基础，提出了反应速率的**碰撞理论**(collision theory)，其基本观点为

(1) 碰撞是发生化学反应的先决条件。

化学反应的发生，总要以反应物之间的接触为前提，没有粒子间的碰撞，反应的进行则无从说起。

对应 $2HI═══H_2+I_2$，$T=723K$，$c(HI)=1.0\times10^{-3}mol\cdot dm^{-3}$，$d(HI)=4.0\times10^{-10}m$，单位体积、单位时间内，HI 分子之间的理论碰撞次数为

$$Z=2N^2d^2\sqrt{\frac{\pi RT}{M}}=4.6\times1028\text{次}\cdot dm^{-3}\cdot s^{-1} \tag{6-4}$$

如果每一次碰撞都能引起化学反应发生，任何气相反应理论上都会瞬间完成。这与普遍存在的事实不相符合。于是碰撞理论又提出了下面的观点。

(2) 只有动能足够大，碰撞的空间方位合适的少部分碰撞才能引起化学反应。

大多数反应物微粒在碰撞后发生反弹而与化学反应无缘。只有非常少的碰撞是有效的。我们把能引起化学反应的碰撞称为**有效碰撞**(effective collision)。

这个问题不难解释。

首先，分子无限接近时，要克服斥力，这就要求分子具有足够的运动速度，即能量。分子具备足够大的能量是发生有效碰撞的必要条件。我们把动能足够大、能够发生有效碰撞的分子称为**活化分子**(activated molecule)，按照碰撞理论，活化分子具有的平均动能与分子的平均动能的差值称为**活化能**(activation energy，图 6-2)。

$$E_a=\bar{E}_k-E^* \quad (6\text{-}5)$$

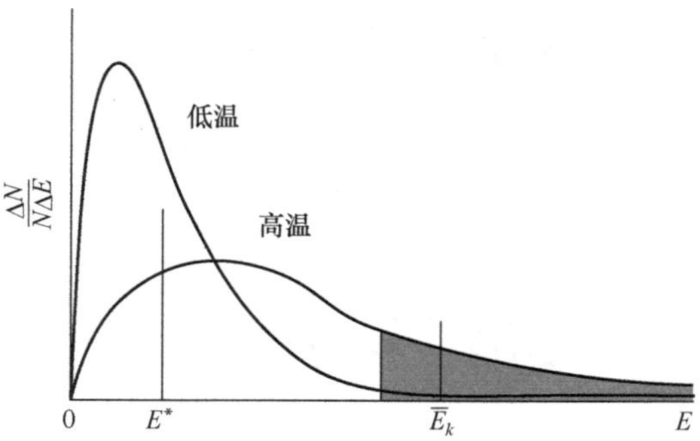

图 6-2　分子的能量分布与活化能

每一反应的活化能数值各异，可以通过实验和计算得到。**活化能越小，反应速率越快**。E_a 是动力学参数；一般认为 E_a 小于 63kJ · mol^{-1}的为快速反应，E_a 小于 40kJ · mol^{-1}(反应太快)和大于 400kJ · mol^{-1}(反应太慢)的化学反应的活化能都很难通过实验测定出来。

【例题 6-1】　化学反应会不会因活化分子的消耗而停止？

解　具有各动能值分子的分布情况是由温度决定的。温度一定，分布情况就一定。那么：①反应是放热的，随着反应进行体系温度可能升高，活化分子所占的分数不但不减小反而增加了。②反应是吸热的，如果维持体系温度不变，则活化分子所占的分数也不变；如果环境不能供应热量，体系温度则降低，活化分子所占的分数将随之减小。即便这样，体系总还存在一个动能分布，总有一定数量的活化分子。

其次，仅具有足够能量尚不充分，分子有构型，所以碰撞方向还会有所不同。

对带相反电荷的简单离子而言，相互碰撞时不存在取向问题，反应通常进行得比较快。对分子(特别是体积较大的有机化合物分子)之间的反应而言，就需要考虑取向问题了。图 6-3 以 HCl 与 NH_3(和胺)分子在气相的反应为例，说明碰撞微粒取向的重要性。与图 6-3(a)和图 6-3(b)两种取向方式相比，图 6-3(c)的取向方式导致反应的机会显然大得多。后一种情况下，HCl 中的 H 原子与 NH_3 中 N 原子上的孤对电子相遇。如果与 N 原子上带有大取代基的胺(如三丙胺)反应，HCl 的 H 端只能通过狭窄的“窗口”接近孤对电子，发生有效碰撞的机会自然小多了[图 6-3(d)]。

按照碰撞理论，综合考虑各种因素，HI 分解反应的速率为

$$\bar{r}=ZPf=ZPe^{-\frac{E_a}{RT}}=7.6\times10^4\text{mol}\cdot\text{dm}^{-3}\cdot\text{s}^{-1} \quad (6\text{-}6)$$

式中，Z 为碰撞总数；P 为取向因子；F 为能量因子；E_a 为活化能。

实际反应速率仅为 1.2×10^{-8}mol · dm^{-3} · s^{-1}，与理论值相差 10^{12}倍，相差甚远。

显然，碰撞理论还有待于进一步发展。

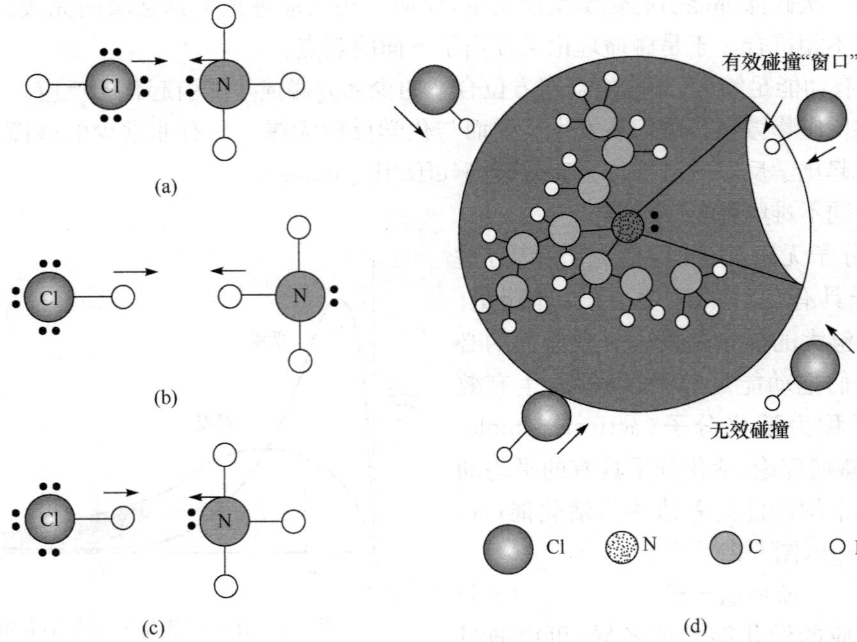

图 6-3 有效碰撞与分子的空间取向示意图

【思考题】

6-3 碰撞理论可以用“砸核桃”现象来比喻，想一想，如果你不用力，核桃能自己开裂吗？如果您用了很大的力，您能保证一定能砸裂核桃吗？

6-4 化学反应是不是反应物分子一经碰撞就能转化为产物？

6-5 化学反应会不会因活化分子的消耗而停止？

6.2.2 过渡状态理论

过渡状态理论认为，化学反应发生时，运动着的反应物种逐渐接近，并落入对方的影响范围之内，形成一种旧的化学键尚未完全断裂，新的化学键尚未完全形成（或者说是旧的化学键已经开始断裂，新的化学键已经开始形成）的活化络合物（activated complex），然后再由活化络合物转化为反应产物。这种中间状态称为**过渡状态**（transient state），其理论可表示为

$$A+B—C \longleftrightarrow [A\cdots B\cdots C]^{*} \longleftrightarrow A—B+C \tag{6-7}$$

过渡状态是一种不稳定的状态，既可以分解为产物，也可以分解为原来的反应物。向产物方向分解得越快，正反应速率也就越大。活化络合物不但难以离析出来，许多情况下甚至难以由仪器检测出来。

从能量的观点看，由反应物开始到形成产物，必须克服一个能垒，形成活化络合物，体系能量升高；活化络合物分解，形成产物，释放能量，使体系能量降低（图 6-4）。图中给出的数据是反应 $NO_2(g)+CO(g) \xlongequal{} NO(g)+CO_2(g)$ 反应过程中能量的变化情况。可见，过渡状态的能量要高于反应的初始状态（反应物）和终了状态（产物）。高出反应物的那一部分能量就是正反应的活化能 $E_a(+)$，高出产物的那一部分能量就是逆反应的活化能 $E_a(-)$。正反应的活化能与逆反应的活化能之差就是该反应的反应热。

$$E_a(+)-E_a(-)=\Delta_r H \tag{6-8}$$

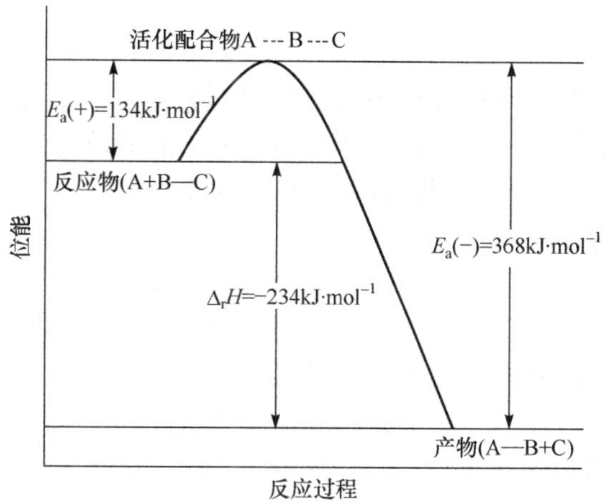

图 6-4　化学反应过程中的能量变化

如果 $E_a(+)<E_a(-)$，则正反应为放热反应，如果 $E_a(+)>E_a(-)$，正反应为吸热反应。从图 6-4 中可以看出，对于一个可逆反应，正反应和逆反应经过了相同的过渡状态。

【思考题】

6-6　如果反应是放热反应($\Delta_r H$ 为负值)，则反应的发生还需要活化能吗?

6-7　碰撞理论和过渡状态理论对活化能的定义有何不同?

6.3　影响化学反应速率的因素

化学反应速率是由反应物本身性质和外部条件共同决定的。本节主要介绍反应物的浓度(或分压)、温度、催化剂等外部因素对化学反应速率的影响。

6.3.1　浓度对化学反应速率的影响

1. 基元反应与非基元反应

根据碰撞理论，反应物只有经过碰撞才可能实现，我们不禁要问，化学需要一次有效碰撞还是几次有效碰撞才能实现呢?

反应物经过一次有效碰撞就能直接转化为产物的反应称为**基元反应**(elementary reaction)，基元反应也称**简单反应**(simple reaction)，也称**元反应**(elementary reaction)。例如

$$NO_2+CO=\!=\!=NO+CO_2$$

有的反应看起来简单，但并不是基元反应，而属于**非基元反应**(non elementary reaction)，非基元反应也称**复杂反应**(complex reaction)，如

$$H_2(g)+I_2(g)=\!=\!=2HI(g)$$

该反应看似简单，却并不是基元反应。

【思考题】

6-8　根据碰撞理论判断，您能判断下列反应可能是基元反应吗?

$$6Fe_3O_4+Cr_2O_7^{2-}+62H^+=\!=\!=18Fe^{3+}+2Cr^{3+}+31H_2O$$

2. 质量作用定律与速率方程

根据碰撞理论，单位时间、单位体积内反应物之间碰撞的次数越多，反应速率就越大。当温度一定时，对于确定的化学反应，反应物所含活化分子的分数是确定的，增大反应物的浓度，反应物分子的总数增多，活化分子的数目增多，反应速率增大。

1）基元反应与质量作用定律

对于任一基元反应

$$aA+bB═══cC$$

反应速率与反应物浓度之间存在着如下定量关系：

$$r=k\cdot c_A^a\cdot c_B^b \tag{6-9}$$

这种定量关系称为**质量作用定律**(mass action law)，该定律可以描述为基元反应的速率与反应物浓度的系数次方的乘积成正比。

k 称为反应的**速率常数**(rate constant)，它反映出一个反应的本身属性，与活化能有关。对于一个固定的化学反应，它仅是温度的函数，而不随浓度、压力的变化而变化，即 $k=f(T)$。

式(6-9)中，指数$(a+b)$称为该反应的**反应级数**(order of reaction)；其中 a 称为反应物 A **的分级数**(partial order of A)，b 称为反应物 B **的分级数**(partial order of B)。式(6-9)称为**速率方程**(rate equation)。

那么，对于非基元反应，是不是也存在着一个类似的速率方程呢？

2）非基元反应的速率方程

对于非基元反应

$$aA+bB═══cC$$

反应速率与反应物浓度之间存在以下关系：

$$r=k\cdot c_A^m\cdot c_B^n \tag{6-10}$$

该关系就是非基元反应的速率方程，式(6-9)和式(6-10)有相似之处，即它们都表明反应速率与反应物浓度的某个次方的乘积成正比，表达式中都存在一个常数 k，但两个速率方程也有不同之处，式(6-10)浓度的次方为 m、n，而不是反应方程中反应物对应的系数 a、b，而式(6-9)中浓度的次方却是 a、b。$(m+n)$也称为反应的级数，m 称为反应物 A 的分级数，n 称为反应物 B 的分级数。在这里，m 不一定等于 a，n 也不一定等于 b，即使相等也只能看作巧合，m、n 的数值必须通过实验来确定。

对于反应

$$S_2O_8^{2-}+3I^-═══2SO_4^{2-}+I_3^-\quad(非基元反应)$$

实验测得其速率方程为

$$r=k\cdot[S_2O_8^{2-}]\cdot[I^-]$$

而不是

$$r=k\cdot[S_2O_8^{2-}]\cdot[I^-]^3$$

质量作用定律不能直接应用于非基元反应，但能应用于构成该非基元反应的每一个具体步骤(基元反应)。

对于反应

$$H_2(g)+I_2(g)═══2HI(g)$$

实验测得其速率方程为

$$r=k\cdot[H_2]\cdot[I_2]$$

结果表明，该反应似乎就是一个基元反应，实验得出的速率方程和写出来的速率方程并没区别。因为该反应可能经历了下面两个基元步骤：

(1)　　$I_2 \rightleftharpoons 2I$　(快反应)

(2)　　$H_2 + I + I = 2HI$　(慢反应)

复杂反应的速率是由最慢的一个基元步骤决定的，这可以从示意图中看出(图 6-5)。该步骤也称为**定速步骤**或者**决速步骤**(rate-determining step)。该反应的速率是由第二步决定的，根据质量作用定律，速率方程可写为

$$r = k' \cdot [H_2] \cdot [I]^2$$

总反应式中并没有 I，但 I 和 I_2 是有关系的：

$[I]^2 = K \cdot [I_2]$　(将在化学平衡一章中学习)

则

$$r = k' \cdot [H_2] \cdot K \cdot [I_2] = k \cdot [H_2] \cdot [I_2]$$

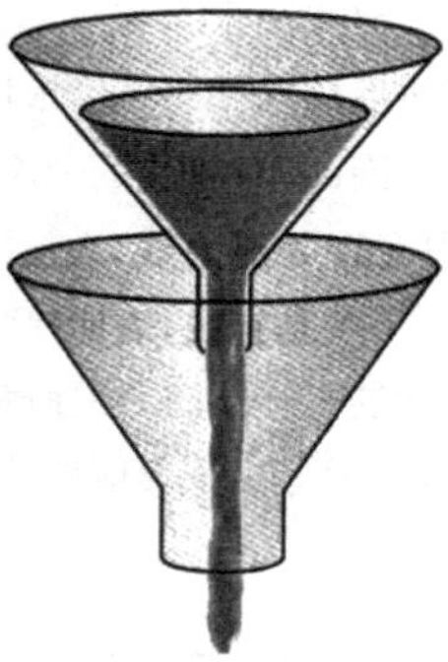

图 6-5　慢反应与定速步骤

由此看来，把该反应看成基元反应纯属想当然造成的。其实，人类对化学反应的认识还很肤浅，即使是一个看似非常简单的反应。

反应级数可以是整数，也可以是分数或小数，还可以为零。

【例题 6-2】 依据下列反应的速率方程式熟悉反应级数的概念。

(1) $2Na(s) + 2H_2O(l) = 2NaOH(aq) + H_2(g)$，$r = k[Na]^0 = k$

(2) $H_2(g) + Cl_2(g) = 2HCl(g)$，$r = k[H_2][Cl_2]^{1/2}$

(3) $2H_2O_2(aq) = 2H_2O(l) + O_2(g)$，$r = k[H_2O_2]$

解　(1) 0 级反应——反应速率与反应物浓度无关。

(2) 对 H_2 为 1 级反应，对 Cl_2 为 1/2 级反应，反应为 3/2 级反应。

(3) 1 级反应。

3. 反应速率方程的确定

对于速率方程 $r = k \cdot c_A^m \cdot c_B^n$，存在三个未知量 k、m、n，如何通过实验确定呢？

从理论上讲，可以任意取三组浓度不同的反应物，在相同的条件下测定其反应速率，得到三个对应的速率值，代入速率方程，解方程组即确定 k、m、n。但方程都是指数形式，解起来比较麻烦。

其实有很巧妙的方法确立速率方程(初始速率法)。我们以例题 6-3 为例予以讲解。请认真观察例题中浓度的取值特点。

【例题 6-3】 反应 $2H_2 + 2NO \longrightarrow 2H_2O + N_2$ 的一些实验数据如表 6-2 所示，试确定其速率方程。

表 6-2　反应 $2H_2 + 2NO \longrightarrow 2H_2O + N_2$ 的一些实验数据

实验序号	起始浓度		生成 N_2 的起始速率
	$c(NO)/(mol \cdot dm^{-3})$	$c(H_2)/(mol \cdot dm^{-3})$	$r/(mol \cdot dm^{-3} \cdot s^{-1})$
1	6.00×10^{-3}	1.00×10^{-3}	3.18×10^{-3}
2	6.00×10^{-3}	2.00×10^{-3}	6.36×10^{-3}
3	1.00×10^{-3}	6.00×10^{-3}	0.48×10^{-3}
4	2.00×10^{-3}	6.00×10^{-3}	1.92×10^{-3}

解　设该反应的速率方程为

$$r=k\cdot c^m(\mathrm{NO})\cdot c^n(\mathrm{H_2})$$

对比实验 1 和 2，NO 的浓度保持不变，H_2 的浓度增大 1 倍，反应速率也增大 1 倍，说明反应速率与 H_2 的浓度成正比，$r\propto c^1(\mathrm{H_2})$因此 $n=1$。

对比实验 3 和 4，H_2 的浓度保持不变，NO 的浓度增大到原来的 2 倍，反应速率增大到原来的 4 倍，说明反应速率与 NO 浓度的平方成正比，$r\propto c^2(\mathrm{NO})$，因此 $m=2$。

因此，该反应的速率方程为 $r=k\cdot c^2(\mathrm{NO})\cdot c^1(\mathrm{H_2})$，其中 $k=8.86\times10^4\mathrm{dm^6\cdot mol^{-2}\cdot s^{-1}}$。

【思考题】

6-9　你注意到例题 6-3 中反应物浓度的取值特点了吗？速率方程必须通过实验确定，您能否通过科学的实验方法，快速确定任意一个非基元反应的速率方程呢？当已知反应 A+B══AB 属于 2 级反应，你能写出该反应的速率方程吗？

6.3.2　温度对化学反应速率的影响

升高温度，大多数化学反应的速率增大。这是因为升高温度，分子运动速率加快，导致反应物分子间碰撞频率增大。更重要的原因则是，温度升高导致活化分子分数增大。一个粗略的估计是，温度每升高 10K，反应加快 2～3 倍。

1889 年，阿伦尼乌斯(S. Arrhenius)给出了反应速率常数与反应温度之间的定量关系：

$$k=A\mathrm{e}^{-E_a/RT} \tag{6-11}$$

该式称为**阿伦尼乌斯方程**(Arrhenius equation)，常数 A 称为指前因子，E_a 为反应的活化能，R 为摩尔气体常量，$R=8.314\mathrm{J\cdot K^{-1}\cdot mol^{-1}}$。两端取对数后得

$$\ln k=-\frac{E_a}{RT}+\ln A \tag{6-12}$$

这是阿伦尼乌斯方程的另一种形式，表明温度通过影响速率常数来影响反应速率。动力学研究中运用该直线方程确定反应的活化能，具体步骤是：

(1) 测定不同温度下的速率常数 k。

(2) 以 $\ln k$ 或 $\lg k$ 对 $1/T$ 作图，进而求算直线的斜率 $-E_a/R$ 或$-E_a/2.303R$。

(3) 由斜率计算 E_a，$E_a=-R\times$直线斜率(或$-2.303R\times$直线斜率)。

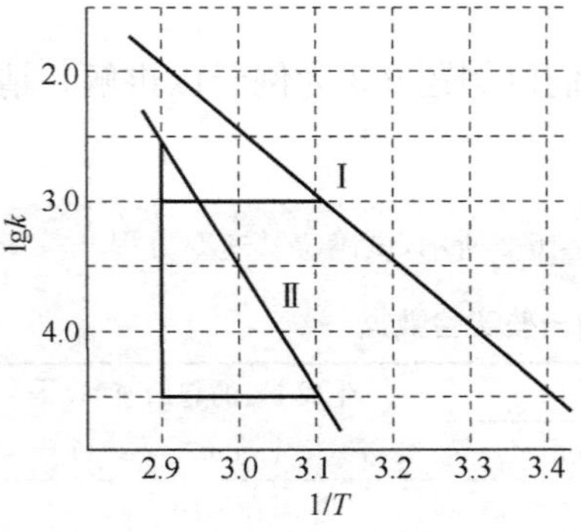

图 6-6　温度对反应速率的影响

斜率的绝对值越大，反应的活化能越大(图 6-6)。从图可以看出，反应Ⅰ的活化能小于反应Ⅱ。反应的活化能不同，温度对反应速率的影响程度不同。升高相同温度，活化能越小者反应速率增加幅度越小(图 6-7，Ⅰ)，活化能越大者反应速率增加幅度也越大(图 6-7，Ⅱ)。

不同温度下(T_1、T_2)，反应速率常数不同(k_1、k_2)，则

(1) $\ln k_1=-\dfrac{E_a}{RT_1}+\ln A$　　$\lg k_1=-\dfrac{E_a}{2.303RT_1}+\lg A$

(2) $\ln k_2=-\dfrac{E_a}{RT_2}+\ln A$　　$\lg k_2=-\dfrac{E_a}{2.303RT_2}+\lg A$

(2)－(1) 得

$$\ln\frac{k_2}{k_1}=\frac{E_a}{R}\left(\frac{T_2-T_1}{T_1T_2}\right) \tag{6-13a}$$

$$\lg\frac{k_2}{k_1}=\frac{E_a}{2.303R}\left(\frac{T_2-T_1}{T_1T_2}\right) \tag{6-13b}$$

该式表明，升高温度，速率常数增大。

【例题 6-4】 对反应

$$2N_2O_5(g)=\!=\!=4NO_2(g)+O_2(g)$$

有下列数据，计算其反应的活化能。

t/℃	T/K	$\frac{1}{T}$/K^{-1}	k/s^{-1}	$\ln k$
20	293	3.41×10^{-3}	2.0×10^{-5}	−10.82
30	303	3.30×10^{-3}	7.3×10^{-5}	−9.53
40	313	3.19×10^{-3}	2.7×10^{-5}	−8.22
50	323	3.10×10^{-3}	9.1×10^{-5}	−7.00
60	333	3.00×10^{-3}	2.9×10^{-5}	−5.84

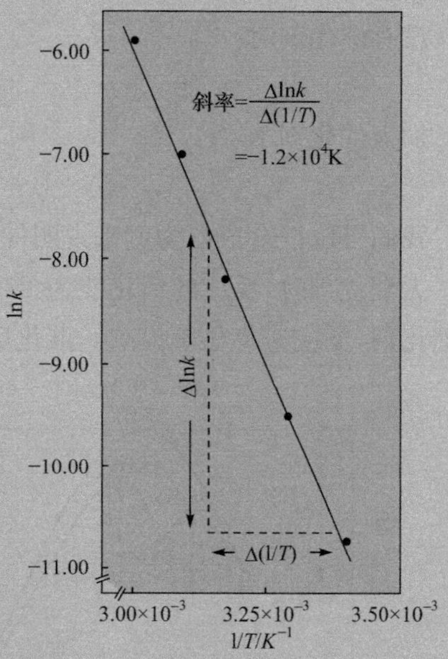

解 $\frac{\Delta\ln k}{\Delta(1/T)}=-1.2\times10^4=-\frac{E_a}{R}$

$$E_a=-R\times(-1.2\times10^4\,K)$$
$$=-8.314\,J\cdot K^{-1}\cdot mol^{-1}\times(-1.2\times10^4\,K)$$
$$=1.0\times10^5\,J\cdot mol^{-1}$$

6.3.3 催化剂对化学反应速率的影响

1. 一些基本概念

催化剂(catalyst)是一种能改变化学反应速率，而质量和化学组成在反应前后不发生变化的物质。

能加快反应的催化剂称为**正催化剂**(positive catalyzer)，如制取氧气时用到的二氧化锰、合成氨时用到的铁触媒等。

能减慢反应速率的催化剂称为**负催化剂**(negative catalyst)或**阻化剂**(inhibitor)，如橡胶防老剂、金属缓蚀剂、化学稳定剂等。

如不特别说明，本书提到的催化剂均指正催化剂。

本身无催化作用，但能使催化剂的催化活性显著增大的物质称为**助催化剂**(cocatalyst)，如合成氨的铁催化剂中加入适量 K_2O、CaO、Al_2O_3，催化效率可提高一倍。

使催化剂活性急剧降低甚至完全丧失的现象称为**催化剂中毒**(catalyst poisoning)，如合成氨时，一氧化碳可使铁触媒中毒，因此，在合成氨之前反应体系中不能存在一氧化碳。

生成物本身可进行的催化作用称为**自动催化作用**(autocatalysis)，如反应

$$5H_2C_2O_4+2KMnO_4+3H_2SO_4=\!=\!=2MnSO_4+K_2SO_4+8H_2O+10CO_2\uparrow$$

开始时反应很慢，但随着反应的进行，反应会越来越快。原来生成的二价锰离子对该反应具有催化作用。

2. 催化原理

动力学认为，催化剂之所以能够改变化学反应的速率，是因为催化剂参与了反应过程，改变了反应机理，降低了反应的活化能(图 6-7)。其原理可以表示为

没有催化剂时：

$$A+B \longrightarrow AB$$

加入催化剂 K 后：

$$A+B+K \longrightarrow AK+B \longrightarrow AB+K$$

我们可以以合成氨为例来说明催化剂对化学反应的速率影响情况。

无催化剂时，反应的活化能为 230～930kJ · mol^{-1}，很高，反应进行得非常缓慢。如用铁作催化剂，反应速率显著提高。催化反应是在催化剂的表面进行的(图 6-8)。

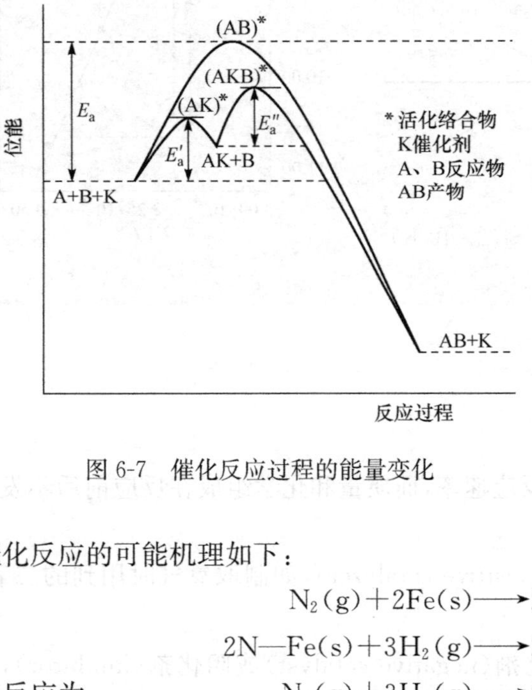

图 6-7　催化反应过程的能量变化

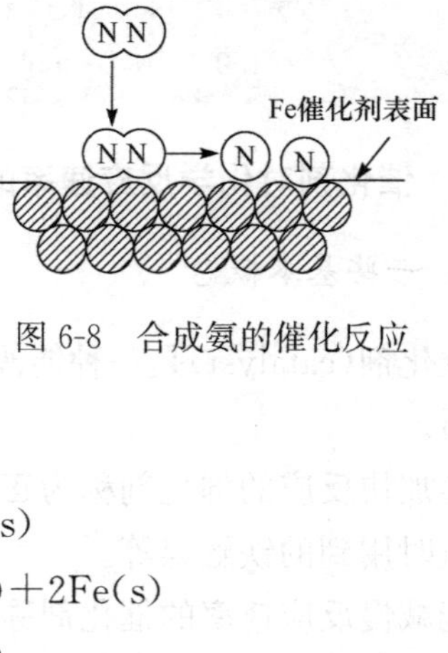

图 6-8　合成氨的催化反应

催化反应的可能机理如下：

$$N_2(g)+2Fe(s) \longrightarrow 2N\text{—}Fe(s)$$

$$2N\text{—}Fe(s)+3H_2(g) \longrightarrow 2NH_3(g)+2Fe(s)$$

总反应为　$$N_2(g)+3H_2(g) \longrightarrow 2NH_3(g)$$

在催化剂作用下，反应分两步进行(图 6-9)，第一步的活化能为 120～170kJ · mol^{-1}，第二步的活化能约 12. 6kJ · mol^{-1}，这两部分的活化能都远低于没有催化剂时的活化能，活化能均大幅度降低，使活化分子的分数显著增加，反应自然加快了。

由于催化剂参加了反应过程，改变了反应机理，化学反应沿着活化能较小的途径进行(降低了反应的能垒)，因此大大加快了反应。又因正逆反应 E_a 同时降低，并没有改变反应的初始状态和最终状态，即催化剂的加入并不会改变反应的状态函数的改变量，如焓变 $\Delta_r H$、吉布斯自由能变 $\Delta_r G$ 等。也不能改变化学反应的平衡状态，只能缩短反应到达平衡状态的时间(化学平衡一章具体学习)。其实，从催化反应的能量变化示意图(图 6-7、图 6-9)可以看出，正反

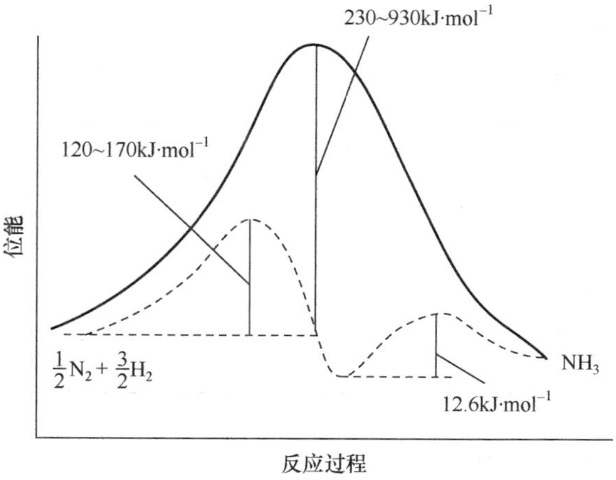

图 6-9　合成氨的反应过程的能量变化

应的催化剂对逆反应具有相同的催化作用，也就是说，加入催化剂后，正逆反应都会加快进行，到达平衡位置所需时间自然也就减短了。

在科学研究中，如果找不出正反应的催化剂，我们可以尝试着去寻找逆反应的催化剂。当一个问题得不到解决，要学会换一种思路思考问题。

【思考题】

6-10　在初中化学课堂上我们就知道催化剂能够改变化学反应的速率，那么，这里说的改变是什么意思？你知道催化剂是怎么改变化学反应速率的吗？

6-11　在初中学习中我们知道了二氧化锰对氯酸钾分解制备氧气的反应具有催化作用，请问，如果不加二氧化锰，直接加热氯酸钾，能得到氧气吗？

6-12　在我们的日常生活中，您用到过催化剂吗？请举例说明。

6-13　如何理解：在科学研究中，如果找不出正反应的催化剂，我们可以尝试着去寻找逆反应的催化剂。

习　题

6-1　298K 时，将 2.1kJ · mol^{-1} 的 N_2O_5 充入一密闭容器内，分解反应中各物质的浓度变化如下：

$$2N_2O_5 = 4NO_2 + O_2$$

	$2N_2O_5$	$4NO_2$	O_2
起始浓度/(mol · dm^{-3})	2.1	0	0
100s 末浓度/(mol · dm^{-3})	1.95	0.30	0.075

试计算反应开始 100s 内的平均速率。

6-2　思考一下，影响化学反应速率的因素有哪些？如何证明呢？

6-3　设某反应 $2A+B \longrightarrow 2C$，根据下列实验数据：

最初 $c(A)$/(mol · dm^{-3})	最初 $c(B)$/(mol · dm^{-3})	初速率 $-dc(A)/dt$/(mol · dm^{-3} · s^{-1})
0.10	0.20	300
0.30	0.40	3 600
0.30	0.80	14 400

(1) 求此反应的速率方程。

(2) 求此反应的速率常数。

6-4 对于某气相反应 $A(g)+3B(g)+2C(g) \longrightarrow D(g)+2E(g)$，测得如下的动力学数据：

$[A]/(mol \cdot dm^{-3})$	$[B]/(mol \cdot dm^{-3})$	$[C]/(mol \cdot dm^{-3})$	$d[D]/dt/(mol \cdot dm^{-3} \cdot min^{-1})$
0.20	0.40	0.10	χ
0.40	0.40	0.10	4χ
0.40	0.40	0.20	8χ
0.20	0.20	0.20	χ

(1) 分别求出 A、B、C 的反应级数。

(2) 写出反应的速率方程。

(3) 若 $\chi=6.0\times10^{-2} mol \cdot dm^{-3} \cdot min^{-1}$，求该反应的速率常数。

6-5 在 300K 时，鲜牛奶大约 5h 变酸，但在 275K 的冰箱中可保持 50h，计算牛奶变酸反应的活化能。

6-6 反应 $CO(g)+NO_2(g) = CO_2(g)+NO(g)$ 在 650K 时的动力学数据为：

实验编号	$[CO]/(mol \cdot dm^{-3})$	$[NO_2]/(mol \cdot dm^{-3})$	$d[NO]/dt/(mol \cdot dm^{-3} \cdot min^{-1})$
1	0.025	0.040	2.2×10^{-4}
2	0.050	0.040	4.4×10^{-4}
3	0.025	0.120	6.6×10^{-4}

(1) 写出反应的速率方程。

(2) 求 650K 时的速率常数。

(3) 当 $[CO]=0.10 mol \cdot dm^{-3}$，$[NO_2]=0.16 mol \cdot dm^{-3}$ 时，求 650K 时的反应速率。

(4) 若 800K 时速率常数为 $23.0 dm^3 \cdot mol^{-1} \cdot s^{-1}$，求反应的活化能。

6-7 下列反应：$2NO(g)+2H_2(g) \longrightarrow N_2(g)+2H_2O(g)$ 其速率方程对 NO 是二级，对 H_2 是一级，试回答：

(1) 写出速率方程。

(2) 若浓度以 $mol \cdot dm^{-3}$ 表示，反应速率常数 k 的单位是什么？

(3) 分别写出用 N_2 和 NO 浓度变化率表示的速率方程式，这两个方程式中 k 在数值上是否相等？其所对应的活化能 E_a 值是否相同？

6-8 3 价钒离子被催化氧化为 4 价态的反应机理被认为是

$$V^{3+}+Cu^{2+} \longrightarrow V^{4+}+Cu^{+} \text{（慢）}$$

$$Cu^{+}+Fe^{3+} \longrightarrow Cu^{2+}+Fe^{2+} \text{（快）}$$

(1) 总的反应式是什么？

(2) 哪种离子为催化剂？

(3) 总反应的速率方程式如何表示？

6-9 若基元反应 $A \longrightarrow 2B$ 的活化能为 E_a，而 $2B \longrightarrow A$ 的活化能为 E_a'。

(1) 加入催化剂后，E_a 和 E_a' 各有何变化？

(2) 加入不同的催化剂对 E_a 的影响是否相同？

(3) 提高反应温度，E_a 和 E_a' 各有何变化？

(4) 改变起始温度，E_a 有何变化？

6-10　关于碘和氢的反应，实验证明分两步进行，其机理(反应历程)涉及碘分子和碘原子的快速平衡($I_2 \longrightarrow 2I$)，和两个碘原子和一个氢分子间的有效碰撞的控制步骤($H_2 + 2I \longrightarrow 2HI$)。试证明从这个机理所得到的速率方程式恰同按 I_2 和 H_2 直接反应的机理($I_2 + H_2 \longrightarrow 2HI$)所得的速率方程式相同。

6-11　如何理解“热力学研究反应进行的趋势和限度，而动力学研究反应的速率与机理”这一句话？

第 7 章　酸碱和酸碱反应

本章学习要求

(1) 了解酸碱概念的变迁；

(2) 熟练掌握布朗斯特酸碱理论的意义和要点；

(3) 熟练掌握路易斯酸碱理论的意义和要点；

(4) 了解软硬酸碱的内容和应用；

(5) 了解非水溶剂中酸和碱的有关知识。

【背景问题】

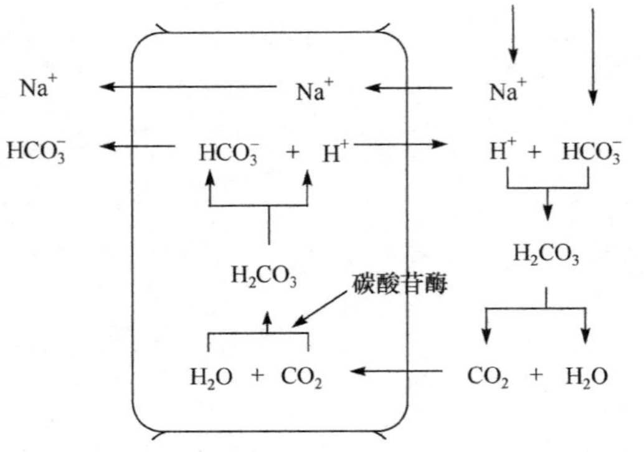

(1) 您怎样理解“人体内酸碱不平衡了就处于亚健康状态”这句话？

(2) 为什么酸碱理论会有多种？它们之间的关系如何？

(3) 您了解酸碱在化学工业、农业和其他工业（如冶金、建材等）中的重要地位吗？

(4) 酸碱反应在化学反应中的地位如何？

在历史上曾有多种酸碱理论，其中重要的包括：阿伦尼乌斯酸碱理论——酸碱电离理论，布朗斯特-劳里酸碱理论——酸碱质子理论，路易斯酸碱理论——酸碱电子理论，酸碱溶剂理论，软硬酸碱理论等，它们逐步创新但各有利弊。本章先介绍能参加质子转移反应的酸和碱，继而将酸碱定义扩大至给予体和接受体之间的共享电子对的反应。一大批反应可用质子转移过程作解释，并可用物种的酸度常数（物种给质子能力的衡量）进行定量描述。后一广度覆盖的物种范围太广，因而难以找到一种定量方法表示其强度。人们试图从两种不同角度解决这一难题，一种方法是将这类酸碱归入“软”或“硬”；另一种方法是将热力学数据与酸或碱的一组特征参数相拟合。本章介绍前一种。

营养专家说，健康人体内环境的酸碱度（pH）为 7.35～7.45，即体液应该呈弱碱性才能保持正常的生理功能和物质代谢。可是根据调查，只有 10％的人 pH 在此范围内，属于碱性体质；而多达 70％的人是酸性体质，体液 pH 经常徘徊在 7.35 左右或稍低，身体就会处于亚健康状态（sub-health state）。

工业上常说的“三酸两碱”是指硝酸、硫酸、盐酸、烧碱和纯碱。它们的生产规模和生产量常是国际上衡量一个国家无机化工水平的标志之一。因为它们在化学工业、农业和其他许多工业（如冶金、建材等）中都占有非常重要的地位。

酸碱化学（acid base chemistry）是现代化学的重要组成部分，是无机化学中基础知识之一，大部分溶液中的化学反应都与酸碱有关。

在化学发展史上，随着人们化学知识的积累，酸碱概念经历了一个由低级到高级，由不完善到比较完善的发展过程。人们对酸碱的认识经历了很长的历史。本章将介绍几种主要的酸碱理论的概念、反应及其应用，要求学生对酸碱化学的全貌有个初步了解。

7.1　酸碱电离理论

历史上，虽然英国波义耳、法国拉瓦锡、英国戴维和德国李比希都曾提出过酸、碱概念，但真正从本质上揭示酸碱反应，当属瑞典化学家阿伦尼乌斯(Arrhenius)1887 年提出的酸碱电离理论(acid base ionization theory)。

他定义：凡是在水溶液中解离产生的全部阳离子都是 H^+ 的物质称为酸；解离产生的全部阴离子都是 OH^- 的物质称为碱，酸碱的反应实质是 H^+ 和 OH^- 结合生成水的反应。例如

酸　　$HCl = H^+ + Cl^-$

碱　　$NaOH = Na^+ + OH^-$

酸碱反应　　$HCl + NaOH = NaCl + H_2O$

实质　　$H^+ + OH^- = H_2O$

阿伦尼乌斯的电离学说使人们对酸碱的认识发生了一个飞跃，从化学组成上揭示了酸碱的本质，并应用化学平衡原理找到了衡量酸碱强弱的定量标度，提高了人们对酸碱的认识，对化学发展起了很大的作用。由于水是最常用的溶剂，因此酸碱电离理论长期以来一直到现在仍然为人们熟悉和普遍采用。由于它建立了对酸碱强度的定量描述，所以适用于 pH 的计算、解离度计算、缓冲溶液计算、溶解度计算等。

阿伦尼乌斯理论在水溶液中是成功的。由于它把酸碱只限于水溶液体系中，其在非水体系中的适用性却遇到一些难题，受到了挑战。试比较下列两组反应：

$2H_2O = OH^- + H_3O^+$　　　$NaOH + (H_3O)Cl = NaCl + 2H_2O$

$2NH_3 = NH_2^- + NH_4^+$　　　$NaNH_2 + NH_4Cl = NaCl + 2NH_3$

实际上没有水存在时，也能发生酸碱反应。例如，氯化氢气体和氨气发生反应生成氯化铵，但这些物质都未解离。将氯化铵溶于液氨中，溶液即具有酸的特性，能与金属发生反应产生氢气，能使指示剂变色，但氯化铵在液氨这种非水溶剂中并未解离出氢离子。碳酸钠在水溶液中并不解离出氢氧根离子，但它却是一种碱。

溶剂自身的解离和液氨中进行的中和反应，无法用阿伦尼乌斯的理论去讨论，因为根本找不到符合定义的酸和碱。进一步说，一些不含 OH^- 基团的分子(NH_3)或离子(如 F^-、CN^-、CO_3^{2-} 等)在水中所表现出的碱性也无法得到解释。

7.2　酸碱溶剂理论简介

许多溶剂的自偶解离反应和水的相同，都可以形成阳离子和阴离子。研究液态氨和液态二氧化硫等非水溶剂中的反应：

$$2NH_3 \rightleftharpoons NH_4^+ + NH_2^-$$

$$2SO_2 \rightleftharpoons SO^{2+} + SO_3^{2-}$$

1905 年英国化学家富兰克林(E. C. Franklin)等提出溶剂体系的酸碱定义：凡是溶质溶于溶剂中能增加溶剂阳离子浓度的溶质称为酸，溶质溶于溶剂中能增加溶剂阴离子浓度的溶质

称为碱。

因而在液态氨中，NH_4Cl 是酸，$NaNH_2$ 是碱。

这种酸碱概念后来又进一步扩大到不仅解离时能增加溶剂离子浓度的物质，而且把能引起溶剂分解的物质也包括进去，吉尔曼(J. Gilman)认为液态光气 $COCl_2$ 解离如下：

$$COCl_2 \rightleftharpoons COCl^+ + Cl^-$$

在液态光气中，因为氯化铝与它反应而增加了溶剂阳离子的浓度，所以氯化铝是酸。

$$AlCl_3 + COCl_2 \rightleftharpoons COCl^+ + AlCl_4^-$$

又如 BrF_3 解离如下：

$$2BrF_3 \rightleftharpoons BrF_2^+ + BrF_4^-$$

KF 在 BrF_3 中是碱，因为它与溶剂反应，增加了溶剂的阴离子浓度。

$$KF + BrF_3 \rightleftharpoons BrF_4^- + K^+$$

溶剂体系酸碱定义扩大了酸和碱的范围(表 7-1)，发展了电离理论，但是它只适用于能发生自偶解离的溶剂体系，对于烃类、醚类、酯类及苯等不能自偶解离的非极性溶剂和无溶剂体系不适用。这里简介**酸碱溶剂体系理论**(the theory of acid-base solvent)，其目的并不在于这种理论自身有多么重要，值得学习的是科学工作者如何从复杂的形形色色的事物中抽象出其共性的思维方法。

表 7-1 溶剂体系的酸碱

溶 剂	阳离子	阴离子	典型的酸	典型的碱	中和反应
H_2O	H^+	OH^-	HCl	NaOH	$HCl + NaOH = NaCl + H_2O$
NH_3	NH_4^+	NH_2^-	NH_4Cl	KNH_2	$NH_4Cl + KNH_2 = 2NH_3 + KCl$
SO_2	SO^{2+}	SO_3^{2-}	$SOCl_2$	Na_2SO_3	$SO_2Cl + Na_2SO_3 = 2SO_2 + 2NaCl$
BrF_3	BrF_2^+	BrF_4^-	SbF_5	KF	$K^+ + BrF_4^- + BrF_2^+ + SbF_6^- = KSbF_6 + 2BrF_3$

【思考题】

7-1 用阿伦尼乌斯理论类似的思路，把溶剂换成乙醇、乙酸等学习酸碱溶剂理论。

7-2 查阅相关资料，了解非水溶剂中酸和碱的有关知识。

那么如何解决这些问题呢？进一步研究表明，必须使酸碱概念脱离溶剂(包括水和其他非水溶剂)而独立存在。其实酸碱概念不能脱离化学反应而孤立存在，酸和碱是相互依存的，而且都具有相对性。

7.3 酸碱质子理论

7.3.1 酸碱的定义

1923 年，丹麦化学家布朗斯特(J. N. Bronsted)和英国化学家劳里(T. M. Lowry)各自独立地提出一种酸碱新理论，后人将其称为布朗斯特-劳里理论，简称布朗斯特酸碱理论(Bronsted acid-base theory)。该理论将酸定义为反应中给出质子的物种(分子或离子)，即质子给予体(proton donor)；将碱定义为反应中接受质子的物种(分子或离子)，即质子接受体(proton acceptor)。简而言之，酸是质子的给予体，碱是质子的接受体。酸碱反应是质子由质子给予体向质子接受体转移的反应。因此，该理论也称为**酸碱质子理论**(proton theory of acid and base)。例如

第 1 列		第 2 列		第 3 列		第 4 列
$H_2O(l)$	$+$	$NH_3(g)$	$\longrightarrow$	$OH^-(aq)$	$+$	$NH_4^+(aq)$
$H_2O(l)$	$+$	$CO_3^{2-}(aq)$	$\longrightarrow$	$OH^-(aq)$	$+$	$HCO_3^-(aq)$
$H_2S(g)$	$+$	$H_2O(l)$	$\longrightarrow$	$HS^-(aq)$	$+$	$H_3O^+(aq)$
$HS^-(aq)$	$+$	$H_2O(l)$	$\longrightarrow$	$S^{2-}(aq)$	$+$	$H_3O^+(aq)$
$HCl(g)$	$+$	$H_2O(l)$	$\longrightarrow$	$Cl^-(aq)$	$+$	$H_3O^+(aq)$

举例中的第 1 列物种都是质子给予体，即布朗斯特酸；第 2 列物种都是质子接受体，即布朗斯特碱。

7.3.2　酸碱的共轭关系

从质子给予体和质子接受体概念出发，可将任何布朗斯特酸碱反应拆写为两个半反应(half reaction)。以反应

$$H_2O(l)+NH_3(aq)\longrightarrow OH^-(aq)+NH_4^+(aq)$$

为例，一个半反应是作为酸的 H_2O 分子给出质子生成它的**共轭碱**(conjugate base)OH^-：

$$H_2O\longrightarrow H^+ + OH^-$$

另一个半反应是作为碱的 NH_3 分子接受质子生成它的**共轭酸**(conjugate acid)NH_4^+：

$$NH_3 + H^+\longrightarrow NH_4^+$$

酸与它的共轭碱、碱与它的共轭酸各自构成一个**共轭酸碱对**(conjugate acid-base pair)。任何布朗斯特酸碱反应都涉及两个共轭酸碱对。

显然，由以上内容可以合理地推论出：

(1) 酸碱范围扩大了，酸碱可以是中性分子、正离子或负离子。

(2) 概念的适用范围扩大了，只要能够释放出质子的物质，不论是在水溶液中还是非水溶剂中，或是气相反应，或是熔融状态，它们都是酸，如 NH_4^+、HCO_3^-、HSO_4^-、HS^-、$H_2PO_4^-$、HPO_4^{2-}、H_2O 全是酸，F^-、Cl^-、Br^-、I^-、HSO_4^-、SO_4^{2-} 等都是碱。

(3) 酸给出质子的趋势越强，生成的共轭碱越弱，反之亦然；碱接受质子的趋势越强，生成的共轭酸越弱，反之亦然。

(4) 酸和碱的概念具有相对性。一种物质既可以是酸也可以是碱，是由它在酸碱反应中的作用而定。HCO_3^- 与 NaOH 反应时放出质子，此时它是一种酸，与 HCl 反应时，它又接受质子，则是一种碱。

$$HCO_3^- + NaOH = Na^+ + CO_3^{2-} + H_2O$$

$$HCO_3^- + HCl = H_2CO_3 + Cl^-$$

这种既可为酸又可为碱的物质称为**两性物质**(amphoteric substance)，阿伦尼乌斯理论不能说明两性现象。

(5) 布朗斯特酸碱理论中无盐的概念，电离理论中的盐在质子理论中都是离子酸或离子碱。

【思考题】

7-3 指出下列各式中的布朗斯特酸及其共轭碱。

(1) $HSO_4^- + OH^- \rightleftharpoons SO_4^{2-} + H_2O$

(2) $PO_4^{3-} + H_2O \rightleftharpoons HPO_4^{2-} + OH^-$

(3) $H_2Fe(CO)_4 + CH_3OH \rightleftharpoons [FeH(CO)_4]^- + CH_3OH_2^+$

【例题 7-1】 下列各对中哪一个酸性较强？

(1) $[Fe(H_2O)_6]^{3+}$ 和 $[Fe(H_2O)_6]^{2+}$

(2) $[Al(H_2O)_6]^{3+}$ 和 $[Ga(H_2O)_6]^{3+}$

(3) $Si(OH)_4$ 和 $Ge(OH)_4$

(4) $HClO_3$ 和 $HClO_4$

(5) H_2CrO_4 和 $HMnO_4$

(6) H_3PO_4 和 H_2SO_4

解 (1) 前者，中心离子电荷高，对 O 的极化能力大，H^+ 易解离；

(2) 前者，中心离子半径小，对 O 的极化能力大，H^+ 易解离；

(3) 前者，中心离子半径小，对 O 的极化能力大，H^+ 易解离；

(4)、(5)、(6) 均为后者，非羟基氧原子多。

7.3.3 酸和碱的反应

酸和碱的反应有以下几种类型：

$$HCl + H_2O \longrightarrow H_3O^+ + Cl^-$$

酸Ⅰ　碱Ⅱ　酸Ⅱ　碱Ⅰ

强酸的解离

$$HAc + H_2O \longrightarrow H_3O^+ + Ac^-$$

酸Ⅰ　碱Ⅱ　酸Ⅱ　碱Ⅰ

弱酸的解离平衡

$$H_2O + NH_3 \longrightarrow NH_4^+ + OH^-$$

酸Ⅰ　碱Ⅱ　酸Ⅱ　碱Ⅰ

弱碱的解离平衡

$$H_3O^+ + OH^- \longrightarrow H_2O + H_2O$$

酸Ⅰ　碱Ⅱ　酸Ⅱ　碱Ⅰ

中和反应

$$H_2O + Ac^- \longrightarrow HAc + OH^-$$

酸Ⅰ　碱Ⅱ　酸Ⅱ　碱Ⅰ

弱酸盐的水解

$$NH_4^+ + H_2O \longrightarrow H_3O^+ + NH_3$$

酸Ⅰ　碱Ⅱ　酸Ⅱ　碱Ⅰ

弱碱盐的水解

可以看出，酸和碱反应的实质是质子的转移，质子从酸Ⅰ转移给碱Ⅱ，从而生成酸Ⅱ和碱Ⅰ。

7.3.4 酸碱的强弱和反应的方向

1. *拉平效应和分辨(区分)效应*

酸的强弱是通过给出质子的能力来判断的。一方面要看酸自身的能力，另一方面又和碱接受质子的能力有关。比较 $HClO_4$、H_2SO_4、HCl 和 HNO_3 的强弱，若在 H_2O 中进行，由于 H_2O 接受质子的能力一致，四者均完全解离，因此比较不出强弱。若放到 HAc 中，由于 HAc 接受质子的能力比 H_2O 弱得多，所以尽管四者给出质子的能力没有变，但是在 HAc 中却是部分解离。于是根据其解离的平衡常数 $K_a^\ominus$ 的大小，可以比较其酸性的强弱。

$$HClO_4 + HAc \rightleftharpoons ClO_4^- + H_2Ac^+ \qquad pK_a^\ominus = 5.8$$
$$H_2SO_4 + HAc \rightleftharpoons HSO_4^- + H_2Ac^+ \qquad pK_a^\ominus = 8.2$$
$$HCl + HAc \rightleftharpoons Cl^- + H_2Ac^+ \qquad pK_a^\ominus = 8.8$$
$$HNO_3 + HAc \rightleftharpoons NO_3^- + H_2Ac^+ \qquad pK_a^\ominus = 9.4$$

所以四者从强到弱依次是 $HClO_4$、H_2SO_4、HCl、HNO_3，HAc 对四者有**分辨效应**(discrimination effect)，HAc 这种能将强弱区分的物质称为溶剂的**分辨试剂**(resolving reagent)；而 H_2O 有对四种酸的强度拉平的作用，称为**拉平效应**(leveling effect)，H_2O 是四者的**拉平试剂**(leveling agent)。

【思考题】

7-4　查阅文献，了解溶剂的有效区分范围是怎么定的。什么是"非水溶剂的分辨窗"?

要注意的是，同一种溶剂既可是拉平溶剂，也可是分辨溶剂。溶剂的拉平效应和分辨效应与溶质和溶剂的酸碱相对强度有关。例如，酸性较强的溶剂是强酸的分辨溶剂，却是碱的拉平溶剂；酸性较弱的溶剂，对弱碱具有分辨效应，但对强酸具有拉平效应。

【例题 7-2】 用拉平效应概念讨论水溶液中的碱 CO_3^{2-}、O^{2-}、ClO_4^-、NO_3^-。

(1) 在水中，O^{2-} 的碱性太强以致无法用实验研究。

(2) 在水中，ClO_4^- 和 NO_3^- 的碱性太弱以致无法用实验研究。

(3) 在水中，CO_3^{2-} 可直接测定其强度。

解　提示：这可从溶剂的拉平效应得到解释和判断。酸的相对强度在碱性较强的溶剂中易被拉平，碱的相对强度在酸性较强的溶剂中同样易被拉平而无法区别。拉平效应可在任何两性溶剂中发生，酸的原有强度如果大于溶剂共轭酸的强度，它必将被拉平，碱也同理。拉平了就无法测定了。因此：

(1) 在水中，O^{2-} 的碱性太强以致无法用实验研究。

(2) 在水中，ClO_4^- 和 NO_3^- 的碱性太弱以致无法用实验研究。

(3) 在水中，CO_3^{2-} 可直接测定其强度。

2. 酸碱的强弱

对于大多数的弱酸，H_2O 是分辨试剂，可以根据它们在水中的解离平衡常数比较酸性的强弱。酸性次序如下：$HClO_4 > H_2SO_4 > HCl > HNO_3 > H_3O^+ > HF > HAc > NH_4^+ > H_2O > HS^-$。

在水中，$K_a^\ominus$ 可以体现出一种酸给出 H^+ 的能力。例如，HAc

$$HAc + H_2O \rightleftharpoons H_3O^+ + Ac^-$$

如何体现其共轭碱 Ac^- 接受 H^+ 的能力呢? $Ac^- + H_2O \rightleftharpoons OH^- + HAc$ 其碱式解离常数为 $K_b^\ominus$。但从水解平衡角度看，这个 $K_b^\ominus$ 正是 $K_h^\ominus$。可见一对共轭酸碱的 $K_a^\ominus$、$K_b^\ominus$ 之间有如下关系：

$$K_b^\ominus = K_w^\ominus / K_a^\ominus$$

即 $K_a^\ominus$ 和 $K_b^\ominus$ 之积为常数。

一对共轭酸碱中，酸的 $K_a^\ominus$ 越大，则其共轭碱的 $K_b^\ominus$ 越小，所以从酸性的次序就可以推出其共轭碱的强度次序。$ClO_4^-<HSO_4^-<Cl^-<NO_3^-<H_2O<F^-<Ac^-<NH_3<OH^-<S^{2-}$。

这种关系可用图 7-1 表示。

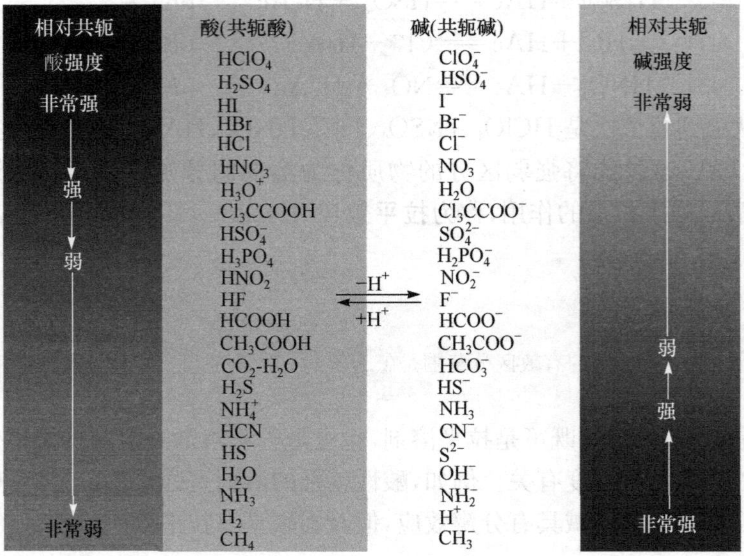

图 7-1　布朗斯特酸碱强弱变化示意图

3. 酸碱反应的方向

酸碱反应中,质子总是从强酸向强碱转移,生成弱酸和弱碱。

例如,反应

$$HCl+H_2O \rightleftharpoons H_3O^+ + Cl^-$$

强酸＋强碱══弱酸＋弱碱

又如反应

$$HAc+H_2O \rightleftharpoons H_3O^+ + Ac^-$$

弱酸＋弱碱══强酸＋强碱

$K_a^\ominus=1.8\times10^{-5}$,所以 $\Delta G^\ominus\gg0$,反应自发进行的方向是从右向左,从强酸强碱生成弱酸弱碱。

$HNO_3+H_2O \rightleftharpoons H_3O^+ + NO_3^-$ 完全解离,在水中比 H_3O^+ 更强的 HNO_3 一定会和强碱 H_2O 反应,生成 H_3O^+ 和弱碱 NO_3^-。可以得出结论,在水中能大量存在的最强的质子酸是 H_3O^+。同理,在水中能大量存在的最强的质子碱是 OH^-。比 OH^- 更强的碱,如 S^{2-} 将与 H_2O 反应生成 OH^-。

$$S^{2-}+H_2O \rightleftharpoons HS^- + OH^-$$

质子理论中的酸碱反应都可看作质子在两种共轭酸碱对之间的传递。由前面举出的例子可看出酸碱平衡并不能单独进行,因为质子的离子半径小,又带正电荷,所以不可能以游离状态存在。事实上,质子在水溶液中的平均寿命约 10^{-14} s。因此,质子一出现,便立即附着于另一种分子或离子,产生一种酸。显然,上述例子各反应只有当溶液中同时存在两种共轭酸碱对时才能进行。

酸碱电离理论把溶剂局限于水，而质子理论不受水的限制，它强调的是有质子参加反应的物质，因此质子理论的酸碱范围就广泛得多。酸碱电离理论把物质分为酸、碱和盐，而酸碱质子理论把物质分为酸、碱和非酸非碱物质。酸碱的质子理论也有局限性，对于不含有质子的物质，如 Cu^{2+}、Ag^{+} 等不好归类，对于无质子转移的反应，也难以讨论。例如，氧化钙和三氧化硫的反应在性质上属于酸碱作用，却没有质子参与。

【例题 7-3】 水溶液中 H^+ 以何种形式存在？

解 由于质子对负离子和极性共价分子负端极强的吸引力，因而在任何溶剂中都不可能以"裸"质子形式存在。水合高氯酸 $HClO_4 \cdot H_2O$ 晶体结构测定结果证实，其中的 H^+ 以 H_3O^+ 形式存在。H_3O^+ 是 NH_3 的等电子体（电子数均为 10），并具有与 NH_3 分子相似的三角锥结构[图 7-2(a)]。另一个被确定了结构的物种是固体水合物 $HBr \cdot 4H_2O$ 中的 $H_9O_4^+$，其中心位置有一个 H_3O^+，后者通过氢键结合了另外 3 个 H_2O 分子[图 7-2(b)]。水溶液中的水合质子通常被写为 H_3O^+，但这种表达显然过于简单化。普遍的看法是，水溶液中水合氢离子的形式随条件变化而不同。

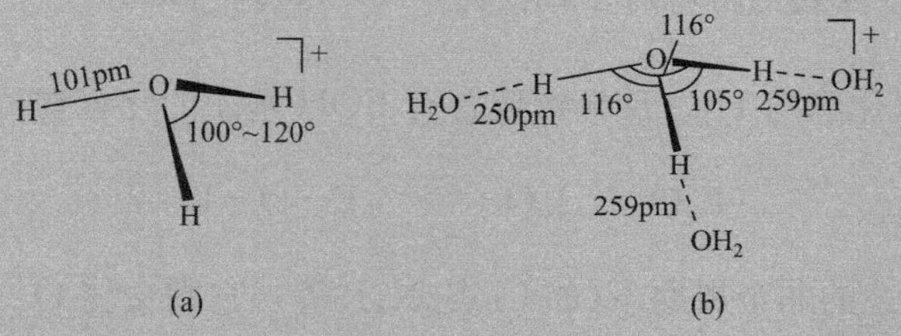

图 7-2　H_3O^+(a)和 $H_9O_4^+$(b)的结构

7.3.5　酸碱性强弱与分子结构的关系

酸碱性与其分子结构是相关的，因此，化合物的酸碱性与元素在周期表中的位置密切相关。

1. 二元氢化物的酸性

由于化合物显示的酸性源自给予质子的能力，可以预期，酸的强弱肯定与 H—B 键的强弱有关。一般来讲，H—B 键越强，相应的酸越弱。键的强度可用键长和键的解离能表征，以第 17 族元素的二元氢化物 H—X 为例，键长、键解离能和酸性的变化顺序如下：

	HI		HBr		HCl		HF
键长/pm	160.9	>	141.4	>	127.4	>	91.7
键的解离能/($kJ \cdot mol^{-1}$)	297	<	368	<	431	<	569
$K_a^\ominus$	10^{11}	>	10^9	>	10^7	>	3.5×10^{-3}

需要指出，仅由键的强弱判断 HB 的酸性过于简单化。一个原因是，键能概念是以气态物种的解离为基础，我们这里讨论的却是物种在溶液中的解离。

【思考题】

7-5　设计氢化物在水中解离过程能量变化的热力学循环，查找相关数据，从热力学出发说明"仅由键的强弱判断 HB 的酸性过于简单化"。

比较同一周期元素二元氢化物的酸性强弱时，键的极性是一个重要因素。H—B 键中两元素的电负性差越大，键的极性越强。可以预期，键的极性越大，质子越容易向碱转移。以第二周期氮、氧和氟的二元氢化物为例：

化合物	NH_3		H_2O		HF
电负性差	0.9	$<$	1.4	$<$	1.9

NH_3 在水溶液中显碱性，H_2O 为中性，而 HF 却是一个中等强度的酸。

【例题 7-4】 常见二元氢化物的酸性如何体现了酸的强度？

解 同一周期自左到右同一族自上而下，氢化物的酸性均逐渐加强。同一周期从左到右，由于 X 的电负性依次增加，所以其氢化物的酸性依次加强。对于同一族元素氢化物酸性变化的规律可以从键能和水对 HX 的极化作用来解释。键能越小，酸性越强，水的极化作用越大，酸性越强。

2. 酸性氧化物、碱性氧化物和两性氧化物

通式为 E_xO_y 的氧化物与 H_2O 反应形成含有 EOH 基团的化合物：

$$E_xO_y + H_2O \longrightarrow \rangle E—O—H$$

如果 E 是高电负性的非金属原子(如 Cl、S、N、P 等)，它则会将 O—H 键的键电子吸向自身，从而减弱 O—H 键的强度，并导致 E—O—H 基团按酸的方式解离。如果溶液中有强碱(如 OH^-)存在，形成的产物为该元素的氧阴离子和 H_2O。

$$\rangle E—O—H + OH^- \longrightarrow \left(\rangle E—O\right)^- + H_2O$$

这类氧化物称为**酸性氧化物**(acidic oxide)或**酸酐**(acid anhydride)，它们是指与水反应生成酸、与碱反应生成盐的一类氧化物。以 CO_2 为例，与水反应首先形成含 EOH 基团的化合物[OC(OH)(OH)]，后者接着按酸的方式解离：

$$CO_2(g) + H_2O(l) \longrightarrow [OC(OH)(OH)](aq)$$

$$[OC(OH)(OH)](aq) + H_2O(l) \longrightarrow [O_2C(OH)]^-(aq) + H_3O^+(aq)$$

CO_2 是碳酸的酸酐，强碱存在条件下生成碳的氧阴离子 HCO_3^-：

$$CO_2(g) + OH^-(aq) \longrightarrow HCO_3^-(aq)$$

如果 E 是低电负性的金属原子，EOH 基团中键的断裂将发生在 E—O 键，化合物解离产生 OH^-。如果溶液中有酸(H_3O^+)存在，形成的产物为元素 E 的阳离子和 H_2O。

$$\rangle E—O—H + H_3O^+ \longrightarrow \left(\rangle E\right)^+ + 2H_2O$$

这类氧化物称为**碱性氧化物**(basic oxide)或**碱酐**(base anhydride)，它们是指与水反应生成碱、与酸反应生成盐的一类氧化物。

在有些场合，含 EOH 基团的化合物既可以是酸，也可以是碱。这类化合物称为**两性氧化物**(amphoteric oxide)。两性化合物是电负性为中间数值(1.6～2.0)的那些元素形成的化合物。

主族元素氧化物的酸碱性如图 7-3 所示。左下角和右上角未标出元素符号的区域分别是形成碱性氧化物和酸性氧化物的区域；圆圈内的元素甚至在它们的最高氧化态也能形成两性氧化物，方框中的元素在最高氧化态形成酸性氧化物，较低氧化态则形成两性氧化物。

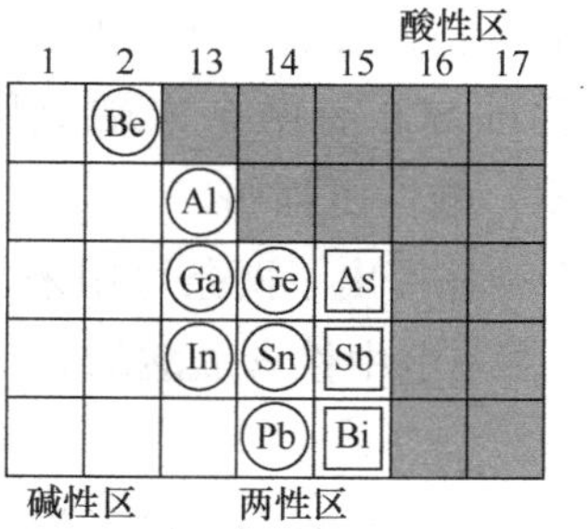

图 7-3 主族元素氧化物的酸碱性

d 区元素的两性现象与氧化态有关。同一元素可能形成两种或多种氧化物，如 Mn 形成多种氧化物，Mn 在其中具有不同的氧化态：

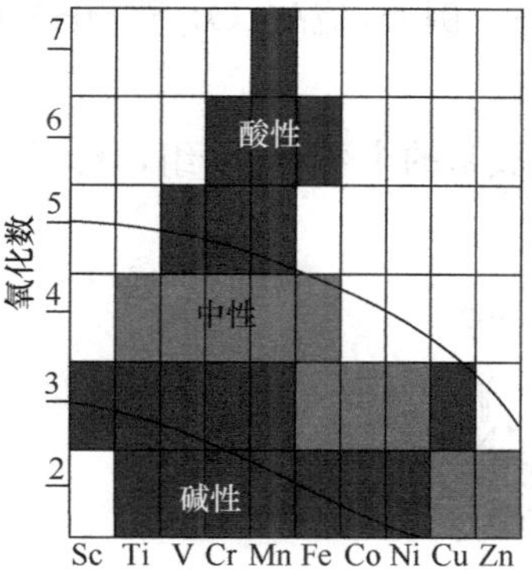

图 7-4 过渡系元素氧化物酸碱性与氧化态之间的关系

Mn_xO_y	MnO	Mn_2O_3	MnO_2	MnO_3	Mn_2O_7
锰的氧化态	+2	+3	+4	+6	+7

可以这样理解：低氧化态的作用与低电负性相当，而高氧化态则对应于高电负性。根据这样的理解，上述序列中氧化物的酸性应当自左至右增大。这一判断与实际相符，MnO 是碱，与酸反应生成二价锰盐；Mn_2O_3 主要显碱性；MnO_2 的酸性和碱性都不明显；MnO_3 和 Mn_2O_7都是酸性氧化物，与之对应的锰酸（H_2MnO_4）和高锰酸（$HMnO_4$）都是强酸。第一过渡系元素氧化物酸碱性与氧化态之间的关系如图 7-4 所示。

【例题 7-5】 根据传统的定性分析方案，将金属离子的溶液氧化再加入氨水使 pH 升高，此时 Fe^{2+}、Ce^{3+}、Al^{3+}、Cr^{3+} 和 V^{3+} 以氢氧化物形式沉淀下来。加入 H_2O_2 和 NaOH 后，Al、Cr 和 V 的氢氧化物重新溶解，试从氧化物酸碱性的观点讨论这些步骤。

解 氧化态为+3 时所有金属氧化物的碱性足以使它们不溶于 pH≈10 的溶液中。Al(Ⅲ)是两性的，因此在强碱中重新溶解生成$[Al(OH)_4]^-$，V(Ⅲ)和 Cr(Ⅲ)被氧化为$[VO_4]^{3-}$和$[CrO_4]^{2-}$，分别为酸性氧化物 V_2O_5和 CrO_3 形成的阴离子。

3. 含氧酸的酸性

含氧酸(oxoacid)的通式可表示为 $O_pE(OH)_q$。E 为中心原子，下标“p”和“q”分别表示“末端氧原子”和 OH 基团的数目。为了描述含氧酸的相对强度，同样需要考虑中心原子对O—H键键电子的引力。两种因素增加这种吸引：① 高电负性的中心原子；② 大数目的末端氧原子。

HOCl 和 HOI 中都不存在末端氧原子（$p=0$），两者的主要差别在于一个中心原子(Cl)的电负性高于另一个(I)。正如预期的那样，次氯酸的酸性高于次碘酸。

H—O—Cl	H—O—I
电负性(Cl)=3.0	电负性(I)=2.5
$K_a^\ominus=2.9\times10^{-8}$	$K_a^\ominus=2.3\times10^{-11}$

为了比较 H_2SO_4 和 H_2SO_3 的酸性，可以不考虑中心原子电负性的影响。可以预期，高电

负性的末端氧原子倾向于吸引 O—H 键的键电子，导致 O—H 键变弱，从而提高分子的酸性。由于 H_2SO_4 有两个末端氧原子[$(O)_2S(OH)_2$]而 H_2SO_3 只有一个[$(O)S(OH)_2$]，因而 H_2SO_4 酸性更强些。

鲍林提出了两条可用来粗略判断单核含氧酸强度的规则：

(1) 电中性含氧酸的 $pK_a^\ominus \approx 8-5p$。即 $p=0$ 时 $pK_a^\ominus \approx 8$；$p=1$ 时 $pK_a^\ominus \approx +3$；$p=2$ 时 $pK_a^\ominus \approx -2$。

(2) 多元酸($q>1$)多步质子转移反应的 $pK_a^\ominus$ 逐级增加 5。例如，硫酸$(O)_2S(OH)_2$($p=2,q=2$)的 $pK_{a_1}^\ominus \approx -2$，而 $pK_{a_2}^\ominus \approx +3$。

这些规则的成功可由图 7-5 得以证实。图中将各种酸按氧基的个数(p)分组，令人惊奇的是，估算值的误差仅约±1。

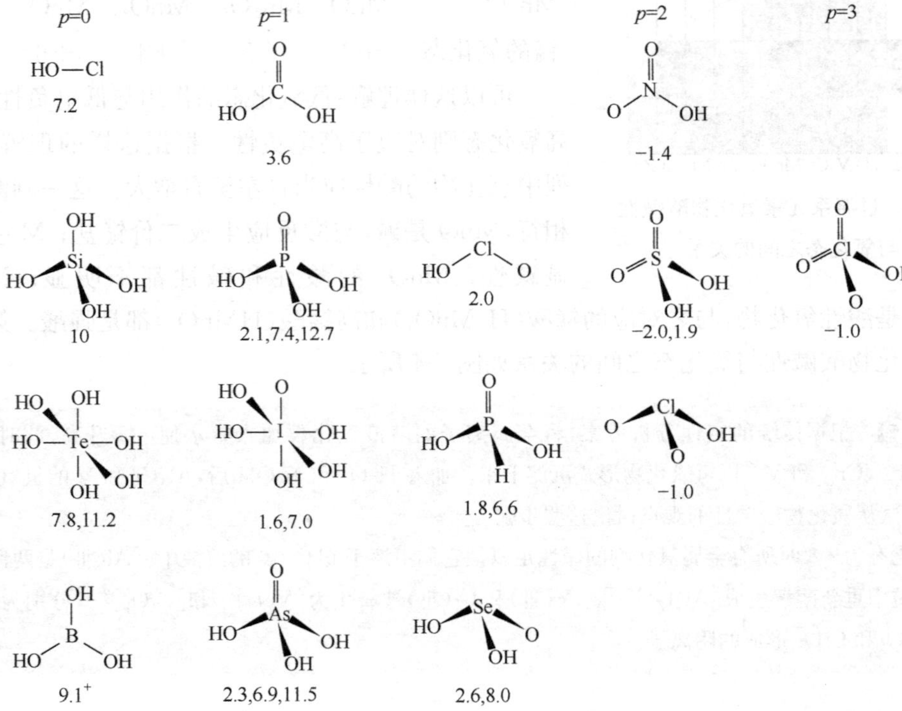

图 7-5　含氧酸的结构及其酸度常数

【例题 7-6】 应用鲍林规则

(1) 判断 H_3PO_4($pK_a^\ominus=2.12$)、H_3PO_3($pK_a^\ominus=1.80$)和 H_3PO_2($pK_a^\ominus=2.0$)的结构。

(2) 粗略估计 H_3PO_4、$H_2PO_4^-$、HPO_4^{2-} 的 $pK_a^\ominus$。

解 (1) 3 个 pK_a 都接近 Pauling 第一规则中的氧基数为 1 的数值，表明结构中应有相同非羟基氧原子：$(HO)_3P{=}O$、$(HO)_2HP{=}O$、$(HO)H_2P{=}O$。第二个和第三个结构式是由 H 代替了 P 上的 OH 得来的。

(2) H_3PO_4：一个非羟基氧原子，$pK_a^\ominus$ 约为 2；$H_2PO_4^-$：$pK_a^\ominus$ 增加 5，约为 7；HPO_4^{2-}：$pK_a^\ominus$ 约为 12。

7.3.6 超酸

按照酸碱质子理论，在水溶液中最强的酸是 H_3O^+。任何比 H_3O^+ 更强的酸在水溶液中都会全部解离，释放出的 H^+ 与 H_2O 结合成 H_3O^+。这些酸的强度（给出 H^+ 的能力）完全由 H_3O^+ 来体现。离开水溶液就可以获得比 H_3O^+ 更强的酸。例如，100%的纯 H_2SO_4 释放 H^+ 的能力比 H_3O^+ 大得多。通常把比 100%的纯 H_2SO_4 酸性还强的酸称为**超酸**（super acid）。实际上，化学家已经合成出比纯 H_2SO_4 酸性还强 10^7～10^{19} 倍的超酸。纯 $HClO_4$ 就是一种普通的超酸。当 $HClO_4$ 和纯 H_2SO_4 混合时，实际上 H_2SO_4 作为碱：

$$HClO_4(H_2SO_4)+2H_2SO_4(l) \longrightarrow ClO_4^-(H_2SO_4)+H_3SO_4^+(H_2SO_4)$$

氟磺酸（HSO_3F）是一种很强的超酸，其酸性比纯 H_2SO_4 酸性强 1000 倍。在氟磺酸中加入 SbF_5（一种路易斯酸），又可使其酸性增强数千倍。这两种酸之间的反应是很复杂的，但在此混合酸中提供超氢离子的是 $H_2SO_3F^+$。此混合酸可与许多物质反应，甚至不能与普通酸反应的烃类也能与其反应。例如，丙烯与其反应可得到丙基阳离子：

$$C_3H_6(HSO_3F)+H_2SO_3F^+(HSO_3F) \longrightarrow C_3H_7^+(HSO_3F)+2HSO_3F(l)$$

习惯上把氟磺酸和 SbF_5 的混合酸称为“魔酸”。此名称来源于 Case Western Reserve 大学专门从事超酸研究的欧拉（G. A. Olah）实验室。有一次在实验室举行的圣诞聚会上，欧拉的一位同事不小心将一支蜡烛掉入超酸中，发现它很快地溶入超酸。后来进一步研究发现，石蜡烃分子在超酸中已与氢离子结合变成正离子，而且原来长链的石蜡烃分子重排成支链分子。这种结果是完全没有预料到的，因此给该酸取名为“魔酸”。

多种超酸已广泛应用于石油工业。它可以使价值较低的直链烃转化为生产高辛烷值汽油所必需的支链烃。

7.4 酸碱电子理论

7.4.1 酸碱电子理论

1. 酸碱的定义

酸碱电子理论（acid-base electron theory），也称**广义酸碱理论**（generalized acid-base theory）、**路易斯酸碱理论**（the Lewis acid-base theory），是 1923 年美国化学家路易斯提出的一种酸碱理论，它认为：凡是可以接受外来电子对的分子、基团或离子为酸，如 H^+、BF_3、Na^+、Ag^+ 等，酸是电子对的接受体；凡可以提供电子对的分子、基团或离子为碱，如 OH^-、CN^-、NH_3、F^- 等，碱是电子对的给予体。

2. 酸碱反应和酸碱配合物

从下面的反应不难看出，酸碱质子理论是酸碱电子理论的一种特例。结合这几个反应，路易斯将酸碱的范围扩大了。对于酸碱的识别，也要在具体的反应中进行。几乎所有的金属离子都是路易斯酸，负离子几乎都是路易斯碱，而酸和碱反应的生成物都是酸碱配合物（acid-base complexes）。

第一列		第二列		第三列
Fe^{3+}	+	$6H_2O$:	══	$[Fe(OH_2)_6]^{3+}$
Cu^{2+}	+	4 :NH_3	══	$[Cu(NH_3)_4]^{2+}$
H^+	+	H_2O:	══	H_3O^+
BF_3	+	:NH_3	══	F_3BNH_3
$AlCl_3$	+	:Cl^-	══	$[AlCl_4]^-$
SiF_4	+	2 :F^-	══	$[SiF_6]^{2-}$
CO_2	+	:OH^-	══	HCO_3^-
I_2	+	$(CH_3)_2CO$:	══	$(CH_3)_2COI_2$
(路易斯酸	+	路易斯碱	══	配合物)

【思考题】

7-6　路易斯碱包括所有阴离子、许多溶剂分子(如水分子,醇、醚和胺分子)及其他能提供电子对的物种。那么,常见的路易斯酸包括哪几类呢?

【例题 7-7】　(1) 下列化合物中,哪些是路易斯酸,哪些是路易斯碱?

$$BH_4^-,\quad PH_3,\quad BeCl_2,\quad CO_2,\quad CO,\quad Hg(NO_3)_2,\quad SnCl_2$$

(2) 写出下列物种的共轭酸和共轭碱。

$$NH_3,\quad NH_2^-,\quad H_2O,\quad HI,\quad HSO_4^-$$

解　(1) 路易斯酸 $BeCl_2$,CO_2,CO,$Hg(NO_3)_2$,$SnCl_2$

路易斯碱 PH_3,CO,$SnCl_2$

(2)

	共轭酸	共轭碱
NH_3	NH_4^+	NH_2^-
NH_2^-	NH_3	NH^{2-}
H_2O	H_3O^+	OH^-
HSO_4^-	H_2SO_4	SO_4^{2-}
HI	H_2I^+	I^-

3. 酸碱反应的基本类型

根据酸碱电子理论,可把酸碱反应分为以下四种类型。

(1) 酸碱加合反应。酸碱反应是电子对接受体与电子对给予体之间形成配位共价键的反应。例如

$$Ag^+ + 2:NH_3 = [Ag(NH_3)_2]^+$$

(2) 酸取代反应。酸取代酸碱配合物中的酸,生成新的酸碱配合物,这种取代反应称为酸取代反应。例如

$$Al(OH)_3 + 3H^+ = Al^{3+} + 3H_2O$$

酸(H^+)取代了酸碱配合物 $Al(OH)_3$ 中的酸(Al^{3+}),形成了新的酸碱配合物 H_2O。又如

$$[CdI] + Hg = [HgI] + Cd$$

酸(Hg)取代了酸碱配合物[CdI]中的酸(Cd),形成了新的酸碱配合物[HgI]。

(3) 碱取代反应。碱取代酸碱配合物中的碱,生成新的酸碱配合物,这种取代反应称为碱取代反应。例如

$$[Cu(NH_3)_4]^{2+} + 2OH^- \xlongequal{} Cu(OH)_2 \downarrow + 4NH_3$$

碱(OH^-)取代了酸碱配合物$[Cu(NH_3)_4]^{2+}$中的碱 NH_3，形成了新的酸碱配合物 $Cu(OH)_2$。又如

$$[Ag(NH_3)_2]^+ + I^- \xlongequal{} AgI \downarrow + 2NH_3$$

碱(I^-)取代了酸碱配合物$[Ag(NH_3)_2]^+$中的碱(NH_3)，形成了新的酸碱配合物 AgI。

(4) 双取代反应。两种酸碱配合物中的酸碱互相交叉取代，生成两种新的酸碱配合物，这种取代反应称为双取代反应。例如

$$BaCl_2 + Na_2SO_4 \xlongequal{} BaSO_4 + 2NaCl$$

$$CH_3COOH + CH_3OH \xlongequal{} CH_3COOCH_3 + H_2O$$

也有化学家这样分类：

第一类反应称为配合物形成反应(complex formation reaction)，是最简单的一类路易斯酸碱反应，或是酸与碱在惰性溶剂(non-coordinating solvent)中发生的反应，或是反应物与溶剂本身的反应，或发生在气相的反应：

$A + :B \rightleftharpoons A—B$　　配位反应(以上分类中的酸碱加合反应)

第二类反应为置换反应(displacement reaction)，或表示配合物中的碱配位体被一个外来碱置换。例如

$A—B + :B' \longrightarrow A—B' + :B$　　取代反应(以上分类中的酸取代反应和碱取代反应)

或表示配合物中的酸被一个外来酸置换，例如

$$[MnF_6]^{2-} + 2SbF_5^{2-} \rightleftharpoons 2[SbF_6]^{3-} + MnF_4$$

$$HS^-(aq) + H_2O(l) \rightleftharpoons H_3O^+(aq) + S^{2-}(aq)$$

$$[Cu(NH_3)_4]^{2+}(aq) + 4H_2O(l) \rightleftharpoons [Cu(H_2O)_4]^{2+}(aq) + 4NH_3(g)$$

第三类反应为复分解反应(metathesis reaction)，希腊语中的“metathesis”意为“交换”，所以复分解反应即配位体交换反应，又称双取代反应。例如

$A—B + A'—B' \rightleftharpoons A—B' + A'—B$　　复分解反应(以上分类中的双取代反应)

$(C_2H_5)_3Si—I + AgBr \rightleftharpoons (C_2H_5)_3Si—Br + AgI$

酸碱电子理论的定义涉及物质的微观结构，使酸碱理论与物质结构产生了有机的联系。按这一理论，几乎所有的正离子都能起酸的作用，负离子都能起碱的作用，绝大多数的物质都能归为酸、碱或酸碱配合物。而且大多数反应都可以归为酸碱之间的反应或酸碱及酸碱配合物之间的反应。可见，这一理论的适用面极广。也正是理论的适用面广这一优点，决定了酸碱的特征不明显，这也是酸碱电子理论的不足之处。在此要注意区别路易斯酸和质子酸。质子酸所指的是整个 HA 分子，既包括质子 H^+ 也包括其共轭碱，按电子理论，HA 实质上为路易斯酸碱加合物，而路易斯酸则仅指 HA 中的 H^+ 部分。

7.4.2　软硬酸碱理论

这种理论对确定酸碱的相对强弱来说，没有统一的标度，对酸碱的反应方向难以判断。例如，OH^- 和 NH_3 都是路易斯碱，在和质子反应时，碱性 $OH^- > NH_3$，但和 Ag^+ 反应时，AgOH 在液氨中全部解离，而$[Ag(NH_3)_2]^+$稳定存在，则碱性 $OH^- < NH_3$。因此不能简单地比较酸碱的强弱，而要依据具体的反应来判断。为了弥补这一缺陷，1963 年皮尔逊(L. B. Pearson)根据路易斯酸碱之间授受电子对的难易程度，提出了软硬酸碱理论(hard-soft acid-base theory，简称 HSAB theory)，这是对路易斯理论的继续发展。

软硬酸碱的基础仍是电子理论，形容酸或碱的核子对其外围电子抓得松紧的程度，抓得紧为硬，抓得松为软。根据酸碱得失电子对的难易程度将酸分为软、硬酸，碱分为软、硬碱。

硬酸(hard acid)：接受电子对的原子。其电子云的变形性小，半径小，电荷高的正离子一般都是硬酸。

软酸(soft acid)：接受电子对的原子。其电子云的变形性大，半径大，电荷低的正离子一般都是软酸。

	硬	交界	软
酸	H^+, Li^+, Na^+, K^+, Be^{2+}, Mg^{2+}, Ca^{2+}, Cr^{2+}, Cr^{3+}, Al^{3+}, SO_3, BF_3	Fe^{2+}, Co^{2+}, Ni^{2+}, Cu^{2+}, Zn^{2+}, Pb^{2+}, SO_2, BBr_3	Cu^+, Ag^+, Au^+, Ti^+, Hg^+, Pd^{2+}, Cd^{2+}, Pt^{2+}, Hg^{2+}, BH_3
碱	F^-, OH^-, H_2O, NH_3, CO_3^{2-}, O^{2-}, SO_4^{2-}, PO_4^{3-}, ClO_4^-	NO_2^-, SO_3^{2-}, Br^-, N_3^-, N_2, SCN^-, C_6H_5N	H^+, R^-, CN^-, CO, I^-, SCN^-, R_3P, C_6H_6, R_2S

交界酸：变形性介于软硬酸之间。

硬碱(hard base)：给出电子对的原子的电负性大，不易变形，不易失去电子。

软碱(soft base)：给出电子对的原子的电负性小，易变形，易失去电子。

交界碱：失去电子的能力处于软硬碱之间。

软硬酸碱理论能广泛地解释酸碱反应，并很方便解释配合物的稳定性，软硬酸碱反应的规则是，软亲软，硬亲硬，软硬一起不稳定。软酸软碱间主要形成共价键，硬酸硬碱间主要形成离子键。

软硬酸碱的应用主要表现在以下几个方面。

(1) 指导药物设计。

除 Ag^+ 之外，其他软酸金属离子的毒性都很强。例如，汞中毒可能是由于 Hg^{2+}（软酸）与蛋白质分子中的 S^{2-}（软碱）结合，从而改变了蛋白质分子的结构。由于 Se 是比 S 更软的原子（留意它们在周期表中的位置），从而对 Hg 显示出更强的结合力。

根据这一原理，药物化学家有可能设计出含 Se 药物，从汞中毒患者的蛋白质 S 原子上除去 Hg^{2+}。这就是说，尽管 Se^{2-} 是个毒性很大的软碱，但一定条件下却能产生有益的效应。

(2) 判断反应进行的方向。

$$(C_2H_5)_3Si—I + AgBr \longrightarrow (C_2H_5)_3Si—Br + AgI$$

反应能够向右进行，是因为两个产物都满足了硬-硬和软-软结合的规律。

(3) 帮助拟定合成反应。

$[AgF_4]^{2-}$、$[FeO_4]^{2-}$ 和 OsO_4 中的 Ag(+2)、Fe(+6) 和 Os(+8) 就是用 F^- 和 O^{2-} 这样的硬碱使之稳定的。试图合成这些高氧化态金属的硫化物，则多半是失败。

(4) 说明自然界和人体内金属元素存在的状态。

自然界矿物中 Li、Na、Cd、Al 和 Cr 等元素（硬酸）多与含氧酸中的 O^{2-}（硬碱）结合，而 Ag、Hg、Cd、Pd 和 Pt 等元素（软酸）却与 S^{2-}（软碱）形成硫化物矿。人体内存在的金属元素主要有 Na^+、K^+、Mg^{2+}、Ca^{2+}、Mn(Ⅱ/Ⅲ)、Fe(Ⅱ/Ⅲ)、Co(Ⅱ/Ⅲ)、Cu(Ⅰ/Ⅱ) 和 Zn(Ⅱ) 等。研

究发现，Na^+、K^+、Mg^{2+}、Ca^{2+} 和 Mn(Ⅱ/Ⅲ)元素在人体内均与 O 原子键合，Fe(Ⅱ/Ⅲ)、Co(Ⅱ/Ⅲ)与 O 和 N 键合；Cu(Ⅰ/Ⅱ)和 Zn(Ⅱ)则与 N 或 S 键合。随着酸的硬度逐渐减小，键合原子也明显地由硬碱 O 逐渐地趋向软碱 S。

7.5　化学中酸碱理论的发展与创新

前面介绍的各种酸碱理论，有其各自的优缺点及各自的适用范围。阿伦尼乌斯分解酸碱电离理论适用于水溶液中的 H^+ 和 OH^- 的反应，而酸碱质子理论则除了适用于以上水溶液体系外，还特别适合于涉及质子转移的酸碱反应等。由此表明，不同的酸碱理论都各自强调了某个方面，它们三者之间既相互联系又有区别(图 7-6)。对于不同情况下的反应，应先选用适当的理论来解释，讨论非水体系中酸碱时用酸碱电离理论；水溶液中酸碱问题用酸碱电离理论；处理无机化学和配位化学时用电子理论或软硬酸碱理论。理论的不断提出使化学酸碱问题的解决越来越方便。

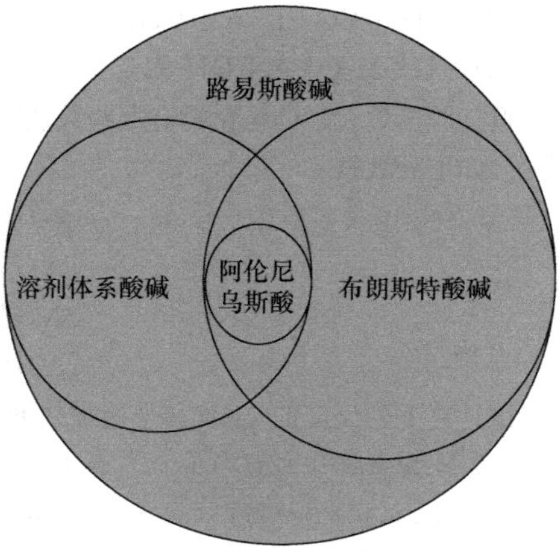

图 7-6　几种酸碱理论适用范围的相对大小示意图

上述几种酸碱理论对酸碱的定义有共同之处，概括起来为：酸是某种指定的正电荷、物种的给予者，或者是某种指定的负电荷、物种的接受者；碱是某种指定的负电荷、物种的给予者，或者是某种正电荷、物种的接受者。例如，从酸碱电离理论看，给出正电荷物种 H^+ 的是酸，接受正电荷物种 H^+ 的是碱。对其他几种理论定义的酸碱，也有类似的情况。

任何学科的发展都是由简陋到完备，由局限到广泛，发展到极致都是应用领域的空前广泛，这是遵守事物发展规律的。溶剂酸碱理论解决了酸碱电离理论限制在水溶液体系中的有界性，但仍未很好地定义酸。电子理论准确地定义了酸与碱，且不受溶剂性质的影响，包括几乎所有的酸与碱，基本能解释所有酸碱反应。但正是因为应用的无限性，使得电子理论变得一般化，没有自己的特点，虽能解决某些问题，但却不具针对性，不能快速、方便、准确地处理相关问题。

不难总结出，任何理论、任何政策、任何科学，发展的前景是广阔的，而且发展是日臻完善的，但当发展到极致时，也便失去了自己的特征，只具有普遍性，能解决几乎所有一般的问题，但却失去有效的针对性。所以，我们在应用某些理论或科学知识时，要分析区别，对比应用，才能有效地处理好自己的问题。

习　　题

7-1　用质子理论判断下列物质哪些是酸，并写出它的共轭碱。判断哪些是碱，也写出它的共轭酸。其中哪些既是酸又是碱？

$$H_2PO_4^-, CO_3^{2-}, NH_3, NO_3^-, H_2O, HSO_4^-, HS^-, HCl$$

7-2　讨论酸碱理论的应用与局限、创新与发展。

7-3　如何用 HSAB 原则解释相似相溶规律？

（提示：物质的溶解可看作溶剂和溶质间酸和碱的相互作用。如果把溶剂作为酸碱看待，那么就有软硬之分，如水是硬溶剂，苯是软溶剂；溶质如果作为酸碱看待，也有软硬之分，如离子化合物是硬溶质，共价化合物是软溶质。）

7-4 Ni 和 Cu 的常见矿是硫化物矿，而 Al 和 Ca 则分别以氧化物和碳酸盐形式存在。能否用 HSAB 原则对此作解释？

7-5 指出下列反应中的路易斯酸和碱。

(1) $BrF_3 + F^- \rightleftharpoons [BrF_4]^-$

(2) $(CH_3)_2CO + I_2 \rightleftharpoons (CH_3)_2CO—I_2$

(3) $KH + H_2O \rightleftharpoons KOH + H_2$

7-6 概括非金属元素的氢化物有哪些共性？

7-7 已知下列数据：

$$\Delta_f G_m^\ominus(H_2S, aq) = -27.9 kJ \cdot mol^{-1}$$
$$\Delta_f G_m^\ominus(S^{2-}, aq) = 85.8 kJ \cdot mol^{-1}$$
$$\Delta_f G_m^\ominus(H_2Se, aq) = 22.2 kJ \cdot mol^{-1}$$
$$\Delta_f G_m^\ominus(Se^{2-}, aq) = 129.3 kJ \cdot mol^{-1}$$

试计算下列反应的 $\Delta_r G_m^\ominus$ 和平衡常数 $K^\ominus$，并确定两者中哪一个酸性较强。

(1) $H_2S(aq) \longrightarrow 2H^+(aq) + S^{2-}(aq)$

(2) $H_2Se(aq) \longrightarrow 2H^+(aq) + Se^{2-}(aq)$

7-8 试从 HA 酸在解离过程中的能量变化分析影响其酸性强度的一些主要因素。

7-9 试从结构观点分析含氧酸强弱和结构之间的关系。用鲍林规则判断下列酸的强弱。

(1) HClO (2) $HClO_2$ (3) H_3AsO_3 (4) HIO_3 (5) H_3PO_4

(6) $HBrO_3$ (7) $HMnO_4$ (8) H_2SeO_4 (9) HNO_3 (10) H_6TeO_6

7-10 试解释下列各组酸强度的变化顺序。

(1) HI > HBr > HCl > HF

(2) $HClO_4 > H_2SO_4 > H_3PO_4 > H_4SiO_4$

(3) $HNO_3 > HNO_2$

(4) $HIO_4 > H_5IO_6$

(5) $H_2SeO_4 > H_5TeO_6$

第 8 章　氧化还原反应

本章学习要求

(1) 理解氧化还原反应的实质；
(2) 掌握氧化还原方程式的基本配平方法；
(3) 了解原电池的工作原理，掌握电极反应、电池反应的书写和原电池的表示方法；
(4) 初步了解电解和电镀的原理；
(5) 初步了解常见的化学电池。

【背景问题】

(1) 为什么许多原先闪闪发光的地下银器文物在发掘时在大气环境下变色？

(2) 为什么可以把酸碱的解离和中和、沉淀的生成和溶解、配位反应归于一类反应——非氧化还原反应或布朗斯特酸碱反应？

(3) 原电池和电解池，三个字有两个字都一样(都有电和池)，为什么其作用原理却大相径庭？

(4) 为什么说发展电动汽车不只是从能源的可持续供应和减少环境污染的角度上考虑的？

化学反应可按是否得失电子分成两大类——氧化还原反应和非氧化还原反应。整个化学的发展是从氧化还原反应开始的，它是化学反应中最重要的反应，凡是涉及化学的工矿企业，衣食住行的各行各业的物质生产，生物有机体的发生、发展和消亡，大多都与氧化还原反应有关。据不完全统计，化工生产中约 50%的反应都涉及氧化还原反应。

本章将重点讨论氧化还原反应的实质和特点，在中学学习的基础上进一步掌握氧化还原方程式的配平方法和原电池的工作原理与表示方法，同时介绍电解、电镀以及常见的化学电池。

8.1　氧化还原的基本概念

8.1.1　氧化值

元素的氧化值(oxidation value)又称为氧化数(oxidation number)，是按一定规则给元素的一个原子指定一个数字，以表征元素在各物质中的表观电荷(又称形式电荷)数。在离子化合物中，元素的氧化值等于该元素离子的电荷数。例如，在 $MgCl_2$ 中，镁的氧化值是+2，氯的氧化值是−1。在共价化合物中，元素的氧化值等于该元素的原子偏离或偏向的共用电子对数。偏离的那种原子，元素的氧化值是正的，偏向的元素氧化值是负的。例如，在 NH_3 中，氮的氧化值是−3，氢的氧化值是+1。在单质中，相同元素的原子不发生电子的转移或偏移，元素的氧化值定为零。例如，在氮气、铜、单晶硅等单质中，元素的氧化值都是零。确定元素氧化值的规则有：

(1) 单质中元素原子的氧化值为零；在中性化合物中，所有元素原子的氧化值总和等于零。

(2) 简单离子，元素原子的氧化值等于离子所带的电荷数；在复杂离子中，所有元素原子的氧化值的代数和等于该离子的电荷数。

(3) 大多数化合物中，氢的氧化值一般为+1；活泼金属氢化物中，氢的氧化值为−1。

(4) 通常氧的氧化值为−2，但在 H_2O_2、Na_2O_2 中，氧的氧化值为−1；在超氧化合物中，氧的氧化值为−1/2；在氧的氟化物 OF_2、O_2F_2 中，O 的氧化值分别为+2、+1。

氧化值可以是正数、负数或分数。例如，在 Fe_3O_4 中铁的氧化值是 $+\frac{8}{3}$。这进一步说明氧化值实质上只是一种形式电荷，表示元素原子的平均、表观的氧化状态。

氧化值与化合价不同。氧化值概念是从正负化合价概念分化发展产生的，化合价的原意是某种元素的原子与其他元素的原子相化合时两种元素的原子数目之间一定的比例关系，所以化合价不应为非整数。例如，在 Fe_3O_4 中，Fe 实际上存在两种价态：+2 和+3 价，其分子组成为 $Fe^{3+} \cdot Fe^{2+}[Fe^{3+}O_4]$。引入氧化值概念后，化合价概念可保持原来原子个数比的意义，而不必使用“平均化合价”等容易使化合价概念模糊的术语了。这也正是氧化值概念在正负化合价概念的基础上区分出来的理由之一。

化合价和分子、离子的微观结构有关。在离子化合物中化合价和氧化值在数值上可能相等，但在共价化合物中往往差别很大，一般来说元素的最高化合价应等于其所在族数，但是元素的氧化值却可以高于所在族数。例如，在 CrO_5 中 Cr 的氧化值为+10，但根据经典电子论，CrO_5 的结构式是

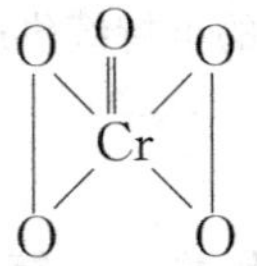

可以看出，Cr 的化合价为+6，这是 Cr 的最高价态，等于其所在的族数。又如，有 X 射线结构分析已知，在固体中 PCl_5 具有 $[PCl_4]^+[PCl_6]^-$ 式的结构，即一个磷原子是+4 价，另外一个是+6 价，但磷原子的氧化值是+5，这种现象在有机化合物中更为常见。例如，在 CH_3Cl 和 $CHCl_3$ 两种化合物中，碳的化合价都是+4 价，但前者碳的氧化值是−2，后者是+2。氧化值这一概念在 1970 年被国际纯粹与应用化学联合会(IUPAC)通过，并为化学界普遍接受。

氧化值概念非常适合于讨论氧化还原反应，可根据氧化值的升降判断氧化反应和还原反应，以及还原剂和氧化剂。

【思考题】

8-1　请具体说明氧化值与化合价的异同。

【例题 8-1】　请确定下列化合物中 S 原子的氧化值。

(a) H_2SO_4；(b) $Na_2S_2O_3$；(c) $K_2S_2O_8$；(d) SO_3^{2-}；(e) $S_2O_6^{2-}$。

解　设题给化合物中 S 原子的氧化值依次为 x_1，x_2，x_3，x_4 和 x_5，根据上述有关规则可得

(a)　$2(+1)+1(x_1)+4(-2)=0$　　　$x_1=+6$

(b)　$2(+1)+2(x_2)+3(-2)=0$　　　$x_2=+2$

(c)　$2(+1)+2(x_3)+8(-2)=0$　　　$x_3=+7$

(d)　$1(x_4)+3(-2)=-2$　　　$x_4=+4$

(e)　$4(x_5)+6(-2)=-2$　　　$x_5=+2.5$

8.1.2　氧化还原电对

凡是有电子转移的化学反应称为氧化还原反应，其中，失去电子的变化过程即氧化值升高的过程称为氧化(oxidation)，获得电子的变化过程即氧化值降低的过程称为还原(reduction)。氧化值升高的物质称为还原剂(reductant)，还原剂使另一种物质还原，自身被氧化(be oxidized)，它的反应产物称为氧化产物；氧化值降低的物质称为氧化剂(oxidant)，氧化剂使另一种物质氧化，自身被还原(be reduced)，它的反应产物称为还原产物。

在 $Zn+Cu^{2+} = Zn^{2+}+Cu$ 反应中，Cu 的氧化值由 +2 降低为 0，得到电子，为还原过程，Cu^{2+} 作氧化剂，Cu 为还原产物；Zn 的氧化值由 0 升高为 +2，失去电子，为氧化过程，Zn 作还原剂，Zn^{2+} 为氧化产物。整个氧化还原反应可看成由两个半反应(half reaction)构成，即

还原半反应：$Cu^{2+}+2e^- \longrightarrow Cu$

氧化半反应：$Zn \longrightarrow Zn^{2+}+2e^-$

氧化反应和还原反应总是同时发生，相辅相成。

在氧化还原半反应中($Zn \longrightarrow Zn^{2+}+2e^-$，$Cu^{2+}+2e^- \longrightarrow Cu$)，同一元素的不同氧化态物质可构成氧化还原电对(redox couple)。电对中高氧化态物质称氧化型，低氧化态物质称还原型。同一元素的氧化型与还原型是彼此依靠、相互转化的关系，是一个共轭关系。这种关系称为氧化还原电对，简称电对。电对的常用符号：氧化型/还原型，即 Zn^{2+}/Zn，Cu^{2+}/Cu。

一个氧化还原电对对应一个半反应。例如

H^+/H_2　　$2H^+ + 2e^- \longrightarrow H_2$

Zn^{2+}/Zn　　$Zn^{2+} + 2e^- \longrightarrow Zn$

氧化还原反应是由两个或两个以上的氧化还原电对共同作用的结果。例如

$$\underset{\text{还原剂 1}}{Zn} + \underset{\text{氧化剂 1}}{Cu^{2+}} = \underset{\text{氧化剂 2}}{Zn^{2+}} + \underset{\text{还原剂 2}}{Cu}$$

氧化还原电对在反应过程中，氧化型(Cu^{2+})的氧化能力越强，则其共轭还原型(Cu)的还原能力越弱；如还原型(Zn)的还原能力越强，则其共轭氧化型(Zn^{2+})的氧化能力越弱。

例如，MnO_4^-/Mn^{2+} 和 SO_4^{2-}/SO_3^{2-} 在酸性介质中反应，其半反应式为

$$MnO_4^- + 8H^+ + 5e^- \longrightarrow Mn^{2+} + 4H_2O$$

$$SO_4^{2-} + 2H^+ + 2e^- \longrightarrow SO_3^{2-} + H_2O$$

总反应为 $2MnO_4^- + 6H^+ + 5SO_3^{2-} = 2Mn^{2+} + 5SO_4^{2-} + 3H_2O$，其中 MnO_4^- 是强氧化剂，其共轭还原剂 Mn^{2+} 则是弱还原剂，SO_3^{2-} 是强还原剂，其共轭氧化剂则是弱氧化剂。这就是“强还原剂制弱还原剂，强氧化剂制弱氧化剂”。

【思考题】

8-2　前面讲过酸碱反应，您能将氧化还原反应与其相关联吗？

8.1.3　氧化还原方程式的配平

1. 氧化值法

氧化值法的配平原则是氧化值的升降值相等，反应前后各元素的原子总数相等。

配平氧化还原反应的基本步骤为

(1) 写出基本反应式。

$$Cu + HNO_3 \longrightarrow Cu(NO_3)_2 + NO + H_2O$$

(2) 找出元素原子氧化值的升降值。

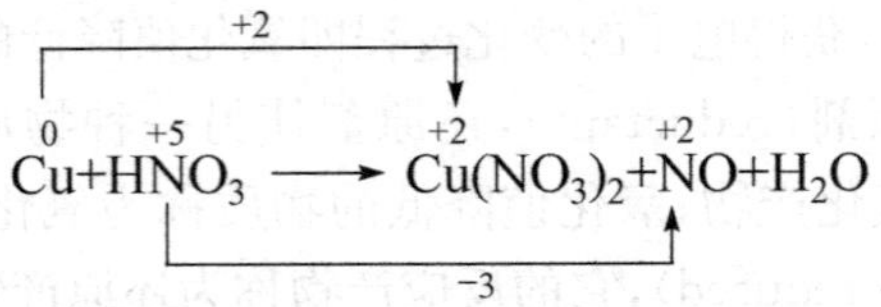

(3) 找出氧化值升高值与氧化值降低值的最小公倍数，将各变化值分别乘以相应的系数。

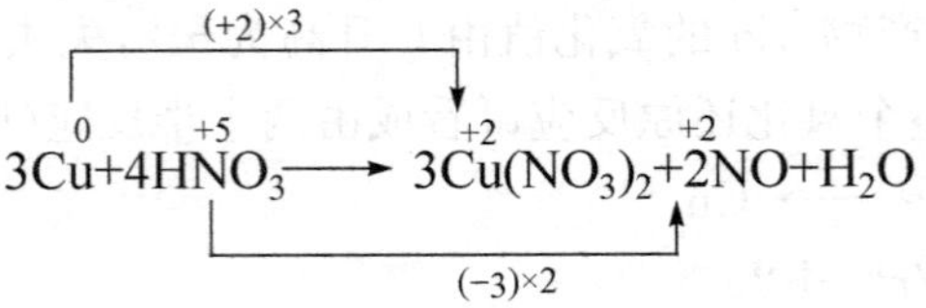

(4) 用观察法配平氧化值未改变的元素原子数目。

$$3Cu + 8HNO_3 \xlongequal{\quad} 3Cu(NO_3)_2 + 2NO + 4H_2O$$

2. 离子-电子法

在水溶液中进行的氧化还原反应，除用氧化值升降法配平外，一般常用离子-电子法(半反应法)配平。离子-电子法配平氧化还原方程式是将反应式改写为两个半反应式(电极反应式)，先将半反应配平，再将半反应式加合起来，消去其中的电子而完成。像任何其他化学反应式一样，离子-电子方程式必须反映化学变化过程的实际。

电极反应式的配平是离子-电子法配平的基础。氧化还原电对中只写氧化值有变化的物质，电极反应式的配平就是在电对的基础上写出完整的电极反应式。要特别注意电极反应的介质条件，在酸介质中不应出现碱性物质，如 OH^-、S^{2-} 等，而在碱介质中则不应出现酸性物质，如 H^+、Zn^{2+} 等。可根据电对存在形式，进行反应介质条件的判断，才能正确配平电极反应式。

例如，在酸介质中配平电对 $Cr_2O_7^{2-}/Cr^{3+}$ 电极反应式的方法步骤如下：

(1) 氧化型写在左边，还原型写在右边。

$$Cr_2O_7^{2-} \longrightarrow Cr^{3+}$$

(2) 将变价元素的原子配平。

$$Cr_2O_7^{2-} \longrightarrow 2Cr^{3+}$$

(3) 在缺少 n 个氧原子的一侧加上 n 个 H_2O，将氧原子配平。

$$Cr_2O_7^{2-} \longrightarrow 2Cr^{3+} + 7H_2O$$

(4) 在缺少 n 个氢原子的一侧加上 n 个 H^+，将氢原子配平。

$$Cr_2O_7^{2-} + 14H^+ \longrightarrow 2Cr^{3+} + 7H_2O$$

(5) 加电子以平衡电荷，完成配平。

$$Cr_2O_7^{2-} + 14H^+ + 6e^- \xlongequal{\quad} 2Cr^{3+} + 7H_2O$$

在碱介质中配平电对 Ag_2O/Ag 电极反应式的方法步骤如下：

(1) 氧化型写在左边，还原型写在右边。

$$Ag_2O \longrightarrow Ag$$

(2) 将变价元素的原子配平。

$$Ag_2O \longrightarrow 2Ag$$

(3) 在缺少 n 个氧原子的一侧加上 n 个 OH^-，将氧原子配平。

$$Ag_2O \longrightarrow 2Ag + OH^-$$

(4) 在缺少 n 个氢原子的一侧加上 n 个 H_2O，同时在另一侧加上 n 个 OH^-，将氢原子配平。

$$Ag_2O + H_2O \longrightarrow 2Ag + 2OH^-$$

(5) 加电子以平衡电荷，完成配平。

$$Ag_2O + H_2O + 2e^- = 2Ag + 2OH^-$$

离子-电子法配平氧化还原反应适用于那些只给出了主要反应物和生成物的不完整的氧化还原方程式以及某些离子方程式。其配平原则是：反应过程中，氧化剂获得的电子总数等于还原剂失去的电子总数。同时，配平时还应注意到反应式的两边电荷和物质数量要相等，即电荷守恒和质量守恒。

【例题 8-2】 配平氧化还原反应方程式　$MnO_4^- + H_2SO_3 \longrightarrow Mn^{2+} + SO_4^{2-}$

解　(1) 写出两个半反应并配平

$$MnO_4^- + 8H^+ + 5e^- \longrightarrow Mn^{2+} + 4H_2O$$

$$SO_4^{2-} + 4H^+ + 2e^- \longrightarrow H_2SO_3 + H_2O$$

(2) 调整计量数，使得失 e^- 数相等后，两式相减，得

$$2MnO_4^- + 5H_2SO_3 = 2Mn^{2+} + 5SO_4^{2-} + 4H^+ + 3H_2O$$

【例题 8-3】 原反应方程式　$MnO_4^- + C_6H_{12}O_6 \longrightarrow Mn^{2+} + CO_2$

解　(1) 写出两个半反应并配平

$$MnO_4^- + 8H^+ + 5e^- \longrightarrow Mn^{2+} + 4H_2O$$

$$6CO_2 + 24H^+ + 24e^- \longrightarrow C_6H_{12}O_6 + 6H_2O$$

(2) 调整计量数，使得失 e^- 数相等后，两式相减，得

$$24MnO_4^- + 5C_6H_{12}O_6 + 72H^+ = 24Mn^{2+} + 30CO_2 + 66H_2O$$

【思考题】

8-3　$K_2Cr_2O_7 + H_2S + H_2SO_4 \longrightarrow Cr_2(SO_4)_3 + S + K_2SO_4 + H_2O$ 可以有三个都是正确的但配平系数不同的氧化还原反应方程式：

(1) $K_2Cr_2O_7 + 3H_2S + 4H_2SO_4 = Cr_2(SO_4)_3 + 3S + K_2SO_4 + 7H_2O$

(2) $K_2Cr_2O_7 + 6H_2S + 5H_2SO_4 = Cr_2(SO_4)_3 + 7S + K_2SO_4 + 11H_2O$

(3) $5K_2Cr_2O_7 + 6H_2S + 17H_2SO_4 = 5Cr_2(SO_4)_3 + 3S + 5K_2SO_4 + 23H_2O$

试由此说明氧化还原反应系数配平有无热力学依据。

8.2　原　电　池

8.2.1　原电池的原理

将化学能转变成电能的装置称为原电池(primary battery)，它利用氧化还原反应产生电流。1836 年，英国人丹聂尔(J. F. Daniell)设计和制作的铜锌原电池如图 8-1 所示。

左池：锌片插在 $1mol \cdot dm^{-3}$ 的 $Zn(NO_3)_2$ 溶液中。

右池：铜片插在 $1mol \cdot dm^{-3}$ 的 $Cu(NO_3)_2$ 溶液中。

两池之间倒置的 U 形管称为盐桥。检流计表明电子从锌片流向铜片。左侧为负极，右侧

为正极。

从图 8-1 中可知，工作状态的化学电池同时发生三个过程：①两个电极表面分别发生氧化反应和还原反应；②电子流过外电路；③离子流过电解质溶液。

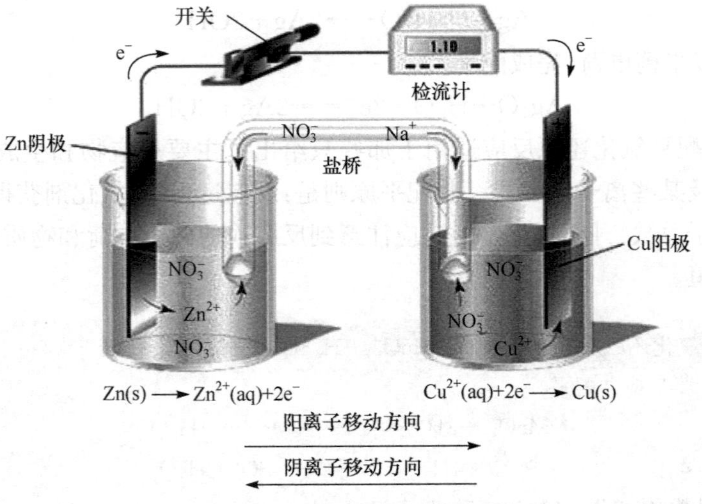

图 8-1　铜锌原电池

8.2.2　电极反应与电池反应

丹聂尔电池的结构对认识原电池的本质具有重要意义。它表明，原电池是由两个半电池连接而成的，半电池的组成以及在产生电流时发生的变化可以用半反应式表达。

锌极　$Zn \longrightarrow Zn^{2+} + 2e^-$　(1) 电子留在 Zn 片上，Zn^{2+} 进入溶液，发生氧化

铜极　$Cu^{2+} + 2e^- \longrightarrow Cu$　(2) 从 Zn 片上得到电子，使 Cu^{2+} 还原成 Cu，沉积在 Cu 片上

电池反应为(1)加(2)，得

$Zn + Cu^{2+} = Zn^{2+} + Cu$　　(1)和(2)称为半电池反应或半反应

盐桥的作用：随着上述过程的进行，左池中 Zn^{2+} 过剩，显正电性，阻碍反应 $Zn \longrightarrow Zn^{2+} + 2e^-$ 的继续进行；右池中 NO_3^- 过剩，显负电性，阻碍电子从左向右移动，阻碍反应 $Cu^{2+} + 2e^- \longrightarrow Cu$的继续。所以电池反应 $Zn + Cu^{2+} = Zn^{2+} + Cu$ 不能持续进行，即不能维持持续的电流。

通常将饱和 KCl 溶液或 NH_4NO_3溶液(以琼胶作成冻胶)灌入 U 形管中，架在两池中。由于 K^+和 Cl^-的定向移动，两池中过剩的正负电荷得到平衡，恢复电中性。于是两个半电池继续进行，使电池反应得以继续，电流得以维持。这就是盐桥(salt bridge)的作用。

在铜锌原电池中所进行的 Zn 置换 Cu^{2+} 的化学反应不再是平时的化学能转化为热能，而在铜锌原电池中，电子做有规则的运动，电子由锌极通过导线流向铜极，电流由铜极流向锌极，Zn 置换 Cu^{2+} 的反应是化学能转变为电能。

在上述反应中，Zn 失去电子而使它的氧化值升高的过程，即氧化，其中 Zn 是还原剂；Cu^{2+} 获得电子使它的氧化值降低的过程，即还原，其中 Cu^{2+} 是氧化剂。Zn 失去电子，Cu^{2+} 获得电子，它们是相互依存的，Zn 失去的电子数和 Cu^{2+} 获得的电子数必然相等，这些都在

铜锌电池中得到充分证明。由此可知氧化剂和还原剂之间发生电子转移是氧化还原反应的本质。

8.2.3　原电池的表示方法

原电池可以用电池符号(battery symbol)表示，前述的 Cu-Zn 电池可表示如下：

$$(-)Zn|Zn^{2+}(1mol\cdot dm^{-3})\parallel Cu^{2+}(1mol\cdot dm^{-3})|Cu(+)$$

电池符号的书写方法为

(1) 负极“－”在左边，正极“＋”在右边，盐桥用“‖”表示。

(2) 半电池中两相界面用“|”分开，同相不同物种用“,”分开，离子的浓度、气体的分压要在( )内标明。

(3) 若电极反应中无金属导体，需用惰性电极铂或石墨；纯液体、固体和气体写在惰性电极一边用“,”或“|”分开。

(4) 盐桥连接着不同的溶液或不同浓度的同种电解质溶液。

【例题 8-4】 用下面的电极反应组成原电池，请写出电池符号和电池反应。

负极：$H_2 \longrightarrow 2H^+ + 2e^-$

正极：$Cr_2O_7^{2-} + 14H^+ + 6e^- \longrightarrow 2Cr^{3+} + 7H_2O$

解　电池符号：

$(-)Pt|H_2(100kPa)|H^+(1mol\cdot dm^{-3})\parallel Cr_2O_7^{2-}(10mol\cdot dm^{-3}),Cr^{3+}(1mol\cdot dm^{-3}),H^+(1.0\times 10^{-2}mol\cdot dm^{-3})|Pt(+)$

电池反应：$Cr_2O_7^{2-} + 3H_2 + 8H^+ \xlongequal{} 2Cr^{3+} + 7H_2O$

【思考题】

8-4　由电池符号您想想电极符号怎么表达?

8.3　电解和电镀

电解(electrolysis)是将电流通过电解质溶液或熔融态物质(又称电解液，electrolyte)，在阴极和阳极上引起氧化还原反应的过程，电化学电池在外加电压时可发生电解过程(electrolytic process)。

电解过程是在电解池(electrolytic cell，图 8-2)中进行的。电解池是由分别浸没在含有正、负离子的溶液中的阴、阳两个电极构成。电子流进负电极(阴极)，溶液中带正电荷的正离子迁移到阴极并与电子结合，变成中性的元素或分子；带负电荷的负离子迁移到另一电极(阳极)，给出电子，变成中性元素或分子。在水电解过程中，OH^- 在阳极失去电子，被氧化成氧气放出；H^+ 在阴极得到电子，被还原成氢气放出。所得到的氧气和氢气，即为水电解过程

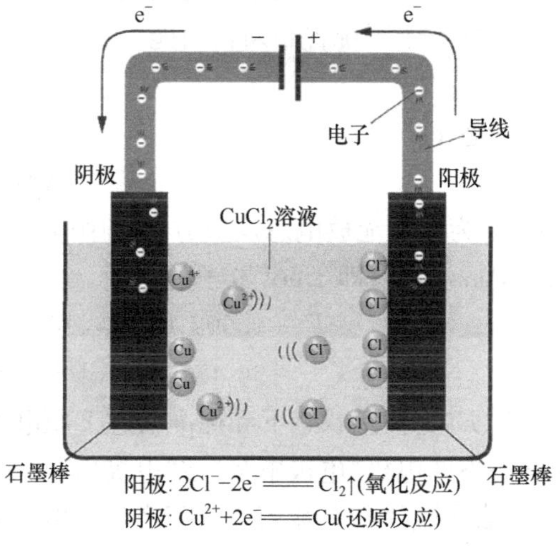

图 8-2　电解氯化铜溶液

的产品。电解过程已广泛用于有色金属冶炼、氯碱和无机盐生产以及有机化学工业。

电镀(electroplating)就是利用电解原理在某些金属表面上镀上一薄层其他金属或合金的过程(图 8-3),是利用电解作用使金属或其他材料制件的表面附着一层金属膜的工艺从而起到防止腐蚀,提高耐磨性、导电性、反光性及增进美观等作用。

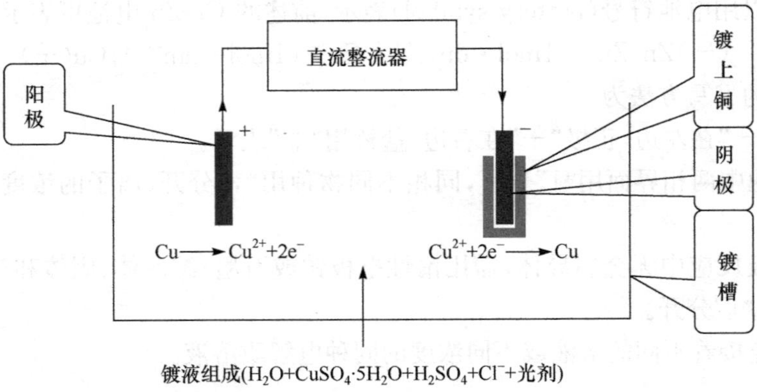

图 8-3 电镀原理示意图

电镀时,镀层金属或其他不溶性材料作阳极,待镀的工件作阴极,镀层金属的阳离子在待镀工件表面被还原形成镀层。为排除其他阳离子的干扰,且使镀层均匀、牢固,需用含镀层金属阳离子的溶液作电镀液,以保持镀层金属阳离子的浓度不变。其中,阳极材料的质量、电镀液的成分、温度、电流密度、通电时间、搅拌强度、析出的杂质、电源波形等都会影响镀层的质量,需要适时进行控制。

镀层大多是单一金属或合金,如锌、镉、金或黄铜、青铜等;也有弥散层,如镍-碳化硅、镍-氟化石墨等;还有覆合层,如钢上的铜-镍-铬层、钢上的银-铟层等。电镀的基体材料除铁基的铸铁、钢和不锈钢外,还有非铁金属,如 ABS 塑料、聚丙烯、聚砜和酚醛塑料,但塑料电镀前必须经过特殊的活化和敏化处理。

8.3.1 原电池和电解池

原电池中的氧化还原反应是通过电子自发地从负极流向正极来实现。原电池所得到的最大功恰好等于系统吉布斯自由能的减少:

$$\Delta_r G_m = -nFE \tag{8-1}$$

标准状态下

$$\Delta_r G_m^\ominus = -nFE^\ominus \tag{8-2}$$

式中,n 为原电池放电总反应方程式中电子转移的计量系数,量纲是一;F 称法拉第常量(Faraday constant),即 1mol 电子的电量。

$$F = 1.602\,191\,7\times10^{-19}\text{C}\cdot\text{e}^{-1}\times6.022\times10^{23}\text{e}\cdot\text{mol}^{-1}$$
$$=96\,484\text{C}\cdot\text{mol}^{-1}\approx96\,500\text{C}\cdot\text{mol}^{-1}$$

E、$E^\ominus$ 为任意状态下和标准状态下原电池的电动势(electromotive force,EMF),它们是相应状态下两电极"电极电势"或"电极电位"(electrode potential)之差(正极减负极)。"电极电势"是表示金属与其盐溶液之间产生的电势差,$E^\ominus$ 表示相应电对的氧化型/还原型物质在标准状态下在水溶液中得失电子的能力,即氧化性/还原性的相对强弱,单位为 V。

$E^{\ominus}$(氧化型/还原型)数值越大,表示电对的氧化型物质的氧化性越强;

$E^{\ominus}$(氧化型/还原型)数值越小,表示电对的还原型物质的还原性越强。

例如,在标准状态下,在酸性介质中,氢氧原电池反应:

$$2H_2+O_2 \longrightarrow 2H_2O$$

正极反应 $O_2+4H^++4e^- \longrightarrow 2H_2O$ $E_+^{\ominus}=1.229V$

负极反应 $H_2 \longrightarrow 2H^++2e^-$ $E_-^{\ominus}=0V$

$$E_{池}^{\ominus}=E_+^{\ominus}-E_-^{\ominus}=1.229V-0V=1.229V$$

电池中电子将自发地从氧电极流向氢电极,反之,上述逆反应不可能自发进行。

对一些不能自发进行的氧化还原反应,可利用外加电压迫使其发生反应,这样电能就能转化为化学能。这种利用外加电压迫使氧化还原反应进行的过程称为电解。实现电解过程的装置称为电解池。

现在通电流用电解的方法可使上述反应逆转,变为了电解池:

$$2H_2O \longrightarrow 2H_2+O_2$$

电解池的阳极反应 $2H_2O \longrightarrow O_2+4H^++4e^-$

电解池的阴极反应 $2H^++2e^- \longrightarrow H_2$

电解池的两极经常用阳极和阴极表示,发生氧化反应的是阳极,而发生还原反应的是阴极。

理论上外加 1.23V 的直流电即可完成电解反应。1.23V 称为理论分解电压(theoretical decomposition voltage)。实际情况如何? 当外电压小于和等于理论分解电压 1.23V 时,电解池的电流极小且变化很不显著。当电压超过 1.83V 后,电流迅速增大,两极有大量气泡,电解明显发生。1.83V 被称为分解电压(decomposition voltage,图 8-4)。

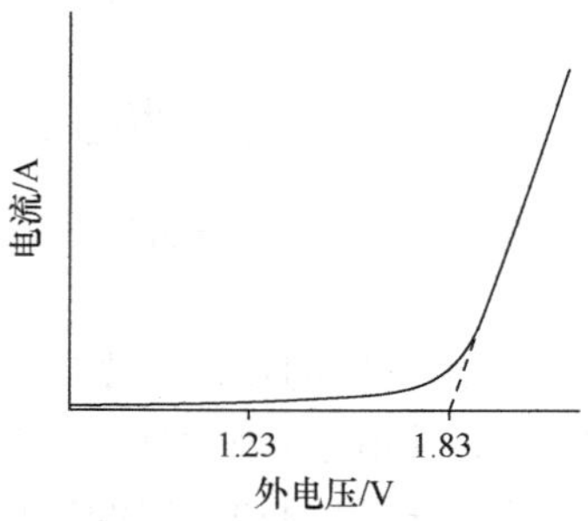

图 8-4 电流-电压曲线

分解电压与理论分解电压之间的电压差称为超电压(over voltage)。电解过程中超电压的产生和两极反应的超电压有关,它直接受极板材料和析出物质的种类影响。

例如,电解 $CuSO_4$溶液,阴极产物是 Cu 。这与根据电极电势判断的结论是一致的。因为

$Cu^{2+}+2e^- \longrightarrow Cu$ $E^{\ominus}=0.34V$

$2H^++2e^- \longrightarrow H_2$ $E^{\ominus}=0V$

以 Zn 为电极电解 $ZnSO_4$ 的水溶液时,根据电极电势判断的结论是在阴极产生 H_2。因为

$Zn^{2+}+2e^- \longrightarrow Zn$ $E^{\ominus}=-0.763V$

$2H^++2e^- \longrightarrow H_2$ $E^{\ominus}=0V$

而实际上是 Zn 在极板上析出。原因就是 H_2 在 Zn 极板上析出时的超电压很大,显然大于 0.763V ,难于析出 。致使 Zn 在极板上沉积。

电解过程中的产物涉及很多动力学问题,不能根据热力学数据随意下结论。

【思考题】

8-5 请举例说明电解在工业上的应用。

8.3.2 电解定律

1833 年法拉第根据精密实验测量并提出电解定律，即电解过程中电极上发生电解的物质的量 n 与通过电解池的电量 Q(等于电流强度 I 和时间 t 的乘积)成正比；同时，法拉第通过大量实验得出了法拉第常量，符号 F，因此有

$$Q=I\cdot t=nF \tag{8-3}$$

在电解生产中，法拉第常量是一个很重要的数据，因为它给我们提供了一个有效利用电能的极限数值。在实际生产中，不可能得到理论上相应量的电解产物，因为同时有副反应存在。通常我们把实际产量与理论产量之比称为电流效率(current efficiency)，即

$$电流效率=\frac{实际产量}{理论产量}\times 100\%$$

【例题 8-5】 向 $CuCl_2$ 水溶液通电 12h，保持电流强度为 2.5A，假设只发生如下电极反应，求析出的铜和氯气的体积(298K，101 325Pa)。

$$Cu^{2+}+2e^-=\!=\!=Cu \qquad 2Cl^-=\!=\!=Cl_2+2e^-$$

解　通过电解池的电量为 $Q=I\cdot t=12h\times 3600s\cdot h^{-1}\times 2.5C\cdot s^{-1}=1.8\times 10^4C$

通过电解质的电子的量为 $n=1.8\times 10^4C/(96\ 500C\cdot mol^{-1})=0.1866mol$

析出铜的质量为$(64.55g\cdot mol^{-1})\times n/2=12g$

析出氯的体积(298K，101 325Pa)为

$$V=\frac{nRT}{p}=\frac{\left(\frac{1}{2}\times 0.1866mol\right)\times 8.314L\cdot kPa\cdot mol^{-1}\cdot K^{-1}\times 298K}{101.3kPa}$$
$$=2.28L$$

析出物质的量需根据电极反应确定与电子的量的关系。析出 1mol Cu 和 1mol Cl_2 均需消耗 2mol 电子，因此计算时均应将 $n/2$ 代入算式。上述估算假设所有电子均用于电极反应，且只发生析出铜和氯气的反应，这是一种理想过程，实际过程中有可能同时发生几个电极反应，另外，由于存在各种电阻，一部分电能将转化为热。

8.4　化学电源简介

电池(battery)，作为化学电源极其广泛地用于科学研究、生产与生活各领域，这是电化学理论在实际中应用的结果。化学电池按工作性质可分为：一次电池(原电池)、二次电池(可充电电池)、铅酸蓄电池和燃料电池。一次性电池是不可逆的，只能放电不能充电。可充电电池则是可逆的，可反复充电放电。电池放电时是一个原电池，发生原电池反应，把化学能转变为电能。电池充电时是一个电解池，使用外加电流使电池内发生原电池反应的逆反应，把电能以化学能的形式储存起来。其中一次电池可分为糊式锌锰电池、纸板锌锰电池、碱性锌锰电池、扣式锌银电池、扣式锂锰电池、扣式锌锰电池、锌空气电池、一次锂锰电池等。二次电池可分为镉镍电池、氢镍电池、锂离子电池、二次碱性锌锰电池等。铅酸蓄电池可分为开口式铅酸蓄电池、全密闭铅酸蓄电池。

【思考题】

8-6　为什么盐桥电池不适于商用?

8.4.1　酸性锌锰电池

最早进入市场的实用电池是锌锰干电池(zinc manganese dioxide dry battery)。早在1860年法国科学家勒兰社(Leclanche,1839—1882)就发明了酸性锌锰电池的原型,因而这种电池也称 Leclanche 电池。它的外壳是作为负极的锌筒,电池中心是作为正极导电材料的石墨棒,正极区为围绕石墨棒的粉状二氧化锰和炭粉,负极区为糊状的 $ZnCl_2$ 和 NH_4Cl 混合物(图 8-5)。

电极反应式　负极(锌筒):　$Zn-2e^- = Zn^{2+}$

正极(石墨):　$2NH_4^+ + 2e^- = 2NH_3\uparrow + H_2\uparrow$

$H_2O + 2MnO_2 + 2e^- = 2MnOOH + 2OH^-$

总反应　$Zn + 2NH_4Cl + 2MnO_2 = Zn(NH_3)_2Cl_2\downarrow + 2MnOOH$

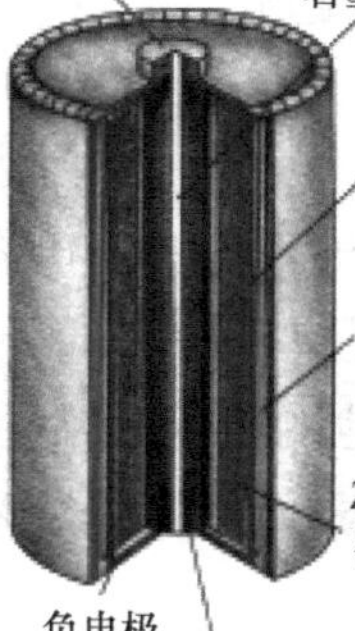

图 8-5　锌锰干电池结构

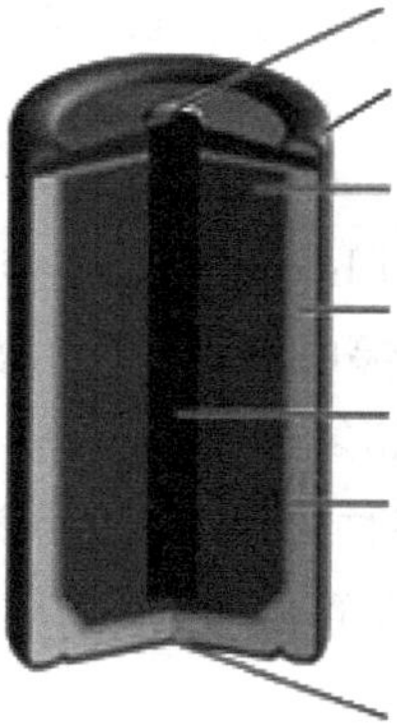

图 8-6　碱性锌锰电池结构

酸性锌锰电池历史悠久,制作简单,价格便宜,始终占干电池市场的很大份额,但它有一些致命弱点;未使用过的新电池存放时间短(会发生自放电而降低电压乃至完全报废);放电后电压不稳定,下降较快;电池的电压大约为 1.5V,更致命的是只能一次使用,不能充电(一次性电池)。

8.4.2　碱性锌锰电池

碱性锌锰电池(alkaline zinc manganese dioxide battery)是在 1950 年以后才开始进入市场的。近年来,在我国市场上,酸性锌锰电池正在被价格较贵的碱性锌锰电池取代。碱性电池的结构与酸性电池完全相反,电池中心是负极,锌呈粉状,正极区在外层,是 MnO_2 和 KOH 混合物,外壳是钢筒(图 8-6)。碱性锌锰电池克服了酸性电池存放时间短和电压不稳定的缺点,但仍为一次性电池。这种电池的储存性能也特别好,在 30℃下 1 年才损失 5%～10%的电量。

电极反应

负极:　$Zn(s) + 2OH^-(aq) = Zn(OH)_2(s) + 2e^-$

正极： $2MnO_2(s)+H_2O(l)+2e^-=\!=\!=Mn_2O_3(s)+2OH^-(aq)$

电池反应 $Zn(s)+2MnO_2(s)+H_2O(l)=\!=\!=Zn(OH)_2(s)+Mn_2O_3(s)$

值得补充的是，可充电碱性锌锰电池已在近年问世。可充电电池充电时发生放电反应的逆反应。可充电碱性锌锰电池充电使用的电压必须严格控制，需使用专门配置的充电器，否则会损坏电池，另外，控制充电生成的金属锌的形貌也很关键，若长成细针状穿透隔膜伸入正极区将导致自放电，可见这种新型电池不仅要求相当高的工艺水平，而且要求使用者有较高科学文化素质，又由于从1950年起已经出现了多种可充电电池，此种可充电干电池何时或能否进入我国市场尚属未知。

8.4.3 镍镉电池

出现于1950年的镍镉电池(nickel-cadmium battery)至今仍为占很大市场份额的可充电碱性干电池。电解液为KOH，电极反应(放电反应)为

负极： $Cd(s)+2OH^-(aq)=\!=\!=Cd(OH)_2(s)+2e^-$

正极： $NiOOH(s)+H_2O(l)+e^-=\!=\!=Ni(OH)_2(s)+OH^-(aq)$

充电时发生放电反应的逆反应。镉是致癌物质，废弃的镉电池不回收会严重污染环境，严重制约了它的发展，因此镉电池有逐渐被其他可充电电池取代的趋势。

8.4.4 镍氢电池

镍氢电池(nickel-metal hydride battery)是一种价格比镍镉电池贵得多的可充电电池。电解液仍为KOH，但不同于镍镉电池，电池负极发生的是氢的氧化反应($H+OH^-=\!=\!=H_2O+e^-$)。它的出现，应首先归功于储氢材料的突破，很明显，小小的干电池的负极无法想象使用气态的氢。储存氢的技术有许多种，以一种成分为$LaNi_5$的合金为代表，氢以单原子状态填入晶格。近年来，有人提出用纳米碳管储氢，但离实际应用尚且遥远。

【思考题】

8-7 什么是纽扣电池？

8.4.5 锂电池和锂离子电池

前述几种干电池的电解质其实都是水溶液(糨糊状)，不是真正的“干”电池。真正的干电池的电解质是固体电解质。固体电解质是可以传导离子的固体，也称快离子导体。

锂碘电池可作为真正的干电池的代表。它的负极是金属锂，正极是I的盐，固体电解质为能够传导锂离子的LiI晶体，可将放电时负极产生的锂离子传导到正极与碘的还原产物I^-结合。这种电池电阻很大，电流很小，但十分稳定可靠，如作为内植心脏起搏器电池可使用10年。

市场上经常见到的标记为Li-ion的电池则称为锂离子电池。它的负极材料的组成是C_6Li，是金属锂和碳的复合材料，放电时锂氧化为Li^+，电解质为能传导Li^+的有机导体或高分子材料(图8-7)，组成及制作常秘而不宣；放电时从负极传导来的Li^+在电池的正极发生如下反应：

$$Li_{0.55}CoO_2+0.45Li^++0.45e^-=\!=\!=LiCoO_2$$

或　$Li_{0.35}NiO_2 + 0.5Li^+ + 0.5e^- = Li_{0.85}NiO_2$

这类电池性能稳定,电池电压可达 3V,可反复充电。锂电池是目前锂资源的最大用户。

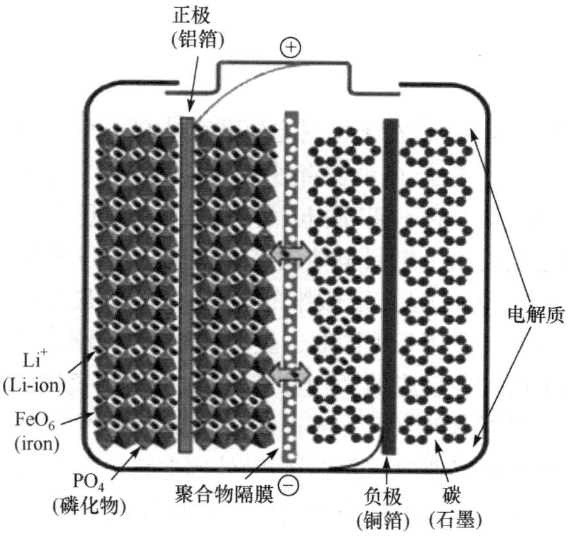

图 8-7　锂电池原理

【思考题】

8-8　怎样理解“锂离子电池只能充放电 500 次”?

8-9　为什么有人形象地称锂离子电池为“摇椅电池”?

8.4.6　铅蓄电池

目前汽车等动力车的蓄电池基本上是铅蓄电池,它的历史悠久,性能优良,价格便宜,为所有其他电池所不能兼顾。铅蓄电池(lead storage battery)的结构十分简单(图 8-8)。它的电极主架均为铅合金的栅板,平行排列,相间地在栅格里填以铅和二氧化铅作为负极和正极,电解质为硫酸水溶液,电池反应为

正极:$PbO_2 + 2e^- + SO_4^{2-} + 4H^+ = PbSO_4 + 2H_2O$

负极:$Pb - 2e^- + SO_4^{2-} = PbSO_4$

总反应:$PbO_2 + 2H_2SO_4 + Pb = 2PbSO_4 + 2H_2O$

铅蓄电池一旦使用至少每月要充电一次,否则将因自放电导致电压过低而不能复原。自放电主要是水的电解。近年将铅栅板改为铅钙合金,延长了铅蓄电池的存放寿命。铅蓄电池的主要用途之一是车载蓄电池,一旦电池电解质泄漏会造成严重事故。近年来,发展了将硫酸灌注在硅胶凝胶里的技术,使电池的电解液不易泄漏,大大改善了电池的性能。至今,铅蓄电池仍为所有电池中可逆次数最多,性能稳定,电流密度较大者,铅蓄电池的致命弱点是铅的摩尔质量过大,电池的荷质比太小,通俗地讲就是“太重”。

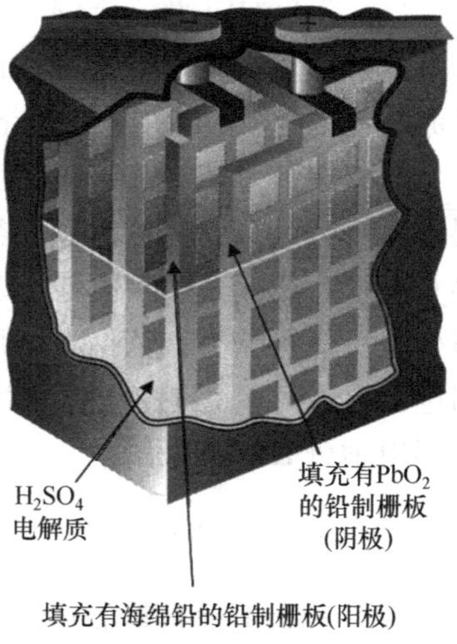

图 8-8　铅蓄电池的结构

【思考题】

8-10　试写出铅蓄电池充电过程反应方程式。

8.4.7　燃料电池

燃料电池(fuel cell)是一种将存在于燃料与氧化剂中的化学能直接转化为电能的发电装置。燃料和空气分别送进燃料电池,电就被奇妙地“生产”出来。它从外表上看有正负极和电解质等,像一个蓄电池,但实质上它不能“储电”而是一个“发电厂”。早在19世纪初,电化学的开山鼻祖英国人戴维就已经提出了燃料电池的基本设想。1839年发明电化学电池的英国人格罗夫(W. R. Grove,1811—1896)证实了戴维的想法,发明了最早的氢-氧燃料电池,1960年应用在美国军方,后于1965年应用于美国双子星座计划双子星座5号飞船。

燃料电池是利用水电解的逆反应的“发电机”。它由正极、负极和夹在正负极中间的电解质板组成,在工作时向负极供给燃料(氢),向正极供给氧化剂(空气),氢在负极分解成正离子H^+和电子e^-。氢离子进入电解液中,而电子则沿外部电路移向正极,用电的负载就接在外部电路中,在正极上,空气中的氧同电解液中的氢离子吸收抵达正极上的电子形成水,这正是水的电解反应的逆过程。

燃料电池十分复杂,涉及化学热力学、电化学、电催化、材料科学、电力系统及自动控制等学科的有关理论,具有发电效率高、环境污染少等优点。总的来说,燃料电池具有以下特点。

(1) 能量转化效率高。它直接将燃料的化学能转化为电能,中间不经过燃烧过程,因而不受卡诺循环的限制。目前燃料电池系统的燃料——电能转换效率为45%～60%,而火力发电和核电的效率为30%～40%。

(2) 有害气体SO_x、NO_x及噪声排放都很低。CO_2排放因能量转换效率高而大幅度降低,无机械振动。

(3) 燃料适用范围广。

(4) 积木化强。规模及安装地点灵活,燃料电池电站占地面积小,建设周期短,电站功率可根据需要由电池堆组装,十分方便。燃料电池无论作为集中电站还是分布式电站,或是作为小区、工厂、大型建筑的独立电站都非常合适。

(5) 负荷响应快,运行质量高。燃料电池在数秒钟内就可以从最低功率变换到额定功率,而且电厂离负荷可以很近,从而改善了地区频率偏移和电压波动,降低了现有变电设备和电流载波容量,减少了输变线路投资和线路损失。

燃料电池可依据其工作温度、所用燃料的种类和电解质类型进行分类。按照工作温度,燃料电池可分为高、中、低温型三类。按燃料来源,燃料电池可分为直接式燃料电池(如直接甲醇燃料电池)、间接式燃料电池(如甲醇通过重整器产生氢气,然后以氢气为燃料电池的燃料)和再生类型进行分类。依据电解质的不同,可将燃料电池分为碱性燃料电池(AFC)、磷酸型燃料电池(PAFC)、熔融碳酸盐燃料电池(MCFC)、固体氧化物燃料电池(SOFC)及质子交换膜燃料电池(PEMFC)等。

1. 碱性燃料电池

碱性燃料电池是氢氧化钾或氢氧化钠为电解质,导电离子是OH^-(图8-9),电池反应方程式为

阴极：$H_2 + 2OH^- \longrightarrow 2H_2O + 2e^-$

阳极：$1/2O_2 + H_2O + 2e^- \longrightarrow 2OH^-$

总反应：$H_2 + 1/2O_2 \xlongequal{} H_2O$

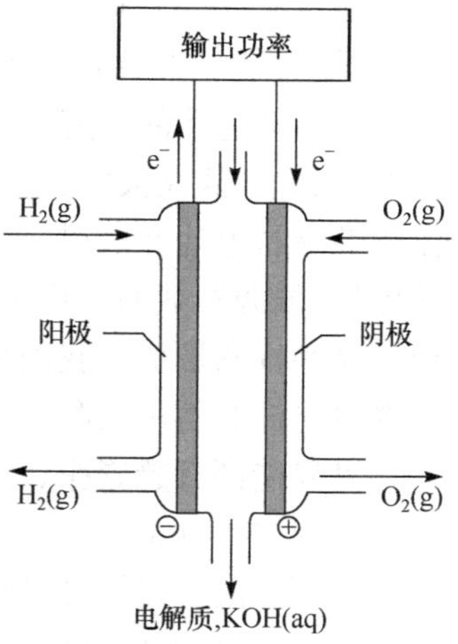

图 8-9 氢氧碱性燃料电池的工作原理

2. 磷酸型燃料电池

磷酸型燃料电池是以磷酸为电解质的氢氧燃料电池，它用天然气重整富氢气体为燃料，空气作氧化剂，以浸有浓 H_3PO_4 的 SiO_2 微孔膜作电解质，Pt-C 为电催化剂，产生的直流电经直交变换以交流形式供给用户。电池反应方程式为

阴极：$H_2 \longrightarrow 2H^+ + 2e^-$

阳极：$1/2O_2 + 2H^+ + 2e^- \longrightarrow H_2O$

总反应：$H_2 + 1/2O_2 \longrightarrow H_2O$

3. 熔融碳酸盐燃料电池

以熔融碱金属碳酸盐的混合物组成低共熔体系作电解质，以氧化镍为正极、镍为负极的一种燃料电池。燃料用氢和一氧化碳，氧化剂为空气（氧，含一定量的反应产物二氧化碳）。电池反应方程式为

阴极：$CO_2 + 1/2O_2 + 2e^- \longrightarrow CO_3^{2-}$

阳极：$H_2 + CO_3^{2-} \longrightarrow H_2O + CO_2 + 2e^-$

总反应：$H_2 + 1/2O_2 \longrightarrow H_2O$

工作温度为 650～700℃。以 $150mA \cdot cm^{-2}$ 电流密度放电时，工作电压可达 0.75V。不使用贵金属催化剂，可间接使用天然气或煤作燃料，通过在电池外或直接在电池内重整生成水煤气供使用，污染较少。其成套燃料电池系统（包括维持温度及利用余热的热交换系统）的能量转化效率可达 60%～65%。美国、日本等国已安装成 100kW 级模型电站试运行。

4. 固体氧化物燃料电池

简单的固体氧化物燃料电池由阴极、阳极、电解质和用电器所组成。氧分子在空气极得到电子，被还原成氧离子 O^{2-}，在阴阳极氧的化学位差作用下，氧离子（通常以氧空位的形式）通过电解质（固态）传输到阳极，并在阳极同燃料发生反应，生成水和电子，电子通过外电路的用电器做功，并形成回路。电池反应方程式为

阴极：$O_2 + 4e^- \longrightarrow 2O^{2-}$

阳极：$H_2(g) + O^{2-} \longrightarrow H_2O(g) + 2e^-$

总反应：$2H_2 + O_2 \longrightarrow 2H_2O$

5. 质子交换膜燃料电池

质子交换膜燃料电池是继碱性燃料电池、磷酸型燃料电池、熔融碳酸盐燃料电池和固体氧化物燃料电池后而发展起来的第五代燃料电池。质子交换膜燃料电池也称为固体聚合物电解质燃料电池，它的电极为多孔气体扩散电极，以纯铂或碳载铂作电催化剂，电解质为全氟磺酸型固体聚合物，氢气为燃料，氧气或空气为氧化剂。反应机理为

阴极：$H_2 \longrightarrow 2H^+ + 2e^-$

阳极：$1/2O_2+2H^++2e^- \longrightarrow H_2O$

总反应：$H_2+1/2O_2 \longrightarrow H_2O$

我国燃料电池的研究始于1958年，20世纪70年代初，在航天计划的带动下，燃料电池的研究掀起高潮，武汉大学、中国科学院大连化学物理研究所、原电子部天津电源研究所等单位研制碱性燃料电池并取得一定的成果，后因航天计划改变，研究也就基本中止。90年代，由于环境保护、能源短缺的双重压力，以及国际上燃料电池突破性进展的带动，我国第二次燃料电池研制高潮逐渐形成。我国目前研究燃料电池领域主要集中在质子交换膜燃料电池、固体电解质燃料电池和熔融碳酸盐燃料电池，其中尤以质子交换膜燃料电池的研究投入最多。

在世界能源日趋紧张、环保压力越来越大的形势下，燃料电池技术受到了世界上许多国家的高度重视，自20世纪70年代以来，美、日等发达国家都将大型燃料电池的开发作为重点研究项目，企业界也纷纷斥以巨资从事燃料电池技术的研究和应用开发，取得了很多重要的成果，如今，在美、日和欧洲的发达国家，燃料电池发电正以急起直追的势头快步进入工业化规模应用的阶段。

目前全球燃料电池市场的规模还很小，1999年只有4000万美元左右，但在不断扩大的投资和营销活动推动下，这一市场的规模可望迅速扩大。据总部设在俄亥俄州第一大城市克里夫兰的工业市场研究社的研究，到2009年，燃料电池市场将达到70亿美元。燃料电池作为一种清洁高效的电源将在短期内吸引更多的投资。预计100年之后，燃料电池将取代内燃机、燃气涡输机和蓄电池，在能源领域占有举足轻重的地位。

习　题

8-1　指出下列化合物中各元素的氧化值。

PbO_2　Na_2O_2　NCl_3　NaH　KO_2　KO_3　N_2O_4　Fe_3O_4　$Na_2S_2O_3$

8-2　举例说明常见电极的类型和符号。

8-3　写出5种由不同类型电极组成的原电池的符号和对应的氧化还原反应方程式。

8-4　正确写出下列电对在酸性介质中的电极反应式。

H^+/H_2，Fe^{3+}/Fe^{2+}，$CuBr/Cu$，$PdBr_4^{2-}/Pd$，O_2/H_2O_2，O_2/H_2O，$CO_2/HCOOH$

8-5　正确写出下列电对在碱性介质中的电极反应式。

HO_2^-/OH^-，$H_2PO_2^-/P$，O_2/HO_2^-，H_2O/H_2，

MnO_4^{2-}/MnO_2，PO_4^{3-}/HPO_3^{2-}，Bi_2O_3/Bi

8-6　配平下列反应方程式。

(1) $Zn+HNO_3$(极稀)$\longrightarrow Zn(NO_3)_2+NH_4NO_3+H_2O$

(2) $I_2+HNO_3 \xrightarrow{\triangle} HIO_3+NO_2+H_2O$

(3) $P_4+HNO_3+H_2O \longrightarrow H_3PO_4+NO$

(4) $P_4+NaOH+H_2O \xrightarrow{\triangle} NaH_2PO_2+PH_3$

(5) $K_2Cr_2O_7+KI+H_2SO_4 \longrightarrow Cr_2(SO_4)_3+K_2SO_4+I_2+H_2O$

(6) $H_2O_2+KMnO_4+H_2SO_4 \longrightarrow MnSO_4+K_2SO_4+O_2+H_2O$

(7) $Na_2S_2O_3+I_2 \longrightarrow Na_2S_4O_6+NaI$

(8) $K_2S_2O_8+MnSO_4+H_2O \xrightarrow{Ag^+} H_2SO_4+KMnO_4$

8-7　配平下列离子反应式(酸性介质)。

(1) $IO_3^-+I^- \longrightarrow I_2$

(2) $Mn^{2+}+NaBiO_3 \longrightarrow MnO_4^-+Bi^{3+}$

(3) $Cr^{3+} + PbO_2 \longrightarrow CrO_7^{2-} + Pb^{2+}$

(4) $HClO + P_4 \longrightarrow Cl^- + H_3PO_4$

8-8 配平下列离子反应式(碱性介质)。

(1) $H_2O_2 + CrO_2^- \longrightarrow CrO_4^{2-}$

(2) $I_2 + H_2AsO_3^- \longrightarrow AsO_4^{3-} + I^-$

(3) $Si + OH^- \longrightarrow SiO_3^{2-} + H_2$

(4) $Br_2 + OH^- \longrightarrow BrO_3^- + Br^-$

8-9 工业上可以用电解硫酸或氢氧化钠溶液的方法制备氢气。试计算 298K、标准状态下两种电解反应的理论分解电压。已知：

$$2H^+ + 2e^- \xlongequal{} 2H_2 \qquad E^\ominus = 0.00V$$

$$2H_2O + O_2(g) + 4e^- \xlongequal{} 4OH^- \qquad E^\ominus = 1.229V$$

8-10 在下列四种条件下电解 $CuSO_4$ 溶液，写出阴极和阳极上发生的电极反应，并指出溶液组成如何变化。

(1) 阴极、阳极均为铜电极。

(2) 阴极为铜电极，阳极为铂电极。

(3) 阴极为铂电极，阳极为铜电极。

(4) 阴极、阳极均为铂电极。

第 9 章　配位化合物

本章学习要求

(1) 熟练掌握配合物的基本概念、组成和命名；

(2) 熟练掌握配合物化学键理论的主要论点，能用此解释一些实例；

(3) 熟悉配合物形成时的性质变化；

(4) 了解配位化合物的重要性。

【背景问题】

(1) 您知道“复杂化合物”的由来吗?

(2) 组成为 $CoCl_3 \cdot 6NH_3$ 的化合物第一次制备出时，令化学家迷惑不解：既然简单化合物中的原子都已满足了各自的化合价，是什么驱动力促使它们之间形成新的一类化合物？那么，主要有哪些化学键理论用于解释配合物的成键过程？

(3) 配合物形成以后对于化合物的性质有什么样的影响？都有哪些重要用途？

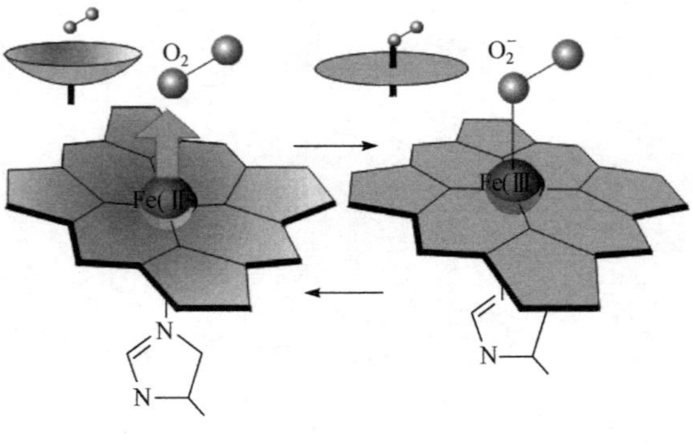

路易斯酸碱概念以及酸碱结合形成配合物的概念对讨论分子和多原子离子的结构非常有用。这种观点适用于周期表所有各区元素形成的分子，且特别适合于讨论 d 区元素的化合物。这是因为 d 区元素的许多化合物可看作是能够独立存在的分子物种。

本章首先介绍 d 区金属配合物几何结构的分类，然后通过两种方法即价键理论方法和晶体场理论方法分析其电子结构。两种理论都可以提供一些认识配合物多种性质(包括结构、光谱、磁性质和某些热化学性质)的信息。最后，简要介绍一些配位化合物的应用。

9.1　配位化合物

配位化学(coordination chemistry)是无机化学中一门重要的分支学科，当前配位化学已成为无机化学中一个十分活跃的研究领域。**配位化合物**(coordination compound)简称**配合物**，旧称**络合物**(或**复杂化合物**，complex compound)，是一类结构较为复杂的化合物。配合物的各种独特性能使其在科学研究及生产实践中得到广泛应用，如原子能、半导体、火箭等尖端工业生产中金属的分离技术、新材料的制取和分析等。随着研究的进一步深入，配合物将更广泛地应用于有机化学、生物化学、分析化学、物理化学以及量子化学等领域。

9.1.1　配位化合物的定义

历史上发现的第一个配合物是亚铁氰化铁，它是 1704 年由普鲁士人 Diesbach 在染料作坊中将兽皮、兽血同碳酸钠煮沸而得到的一种蓝色染料，因此定名为普鲁士蓝。后经研究确定其化学式为 $Fe_4[Fe(CN)_6]_3$。

当将过量的氨水加入硫酸铜溶液中，溶液逐渐变为深蓝色，用乙醇处理后，还可以得到深蓝色的晶体，经分析证明晶体组成为 $[Cu(NH_3)_4]SO_4$。

$$CuSO_4 + 4NH_3 \xlongequal{} [Cu(NH_3)_4]SO_4$$

在纯的 $[Cu(NH_3)_4]SO_4$ 溶液中，除了水合硫酸根离子和深蓝色的 $[Cu(NH_3)_4]^{2+}$ 外，几乎检查不出 Cu^{2+} 和 NH_3 分子的存在。$[Cu(NH_3)_4]^{2+}$、$[Ag(CN)_2]^-$ 等这些复杂离子不仅存在于溶液中，也存在于晶体中。有人将其称为“配位实体”(coordination entity)，是由配位共价键结合起来的、相对稳定的结构单元。

根据 IUPAC 1970 年公布的《无机化学命名法》、中国化学会 1980 年《无机化学命名原则》定义：**配位化合物**(简称**配合物**)是由可以给出孤对电子或多个不定域电子的一定数目的离子或分子(称为**配位体**，ligand)和具有接受孤对电子或多个不定域电子的空位的原子或离子(统称中心原子，central atom)按一定组成和空间构型所形成的化合物。

这种由一定数目的配体结合在中心原子周围所形成的配位个体可以是中性分子，也可以是带电的离子。例如，$[Cu(NH_3)_4]^{2+}$ 称配阳离子，带负电荷的配离子如 $[Ag(CN)_2]^-$ 配阴离子，配盐 $[Cu(NH_3)_4]SO_4$、$K[PtCl_3(NH_3)]$，配酸 $H_2[PtCl_6]$、$H_2[SiF_6]$，配碱 $[Cu(NH_3)]_4(OH)_2$，不带电荷的中性分子 $Fe(CO)_5$、$[Co(NH_3)_3Cl_3]$ 等，都称为**配合物**。

【思考题】

9-1　配合物和复盐(double salt)有什么区别？请举例说明。

9.1.2　配位化合物的组成

一个配合物分子都含有中心原子(或中心离子)和一定数目的配位体(简称配体)，这些配位体和中心原子构成配合物的内界(inner circle)，也称内配位层，这是配合物的特征部分，即配位实体。在配合物的化学式中，用方括号[ ]把内界括起来，而方括号外面的部分称为外界(outside circle)。有的配合物只有内界而无外界。

1. 配体

配体是含有孤对电子的分子或离子，如 NH_3、H_2O、CN^-、X^-(X=Cl、Br、I)等。配体中具有孤对电子的原子，在形成配合物时直接以配位键和中心原子相连，称为**配位原子**(coordination atom)，是电子对给予体路易斯碱。氢负离子(H^-)和能提供 π 键电子的有机分子或离子也可作为配体。

配体可能配位的原子的数目用单齿、二齿、三齿等表示。只含有一个配位原子的配体称为单齿(或单基)配体(monodentate ligand)，如 NH_3、H_2O、X^- 等。一个多齿配体通过两个或两个以上的配位原子与中心原子相连接，如乙二胺为双齿配体(bidentate ligand)，$H_2N—CH_2—CH_2—NH_2$。自然还有多齿配体(polydentate ligand)，如卟啉(porphyrin)分子是个四齿配位体，配位原子是 4 个 N 原子(具有孤对电子的两个 N 原子和 H^+ 解离后留下孤对电子的两个 N 原子，图 9-1)。有时也将这类配位体称为大环配位体(macrocyclic ligand)，通过环上的杂原子(O、N、S、P 等非 C 原子)与金属原子配位。

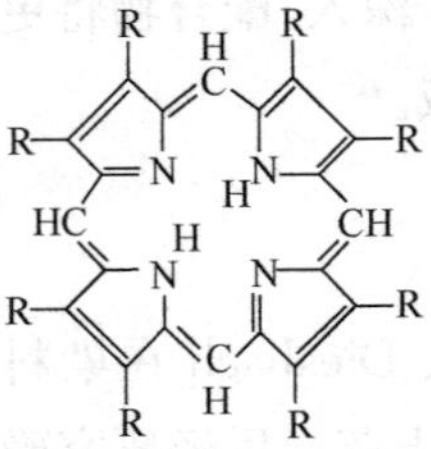

图 9-1　卟啉

【思考题】

9-2　配合物中心离子与配体之间是什么化学键？内界和外界之间是什么化学键？

2. 中心原子

中心原子也就是配合物的**形成体**(formed body)，是电子对接受体路易斯酸。形成体一般是金属离子，特别是过渡金属离子。过渡金属离子形成体一般是以具有能够接受孤对电子的空轨道为其结构特征。

但也有中性原子作配合物形成体的。例如，$Fe(CO)_5$、$Ni(CO)_4$ 中的 Fe 和 Ni 都是中性原子。

3. 配位数

直接同中心原子(或离子)配位的配位原子的数目，称为该中心原子的**配位数**(coordination number)。例如，在 $[Co(NH_3)_6]Cl_3$ 和 $[Co(NH_3)_5H_2O]Cl_3$ 中，同中心离子 Co^{3+} 直接配位的配位原子，前者是 6 个氨分子中的氮原子，后者为 5 个氨分子的氮原子和 1 个水分子中的氧原子，所以配位数均为 6。

在确定中心原子的配位数时，一般是先确定配合物的中心原子和配体，再找出配位原子的数目。如果配体是单齿配体，那么配体的数目就是该中心原子的配位数。如果配体是多齿配体，那么配体的数目就不等于中心原子的配位数。例如，$[Co(en)_3]Cl_3$ 中 Co^{3+} 的配位数不是 3 而是 6。

中心原子的配位数一般是 2、4、6 等。配位数的大小取决于中心原子和配体的电荷、体积、电子构型，以及配合物形成时的温度、反应物的浓度等。一般来说，相同电荷的中心原子的半径越大，配位数就越大。例如，Al^{3+} 和 F^- 可以形成配位数为 6 的 $[AlF_6]^{3-}$，而半径较小的 B^{3+} 只能形成配位数为 4 的 $[BF_4]^-$。对于同一中心原子来说，配位数随着配体半径的增加而减少。例如，Al^{3+} 和 Cl^- 只能形成配位数为 4 的 $[AlCl_4]^-$。同时，中心离子的电荷增加，配体的电荷减小，有利于形成配位数较大的配合物。例如，Cl^- 和 Pt^{4+} 配位时形成 $[PtCl_6]^{2-}$，和 Pt^{2+} 配位时形成 $[PtCl_4]^{2-}$。

【例题 9-1】 下面两个钴的配合物，配位体都是氮，配位数都是 6，但它们的结构却不同。为什么？

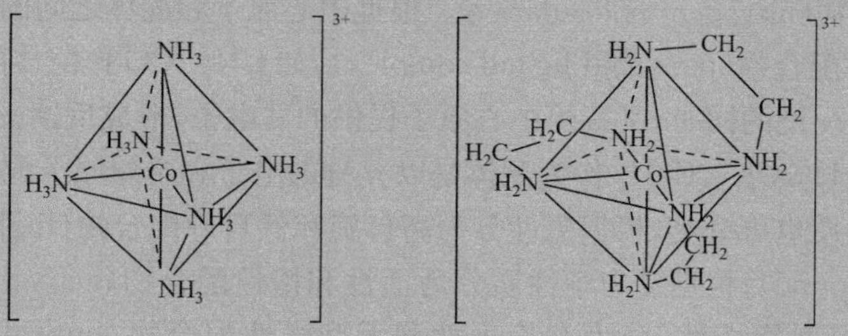

解　提示：因中心离子与齿数不同的配位体成的键不同，将形成的配合物又分成“简单配合物”和“螯合物”两种类型。前者为简单配合物，后者为螯合物。计算配位数关键是找配位原子的数目。后一个配合物虽然配体是 3 个，但 en 却是双齿配位体，因此配位数是 6。

9.1.3　配位化合物的类型

目前配合物尚无统一的分类方法。一般地，根据配合物的结构或性质可作如下分类。

根据中心原子的数目将配合物分为单核、双核、三核等。只含有一个中心原子的配合物称**单核配合物**(mononuclear coordination compound)，如$[Co(NH_3)_5Cl]Cl_2$ 只含有一个 Co^{3+}。有些双齿配体的两个配位原子可各与一个中心原子连接，形成含有两个中心原子的**双核配合物**(binuclear coordination compound)。例如，配体联氨形成的配合物：

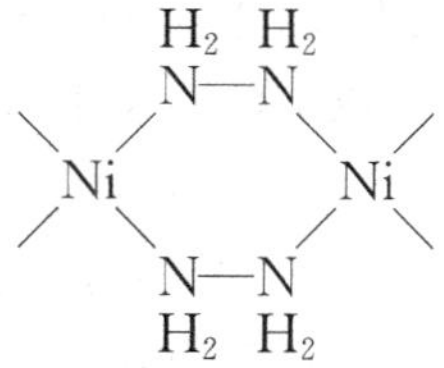

符合一定条件的、含有两个或两个以上配位原子的配体(多齿配体)，可以和同一中心离子相配位形成具有环状结构的配合物，称为**螯合物**(chelate)或内配合物。

螯合物的环上有几个原子就称为几元环，如 $Ni[(EDTA)]^{2-}$ 有 2 个五元环。螯合物与一般配合物之所以不同，主要是它们的配体不同。螯合物的配体除了需要多齿配体外，一般还要求在 2 个配位原子间间隔 2 个或 3 个其他原子。一般情况下，五元环、六元环是稳定的，少于或多于这一数目的环均不稳定。一个螯合物具有的五元环或六元环的数目越多，螯合物就越稳定。

符合上述条件的配体称**螯合剂**(chelating agent)。螯合剂绝大多数为有机化合物，极少有无机物。

因为存在着环状结构，所以螯合物具有特殊的稳定性(图 9-2)。这种由于螯合环的形成而具有特殊稳定性的效应称**螯合效应**(chelate effect)。

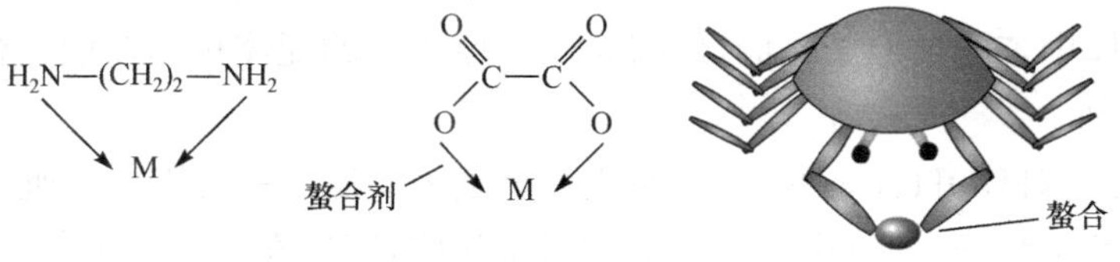

图 9-2　多齿配体和螯合效应

按配体不同，可将配合物分为氨配合物(ammonia complex)、羰基配合物(carbonyl complex)、分子氮配合物(nitrogen molecular)等。根据中心原子和配体之间的成键不同又可将配合物分为 π 酸配体配合物(pion acid ligand complex)，如 CN^-、CO 作配体的配合物，它们和中心原子之间形成 σ 配键的同时，又接受中心原子提供的 d 电子，形成反馈 π 键；π 配体配合物，如蔡斯盐 $K[Pt(C_2H_4)Cl_3]$，C_2H_4 作为配体是以 π 键的电子和金属原子配位的。

按配合物的性质也可分类，根据磁性分为高自旋和低自旋配合物(high-spin and low-spin coordination compound)；根据动力学性质分为活性和惰性配合物(active and inert coordination compound)；根据旋光性，分为有旋光性和无旋光性配合物(optical activity and chiral complex)。

9.1.4 配位化合物的命名

1. 命名总则

根据中国化学会 1980 年无机化学命名原则，如果配合物的酸根是一个简单的阴离子，则称某化某。例如，$[Co(NH_3)_5H_2O]Cl_3$，命名为三氯化五氨一水合钴(Ⅲ)。如果酸根是一个复杂的阴离子，则称某酸某。例如，$K[PtCl_3NH_3]$，命名为三氯一氨合铂(Ⅱ)酸钾。若外界为氢离子，则在配阴离子之后缀以“酸”字。例如，$H[PtCl_3(NH_3)]$，命名为三氯一氨合铂(Ⅱ)酸。

可见配合物的命名内外界之间符合一般无机化合物的命名原则，其复杂性在于配合物的内界。处于配合物内界的配离子，其命名方法按如下顺序：配体数(用倍数字头二、三、四等数字表示)——配体的名称(不同配体之间以中圆点(·)分开)——“合”字——中心离子名称——中心离子氧化态用带括号的罗马数字(Ⅰ)(Ⅱ)等表示。例如

$K_3[Fe(CN)_6]$	六氰合铁(Ⅲ)酸钾
$K_4[Fe(CN)_6]$	六氰合铁(Ⅱ)酸钾
$[Fe(en)_3]Cl_3$	三氯化三(乙二胺)合铁(Ⅲ)

2. 配体顺序

若配离子中的配体不止一种，配体列出的顺序按如下规定：

(1) 在配体中既有无机配体又有有机配体，则无机配体排列在前，有机配体排列在后。例如

cis-$[PtCl_2(Ph_3P)_2]$　　顺-二氯·二(三苯基膦)合铂(Ⅱ)

(2) 在无机配体和有机配体中，先列出阴离子的名称，后列出阳离子和中性分子的名称。例如

$[Co(N_3)(NH_3)_5]SO_4$　　硫酸叠氮·五氨合钴(Ⅱ)

(3) 同类配体的名称，按配位原子元素符号的英文字母顺序排列。例如

$[Co(NH_3)_5H_2O]Cl_3$　　三氯化五氨·水合钴(Ⅲ)

(4) 同类配体中若配位原子相同，则将含较少原子数的配体排列在前，含较多原子数的配体排列在后。例如

$[PtNO_2NH_3NH_2OH(Py)]Cl$　　氯化一硝基·一氨·一羟胺·一吡啶合铂(Ⅱ)

(5) 若配位原子相同，配体中含原子的数目也相同，则按在结构式中与配位原子相连的原子的元素符号的字母顺序排列。例如

$[PtNH_2NO_2(NH_3)_2]$　　氨基·硝基·二氨合铂(Ⅱ)

(6) 配体化学式相同但配位原子不同,配体名称也有所不同,排列则按配位原子元素符号的字母顺序。例如

—SCN(硫原子配位)　硫氰酸根　　—NCS(氮原子配位)　异硫氰酸根

$—NO_2$(氮原子配位)　硝基　　—ONO(氧原子配位)　亚硝酸根

$K_2[Pt(NO_2)_4]$　　四硝基合铂(Ⅱ)酸钾

$[Co(ONO)(NH_3)_5]SO_4$　　硫酸亚硝酸根·五氨合钴(Ⅲ)

$[Co(NCS)(NH_3)_5]Cl_2$　　二氯化异硫氰酸根·五氨合钴(Ⅲ)

用词头顺-(*cis*-),反-(*trans*-),面-(*fac*-),经-(*mer*-)对下列几何异构体进行命名。

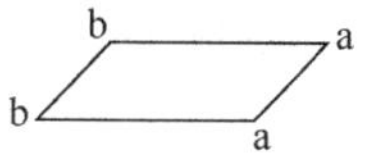

顺-(*cis*-)

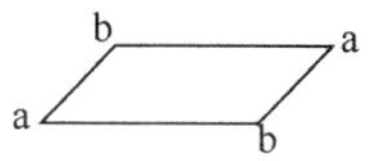

反-(*trans*-)

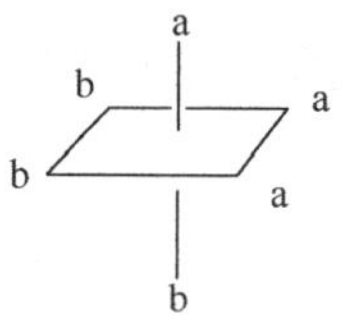

顺-(*cis*-)

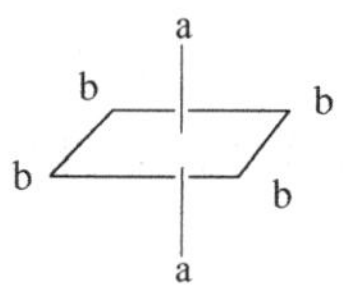

反-(*trans*-)

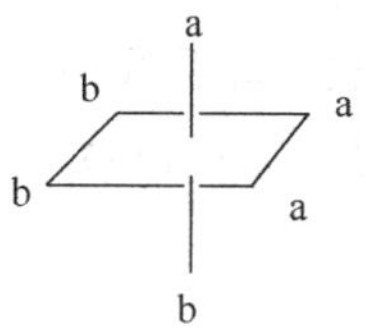

面-(*fac*-)

面式(facial)

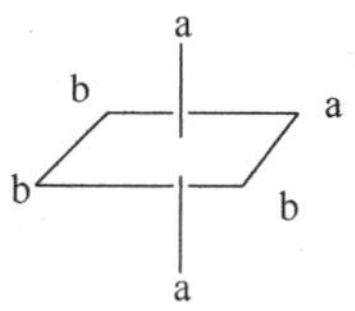

经-(*mer*-)

经式(meridtonal)

【思考题】

9-3　什么是螯合物?螯合物有什么特点?

9-4　举例说明配合物的命名原则。

9.2　配位化合物的异构现象与立体结构

配合物的立体异构及由此产生的各种异构现象是研究和了解配合物性质和反应的重要基础。

凡有相同化学组成但不同结构的分子或离子互称**异构体**(isomer)。化学组成相同的配合物可以不同空间结构的分子或离子形式存在,这种现象称为**同分异构现象**(isomerism)。配合物的空间异构现象构成了丰富的配合物的立体化学。

因空间排列方式不同所引起的异构现象称为**立体异构现象**(stereo isomerism),包括几何异构(geometrical isomerism)和旋光异构(optical isomerism)。因原子间连接方向不同所引起的异构现象属于**化学结构异构现象**(chemical structural isomerism),包括键合异构(linkage isomerism)、电离异构(ionization isomerism)、配位异构(coordination isomerism)、水合异构

(hydration isomerism) 等。图 9-3示出它们之间的关系。

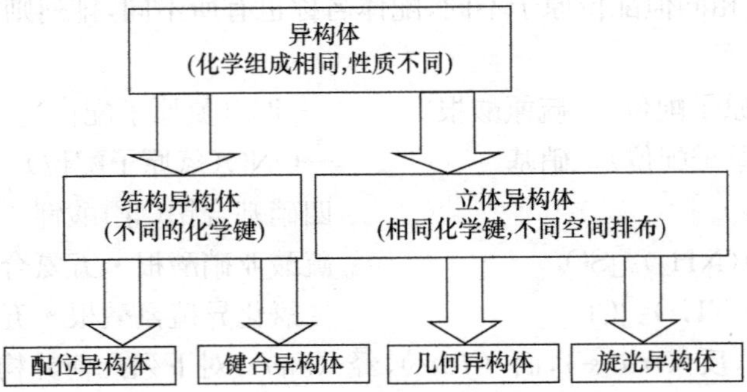

图 9-3　配位化合物的异构现象

9.2.1　结构异构

结构异构是基于原子间连接方式不同引起的异构现象,包括键合异构、电离异构、水合异构、配位异构等。常见的有解离异构和键合异构。

1. 解离异构

解离异构是指组成相同的配合物在水溶液中解离得到不同离子的现象。例如,$[Co(SO_4)(NH_3)_5]Br$(红色)与$[CoBr(NH_3)_5]SO_4$(紫色)属于解离异构体,前者在水溶液中解离出$[Co(SO_4)(NH_3)_5]^+$和Br^-,加入 $AgNO_3$ 可得 AgBr 沉淀,后者在水溶液中解离出$[CoBr(NH_3)_5]^{2+}$和SO_4^{2-},加入 $Ba(OH)_2$ 可得 $BaSO_4$ 沉淀。

2. 键合异构

键合异构是由于两可配体使用不同的配位原子与中心原子配位引起的异构现象。例如,$[Co(NO_2)(NH_3)_5]Cl_2$(黄色)与$[Co(ONO)(NH_3)_5]Cl_2$(红色)属于键合异构体,前者的配体 NO_2^- 中的 N 原子为配位原子,后者的配体 ONO 中的 O 原子为配位原子(图 9-4)。

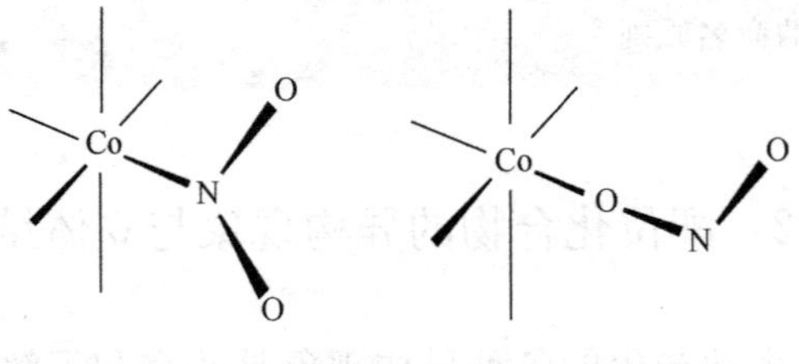

图 9-4　NO_2^- 配位形成的键合异构体

9.2.2　几何异构

配合物中由于配体在空间相对几何位置不同所产生的异构现象,称为**几何异构**。配体通常是彼此相互靠近(顺式,*cis*-)或彼此处于对位位置(反式,*trans*-),因此又称为顺-反异构。配位数为 2、3 和四面体的配合物没有几何异构现象,因为在这些结构体系中所有的配位位置都是彼此相邻的。对于平面正方形和八面体配合物来说,几何异构现象较常见。

1. 平面正方形配合物

例如，[$Pt(NH_3)_2Cl_2$]的顺、反异构体为

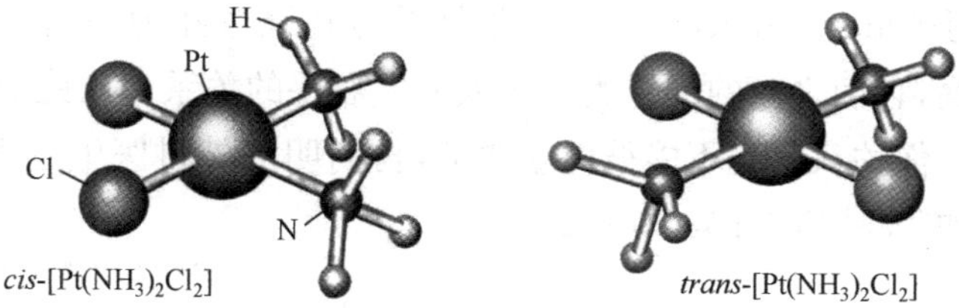

cis-[$Pt(NH_3)_2Cl_2$]　　*trans*-[$Pt(NH_3)_2Cl_2$]

顺式[$Pt(NH_3)_2Cl_2$]是一种橙黄色晶体，比较不稳定，在 443K 左右转化为反式，溶解度为 0.2523g·(100g H_2O)$^{-1}$(298K)，偶极矩较反式异构体大，有抗癌作用。它同乙二胺反应生成[$Pt(en)(NH_3)_2$]。反式[$Pt(NH_3)_2Cl_2$]为亮黄色晶体，溶解度为 0.0366g·(100g H_2O)$^{-1}$(298K)，它不与乙二胺反应，偶极矩为零，无抗癌活性。用 X 射线衍射技术很容易区分这两种异构体。

2. 八面体配合物

六配位的配合物最常见的空间构型为正八面体。Ma_6 和 Ma_5b 构型的八面体配合物无几何异构体，而 Ma_4b_2 型有两种几何异构体：

顺式　　**反式**

例如，*cis*-[$Pt(NH_3)_4(NO_2)_2$]$^{2+}$(棕黄色)和 *trans*-[$Pt(NH_3)_4(NO_2)_2$]$^{2+}$(深黄色)。

当配合物中有两个对称的二齿配体时[$M(aa)_2b_2$]有两种几何异构体：

cis-[$M(aa)_2b_2$]　　*trans*-[$M(aa)_2b_2$]

例如，*cis*-[$Co(en)_2Cl_2$]$^+$(紫色)和 *trans*-[$Co(en)_2Cl_2$]$^+$(绿色)。

组成为 Ma_3b_3 型的配合物有面式和经式两种几何异构体：

面式(*fac*-form)　　经式(*mer*-form)

9.2.3　对映异构

实物在镜中的像称为镜像。当分子的形状与其镜像不能互相重叠时，这种互为镜像的两个分子称为**手性分子**(chiral molecule)。手性分子与其镜像互为一对对映体(enantiomer)。对映体彼此无法重叠，它们之间的关系类似于人的左右手的关系。从镜中观察自己的左手，镜像与右手完全相同。你的双手是不能彼此重叠的，再高明的外科医生也无法将左手移植到右腕上代替右手。例如，*cis*-$[Co(en)_2Cl_2]^+$。

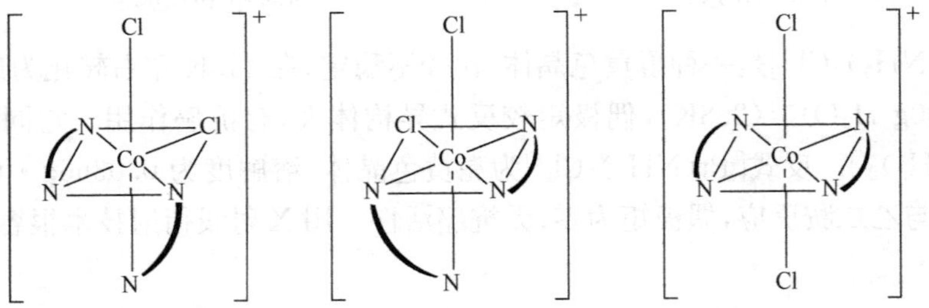

图 9-5　$[Co(en)_2Cl_2]^+$ 的旋光异构体

对映体能使偏振光平面向右或向左旋转(旋转方向相反但角度相同)，呈现不同的旋光性，所以称为**旋光异构体**(optical isomer)，或者说对映体的分子(或离子)具有旋光活性。显然，只有手性分子才具有旋光活性。

左旋和右旋异构体的大多数物理和化学性质都相同，差别仅显示在手性环境中。例如，在手性酶存在时，一个旋光异构体可能发生酶催化反应，而另一个则完全不反应。其结果是，一个异构体可能在人体酶的催化下产生某种生理效应，它的对映体则产生不同的效应，或者不产生任何效应。例如，烟草中的左旋尼古丁的毒性要比人工合成出来的右旋尼古丁大得多。又如，美国孟山都公司生产的 L-dopa(二羟基苯基-L-丙氨酸)是治疗震颤性麻痹症的特效药，而它的右旋异构体(D-dopa)却无任何生理活性。

【思考题】

9-5　请您想一想，除了上面学习的几种配合物的异构现象外，可能还有哪些？举例说明。

9-6　查阅文献，了解对映体拆分概念。

9.3　配位化合物的化学键理论

配合物的化学键理论是研究中心原子和配体之间结合力的本质，用以阐明配合物的配位数、空间构型、吸收光谱、热力学和动力学性质的基本理论。量子化学对化学键本质研究则准备了良好的理论背景。人们又提出了各种解释中心离子和配体之间化学键本质的理论，主要有三大理论：价键理论(valence bond theory，VBT)，晶体场理论(crystal field theory，CFT)，分子轨道理论(molecular orbital theory，MOT)。

以上三种理论分别从不同角度讨论配体与形成体之间的作用力，说明配离子中配体与形成体之间化学键的实质。本课程主要介绍价键理论和晶体场理论。

9.3.1　配位化合物的价键理论

1. 价键理论的基本要点

价键理论是 20 世纪 30 年代初鲍林(Pauling)提出的。鲍林认为形成体和配体原子通过共价键结合，因此，配合物的价键理论是在共价键的电子配对法和杂化轨道理论的基础上经补充和修正发展而来的。其基本的要点有以下几点。

(1) 配离子中的配位原子可提供孤对电子，是电子对给予体，而形成体可提供与配位数相同数目的空轨道，是电子对的接受体。配位原子的孤对电子填入形成体的空轨道而形成配位键。

(2) 中心原子(离子)所提供的空轨道先进行杂化，形成数目相等、能量相同、具有一定空间伸展方向的杂化轨道，形成体的杂化轨道与配位原子的孤对电子沿键轴方向重叠成键。

例如，Fe^{3+} 的 3d 能级上有 5 个电子，这些 d 电子分布服从洪德规则，即在等价轨道中，自旋平行时状态最稳定。当与 F^- 形成$[FeF_6]^-$时，Fe^{3+} 的 3d 电子层不发生改变，而最外层的 1 个 4s、3 个 4p 和 2 个 4d 空轨道受配体影响，杂化形成 6 个 sp^3d^2 杂化轨道，6 个 F^- 的 6 对孤对电子进入这些杂化轨道。

(3) 形成体的杂化轨道具有一定的空间取向，这种空间取向决定了配体在中心原子周围有一定的排布方式，所以配合物具有一定的空间构型。例如，Fe^{3+} 的 6 个 sp^3d^2 杂化轨道为减小互相之间的排斥，在空间以正八面体取向，$[FeF_6]^-$形成正八面体型配离子。配离子的空间构型与形成体所提供杂化轨道的数目和类型的关系如表 9-1 所示。

表 9-1　配离子的空间构型和形成体的轨道杂化类型

配位数	轨道杂化类型	空间构型	实　例
2	sp	直线形	$[Ag(NH_3)_2]^+$，$[Cu(NH_3)_2]^+$，$[Cu(CN)_2]^-$
3	sp^2	平面三角形	$[CO_3]^{2-}$，$[NO_3]^-$，$[CuCl_3]^{2-}$，$[HgI_3]^-$
4	sp^3	正四面体	$[ZnCl_4]^{2-}$，$[FeCl_4]^-$，$[CrO_4]^{2-}$，$[BF_4]^-$，$[Ni(CO)_4]$
	dsp^2	正方形	$[Zn(CN)_4]^{2-}$ $[Pt(NH_3)_2Cl_2]$ $[Cu(NH_3)_4]^{2+}$ $[PtCl_4]^{2-}$，$[Ni(CN)_4]^{2-}$

续表

配位数	轨道杂化类型	空间构型	实　例
5	d^3sp，dsp^3	三角双锥	$Fe(CO)_5$，PF_5 $[CuCl_5]^{3-}$
	d^2sp^2，d^4s	四方锥	$[TiF_5]^{2-}$ (d^4s) $[SbF_5]^{2-}$
6	sp^3d^2，d^2sp^3	正八面体	$[Fe(CN)_6]^{4-}$，$W(CO)_6$， $[PtCl_6]^{2-}$，$[Co(NH_3)_6]^{3+}$， $[CeCl_6]^{2-}$，$[Ti(H_2O)_6]^{2+}$

2. 内轨型和外轨型配合物

形成体与配位原子形成配位键时，由于形成体轨道的杂化可以有不同的方式，因而形成的配位键有不同的类型。

例如，Fe^{3+} 与 CN^- 形成 $[Fe(CN)_6]^{3-}$ 时，CN^- 对电子的排斥力很强，能将 Fe^{3+} 中原来平行排列的 5 个单电子挤入 3 个 d 轨道配成两对，空出 2 个 d 轨道，接受配体 CN^- 中的孤对电子。即受配体 CN^- 的影响，Fe^{3+} 的价电子结构发生重排，形成由 2 个 3d、1 个 4s、3 个 4p 参与杂化的 d^2sp^3 杂化轨道。6 个 d^2sp^3 杂化轨道与 6 个 CN^- 提供的孤对电子形成配位键。

$[Fe(CN)_6]^{4-}$(没有不成对电子)

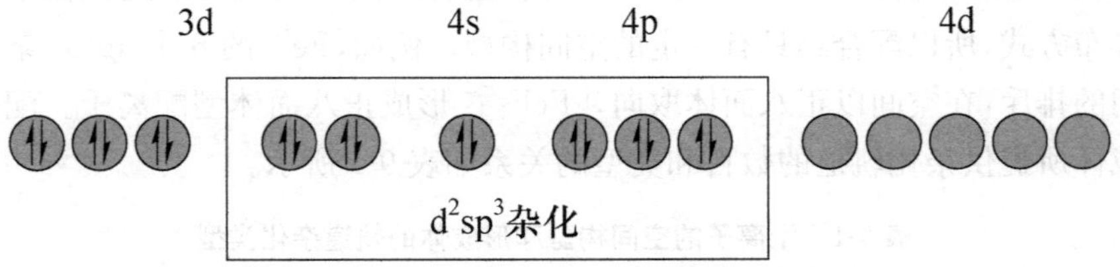

$[FeF_6]^{4-}$ 和 $[Fe(CN)_6]^{4-}$ 都是正八面体构型的配离子，但是两种配离子中，Fe^{2+} 轨道杂化方式不同。

$[FeF_6]^{4-}$(有4个不成对电子)

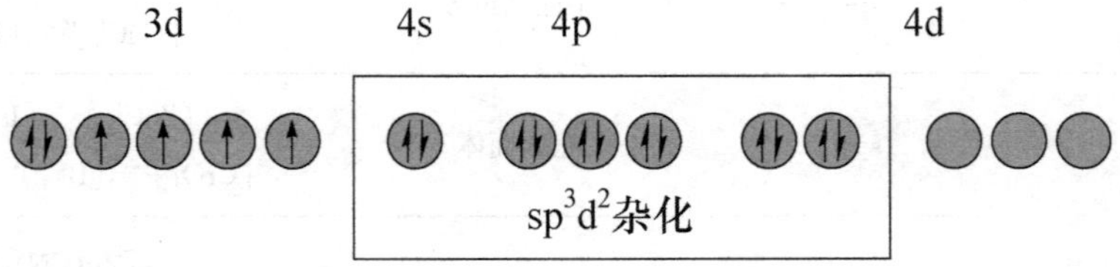

结果形成的配位键为两种类型，分别称为外轨配键和内轨配键。形成体以其外层的轨道(ns、np、nd)组成杂化轨道，然后和配位原子形成的配位键称为**外轨配键**(outer rail with key)，以外轨配键所形成的配合物称为**外轨配合物**(outer orbital coordination compound)。反之，形成体以部分次外层的轨道[$(n-1)$d 轨道]参与组成杂化轨道所形成的配位键称为**内轨配键**(inner rail with key)，以内轨配键所形成的配合物称为**内轨配合物**(inner orbital coordination compound)。$[FeF_6]^{4-}$ 和 $[Fe(CN)_6]^{4-}$ 分别为外轨配合物和内轨配合物。

【例题 9-2】 试画出$[BeF_4]^{2-}$或$[Be(H_2O)_4]^{2+}$的结构。能说明什么问题？

解

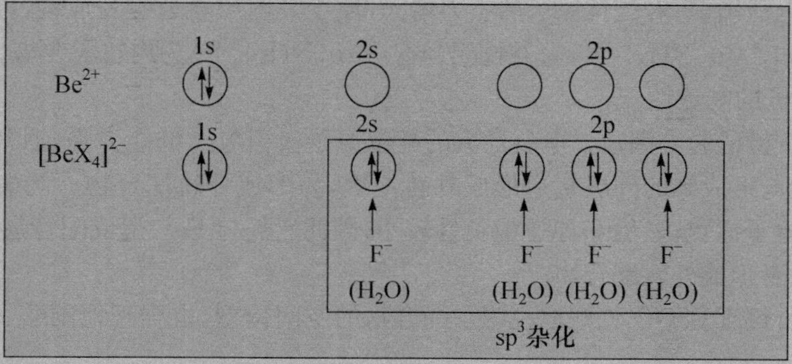

这个例题说明对四配位的配合物来说，也有形成内轨配合物和外轨配合物之分。例如，同是四配位的$[Ni(CN)_4]^{2-}$就是内轨配合物，形成平面四边形。

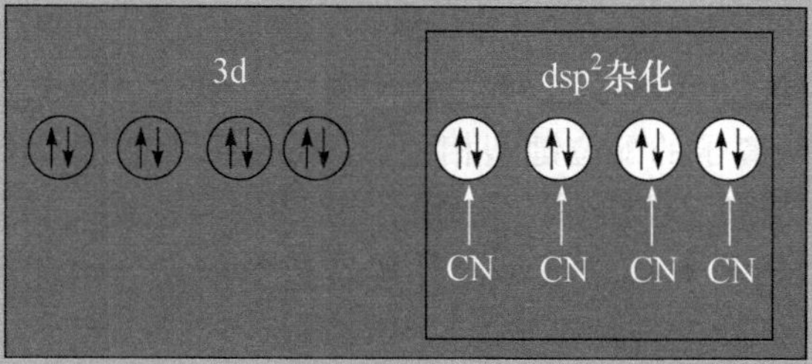

配合物是内轨型还是外轨型，主要取决于中心离子的电子构型、离子所带的电荷和配位原子的电负性大小。

1) 形成体电子构型

一般来说，形成体电子构型的影响大致分下列三种情况。

(1) 具有d^{10}构型的离子常形成外轨配键，因为这些离子次外层 d 轨道处于全充满状态，只能用外层轨道成键。例如，$[Ag(NH_3)_2]^+$、$[AgCl_2]^-$、$[Au(CN)_2]^-$、$[Zn(NH_3)_4]^{2+}$、$[ZnCl_4]^{2-}$等，其中 Ag^+、Au^+、Zn^{2+}均为d^{10}构型，形成体分别采取 sp 或 sp^3 杂化形成外轨配合物。

(2) 具有 $d^1 \sim d^3$ 构型的离子至少可提供 2 个空的$(n-1)$d 轨道，所以形成内轨配键。

(3) 具有 $d^4 \sim d^8$ 构型的离子既可形成内轨配键，也可形成外轨配键，是内轨配键还是外轨配键取决于与形成体成键的配体的性质。

例如，Ni^{2+}的外层价电子构型为$3d^8$。当与 NH_3 成键时，Ni^{2+}外层的 4s 与 4p 轨道构成 sp^3 杂化轨道，形成外轨配合物$[Ni(NH_3)_4]^{2+}$，空间构型为正四面体。当 Ni^{2+}与 CN^-形成配位键时，Ni^{2+}的杂化形式为 dsp^2，即 3d 轨道的 2 个单电子成对，空出 1 个空的 3d 轨道与外层的 1 个 4s 和 2 个 4p 轨道形成 dsp^2 杂化轨道，CN^-的孤对电子填入杂化轨道中，表示如下：

$[Ni(CN)_4]^{2-}$

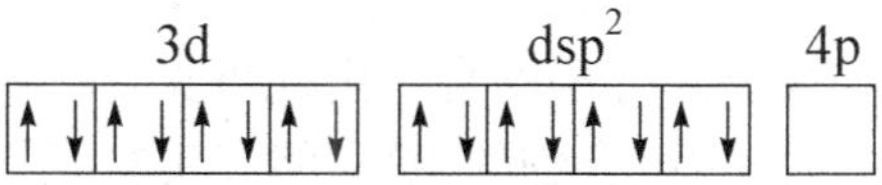

因而$[Ni(CN)_4]^{2-}$是内轨配合物，空间构型为平面正方形。

2）形成体的电荷

形成体的电荷增多，对配位原子的引力增大，便于其内层轨道参与成键，因而有利于形成内轨配键。例如，$[Co(NH_3)_6]^{2+}$为外轨配合物，$[Co(NH_3)_6]^{3+}$为内轨配合物。

3）配位原子的电负性

这是最为关键的影响因素。电负性大的配位原子吸引电子的能力强，通常不易提供孤对电子，往往只能与形成体的外层轨道形成外轨配键，易形成外轨配合物。例如，CN^-和F^-两种配体中配位原子比较，显然C原子电负性较小，因此它们与Fe^{3+}形成配合物时，前者形成内轨配合物，而后者形成外轨配合物。

配合物的价键理论不仅较好地说明了配合物的空间构型，也合理地阐明了配合物的许多性质。

1）配合物的稳定性

虽说配离子在溶液中都有较高的稳定性，但不同的配离子其稳定性大小是有差别的。例如，$[FeF_6]^{3-}$和$[Fe(CN)_6]^{3-}$，中心离子相同，且都是配位数为6的正八面体型配离子，而前者的稳定性不如后者。同样$[Ni(CN)_4]^{2-}$比$[Ni(NH_3)_4]^{2+}$更稳定。按价键理论的观点，这种稳定性的差别正好与形成配离子的配位键型相关。$[FeF_6]^{3-}$和$[Ni(NH_3)_4]^{2+}$中的配位键为外轨配键，而$[Fe(CN)_6]^{3-}$与$[Ni(CN)_4]^{2-}$中的配位键为内轨配键。显然，内轨配键由于使用次外层$(n-1)$d轨道杂化成键，其能量低于次外层轨道的能量。由此可见，配位数相同的配离子，一般内轨配合物要比外轨配合物稳定。

2）配合物的磁性

物质的磁性可用磁矩μ进行量度。通过实验测定配合物的磁矩，可了解配合物的磁性。例如，实验测得$K_3[FeF_6]$、$K_3[Fe(CN)_6]$两种配合物的磁矩分别为5.90B.M.和2.0B.M.。两种配合物磁性强弱明显不同。究其原因，这是由于物质的磁性与物质中电子的自旋运动有关。若配离子结构中所有电子均已成对，不存在单电子，正、逆方向自旋的电子所产生的磁效应刚好相互抵消，此时磁矩$\mu=0$，磁矩为0的物质称为抗磁性物质。反之，若配离子结构中存在未成对电子，则物质必表现为顺磁性，磁矩$\mu>0$，而且磁矩的大小与未成对电子的数目有关。配合物磁性的测定是判断配合物结构的一个重要手段。

根据磁学理论，磁矩可用下式近似计算：

$$\mu \approx \sqrt{n(n+2)}$$

式中，n是物质中未成对电子数；μ的单位为玻尔磁子，用符号B.M.表示。

上式估算单电子数$n=1\sim5$时的磁矩如下：

n	0	1	2	3	4	5
μ/B.M.	0	1.73	2.83	3.87	4.90	5.92

将实验测得的值与理论值比较，可确定配离子中未成对电子数。例如，$[FeF_6]^{3-}$的磁矩$\mu=5.90$B.M.，这说明$[FeF_6]^{3-}$中应有5个未成对电子；$[Fe(CN)_6]^{3-}$的磁矩$\mu=2.0$B.M.，这说明其中应只有1个单电子。已知Fe^{3+}的价层电子构型为$3d^5$，有5个未成对的d电子，由于$[FeF_6]^{3-}$的中心原子采取sp^3d^2杂化，形成外轨配键，仍然保留5个未成对的d电子，$[Fe(CN)_6]^{3-}$的中心原子采取d^2sp^3杂化，形成内轨配键，$(n-1)$d层只有1个单电子。配离子的磁性与形成配离子的配位模型正好相吻合。由此可见，配合物的价键理论能较好地解释配合物的磁性。因此，往往通过测定配合物的磁矩，将其实验值与理论值进行比较来确定配合

物中未成对电子数，从而推测配合物是内轨型还是外轨型。

价键理论的优点是化学键的概念比较明确，容易为化学工作者所接受，可用来：

(1) 解释许多配合物的配位数和几何构型。

(2) 可以说明含有离域 π 键的配合物，如配位体为氰离子的配离子，特别稳定。

(3) 可以解释配离子的某些性质。例如，$[Fe(CN)_6]^{4-}$ 配离子为什么比 $[FeF_6]^{4-}$ 配离子稳定。利用价键理论可以较满意地予以说明，$[Fe(CN)_6]^{4-}$ 为低自旋型配离子，所以比较稳定。

价键理论虽然成功地说明配离子的许多现象，但它有不少局限性。

(1) 价键理论在目前的阶段还是一个定性的理论，不能定量地或半定量地说明配合物的性质。例如，第四周期过渡金属八面体型配离子的稳定性，当配位体相同时常与金属离子的 d 电子数有关。其稳定性次序大约为：$d^0<d^1<d^2<d^3<d^4>d^5<d^6<d^7<d^8<d^9>d^{10}$，价键理论不能说明这一次序。

(2) 不能解释配合物的紫外光谱和可见吸收光谱以及红外光谱，不能说明每个配合物为何都具有自己的特征光谱，也无法解释过渡金属配离子为何有不同的颜色。

(3) 很难满意地解释夹心型配合物如二茂铁、二苯铬等的结构。

(4) 对于 Cu(Ⅱ)离子在一些配离子中的电子分布情况，不能作合理的说明。例如，$[Cu(H_2O)_4]^{2+}$ 配离子经 X 射线实验确定为平面正方形构型，是以 dsp^2 杂化轨道成键。这样 Cu^{2+} 在形成 $[Cu(H_2O)_4]^{2+}$ 时，会有一个 3d 电子被激发到 4p 轨道上去，即这个 4p 电子容易失去，但 $[Cu(H_2O)_4]^{2+}$ 却很稳定。因此，价键理论无法给出合理的说明，而用晶体场理论却能得到比较满意的解释。

【例题 9-3】 根据实验测得的有效磁矩，判断下列各种离子分别有多少个未成对电子。哪个是外轨配合物？哪个是内轨配合物？

① $Fe(en)_2^{2+}$　5.5B.M.　② $Mn(SCN)_6^{4-}$　6.1B.M.　③ $Mn(SCN)_6^{4-}$　1.8B.M.

④ $Co(SCN)_4^{2-}$　4.3B.M.　⑤ $Pt(CN)_4^{2-}$　0B.M.

解　根据计算磁矩的近似公式 $\mu=[n(n+2)]^{1/2}$，反算即可得到结论：

① $5.5=[n(n+2)]^{1/2}$　解得 $n\approx4$　所以 $Fe(en)_2^{2+}$ 是外轨型配合物

② $6.1=[n(n+2)]^{1/2}$　解得 $n\approx5$　所以 $Mn(SCN)_6^{4-}$ 是外轨型配合物

③ $1.8=[n(n+2)]^{1/2}$　解得 $n\approx1$　所以 $Mn(SCN)_6^{4-}$ 是内轨型配合物

④ $4.3=[n(n+2)]^{1/2}$　解得 $n\approx3$　所以 $Co(SCN)_4^{2-}$ 是外轨型配合物

⑤ $0=[n(n+2)]^{1/2}$　解得 $n\approx0$　所以 $Pt(CN)_4^{2-}$ 是内轨型配合物

9.3.2　晶体场理论

1929 年，贝特(H. Bethe)和范弗莱克(J. H. vanVlack)在研究离子晶体时提出了晶体场理论。1953 年，由于用晶体场理论成功地解释了 $[Ti(H_2O)_6]^{3+}$ 的光谱特性，这一理论被应用于阐明配合物的化学键。

晶体场理论(crystal field theory，CFT)是一种改进的静电理论。该理论认为中心离子与其周围配体的相互作用，纯粹是静电排斥和吸引作用，不交换电子，即不形成共价键。中心离子在周围配体电场(称为配位场，ligand field)作用下，原来 5 个能量相同简并的 d 轨道发生了能级分裂，在 d 层未充满电子的情况下，这种能级分裂的结果将使配合物带来额外的稳定化能(stabilization energy,即总能量下降),这就造成了中心离子与周围配体的附加成键效应。

晶体场理论的基本要点是:

(1) 在配合物中,金属离子与配体之间的作用类似于离子晶体中正、负离子间的静电作用,这种作用是纯粹的静电排斥和吸引,即不形成共价键。

(2) 金属离子在周围配体的电场作用下,原来能量相同的 5 个简并 d 轨道分裂成能量高低不同的能级轨道。

(3) 由于 d 轨道能级的分裂,d 轨道上的电子重新分布,使体系的总能量有所降低,即给配合物带来了额外的稳定化能。

1. 配位场中 d 轨道的分裂

因为过渡元素离子价层 5 个 d 轨道的空间取向不同,所以在具有不同对称性的配体静电场的作用下,将受到不同的影响,因而产生 d 轨道能级的分裂,即自由过渡金属离子的 5 个 d 轨道能级本来是相同的,在配体影响下变为不同了。这也称为**配位场效应**(ligand field effect)。

d 轨道在不同构型的配合物中,分裂的方式和大小都不同。

在自由原子或自由离子中,同一电子层中 5 个 d 轨道是简并的,即它们的能级是相同(能级相同的 5 个轨道称为 5 重简并轨道)。5 个 d 轨道的角度分布如图 9-6 所示。

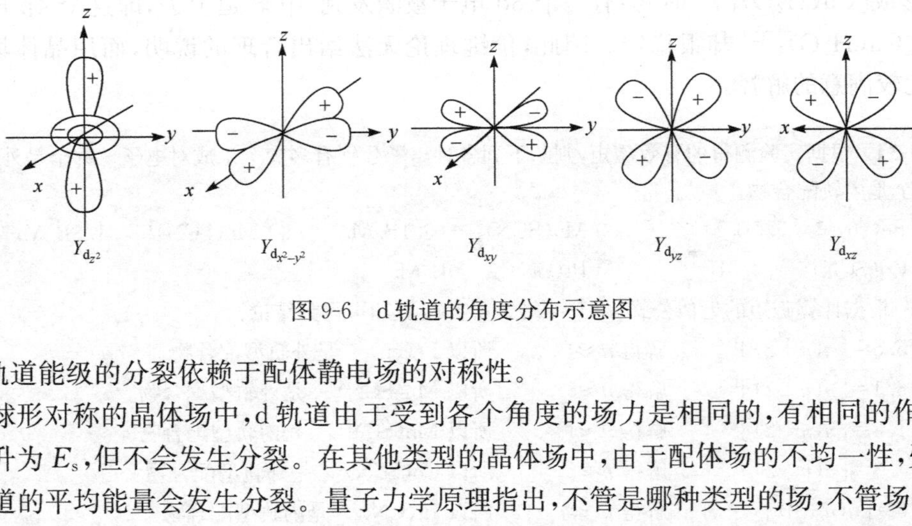

图 9-6　d 轨道的角度分布示意图

d 轨道能级的分裂依赖于配体静电场的对称性。

在球形对称的晶体场中,d 轨道由于受到各个角度的场力是相同的,有相同的作用,使其能级上升为 E_s,但不会发生分裂。在其他类型的晶体场中,由于配体场的不均一性,受到微扰的 d 轨道的平均能量会发生分裂。量子力学原理指出,不管是哪种类型的场,不管场的对称性如何,分裂后,5 个 d 轨道的总能量应与 E_s 能级的能量相等,即选取这种 E_s 能级作为计算能量的零点。

1) 正八面体场(O_h 场,octahedral field)

在八面体配合物中,过渡金属离子位于八面体的中心,6 个配体分别沿着三个坐标轴正负两个方向($\pm x$、$\pm y$、$\pm z$)接近中心离子,使 d 轨道能级发生分裂,如图 9-7 所示。

d_{z^2} 和 $d_{x^2-y^2}$ 轨道的电子云极大值方向位于三维坐标的轴向上,正好与处在轴向上的配体迎头相碰,因而受到较大的推斥,使轨道能量升高较多,比 E_s 大。而其余 3 个 d 轨道 d_{xy}、d_{yz} 和 d_{xz} 的电子云极大值方向正好穿插于轴向的配体之间,受到的推斥作用较小,使轨道能量升高较少,比 E_s 小。由于 3 个轨道对于配体有相同的空间分布,因此能量相同。最终,在八面体配合物中,由于配体的静电场作用,中心离子的 d 轨道分裂成两组,一组能量较高,包含 $d_{x^2-y^2}$

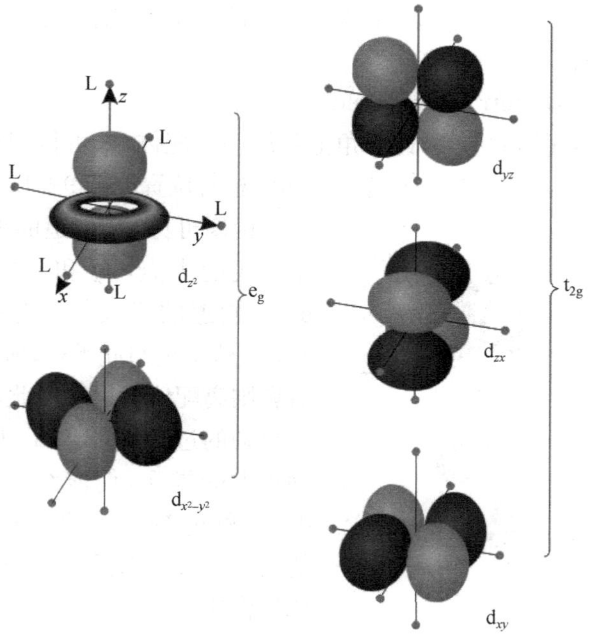

图 9-7　八面体配合物中的 d 轨道和配体

和 d_{z^2} 两个轨道，称为 e_g 轨道；另一组能量较低，包括 d_{xy}、d_{yz} 和 d_{xz} 3 个轨道，称为 t_{2g} 轨道。e 和 t 分别表示二重简并和三重简并。

在八面体场中 d 轨道的这种分裂的情况如图 9-8 所示。

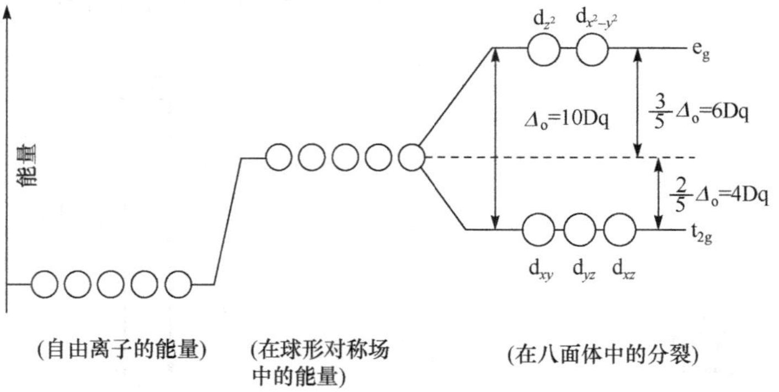

图 9-8　在 O_h 场中 d 轨道能级的分裂

d 轨道发生分裂后，最高能级的 d 轨道与最低能级的 d 轨道之间的能量差，称作**分裂能**，用 Δ 表示。在八面体配合物中，则把 e_g 和 t_{2g} 轨道的能级差称为分裂能，用 Δ_o 表示（脚标“o”表示八面体 *O* 场），以 Dq 为单位，等于 10Dq。

则有

$$E_{e_g} - E_{t_{2g}} = 10\text{Dq}$$
$$2E_{e_g} + 3E_{t_{2g}} = 0$$

解得

$$E_{e_g} = 6\text{Dq}（或 0.6\Delta_o）$$
$$E_{t_{2g}} = -4\text{Dq}（或 -0.4\Delta_o）$$

可见，在八面体场中，d 轨道分裂的结果是：与 E_s 能级相比较，e_g 轨道能量上升了 6Dq，而 t_{2g} 轨道能量下降了 4Dq。

2) 正四面体场(T_d 场，tetrahedral field)

金属离子位于正四面体的中心，四个角上各放一个配体，即可得到正四面体型的配合物。在四面体配合物中，$d_{x^2-y^2}$ 和 d_{z^2} 两个轨道与配体的相对位置如图 9-9 所示。

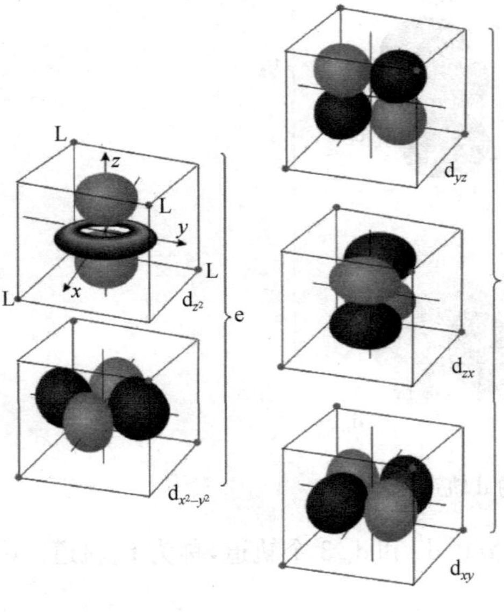

图 9-9　正四面体场中的 $d_{x^2-y^2}$ 和 d_{xy} 轨道

由图可见，d_{xy} 轨道的极大值是指向立方体 4 个边线的中点，d_{yz} 和 d_{xz} 轨道也与此类似。而 $d_{x^2-y^2}$ 轨道的极大值部分则是指向立方体的面心，d_{z^2} 轨道也与此类似，所以前者离配体较近，而后者则离配体较远。因此，当 4 个配体向中央离子移动的过程中，d_{xy}、d_{yz} 和 d_{xz} 轨道中的电子受到较大的推斥，使能级上升较多而高于 E_s；而 $d_{x^2-y^2}$ 和 d_{z^2} 轨道中的电子则受到较小的推斥，使能级上升较少而低于 E_s 能级。因此在四面体配体场作用下，5 个简并 d 轨道的能级产生了和八面体场相反的分裂：一组是能量较高的 t_2 轨道，它包含了 d_{xy}、d_{yz} 和 d_{xz} 3 个轨道；另一组是能量较低的 e 轨道，它包含了 d_{z^2} 和 $d_{x^2-y^2}$ 2 个轨道。如图 9-10 所示。

在四面体配合物中只有 4 个配体的电场作用，而在正八面体配合物中有 6 个配体的电场作用使能级分裂。此外由图 9-9 可见，在四面体场中，不管是 e 轨道还是 t_2 轨道都没有直接指向配体，而在八面体场中，e_g 轨道是直接指向配体的，因此可以预想到它们受到配体的排斥作用不如八面体场中强烈。计算表明，在配体相同以及它与中心离子的距离相同的条件下，正四面体场中 d 轨道能级分裂所产生的能级差只有八面体场的 4/9，即四面体场的分裂能 Δ_t 为

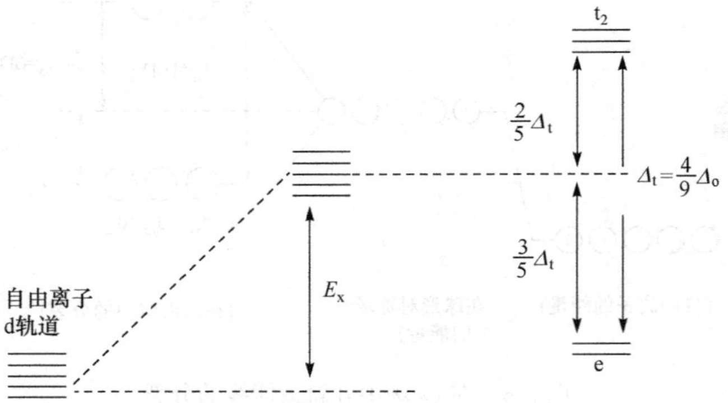

图 9-10　在 T_d 场中 d 轨道能级的分裂

$$E_{t_2}-E_e=4/9\times 10\mathrm{Dq}=\Delta_t$$

则有

$$E_{t_2}-E_e=\Delta_t=4/9\Delta_o$$

$$3E_{t_2}+2E_e=0$$

解得

$$E_{t_2}=+1.78\text{Dq}=2/5\Delta_t$$
$$E_e=-2.67\text{Dq}=-3/5\Delta_t$$

3) 平面正方形场(squareplanar field)

在平面正方形的 4 配体配合物中，4 个配体沿 $\pm x$ 和 $\pm y$ 方向与中心离子接近，如图 9-11 所示。

由图可见，$d_{x^2-y^2}$ 轨道的极大值部分直指配体，因此能级最高，高于 E_s 能级；d_{xy} 轨道的极大值部分虽然是指向配体之间，但由于 d_{xy} 轨道也在 xy 平面，所以也要受到较大的推斥，因此能级也高于 E_s 能级；由于 d_{z^2} 在 xy 平面上有一个小环区，与配体存在一定的推斥作用，所以 d_{z^2} 轨道的能级较低，低于 E_s 能级；d_{yz} 和 d_{xz} 轨道受到的推斥情况相同，是简并的，能级最低。因此平面正方形配合物中，d 轨道能级分裂成四组，如图 9-12 所示。这 4 组能级依次为 $d_{x^2-y^2}$、d_{xy}、d_{z^2} 及 d_{yz}、d_{xz}。

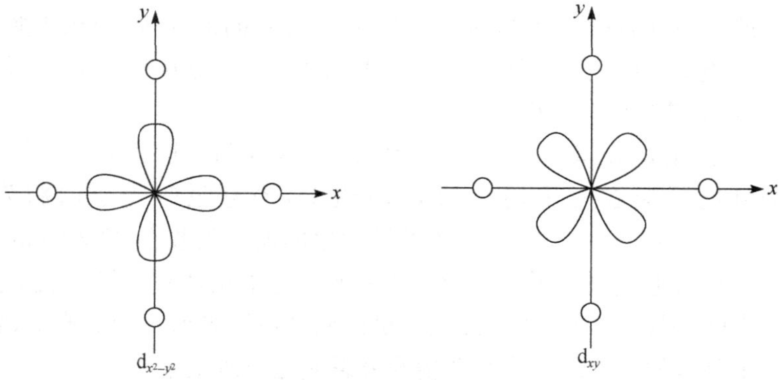

图 9-11　平面正方形场中的 $d_{x^2-y^2}$ 和 d_{xy} 轨道

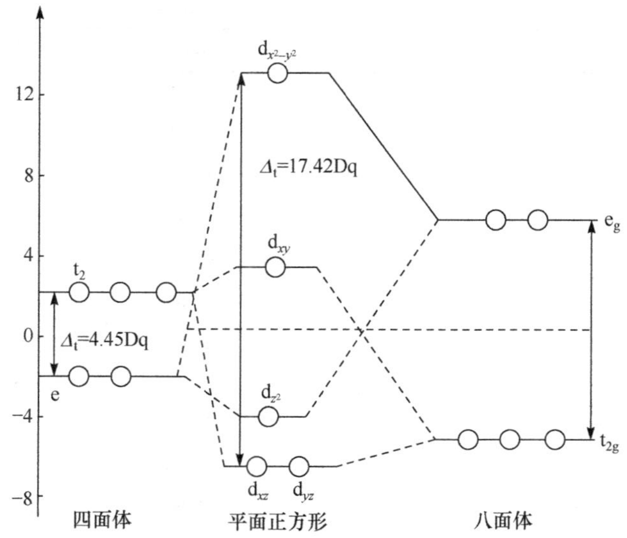

图 9-12　平面正方形场中 d 轨道能级的分裂

现将八面体、四面体和正方形配位场中 d 轨道能级分裂的情况用图 9-13 表示，以便比较。

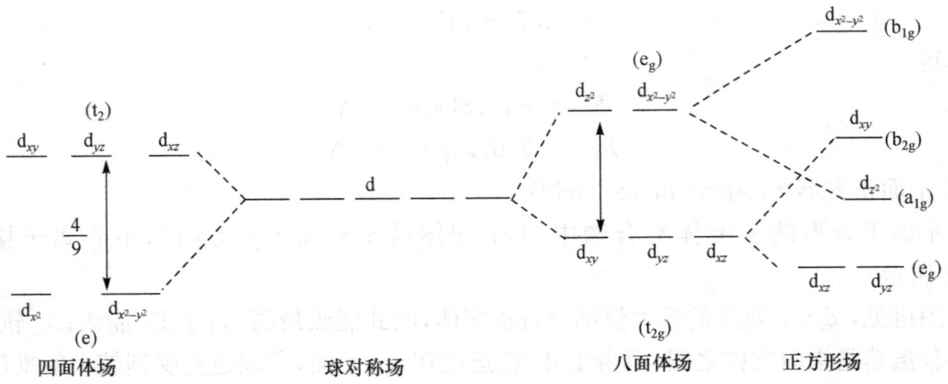

图 9-13　d 轨道在配位场中的能级分裂

2. 分裂能与光谱化学序列

1）分裂能 Δ

一个电子由低能的 d 轨道进入高能的 d 轨道所需要的能量即为**分裂能**(splitting energy),并以 Δ 表示。例如,在八面体配合物中,当电子由 t_{2g} 轨道跃迁到 e_g 轨道时所需要的能量,即能级差就是八面体场的分裂能 Δ_o。

分裂能 Δ 通常是借助光谱实验推算得到的。例如,Ti^{3+} 具有 d^1 电子组态,在八面体配合物中,这个 d 电子应在三重简并的 t_{2g} 轨道上,当它吸收光子时将发生 d-d 跃迁:$[Ti(H_2O)_6]^{3+}(t_{2g})^1(e_g)^0 \rightarrow (t_{2g})^0(e_g)^1$。该跃迁发生的最大吸收在 20 300cm 处,这就是该配合物中的 Δ 值。由于过渡金属离子中低能 d 轨道上的电子跃迁到高能 d 轨道上时,产生的吸收光谱常在可见光区,因此其配合物的 Δ 值可借助紫外可见光谱实验推算得到。

由光谱实验中测得的某些八面体配合物的分裂能(Δ_o)值见表 9-2。

表 9-2　八面体配合物和四面体配合物的分裂能

构　型	中心离子	配位体				
		$6Br^-$	$6Cl^-$	$6H_2O$	$6NH_3$	$6CN^-$
$3d^1$	Ti^{+}	—	—	20 300	—	—
$3d^2$	V^{3+}	—	—	17 700	—	—
$3d^3$	V^{2+}	—	—	12 600	—	—
	Cr^{3+}	—	13 600	17 400	21 600	26 300
$4d^3$	Mo^{3+}	—	19 200	—	—	—
$3d^4$	Cr^{2+}	—	—	13 900	—	—
	Mn^{3+}	—	—	21 000	—	—
$3d^5$	Mn^{2+}	—	—	7 800	—	—
	Fe^{3+}	—	—	13 700	—	—
$3d^6$	Fe^{2+}	—	—	10 400	—	33 000
	Co^{3+}	—	—	18 600	23 000	34 000
$4d^6$	Rh^{3+}	18 900	20 300	27 000	33 900	—
$5d^6$	Ir^{3+}	23 100	24 900	—	—	—
	Pt^{4+}	24 000	29 000	—	—	—

晶体场分裂能Δ是一个很重要的参数，可用来衡量配位场的强弱，并决定体系的能量、配合物的磁性和稳定性。Δ值的大小与配体有关，也与中心离子有关。总结大量的光谱实验数据和理论研究的结果，得到下列经验规律：

当中心离子固定时，与不同配体形成相同构型的配离子时，其分裂能的大小与配体的场强有关。配体场强越强，分裂能Δ值就越大，从正八面体配合物的光谱实验得出的配体场强由弱到强的顺序如下

$I^- < Br^- < Cl^- \approx SCN^- < N_3^- < F^- < (NH_2)_2CO < OH^- < C_2O_4^{2-} \approx CH_2(COO)_2^{2-} < H_2O < NCS^- < C_5H_5N \approx NH_3 \approx PR_3 < NH_2CH_2CH_2NH_2 \approx SO_3^{2-} < NH_2OH < NO_2^-$ ≈联吡啶≈邻菲咯啉$< H^- \approx CH_3 \approx C_6H_5^- < CN^- \approx CO < P(OR)_3$

这一顺序称**光谱化学序列**(spectral sequence)。

2) 配合物的几何构型

配体相同时，在接近中心原子距离相同的条件下，根据计算得出，正四面体场中d轨道的分裂能Δ_t仅为正八面体场的4/9，即

$$\Delta_t = 4/9\Delta_o$$

一般来说，当中心原子与配体一定时，配合物的几何构型与分裂能的关系为四面体<八面体<平面正方形。

3. 电子在分裂后d轨道中的排布——高自旋与低自旋

在前面的价键理论中我们已经学习过，如果中心离子的d轨道未满，如Fe^{2+}，在形成配离子时的情况比较复杂。Fe^{2+}的3d能级上有6个电子。这些d电子分布服从洪德规则，即在等价轨道中，自旋单电子数要最大，状态就最稳定。在形成$[Fe(H_2O)_6]^{2+}$时，中心离子的电子层不受配体影响，水中配位原子氧的孤对电子进入Fe^{2+}的4s、4p和4d空轨道形成sp^3d^2杂化轨道，空间构型为八面体，自旋单电子数和Fe^{2+}相同。当CN^-与Fe^{2+}配位形成配离子时，CN^-对电子的排斥力很强，能将Fe^{2+}中的d电子挤成只占3个d轨道，并均成对，使2个3d轨道空出来，形成d^2sp^3杂化轨道，接受配体CN^-中的孤对电子。

在$[Fe(H_2O)_6]^{2+}$配离子中，有四个未成对电子，称为高自旋配离子(high spin complex ion)；而$[Fe(CN)_6]^{4-}$配离子中没有不成对电子，可称为低自旋配离子(low spin complex ion)。

【思考题】

9-7 什么是内轨型配合物？什么是外轨型配合物？

9-8 什么是高自旋配合物？什么是低自旋配合物？

为了判断一种配合物是高自旋型还是低自旋型往往采用测定磁矩的方法。未成对电子较多，磁矩较大；未成对电子数少或等于零，则磁矩小或等于零。知道磁矩实验值后，利用公式

$$\mu = \sqrt{n(n+2)} \tag{9-1}$$

即可求出未成对电子数n，从而知道配合物为高自旋还是低自旋型。但要注意公式(9-1)仅适于第一过渡系列金属离子形成的配合物，对第二、三过渡系列的其他金属离子的配合物一般是不适用的。

如果迫使本来是自旋平行分占两个轨道的电子挤到同一轨道上去，则使能量升高，这种升

高的能量称为**电子的成对能**(electron pairing energy)，并用 P 来表示。

结合晶体场理论，我们可以得出如下结论：在八面体场中，对于 $d^4 \sim d^8$ 构型的离子，如果 $\Delta_o < P$，则形成外轨型配合物；反之，如果 $\Delta_o > P$，则会形成内轨型配合物。

【例题 9-4】 八面体 Co(Ⅱ)配合物的磁矩为 4.0B. M.，试推断其电子组态。

解 Co(Ⅱ)配合物可能有两种组态：$t_{2g}^5 e_g^2$(3 个未成对电子，高自旋)和 $t_{2g}^6 e_g^1$(1 个未成对电子，低自旋)，相应的自旋磁矩分别为 3.87B. M. 和 1.73B. M.。根据题目给出的信息，该配合物应为高自旋 $t_{2g}^5 e_g^2$ 组态。

4. 配位化合物的稳定性——晶体场稳定化能

1) 定义

d 电子从未分裂的 d 轨道 E_s 能级进入分裂的 d 轨道时，所产生的总能量下降值，称为**晶体场稳定化能**(crystal field stabilization energy)，并用 CFSE 表示。下降得越多，即 CFSE 越大，配合物也就相对越稳定，所以 CFSE 的大小也是衡量配合物稳定性的一个因素。

2) CFSE 的计算

在八面体配合物中，t_{2g}轨道上每当填入一个电子，体系能量就降低 4Dq，在 e_g 轨道上有一个电子，则体系能量就升高 6Dq；同理，在四面体配合物中，只要在 e 轨道上有一个电子，体系能量就下降 2.67Dq，而在 t_2 轨道上有一个电子，体系能量就升高 1.78Dq。

例如，在弱八面体场中，d 电子是采取高自旋态构型，所以 d^6 是 $(t_{2g})^4(e_g)^2$。

$$\text{CFSE} = 4\times(-4\text{Dq}) + 2\times 6\text{Dq} = -4\text{Dq}$$

表明比未分裂时 E_s 降低了 4Dq 或 $\text{CFSE} = E_s - E = 0 - (4\text{Dq}) = -4\text{Dq}$；而在强八面体场中，$d^6$ 电子是低自旋构型，所以 d^6 是 $(t_{2g})^6(e_g)^0$。

$$\text{CFSE} = 6\times(-4\text{Dq}) + 2P = -24\text{Dq} + 2P$$

式中，$2P$ 的出现是由于强场作用迫使电子对数增加 2。若不考虑电子成对能，则

$$\text{CFSE} = -24\text{Dq}$$

同理可得 d^n 构型的 CFSE，见表 9-3。

表 9-3　八面体场的 CFSE

弱场				强场			
d^n	结构	未成对电子数	CFSE	d^n	结构	未成对电子数	CFSE
d^1	t_{2g}^1	1	+4Dq	d^1	t_{2g}^1	1	+4Dq
d^2	t_{2g}^2	2	+8Dq	d^2	t_{2g}^2	2	+8Dq
d^3	t_{2g}^3	3	+12Dq	d^3	t_{2g}^3	3	+12Dq
d^4	$t_{2g}^3e_g^1$	4	+6Dq	d^4	t_{2g}^4	2	$+16\text{Dq}-P$
d^5	$t_{2g}^3e_g^2$	5	+0Dq	d^5	t_{2g}^5	1	$+20\text{Dq}-2P$
d^6	$t_{2g}^4e_g^2$	4	+4Dq	d^6	t_{2g}^6	0	$+24\text{Dq}-2P$
d^7	$t_{2g}^5e_g^2$	3	+8Dq	d^7	$t_{2g}^6e_g^1$	1	$+18\text{Dq}-P$
d^8	$t_{2g}^6e_g^2$	2	+12Dq	d^8	$t_{2g}^6e_g^2$	2	+12Dq
d^9	$t_{2g}^6e_g^3$	1	+6Dq	d^9	$t_{2g}^6e_g^3$	1	+6Dq
d^{10}	$t_{2g}^6e_g^4$	0	+0Dq	d^{10}	$t_{2g}^6e_g^4$	0	+0Dq

【例题 9-5】 计算 d^6(高自旋)、d^6(低自旋)和 d^3、d^8 四种组态的 CFSE。

解　d^6(高自旋)：

CFSE=$[4\times(-0.4\Delta_o)+2\times0.6\Delta_o]=-0.4\Delta_o$

d^6(低自旋)：

CFSE=$[6\times(-0.4\Delta_o)+2P]=-2.4\Delta_o+2P$

d^3：CFSE=$[3\times(-0.4\Delta_o)]=-1.2\Delta_o$

d^8：CFSE=$[6\times(-0.4\Delta_o)+2\times0.6\Delta_o]=-1.2\Delta_o$

5. 晶体场理论的应用举例

1) 配合物稳定性与稳定化能的关系

构型相同 d 电子数不同的配合物稳定性顺序为

$$d^0<d^1<d^2<d^3>d^4>d^5<d^6<d^7<d^8>d^9>d^{10}$$

价键理论不能说明这种规律。根据晶体场理论，配合物构型相同时，CFSE 越大越稳定。由表 9-3 可见，弱场正八面体型配合物各种 d 电子组态的 CFSE 基本符合上述规律。

利用晶体场稳定化能解释第一过渡系元素二价离子的六水合物$[M(H_2O)_6]^{2+}$的水化焓($-\Delta H$)随核电荷增加出现“双峰”现象是一个很好的例子。二价金属离子从气体状态溶于水中所释放的热量称为水化焓($-\Delta H$)，即下列反应的 ΔH 的反号值$-\Delta H$

$$M^{2+}(g)+\infty H_2O(l)=\!=\!=[M(H_2O)_6]^{2+}(aq)$$

理论上讲，第一过渡系元素的二价金属离子是从 Ca^{2+} 到 Zn^{2+}，d 电子组态是 $d^0\sim d^{10}$。由于有效核电荷的逐渐增加，离子半径逐步缩小，带极性的水分子和离子间距也要减小，水化作用就会增大，则$-\Delta H$ 值随 3d 电子数的增多要循序上升，形成一条平滑曲线。但是用实测的$-\Delta H$ 值对 d^n 作图时，得到了图 9-14 中的实线，它是一条具有“双峰”的曲线，而不是一条平滑曲线。

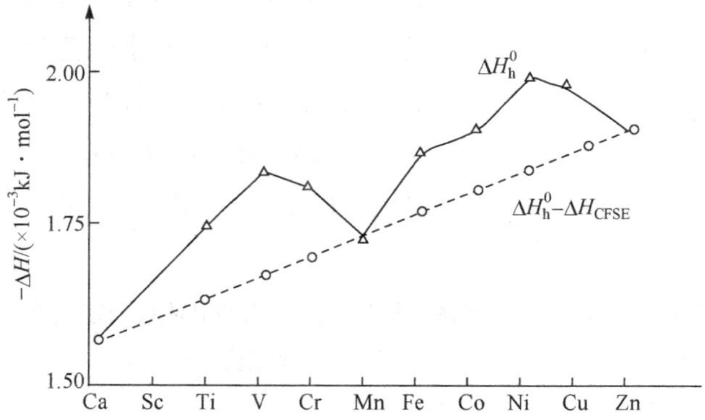

图 9-14　第一过渡系 M^{2+} 的水化焓

这种偏差可以用晶体场稳定化能来解释。由于第一系列过渡金属的二价离子的六水合物$[M(H_2O)_6]^{2+}$都是八面体构型，配体是 H_2O，中心离子是二价的，可推知是弱八面体场。由表 9-3 可见，从 $d^0\sim d^{10}$ CFSE 的变化规律：第一、二、三个 d 电子是填入低能的 t_{2g} 轨道，CFSE 逐渐增大，所以水化焓的增加比单靠有效核电荷增大时所预计的要大；第四、五个 d 电子是填入高能的 e_g 轨道，CFSE 逐渐降低，水化焓也相应减少；第六、七、八个 d 电子又是填入低能的

t_{2g}轨道，CFSE逐渐增大，水化焓上升；第九、十个d电子又是填入高能的e_g轨道，CFSE下降，水化焓下降。显然，这个变化规律和双峰曲线是完全一致的。若从实际测得的水化焓中扣除相应的CFSE，则可得到图9-14中虚线所示的平滑曲线。这说明实验曲线的不正常现象，来自晶体场稳定化能。

2）配合物的可见紫外光谱

配合物的晶体场理论能较好地解释配合物的颜色。可见光是各种波长光线的混合光，物质在可见光照射下呈现的颜色，是由物质对混合光的选择吸收引起的。物质若吸收可见光中的红色光，便呈现蓝绿色；若吸收蓝绿色的光，物质则呈现红色。即物质呈现的颜色与该物质选择吸收光的颜色互为补色。

过渡金属配合物一般都具有颜色，这是由于在晶体或溶液中，过渡金属离子的d轨道在周围配体场的影响下发生能级分裂。当d轨道上的电子未填满时，低能d轨道上的电子可以跃迁到高能空的d轨道上(d-d跃迁)。这个过程吸收的能量即为分裂能Δ，所对应的频率即为吸收峰对应的频率。实验测定结果表明，配合物Δ值的大小为10 000～30 000cm^{-1}，由此可估计到d-d跃迁的频率应在近紫外和可见光谱区，所以过渡金属配合物一般都是有颜色的，而颜色的变化显然与Δ值有直接关系。光谱化学序列反映了Δ值变化的顺序，因此也可以用它来解释某些配合物的颜色变化。

【思考题】

9-9 配位化合物$[Cr(H_2O)_6]Cl_3$为紫色，而$[Cr(NH_3)_6]Cl_3$却是黄色。试利用光谱化学序列解释颜色上的这种不同。

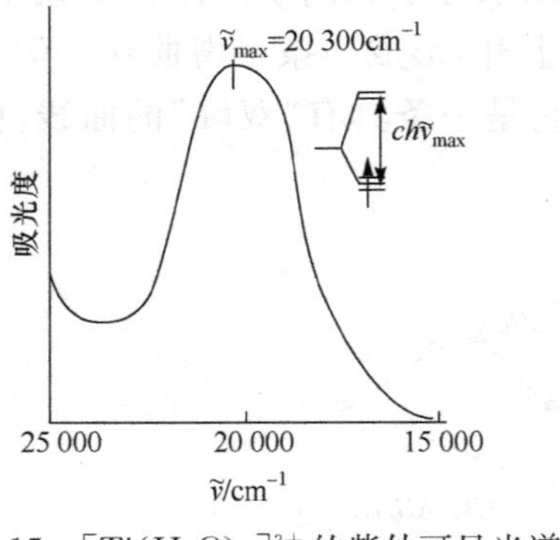

图9-15 $[Ti(H_2O)_6]^{3+}$的紫外可见光谱

例如，水溶液中的$[Ti(H_2O)_6]^{3+}$其光谱在波数为20 300cm^{-1}处有一最大的吸收峰(图9-15)。基态时，Ti^{3+}的一个d电子填充在t_{2g}轨道。在频率ν等于Δ_o/h的光照射下，电子从t_{2g}跃迁到e_g轨道而吸收光。该谱带在可见光谱的蓝绿区，配合物的颜色取决于透射光的波长。因此，$[Ti(H_2O)_6]^{3+}$呈淡紫色。反之，根据测定$[Ti(H_2O)_6]^{3+}$的分裂能就等于该吸收谱带的能量，即Δ_o＝20 300cm^{-1}。

【例题9-6】 由$[Ti(H_2O)_6]^{3+}$的吸收光谱图分析计算配合物的晶体场稳定化能。

解 配合物为八面体，已知Δ_o等于20 300cm^{-1}，Ti^{3+}为d^1组态离子，唯一的d电子填入三条t_{2g}轨道之一，因而，CFSE＝1×(－0.4Δ_o)＝－8120cm^{-1}

乘以换算因子1kJ·mol^{-1}/83.6cm^{-1}得

$$CFSE = -97.1 kJ \cdot mol^{-1}$$

9.4 配位化合物的结构变形——姜-泰勒效应

正八面体配合物中，六个配体与中心离子之间是等距离的。实验发现，配位数为六的过渡金属配合物并非都是理想的正八面体构型，有许多都是变形的拉长或压扁的八面体。配合物发生几何形变的现象称为**畸变**(distortion)。这种现象用价键理论难以说明，而晶体场理论可给出满意解释。

现以由 $d^{10} \rightarrow d^9$ 为例讨论。具有 d^{10} 结构的六配位配合物应是理想的正八面体构型，因为电子云分布是对称的，各个配体作用是均衡的。若 d 电子分布离开了对称，则电场的作用将不均衡，对配体的作用在不同方向上有强弱之分，因此配位键就有长短之别而发生形变。

若由 $d^{10} \rightarrow d^9$，则有两种可能排布方式：

$$(t_{2g})^6(d_{x^2-y^2})^2(d_{z^2})^1$$

$$(t_{2g})^6(d_{x^2-y^2})^1(d_{z^2})^2$$

若由 $d^{10} \rightarrow d^9$ 时，去掉的是 $d_{x^2-y^2}$ 电子，则 d 的结构应为 $(t_{2g})^6(d_{x^2-y^2})^1(d_{z^2})^2$。这就减小了对 x 和 y 轴上配体的推斥力，xy 平面上 4 个配体受到较大的吸引，使 $\pm x$ 和 $\pm y$ 方向上的 4 个配体能够内移，形成 4 个较短的键。这种畸变的结果使 $d_{x^2-y^2}$ 轨道能上升，d_{z^2} 轨道能下降，消除了简并性，形成 4 个共面的短键和两个与该面垂直的长键，结果是拉长了的八面体，如图 9-16(a)所示。

若由 $d^{10} \rightarrow d^9$ 时，去掉的是 d_{z^2} 电子，则 d 的结构应为 $(t_{2g})^6(d_{x^2-y^2})^2(d_{z^2})^1$，$z$ 轴方向上缺少 1 个电子，z 轴方向上电子分布弱于全充满状态的电子分布，减少了对 z 轴方向上的推斥力，则 z 轴方向上的 2 个配体所受到的吸引力要大些，使 $\pm z$ 轴方向上两个配体内移，形成两个较弱的键。在 xy 平面上 4 个配体所受到吸引力相对小些，和 $\pm x$、$\pm y$ 方向 4 个配体形成 4 个较长键。畸变结果使 d_{z^2} 轨道能上升，$d_{x^2-y^2}$ 轨道能下降，消除了简并性，形成了 4 个共面的长键和两个与该面垂直的短键，整个配合物是压扁的八面体，如图 9-11 (b)所示。

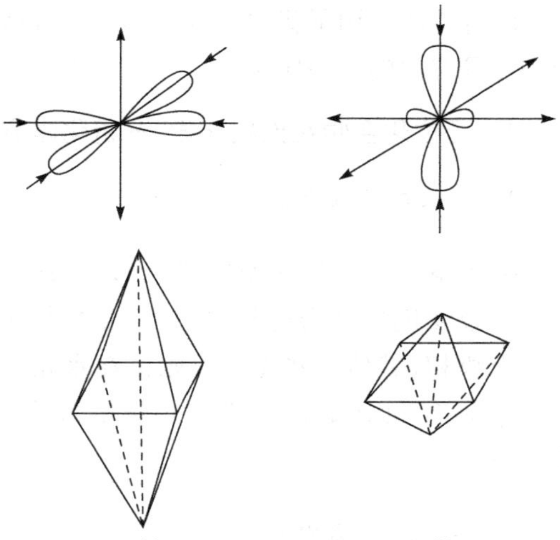

图 9-16　比 d^{10} 少一个 $d_{x^2-y^2}$(a) 或 d_{z^2}(b)而引起的姜-泰勒效应

实验事实表明，绝大部分的配合物是拉长的八面体，即四个短键两个长键的构型更稳定一些。例如，$CuCl_2$ 晶体中 Cu^{2+} 周围有 6 个 Cl^- 配位，4 个短键键长是 230pm，2 个长键键长是 295pm。$CuCl_2$ 晶体呈拉长的八面体构型。

1937 年，姜(H. A. Jahn)和泰勒(E. Taylor)指出，在对称的非线性分子中，如果一个体系的基态有几个简并能级，则是不稳定的，体系一定要发生畸变，使一个能级降低，以消除这种简并性。这种由于 d 电子云的不对称分布产生畸变，结果使本来简并的轨道有的能级升高，有的能级下降，消除了原来的简并性的现象称为**姜-泰勒效应**(Jahn-Taylor effect)。

对于 e_g 轨道距全满、半满少一个电子的中心离子，其八面体配合物都会有显著的形变。具有这种结构的体系是 d^4(高自旋)、d^7(低自旋)和 d^9 组态。例如，Cu^{2+}(d^9)、Cr^{2+}(d^4)、Mn^{3+}(d^4)、Ni^{3+}(d^7)的配合物都存在姜-泰勒效应。对 t_{2g} 距全满、半满缺一个电子的配合物形变较小，因为 t_{2g} 恰好与配体方向错开，它们与配体间的作用相对较小，因此姜-泰勒效应不显著。

【思考题】

9-10 查阅文献，思考姜-泰勒效应在晶体工程研究中的作用。

9.5 配位化合物的重要性

近30年来配位化学发展迅速，除了20世纪50年代的金属元素分离技术、60年代的配位催化以及70年代的生物化学的推动外，配位化学蓬勃发展的原因还在于群论、价键理论、配体场理论以及分子轨道理论的发展和应用，使配合物的性能、反应与结构的关系得到科学的说明，这些理论已成为说明和预见配合物的结构与性能的有力工具；同时近代物理方法应用于配合物的研究，使研究工作由宏观深入到微观，把配合物的性质和反应同结构联系起来，形成了现代的配位化学。

配合物的应用很普遍，它涉及的领域也较广。下面仅列举配合物在元素分离、分析、电镀和催化等方面的一些应用。

9.5.1 配位化合物在无机化学、分析化学方面的应用

1. 在溶剂萃取分离中的应用

溶剂萃取是一种简便而快速的分离技术，尤其对痕量物质的分离和富集特别有效。对于大多数无机化合物的萃取过程，常伴随着被萃物与萃取剂间的配位反应，生成的配合物进入有机相，其他一些无机物则留在水相。例如，核燃料的提取和分离，就是在硝酸溶液中加入萃取剂TBP(磷酸三丁酯)，金属离子和TBP生成中性配合物进入有机相苯而与其他杂质分离。

2. 在沉淀分离中的应用

配位剂在元素分离中的应用最早是将其作为沉淀剂使用。这是由于一些性质相似的元素生成配合物后，它们溶解度的差异性增大，因而可用于元素分离。例如，Zr(Ⅳ)和Hf(Ⅳ)、Nb(Ⅴ)和Ta(Ⅴ)，这些离子对半径相似，性质也相似，用一般方法难以完全分离。但Zr、Hf可生成 K_2ZrF_6 和 K_2HfF_6 的配合物，它们在溶解度上有较大差异(K_2HfF_6 溶解度比 K_2ZrF_6 大2倍)，据此即可达到较完全的分离。Nb、Ta也可利用其含氟配合物溶解度的差异而加以分离。再如，苦杏仁酸及其衍生物是Zr和Hf选择性非常高的沉淀剂，在大于 $6mol \cdot L^{-1}$ HCl中沉淀Zr和Hf，几乎所有元素均不干扰。配位沉淀剂特别是螯合沉淀剂，不仅选择性高、组成稳定，且形成的是溶解度又小(因为螯合剂一般不含亲水基团)的晶形沉淀。这样不仅有利于沉淀的过滤，而且也减少了对溶液中其他离子的吸附及共沉淀现象。例如，分析化学中常在pH=4.6～13.4的溶液中，用8-羟基喹啉定量沉淀锌。在pH=5的乙酸盐溶液中，可在 Cu^{2+}、Pb^{2+}、Mn^{2+} 及碱金属、碱土金属离子共存时沉淀锌。再如在含有 $0.2mol \cdot L^{-1}$ 酒石酸盐的氢氧化钠溶液中，可从0.2g Al^{3+}、Sb^{5+}、As^{5+}、Cr^{3+}、Fe^{2+}、Pb^{2+} 中定量分离锌。

3. 在离子交换中的应用

离子交换法是利用离子交换树脂来分离和提纯物质的一种方法，也是近代化学技术领域中一种重要的分离办法，目前广泛应用于核燃料处理、高纯稀土的制备、稀有金属的回收、工业水的软化及高纯水的制备等。它的最大优点是可获得高纯度产品，但它的缺点是不能连续操作、生产周期长、处理量小、成本高，因此往往与萃取法结合使用。例如，铀的提取和分离。天然铀一般以 UO_2^{2+} 形式存在，它形成配合物的能力很强，能和一些阴离子形成配阴离子，若用苏打水浸取，则在浸取液中形成 $[UO_2(CO_3)_3]^{4-}$，用 H_2SO_4 浸取，则形成 $[UO_2(SO_4)_3]^{4-}$，而其他金属离子具有这种配位能力是极少数的。然后让浸取液通过阴离子交换树脂，则只有 $[UO_2(CO_3)_3]^{4-}$ 可被吸附。

$$4ROH + [UO_2(CO_3)_3]^{4-} \!=\!=\!= R_4[UO_2(CO_3)_3] + 4OH^-$$

这样就有效地分离了铀和其他金属。最后用淋洗剂再将它洗脱出来。

稀土元素的分离也常用此方法，主要利用不同的稀土元素与配位剂(淋洗剂)形成配合物的稳定性不同而进行分离。例如，稀土的硝酸盐溶液，先通过阳离子交换柱进行交换反应。配合物在元素分析中广泛被应用，主要是利用它们形成配合物后，在颜色、溶解度和稳定性上的差异。

以吸光光度法和配位滴定法进行元素分析时，常要求配合物形成时有明显的颜色变化，这样的配位剂在吸光光度法中用作显色剂，在配位滴定中用作金属指示剂。在吸光光度法分析中，不但要求选用选择性好、灵敏度高的显色剂(配位剂)，而且要求生成的配合物组成恒定，化学性质稳定，与显色剂的颜色有大的差别。能作为显色剂的都是一些有机化合物，在这些有机分子中常存在某些不饱和基团或共轭体系，如

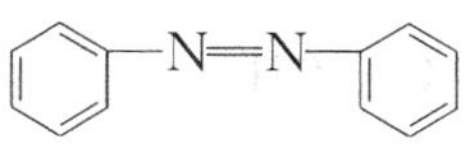

偶氮苯(红色)

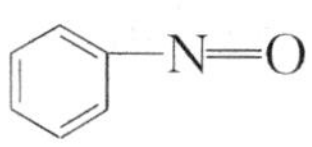

亚硝基苯(灰绿色)

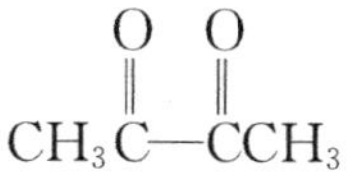

丁二酮(黄色)

这些有机分子与金属离子形成配合物后，电子云发生变化，分子的激发能降低，其最大吸收波长红移，因此会导致颜色加深。例如，显色剂 DBC——偶氮氮磷。它最大吸收峰在 543nm，当它在 $1.4mol \cdot kg^{-1}$ HCl 的条件下与稀土元素生成灵敏的蓝色配合物时，最大吸收峰红移至 641～649nm，因而使用该显色剂是当前较好的稀土总量光度测定方法。

电镀是一项重要的工业技术。它与电化学、配位化学、有机化学和表面化学等学科有密切的关系，可以说是一门综合性的学科。但是从电镀液的配制和解析、优质镀层的形成等方面看，配位化学与电镀的关系尤为密切。近年来多元配合物和表面配合物等新概念的提出，很有可能把配位剂和添加剂的作用统一起来，为选择合理的镀液配方提供理论基础。

简单来说，电镀过程就是金属配离子在阴极上还原为金属的过程。但是，金属离子在溶液中或在电极界面上形成的配合物的形态和结构不同，则放电反应的活化能以及放电机制也随之而异，在阴极所得镀层的性能有很大差别。例如，在镀铜液中，以 H_2O、OH^-、NH_3 作为配位剂，只能得到疏松、粗糙和结合力不好的铜镀层，而用 CN^-、$P_2O_7^{4-}$ 和有机多磷酸作为配位剂，则可获得结合力好、结晶细致的半光亮的铜镀层。如果再加入少量的表面活性剂或添加剂，如硫脲、丁炔二醇、各种胶类、聚乙二醇和聚乙烯亚胺等，可获得非常光亮的镀层。因此，镀

液中配位剂、添加剂的种类和浓度，镀液的 pH 和温度变化等因素都会对镀液和镀层的性能产生较大的影响。

9.5.2 配位催化

由反应物和催化剂(过渡金属化合物)形成配合物所引起的催化作用，称为配位催化作用。具体地说，反应物配位在催化剂中的过渡金属原子的周围，致使反应物处于活化状态，因而容易发生某一特定反应。这类催化剂的活性中心原子常是配位不饱和的，或者在反应条件下可解离出一个或更多配体，腾出配位位置而与反应物配位。反应物的活化常与反馈 π 键的形成有关。反应物与催化剂形成配合物后，可通过电子效应(如配位效应)、空间位阻等因素，对反应的历程、速率以及反应物的结构选择性起控制作用。配位催化大多是均相催化，但也可在多相体系中进行。配位催化已广泛应用于工业生产。例如，在镍催化剂作用下，乙烯聚合生成环丁烷。在此过程中，$(PPh_3)_2(C_2H_4)$转变为 $Ni(PPh_3)_2(C_4H_8)$是重要的一步。没有镍催化剂存在时，乙烯聚合生成环丁烷是很困难的。

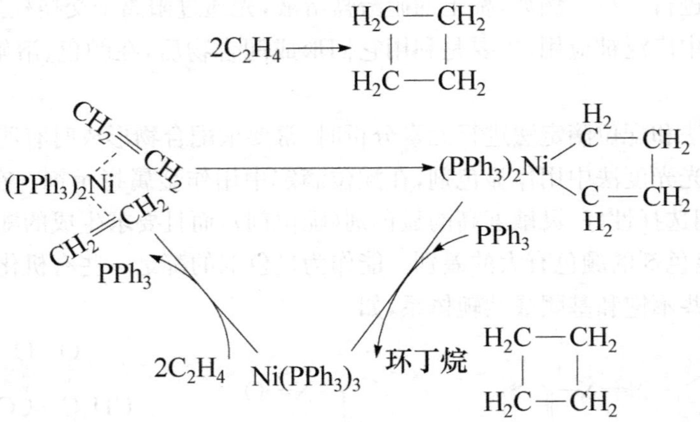

9.5.3 生物化学中的配位化合物

人体必需的金属离子绝大多数以配合物的形式存在于体内，它们的功能主要是促使酶催化体内各种生化反应，因而是控制着体内正常代谢活动的关键因素。这些必需金属元素严重缺乏或过量时对人类健康都有危害作用。例如，铁缺乏时可出现贫血，锌缺乏时可导致发育停滞、抑制性成熟、免疫力降低，而缺铬可引起糖尿病、动脉硬化等。研究表明，在补给这些缺乏的金属元素时，金属元素药物的存在形式将直接影响机体的摄取效果。若以一般无机盐形式存在时，普遍存在吸收率低、刺激性及毒副作用大等缺点，而以金属配合物或螯合物形式补给，则大大提高吸收率，减小或消除刺激性。例如，无机锌盐($ZnSO_4 \cdot 7H_2O$ 等)是最早采用的补锌制剂，但由于它们易吸潮、吸收率低、口感不适、对胃肠道具有较大刺激作用等，因而逐渐被淘汰。目前，较为理想的补锌剂多采用氨基酸锌螯合物。缺铁可以直接服用乳酸亚铁，但更好的补铁形式是补充铁与卟啉配体形成的螯合剂，后者的生物利用率可提高数百倍；缺钴可通过服用维生素 B_{12}(钴与卟啉形成的螯合物)进行补充。

20 多年来我国学者对金属配合物与生物大分子的相互作用、金属蛋白在生物体内各种各样起着特殊催化作用的酶，几乎都与有机金属配合物密切相关。例如，植物进行光合作用所必需的叶绿素是以镁为中心的复杂配合物，植物固氮酶是铁、钼的蛋白质配合物。

若体内存在着有害金属离子如重金属 Pb^{2+}、Hg^{2+}、Cd^{2+} 和放射性元素 U 等，可以选择合适的螯合剂与它们配合而排出体外。此法称为螯合疗法，所用的螯合剂称为解毒剂。在医学上，常利用配位反应治疗人体中某些元素的中毒。例如，EDTA 的钙盐是人体铅中毒的高效解毒剂。

对于铅中毒病人，可注射溶于生理盐水或葡萄糖溶液的 $Na_2[Ca(EDTA)]$，这是因为

$$Pb^{2+} + [Ca(EDTA)]^{2-} \Longrightarrow Ca^{2+} + [Pb(EDTA)]^{2-}$$

$[Pb(EDTA)]^{2-}$ 及剩余的 $[Ca(EDTA)]^{2-}$ 均可随尿排出体外，从而达到解铅毒的目的。

另外，治疗糖尿病的胰岛素，治疗血吸虫病的酒石酸锑钾以及抗癌药顺铂（顺式二氯二氨合铂）、二氯茂钛等都属于配合物。现已证实多种顺铂 $[Pt(NH_3)_2Cl_2]$ 及其一些类似物对子宫癌、肺癌、睾丸癌有明显疗效，最近还发现金的配合物 $[Au(CN)_2]^-$ 有抗病毒作用。

人们设计尝试用含 Rh、Ni、Ir、Cu、Fe、Tl 及 Sn 等元素的某些配合物来治疗癌症，目前配合物已成为抗癌新药研发的有价值的探索途径。

【思考题】

9-11　举例以化学方程式说明配位化合物在金属成矿和环境保护中的应用。

习　题

9-1　命名下列各配合物和配离子。

(1) $(NH_4)_3[SbCl_6]$　(2) $Li[AlH_4]$

(3) $[Co(en)_3]Cl_3$　(4) $[Co(NH_3)_4Cl_2]Cl$

(5) $[Cr(H_2O)_4Br_2]Br \cdot 2H_2O$　(6) $[Cr(H_2O)(en)(C_2O_4)(OH)]$

(7) $[Co(NO_2)_6]^{3-}$　(8) $[Co(NH_3)_4(NO_2)Cl]^+$

(9) $[Cr(Py)_2(H_2O)Cl_3]$　(10) $[Ni(NH_3)_2(C_2O_4)]$

9-2　写出下列配合物的化学式。

(1) 六氟合硅(Ⅳ)酸　(2) 四（异硫氰酸根）· 二氨合铬(Ⅲ)酸铵

(3) 三氯化五氨 · 一水合钴(Ⅲ)　(4) 四氯 · 二氨合铂(Ⅳ)

(5) 五羰基合铁　(6) 六氯合锑(Ⅲ)酸铵

(7) 三氯 · 氨 · 乙二胺合钴(Ⅲ)　(8) 二氯化一亚硝酸根 · 三氨 · 二水合钴(Ⅲ)

(9) 五氰 · 一羰基合铁(Ⅲ)酸钠　(10) 二氯 · 氨 ·（η-乙烯)合铂(Ⅱ)

9-3　已知下列配合物的磁矩，根据价键理论指出配离子的中心离子杂化轨道类型、配离子空间构型，并指出配合物属于内轨型还是外轨型。

(1) $[Mn(CN)_6]^{3-}$，μ=2.8B. M.　(2) $[Co(NH_3)_6]^{2+}$，μ=3.8B. M.

(3) $[Ni(CN)_4]^{2-}$，μ=0B. M.　(4) $[FeF_6]^{3-}$，μ=5.9B. M.

(5) $[Fe(CN)_6]^{3-}$，μ=2.0B. M.　(6) $[Ni(NH_3)_4]^{2+}$，μ=2.83B. M.

(7) $[MnBr_5]^{2-}$，μ=5.9B. M.

9-4　解释下列实验现象。

(1) Cu_2O 溶于氨水后形成无色溶液。

(2) CdS 可溶于 KI 溶液中。

(3) AgI 不能溶于过量氨水，却能溶于 KCN 溶液中。

(4) HgS 可溶于 Na_2S 和 NaOH 的混合溶液中。

9-5 预测下列各对配位离子稳定性的相对高低，并简述理由。

(1) $[Co(NH_3)_6]^{2+}$与$[Co(NH_3)_6]^{3+}$　(2) $[Zn(CN)_4]^{2-}$与$[Cu(CN)_4]^{2-}$

(3) $[FeF_6]^{3-}$与$[Fe(CN)_6]^{3-}$　(4) $[Zn(EDTA)]^{2-}$与$[Ca(EDTA)]^{2-}$

9-6 用晶体场理论定性说明二价铁和三价铁的水合离子的颜色不同的原因。

9-7 某金属离子在八面体弱场中的磁矩为 4.90B.M.，而它在八面体强场中的磁矩为零，该中心金属离子可能是哪个？

9-8 $[FeF_6]^{3-}$是六配位，而$[FeCl_4]^-$是四配位，应如何理解？

9-9 以下说法对不对？请简述理由。

(1) 根据光谱化学序列可断言，$[Fe(SCN)_n]^{3-n}$的 n 越大，离子的颜色越深。

(2) 配合物中配体的数目称为配位数。

(3) 配位化合物中心原子的氧化态不可能等于零，更不可能为负值。

(4) 羰基化合物中的配体 CO 是用氧原子和中心原子结合的，因为氧的电负性比碳大。

(5) 同一种金属元素配合物的磁性取决于该元素，氧化态越高，磁矩就越大。

(6) $[Co(en)_3]^{3+}$没有立体异构体。

(7) 根据晶体场理论可以预言，$[Ti(CN)_6]^{3-}$的颜色比$[TiF_6]^{3-}$的颜色深。

(8) 根据晶体场理论，Ni^{2+}的六配位八面体配合物按磁矩的大小可分为高自旋和低自旋两种。

(9) 晶体场稳定化能为零的配合物是不稳定的。

9-10 某物质的实验式是 $PtCl_4 \cdot 2NH_3$，其水溶液不导电，加入 $AgNO_3$ 也不产生沉淀，以强碱处理时没有 NH_3 放出，写出它的配位化学式。

第 10 章　化学平衡通论

本章学习要求

(1) 了解化学反应的可逆性，掌握化学平衡和平衡常数的概念；
(2) 熟悉标准平衡常数概念，熟悉多重平衡；
(3) 了解范特霍夫化学反应等温式，掌握标准平衡常数与吉布斯能变的关系；
(4) 掌握浓度、压力、温度对化学平衡移动的影响；
(5) 了解从热力学和动力学等方面来选择合理的生产条件。

【背景问题】

(1) 一定温度下，在密闭容器中，您能让氧气和一氧化氮气体完全反应生成二氧化氮气体吗？
(2) 请您想想化工工程师会用什么办法提高反应物的转化以增大产量？
(3) 为什么合成氨的工艺条件选择温度是 673～773K，压力是 15 195～20 260kPa，还要用铁触媒？有什么热力学依据吗？

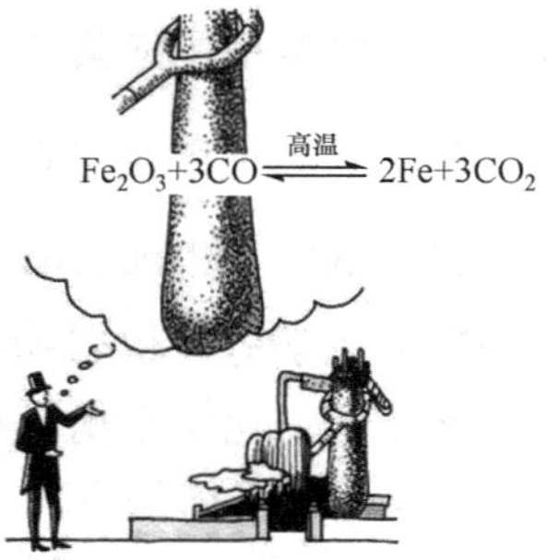

本章化学平衡中要研究化学反应在指定条件下，反应物可以转变成产物的最大限度问题，这是化学热力学的内容。在化学热力学初步一章中，讨论了恒温恒压下无非体积功的化学反应以自发方式进行的判据，而本章的学习将把这一结论加以推广和深化，得出上述反应在参与反应的物质不均处于标准状态时自发进行的判据。同时，也将进一步讨论各种化学热力学数据之间的关系，使化学热力学知识更加完善。

10.1　可逆反应与化学平衡状态

10.1.1　可逆反应与化学平衡

在密闭容器中，一定温度下，氧气和一氧化氮气体的反应生成二氧化氮气体：

$$2NO(g)+O_2(g)\longrightarrow 2NO_2(g)$$

在同一条件下，二氧化氮也能分解成氧气和一氧化氮：

$$2NO_2(g)\longrightarrow 2NO(g)+O_2(g)$$

上述两个反应同时发生并且方向相反，可以写成下列形式：

$$2NO(g)+O_2(g)\rightleftharpoons 2NO_2(g)$$

习惯上，把从左向右进行的反应称为正反应(positive reaction)，从右向左进行的反应称为逆反应(inverse reaction)。这种在同一条件下，既可以正向进行又可以逆向进行，并且任何一个方向的反应都不能进行到底的化学反应称为可逆反应(reversible reaction)。大多数化学反

应都属于可逆反应。又如

$$H_2(g)+I_2(g) \rightleftharpoons 2HI(g)$$

但是在密闭容器中,个别反应几乎能朝一个方向进行到底。例如

$$2KClO_3 \xrightarrow[\triangle]{MnO_2} 2KCl+3O_2$$

$$Ba^{2+}+SO_4^{2-} \longrightarrow BaSO_4\downarrow$$

上述两个反应逆向进行的趋势很小。通常认为,KCl不能与O_2反应生成$KClO_3$,而由于$BaSO_4$的溶解度较小,其溶解的趋势比较弱。像这种实际上只能向一个方向进行"到底"的反应,称为**不可逆反应**(irreversible reaction),而**平衡状态**(equilibrium state)是化学反应进行的最大限度($\Delta_r G=0$时达到平衡)。

【思考题】

10-1　是否所有伴随有气体生成的分解反应都是不可逆反应?

10-2　无机化学中所指的"可逆反应"与热力学中所提的"可逆过程"相同吗?

10.1.2　化学平衡的基本特征

化学平衡是指在宏观条件一定的可逆反应中,化学反应正逆反应速率相等,反应物和生成物各组分浓度不再随着时间改变而改变的状态,可用$\Delta_r G_m=\sum \nu_A \mu_A=0$判断,$\mu_A$是反应中A物质的化学势。根据勒夏特列原理,如一个已达平衡的系统被改变,该系统会随之改变来抗衡该改变。化学平衡具有以下基本特征。

(1) 化学平衡是一种动态平衡,正、逆反应还在进行,但速率相等(对于同一个物质,$v_{正}=v_{逆}$数值上相等;对于不同物质,$v_{A正} : v_{B逆}=a : b$,即等于系数比)。宏观上,反应物及生成物共存,且各物种浓度不随时间而改变(或者说反应物的转化率保持不变,各组成成分的含量保持不变)。微观上,化学反应仍进行中,属于动态平衡。

(2) 在一定条件下反应所能达到的最大限度为

$$\Delta G=0$$

相对于$\Delta G=0$的状态而言,$\Delta G>0$和$\Delta G<0$的状态都是不稳定状态,都会自发地转化为$\Delta G=0$的状态。即任何系统都有向平衡状态接近的趋势。

(3) 在一定条件下,对于一个确定的可逆反应,不管是从反应物开始反应,还是从生成物开始反应,或是从反应物和生成物同时开始,只要满足各组分物质浓度相当,反应都可以到达相同的平衡状态,即平衡组成与达到平衡的途径无关(图10-1)。

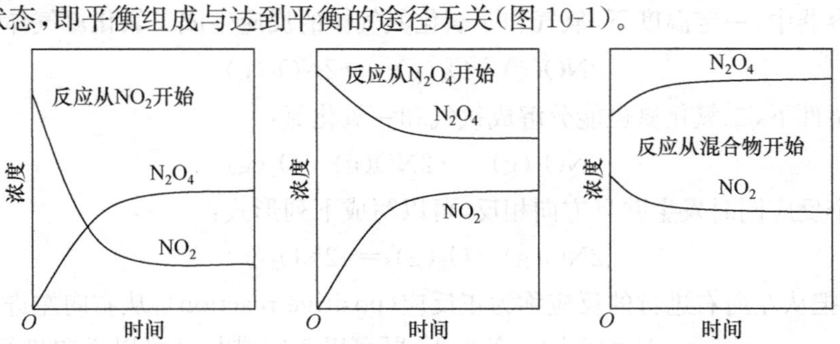

图10-1　反应$N_2O_4(g) \rightleftharpoons 2NO_2(g)$过程中反应物和生成物浓度变化

(4) 化学平衡是有条件的、暂时的、相对的，当条件发生变化时，由平衡变为不平衡，再在新的条件下建立新平衡，即其中一条件改变，旧平衡破坏，新平衡就会很快建立。

10.1.3　化学平衡常数

1. 经验平衡常数

对于一个一般的可逆反应，其反应速率同达到平衡所需的时间如图 10-2 所示。

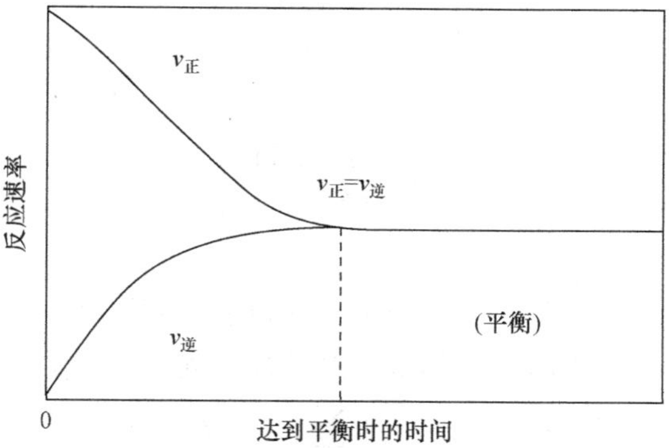

图 10-2　化学平衡建立示意图

以 $2NO_2(g) \rightleftharpoons N_2O_4(g)$ 进行实验，所得数据如下：

项　次	初浓度/$(mol \cdot L^{-1})$		平衡时浓度/$(mol \cdot L^{-1})$		$\frac{c(N_2O_4)}{c^2(NO_2)}$
	$c(NO_2)$	$c(N_2O_4)$	$c(NO_2)$	$c(N_2O_4)$	
1	0.0800	0.0000	0.0125	0.0337	216
2	0.0000	0.0400	0.0125	0.0337	216
3	0.0400	0.0200	0.0125	0.0337	216
4	0.1600	0.0000	0.0182	0.0709	215
5	0.0000	0.0600	0.0156	0.0522	215

由项次 1～5 比较得知：无论反应初始物质及浓度为何值，只要在同温下，平衡浓度之比为一常数，与初浓度及反应方向无关。

对于一般的反应：

$$aA + bB \rightleftharpoons dD + eE$$

在一定温度下达到平衡时，产物的平衡浓度系数次方乘积与反应物浓度系数次方的乘积之比是一个常数。即有下述关系：

$$c_D^d c_E^e / (c_A^a c_B^b) = K_c \tag{10-1}$$

式(10-1)称为化学平衡定律(law of chemical equilibrium)。K_c 称为浓度经验平衡常数(concentration experienced balance constant，有些教材上称浓度实验平衡常数)。

而对于气体，在一定温度下，平衡时生成物气体分压以反应方程式中计量系数为乘幂的乘积与反应物气体分压以反应方程式中计量系数为乘幂的乘积之比也是常数，即压力经验平衡常数(pressure experienced balance constant)，用符号 K_p 表示。一般的反应

$$aA(g) + bB(g) \rightleftharpoons yY(g) + zZ(g)$$

$$K_p=\frac{p_Y^y p_Z^z}{p_A^a p_B^b} \tag{10-2}$$

式中，p_A、p_B、p_Y、p_Z 分别为 A、B、Y、Z 各物质的平衡分压。

例如，合成氨的反应：

$$N_2(g)+3H_2(g) \rightleftharpoons 2NH_3(g)$$

在一定温度下达平衡时，即可用 K_c 表示如下：

$$K_c=\frac{c^2(NH_3)}{c(N_2)c^3(H_2)}$$

或用 K_p 表示为

$$K_p=\frac{p^2(NH_3)}{p(N_2)p^3(H_2)}$$

对于反应：

$$aA(g)+bB(g) \rightleftharpoons dD(g)+eE(g)$$

假设其中的反应物及生成物均为理想气体，那么由于 $K_p=p_D^d \cdot p_E^e/(p_A^a \cdot p_B^b)$，$p=(n/V)RT=cRT$

$$K_p = K_c \cdot (RT)^{\sum\nu} \quad \left(\sum\nu=(d+e)-(a+b)\right) \tag{10-3}$$

一般情况下，浓度经验平衡常数(K_c)与压力经验平衡常数(K_p)都有单位(其单位只需要通过量纲计算便可得到)，仅当 $\sum\nu=0$ 时，$K_p=K_c$ 且均无单位。另外，只要温度不变，平衡常数就是一个定值；平衡常数数值的大小是反应完全程度的标志，平衡常数值越大，反应可完成的程度越高。

【思考题】

10-3　如果 $\sum\nu\neq0$ 时，联系浓度平衡常数(K_c)与压力平衡常数(K_p)二者的关系式是什么？

【例题 10-1】　800K 时一合成氨体系，将 N_2 和 H_2 按 1∶3 充入，总压为 2×10^7 Pa，反应达到平衡后，总压变为 1.8×10^7 Pa，求浓度平衡常数和压力平衡常数。

解

$$N_2(g)+3H_2(g) \rightleftharpoons 2NH_3(g)$$

开始　$p(N_2)=0.5\times10^7$ Pa，　$p(H_2)=1.5\times10^7$ Pa

假设达到平衡时 N_2 转换了 xPa，则平衡时

$p(N_2)=0.5\times10^7-x$　$p(H_2)=1.5\times10^7-3x$　$p(NH_3)=2x$

$$p(N_2)+p(H_2)+p(NH_3)=(0.5\times10^7-x)+(1.5\times10^7-3x)+2x=1.8\times10^7\text{ Pa}$$

解得 $x=0.1\times10^7$ Pa

$$K_p=\frac{p^2(NH_3)}{p(N_2)\times p^3(H_2)}=\frac{(0.2\times10^7)^2}{(0.4\times10^7)\times(1.2\times10^7)^3}=1.45\times10^{-16}\text{ Pa}^{-2}$$

$$K_c=\frac{K_p}{(RT)^{\sum\nu}}=\frac{1.45\times10^{-16}}{(8.314\times800)^{(2-1-3)}}=6.40\times10^{-9}\text{ mol}^{-2}\cdot\text{m}^6$$

答：该反应的浓度平衡常数与压力平衡常数分别为 6.40×10^{-9} $mol^{-2}\cdot m^6$、1.45×10^{-16} Pa^{-2}。

2. 平衡转化率

在一定条件下，当某一化学反应达到**平衡状态**，即表示反应进行到最大程度，因此平衡常数的大小可以表示出反应进行的程度。但是通常我们用**平衡转化率**(equilibrium conversion)，即平衡时已转化了的某反应物的量与转化前该反应物的量之比来衡量反应进行的程度，计算如下(α 为平衡转化率)

$$\alpha=\frac{\text{反应物已转化的量}}{\text{反应物未转化前的总量}}\times 100\% \tag{10-4}$$

若反应前后体积不变，反应物的量也可用浓度表示为

$$\alpha=\frac{\text{反应物起始浓度}-\text{反应物平衡浓度}}{\text{反应物起始浓度}}\times 100\% \tag{10-5}$$

在恒容条件下可表示为

$$\text{转化率}=\frac{\text{某反应物的起始浓度}-\text{平衡浓度}}{\text{某反应物的起始浓度}}\times 100\%$$

但是，当某一个化学平衡为气相反应时，平衡转化率也可以表示为

$$\text{转化率}=\frac{\text{某反应物起始分压}-\text{达平衡时的分压}}{\text{某反应物的起始分压}}\times 100\%$$

【例题 10-2】 反应 $CO(g)+H_2O(g)\rightleftharpoons H_2(g)+CO_2(g)$ 在某温度时，$K_c=9$，求 CO 和 H_2O 的起始浓度均为 $0.02mol\cdot L^{-1}$时，CO 的转化率。

解

	$CO(g)$	$+H_2O(g)\rightleftharpoons$	$H_2(g)$	$+CO_2(g)$
t_0	0.02	0.02	0	0
t_e	$0.02-x$	$0.02-x$	x	x

$$K_c=\frac{c(H_2)c(CO_2)}{c(CO)c(H_2O)}=\frac{x^2}{(0.02-x)^2}=9$$

解得合理的解为 $x=0.0152mol\cdot L^{-1}$，所以

$$\text{转化率}=\frac{c(CO)_{\text{转}}}{c(CO)_{t_0}}=\frac{0.015}{0.02}\times 100\%=75\%$$

答：上述反应的转化率为 75%。

【思考题】

10-4　在其他条件相同的前提下，K 值越大，转化率与反应进行程度如何？

10.2　化学反应进行的方向

10.2.1　标准平衡常数

对于一般化学反应

$$aA+bB\rightleftharpoons dD+eE$$

当达平衡状态时

$$K^{\ominus}=\frac{a_D^d\cdot a_E^e}{a_A^a\cdot a_B^b} \tag{10-6}$$

式中，a_D、a_E、a_A、a_B分别称为生成物 D、E 和反应物 A、B 的活度。若将平衡浓度或平衡分压分别除以各自标准态的数值，即得平衡时各自的活度。在一定温度下达到平衡时，产物的活度以化学计量系数为指数的乘积与反应物活度以其化学计量系数为指数的乘积之比是一个常数，称为**标准平衡常数**(standard equilibrium constant)，用 $K^{\ominus}$表示。

1. 气相反应

气体的活度为气体的分压与标准压力的比值，即

$$K^{\ominus}=\frac{(p_{\mathrm{E}}/p^{\ominus})^{e}\cdot(p_{\mathrm{D}}/p^{\ominus})^{d}}{(p_{\mathrm{B}}/p^{\ominus})^{b}\cdot(p_{\mathrm{A}}/p^{\ominus})^{a}}=\frac{p_{\mathrm{E}}^{e}\cdot p_{\mathrm{D}}^{d}}{p_{\mathrm{B}}^{b}\cdot p_{\mathrm{A}}^{a}}\left(\frac{1}{p^{\ominus}}\right)^{\sum\nu}$$

$$=K_{p}\left(\frac{1}{p^{\ominus}}\right)^{\sum\nu}$$

$$\sum\nu=(e+d)-(a+b)$$

2. 溶液反应

理想溶液(或稀溶液)的活度是溶液浓度(单位为 $mol\cdot L^{-1}$)与标准浓度 $c^{\ominus}$($1mol\cdot L^{-1}$)的比值：$a=c/c^{\ominus}$，将此式代入得

$$K^{\ominus}=\frac{(c_{\mathrm{E}}/c^{\ominus})^{e}\cdot(c_{\mathrm{D}}/c^{\ominus})^{d}}{(c_{\mathrm{B}}/c^{\ominus})^{b}\cdot(c_{\mathrm{A}}/c^{\ominus})^{a}}=\frac{c_{\mathrm{E}}^{e}\cdot c_{\mathrm{D}}^{d}}{c_{\mathrm{B}}^{b}\cdot c_{\mathrm{A}}^{a}}\left(\frac{1}{c^{\ominus}}\right)^{\sum\nu} \tag{10-7}$$

其中 $\sum\nu$ 同上。由于 $c^{\ominus}=1mol\cdot L^{-1}$，代入上式，则 $K^{\ominus}=K_c$，这仅表明它们数值上的相等关系。前者是无量纲，后者则仅在 $\sum\nu=0$ 时才是无量纲。

3. 复相反应

在一个反应的反应物和生成物中，既有固相 A，又有 B 和 D 的水溶液，以及气体 E 和 H_2O 参与的一般反应，其通式为

$$a\mathrm{A(s)}+b\mathrm{B(aq)}\rightleftharpoons d\mathrm{D(aq)}+f\mathrm{H_2O(l)}+e\mathrm{E(g)}$$

系统达到平衡时，其标准平衡常数表达式为

$$K^{\ominus}=\frac{(c_{\mathrm{D}}/c^{\ominus})^{d}(p_{\mathrm{E}}/p^{\ominus})^{e}}{(c_{\mathrm{B}}/c^{\ominus})^{b}} \tag{10-8}$$

例如，气相反应

$$\mathrm{H_2(g)+I_2(g)\rightleftharpoons 2HI(g)}$$

于是，上述反应的标准平衡常数可以写为

$$K^{\ominus}=\frac{\{p(\mathrm{HI})/p^{\ominus}\}^{2}}{\{p(\mathrm{H_2})/p^{\ominus}\}\cdot\{p(\mathrm{I_2})/p^{\ominus}\}}$$

使用标准平衡常数应注意以下事项：

(1) 平衡常数的单位。K_c 与 K_p 是有量纲的物理量，其单位是 $(mol\cdot L^{-1})^{\sum\nu}$、$(Pa)^{\sum\nu}$；当 $\sum\nu=0$ 时，量纲为一，而标准平衡常数必定是量纲为一(其单位不取决于 $\sum\nu$ 的值)；液相反应的 K_c 与其 $K^{\ominus}$ 在数值上相等，而气相反应的 K_p 一般不与其 $K_p^{\ominus}$ 的数值相等；通常，热力学计算多采用标准平衡常数，但在滴定分析中，一般采用经验平衡常数。

(2) 标准平衡常数表达式中各物质的浓度和分压，必须是在系统达到平衡状态时相应的值。

(3) 平衡常数表达式与化学反应方程式呈一一对应关系。同一化学反应方程式的写法不同，平衡常数的表达式就不同。例如

$$\mathrm{N_2+3H_2\rightleftharpoons 2NH_3}\qquad K_1^{\ominus}=\frac{\{c(\mathrm{NH_3})/p^{\ominus}\}^{2}}{\{c(\mathrm{N_2})/p^{\ominus}\}\{c(\mathrm{H_2})/p^{\ominus}\}^{3}}$$

$$\frac{1}{2}N_2+\frac{3}{2}H_2 \rightleftharpoons NH_3 \qquad K_2^{\ominus}=\frac{c(NH_3)/p^{\ominus}}{\{c(N_2)/p^{\ominus}\}^{\frac{1}{2}}\{c(H_2)/p^{\ominus}\}^{\frac{3}{2}}}$$

$$2NH_3 \rightleftharpoons N_2+3H_2 \qquad K_3^{\ominus}=\frac{\{c(N_2)/p^{\ominus}\}\{c(H_2)/p^{\ominus}\}^3}{\{c(NH_3)/p^{\ominus}\}^2}$$

$K_1^{\ominus}$、$K_2^{\ominus}$ 与 $K_3^{\ominus}$ 的数值显然不同，三者之间存在以下关系

$$K_1^{\ominus}=(K_2^{\ominus})^2=\frac{1}{K_3^{\ominus}}$$

（4）一般，把纯固体和纯液体的活度看成 1，即固体和纯液体不写入其表达式中；在稀溶液中进行的反应，如反应有水参加，水的浓度可以视为常数，也不应写在平衡常数表达式中。但在非水溶液中的反应，反应若有水参加，则水的浓度不可以视为常数，必须写在平衡常数表达式中。例如

$$CuO(s)+H_2(g) \rightleftharpoons Cu(s)+H_2O(l)$$

$$K^{\ominus}=\frac{1}{\{p(H_2)/p^{\ominus}\}}$$

（5）标准平衡常数是温度的函数，与浓度和分压无关。

【思考题】

10-5　标准平衡常数为什么一定是一个量纲为一的物理量？

10-6　大多数有机合成反应通常在非水相中进行（如乙酸与乙醇反应生成乙酸乙酯），反应达到平衡后，其标准平衡常数是否等于 1？为什么？

【例题 10-3】　在一个抽空的恒容容器中引入氯和二氧化硫，若它们之间没有发生反应，则在 375.3K 时的分压分别为 47.836kPa 和 44.786kPa。将容器保持在 375.3K，经一定时间后，总压力减少至 86.096kPa，且维持不变。求下列反应的 $K^{\ominus}$。

$$SO_2Cl_2(g) \rightleftharpoons SO_2(g)+Cl_2(g)$$

解　反应各组分物料衡算如下

$$SO_2Cl_2(g) \rightleftharpoons SO_2(g)+Cl_2(g)$$

	$SO_2Cl_2(g)$	$SO_2(g)$	$Cl_2(g)$
反应前：		$p_0(SO_2)$	$p_0(Cl_2)$
平衡时：	p_x	$p_0(SO_2)-p_x$	$p_0(Cl_2)-p_x$

$$p_x+[p_0(SO_2)-p_x]+[p_0(Cl_2)-p_x]=p_0(SO_2)+p_0(Cl_2)-p_x=86.096(kPa)$$

$$\begin{aligned}p_x&=p_0(SO_2)+p_0(Cl_2)-86.096\\&=47.836+44.786-86.096\\&=6.526(kPa)\end{aligned}$$

因此

$$\begin{aligned}K^{\ominus}&=\frac{\{[p_0(SO_2)-p_x]/p^{\ominus}\}\{[p_0(Cl_2)-p_x]/p^{\ominus}\}}{p_x/p^{\ominus}}\\&=\frac{1}{100}\frac{(47.836-6.526)(44.786-6.526)}{6.526}\\&=2.42\end{aligned}$$

答：反应的 $K^{\ominus}$ 为 2.42。

【例题 10-4】　水煤气的转化反应为：$CO(g)+H_2O(g) \rightleftharpoons CO_2(g)+H_2(g)$ 在 850 时，平衡常数 $K^{\ominus}=1.0$，在该温度下于 5.0L 密闭容器中加入 0.040mol CO 和 0.040mol 的水，求该条件下 CO 的转化率和达到平衡时的各组分的分压。

解 设 CO 的转化率为 α

	$CO(g)$	+ $H_2O(g)$	$\rightleftharpoons$ $CO_2(g)$	+ $H_2(g)$
起始物质的量 n_0/mol	0.040	0.040	0	0
平衡物质的量 n_0/mol	$0.040-0.040\alpha$	$0.040-0.040\alpha$	0.040α	0.040α

$$p(CO)=n(CO)RT/V \qquad p(H_2O)=n(H_2O)RT/V$$

$$p(CO_2)=n(CO_2)RT/V \qquad p(H_2)=n(H_2)RT/V$$

$$K^{\ominus}=\frac{\{p(CO_2)/p^{\ominus}\}\cdot\{p(H_2)/p^{\ominus}\}}{\{p(CO)/p^{\ominus}\}\cdot\{p(H_2O)/p^{\ominus}\}}=\frac{\{n(CO_2)RT/V\}\{n(H_2)RT/V\}}{\{n(CO)RT/V\}\{n(H_2O)RT/V\}}$$

$$=\frac{n(CO_2)\cdot n(H_2)}{n(CO)\cdot n(H_2O)}=\frac{(0.040\alpha)^2}{0.040^2(1-\alpha)^2}=\frac{\alpha^2}{(1-\alpha)^2}$$

$$\alpha=50\%$$

$$p(CO)=p(H_2O)=n(CO)RT/V$$

$$=[0.040(1-0.50)\times8.314\times1123]\div(5.0\times10^{-3})=37.3\text{kPa}$$

$$p(CO_2)=p(H_2)=n(CO_2)RT/V$$

$$=[(0.040\times0.50)\times8.314\times1123]\div(5.0\times10^{-3})=37.3\text{kPa}$$

答：CO 的转化率为 50%；$CO(g)$、$H_2O(g)$、$CO_2(g)$、$H_2(g)$分压相等，均为 37.3kPa。

10.2.2 化学反应方向的判断

恒温恒压条件下，过程的自发变化总是向吉布斯自由能减小的方向进行。所以，在反应体系处在标准状态下，当 $\Delta_r G^{\ominus}<0$ 时，化学反应就会自发进行；$\Delta_r G^{\ominus}=0$ 时，化学反应处在平衡状态，而当 $\Delta_r G^{\ominus}>0$ 时，化学反应就不会自发进行(反应不会正向进行，反而会逆向进行)。某化学反应

$$a\text{A}\rightleftharpoons b\text{B}$$

达平衡时

$$K^{\ominus}=\frac{\{c_B/c^{\ominus}\}^b_{平}}{\{c_A/c^{\ominus}\}^a_{平}}$$

不平衡时，A，B 当然也有具体的浓度数值。令

$$Q=\frac{\{c_B/c^{\ominus}\}^b}{\{c_A/c^{\ominus}\}^a}$$

Q 称为某时刻的活度商，其表示式类似于 $K^{\ominus}$ 的表达式，只是浓度不是平衡浓度。

下面讨论 Q 与 $K^{\ominus}$ 的大小如何与反应方向有关联。

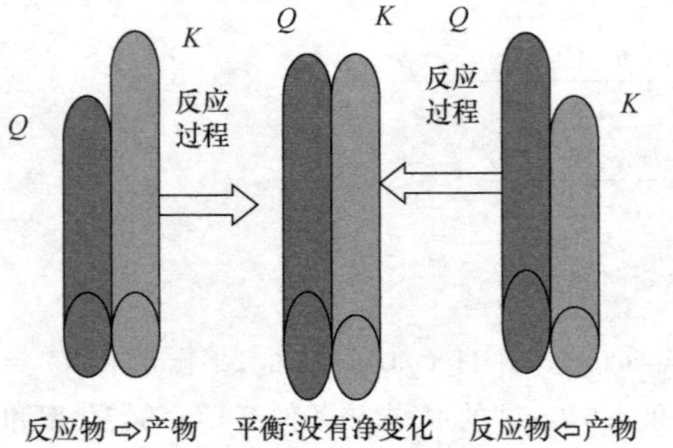

图 10-3 化学平衡与活度商之间关系示意图

当 $Q<K^{\ominus}$，即：$\frac{\{c_B/c^{\ominus}\}^b}{\{c_A/c^{\ominus}\}^a}<\frac{\{c_B/c^{\ominus}\}^b_{平}}{\{c_A/c^{\ominus}\}^a_{平}}$

应同时有：分子 $\{c_B/c^{\ominus}\}^b<\{c_B/c^{\ominus}\}^b_{平}$，而分母 $\{c_A/c^{\ominus}\}^a>\{c_A/c^{\ominus}\}^a_{平}$，则平衡向右边移动。

因此，也有这样的结论

$Q<K^{\ominus}$时，反应正向进行

$Q>K^{\ominus}$时，反应逆向进行

$Q=K^{\ominus}$时，反应达到平衡

计算转化率和判断反应方向，用 K 和 $K^{\ominus}$ 均

可，但比较 Q 和 K 的大小时，两者的浓度或分压表示一定要一致。在对数 lg、ln 后面一定是 $K^{\ominus}$、Q（相对浓度）等量纲为一的量。

$$\Delta_r G_m^{\ominus} = \sum_i \nu_i \Delta_f G_m^{\ominus}(\text{生成物}) - \sum_i \nu_i \Delta_f G_m^{\ominus}(\text{反应物})$$

在标准状态下，各种物质能否发生化学反应，可以查生成自由能 $\Delta_f G_m^{\ominus}$ 表，用公式 $\Delta_r G_m^{\ominus} = \sum_i \nu_i \Delta_f G_m^{\ominus}(\text{生成物}) - \sum_i \nu_i \Delta_f G_m^{\ominus}(\text{反应物})$。

计算出 $\Delta_r G_m$，并加以判断。但各种反应物、生成物并非处于标准态的情况，怎样判断反应进行的方向呢？

10.2.3 化学反应等温式

$\Delta_r G^{\ominus}$ 值的正负情况能用来判断化学反应在标准状态下能否自发进行，但是通常遇到的反应体系都是非标准状态，即实际体系中各物质不可能都处于标准状态，此时，就要用非标准状态下的自由能变 $\Delta_r G_m(T)$ 来判断才能得到符合实际的结论[当 $\Delta_r G_m(T) < 0$ 时，化学反应就会自发进行；$\Delta_r G_m(T) = 0$ 时，化学反应处在平衡状态，而当 $\Delta_r G_m(T) > 0$ 时，化学反应就不会自发进行]。那么，$\Delta_r G_m(T)$ 如何来求算呢？范特霍夫（van't Hoff）化学反应等温方程式给出了 $\Delta_r G_m(T)$ 的计算式。

对于一般的化学反应

$$a\text{A(aq)} + b\text{B(aq)} \rightleftharpoons g\text{G(aq)} + h\text{H(aq)}$$

在某时刻，各物质的浓度并非标准态，此时的反应商为 Q，则

$$\Delta_r G_m(T) = \Delta_r G_m^{\ominus} + RT\ln Q \tag{10-9}$$

这就是化学反应等温式（chemical reaction isotherm），用以求出 $\Delta_r G_m(T)$，作为非标准态的判据。

注意化学反应的反应商又称活度商，其书写表达式与标准平衡常数的书写形式完全相同，但是所要表达的意义却不同，前者表示的是任意时刻活度的比值（不一定是平衡状态），而后者一定是化学反应达到平衡时各活度之比，即标准平衡常数是活度商的一个特例，上述反应的活度商如下表示：

$$Q = \frac{a_G^g \cdot a_H^h}{a_A^a \cdot a_B^b} = \frac{c_G^g \cdot c_H^h}{c_A^a \cdot c_B^b} \cdot \left(\frac{1}{c^{\ominus}}\right)^{\{(g+h)-(a+b)\}}$$

【思考题】

10-7 既然标准平衡常数与活度商的表达式相同，那么它们二者之间的大小关系如何呢？

10.2.4 标准平衡常数 $K^{\ominus}$ 与 $\Delta_r G_m^{\ominus}$ 的关系

1. 标准平衡常数 $K^{\ominus}$ 的求算

上述谈到的范特霍夫化学反应等温方程式是用来求算非标准状态下某一化学反应体系的吉布斯自由能改变量，进而来判断该反应进行的方向。如果该体系处在平衡状态时，则有 $\Delta_r G_m(T) = 0$，将此代入到 $\Delta_r G_m(T) = \Delta_r G_m^{\ominus} + RT\ln Q$ 式中，就有

$$\Delta_r G_m^{\ominus} = -RT\ln Q \tag{10-10}$$

而当体系达到平衡状态时，活度商就同标准平衡常数相等，即 $Q = K^{\ominus}$。所以，$\Delta_r G_m^{\ominus} =$

$-RT\ln K^{\ominus}$，该式表述了某一化学反应标准吉布斯自由能的改变量同标准平衡常数之间的关系。因此我们可以通过查热力学数据表来计算 $\Delta_r G_m^{\ominus}$，来确定标准平衡常数 $K^{\ominus}$ 的数值，这是求得溶液平衡中 $K^{\ominus}$ 值的可行途径。

【思考题】

10-8　利用 $\Delta_r G_m^{\ominus}=-RT\ln K^{\ominus}$ 可以求得溶液平衡中的其他平衡常数（$K_a^{\ominus}$、$K_b^{\ominus}$、$K_{sp}^{\ominus}$、$K_{稳}^{\ominus}$ 等）吗？

【例题 10-5】　求化学反应 $2NO_2(g) \rightleftharpoons N_2O_4(g)$ 在 298K 时的 $K^{\ominus}$。

解　查表得

$$\Delta_f G_m^{\ominus}(NO_2,g)=51.30\text{kJ}\cdot\text{mol}^{-1}, \Delta_f G_m^{\ominus}(N_2O_4,g)=97.82\text{kJ}\cdot\text{mol}^{-1}$$

$$\Delta_r G_m^{\ominus}=\Delta_f G_m^{\ominus}(N_2O_4,g)-2\times\Delta_f G_m^{\ominus}(NO_2,g)$$
$$=97.82-2\times 51.30$$
$$=-4.87(\text{kJ}\cdot\text{mol}^{-1})$$

因此

$$\ln K^{\ominus}=-\frac{\Delta_r G_m^{\ominus}}{RT}=\frac{4.87\times 10^3}{8.314\times 298}=1.929$$

$$K^{\ominus}=6.88$$

又如 $CaCO_3(s) \rightleftharpoons CaO(s)+CO_2(g)$，查表得 $\Delta_f G_m^{\ominus}$ 值，计算出 $\Delta_r G_m^{\ominus}=130\text{kJ}\cdot\text{mol}^{-1}$，求出

$$K^{\ominus}=1.6\times 10^{-23}，即 \frac{p(CO_2)}{p^{\ominus}}=1.6\times 10^{-23}$$

$$p(CO_2)=1.6\times 10^{-23}\times p^{\ominus}=1.6\times 10^{-23}\times 1.0136\times 10^5\,\text{Pa}=1.6\times 10^{-18}\,\text{Pa}$$

这说明，298K 时 $CaCO_3$ 表面 CO_2 的平衡分压是 1.6×10^{-18} Pa，若此时 CO_2 分压低于此值，则 $CaCO_3$ 将分解。

2. 多重平衡规则（偶联反应的平衡常数）

化学反应的平衡常数也可利用多重平衡规则（the rule of multiple equilibrium）计算获得。如果某反应是由几个反应相加（或相减），则该反应的平衡常数就等于几个反应平衡常数之积（或商）。这种关系就称为多重平衡规则，其证明如下：

设反应(1)、(2)、(3)在某一温度 T 时的标准平衡常数分别为 $K_1^{\ominus}$、$K_2^{\ominus}$、$K_3^{\ominus}$，它们对应的标准吉布斯自由能变分别为 $\Delta_r G_1^{\ominus}$、$\Delta_r G_2^{\ominus}$、$\Delta_r G_3^{\ominus}$。如果

反应(3)＝反应(1)＋反应(2)

由于 G 是状态函数，则

$$\Delta_r G_3^{\ominus}=\Delta_r G_1^{\ominus}+\Delta_r G_2^{\ominus}$$

而

$$\Delta_r G^{\ominus}=-RT\ln K^{\ominus}$$

所以

$$-RT\ln K_3^{\ominus}=-RT\ln K_1^{\ominus}-RT\ln K_2^{\ominus}$$

$$K_3^{\ominus}=K_1^{\ominus}\cdot K_2^{\ominus} \tag{10-11}$$

同理，如果反应(3)＝反应(1)－反应(2)

$$\Delta_r G_3^{\ominus}=\Delta_r G_1^{\ominus}-\Delta_r G_2^{\ominus}$$

$$-RT\ln K_3^{\ominus}=-RT\ln K_1^{\ominus}+RT\ln K_2^{\ominus}$$

$$K_3^{\ominus}=\frac{K_1^{\ominus}}{K_2^{\ominus}} \tag{10-12}$$

另外，多重平衡规则也可以用于下述两种情况。

(1) 如果某一个化学方程式的化学计量数扩大 n 倍，则对应的反应标准平衡常数变为原来的 n 次方。

(2) 逆反应的标准平衡常数与正反应的标准平衡常数互为倒数。

【例题 10-6】 已知 25℃时反应

(1) $2BrCl(g) \rightleftharpoons Cl_2(g) + Br_2(g)$　　$K_1^\ominus = 0.45$

(2) $I_2(g) + Br_2(g) \rightleftharpoons 2IBr(g)$　　$K_2^\ominus = 0.051$

计算反应(3) $2ClBr(g) + I_2(g) \rightleftharpoons 2IBr(g) + Cl_2(g)$ 的标准平衡常数 $K_3^\ominus$。

解 反应(3)是由(1)+(2)得到的，因此根据多重平衡规则得

$$K_3^\ominus = K_1^\ominus \cdot K_2^\ominus = 0.45 \times 0.051 = 0.023$$

答：反应(3) $2ClBr(g) + I_2(g) \rightleftharpoons 2IBr(g) + Cl_2(g)$ 的标准平衡常数 $K_3^\ominus$ 为 0.023。

【思考题】

10-9　至此，您能总结出求得溶液平衡中 $K^\ominus$ 值的几种方法？

10.3　化学平衡的移动

自然界的一切平衡都只是相对的、暂时的，化学平衡也不例外。当外界条件改变时，已达平衡状态的可逆反应被破坏，引起反应系统中各物质的量随之改变，从而达到新的平衡状态的过程称为**化学平衡的移动**(the movement of chemical equilibrium)。

影响**化学平衡**的因素是浓度、压力和温度。这些因素对化学平衡的影响可以用 1887 年法国化学家勒夏特列(Le Chatelier)提出的平衡移动原理来判断：假如改变平衡体系的条件之一，如浓度、压力或温度，平衡就向减弱这个改变的方向移动。那么勒夏特列原理为什么能够判断平衡移动的方向呢？在这里，我们以化学反应的活度商(Q)与标准平衡常数($K^\ominus$)来进行讨论。

10.3.1　浓度对标准平衡常数的影响

在一定温度下，可逆反应

$$aA + bB \rightleftharpoons dD + eE$$

当该反应达平衡状态时，$Q = K^\ominus$，$\Delta_r G_m = 0$。否则，$Q \neq K^\ominus$

$$\Delta_r G_m(T) = \Delta_r G_m^\ominus + RT\ln Q = -RT\ln K^\ominus + RT\ln Q$$

$$= RT\ln\frac{Q}{K^\ominus} \tag{10-13}$$

在标准平衡常数的表达式中，反应物浓度项在分母上而生成物浓度项在分子上。在一定温度下，标准平衡常数不随浓度变化。因此，当增加已达平衡的体系的反应物浓度时，生成物浓度也必然增大，则平衡向正向移动。若反应物及生成物浓度都有改变时，可通过比较反应熵 Q 与平衡常数的大小，来判断平衡移动的方向。一般

$Q < K^\ominus$　　平衡向右移动

$Q = K^\ominus$　　平衡不变

$Q > K^\ominus$　　平衡向左移动

在其他条件不变的情况下，增加反应物的浓度或减少生成物的浓度，化学平衡朝正反应方向移动；增加生成物浓度或减少反应物的浓度，化学平衡向逆反应方向移动。有气体参加的反

应,改变分压与改变浓度一样。

上述通过活度商(Q)与标准平衡常数($K^{\ominus}$)之间的大小关系来判断化学平衡移动的方向,这同勒夏特列原理是一致的。例如,增大反应物的浓度或减小生成物的浓度都有利于活度商(Q)的值减小,从而使 $Q<K^{\ominus}$,化学平衡自左向右移动。

【例题 10-7】 某温度下 SO_2 转化反应的 $2SO_2(g)+O_2(g)\rightleftharpoons 2SO_3(g)$ $K^{\ominus}=3.4$。下面三个混合系统中各种物质的浓度如下表,试判断各系统中反应进行的方向。

系统	$p(SO_2)$/kPa	$p(O_2)$/kPa	$p(SO_3)$/kPa	反应方向
1	0.50	0.50	0.20	?
2	0.80	0.80	0.10	?
3	0.80	0.46	0.10	?

解 计算三个反应体系的活度商如下:

(1) $Q=\dfrac{(0.20/100)^2}{(0.50/100)^2\times(0.50/100)}=32>K^{\ominus}$,反应逆向进行;

(2) $Q=\dfrac{(0.10/100)^2}{(0.80/100)^2\times(0.80/100)}=2<K^{\ominus}$,反应正向进行;

(3) $Q=\dfrac{(0.10/100)^2}{(0.80/100)^2\times(0.46/100)}=3.4=K^{\ominus}$,反应处于平衡。

【例题 10-8】 25℃时,反应 $Fe^{2+}(aq)+Ag^{+}(aq)\rightleftharpoons Fe^{3+}(aq)+Ag(s)$ 的 $K^{\ominus}=3.2$,当 $c(Ag^{+})=1.00\times10^{-2}\,mol\cdot L^{-1}$,$c(Fe^{2+})=0.100\,mol\cdot L^{-1}$,$c(Fe^{3+})=1.00\times10^{-3}\,mol\cdot L^{-1}$时反应向哪一方向进行?平衡时,$Ag^{+}$、$Fe^{2+}$、$Fe^{3+}$ 的浓度各为多少?Ag^{+} 的转化率为多少?如果保持 Ag^{+}、Fe^{3+} 的初始浓度不变,使 $c(Fe^{2+})$ 增大至 $0.300\,mol\cdot L^{-1}$,求 Ag^{+} 的转化率。

解 先计算反应商,判断反应方向

$$Q=\frac{c(Fe^{3+})/c^{\ominus}}{[c(Fe^{2+})/c^{\ominus}][c(Ag^{+})/c^{\ominus}]}=\frac{1.00\times10^{-3}}{0.100\times1.00\times10^{-2}}=1.00$$

$Q<K^{\ominus}$,反应正向进行

计算平衡时各物种的组成

	$Fe^{2+}(aq)$	+ $Ag^{+}(aq)$	$\rightleftharpoons$ $Fe^{3+}(aq)$	+ $Ag(s)$
开始 $c_B/(mol\cdot L^{-1})$	0.100	1.00×10^{-2}	1.00×10^{-3}	
变化 $c_B/(mol\cdot L^{-1})$	$-x$	$-x$	x	
平衡 $c_B/(mol\cdot L^{-1})$	$0.100-x$	$1.00\times10^{-2}-x$	$1.00\times10^{-3}+x$	

$$K^{\ominus}=\frac{c(Fe^{3+})/c^{\ominus}}{[c(Fe^{2+})/c^{\ominus}][c(Ag^{+})/c^{\ominus}]}$$

$$3.2=\frac{1.00\times10^{-3}+x}{(0.100-x)\times(1.00\times10^{-2}-x)}$$

$$3.2x^2-1.352x+2.2\times10^{-3}=0 \qquad x=1.6\times10^{-3}$$

$$c(Ag^{+})=8.4\times10^{-3}\,mol\cdot L^{-1},\ c(Fe^{2+})=9.84\times10^{-2}\,mol\cdot L^{-1}$$

$$c(Fe^{3+})=2.6\times10^{-3}\,mol\cdot L^{-1}$$

$$\alpha_1(Ag^{+})=\frac{c_0(Ag^{+})-c_{eq}(Ag^{+})}{c_0(Ag^{+})}$$

$$=\frac{1.6\times10^{-3}}{1.00\times10^{-2}}\times100\%=16\%$$

	$Fe^{2+}(aq)$	+	$Ag^{+}(aq)$	$\rightleftharpoons$	$Fe^{3+}(aq)$	+	$Ag(s)$
平衡Ⅱ	0.300		1.00×10^{-2}		1.00×10^{-3}		
$c_B/(mol\cdot L^{-1})$	$1.00\times10^{-2}\alpha_2$		$1.00\times10^{-2}\alpha_2$		$1.00\times10^{-2}\alpha_2$		

$$3.2=\frac{1.00\times10^{-3}+1.00\times10^{-2}\alpha_2}{(0.300-1.00\times10^{-2}\alpha_2)[1.00\times10^{-2}(1-\alpha_2)]}$$

$$\alpha_2=43\%$$

$$\alpha_2(Ag^+)>\alpha_1(Ag^+)$$

说明平衡向右移动。

10.3.2　压力对标准平衡常数的影响

如果保持温度、体积不变，增大反应物的分压或减小生成物的分压，使 Q 减小，导致 $Q<K^{\ominus}$，平衡向正向移动；反之，减小反应物的分压或增大生成物的分压，使 Q 增大，导致 $Q>K^{\ominus}$，平衡向逆向移动。

由于体积改变引起压力的变化，对于有气体参与的化学反应

$$aA(g)+bB(g)\rightleftharpoons yY(g)+zZ(g)$$

恒温下压缩为原体积 $1/x(x>1)$时，平衡时

$$K^{\ominus}=\frac{[p(Y)/p^{\ominus}]^y[p(Z)/p^{\ominus}]^z}{[p(A)/p^{\ominus}]^a[p(B)/p^{\ominus}]^b}$$

$$Q=\frac{[xp(Y)/p^{\ominus}]^y[xp(Z)/p^{\ominus}]^z}{[xp(A)/p^{\ominus}]^a[xp(B)/p^{\ominus}]^b}$$

$$Q=x^{\sum\nu_B}K^{\ominus}$$

对于气体分子数增加的反应，$\sum\nu_B>0$，$x^{\sum\nu_B}>1$，$Q>K^{\ominus}$，平衡向逆向移动，即向气体分子数减小的方向移动；对于气体分子数减小的反应，$\sum\nu_B<0$，$x^{\sum\nu_B}<1$，$Q<K^{\ominus}$，平衡向正向移动，即向气体分子数减小的方向移动；对于反应前后气体分子数不变的反应，$\sum\nu_B=0$，$x^{\sum\nu_B}=1$，$Q=K^{\ominus}$，平衡不移动。但是对于 $x<1$ 的情况，化学平衡移动方向刚好相反。

而对于惰性气体，在惰性气体存在下达到平衡后，再恒温压缩，平衡向气体分子数减小的方向移动，对于 $\sum\nu_B=0$ 的化学反应，平衡不移动；对恒温恒容下已达到平衡的反应，引入惰性气体，反应物和生成物分压不变，即 $Q=K^{\ominus}$，平衡不移动；对恒温恒压下已达到平衡的反应，引入惰性气体，总压不变，体积增大，反应物和生成物分压减小，如果 $\sum\nu_B\neq0$，平衡向气体分子数增大的方向移动。

【例题 10-9】 某容器中充有 N_2O_4 和 NO_2 的混合物，$n(N_2O_4):n(NO_2)=10:1$，在 308K，0.100MPa 条件下，发生反应：$N_2O_4(g)\rightleftharpoons2NO_2(g)$，　$K^{\ominus}(308K)=0.315$

(1) 计算平衡时各物质的分压；

(2) 使上述反应系统体积减小 1/2，反应在 308K，0.200MPa 条件下进行，平衡向何方移动？在新的平衡条件下，系统的各组分分压改变了多少？

解　(1) 此反应是在恒温恒压条件下进行，又是气体分子数增加的反应。设 N_2O_4 为 1mol。反应刚开始时，$n(N_2O_4):n(NO_2)=10:1$，若 $n(N_2O_4)=1.0mol$，则 $n(NO_2)=0.10mol$；$p_总=0.100MPa$；平衡时 N_2O_4 的转化率为 x。

$$N_2O_4(g) \rightleftharpoons 2NO_2(g)$$

开始时物质的量/mol　　1.0　　0.10

平衡时物质的量/mol　　$1.0-x$　　$0.10+2x$

平衡时，$n_{总}=1.1+x$，各物质的分压为

$$p(N_2O_4)=\frac{1.0-x}{1.1+x}p_{总}$$

$$p(NO_2)=\frac{0.10+2x}{1.1+x}p_{总}$$

$$K^{\ominus}=\frac{\{p(NO_2)/p^{\ominus}\}^2}{p(N_2O_4)/p^{\ominus}}$$

$$0.315=\frac{\left(\frac{0.10+2x}{1.1+x}\right)^2 p_{总}}{\frac{1.0-x}{1.1+x}p^{\ominus}}$$

$$0.315=\frac{(0.10+2x)^2\times 0.100(\text{MPa})}{(1.0-x)(1.1+x)\times 100(\text{kPa})}$$

$$x=0.234$$

$$p(N_2O_4)=\frac{1.0-0.234}{1.10+0.234}\times 0.100=0.058(\text{MPa})$$

$$p(NO_2)=\frac{0.10+2\times 0.234}{1.10+0.234}\times 0.100=0.043(\text{MPa})$$

(2) 在已达到上述平衡状态时，对系统施加压力达到 0.200MPa 时

$$p(N_2O_4)=2\times 0.058=0.116(\text{MPa})$$

$$p(NO_2)=2\times 0.043=0.086(\text{MPa})$$

$$Q=\frac{\{p(NO_2)/p^{\ominus}\}^2}{p(N_2O_4)/p^{\ominus}}=\frac{\left[\frac{0.086(\text{MPa})}{100(\text{kPa})}\right]^2}{\frac{0.116(\text{MPa})}{100(\text{kPa})}}=0.63$$

$Q>K^{\ominus}$，平衡向左移动，即向分子数减少的方向移动。

计算在新的平衡条件下各物质的分压。系统的平衡状态与反应途径无关，所以仍以本题的最初状态开始。设在新的平衡时 N_2O_4 的转化率为 y

$$N_2O_4(g) \rightleftharpoons 2NO_2(g)$$

开始时物质的量/mol　　1.0　　0.10

平衡时物质的量/mol　　$1.0-y$　　$0.10+2y$

重新达到平衡时 N_2O_4、NO_2 的分压为 $p'(N_2O_4)$、$p'(NO_2)$

$$n_{总}=1.10+y,\ p_{总}=0.200(\text{MPa})$$

$$p'(N_2O_4)=\frac{1.0-y}{1.10+y}p_{总}$$

$$p'(NO_2)=\frac{0.10+2y}{1.10+y}p_{总}$$

$$K^{\ominus}=\frac{\{p'(NO_2)/p^{\ominus}\}^2}{p'(N_2O_4)/p^{\ominus}}$$

$$0.315=\frac{(0.10+2y)^2\times 0.200(\text{MPa})}{(1.10+y)(1.0-y)\times 100(\text{kPa})}$$

$$y=0.155$$

所以

$$p'(N_2O_4)=\frac{1.0-0.155}{1.10+0.155}\times 0.200=0.136(\mathrm{MPa})$$

$$p'(NO_2)=0.066(\mathrm{MPa})$$

$$p'(N_2O_4)-p(N_2O_4)=0.136-0.058=0.078(\mathrm{MPa})$$

$$p'(NO_2)-p(NO_2)=0.066-0.043=0.023(\mathrm{MPa})$$

通过前面学习热力学基础有关方面的知识与本章学习的范特霍夫等温方程式，我们可以总结如下：

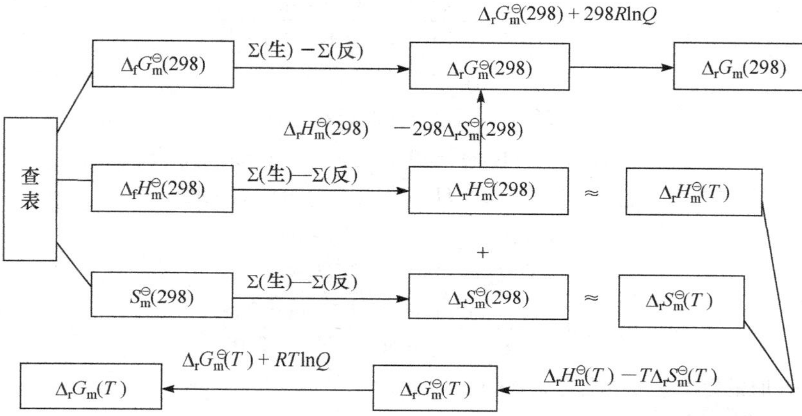

10.3.3　温度对标准平衡常数的影响

与浓度和压力对化学平衡的影响不同，温度对化学平衡的影响表现为标准平衡常数随温度而变。因此，要定量讨论温度的影响，就必须先了解温度与平衡常数之间的关系。这是由于

$$\Delta_r G_m^\ominus(T)=-RT\ln K^\ominus,\ \Delta_r G_m^\ominus(T)=\Delta_r H_m^\ominus(T)-T\Delta_r S_m^\ominus(T)$$

在温度变化范围不大时，$\Delta_r H_m^\ominus(T)$和 $\Delta_r S_m^\ominus(T)$不随温度而变，所以

$$\Delta_r H_m^\ominus(T)\approx\Delta_r H_m^\ominus(298\mathrm{K}),\ \Delta_r S_m^\ominus(T)\approx\Delta_r S_m^\ominus(298\mathrm{K})$$

$$\ln K^\ominus(T)=-\frac{\Delta_r H_m^\ominus(298\mathrm{K})}{RT}+\frac{\Delta_r S_m^\ominus(298\mathrm{K})}{R}$$

设 T_1—$K^\ominus(T_1)$，T_2—$K^\ominus(T_2)$

$$\ln K^\ominus(T_1)=-\frac{\Delta_r H_m^\ominus(298\mathrm{K})}{RT_1}+\frac{\Delta_r S_m^\ominus(298\mathrm{K})}{R}$$

$$\ln K^\ominus(T_2)=-\frac{\Delta_r H_m^\ominus(298\mathrm{K})}{RT_2}+\frac{\Delta_r S_m^\ominus(298\mathrm{K})}{R}$$

两式相减得

$$\ln\frac{K^\ominus(T_1)}{K^\ominus(T_2)}=\frac{\Delta_r H_m^\ominus(298\mathrm{K})}{R}\left[\frac{1}{T_2}-\frac{1}{T_1}\right] \tag{10-14}$$

上式表明了温度对标准平衡常数的影响。讨论如下：

如果正反应是放热反应，$\Delta_r H_m^\ominus<0$，升高温度，$T_2>T_1$，$K_2^\ominus<K_1^\ominus$，平衡逆向移动；而如果正反应是吸热反应，$\Delta_r H_m^\ominus>0$，升高温度，$T_2>T_1$，$K_2^\ominus>K_1^\ominus$。

【思考题】

10-10　催化剂为什么不能改变化学平衡移动的方向?

【例题 10-10】 计算合成氨反应在25℃和427℃时的$K^{\ominus}$,简单说明其意义。

	$N_2(g)$	$+3H_2(g)$	$\rightleftharpoons 2NH_3(g)$
$\Delta_f H_{m,B}/(kJ \cdot mol^{-1})$	0	0	−46.11
$\Delta_f G_{m,B}/(kJ \cdot mol^{-1})$	0	0	−16.45
$S_{m,B}/(J \cdot K^{-1} \cdot mol^{-1})$	191.61	130.684	192.45

解　(1)
$$\Delta_r G_m(298K) = -32.90kJ \cdot mol^{-1}$$
而
$$\Delta_r G_m^{\ominus}(298K) = -RT\ln K^{\ominus}$$
$$\ln K^{\ominus} = \frac{-(-32.90 \times 10^3 J \cdot mol^{-1})}{8.314J \cdot mol^{-1} \cdot K^{-1} \times 298K}$$
$$K^{\ominus} = 5.8 \times 10^5$$

(2)
$$\Delta_r H_m(298K) = -92.22kJ \cdot mol^{-1}$$
$$\Delta_r S_m(298K) = -198.76J \cdot K^{-1} \cdot mol^{-1}$$
$$\Delta_r G_m(700K) \approx \Delta_r H_m(298K) - T\Delta_r S_m(298K)$$
$$\Delta_r G_m(700K) = 46.91kJ \cdot mol^{-1}$$
$$\Delta_r G_m^{\ominus}(700K) = -RT\ln K^{\ominus}$$
$$\ln K^{\ominus} = \frac{-46.91 \times 10^3 J \cdot mol^{-1}}{8.314J \cdot mol^{-1} \cdot K^{-1} \times 700K}$$

求得700K时的标准平衡常数为3.2×10^{-4}。

可进一步计算转换温度:
$$\Delta_r G_m(T) \approx \Delta_r H_m(298K) - T\Delta_r S_m(298K)$$

$T < 465K$时合成氨反应是自发的。

10.3.4　从热力学和动力学等方面来选择合理的生产条件

化学平衡和化学反应速率是化工生产中两个非常重要且彼此密切相关的问题。例如,生产中常使一种廉价的原料适当过量,以提高另一原料的转化率;采取不断取出某种反应产物,使反应能持续进行;对反应后气体分子数减少的气相反应,增加压强可使平衡向正向移动,但应考虑设备能力和安全防护问题;对放热反应,升温可提高反应速率,但会降低转化率;用催化剂可提高速率而不影响平衡,但应注意活化温度,以免中毒;吸热反应,升温可加快反应速率又可提高转化率,但要避免反应物或产物过热分解,也要注意燃料的合理消耗。只有综合分析,以热力学和动力学基础知识作指导,才能获得可行的最有利的工艺条件,达到最高的经济效益和社会效益。所以,为选择合理的生产条件而确定生产条件的一般原则就显得非常重要。

1. 浓度的确定

① 尽可能提高反应物浓度。对于气体而言,需要压缩气体,而固体要粉碎再配合搅拌。②有几种反应物参与反应时,其中过量一种反应物,一方面,该反应物要廉价易得,如二氧化硫转化为三氧化硫,空气过量;另一方面,易从产物中分离出来,再循环使用,如合成氨。过量太多,会使另一种浓度变得太小,影响反应速率和产量。例如,$CO + H_2O \rightleftharpoons CO_2 + H_2$($H_2O$过量约4倍),$CO_2 + 2NH_3 \rightleftharpoons NH_2CONH_2 + H_2O$($NH_3$过量约一倍)。③如果可能,最好把产物从反应体系中及时分离出,如$3H_2 + N_2 \rightleftharpoons 2NH_3$,$CaCO_3 \rightleftharpoons CaO + CO_2$。

2. 压力的确定

① 气体分子数减少的反应，采用高压（考虑能耗，减少体积，采用高压泵）；加入惰性气体（如氮气），如合成尿素，需要（19.6±0.3）MPa 的高压，而脂氢化也需要 0.02～0.5MPa 的压力；②气体分子数不变的反应，采用加压（考虑速率及设备），如

$$CO + H_2O = CO_2 + H_2 \quad 2530kPa$$

3. 温度的确定

① 吸热反应：采用高温（考虑能耗）；②放热反应：先高温，再适当降温（兼顾速率和转化率），如 $CO + H_2O \rightleftharpoons CO_2 + H_2$，先 773～793K 转化率 80%，再 683～703K 转化率>96%。

4. 选用高活性催化剂

所选择的催化剂活性要高，价廉，不易中毒且易再生。

【例题 10-11】 以含硫化镍的矿物为原料，经高炉熔炼得到含一定杂质的粗镍。粗镍经过 Mond 过程再转化为纯度可达 99.90%～99.99%的高纯镍，相应反应为 $Ni(s) + 4CO(g) = Ni(CO)_4(g)$。

(1) 在提纯镍的 Mond 过程中，第一步是粗镍与 CO 反应，$Ni(CO)_4$ 在 50℃左右的温度下达到平衡，这一步的标准平衡常数应尽可能大，以便使镍充分地变成气相化合物。计算 50℃下该反应的标准平衡常数 $K^\ominus$。

(2) 在 Mond 过程中的第二步，将气体化合物从反应器中除去，并将其加热至 230℃。在足够高的温度下，$\Delta_r G_m$的正负号可以转换，反应在相反方向上发生，沉积出纯镍。在这一步，前述反应的标准平衡常数应尽可能小。计算 230℃下该反应的标准平衡常数 $K^\ominus$。

(3) Mond 过程的成功依赖于 $Ni(CO)_4$ 的挥发性。在室温条件下 $Ni(CO)_4$ 是液体，42.2℃时沸腾，其气化焓 $\Delta_{vap}H_m^\ominus = 30.09kJ \cdot mol^{-1}$。计算该化合物的气化熵 $\Delta_{vap}S_m^\ominus$。

(4) 近来改进了的 Mond 过程是在较高压力和 150℃下进行第一步反应。估算在 150℃下，$Ni(CO)_4$将要液化之前所能达到的最大压力[估算在 150℃下，$Ni(CO)_4(l)$的蒸气压]。

解

	Ni(s)	+ 4CO(g)	= Ni(CO)₄(g)
$\Delta_f H_m/(kJ \cdot mol^{-1})$	0	−110.525	−602.91
$S_m^\ominus/(J \cdot mol^{-1} \cdot K^{-1})$	29.87	197.674	410.6

$$\Delta_r H_m = \sum \nu_B \Delta_f H_m^\ominus(B,相态,298K)$$

$$= (-602.91 + 110.525 \times 4) = -160.81(kJ \cdot mol^{-1})$$

$$\Delta_r S_m^\ominus = \sum \nu_B \Delta S_m^\ominus(B,相态,298K)$$

$$= (410.6 - 29.87 - 197.674 \times 4) = -410.0(J \cdot mol^{-1} \cdot K^{-1})$$

(1)
$$T = (273 + 50)K = 323K$$

$$\Delta_r G_m^\ominus(323K) = \Delta_r H_m^\ominus(298K) - 323 \times \Delta_r S_m^\ominus(298K)$$

$$= -160.81 + 323 \times 410.0 \times 10^{-3}$$

$$= -28.38(kJ \cdot mol^{-1})$$

$$\ln K^\ominus(T) = \frac{-\Delta_r G_m^\ominus(T)}{RT}$$

$$\ln K^\ominus(323K) = \frac{28.38 \times 10^3}{8.314 \times 323} = 10.568$$

$$K^{\ominus}(323\text{K})=3.89\times10^{4}$$

(2) 在230℃时，$T=(273+230)\text{K}=503\text{K}$ 可采用(1)中的方法，先求得 $\Delta_r G_m^{\ominus}$，再求 $K^{\ominus}(503\text{K})$，也可采用下述方法求 $K^{\ominus}(503\text{K})$。

$$\ln\frac{K^{\ominus}(T_1)}{K^{\ominus}(T_2)}=-\frac{\Delta_r H_m^{\ominus}(298\text{K})}{R}\left(\frac{1}{T_1}-\frac{1}{T_2}\right)$$

$$\ln\frac{K^{\ominus}(323\text{K})}{K^{\ominus}(503\text{K})}=\frac{-\Delta_r H_m^{\ominus}(298\text{K})}{R}\left(\frac{1}{323}-\frac{1}{503}\right)$$

$$\ln\frac{3.89\times10^{4}}{K^{\ominus}(503\text{K})}=\frac{160.81\times10^{3}}{8.314}\left(\frac{1}{323}-\frac{1}{503}\right)=21.429$$

$$K^{\ominus}(503\text{K})=1.92\times10^{-5}$$

(3) 在42.2℃时，$T=315.35\text{K}$ 时 $Ni(CO)_4$ 达到气液平衡，则 $\Delta_{vap}G_m^{\ominus}=0$，$\Delta_{vap}H_m^{\ominus}=T\Delta_{vap}S_m^{\ominus}$

$$\Delta_{vap}S_m^{\ominus}=\frac{\Delta_{vap}H_m^{\ominus}}{T}=\frac{30.09\times10^{3}}{315.35}=95.42(\text{J}\cdot\text{mol}^{-1}\cdot\text{K}^{-1})$$

(4) $Ni(CO)_4(l)=\!=\!=Ni(CO)_4(g)$

$T=(273+150)\text{K}=423\text{K}$，忽略压力、温度对 $\Delta_r H_m^{\ominus}$ 和 $\Delta_r S_m^{\ominus}$ 的影响，则423K下

$$\begin{aligned}\Delta_r G_m^{\ominus}(423\text{K})&=\Delta_r H_m^{\ominus}-423\text{K}\times\Delta_r S_m^{\ominus}\\&=30.09-423\times95.42\times10^{-3}=-10.26(\text{kJ}\cdot\text{mol}^{-1})\end{aligned}$$

$$\ln K^{\ominus}(423\text{K})=\ln\frac{p}{p^{\ominus}}=\frac{10.26\times10^{3}}{8.314\times423}=2.917$$

$$p=1.85\times10^{3}\,\text{kPa}$$

习　题

10-1　写出下列反应的标准平衡常数的表达式。

(1) $2N_2O_5(g)=\!=\!=4NO_2(g)+O_2(g)$

(2) $SiCl_4(l)+2H_2O(g)=\!=\!=SiO_2(s)+4HCl(g)$

(3) $CaCO_3(s)=\!=\!=CaO(s)+CO_2(g)$

(4) $C_2H_5OH(l)+CH_3COOH(l)=\!=\!=CH_3COOC_2H_5(l)+H_2O(l)$

(5) $FeS(s)+2H^+(aq)=\!=\!=Fe^{2+}(aq)+H_2S(g)$

10-2　反应：$NO(g)+\frac{1}{2}Br_2(l)=\!=\!=NOBr(g)$（溴化亚硝酰），25℃时的平衡常数 $K_1^{\ominus}=3.6\times10^{-15}$；液体溴在25℃时的饱和蒸气压为28.4kPa。求25℃时反应：$NO(g)+\frac{1}{2}Br_2(g)=\!=\!=NOBr(g)$ 的标准平衡常数 $K^{\ominus}$。

10-3　已知下列反应的平衡常数

(1) $HCN\rightleftharpoons H^+ + CN^-$　　$K_1^{\ominus}=4.9\times10^{-10}$

(2) $NH_3+H_2O\rightleftharpoons NH_4^+ +OH^-$　　$K_2^{\ominus}=1.8\times10^{-5}$

(3) $H_2O\rightleftharpoons H^+ +OH^-$　　$K_w^{\ominus}=1.0\times10^{-14}$

试计算下面反应的平衡常数。

$$NH_3+HCN\rightleftharpoons NH_4^+ +CN^-\qquad K^{\ominus}=?$$

10-4　已知反应 $CO+H_2O\rightleftharpoons CO_2+H_2$ 在密闭容器中建立平衡，在749K时该反应的平衡常数 $K^{\ominus}=2.6$。

(1) 求 $n(H_2O)/n(CO)$ 为1时，CO的平衡转化率。

(2) 求 $n(H_2O)/n(CO)$ 为3时，CO的平衡转化率。

(3) 从计算结果说明浓度对平衡移动的影响。

10-5　在 308K 和总压 1.013×10^5 Pa 时，N_2O_4 有 27.2%分解。

(1) 计算 $N_2O_4(g) \rightleftharpoons 2NO_2(g)$ 反应的 $K^\ominus$。

(2) 计算 308K、总压为 2.026×10^5 Pa 时，N_2O_4 的解离分数。

(3) 从计算结果说明压强对平衡移动的影响。

10-6　在 523K 时，将 0.110mol $PCl_5(g)$ 引入 $1dm^3$ 容器中，建立下列平衡：

$$PCl_5(g) \rightleftharpoons PCl_3(g) + Cl_2(g)$$

平衡时 $PCl_3(g)$ 的浓度是 $0.050mol\cdot L^{-1}$。求在 523K 时反应的 K_c 和 $K^\ominus$。

10-7　$CO(g)+Cl_2(g) = COCl_2(g)$ 在恒温恒容条件下进行，已知 373K 时 $K^\ominus=1.5\times10^8$，反应开始时，$c_0(CO)=0.0350mol\cdot L^{-1}$，$c_0(Cl_2)=0.0270mol\cdot L^{-1}$，$c_0(COCl_2)=0$，计算 373K 反应达到平衡时各物种的分压和 CO 的平衡转化率。

10-8　在一定温度和压强下，某一定量的 PCl_5 气体的体积为 1L，此时 PCl_5 气体已有 50%解离为 PCl_3 和 Cl_2 气体。试判断下列条件下，PCl_5 的解离度是增大还是减小。

(1) 减压使 PCl_5 的体积变为 2L。

(2) 保持压强不变，加入氮气使体积增至 2L。

(3) 保持体积不变，加入氮气使压强增加 1 倍。

(4) 保持压强不变，加入氯气体积变为 2L。

(5) 保持体积不变，加入氯气使压强增加 1 倍。

10-9　523K 时，反应 $C_6H_5CH_2OH(g) = C_6H_5CHO(g) + H_2(g)$ 的 $K^\ominus=0.558$。假若将 1.20g 苯甲醇放在 $2.00dm^3$ 容器中并加热至 523K，计算反应达平衡时苯甲醛的分压和苯甲醇的分解率。

10-10　合成氨工业中，CO 的变换反应

$$CO(g)+H_2O(g) \rightleftharpoons CO_2(g)+H_2(g) \quad \Delta_r H_m^\ominus=-41.12kJ\cdot mol^{-1}$$

在 500K 时，$K_1^\ominus=126$，求 800K 时，$K_2^\ominus=?$

第 11 章 酸碱解离平衡

本章学习要求

(1) 掌握电解质和非电解质的基本概念；

(2) 了解强电解质溶液理论：离子氛、活度和活度系数、离子强度的概念；

(3) 熟悉弱酸、弱碱水溶液的质子转移平衡；

(4) 掌握各类酸、碱及缓冲溶液 pH 的计算方法；

(5) 了解各类离子与水的作用机理。

【背景问题】

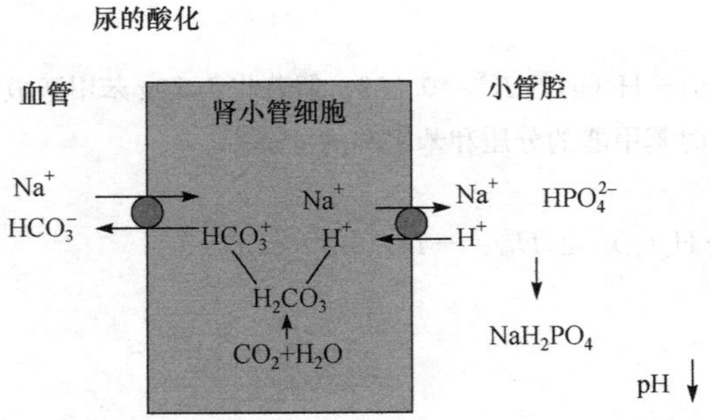

(1) 众所周知，溶液导电与其所含粒子数有关，然而，同样浓度的蔗糖溶液和氯化钠溶液的导电率却不同。为什么？

(2) 当您胃不舒服时，有时医生让您服点小苏打(含碳酸氢钠)或胃舒平(含氢氧化铝)，有时又让您服点含有甲酸、乙酸(过氧乙酸)、丙酸、维生素 C 等(化学结构里含 H 离子)的药物。这是为什么？

(3) 健康身体的血液是微碱性，是什么原因使其保持在 pH≈7.35～7.45？

(4) 我们常说：生命起源于海洋。通常情况下，海水呈弱碱性。目前，科学家探明有孔虫类等海洋生物的钙化物甲壳正在被破坏，其生存受到严重影响。请问这是什么原因引起的？

无机化学反应大多数是在水溶液中进行的。参与这些反应的物质主要是酸碱盐，它们都是电解质，在水溶液中能全部或者部分解离成带电的离子。无机化学反应可分为酸碱反应、沉淀反应、配位反应和氧化还原反应四大类。涉及酸碱反应的平衡称为酸碱平衡。

本章首先简单介绍电解质和非电解质的基本概念以及强电解质溶液理论，然后重点学习运用化学平衡的原理讨论弱电解质的解离平衡及其平衡移动。其主要内容有：弱酸、弱碱与溶剂水分子之间的质子传递反应即弱酸、弱碱的解离平衡；根据解离平衡常数和溶液浓度进行有关离子浓度的计算；缓冲溶液作用原理、溶液 pH 计算及其溶液的配制。

11.1 强电解质溶液

电解质分为强电解质和弱电解质。

实验结果表明，在 1L 浓度为 0.1mol·L^{-1}的蔗糖溶液中，能独立发挥作用的溶质的粒子数目是 0.1N_A个。但是对于电解质溶液，情况则有所不同。首先讨论强电解质的情形。以 0.1mol·L^{-1}的 KCl 溶液为例，在 1L 的溶液中，发挥作用的粒子的数目并不是 0.1N_A个，也不是 0.2N_A 个。而是随着 KCl 的浓度的不同，其粒子数目呈现出规律性的变化，见表 11-1。

表 11-1　粒子数目随 KCl 浓度的变化

[KCl]/(mol · L^{-1})	0.10	0.05	0.01	0.005	0.001
N_A(KCl 个数)	0.10	0.05	0.01	0.005	0.001
实际粒子数是 N 的倍数	1.92	1.94	1.97	1.98	1.99

从表中可以看出 KCl 在水溶液发生解离。有两个问题需要解决，一是怎样解离，有两种方式：

$$KCl \xlongequal{} K + Cl \tag{11-1}$$

$$KCl \xlongequal{} K^+ + Cl^- \tag{11-2}$$

KCl 溶液的导电性说明解离的方式是按式(11-2)进行。

第二个问题是解离得是否彻底。表 11-1 的数据说明这种解离是不完全的，理由是没有得到 2 倍的粒子。

以上是 1887 年瑞典化学家阿伦尼乌斯(S. Arrhenius)提出电离学说时的观点。进一步的研究表明，在 KCl 的水溶液中根本不存在 KCl 分子。这一问题的提出，促进了电解质溶液理论的发展。

【思考题】

11-1　试通过计算说明强电解质溶液的依数性"反常"现象。

11.1.1　离子氛与离子强度

1923 年，德国化学家德拜(P. Debye)和休克尔(E. Hückel)提出了强电解质溶液理论(theory of strong electrolyte solution)，成功地解释了前面提出的矛盾现象。

1. 离子氛

根据近代物质结构理论，强电解质是离子型化合物(如 NaCl、KCl 等固体盐类)或具有强极性的共价化合物(如 HCl、H_2SO_4 等)，它们在溶液中是全部解离的，解离度应接近 100%，但根据溶液的导电性实验所测得其解离度均小于 100%。为什么有这种现象呢?

德拜-休克尔理论指出，在强电解质溶液中不存在分子，解离是完全的。离子都是带有电荷的粒子，在阴、阳离子间存在着较强烈的相互吸引、相互牵制作用。由于离子间的相互作用，正离子的周围围绕着负离子；负离子的周围围绕着正离子。我们称这种现象为存在离子氛(ionic atmosphere，图 11-1)。由于离子氛的存在，离子的活动受到限制，正、负离子间相互制约。因此 1mol 的离子不能发挥 1mol 粒子的作用。这样溶液的导电性就要比理论上的低一些，产生了一种解离不完全的假象。于是强电解质的解离度含义与弱电解质不同之处，仅反映溶液中离子间相互牵制作用的强弱程度，称为表观解离度。一般而言，表观解离度大于 30%称为强电解质。显然溶液的浓度越大，离子氛的作用就越大，离子的真实浓度就越得不到正常发挥。从表 11-1 中看出浓度越大，倍数偏离 2 越远。

2. 离子强度

1921 年，路易斯提出用离子强度(ionic strength，I)这个概念来衡量溶液中正负离子作用

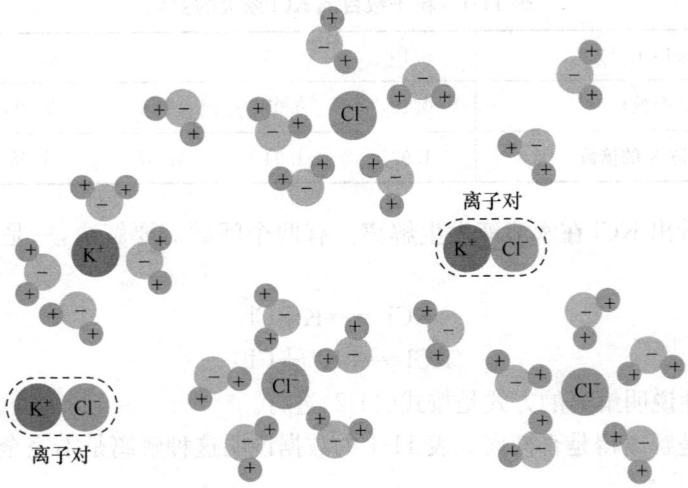

图 11-1　正离子周围由负离子组成的离子氛

的大小。

$$I = 1/2\sum c_i Z_i^2 = 1/2(c_1 Z_1^2 + c_2 Z_2^2 + c_3 Z_3^2 + \cdots + c_n Z_n^2) \tag{11-3}$$

式中，c_i 为第 i 种离子的浓度；Z_i 为第 i 种离子的电荷数。由于阳离子总电荷数与阴离子总电荷数相等，只计一半，所以离子强度是各种离子(包括阴离子和阳离子)浓度与电荷数平方乘积求和的 1/2。

11.1.2　活度与活度系数

若强电解质的离子浓度为 c，由于离子氛的作用，其发挥的有效浓度为 a，则有真分数 f 存在，使 $a=f\cdot c$。式中，c 为浓度(化学计量浓度，stoichiometric concentration)；a 为有效浓度即活度(activity)；f 为活度系数(activity coefficient)。用 f 修正后，得到的活度 a 能更真实地体现溶液的行为。

【思考题】

11-2　电解质的离子为什么会在溶液中表现出两种浓度？是哪两种？它们之间是什么关系？

影响活度系数 f 大小的因素有：

(1) 溶液的浓度。浓度大，活度 a 偏离浓度 c 越远，f 越小；浓度小，a 和 c 越接近，f 越接近于 1。

(2) 离子的电荷。电荷高，离子氛作用大，a 和 c 偏离大，f 小；电荷低，离子氛作用小，a 和 c 接近，f 接近于 1。

在本章的计算中，如不特殊指出，则认为 $a=c$，$f=1$。

弱电解质的溶液中也有离子氛存在，但是更重要的是解离平衡的存在。

活度系数与离子强度的关系尚无一种十分满意的定量关系，现公认德拜-休克尔极限公式比较好

$$\lg\gamma_{\pm} = \frac{1}{\nu}\sum \nu_i \lg\gamma_i = -\frac{A\sqrt{I}}{1+Ba\sqrt{I}}$$

其中

$$A = |Z_1 Z_2| (\varepsilon T)^{-3/2} \times 1.826 \times 10^6$$
$$B = 503(\varepsilon T)^{-1/2} \rho_0^{1/2} \times 10^9$$

也可以按下式计算

$$\lg\gamma_{\pm} \approx -0.509 |Z_+ \cdot Z_-| I^{1/2} \qquad (11\text{-}4)$$

【例题 11-1】 求 0.01mol·L^{-1}NaCl 溶液中 Na^+ 和 Cl^- 的活度。

解　先求出 I,再求算 γ

$$I = 1/2\sum c_i Z_i^2 = 1/2[c(Na^+)Z^2(Na^+) + c(Cl^-)Z^2(Cl^-)]$$
$$= 1/2(0.01\times 1^2 + 0.01\times 1^2) = 0.010$$
$$\lg\gamma_{\pm} = -0.509|Z_+ \cdot Z_-|I^{1/2} = -0.509\times 1\times 1\times (0.010)^{1/2}$$
$$\gamma_{\pm} = 0.89$$
$$\alpha(Na^+) = \alpha(Cl^-) = 0.010\times 0.89 = 0.0089(mol\cdot L^{-1})$$

【思考题】

11-3　相同的物质的量浓度、等体积的 HCl 溶液与 HAc 溶液分别与过量的 $CaCO_3$ 作用,放出的 CO_2 在相同情况下体积是否相等?其差别在什么地方?

11.2　弱酸、弱碱的解离平衡

11.2.1　水的离子积与溶液的 pH

1. 水的离子积常数

水有微弱的导电性。曾有人制取蒸馏 40 多次的纯水,经实测仍有导电性,以此证实水的导电不是杂质引起的。研究证明,水的导电是由于水能发生微弱的解离产生水合的氢离子和氢氧根离子。按照酸碱质子理论,水的自身解离(质子自递,autoprotolysis)平衡可表示为

$$H_2O(l) + H_2O(l) \rightleftharpoons H_3O^+(aq) + OH^-(aq)$$

标准平衡常数表达式:

$$K_w^{\ominus} = \{c(H_3O^+)/c^{\ominus}\}\times\{c(OH^-)/c^{\ominus}\} \qquad (11\text{-}5)$$

由表 11-2 可以看出,水的离子积常数(the ion product constant of water)$K_w^{\ominus}$ 随温度变化而变化。因为水的解离是个吸热反应,因此温度升高,$K_w^{\ominus}$ 增大。为了方便起见,室温下常采用 $K_w^{\ominus}=1.0\times 10^{-14}$进行有关计算。

表 11-2　不同温度下水的离子积常数

T/K	273	283	295	298	313	323	373
$K_w^{\ominus}$	0.13×10^{-14}	0.36×10^{-14}	1.0×10^{-14}	1.27×10^{-14}	3.8×10^{-14}	5.6×10^{-14}	7.4×10^{-14}

2. 溶液的 pH

氢离子或氢氧根离子浓度的改变能引起水的解离平衡的移动。溶液中 H_3O^+ 浓度或 OH^- 浓度的大小反映了溶液的酸碱性的强弱。一般稀溶液中,$c(H_3O^+)$的浓度范围在 10^{-1}～10^{-14}mol·L^{-1}之间。在化学科学中,通常习惯于以 $c(H_3O^+)$[严格讲应是$a(H_3O^+)$]

的负对数来表示其很小的数量级，即 $pH=-\lg c(H_3O^+)$。

与 pH 对应的还有 pOH，即 $pOH=-\lg c(OH^-)$。

25℃时，$K_w^\ominus=c(H^+)\cdot c(OH^-)=1.0\times10^{-14}$。

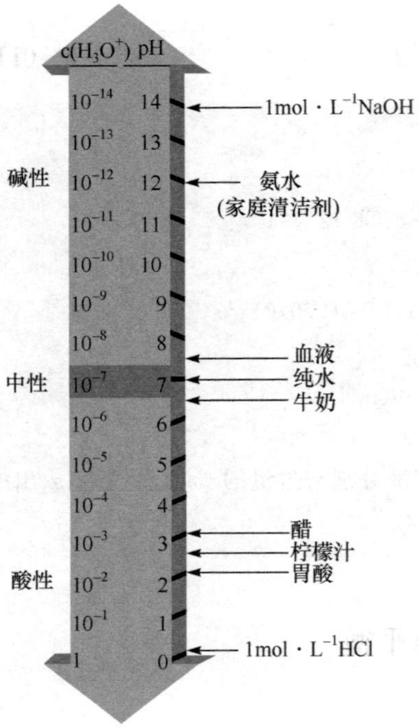

图 11-2　pH 标度

$$pK_w^\ominus=pH+pOH=14.00$$

酸性溶液 $c(H_3O^+)>10^{-7}mol\cdot L^{-1}>c(OH^-)$，$pH<7<pOH$。

中性溶液 $c(H_3O^+)=10^{-7}mol\cdot L^{-1}=c(OH^-)$，$pH=7=pOH$。

碱性溶液 $c(H_3O^+)<10^{-7}mol\cdot L^{-1}<c(OH^-)$，$pH>7>pOH$。

pH 是用来表示水溶液酸碱性的一种标度。pH 越小，$c(H_3O^+)$越大，溶液的酸性越强，碱性越弱。

pH 仅适用于 $c(H_3O^+)$或 $c(OH^-)$在 $1mol\cdot L^{-1}$以下的溶液酸碱性(图 11-2)。

如果 $c(H_3O^+)>1mol\cdot L^{-1}$，则 $pH<0$；$c(OH^-)>1mol\cdot L^{-1}$，则 $pH>14$。在这种情况下，就直接写出 $c(H_3O^+)$或 $c(OH^-)$，而不用 pH 表示这类溶液的酸碱性。

必须注意：pH 相差一个单位，$c(H_3O^+)$相差 10 倍，因此两种不同 pH 的溶液混合，必须换算成 $c(H_3O^+)$再进行计算。

【例题 11-2】 能否把 $c(H_3O^+)=10^{-7}mol\cdot L^{-1}$认为是溶液中性的不变的标志？

解　不能这样认为。因为非常温时中性溶液中的 $c(H_3O^+)=c(OH^-)$，但都不等于 $1.0\times10^{-7}mol\cdot L^{-1}$。

11.2.2　一元弱酸、弱碱的解离平衡

1. 解离度与解离常数

1) 解离度 α

弱酸、弱碱在水溶液中只是部分解离，解离的程度可以用解离度 α 表示：

$$\alpha=\frac{\text{已解离的分子数}}{\text{溶液中原有该弱电解质分子总数}}\times100\%\qquad(11\text{-}6)$$

例如，$0.10mol\cdot L^{-1}$ HAc 的解离度是 1.32%，则溶液中各离子浓度是

$$c(H^+)=c(Ac^-)=0.10\times1.32\%=0.001\ 32mol\cdot L^{-1}$$

2) 弱酸弱碱的解离平衡

一元弱酸的解离

$$HAc+H_2O \rightleftharpoons H_3O^++Ac^-$$

$$K_a^\ominus(HAc)=\frac{c(H_3O^+)\cdot c(Ac^-)}{c(HAc)}=1.8\times10^{-5}$$

必须提醒注意的是，$K_a^\ominus$ 是标准平衡常数，显然其表达式中的各种浓度应该是相对浓度。为了书写简便，省略除以 $c^\ominus$ 的写法，在本章及后面一些章节中，均有这种情况。

$$NH_4^+ + H_2O \rightleftharpoons H_3O^+ + NH_3$$

$$K_a^\ominus(NH_4^+) = \frac{c(H_3O^+) \cdot c(NH_3)}{c(NH_4^+)} = 5.64 \times 10^{-10}$$

$$HS^- + H_2O \rightleftharpoons H_3O^+ + S^{2-}$$

$$K_a^\ominus(HS^-) = \frac{c(H_3O^+) \cdot c(S^{2-})}{c(HS^-)} = 7.1 \times 10^{-15}$$

该反应的标准平衡常数 $K_a^\ominus$ 称为酸的解离常数(acid ionization constant)，也称酸常数(acidity constant)。$K_a^\ominus$ 越大，酸的强度越大，由 $K_a^\ominus(HAc) > K_a^\ominus(NH_4^+) > K_a^\ominus(HS^-)$，可知酸的强弱顺序为：$HAc > NH_4^+ > HS^-$。

$$Ac^- + H_2O \rightleftharpoons OH^- + HAc$$

$$K_b^\ominus(Ac^-) = \frac{c(HAc) \cdot c(OH^-)}{c(Ac^-)} = 5.6 \times 10^{-10}$$

$$NH_3 + H_2O \rightleftharpoons OH^- + NH_4^+$$

$$K_b^\ominus(NH_3) = \frac{c(NH_4^+) \cdot c(OH^-)}{c(NH_3)} = 1.76 \times 10^{-5}$$

$K_b^\ominus$ 称为碱的解离常数(basicity constant)，也称碱常数(alkali constant)。$K_b^\ominus$ 越大，碱的强度越大。

一种酸的酸性越强，其 $K_a^\ominus$ 值越大，则其相应的共轭碱的碱性越弱，其 $K_b^\ominus$ 值越小。共轭酸碱对 $HAc\text{-}Ac^-$ 的 $K_a^\ominus$ 与 $K_b^\ominus$ 之间：

$$K_a^\ominus \cdot K_b^\ominus = \frac{c(H^+) \cdot c(Ac^-)}{c(HAc)} \times \frac{c(HAc) \cdot c(OH^-)}{c(Ac^-)} = c(OH^-) \cdot c(H^+) = K_w^\ominus \quad (11\text{-}7)$$

应当指出，$K_a^\ominus$ 和 $K_b^\ominus$ 不受浓度的影响，只与电解质的本性和温度有关。但是，由于弱电解质解离过程的热效应不大，所以温度变化对 $K_a^\ominus$ 和 $K_b^\ominus$ 值影响较小。在同温时，同类的弱电解质的 $K_a^\ominus$ 和 $K_b^\ominus$ 可以表示弱酸或弱碱的相对强度。一些弱电解质的解离常数见表 11-3。

表 11-3　某些一元弱酸、弱碱的解离常数(298K)

一元弱酸	$K_a^\ominus$	一元弱碱	$K_b^\ominus$
HCN	4.93×10^{-10}	NH_3	1.76×10^{-5}
HClO	2.9×10^{-8}	CH_3NH_2	4.2×10^{-4}
HF	6.6×10^{-4}	$(CH_3)_2NH$	5.9×10^{-4}
HNO_2	5.1×10^{-4}	$CH_3CH_3NH_2$	4.3×10^{-4}
HCOOH	1.77×10^{-4}	$C_6H_5NH_2$	4.0×10^{-10}
CH_3COOH	1.76×10^{-5}	C_5H_5N	1.5×10^{-9}

3) K_i 与 α 的关系

解离常数和解离度都能反映弱电解质的解离程度，它们之间既有区别又有联系。解离常数是化学平衡常数的一种形式，它不随电解质的浓度而变化；解离度则是转化率的一种形式，它表示弱电解质在一定条件下的解离百分率，在解离度允许的范围内可随浓度而变化。解离常数比解离度能更好地反映出弱电解质的特征，因此应用范围比解离度更为广泛。

弱电解质的解离常数 K_i（包括 $K_a^\ominus$、$K_b^\ominus$）和解离度的关系，以弱酸 HAc 为例讨论。设 HAc 的浓度为 c mol · L^{-1}，解离度为 α。

$$\mathrm{HAc} \rightleftharpoons \mathrm{H^+} + \mathrm{Ac^-}$$

$$\begin{array}{llll} c_{起始} & c & 0 & 0 \\ c_{平衡} & c-c\alpha & c\alpha & c\alpha \end{array}$$

$$K_a^\ominus = \frac{c(\mathrm{H^+}) \cdot c(\mathrm{Ac^-})}{c(\mathrm{HAc})} = \frac{(c\alpha)^2}{c-c\alpha} = \frac{c\alpha^2}{1-\alpha}$$

写成 K_i 与 α 的一般关系式为

$$K_i = \frac{c\alpha^2}{1-\alpha}$$

当 $c/K_i > 500$，$\alpha < 5\%$时，$1-\alpha \approx 1$，于是可以用近似计算：

$$K_i = c\alpha^2 \text{ 或 } \alpha = \sqrt{\frac{K_i}{c}} \tag{11-8}$$

上式所表示的就是奥斯特瓦尔德稀释定律(Ostwald dilution law)，其意义是：同一弱电解质的解离度与其浓度的平方根成反比，即浓度越稀，解离度越大；同一浓度的不同弱电解质的解离度与其解离常数的平方根成正比。

2. 一元弱酸弱碱水溶液化学平衡的计算

处理水溶液中的酸碱平衡，起码要考虑到三种平衡：

(1) 物料平衡方程，简称物料平衡(mass balance equation)——在一个化学平衡体系中，某一给定组分的总浓度等于各有关组分的平衡浓度之和。

(2) 电荷平衡方程，简称电荷平衡(charge balance equation)——体系中正负电荷的总数目是相等的，即在体系中维持电中性。

(3) 质子平衡方程，简称质子平衡(proton balance equation，PBE)——得质子产物的得质子数必定等于失质子产物的失质子数。

质子条件是研究质子转移反应中各组分平衡浓度间关系的一种重要方法。质子平衡方程式是根据酸碱反应中碱所得的质子的量等于酸失去质子的量写出的。它选所研究溶液中大量存在并参与质子转移的物质为基准(零水准物质)，找出其得失质子的产物，将它们的得失质子数作为各自平衡浓度的系数，并将得失质子各产物平衡浓度分别求和再建立等式。

质子平衡方程式可理解为平衡时相对于零水准物质得质子的总浓度与失质子的总浓度相等。

质子平衡方程 PBE 可按如下具体过程处理：

(1) 选定零水准物质，即参考水准(reference level)为起始物或终结物，选用时一致即可，推荐选用起始物。

(2) 以零水准物质为基准，得质子的写在等号左边，失质子的写在右边(须列全所有参与质子转移的情况)。

(3) 考虑各项的系数(以得失质子数为基础)。

【例题 11-3】 写出浓度为 c 的强酸 HCl 水溶液的质子条件式。

解 选取 HCl 和 H_2O 为质子参考水准，它们得失质子情况如下：

失质子 得质子

$$OH^- \xleftarrow{-H^+} H_2O \xrightarrow{+H^+} H_3O^+$$

$$Cl^- \xleftarrow{-H^+} HCl$$

质子条件式为：$c(H^+)=c(OH^-)+c(Cl^-)$

【例题 11-4】 求 H_2CO_3 溶液的质子平衡方程。

解 选 H_2CO_3 和 H_2O 为零水准物质。

$$c(H^+)=c(OH^-)+c(HCO_3^-)+2c(CO_3^{2-})$$

必须注意：在质子条件式中，不能出现作为参考水准(如例中的 H_2CO_3 和 H_2O)的物质。

一元弱酸 HA 的 PBE 为

$$c(H^+)=c(A^-)+c(OH^-)$$

由平衡常数式可得

$$c(A^-)=\frac{K_a^\ominus \cdot c(HA)}{c(H^+)} \qquad c(OH^-)=\frac{K_w^\ominus}{c(H^+)}$$

代入 PBE 中得

$$c(H^+)=\frac{K_a^\ominus \cdot c(HA)}{c(H^+)}+\frac{K_w^\ominus}{c(H^+)}$$

$$c(H^+)=\sqrt{K_a^\ominus \cdot c(HA)+K_w^\ominus} \tag{11-9}$$

这是计算一元弱酸水溶液酸度的**精确式**。该式清楚地表明，$c(H_3O^+)$的精确值不但取决于酸自身的质子转移平衡，而且与 H_2O 的质子自递平衡有关。

当 $c(HA)\cdot K_a^\ominus \geqslant 20K_w^\ominus$ 时，可忽略 $K_w^\ominus$(水解离所产生的 H^+ 是可以忽略的)。因此

$$c(H^+)=\sqrt{K_a^\ominus \cdot c(HA)} \tag{11-10}$$

$$c(HA)=c_a-c(H^+)$$

代入式(11-10)，可得

$$c(H^+)=\sqrt{K_a^\ominus \cdot [c_a-c(H^+)]} \tag{11-11}$$

整理成

$$c(H^+)^2+K_a^\ominus c(H^+)-K_a^\ominus c_a=0$$

$$c(H^+)=\frac{-K_a^\ominus+\sqrt{(K_a^\ominus)^2+4K_a^\ominus c_a}}{2} \tag{11-12}$$

这是计算一元弱酸水溶液酸度的近似式。

当 $c_a\cdot K_a^\ominus \geqslant 20K_w^\ominus$ 且 $c_a/K_a^\ominus \geqslant 500$ 时，可认为 $c(H^+)$与 c_a 相比可忽略，由式(11-9)可得

$$c(H^+)=\sqrt{c_a\cdot K_a^\ominus} \quad \text{(最简式)} \tag{11-13}$$

当 $c_a\cdot K_a^\ominus \leqslant 20K_w^\ominus$ 但是 $c_a/K_a^\ominus \leqslant 500$ 时，则水的解离不可忽略，但 $c(H^+)$可忽略，得

$$c(H^+)=\sqrt{c_a\cdot K_a^\ominus+K_w^\ominus} \tag{11-14}$$

【思考题】

11-4 如果在计算时，您忽略了“$c(HA)\cdot K_a^\ominus \geqslant 20K_w^\ominus$”或“$c_a\cdot K_a^\ominus \geqslant 20K_w^\ominus$ 且 $c_a/K_a^\ominus \geqslant 500$”等限定条件时，会得到什么结果？

【例题 11-5】 计算 $0.01 mol\cdot L^{-1}$ $CHCl_2COOH$(二氯代乙酸)溶液的 pH。

解 已知 $c_a=0.01 mol\cdot L^{-1}$,查表得 $K_a^\ominus=5.0\times10^{-2}$

$$c_a\cdot K_a^\ominus\geqslant 20K_w^\ominus,但 c_a/K_a^\ominus\leqslant 500$$

用近似式(11-12)求算

$$c(H^+)=\frac{-K_a^\ominus+\sqrt{(K_a^\ominus)^2+4K_a^\ominus c_a}}{2}$$

$$c(H^+)=8.5\times10^{-3} mol\cdot L^{-1}$$

$$pH=2.10$$

【例题 11-6】 计算 $0.050 mol\cdot L^{-1}$ NH_4Cl 溶液的 pH。

解 NH_4^+ 是 NH_3 的共轭酸。已知 NH_3 的 $K_b^\ominus=1.76\times10^{-5}$,则 $c_a\cdot K_a^\ominus\geqslant 20K_w^\ominus$ 且 $c_a/K_a^\ominus\geqslant 500$。可用最简式计算,得

$$c(H^+)=\sqrt{c_a\cdot K_a^\ominus}=\sqrt{5.6\times10^{-10}\times0.05}=5.29\times10^{-6} mol\cdot L^{-1}$$

$$pH=5.28$$

一元弱碱溶液处理的方法与一元弱酸类似。

精确式为:$c(OH^+)=\sqrt{K_a^\ominus\cdot c(AOH)+K_w^\ominus}$

近似式为:$c(OH^-)=\dfrac{-K_b^\ominus+\sqrt{(K_b^\ominus)^2+4K_b^\ominus c_b}}{2}$

最简式为:$c(OH^-)=\sqrt{c_b\cdot K_b^\ominus}$

3. 同离子效应与盐效应

在 HAc 溶液中,存在下列平衡:

$$HAc(aq)+H_2O(l) \rightleftharpoons H_3O^+(aq)+Ac^-(aq)$$

向该溶液中加入与 HAc 含有相同离子的强电解质 NH_4Ac,$c(Ac^-)$增加,则平衡向左移动,即 HAc 的解离度将减小。

这种在弱电解质溶液中,加入与其含有相同离子的易溶强电解质而使弱电解质的解离度降低的现象称为同离子效应(common ion effect)。

【例题 11-7】 在 $0.10 mol\cdot L^{-1}$ 的 HAc 溶液中,加入 NH_4Ac 晶体,使 NH_4Ac 浓度为 $0.10 mol\cdot L^{-1}$。计算该溶液的 pH 和 HAc 的解离度 α。

解

	$HAc(aq)+H_2O(l) \rightleftharpoons$	$H_3O^+(aq)+$	$Ac^-(aq)$
初始浓度/$(mol\cdot L^{-1})$	0.10	0	0.10
平衡浓度/$(mol\cdot L^{-1})$	$0.10-x$	x	$0.10+x$

则　$x(0.10+x)/(0.10-x)=1.8\times10^{-5}$

又　$0.10\pm x\approx0.10$

所以　$x=1.76\times10^{-5}$

$$c(H^+)=1.76\times10^{-5} mol\cdot L^{-1}\qquad pH=4.74$$

$$\alpha=(1.76\times10^{-5}/0.10)\times100\%=0.018\%$$

前面已经指出,$0.10 mol\cdot L^{-1}$ HAc 溶液 pH=2.89,$\alpha=1.3\%$。可见,HAc 的解离度的确降低了很多。

如果加入的强电解质不具有相同离子,如向 HAc 溶液中加入 NaCl,同样会破坏原有的平

衡，但平衡向右移动，使弱酸、弱碱的解离度增大，这种现象称为盐效应。

这是由于强电解质完全解离，大大增加了溶液中离子的总浓度，使得 H_3O^+、Ac^- 被更多的异号电荷离子 Cl^- 或 Na^+ 所包围，离子之间的相互牵制作用增强，大大降低了离子重新结合成弱电解质分子的概率，因此，解离度也相应增大。

当然，存在同离子效应的同时也存在盐效应，但同离子效应比盐效应要大得多，二者共存时，常忽略盐效应，只考虑同离子效应。

4. 多元弱酸的解离平衡

结构中含两个或两个以上可被置换的 H^+ 的弱酸称为多元弱酸，常见的多元弱酸有 H_2CO_3、H_2S、H_3PO_4 等。多元弱酸的解离是分步进行的，每一步有一个解离平衡常数。

二元酸　碳酸　$H_2CO_3 \rightleftharpoons H^+ + HCO_3^-$　$K_{a_1} = 4.3\times10^{-7}$

$HCO_3^- \rightleftharpoons H^+ + CO_3^{2-}$　$K_{a_2} = 5.61\times10^{-11}$

氢硫酸　$H_2S \rightleftharpoons H^+ + HS^-$　$K_{a_1} = 1.3\times10^{-7}$

$HS^- \rightleftharpoons H^+ + S^{2-}$　$K_{a_2} = 7.1\times10^{-15}$

三元酸　磷酸　$H_3PO_4 \rightleftharpoons H^+ + H_2PO_4^-$　$K_{a_1} = 7.6\times10^{-3}$

$H_2PO_4^- \rightleftharpoons H^+ + HPO_4^{2-}$　$K_{a_2} = 6.3\times10^{-8}$

$HPO_4^{2-} \rightleftharpoons H^+ + PO_4^{3-}$　$K_{a_3} = 4.4\times10^{-13}$

一般而言，对于二元酸，$K_{a_1} \gg K_{a_2}$；对于三元酸，$K_{a_1} \gg K_{a_2} \gg K_{a_3}$，溶液中的 H_3O^+ 主要来自第一步反应；如果 $K_{a_1}^{\ominus} \gg K_{a_2}^{\ominus}$，计算 $c(H_3O^+)$ 时可只考虑第一步解离，即按一元弱酸的质子转移平衡处理；总反应的解离常数等于各级解离常数的乘积。

【例题 11-8】 室温下饱和 H_2S 水溶液的浓度为 $0.1mol\cdot L^{-1}$，求溶液中各种物种的浓度。（忽略水的解离 $K_{a_1}^{\ominus} \gg K_w^{\ominus}$）

解　已知 $K_{a_1}^{\ominus} = 1.3\times10^{-7}$，$K_{a_2}^{\ominus} = 7.1\times10^{-15}$。由于 $K_{a_1}^{\ominus} \gg K_{a_2}^{\ominus}$，可忽略二级解离，当一元酸处理。

$$H_2S \rightleftharpoons H^+ + HS^-$$

平衡浓度/$(mol\cdot L^{-1})$　$0.1-x$　$x+y$　$x-y$

$$HS^- \rightleftharpoons H^+ + S^{2-}$$

平衡浓度/$(mol\cdot L^{-1})$　$x-y$　$x+y$　y

近似处理：

$c/K_{a_1}^{\ominus} = 0.1/(1.3\times10^{-7}) \gg 500$　所以 $0.1-x\approx0.1$

$K_{a_1}^{\ominus} \gg K_{a_2}^{\ominus}$　所以 $x \gg y$　$x+y\approx x$　$x-y\approx x$

计算：

$K_{a_1}^{\ominus} = x^2/0.1$　$x = (K_{a_1}^{\ominus}\times0.1)^{1/2}$

$K_{a_2}^{\ominus} = y$

结论：

$c(H^+) \approx (K_{a_1}^{\ominus}\times0.1)^{1/2} = 9.5\times10^{-5}(mol\cdot L^{-1})$

$c(H_2S) = 0.1-x\approx0.1(mol\cdot L^{-1})$

$c(HS^-) \approx c(H^+) \approx (K_{a_1}^{\ominus}\times0.1)^{1/2} = 9.5\times10^{-5}(mol\cdot L^{-1})$

$c(S^{2-}) = y \approx K_{a_2}^{\ominus} = 7.1\times10^{-15}mol\cdot L^{-1}$

【思考题】

11-5　试计算 0.1mol · L^{-1} H_3PO_4 溶液中 H^+、$H_2PO_4^-$、HPO_4^{2-}、PO_4^{3-} 的浓度。

【例题 11-9】 室温时，碳酸饱和溶液的物质的量浓度约为 0.04mol · L^{-1}，求此溶液中 H^+、HCO_3^- 和 CO_3^{2-} 的浓度。（已知 $K_{a_1}^{\ominus}=4.3\times10^{-7}$，$K_{a_2}^{\ominus}=5.61\times10^{-11}$）

解　由于 H_2CO_3 的 $K_{a_1}^{\ominus}\gg K_{a_2}^{\ominus}$，可忽略二级解离，当一元酸处理。

设溶液中 $c(H^+)=x$ mol · L^{-1}，则 $c(HCO_3^-)\approx c(H^+)=x$ mol · L^{-1}

$$H_2CO_3 \rightleftharpoons H^+ + HCO_3^-$$

	H_2CO_3	H^+	HCO_3^-
c(起始)	0.04	0	0
c(平衡)	$0.04-x$	x	x

$$K_{a_1}^{\ominus}=\frac{c(H^+)\cdot c(HCO_3^-)}{c(H_2CO_3)}=\frac{x^2}{0.04-x}=4.3\times10^{-7}$$

因为 $c/K_{a_1}^{\ominus}>500$，可以用近似值计算，所以 $0.04-x\approx0.04$mol · L^{-1}

$$x=c(H^+)=\sqrt{4.3\times10^{-7}\times0.04}=1.3\times10^{-4}\text{mol}\cdot L^{-1}$$

HCO_3^- 的二级解离为

$$HCO_3^- \rightleftharpoons H^+ + CO_3^{2-}$$

$$K_{a_2}=\frac{c(H^+)\cdot c(CO_3^{2-})}{c(HCO_3^-)}=5.6\times10^{-11}$$

因为 H_2CO_3 的 $K_{a_1}^{\ominus}\gg K_{a_2}^{\ominus}$，$c(HCO_3^-)\approx c(H^+)$，所以 $c(CO_3^{2-})=K_{a_2}^{\ominus}=5.6\times10^{-11}$

答：$c(HCO_3^-)\approx c(H^+)=1.3\times10^{-4}$mol · L^{-1}，$c(CO_3^{2-})=5.61\times10^{-11}$mol · L^{-1}。

11.2.3　酸碱指示剂

酸碱指示剂(acid base indicator)是一类在其特定的 pH 范围内，随溶液 pH 改变而变色的化合物，通常是有机弱酸或有机弱碱。当溶液 pH 发生变化时，指示剂可能失去质子由酸色成分变为碱色成分，也可能得到质子由碱色成分变为酸色成分；在转变过程中，由于指示剂本身结构的改变，从而引起溶液颜色的变化。指示剂的酸色成分或碱色成分是一对共轭酸碱。酸碱指示剂常分为三种：双色指示剂（如甲基橙）、单色指示剂（如酚酞）和混合指示剂。

酸碱指示剂一般都是弱的有机酸或有机碱。例如，酚酞指示剂在水溶液中是一种无色的二元酸，在水中有以下平衡存在：

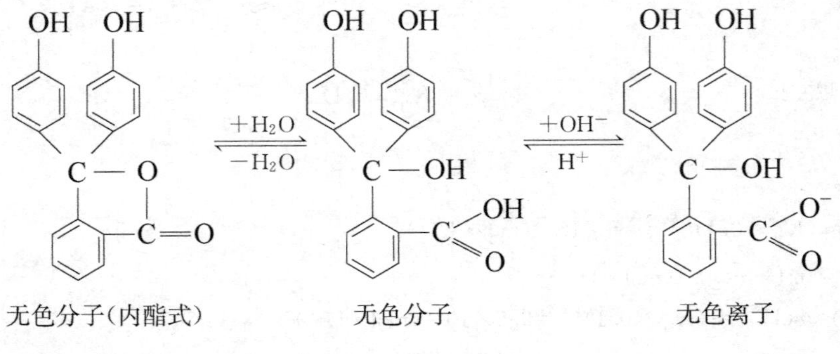

无色分子(内酯式)　　无色分子　　无色离子

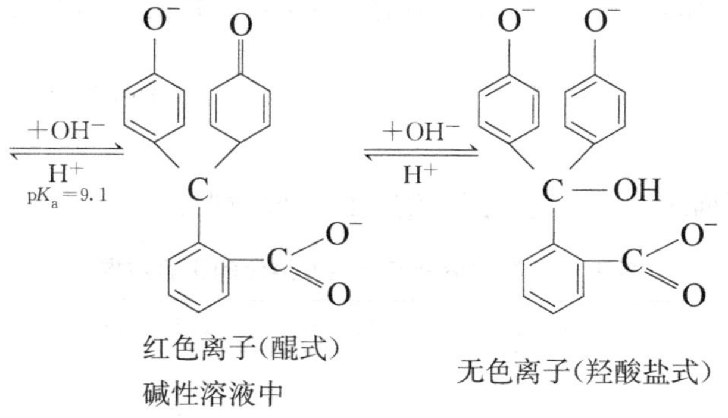

$$\text{无色分子} \underset{H^+}{\overset{OH^-}{\rightleftharpoons}} \text{无色离子} \underset{H^+}{\overset{OH^-}{\rightleftharpoons}} \text{红色离子} \underset{H^+}{\overset{OH^-}{\rightleftharpoons}} \text{无色离子}$$

在不同的酸度条件下具有不同的结构及颜色。当溶液酸度改变时，使得酸碱指示剂从一种结构变为另一种结构，从而使溶液的颜色发生相应的改变。

若以 HIn 表示一种弱酸型指示剂，In^- 为其共轭碱

$$HIn \rightleftharpoons H^+ + In^-$$

$$K_a^\ominus(HIn) = \frac{c(H^+) \cdot c(In^-)}{c(HIn)}$$

$K_a^\ominus(HIn)$为指示剂的解离常数，也称为指示剂常数。将上式改写为

$$\frac{c(In^-)}{c(HIn)} = \frac{K_a^\ominus(HIn)}{c(H^+)}$$

$K_a^\ominus(HIn)$在一定条件下为一常数，$\frac{c(In^-)}{c(HIn)}$就只取决于溶液中 $c(H^+)$的大小，所以酸碱指示剂能指示溶液酸度。

酸碱指示剂的理论变色点时 $c(In^-)=c(HIn)$，即 $pH=pK_a^\ominus(HIn)$。

在实际工作中，肉眼是难以准确地观察出指示剂变色点颜色的微小的改变。人们目测酸碱指示剂从一种颜色变为另一种颜色的过程，只能在一定的 pH 变化范围内才能发生，即只有当一种颜色相当于另一种颜色浓度的十倍时才能勉强辨认其颜色的变化。在这种颜色变化的同时，介质的 pH 则由一个值变到另一个值。当溶液的 pH 大于 $pK_a^\ominus(HIn)$时，$c(In^-)$将大于 $c(HIn)$且当$\frac{c(In^-)}{c(HIn)}=10$ 时，溶液将完全呈现碱色成分的颜色，而酸色被遮盖了，这时溶液的 $pH=pK_a^\ominus(HIn)+1$。

同理，当溶液的 pH 小于 $pK_a^\ominus(HIn)$时，$c(In^-)$将小于 $c(HIn)$且当$\frac{c(In^-)}{c(HIn)}=1/10$ 时，溶液将完全呈现酸色成分的颜色，而碱色被遮盖了，这时溶液的 $pH=pK_a^\ominus(HIn)-1$。可见溶液的颜色是在从 $pH=pK_a^\ominus(HIn)-1$ 到 $pH=pK_a^\ominus(HIn)+1$ 的范围内变化的，这个范围称为指示剂的变色范围即变色域。在变色范围内，当溶液的 pH 改变时，碱色成分和酸色成分的比值随之改变，指示剂的颜色也发生改变。超出这个范围，如 $pH \geqslant pK_a^\ominus(HIn)+1$ 时，看到的只是碱色；而在 $pH \leqslant pK_a^\ominus(HIn)-1$ 时，则看到的只是酸色。因此指示剂的变色范围约 2 个 pH 单位，即表示指示剂变色范围的公式是

$$pH = pK^\ominus(HIn) \pm 1 \tag{11-15}$$

由于人的视觉对各种颜色的敏感程度不同，加上在变色域内指示剂呈现混合色，两种颜色

互相影响观察，所以实际观察结果与理论值有差别，大多数指示剂的变色范围小于 2 个 pH 单位。

11.2.4　缓冲溶液

先分析表 11-4 所列缓冲溶液与非缓冲溶液的实验数据：

表 11-4　缓冲溶液与非缓冲溶液的实验数据

pH	$1.8\times10^{-5}mol\cdot L^{-1}$ HCl	$0.10mol\cdot L^{-1}$ HAc-$0.10mol\cdot L^{-1}$ NaAc
1.0L 溶液	4.74	4.74
加 0.010mol NaOH(s)后	12.00	4.83
加 0.010mol HCl 后	2.00	4.66

在稀盐酸($1.8\times10^{-5}mol\cdot L^{-1}$)溶液中，加入少量 NaOH、HCl 或加水稀释，pH 有较明显的变化，说明这种溶液不具有保持 pH 相对稳定的性能。但在 HAc-NaAc 共轭酸碱组成的溶液中，加入少量的强酸、强碱或加水稀释，溶液的 pH 改变很小。这类溶液具有缓解改变氢离子浓度而保持 pH 基本不变的性能。

具有能保持 pH 相对稳定性能的溶液，即不因加入少量强酸、强碱或者少量稀释而显著改变 pH 的溶液称为缓冲溶液(buffer solution)。

1. 缓冲原理

根据酸碱质子理论，缓冲溶液是一共轭酸碱系统。水溶液中存在的质子转移反应为

$$HA(aq)+H_2O(l)\rightleftharpoons H_3O^+(aq)+A^-(aq)$$

大量(来自共轭酸)　　很少　　大量(来自共轭碱)

$$c(H_3O^+)=\frac{K_a^{\ominus}(HA)\cdot c(HA)}{c(A^-)}$$

溶液中 HA、A^- 是大量的，H_3O^+ 是少量的，$c(H_3O^+)$取决于 $c(HA)/c(A^-)$。

当加入少量强碱，发生强碱与强酸的中和反应：

$$OH^-(aq)+HA(aq)\rightleftharpoons A^-(aq)+H_2O(l)$$

$c(A^-)$略有增加，$c(HA)$略有减少，但因溶液中 HA、A^- 是大量的，$c(HA)/c(A^-)$变化不大，因此溶液中 $c(H_3O^+)$或 pH 基本不变。

当加入少量强酸，将发生如下中和反应：

$$H_3O^+(aq)+A^-(aq)\rightleftharpoons HA(aq)+H_2O(l)$$

溶液中 $c(A^-)$略有减少，$c(HA)$略有增加，但因溶液中 HA、A^- 是大量的，$c(HA)/c(A^-)$变化不大，因此溶液中 $c(H_3O^+)$或 pH 基本不变。

可见，缓冲系统应具备两个条件，一是要具有既能抗碱(弱酸)又能抗酸(共轭碱)的组分；二是弱酸及其共轭碱保证足够大的浓度和适当的浓度比。

2. 缓冲溶液的 pH 计算

由缓冲溶液原理可知：

$$c(H_3O^+)=\frac{K_a^{\ominus}(HA)\cdot c(HA)}{c(A^-)}$$

将等式两边分别取负对数:

$$pH = pK_a^\ominus(HA) + \lg\frac{c(A^-)}{c(HA)} \tag{11-16}$$

对共轭酸碱来说,25℃时

$$pK_a^\ominus + pK_b^\ominus = 14.00$$

$$pH = 14.00 - pK_b^\ominus(A^-) + \lg\frac{c(A^-)}{c(HA)} \tag{11-17}$$

注意:$c(HA)$和$c(A^-)$是共轭酸、碱的平衡浓度,但由于同离子效应的存在,除了$pK_a^\ominus$(或$pK_b^\ominus$)<2 的情况外,通常用初始浓度$c_0(HA)$和$c_0(A^-)$代替。

【例题 11-10】 计算 0.10mol·L^{-1}NH_4Cl和 0.20mol·L^{-1}NH_3缓冲溶液的 pH。

解 $pK_b^\ominus(NH_3)=1.8\times10^{-5}$,$pK_a^\ominus(NH_4^+)=5.6\times10^{-10}$,直接用公式计算:

$$pH = 14.00 - pK_b^\ominus(A^-) + \lg\frac{c(A^-)}{c(HA)} = 14.00 - 4.74 + \lg\frac{0.20}{0.10} = 9.56$$

或

$$pH = pK_a^\ominus(HA) + \lg\frac{c(A^-)}{c(HA)} = 9.26 + \lg\frac{0.20}{0.10} = 9.56$$

缓冲溶液的 pH 主要是由$pK_a^\ominus$或$14.00-pK_b^\ominus$决定的,还与$c(HA)/c(A^-)$有关。当$c(HA)/c(A^-)=1/10\sim10/1$时,缓冲作用有效,此范围称为缓冲范围(buffer range)。

缓冲溶液的缓冲能力是有限的。分析化学中定义:使缓冲溶液的 pH 改变 1.0 所需的强酸或强碱的量,称为缓冲能力(buffer capacity)。当$c(HA)/c(A^-)$接近 1 时,缓冲能力大。

总之,要使缓冲有效,不仅应使缓冲溶液 pH 在溶液范围之内而且应尽可能接近$pK_a^\ominus$。此外,共轭酸碱的浓度应适当大,才能保证较强的缓冲能力。

【思考题】

11-6　计算缓冲溶液 pH 有精确式、近似式和最简式吗?

缓冲溶液的选择配制原则:

(1) 缓冲溶液除了参与和H^+或OH^-有关的反应外,不能与反应系统中的其他物质发生副反应。

(2) $pK_a^\ominus$或$14.00-pK_b^\ominus$尽可能接近所需溶液的 pH。

(3) 若$pK_a^\ominus$或$14.00-pK_b^\ominus$与所需要 pH 不相等,可依所需要 pH 调整$c(HA)/c(A^-)$。

3. 缓冲溶液的应用

缓冲溶液在物质分离和成分分析等方面应用广泛,如鉴定Mg^{2+}时,可用下面的反应,白色磷酸铵镁沉淀溶于酸,因此反应需在碱性溶液中进行,但碱性太强,可能生成白色$Mg(OH)_2$沉淀,所以反应的 pH 需控制在一定范围内,因此利用$NH_3\cdot H_2O$和NH_4Cl组成的缓冲溶液,保持溶液的 pH 条件下,进行上述反应。

在生化研究工作中,常要用到缓冲溶液来维持实验系统的酸碱度。研究工作的溶液系统 pH 的变化往往直接影响到我们工作的成效。如果提取酶实验系统的 pH 变化或变化过大,会使酶活性下降甚至完全失活。

人体血浆里最重要的缓冲系统是碳酸氢盐缓冲系统:

$$H_2CO_3 \rightleftharpoons H^+ + HCO_3^-$$

$$pH = pK_a^{\ominus} + \lg \frac{c(HCO_3^-)}{c(H_2CO_3)}$$

在正常血浆中，$c(HCO_3^-) : c(CO_2) = 20 : 1$

$$pH = 6.10 + \lg 20/1 = 7.40$$

人体各组织、细胞代谢产生的 CO_2，主要通过血红蛋白和氧合血红蛋白的运输作用，被迅速运到肺部排出，因此几乎不影响血浆的 pH，当产生比 CO_2 酸性更强的酸(如磷酸、硫酸、乙酸等)时，血液中 HCO_3^-/CO_2 缓冲对便发挥缓冲作用，其中 HCO_3^- 可与代谢产生的 H^+ 结合生成 CO_2 和 H_2O。增加的 CO_2 大部分从肺部排出或通过血浆中蛋白质缓冲对与之作用，使 $c(CO_2)$ 降低；减少的 HCO_3^- 可通过肾脏进行调节而得到补充，从而使 $c(HCO_3^-)$、$c(CO_2)$ 和 $c(HCO_3^-)/c(CO_2)$ 都恢复正常。当人体新陈代谢过程中产生的碱进入血液时，血液中的 H_3O^+ 便立即与它结合生成水。H_3O^+ 的消耗由 H_2CO_3 的解离来补充，结果也使血液的 pH 保持稳定。

11.3 盐类水解

盐解离出来的离子，与 H_2O 解离出的 H^+ 和/或 OH^- 结合成弱电解质的过程称为盐类的水解(hydrolysis of salt)。水解过程中，溶液的 pH 经常发生变化。例如

$$\begin{array}{l} NaAc \rightleftharpoons Na^+ + Ac^- \\ \qquad\qquad\qquad\qquad + \\ H_2O \rightleftharpoons OH^- + H^+ \\ \qquad\qquad\qquad\qquad \Updownarrow \\ \qquad\qquad\qquad\quad HAc \end{array}$$

由于弱电解质 HAc 的生成和存在，溶液中 $c(H^+) < c(OH^-)$，溶液显碱性。又如

$$\begin{array}{l} NH_4Cl \rightleftharpoons NH_4^+ + Cl^- \\ \qquad\qquad\quad + \\ H_2O \rightleftharpoons OH^- + H^+ \\ \qquad\qquad\quad \Updownarrow \\ \qquad\quad NH_3 \cdot H_2O \end{array}$$

由于弱电解质 $NH_3 \cdot H_2O$ 的生成和存在，溶液中 $c(H^+) > c(OH^-)$，溶液显酸性。又如

$$\begin{array}{ccccc} NH_4Ac & \rightleftharpoons & NH_4^+ & + & Ac^- \\ & & + & & + \\ H_2O & \rightleftharpoons & OH^- & + & H^+ \\ & & \Updownarrow & & \Updownarrow \\ & & NH_3 \cdot H_2O & & HAc \end{array}$$

1. 弱酸强碱盐

这类盐的水解是阴离子的水解，阴离子水解使溶液显碱性，有时将这些阴离子称为离子碱。以 NaAc 的水解为例说明。

【例题 11-11】 计算 0.10mol·L^{-1} NaAc 溶液的 pH。

解 水解方程式 $Ac^- + H_2O \rightleftharpoons HAc + OH^-$

按照酸碱质子理论 Ac^- 是 HAc 的共轭碱。由 HAc 的 $K_a^\ominus = 1.8\times10^{-5}$ 可得 Ac^- 的 $K_b^\ominus = K_w^\ominus / K_a^\ominus = 5.6\times10^{-10}$

由于 $c_b K_b^\ominus > 20K_w^\ominus$，且 $c_b/K_b^\ominus > 500$，因此可采用最简式计算。

$$c(OH^-) = \sqrt{c_b \cdot K_b^\ominus} = \sqrt{0.10\times5.6\times10^{-10}} = 7.5\times10^{-6}(mol\cdot L^{-1})$$

pOH=5.13

pH=14.00−5.13=8.87

水解的平衡常数称为**水解常数**(hydrolysis constant, $K_h^\ominus$)，又用水解度(h, degree of hydrolysis)表示水解的程度和区别：

$$h = \frac{c_{盐(已经水解部分)}}{c_0}\times100\% \tag{11-18}$$

【例题 11-12】 计算 0.10mol·L^{-1} Na_2CO_3 溶液的 pH，已知 H_2CO_3 的 $K_{a_1}^\ominus = 4.3\times10^{-7}$，$K_{a_2}^\ominus = 5.61\times10^{-11}$。

解 Na_2CO_3 溶液是二元碱，CO_3^{2-} 的 $K_{b_1}^\ominus = K_w^\ominus / K_{a_2}^\ominus = 1.8\times10^{-4}$，由于 $K_{b_2}^\ominus = K_w^\ominus / K_{a_1}^\ominus = 2.4\times10^{-3}$，因此水解产生的 OH^- 由第一步水解决定。且 $c_b/K_b^\ominus > 500$，因此可采用最简式计算。

$$c(OH^-) = \sqrt{c_b \cdot K_{b_1}^\ominus} = \sqrt{0.10\times1.8\times10^{-4}} = 4.2\times10^{-3}(mol\cdot L^{-1})$$

pOH=2.38

pH=14.00−2.38=11.62

2. 强酸弱碱盐

这类盐的水解是阳离子的水解。水解使溶液显酸性，有时将这些阳离子称为离子酸。可以 NH_4Cl 的水解为例说明。

【例题 11-13】 计算 0.050mol·L^{-1} NH_4Cl 溶液的 pH。

解 NH_4^+ 是 NH_3 的共轭酸。已知 NH_3 的 $K_b^\ominus = 1.8\times10^{-5}$，则 $K_a^\ominus = K_w^\ominus / K_b^\ominus = 1.0\times10^{-14}/1.8\times10^{-5} = 5.6\times10^{-10}$，且 $c_a \cdot K_a^\ominus \geqslant 20K_w^\ominus$，$c_a/K_a^\ominus \geqslant 500$

可用最简式计算，得

$$c(H^+) = \sqrt{c_a \cdot K_a^\ominus} = \sqrt{5.6\times10^{-10}\times0.05} = 5.29\times10^{-6}(mol\cdot L^{-1})$$

pH=5.28

3. 弱酸弱碱盐

阴、阳离子都发生水解时，称为**双水解**(dual hydrolysis)，溶液的酸碱性要根据两种离子与 OH^- 和 H^+ 的结合能力来决定。

以 0.10mol·L^{-1} NH_4Ac 为例，Ac^- 作为碱，其共轭酸的 $K_a^\ominus(HAc)$ 作为 $K_{a_1}^\ominus$，NH_4^+ 作为酸，其解离常数 $K_a^\ominus(NH_4^+)$ 作为 $K_{a_2}^\ominus$。

由于 $cK_{a_2}^\ominus = c\dfrac{K_w^\ominus}{K_b^\ominus(NH_3)} > 20K_w^\ominus$，$c > 20K_{a_1}^\ominus$，用最简式计算：

$$c(H^+)=\sqrt{K_{a_1}^{\ominus}\cdot K_{a_2}^{\ominus}}=\sqrt{K_a^{\ominus}(HAc)\times\frac{K_w^{\ominus}}{K_b^{\ominus}(NH_3)}}=\sqrt{\frac{1.8\times10^{-5}}{1.8\times10^{-5}}\times10^{-14}}=10^{-7}$$

NH_4Ac 溶液呈中性。

弱酸弱碱盐溶液 H^+ 浓度的最简式为

$$c(H^+)=\sqrt{\frac{K_a^{\ominus}}{K_b^{\ominus}}K_w^{\ominus}} \tag{11-19}$$

在一定温度下，$K_a^{\ominus}=K_b^{\ominus}$ 时，溶液呈中性；$K_a^{\ominus}>K_b^{\ominus}$ 时，溶液呈酸性；$K_a^{\ominus}<K_b^{\ominus}$ 时溶液呈碱性。

【例题 11-14】 求 0.10mol·L^{-1}的 NH_4F 溶液的 $c(H^+)$。已知 $K_a^{\ominus}=6.6\times10^{-4}$，$K_b^{\ominus}=1.8\times10^{-5}$。

解 $c\gg K_a^{\ominus}$，$K_a^{\ominus}K_b^{\ominus}\gg K_w^{\ominus}$，符合使用公式的条件

$$c(H^+)=\sqrt{\frac{K_a^{\ominus}}{K_b^{\ominus}}K_w^{\ominus}}=\sqrt{\frac{1.0\times10^{-14}\times6.6\times10^{-4}}{1.8\times10^{-5}}}=6.1\times10^{-7}(\text{mol}\cdot\text{L}^{-1})$$

$c(H^+)\neq c(OH^-)$，说明 F^- 和 NH_4^+ 的水解程度不相同。

4. 多元非强酸的酸式盐

酸式盐以 NaHA 为例，H_2A 的解离常数为 $K_{a_1}^{\ominus}$ 和 $K_{a_2}^{\ominus}$，在水溶液中存在下列平衡：

$$HA^-+H_2O \rightleftharpoons H_2A+OH^-$$
$$HA^-+H_2O \rightleftharpoons H_3O^++A^{2-}$$
$$H_2O+H_2O \rightleftharpoons H_3O^++OH^-$$

其 PBE 为

$$c(H_3O^+)+c(H_2A)=c(A^{2-})+c(OH^-)$$

根据有关平衡常数式，可得

$$c(H^+)+\frac{c(H^+)\cdot c(HA^-)}{K_{a_1}^{\ominus}}=\frac{K_{a_2}^{\ominus}\cdot c(HA^-)}{c(H^+)}+\frac{K_w^{\ominus}}{c(H^+)}$$

经整理得

$$c(H^+)=\sqrt{\frac{K_{a_1}^{\ominus}[K_{a_2}^{\ominus}\cdot c(HA^-)+K_w^{\ominus}]}{K_{a_1}^{\ominus}+c(HA^-)}}$$

一般可认为 $c(HA^-)\approx c$，得

$$c(H^+)=\sqrt{\frac{K_{a_1}^{\ominus}[K_{a_2}^{\ominus}\cdot c+K_w^{\ominus}]}{K_{a_1}^{\ominus}+c}} \tag{11-20}$$

(1) 若 $cK_{a_2}^{\ominus}>20K_w^{\ominus}$，则 $K_w^{\ominus}$ 可忽略，近似公式：

$$c(H^+)=\sqrt{\frac{K_{a_1}^{\ominus}K_{a_2}^{\ominus}\cdot c}{K_{a_1}^{\ominus}+c}} \tag{11-21}$$

(2) 当 $cK_{a_2}^{\ominus}>20K_w^{\ominus}$，$c>20K_{a_1}^{\ominus}$，则 $K_{a_1}^{\ominus}+c\approx c$ 得到最简式：

$$c(H^+)=\sqrt{K_{a_1}^{\ominus}K_{a_2}^{\ominus}} \tag{11-22}$$

例如，计算 NaH_2PO_4 和 Na_2HPO_4 溶液中 H^+ 浓度的最简式如下：

NaH_2PO_4 溶液：$c(H^+)=\sqrt{K_{a_1}^{\ominus}K_{a_2}^{\ominus}}$

Na_2HPO_4 溶液：$c(H^+)=\sqrt{K_{a_2}^\ominus K_{a_3}^\ominus}$

【例题 11-15】 计算 0.10mol · L^{-1} $NaHCO_3$ 溶液的 pH。

解　H_2CO_3 的 $K_{a_1}^\ominus=4.3\times10^{-7}$，$K_{a_2}^\ominus=5.61\times10^{-11}$，$c_a\cdot K_a^\ominus\geqslant20K_w^\ominus$，$c>20K_{a_1}^\ominus$，可用最简式计算：

$$c(H^+)=\sqrt{K_{a_1}^\ominus K_{a_2}^\ominus}=\sqrt{4.3\times10^{-7}\times5.61\times10^{-11}}=4.9\times10^{-9}(mol\cdot L^{-1})$$

pH=8.31

【思考题】

11-7　强酸强碱盐会发生水解吗？

11-8　为什么在手册中不会查阅到水解常数 $K_h^\ominus$ 呢？

5. 影响水解平衡的因素

1) 平衡常数的影响

由于 $K_h^\ominus$ 可分别由下式表示：

$$K_h^\ominus=\frac{K_w^\ominus}{K_a^\ominus},\qquad K_h^\ominus=\frac{K_w^\ominus}{K_b^\ominus},\qquad K_h^\ominus=\frac{K_w^\ominus}{K_a^\ominus\cdot K_b^\ominus}$$

因此，水解后生成的弱酸和弱碱，其解离平衡常数 $K_a^\ominus$ 和 $K_b^\ominus$ 越小，则盐类的水解平衡常数 $K_h^\ominus$ 越大，在其他条件相同时，其水解程度越大。例如，同样条件下，NaAc 比 NaF 的水解程度大，生成的溶液的碱性强。这是由于 $K_a^\ominus(HAc)=1.8\times10^{-5}$ 比 $K_a^\ominus(HF)=6.6\times10^{-4}$ 要小。

2) 温度的影响

盐类水解反应是吸热反应，$\Delta_rH^\ominus>0$，T 增高时，K_h 增大。因此升高温度有利于水解反应的进行。例如，Fe^{3+} 的水解：

$$Fe^{3+}+3H_2O\rightleftharpoons Fe(OH)_3+3H^+$$

若不加热，水解不明显。加热时颜色逐渐加深，最后得到深棕色的 $Fe(OH)_3$ 沉淀。

3) 反应商的影响

稀释水解溶液时

$$Ac^-+H_2O\rightleftharpoons HAc+OH^-$$

平衡时

$$K_h^\ominus=\frac{c(HAc)\cdot c(OH^-)}{c(Ac^-)}$$

稀释至原体积的 10 倍时，各浓度均为原浓度的 1/10

反应商

$$Q=\frac{\frac{1}{10}c(HAc)\cdot\frac{1}{10}c(OH^-)}{\frac{1}{10}c(Ac^-)}=\frac{1}{10}\frac{c(HAc)\cdot c(OH^-)}{c(Ac^-)}=\frac{1}{10}K_h^\ominus$$

因为 $Q<K_h^\ominus$，水解平衡右移，水解度增大。可以计算出，0.10mol · L^{-1}的 NaAc 溶液的 $h=7.45\times10^{-3}\%$，而 0.010mol · L^{-1}的 NaAc 溶液的 $h=2.36\times10^{-2}\%$。

4) pH 的影响

水解的产物中，肯定有 H^+ 或 OH^-，因此改变体系的 pH 会使平衡移动。例如

$$SnCl_2+H_2O=Sn(OH)Cl+HCl$$

为了抑制 $SnCl_2$ 的水解，可以用盐酸来配制 $SnCl_2$ 溶液。

习　题

11-1　将 300mL 0.20mol·L^{-1} HAc 溶液稀释到什么体积才能使解离度增加一倍？

11-2　奶油腐败后的分解产物之一为丁酸（C_3H_7COOH），有恶臭。今有 0.40L 含 0.20mol·L^{-1} 丁酸的溶液，pH 为 2.50，求丁酸的 $K_a^\ominus$。

11-3　已知下列各种弱酸的 $K_a^\ominus$ 值，求它们的共轭碱的 $K_b^\ominus$ 值，并比较各种碱的相对强弱。

(1) HCN　$K_a^\ominus=6.2\times10^{-10}$　(2) HCOOH　$K_a^\ominus=1.8\times10^{-4}$

(3) C_6H_5COOH　$K_a^\ominus=6.2\times10^{-5}$　(4) C_6H_5OH　$K_a^\ominus=1.1\times10^{-10}$

(5) $HAsO_2$　$K_a^\ominus=6.0\times10^{-10}$　(6) $H_2C_2O_4$　$K_{a_1}^\ominus=5.9\times10^{-2}$，$K_{a_2}^\ominus=6.4\times10^{-5}$

11-4　某药厂生产光辉霉素过程中，取含 NaOH 的发酵液 45L（pH=9.0），欲调节酸度到 pH=3.0，问需加入 6.0mol·L^{-1} HCl 溶液多少毫升？

11-5　求 1.0×10^{-6} mol·L^{-1} HCN 溶液的 pH。（提示：此处不能忽略水的解离）

11-6　$H_2PO_4^-$ 的 $K_{a_2}^\ominus=6.2\times10^{-8}$，则其共轭碱的 $K_b^\ominus$ 是多少？如果在溶液中 $c(H_2PO_4^-)$ 和其共轭碱的浓度相等时，溶液的 pH 将是多少？

11-7　欲配制 250mL pH =5.0 的缓冲溶液，问在 125mL 1.0 mol·L^{-1} NaAc 溶液中应加多少 6.0mol·L^{-1} 的 HAc 和多少水？

11-8　现有一份 HCl 溶液，其浓度为 0.20mol·L^{-1}。

(1) 欲改变其酸度到 pH=4.0 应加入 HAc 还是 NaAc？为什么？

(2) 如果向这个溶液中加入等体积的 2.0mol·L^{-1} NaAc 溶液，溶液的 pH 是多少？

(3) 如果向这个溶液中加入等体积的 2.0mol·L^{-1} HAc 溶液，溶液的 pH 是多少？

(4) 如果向这个溶液中加入等体积的 2.0mol·L^{-1} NaOH 溶液，溶液的 pH 是多少？

11-9　今有三种酸 $(CH_3)_2AsO_2H$、$ClCH_2COOH$、CH_3COOH，它们的标准解离常数分别为 6.4×10^{-7}、1.4×10^{-5}、1.76×10^{-5}。试问：

(1) 欲配制 pH=6.50 缓冲溶液，用哪种酸最好？

(2) 需要多少克这种酸和多少克 NaOH 以配制 1.00L 缓冲溶液？其中酸和它的共轭碱的总浓度等于 1.00 mol·L^{-1}。

第 12 章　沉淀-溶解平衡

本章学习要求

(1) 掌握溶度积的概念、溶度积与溶解度的换算;
(2) 了解影响沉淀-溶解平衡的因素,能够利用溶度积规则判断沉淀的生成及溶解;
(3) 能够利用沉淀-溶解平衡进行有关分步沉淀和沉淀转化的计算。

【背景问题】

(1) 美丽的溶洞中钟乳石、石笋密密麻麻排列,一眼望去辽阔无边,令人赞叹不已!洞中各种各样的地质风貌令人叫绝!您能从化学上说明溶洞的形成原因吗?

(2) 都是金属硫化物,为什么 ZnS 溶于水,FeS 需用稀盐酸溶解,CuS 则要用硝酸溶解,而 HgS 却只溶于王水?

(3) 试剂硫酸铜常采用先将废铜粉在空气中灼烧成氧化铜,然后溶于硫酸而得。然而由于废铜粉不纯,所得硫酸铜溶液中常含有可溶性 $FeSO_4$、$Fe_2(SO_4)_3$。工艺上采用先加入双氧水,然后调 pH≈4.0,加热煮沸,沉降后过滤除铁。您能解释其原理吗?

这些问题都涉及沉淀-溶解平衡,与之前讨论的酸碱解离平衡所不同的是它是一种多相离子平衡,本章将主要讨论在难溶电解质饱和溶液中存在的固体和水合离子之间的沉淀-溶解平衡。

12.1　溶度积规则

12.1.1　溶度积常数

不同的固体物质在水中的溶解度不同,物质只有溶解度大小之分,而没有溶与不溶之分,在水中绝对不溶解的物质是没有的。通常将溶解度大于 0.1g·$(100g\ H_2O)^{-1}$的物质称为易溶物质。溶解度(solubility)指在一定温度和压力下,固液达到平衡状态时饱和溶液里的溶质浓度(图 12-1),溶解度在 0.01～0.1g·$(100g\ H_2O)^{-1}$之间的物质称为微溶物质,溶解度小于 0.01g·$(100g\ H_2O)^{-1}$的物质称为难溶物质。因此,把在常温下溶解度小于 0.01g·$(100g\ H_2O)^{-1}$的电解质称为**难溶电解质**(electrolyte of difficult dissolution)。需要说明,难溶强电解质在水中的溶解度虽然很小,但溶解的部分却是完全解离的,溶液中不存在未解离的强电解质分子。

将难溶电解质放入水中后,在水分子的作用下,电解质晶格表面上的离子会脱离固体表面而进入溶液中,成为水合离子,称为**溶解**(dissolution);同时,溶液中的水合离子不断地做无规则运动,部分离子会撞击到固体表面,受到晶格表面异性电荷的吸引而又回到固体表面,称为**沉淀**(precipitation)。当二者的速率相等时,则达到平衡,称为**沉淀-溶解平衡**(precipitation-

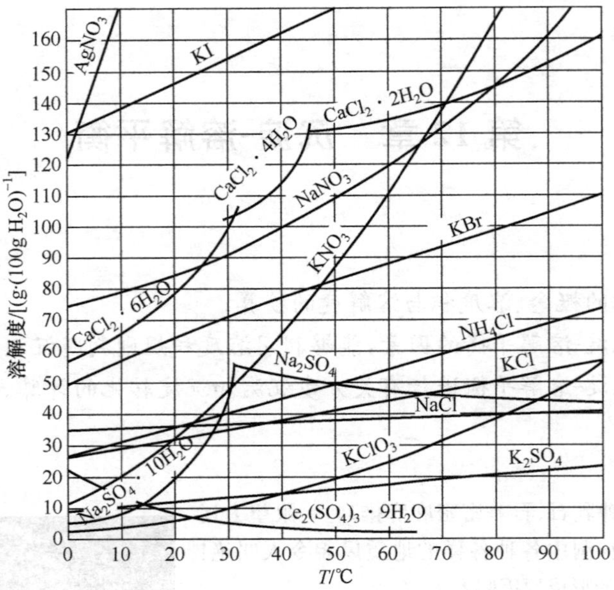

图 12-1　一些物质的溶解度图

dissolution equilibrium)。沉淀-溶解平衡是多相离子的动态平衡(图 12-2)。

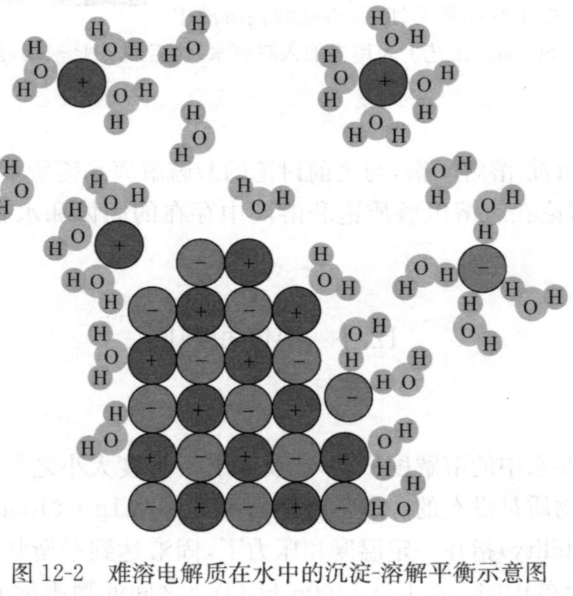

图 12-2　难溶电解质在水中的沉淀-溶解平衡示意图

一定温度时，对于一般的难溶强电解质 A_mB_n 在水中的沉淀溶解平衡可表示为

$$A_mB_n(s) \rightleftharpoons mA^{n+}(aq) + nB^{m-}(aq)$$

平衡常数表达式为

$$K_{sp}^{\ominus} = [c(A^{n+})/c^{\ominus}]^m[c(B^{m-})/c^{\ominus}]^n$$

式中，$K_{sp}^{\ominus}$ 称为溶度积常数，简称**溶度积**(solubility product)，其具有以下几点意义：

(1) 难溶强电解质饱和溶液中各离子浓度(严格说是活度，用活度表示则称活度积)幂的乘积为一常数。

(2) 溶度积是反映难溶电解质在水中溶解能力大小的特征常数，温度一定时，$K_{sp}^{\ominus}$ 值不随溶液中离子浓度的变化而变化。一些难溶电解质的溶度积常数见附录 4。

【思考题】

12-1　难溶电解质与弱电解质的区别是什么？

12-2　溶度积和溶解度都反映了难溶电解质在水中溶解能力的大小，二者有何区别？

12.1.2　溶度积与溶解度的相互换算

溶度积 $K_{sp}^{\ominus}$ 和溶解度 s 都是用来表示难溶化合物溶解能力大小的物理量，因此它们之间是可以进行换算的，可以从溶解度 s 求溶度积 $K_{sp}^{\ominus}$，也可以从溶度积 $K_{sp}^{\ominus}$ 求溶解度 s。

换算时应注意：

(1) 溶度积表达式中，离子浓度的单位必须用物质的量浓度 $mol \cdot L^{-1}$，而溶解度的单位往往是 $g \cdot (100g\ H_2O)^{-1}$，因此计算时要先将溶解度单位换算成 $mol \cdot L^{-1}$。

(2) 由于难溶化合物溶液的浓度很稀，即 s 很小，换算时可以近似认为其溶液的密度和纯水一样为 $1g \cdot mL^{-1}$，这样 100g 溶液的体积就是 100mL。

(3) s 与 $K_{sp}^{\ominus}$ 的关系：

$$\underset{}{AgCl(s)} \rightleftharpoons \underset{s}{Ag^+(aq)} + \underset{s}{Cl^-(aq)} \qquad Mg(OH)_2(s) \rightleftharpoons \underset{s}{Mg^{2+}(aq)} + \underset{2s}{2OH^-(aq)}$$

$$K_{sp}^{\ominus} = s^2 \qquad\qquad K_{sp}^{\ominus} = s \cdot (2s)^2 = 4s^3$$

一般式：

$$A_mB_n(s) \rightleftharpoons mA^{n+}(aq) + nB^{m-}(aq)$$

$$K_{sp}^{\ominus} = (ns)^n \cdot (ms)^m = n^n \cdot m^m \cdot (s)^{m+n}$$

【例题 12-1】 298K 时，$BaSO_4$ 的溶解度为 $2.42 \times 10^{-4} g \cdot (100g\ H_2O)^{-1}$。求 $BaSO_4$ 的 $K_{sp}^{\ominus}$。

解　已知 $M(BaSO_4) = 233.4g \cdot mol^{-1}$，因溶液极稀，可认为密度为 $1g \cdot mL^{-1}$

第一步单位转换：　$s = 2.42 \times 10^{-4} / 0.1 \times 233.4 = 1.04 \times 10^{-5} (mol \cdot L^{-1})$

第二步计算得结果　$BaSO_4(s) \rightleftharpoons \underset{s}{Ba^{2+}} + \underset{s}{SO_4^{2-}}$

$$K_{sp}^{\ominus} = c(Ba^{2+}) \cdot c(SO_4^{2-}) = s \cdot s = (1.04 \times 10^{-5})^2 = 1.08 \times 10^{-10}$$

答：$BaSO_4$ 的 $K_{sp}^{\ominus}$ 为 1.08×10^{-10}。

【例题 12-2】 $Ag_2C_2O_4$ 在某温度下的溶解度为 $s = 1.34 \times 10^{-4} mol \cdot L^{-1}$，求溶度积。

解

$$Ag_2C_2O_4(s) \rightleftharpoons \underset{2s}{2Ag^+} + \underset{s}{C_2O_4^{2-}}$$

$$K_{sp}^{\ominus} = c^2(Ag^+) \cdot c(C_2O_4^{2-}) = (2s)^2 \cdot s = 4s^3 = 9.62 \times 10^{-12}$$

答：$Ag_2C_2O_4$ 在该温度下的溶度积为 9.62×10^{-12}。

【例题 12-3】 298K 时，Ag_2CrO_4 的 $K_{sp}^{\ominus} = 1.1 \times 10^{-12}$，计算其溶解度 s。

解

$$Ag_2C_2O_4(s) \rightleftharpoons 2Ag^+ + C_2O_4^{2-}$$

平衡时：$\qquad 2s \qquad s$

$$K_{sp}^{\ominus} = (2s)^2 s = 4s^3$$

$$s = \sqrt[3]{\frac{K_{sp}^{\ominus}}{4}} = \sqrt[3]{\frac{1.1 \times 10^{-12}}{4}} = 6.5 \times 10^{-5} (mol \cdot L^{-1})$$

答：Ag_2CrO_4 的溶解度为 $6.5 \times 10^{-5} mol \cdot L^{-1}$。

【思考题】

12-3 溶度积的大小反映了难溶电解质溶解能力的大小，是否溶度积越大，物质的溶解能力就越强？

12-4 已知298.1K时，Ag_2CrO_4的溶度积是1.1×10^{-12}，AgCl的溶度积是1.8×10^{-10}，是否说明AgCl的溶解度大于Ag_2CrO_4。

12-5 试分别推导下表中各物质溶度积$K_{sp}^{\ominus}$和溶解度s之间的关系式。

难溶电解质	举 例	公式 $s/(mol\cdot L^{-1})$
AB	AgCl	
AB_2 或 A_2B	CaF_2	
AB_3 或 A_3B	Ag_3PO_4	
A_3B_2 或 A_2B_3	$Ca_3(PO_4)_2$	

以上换算的适用条件为

(1) 难溶电解质的离子在溶液中应不发生水解、聚合、配位、同离子效应等。

(2) 难溶电解质要一步完全解离。

(3) $K_{sp}^{\ominus}$值反映了同类型难溶电解质溶解度的大小，$K_{sp}^{\ominus}$值越小，溶解度也越小。不同类型的难溶电解质(如Ag_2CrO_4与AgCl)不能直接用$K_{sp}^{\ominus}$值比较其溶解度的大小，只能通过计算溶解度进行比较。

12.1.3 溶度积规则及其应用

1. *溶度积规则*

应用化学平衡移动原理可以判定沉淀-溶解反应进行的方向。下面以$CaCO_3$为例说明。

在一定温度下，把过量的$CaCO_3$固体放入纯水中，溶解达到平衡时，在$CaCO_3$的饱和溶液中$c(Ca^{2+})=c(CO_3^{2-})$，$c(Ca^{2+})\cdot c(CO_3^{2-})=K_{sp}^{\ominus}$。

(1) 在上述平衡系统中，如果加入Ca^{2+}(或CO_3^{2-})，此时，$c(Ca^{2+})\cdot c(CO_3^{2-})>K_{sp}^{\ominus}$，沉淀-溶解平衡被破坏，平衡向生成$CaCO_3$沉淀的方向移动，有$CaCO_3$固体析出。与此同时，溶液中$Ca^{2+}$(或$CO_3^{2-}$)浓度随$CaCO_3$的析出而不断地减少，直至$c(Ca^{2+})\cdot c(CO_3^{2-})=K_{sp}^{\ominus}$时，沉淀不再析出，在新的条件下重新建立起平衡。

(2) 在上述平衡系统中，设法降低Ca^{2+}(或CO_3^{2-})的浓度，或者两者都降低，使$c(Ca^{2+})\cdot c(CO_3^{2-})<K_{sp}^{\ominus}$，平衡将向沉淀溶解的方向移动。如在平衡系统中加入HCl，则H^+与CO_3^{2-}结合生成H_2CO_3，H_2CO_3立即分解为CO_2和H_2O，从而大大降低了CO_3^{2-}的浓度，致使$CaCO_3$逐渐溶解，并且重新建立起平衡。

根据上述沉淀与溶解情况，可以归纳出沉淀的生成和溶解规律。

在沉淀-溶解平衡中，一定温度下，当体系达到平衡时，其离子浓度系数次方的乘积为溶度积，用“$K_{sp}^{\ominus}$”表示；而在任意状态下，其离子浓度系数次方的乘积为**离子积**(ion product)，用“Q_i”表示。

$$A_mB_n(s)\rightleftharpoons mA^{n+}(aq)+nB^{m-}(aq)$$
$$Q_i=[c(A^{n+})/c^{\ominus}]^m[c(B^{m-})/c^{\ominus}]^n$$

(1) $Q_i > K_{sp}^{\ominus}$，溶液呈过饱和状态，生成沉淀。

(2) $Q_i < K_{sp}^{\ominus}$，不饱和溶液，沉淀溶解。

(3) $Q_i = K_{sp}^{\ominus}$，呈动态平衡，溶液饱和。

以上规律称为**溶度积规则**(solubility product rule)。应用溶度积规则可以判断沉淀的生成和溶解。要从溶液中沉淀出某一离子时，可加入一种沉淀剂，使离子积 Q_i 大于溶度积 $K_{sp}^{\ominus}$，使沉淀-溶解平衡向生成沉淀方向移动，该离子便会从溶液中沉淀下来。

例如，对于 AgCl 的沉淀-溶解平衡可用图 12-3(a)和图 12-3(b)来表示，后者就表现出了溶度积规则的含义。

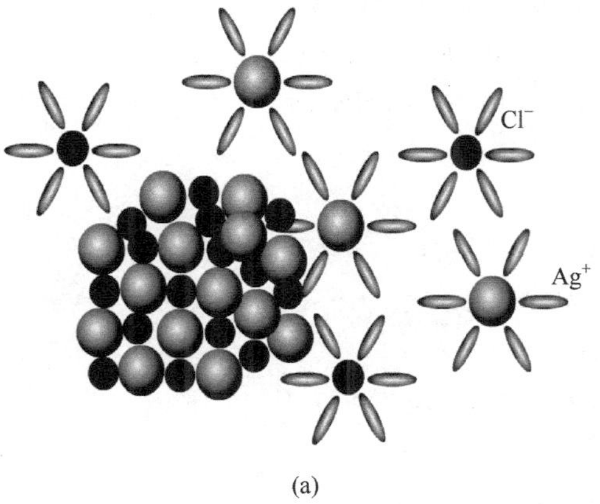

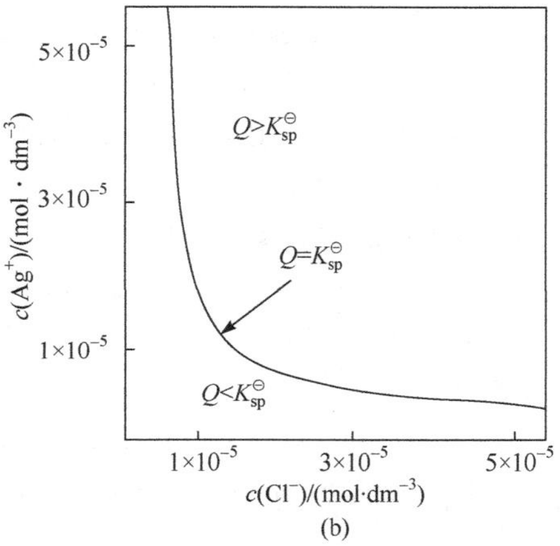

图 12-3　AgCl 的沉淀-溶解平衡(a)及其溶度积规则(b)

计算中有一个规定：在定性分析中，若溶液中某离子浓度不超过 10^{-5} mol · L^{-1}，就可认为已沉淀完全；在定量分析中，溶液中某离子浓度不超过 10^{-6} mol · L^{-1}时可认为已沉淀完全。

【例题 12-4】 今有 350mL 6.0×10^{-3} mol · L^{-1}的含 Ag^+ 废水，加入 250mL 0.012mol · L^{-1}的 NaCl，试问能否有 AgCl 沉淀产生。

解　已知 $K_{sp}^{\ominus}(AgCl)=1.8\times10^{-10}$，两种溶液混合后，浓度分别为

$$c(Ag^+)=6.0\times10^{-3}\times(350/600)=3.5\times10^{-3}(mol \cdot L^{-1})$$

$$c(Cl^-)=0.012\times(250/600)=5.0\times10^{-3}(mol \cdot L^{-1})$$

$$Q_i=c(Ag^+)\cdot c(Cl^-)=3.5\times10^{-3}\times5.0\times10^{-3}=1.75\times10^{-5}$$

$$Q_i>K_{sp}^{\ominus}(AgCl)$$

因此有 AgCl 沉淀产生。

答：有 AgCl 沉淀产生。

【例题 12-5】 在 50mL 0.2mol · L^{-1} $MgCl_2$ 溶液中加入等体积的 0.2mol · L^{-1}的氨水，有无 $Mg(OH)_2$ 沉淀生成？已知 $Mg(OH)_2$ 的 $K_{sp}^{\ominus}=1.8\times10^{-11}$，氨水的 $K_b^{\ominus}=1.76\times10^{-5}$。

解　混合后各物质的浓度分别为

$$c(Mg^{2+})=0.2/2=0.1(mol \cdot L^{-1})$$

$$c(NH_3 \cdot H_2O)=0.2/2=0.1(mol \cdot L^{-1})$$

$$c(OH^-)=\sqrt{0.1\times1.76\times10^{-5}}=1.33\times10^{-3}(mol\cdot L^{-1})$$

$$Q_i=c(Mg^{2+})c^2(OH^-)=0.1\times(1.33\times10^{-3})^2=1.78\times10^{-7}$$

$$Q_i>K_{sp}^{\ominus}[Mg(OH)_2]$$

有 $Mg(OH)_2$ 沉淀生成。

答：有 $Mg(OH)_2$ 沉淀生成。

【例题 12-6】 25℃时，腈纶纤维生产的某种溶液中 SO_4^{2-} 的浓度为 $6.0\times10^{-4}mol\cdot L^{-1}$。若在 40.0L 该溶液中，加入 $0.010mol\cdot L^{-1}$ $BaCl_2$ 溶液 10.0L，问是否能生成 $BaSO_4$ 沉淀？如果有沉淀生成，残余的 SO_4^{2-} 浓度为多少？是否沉淀完全？已知：$K_{sp}^{\ominus}(BaSO_4)=1.1\times10^{-10}$。

解 加入沉淀剂后溶液的总体积为 50.0L，则混合后各离子的浓度为

$$c(SO_4^{2-})=6.0\times10^{-4}\times40.0/50.0=4.8\times10^{-4}(mol\cdot L^{-1})$$

$$c(Ba^{2+})=0.010\times10.0/50.0=2.0\times10^{-3}(mol\cdot L^{-1})$$

$$Q_i=c(Ba^{2+})\times c(SO_4^{2-})=9.6\times10^{-7}>K_{sp}^{\ominus}(BaSO_4)$$

所以有 $BaSO_4$ 沉淀生成。

设残余的 SO_4^{2-} 浓度为 x $mol\cdot L^{-1}$

$$BaSO_4(s)\rightleftharpoons Ba^{2+} + SO_4^{2-}$$

	Ba^{2+}	SO_4^{2-}
反应前	2.0×10^{-3}	4.8×10^{-4}
平衡时	$1.52\times10^{-3}+x$	x

$$(1.52\times10^{-3}+x)\cdot x=1.1\times10^{-10}$$

x 很小，$1.52\times10^{-3}+x\approx1.52\times10^{-3}$

$$x=7.3\times10^{-8}$$

$$c(SO_4^{2-})=7.3\times10^{-8}mol\cdot L^{-1}<1.0\times10^{-6}mol\cdot L^{-1}$$

即可认为 SO_4^{2-} 已沉淀完全。

答：有 $BaSO_4$ 沉淀生成；SO_4^{2-} 已沉淀完全。

2. 同离子效应

当溶液中含有与难溶电解质相同的阳(阴)离子时，会使难溶电解质的溶解度降低。这种因加入含有相同离子的易溶强电解质而使难溶电解质溶解度降低的效应，称为**同离子效应**(common ion effect)。

【例题 12-7】 比较 $BaSO_4$ 在 $0.10mol\cdot L^{-1}$ Na_2SO_4 溶液中和在纯水中的溶解度。

解 已知 $K_{sp}^{\ominus}(BaSO_4)=1.1\times10^{-10}$，设在纯水中 $BaSO_4$ 的溶解度为 s

$$BaSO_4(s)\rightleftharpoons Ba^{2+}+SO_4^{2-}$$

$$s \qquad s$$

$$K_{sp}^{\ominus}(BaSO_4)=s^2$$

$$s=\sqrt{K_{sp}^{\ominus}(BaSO_4)}=\sqrt{1.1\times10^{-10}}=1.04\times10^{-5}(mol\cdot L^{-1})$$

即在纯水中 $BaSO_4$ 的溶解度为 $1.04\times10^{-5}mol\cdot L^{-1}$。

设在 $0.10mol\cdot L^{-1}$ Na_2SO_4 溶液中溶解度为 s'

$$BaSO_4(s)\rightleftharpoons Ba^{2+}+SO_4^{2-}$$

平衡时 $\qquad s' \qquad s'+0.10$

因 $s'\ll0.10$，因此 $s'+0.10\approx0.10$

$$K_{sp}^{\ominus}=c(Ba^{2+})\cdot c(SO_4^{2-})=s'\times 0.10$$

$$s'=K_{sp}^{\ominus}/0.10=1.1\times 10^{-9}(mol\cdot L^{-1})$$

由计算结果可知，Na_2SO_4 的加入使 $BaSO_4$ 的溶解度大大下降。

答：$BaSO_4$ 在 Na_2SO_4 溶液和纯水中的溶解度分别为 $1.1\times 10^{-9}mol\cdot L^{-1}$和 $1.04\times 10^{-5}mol\cdot L^{-1}$。

在实际工作中，含有同离子的强电解质称为沉淀剂。

3. 盐效应

因加入过量沉淀剂或加入其他非共同离子的易溶强电解质，反而使沉淀的溶解度增大，此种现象称为**盐效应**(salt effect)。

例如，$PbSO_4$ 在 Na_2SO_4 溶液中的溶解度($mol\cdot L^{-1}$)如表 12-1 所示：

表 12-1　溶解度比较(单位：$mol\cdot L^{-1}$)

Na_2SO_4	0	0.001	0.01	0.02	0.04	0.10	0.20
$PbSO_4$	1.5×10^{-4}	2.4×10^{-5}	1.6×10^{-5}	1.4×10^{-5}	1.3×10^{-5}	1.6×10^{-5}	2.3×10^{-5}

开始时，同离子效应起主导作用，$PbSO_4$ 溶解度随 Na_2SO_4(aq)浓度的增大而降低；但当 Na_2SO_4(aq)的浓度超过 $0.04mol\cdot L^{-1}$时，$PbSO_4$ 的溶解度又随着 Na_2SO_4(aq)浓度的增加而增大，这时盐效应上升为矛盾的主要方面，所以在利用沉淀剂使离子沉淀时应注意：

(1) 加入过量的沉淀剂可以使离子沉淀完全，但不是越多越好，一般过量 20%～50%即可，以防产生盐效应导致沉淀溶解度反而增大。

(2) 有些离子和沉淀剂发生配合反应，例如

$$Ag^{+}+Cl^{-}\longrightarrow AgCl\downarrow$$

$$AgCl+Cl^{-}(过量)\longrightarrow [AgCl_2]^{-}\quad 沉淀溶解$$

【思考题】

12-6　在温度一定的情况下向已达到平衡的反应：$BaCO_3(s)\rightleftharpoons Ba^{2+}+CO_3^{2-}$ 中分别加入 HCl、$BaCl_2$ 或 Na_2CO_3 溶液，会改变难溶电解质的 s、Q_i、$K_{sp}^{\ominus}$中的哪些量？

12-7　根据 $Mg(OH)_2$ 的溶度积 $K_{sp}^{\ominus}=1.8\times 10^{-11}$，计算：

(a) $Mg(OH)_2$ 在纯水中的溶解度($mol\cdot L^{-1}$)。

(b) $Mg(OH)_2$ 饱和溶液中 $c(Mg^{2+})$、$c(OH^{-})$为多少。

(c) $Mg(OH)_2$ 在 $0.01mol\cdot L^{-1}$ NaOH 溶液中的溶解度。

(d) $Mg(OH)_2$ 在 $0.01mol\cdot L^{-1}$ $MgCl_2$ 中的溶解度。

12-8　同离子效应和盐效应都会影响沉淀的溶解度。试给已达到平衡的 Ag_2CrO_4 溶液中分别加入 KNO_3 和 K_2CrO_4 为例，作图说明两种不同的影响。

12.2　分步沉淀

当溶液中同时含有两种或两种以上离子时，这些离子可能与加入的沉淀剂均有沉淀反应，但由于各自的溶解度不同，所以沉淀时所需沉淀剂的量也不同，利用这一差别，可通过逐滴加

入的方法控制加入沉淀剂的浓度，让溶解度小的离子先沉淀，溶解度大的后沉淀，这种现象称为**分步沉淀**(fractional precipitation)。

分步沉淀常用于离子之间的分离，如在 0.010mol · L^{-1}的 I^- 和 0.010mol · L^{-1}的 Cl^- 的混合溶液中，逐滴加入 $AgNO_3$ 溶液，开始只生成黄色 AgI 沉淀，加入到一定量的 $AgNO_3$ 时，才出现 AgCl 白色沉淀。

在上述溶液中，开始生成 AgI 和 AgCl 沉淀时所需要的 Ag^+ 浓度分别为

AgI： $$c(Ag^+) \geqslant \frac{K_{sp}^{\ominus}(AgI)}{c(I^-)} = \frac{8.3\times10^{-17}}{0.010} = 8.3\times10^{-15}(mol \cdot L^{-1})$$

AgCl： $$c(Ag^+) \geqslant \frac{K_{sp}^{\ominus}(AgCl)}{c(Cl^-)} = \frac{1.8\times10^{-10}}{0.010} = 1.8\times10^{-8}(mol \cdot L^{-1})$$

计算结果表明，沉淀 I^- 所需要的 Ag^+ 最低浓度比沉淀 Cl^- 所需要的 Ag^+ 浓度小得多，所以 AgI 先沉淀。不断滴入 $AgNO_3$ 溶液，当 Ag^+ 浓度刚超过 1.8×10^{-8}mol · L^{-1}时，AgCl 开始沉淀，此时溶液中 I^- 浓度为

$$c(I^-) = \frac{K_{sp}^{\ominus}(AgI)}{c(Ag^+)} = \frac{8.3\times10^{-17}}{1.8\times10^{-8}} = 4.6\times10^{-9}(mol \cdot L^{-1})$$

可以认为当 AgCl 开始沉淀时，溶液中的 I^- 已沉淀完全。

总之，当溶液中同时存在几种离子时，离子积首先达到溶度积的难溶电解质先生成沉淀，离子积后达到溶度积的难溶电解质后生成沉淀。

【思考题】

12-9 上面的例子是否说明可直接由难溶电解质 $K_{sp}^{\ominus}$大小来判断离子沉淀的先后次序？

【例题 12-8】 某溶液中含 Cl^- 和 CrO_4^{2-}，它们的浓度分别是 0.10mol · L^{-1}和 0.0010mol · L^{-1}，通过计算分析，逐滴加入 $AgNO_3$ 溶液时，哪一种沉淀先析出，当第二种沉淀析出时，第一种离子是否沉淀完全(忽略加入 $AgNO_3$ 所引起的溶液体积变化)。已知：$K_{sp}^{\ominus}(AgCl) = 1.8\times10^{-10}$，$K_{sp}^{\ominus}(Ag_2CrO_4) = 1.1\times10^{-12}$。

解 (a) AgCl 刚开始沉淀时所需要 Ag^+ 的最低浓度为

$$c(Ag^+) = K_{sp}^{\ominus}(AgCl)/c(Cl^-) = 1.8\times10^{-9}(mol \cdot L^{-1})$$

Ag_2CrO_4 开始沉淀时所需要 Ag^+ 的最低浓度为

$$c(Ag^+) = \sqrt{\frac{K_{sp}^{\ominus}(Ag_2CrO_4)}{c(CrO_4^{2-})}} = 3.32\times10^{-5}(mol \cdot L^{-1})$$

AgCl 开始沉淀时所需要 Ag^+ 的最低浓度小，所以加入 $AgNO_3$ 溶液时首先达到溶度积，因而 AgCl 先沉淀出来。

(b) 当 Ag_2CrO_4 沉淀刚开始析出时，溶液中的 Ag^+ 浓度为 3.32×10^{-5}mol · L^{-1}，此时溶液中的 Cl^- 浓度为

$$c(Cl^-) = K_{sp}^{\ominus}(AgCl)/c(Ag^+) = 1.8\times10^{-10}/3.32\times10^{-5} = 5.42\times10^{-6}(mol \cdot L^{-1})$$

说明当 Ag_2CrO_4 沉淀刚开始析出时，Cl^- 已沉淀完全。

答：AgCl 先沉淀；当 Ag_2CrO_4 开始沉淀时，Cl^- 已基本沉淀完全。

$K_{sp}^{\ominus}(AgCl) = 1.8\times10^{-10}$，$K_{sp}^{\ominus}(Ag_2CrO_4) = 1.1\times10^{-12}$，由例题 12-8 可知，虽然 Ag_2CrO_4 的溶度积小于 AgCl 的溶度积，但因为 Ag_2CrO_4 开始沉淀时所需要 Ag^+ 的最低浓度高于 AgCl 开始沉淀时所需要 Ag^+ 的最低浓度，所以还是 AgCl 先沉淀出来。这就说明离子沉淀析出的先后次序不仅与溶度积 $K_{sp}^{\ominus}$有关，还与沉淀的构型有关。

因此我们在处理分步沉淀问题时应注意：

(1) 判断沉淀次序。计算每种离子开始沉淀时所需沉淀剂的最小浓度，所得值小者先沉淀；当沉淀构型及离子初始浓度相同时也可直接用溶度积判断，$K_{sp}^{\ominus}$小的先沉淀。

(2) 判断能否分步沉淀。计算后沉淀的离子开始沉淀时先沉淀的离子的浓度，若小于 $10^{-6}mol \cdot L^{-1}$，说明前者已沉淀完全，这两种离子可通过分步沉淀加以分离。

【例题 12-9】 在 $1mol \cdot L^{-1}$ $CuSO_4$ 溶液中含有少量的 Fe^{3+} 杂质，pH 控制在什么范围才能除去 Fe^{3+}，使 $c(Fe^{3+}) \leqslant 10^{-5} mol \cdot L^{-1}$？

解 已知：$Fe(OH)_3$ 的 $K_{sp}^{\ominus}=4.3\times10^{-38}$，$Cu(OH)_2$ 的 $K_{sp}^{\ominus}=2.2\times10^{-20}$

$$Fe(OH)_3(s) \rightleftharpoons Fe^{3+}(aq)+3OH^-(aq)$$

$$K_{sp}^{\ominus}=c(Fe^{3+})c^3(OH^-)=4.3\times10^{-38}$$

要使 $c(Fe^{3+}) \leqslant 10^{-5} mol \cdot L^{-1}$

$$c(OH^-) \geqslant \sqrt[3]{\frac{4.3\times10^{-38}}{c(Fe^{3+})}}=\sqrt[3]{\frac{4.3\times10^{-38}}{10^{-5}}}=1.6\times10^{-11}(mol \cdot L^{-1})$$

即 pH≥3.2。

$$Cu(OH)_2(s) \rightleftharpoons Cu^{2+}(aq)+2OH^-(aq)$$

$$K_{sp}^{\ominus}=c(Cu^{2+})c^2(OH^-)=2.2\times10^{-20}$$

要使 Cu^{2+} 不发生沉淀

$$c(OH^-) \leqslant \sqrt{\frac{2.2\times10^{-20}}{c(Cu^{2+})}}=\sqrt{\frac{2.2\times10^{-20}}{1}}=1.5\times10^{-10}(mol \cdot L^{-1})$$

即 pH≤4.2。

所以，当 3.2≤pH≤4.2 时，既可除去杂质 Fe^{3+} 又不会使 Cu^{2+} 发生沉淀。

答：pH 范围应为 3.2≤pH≤4.2。

12.3　沉淀的转化

将一种沉淀转化为另一种沉淀的过程称为**沉淀的转化**(inversion of precipitate)。例如，锅炉中的水垢常用 Na_2CO_3 溶液处理，水垢中含有的 $CaSO_4$ 为难溶强酸盐，不溶于酸，很难去除。除垢时使 $CaSO_4$ 转化为疏松的且易溶于酸的 $CaCO_3$，这样就可以把水垢清除掉。其反应式为

$$CaSO_4(s)+CO_3^{2-} \rightleftharpoons CaCO_3(s)+SO_4^{2-}$$

$$K^{\ominus}=\frac{c(SO_4^{2-})}{c(CO_3^{2-})}=\frac{c(SO_4^{2-}) \cdot c(Ca^{2+})}{c(CO_3^{2-}) \cdot c(Ca^{2+})}=\frac{K_{sp}^{\ominus}(CaSO_4)}{K_{sp}^{\ominus}(CaCO_3)}=\frac{9.1\times10^{-6}}{2.8\times10^{-9}}=3.3\times10^3$$

可见 $CaSO_4$ 转化为 $CaCO_3$ 是很容易进行的。

【例题 12-10】 298.15K 时，在 1L Na_2CO_3 溶液中将 0.01mol 的 $CaSO_4(s)$ 转化为 $CaCO_3(s)$，问 Na_2CO_3 溶液的最初浓度应为多少？

解 设 Na_2CO_3 的初始浓度为 x $mol \cdot L^{-1}$

	$CaSO_4(s)+CO_3^{2-}$	$\rightleftharpoons CaCO_3(s)+SO_4^{2-}$
起始/($mol \cdot L^{-1}$)	x	
平衡/($mol \cdot L^{-1}$)	$x-0.01$	0.01

$$K^{\ominus}=\frac{c(SO_4^{2-})}{c(CO_3^{2-})}=\frac{c(SO_4^{2-})\cdot c(Ca^{2+})}{c(CO_3^{2-})\cdot c(Ca^{2+})}=\frac{K_{sp}^{\ominus}(CaSO_4)}{K_{sp}^{\ominus}(CaCO_3)}=\frac{9.1\times10^{-6}}{2.8\times10^{-9}}=3.3\times10^{3}$$

$$\frac{0.01}{x-0.01}=3.3\times10^{3}$$

$$x=0.01\text{mol}\cdot\text{L}^{-1}$$

即1L 0.01mol·L^{-1}的 Na_2CO_3 溶液就可将0.01mol的 $CaSO_4$(s)转化为 $CaCO_3$(s)。

答:最初浓度应为0.01mol·L^{-1}。

沉淀转化的发生,一般是由溶解度较大的难溶电解质转化为溶解度较小的难溶电解质。对于同类型的难溶电解质,沉淀转化程度的大小取决于它们溶度积的相对大小。溶度积大的难溶电解质易转化为溶度积较小的难溶电解质,两种沉淀物的溶度积相差越大,沉淀转化越完全。

【思考题】

12-10　在沉淀的转化中,由一个溶解度较小的物质转化为溶解度较大的物质较为困难。您能否通过计算说明,只要达到一定的条件,也会使 $BaCrO_4$ 转化为 $BaCO_3$ 的现象发生。

12.4　沉淀的溶解

根据溶度积规则,降低难溶电解质饱和溶液中阴离子或阳离子的浓度,使难溶电解质的离子积 Q_i 小于溶度积 $K_{sp}^{\ominus}$,就会使平衡向沉淀溶解的方向移动。通常用来使沉淀溶解的几种方法其实质仍是其他平衡(包括酸碱平衡、配位平衡和氧化还原平衡)对沉淀-溶解平衡的影响结果。

12.4.1　生成弱电解质使沉淀溶解

利用酸、碱或某些盐与难溶电解质的组分离子生成弱电解质(弱酸、弱碱或水),使得离子的 Q_i 小于溶度积 $K_{sp}^{\ominus}$,从而溶解某些弱酸盐、弱碱盐、氢氧化物等难溶电解质。例如,在含有固体 $CaCO_3$ 的饱和溶液中加入盐酸,系统中存在着下列平衡移动:

$$CaCO_3(s)\rightleftharpoons Ca^{2+}+CO_3^{2-}$$

$$+$$

$$HCl = Cl^{-}+H^{+}$$

$$\Updownarrow$$

$$CO_2+H_2O$$

$$CaCO_3(s)+2H^{+}(aq) = Ca^{2+}(aq)+H_2CO_3(aq)$$

$$K^{\ominus}=\frac{c(Ca^{2+})c(H_2CO_3)}{c^2(H^{+})}\times\frac{c(CO_3^{2-})}{c(CO_3^{2-})}=\frac{K_{sp}^{\ominus}}{K_{a_1}^{\ominus}K_{a_2}^{\ominus}}$$

金属硫化物也是弱酸盐,在酸溶解时也发生类似变化,H^+ 和 S^{2-} 先生成 HS^-,HS^- 又进一步和 H^+ 结合成 H_2S 分子,结果 S^{2-} 减少,$Q_i<K_{sp}^{\ominus}$,则金属硫化物开始溶解。

【思考题】

12-11　请通过计算说明为什么 FeS、ZnS 能溶于 HCl，而 CuS、HgS 却不能溶于 HCl？

12-12　怎样才能将 CuS、HgS 沉淀溶解？

【例题 12-11】　今有 ZnS 和 CuS 两种沉淀各 0.1mol，问要用 1L 多少浓度的盐酸才能使它们溶解？（ZnS 的 $K_{sp}^{\ominus}=2.5\times10^{-22}$，CuS 的 $K_{sp}^{\ominus}=6.3\times10^{-36}$）

解　当 0.1mol ZnS 完全溶于 1.0L 盐酸时，$c(Zn^{2+})=c(H_2S)=0.10mol\cdot L^{-1}$，设平衡时溶液中 $c(H^+)$ 为 x mol·L^{-1}，则

$$ZnS(s)+2H^+(aq) \rightleftharpoons Zn^{2+}(aq)+H_2S(aq)$$

平衡/(mol·L^{-1})　　x　　0.1　　0.1

$$K^{\ominus}=\frac{c(Zn^{2+})\cdot c(H_2S)}{c^2(H^+)}\cdot\frac{c(S^{2-})}{c(S^{2-})}=\frac{K_{sp}^{\ominus}(ZnS)}{K_{a_1}^{\ominus}(H_2S)\cdot K_{a_2}^{\ominus}(H_2S)}=\frac{2.5\times10^{-22}}{1.3\times10^{-7}\times7.1\times10^{-15}}=0.27$$

$$K^{\ominus}=0.1\times0.1/x^2=0.27$$

$$x=0.19$$

生成 H_2S 时消耗掉 0.20mol 盐酸，因此所需的盐酸的最初浓度为 0.19+0.20=0.39(mol·L^{-1})。

当 0.1mol CuS 完全溶于 1.0L 盐酸时，$c(Cu^{2+})=c(H_2S)=0.10mol\cdot L^{-1}$，设平衡时溶液中 $c(H^+)$ 为 y mol·L^{-1}，则

$$CuS(s)+2H^+(aq) \rightleftharpoons Cu^{2+}(aq)+H_2S(aq)$$

平衡/(mol·L^{-1})　　y　　0.1　　0.1

$$K^{\ominus}=\frac{c(H_2S)c(Cu^{2+})}{c^2(H^+)}=\frac{6.3\times10^{-36}}{9.2\times10^{-22}}=6.8\times10^{-15}$$

$$K^{\ominus}=0.1\times0.1/y^2=6.8\times10^{-15}$$

$$y=1.2\times10^6$$

生成 H_2S 时消耗掉 0.20mol 盐酸，因此所需的盐酸的最初浓度为 $1.2\times10^6+0.20\approx1.2\times10^6$(mol·L^{-1})，这是不可能实现的，因为盐酸的最大浓度只有 12mol·L^{-1}，所以 CuS 无法用盐酸溶解。对于不能溶解于酸的一些难溶化合物，可以借助氧化还原的方法来溶解。

12.4.2　通过氧化还原反应使沉淀溶解

利用氧化还原的方法来溶解难溶电解质，其原理是通过氧化剂和难溶电解质中的离子发生氧化还原反应，使其在溶液中的离子浓度降低，以致 $Q_i<K_{sp}^{\ominus}$，则平衡向沉淀溶解的方向移动。例如，CuS 不溶于盐酸，但氧化性酸 HNO_3 却可将其溶解，其反应如下：

$$CuS(s) \rightleftharpoons Cu^{2+}+S^{2-}$$

$$+$$

$$HNO_3 \rightleftharpoons S\downarrow+NO\uparrow+H_2O$$

即

$$3CuS+8HNO_3 = Cu(NO_3)_2+3S\downarrow+2NO\uparrow+4H_2O$$

S^{2-} 被氧化成 S 单质，使 S^{2-} 浓度降低，结果使 $Q_i<K_{sp}^{\ominus}$，平衡向右移动，促使 CuS 沉淀溶解。

12.4.3　通过配位反应使沉淀溶解

有些难溶化合物的 $K_{sp}^{\ominus}$ 非常小，用氧化的方法仍不能使其溶解，则可以采用加入配位剂的

方法，使配位剂和难溶化合物的组分形成稳定的配合物，来降低难溶化合物溶液中离子的浓度，从而使平衡向右移动，促使沉淀溶解。

$$AgCl(s) \rightleftharpoons Ag^+ + Cl^-$$
$$+$$
$$2NH_3$$
$$\downarrow$$
$$[Ag(NH_3)_2]^+$$

$$AgCl(s) + 2NH_3(aq) \rightleftharpoons [Ag(NH_3)_2]^+(aq) + Cl^-(aq)$$
$$AgBr(s) + 2S_2O_3^{2-}(aq) \rightleftharpoons [Ag(S_2O_3)_2]^{3-}(aq) + Br^-(aq)$$

像有些 $K_{sp}^{\ominus}$ 极小的难溶电解质，如 HgS，单一的方法无法将其溶解，只能采用双管齐下，即利用浓硝酸的氧化作用使 S^{2-} 的浓度降低，同时利用浓盐酸中 Cl^- 的配位作用使 Hg^{2+} 的浓度也降低，这就是为什么 HgS 需要用王水溶解，其反应如下：

$$3HgS + 2NO_3^- + 12Cl^- + 8H^+ \longrightarrow 3[HgCl_4]^{2-} + 3S\downarrow + 2NO\uparrow + 4H_2O$$

【思考题】

12-13 有人戏称像用王水溶解 HgS 是“海、陆、空”多兵种作战。您觉得有道理吗？

12-14 从课文中，您能总结出都有哪些可使沉淀溶解的方法？

习 题

12-1 下列说法是否正确？对错误的说法给予说明。

(1) $CaCO_3$ 和 PbI_2 的溶度积非常接近，约为 10^{-8}，因此两者饱和溶液中，Ca^{2+} 及 Pb^{2+} 的浓度近似相等。

(2) 向 $BaCO_3$ 饱和溶液中加入 Na_2CO_3 固体，会使 $BaCO_3$ 溶解度降低，溶度积减小。

(3) $CaCO_3$ 的溶度积为 2.9×10^{-9}，这意味着所有含 $CaCO_3$ 的溶液中，$c(Ca^{2+}) = c(CO_3^{2-})$，且 $[c(Ca^{2+})/c^{\ominus}][c(CO_3^{2-})/c^{\ominus}] = 2.9\times10^{-9}$。

12-2 设 AgCl 在水中、在 $0.01mol\cdot L^{-1}$ $CaCl_2$ 中、在 $0.01mol\cdot L^{-1}$ NaCl 中以及在 $0.05mol\cdot L^{-1}$ $AgNO_3$ 中的溶解度分别为 s_0、s_1、s_2、s_3，试比较它们溶解度的大小。

12-3 CaF_2 沉淀的 $K_{sp}^{\ominus} = 2.7\times10^{-11}$，求 CaF_2 在纯水中的溶解度($mol\cdot L^{-1}$)。

12-4 在 0.20L 的 $0.50mol\cdot L^{-1}$ $MgCl_2$ 溶液中加入等体积的 $0.10mol\cdot L^{-1}$ 的氨水溶液，问有无 $Mg(OH)_2$ 沉淀生成？为了不使 $Mg(OH)_2$ 沉淀析出，至少应加入多少克 $NH_4Cl(s)$？设加入 $NH_4Cl(s)$ 后体积不变。

12-5 工业废水的排放标准规定 Cd^{2+} 降到 $0.10mg\cdot L^{-1}$ 以下即可排放，若用加消石灰中和沉淀法除 Cd^{2+}，按理论计算，废水溶液中的 pH 至少应为多少？

12-6 某溶液中含有 CaF_2 和 $CaCO_3$ 的沉淀，若 F^- 的浓度为 $2.0\times10^{-17}mol\cdot L^{-1}$，那么 CO_3^{2-} 的浓度为多少？

12-7 在海水中 $c(Cl^-)\approx10^{-5}mol\cdot L^{-1}$，$c(I^-)\approx2.2\times10^{-13}mol\cdot L^{-1}$，此时加入 $AgNO_3$ 试剂，问哪一种离子先沉淀？已知 $K_{sp}^{\ominus}(AgCl) = 1.8\times10^{-10}$，$K_{sp}^{\ominus}(AgI) = 8.3\times10^{-17}$。

12-8 一种溶液中含有 Fe^{3+} 和 Fe^{2+}，它们的浓度都是 $0.050mol\cdot L^{-1}$，如果要求 $Fe(OH)_3$ 沉淀完全而 Fe^{2+} 不生成 $Fe(OH)_2$ 沉淀，问溶液的 pH 应如何控制？

12-9　今有 350mL 6.0×10^{-3} mol · L^{-1} 的含 Ag^{+} 废水，加入 250mL 0.012mol · L^{-1} 的 NaCl。试问能否有 AgCl 沉淀产生，若有沉淀，平衡时溶液中 Ag^{+} 的浓度多大？是否沉淀完全？

12-10　人的牙齿表面有一层釉质，其组成为羟基磷灰石 $Ca_5(PO_4)_3OH$($K_{sp}^{\ominus}=6.8\times10^{-37}$)。为了防止蛀牙，人们常使用含氟牙膏，其中的氟化物可使羟基磷灰石转化为氟磷灰石 $Ca_5(PO_4)_3F$($K_{sp}^{\ominus}=1\times10^{-60}$)。写出这两种难溶化合物相互转化的离子方程式，并计算出相应的标准平衡常数。

第 13 章 配 位 平 衡

本章学习要求

(1) 熟练掌握配合物的稳定常数和解离常数的概念及其应用；

(2) 了解影响配位化合物在水溶液中稳定性的因素；

(3) 熟悉配位平衡的移动。

【背景问题】

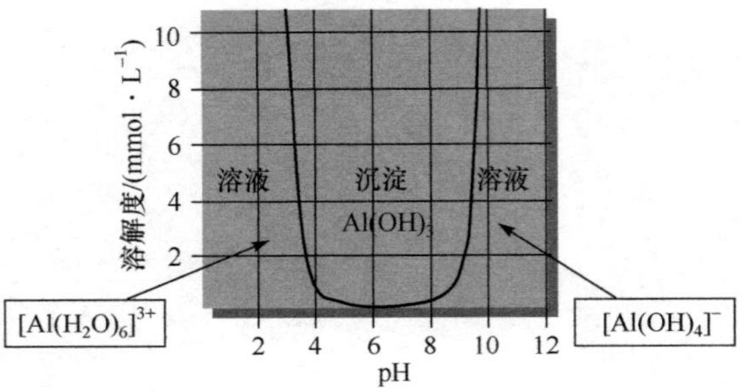

(1) AgCl、AgBr、AgI 都是沉淀，为什么溶解它们却需要分别使用 NH_3 水、$Na_2S_2O_3$ 溶液和 NaCN 溶液呢？

(2) 酸和碱怎么还分“软和硬”？怎样分？这一概念对配合物的稳定性有什么关系？

(3) 水溶液中已存在一配位平衡，当再有酸碱平衡或沉淀平衡或氧化还原平衡时，对其有怎样的影响？

本章涉及的是水溶液中的配位平衡，是平衡就存在平衡常数。然而，配位平衡与前面讲的水溶液中的酸碱平衡、沉淀-溶解平衡和氧化还原平衡有所不同，因为它可能是一个多级平衡，会存在多级平衡常数，这些平衡常数称为稳定常数。为了应用方便，还会出现不稳定常数、逐级稳定常数和累积稳定常数。要弄清它们的概念并理顺它们之间的关系。同样，酸碱平衡或沉淀-溶解平衡或氧化还原平衡存在时对配位平衡的影响也是本章的重点之一，显然，这里会涉及多重平衡的综合计算。

13.1 配位平衡常数

在应用或研究配合物时，首先注意的是它的稳定性。稳定性一词含义较广。配合物受热是否容易分解，这是配合物的热稳定性，属热力学范畴。新制备的 $CrCl_3$ 水合物显绿色，这种颜色是由 *trans*-$[CrCl_2(H_2O)_4]^+$ 产生的。随着放置时间的延长，绿色缓慢地变成紫色，这是因为外来的 H_2O 分子取代了配位实体中的 Cl^- 配位体。这种取代过程非常缓慢，*trans*-$[CrCl_2(H_2O)_4]^+$ 是不活泼络合物。配合物的动力学活泼性则着眼于反应速率，属动力学范畴。本章主要讲述配合物的热力学稳定性。例如，在溶液中配合物是否易解离出它的组分——中心离子和配位体？配合物在溶液中是否容易进行氧化还原反应？这些由稳定常数表征的稳定性都是热力学稳定性。

13.1.1 稳定常数和不稳定常数

在讲解配离子的稳定常数之前，我们先观察和分析一个实验。在两只烧杯中分别加入 $[Cu(NH_3)_4]SO_4$ 溶液。在第一个烧杯中加入少量的氢氧化钠溶液，并无 $Cu(OH)_2$ 生成，在第二个烧杯中加入少量的 Na_2S 溶液，则生成黑色 CuS 沉淀。这说明 $[Cu(NH_3)_4]^{2+}$ 可以微弱地解离出极少量的 Cu^{2+} 和 NH_3 分子。

$$[Cu(NH_3)_4]^{2+} \rightleftharpoons Cu^{2+} + 4NH_3$$

配离子在溶液中的解离平衡与弱解解质的解离平衡相似，因此，也可以写出配离子的解离平衡常数：

$$K^{\ominus} = \frac{[c(Cu^{2+})/c^{\ominus}][c^4(NH_3)/c^{\ominus}]}{c[Cu(NH_3)_4^{2+}]/c^{\ominus}} \tag{13-1}$$

这个常数越大表示 $[Cu(NH_3)_4]^{2+}$ 配离子越易解离，即配离子越不稳定。所以 $K^{\ominus}$ 称为 $[Cu(NH_3)_4]^{2+}$ 配离子的不稳定常数或解离常数（instability constant or dissociation constant），可用 $K^{\ominus}_{不稳}$ 和 $K^{\ominus}_{d}$ 表示。不同配离子具有不同的不稳定常数。因此配合物的不稳定常数是每个配离子的特征常数。

如上述的 $[Cu(NH_3)_4]^{2+}$ 的 $K^{\ominus}_{不稳} = 2.09 \times 10^{-13}$，而 $[Cd(NH_3)_4]^{2+}$ 的 $K^{\ominus}_{不稳} = 2.75 \times 10^{-7}$，$[Zn(NH_3)_4]^{2+}$ 的 $K^{\ominus}_{不稳} = 2.00 \times 10^{-9}$。根据 $K^{\ominus}_{不稳}$ 越大，配离子越不稳定，越易解离的原则，上面的三种配离子其稳定性应该是 $[Cd(NH_3)_4]^{2+} < [Zn(NH_3)_4]^{2+} < [Cu(NH_3)_4]^{2+}$。

除了可以用不稳定常数表示配离子的稳定性以外，有的书或资料中常用稳定常数或形成常数（stability constant or formation constant），分别用 $K^{\ominus}_{稳}$ 和 $K^{\ominus}_{f}$ 表示。例如，$[Cu(NH_3)_4]^{2+}$ 配离子的形成反应为

$$Cu^{2+} + 4NH_3 \rightleftharpoons [Cu(NH_3)_4]^{2+}$$

其平衡常数为

$$K^{\ominus}_{f} = \frac{c[Cu(NH_3)_4^{2+}]/c^{\ominus}}{[c(Cu^{2+})/c^{\ominus}][c^4(NH_3)/c^{\ominus}]} \tag{13-2}$$

这个配合反应的平衡常数是 $[Cu(NH_3)_4]^{2+}$ 的稳定常数。该常数越大，说明生成配离子的倾向越大，而解离的倾向就越小，即配离子越稳定，是配合物稳定性的量度。稳定常数的大小直接反映了配离子稳定性的大小。一些常见配离子的稳定常数见表 13-1。

表 13-1 一些常见配离子的稳定常数

配离子	$K^{\ominus}_{f}$	配离子	$K^{\ominus}_{f}$
$[AgCl_2]^-$	1.1×10^5	$[Cd(en)_2]^{2+}$	1.23×10^{10}
$[AgI_2]^-$	5.5×10^{11}	$[Cd(NH_3)_4]^{2+}$	1.32×10^7
$[Ag(CN)_2]^-$	1.26×10^{21}	$[Co(SCN)_4]^{2-}$	1.0×10^3
$[Ag(NH_3)_2]^+$	1.12×10^7	$[Co(NH_3)_6]^{2+}$	1.29×10^5
$[Ag(SCN)_2]^-$	3.72×10^7	$[Co(NH_3)_6]^{3+}$	1.58×10^{35}
$[Ag(S_2O_3)_2]^{3-}$	2.88×10^{13}	$[Cu(CN)_2]^-$	1.0×10^{24}
$[AlF_6]^{3-}$	6.3×10^{19}	$[Cu(en)_2]^{2+}$	1.0×10^{20}
$[Au(CN)_2]^-$	1.99×10^{38}	$[Cu(NH_3)]^+$	7.24×10^{10}
$[Ca(EDTA)]^{2-}$	1.0×10^{11}	$[Cu(NH_3)_4]^{2+}$	2.09×10^{13}

续表

配离子	$K_f^\ominus$	配离子	$K_f^\ominus$
$[Fe(SCN)_2]^+$	4.36×10^3	$[Hg(CN)_4]^{2-}$	2.51×10^{41}
$[Fe(CN)_6]^{4-}$	1.0×10^{35}	$[Mg(EDTA)]^{2-}$	4.37×10^8
$[Fe(CN)_6]^{3-}$	1.0×10^{41}	$[Ni(CN)_4]^{2-}$	1.99×10^{31}
$[FeF_6]^{3-}$	2.04×10^{14}	$[Ni(NH_3)_4]^{2+}$	9.12×10^7
$[HgCl_4]^{2-}$	1.17×10^{15}	$[Zn(CN)_4]^{2-}$	3.98×10^{21}
$[HgI_4]^{2-}$	6.76×10^{29}	$[Zn(NH_3)_4]^{2+}$	2.88×10^9

很显然,稳定常数和不稳定常数之间存在如下关系:

$$K^\ominus_{稳定}=\frac{1}{K^\ominus_{不稳}} \tag{13-3}$$

稳定常数或不稳定常数在应用上十分重要,使用时应特别注意不可混淆。本章所用数据除注明外均为稳定常数。

13.1.2　配离子的逐级稳定常数

配离子的生成一般是分步进行的,因此溶液中存在着一系列的配位平衡,对应于这些平衡也有一系列稳定常数。例如

$Cu^{2+}+NH_3 \rightleftharpoons Cu(NH_3)^{2+}$,第一级稳定常数:

$$K_1^\ominus=\frac{[Cu(NH_3)^{2+}]}{[Cu^{2+}][NH_3]}=1.41\times10^4$$

$Cu(NH_3)^{2+}+NH_3 \rightleftharpoons Cu(NH_3)_2^{2+}$,第二级稳定常数:

$$K_2^\ominus=\frac{[Cu(NH_3)_2^{2+}]}{[Cu(NH_3)^{2+}][NH_3]}=3.17\times10^3$$

$Cu(NH_3)_2^{2+}+NH_3 \rightleftharpoons Cu(NH_3)_3^{2+}$,第三级稳定常数:

$$K_3^\ominus=\frac{[Cu(NH_3)_3^{2+}]}{[Cu(NH_3)_2^{2+}][NH_3]}=7.76\times10^2$$

$Cu(NH_3)_3^{2+}+NH_3 \rightleftharpoons Cu(NH_3)_4^{2+}$,第四级稳定常数:

$$K_4^\ominus=\frac{[Cu(NH_3)_4^{2+}]}{[Cu(NH_3)_3^{2+}][NH_3]}=1.39\times10^2$$

$K_1^\ominus$、$K_2^\ominus$、$K_3^\ominus$、$K_4^\ominus$ 是配离子的逐级稳定常数(stepwise stability constant)。很容易证明:

$$K^\ominus_{稳}=K_1^\ominus\cdot K_2^\ominus\cdot K_3^\ominus\cdot K_4^\ominus$$

如果从配位化合物的解离来考虑,其平衡常数称为逐级解离常数(stepwise dissociation constant)。

第一级解离常数:$K_1^{\ominus\prime}=1/K_4^\ominus=7.4\times10^{-3}$

第二级解离常数:$K_2^{\ominus\prime}=1/K_3^\ominus=1.3\times10^{-3}$

第三级解离常数:$K_3^{\ominus\prime}=1/K_2^\ominus=3.2\times10^{-4}$

第四级解离常数:$K_4^{\ominus\prime}=1/K_1^\ominus=7.1\times10^{-5}$

配合物的稳定常数（对 ML_4 型来讲）的一般规律是 $K_1^{\ominus}>K_2^{\ominus}>K_3^{\ominus}>K_4^{\ominus}$。究其原因，我们知道，这是由于与中心原子配位的配体越多，配体之间的斥力越大，从而削弱了配体与中心原子之间的结合力。

在含有配位个体的溶液中，除含有最高配位数的配位个体外，同时还含有逐级形成的配位个体。在一般情况下，配体是过量的，中心原子主要以最高配位数的配位个体形式存在，因此通常利用标准稳定常数进行近似计算。

对于配体个数相同的配位个体，标准稳定常数越大，表示形成配位个体的倾向越大，配位个体就越稳定。

使用稳定常数时应注意的几点

(1) 在利用 $K_{稳}^{\ominus}$ 比较配合物稳定性时必须注意配离子的类型，即配位体数目相同才能比较。

(2) 在有的书籍和资料中，为说明配离子的稳定性大小，也有引用 $\lg K_{稳}^{\ominus}$ 值的。

【思考题】

13-1　使用 $K_{稳}^{\ominus}$ 值的大小比较配位实体的稳定性时，应注意什么？

【例题 13-1】　Cl^- 与 Fe^{3+} 生成配合物的逐级稳定常数如下：

$K_{f_1}^{\ominus}=30$，$K_{f_2}^{\ominus}=4.5$，$K_{f_3}^{\ominus}=0.1$，试通过计算说明在 0.0100mol · L^{-1} 的 $FeCl_3$ 溶液中主要的含 Fe 物种是什么？假设溶液为微酸性以防 Fe^{3+} 发生水解。

解　由于体系中不存在过量的配体，所以可先假定 $FeCl_3$ 完全解离，然后以第一级配位为主进行配位反应。设 $c(FeCl^{2+})$ 的浓度为 x mol · L^{-1}，则

$$Fe^{3+} + Cl^- \rightleftharpoons FeCl^{2+}$$

平衡浓度/(mol · L^{-1})　$0.0100-x$　　$0.0300-x$　　x

$$\frac{x}{(0.0100-x)(0.0300-x)}=K_{f_1}^{\ominus}=30$$

解得

$$x=c(FeCl^{2+})=0.0043$$

$$c(Cl^-)=0.0300-x=0.0257(mol \cdot L^{-1})$$

$$c(Fe^{3+})=0.0100-x=0.0057(mol \cdot L^{-1})$$

将上述数值代入第二级配位平衡中：　$FeCl^{2+} + Cl^- \rightleftharpoons FeCl_2^+$

平衡浓度/(mol · L^{-1})　　$0.0043-y$　　$0.0257-y$　　y

$$\frac{y}{(0.0043-y)(0.0257-y)}=K_{f_2}^{\ominus}=4.5$$

解得

$$y=c(FeCl_2^+)=0.000\ 44$$

计算表明 $c(FeCl_2^+)$ 为 $c(FeCl^{2+})$ 的 10%左右，计算误差在允许范围内，因此不再作逼近计算。由第一级和第二级配合，得

$$c(Fe^{3+})\approx 0.0100-0.0043-0.000\ 44=0.0053(mol \cdot L^{-1})$$

所以，计算结果表明溶液中含 Fe 物种主要是 Fe^{3+} 和 $FeCl^{2+}$。

化学上除了用上面说的稳定常数和逐级稳定常数表征配位实体的形成平衡外，还用累积稳定常数（β，cumulative formation constant）表示。同一平衡体系的稳定常数、逐级稳定常数和累积稳定常数之间具有一定的关系。对于上述 Cu^{2+} 与 NH_3 之间的多重平衡而言：

$$\beta_1=\frac{\{c([Cu(NH_3)]^{2+})/c^{\ominus}\}}{\{c(Cu^{2+})/c^{\ominus}\}\cdot\{c(NH_3)/c^{\ominus}\}}=K_{f_1}^{\ominus}$$

$$\beta_2=\frac{\{c([Cu(NH_3)]^{2+})/c^{\ominus}\}}{\{c(Cu^{2+})/c^{\ominus}\}\cdot\{c(NH_3)/c^{\ominus}\}}=K_{f_1}^{\ominus}\cdot K_{f_2}^{\ominus}$$

$$\beta_3=\frac{\{c([Cu(NH_3)]^{2+})/c^{\ominus}\}}{c(Cu^{2+})/c^{\ominus}\}\cdot\{c(NH_3)/c^{\ominus}/c^{\ominus}}=K_{f_1}^{\ominus}\cdot K_{f_2}^{\ominus}\cdot K_{f_3}^{\ominus}$$

$$\beta_4=\frac{\{c([Cu(NH_3)]^{2+})/c^{\ominus}\}}{\{c(Cu^{2+})/c^{\ominus}\}\cdot\{c(NH_3)/c^{\ominus}\}^4}=K_{f_1}^{\ominus}\cdot K_{f_2}^{\ominus}\cdot K_{f_3}^{\ominus}\cdot K_{f_4}^{\ominus}=K_f^{\ominus}$$

【思考题】

13-2　对于配位平衡，您能理顺表示平衡关系的稳定常数和逐级稳定常数和累积稳定常数之间的关系吗？

【例题 13-2】 室温下，0.010mol 的 $AgNO_3$(s)溶于 1.0L 0.030mol · L^{-1} $NH_3 \cdot H_2O$ 中(设体积不变)，计算该溶液中游离的 Ag^+、NH_3 和 $Ag(NH_3)_2^+$ 的浓度。

解　$K_f^{\ominus}[Ag(NH_3)_2^+]=1.67\times10^7$ 很大，可假设溶于 $NH_3 \cdot H_2O$ 后全部生成 $Ag(NH_3)_2^+$，则有平衡

	Ag^+	$+\ 2NH_3$	$\rightleftharpoons Ag(NH_3)_2^+$
反应前 $c/(mol \cdot L^{-1})$	0.010	0.030	0
反应后 $c/(mol \cdot L^{-1})$	0	0.030−0.020	0.010
平衡 $c/(mol \cdot L^{-1})$	x	$0.010+2x$	$0.010-x$

$$\frac{0.010-x}{x\cdot(0.010+2x)^2}=K_f^{\ominus}=1.67\times10^7$$

$$0.010-x\approx0.010\qquad 0.010+2x\approx0.010$$

$$\frac{0.010-x}{x\cdot0.010^2}=1.67\times10^7\qquad x=6.0\times10^{-6}$$

$$c(Ag^+)=6.0\times10^{-6}\text{mol}\cdot L^{-1}$$

$$c(NH_3)=c[Ag(NH_3)_2^+]=0.010\text{mol}\cdot L^{-1}$$

13.2　影响配位化合物在水溶液中稳定性的因素

13.2.1　中心原子的结构和性质的影响

中心原子与配体之间结合力的强弱，显然与中心原子的电荷、半径、电子组态等有关。

总体来说，稀有气体原子型的金属离子，即其电子分布方式与相应的惰性气体原子相同的金属离子(2 或 8 电子组态、18 或 18+2 电子组态)，形成配离子的能力比非稀有气体原子型(9～17 电子组态)的金属离子弱。这是因为后一类配离子中心离子与配体间的离子极化作用一般较前一类强。

一般认为，稀有气体原子型金属离子主要通过静电作用与配体形成配离子。因此，配体一定时，这样的配离子在溶液中的稳定性一般取决于中心离子的电荷和半径。配体一定时，中心离子的电荷越高，半径越小，形成的配离子在溶液中的稳定性就越高。中心离子的电荷对配离子稳定性的影响，可从比较半径彼此很相近的中心离子与一定的配体形成配离子的稳定性大小来区别。如 $Na^+<Ca^{2+}<Y^{3+}$，$K^+<Sr^{2+}<La^{3+}$，其中心离子电荷多少的影响大于中心离子半径的影响。这是因为离子的电荷总是成倍地改变，而离子半径只在小的范围内变动。当配体一定时，这些中心离子的电荷和半径对所形成配离子的稳定常数的影响可用 Z/r 来衡

量。一般来说,中心原子的离子势越大,所形成的配位个体就越稳定。ⅠA 族、ⅡA 族阳离子很难形成配位个体,因为它们的离子势太小。

13.2.2 配体性质的影响

1. 中心离子与配体的性质对配合物稳定性的影响

配体与金属离子结合而形成配离子时,在形式上同该配体与氢离子结合而形成该配体的共轭酸类似。因此,与 H^+ 结合的倾向大(加质子常数大)的配体,与金属离子结合的倾向有可能也大。配体的加质子常数越大,相应配离子稳定性越高。由于各配体配位原子不同,形成的螯环大小、数目不同,或者有空间位阻效应等一些原因,都会影响配合物的稳定性。例如,HF 的酸性较 HCl 的弱,而 Cd(Ⅱ)或 Hg(Ⅱ)与 F^- 形成配离子的稳定性却比与 Cl^- 形成配离子的稳定性低,这反映了配位原子不同的影响。

另外,同一种金属离子的螯合配位稳定性一般比组成和结构相近的非螯合物配位稳定性高。这种表现称为螯合效应。螯合反应中混乱度增加得更大,因而熵效应更有利。

【思考题】

13-3 怎样理解下面两个同是 Ni 的反应的稳定常数差别那么大?

$$[Ni(H_2O)_6]^{2+} + 6NH_3 \longrightarrow [Ni(NH_3)_6]^{2+} + 6H_2O \qquad K_f^{\ominus} = 1.0\times10^{9}$$

$$[Ni(H_2O)_6]^{2+} + 3en \longrightarrow [Ni(en)_3]^{2+} + 6H_2O \qquad K_f^{\ominus} = 1.0\times10^{17}$$

实验证明,如果多齿配体的配位原子全部得到利用,二齿配体与同一金属离子形成的螯合配合物应有一个螯环,三齿配体的应有两个螯环。对组成和结构在一定程度上类似的一些多齿配体来说,它们分别与同一种金属离子形成的螯合配合物螯环越多,则该螯合体越稳定,如叶绿素(chlorophyll)是镁的大环配合物,作为配位体的卟啉环与 Mg^{2+} 的配位是通过 4 个环氮原子实现的。叶绿素分子中涉及包括 Mg 原子在内的 4 个六元螯环[图 13-1(a)]。再如血红素是个铁卟啉化合物,是血红蛋白的组成部分。Fe 原子从血红素分子的下方键合了蛋白质链上的 1 个 N 原子,圆盘上方键合的 O_2 分子则来自空气[图 13-1(b)]。

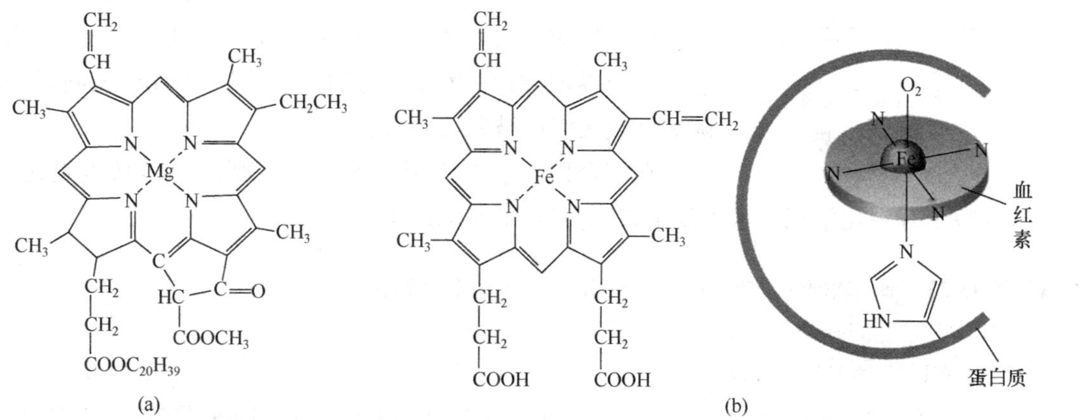

图 13-1 叶绿素中镁的大环配合物(a)和血红蛋白中的铁卟啉大环化合物(b)

【思考题】

13-4 螯合效应的表现是一种普遍现象。如果有对此反常的现象，您是怎样理解的？

2. 软硬酸碱规则判断配合物的稳定性

按照软硬酸碱规则，硬酸倾向于与硬碱结合，软酸倾向于与软碱结合，这样生成的物质一般比较稳定。酸、碱的“硬度”相差越大，则结合而成的物质一般越不稳定，甚至根本不能结合。将 HSAB 规则应用于配位化学中，可得出下列规律：

对于在水溶液体系中最常遇到的配位原子 O、N、S 来说，作为硬酸的中心原子与它们配位的倾向一般是按它们的“硬度”递减而递减，O＞N＞S。因此在水溶液中，作为硬酸的中心原子大多以水合配离子形式存在的倾向大于与氨分子形成氨合配离子的倾向，大多也难与 S^{2-} 或另一软碱 CN^- 形成相应的可溶性配合物或沉淀。由于 S^{2-} 或 CN^- 主要存在于碱性溶液中，因此在这样的情况下，溶液中的硬碱 OH^- 可优先地与某些作为硬酸的中心原子形成羟合配离子或氢氧化物沉淀。作为软酸的中心原子并非在水溶液中不能形成羟合配离子或氢氧化物沉淀，但是它们亲 S、N(尤其是 S)更甚于亲氧，一般倾向是 S＞N＞O，因此在 NH_3、S^{2-} 或 CN^- 的水溶液中，作为软酸的中心原子大多倾向于与这些配体形成相应的配离子或沉淀。

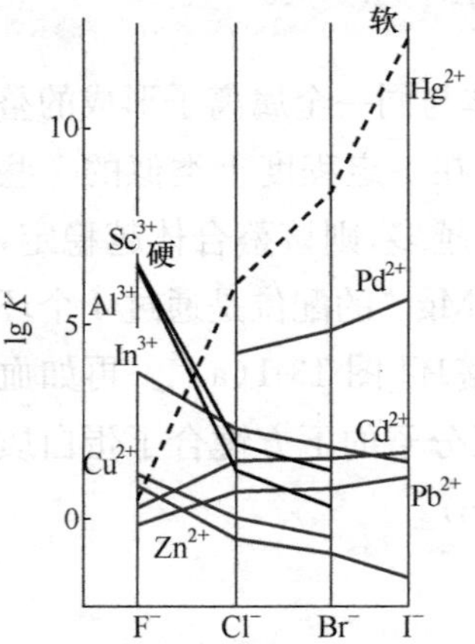

图 13-2 K_f 值随不同卤素离子碱的变化趋势

一般来说，硬酸更喜欢与同一族中较轻的碱原子相结合，与硬酸结合时 K_f 值的顺序为

$$F^- \gg Cl^- > Br^-, I^- \qquad R_2O \gg R_2S \qquad R_3N \gg R_3P$$

而软酸却表现出相反的结合趋势，与硬酸结合时 K_f 值的顺序为

$$F^- \ll Cl^- < Br^- < I^- \qquad R_2O \ll R_2S \qquad R_3N \ll R_3P$$

图 13-2 表示出 K_f 随不同卤素离子碱的变化趋势。当酸为 Hg^{2+} 时自 F^- 至 I^- K_f 值急剧增大，表明 Hg^{2+} 属软酸；当酸为 Pb^{2+} 时 K_f 值增加得不那么快，但仍具有相同的趋势，表明 Pb^{2+} 是个边界软酸。酸为 Zn^{2+} 时的变化趋势与 Hg^{2+} 和 Pb^{2+} 相反，它属于边界硬酸；酸为 Al^{3+} 时的变化趋势与 Zn^{2+} 相同，但曲线陡峭度较大因而被归入硬酸。

在配合物化学中应用软硬酸碱规则的明显缺点是例外较多，这反映出客观化学现象极为复杂，还有其他的影响因素。

【例题 13-3】 请用软硬酸碱理论解释下列配位离子的稳定性次序。

(1) $HgI_4^{2-} > HgBr_4^{2-} > HgCl_4^{2-} > HgF_4^{2-}$

(2) $AlF_6^{3-} > AlCl_6^{3-} > AlBr_6^{3-} > AlI_6^{3-}$

解 因为 Hg^{2+} 为软酸，配体从 I^- 至 F^- 半径减小，从软碱向硬碱过渡，自然 HgI_4^{2-} 更稳定。同理，Al^{3+} 为硬酸，配体从 F^- 至 I^- 半径依次增大，从硬碱向软碱过渡，当然 AlF_6^{3-} 更稳定。

13.3 配位平衡移动

配离子在溶液中存在配位和解离平衡，与其他化学平衡一样，条件的改变可使配位平衡发生移动。配离子在溶液中的稳定性可受到诸多因素的影响。配位平衡与酸碱平衡、沉淀-溶解平衡、氧化还原平衡等平衡之间及不同稳定性的配离子之间可互相转化。利用配合物的稳定常数，可判断不同化学平衡转化的可能性。

13.3.1 配离子之间的转化

由于组成或结构不同，配离子的稳定常数会不同，或者由于需要，只想某种配离子在溶液中存在，就会发生配离子之间的转化。

【例题 13-4】 判断下列反应进行的方向

$$Ag(NH_3)_2^+ + 2CN^- \rightleftharpoons Ag(CN)_2^- + 2NH_3$$

解 上述反应可以看作是下列两个反应的总和：

$$Ag(NH_3)_2^{2+} \rightleftharpoons Ag^+ + 2NH_3 \qquad K_1 = \frac{1}{K_{稳[Ag(NH_3)_2^+]}}$$

$$Ag^+ + 2CN^- \rightleftharpoons Ag(CN)_2^- \qquad K_2 = K_{稳[Ag(CN)_2^-]}$$

显然，这是一个"竞争反应"，即溶液中两种配体 NH_3 和 CN^- "都想与 Ag^+ 配位"，就看谁的"能力大"。设总反应的平衡常数为 K，则

$$K = K_1 \cdot K_2 = \frac{[Ag(CN)_2^-][NH_3]^2}{[Ag(NH_3)_2^+][CN^-]^2} = \frac{K_{稳[Ag(CN)_2^-]}}{K_{稳[Ag(NH_3)_2^+]}}$$

查表得

$$K_{稳[Ag(NH_3)_2^+]} = 1.7 \times 10^7$$

$$K_{稳[Ag(CN)_2^-]} = 1.0 \times 10^{21}$$

解得 $K = 5.8 \times 10^{13}$，说明 $Ag(CN)_2^-$ 在水溶液中比 $Ag(NH_3)_2^+$ 更稳定，所以该反应向右进行。

经计算，我们发现平衡常数很大，说明上述反应很完全。可见，配离子之间的转化总是向生成更稳定的配离子的方向进行，且转化反应的程度可用配离子稳定常数的大小来衡量，稳定常数相差越大，转化反应进行得越完全。

【例题 13-5】 25℃时 $Ag(NH_3)_2^+$ 溶液中加入 $Na_2S_2O_3$ 使 $c[Ag(NH_3)_2^+] = 0.10 mol \cdot L^{-1}$，$c(S_2O_3^{2-}) = 1.0 mol \cdot L^{-1}$，$c(NH_3) = 1.0 mol \cdot L^{-1}$，计算平衡时溶液中 NH_3、$Ag(NH_3)_2^+$ 的浓度。

解 已知：$K_f^\ominus[Ag(NH_3)_2^+] = 10^{7.05}$，$K_f^\ominus[Ag(S_2O_3)_2^{3-}] = 10^{13.46}$

$$Ag(NH_3)_2^+ + 2S_2O_3^{2-} \rightleftharpoons Ag(S_2O_3)_2^{3-} + 2NH_3$$

反应前 $c/(mol \cdot L^{-1})$	0.10	1.0	0	1.0
反应后 $c/(mol \cdot L^{-1})$	0	$1.0 - 2 \times 0.10$	0.10	$1.0 + 2 \times 0.10$
平衡 $c/(mol \cdot L^{-1})$	x	$0.80 + 2x$	$0.10 - x$	$1.2 - 2x$

$$K = \frac{K_f^\ominus[Ag(S_2O_3)_2^{3-}]}{K_f^\ominus[Ag(NH_3)_2^+]} = \frac{10^{13.46}}{10^{7.05}} = 2.6 \times 10^6$$

$$\frac{(0.010 - x)(1.2 - 2x)^2}{x \times (0.80 + 2x)^2} = 2.6 \times 10^6$$

x很小，所以$\frac{0.010\times1.2^2}{x\times0.80^2}=2.6\times10^6$

$$x=8.7\times10^{-8}$$

$$c[Ag(NH_3)_2^+]=8.7\times10^{-8}mol\cdot L^{-1}$$

$$c(NH_3)=1.2mol\cdot L^{-1}$$

13.3.2 酸碱解离平衡对配位平衡的影响

先看下面的实验现象，向 $FeCl_3$ 溶液中加入 $K_2C_2O_4$ 溶液，溶液变成黄绿色，再加入盐酸，溶液变黄。这是因为发生了下面两个反应：

$$FeCl_3+3K_2C_2O_4 = K_3[Fe(C_2O_4)_3]（黄绿色）+3KCl$$

$$K_3[Fe(C_2O_4)_3]（黄绿色）+4HCl = K[FeCl_4]（黄色）+KHC_2O_4+H_2C_2O_4$$

其原因在于 $H_2C_2O_4$ 不是强酸，$C_2O_4^{2-}$ 与强酸则与 H^+ 结合从而降低了配位能力。

可以这样分析溶液酸度对配位平衡的影响。当配位实体中的配体的碱性较强（如 OH^-、NH_3、en、F^-、CN^- 等）时，它们均与 H^+ 结合生成难解离的物质，因此当溶液中 H^+ 浓度发生变化时，就会影响配位实体的配位平衡。例如，HF 与 BF_3 作用而生成配合酸 $H[BF_4]$，而四氟配硼酸的碱金属盐溶在水中呈中性，这就说明 $H[BF_4]$应为强酸。又如弱酸 HCN 与 AgCN 形成的配合酸 $H[Ag(CN)_2]$也是强酸。这种现象是由于中心离子与弱酸的酸根离子形成较强的配键，从而迫使 H^+ 移到配合物的外界，因而变得容易解离，所以酸性增强。

【例题 13-6】 向 $CuSO_4$ 溶液中加入适量氨水生成淡蓝色的物质，继续加入氨水至过量生成深蓝色物质，再逐滴加入稀硫酸有淡蓝色沉淀生成，稀硫酸过量后沉淀溶解得到蓝色溶液，写出这一系列过程的化学方程式并解释原因。

解 溶液中发生的一系列过程的化学方程式如下：

$$2CuSO_4+2NH_3+2H_2O = Cu(OH)_2\cdot CuSO_4\downarrow（淡蓝色）+(NH_4)_2SO_4$$

$$Cu(OH)_2\cdot CuSO_4+(NH_4)_2SO_4+6NH_3 = 2Cu(NH_3)_4SO_4（深蓝色）+2H_2O$$

$$2Cu(NH_3)_4SO_4+3H_2SO_4+2H_2O = Cu(OH)_2\cdot CuSO_4\downarrow（淡蓝色）+4(NH_4)_2SO_4$$

$$Cu(OH)_2\cdot CuSO_4+H_2SO_4 = 2CuSO_4（深蓝色）+2H_2O$$

由于配位体都是路易斯碱，所以溶液的酸度与其稳定性关系很大。但酸度对配位平衡的影响是多方面的，通常以酸效应为主，还有其他方面的因素。

13.3.3 沉淀-溶解平衡对配位平衡的影响

在配位实体溶液中加入一种沉淀剂，与配位实体解离出的中心原子生成难溶强电解质，将使配位平衡向配位实体解离方向移动；相反，如果在含有难溶强电解质沉淀的溶液中加入一种配位剂，与难溶强电解质中的某种离子形成配位实体，可使沉淀溶解。配位实体的标准稳定常数越大或难溶强电解质的标准溶度积常数越大，沉淀越易转化为配位实体。例如，一些难溶于水的金属氯化物、溴化物、碘化物、氰化物可以依次溶解于过量的 Cl^-、Br^-、I^-、CN^- 和氨中，形成可溶性的配合物。再如，难溶的 AgCl 可溶于过量的浓盐酸及氨水中。金和铂之所以能溶于王水中，也是与生成配离子的反应有关。

$$Au+HNO_3+4HCl = H[AuCl_4]+NO+2H_2O$$

$$3Pt+4HNO_3+18HCl \longrightarrow 3H_2[PtCl_6]+4NO+8H_2O$$

【例题 13-7】 100mL 1mol·L^{-1} NH_3 中能溶解固体 AgBr 多少克?

解　这里仍然涉及"竞争反应":

① $AgBr \longrightarrow Ag^+ + Br^-$　　$K_{sp}^{\ominus}=5.0\times10^{-13}$

② $Ag^+ + 2NH_3 \longrightarrow Ag(NH_3)_2^+$　　$K_f^{\ominus}=1.7\times10^7$

①+②得

$$AgBr+2NH_3 \longrightarrow Ag(NH_3)_2^+ + Br^- \quad K=K_{sp}^{\ominus}\cdot K_f^{\ominus}=8.5\times10^{-6}$$

设平衡时溶解的 AgBr 浓度为 x mol·L^{-1},则

$$[Br^-]=[Ag(NH_3)_2^+]=x\ \text{mol}\cdot\text{L}^{-1} \qquad [NH_3]=1-2x\approx 1\text{mol}\cdot\text{L}^{-1}$$

$$K=x^2/1^2=8.5\times10^{-6}$$

$$x=2.92\times10^{-3}$$

已知 AgBr 的摩尔质量为 188g·mol^{-1},所以 100mL 1mol·L^{-1} NH_3 中溶解的 AgBr 的质量为

$$2.92\times10^{-3}\times188\times0.1=0.548(\text{g})$$

13.3.4　氧化还原平衡对配位平衡的影响

如果配位实体解离出的中心原子具有氧化性或还原性,向配位实体溶液中加入还原剂或氧化剂,能发生氧化还原反应,使配位实体的配位平衡发生移动。

通过实验的测定或查表,可以知道 Hg^{2+} 和 Hg 之间的标准电极电位 +0.85V,加入 CN^- 使 Hg^{2+} 形成了 $Hg(CN)_4^{2-}$,Hg^{2+} 的浓度不断减小,直到 Hg^{2+} 全部形成配离子。$Hg(CN)_4^{2-}$ 和 Hg 之间的电极电位为−0.37V。通过实验事实可以充分说明当金属离子形成配离子后,它的标准电极电位值一般是要降低的。对于稳定性不同的配离子,它们的标准电极电位值降低的大小也不同,它们之间又有什么关系呢?

一般配离子越稳定(稳定常数越大),它的标准电极电位越负(越小),从而金属离子越难得到电子,越难被还原。事实上在 $HgCl_4^{2-}$ 溶液中投入铜片,立即镀上一层汞,而在 $Hg(CN)_4^{2-}$ 溶液中就不会发生这种现象。

【例题 13-8】 计算$[Ag(NH_3)_2^+]+e^- \longrightarrow Ag+2NH_3$ 体系的标准电极电势。

已知:$[Ag(NH_3)_2^+]$的 $K_{稳}=1.7\times10^7$,$E^{\ominus}(Ag^+/Ag)=0.81V$

解　$[NH_3]=[Ag(NH_3)_2^+]=1$mol·L^{-1}时

$$Ag^+ + 2NH_3 \longrightarrow Ag(NH_3)_2^+$$

$$K_{稳}=\frac{[Ag(NH_3)_2^+]}{[Ag^+][NH_3]^2}=1/[Ag^+]=1.7\times10^7$$

$$[Ag^+]=5.9\times10^{-8}\text{mol}\cdot\text{L}^{-1}$$

所以$[Ag(NH_3)_2^+]+e^- \longrightarrow Ag+2NH_3$

$$\begin{aligned}E^{\ominus}([Ag(NH_3)_2^+]/Ag)&=E(Ag^+/Ag)\\&=E^{\ominus}(Ag^+/Ag)+0.0591\text{V}\lg[Ag^+]\\&=0.81\text{V}+0.0591\text{V}\lg(5.9\times10^{-8})=0.38\text{V}\end{aligned}$$

通过以上几个实例的计算结果表明,配位平衡只是一种相对平衡状态。同样存在着一个平衡移动问题。它同溶液中的 pH、沉淀反应、氧化还原反应等有着密切的关系。利用这些关

系，实现配离子的生成与破坏，以达到某种科学实验或生产实践的目的。例如，废定影液中含有大量的$[Ag(S_2O_3)_2]^{3-}$。由于$[Ag(S_2O_3)_2]^{3-}$非常稳定，希望破坏配离子而将银提出，必须用很强的沉淀剂，如Na_2S，在废定影液中加入Na_2S则发生下列反应：

$$2[Ag(S_2O_3)_2]^{3-}+S^{2-}=\!=\!=Ag_2S+4S_2O_3^{2-}$$

所得Ag_2S用硝酸氧化制成Ag_2SO_4或在过量的盐酸中用铁粉来还原得到单质银。

$$Ag_2S+2HCl+Fe=\!=\!=2Ag+FeCl_2+H_2S$$

又如氰化物极毒，为消除含氰废液的公害，往往用$FeSO_4$进行消毒，使之转化为毒性很小而且更稳定的配合物，反应为

$$6NaCN+3FeSO_4=\!=\!=Fe_2[Fe(CN)_6]+3Na_2SO_4$$

习　题

13-1　在浓度均为0.20mol·L^{-1}的NH_3-NH_4Cl缓冲溶液中加入等体积的0.02mol·$L^{-1}$$[Cu(NH_3)_4]Cl_2$溶液，问混合液中有无$Cu(OH)_2$沉淀生成？

13-2　在50.0mL 0.20mol·L^{-1} $AgNO_3$溶液中加入50.0mL 0.20mol·L^{-1}的KCl溶液，欲阻止沉淀的析出，需再加入100.0mL氨水溶液。试计算所需氨水溶液的最低浓度。

13-3　计算说明1.433g AgCl能否完全溶解于1L 2.000mol·L^{-1}的氨水溶液中。

13-4　在1L含有0.10mol·$L^{-1}$$[Ag(NH_3)_2]^+$的溶液中，加入0.20mol·$L^{-1}$的KCN晶体，通过计算回答是否完全转化为$Ag(CN)_2^-$？

13-5　50.0cm^3 0.2mol·L^{-1} $AgNO_3$溶液与等体积1.0mol·L^{-1}的$NH_3\cdot H_2O$混合并达到平衡，计算溶液中Ag^+、$[Ag(NH_3)_2]^+$和$NH_3\cdot H_2O$的浓度各是多少？若向此混合溶液中加入0.1mol的NaCl固体（忽略溶液体积变化），问是否有沉淀生成？

13-6　试求AgI在下列溶液中的溶解度。

(1) 1.0mol·L^{-1}氨水　　(2) 0.10mol·L^{-1}KCN溶液

13-7　当NH_4SCN及少量Fe^{3+}同存于溶液中达到平衡时，加入NH_4F使$[F^-]=[SCN^-]=1mol\cdot dm^{-3}$，问此时溶液中$[FeF_6^{3-}]$与$[Fe(SCN)_3]$的浓度比为多少？

13-8　已知$Co^{3+}+e^-=\!=\!=Co^{2+}$　　$E^\ominus(Co^{3+}/Co^{2+})=+1.84V$

$O_2+4H^++4e^-=\!=\!=2H_2O$　　$E^\ominus(O_2/H_2O)=+1.229V$

(1) 试确定Co^{3+}在水溶液中能否稳定存在。

(2) 当体系中加入氨水后，试确定$[Co(NH_3)_6]^{3+}$配离子在1.0mol·dm^{-3}氨水中能否稳定存在(设各物质浓度均为1.0mol·dm^{-3})。

13-9　已知$Au^++e^-=\!=\!=Au$的$E^\ominus=1.691V$，求$Au(CN)_2^-+e^-=\!=\!=Au+2CN^-$的$E^\ominus$值。

13-10　含汞废水处理是环保工作的重要任务之一，化学沉淀法是在含汞废水中先加入一定量的硫化钠，然后再加入$FeSO_4$。试通过计算说明以上过程为什么要加入$FeSO_4$。

第 14 章　氧化还原平衡

本章学习要求

(1) 理解电极电势的概念，熟悉能斯特公式、影响电极电势的因素及其应用；
(2) 掌握应用电极电势判断氧化还原反应进行的方向和限度及其计算；
(3) 了解电势数据的两种图示法及其应用。

【背景问题】

(1) 为什么电解 NaCl 水溶液得到的是氯气和氢气，却得不到金属钠？

(2) 电极(氧化态/还原态)的电势高低能决定什么？又取决于什么？如果属热力学范畴，则它与其他决定反应平衡的热力学自由能、平衡常数之间有什么关系？

(3) 水溶液中已存在氧化还原平衡，当再有酸碱平衡或沉淀平衡或配位平衡介入时，对其有怎样的影响？

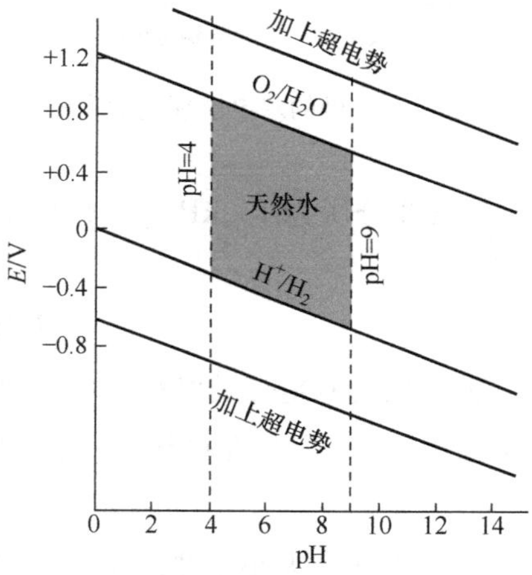

氧化还原平衡是相对于溶液中酸碱平衡、沉淀平衡、配位平衡的又一重要平衡。本章首先由原电池引出一个新的热力学概念“电极电势”，讲解它的意义、影响因素和作用，特别是介绍最能体现范特霍夫化学反应等温式的能斯特公式及其应用。自然也要学会如何处理氧化还原平衡与酸碱平衡或沉淀-溶解平衡或配位平衡同时存在时的各种计算。最后介绍电势数据的两种图示法及其应用。

14.1 电 极 电 势

14.1.1 电极电势的产生——双电层理论

在 Cu-Zn 电池中，为什么电子从锌片流向铜片？为什么 Cu 为正极，Zn 为负极？或者为什么铜片的电势比锌片高？这与金属在溶液中的情况有关。

德国化学家能斯特(H. W. Nernst)提出了双电层理论(electron double layer theory)解释电极电势(electrode potential)产生的原因。当金属放入它的溶液中时，一方面金属晶体中处于热运动的金属离子在极性水分子的作用下，离开金属表面进入溶液。金属性质越活泼，这种趋势就越大；另一方面，盐溶液中的金属离子由于受到金属表面电子的吸引而在金属表面沉积，溶液中金属离子的浓度越大，这种趋势也越大。在一定浓度的溶液中达到平衡后，在金属和溶液两相界面上形成了一个带相反电荷的双电层，双电层的厚度虽然很小(约为 10^{-8} cm 数量级)，但是在金属和溶液之间产生了电势差(electric potential difference)。

通常人们把产生在金属和它的盐溶液之间的双电层间的电势差称为金属的电极电势，并以此描述电极得失电子能力的相对强弱，用符号 $E(M^{n+}/M)$ 表示，单位为 V(伏特)。

例如，Zn 插入 Zn^{2+} 的溶液中，构成锌电极。这种电极属于金属-金属离子电极(metal-metal ion electrode)。当 Zn 与 Zn^{2+} 接触时，有两种过程可能发生：

$$Zn = Zn^{2+} + 2e^- \tag{14-1}$$

$$Zn^{2+} + 2e^- = Zn \tag{14-2}$$

金属越活泼，溶液越稀，则反应式(14-1)进行的程度越大；金属越不活泼，溶液越浓，则反应式(14-2)进行的程度越大。达成平衡时，对于 Zn-Zn^{2+} 电极来说，一般认为是锌片上留下负电荷，而 Zn^{2+} 进入溶液，因此溶液的电势高于极板。如图 14-1(a)所示，在 Zn 和 Zn^{2+} 溶液的界面上，形成双电层。双电层之间的电势差就是 Zn-Zn^{2+} 电极的电极电势，当纯净的 Zn 放在浓度为 1mol · dm^{-3} 的 Zn^{2+} 溶液中时，这个电极电势称为锌电极的标准电极电势(standard electrode potential)，用 $E^\ominus(Zn^{2+}/Zn)$ 表示，非标准态的电极电势用 $E(Zn^{2+}/Zn)$ 表示。标准态是指组成电极的溶液中离子、分子浓度为 1mol · dm^{-3}，气体分压为 100kPa，液体或固体为纯净物。上述锌电极的标准电极电势为－0.763V，表示为

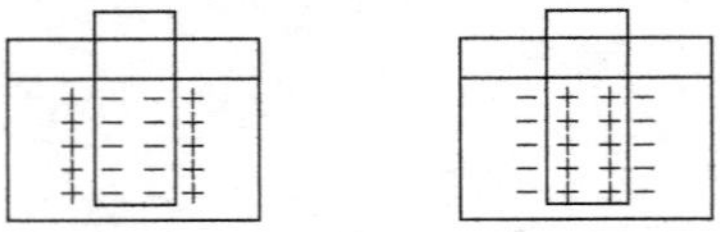

(a) 锌电极的双电层 (b) 铜电极的双电层

图 14-1 电极的双电层理论示意图

$$E^\ominus(Zn^{2+}/Zn) = -0.763V$$

铜电极的双电层的结构与锌电极的相反，如图 14-1(b)所示。达到平衡后，对于 Cu-Cu^{2+} 电极来说，Cu^{2+} 沉积在极板上，铜片的正电荷过剩，因此极板的电势高于溶液，因此有

$$E^\ominus(Cu^{2+}/Cu) = +0.34V$$

电极电势的大小主要取决于电极的本性，并受温度、介质和离子浓度等因素的影响。

不同的电极产生的电势不同，将两个不同的电极组成原电池时，原电池两极间就必然存在电势差，从而产生电流，整个原电池的最大电势差即原电池的电动势(electromotive force, EMF)。用 $E_池$ 表示电动势，即

$$E_池 = E_+ - E_- \tag{14-3}$$

若两电极的各物质均处于标准状态，则其电动势为电池的标准电动势，即

$$E^\ominus_池 = E^\ominus_+ - E^\ominus_- \tag{14-4}$$

14.1.2 标准氢电极和甘汞电极

1. 标准氢电极

电池的电动势可以直接测定，而电极的电势绝对值却无法测量，只能采用相对标准。正如地势高低是以“海拔”为基准的相对值一样，电极电势的基准是标准氢电极(standard hydrogen electrode)。

【思考题】

14-1 为什么电极的电势绝对值无法测量？

将涂满铂黑的铂片插入到浓度为 $1mol \cdot dm^{-3}$ 的 H^+ 溶液中，并不断地通入 100kPa 纯净的 H_2，使铂黑吸附氢气至饱和，形成标准氢电极(图 14-2)。这种电极属于气体-离子电极(gas-ion electrode)。这时氢电极周围发生了如下平衡：

$$2H^+ + 2e^- \rightleftharpoons H_2 \tag{14-5}$$

这时所产生的电势即为氢的标准电极电势，令其在任意温度下都为零(实际上电极电势与温度有关)，这是一种理想电极。

$$E^\ominus(H^+/H_2) = 0.0000V \tag{14-6}$$

在电池中符号可表示为：$Pt \mid H_2(p^\ominus) \mid H^+(1.0mol \cdot dm^{-3})$。

用氢电极为基准的原因之一是该电极的电极电势十分稳定，可用标准氢电极和待测电极在标准态下组成原电池，测得该电池的电动势，从而计算待测电极的标准电极电势，通常的测定温度为 298K。

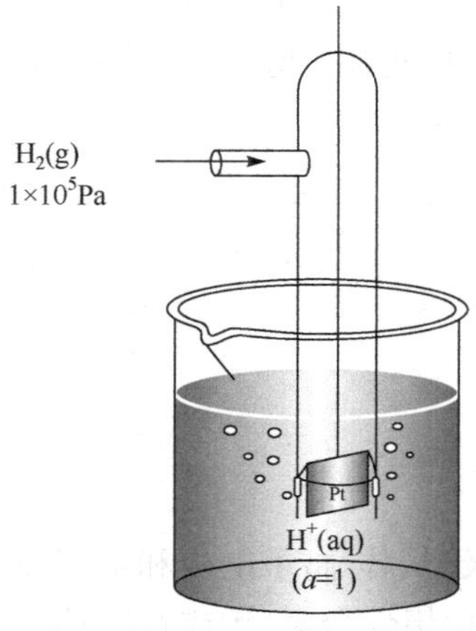

图 14-2　标准氢电极

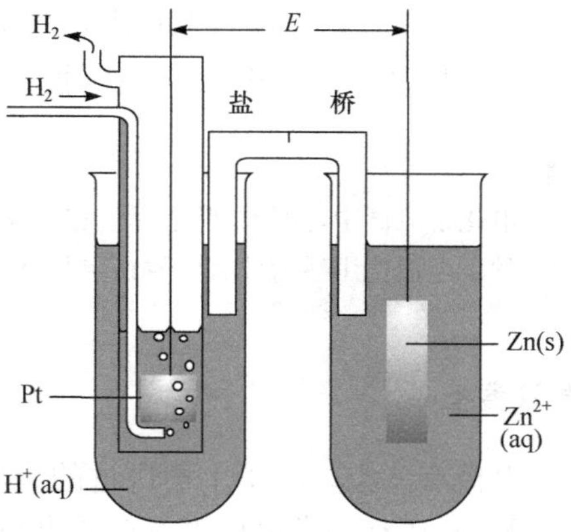

图 14-3　标准氢电极与标准锌电极组成的电化学电池

标准氢电极与标准锌电极组成的电化学电池(图 14-3)用电池符号表示为

$$(-)Zn \mid Zn^{2+}(1.0mol \cdot dm^{-3}) \parallel H^+(1.0mol \cdot dm^{-3}) \mid H_2(p^\ominus) \mid Pt(+)$$

测得电池电动势为

$$E^\ominus_{池} = 0.763V$$

由公式(14-4)可得到

$$E^\ominus_- = E^\ominus_+ - E^\ominus_{池} = -0.763V$$

标准氢电极与标准铜电极组成的电化学电池用电池符号表示为

$$(-)Pt \mid H_2(p^\ominus) \mid H^+(1.0mol \cdot dm^{-3}) \parallel Cu^{2+}(1.0mol \cdot dm^{-3}) \mid Cu(+)$$

同理可测得电对 Cu^{2+}/Cu 的电极电势为

$$E^\ominus_+ = E^\ominus_{池} + E^\ominus_- = +0.34V$$

2. 甘汞电极

由于氢气不易纯化，压强不易控制，铂黑容易中毒，实际测量中标准氢电极使用不方便，最常用的是重现性好、比较稳定的甘汞参比电极(calomel reference electrode)，作为“二级标准”。

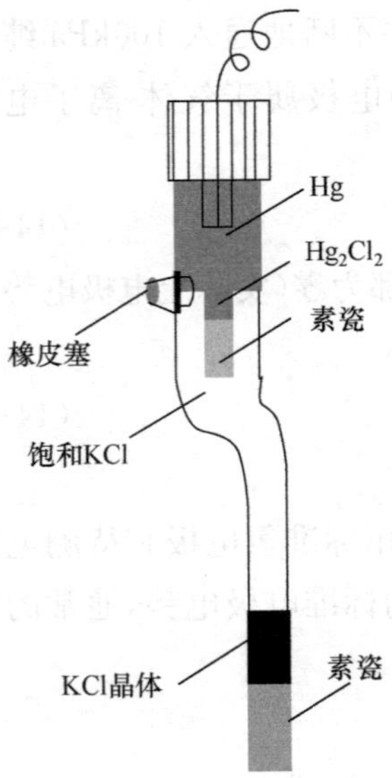

图 14-4　甘汞电极

甘汞电极是由汞、甘汞和含 Cl^- 的溶液等组成，电极上有一层汞和甘汞的均匀糊状混合物，用铂丝与汞相接触作为导线，电解液一般采用氯化钾溶液(图 14-4)。这种电极属于金属-金属难溶盐电极(metal-metal insoluble salt electrode)。

电极反应：　$Hg_2Cl_2 + 2e^- \xlongequal{} 2Hg(l) + 2Cl^-$

标准甘汞电极的 $E^\ominus = 0.268V$，其中 $c(Cl^-) = 1.0mol \cdot dm^{-3}$。

电解液为饱和氯化钾溶液(溶液与 KCl 晶体共存)的甘汞电极称为饱和甘汞电极，常用 $Pt|Hg|Hg_2Cl_2(s)|Cl^-$(饱和)表示。其电极电势值为 $E = 0.245V$，其中 $c(Cl^-) = 2.8mol \cdot dm^{-3}$(KCl 饱和溶液)。

甘汞电极的电极电势与氯化钾浓度和所处温度有关，在 70℃以上时电势值不稳定，在 100℃以上时电极只有 9h 的寿命，因此甘汞电极应在 70℃以下使用，超过 70℃时应改用银-氯化银电极。

【思考题】

14-2　电化学测试中，为什么常选择饱和甘汞电极作参比电极呢？

14-3　甘汞电极使用后为什么要放在饱和氯化钾溶液中？

3. 电极类型

常用的电极有 4 类。除了上面讲过的金属-金属离子电极、气体-离子电极和金属-金属难溶盐电极 3 种外，还有一类电极没有单质参与电极反应，它是由惰性金属(铂或石墨)插入含有某一元素的两种不同氧化数的离子溶液中形成，这种电极称为氧化还原电极。例如，将铂丝插入 Fe^{3+}、Fe^{2+} 共存的溶液中，Fe^{3+}/Fe^{2+} 电极反应为

$$Fe^{3+} + e^- \xlongequal{} Fe^{2+}$$

电池符号表示为

$$Pt|Fe^{3+}(浓度), Fe^{2+}(浓度)$$

这里 Fe^{3+} 与 Fe^{2+} 同处于溶液中，因此用“，”隔开。例如，氧化还原电极

$$Pt|MnO_4^-(浓度), Mn^{2+}(浓度), H^+(浓度)$$

$$Pt|Sn^{4+}(浓度), Sn^{2+}(浓度)$$

14.1.3　标准电极电势表

将半反应按电极电势由低到高排序，可以得到标准电极电势表，可十分简明地判断氧化还原反应的方向。许多氧化还原电对的 $E^\ominus$ 都已测得或从理论上计算出来，将其汇列在一起便是标准电极电势表。电极电势表的编制有多种方式，常见的有两种：一种是按元素符号的英文字母顺序排列，特点是便于查阅；另一种是按电极电势数值的大小排列，或从正到负，或从负到正，其优点是便于比较电极电势的大小，有利于寻找合适的氧化剂或还原剂，可十分简明地判断氧化还原反应的方向。此外，还有按反应介质的酸碱性分成酸表和碱表编排的。表 14-1、表 14-2 和本书附录 7 是采用按电极电势从负到正的次序排列的一种。

表 14-1　标准电极电势表(298K,酸性介质)

	电极反应 氧化型$+ne^-$══还原型		$E_A^\ominus/V$
最弱的氧化剂	$K^+ + e^- = K$	最强的还原剂	−2.92
	$Ca^{2+} + 2e^- = Ca$		−2.84
	$Na^+ + e^- = Na$		−2.713
	$Mg^{2+} + 2e^- = Mg$		−2.38
↓	$Al^{3+} + 3e^- = Al$	↑	−1.66
	$Zn^{2+} + 2e^- = Zn$		−0.763
氧	$Fe^{2+} + 2e^- = Fe$	还	−0.44
化	$Sn^{2+} + 2e^- = Sn$	原	−0.14
能	$Pb^{2+} + 2e^- = Pb$	能	−0.126
力	$2H^+ + 2e^- = H_2$	力	0.0000
依	$Cu^{2+} + 2e^- = Cu$	依	+0.34
次	$I_2 + 2e^- = 2I^-$	次	+0.535
增	$H_3AsO_4 + 2H^+ + 2e^- = H_3AsO_3 + H_2O$	增	+0.56
强	$Fe^{3+} + e^- = Fe^{2+}$	强	+0.771
	$Ag^+ + e^- = Ag$		+0.799
	$Br_2 + 2e^- = 2Br^-$		+1.065
	$Cr_2O_7^{2-} + 14H^+ + 6e^- = 2Cr^{3+} + 7H_2O$		+1.33
	$Cl_2 + 2e^- = 2Cl^-$		+1.358
	$MnO_4^- + 8H^+ + 5e^- = Mn^{2+} + 4H_2O$		+1.51
最强的氧化剂	$F_2 + 2e \rightleftharpoons 2F^-$	最弱的还原剂	+2.85

表 14-2　标准电极电势表(298K,碱性介质)

	电极反应 氧化型$+ne^-$══还原型		$E_B^\ominus/V$
	$Al(OH)_3 + 3e^- = Al + 3OH^-$		−2.31
↓	$Cr(OH)_3 + 3e^- = Cr + 3OH^-$	↑	−1.48
	$PO_4^{3-} + 2H_2O + 2e^- = HPO_3^{2-} + 3OH^-$		−1.05
氧	$2H_2O + 2e^- = H_2 + 2OH^-$	还	−0.8277
化	$AsO_4^{3-} + 2H_2O + 2e^- = AsO_2^- + 4OH^-$	原	−0.67
能	$Fe(OH)_3 + e^- = Fe(OH)_2 + OH^-$	能	−0.56
力	$Cu_2O + H_2O + 2e^- = 2Cu + 2OH^-$	力	−0.36
依	$CrO_4^{2-} + 4H_2O + 3e^- = Cr(OH)_3 + 5OH^-$	依	−0.13
次	$Co(OH)_3 + e^- = Co(OH)_2 + OH^-$	次	+0.17
增	$2IO_3^- + 6H_2O + 10e^- = I_2 + 12OH^-$	增	+0.21
强	$IO_3^- + 3H_2O + 6e^- = I^- + 6OH^-$	强	+0.26
	$Ag_2O + H_2O + 2e^- = 2Ag + 2OH^-$		+0.342
	$MnO_4^- + 2H_2O + 3e^- = MnO_2 + 4OH^-$		+0.595
	$ClO_3^- + 3H_2O + 6e^- = Cl^- + 6OH^-$		+0.622

在氧化还原电对中,左侧为氧化型,右侧为还原型。虽然氧化型和还原型的实质是指左侧和右侧的所有物质,但在一般表示中只写出氧化数有变化的物质,如 MnO_4^-/Mn^{2+}、$Cr_2O_7^{2-}/Cr^{3+}$,氧化型在左,还原型在右。电极反应的电极电势也经常写成电对的电极电势,例如

$$MnO_4^- + 8H^+ + 5e^- \longrightarrow Mn^{2+} + 4H_2O \quad E^\ominus = +1.51V$$

表示为 $E^\ominus(MnO_4^-/Mn^{2+}) = +1.51V$

电极反应的通式为 氧化型$+ne^- \longrightarrow$还原型

式中,e^- 表示电子;n 表示半反应中转移电子的个数。

理论上,表中任何两个电极反应所表示的电极都可以组成原电池。位置在上的,即电极电势小的为负极;位置在下的,即电极电势大的为正极。正极的电极反应减去负极的电极反应即原电池的电池反应。在电池反应中,正极的氧化型是氧化剂,负极的还原型是还原剂。

表 14-1 和表 14-2 列出了在水溶液中一些物质的标准电极电势,在使用标准电极电势表时,应注意以下几点:

(1) 无论是酸表,还是碱表,电极反应的通式均为"氧化型$+ne^- \longrightarrow$还原型",电极反应的实质是氧化型物质被还原的过程,$E^\ominus$值越大表示氧化型物质越容易被还原。这种电极电势称为还原电势。

(2) 从表 14-1 和表 14-2 可以看出,氧化型物质氧化能力自上而下依次增强,还原型物质还原能力自下而上依次增强,其强弱程度可根据 $E^\ominus$ 值大小判别。电极电势高的电极,其氧化型的氧化能力强,电极电势低的电极,其还原型的还原能力强,原则上可进一步判断氧化还原反应进行的可能性。

(3) 标准电极电势和得失电子数多少无关,也就是说 $E^\ominus$ 的大小与电极反应中的系数无关,无加和性。例如,$Zn^{2+} + 2e^- \longrightarrow Zn$, $E^\ominus = -0.763V$; $2Zn^{2+} + 4e^- \longrightarrow 2Zn$, $E^\ominus = -0.763V$。

(4) 标准电极电势是平衡电势,每个电对 $E^\ominus$ 值的正负号,不随电极反应进行的方向而改变。

(5) $E^\ominus$值仅适合于标准态时的水溶液中的电极反应,对于非水、高温、固相反应,则有一定局限性。标准电极电势值测定条件是标准态,即 298K,电极反应中的离子浓度均为 $1mol \cdot dm^{-3}$,气体的分压均为 100kPa,对于非标准态的反应可用能斯特方程转化,将在后面的章节中介绍。

查表时应注意,如果电极反应中有 H^+ 出现,则查酸表($E_A^\ominus$);如果电极反应中有 OH^- 出现,则查碱表($E_B^\ominus$);如果电极反应中无 H^+ 或 OH^-,可从存在状态考虑。例如

$E^\ominus(Fe^{3+}/Fe^{2+})$	$Fe^{3+} + e^- \longrightarrow Fe^{2+}$	查酸表
$E^\ominus(ZnO_2^{2-}/Zn)$	$ZnO_2^{2-} + 2H_2O + 2e^- \longrightarrow Zn + 4OH^-$	查碱表
$E^\ominus(Cl_2/Cl^-)$	无介质参与电极反应	查酸表

14.2 标准电极电势的应用

14.2.1 标准状态下氧化还原反应方向的判断

1. 标准电池电动势 $E^\ominus$和电池反应的 $\Delta_r G_m^\ominus$ 的关系

在恒温恒压下,体系吉布斯自由能的减少等于体系所做的最大有用功。对于一般的氧化

还原反应只有电子转移，而无电流产生，无非体积功，其自发进行的判据是 $\Delta_r G_m < 0$。

若利用原电池完成氧化还原反应，则有电流产生，属于恒温恒压有非体积功（电功 W）的过程，其自发进行的判据是 $-\Delta_r G_m > -W$。电功等于电量与电池电动势的乘积，即

$$W = -qE \tag{14-7}$$

一个电子的电量是 1.602 191 7×10⁻¹⁹C，则 1mol 电子的电量为 96 500C（$1F = 9.648\ 670 \times 10^4 \text{C} \cdot \text{mol}^{-1} \approx 965\ 00 \text{C} \cdot \text{mol}^{-1}$）。当反应进度为 ξ 时，转移的电子为 n mol，电量则为 nF，因此电功

$$W = -nFE \tag{14-8}$$

电池反应的进行方式一般认为是可逆的，那么反应过程中的吉布斯自由能的改变量就等于电池做的电功，即

$$-\Delta_r G_m = -W \tag{14-9}$$

$$\Delta_r G_m = -nFE \tag{14-10}$$

当各反应物均为标准态时，E 即是 $E^\ominus$，而公式(14-10)则变成

$$\Delta_r G_m^\ominus = -nFE^\ominus \tag{14-11}$$

从公式(14-11)可以看出，当 $\Delta_r G_m^\ominus < 0$ 时，$E^\ominus > 0$。因此，标准状态时 $\Delta_r G_m^\ominus$ 和 $E^\ominus$ 都可以判断氧化还原反应进行的方向和限度。

2. 标准状态下氧化还原反应方向的判断

有了标准电极电势表和公式 $\Delta_r G_m^\ominus = -nFE^\ominus$，就可以很方便地判断标准状态下氧化还原反应进行的方向或者进行 $\Delta_r G_m^\ominus$ 和 $E^\ominus$ 的互算。

【例题 14-1】 求下列电池在 298K 时的电动势 $E^\ominus$ 和 $\Delta_r G_m^\ominus$，并写出反应式，此反应能否正向进行？

$$(-)\text{Zn}|\text{ZnSO}_4(1\text{mol}\cdot\text{dm}^{-3})\|\text{CuSO}_4(1\text{mol}\cdot\text{dm}^{-3})|\text{Cu}(+)$$

解 根据电池图解可以看出，锌极为负极，铜极为正极，则电池反应为

$$\text{Zn} + \text{Cu}^{2+} = \text{Zn}^{2+} + \text{Cu}$$

查标准电极电势表酸表知，$E^\ominus(\text{Cu}^{2+}/\text{Cu}) = +0.34\text{V}$，$E^\ominus(\text{Zn}^{2+}/\text{Zn}) = -0.763\text{V}$

$$E^\ominus_{池} = E^\ominus_+ - E^\ominus_- = 0.34 - (-0.763) = +1.103(\text{V})$$

根据公式 $\Delta_r G_m^\ominus = nFE^\ominus$

$$\Delta_r G_m^\ominus = -2 \times 9.65 \times 10^4 \times 1.103 = -212(\text{kJ}\cdot\text{mol}^{-1})$$

注：1C · 1V=1J。

【例题 14-2】 已知锌汞电池反应　　$\text{Zn(s)} + \text{HgO(s)} = \text{ZnO(s)} + \text{Hg(l)}$

根据标准吉布斯自由能的数据，计算 298K 时该电池的标准电动势。

解 查热力学数据表知：$\Delta_f G_m^\ominus(\text{HgO}) = -58.53\text{kJ}\cdot\text{mol}^{-1}$，$\Delta_f G_m^\ominus(\text{ZnO}) = -318.2\text{kJ}\cdot\text{mol}^{-1}$

$$\begin{aligned}\Delta_r G_m^\ominus &= \Delta_f G_m^\ominus(\text{ZnO}) - \Delta_f G_m^\ominus(\text{HgO}) \\ &= -318.2 - (-58.53) \\ &= -259.7(\text{kJ}\cdot\text{mol}^{-1})\end{aligned}$$

$$\Delta_r G_m^\ominus = -nFE^\ominus = -nE^\ominus \times 9.65 \times 10^4$$

$$E^\ominus = \frac{-259.7\text{kJ}\cdot\text{mol}^{-1}}{-2 \times 9.65 \times 10^4 \text{C}\cdot\text{mol}^{-1}} = 1.35(\text{V})$$

14.2.2 标准状态下氧化剂和还原剂的选择

电极电势的高低既然表明了得失电子的难易，也就表明了氧化还原能力的强弱。在标准电极电势表中，$E^\ominus$越大，电对中氧化态物质氧化性就越强；$E^\ominus$越小，电对中还原态物质的还原性越强。

氧化还原反应进行方向是：强氧化剂(1)＋强还原剂(2)⟶弱还原剂(1)＋弱氧化剂(2)，即$E^\ominus$值大的电对的氧化型物质可氧化$E^\ominus$值小的电对的还原型物质。通常电极电势差值$\Delta E^\ominus$越大的电对越优先进行反应。

【例题 14-3】 从下列电对中，选出最强的氧化剂和最强的还原剂。

$$MnO_4^-/Mn^{2+}、Sn^{4+}/Sn^{2+}、Fe^{2+}/Fe$$

解 查表：

$$E^\ominus(MnO_4^-/Mn^{2+})=1.51V$$

$$E^\ominus(Sn^{4+}/Sn^{2+})=0.15V$$

$$E^\ominus(Fe^{2+}/Fe)=-0.44V$$

$E^\ominus(MnO_4^-/Mn^{2+})$最大，电对中氧化态物质$MnO_4^-$的氧化性最强，即$KMnO_4$是最强的氧化剂。同理，$E^\ominus(Fe^{2+}/Fe)$最小，电对中还原态物质的还原性最强，即Fe是最强的还原剂。

氧化性大小顺序：$MnO_4^- > Sn^{4+} > Fe^{2+}$　　还原性大小顺序：$Fe > Sn^{2+} > Mn^{2+}$

【例题 14-4】 欲从含有相同浓度的Cl^-、Br^-、I^-三种离子的混合溶液中氧化出I_2，试问：$Fe_2(SO_4)_3$和$KMnO_4$这两种氧化剂是否都适用？请排列氧化还原反应的顺序。

解 查表：

$$E^\ominus(I_2/I^-)=0.535V$$

$$E^\ominus(Fe^{3+}/Fe^{2+})=0.771V$$

$$E^\ominus(Br_2/Br^-)=1.065V$$

$$E^\ominus(Cl_2/Cl^-)=1.358V$$

$$E^\ominus(MnO_4^-/Mn^{2+})=1.51V$$

$E^\ominus(MnO_4^-/Mn^{2+})$最大，$KMnO_4$是最强的氧化剂，可将$Cl^-$、$Br^-$、$I^-$三种离子都氧化，所以$KMnO_4$不合适。

$$E^\ominus(Cl_2/Cl^-) > E^\ominus(Br_2/Br^-) > E^\ominus(Fe^{3+}/Fe^{2+}) > E^\ominus(I_2/I^-)$$

所以Fe^{3+}可以将I^-氧化成I_2而不能氧化Cl^-、Br^-，可选$Fe_2(SO_4)_3$。

由于电极电势差值$\Delta E^\ominus$越大氧化还原反应越容易发生，因此氧化还原反应的顺序是

$$Cl^- < Br^- < I^-$$

14.2.3 标准电池电动势与氧化还原反应的标准平衡常数

氧化还原反应与沉淀反应、酸碱反应、配位反应等一样，在一定条件下也将达到化学平衡。反应进行的程度可用标准平衡常数$K^\ominus$来表示。当氧化还原反应达平衡时

$$\Delta_r G_m^\ominus=-RT\ln K^\ominus \qquad \Delta_r G_m^\ominus=-nFE^\ominus$$

合并两式得

$$nFE^\ominus=RT\ln K^\ominus \tag{14-12}$$

$$E^\ominus=\frac{RT}{nF}\ln K^\ominus \qquad E^\ominus=\frac{2.303RT}{nF}\lg K^\ominus$$

在298K，代入常数R和F数值，可得

$$E^\ominus=\frac{0.0591V}{n}\lg K^\ominus \qquad \lg K^\ominus=\frac{nE^\ominus}{0.0591V}$$

由 $E^\ominus$ 求得氧化还原反应的平衡常数，以讨论反应进行的程度和限度。

【例题 14-5】 计算 298K 时，反应 $Cr_2O_7^{2-}+6Fe^{2+}+14H^+ \rightleftharpoons 2Cr^{3+}+6Fe^{3+}+7H_2O$ 的标准平衡常数。

解

$$E^\ominus = E^\ominus(Cr_2O_7^{2-}/Cr^{3+}) - E^\ominus(Fe^{3+}/Fe^{2+})$$
$$=1.33-0.771$$
$$=0.559(V)$$
$$\lg K^\ominus = \frac{nE^\ominus}{0.0591V} = \frac{6\times 0.559}{0.0591} = 46.80$$
$$K^\ominus = 6.31\times 10^{46}$$

因此可以判断出，该反应正向进行的程度很大。

根据 $E^\ominus$ 的大小，可以判断反应进行的方向（$E^\ominus>0$）和程度（热力学），但不能说明反应的快慢（动力学）。例如，反应 $2MnO_4^- + 5Zn + 16H^+ \rightleftharpoons 2Mn^{2+} + 5Zn^{2+} + 8H_2O$

$E^\ominus = 1.51-(-0.763) = 2.273(V)$　　　　$K^\ominus = 1.24\times 10^{384}$

实际在酸性介质中纯 Zn 与 $KMnO_4$ 反应速率极慢，Fe^{3+} 可催化该反应。

【思考题】

14-4　就您所学，标准电极电势的应用除了上面介绍的，还有哪些方面的应用？请举例说明。

14.3　元素电势图及其应用

14.3.1　元素电势图

大多数非金属元素和过渡元素可以存在几种氧化值，各氧化值之间都有相应的标准电极电势。在特定的 pH 条件下，将元素各种氧化数的存在形式依氧化数降低的顺序从左向右排成一行。用线段将各种氧化态连接起来，在线段上写出其两端的氧化态所组成的电对的 $E^\ominus$ 值。便得到该 pH 下该元素的**元素电势图**。因是拉蒂麦尔（W. L. Latimer）首创，因此又称为拉蒂麦尔图（Latimer diagram）。根据溶液 pH 的不同，又可以分为两大类，$E_A^\ominus$（A 表示酸性溶液）表示溶液的 pH=0，$E_B^\ominus$（B 表示碱性溶液）表示溶液的 pH=14。例如

$$E_A^\ominus/V \quad H_5IO_6 \xrightarrow{+1.7} IO_3^- \xrightarrow{+1.13} HIO \xrightarrow{+1.45} I_2 \xrightarrow{+0.535} I^-$$

$$E_B^\ominus/V \quad H_3IO_6^{2-} \xrightarrow{+0.70} IO_3^- \xrightarrow{+0.56} IO^- \xrightarrow{+0.42} I_2 \xrightarrow{+0.535} I^-$$

14.3.2　元素电势图的应用

元素电势图可以全面直观地看出一种元素各氧化态之间的电极电势高低和相互关系，从而判断哪些氧化态在酸性或碱性溶液中能稳定存在。

1. 依据元素电势图计算未知电对的标准电极电势

某些电对的电极电势尤其是相邻氧化态间电对的电极电势，在元素电势图上直接给出，可以在连线上直接读取。但是图中更多的是不相邻的氧化态，其间并无线段直接相连。这些互不相邻的氧化态两两之间的电对的电极电势，将如何求得呢？

对于一般的三种氧化态 A，B，C（氧化值依次减小），已知

$$E_A^{\ominus}\qquad A\xrightarrow[n_1e^-]{E_1^{\ominus}}B\xrightarrow[n_2e^-]{E_2^{\ominus}}C$$

$$\underbrace{\qquad\qquad E^{\ominus}=?\qquad\qquad}_{(n_1+n_2)e^-}$$

则有

$$A+n_1e^-=\!=\!=B \tag{1}$$

$$B+n_2e^-=\!=\!=C \tag{2}$$

$$A+(n_1+n_2)e^-=\!=\!=C \tag{3}$$

对于这三个电极反应分别有

$$\Delta G_1^{\ominus}=-n_1FE_1^{\ominus}$$

$$\Delta G_2^{\ominus}=-n_2FE_2^{\ominus}$$

$$\Delta G^{\ominus}=-(n_1+n_2)FE^{\ominus}$$

根据赫斯定律

$$\Delta G^{\ominus}=\Delta G_1^{\ominus}+\Delta G_2^{\ominus}$$

于是

$$-(n_1+n_2)FE^{\ominus}=-n_1FE_1^{\ominus}+(-n_2FE_2^{\ominus})$$

则

$$E^{\ominus}=\frac{n_1E_1^{\ominus}+n_2E_2^{\ominus}}{(n_1+n_2)}$$

如果有若干个电对，则

$$E^{\ominus}=\frac{n_1E_1^{\ominus}+n_2E_2^{\ominus}+n_3E_3^{\ominus}+\cdots+n_iE_i^{\ominus}}{n_1+n_2+n_3+\cdots+n_i} \tag{14-13}$$

【例题 14-6】 已知 $E^{\ominus}(ClO_3^-/Cl^-)=1.451V$，$E^{\ominus}(Cl_2/Cl^-)=1.358V$，试求：$E^{\ominus}(ClO_3^-/Cl_2)$。

$$ClO_3^-+6H^++6e^-=\!=\!=Cl^-+3H_2O$$

$$1/2Cl_2+e^-=\!=\!=Cl^-$$

$$ClO_3^-+6H^++5e^-=\!=\!=1/2Cl_2+3H_2$$

解 画出元素电势图

$$ClO_3^-\xrightarrow[5e^-]{E^{\ominus}}Cl_2\xrightarrow[1e^-]{1.358V}Cl^-$$

$$\underbrace{\qquad\qquad 1.451V\qquad\qquad}_{6e^-}$$

则

$$E^{\ominus}(ClO_3^-/Cl^-)\frac{5\times E^{\ominus}(ClO_3^-/Cl_2)+1\times 1.358}{5+1}=1.451(V)$$

$$E^{\ominus}(ClO_3^-/Cl_2)=\frac{6\times 1.451-1\times 1.358}{5}=1.47(V)$$

2. 判断歧化反应能否进行

氧元素在酸性溶液中的电势图如下：

$$E_A^{\ominus}/V\qquad O_2\xrightarrow{+0.628}H_2O_2\xrightarrow{+1.78}H_2O$$

所对应的电极反应为

$$O_2+2H^++2e^-=\!=\!=H_2O_2\qquad E_1^{\ominus}=0.682V$$

$$H_2O_2+2H^++2e^-═══2H_2O \qquad E_2^\ominus=1.78V$$

如果由这两个电极组成原电池，因 $E_2^\ominus>E_1^\ominus$，则 H_2O_2/H_2O 为正极，电对 O_2/H_2O_2 为负极，电池反应为

$$2H_2O_2═══O_2+2H_2O$$

也就是说 H_2O_2 发生歧化反应生成了 O_2 和 H_2O。

对于某元素电势图上的三种氧化态 A,B,C(氧化值依次减小)，已知

$$E_A^\ominus \qquad A\xrightarrow{\quad E_{左}^\ominus \quad}B\xrightarrow{\quad E_{右}^\ominus \quad}C$$

若 $E_{右}^\ominus>E_{左}^\ominus$，即 $E^\ominus(B/C)>E^\ominus(A/B)$，电池反应式应为

$$B═══A+C$$

显然，B 发生了歧化反应。同理，若 $E_{右}^\ominus<E_{左}^\ominus$，则发生 A+C═══B，即逆歧化反应。

例如，酸性溶液中铜元素的电势图为

$$E_A^\ominus/V \qquad Cu^{2+}\xrightarrow{\quad +0.15 \quad}Cu^+\xrightarrow{\quad +0.52 \quad}Cu$$

$E_{右}^\ominus>E_{左}^\ominus$，即 $E^\ominus(Cu^+/Cu)>E^\ominus(Cu^{2+}/Cu^+)$，因此 Cu^+ 不稳定，发生歧化反应

$$2Cu^+═══Cu^{2+}+Cu$$

【思考题】

14-5　标准电极电势数据还可用图形表示。拉蒂麦尔图是图形表示法中最简单的一种。查阅其他教材或文献，请举例说明还有哪几种图形表示法。

14.4　能斯特方程及其应用

14.4.1　能斯特方程

标准电极电势是在标准状态下测定的。如果条件改变，则电对的电极电势也随之发生改变。电极电势的大小首先取决于电极的本性，它是通过标准电极电势来体现的。其次，溶液中离子的浓度(或气体的分压)、温度等的改变都会引起电极电势的变化，它们之间的定量关系可由能斯特方程式来表示。

1. 电动势的能斯特方程

对某电池反应

$$aA+dD═══gG+hH$$

根据化学反应等温式：

$$\Delta_rG_m=\Delta_rG_m^\ominus+RT\ln\frac{[G]^g[H]^h}{[A]^a[D]^d}$$

将 $\Delta_rG_m=-nFE$ 和 $\Delta_rG_m^\ominus=-nFE^\ominus$ 代入上式，则

$$E=E^\ominus-\frac{RT}{nF}\ln\frac{[G]^g[H]^h}{[A]^a[D]^d}$$

换底数，得到电池电动势的能斯特方程：

$$E=E^\ominus-\frac{2.303RT}{nF}\lg\frac{[G]^g[H]^h}{[A]^a[D]^d} \qquad (14\text{-}14)$$

在 298K 时，代入常量 R 和 F 的数值，则得

$$E=E^{\ominus}-\frac{0.0591\text{V}}{n}\lg Q \tag{14-15}$$

能斯特方程命名于它的提出者，曾获得 1920 年诺贝尔化学奖的德国化学家能斯特(W. H. Nernst，1864—1941)，它反映了在非标准态时电动势偏离标准电动势的状况。

2. 电极电势的能斯特方程

因 $E_{池}=E_{+}-E_{-}$，$E^{\ominus}_{池}=E^{\ominus}_{+}-E^{\ominus}_{-}$，则电池反应电动势的能斯特方程可变为

$$E_{+}=E^{\ominus}_{+}-\frac{2.303RT}{nF}\lg\frac{[\text{A}]^{a}}{[\text{G}]^{g}} \qquad E_{-}=E^{\ominus}_{-}-\frac{2.303RT}{nF}\lg\frac{[\text{H}]^{h}}{[\text{D}]^{d}}$$

$$E_{+}-E_{-}=(E^{\ominus}_{+}-E^{\ominus}_{-})-\frac{2.303RT}{nF}\lg\frac{[\text{G}]^{g}[\text{H}]^{h}}{[\text{A}]^{a}[\text{D}]^{d}}$$

$$E_{+}-E_{-}=\left(E^{\ominus}_{+}+\frac{2.303RT}{nF}\lg\frac{[\text{A}]^{a}}{[\text{G}]^{g}}\right)-\left(E^{\ominus}_{-}+\frac{2.303RT}{nF}\lg\frac{[\text{H}]^{h}}{[\text{D}]^{d}}\right)$$

推广到一般电对，其电极反应式为

$$氧化型+ne^{-}=\!=\!=还原型$$

则有通式

$$E=E^{\ominus}+\frac{2.303RT}{nF}\lg\frac{[氧化型]}{[还原型]} \tag{14-16}$$

上式称为电极电势的能斯特方程。

298K 时，则

$$E=E^{\ominus}+\frac{0.0591\text{V}}{n}\lg\frac{[氧化型]}{[还原型]} \tag{14-17}$$

上式反映了 298K 时非标准电极电势和标准电极电势的关系。式中的[氧化型][还原型]必须严格地按电极反应式写，而且还包含了参与电极反应的所有物质，若电对中的物质是离子用 $c/c^{\ominus}$ 表示，气体则用 $p/p^{\ominus}$ 来表示，若为纯固体和液体则浓度为常数 1。同时需注意[氧化型][还原型]的方次应等于它们在电极反应中的系数。

例如，298K 时电极反应

$$MnO_4^{-}+8H^{+}+5e^{-}=\!=\!=Mn^{2+}+4H_2O$$

电极电势的能斯特方程为

$$E=E^{\ominus}+\frac{0.0591\text{V}}{5}\lg\frac{[MnO_4^{-}][H^{+}]^{8}}{[Mn^{2+}]}$$

【思考题】

14-6 电极电势的能斯特方程和电动势的能斯特方程有什么不同？

14.4.2 能斯特方程的应用

根据电极电势的能斯特方程

$$E=E^{\ominus}+\frac{2.303RT}{nF}\lg\frac{[氧化型]}{[还原型]}$$

电极反应中 $\frac{[氧化型]}{[还原型]}$ 比值大小直接影响电极电势值，有关能斯特方程式的应用将从以下几方

面讨论。

1. 溶质浓度和气体压力对电极电势的影响

【例题 14-7】 已知 $Fe^{3+}+e^{-}=Fe^{2+}$，$E^{\ominus}=+0.771V$，问当 Fe^{3+} 浓度为 Fe^{2+} 浓度的一千倍、一百倍、十倍、十分之一、百分之一、千分之一时的该电极反应的电极电势。

解 298K 时电极反应 $Fe^{3+}+e^{-}=Fe^{2+}$ 的能斯特方程为

$$E=E^{\ominus}+\frac{0.0591V}{1}\lg\frac{[Fe^{3+}]}{[Fe^{2+}]}$$

当$[Fe^{3+}]=1000[Fe^{2+}]$时，$E=+0.771V+0.0591V\cdot\lg1000=+0.948V$

当$[Fe^{3+}]=100[Fe^{2+}]$时，$E=+0.771V+0.0591V\cdot\lg100=+0.889V$

当$[Fe^{3+}]=10[Fe^{2+}]$时，$E=+0.771V+0.0591V\cdot\lg10=+0.830V$

当$[Fe^{3+}]=[Fe^{2+}]$时，$E=E^{\ominus}=0.771V$

当$[Fe^{3+}]=10^{-1}[Fe^{2+}]$时，$E=+0.771V+0.0591V\cdot\lg10^{-1}=+0.712V$

当$[Fe^{3+}]=10^{-2}[Fe^{2+}]$时，$E=+0.771V+0.0591V\cdot\lg10^{-2}=+0.653V$

当$[Fe^{3+}]=10^{-3}[Fe^{2+}]$时，$E=+0.771V+0.0591V\cdot\lg10^{-3}=+0.594V$

上述例题可以看出，增大氧化型物质的浓度或降低还原型物质的浓度，E 值增大。氧化型物质的氧化能力增强，稳定性减弱；还原型物质的还原能力减弱，稳定性增强。

【例题 14-8】 已知氧气的标准电极电势为+1.229V，问当氧气压力下降为 1kPa、1Pa、10^{-5} Pa 时的电极电势。

解 298K 时电极反应 $O_2+4H^{+}+4e^{-}=2H_2O$ 能斯特方程为

$$E=E^{\ominus}+\frac{0.0591V}{4}\lg\frac{p(O_2)}{p^{\ominus}}\cdot[H^{+}]^4$$

$[H^{+}]=1mol\cdot dm^{-3}$保持不变，改变氧气浓度，则

当 $p(O_2)=100kPa$ 时，$p(O_2)/p^{\ominus}=1$，$E=E^{\ominus}=1.229V$

当 $p(O_2)=1kPa$ 时，$p(O_2)/p^{\ominus}=0.01$，得

$$E=1.229V+\frac{0.0591V}{4}\lg0.01$$
$$=1.20V$$

当 $p(O_2)=1Pa$ 时，$p(O_2)/p^{\ominus}=10^{-5}$，得

$$E=1.229V+\frac{0.0591V}{4}\lg10^{-5}$$
$$=1.16V$$

当 $p(O_2)=10^{-5}Pa$ 时，$p(O_2)/p^{\ominus}=10^{-10}$，得

$$E=1.229V+\frac{0.0591V}{4}\lg10^{-10}$$
$$=1.08V$$

可以看出，气体压力对电极电势的影响效果与浓度对电极电势的影响基本一致，它们对电极电势的减小是有限的。

2. 酸度对电极电势的影响

【例题 14-9】 电极反应 $Cr_2O_7^{2-}+14H^++6e^-=\!=\!=2Cr^{3+}+7H_2O$，$E^\ominus=1.33V$。求：当$[Cr_2O_7^{2-}]=[Cr^{3+}]=1mol\cdot dm^{-3}$，$[H^+]$取不同值时的 E 值。

解 298K 时，电极反应 $Cr_2O_7^{2-}+14H^++6e^-=\!=\!=2Cr^{3+}+7H_2O$ 能斯特方程为

$$E(Cr_2O_7^{2-}/Cr^{3+})=E^\ominus(Cr_2O_7^{2-}/Cr^{3+})+\frac{0.0591V}{6}\lg\frac{[Cr_2O_7^{2-}][H^+]^{14}}{[Cr^{3+}]^2}$$

当$[Cr_2O_7^{2-}]=[Cr^{3+}]=1mol\cdot dm^{-3}$时

$$E(Cr_2O_7^{2-}/Cr^{3+})=E^\ominus(Cr_2O_7^{2-}/Cr^{3+})+\frac{0.0591V}{6}\lg[H^+]^{14}$$

$[H^+]=10mol\cdot dm^{-3}$ $\quad E(Cr_2O_7^{2-}/Cr^{3+})=1.33V+\frac{0.0591V}{6}\times\lg10^{14}=1.468V$

$[H^+]=1mol\cdot dm^{-3}$ $\quad E(Cr_2O_7^{2-}/Cr^{3+})=E^\ominus=1.33V$

$[H^+]=1\times10^{-3}mol\cdot dm^{-3}$ $\quad E(Cr_2O_7^{2-}/Cr^{3+})=1.33V+\frac{0.0591V}{6}\times\lg(1\times10^{-3})^{14}=0.916V$

$[H^+]=1\times10^{-7}mol\cdot dm^{-3}$ $\quad E(Cr_2O_7^{2-}/Cr^{3+})=1.33V+\frac{0.0591V}{6}\times\lg(1\times10^{-7})^{14}=0.365V$

由本题的计算结果可见，氧化还原反应的电极电势不仅受氧化剂还原剂自身浓度的影响，而且经常受到非氧化还原组分浓度的影响，包括酸度(pH)对反应的影响，但溶液酸碱性对电极电势的影响也必须在 pH 发生数量级变动时才十分显著。$K_2Cr_2O_7$ 在强酸性溶液中的氧化性比在弱酸性中强，在实验室或工业生产中，总是在酸性溶液中使用 $K_2Cr_2O_7$ 作为氧化剂。

【例题 14-10】 计算氧气在$[H^+]=10^{-7}mol\cdot dm^{-3}$(中性溶液)和$[H^+]=10^{-14}mol\cdot dm^{-3}$($[OH^-]=1mol\cdot dm^{-3}$标准碱性溶液)中的电极电势。

解 298K 时电极反应

$O_2+4H^++4e^-=\!=\!=2H_2O$ 的能斯特方程为

$$E=E^\ominus+\frac{0.0591V}{4}\lg\frac{p(O_2)}{p^\ominus}\cdot[H^+]^4$$

$p(O_2)=100kPa$ 保持不变，改变$[H^+]$，则能斯特方程为

$$E=E^\ominus+\frac{0.0591V}{4}\lg[H^+]^4$$
$$=1.229V-0.0591V\times pH$$

$pH=0$，$[H^+]=1mol\cdot dm^{-3}$，$E(O_2/H_2O)=E^\ominus(O_2/H_2O)=1.229V$

$pH=7$，$[H^+]=10^{-7}mol\cdot dm^{-3}$，$E(O_2/H_2O)=0.815V$

$pH=14$，$[OH^-]=1mol\cdot dm^{-3}$，$E(O_2/H_2O)=0.401V$

由本题可见，氧气的氧化性受到溶液的酸碱性很大的影响，当$[OH^-]=1mol\cdot dm^{-3}$时氧气电极反应式实际上就是氧气在碱性溶液的电极反应式：$O_2+2H_2O+4e^-=\!=\!=4OH^-$，此时

$$E(O_2/H_2O)=E^\ominus(O_2/OH^-)=0.401V$$

3. 电极电势与弱酸弱碱、难溶物、配合物平衡常数之间的关系

【例题 14-11】 已知乙酸的酸式解离平衡常数为 1.76×10^{-5}，求电极反应 $2HAc+2e^{-}═══H_2+2Ac^{-}$ 的标准电极电势。

解 电极反应 $2HAc+2e^{-}═══H_2+2Ac^{-}$ 标准电极电势的条件是溶液中 $[HAc]=[Ac^{-}]=1mol\cdot dm^{-3}$，$p(H_2)=p^{\ominus}$，此时

$$[H^{+}]=\frac{K_a^{\ominus}[HAc]}{[Ac^{-}]}=K_a^{\ominus}$$

相当于将乙酸和乙酸盐混合溶液添加到电极反应 $2H^{+}+2e^{-}═══H_2$ 中，将其 $[H^{+}]$ 调制到 $K_a^{\ominus}(HAc)$，因此当电对 H^{+}/H_2 的能斯特方程修正项的 $[H^{+}]=K_a^{\ominus}(HAc)$ 时，电对 H^{+}/H_2 的非标准态电极电势就是电对 HAc/H_2 的标准电极电势，298K 时

$$E(H^{+}/H_2)=E^{\ominus}(HAc/H_2)=E^{\ominus}(H^{+}/H_2)+\frac{0.0591V}{2}\lg\frac{[H^{+}]^2}{p_{H_2}/p^{\ominus}}$$

$$=E(H^{+}/H_2)+0.0591V\lg[H^{+}]$$

$$=E(H^{+}/H_2)+0.0591V\lg K_a^{\ominus}(HAc)$$

$$E^{\ominus}(HAc/H_2)=0+0.0591V\lg1.76\times10^{-5}=-0.28V$$

弱酸 HAc 的生成减小了电极反应 $2H^{+}+2e^{-}═══H_2$ 中氧化型 H^{+} 的浓度，使 E 减小。反之，使电对中还原型浓度减小，则 E 增大。

【例题 14-12】 求电极反应 $AgCl+e^{-}═══Ag(s)+Cl^{-}$ 的 $E^{\ominus}$ 值。

已知电极反应 $Ag^{+}+e^{-}═══Ag$，$E^{\ominus}(Ag^{+}/Ag)=0.799V$，$K_{sp}^{\ominus}(AgCl)=1.8\times10^{-10}$。

解 $AgCl(s)═══Ag^{+}+Cl^{-}$　（其中 $[Cl^{-}]=1mol\cdot dm^{-3}$）

$$K_{sp}^{\ominus}(AgCl)=[Ag^{+}][Cl^{-}]$$

$$[Ag^{+}]=\frac{K_{sp}^{\ominus}(AgCl)}{[Cl^{-}]}=K_{sp}^{\ominus}(AgCl)=1.8\times10^{-10}(mol\cdot dm^{-3})$$

$$E(Ag^{+}/Ag)=E^{\ominus}(Ag^{+}/Ag)+\frac{0.0591V}{1}\lg[Ag^{+}]$$

$$E(Ag^{+}/Ag)=0.799V+0.0591V\times\lg1.8\times10^{-10}=0.223V$$

$$E(AgCl/Ag)=E(Ag^{+}/Ag)=0.223V$$

同理

电极反应	$K_{sp}^{\ominus}$	电　对	$E^{\ominus}/V$
$AgCl+e^{-}═══Ag+Cl^{-}$	1.8×10^{-10}	AgCl/Ag	0.223
$AgBr+e^{-}═══Ag+Br^{-}$	5.0×10^{-13}	AgBr/Ag	0.071
$AgI+e^{-}═══Ag+I^{-}$	8.52×10^{-17}	AgI/Ag	−0.152

根据溶度积规律，如果电对中氧化型生成相同类型的沉淀，则沉淀物的 $K_{sp}^{\ominus}$ 越小，会导致 E 值变得越小；如果电对中还原型生成相同类型的沉淀，则沉淀物的 $K_{sp}^{\ominus}$ 越小，会导致 E 值变得越大。

【例题 14-13】 已知 I_2+2e^- ══ $2I^-$，$E^\ominus=0.535V$，$Cu^{2+}+e^-$ ══ Cu^+，$E^\ominus=0.159V$，$K_{sp}^\ominus(CuI)=1.1\times10^{-12}$。

求(1) $Cu^{2+}+I^-+e^-$ ══ CuI 的 $E^\ominus=?$

(2) 反应 $2Cu^{2+}+2I^-$ ══ $2Cu^++I_2$ 能否自发进行？

(3) $2Cu^{2+}+4I^-$ ══ $2CuI\downarrow+I_2$ 的 $K^\ominus=?$ 此反应能否自发进行？

解 (1) $E^\ominus(Cu^{2+}/CuI)=E^\ominus(Cu^{2+}/Cu^+)+0.0591V\lg[Cu^+]^{-1}$

$=E^\ominus(Cu^{2+}/Cu^+)+0.0591V\lg(K_{sp}^\ominus(CuI))^{-1}$

$=0.159V+0.0591V\lg(1.1\times10^{-12})^{-1}$

$=0.87V$

(2) $E^\ominus=E^\ominus(Cu^{2+}/Cu^+)-E^\ominus(I_2/I^-)=0.159-0.535=-0.376(V)<0$，反应不能自发进行；

(3) $E^\ominus=E^\ominus(Cu^{2+}/CuI)-E^\ominus(I_2/I^-)=0.87-0.535=0.335(V)$

$\lg K^\ominus=nE^\ominus/0.0591V=2\times0.335/0.0591=11.36$

$K^\ominus=2.29\times10^{11}$

由于 CuI 的生成，增大了 $E(Cu^{2+}/Cu^+)$，使氧化还原反应得以进行。

【例题 14-14】 一个铜电极浸在含有 $1.00dm^3$ 氨和 $1.00mol\cdot dm^{-3}$ $Cu(NH_3)_4^{2+}$ 的溶液中。以标准氢电极为正极，测得它与铜电极之间的电势差为 0.030V。试计算 $Cu(NH_3)_4^{2+}$ 配离子的稳定常数。已知 $E^\ominus(Cu^{2+}/Cu)=0.34V$。

解 $E^\ominus=E^\ominus(H^+/H_2)-E^\ominus[Cu(NH_3)_4^{2+}/Cu]=0.030V$，则 $E^\ominus[Cu(NH_3)_4^{2+}/Cu]=-0.030V$

$$E^\ominus[Cu(NH_3)_4^{2+}/Cu]=E^\ominus(Cu^{2+}/Cu)+\frac{0.0591V}{2}\cdot\lg[Cu^{2+}]$$

$$Cu^{2+}+4NH_3 \rightleftharpoons Cu(NH_3)_4^{2+}$$

得 $K_{稳}^\ominus=1/[Cu^{2+}]$，即 $[Cu^{2+}]=1/K_{稳}^\ominus$

$$E^\ominus[Cu(NH_3)_4^{2+}/Cu]=0.342V+\frac{0.0591V}{2}\cdot\lg(1/K_{稳}^\ominus)$$

$$-0.030V=0.34V+\frac{0.0591V}{2}\cdot\lg(1/K_{稳}^\ominus)$$

$$K_{稳}^\ominus=4.05\times10^{11}$$

【例题 14-15】 已知 $E^\ominus(I_2/I^-)=0.535V$，$E^\ominus(Fe^{3+}/Fe^{2+})=0.771V$，$K_{稳}([Fe(CN)_6]^{3-})=1.0\times10^{42}$，$K_{稳}([Fe(CN)_6]^{4-})=1.0\times10^{35}$。通过计算解释为什么 I_2 不能氧化 Fe^{2+} 却能氧化 $[Fe(CN)_6]^{4-}$。

解

$$Fe^{3+}+I^- \rightleftharpoons 1/2I_2+Fe^{2+}$$

$$E^\ominus=E^\ominus(Fe^{3+}/Fe^{2+})-E^\ominus(I_2/I^-)=0.771V-0.535V=0.236V>0$$

所以 Fe^{3+} 能氧化 I^-，而 I_2 不能氧化 Fe^{2+}。

电极反应式 $[Fe(CN)_6]^{3-}+e^-$ ══ $[Fe(CN)_6]^{4-}$ 标准电极电势的条件是溶液中

$$[Fe(CN)_6^{4-}]=[Fe(CN)_6^{3-}]=1mol\cdot dm^{-3}$$

所以 $E^\ominus([Fe(CN)_6]^{3-}/[Fe(CN)_6]^{4-})=E^\ominus(Fe^{3+}/Fe^{2+})+0.0591V\times\lg[Fe^{3+}]/[Fe^{2+}]$

$$[Fe^{3+}]=[Fe(CN)_6^{3-}]/K_{稳}([Fe(CN)_6]^{3-})\cdot[CN^-]^6$$

$$[Fe^{2+}]=[Fe(CN)_6^{4-}]/K_{稳}([Fe(CN)_6]^{4-})\cdot[CN^-]^6$$

$$E^\ominus([Fe(CN)_6]^{3-}/[Fe(CN)_6]^{4-})=E^\ominus(Fe^{3+}/Fe^{2+})+0.0591V\times\lg K_{稳}([Fe(CN)_6]^{4-})/K_{稳}([Fe(CN)_6]^{3-})$$

$=0.771V+0.0591V\times\lg1.0\times10^{35}/1.0\times10^{42}$

$=0.361V$

$$\frac{1}{2}I_2+[Fe(CN)_6]^{4-} \rightleftharpoons [Fe(CN)_6]^{3-}+I^-$$

$$E^{\ominus}=E^{\ominus}(I_2/I^-)-E^{\ominus}([Fe(CN)_6]^{3-}/[Fe(CN)_6]^{4-})$$
$$=0.535-0.361=0.174(V)>0$$

所以 I_2 能氧化 $[Fe(CN)_6]^{4-}$。

金属离子发生配位反应使金属离子浓度发生变化导致其电极电势改变。通常生成的配合物越稳定，配离子解离度越小，溶液中游离的金属离子浓度越低，电极电势越小，因此，金属离子形成配离子后，还原能力增强，氧化能力减弱。

【思考题】

14-7　水溶液中已存在一氧化还原平衡，当再有酸碱平衡或沉淀-溶解平衡或配位平衡介入时，会对其电极电势产生影响，其本质是什么？

14-8　查阅相关电极电势，通过计算说明为什么在水溶液中，Co^{3+} 能氧化水，$Co(NH_3)_6^{3+}$ 却不能氧化水。

14-9　查阅相关电极电势，通过计算求。

(1) 25℃时，$K_{稳}[Hg(CN)_4^{2-}]$。

(2) 25℃时，$Hg^{2+}+Hg \rightleftharpoons Hg_2^{2+}$ 的平衡常数 $K^{\ominus}$。

4. 电极电势与氧化还原反应的方向的逆转

某些氧化还原反应的电池电动势不大，当改变氧化剂和还原剂的浓度时，会使反应方向逆转。

氧化型还原反应

$$H_3AsO_3+I_2+H_2O \rightleftharpoons H_3AsO_4+2I^-+2H^+$$
$$E^{\ominus}=E^{\ominus}_{+}-E^{\ominus}_{-}=E^{\ominus}(I_2/I^-)-E^{\ominus}(H_3AsO_4/H_3AsO_3)$$
$$=0.535-0.559=-0.024(V)$$
$$\lg K^{\ominus}=\frac{nE^{\ominus}}{0.0591V}=\frac{2\times(-0.024)}{0.0591V}=-0.812\qquad K^{\ominus}=0.154$$

电极反应 $H_3AsO_4+2H^++2e^- \rightleftharpoons H_3AsO_3+H_2O$，$[H_3AsO_4]=[H_3AsO_4]$，则能斯特方程为

$$E(H_3AsO_4/H_3AsO_3)=E^{\ominus}(H_3AsO_4/H_3AsO_3)+\frac{0.0591V}{2}\lg\frac{[H^+]^2[H_3AsO_4]}{[H_3AsO_3]}$$
$$=0.559V+0.0591V\lg[H^+]$$

当 $pH=7$，$E(H_3AsO_4/H_3AsO_3)=0.559V+0.0591V\lg 10^{-7}=0.1453V$

$$E=E^{\ominus}(I_2/I^-)-E(H_3AsO_4/H_3AsO_3)=0.535-0.1453=0.3897(V)>0$$

反应正向自发进行。

当 $[H^+]=6mol\cdot dm^{-3}$，$E(H_3AsO_4/H_3AsO_3)=0.559V+0.0591V\lg 6=0.605V$

$$E=E^{\ominus}(I_2/I^-)-E(H_3AsO_4/H_3AsO_3)=0.535-0.625=-0.07(V)<0$$

反应逆向自发进行。

这是酸度影响电极电势从而改变反应方向的一个典型实例。通常，若电池反应中两电对的 $-0.2V>\Delta E^{\ominus}>0.2V$，浓度虽然会影响到电动势 E，但不会使标准电动势 $E^{\ominus}$ 的正负号改变。在此情况下，可直接用 $E^{\ominus}$ 的正负号判断反应方向。反之，则浓度的改变可能导致反应方向的改变，需要用非标准态的电池电动势判断反应方向。

5. 浓差电池

一般将电池分为化学电池(chemical cell)和浓差电池(concentration cell)。电池总反应是某种化学反应的电池,称为化学电池。由于两极间电解质浓度不同或电极上反应物的浓度不同的作用而产生电动势的电池称为浓差电池,其净结果是一种物质从高浓度向低浓度的迁移。

1) 电极浓差电池

$$(-)Pt|H_2(p_1)|HCl(c)|H_2(p_2)|Pt(+) \quad (p_1>p_2)$$

电极反应:负极 $H_2(p_1) \longrightarrow 2H^+(c)+2e^-$

正极 $2H^+(c)+2e^- \longrightarrow H_2(p_2)$

电池反应:$H_2(p_1) \longrightarrow H_2(p_2)$

2) 电解质浓差电池(图 14-5)

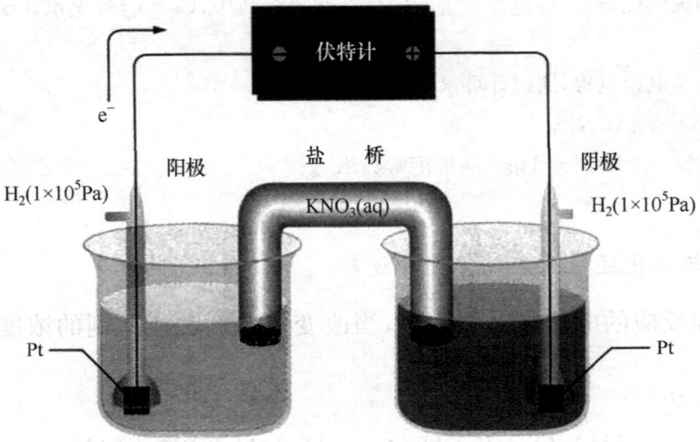

图 14-5 浓差电池示意图

$$(-)Pt|H_2(p)|HCl(c_1)\parallel HCl(c_2)|H_2(p)|Pt(+) \quad (c_1<c_2)$$

电极反应:负极 $H_2(p) \longrightarrow 2H^+(c_1)+2e^-$

正极 $2H^+(c_2)+2e^- \longrightarrow H_2(p)$

电池反应:$H^+(c_2) \longrightarrow H^+(c_1)$

14.4.3 电势-pH 图及其应用

电极反应式中有 H^+ 或 OH^- 时,其电极电势 E 值要受 pH 的影响。以 pH 为横坐标,以 E 值为纵坐标作图,即得该电极反应的电势-pH 图(potential-pH diagram),也称普贝(Pourbaix)图。

许多氧化还原反应都是在水溶液中进行的,水本身也具有氧化还原性,且与酸度有关。

在电对 H_2O/H_2 中,H_2O 为氧化型,配平电对的电极反应,得

$$2H^+ + 2e^- \xlongequal{} H_2 \qquad E^\ominus = 0.000V$$

在电对 O_2/H_2O 中,H_2O 为还原型,配平电对的电极反应,得

$$O_2 + 4H^+ + 4e^- \xlongequal{} 2H_2O \qquad E^\ominus = 1.229V$$

这两个电对的电极电势都受酸度的影响,298K 时,当 H_2、O_2 处于标准态时,能斯特方程分别表示为

$$E(H^+/H_2)=E^{\ominus}(H^+/H_2)+\frac{0.0591V}{2}\lg[H^+]^2$$

$$E(H^+/H_2)=-0.0591VpH \qquad 水作氧化剂被还原放出氢气$$

$$E(O_2/H_2O)=E^{\ominus}(O_2/H_2O)+\frac{0.0591V}{4}\lg[H^+]^4=E^{\ominus}(O_2/H_2O)+0.0591V\lg[H^+]$$

即　　$E(O_2/H_2O)=1.229VpH$　　　水作还原剂被氧化放出氧气

以 pH 分别对 $E(H^+/H_2)$ 和 $E(O_2/H_2O)$ 作图，得直线 A 和 B。整个 H_2O 的电势-pH 图，就是由 A,B 两线和由这两条线将图分成的三部分构成，A 线称为氢线，B 线称为氧线。A 线下方是 H_2 的稳定区，B 线上方是 O_2 的稳定区，A 线上、B 线下的区域是 H_2O 的稳定区(图 14-6)。在理论上，凡电势-pH 曲线位于氧线以上区域的电对，均能与水反应放出氧气，凡电势-pH 曲线位于氢线以下的电对都能与水反应放出氢气，凡电势-pH 曲线位于氧线和氢线之间区域的电对在水溶液中都是稳定的，不会与水发生反应。但事实上氧化剂和还原剂在水中的稳定区间实测值比理论值偏差 0.6V，因此 A 线、B 线各向外推出 0.5V，实际为 a、b 虚线(图 14-7)。此事实可用动力学障碍来解释，即便位于理论氧线以上的氧化剂在热力学上可以与水反应放出氧气，动力学上却没有足够的速率，因而仍在一定时间间隔内可在水中存在。例如，$KMnO_4$，$E^{\ominus}(MnO_4^-/MnO_2)=1.679V$，其电势-pH 曲线位于理论氧线之上，而在室温下 $KMnO_4$ 却可在水中存在相当长的时间(两天后，$KMnO_4$ 浓度就开始稳定，下降很慢，加热另当别论)。图 14-7中还以举例的形式画了 F_2/F^- 和 Na^+/Na 的电势-pH 曲线，可以看出这两条电势-pH 曲线是水平的，不随 pH 而变，F_2/F^- 的电势-pH 曲线位于氧线以上，因此 F_2 与水剧烈反应放出氧气；Na^+/Na 的电势-pH 曲线位于氢线以下，因此金属钠将与水剧烈反应放出氢气。这就是为什么制备必须用熔融盐电解法，而用钠作还原剂不能在水溶液中进行，必须以液氨或无水乙醚作溶剂的原因。

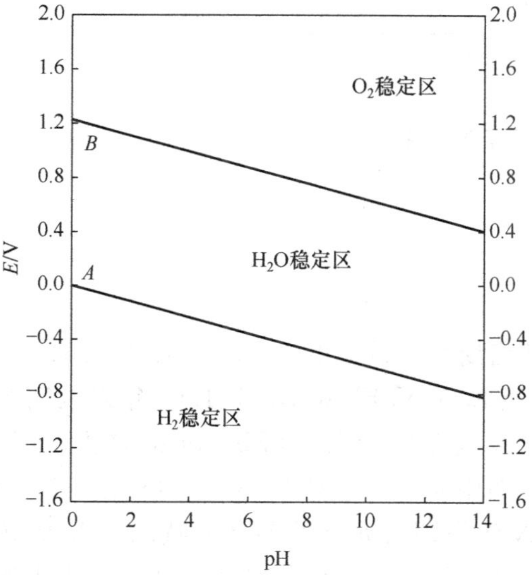

图 14-6　H_2O 体系的电势-pH 图

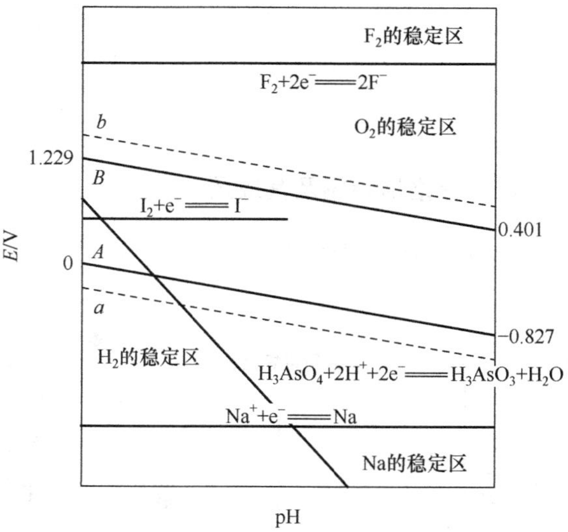

图 14-7　F_2-H_2O,Na-H_2O 体系的电势-pH 图

由电对 H_3AsO_4/H_3AsO_3 和电对 I_2/I^- 的电势-pH 图可以看出，当 pH=0 或在更强的酸性介质中，电对 H_3AsO_4/H_3AsO_3 的电极电势高于电对 I_2/I^- 的电极电势。体系中将发生的反应是 H_3AsO_4 氧化 I^-，还原产物为 H_3AsO_3，氧化产物为 I_2。当 pH=1 或在 pH 更大些的

介质中，电对 H_3AsO_4/H_3AsO_3 的电极电势低于电对 I_2/I^- 的电极电势。体系中将发生的反应是 I_2 氧化 H_3AsO_4，还原产物 I^-，氧化产物为 H_3AsO_3。

电势-pH 图直观地反映了 pH 与电极电势的关系，我们可以通过控制 pH 利用氧化还原反应为生产服务。目前，在水法冶金和很多化工生产中得到了很好的应用。例如，把铈从混合稀土中分离出来的工艺过程为

$$\text{混合稀土}(Ce^{3+}、Re^{3+}) \xrightarrow[\text{pH?}]{\text{氧化剂}} \begin{cases} Ce(OH)_4\downarrow \\ Re(OH)_3\downarrow \end{cases} \xrightarrow{\text{稀 } HNO_3} \begin{cases} Ce(OH)_4\downarrow \\ Re^{3+}(aq) \end{cases}$$

那么如何选择合适的氧化剂和溶液的 pH 呢？

从图 14-8 $Ce-H_2O$ 体系的电势-pH 图可以看出：若选 $KMnO_4$ 作氧化剂，显然在很广的 pH 范围内可使 Ce^{3+} 氧化为 Ce^{4+} 或 $Ce(OH)_4$，但同时也引进了杂质 MnO_2。若改用空气作氧化剂（分压 2×10^4 kPa，直线 b'），显然符合要求。因此选择 pH＝8～9，用空气作氧化剂合适。

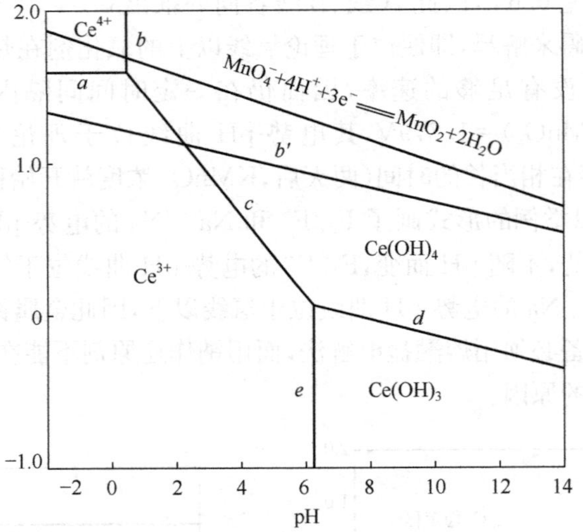

图 14-8　$Ce-H_2O$ 体系普贝图

14.4.4　弗洛斯特图及其应用

1. 弗洛斯特图的概念

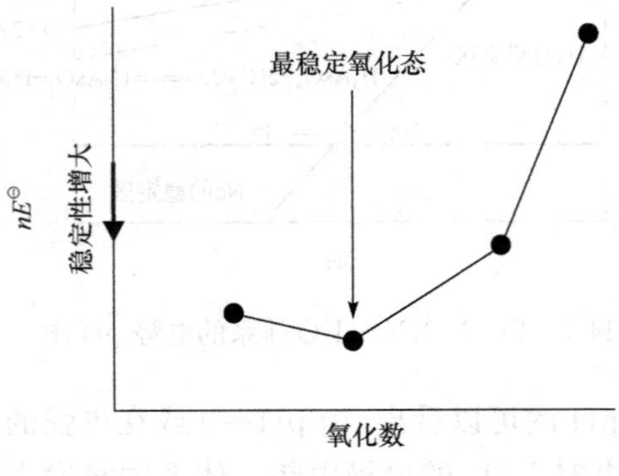

图 14-9　元素的弗洛斯特图

弗洛斯特图最早由 A. A. Frost 于 1951 年提出，后经 E. A. V. Ebsworth 于 1964 年发展完善，因此又有埃布斯沃斯图（Ebsworth）之说。用拉蒂麦尔图中元素的电对 $X(N)/X(O)$ 的 $nE^\ominus$ 对氧化数 N 作图即得元素的弗洛斯特图。由于 $nE^\ominus$ 与物种 $X(N)$ 转化为元素的反应自由能成正比，因而也可将弗洛斯特图看作是标准生成自由能对氧化态作出的图。这意味着元素最稳定的氧化态总是相应于图上位置最低的那个物种（图 14-9）。

2. 弗洛斯特图的制作原理

原则上，氧化还原反应都可以设计成原电池，在半电池反应中

$$M^{n+} + ne^- \longrightarrow M \qquad \Delta_r G_m^\ominus = -nFE^\ominus$$

或

$$M \longrightarrow M^{n+} + ne^- \qquad \Delta_r G_m^\ominus = nFE^\ominus$$

式中，n 为转移的电子数，在数值上等于 M^{n+} 的氧化值 N。若 $\Delta_r G_m^\ominus$ 的单位取 $kJ \cdot mol^{-1}$，则对 M 来说在数值上 $\Delta_r G_m^\ominus = 96\ 500nE^\ominus\ kJ \cdot mol^{-1}$；若 $\Delta_r G_m^\ominus$ 单位用 eV 表示，因 $1eV = 96\ 500kJ \cdot mol^{-1}$，于是在数值上 $\Delta_r G_m^\ominus = nE^\ominus\ eV$。

显然，若以 $\Delta_r G_m^\ominus$ 对 n 作图，得到的是一条直线，其斜率为电对 M^{n+}/M 的电极电势。同样，若 $M^{n+} \longrightarrow M^{m+} + (m-n)e^- (m>n)$，$\Delta_r G_m^\ominus = (m-n)E^\ominus\ eV$，以 $\Delta_r G_m^\ominus$ 对 $(m-n)$ 作图，得到的也是一条直线，其斜率为电对 M^{m+}/M^{n+} 的电极电势。将各氧化态物种的直线连起来，即得元素的弗洛斯特图。

3. 弗洛斯特图的应用

弗洛斯特图最大的优点是它定性地给出了一个元素化学性质的轮廓印象。它是以热力学数据作为作图的依据，所以依图处理问题是有热力学依据的，一切处理均可用图 14-10 表示。

由图 14-10 可知如下一些重要定性信息：

(1) 图中任何两点连线的斜率都等于该两点所代表的物种构成的电对的标准电势。

(2) 如图 14-10(a)所示，图中两点之间的连线越陡，相应电对的电势越高，这就意味着比较相应线段的斜率就能判断任两个电对组成的反应的自发性。

(3) 如图 14-10(b)所示，斜率较大($E^\ominus$ 正值较大)的电对中的氧化剂容易发生还原，斜率较小($E^\ominus$ 正值较小)的电对中的还原氧化剂容易发生氧化。

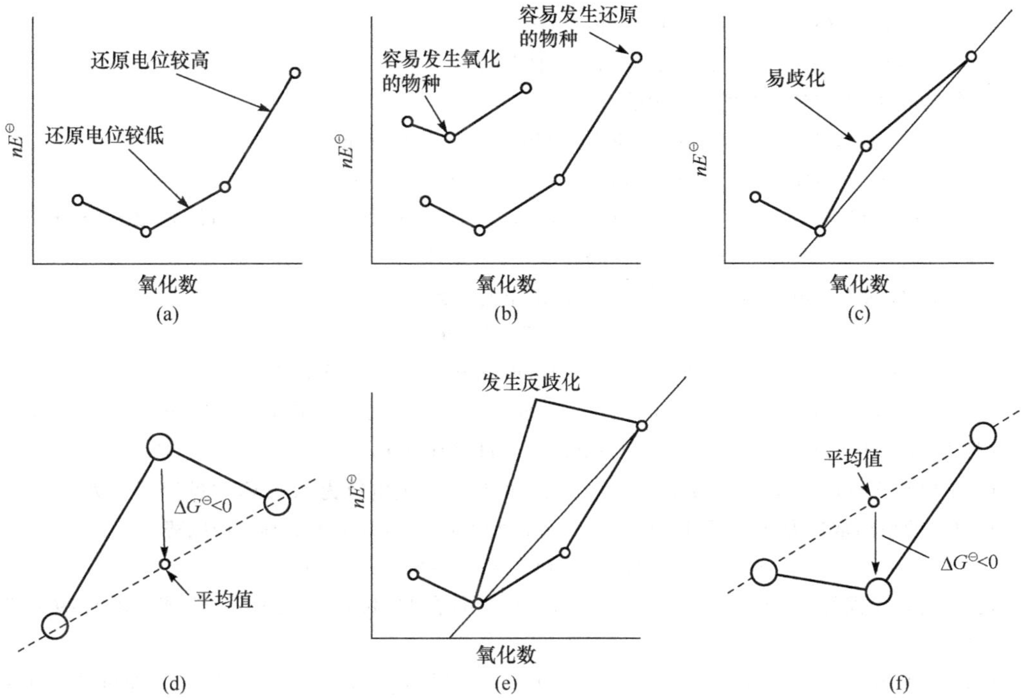

图 14-10 弗洛斯特图显示的热力学

(4) 如图 14-10(c)所示,离子或分子在弗洛斯特图中如果处于其两侧物种的连线上方,该离子或分子就会发生歧化反应,这是因为中间物种的反应自由能高于两侧物种的平均自由能[图 14-11(d)],表明中间物种容易歧化为两侧物种。

(5) 如图 14-10(e)所示,如果中间物种在图上处于其两侧物种的连线下方,两侧物种则倾向于发生反歧化转化为中间物种,这是因为两侧物种的平均自由能[图 14-10(f)]高于中间物种的反应自由能,因而反歧化过程在热力学上是有利的。

自然,弗洛斯特图有许多实际用途,例如,①判别同一元素不同氧化态在水溶液中的相对稳定性;②预测发生歧化反应的可能性;③判断氧化还原反应自发进行的方向和趋势;④比较元素的各种氧化态在不同介质中的稳定性及其氧化还原能力;⑤说明周期表中同族或同周期元素氧化还原性的变化规律。

这些将在讲述元素部分的章节里,结合具体元素的弗洛斯特图的应用予以解释。

4. 应用弗洛斯特图应注意的几个问题

弗洛斯特图里涉及的是 $\Delta_r G$ 和标准电极电势数据,以热力学为作图的依据,所以得到的结论只有热力学意义,仅反映反应的方向、趋势与限度,不能说明反应速率等动力学问题;作图数据来自水溶液体系的热力学标准态,因此弗洛斯特图只适用于满足这一条件的化学反应。对于非标准态反应,由图得到的结论只能作为参考;弗洛斯特图给出的结果基本是定性的,有些也只是半定量,不能定量地说明氧化还原反应。

习 题

14-1 计算 298K 时下列各电池的标准电动势,并写出每个电池的自发电池反应。

(1) $(-)Pt|I^-, I_2 \parallel Fe^{3+}, Fe^{2+}|Pt(+)$

(2) $(-)Zn|Zn^{2+} \parallel Fe^{3+}, Fe^{2+}|Pt(+)$

(3) $(-)Pt|HNO_2, NO_3^-, H^+ \parallel Fe^{3+}, Fe^{2+}|Pt(+)$

(4) $(-)Pt|Fe^{3+}, Fe^{2+} \parallel MnO_4^-, Mn^{2+}, H^+|Pt(+)$

14-2 计算 298K 时下列各电对的电极电势。

(1) Fe^{3+}/Fe^{2+}, $c(Fe^{3+})=0.1mol \cdot dm^{-3}$, $c(Fe^{2+})=0.5mol \cdot dm^{-3}$

(2) Sn^{4+}/Sn^{2+}, $c(Sn^{4+})=1.0mol \cdot dm^{-3}$, $c(Sn^{2+})=0.2mol \cdot dm^{-3}$

(3) $Cr_2O_7^{2-}/Cr^{3+}$, $c(Cr_2O_7^{2-})=0.1mol \cdot dm^{-3}$, $c(Cr^{3+})=0.2mol \cdot dm^{-3}$, $c(H^+)=2mol \cdot dm^{-3}$

(4) Cl_2/Cl^-, $c(Cl^-)=0.1mol \cdot dm^{-3}$, $p(Cl_2)=2\times10^5 Pa$

14-3 计算 298K 时下列电池的电动势及电池反应的平衡常数。

(1) $(-)Zn|Zn^{2+}(0.1mol \cdot dm^{-3}) \parallel Cu^{2+}(0.5mol \cdot dm^{-3})|Cu(+)$

(2) $(-)Sn|Sn^{2+}(0.05mol \cdot dm^{-3}) \parallel H^+(1mol \cdot dm^{-3})|H_2(10^5 Pa), Pt(+)$

(3) $(-)Pt, H_2(10^5 Pa)|H^+(1mol \cdot dm^{-3}) \parallel Sn^{4+}(0.5mol \cdot dm^{-3}), Sn^{2+}(0.1mol \cdot dm^{-3})|Pt(+)$

(4) $(-)Pt, H_2(10^5 Pa)|H^+(0.01mol \cdot dm^{-3}) \parallel H^+(1mol \cdot dm^{-3})|H_2(10^5 Pa), Pt(+)$

14-4 已知 $NO_3^- + 3H^+ + 2e^- = HNO_2 + H_2O$ 反应的标准电极电势为 0.94V,水的离子积为 $K_w^\ominus=10^{-14}$,HNO_2 的解离常数为 $K_a^\ominus=5.1\times10^{-4}$。试求下列反应在 298K 时的标准电极电势。

$$NO_3^- + H_2O + 2e^- = NO_2^- + 2OH^-$$

14-5 已知盐酸、氢溴酸、氢碘酸都是强酸,通过计算说明,在 298K 标准状态下 Ag 能从哪种酸中置换出氢气。

14-6 已知 $E^\ominus(Cu^{2+}/Cu)=0.34V$,$E^\ominus(Cu^{2+}/Cu^+)=0.159V$,$K_{sp}^\ominus(CuCl)=1.1\times10^{-12}$。通过计算判断反应 $Cu^{2+} + Cu + 2Cl^- = 2CuCl$ 在 298K、标准状态下能否自发进行,并计算反应的平衡常数 $K^\ominus$ 和标准自

由能变化$\Delta_r G_m^{\ominus}$。

14-7　为了测定 CuS 的溶度积常数，设计原电池如下：正极为铜片浸泡在 0.1mol · dm^{-3} Cu^{2+} 的溶液中，再通入 H_2S 气体使达饱和；负极为标准锌电极。测得电池电动势为 0.67V。

已知 $E^{\ominus}(Cu^{2+}/Cu)=0.34V$，$E^{\ominus}(Zn^{2+}/Zn)=-0.763V$，$H_2S$ 的解离常数为 $K_{a_1}^{\ominus}=1.3\times10^{-7}$，$K_{a_2}^{\ominus}=7.1\times10^{-15}$。求 CuS 的溶度积常数。

14-8　实验室一般用 MnO_2 与浓盐酸反应制备氯气，试计算 298K 时反应进行所需盐酸的最低浓度。

14-9　通过计算说明，在标准状况下金难溶于水，但用氰化钠溶液却可以浸取金矿砂中的金。已知 $E^{\ominus}(Au^{+}/Au)=1.7V$，$E^{\ominus}(O_2/OH^{-})=0.401V$，$K_{稳}^{\ominus}[Au(CN)_2^{-}]=2\times10^{38}$。

14-10　查表计算下列反应在 298K 时的标准平衡常数。

$$4Co(NH_3)_6^{2+}+O_2+2H_2O = 4Co(NH_3)_6^{3+}+4OH^-$$

现将空气通入到含有 0.10mol · dm^{-3} $Co(NH_3)_6^{3+}$、0.10mol · dm^{-3} $Co(NH_3)_6^{2+}$、2.0mol · dm^{-3} NH_4^+、2.0mol · dm^{-3} $NH_3\cdot H_2O$ 的混合溶液中，上述反应能否发生？假设空气中氧气的分压为 20.3kPa。

第 15 章　碱金属与碱土金属

本章学习要求

(1) 掌握碱金属、碱土金属单质的性质，了解其结构、制备、存在及用途与性质的关系；

(2) 掌握碱金属、碱土金属氧化物的类型及重要氧化物的性质及用途；

(3) 了解碱金属、碱土金属氢氧化物溶解性和碱性的变化规律；

(4) 掌握碱金属、碱土金属重要盐类的性质及用途，了解盐类热稳定性、溶解性的变化规律；

(5) 熟悉对角线规则。

【背景问题】

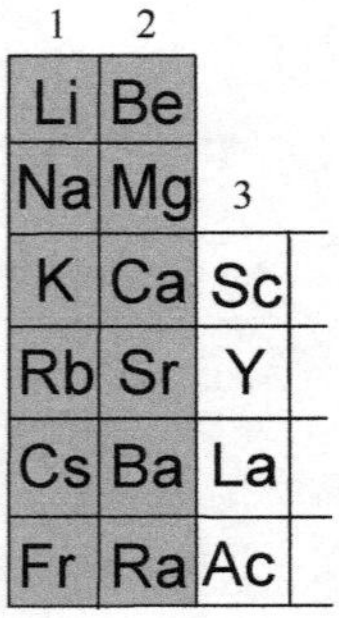

(1) 碱金属、碱土金属为什么又称为"s 区元素"？

(2) 我国青海盐湖里经常是盐花绽放，神奇多彩。盐花里哪些元素含量最多？

(3) 讨论离子晶体盐类溶解性适用性很广的一条溶解度规律是：阴、阳离子半径相差较大的离子型化合物在水中溶解度比较大；在水中溶解度较小的离子化合物往往是阴、阳离子半径相近的化合物。或者说，组成离子间体积的显著差别有利于化合物在水中溶解。其中的热力学依据何在？

(4) 碱金属、碱土金属是否因为价电子少，它们的配位化合物就一定很少？

(5) 怪了！为何锂化合物的许多性质不与本族元素相似却与对角的镁相似？

碱金属(alkali metal)和碱土金属(alkali-earth metal)是周期表ⅠA 族和ⅡA 族元素。ⅠA族包括锂(Li)、钠(Na)、钾(K)、铷(Rb)、铯(Cs)、钫(Fr)六种金属元素。它们的氧化物溶于水呈碱性，所以称为碱金属。ⅡA 族包括铍(Be)、镁(Mg)、钙(Ca)、锶(Sr)、钡(Ba)、镭(Ra)六种金属元素。由于钙、锶、钡的氧化物在性质上介于"碱性的"和"土性的"(以前把黏土的主要成分，既难溶于水又难熔融的 Al_2O_3 称为"土")之间，所以又称碱土金属。

其中，锂、铷、铯、铍是稀有金属(rare metal)，钫和镭是放射性元素(radioactive element)。钠、钾、镁、钙和钡在地壳内蕴藏较丰富，其单质和化合物用途广泛，本章将重点介绍。

15.1　碱金属、碱土金属的通性

碱金属、碱土金属元素的价层电子构型分别为 ns^1、ns^2，它们的原子最外层有 1～2 个 s 电子，所以这些元素又称为 s 区元素。s 区元素能失去 1 个或 2 个电子形成氧化态为+1、+2 的离子型化合物(Li、Be 除外)。碱金属、碱土金属的基本性质列于表 15-1 和表 15-2中。

表 15-1　碱金属和碱金属离子的某些性质

性　质	Li	Na	K	Rb	Cs
基态电子组态	$[He]2s^1$	$[Ne]3s^1$	$[Ar]4s^1$	$[Kr]5s^1$	$[Xe]6s^1$
原子半径 $r(M)/pm$	152	186	227	248	265
离子半径 $r(M^+)/pm$	68	95	133	148	169
熔点 $t/℃$	180.54	97.81	63.65	39.05	28.4
沸点 $t/℃$	1347	883.0	773.9	687.9	678.5
第一电离能 $I_1/(kJ \cdot mol^{-1})$	520.2	495.8	418.8	403.0	375.7
密度(20℃)$\rho/(g \cdot cm^{-3})$	0.534	0.971	0.862	1.532	1.873
莫氏硬度	0.6	0.4	0.5	0.3	0.2
火焰颜色	洋红色	黄色	紫色	带蓝的红色	蓝色
标准电极电势 $E^\ominus/V$	−3.040	−2.713	−2.931	−2.925	−2.923

表 15-2　碱土金属和碱土金属离子的某些性质

性　质	Be	Mg	Ca	Sr	Ba
基态电子组态	$[He]2s^2$	$[Ne]3s^2$	$[Ar]4s^2$	$[Kr]5s^2$	$[Xe]6s^2$
原子半径 $r(M)/pm$	111	160	197	215	217
离子半径 $r(M^{2+})/pm$	31	65	100	113	135
熔点 $t/℃$	1278	648.8	839	769	725
沸点 $t/℃$	2970	1090	1483.6	1383.9	1870
第一电离能 $I_1/(kJ \cdot mol^{-1})$	899.4	737.7	589.7	549.50	502.8
密度(20℃)$\rho/(g \cdot cm^{-3})$	1.85	1.74	1.55	2.54	3.60
莫氏硬度	~5	2.0	1.5	1.8	~2
火焰颜色	无色	无色	橙红色	鲜红色	绿色
标准电极电势 $E^\ominus/V$	−1.85	−2.356	−2.866	−2.89	−2.92

碱金属原子最外层有一个电子，次外层为 8 电子(Li 为 2 电子)，对核电荷的屏蔽效应较强，所以这一个价电子离核较远，特别容易失去，因此，各周期元素的第一电离能以碱金属为最低。与同周期的其他元素相比，碱金属原子体积最大，只有一个成键电子，在固体中原子间的引力较小，所以它们的熔点、沸点、硬度、升华热都很低，并随着 Li—Na—K—Rb—Cs 的顺序而下降。随着相对原子质量的增加(原子半径增加)，电离能和电负性也依次降低。

碱金属性质的变化一般很有规律，但由于锂原子最小，所以有些性质表现特殊。事实上，除了它们的氧化态以外，锂及其化合物的性质与本族其他碱金属差别较大，而与周期表中锂的右下角元素镁有很多相似之处。

碱金属元素在化合时，多以形成离子键为特征，但在某些情况下也显共价性。气态双原子分子，如 Na_2、Cs_2 等就是以共价键结合的。碱金属元素形成化合物时，锂的共价倾向最大，铯最小。

与碱金属元素比较，碱土金属最外层有 2 个 s 电子。次外层电子数目和排列与相邻的碱金属元素是相同的。由于核电荷相应增加了一个单位，对电子的引力要强一些，所以碱土金属的原子半径比相邻的碱金属要小些，电离能要大些，较难失去第一个价电子，失去第二个价电子的电离能约为第一电离能的一倍。从表面上看碱土金属要失去两个电子而形成二价正离子似乎很困难，实际上生成化合物时所释放的晶格能足以使它们失去第二个电子。它们的第三电离能为第二电离能的 4～8 倍，要失去第三个电子很困难，因此，它们的主要氧化数是＋2 而不是＋1 和＋3。由于上述原因，所以碱土金属的金属活泼性不如碱金属。比较它们的标准电极电势数值，也可以得到同样的结论。在这两族元素中，它们的原子半径和核电荷都由上而下逐渐增大，在这里，原子半径的影响是主要的，核对外层电子的引力逐渐减弱，失去电子的倾向逐渐增大，所以它们的金属活泼性由上而下逐渐增强。

碱金属和碱土金属晶体均为金属晶格，碱土金属由于核外有 2 个有效成键电子，原子间距离较小，金属键强度较大，因此，它们的熔点、沸点和硬度均较碱金属高，导电性却低于碱金属。碱土金属的物理性质变化不如碱金属有规律，这是由于碱土金属晶格类型不完全相同的缘故。碱金属均为体心立方晶格，碱土金属中，Be、Mg 为六方晶格，Ca、Sr 为面心立方晶格，Ba 为体心立方晶格。

【思考题】

15-1　金属钠外面只有一个电子，难道只能形成＋1 价化合物吗？如果获得一个电子行吗？请举例说明。

15.1.1　物理性质

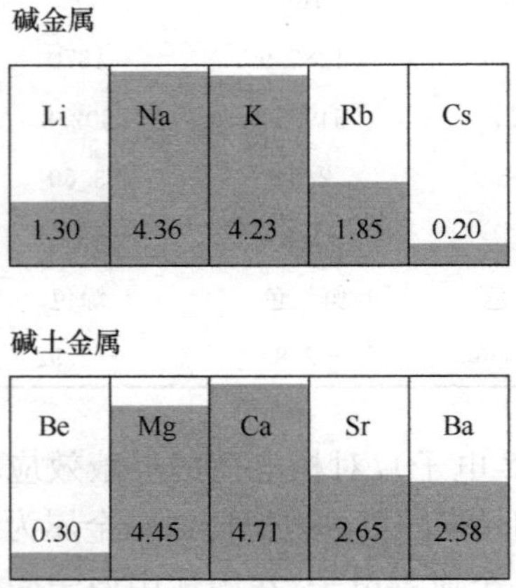

图 15-1　s 区元素在地壳中的丰度
表示为每 100kg 样品中含金属质量的对数

与其他金属一样，两族金属单质具有金属光泽以及良好的导电性、导热性和延展性。除铍和镁外的其他金属的质地都较软，可用小刀切开。锂、钠、钾的密度小于水，因而能浮在水面上。碱金属易熔化而且容易转化为蒸气，后一性质用于它们的蒸馏提纯。碱金属和碱土金属是活泼或非常活泼的金属，能直接或间接与电负性较高的非金属单质如卤素、氧、硫、磷、氢等反应形成化合物。

我们可以看出，s 区元素具有如下通性：都是最活泼的金属；同一族自上而下性质的变化是单向变化规律；通常只有一种稳定的氧化态；形成的化合物大多是离子型的。s 区元素在地壳中的丰度相差较大，可用图 15-1 表示。

15.1.2　化学性质

1. 与氧、硫、氮、卤素反应

碱金属在室温下能迅速地与空气中的氧反应，所以在空气中放置一段时间后，金属表面就生成一层氧化物，在锂的表面上除生成氧化物外还有氮化物。钠、钾在空气中稍微加热就燃烧，而铷和铯在室温下遇空气就立即燃烧。

$$4Li + O_2 \xlongequal{} 2Li_2O$$

$$6Li + N_2 \xlongequal{} 2Li_3N$$

$$4Na + O_2 \xlongequal{} 2Na_2O$$

它们的氧化物在空气中易吸收二氧化碳形成碳酸盐：

$$Na_2O+CO_2 = Na_2CO_3$$

因此碱金属应存放在煤油中，因锂的密度最小，可以浮在煤油上，所以将其浸在液体石蜡或封存在固体石蜡中。

碱土金属活泼性略差，室温下这些金属表面缓慢生成氧化物膜。它们在空气中加热才显著发生反应，除生成氧化物外，还有氮化物生成。

$$3Ca+N_2 = Ca_3N_2$$

因此在金属熔炼中常用 Li、Ca 等作为除气剂，除去溶解在熔融金属中的氮气和氧气。

在高温时碱金属和碱土金属还能夺取某些氧化物中的氧，如镁可使 SiO_2 的硅还原成单质 Si，或夺取氯化物中的氯，如金属钠可以从 $TiCl_4$ 中置换出金属钛。

$$SiO_2+2Mg = Si+2MgO$$

$$TiCl_4+4Na = Ti+4NaCl$$

【思考题】

15-2　为什么金属钠要存放在煤油中，金属锂却要浸在液体石蜡或封存在固体石蜡中？

15-3　金属 Li、Ca 等常用作除气剂，以除去溶解在熔融金属中的氮气和氧气。其原理是什么？除此以外，它们在金属冶炼中还常作什么使用？

2. 与水反应

碱金属钠、钾、钙、镁分别与水反应。金属钠与水反应剧烈，并放出 H_2，反应放出的热使钠熔化成小球。钾与水的反应更剧烈，并发生燃烧。铷、铯与水剧烈反应并发生爆炸。

碱金属被水氧化的反应为

$$2M(s)+2H_2O(l) = 2M^+(aq)+2OH^-(aq)+H_2(g)$$

碱土金属也可以与水反应。铍能与水蒸气反应，镁能将热水分解，而钙、锶、钡与冷水就能比较剧烈地进行反应。

碱土金属被水氧化的反应为

$$M(s)+2H_2O(l) = M^{2+}(aq)+2OH^-(aq)+H_2(g)$$

远不如相邻碱金属反应剧烈，镁和铍在水和空气中因生成致密的氧化物保护膜而显得十分稳定。

因此，碱金属和碱土金属均为活泼金属，都是强还原剂；在同一族中，金属的活泼性由上而下逐渐增强，在同一周期中从左到右金属活泼性逐渐减弱。

【例题 15-1】　锂的标准电极电势比钠或钾的标准电极电势小，为什么 Li 与水反应没有其他金属与水的反应剧烈？

解　电极电势属于热力学范畴，而反应剧烈程度属于动力学范畴，两者之间并无直接的联系。

Li 与水反应不剧烈，主要原因①锂的熔点较高，与水反应产生的热量不足以使其熔化；②与水反应的产物溶解度较小，易覆盖在金属锂的表面，阻碍反应继续进行。

3. 焰色反应

碱金属和碱土金属的挥发性盐在无色火焰中燃烧时，能使火焰呈现出一定的颜色，称为焰

色反应 (flame reaction)。当碱金属和碱土金属及其盐在火焰上灼烧时，原子中的电子吸收了能量，从能量较低的轨道跃迁到能量较高的轨道，但处于能量较高轨道上的电子是不稳定的，很快跃迁回到能量较低的轨道，这时就将多余的能量以光的形式放出。而放出的光的波长在可见光范围内(波长为 400～760nm)，因而能使火焰呈现颜色。由于碱金属的原子结构不同，电子跃迁时能量的变化不相同，就发出不同波长的光，从焰色反应的实验里所看到的特殊焰色，就是光谱谱线的颜色。每种元素的光谱都有一些特征谱线，发出特征的颜色而使火焰着色，根据焰色可以判断某种元素的存在。

4. 与液氨作用

碱金属能溶在液氨中。碱金属的液氨稀溶液呈蓝色，随着碱金属溶解量的增加，溶液的颜色变深。当此溶液中钠的浓度超过 $1mol \cdot L^{-1}$ 以后，就在原来深蓝色溶液之上出现一个青铜色的新相。再添加碱金属，溶液就由蓝色变为青铜色。如将溶液蒸发，又可以重新得到碱金属。

根据研究认为，在碱金属的稀氨溶液中，碱金属解离生成碱金属正离子和溶剂合电子：

$$M(s)+(x+y)NH_3(l) \longrightarrow M(NH_3)_x^+ + e(NH_3)_y^-$$

因为解离生成氨合阳离子和氨合电子，所以溶液有导电性。此溶液具有高导电性主要是由于有溶剂合电子存在。溶液中因含有大量溶剂合电子，因此是顺磁性的。

痕量杂质如过渡金属的盐类、氧化物和氢氧化物的存在，以及光合作用都能促进溶液中的碱金属和液氨之间发生反应而生成氨基化物。

$$Na+NH_3(l) \longrightarrow NaNH_2+\frac{1}{2}H_2$$

钙、锶、钡也能溶于液氨，生成和碱金属液氨溶液相似的蓝色溶液，与钠相比，它们溶解得要慢些，量也少些。

碱金属液氨溶液中的溶剂合电子是一种很强的还原剂。它们广泛应用在无机和有机制备中。

【例题 15-2】 为何碱金属在空气中燃烧所得产物不同?

解 提示：(1) 哪一个燃烧反应的 ΔG 负值最大，产物就是哪一个。Na 生成 Na_2O、Na_2O_2 和 NaO_2 的 ΔG 分别是 $-376kJ \cdot mol^{-1}$，$-430kJ \cdot mol^{-1}$ 和 $-389.2kJ \cdot mol^{-1}$，因此燃烧产物就是 Na_2O_2。

(2) ΔG 的大小由 $\Delta_r G_m = \Delta_r H_m - T\Delta_r S_m$ 决定，其中 ΔG 的大小主要由 $\Delta_r H_m$ 来决定，则要由 Born-Haber 循环来决定。循环中的晶格能值的大小对整个反应能否进行及产物稳定性关系重大。

(3) 晶格能则要求阴、阳离子具备一定的“匹配”条件，产生最好的能量效应，此即“大-大，小-小”规则。

【思考题】

15-4 从热力学角度解释锂的标准电极电势比钠或钾的标准电极电势小，为什么 Li 与水反应没有其他金属与水的反应剧烈?

15-5 从热化学循环解释 Li 的 $E^{\ominus}$ 值为什么最负，Be 的 $E^{\ominus}$ 值最小。

15-6 金属钠与水、液氨、乙醇的反应有何不同? 写出它们的反应方程式。

15-7 为什么碱金属的液氨溶液都呈蓝色? 那是什么物质? 如何由实验证明?

15-8 试以图形形式总结碱金属和碱土金属单质的某些典型反应。

15.1.3　金属单质的制备

由于碱金属和碱土金属的性质很活泼，所以一般都用电解它们的熔融化合物的方法制取。钠和锂主要用电解熔融的氯化物制取。制取碱金属的方法还有热还原法、金属置换法和热分解法。

1. 电解熔融氯化钠制金属钠

电解用的原料是氯化钠和氯化钙的混合盐(图 15-2)。若只用氯化钠进行电解，不仅需要高温，而且电解析出的金属钠易挥发(氯化钠的熔点为 1073K，钠的沸点为 1156K)，还容易分散在熔融盐中，难于分离出来。加入氯化钙后，一则可降低电解质的熔点(混合盐的熔点约 873K)，防止钠的挥发，再则可减小金属钠的分散性，因熔融混合物的密度比金属钠大，钠易浮在表面上。氯化钙称为助熔剂(flux)。

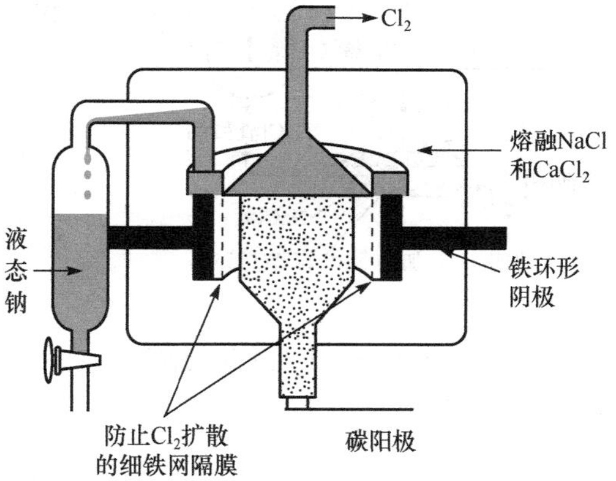

图 15-2　熔融盐电解法制金属钠

电解熔融盐时的电极反应为

阳极：　$2Cl^- \longrightarrow Cl_2 + 2e^-$

阴极：　$2Na^+ + 2e^- \longrightarrow 2Na$

总反应：　$2NaCl \xrightarrow{\text{电解}} 2Na + Cl_2$

电解得到的钠约含有 1%的钙。

2. 热还原法

热还原法一般采用焦炭或碳化物为还原剂，例如

$$K_2CO_3 + 2C \xrightarrow{1473K、真空} 2K\uparrow + 3CO$$

$$2KF + CaC_2 \xrightarrow{1273\sim1423K} CaF_2 + 2K\uparrow + 2C$$

3. 金属置换法

钾、铷和铯虽然也可以用电解法制取，但常用强还原性的金属如 Na、Ca、Mg、Ba 等在高温和低压下还原它们氯化物的方法制取。例如

$$KCl + Na \longrightarrow NaCl + K\uparrow$$

$$2RbCl + Ca \longrightarrow CaCl_2 + 2Rb\uparrow$$

铯可以用镁还原 $CsAlO_2$ 制得：

$$2CsAlO_2 + Mg \longrightarrow MgAl_2O_4 + 2Cs\uparrow$$

钾沸点低易挥发，钾易溶于熔融 KCl 中难分离，在电解过程中产生的 KO_2 与 K 会发生爆炸，所以一般不用熔融盐电解法制取钾，主要用金属置换法等制取(图 15-3)。

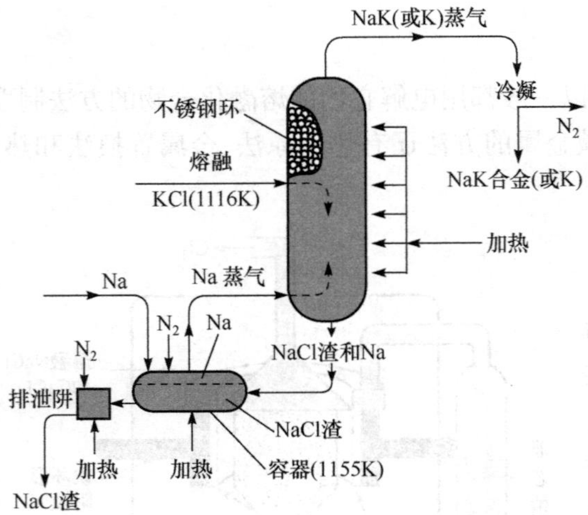

图 15-3 工业上钾的提取

4. 热分解法

碱金属的化合物，如亚铁氰化物、氰化物和叠氮化物，加热能分解成碱金属。

$$4KCN \xrightarrow{\triangle} 4K + 4C + 2N_2$$

$$2MN_3 \xrightarrow{\triangle} 2M + 3N_2 \quad (M=Na、K、Rb、Cs)$$

铷、铯常用这种方法制备：

$$2RbN_3 \xrightarrow{668K,高真空} 2Rb + 3N_2$$

$$2CsN_3 \xrightarrow{663K} 2Cs + 3N_2$$

碱金属的叠氮化物较易纯化，而且不易发生爆炸。这种方法是精确定量制备碱金属的理想方法。锂因形成很稳定的 Li_3N，因此不能用这种方法制备。

【例题 15-3】 钾比钠活泼，为什么可以通过如下反应制备金属钾？

$$KCl + Na \xrightarrow{熔融} NaCl + K\uparrow$$

解 钾的第一电离能($418.9kJ \cdot mol^{-1}$)比钠的($495.8kJ \cdot mol^{-1}$)小，但通过计算可知固相反应的 $\Delta_r H_m$ 是个不大的正值。钾的沸点(766℃)比钠的(890℃)低，当反应体系的温度控制在两沸点之间，使金属钾变成气态，金属钠和 KCl、NaCl 仍保持在液态，钾由液态变成气态，熵值大为增加，反应的 $T\Delta_r S_m$ 项变大，有利于 $\Delta_r G_m$ 变成负值，使反应向右进行。同时，钾变成蒸气，设法使其不断离开反应系统，让系统中其分压始终保持在较小的数值。不难预料随 $p(K)$ 变小，$\Delta_r G_m$ 向负值的方向变动，有利于反应向右进行。

15.2 含氧化合物

15.2.1 氧化物

碱金属、碱土金属与氧形成的二元化合物可分为四大类：正常氧化物、过氧化物、超氧化物和臭氧化物，其中分别含有 O^{2-}、O_2^{2-}、O_2^- 和 O_3^-。前两种是反磁性物质，后两种是顺磁性物质。s 区元素与氧所形成的各种含氧二元化合物已列入表 15-3 中。

表 15-3 s 区元素与氧形成的含氧二元化合物

分 类	阴离子	碱金属	碱土金属
正常氧化物	O^{2-}	M_2O (M=Li、Na)	MO (M=Be、Mg、Ca、Sr、Ba)
过氧化物	O_2^{2-}	M_2O_2(M=Na、K、Rb、Cs)	MO_2(M=Ba)
超氧化物	O_2^-	MO_2(M=K、Rb、Cs)	$M(O_2)_2$(M=Ca、Sr、Ba)
臭氧化物	O_3^-	MO_3(M=K、Rb、Cs)	

1. 正常氧化物

在空气中燃烧时，只有锂生成氧化锂(白色固体)。尽管在缺氧的空气中可以制得除锂以外的其他碱金属正常氧化物，但这种条件不易控制，所以其他碱金属的氧化物 M_2O 必须采用间接方法来制备。例如，用金属钠还原过氧化钠，用金属钾还原硝酸钾，分别可以制得氧化钠(白色团体)和氧化钾(淡黄色固体)：

$$Na_2O_2 + 2Na \xlongequal{} 2Na_2O$$

$$2KNO_3 + 10K \xlongequal{} 6K_2O + N_2$$

Rb_2O 为亮黄色，Cs_2O 为橙红色，氧化物的颜色依次加深。

碱金属氧化物 M_2O 与水化合生成氢氧化物 MOH。

$$M_2O + H_2O \xlongequal{} 2MOH$$

碱金属氧化物与水反应的程度从 Li_2O 到 Cs_2O 依次加强。Li_2O 与水反应很慢，但 Rb_2O 和 Cs_2O 与水反应时会发生燃烧甚至爆炸。

碱土金属在室温或加热下，能和氧气直接化合而生成氧化物 MO，也可以从它们的碳酸盐或硝酸盐加热分解制得 MO。例如

$$CaCO_3 \xrightarrow{高温} CaO + CO_2\uparrow$$

$$2Sr(NO_3)_2 \xrightarrow{\triangle} 2SrO + 4NO_2\uparrow + O_2\uparrow$$

氧化钙与水反应生成熟石灰并放出大量的热，熟石灰广泛应用在建筑工业上。

$$CaO + H_2O \longrightarrow Ca(OH)_2$$

碱土金属氧化物的水合热从 Be 到 Ba 依次增加。氧化钙的这种水合能力常被用来吸收乙醇中的水分。在高温下氧化钙能同酸性氧化物 SiO_2 作用。

$$CaO + SiO_2 \longrightarrow CaSiO_3$$

CaO 与 P_2O_5 也有类似反应，这可用在炼钢中除去杂质磷。

碱土金属氧化物都是白色固体。除 BeO 外，都是离子型化合物。由于正、负离子都是带有两个电荷，而 M—O 的距离又较小，所以 MO 具有较大的晶格能，因此它们的熔点和硬度都相当高。根据这种特性，BeO 和 MgO 常用来制造耐火材料和金属陶瓷。

密度为 $2.94g \cdot cm^{-3}$ 的 MgO 为白色细末，称轻质氧化镁。密度为 $3.58g \cdot cm^{-3}$ 的 MgO 称重质氧化镁。它们均难溶于水，易溶于酸和氨盐溶液。氧化镁浸于水中缓慢转变为氢氧化镁。

2. 过氧化物

过氧化物 M_2O_2 中含有过氧化离子 O_2^{2-} 或$[—O—O—]^{2-}$。其分子轨道式为

$$(\sigma_{1s})^2(\sigma_{1s}^*)^2(\sigma_{2s})^2(\sigma_{2s}^*)^2(\sigma_{2p})^2(\pi_{2p})^4(\pi_{2p}^*)^4$$

成键和反键轨道大致抵消，由填充 σ_{2p_x} 轨道的电子形成一个 σ 键，键级为 1。

碱金属最常见的过氧化物是过氧化钠，实际用途也较大。将钠加热至熔化，通入一定量的除去 CO_2 的干燥空气，维持温度为 453～473K，钠即被氧化为 Na_2O；进而增加空气流量并迅速提高温度至 573～673K，即可制得 Na_2O_2(淡黄色粉末)。

$$4Na + O_2 \xrightarrow{453\sim473K} 2Na_2O$$

$$2Na_2O + O_2 \xrightarrow{573\sim673K} 2Na_2O_2$$

Na_2O_2 与水或稀酸反应而产生 H_2O_2，H_2O_2 立即分解放出氧气

$$Na_2O_2 + 2H_2O \xlongequal{} H_2O_2 + 2NaOH$$

$$Na_2O_2 + H_2SO_4 \longrightarrow H_2O_2 + Na_2SO_4$$

$$2H_2O_2 \longrightarrow 2H_2O + O_2\uparrow$$

所以 Na_2O_2 可用作氧化剂、漂白剂和氧气发生剂。Na_2O_2 与 CO_2 反应，也能放出氧气

$$2Na_2O_2 + 2CO_2 \longrightarrow 2Na_2CO_3 + O_2$$

利用这一性质，Na_2O_2 在防毒面具、高空飞行和潜艇中用作 CO_2 的吸收剂和供氧剂。

过氧化钠在碱性介质中是一种强氧化剂，如在碱性溶液中，它可以把 As(Ⅲ)氧化成 As(Ⅴ)的化合物，把 Cr(Ⅲ)氧化成 Cr(Ⅳ)的化合物等。在分析化学中，常用它来氧化分解(碱熔)某些矿物。例如，它能将矿石中硫、锰、铬、钒、锡等成分氧化成可溶的含氧酸盐，而从试样中分离出来，因此常用作分解矿石的熔剂。

$$Cr_2O_3 + 3Na_2O_2 \longrightarrow 2Na_2CrO_4 + Na_2O$$

$$MnO_2 + Na_2O_2 \longrightarrow Na_2MnO_4$$

由于 Na_2O_2 有强碱性，熔融时不能采用瓷制器皿或石英器皿，宜用铁、镍器皿。由于它的强氧化性，熔融时遇到棉花、炭粉或铝粉会发生爆炸，使用时应十分小心。

碱土金属的过氧化物以 BaO_2 较为重要。在 773～793K 时，将氧气通过氧化钡即可制得。

$$2BaO + O_2 \xrightarrow{773\sim793K} 2BaO_2$$

BaO_2 与稀酸反应生成 H_2O_2，这是 H_2O_2 的实验室制法。

$$BaO_2 + H_2SO_4 \longrightarrow BaSO_4 + H_2O_2$$

过氧化钡还可作供氧剂、引火剂等。

3. 超氧化物

除了锂、钠、铍、镁元素外，其他碱金属和碱土金属元素都能形成超氧化物。

碱金属和碱土金属元素的超氧化物是强氧化剂，与水剧烈地反应，生成氧气和过氧化氢。例如

$$2KO_2 + 2H_2O \longrightarrow O_2 + H_2O_2 + 2KOH$$

也能和 CO_2 反应放出氧气

$$4KO_2 + 2CO_2 \longrightarrow 2K_2CO_3 + 3O_2$$

因此它们能除去 CO_2 和再生 O_2，可用于急救器中和潜水、登山等方面。

超氧化物中含有超氧离子 O_2^-，其结构为 $[\,:\ddot{O}\overset{\cdots}{-}\ddot{O}:\,]^-$

其分子轨道式为

$$O_2^- \quad [KK\,(\sigma_{2s})^2\,(\sigma_{2s}^*)^2\,(\sigma_{2p})^2\,(\pi_{2p})^4\,(\pi_{2p}^*)^3]$$

在 O_2^- 中，有 13 个价电子，其中成键和反键轨道大致抵消，成键的 $(\sigma_{2p})^2$ 构成一个 σ 键，成键的 $(\pi_{2p})^2$ 和反键的 $(\pi_{2p}^*)^1$ 构成一个三电子 π 键，键级为：(2＋2－1)/2＝1.5。

因超氧离子 O_2^- 有一个未成对的电子，因此它具有顺磁性。

此外臭氧和 K、Rb、Cs 的氢氧化物作用，可以制得臭氧化物。例如

$$3KOH + 2O_3 \longrightarrow 2KO_3 + KOH\cdot H_2O + \frac{1}{2}O_2$$

将 KO_3 用液氨重结晶，可得到橘红色的 KO_3 晶体，它缓慢地分解成 KO_2 和 O_2。

$$2KO_3 \longrightarrow 2KO_2 + O_2$$

碱金属臭氧化物与水发生剧烈反应，生成氢氧化物，并放出氧气。

$$4KO_3 + 2H_2O \longrightarrow 4KOH + 5O_2\uparrow$$

联系 O_2、O_2^{2-} 和 O_2^- 结构可以看出：O_2^{2-} 和 O_2^- 的反键轨道上的电子比 O_2 多，键级比 O_2 小，键能分别为 $142kJ \cdot mol^{-1}$ 和 $398kJ \cdot mol^{-1}$，比 O_2（$498kJ \cdot mol^{-1}$）小。所以过氧化物和超氧化物稳定性不高，臭氧化物的稳定性更差。

15.2.2　氢氧化物

碱金属和碱土金属的氧化物（除 BeO、MgO 外）与水作用，即可得到相应的氢氧化物，并伴随着释放出大量热。

$$M_2O + H_2O \longrightarrow 2MOH$$

$$2MO + 2H_2O \longrightarrow 2M(OH)_2$$

碱金属和碱土金属的氢氧化物均为白色固体，易潮解，在空气中吸收 CO_2 生成碳酸盐。由于碱金属氢氧化物对纤维、皮肤有强烈的腐蚀作用，因此称为苛性碱。

1. 碱金属和碱土金属氢氧化物的碱性

碱金属和碱土金属氢氧化物[除 $Be(OH)_2$ 外]均呈碱性，同族元素氢氧化物的碱性均随金属元素原子序数的增加而增强。

LiOH	NaOH	KOH	RbOH
中强碱	强碱	强碱	强碱
$Be(OH)_2$	$Mg(OH)_2$	$Ca(OH)_2$	$Sr(OH)_2$
两性	中强碱	强碱	强碱

其中 $Be(OH)_2$ 是两性的氢氧化物，它既溶于酸也溶于碱。

$$Be(OH)_2 + 2H^+ \longrightarrow Be^{2+} + 2H_2O$$

$$Be(OH)_2 + 2OH^- \longrightarrow [Be(OH)_4]^{2-}$$

氢氧化物酸碱性递变规律可用 R—O—H 规则说明。

氧化物的水合物都可以用通式 $R(OH)_n$ 表示，R 代表成碱或成酸元素的离子。R—O—H 在水中有两种解离方式：

$$\underset{\text{酸式解离}}{RO^- + H^+} \longleftarrow ROH \longrightarrow \underset{\text{碱式解离}}{R^+ + OH^-}$$

R—O—H 究竟进行酸式解离还是进行碱式解离，与阳离子的极化作用有关。卡特雷奇(G. H. Cartledge)提出以“离子势”(ionic potential)这一经验公式来衡量阳离子极化作用的强弱。“离子势”的原意是：离子电荷数(Z)和离子半径(r，pm)的比值(用 Φ 表示)，即 $\Phi = Z/r$。离子势的大小影响某些离子化合物的溶解性、水解性、某些氢氧化物的酸碱性及含氧酸盐的热稳定性等。当电子构型相同时，阳离子的离子势越大，其极化力也就越大，离子化合物的溶解性就变小，水解倾向变大，含氧酸盐的热稳定性就变差。

在 R—O—H 中，若 R 的 Φ 值大，其极化作用强，氧原子的电子云将偏向 R，使 O—H 键极性增强，则 R—O—H 按酸式解离；若 R 的 Φ 值小，R—O 键的极性强，则 R—O—H 按碱式解离。据此，有人提出用 $\sqrt{\Phi}$ 值作为判断 R—O—H 酸、碱性的标度。

$\sqrt{\Phi}$	<7	$7\sim10$	>10、
R—O—H 酸碱性	碱性	两性	酸性

现以第三周期元素氧化物的水合物为例，说明它们的酸碱性递变与$\sqrt{\Phi}$值的关系（表 15-4）。

表 15-4 第三周期元素氧化物水合物的酸碱性

元 素	Na	Mg	Al	Si	P	S	Cl
氧化物的水合物	NaOH	$Mg(OH)_2$	$Al(OH)_3$	H_2SiO_3	H_3PO_4	H_2SO_4	$HClO_4$
R^{n+}半径/pm	95	65	50	41	34	29	26
$\sqrt{\Phi}$值	3.24	5.55	7.75	9.88	12.13	14.4	16.41
酸碱性	强碱	中强碱	两性	弱酸	中强酸	强酸	最强酸

同一族元素，如ⅡA 族元素的氢氧化物 $M(OH)_2$，从表 15-5 所列的 Φ 值可见，$Be(OH)_2$ 为两性氢氧化物，其余都是碱性氢氧化物，而且碱性依 Be 到 Ba 的顺序逐渐增强（表 15-5）。

表 15-5 碱土金属元素氢氧化物的酸碱性

元 素	Be	Mg	Ca	Sr	Ba
氢氧化物	$Be(OH)_2$	$Mg(OH)_2$	$Ca(OH)_2$	$Sr(OH)_2$	$Ba(OH)_2$
R^{n+}半径/pm	31	65	99	113	135
$\sqrt{\Phi}$值	8.61	5.55	4.49	4.12	3.85
酸碱性	两性	中强碱	强碱	强碱	强碱

2. 碱金属和碱土金属氢氧化物的溶解性

碱金属的氢氧化物都易溶于水，仅 LiOH 溶解度较小。碱土金属氢氧化物在水中的溶解度比碱金属的氢氧化物小得多，并且同族元素的氢氧化物的溶解度从上往下逐渐增大，这是因为随着阳离子半径的增大，阳离子和阴离子之间的吸引力逐渐减小，易被水分子拆开的缘故。同理，在同一周期内，从 M(Ⅰ)到 M(Ⅱ)随着离子半径的减小和离子电荷的增多，氢氧化物的溶解度减小。

15.3 盐 类

碱金属、碱土金属最常见的盐有卤化物、硫酸盐、硝酸盐、碳酸盐和磷酸盐。在此着重讨论常见的重要盐的晶体类型、溶解度、热稳定性、复盐以及硬水的软化等概念。

15.3.1 晶体类型

碱金属的盐大多数是离子型晶体，它们的熔点、沸点较高。由于 Li^+ 半径很小，极化力较强，它在某些盐（如卤化物）中表现出不同程度的共价性。碱土金属离子带两个正电荷，其离子半径较相应的碱金属小，因此它们的极化力较强，碱土金属盐的离子键特征较碱金属差。但随着金属离子半径的增大，键的离子性也增强。例如，碱土金属氯化物的熔点从 Be 到 Ba 依次增高。其中，$BeCl_2$ 的熔点明显得低，这是由于 Be^{2+} 半径小、电荷较多、极化力较强，它与 Cl^-、Br^-、I^- 等极化率较大的阴离子形成的化合物已过渡为共价化合物。$BeCl_2$ 易于升化，气态时形成双聚分子 $(BeCl_2)_2$，固态时形成多聚分子 $(BeCl_2)_n$，能溶于有机溶剂，这些性质都表明了

$BeCl_2$的共价性。$MgCl_2$也有一定程度的共价性。

由于碱金属离子 M^+ 和碱土金属离子 M^{2+} 是无色的，所以它们的盐类的颜色一般取决于阴离子的颜色。与无色阴离子(如 X^-、NO_3^-、SO_4^{2-}、CO_3^{2-}、ClO^- 等)形成的盐一般是无色或白色的，而与有色阴离子形成的盐则是阴离子的颜色，如紫色的 $KMnO_4$、黄色的 $BaCrO_4$ 和橙色的 $K_2Cr_2O_7$ 等。

15.3.2　盐的溶解性

碱金属盐类的最大特征是易溶于水，并且在水中完全解离，所有碱金属离子都是无色的。只有少数碱金属盐是难溶的。不难发现，大阴离子将大阳离子 K^+、Rb^+、Cs^+ 沉淀下来，而小阴离子则沉淀小阳离子 Li^+。"相差溶解"规律(difference between law of dissolution)也适用于盐类在水中的溶解。人们还发现，阴、阳离子半径差大于 80pm 的 MX 型离子化合物大都是易溶的。

难溶钠盐有白色粒状的六羟基锑酸钠 $Na[Sb(OH)_6]$，乙酸双氧铀酰锌钠 $NaAc \cdot Zn(Ac)_2 \cdot 3UO_2(Ac)_2 \cdot 9H_2O$为黄绿色结晶。难溶的钾盐稍多，有高氯酸钾 $KClO_4$(白色)、四苯硼酸钾 $K[B(C_6H_5)_4]$(白色)、酒石酸氢钾 $KHC_4H_4O_6$(白色)、六氯铂酸钾 $K_2[PtCl_6]$(淡黄色)、钴亚硝酸钠钾 $K_2Na[Co(NO_2)_6]$(亮黄色)。钠、钾的一些难溶盐常用在鉴定钠、钾离子。

碱土金属盐类的重要特征是它们的微溶性。除氯化物、硝酸盐、硫酸镁、铬酸镁易溶于水外，其余的碳酸盐、硫酸盐、乙二酸盐、铬酸盐等均难溶。硫酸盐和铬酸盐的溶解度依 Ca、Sr、Ba 的顺序降低。乙二酸钙的溶解度是所有钙盐中最小的，因此在重量分析中可用它来测定钙。

碱金属和碱土金属碳酸盐溶解度的差别也常用来分离 Na^+、K^+ 和 Ca^{2+}、Ba^{2+}(表 15-6)。

表 15-6　Na^+、K^+、Mg^{2+}、Ca^{2+}、Ba^{2+} 的鉴定

离　子	鉴定试剂	鉴定反应
Na^+	KH_2SbO_4	$Na^+ + H_2SbO_4^- \longrightarrow NaH_2SbO_4\downarrow$(白色)
K^+	$Na_3[Co(NO_2)_6]$	$2K^+ + Na^+ + [Co(NO_2)_6]^{3-} \longrightarrow K_2Na[Co(NO_2)_6]\downarrow$(亮黄)
Mg^{2+}	镁试剂	Mg^{2+} + 镁试剂 ⟶ 天蓝色↓
Ca^{2+}	$(NH_4)_2C_2O_4$	$Ca^{2+} + C_2O_4^{2-} \longrightarrow CaC_2O_4\downarrow$(白色)
Ba^{2+}	K_2CrO_4	$Ba^{2+} + CrO_4^{2-} \longrightarrow BaCrO_4\downarrow$(黄色)

【例题 15-4】 一般的钠盐或钾盐是易溶的，一般的高氯酸盐也是易溶的，但为什么 $NaClO_4$ 的溶解度不大，而 $KClO_4$ 更难溶?

解　提示：Na^+、K^+、ClO_4^- 电荷少、半径大，溶于水后离子水合程度不大，因此溶解一般都是熵增过程，有利于溶解。

溶解的焓变主要来自晶格能和水合能。Na^+、K^+、ClO_4^- 电荷少、半径大，因而它们的晶格能小。虽然 $KClO_4$ 晶格能比 $NaClO_4$ 更小些，但净减小值不会很大，因为前者的晶格能本来就不大，但后者的水合能比前者却有较大的减小。因此，对由大阳离子和大阴离子组成的化合物来说，它们的晶格能虽然很小，但水合能更小，它们在水中就变得难溶了。

【思考题】

15-9　离子晶体盐类的溶解性有无热力学依据?

15.3.3 复盐

除锂以外，碱金属还能形成一系列复盐(double salt)。复盐有以下几种类型：

(1) 光卤石类，通式为 $M^{I}Cl \cdot MgCl_2 \cdot 6H_2O$，其中 $M^{I}=K^+$、Rb^+、Cs^+。例如，光卤石 $KCl \cdot MgCl_2 \cdot 6H_2O$。

(2) 矾类，通式为 $M_2{}^{I}SO_4 \cdot MgSO_4 \cdot 6H_2O$ 的矾类，其中 $M^{I}=K^+$、Rb^+、Cs^+。例如，软钾镁矾 $K_2SO_4 \cdot MgSO_4 \cdot 6H_2O$。

(3) 矾类，通式为 $M^{I}M^{III}(SO_4)_2 \cdot 12H_2O$ 的矾类，其中 $M^{I}=Na^+$、K^+、Rb^+、Cs^+，$M^{III}=Al^{3+}$、Cr^{3+}、Fe^{3+}、Co^{3+}、Ga^{3+}、V^{3+} 等。例如，明矾 $KAl(SO_4)_2 \cdot 12H_2O$。

复盐的溶解度一般比相应简单碱金属盐小得多。

15.3.4 含氧酸盐的热稳定性

一般碱金属盐具有较高的热稳定性。卤化物在高温时挥发而难分解。硫酸盐在高温下既难挥发，又难分解。碳酸盐除 Li_2CO_3 在 1543K 以上分解为 Li_2O 和 CO_2 外，其余都难分解。唯有硝酸盐热稳定性较低，加热到一定温度就可分解。例如

$$4LiNO_3 \xrightarrow{976K} 2Li_2O + 4NO_2\uparrow + O_2\uparrow$$

$$2NaNO_3 \xrightarrow{1003K} 2NaNO_2 + O_2\uparrow$$

$$2KNO_3 \xrightarrow{943K} 2KNO_2 + O_2\uparrow$$

碱土金属的卤化物、硫酸盐、碳酸盐对热也较稳定，但它们的碳酸盐热稳定性较碱金属碳酸盐要低。

$BeCO_3$	$MgCO_3$	$CaCO_3$	$SrCO_3$	$BaCO_3$
<373K	813K	1173K	1563K	1633K

碱土金属碳酸盐热稳定性的规律也可用离子极化的观点来说明。

【思考题】

15-10　用离子极化理论来解释碱土金属碳酸盐分解温度的规律性。

15-11　您能对碱土金属碳酸盐分解温度的规律性进行热力学解释吗？

15.3.5 重要的盐简介

1. NaCl

卤化物中用途最广的是氯化钠，有海盐、岩盐和井盐等。氯化钠除供食用外，还是制取金属钠、氢氧化钠、碳酸钠、氯气和盐酸等多种化工产品的基本原料。冰盐混合物可作为制冷剂。

2. $MgCl_2$

无水氯化镁是制取金属镁的原料，光卤石和海水是取得氯化镁的主要资源。氯化镁常况下以 $MgCl_2 \cdot 6H_2O$ 形式存在，用加热水合物的方法不能得到无水盐，因为它会水解。

$$MgCl_2 \cdot 6H_2O \xrightarrow{>408K} Mg(OH)Cl + HCl + 5H_2O$$

$$Mg(OH)Cl \xrightarrow{770K} MgO + HCl$$

要得到无水的氯化镁，必须将六水氯化镁在干燥的氯化氢气流中加热脱水。工业上常用在高温下通氯气于焦炭和氧化镁的混合物中制取。

氯化镁有吸潮性，普通食盐的潮解就是含有氯化镁的缘故。

3. $CaCl_2$

六水氯化钙加热至 473K 失去水而成二水氯化钙，温度高于 533K 完全脱水形成白色多孔的氯化钙，此过程有少许水解反应发生，因此无水氯化钙中常含有微量氧化钙。无水氯化钙有很强的吸水性，是一种重要的干燥剂。由于它能与气态氨和乙醇形成加成物，所以不能用于干燥氨气和乙醇。氯化钙和冰(1.44∶1)的混合物是实验室常用的制冷剂，可获得 218K 的低温。

4. $BaCl_2$

氯化钡为无色单斜晶体，一般为水合物二水氯化钡，加热至 400K 变为无水盐。氯化钡用于医药、灭鼠剂和鉴定硫酸根离子的试剂。氯化钡可溶于水。可溶性钡盐对人、畜都有害，对人致死量为 0.8g，切忌入口。

5. Na_2CO_3

碳酸钠又称为纯碱、苏打或碱面，它是基本化工产品之一，除了用作化工原料外，还用于玻璃、造纸、肥皂、洗涤剂的生产及水处理等。

碳酸钠常用索尔维法(氨碱法)来生产。该法是用饱和食盐水吸收氨气和二氧化碳制得溶解度较小的 $NaHCO_3$，再将 $NaHCO_3$ 煅烧即生成 Na_2CO_3，其反应为

$$NaCl + NH_3 + CO_2 + H_2O \xrightarrow{冷} NaHCO_3 \downarrow + NH_4Cl$$

$$2NaHCO_3 \xrightarrow{300℃} Na_2CO_3 + CO_2 \uparrow + H_2O \uparrow$$

析出后，母液中的 NH_4Cl 用消石灰来回收氨以循环使用。

$$2NH_4Cl + Ca(OH)_2 = NH_3 \uparrow + CaCl_2 + 2H_2O$$

所需的 CO_2 和消石灰由石灰石煅烧来制取。

$$CaCO_3 \xrightarrow{煅烧} CaO + CO_2 \uparrow$$

索尔维法具有技术成熟、原料来源丰富且价廉等优点，但食盐利用率低，氨损失大，废渣造成环境污染。我国杰出的工业化学家侯德榜对氨碱法作了重大改革，将制碱与合成氨创造性地联为一体，于 1942 年发明了“侯氏联合制碱法”(Hou's process for soda production，图 15-4)。该法先采用水煤气转化得到的氢来合成氨，同时有 CO_2 放出；再采用合成氨系统提供的 NH_3 和 CO_2 来制碱，副产品 NH_4Cl 则作为化肥。此法使 NaCl

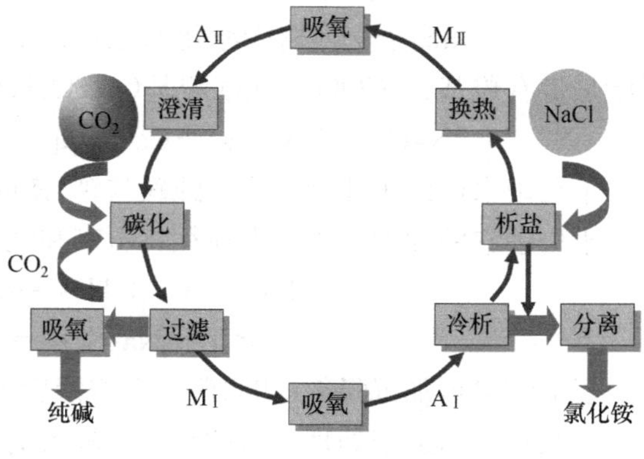

图 15-4　侯氏联合制碱法流程

的利用率高达96%以上，降低了成本，实现了连续化生产，对世界制碱工业做出了重大贡献。目前我国生产纯碱的基地主要在天津、大连、青岛、湖北和四川自贡。

【思考题】

15-12 为什么说“侯氏联合制碱法”符合绿色化学原则？

6. $NaHCO_3$

碳酸氢钠又称为小苏打、重碳酸氢钠或焙碱，常用于食品、医疗等工业。在 Na_2CO_3 溶液中通入 CO_2 使其析出可制取纯度较高的 $NaHCO_3$。

$$Na_2CO_3 + CO_2 + H_2O \xlongequal{} 2NaHCO_3$$

7. $CaSO_4$

二水硫酸钙($CaSO_4 \cdot 2H_2O$) 称为石膏，又称生石膏，为白色粉末，微溶于水。

半水硫酸钙($CaSO_4 \cdot 1/2H_2O$)又称熟石膏，也为白色粉末，有吸潮性。熟石膏粉末与水混合后可逐渐硬化并膨胀，因此可用来制造模型、塑像、粉笔和石膏绷带等。工业上用氯化钙与硫酸铵反应，得到二水硫酸钙。

$$CaCl_2 + (NH_4)_2SO_4 + 2H_2O \xlongequal{} CaSO_4 \cdot 2H_2O + 2NH_4Cl$$

二水硫酸钙经煅烧、脱水，可得到半水硫酸钙。

15.3.6 硬水及其软化

工业上根据水中 Ca^{2+} 和 Mg^{2+} 的含量，把天然水分为两种，溶有较多量 Ca^{2+} 和 Mg^{2+} 的水称为硬水(hard water)；溶有少量 Ca^{2+} 和 Mg^{2+} 的水称为软水(soft water)。

含有碳酸氢钙[$Ca(HCO_3)_2$]或碳酸氢镁[$Mg(HCO_3)_2$]的硬水称为暂时硬水(temporary hardness)，暂时硬水经煮沸后，所含的酸式碳酸盐就分解为不溶性的碳酸盐。例如

$$Ca(HCO_3)_2 \xrightarrow{\triangle} CaCO_3\downarrow + CO_2\uparrow + H_2O$$

$$2Mg(HCO_3)_2 \xrightarrow{\triangle} Mg_2(OH)_2CO_3\downarrow + 3CO_2\uparrow + H_2O$$

含有碳酸镁($MgCO_3$)、硫酸钙($CaSO_4$)或氯化镁($MgCl_2$)、氯化钙($CaCl_2$)等的硬水，经过煮沸，水的硬度也不会消失。这种水称为永久硬水(permanent hardness)。消除硬水中 Ca^{2+}、Mg^{2+} 的过程称为硬水的软化(hard water softening)。常用的软化方法有石灰纯碱法(lime soda process)和离子交换树脂净化水法(ion exchange resin for purifying water)。离子交换树脂是带有羧基(—COO^-)或磺酸基(—SO_3H)的高聚物。

$$2Na(R—COO)(s) + Ca^{2+}(aq) \longrightarrow Ca(R—COO)_2(s) + 2Na^+(aq)$$

永久硬水可以用纯碱软化。纯碱与钙、镁的硫酸盐和氯化物反应，生成难溶性的盐，使永久硬水失去它的硬性。工业上往往将石灰和纯碱各一半混合用于水的软化，反应方程式为

$$MgCl_2 + Ca(OH)_2 \xlongequal{} Mg(OH)_2\downarrow + CaCl_2$$

$$MgCl_2 + Na_2CO_3 \xlongequal{} MgCO_3\downarrow + 2NaCl$$

反应结束再加沉降剂(如明矾)，经澄清后得到软水。石灰纯碱法操作比较复杂，软化效果较差，但成本低，适于处理大量的且硬度较大的水。例如，发电厂、热电站等一般采用该法作为水软化的初步处理。

15.4　锂、铍的特殊性与对角线规则

15.4.1　锂和铍的特殊性

位于第二周期的锂、铍与ⅠA、ⅡA族同族金属及其化合物在性质上有明显的区别。由于它们的原子体积很小并具有2电子构型的结构，核对外层电子屏蔽作用很小，表现出高的电离能，因此锂、铍的许多化合物中的键是共价键而不是离子键。体积很小的 Li^+ 和 Be^{2+} 具有很高的"电荷/半径"比，因此对其他离子和极性分子产生特别强的吸引力。这种吸引力导致晶格能和水化能均很高，这是造成锂、铍离子型化合物的许多反常性质(anomalous properties)的原因。

例如，锂的熔点、硬度高于其他碱金属，而导电性则较弱，标准电极电势也特别低；铍的熔点、沸点比其他碱土金属高，硬度也是碱土金属中最大的，但有脆性，热稳定性相对较差。

15.4.2　对角线规则

Li 与 Mg、Be 与 Al 的相似性即"对角线"相似性。在 s 区和 p 区元素中，除了同族元素的性质相似外，还有一些元素及其化合物的性质呈现出"对角线"相似。对角线相似即ⅠA族的 Li 与ⅡA族的 Mg、ⅡA族的 Be 与ⅢA族的 Al、ⅢA族的 B 与ⅣA族的 Si 这三对元素在周期表中处于对角线位置。

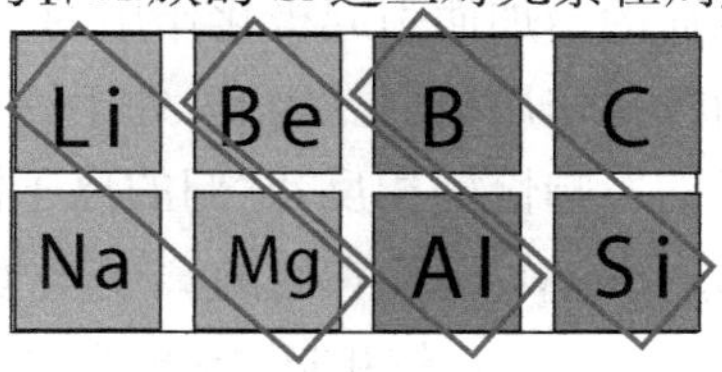

周期表中，某元素及其化合物的性质与它左上方或右下方元素及其化合物性质的相似性就称为对角线规则(diagonal rule)。

1. 锂与镁相似性

锂和镁在过量的氧中燃烧时并不形成过氧化物，而生成正常的氧化物。

锂和镁直接和碳、氮化合，生成相应的碳化物或氮化物。例如

$$6Li + N_2 \xlongequal{} 2Li_3N$$

$$3Mg + N_2 \xlongequal{} Mg_3N_2$$

Li^+ 和 Mg^{2+} 都有很大的水合能力。

锂和镁的氢氧化物均为中等强度的碱，在水中溶解度不大。加热时可分解为 Li_2O 和 MgO。其他碱金属氢氧化物均为强碱，且加热至熔融也不分解。

锂和镁的硝酸盐在加热时均能分解成相应的氧化物 Li_2O、MgO 及 NO_2 和 O_2，而其他碱金属硝酸盐分解为 MNO_2 和 O_2。

锂和镁的某些盐类和氟化物、碳酸盐、磷酸盐等均难溶于水，其他碱金属相应化合物均为易溶盐。

锂和镁的氯化物都具有共价性，能溶于有机溶剂如乙醇中。它们的水合氯化物晶体受热时都会发生水解反应。

$$LiCl \cdot H_2O \xrightarrow{\triangle} LiOH + HCl(g)$$

$$MgCl_2 \cdot 6H_2O \xrightarrow{\triangle} Mg(OH)Cl + 5H_2O(g) + HCl(g)$$

2. 铍与铝相似性

两种金属的标准电极电势相近(Be^{2+}/Be，－1.85V；Al^{3+}/Al，－1.66V)。

铍和铝经浓硝酸处理都表现钝化，而其他碱土金属均易与硝酸反应。

铍和铝都是两性金属，既能溶于酸也能溶于碱。

氢氧化物均为两性，而其他碱土金属氢氧化物均为碱性。

BeO 和 Al_2O_3 都有高熔点和高硬度。

铝和铍的氯化物是共价分子，能通过氯桥键形成双聚分子，易升华、易聚合，易溶于有机溶剂。

3. 硼与硅的相似性

自然界均以化合物形式存在。单质易与强碱反应。氧化物是难熔固体。H_3BO_3 和 H_2SiO_3 在水中溶解度不大。由于 B—B 和 Si—Si 键能较小，烷的数目比碳烷烃少得多，且易水解。卤化物易水解。易形成配合物，如 HBF_4 和 H_2SiF_6。

对角线规则是从有关元素及其化合物的许多性质中总结出来的经验规律，对此可以用离子极化的观点加以粗略的说明。同一周期最外层电子构型相同的金属离子，从左至右随离子电荷的增加而引起极化作用的增强；同一族电荷相同的金属离子，自上而下随离子半径的增大而极化作用减弱。因此，处于周期表中左上右下对角线位置上的邻近两个元素，由于电荷和半径的影响恰好相反，它们的离子极化作用比较相近，从而它们的化学性质比较相似。由于 Li-Mg、Be-Al、B-Si 它们的离子势 Φ 数据分别为：Li^+ 9.6、Mg^{2+} 13.1；Be^{2+} 21.8、Al^{3+} 31.0；B^{3+} 60、Si^{4+} 69.4，较相近，因此性质相似。

【思考题】

15-13 p 区元素中哪些元素表现出了哪些对角线相似性？请举例说明。

习　题

15-1 试根据碱金属和碱土金属的电子层构型说明它们化学活泼性的递变规律。

15-2 试比较碱金属与碱土金属物理性质的差异，并说明原因。

15-3 为什么元素铍与其他非金属成键时，化学键带有较大的共价性，而其他碱土元素与非金属所成的键则带有较大的离子性？

15-4 锂与镁有哪些相似性？铍与其他碱土金属在物理、化学性质方面又有哪些不同？

15-5 写出下列反应的方程式。

(1) 金属钠与 H_2O、Na_2O_2、NH_3、C_2H_5OH、$TiCl_4$、KCl、MgO、$NaNO_2$ 的反应。

(2) Na_2O_2 与 H_2O、$NaCrO_2$、CO_2、Cr_2O_3、H_2SO_4(稀)的反应。

15-6 写出以食盐为原料制备金属钠、氢氧化钠、过氧化钠、碳酸钠的过程，并写出它们的化学反应方程式。

15-7 利用镁和铍在性质上的哪些差异可以区分和分离 $Be(OH)_2$ 和 $Mg(OH)_2$、$BeCO_3$ 和 $MgCO_3$、BeF_2 和 MgF_2？

15-8 写出重晶石为原料制备 $BaCl_2$、$BaCO_3$、BaO、BaO_2 的过程。

15-9 完成下列各步反应。

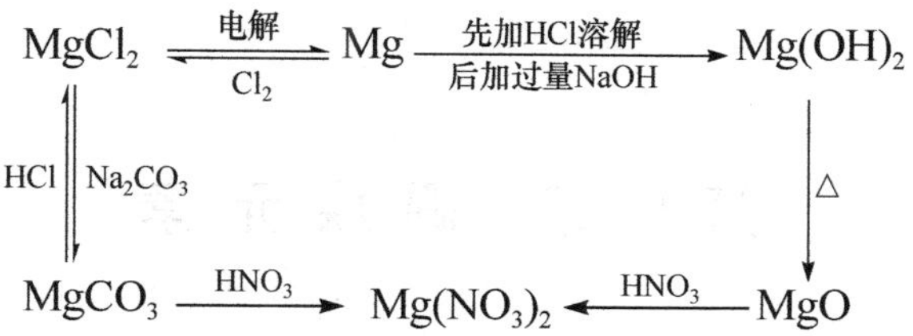

15-10 下列反应的热力学数据如下：

	MgO(s) +	C(s,石墨) ══	CO(g) +	Mg(s)
$\Delta_f H_m^\ominus$(298K)/(kJ · mol^{-1})	−601.7	0	−110.52	147.7
$\Delta_f G_m^\ominus$(298K)/(kJ^{-1} · mol^{-1})	−569.4	0	−137.15	113.5
$S_m^\ominus$(298K)/(J · mol^{-1} · K^{-1})	26.94	5.74	197.56	148.54

试计算：(1) 反应的热效应 $\Delta_r H_m^\ominus$(298K)。

(2) 反应的自由能变 $\Delta_r G_m^\ominus$(298K)。

(3) 在标准条件下，用 C(s，石墨)还原 MgO 制取金属镁时，反应自发进行的最低温度是多少？

第 16 章　硼族元素

本章学习要求

(1) 了解硼族元素的通性,特别是缺电子性及对化合物性质的影响;
(2) 掌握硼的单质、氢化物、含氧酸及其盐的结构及性质;
(3) 掌握铝的单质及其化合物的结构及性质;
(4) 初步了解镓、铟和铊的基本性质;
(5) 了解惰性电子对效应概念及其应用。

【背景问题】

12	13	14
	B	C
	Al	Si
Zn	Ga	Ge
Cd	In	Sn
Hg	Tl	Pb
Cn	Uut	Fl

(1) 硼族元素的化学为什么那么丰富?试从单质硼的二十面体结构、硼氢化合物中的 3c-2e 键以及其多项特殊应用等方面阐述。

(2) 硼在反应堆中有什么重要作用?硼可用来制作导弹和火箭中所用的某些结构材料,又是依据了硼的哪些性质?

(3) 有些物质越纯越能显示出其特性,如硅单晶;有些物质却是含有了杂质是个宝,如红宝石、蓝宝石。您能举例说明这些对结构材料的制备有什么启示?

(4) 惰性电子对效应是周期表中的区域性规律之一。该效应在本族元素化学中有什么表现和作用?

硼是人们很早就知道的元素之一,但只知道硼有硼酸、硼酸盐这类为数不多的化合物。硼化学的独特性仅在近 40 多年来由于结构化学的发展才被发现。近年来,硼化学获得了迅速和多方面的发展,其领域的广阔几乎有可能与碳化学相媲美。本章着重介绍硼元素和铝元素化学的一些基本知识。

16.1　硼族元素概述

周期表第 13 族元素包括硼(B)、铝(Al)、镓(Ga)、铟(In)、铊(Tl)和 Uut 6 种元素,统称为硼族元素。价层电子构型为 ns^2np^1,位于元素周期表的第 13 列,其基本性质见表 16-1。本族元素除硼为非金属元素外,其他都是金属元素。硼和铝都有富集的矿藏,铝在地壳中的含量仅次于氧和硅,列第三位,而镓、铟、铊是分散的稀有元素,常与其他矿共生。其中 113 号元素是 2003 年由俄罗斯杜布纳联合核子研究所的 Ю. Ц. Оганесян 用加速的钙离子(20 号)轰击镅元素(95 号)制成的:

$$^{243}_{95}Am(^{48}_{20}Ca, 3^1_0n, 4^1_0n) \longrightarrow {}^{287,288}_{115}Uup \xrightarrow{\alpha} {}^{283,284}_{113}Uut$$

表 16-1　硼族元素的基本性质

性　质	硼	铝	镓	铟	铊	Ununtrium
元素符号	B	Al	Ga	In	Tl	Uut
原子序数	5	13	32	49	81	113
价电子构型	$2s^2 2p^1$	$3s^2 3p^1$	$4s^2 4p^1$	$5s^2 5p^2$	$6s^2 6p^1$	$7s^2 7p^1$
常见氧化态	+3	+3	(+1)、+3	+1、+3	+1、(+3)	可能有+2、+4
共价半径 /pm	38	143	122	163	170	—
电离能 /(kJ · mol^{-1})	807	583	585	541	596	—
电子亲和能 /(kJ · mol^{-1})	−23	−42.5	−28.9	−28.9	−50	—
电负性 (鲍林标度)	2.04	1.61	1.81	1.78	2.04	—
配位数	3、4	3、4、6	3、6	3、6	3、6	—
晶体结构	原子晶体	金属晶体	金属晶体	金属晶体	金属晶体	—
(非)金属性	非金属	金属	金属	金属	金属	—

硼族元素基态原子的价电子层结构为 ns^2np^1，它们的一般氧化态为+3。同其他主族元素一样随着 n 值的增大，ns^2 电子对越来越不易失去，电子对趋于稳定，因而出现同族元素自上而下生成低氧化态(+1)的倾向随之增加，元素的稳定氧化值从高氧化值 B(+3)变为低氧化值 Tl(+1)，即 B→Tl，+1 氧化值稳定性增强；+3 氧化值稳定性降低。特别是 Tl 的+1 氧化值是常见的，而 Tl(+3)化合物有较强氧化性。这种同族元素自上而下，低氧化态物质比高氧化态物质稳定的现象，称为**惰性电子对效应**(inert electron pair effect)。

硼的原子半径较小，电负性较大，所以，硼的化合物都是共价型的，在水溶液中也不存在 B^{3+}，而其他元素均可形成 M^{3+} 和相应的化合物，但由于 M^{3+} 具有较强的极化作用，这些化合物中的化学键也容易表现出共价性。在硼族元素化合物中形成共价键的趋势自上而下依次减弱。Tl(+1)化合物稳定，具有较强的离子键特征。

硼族元素原子的价键轨道(ns 和 np)数为 4，而其价电子仅有 3 个，这种价电子数小于价键轨道数的原子称为**缺电子原子**。它们所形成的化合物有些为**缺电子化合物**(electron-defect compound)，如 BF_3、H_3BO_3。在缺电子化合物中，成键电子对数小于中心原子的价键轨道数，有空的价键轨道的存在，有很强的继续接受电子对的能力，通常表现在：

(1) 分子自聚形成聚合型分子(如 $2AlCl_3 \longrightarrow Al_2Cl_6$)。

(2) 同电子对给予体形成配位化合物(如 $BF_3 + HF \longrightarrow HBF_4$)。

在形成聚合分子或配合物过程中，中心原子的价键轨道的杂化方式由 sp^2 杂化→sp^3 杂化，相应分子的空间构型由平面结构过渡到立体结构。

此外从表 16-1 中发现，在硼的化合物中，硼原子的最高配位数为 4，而在硼族其他元素的化合物中，由于外层 d 轨道参与成键，中心原子的最高配位数可以是 6。

【思考题】

16-1　本族元素氧化值变化具有什么规律性?

16-2　什么是缺电子化合物? 此类化合物具有什么特性?

【例题 16-1】 根据缺电子原子的特点，分别说明“等电子原子”、“多电子原子”的特点，并举例说明。

解 它们的特点及实例如下表所示

原子类型	价电子数与价键轨道数	特 点	实 例
缺电子原子	价电子数 < 价键轨道数	有空轨道	B、Al、Be
等电子原子	价电子数 = 价键轨道数	无空轨道和孤对电子	C、Si、H
多电子原子	价电子数 > 价键轨道数	有孤对电子	N、P、O、S、X

16.2　硼单质及其化合物

16.2.1　单质硼

硼是亲氧元素，是典型的无机高分子元素之一，具有独特的化学行为，硼在地壳中的含量很小，在自然界不以单质存在，主要是以无机硼氧酸和硼氧酸盐形式存在。

单质硼有无定形硼和晶形硼等多种同素异形体。无定形硼为棕色粉末，晶形硼呈黑灰色，硬度很大，在单质中其硬度略次于金刚石，硼的熔点、沸点都很高。晶形硼有多种复杂的结构，其中 α-菱形硼所含 B_{12} 基本结构单元为 12 个硼原子组成的正二十面体，如图 16-1 所示，每个 B 原子位于正二十面体的一个顶角，分别和另外 5 个 B 原子相连。然后由 B_{12} 的这种二十面体排布起来组成六方晶系的 α-菱形硼。

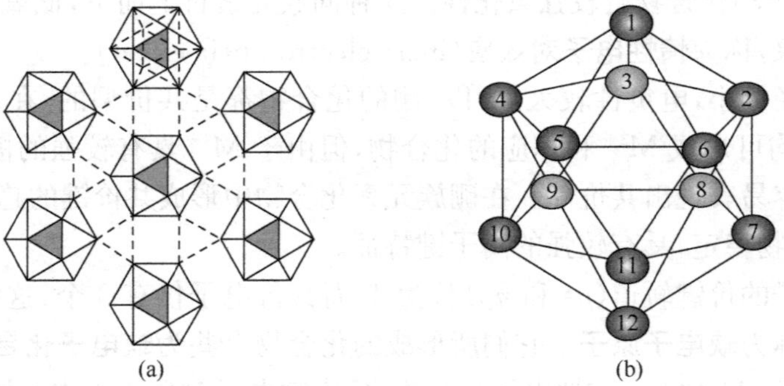

图 16-1　α-菱形硼(B_{12})结构(a)和 B_{12} 基本结构单元(b)

结晶状单质硼的化学活性很低，无定形硼化学性质则比较活泼，其主要有如下化学性质。

1) 易在 O_2 中燃烧

硼为亲氧元素，与氧的结合能力极强，从硼的燃烧热及 B—O 键的键能可知硼与氧的亲和力超过硅，所以它能从许多稳定的氧化物(SiO_2、P_2O_5)中夺取氧而用作还原剂，它在炼钢中可作脱氧剂。

$$4B + 3O_2 = 2B_2O_3 \qquad \Delta_r H_m^\ominus = -2545 kJ \cdot mol^{-1}$$

	B—O	Si—O	C—O
键能/(kJ · mol^{-1})	561	452	358

2) 与非金属反应

无定形硼在室温下与 F_2 反应得到 BF_3，与 Cl_2、Br_2、O_2、S 等反应需加热，高温下与 C、N_2

反应生成碳化物和氮化物，显还原性，不与 H_2 反应。

3）赤热下与水蒸气反应

$$2B(赤热)+6H_2O(g) = 2H_3BO_3+3H_2(g)$$

4）与酸反应

它与非氧化性酸（HCl、稀 H_2SO_4 等）不作用，仅与氧化性酸如浓 HNO_3、浓 H_2SO_4 和王水作用，无氧化剂存在，硼不溶于酸。

$$B+3HNO_3(浓) = B(OH)_3+3NO_2\uparrow$$

$$2B+3H_2SO_4(浓) = 2B(OH)_3+3SO_2\uparrow$$

5）与强碱反应

无定形硼易与浓的强碱溶液反应生成偏硼酸盐。

$$2B+2NaOH+2H_2O \xrightarrow{\triangle} 2NaBO_2+3H_2\uparrow$$

在氧化剂存在时，与强碱共熔，可得到偏硼酸盐。

$$2B+2NaOH+2KNO_3 \xrightarrow{\triangle} 2NaBO_2+3KNO_2+H_2O$$

6）与金属反应

硼在高温下能与某些金属反应生成硼化物，几乎都生成金属型化合物，它们的组成一般为 M_4B、M_2B、MB、M_3B、MB_2 及 MB_6，如 Nb_3B_4、Cr_4B 和 LaB_6 等。

无定形硼用于生成硼钢，它是制造喷气发动机的优质钢材（抗冲击性能好）。因为硼有吸收中子的特性，硼钢还用于制造原子反应堆的控制棒。同时一些经特殊热处理烧结的含硼的金属陶瓷是耐高温和超硬质材料，硼常作为原料来制备一些特殊的硼化合物，如金属硼化物和碳化硼等。

工业上硼的制备一般有两种方法。

（1）碱法。①用浓碱液分解硼镁矿得偏硼酸钠；②将偏硼酸钠在强碱溶液中结晶出来，使之溶于水成为较浓的溶液，通入 CO_2 调节碱度，浓缩结晶得到四硼酸钠，即硼砂；③将硼砂溶于水，用硫酸调节酸度，可析出溶解度小的硼酸晶体；④加热使硼酸脱水生成 B_2O_3；⑤用镁或铝还原 B_2O_3 得到粗硼。

（2）酸法。用硫酸分解硼镁矿一步制得硼酸：

$$Mg_2B_2O_5\cdot H_2O(硼镁矿)+2H_2SO_4 = 2H_3BO_3+2MgSO_4$$

得到的硼酸经加热脱水得 B_2O_3，再用镁或铝还原 B_2O_3 得到粗硼。此方法虽简单，但需耐酸设备等条件，不如碱法好。粗硼用盐酸、氢氧化钠和氟化氢处理，可得纯度为 95%～98%的棕色无定形硼。

16.2.2　硼的氢化物

硼可以形成一系列的共价氢化物，这类氢化物的物理性质相似于烷烃，因此称为硼烷（borane）。根据硼烷的组成可将其分为多氢硼烷和少氢硼烷两大类，其通式分别为 B_nH_{n+6} 和 B_nH_{n+4}。它们的命名同碳烷相似，B_2～B_{10}（甲、乙、……、辛、壬、癸），如 B_2H_6 称为乙硼烷；B_{11} 以上（十一、十二 ……），如 $B_{11}H_{15}$ 称为十一硼烷；但为了区分两种类型的硼烷，用标出氢原子数加以区分，B_nH_{n+4} 类：B_5H_9 命名为戊硼烷-9；B_nH_{n+6} 类：B_5H_{11} 命名为戊硼烷-11；硼原子仅有 3 个价电子，它与氢似乎应该形成 BH_3、B_2H_4（BH_2—BH_2）、B_3H_6（BH_2—BH_2—BH_2）等类型的硼氢化合物，但实际上形成的硼烷分子的组成、结构和性质与此不同，是一系列特殊的化合物。通过测定硼烷的气体密度已经证明最简单稳定的硼烷是乙硼烷(B_2H_6)而不是BH_3，硼不存在BH_3的氢化物这一点是出乎人们的意料的，因为B原子一般显示的氧化值是+3，根据共价键理论，B_2H_6似乎是不应该存在的，因为这个结构需要14个价电子(图16-2)，而实际上B_2H_6只能提供12个价电子，B_2H_6成为“缺电子化合物”(electron-defect compound)。在B_2H_6和B_4H_{10}这类硼烷分子中，除了形成一部分正常的共价键之外，还形成了一部分三中心键，即2个硼原子与1个氢原子通过共用2个电子而形成的三中心二电子键(3 center-2 electorn bond，简写为3c-2e)，属于“多中心缺电子键”。三中心键是一种非定域的键，常用弧线表示三中心键，B_2H_6和B_4H_{10}的结构分别如图16-3和图16-4所示，氢原子就像桥梁一样，将两个硼原子连接起来，所以又称氢桥键(hydrogen bridge bond)，氢桥键与氢键不同，它是一种特殊的共价键，体现了硼氢化合物的缺电子特征。值得注意的是，乙硼烷分子中，2个硼原子间没有B—B单键，而B_4H_{10}中则有一个B—B单键。

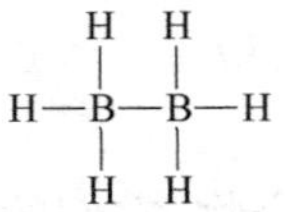

图16-2　假设的B_2H_6结构图

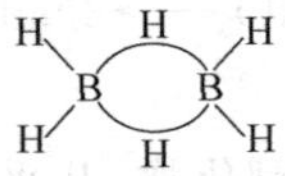

图16-3　B_2H_6结构示意图

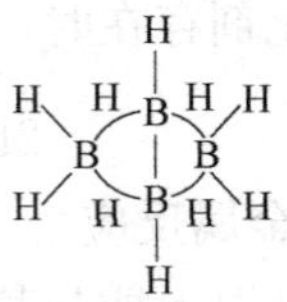

图16-4　B_4H_{10}结构示意图

由于硼原子的缺电子特点，在各种硼烷中呈现以下五种成键情况：

(1) B—H　　2c-2e　　端侧

(2) B⌒(H)B　　3c-2e　　氢桥键

(3) B—B　　2c-2e　　硼硼键

(4) B⌒(B)B　　3c-2e　　开放式硼桥键

(5) B(B)B　　3c-2e　　闭合式硼桥健

硼烷的结构复杂，早在20世纪初就开始对其进行研究，但都未能真正解释明白硼烷及其衍生物组分的多样化结构的复杂性。直到20世纪60年代，美国物理化学家利普斯科姆(W. Lipscomb)利用低温X射线衍射方法等测定了多种硼烷结构，研究结果表明，硼烷是一种“缺电子化合物”，属于三中心两电子键结构。由此可解释B—H—B和B—B—B键，圆满地阐明了硼烷分子的复杂结构。他还通过数学方法推算出硼烷及其离子可能存在的数目，预示了它们的结构。利普斯科姆由于在研究硼烷结构方面的突出贡献而获1976年诺贝尔化学奖。

简单的硼烷都是无色的气体，具有难闻的臭味，极毒，物理性质近似烷烃，化学性质近同硅烷，主要表现以下性质。

1) 易燃性(还原性)

在通常情况下硼烷很不稳定，在空气中极易燃烧，甚至能自燃，并且反应速率大，放热量比相应的碳氢化合物大得多。例如

$$B_2H_6(g)+3O_2(g)\longrightarrow B_2O_3(s)+3H_2O(g)\qquad \Delta_r H_m^\ominus=-2166\,kJ\cdot mol^{-1}$$

因此曾被考虑作为火箭和导弹上的高能燃料，但由于它具有很高的毒性(B_2H_6 0.1mg · kg^{-1}致死)，且储存条件苛刻，不能不放弃这一企图。

2）水解性

硼烷与水发生不同程度的水解，反应速率也不同，例如，乙硼烷极易水解，常温下反应很快：

$$B_2H_6(g)+3H_2O(l)\longrightarrow 2H_3BO_3(s)+6H_2(g)\qquad \Delta_r H_m^{\ominus}=-509.3kJ \cdot mol^{-1}$$

由于该反应放热量较大，人们曾把乙硼烷作为水下火箭燃料考虑。

3）与卤素反应

与氯气等卤素发生氯化反应

$$B_2H_6(g)+6Cl_2(g)=\!=\!=2BCl_3(l)+6HCl(g)$$

4）路易斯酸性(加合反应)

硼烷尽管有多中心键支持，仍是强的电子接受体，是一种路易斯酸，能与 CO、NH_3 等具有孤对电子的分子(路易斯碱)发生加合反应。例如

$$2LiH+B_2H_6=\!=\!=2LiBH_4$$

$$B_2H_6+2CO=\!=\!=2[H_3B\leftarrow CO]$$

$$B_2H_6+2NH_3=\!=\!=[BH_2 \cdot (NH_3)_2]^+ + [BH_4]^-$$

【思考题】

16-3　氢键和氢桥键有什么不同？

16-4　硼烷具有哪些化学性质，其中什么性质与其缺电子性相关？

【例题 16-2】　为什么硼的最简单氢化物是 B_2H_6 而不是 BH_3？但硼的卤化物能以 BX_3 形式存在？

解　如果 BH_3 分子存在的话，B 还有一个空的 2p 轨道没有参与成键，如果该轨道能用来成键，将会使体系的能量进一步降低，因此从能量来说 BH_3 是不稳定体系。B_2H_6 中由于所有的价键轨道都用来成键，分子的总键能比两个 BH_3 的总键能大，因此 B_2H_6 比 BH_3 稳定(二聚体的稳定常数为 10^6)。BX_3 中 B 以 sp^2 杂化，每个杂化轨道与 X 形成 σ 键后，垂直于分子平面 B 有一个空的 p 轨道，3 个 F 原子各有一个充满电子的 p 轨道，它们互相平行，形成了 Π_4^6 大 π 键，使 BX_3 获得额外的稳定性，但 BH_3 中 H 原子没有像 F 原子那样的 p 轨道，因此不能形成大 π 键。

16.2.3　硼的含氧化合物

硼是亲氧元素，由表 16-2 可看出，硼与氧形成的 B—O 键键能(806kJ · mol^{-1})高于 B 与其他元素的键能，所以硼的含氧化合物具有很高的稳定性。构成硼的含氧化合物的基本结构单元是平面三角形的 BO_3 和四面体形的 BO_4。这是由硼元素的亲氧性和缺电子性质所决定的。

表 16-2　硼与其他元素形成的键能大小

	B—O	B—H	B—B	B—F	B—Cl
键能/(kJ · mol^{-1})	806	330	297	766	536

1. 三氧化二硼(boron trioxide)

硼的最重要氧化物是 B_2O_3，它是最难结晶的物质之一，有晶态和玻璃态两种类型。晶态

B_2O_3比较稳定，其密度为2.55g·cm^{-3}，熔点为450℃；玻璃状B_2O_3的密度为1.83g·cm^{-3}。通过B与O_2反应或H_3BO_3加热脱水红热时得玻璃态B_2O_3，减压历时两周加热到670K得晶态B_2O_3，1273K以上得蒸气。B_2O_3应用广泛，可用作助熔剂，半导体材料的掺杂剂，油漆及高温润滑剂添加剂，陶瓷、特种玻璃及焊料的添加剂，有机合成的催化剂及制取元素硼和多种硼化物等。

B_2O_3主要有如下化学性质。

1）能与金属反应

高温下B_2O_3能被碱金属以及镁和铝还原为单质硼。例如

$$B_2O_3 + 3Mg \xlongequal{} 2B + 3MgO$$

2）易溶于水

B_2O_3溶于水生成硼酸，但在热的水蒸气中生成可挥发的偏硼酸。

$$B_2O_3 + 3H_2O \xlongequal{} 2H_3BO_3$$

$$B_2O_3 + H_2O(\text{水蒸气}) \xlongequal{} 2HBO_2(\text{偏硼酸})$$

3）与金属氧化物共熔（硼珠实验）

B_2O_3和许多种金属氧化物在熔融时生成有特征颜色的硼珠，分析化学上用于鉴定金属元素。

$$CuO + B_2O_3 \xlongequal{} Cu(BO_2)_2 \quad (\text{蓝色})$$

$$NiO + B_2O_3 \xlongequal{} Ni(BO_2)_2 \quad (\text{绿色})$$

4）与非金属氧化物反应

B_2O_3主要显酸性，有时又像碱性氧化物，能与一些酸性非金属氧化物反应。例如

$$P_2O_5 + B_2O_3 \xlongequal{} 2BPO_4$$

5）与NH_3反应

B_2O_3与NH_3在500℃反应生成$(BN)_n$，氮化硼，白色难溶物，结构与石墨相似（图16-5），俗称白石墨，具有四种不同的变体：六方氮化硼、菱方氮化硼、立方氮化硼和纤锌矿氮化硼。氮化硼是一种新型无机非金属材料，虽然结构与石墨相似，但其性质与石墨却不相同，具有耐热、耐腐蚀、润滑性、绝缘性等，在高温、高压下石墨晶形的$(BN)_n$可转化为金刚石型$(BN)_n$，其硬度很大，可用于制作钻头、磨具和切割工具等。

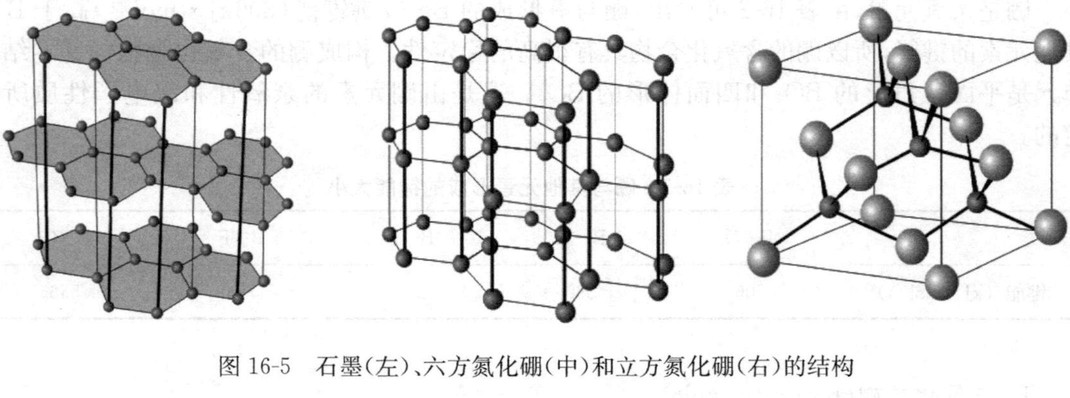

图16-5　石墨（左）、六方氮化硼（中）和立方氮化硼（右）的结构

2. 硼酸(boric acid)

硼酸包括原硼酸(H_3BO_3)、偏硼酸(HBO_2)和多硼酸($xB_2O_3 \cdot yH_2O$)。原硼酸通常又简称为硼酸。

硼酸只有一种晶形,其晶体结构为层状,基本结构单元为 H_3BO_3 分子,构型为平面三角形。在 H_3BO_3 分子中,硼原子以 sp^2 杂化轨道与 3 个氧原子形成 3 个键。H_3BO_3 分子在同一层内彼此通过氢键相互连接(图 16-6)。由图可见,每个硼原子以共价键与 3 个氧原子相连接,而每个氧原子除以共价键与 1 个硼原子结合外,还通过氢键与其他 2 个氧原子相连接,连接成接近六角形对称的层状晶格。层与层之间距离为 318pm,层间以微弱的分子间力结合起来。因此硼酸晶体呈鳞片状,具有解理性,可作润滑剂使用。大量硼酸用于搪瓷工业,有时也用作食物的防腐剂,在医药卫生方面也有广泛的用途。

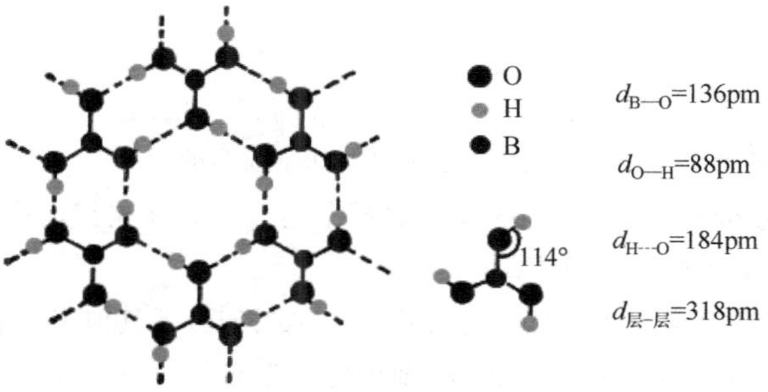

图 16-6　硼酸的分子结构

硼酸微溶于冷水,但在热水中因部分氢键断裂而使溶解度增大,其主要有如下化学性质。

1) 一元弱酸(固体酸)

虽然分子式为 H_3BO_3,但不是三元酸,而是一元路易斯酸,不是质子酸,酸性较弱,$K_a^\ominus = 5.8\times10^{-10}$。它在溶液中所显的弱酸性是由于 OH^- 中氧的孤对电子填入 B 原子中的 p 空轨道中,加合一个氢氧离子,而不是本身给出质子的缘故,即它的酸性不是解离出 H^+,而是从水中夺取了 OH^-,使水解离出 H^+。这种解离方式正好表现了硼化合物的缺电子特点。

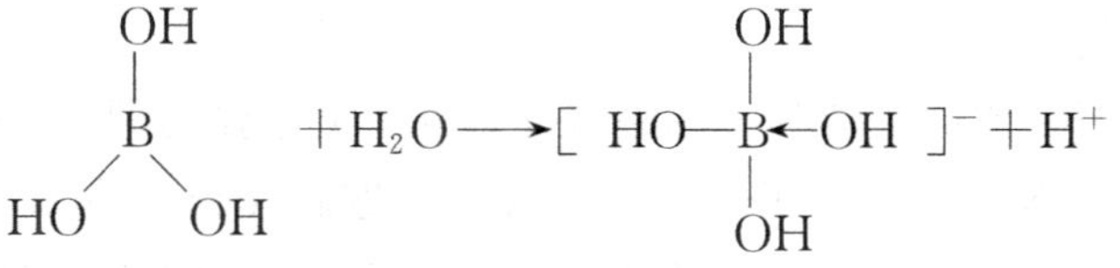

2) 与多羟基化合物加合

硼酸是一个典型的路易斯酸。硼酸的酸性可因加入多羟基化合物,如甘露醇[$CH_2OH(CHOH)_4CH_2OH$]或甘油(丙三醇)反应生成稳定的配合物而大大增强。由于 H_3BO_3 的酸性极弱,不能直接用 NaOH 滴定,我们常通过加入多羟基化合物(如甘露醇、甘油等)使显示强酸性,从而使滴定法可用于测定硼含量。

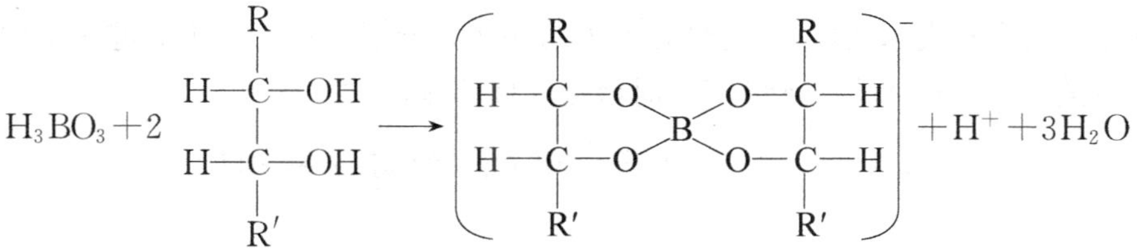

3）受热易分解

硼酸加热易分解，当加热到 373K 以上时，先脱水生成偏硼酸（HBO_2），继续加热时就会变成 B_2O_3。

$$H_3BO_3 \xrightarrow{-H_2O} HBO_2 \xrightarrow{-H_2O} B_2O_3\text{（玻璃态）}$$

4）硼酸的鉴定反应

硼酸和单元醇反应则生成硼酸酯，这一反应进行时要加入浓 H_2SO_4 作为脱水剂，以抑制硼酸酯的水解。硼酸酯可挥发并且易燃，燃烧时火焰呈绿色。利用这一特性可以鉴定硼的化合物存在。

$$H_3BO_3 + 3C_2H_5OH \xrightarrow{H_2SO_4} B(OC_2H_5)_3 + 3H_2O$$

【思考题】

16-5　为什么说 H_3BO_3 是一元酸？

16-6　H_3BO_3 为什么在冷水中溶解度小，在热水中却是易溶的？

【例题 16-3】　在滴定分析硼或硼酸含量时，通常要先加入甘露醇或其他多羟基化合物再用碱（如 NaOH）滴定，而不是直接用碱滴定，为什么？

解　这是因为硼酸的酸性很弱，因此直接滴定效果差，加入甘露醇或其他多羟基化合物后，反应生成稳定的配合物而释放出 H^+，使显示强酸性，从而达到滴定的要求。

3. 硼酸盐（borate）

硼酸盐的种类繁多，至今发现和制备的硼矿物 200 多种，如最常见的硼砂（$Na_2B_4O_7 \cdot 10H_2O$）、方硼石、硼镁石（$Mg_2B_2O_5 \cdot H_2O$）等，我国西部地区的内陆盐湖和辽宁、吉林等省都有硼矿。硼酸盐结构比较复杂，按照硼原子的配位数不同，可把硼酸盐中基本结构单元分为两类，即 BO_3 结构单元（平面三角形）和 BO_4 结构单元（四面体），其中硼原子的轨道杂化方式分别为 sp^2 杂化和 sp^3 杂化，而硼原子的配位数相应地分别为 3 和 4，由于 BO_3 和 BO_4 结构单元数目不同，因而其结构复杂多样。

硼酸盐有偏硼酸盐、原硼酸盐和多硼酸盐等多种。最重要的硼酸盐是四硼酸钠，俗称硼砂（$Na_2B_4O_7 \cdot 10H_2O$ 或 $Na_2[B_4O_5(OH)_4] \cdot 8H_2O$）。硼砂（borax）是无色透明的晶体，其主要结构单元是 $[B_4O_5(OH)_4]^{2-}$，这是由 2 个 BO_3 原子团和 2 个 BO_4 原子团通过共用角顶氧原子而连接成的，$[B_4O_5(OH)_4]^{2-}$ 通过氢键互相连接成链，链与链之间借钠离子联系在一起，其中还含有水分子。$[B_4O_5(OH)_4]^{2-}$ 的结构如图 16-7 所示。

硼砂主要有如下化学性质。

1）加热易失水

硼砂在空气中易失水而风化，受热时失去结晶水；加热至 350～400℃ 进一步脱水而成为无水四硼酸钠（$Na_2B_4O_7$）；加热到 878℃ 时熔化为玻璃体。

$$Na_2B_4O_7 \cdot 10H_2O \xrightleftharpoons{878℃} B_2O_3 + 2NaBO_2 + 10H_2O$$

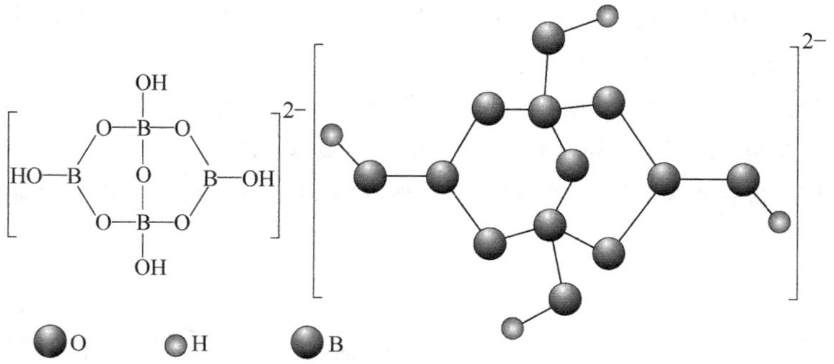

图 16-7　$[B_4O_5(OH)_4]^{2-}$的结构(左)和立体结构(右)

2) 水解呈碱性

硼砂易溶于水，也较易水解，其溶液因$[B_4O_5(OH)_4]^{2-}$的水解而显碱性。

$$[B_4O_5(OH)_4]^{2-}+5H_2O \longrightarrow 2H_3BO_3+2[B(OH)_4]^-$$

20℃时，硼砂溶液的 pH 为 9.24。硼砂溶液中含有的 H_3BO_3 和$[B(OH)_4]^-$的物质的量相等，因此具有缓冲作用。在实验室中可用它来配制缓冲溶液。

3) 与酸反应制 H_3BO_3

硼砂通常也用来制备硼酸，将纯的硼砂溶于水并加入酸(如盐酸、硫酸)，放置后可析出硼酸。

$$Na_2B_4O_7+H_2SO_4+5H_2O \longrightarrow 4H_3BO_3+Na_2SO_4$$

4) 硼砂珠实验

硼砂珠实验(borax bead experiment)是一种定性分析方法，用铂丝圈蘸取少许硼砂($Na_2B_4O_7 \cdot 10H_2O$)，灼烧熔融，使生成无色玻璃状小珠，再蘸取少量被测试样的粉末或溶液，继续灼烧，小珠即呈现不同的颜色。此法是因为熔融的硼砂与 B_2O_3、$B(OH)_3$一样，可以与许多金属氧化物形成偏硼酸的复盐。不同金属的偏硼酸复盐显示各自不同的特征颜色。例如

$$Na_2B_4O_7+CoO = 2NaBO_2 \cdot Co(BO_2)_2\text{(蓝色)}$$

$$3Na_2B_4O_7+Cr_2O_3 = 6NaBO_2 \cdot 2Cr(BO_2)_3\text{(绿色)}$$

上述反应可以看作是酸性氧化物 B_2O_3 和碱性金属氧化物作用而生成偏硼酸盐的过程。利用硼砂的这一类反应，可以鉴定某些金属离子，这在分析化学上称为硼砂珠实验。

陶瓷工业上用硼砂来制备低熔点釉。硼砂也用于制造耐温度骤变的特种玻璃和光学玻璃。由于硼砂能溶解金属氧化物，焊接金属时可以用它作助熔剂，以熔去金属表面的氧化物。此外，在医学上，硼砂作为消毒剂用于皮肤黏膜的消毒防腐，治疗一些皮肤病，近年来还用于肿瘤的治疗。另外，在实验室用作标定标准酸溶液的基准物。

【思考题】

16-7　硼酸盐为什么种类繁多，结构复杂多样？

16-8　硼砂溶液为什么能用来配制缓冲溶液？

【例题 16-4】　请根据硼酸盐的结构组成特征，分别画出$[B_2O_5]^{4-}$、$[B(OH)_4]^-$和$[B_5O_6(OH)_4]^-$的结构式。

解　硼酸盐由许多种结构单元组成。这些单元则由 BO_3 平面三角形或者 BO_4 四面体通过共用顶点形成。硼酸盐中的结构单元可分为三类：

(1) 单元中只含平面三角形的 BO_3 的 B 原子，$[B_2O_5]^{4-}$ 就属于这一类。

(2) 单元中只含四面体形 BO_4 的 B 原子，$[B(OH)_4]^-$ 就属于这一类。

(3) 单元中同时含有平面三角形 BO_3 和四面体形 BO_4 的 B 原子，$[B_5O_6(OH)_4]^-$ 属于这一类。它们的结构图分别为

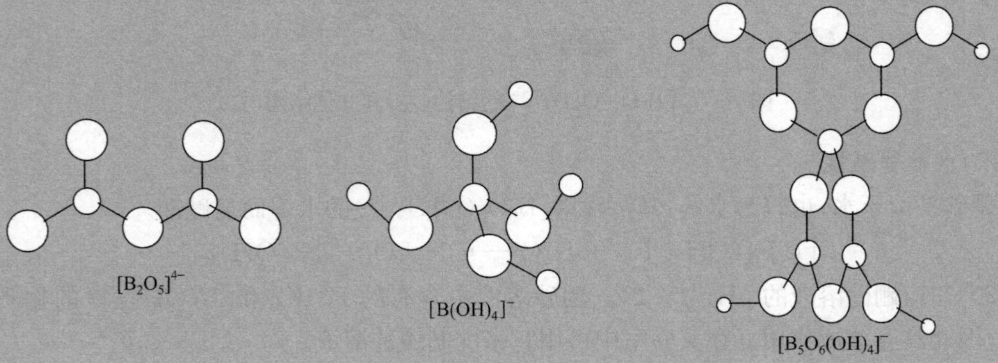

16.2.4　硼的卤化物

卤素都能和硼形成硼的卤化物，即三卤化硼 BX_3。BX_3 可用卤素单质与硼在加热的条件下直接反应而生成。

三卤化硼的一些性质列于表 16-3 中。三卤化硼分子是共价型的，在室温下随着相对分子质量的增加，BX_3 的存在状态由气态的 BF_3 和 BCl_3 经液态的 BBr_3 过渡到固态的 BI_3。纯 BX_3 都是无色的，但 BBr_3 和 BI_3 在光照下部分分解而显黄色。熔、沸点都很低，并随着相对分子质量的增加而升高。

表 16-3　三卤化硼的一些性质

性　质	BF_3	BCl_3	BBr_3	BI_3
室温下聚集态	g	g	l	s
熔点/℃	−127.1	−107	−46	49.9
沸点/℃	−100.4	12.7	91.3	210
键长(实测)/pm	130	174	189	210
共价半径和/pm	153	180	195	214
键能/($kJ \cdot mol^{-1}$)	646	444	368	267

三卤化硼的分子构型为平面三角形，在 BX_3 分子中，硼原子以 sp^2 杂化轨道与卤素原子形成 σ 键。随着卤素原子半径的增大，B—X 键的键能依次减小。实验测得 BF_3 分子中 B—F 键键长 130pm，比理论 B—F 单键键长 152pm 短。有人认为这与 BF_3 分子中存在着 π 键有关。如图 16-8 所示，硼原子除与 3 个氟原子形成 3 个 σ 键外，具有孤对 2p 电子的 3 个氟原子与具有 1 个 2p 空轨道的硼原子之间形成离域大 Π_4^6 键。BX_3 分子能稳定存在的原因是由于 X 原子能提供电子对与 B 原子的空 p 轨道形成 p-p π 键；H 原子没有电子对，所以 BH_3 不能稳定存在。

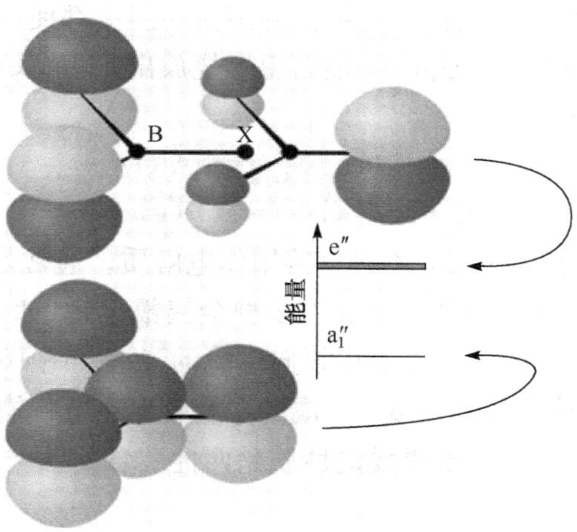

图 16-8　BX_3的结构示意图

【思考题】

16-9　BX_3酸性的大小顺序为什么是：$BF_3 < BCl_3 < BBr_3$？

BX_3主要有如下化学性质。

1）水解性

BX_3在潮湿的空气中因水解而形成烟雾：

$$BX_3 + 3H_2O = H_3BO_3 + 3HX \quad (X=Cl、Br、I)$$

而 BF_3与水的反应是：

$$4BF_3 + 3H_2O = H_3BO_3 + 3H[BF_4]$$

2）加合性

BX_3是缺电子化合物，有接受孤对电子的能力，因而表现出路易斯酸的性质，综合考虑电负性和Π_4^6强度，其酸性强度顺序为：$BF_3 < BCl_3 < BBr_3 < BI_3$。它们与路易斯碱（如醚、醇、氨等）生成一系列加合物。例如

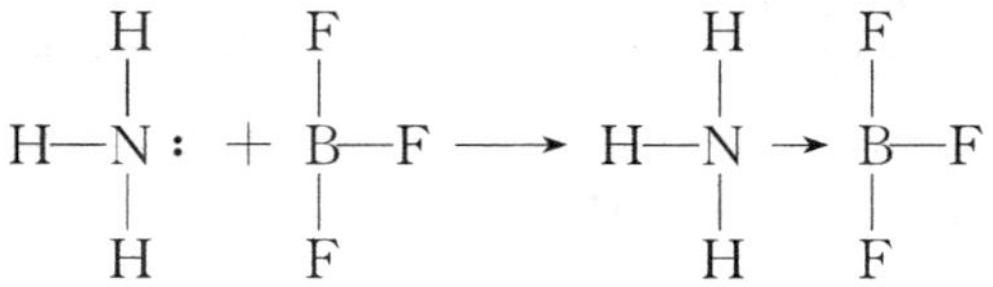

在 BX_3中最重要的是 BF_3和 BCl_3，它们是许多有机反应的催化剂，也常用于有机硼化合物的合成和硼氢化合物的制备。

16.3　铝单质及其化合物

16.3.1　铝单质

铝是一种银白色有光泽的金属，密度 $2.7g \cdot cm^{-3}$，熔点 930K，沸点 2740K。它具有良好的延展性和导电性，常用来制造电线、高压电缆、发电机等电器设备。它广泛地被用来制造日用器皿，铝的另一重要用途是制造合金，用于飞机制造或其他运输器件。从产量和耗量而言，铝是最重要的有色金属。全世界每年生产的金属铝（不包括回收部分）在 1.5×10^7t 以上。工

业上用电解 Al_2O_3 的方法生产金属铝。电解槽的阳极和阴极都使用石墨材料，Al^{3+} 在阴极放电生成金属铝，O^{2-} 在阳极放电生成的 O_2 使石墨燃烧放出 CO 或 CO_2。电解在 940～980℃的温度下进行，电极反应如下：

阴极 $$Al^{3+}(l)+3e^- = Al(l)$$

阳极 $$C(s)+2O^{2-}(l) = CO_2(g)+4e^-$$

无水氧化铝的熔点高于 2000℃，不宜直接用作电解质。通常是将提纯了的 Al_2O_3 熔解在冰晶石(cryolite，Na_3AlF_6)中。此外，还加入多种金属氟化物(如 AlF_3、CaF_2、LiF 和 MgF_2)以增加熔体的导电性，提高电流效率并减少氟向环境的飞逸。图 16-9 给出电解槽示意图。由于液态铝的密度大于电解质熔体的密度，生成的金属收集在电解槽底部。

铝主要有如下化学性质，其中最重要的性质是两性。

1) 常温下稳定

铝虽然是活泼金属，但由于表面覆盖了一层致密的氧化物膜，在常温下不能进一步同氧和水作用而具有很高的稳定性。

2) 与氧气等非金属反应

铝同氧气在高温下能发生反应，其反应为

$$4Al+3O_2 \longrightarrow 2Al_2O_3 \qquad \Delta_r H_m^{\ominus} = -1675.7kJ \cdot mol^{-1}$$

利用这个反应的高反应热，铝常用来从其他氧化物中置换金属(铝热还原法)。在反应过程中释放出来的热量可以将反应混合物加热到很高温度(3273K)，铝热反应法常被用来焊接损坏的铁路钢轨(图 16-10)，同时也常被用来还原某些难以还原的金属氧化物，如 MnO_2、Cr_2O_3 等。铝也容易在高温下同其他非金属反应，如：

$$2Al+6S = 2Al_2S_3$$

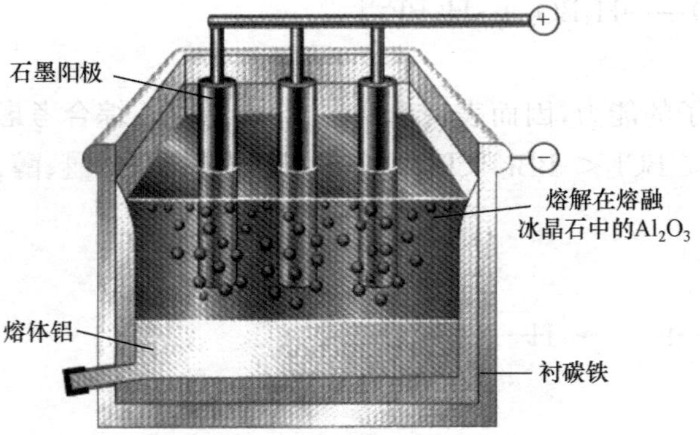

图 16-9　生产金属铝的电解槽示意图

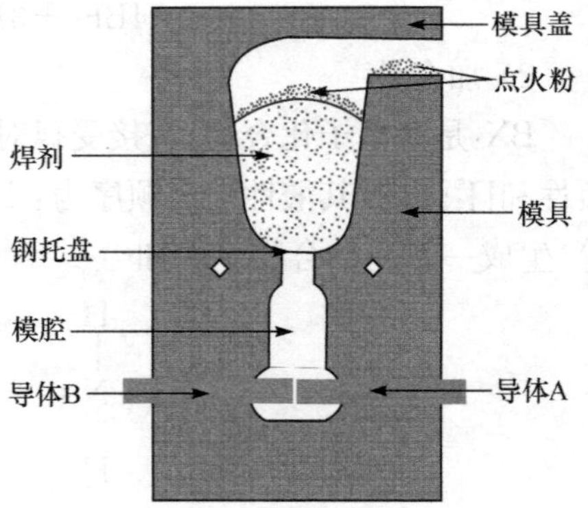

图 16-10　铝热焊接示意图

3) 与酸反应

铝能从稀酸中置换氢，不过铝的纯度越高，它在酸中的反应越慢。在冷的浓硝酸和浓硫酸中，铝表面被钝化而不发生作用。

$$2Al+6HCl = 2AlCl_3+3H_2$$

4) 与强碱反应

铝能溶在强碱溶液中，在溶液中生成的铝酸钠可能是 $NaAl(OH)_4$ 或 $Na_3Al(OH)_6$，或是更复杂的多聚形式。其脱水产物或高温熔融产物的组成可以符合最简式 $NaAlO_2$。

$$2Al+2NaOH+6H_2O = 2NaAl(OH)_4+3H_2\uparrow$$

16.3.2 铝的含氧化合物

1. 氧化铝(alumina)

氧化铝是将铝矾土原料经过化学处理，除去硅、铁、钛等的氧化物而制得。氧化铝 Al_2O_3 有多种晶形，其中两种主要的变体是 α-Al_2O_3 和 γ-Al_2O_3。γ-Al_2O_3 于 950～1200℃可转变为 α-Al_2O_3，同时发生显著的体积收缩。在自然界中以结晶状态存在的 α-Al_2O_3，称为刚玉。刚玉的熔点高、硬度仅次于金刚石。一般的氧化铝晶体不透明。有些氧化铝晶体基本上是透明的，因含有杂质而呈现鲜明的颜色。如果刚玉中含微量 Cr(Ⅲ)则为红宝石；含微量 Fe(Ⅱ)、Fe(Ⅲ)、Ti(Ⅳ)为蓝宝石；含少量 Fe_3O_4 的称为刚玉粉。

α-Al_2O_3 和 γ-Al_2O_3 的晶体结构不同，它们的化学性质也不同。α-Al_2O_3 化学性质极不活泼，除溶于熔融的碱外，与所有试剂(水、酸、碱等)都不反应。γ-Al_2O_3 为白色无定形粉末，可溶于稀酸，也能溶于碱，又称为活性氧化铝。由于其比表面很大，所以用作吸附剂和催化剂载体。

【思考题】

16-10 制备纯 Al_2O_3 的经典工艺是利用它显示的两性与杂质分离的。试以 Al_2O_3 的溶解度与溶液 pH 的关系绘制图说明。提示：$Al(OH)_3$ 沉淀只能存在于 pH 为 4～10 的溶液中，高酸性和高碱性溶液中分别以 $[Al(H_2O)_6]^{3+}$ 和 $[Al(OH)_4]^-$ 形式存在。

2. 氢氧化铝 (aluminum hydroxide)

在铝酸盐溶液中通入 CO_2 得到的沉淀是氢氧化铝白色晶体，而在铝盐溶液中加入氨水或适量碱所得到的凝胶状白色沉淀则是无定形 $Al(OH)_3$，实际上是含水量不定的水合氧化铝 $Al_2O_3 \cdot xH_2O$，但是，通常也写作 $Al(OH)_3$ 的形式。

$$2[Al(OH)_4]^- + CO_2 \longrightarrow 2Al(OH)_3(\text{晶体}) + CO_3^{2-} + H_2O$$

$$Al^{3+} + 3NH_3 \cdot H_2O \longrightarrow Al(OH)_3(\text{无定形}) + 3NH_4^+$$

氢氧化铝难溶于水，是两性氢氧化物。在常温下它既能与强酸反应生成 Al^{3+}，又能与强碱反应生成 $[Al(OH)_4]^-$。

$$Al(OH)_3 + 3H^+ \longrightarrow Al^{3+} + 3H_2O$$

$$Al(OH)_3 + OH^- \longrightarrow [Al(OH)_4]^-$$

$Al(OH)_3$ 在碱性溶液中存在 $[Al(OH)_4]^-$ 或 $[Al(OH)_6]^{3-}$，简便书写为 AlO_2^- 和 AlO_3^{3-}。实际上溶液中不存在 AlO_2^- 和 AlO_3^{3-}，这已为光谱实验所证明，用 AlO_2^- 和 AlO_3^{3-} 表示只是为了表达方便而采用的简写形式。

16.3.3 铝的三卤化物

铝能形成卤化铝，三卤化铝是铝的特征卤化物，其中除 AlF_3 是离子型化合物之外，其他 AlX_3 均为共价型化合物，所以熔点、沸点较低。铝的卤化物中以 $AlCl_3$ 最为重要，蒸气密度测定表明，气态氯化铝以双聚分子 Al_2Cl_6 形式存在(图 16-11)。在 Al_2Cl_6 分子中，铝原子是缺电子原子，外层有空的价轨道，而氯原子有孤对电子，氯原子与铝原子形成了 Cl→Al 配键或认为是铝原子与 1 个氯原子形成三中心四电子的氯桥键而形成双聚分子。每个铝原子以 sp^3 杂化轨道与 4 个氯原子成键，呈四面体结构，2 个铝原子与两

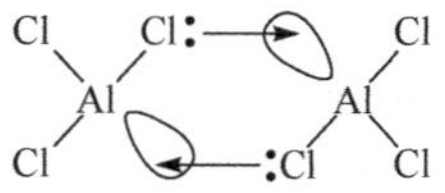

图 16-11 $AlCl_3$ 的结构示意图

端的 4 个氯原子共处于同一平面，中间的 2 个氯原子位于该平面的两侧，形成桥式结构，并与上述平面垂直。其他卤化铝如 $AlBr_3$ 和 AlI_3 的性质与 $AlCl_3$ 类似，它们在气相时也是双聚分子，结构与 Al_2Cl_6 相似。

常温下无水 $AlCl_3$ 是无色晶体，但常因含有 $FeCl_3$ 而呈黄色。无水 $AlCl_3$ 可溶于许多有机溶剂，在空气中极易吸收水分并部分水解放出氯化氢而形成酸雾。它易溶于水，强烈水解并放出大量的热，水溶液呈酸性，因此从水溶液中不能制得无水 $AlCl_3$，只能干法制备。在氯气或氯化氢气流中加热金属铝可制得无水 $AlCl_3$。

$$2Al(s)+3Cl_2(g) \xrightarrow{\triangle} 2AlCl_3(s)$$

$$2Al(s)+6HCl(g) \xrightarrow{\triangle} 2AlCl_3(s)+3H_2(g)$$

在红热的 Al_2O_3 及炭的混合物中通入氯气，也可制备得无水 $AlCl_3$。

$$Al_2O_3(s)+3C(s)+3Cl_2(g) = 2AlCl_3(s)+3CO(g)$$

在 $AlCl_3$ 分子中的铝原子是缺电子原子，因此 $AlCl_3$ 是典型的路易斯酸，表现出强烈的加合作用倾向。$AlCl_3$ 除了聚合成二聚分子外，也能与有机胺、醚、醇等路易斯碱加合。

无水 $AlCl_3$ 被用作有机合成的催化剂、洗涤剂，并用于医药、农药、染料、香料、冶金、塑料、润滑油等行业。

【例题 16-5】 写出三卤化硼和三卤化铝的沸点高低顺序，并说明原因。

解 BX_3 均是共价型化合物，其沸点随相对分子质量的增大而升高，即 $BF_3 < BCl_3 < BBr_3 < BI_3$，而在 AlX_3 中，AlF_3 是离子型，其他的均为共价型二聚体分子，因此它们的沸点高低顺序为：$AlCl_3 < AlBr_3 < AlI_3 < AlF_3$。

16.4 镓、铟和铊

1. 物理性质及其应用

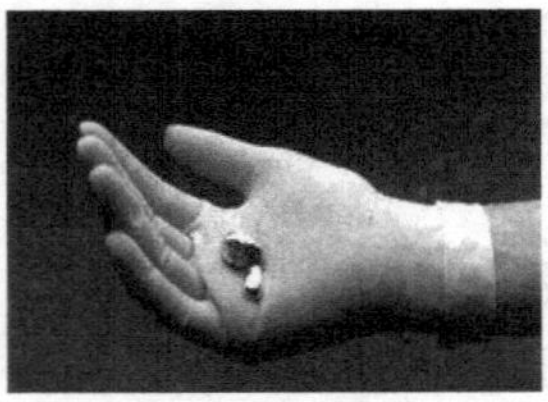

图 16-12 镓在手中熔化

镓是具有银白色光泽的软金属，熔点为 29.78℃，放在人的手掌上就能使之熔化(图 16-12)，而其沸点却很高，为 2403℃，其熔、沸点相差之大是所有金属中独一无二的。利用这点性质可用来作测量高温的温度计。由于稳定固体的复杂结构，纯液体有显著的过冷的趋势，可以放在冰浴内几天不结晶。镓凝固时体积膨胀也是异常的。在硬度方面，镓和铅相似。它们的物理性质列入表 16-4。

镓、铟和铊的高纯金属及其合金都是半导体材料。铟及其镉铋合金在原子能工业上用于测定和吸收中子。铊盐可用作荧光粉激活剂。

表 16-4 镓、铟和铊单质的物理性质

性 质	Ga	In	Tl
莫氏硬度	1.5	1.2	1
熔点/℃	29.78	156.61	303.5
沸点/℃	2403	2080	1457
密度/($g \cdot cm^{-3}$)	5.904	7.30	11.85
晶体结构	斜方	四方	α 六方、β 立方
相对电导性(Hg 1)	2	11	5

2. 化学性质及其制备

镓、铟和铊三种金属都能溶于稀盐酸，但只有加热时反应速率才比较快。镓的化学性质和铝很相似，但没有铝活泼。只有镓能与苛性碱溶液反应放出氢气。镓、铟和铊三种金属与氯气及溴的化合，在常温下就可以进行，在高温下，它们都可以与 O_2、S、P、As 等非金属单质直接化合。

镓、铟、铊正三价化合物越来越不稳定，正一价化合物越来越稳定。

$$2Ga + 3H_2SO_4 = Ga_2(SO_4)_3 + 3H_2\uparrow$$

$$2In + 3H_2SO_4 = In_2(SO_4)_3 + 3H_2\uparrow$$

$$2Tl + H_2SO_4 = Tl_2SO_4 + H_2\uparrow$$

$$Ga + 6HNO_3 = Ga(NO_3)_3 + 3NO_2\uparrow + 3H_2O$$

$$Tl + 2HNO_3 = TlNO_3 + NO_2\uparrow + H_2O$$

【思考题】

16-11 为什么镓、铟、铊的正三价化合物越来越不稳定？

Tl(Ⅲ)是很强的氧化剂。例如

$$Tl_2(SO_4)_3 + 4FeSO_4 = Tl_2SO_4 + 2Fe_2(SO_4)_3$$

$$Tl(NO_3)_3 + SO_2 + 2H_2O = TlNO_3 + H_2SO_4 + 2HNO_3$$

$$2Tl^{3+} + 3S^{2-} = Tl_2S(\text{蓝黑色}) + 2S$$

镓可在铝土矿制备铝时，在分离 $Na[Al(OH)_4]$后的母液中得到富集而提取制得。超纯镓采用化学处理、电解精炼、真空蒸馏、区域熔炼、拉单晶等多种工艺方法制备。铟的提取工艺以萃取-电解法为主。铊在炼制锌、镉等矿物时作为副产品回收，先加入稀硫酸，再稍稀释除去不溶物，剩下 Tl_2SO_4，可用 SO_2还原，也可用电解法电解 Tl_2SO_4。

16.5 惰性电子对效应

1. 惰性电子对效应的提出

具有价电子层构型为 $s^2p^{0\sim6}$的 p 区元素，其最外层 s 层电子对保持非电离或非分享状态(不产生键合)的倾向，不易参与成键而常形成+(n-2)氧化态的化合物，而其+n 氧化态的化合物不易形成，也不稳定。这种各族元素自上而下低氧化态化合物稳定性增大的现象，为英国化学家西奇威克(N. Sidgwick)最先注意到，一般认为这一现象是由于 ns^2电子对特别不活泼，称为“惰性电子对效应”(inert electron pair effect)。

2. 惰性电子对效应的影响

在同一族中，诸元素 s 电子对的惰性随原子序数的增加而增强，在第六周期表现得特别明显。第六周期的 p 区元素与前几个周期的 p 区元素有一个很大的区别，第六周期的 p 区元素不易表现出高化合价。如周期表中 p 区下方的金属元素，即 Tl、Pb、Bi 和 Po 在化合物中的特征氧化态表现“反常”，它们的低价氧化态化合物，即 Tl(+1)、Pb(+2)、Bi(+3)和 Po(+4)的化合物稳定。例如，Tl^{3+}具有强氧化性，易被还原为 Tl^+，可在水溶液中稳定存在。$PbCl_4$在

-80℃(193K)时才能稳定存在，PbO_2是非常强的氧化剂，能把盐酸氧化成氯气，能把Mn^{2+}氧化成MnO_4^-，而PbO则比较稳定；$TlCl_3$和$PbCl_4$在50℃就分解，而$BiCl_4$和PbI_4在常温下根本就不存在。Bi(Ⅴ)化合物(如$NaBiO_3$)是非常强的氧化剂，这种特性甚至延伸到价电子层结构为$6s^2$的ⅡB族单质Hg的稳定性，单质Hg很难被氧化。

3. 惰性电子对效应的解释

惰性电子对效应产生的原因很复杂，从不同角度出发有多种解释方法，讨论较多的主要有原子结构理论、热力学理论和相对论性效应。下面以氮族元素的原子的外围电子结构(表16-5)，介绍原子结构理论对惰性电子对效应产生原因的解释。

表16-5　ⅤA族元素原子外围电子排布情况

周　期	元　素	电子排布			
		ns	$(n-2)$f	$(n-1)$d↑	np↑
2	N	(↑↓)			(↑)(↑)(↑)
3	P	(↑↓)			(↑)(↑)(↑)
4	As	(↑↓)		(↑↓)(↑↓)(↑↓)(↑↓)(↑↓)	(↑)(↑)(↑)
5	Sb	(↑↓)		(↑↓)(↑↓)(↑↓)(↑↓)(↑↓)	(↑)(↑)(↑)
6	Bi	(↑↓)	(↑↓)(↑↓)(↑↓)(↑↓)(↑↓)(↑↓)(↑↓)	(↑↓)(↑↓)(↑↓)(↑↓)(↑↓)	(↑)(↑)(↑)

(1) 单从电子层结构角度看，同族元素自上而下，电子层逐渐增多，其原子半径逐渐增大，最外层电子受原子核的引力减弱。因此一般来说，某些具有变价性的元素形成高氧化态化合物的趋势增大，理论上讲其高价氧化物的稳定性应增强。

(2) 由表16-5可知，第二、三周期(N、P)元素只有s电子和p电子，而第四、五周期(As、Sb)元素增添了$(n-1)$d电子，第六周期(Bi)元素进而又增添了$(n-2)$f电子。由于$(n-1)$d和$(n-2)$f电子分别填充在次外层或倒数第3层上，同时，这些电子亚层恰又属全满状态的稳定结构，因此，核外电子受核电荷引力增强，致使As、Sb尤其是Bi元素原子半径相对于这些原子未填充$(n-1)$d或$(n-2)$f电子状态的半径增大趋势较小。再则，Bi元素在$(n-2)$f电子的填充过程中经过了镧系收缩，其半径的增大趋势则相对更小。由此可见，该族元素氧化值由+3变为+5的总趋势从P到Bi逐渐变小，尤其Bi元素则更小。

(3) 在讨论原子结构时，不可忽视的因素有两种效应——屏蔽效应和钻穿效应。我们知道，d、f电子云相对于s、p电子云分布较分散，周围空隙较多，其本身的屏蔽效应较差，而其外层的s、p电子的钻穿效应则显得较强。由于As、Sb、Bi中$(n-1)$d和$(n-2)$f电子的存在，本族元素从上到下原子(或离子)半径增大趋势较小，电子受核场引力较大，失去s^2电子的难度较强，即电离能I_4、I_5偏大。同理，ⅣA族、ⅢA族元素失去ns^2电子的电离能(分别为I_3、I_4和I_2、I_3)也应偏大。由于$(n-1)$d电子的填充，Ga、Ge的电离能还高出同族上一种元素。同理，由于$(n-2)$f电子的填充，Tl、Pb、Bi的电离能分别高出了同族上一种元素。这一事实进一步说明了钻穿效应或镧系收缩对该氧化态下物质的影响。

(4) 同族元素自上而下具有“三增”因素，即原子(或离子)半径增大，核外电子数增大，核电荷数增大。由于该族下段元素$(n-1)$d、$(n-2)$f电子填充在非最外层上，致使半径增大趋势较小。所以，“三增”因素中，核电荷数、电子数增大远强于半径增大趋势，这也是电子受核场引力较大因素之一。

(5) 由于该族元素的氧化值已为+3，其中核电荷数大于电子数，即正电荷数大于负电荷数，从而进一步增强了核场对电子的引力，这是该族元素在此氧化态下，自上而下渐趋稳定的又一原因。

(6) 由表 16-5 可以看出，ⅤA 族元素原子的最外层电子排布为 ns^2np^3，由于 s 轨道全满，p 轨道半满，应属一相对稳定状态(设其为稳态Ⅰ)；当其氧化值为+3 时，s 轨道全满，p 轨道全空，则形成一新的相对稳定状态(设其为稳态Ⅱ)，由于此时正电荷数大于负电荷数，异性电荷引力增大，该状态下其半径相对于原子半径均有减小，所以，稳态Ⅱ强于稳态Ⅰ。因此，显得 ns^2 电子较为“惰性”。

综合上述因素，从结构角度来讨论惰性电子对效应，可以看出，在正电荷数大于负电荷数的情况下，该族元素自上而下由于 $(n-1)$d 及 $(n-2)$f 电子的填充，钻穿效应大于屏蔽效应，整体效果是异性电荷引力的增大趋势大于原子半径的增大趋势，最终产生惰性电子对效应。值得注意的是目前的多种理论、解释并不透彻，均不完善。

习　题

16-1　在实验室中如何制备乙硼烷，乙硼烷的结构如何？

16-2　多硼烷中可能存在哪几种类型的化学键？丁硼烷(B_4H_{10})中有哪几种类型的化学键？

16-3　硼砂为原料如何制备下列物质？写出有关的反应方程式。

(1) H_3BO_3　(2) B_2O_3　(3) B

16-4　在金属活动顺序表中 Al 在 Fe 之前，更在 Cu 之前，但 Al 比 Fe 抗腐蚀性强，这是为什么？Cu 可以和冷的浓硝酸反应，而 Al 却不能，这是为什么？

16-5　解释下列各名词。

(1)缺电子原子　(2)缺电子化合物　(3) 三中心两电子键　(4)惰性电子对效应

16-6　何为硼砂珠实验？写出硼砂与下列氧化物共熔时的现象和反应方程式。

(1)氧化镍(NiO)　(2) 氧化铜(CuO)　(3) 氧化钴(CoO)

16-7　怎样从明矾制备下列物质，并写出反应式？

(1)氢氧化铝[$Al(OH)_3$]　(2)硫酸钾(K_2SO_4)　(3)铝酸钾(K[$Al(OH)_4$])

16-8　为什么说铝是典型的两性元素？为什么铝制品不能置换出水中的氢，而能置换碱中的氢？

16-9　写出下列反应方程式。

(1) 工业制无水 $AlCl_3$ 的方法。

(2) 固体碳酸钠同氧化铝一起熔烧，将熔块打碎后投入水中，产生白色乳状沉淀。

(3) 铝和热浓 NaOH 溶液作用，放出气体。

(4) 铝酸钠溶液中加入氯化铵，有氨气产生，且溶液中有乳白色凝胶状沉淀。

(5) 三氟化硼通入碳酸钠溶液中。

16-10　回答下列用途所依据的性质，可能情况下并写出相关的反应式。

(1) 甘油用于强碱滴定 H_3BO_3。

(2) 硫酸铝作为絮凝剂净化水。

(3) 硼砂用作标定标准酸溶液的基准物。

(4) BF_3 和 $AlCl_3$ 用作有机反应的催化剂。

第17章 碳族元素

本章学习要求

(1)了解碳族元素的通性并掌握重要性质的变化规律;

(2)了解碳单质及其同素异形体的结构及性质;

(3)掌握一氧化碳、二氧化碳、碳酸及碳酸盐的性质;

(4)了解二氧化硅及硅酸盐的结构并掌握它们及硅酸和硅酸钠的性质;

(5)了解锗、锡、铅及其重要化合物的性质及应用。

【背景问题】

13	14	15
B	C	N
Al	Si	P
Ga	Ge	As
In	Sn	Sb
Tl	Pb	Bi
Uut	Fl	Uup

(1) 英国曼彻斯特大学科学家海姆(A. Geim)和诺沃肖洛夫(K. Novoselov)以石墨烯研究获得2010年诺贝尔物理学奖。评审委员会发布的新闻稿是怎样评价它的?作为二维结构单层碳原子材料,它都有哪些重要的特质和可能的应用?

(2)碳这个元素很奇特:是它开创了有机化学;是它成为了有机体的主要组成元素;它能形成多种同素异形体,引起了石墨烯研究工作的开展;小小的一氧化碳在结构上是个"能人",引起了许多化学概念,如等电子体、羰基化合物等,既有毒又能造成"汽水"令人凉爽,既能造成惹人讨厌的"温室效应",又是自然界钙循环的"媒人",等等。您对碳的化学能了解多少?评价又如何?

(3) 我们常说p区元素是无机非金属材料的宝库。您能举例说明本族元素在无机非金属材料的广泛应用吗?

碳族元素中的碳和硅元素在自然界分布广,含量多,其中碳元素的化合物比其他任一元素的都多,多数为有机化合物。除碳和硅外,其他的碳族元素比较稀少,但锡和铅的矿藏丰富,并有广泛的应用,结构决定性质,性质决定应用,因此,我们要学习研究它们,需要从它们的结构出发,研究它们的结构特点和发现它们的性质规律。特别是碳和硅元素单质和化合物的结构和性质,另外也需要了解锡和铅化合物的性质及其实际生产中的应用。

17.1 碳族元素的通性

周期表中第14族包括碳(C)、硅(Si)、锗(Ge)、锡(Sn)、铅(Pb)和Fl 6种元素,统称为碳族元素(carbon group element)。其中碳、硅是非金属,其余三种是金属,由于锗的金属性与非金属性均不强,也有人称其为准金属,锡和铅是更为典型的金属元素。其中114号元素Fl是1999年由俄罗斯杜布纳联合核子研究所的Ю. Ц. Оганесян用加速的钙离子(20号)轰击钚元素(94号)制成的:

$$^{242}_{94}\mathrm{Pu}(^{48}_{20}\mathrm{Ca}, x^{1}_{0}\mathrm{n}) \longrightarrow {}^{290-x}_{114}\mathrm{Fl}$$

碳族元素的一些性质列于表17-1中,从中可发现一些规律。

表 17-1　碳族元素的基本性质

性　质	碳	硅	锗	锡	铅	flerovium
元素符号	C	Si	Ge	Sn	Pb	Fl
原子序数	6	14	32	50	82	114
外层电子构型	$2s^22p^2$	$3s^23p^2$	$4s^24p^2$	$5s^25p^2$	$6s^26p^2$	$7s^27p^2$
原子共价半径/pm	77	113	122	141	147	—
单质熔点/℃	3550(金刚石)	1414	937.4	231.9(白锡)	327.5	—
单质沸点/℃	3825(升华)	3265	2833	2602	1749	—
第一电离能/($kJ \cdot mol^{-1}$)	1086.4	786.5	762.2	708.6	715.5	—
电子亲和能/($kJ \cdot mol^{-1}$)	−122.5	−119.6	−115.8	−120.6	−101.3	—
电负性	2.55	1.90/1.8	2.01/1.8	1.96/1.8	2.33/1.9	—
氧化值	−4、+4	+4	(+2)、+4	+2、+4	+2、(+4)	—
配位数	3、4	4、6	4、6	4、6	4、6	—

本族元素基态原子的价电子层结构为 ns^2np^2，最外层都有 4 个电子，因此它们能生成氧化值为+4 和+2 的化合物，碳有时生成氧化值为−4 的化合物，氧化值为+4 的化合物主要是共价型的。位于第二周期的碳形成化合物时，碳原子的价层电子数不能超过 8 个，因而碳原子的配位数不能超过 4，而其他元素的原子最外层还有 nd 轨道可以参与成键，所以，除形成配位数为 4 的化合物外，还能形成配位数为 6 的阴离子，如 $GeCl_6^{2-}$、SiF_6^{2-} 和 $SnCl_6^{2-}$ 等。

碳族元素中，碳元素的化合物比其他任一元素的化合物都多，形成了一大类有机化合物，其数量已达数百万种，这与 C—C、C—H、C—O 键能很高有关。Si—Si 键能低，所以硅链不会太长，硅化合物比碳化合物少得多，Si—O 键能高，对应化合物多。

在碳族元素中，随着原子序数的增大，元素的性质表现一定的规律性，氧化值为+4 的化合物的稳定性降低，惰性电子对效应表现得比较明显。例如，C、Si 的+4 氧化态稳定，Pb 是+2 氧化态稳定，而 Pb(Ⅳ)的化合物氧化性较强，稳定性差。本族元素的一些性质规律见表 17-2。

表 17-2　碳族元素的基本性质规律

元素名称	碳	硅	锗	锡	铅
元素符号	C	Si	Ge	Sn	Pb
原子半径			从左至右逐渐增大		
单质熔、沸点			从左至右逐渐降低		
单质密度			从左至右逐渐增大		
金属性			从左至右逐渐增强		
氢化物稳定性			从左至右逐渐降低		
+2 氧化态化合物稳定性			从左至右逐渐增强		
+4 氧化态化合物稳定性			从左至右逐渐减弱		
最高价氧化物的水化物酸性			从左至右逐渐减弱		

【思考题】

17-1　本族元素自上而下的稳定氧化态的变化规律如何？分析原因并比较 CO_2 和 PbO_2 的稳定性大小。

17-2　为什么碳不能形成配位数为 6 的化合物，而锗却可以？

17.2　碳族元素的单质及其化合物

17.2.1　碳的单质

碳的单质有多种同素异形体，其中的金刚石[图 17-1(a)]和石墨[图 17-1(b)]是碳的最常见的两种，碳原子簇 C_{60}[图 17-1(c)]是 20 世纪 80 年代中期从激光照射石墨得到的产物中检出的。

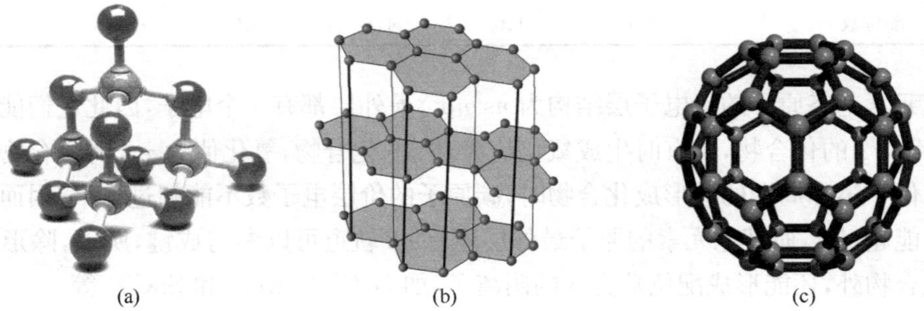

图 17-1　碳的几种同素异形体

1. 金刚石(diamond)

金刚石晶体透明、折光，在所有物质中，它的硬度最大。在所有单质中，它的熔点最高，而且不导电。金刚石晶体属立方晶系，是典型的原子晶体。每个碳原子都以 sp^3 杂化轨道与四个碳原子形成共价键，构成正四面体。由于金刚石晶体中 C—C 键很强，所有的价电子都参与了共价键的形成，没有自由电子，所以它不仅硬度大、熔点高，而且不导电。在室温下，金刚石对所有的化学试剂都显惰性。金刚石俗称钻石，除作装饰品外，主要用于制造钻探用的钻头和磨削工具，是重要的现代工业原料。自然界有金刚石，但大量的工业用金刚石是人工制造的。人工合成金刚石的方法主要有两种，高温高压法及化学气相沉积法。高温高压法技术已非常成熟并形成产业，是利用石墨在高温和高压下转变而成。而化学气相沉积法仍主要存在于实验室中。

【例题 17-1】　从石墨人工合成金刚石需要高温高压条件。已知：

物　质	$\Delta_f H_m^\ominus/(kJ \cdot mol^{-1})$	$\Delta_f G_m^\ominus/(kJ \cdot mol^{-1})$	$d/(g \cdot cm^{-3})$
C(金刚石)	1.897	2.9000	3.515
C(石墨)	0	0	2.260

请从热力学分析这个转变的压力应是多少。

解 (1) 由石墨合成金刚石在298K和1×10^5 Pa下的反应为

$$C(石墨)\longrightarrow C(金刚石)$$

由热力学数据可看出石墨比金刚石稳定,该转变反应的$\Delta_r H_m^\ominus$为1.897 kJ·mol^{-1},是吸热反应。因此,转变应予加热。

(2) 又由于该反应的$\Delta_r G_m^\ominus=2.9000$kJ·mol^{-1},$\Delta_r G_m^\ominus>0$,该反应不能自发进行。

(3) 因为的d(金刚石)大于d(石墨),是一种体积变小的反应,受压力的影响很小,但是加压显然对上述反应是有利的。热力学上用来计算压力变化对ΔG的影响的公式为

$$\Delta_r G_{p_2}-\Delta_r G_{p_1}=\Delta V(p_2-p_1)$$

式中,p_1、p_2分别表示不同压力($p_1=1\times10^5$ Pa),$\Delta_r G_{p_1}$、$\Delta_r G_{p_2}$则是不同压力下的吉布斯自由能变,ΔV是反应中的体积改变量。在p_2压力下,该转变反应可以自发进行,则$\Delta_r G_{p_2}\leqslant0$,因此有

$$p_2=\frac{\Delta_r G_{p_2}}{\Delta V}+p_1=1.5\times10^9\ \mathrm{Pa}$$

以上讨论是在298K下进行的,这样低的温度反应速率几乎为零,实际反应条件是在FeS作为熔剂和催化剂、$5\times10^6\sim10\times10^6$ Pa、1500~2500℃反应1.5min。

2. *石墨*(graphite)

石墨的物理性质与金刚石大不相同,石墨很软,呈灰黑色,密度较金刚石小,熔点比金刚石仅低50K,具有良好导电、导热性质和润滑性。石墨是层状晶体,晶体中层内碳原子以sp^2杂化轨道和邻近的三个碳原子形成共价单价,构成六角平面的网状结构,这些网状结构又连成片层结构,层中每个碳原子均剩余一个未参加sp^2杂化的p轨道,其中有一个未成对的p电子,同层中这种碳原子中的p电子形成一个m中心m电子的离域π键($\prod_m^m$键)。层与层之间是以分子间力结合起来的。石墨的化学性质较金刚石稍显活泼。石墨被大量用来制作电极、坩埚、电刷、润滑剂、铅笔等。平常所说的无定形碳,如木炭、焦炭、炭黑等实际上都具有石墨结构,并不是真正的无定形。用特殊方法制备的多孔性炭黑有较大的吸附能力,称为活性炭,可用于脱色和选择性分离中,也可用作催化剂的载体等。

3. *碳原子簇*(carbon cluster)

碳原子簇可用C_n表示,n一般小于200,如C_{28}、C_{30}、C_{50}、C_{60}、C_{76}、C_{80}、C_{90}、C_{94}等。其中以C_{60}为代表的化合物研究得最为深入。

结构研究表明,C_{60}分子具有球形结构,60个碳原子构成近似于球形的三十二面体,即由12个正五边形和20个正六边形组成。每个碳原子以sp^2杂化轨道(严格讲是$sp^{2.28}$杂化)和相邻三个碳原子相连,剩余的p轨道在C_{60}的外围和腔内形成大π键。它的形状酷似足球,因此称为足球烯,又因为其结构像著名建筑师富勒(B. Fuller)所设计的一个建筑的圆顶而称为富勒烯(fullerene)。美国的柯尔(R. F. Curl)、斯莫利(R. E. Smalley)以及英国的克罗托(H. W. Kroto)三位教授因1985年发现富勒烯而获得1996年诺贝尔化学奖。

目前,科学家关于C_{60}的研究已成为一个研究的热点,发现C_{60}及其化合物具有一些特殊的性能,如超导性能、催化性能、光学性能、杀菌性能等。我国在这方面的研究也取得了一定的成就,如北京大学和中国科学院物理研究所合作,成功地合成了K_3C_{60}和Rb_3C_{60}超导体,超导起始温度分别为8K和28K。

1991 年，日本科学家饭岛澄男在研究富勒烯分子的过程中发现**碳纳米管**(carbon nanotube)，1993 年又发现单壁碳纳米管。碳纳米管是典型的富勒烯，又称巴基管(图 17-2)，它是一种管状结构的碳原子簇，直径约几纳米，长约几微米。据理论计算，碳纳米管纤维的强度是钢的 100 倍，而质量仅为钢的 1/7，如果能做成碳纤维，将是理想的轻质高强度材料，有人设想用它做“太空电梯”上太空(图 17-3)。碳纳米管还具有极强的储气能力，可以用在燃料电池储氢装置上。目前常用的碳纳米管制备方法主要有电弧放电法、激光烧蚀法、化学气相沉积法(碳氢气体热解法)、固相热解法、辉光放电法和气体燃烧法以及聚合反应合成法等。

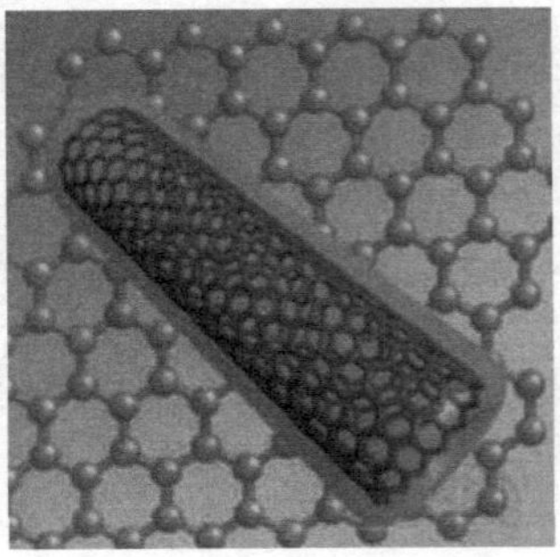

图 17-2　碳纳米管的结构

图 17-3　设想的碳纳米管“天空电梯”

【思考题】

17-3　水热-溶剂热合成是无机合成最好的方法之一。钱逸泰、李亚栋等利用下述反应得到了非晶态碳的金刚石：

$$CCl_4(l) + Na(s) \xrightarrow[\text{Ni-Co-Mn 合金催化剂}]{\text{水热, 700℃}} C(\text{金刚石相}) + NaCl(s)$$

该研究工作被“美国化学与工程新闻”评价为“稻草变黄金”，被教育部选为 1998 年十大科技新闻。您能从反应机理上给予说明吗？

【例题 17-2】　结合石墨的结构分析石墨为什么具有导电及润滑性。

解　由于金刚石晶体中 C—C 键很强，所有的价电子都参与了共价键的形成，没有自由电子，所以不导电。而石墨晶体中形成一个 m 中心 m 电子的离域 π 键，可以自由移动，因此能导电。由于石墨晶体中层与层之间是以分子间力结合起来的，作用力较小，所以具有润滑性。

17.2.2　氧化物

碳有许多氧化物，已见报道的有 CO、CO_2、C_3O_2、C_4O_3、C_5O_2 和 $C_{12}O_9$，其中常见的是 CO 和 CO_2。

1. 一氧化碳(carbon monoxide)

一氧化碳(CO)是无色、无臭、有毒的气体，微溶于水。CO 可以看作是甲酸 HCOOH 的酸酐，但实际上它并不能和水反应生成甲酸。实验室可以用浓硫酸从 HCOOH 中脱水制备少量的 CO。碳在氧气不充分的条件下燃烧也生成 CO，工业上 CO 的主要来源是水煤气。

CO 分子和 N_2 分子各有 10 个价电子，它们是等电子体，两者的分子轨道的能级次序形式相同。

$$2N(1s^2 2s^2 2p^3) \longrightarrow N[KK(\sigma_{2s})^2(\sigma_{2s}^*)^2(\pi_{2p_y})^2(\pi_{2p_z})^2(\sigma_{2p})^2]$$

$$C(1s^2 2s^2 2p^2) + O(1s^2 2s^2 2p^4) \longrightarrow CO[KK(\sigma_{2s})^2(\sigma_{2s}^*)^2(\pi_{2p_y})^2(\pi_{2p_z})^2(\sigma_{2p})^2]$$

所以 CO 同 N_2 一样也是三重键，1 个 σ 键和 2 个 π 键。与 N_2 分子所不同的是其中 1 个 π 键是配键，这对电子是由氧原子提供的，即为：1σ+1π+1π(配键)。

CO 分子的结构式为

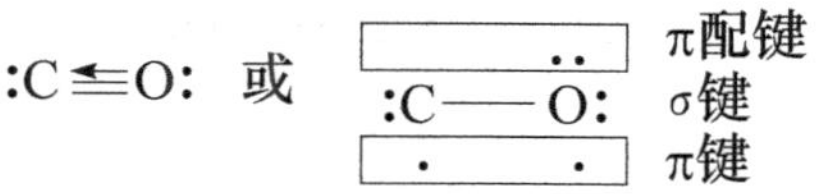

CO 主要有如下化学性质。

1）可燃性

CO 对 O_2、O_3、H_2O_2 均很稳定，日光下也无作用，但高温下，CO 在空气中燃烧生成 CO_2。

2）强还原性

CO 在高温下可以从许多金属氧化物如 Fe_2O_3、CuO 或 PbO 中夺取氧，使金属还原，冶金工业中用焦炭作还原剂，实际上起重要作用的是 CO。

$$3CO + Fe_2O_3 \xrightarrow{\triangle} 2Fe + 3CO_2\uparrow \text{（冶金）}$$

常温下，CO 还能使一些化合物中的金属离子还原。例如，将 CO 通入 $PdCl_2$ 溶液，可立即生成黑色沉淀，此反应常用于 CO 的定性检验。

$$CO + PdCl_2 + H_2O = CO_2\uparrow + 2HCl + Pd\downarrow \text{（黑色）}$$

3）CO 与碱的作用

CO 显非常微弱的酸性，在 473K 及 1.01×10^3 kPa 压力下能与粉末状的 NaOH 反应生成甲酸钠。

$$NaOH + CO \xrightarrow{473K} HCOONa$$

4）配位加合性

CO 表现出强烈的加合性，其配位原子是 C，CO 作为配体与一些有空轨道的金属原子或离子，如ⅥB、ⅦB、Ⅷ过渡金属原子(或离子) 形成羰基配合物，$Fe(CO)_5$、$Ni(CO)_4$、$Co_2(CO)_8$ 等。

CO 毒性很大，是因为它与血红蛋白中 Fe(Ⅱ) 原子的结合力比 O_2 的结合力高出 300 倍，阻止了血红蛋白对身体细胞氧气的运输，导致缺氧症，甚至引起心肌坏死。为减轻 CO 对大气的污染，含 CO 的废气排放前常用 O_2 进行催化氧化，将其转化为无毒的 CO_2，所用的催化剂有 Pt、Pd 或 Mn、Cu 的氧化物或稀土氧化物等。

2. 二氧化碳(carbon dioxide)

CO_2 是无色无臭的气体，其临界温度高，加压易被液化。液态 CO_2 气化时，从未气化的 CO_2 吸收大量的热而使这部分 CO_2 变成雪花状固体，俗称“干冰”。固体 CO_2 是分子晶体。干冰的使用范围广泛，在食品、卫生、工业、餐饮中有大量应用，如人工降雨、工业模具、食品添加剂、舞台云雾等。近年来，大气中 CO_2 的含量逐渐增加，这被认为是造成地球温室效应的主要原因之一，正受到科学界的高度重视。

CO_2 分子是直线形的，其结构式通常表示为 O=C=O。在 CO_2 分子中，碳氧键键长为 116pm，介于双键 C=O 键长(乙醛中为 124pm)和叁键 C≡O 键长(CO 中为 112.8pm)之间，说明它已具有一定程度的叁键特征。因此，有人认为在CO_2分子中可能存在着离域的大π键，即碳原子除了与氧原子形成 2 个σ键外，还形成 2 个三中心四电子的大π键，即$2\sigma+2\Pi_3^4$。CO_2分子结构的另一种表示为

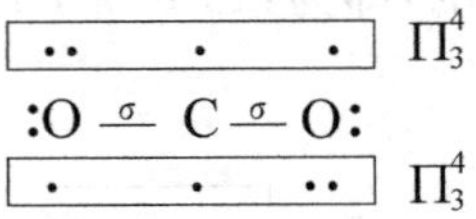

CO_2主要有如下化学性质。

1）弱氧化性

常温下，CO_2不活泼，但在高温下能与碳或活泼金属镁、钠等反应。

$$C+CO_2 = 2CO$$

$$2Mg+CO_2 = 2MgO+C$$

$$2Na+2CO_2 = Na_2CO_3+CO$$

2）弱酸性

CO_2是酸性氧化物，具有酸性氧化物的性质，与水反应生成碳酸，能与碱反应。

工业上大量的CO_2用于生产Na_2CO_3、$NaHCO_3$、NH_4HCO_3和尿素等化工产品，也用作低温冷冻剂。由于CO_2具有清凉作用，能阻碍微生物的生长，延长饮料保质期并具有舒服的口感等原因还被广泛用于啤酒、饮料等生产中。此外，CO_2不助燃，空气中含CO_2量达到 2.5% 时，火焰就会熄灭，所以CO_2是目前大量使用的灭火剂。CO_2虽然无毒，但若在空气中的含量过高，也会使人因为缺氧而发生窒息的危险。

【思考题】

17-4　炭火炉烧得炽热时，泼少量水的瞬间炉火烧得更旺，为什么？

17-5　CO 具有毒性与它的什么性质有关？

17-6　当活泼金属燃烧时能否用CO_2灭火？

17.2.3　含氧酸及其盐

1. 碳酸(carbonic acid)

CO_2在水中的溶解度不大，其溶液显弱酸性，因此习惯上将CO_2的水溶液称为碳酸。但实际上溶于水后，大部分CO_2是以水合分子的形式存在：$CO_2+xH_2O = CO_2\cdot xH_2O$；饱和水溶液中溶解的$CO_2$仅有 1% 转化为$H_2CO_3$：$CO_2+H_2O = H_2CO_3$。

碳酸是二元弱酸，通常将水溶液中H_2CO_3的解离平衡式写成

$$H_2CO_3 \rightleftharpoons H^+ + HCO_3^- \qquad K_1^\ominus=4.30\times10^{-7}$$

$$HCO_3^- \rightleftharpoons H^+ + CO_3^{2-} \qquad K_2^\ominus=5.61\times10^{-11}$$

上述解离常数是假定溶于水中的CO_2全部转化成H_2CO_3而计算的，实际上根据H_2CO_3的实际浓度来计算平衡常数K时，其值会偏大。

2. 碳酸盐(carbonate)

H_2CO_3能生成两种盐，碳酸盐和酸式盐（碳酸氢盐）。了解这些盐类在水中的溶解性、水解性和热稳定性很有必要。

1) 溶解性

碱金属(锂除外)和铵的碳酸盐都易溶于水,其他金属的碳酸盐难溶于水。由于多数碳酸盐的溶解度小,自然界有许多碳酸盐矿石、大理石、石灰石、方解石以及珍珠、珊瑚、贝壳等的主要成分都是 $CaCO_3$,白云石、菱镁矿含有 $MgCO_3$。

对于难溶的碳酸盐来说,通常其相应的酸式盐溶解度较大。例如

$$CaCO_3(\text{难溶}) + CO_2 + H_2O = Ca(HCO_3)_2(\text{可溶})$$

因此,地表中的碳酸盐矿石在 CO_2 和水的长期侵蚀下能部分地转变为 $Ca(HCO_3)_2$ 而溶解,所以天然水中含有 $Ca(HCO_3)_2$,它经过长期的自然分解或人工加热,又析出 $CaCO_3$。这也能说明自然界中钟乳石、石笋的形成和**暂时硬水软化**(hard water softening treatment)的原理。

对易溶的碳酸盐来说却恰好相反,其相应的酸式盐的溶解度则较小,如 $NaHCO_3$ 和 $KHCO_3$ 的溶解度分别小于 Na_2CO_3 和 K_2CO_3 的溶解度,这是由于在酸式盐中 HCO_3^- 之间以氢键相连形成二聚离子或多聚链状离子的结果。

2) 水解性

可溶性的碳酸盐在水溶液中将水解而使溶液呈碱性,碱金属的碳酸盐和碳酸氢盐在水溶液中均因水解而分别显强碱和弱碱性,如 Na_2CO_3 的水溶液显强碱性,所以 Na_2CO_3 又称纯碱。

$$CO_3^{2-} + H_2O \rightleftharpoons OH^- + HCO_3^- \qquad HCO_3^- + H_2O \rightleftharpoons OH^- + H_2CO_3$$

$NaHCO_3$ 的水溶液中,由于 HCO_3^- 的水解程度大于解离程度,所以溶液呈弱碱性。

$$HCO_3^- + H_2O \rightleftharpoons OH^- + H_2CO_3 \qquad HCO_3^- \rightleftharpoons H^+ + CO_3^{2-}$$

当可溶性碳酸盐与溶液中的其他金属离子作用时,产物可能是相应的正盐、碳酸氢盐(碱式碳酸盐)或氢氧化物等沉淀。这是因为碳酸盐解离提供 CO_3^{2-},水解提供 OH^-,以哪种形式沉淀取决于相应金属的碳酸盐与氢氧化物溶解度的相对大小。

如果金属离子水解性强(特别是两性者),且氢氧化物的溶解度很小($s_{\text{氢氧化物}} < s_{\text{碳酸盐}}$),则生成氢氧化物沉淀,如 Al^{3+}、Fe^{3+}、Cr^{3+}、Sn^{2+}、Sn^{4+} 和 Sb^{3+} 等。

$$2Al^{3+} + 3CO_3^{2-} + 3H_2O = 2Al(OH)_3\downarrow + 3CO_2\uparrow$$

如果金属离子较难水解,碳酸盐的溶解度小于相应氢氧化物的溶解度($s_{\text{氢氧化物}} > s_{\text{碳酸盐}}$),则产物为正盐沉淀,如 Ca^{2+}、Sr^{2+} 和 Ba^{2+} 等。

$$Ca^{2+} + CO_3^{2-} = CaCO_3\downarrow$$

如果金属离子有一定程度水解,它们的氢氧化物和碳酸盐的溶解度相差不多($s_{\text{氢氧化物}} \approx s_{\text{碳酸盐}}$),如 Cu^{2+}、Zn^{2+}、Pb^{2+}、Mg^{2+} 等可能得到碳酸氢盐(碱式碳酸盐)。

$$2Cu^{2+} + 2CO_3^{2-} + H_2O = Cu_2(OH)_2CO_3 + CO_2\uparrow$$

3) 热不稳定性

碳酸盐的另一重要性质是热不稳定性,大多数碳酸盐在加热时分解为金属氧化物和二氧化碳,碳酸氢盐受热分解为相应的碳酸盐、水和二氧化碳。一般来说,碳酸、碳酸氢盐、碳酸盐的热稳定性顺序是

$$\text{碳酸盐} > \text{碳酸氢盐} > \text{碳酸}$$

不同阳离子的碳酸盐的稳定性也不一样,碳酸盐受热分解的难易程度与阳离子的极化作用有关。阳离子对 CO_3^{2-} 产生反极化作用,使 CO_3^{2-} 不稳定以至于分解,金属离子的极化作用越强,其碳酸盐的分解温度就越低,即碳酸盐越不稳定,如

$$BeCO_3(373K) < MgCO_3(813K) < CaCO_3(1170K) < SrCO_3(1462K) < BaCO_3(1633K)$$

这可以用极化理论解释，同族碱土金属离子(M^{2+})自上而下离子半径增大，有效离子势(Z/r)降低，极化作用减小，对 CO_3^{2-} 的反极化作用递减，因而其碳酸盐稳定性增强。

【思考题】

17-7　为什么当可溶性碳酸盐与溶液中的其他金属离子作用时，产物会不同？与产物的溶解度有怎样的关系？

【例题 17-3】 图瓦卢是由多个珊瑚礁形成的岛国，由于大气中 CO_2 含量的剧增，大量珊瑚礁(主要成分是碳酸钙)被海水侵蚀，其原因是什么？

解　主要是碳酸盐和其酸式盐的溶解性不同的原因，由于珊瑚礁、大量的 CO_2 和水能部分地转变为 $Ca(HCO_3)_2$ 而溶解，其反应如下：

$$CaCO_3(\text{难溶}) + CO_2 + H_2O = Ca(HCO_3)_2(\text{可溶})$$

17.3　硅单质及其化合物

17.3.1　单质硅

硅有两种晶形。晶态硅为银灰色，能导电，具有金刚石结构，硬而脆，熔点、沸点高，在常温下化学性质不活泼。无定形硅为深灰色粉末，比晶态硅活泼。硅主要有如下化学性质。

1) 与非金属作用

常温下，硅的化学性质不活泼，只能与 F_2 反应，生成 SiF_4(Si—F 键的键能比 Si—Si、Si—O、Si—H 的都大得多)，但在高温下化学性质活泼，能与其他卤素和一些非金属单质反应。

$$Si + 2X_2 \xrightarrow{\triangle} SiX_4 (X=Cl、Br、I)$$

$$Si + O_2 \xrightarrow{\triangle} SiO_2$$

$$3Si + 2N_2 \xrightarrow{\text{高温}} Si_3N_4$$

2) 与金属作用

硅还能与某些金属生成硅化物，如

$$2Mg + Si = Mg_2Si(s)$$

3) 与酸作用

Si 在含氧酸中被钝化。Si 在有氧化剂(HNO_3、CrO_3、$KMnO_4$、H_2O_2 等)存在的条件下，能与 HF 反应。

$$3Si + 4HNO_3 + 18HF = 3H_2SiF_6 + 4NO\uparrow + 8H_2O$$

4) 与碱作用

无定形硅能猛烈地与强碱反应，放出 H_2。

$$Si + 2NaOH + H_2O = Na_2SiO_3 + 2H_2\uparrow$$

【思考题】

17-8　查阅并比较非金属与碱的反应都有哪些。

由于硅易与氧结合，在自然界中没有游离态的硅，以化合态存在，如硅酸盐，它在地壳中含量居第二位。工业上用焦炭在电炉中将石英砂还原得到粗硅。

$$2C + SiO_2 \xrightarrow{\text{高温}} 2CO + Si$$

将粗硅在加热的条件下与氯气反应转化为液态的 $SiCl_4$。

$$Si + 2Cl_2 \xrightarrow{\triangle} SiCl_4$$

然后通过精馏来提纯 $SiCl_4$，最后用活泼金属或氢气还原 $SiCl_4$。

$$SiCl_4 + 2Zn \xrightarrow{\text{高温}} Si + 2ZnCl_2$$

制高纯硅还有许多其他的方法。单晶硅的提纯使用区域熔融的方法(图 17-4)。将硅烷加热分解是近代用得较多的一种方法。

高纯硅被广泛用于电子工业，是重要的半导体材料。硅也是开发能源方面一种很有前途的材料，可作为太阳能电池的材料。此外，硅的合金可用来制造变压器铁芯和作为耐酸材料等。

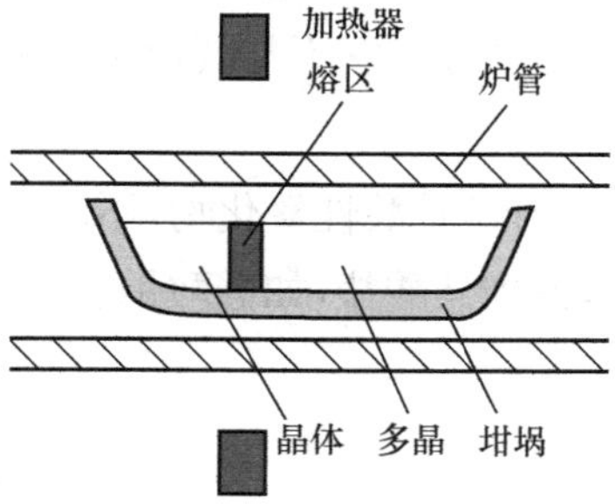

图 17-4　水平区域熔融装置

17.3.2　硅的含氧化合物

硅原子的价电子构型与碳原子的相似，它也可形成 sp^3、sp^2 和 sp 等杂化轨道，并以形成共价化合物为特征。不过它的原子半径比碳的大，且有 3d 轨道，因而情况又与碳原子有所不同。

(1) 它的最高配位数是 6，常见配位数是 4。

(2) 它不能形成 $p\pi$-$p\pi$ 键，无多重键，而倾向于以较多的 σ 键形成聚合体，如通过Si—O—Si链形成形形色色的 SiO_2 聚合体和硅酸盐。

1. 二氧化硅(silicon dioxide)

二氧化硅(SiO_2)又称硅石，是由 Si 和 O 组成的巨型分子，有晶体和无定形两种形态。晶态二氧化硅主要存在于石英矿中，有石英、鳞石英和方石英三种变体。纯石英为无色晶体，大而透明的棱柱状石英称为水晶。紫水晶、玛瑙和碧玉都是含杂质的有色晶体。石英是原子晶体，其中每个硅原子与 4 个氧原子以单键相连，构成 SiO_4 四面体结构单元[图 17-5(a)]，硅原子位于四面体的中心，4 个氧原子位于四面体的顶角。如图 17-5(b)所示，SiO_4 四面体间通过共用顶角的氧原子而彼此连接起来，即每个氧原子为 2 个四面体所共有，因此，从总体上看，Si : O=1 : 2，所以二氧化硅的最简式为 SiO_2，但是此式不像 CO_2，并不表示单个分子。

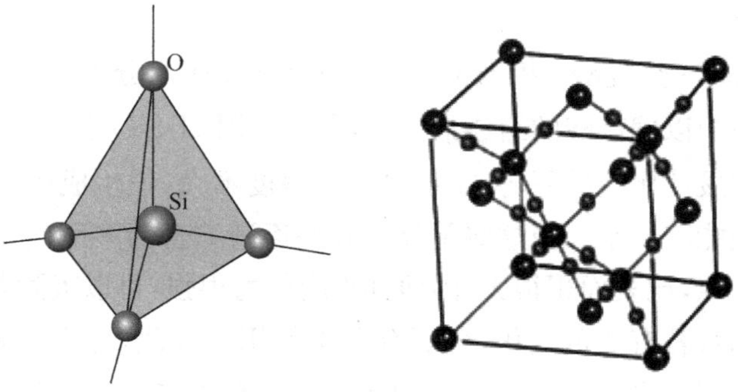

(a)　(b)

图 17-5　SiO_4 四面体结构单元(a)和 β-方石英结构(b)

自然界中的硅藻土和燧石则是无定形二氧化硅，此外石英玻璃也是无定形二氧化硅，是石英在 1900K 左右熔化破坏了其内部结构，冷却时因为黏度大不易再结晶而形成的，其实它仍然由 SiO_4 四面体组成，只是排列没有石英晶体整齐、有序而已。石英玻璃可用来制造紫外灯、光学仪器和高级化学器皿等。

二氧化硅的化学性质不活泼，在高温下也不能被 H_2 还原，只能被铁、铝或硼还原。除 F_2 和 HF 以外，它不与其他卤素和酸类作用，它与 HF 水溶液反应的产物是氟硅酸。

$$SiO_2 + 6HF(溶液) = H_2SiF_6 + 2H_2O$$

SiO_2 是酸性氧化物，不溶于水，但它是硅酸的酸酐，能与热的浓碱或熔融的碱或碳酸钠反应，得到硅酸盐，如硅酸钠。

$$SiO_2 + Na_2CO_3 \xrightarrow{熔融} Na_2SiO_3 + CO_2\uparrow$$

$$SiO_2 + 2NaOH = Na_2SiO_3 + H_2O$$

玻璃含有 SiO_2，所以玻璃能被碱腐蚀。

【思考题】

17-9 为什么实验室不用带玻璃塞的试剂瓶盛放 NaOH 溶液？应该用什么塞子？实验室能否用玻璃瓶保存氢氟酸？

2. 硅酸及其盐

从凝胶状硅酸中除去大部分的水，可得到白色、稍透明的固体，工业上称为硅胶（silica gel）。硅酸为组成复杂的白色固体，通常用化学式 H_2SiO_3 表示。SiO_2 即此酸的酸酐，但是 SiO_2 不溶于水，所以不能用 SiO_2 与水直接反应得到 H_2SiO_3，而只能用可溶性硅酸盐与酸反应制得，反应的实际过程很复杂，反应式一般写为

$$SiO_4^{4-} + 4H^+ = H_4SiO_4\downarrow$$

H_4SiO_4 称为正硅酸，它是个原酸，经过脱水可得到一系列酸，包括偏硅酸和多硅酸。产物的组成随形成条件不同而不同，常以通式 $xSiO_2 \cdot yH_2O$ 表示。$x \geqslant 2$ 时，称多硅酸。

$x=1, y=1$，H_2SiO_3 偏硅酸

$x=1, y=2$，H_4SiO_4 正硅酸、原硅酸

$x=2, y=1$，$H_2Si_2O_5$ 二偏硅酸

$x=2, y=3$，$H_6Si_2O_7$ 焦硅酸（相当于 2 个正硅酸脱 1 个水分子）

因为在各种硅酸中以偏硅酸的组成最简单，所以常用 H_2SiO_3 代表硅酸。硅酸是一种二元弱酸，硅酸 H_2SiO_3 的酸性比碳酸还弱，在水中的溶解度不大，但生成后并不立即沉淀，因为开始形成的单分子硅酸能溶于水。当这些单分子硅酸逐渐缩合为多酸时，形成硅酸溶胶。硅胶具有许多极细小的孔隙，比表面积很大，因而其吸附能力很强，可以吸附各种气体和水蒸气，常用作干燥剂，吸水前后，若有颜色变化，会更有利于使用。为此，可用 $CoCl_2$ 溶液浸泡后，再烘干。$CoCl_2$ 无水时呈蓝色，当干燥剂吸水后，随吸水量不同，硅胶呈现蓝紫－紫－粉红，最后 $Co(H_2O)_6^{2+}$ 使硅胶呈粉红色，说明硅胶已经吸水饱和，再使用时要烘干，称这种硅胶为变色硅胶。在实际应用中，硅胶常用作干燥剂和催化剂的载体。

【思考题】

17-10　天平室中，天平的玻璃罩内放置一小烧杯变色硅胶，其作用是什么？若变红，则表示硅胶已经失效，应该如何处理？

【例题 17-4】　SiO_2是 H_2SiO_3的酸酐吗？由 SiO_2如何来制取 H_2SiO_3？如何用实验证实硅酸的酸性比碳酸弱？

解　SiO_2是 H_2SiO_3的酸酐，但 SiO_2不溶于水，所以不能用 SiO_2与水直接反应得到 H_2SiO_3，可溶性硅酸盐与酸反应制得，如向可溶性硅酸盐充入 CO_2可制备得到硅酸，根据化学反应遵循强酸制弱酸的原则，这也说明了硅酸的酸性比碳酸弱。

3. 硅酸盐(silicate)

硅酸盐按其溶解性分为可溶性和不溶性两大类。常见的硅酸盐 Na_2SiO_3和 K_2SiO_3是易溶于水的，其水溶液因 SiO_3^{2-}水解而显碱性。其他硅酸盐难溶于水并具有特征的颜色。如果在无色透明的 Na_2SiO_3溶液中分别加入不同重金属可溶性盐固体颗粒，静置数分钟后，可看到各种颜色的难溶重金属硅酸盐不断生长，形成美丽的“硅酸盐花园”。

天然存在的硅酸盐都是不溶性的。长石、云母、黏土、石棉、滑石等都是最常见的天然硅酸盐，其化学式很复杂，天然的硅酸盐约有一千多种。硅酸盐是碱金属、碱土金属、铝、镁及铁等的硅氧化合物，其组成复杂，也可以看作是碱性氧化物和酸性氧化物组成的复杂化合物，用通式 $aM_xO_y \cdot bSiO_2 \cdot cH_2O$ 表示(表 17-3)。

表 17-3　重要的硅酸盐矿物

天然硅酸盐名称	化学式	通式($aM_xO_y \cdot bSiO_2 \cdot cH_2O$)
石棉	$CaMg_3(SiO)_4$	$CaO \cdot 3MgO \cdot 4SiO_2$
沸石	$Na_2(Al_2Si_3O_{40}) \cdot 2H_2O$	$Na_2O \cdot Al_2O_3 \cdot 3SiO_2 \cdot 2H_2O$
云母	$KAl_2(AlSi_3O_{10})(OH)_2$	$K_2O \cdot 3Al_2O_3 \cdot 6SiO_2 \cdot 2H_2O$
滑石	$Mg_3(Si_4O_{10})(OH)_2$	$3MgO \cdot 4SiO_2 \cdot H_2O$
高岭土	$Al_2Si_2O_5(OH)_4$	$Al_2O_3 \cdot 2SiO_2 \cdot 2H_2O$
石榴石	$Ca_3Al_2(SiO_4)_3$	$3CaO \cdot Al_2O_3 \cdot 3SiO_2$
长石	$KAlSi_3O_8$	$K_2O \cdot Al_2O_3 \cdot 6SiO_2$

地壳的 95%为硅酸盐矿，硅酸盐矿的复杂性在其阴离子，而阴离子的基本结构单元是 SiO_4四面体。不论与之结合的是哪种离子，这个基本结构单元保持不变，除了简单的单个 SiO_4^{4-}和二硅酸阴离子 $Si_2O_7^{6-}$外，还有由多个 SiO_4四面体间通过共用顶角氧原子而彼此连接成的环状、链状、片状或网格结构的复杂阴离子，这些阴离子借金属离子结合成为各种硅酸盐(表 17-4)。

表 17-4　天然硅酸盐离子结构

SiO_4四面体组合形式	阴离子	矿石例子
	SiO_4^{4-}(正硅酸盐)	橄榄石$(Mg、Fe)_2SiO_4$，锆石 $ZrSiO_4$

续表

SiO_4四面体组合形式	阴离子	矿石例子
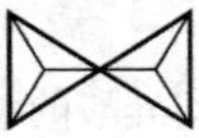	$Si_2O_7^{6-}$(二硅酸盐)	硅铅矿 $Pb_3Si_2O_7$
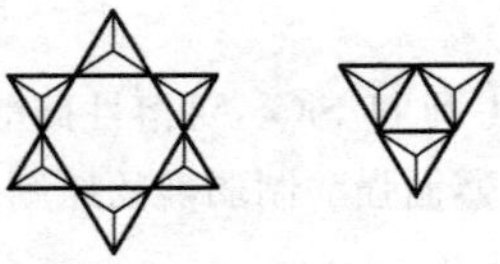	$[Si_nO_{3n}]^{2n-}$(环状)	绿柱石 $Be_3Al_2[SiO_{13}]$
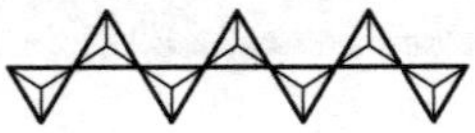	$[SiO_3]_n^{2n-}$(单链)	石棉 $CaMg_3[SiO_3]_4$
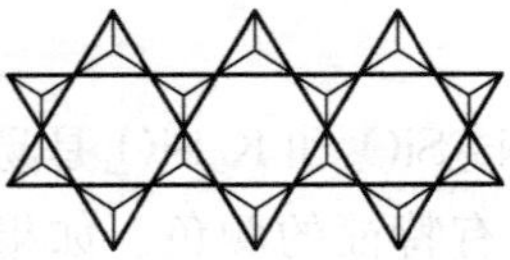	$[Si_4O_{11}]_n^{6n-}$(双链)	透闪石 $Ca_3Mg_5[Si_8O_{22}](OH)_2$
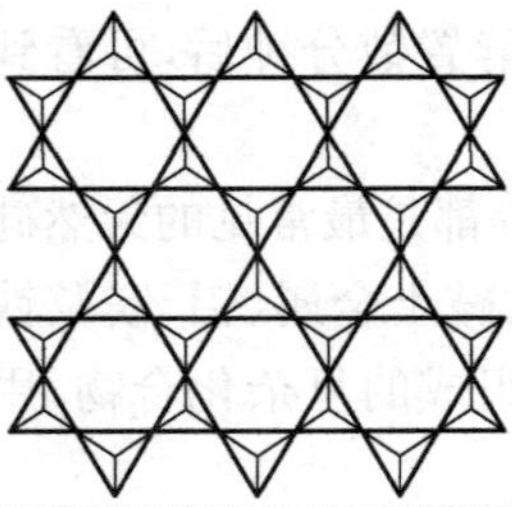	$[Si_2O_5]_n^{2n-}$(片层状), $[Si_3AlO_{10}]^{5-}$(片层状)	滑石 $Mg_3[Si_4O_{10}](OH)_2$, 钠沸石 $Na_2[Al_2Si_3O_{10}(H_2O)_2]$

某些含水的铝硅酸盐具有空腔的硅氧骨架(表 17-4 的钠沸石),其结构中有许多孔径均匀的孔道和内表面积很大的孔穴。若经加热把孔穴和孔道中的水脱掉,得到的铝硅酸盐便具有吸附直径比孔道小的分子的能力,而将直径比孔道大的分子拒之于外,起到了筛选分子的作用。

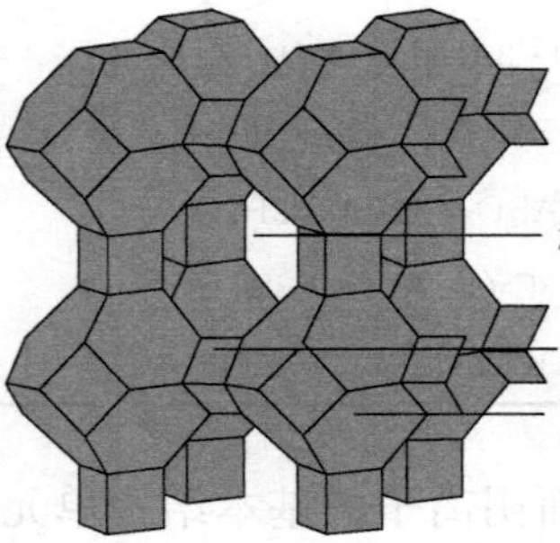

图 17-6 $Na_{12}(AlO_2)_{12}(SiO_2)_{12} \cdot zH_2O$

天然沸石及人工合成的多孔穴铝硅酸盐也具有筛选分子的作用,被称为**分子筛**(molecular sieve)。通常把这样的天然铝硅酸盐称为沸石分子筛。分子筛除了天然的各种沸石外,也有人工合成的,A 型分子筛就是实际生产中最为广泛应用的一种人工合成的铝硅酸盐分子筛(图 17-6)。分子筛具有吸附能力和离子交换能力,在化学工业中作为固体吸附剂,被其吸附的物质可以解吸,分子筛用后可以再生。还用于气体和液体的干燥、纯化、分离和回收。在石油炼制工业中用作裂化催化剂,现在已开发多种适用于不同催化过程的分子筛催化剂。

【例题 17-5】 一个钠沸石笼中分别有多少 Si 和 Al 原子?

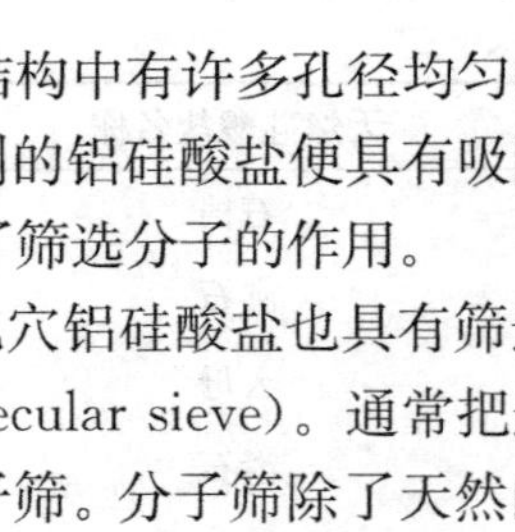

解 "β 笼"是个十四面体(8 个六边形面和 6 个四边形面),或者将其看作削顶八面体。八面体的 6 个顶角被削变成 6 个四方形,原来的 8 个三角形面变成了正六边形。十四面体的顶点被 Si 原子和 Al 原子相间占据,每个 Si 原子和 Al 原子都处于由周围 O 原子围成的四面体中心。原子处于十四面体的棱边上。由此可看出有 24 个顶角,因此 Si 和 Al 原子总数为 24。

17.3.3 硅烷

硅与碳相似，有一系列氢化物，不过由于硅自相结合成链的能力比碳差，生成的氢化物(硅烷)要少得多。到目前为止，已制得的硅烷(silane)也只有二十几种，硅与氢不能生成与烯烃、炔烃类似的不饱和化合物，因此，硅烷的通式可以写作 Si_nH_{2n+2}。硅烷的结构与烷烃相似。

最简单的硅烷是甲硅烷 SiH_4，由于硅与氢不能直接生成硅烷，常用金属硅化物与酸反应来制取。例如

$$Mg_2Si+4H^+ = 2Mg^{2+}+SiH_4$$

或者用强还原剂 $LiAlH_4$ 还原硅的卤化物。

$$SiCl_4+LiAlH_4 = SiH_4+LiCl+AlCl_3$$

硅烷为无色无臭的气体(SiH_4 和 Si_2H_6)或液体，都是共价型化合物，能溶于有机溶剂，熔点、沸点都很低。化学性质比相应的烷烃活泼，表现在以下几方面。

1) 强还原性

硅烷有强的还原性，能与 O_2 或其他氧化剂猛烈反应。它们在空气中自燃，燃烧时放出大量的热，产物为 SiO_2。

$$SiH_4+2O_2 = SiO_2+2H_2O$$

能与一般氧化剂反应，如

$$SiH_4+2KMnO_4 = 2MnO_2+K_2SiO_3+H_2\uparrow+H_2O$$

$$SiH_4+8AgNO_3+2H_2O = 8Ag+SiO_2+8HNO_3$$

这两个反应可用于检验硅烷。

2) 水解

硅烷在纯水中不发生水解作用。但当水中有微量碱存在时，由于碱的催化作用，水解反应即剧烈地进行。

$$SiH_4+(n+2)H_2O = SiO_2\cdot nH_2O+4H_2\uparrow \quad (\text{甲烷无此反应})$$

3) 热稳定性差

所有硅烷的热稳定性都很差。相对分子质量大的稳定性更差。将高硅烷适当地加热，它们即分解为低硅烷。低硅烷(如 SiH_4)在温度高于 773K 即分解为单质硅和氢气。

$$SiH_4 \xrightarrow{>773K} Si+2H_2\uparrow$$

17.3.4 硅的卤化物

硅的卤化物 SiX_4 都是共价化合物，熔点、沸点都比较低，常温下 SiF_4 是一种有刺激性臭味气体，$SiCl_4$ 和 $SiBr_4$ 是液体，SiI_4 是固体，均为无色，其中最重要的是 SiF_4 和 $SiCl_4$，它们常被用作制备其他含硅化合物的原料。例如，质量分数为 99.99%的 SiF_4 是制太阳能电池用的非晶态硅的原料。$SiCl_4$ 主要用于制硅酸脂类、有机硅单体、高温绝缘漆和硅橡胶，还用于制光导纤维所需要的高纯度石英。

这些卤化物同碳的卤化物 CX_4 相似，都是非极性分子，以碘化物的熔点、沸点最高，而氟化物最稳定。所不同的是硅的卤化物强烈地水解，例如

$$SiF_4+3H_2O = H_2SiO_3+4HF$$

$$SiCl_4+3H_2O = H_2SiO_3+4HCl$$

但是 CCl_4 不水解，这与 Si 有 3d 轨道，配位数为 6，能同 H_2O 配位，而碳原子不具备此条件有关。

由于同一原因，SiF_4 与 HF 能直接生成比 H_2SO_4 酸性还强的氟硅酸。

$$SiF_4 + 2HF \!=\!=\!= H_2[SiF_6]$$

硅的卤化物可以用下列方法制取：

(1) 硅与卤素直接化合。

由于 Si—F 键能大，Si 与 F_2 在常温下就生成 SiF_4。其他卤化物在升温条件下也可以得到。

(2) 氧化物与氢卤酸或卤化物作用。

(3) 氧化物与焦炭的混合物经过氯化处理。

$$SiO_2(s) + 2C(s) + 2Cl_2(g) \!=\!=\!= SiCl_4(g) + 2CO(g)$$

【思考题】

17-11　SiF_4 与 HF 作用能生成 H_2SiF_6，其他卤素则不能形成这类化合物，这是为什么？

【例题 17-6】　为什么 $SiCl_4$ 能水解，而 CCl_4 不水解？

解　C 为第二周期元素，只有 2s、2p 轨道可以成键，最大配位数为 4，CCl_4 无空轨道可以接受水的配位，因此不水解。Si 为第三周期元素，形成 $SiCl_4$ 后还有空的 3d 轨道，d 轨道接受水分子中氧原子的孤对电子，形成配位键而发生水解。

17.4　锗、锡、铅

17.4.1　单质

锗是一种灰白色的金属，比较脆硬，其晶体结构也是金刚石型。高纯度的锗是良好的半导体材料，在电子工业上用来制造各种半导体组件。在晶体中，硅和锗原子的价电子都参与成键。当掺入少量磷时制成的是 n 型半导体，磷原子参与成键后剩余一个电子。当掺入微量硼时制成的是 p 型半导体，由于硼原子成键时缺少一个电子，留下一个空穴。

锡有三种同素异形体，即灰锡（α 锡）、白锡（β 锡）和脆锡，它们之间互转变关系如下：

$$灰锡(\alpha 型) \xrightleftharpoons{286.4K} 白锡(\beta 型) \xrightleftharpoons{434.2K} 脆锡(\gamma 型)$$

白锡是银白色的，比较软，具有延展性。脆锡容易粉碎，锡制物品在严寒地方放置太久，就会出现灰色的斑点，这种现象称为**"锡疫"**（tin pest）。

锡和铅的熔点都较低，主要用于制合金、日用器件、工具等。此外，锡被大量地用于制锡箔和作金属镀层。铅则用于制铅蓄电池、电缆、化工方面的耐酸设备以及 X 射线、原子能工业用的防护材料等。

这三种元素的常见氧化态为 +2 和 +4。+4 氧化态化合物的稳定性是：Ge>Sn>Pb；+2 氧化态化合物的稳定性是：Ge<Sn≪Pb。从 Ge 到 Pb，低价化合物趋于稳定。Ge 和 Sn 的化合物为共价化合物，Pb(+2) 为离子化合物。

碳族元素单质的化学活泼性自上而下逐渐增强。锗、锡、铅这三种单质中，铅的化学活泼性最强。它们属于中等活泼的金属，但由于种种原因却表现出一定的化学惰性。这些金属有如下化学性质。

1）与氧气的反应

在通常条件下，空气中的氧只对铅有作用，在铅表面生成一层氧化铅或碱式碳酸铅，使铅失去金属光泽且不致进一步被氧化。空气中的氧对锗和锡都无影响。这三种金属在高温下能与氧反应而生成氧化物。常温下锡表面有一层保护膜，所以它在空气中是稳定的，把锡镀在铁皮的表面，成品就是马口铁。

2）与其他非金属的反应

这些金属能同卤素和硫生成卤化物和硫化物。

$$Ge+X_2 = GeX_4$$

$$Pb+S = PbS$$

3）与水的反应

锗化学性质稳定，常温下不与水反应。锡在常温下表面形成一层保护膜，因此也不与水反应，常被用来镀在某些金属（主要是低碳钢制件）表面防锈蚀。铅的情况比较复杂，它在有空气存在的条件下，能与水缓慢反应成 $Pb(OH)_2$。

$$2Pb+O_2+2H_2O = 2Pb(OH)_2$$

因为铅和铅的化合物都有毒，所以铅管不能用于输送饮水。但是，铅若与硬水接触，则因水中含 SO_4^{2-}、HCO_3^- 和 CO_3^{2-} 等，表面将生成一层难溶的保护膜（主要是硫酸和碱式碳酸铅），可阻止水继续与铅反应。

4）与酸的反应

Ge 不与非氧化性酸作用；Sn 与非氧化性酸反应生成 Sn(Ⅱ)化合物；Ge 和 Sn 与氧化性酸反应生成 Ge(Ⅳ)、Sn(Ⅳ)化合物；Pb 与酸（包括非氧化性酸和氧化性酸）反应得到 Pb(Ⅱ)化合物。

$$Ge+4HNO_3(\text{浓}) = GeO_2 \cdot H_2O\downarrow +4NO_2\uparrow +H_2O$$

$$Sn+2HCl(\text{浓}) \xrightarrow{\triangle} SnCl_2+H_2\uparrow$$

$$Sn+4H_2SO_4(\text{浓}) = Sn(SO_4)_2+2SO_2\uparrow +4H_2O$$

$$Pb+2HCl = PbCl_2\downarrow +H_2\uparrow (\text{反应很快终止})$$

$$Pb+H_2SO_4(\text{稀}) = PbSO_4\downarrow +H_2\uparrow (\text{反应很快终止})$$

$$3Pb+8HNO_3(\text{稀}) = 3Pb(NO_3)_2+2NO\uparrow +4H_2O$$

$$Pb+4HNO_3(\text{浓}) = Pb(NO_3)_2+2NO_2\uparrow +2H_2O$$

理论上铅可以从稀盐酸、稀硫酸中置换出氢气，但由于氯化亚铅和硫酸亚铅难溶于水，附着在铅的表面阻碍反应继续进行，并且氢气在铅上的超电势较大，因此，铅难溶于稀盐酸和稀硫酸，因为铅有此特性，所以化工厂或实验室常用它作耐酸反应器的衬里和制储存或输送酸液的管道设备，但不能用于储存或输送硝酸和浓硫酸。铅在有氧存在的条件下可溶于乙酸，生成易溶的乙酸铅。这也就是用乙酸从含铅矿石中提取铅的原理。

所有可溶铅盐和铅蒸气都有毒。若发生铅中毒，应注射 EDTA-HAc 的钠盐溶液，使 Pb^{2+} 形成稳定配合物从尿液排出。

5）与碱的反应

锗同硅相似，与强碱反应放出 H_2。锡和铅也能与强碱缓慢地反应得到亚锡酸盐和亚铅酸盐，同时放出 H_2。

$$Ge+2OH^-+H_2O = GeO_3^{2-}+2H_2\uparrow$$

$$Pb + OH^- + 2H_2O \xlongequal{} Pb(OH)_3^- + H_2\uparrow$$

【思考题】

17-12　理论上铅的化学活性较强，但为什么铅表现出的化学活性不强？

17-13　为什么金属铅不能用于饮水管道但可用于化工管道和容器？

【例题 17-7】　19 世纪中叶，俄军驻守在圣彼得堡。冬天降临的时候，军队换装发棉衣时发现，成千上万套的棉衣上，所有的锡扣子都没有了，这是为什么？

解　锡元素有白锡、灰锡、脆锡三种同素异形体。在不同环境下，锡可以有不同的结晶状态。在室温和高于室温的条件下，最稳定的形态是白锡，白锡是一种可锻金属。当温度在较低时，锡的结晶点阵就会重新排列，原子之间的空隙就会加大，形成一种新的结晶形态，即灰锡。灰锡就失去了金属特性而成为一种半导体。在不同结晶点阵之间的接触处发生的内应力使金属锡碎裂成粉末。人们称这种现象为“锡疫”。

17.4.2　重要化合物

1. 氧化物

锗、锡、铅有 MO_2 和 MO 两类氧化物。MO_2 都是共价型、两性偏酸性的化合物。MO 也是两性的，但碱性略强。MO 化合物的离子性也略强，但还不是典型的离子化合物。所有这些氧化物都是不溶于水的固体。它们的基本性质如表 17-5 所示。

表 17-5　锗、锡、铅氧化物的性质

MO_2	酸碱性	颜色与状态	MO	酸碱性	颜色与状态
GeO_2	两性偏弱酸性	白色固体	GeO	两性	黑色固体
SnO_2	两性偏酸性	白色固体	SnO	两性略偏碱性	黑色固体
PbO_2	两性略偏酸性	棕黑色固体	PbO	两性偏碱性	黄或黄红色固体

锗的氧化物主要是二氧化锗（GeO_2），它不跟水反应，是以酸性为主的两性氧化物。可溶于浓盐酸生成四氯化锗，也可溶于强碱溶液生成锗酸盐。例如

$$GeO_2 + 2NaOH \xlongequal{} Na_2GeO_3 + H_2O$$

GeO_2 通常由锗加热氧化或由四氯化锗水解制得，可用作半导体材料和催化剂等。

锡的重要氧化物为二氧化锡（SnO_2），可以用金属锡在空气中燃烧而制得。它不溶于水，也难溶于酸或碱，若是与 NaOH 或 Na_2CO_3 和 S 共熔，可转变为可溶性盐。

$$SnO_2 + 2NaOH \xlongequal{} Na_2SnO_3\text{(锡酸钠)} + H_2O$$

$$SnO_2 + 2Na_2CO_3 + 4S \xlongequal{} Na_2SnS_3\text{(硫代锡酸钠)} + Na_2SO_4 + 2CO_2\uparrow$$

SnO_2 被用于制造半导体气敏组件，以检测 CO、CH_4 等具有还原性、可燃性气体，从而可避免中毒、火灾、爆炸等事故的发生。SnO_2 还用于制不透明的玻璃、珐琅和陶瓷。

铅的氧化物除了有 PbO（黄色，又名密陀僧）和 PbO_2（黑色）以外，还有常见的“混合氧化物”Pb_3O_4（红色，又称红铅、铅丹）和 Pb_2O_3（黄色），它们的转变温度如下：

$$PbO_2 \xrightarrow{600K} Pb_2O_3 \xrightarrow{700K} Pb_3O_4 \xrightarrow{800K} PbO$$

一氧化铅 PbO 易溶于乙酸或硝酸得到 Pb(Ⅱ)盐，比较难溶于碱，这说明它偏碱性。PbO 用于制铅蓄电池、铅玻璃和铅的化合物。高纯度 PbO 是制造铅靶彩色电视光导摄像管靶面的

关键材料，也是用于激光技术拉制 PbO 单晶的原料。

PbO_2是两性的，不过其酸性大于碱性，与强碱共热可得铅酸盐。

$$PbO_2 + 2NaOH \xrightarrow{\triangle} Na_2PbO_3 + H_2O$$

由于惰性电子对效应，Pb(Ⅳ)很不稳定，易形成稳定的 Pb(Ⅱ)，PbO_2是一种强氧化剂，在酸性溶液中能将 Cl^- 氧化成 Cl_2，还可以把 Mn^{2+} 氧化为 MnO_4^-。

$$PbO_2 + 4HCl = PbCl_2 + Cl_2 + 2H_2O$$

$$2Mn^{2+} + 5PbO_2 + 4H^+ + 5SO_4^{2-} = 2MnO_4^- + 5PbSO_4 \downarrow + 2H_2O$$

2. 含氧酸或氢氧化物

锗、锡、铅的含氧酸或氢氧化物可用 $xMO_2 \cdot yH_2O$ 和 $xMO \cdot yH_2O$ 表示，通常也将它们的化学式写作 $M(OH)_4$和 $M(OH)_2$，它们都是两性的，它们的酸碱性递变规律如下：

$Ge(OH)_4$	$Sn(OH)_4$	$Pb(OH)_4$	↓ 碱性增强
$Ge(OH)_2$	$Sn(OH)_2$	$Pb(OH)_2$	
→ 碱性增强			

在这些氢氧化物中，酸性最强的 $Ge(OH)_4$仍然是一个弱酸($K_1 = 8 \times 10^{-10}$)，碱性最强的 $Pb(OH)_2$也还是两性的。

在 Sn^{2+} 和 Pb^{2+} 的溶液中加入强碱，立即生成 $Sn(OH)_2$和 $Pb(OH)_2$沉淀。$Sn(OH)_2$既溶于酸又溶于强碱，是两性氢氧化物，以碱性为主。

$$Sn(OH)_2 + 2HCl = SnCl_2 + 2H_2O$$

$$Sn(OH)_2 + 2NaOH = Na_2[Sn(OH)_4]$$

$Pb(OH)_2$也具有两性。

$$Pb(OH)_2 + 2HCl = PbCl_2 + 2H_2O$$

$$Pb(OH)_2 + NaOH \xrightarrow{\triangle} Na[Pb(OH)_3]$$

在 $M(OH)_4$中，$Ge(OH)_4$ 和 $Sn(OH)_4$ 比较常见，它们实际上都以水合氧化物的形式存在，分别称为锗酸和锡酸。在 M(Ⅳ)的盐溶液中加碱，或者由 $GeCl_4$、$SnCl_4$水解，或者将金属 Ge 和 Sn 分别与浓 HNO_3反应，都得到锗酸和锡酸。例如

$$GeCl_4 + 4H_2O \rightleftharpoons Ge(OH)_4 \downarrow + 4HCl$$

这是在制备锗的过程中的一个重要反应，它可以朝两个方向进行，究竟正向进行还是逆向进行，取决于溶液的酸度。生产上利用控制酸度的方法，将 $GeCl_4$转变为 GeO_2，再将 GeO_2转变为 $GeCl_4$，如此反复进行以达到纯化 GeO_2的目的。

锡酸(H_2SnO_3)分 α-锡酸和 β-锡酸两种。前者为无定形粉末，是两性氢氧化物，即可溶于酸，也可溶于碱，以酸性为主。它是由 Sn(Ⅳ)盐在低温下水解或者与碱反应得到的。有关反应方程式如下：

$$SnCl_4 + 4NH_3 \cdot H_2O = Sn(OH)_4 \downarrow + 4NH_4Cl$$

$$Sn(OH)_4 + 2NaOH = Na_2[Sn(OH)_6]$$

$$Sn(OH)_4 + 4HCl = SnCl_4 + 4H_2O$$

β-锡酸是晶态的，它不溶于酸或碱，通常由 Sn(Ⅳ)盐在高温下水解，或者用金属 Sn 与浓 HNO_3反应而制得。α-锡酸放置时间长了也转变为 β-锡酸。

3. 卤化物

锗、锡、铅可以形成二卤化物和四卤化物两大类，Pb(Ⅳ)氧化性强，与还原性离子I^-不易形成PbI_4，$PbBr_4$也很难形成。$SnCl_2$是强还原剂。

$$2HgCl_2+SnCl_2 = SnCl_4+Hg_2Cl_2\downarrow\text{(白色)}$$

$$Hg_2Cl_2+SnCl_2 = SnCl_4+2Hg\downarrow\text{(黑色)}$$

$$Sn^{2+}+2Fe^{3+} = Sn^{4+}+2Fe^{2+}$$

$$SnCl_2+I_2+2HCl = SnCl_4+2HI$$

将金属锗、锡、铅直接与卤素或浓的氢卤酸反应，或者用它们的氧化物与氢卤酸反应，都可以得到Ge、Sn、Pb的卤化物。例如

$$Ge\text{(或 Sn)}+2Cl_2 = GeCl_4\text{(或 }SnCl_4\text{)}$$

$$Pb+Cl_2 = PbCl_2$$

$$SnO_2+4HCl = SnCl_4+2H_2O$$

锗、锡、铅元素的卤化物都水解，氢卤酸或卤离子过量的溶液中容易形成卤配阴离子。

$$SnCl_2+H_2O = Sn(OH)Cl\downarrow\text{(白)}+HCl$$

$$SnCl_4+2Cl^- = SnCl_6^{2-}$$

$$PbI_2+2I^- = PbI_4^{2-}$$

4. 硫化物

锗、锡、铅元素的硫化物都不溶于水。GeS_2和SnS_2能溶解在碱金属硫化物的水溶液中，而GeS和SnS不能。这说明锗、锡、铅的硫化物和它们的氧化物相似，高氧化态的显酸性，低氧化态的显碱性。

如表17-6所示，GeS_2和SnS_2等高价硫化物为两性或酸性硫化物，能溶于浓盐酸，易溶于硫化物、多硫化物或碱液中形成硫代酸盐。

表17-6　锗、锡、铅的硫化物的性质

物　质	颜　色	酸、碱性	物　质	颜　色	酸、碱性
GeS	红色	弱碱性	GeS_2	白色	两性
SnS	棕褐色	弱碱性	SnS_2	黄色	两性偏酸
PbS	黑色	弱碱性	无PbS_2		

$$SnS_2+6Cl^-+4H^+ = SnCl_6^{2-}+2H_2S\uparrow$$

$$GeS_2+Na_2S = Na_2GeS_3$$

$$3SnS_2+6NaOH = Na_2SnO_3\text{(锡酸钠)}+2Na_2SnS_3\text{(硫代锡酸钠)}+3H_2O$$

所有的硫代酸盐都不稳定，遇酸则生成相应的硫化物沉淀和硫化氢。

GeS和SnS低价硫化物显弱碱性，不溶于碱溶液，具有还原性，可以被过硫化钠氧化。

$$SnS+Na_2S_2 = SnS_2+Na_2S$$

常利用SnS_2和SnS在碱金属硫化物溶液中溶解性的不同来鉴别Sn^{4+}和Sn^{2+}。

铅只有PbS，没有PbS_2，Pb^{2+}盐溶液中通入H_2S或含S^{2-}的溶液反应生成黑色PbS沉淀，此反应常用于检验Pb^{2+}或S^{2-}，或鉴别H_2S气体。PbS的溶解度很小，不溶于稀酸，不溶于硫

化物或多硫化物，但它容易被氧化，可用稀硝酸将它溶解。

$$3PbS+8H^{+}+2NO_3^{-} = 3Pb^{2+}+3S\downarrow+2NO\uparrow+4H_2O$$

【思考题】

17-14　配制 $SnCl_2$ 溶液时，为什么先将 $SnCl_2$ 固体溶解在少量浓盐酸中再稀释？且常在新配制的 $SnCl_2$ 溶液中加少量金属 Sn，又是为什么？

17-15　锗、锡、铅的氧化物、氢氧化物及硫化物的酸碱性变化规律如何？

习　题

17-1　碳族元素性质的递变规律：随着原子序数的增大，碳族元素的原子半径依次______，由____元素逐渐转变为____元素，即________性逐渐增强，__________性逐渐减弱；最高价含氧酸的酸性________，碱性________；气态氢化物的稳定性__________，还原性______。

17-2　试说明下列事实的原因。

(1) CF_4 不水解，而 BF_3 和 SiF_4 都水解。

(2) 装有水玻璃的试剂瓶长期敞开瓶口后，水玻璃变浑浊。

(3) CO_2 和 SiO_2 的组成相似，在常温常压下 CO_2 为气体而 SiO_2 为固体。

(4) N_2 和 CO 具有相同的分子轨道和相似的分子结构，但 CO 与过渡金属形成配合物的能力比 N_2 强。

17-3　从水玻璃出发怎样制造变色硅胶？

17-4　如何配制 $SnCl_2$ 溶液？

17-5　为什么铅易溶于浓盐酸和稀硝酸中，而难溶于稀盐酸和冷的浓硝酸？

17-6　比较下列各对碳酸盐热稳定性的大小。

(1) Na_2CO_3 和 $BeCO_3$　　(2) $NaHCO_3$ 和 Na_2CO_3

(3) $MgCO_3$ 和 $BaCO_3$　　(4) $PbCO_3$ 和 $CaCO_3$

17-7　完成并配平下列方程式。

(1) 向浓氨水中通入过量二氧化碳　　(2) 向硅酸钠溶液中滴加饱和氯化铵溶液

(3) 向硅酸钠溶液中通入二氧化碳　　(4) 向氯化汞溶液中滴加少量氯化亚锡溶液

(5) 铅溶于热浓硝酸

17-8　铅的氧化物有几种？如何用实验方法证实 Pb_3O_4 中铅有不同价态？

17-9　如何分别鉴定溶液中的 Sn^{2+} 和 Pb^{2+}？

17-10　温热气候条件下的浅海地区往往发现有厚层的石灰岩沉积，而在深海地区却很少见到，试用平衡移动原理说明 CO_2 浓度的变化对海洋中碳酸钙的沉积有何影响。

第 18 章　氮 族 元 素

本章学习要求

（1）了解氮族元素的通性，熟悉氮分子的结构和特殊稳定性，掌握氨的结构和性质、铵盐的性质，了解联氨、羟胺的重要性质、熟悉氮的氧化物，掌握硝酸的结构和性质、硝酸盐和亚硝酸盐的性质；

（2）了解磷的单质、氢化物、氧化物、卤化物的结构和性质，熟悉磷酸及其盐的性质，了解亚磷酸和次磷酸的结构和性质；

（3）掌握砷、锑、铋氧化物及其水合物的酸碱性及其变化规律，掌握砷、锑、铋化合物氧化还原性的变化规律，熟悉砷、锑、铋硫化物的颜色、生成和溶解性及砷、锑的硫代酸盐。

14	15	16
C	N	O
Si	P	S
Ge	As	Se
Sn	Sb	Te
Pb	Bi	Po
Uuq	Uup	Uuh

【背景问题】

（1）空气中的氮气和氧气如何分离？高纯氮气中还含有什么杂质？怎样进一步除去？

（2）2011 年 *Science* 报道了利用 X 射线发射光谱证明了固氮酶铁钼辅因子的中心碳位置。您认为它的意义是什么？

（3）白磷和红磷的性质有什么不同？三磷酸腺苷在生物体内的作用是什么？

（4）有人讲拿破仑和光绪死于砒霜中毒，如何检测动物发生的砒霜中毒？

氮族中包括了地质学、生命科学和工业上某些最重要的元素。其中氮与同族元素性质明显不同，如化合物中的配位数一般较低，标准状态下是本族中唯一以双原子分子存在的元素。氮和磷具有多种氧化态，显示出丰富多彩的氧化还原行为。掌握性质的最好方法是了解每种氧化态形成的重要物种的结构和氧化还原反应的热力学趋势。本章介绍的众多化合物就是依据这个原则。因此，了解某些重要含氮物种之间的转换关系是非常有必要的(图 18-1)。

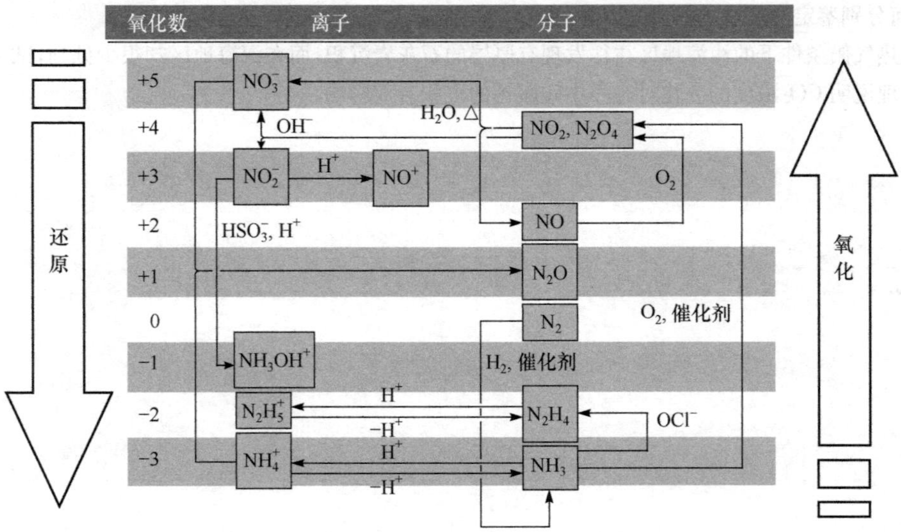

图 18-1　某些重要含氮物种之间的转换关系

18.1 氮族元素的通性

氮族元素包括氮(nitrogen,N)、磷(phosphorus,P)、砷(arsenic,As)、锑(antimony,Sb)、铋(bismuth,Bi)和Uup六种元素。价层电子构型为ns^2np^3,位于元素周期表的第15列,其基本性质见表18-1。本族元素中N和P是非金属元素,As为准金属元素,Sb、Bi为过渡金属元素,因此性质递变表现出从典型的非金属到金属的一个完整过渡。

2003年,由俄罗斯杜布纳联合核子研究所的Ю. Ц. Оганесян用加速到1/10光速的钙离子(20号)轰击镅元素(95号)制成了115号元素Uup。

$$^{243}_{94}Am(^{48}_{20}Ca, 3^1_0n, 3^1_0n) \longrightarrow {}^{287,288}_{115}Uuq$$

表18-1 氮族元素的基本性质

性 质	氮	磷	砷	锑	铋	
元素符号	N	P	As	Sb	Bi	Uup
原子序数	7	15	33	51	83	115
相对原子质量	14.01	30.97	74.92	121.75	208.98	[287]
价电子构型	$2s^22p^3$	$3s^23p^3$	$4s^24p^3$	$5s^25p^3$	$6s^26p^3$	$7s^27p^3$
常见氧化态	−3、−2、−1,+1 ~+5	−3、+3、+5	−3、+3、+5	+3、+5	+3、+5	可能有+2、+4
r(M)/pm	74	110	121	141	152	—
$r(M^{3-})$/pm	171	212	222	245	213	—
$r(M^{3+})$/pm	16	44	58	76	96	—
$r(M^{5+})$/pm	13	35	47	62	74	—
第一电离能/($kJ \cdot mol^{-1}$)	1402.3	1011.8	944	831.6	703.3	—
电负性(鲍林标度)	3.04	2.19	2.18	2.05	1.9	—

与16、17两族元素比较,本族元素的金属性明显增加,但成键时仍以共价键为主。例如,本族元素与电负性较小的非金属元素化合时,可以形成氧化数为−3的共价化合物。最常见的是氢化物,除N外其他元素的氢化物都不稳定。而与电负性较大的非金属元素化合时主要形成氧化数为+3、+5的化合物。

本族中只有电负性较大的非金属元素N和P与活泼金属作用可以形成极少数氧化数为−3的离子型固态化合物Li_3N、Mg_3N_2、Na_3P及Ca_3P_2等。而本族中的金属元素Sb和Bi则形成的是+3离子型固态化合物$Sb_2(SO_4)_3$、BiF_3及$Bi(NO_3)_3 \cdot 5H_2O$等,但需要注意的是,本族元素不管是−3还是+3离子型固态化合物,遇水均强烈水解。

本族元素自上而下氧化数为+3的物质稳定性增加,而+5氧化态的物质稳定性降低。这是因为自上而下过渡到Bi时,由于Bi原子半径较大,成键时电子云重叠程度较小,Bi原子出现了4f和5d能级,而f、d电子对原子核的屏蔽作用较小,6s电子又具有较大的穿透作用,所以6s能级显著降低,从而使6s电子成为“惰性电子对”而不易参加成键,导致+3价Bi稳定。这种自上而下低氧化态比高氧化态物质稳定的现象,称为惰性电子对效应。

氮族元素的元素电势图如下：

$E_A^\ominus$/V:

$$NO_3^- \xrightarrow{0.803} N_2O_4 \xrightarrow{1.07} HNO_2 \xrightarrow{0.996} NO \xrightarrow{1.59} N_2O \xrightarrow{1.77} N_2 \xrightarrow{-1.87} NH_3OH^+ \xrightarrow{1.42} N_2H_5^+ \xrightarrow{1.27} NH_4^+$$

$$NO_3^- \xrightarrow{0.96} NO \qquad NO_3^- \xrightarrow{0.94} HNO_2 \qquad N_2 \xrightarrow{-0.23} N_2H_5^+$$

$$H_3PO_4 \xrightarrow{-0.276} H_3PO_3 \xrightarrow{-0.50} H_3PO_2 \xrightarrow{-0.51} P \xrightarrow{-0.1} P_2H_4 \xrightarrow{-0.006} PH_3$$

$$H_3AsO_4 \xrightarrow{0.56} H_3AsO_3 \xrightarrow{0.25} As \xrightarrow{-0.60} AsH_3$$

$$Sb_2O_5 \xrightarrow{0.56} SbO^+ \xrightarrow{0.21} Sb \xrightarrow{-0.51} SbH_3$$

$$Bi_2O_5 \xrightarrow{1.6} BiO^+ \xrightarrow{0.32} Bi \xrightarrow{-0.8} BiH_3$$

$E_B^\ominus$/V:

$$NO_3^- \xrightarrow{-0.86} N_2O_4 \xrightarrow{0.88} NO_2^- \xrightarrow{-0.46} NO \xrightarrow{0.76} N_2O \xrightarrow{0.94} N_2 \xrightarrow{-3.04} NH_2OH \longrightarrow N_2H_4 \xrightarrow{0.1} NH_3$$

$$NO_3^- \xrightarrow{0.15} NO \qquad NO_3^- \xrightarrow{0.01} NO_2^- \qquad N_2 \xrightarrow{-1.16} N_2H_4$$

$$PO_4^{3-} \xrightarrow{-1.12} HPO_3^{2-} \xrightarrow{-1.57} H_2PO_2^- \xrightarrow{-2.05} P \xrightarrow{-0.9} P_2H_4 \xrightarrow{-0.8} PH_3$$

$$AsO_4^{3-} \xrightarrow{-0.67} AsO_2^{3-} \xrightarrow{-0.68} As \xrightarrow{-1.43} AsH_3$$

$$Sb(OH)_6^- \xrightarrow{0.56} Sb(OH)_4^- \xrightarrow{0.21} Sb \xrightarrow{-0.51} SbH_3$$

$$BiO_3^- \xrightarrow{0.56} BiO^+ \xrightarrow{-0.46} Bi \longrightarrow BiH_3$$

【思考题】

18-1　氮族元素的性质与邻近的碳族元素、氧族元素及卤素有什么异同?

18-2　比较氮族元素和碳族元素的性质异同。

18-3　根据氮族元素的元素电势图，预测氮族元素在自然界中的存在形式。

与16族氧及17族氟相似的是第二周期的氮，由于电负性大，原子半径小，电荷密度高，没有可利用成键的d轨道等，所以其性质和本族其他元素相比也发生了突变，主要表现在：

(1) 氮可形成离子键化合物(活泼金属的氮化物)。

(2) 氮易形成强的p-pπ多重键。

(3) 氮的化合物比其他元素的化合物多得多，且配位数均不超过4。

(4) 与氧、氟相似，氮也有形成氢键的倾向。

18.2　氮及其化合物

18.2.1　单质的制备、性质和用途

氮是生命中最重要的生命必需元素之一，在人体内的质量分数超过5%，是组成氨基酸和蛋白质的主要元素，也是植物生长的必需元素，自然界最大的硝酸盐矿是南美洲的智利硝石

$NaNO_3$。氮也存在于星云和太阳大气、天王星、海王星中。

氮是无色无臭的气体，熔点为 63K，沸点为 77K，临界温度为 126K，难以液化，在水中的溶解度很小，在 283K 时，一体积水约可溶解 0.02 体积的 N_2。N_2 在极低温下会液化成白色液体，在合成反应中可用作深度冷冻剂，如进一步降低温度时，更会形成白色晶状固体。通常市场上供应的 N_2 都盛于黑色气体瓶中保存。

N_2分子中 $N \equiv N$ 键能高达 $949kJ \cdot mol^{-1}$，是最稳定的双原子分子，从而在常温下表现出高的化学惰性，因此氮气常被用作保护气体。但在高温或放电条件下 N_2分子中化学键破坏而能与多种元素反应。例如，与 H_2生成 NH_3；与 Mg、Ca、Sr、Ba 生成氮化物 Mg_3N_2、Ca_3N_2等；与 O_2在电弧高温下少量反应生成 NO，此反应吸热是 O_2与其他物质化合时所罕见的。N_2 只与锂化合成氮化锂 Li_3N，却不与其他碱金属直接反应。

工业上采用液态空气分馏法制备 N_2，利用 N_2（沸点 75K）和 O_2（沸点 90K）的沸点差异，蒸馏液态空气，N_2先挥发。

实验室利用加热 NH_4Cl 饱和溶液和固体 $NaNO_2$的混合物来制备 N_2。

$$NH_4Cl(\text{饱和}) + NaNO_2 = N_2 + 2H_2O + NaCl$$

该反应除生成 N_2，还含有 NH_3、NO、O_2 和水蒸气等杂质，要想制得较纯的 N_2 可用 $(NH_4)_2Cr_2O_7$加热分解，或将 NH_3通过红热的 CuO。

$$(NH_4)_2Cr_2O_7 = N_2 + Cr_2O_3 + 4H_2O \quad \text{自身氧化还原}$$

$$2NH_3 + 3CuO = 3Cu + N_2 + 3H_2O$$

N_2 用途广泛，大量用于合成氨工业。基于 N_2 性质的不活泼，可用于焊接金属时的保护剂；填充灯泡中，以防止钨丝氧化和高温下挥发，延长灯泡的使用寿命；还可以用于粮食、水果和种子的保护，免于害虫的侵入。

【例题 18-1】 高纯氮气中还含有什么杂质？怎样进一步除去？

解 经过精馏和分离过的高纯氮还会含有极少量的水和氧气。可让气流通过干燥柱（内装分子筛或钠钾合金）和脱氧柱（内装加热的活性铜）以除去。

负载在硅胶上的二价锰的氧化物（MnO）是一种清洁而有效的除氧剂。

$$6MnO(\text{负载}) + O_2(g) \longrightarrow 2Mn_3O_4(\text{负载})$$

18.2.2　氧化物

氮和氧有多种不同的化合形式，在氧化物中氮的氧化态可以从+1 到+5。其中以一氧化氮和二氧化氮较为重要。这些氧化物的物理性质和结构汇列于表 18-2 中。

1. 一氧化氮

NO 很容易与吸附在容器壁上的氧反应生成 NO_2。NO_2又与 NO 结合生成 N_2O_3。

$$NO + NO_2 \rightleftharpoons N_2O_3$$

NO 会形成二聚物，该反应是吸热反应。

NO 微溶于水，但不与水反应，不助燃，在常温下极易与氧反应。由于分子中存在孤对电子，NO 还可以同金属离子形成配合物，如与 $FeSO_4$溶液形成棕色可溶性的硫酸亚硝酰合铁(Ⅱ)。

$$FeSO_4 + NO = [Fe(NO)]SO_4$$

表 18-2　主要的氮氧化物的物理性质和结构

化学式	性 状	熔点/K	沸点/K		结 构
N_2O	无色气体，尚稳定	182	184.5	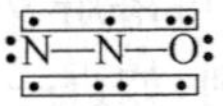	N 以 sp 杂化轨道成键，形成 2 个 σ 键，2 个 Π_3^4 键
NO	气体、液体和固体都是无色	109.5	121		N 以 sp 杂化轨道成键，形成 1 个 σ 键，1 个 π 键，1 个 Π_2^3 键
N_2O_3	蓝色固体，存在于低温；气态时分解为 NO_2 和 NO	172.4	276.5(分解)	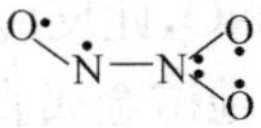	固态有两种构型，一为不稳定结构 ONONO；一为稳定结构 $ONNO_2$，如左图所示，两个 N 均以 sp^2 杂化成键，形成 4 个 σ 键，1 个 Π_5^6 键
NO_2	红棕色气体	264	294	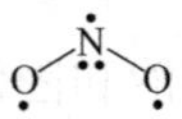	N 以 sp^2 杂化轨道成键，形成 2 个 σ 键，1 个 Π_3^3 键
N_2O_4	无色气体	261.9	294.3	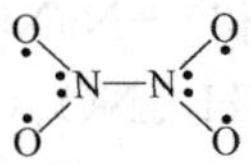	两个 N 均以 sp^2 杂化轨道成键，形成 5 个 σ 键，1 个 Π_6^8 键
N_2O_5	无色固体，在漫射光和 280K 以下稳定，气体不稳定	305.6	(升华)	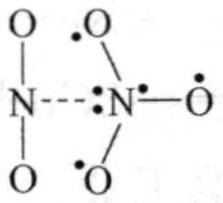 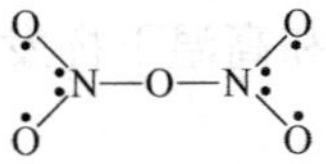	固体由 $[NO_2]^+[NO_3]^-$ 组成，其结构如左上图所示。$[NO_2]^+$ 是直线形的，而 $[NO_3]^-$ 中，N 原子 sp^2 杂化轨道成键，形成 4 个 σ 键，1 个 Π_4^6 键；气体分子结构如左下图所示，两个 N 均以 sp^2 杂化轨道成键，形成 6 个 σ 键，2 个 Π_3^4 键

在反应中 NO 易失去 π_{2p}^* 轨道上的一个单电子形成亚硝酰正离子 NO^+，相应的化合物有 $NO^+ClO_4^-$、$NO^+HSO_4^-$ 等。

$$2NO + O_2 = 2NO_2$$

NO 共有 11 个价电子，这种具有奇数价电子的分子称为奇电子分子。1998 年诺贝尔生理学医学奖授予了美国药理学家 R. F. Furchgott、L. J. Ignarro 和 F. Murad，以表彰他们发现了"NO 是心血管系统中传递信号的分子"。这一发现使人们第一次认识到气体分子可以在生物体内发挥传递信号的作用。

2. 二氧化氮

红棕色的 NO_2 气体，易压缩成无色液体。NO_2 也是奇电子分子，在低温时易聚合成二聚体 N_2O_4。N_2O_4 在固态时是无色晶体；在 264K 时熔解为黄色液体并含有少量 NO_2；当达到沸点(294K)时，在棕色气体中含 15%NO_2。在 413K 以上 N_2O_4 全部转变为 NO_2，超过 423K，NO_2 发生分解。

$$N_2O_4 \xrightleftharpoons{264\sim413K} 2NO_2 \qquad \Delta_r H_m^\ominus = 57kJ \cdot mol^{-1}$$

$$2NO_2 \xlongequal{423K} 2NO + O_2$$

NO_2 易溶于水歧化生成 HNO_3 和 HNO_2，而 HNO_2 不稳定受热立即分解。

$$2NO_2+H_2O \longrightarrow HNO_3+HNO_2$$

$$3HNO_2 \longrightarrow HNO_3+2NO+H_2O$$

所以当 NO_2溶于热水时其反应(上述两反应的合并)为

$$3NO_2+H_2O(热) \longrightarrow 2HNO_3+NO$$

这个反应是工业上制备 HNO_3的一个重要反应。

NO_2的氧化性较强，C、S、P 等在 NO_2 中容易起火燃烧，它和许多有机物的蒸气混合可形成爆炸性气体。

氮氧化物都为非可燃物，不过都可以助燃。因此 N_2O、NO_2和 N_2O_5等遇高温或可燃性物质能引起爆炸。此外许多氮氧化物有毒，且多为神经毒气。氮氧化物中有许多酸酐，遇水可生成硝酸、亚硝酸等酸类。NO 尚可与血红蛋白结合引起高铁血红蛋白血症。

【思考题】

18-4 NO 和 NO_2都是汽车尾气中的有害物质，通过文献查找如何降低它们对环境的污染。

18.2.3 氮的氢化物

1. 氨

氨是氮的最重要化合物之一。在工业上氨的制备是用氮气和氢气在高温高压和催化剂存在下合成的。在实验室中通常用铵盐和碱的反应来制备少量氨气。

在氨分子中，氮原子采用不等性 sp^3杂化，有很大极性。氨分子的其他特性与氨分子的这种结构特点有关，如表现出很强的加合性。

氨是一种具有刺激性的无色气体。液氨的沸点为 239.6K，临界温度为 406K，因此很容易在室温下加压液化。氨又有相当大的蒸发热(在沸点时为 $23.6kJ \cdot mol^{-1}$)。因此常用它来作为冷冻机的循环制冷剂。

在 273K 时一体积水能溶解 1200 体积的氨，在 293K 时可溶解 700 体积。通常把它的水溶液称为氨水。氨水的密度小于 1(液氨在 243K 的密度约为 $0.677g \cdot mL^{-1}$)，氨含量越多，密度越小。一般市售浓氨水的密度是 $0.88g \cdot mL^{-1}$，含 NH_3约 28%，相当于 $15mol \cdot L^{-1}$。

氨分子具有极强的极性，液氨的分子间存在着极强氢键，液氨分子存在缔合分子。液氨的介电常数比水低得多，是有机化合物的较好溶剂，但溶解无机物不如水。氨有微弱的解离作用。

$$2NH_3(l) \longrightarrow NH_2^-+NH_4^+ \qquad K^\ominus=1.9\times10^{-30}(223K)$$

液氨有溶解碱金属、碱土金属等活泼金属的特性，生成的稀溶液均呈淡蓝色，因含有“氨合电子”，所以有顺磁性、导电性和强还原性。

$$M+nNH_3 \longrightarrow [M(NH_3)_x]^+ + [e(NH_3)_y]^- \quad (n=x+y)$$

氨的化学性质着重有以下几个方面。

1) 氧化反应

由于 NH_3中 N 为−3 氧化态，因此只显还原性。和氢一样，在常温下，氨在水溶液中能被许多强氧化剂(Cl_2、H_2O_2、$KMnO_4$等)所氧化。例如

$$3Cl_2+2NH_3 \longrightarrow N_2+6HCl$$

HCl 继续与 NH_3反应，可生成 NH_4Cl(白烟)，因此，工厂常用盛有浓 $NH_3 \cdot H_2O$ 的敞口

小瓶检查氯气管道的漏点。

Cl_2过量时　$3Cl_2+NH_3 = NCl_3+3HCl$

此反应看作Cl_2的歧化，阿莱-罗周电负性$x_N=3.07>x_{Cl}=2.83$。NCl_3为黄色油状液体，有爆炸性，可分解为N_2和Cl_2。

氨一般不能在空气中燃烧，但可以在纯氧气内燃烧，生成氮气和水。

$$4NH_3+3O_2 = 2N_2+6H_2O$$

2）取代反应

取代反应的一种形式是氨分子中的氢被其他原子或基团所取代，生成一系列氨的衍生物如氨基（$-NH_2$）的衍生物，亚氨基（$>NH$）的衍生物或氮化物。取代反应的另一种形式是氨以它的氨基或亚氨基取代其他化合物中的原子或基团。

$$HgCl_2+2NH_3 = Hg(NH_2)Cl\downarrow+NH_4Cl$$

$$\underset{\text{光气}}{COCl_2}+4NH_3 = \underset{\text{尿素}}{CO(NH_2)_2}+2NH_4Cl$$

这种反应与水解反应相类似，实际上是氨参与的复分解反应，称为氨解反应。

3）易形成配合物

氨分子中氮原子上的孤对电子能与其他离子或分子形成共价配键，因此也是路易斯碱。例如，形成$[Ag(NH_3)_2]^+$以及和$BF\cdot NH_3$等氨的加合物。

4）弱碱性

氨与水作用实质上就是氨分子和水提供的质子以配位键相结合的过程。

$$NH_3+H_2O = NH_4^++OH^-$$

不过氨溶解于水中主要形成水合分子，只有一小部分水合分子发生上式的解离作用。

5）与某些金属和非金属反应

氨在高温下可与某些金属和非金属反应生成氮化物（见氮化物章节介绍）。

$$2Al+2NH_3 = 2AlN(\text{黄})+3H_2$$

2. 铵盐

氨与酸作用可得到相应的铵盐。铵盐一般是无色的晶体，易溶于水。铵离子半径等于143pm，近似于钾离子（133pm）和铷离子（147pm）的半径。事实上铵盐的性质也类似于碱金属的盐，而且与钾盐或钠盐常是同晶，并有相似的溶解度，因此，在化合物的分类中，往往把铵盐和碱金属列在一起。

由于氨的弱碱性，铵盐都有一定程度的水解，由强酸组成的铵盐其水溶液显酸性。因此，在任何铵盐中加入碱并加热，就会释放出氨（检验铵盐的反应，加热试液使氨气逸出，用石蕊试纸检验，试纸由红变蓝）。

固态铵盐加热时极易分解，一般分解为氨和相应的酸。

如果酸是不挥发性的，则只有氨挥发出来，而酸或酸式盐则残留在容器中。

$$(NH_4)_2SO_4 = NH_3\uparrow+NH_4HSO_4$$

$$(NH_4)_3PO_4 = 3NH_3\uparrow+H_3PO_4$$

如果相应的酸有氧化性，则分解出来的NH_3会立即被氧化，如NH_4NO_3，由于硝酸的氧化性，因此受热分解的氨被氧化为N_2O。

$$NH_4NO_3 = N_2O\uparrow + 2H_2O$$

如果加热温度高于 573K，则 N_2O 又分解为 N_2 和 O_2。

由于这个反应生成大量的气体和热量，气体受热体积大大膨胀，所以如果是在密闭容器中进行，就会发生爆炸。基于这种性质，NH_4NO_3 可用于制造炸药。

Nessler 试剂法鉴定 NH_4^+，在试液中加碱，用 Nessler 试纸检验，试纸由白到红棕再到深褐色。反应可表示如下：

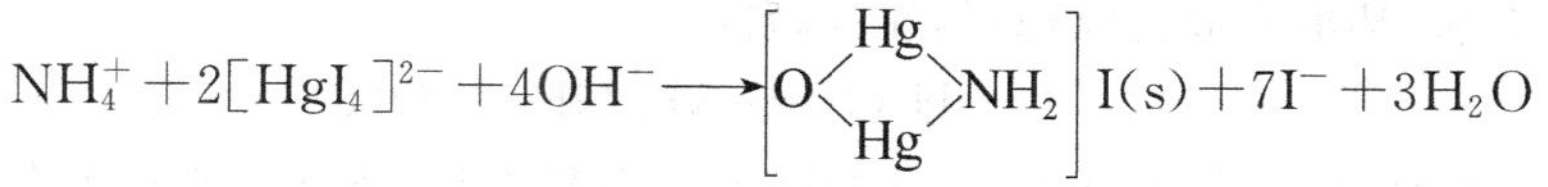

3. 氮化物

许多金属和非金属在高温下可与 N_2 直接反应生成氮化物，但一般常采用金属或其氧化物与 NH_3 一同加热来制备。

$$3Mg + N_2 = Mg_3N_2\text{（高温）}$$
$$3Mg + 2NH_3 = Mg_3N_2 + 3H_2\text{（高温）}$$
$$6Li + 2NH_3 = 2Li_3N + 3H_2\text{（高温）}$$

生成的氮化物可分类为

(1) 离子型：1、2 族元素的氮化物，易水解。

(2) 金刚石型：3、4 族元素的氮化物，BN、AlN，高熔点，一般是半导体或绝缘体。

(3) 间充型或金属型：过渡金属的氮化物，TiN、ZrN、Mn_5N_2、W_2N_5 等，是氨的简单取代物，它们属于“间充化合物”，氮原子填充在金属结构的间隙中。这类氮化物一般高硬度、高熔点、能导电、化学性质稳定，不易与水起作用，它们具有金属的外形，常作高强度材料。

(4) 共价型：氮与非金属元素形成的化合物，如 C、P、S、As 等的氮化物。

4. 氨的衍生物

当氨分子中的三个氢原子依次被其他原子或基团取代时，所形成的化合物称为氨的衍生物。以下将分别介绍一些衍生物。

1) 肼（联氨，N_2H_4）

联氨可看成是氨分子内的一个氢原子被氨基所取代的衍生物。氮原子采用 sp^3 杂化，稳定性比氨差。加热时便爆炸性分解。在空气中燃烧放出大量的热。

$$N_2H_4(g) + O_2(g) = N_2(g) + 2H_2O(l)$$

联氨及其衍生物是重要的火箭燃料。可采用拉席希（Rasching）法制备肼，以次氯酸钠氧化氨仅能获得肼稀溶液。

$$NaClO + 2NH_3 = N_2H_4 + NaCl + H_2O$$

用氨和醛或酮的混合物与氯气反应合成异肼，然后水解而得到无水的肼。

纯净的联氨为无色液体，熔点 275K，沸点 386.5K。联氨可与水相互作用，是个弱碱，可以接受两个质子

$$N_2H_4 + H_2O = N_2H_5^+ + OH^-$$
$$N_2H_5^+ + H_2O = N_2H_6^{2+} + OH^-$$

生成两种盐。在水溶液中联氨既显氧化性又显还原性。在酸性溶液中是强的氧化剂。在碱性

溶液中是强还原剂。

2) 羟氨(NH_2OH)

羟氨可看成是氨分子内的一个氢原子被羟基取代的衍生物,无色固体,不稳定,在 288K 以上便分解为氨气、氮气和水,熔点 305K。

$$3NH_2OH = NH_3\uparrow + N_2\uparrow + 3H_2O$$

$$4NH_2OH = 2NH_3\uparrow + N_2O\uparrow + 3H_2O$$

羟氨易溶于水,其水溶液比较稳定,显弱碱性。

$$NH_2OH + H_2O = NH_3OH^+ + OH^-$$

羟氨可与酸形成盐,常见的盐有$[NH_3OH]Cl$、$[NH_3OH]_2SO_4$。将较高氧化态的含氮化合物还原,可制得羟氨。

$$NH_4NO_3 + NH_4HSO_3 + SO_2 + 2H_2O = [NH_3OH]^+HSO_4^- + (NH_4)_2SO_4$$

3) 叠氮酸(HN_3)

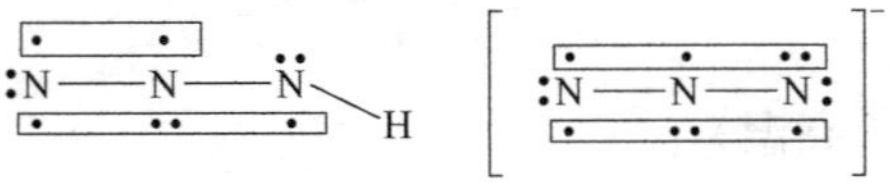

图 18-2 叠氮酸和叠氮酸根的结构

叠氮酸为无色有刺激味的液体,沸点308.8K,熔点 193K。叠氮酸的三个氮原子都在一直线上(图 18-2),易爆物质,只要受到撞击就立即爆炸而分解。

$$2HN_3 = 3N_2 + H_2$$

活泼金属如碱金属和钡的叠氮化物,加热时不爆炸,分解为氮和金属。而 LiN_3 则转化为氮化物。Ag、Cu、Pb、Hg 等的叠氮化物会爆炸。叠氮化铅在 600K 时爆炸,常用作引爆剂。氮化物与卤化物相似,因此叠氮离子 N_3^- 也看作是拟卤素离子。

因为叠氮酸的挥发性高,可用稀硫酸与叠氮化钠作用而获得叠氮酸。

$$2NaN_3 + H_2SO_4 = Na_2SO_4 + 2HN_3$$

叠氮酸的水溶液几乎不分解,为一元弱酸,但可发生歧化分解。

$$HN_3 + H_2O = NH_2OH + N_2$$

【思考题】

18-5 比较氨、联氨和羟氨的主要化学性质有哪些异同。联氨和羟胺作为还原剂的优点是什么?

18-6 尿素的合成在化学史上有什么作用?

18.2.4 含氧酸及其盐

氮能形成多种含氧酸及其盐,如连二次硝酸($H_2N_2O_2$)、亚硝酸(HNO_2)、硝酸(HNO_3)及过一硝酸(HNO_4)及其盐等,其中最重要的是 HNO_2 和 HNO_3。

1. 亚硝酸及其盐

HNO_2 中 N 原子采取 sp^2 不等性杂化,一个孤对电子占据一个顶点与两个 O 形成两个 σ 键,N 的孤对电子占据一条杂化轨道,p_z 轨道中有 1 个电子,与端基 O 的 p_z 肩并肩重叠形成一个 π 键。HNO_2 有顺式和反式两种构型(图 18-3),一般来说,反式结构稳定性大于顺式。因为双键 O 于 OH 在两侧,彼此间排斥力小,而有利于稳定。

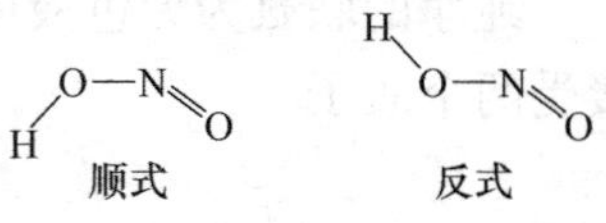

图 18-3 HNO_2 的两种构型

NO_2^-中的N也采取sp^2不等性杂化，形成两个σ键，N及两个O原子未参加杂化的p_z轨道各有一个电子，加上外来一个电子形成Π_3^4离域轨道。

将等物质的量的NO_2和NO混合气体溶于冰冻的水中可以制得浅蓝色亚硝酸溶液，用碱液吸收则得到相应的盐。

$$NO_2+NO+H_2O=\!=\!=2HNO_2$$

$$NO_2+NO+2OH^-=\!=\!=2NO_2^-+H_2O$$

加热碱金属的硝酸盐脱氧，或者用粉末状金属铅、碳或铁高温还原固态硝酸盐可以得到亚硝酸盐。

$$2KNO_3=\!=\!=2KNO_2+O_2$$

$$Pb+KNO_3=\!=\!=KNO_2+PbO$$

酸化亚硝酸盐也可以制备出亚硝酸的水溶液。

$$Ba(NO_2)_2+H_2SO_4=\!=\!=BaSO_4+2HNO_2$$

除去沉淀$BaSO_4$后，可以得到不含盐的亚硝酸溶液。

在气相中，HNO_2容易解离成类似于N_2O_3的氧化物的混合物，使溶液呈蓝色，同时放出棕红褐色的气体，可利用这一性质检验NO_2^-。

$$2HNO_2=\!=\!=H_2O+NO+NO_2$$

在冷的稀溶液中，HNO_2稳定，温度较高时，迅速歧化分解得到HNO_3。

$$3HNO_2=\!=\!=HNO_3+H_2O+2NO$$

在碱性介质中稳定，可推断亚硝酸盐可稳定存在。

HNO_2比HAc的酸性略强。

$$HNO_2=\!=\!=H^++NO_2^- \quad K_a^\ominus=5\times10^{-4}$$

在强酸中的存在形式是

$$HNO_2+H^+=\!=\!=NO^++H_2O \qquad K_a^\ominus=2\times10^{-7}$$

HNO_2中N处于中间氧化态+3，因此可作为氧化剂被还原，还原产物依所用还原剂的不同，可能是NO，有时也可能是N_2O、N_2、NH_3等。例如

$$2HNO_2+2HI=\!=\!=I_2+2NO+2H_2O$$

此反应可定量进行，用于测定NO_2^-含量。

$$NH_3+HNO_2=\!=\!=N_2+2H_2O$$

在与强氧化剂反应时，可作为还原剂被氧化，氧化产物是NO_3^-，例如

$$6H^++2MnO_4^-+5NO_2^-\longrightarrow 2Mn^{2+}+5NO_3^-+3H_2O$$

该反应可定量进行。

$$NO_3^-+3H^++2e^-\longrightarrow HNO_2+H_2O \qquad E_A^\ominus=0.94V$$

尽管HNO_2兼有氧化性和还原性，但却以氧化性为主。在稀溶液时，HNO_2的氧化能力强于HNO_3，因在酸中有NO^+存在，易得电子生成NO，很容易将I^-氧化。而稀HNO_3却不能，这是HNO_2和HNO_3的重要区别。在无氧化剂和还原剂时，易歧化。

$$HNO_2+H^++e^-\longrightarrow NO+H_2O \qquad E_A^\ominus=0.99V$$

$$NO_3^-+4H^++3e^-\longrightarrow NO+2H_2O \qquad E_A^\ominus=0.96V$$

除浅黄色的$AgNO_2$不易溶解外，其余盐类一般易溶。亚硝酸盐兼有氧化性和还原性，在酸性介质中，以氧化性为主。亚硝酸根离子是很好的配体，N和O都有孤对电子，都能与金属离子配位，如在亚硝酸和亚硝酸钾的溶液中加入钴盐，生成络离子，其钾盐$K_3[Co(NO_2)_6]$是

黄色沉淀物。

亚硝酸盐的稳定性较亚硝酸高，碱金属、碱土金属亚硝酸盐有很高热稳定性，熔融也不分解，但重金属亚硝酸盐在熔融时会分解。NO、NO_2或NO_2^-都有毒，NO_2^-是常见的致癌物之一。

2. 硝酸及其盐

硝酸分子为平面结构，氮原子以sp^2杂化轨道分别与3个氧原子形成3个σ键，氮原子的另一个轨道上的孤对电子与两个非羟基氧原子的另一个2p轨道上未成对的电子形成三中心四电子大π键(表示为Π_3^4)及分子内氢键。其结构的对称性较差(图18-4)，因此HNO_3不稳定，浓度越大越不稳定，氧化性也越强。

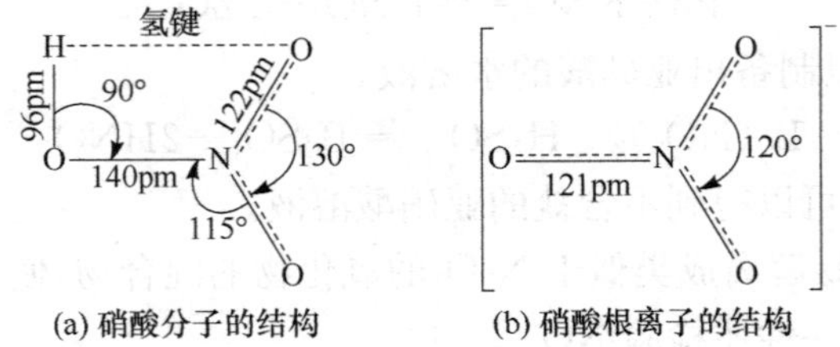

图18-4　HNO_3和NO_3^-的结构

NO_3^-是平面三角形结构。N原子仍采取sp^2杂化，离子中有3条σ键和1条Π_4^6离域键，其结构的对称性好，相对于硝酸较稳定。所以，硝酸盐的水溶液一般不显氧化性。

硝酸(nitric acid)是工业上重要的无机酸之一。实验室里常用硝酸盐与浓硫酸反应制备少量硝酸。

$$NaNO_3 + H_2SO_4(浓) \longrightarrow NaHSO_4 + HNO_3$$

利用硝酸的挥发性，可将其从混合物中蒸馏出来。

值得注意的是，制备硝酸需使反应停留在第一步，而第二步反应的温度在773K左右，在这一温度下硝酸会分解，降低产率。

工业上制硝酸的方法是氨的催化氧化法。即在金属钯存在下，高于753K的温度下，通过氨的氧化可以大规模制备NO，所形成的NO与更多的空气反应形成NO_2，然后再把NO_2溶于水中制备HNO_3。

$$4NH_3 + 5O_2 \longrightarrow 4NO + 6H_2O$$

$$2NO + O_2 \longrightarrow 2NO_2$$

$$2NO_2 + H_2O \longrightarrow HNO_3 + HNO_2$$

用这种方法可以制出含50%～60%的HNO_3溶液，蒸馏上述溶液可以得到68%的HNO_3的恒沸混合液；用浓H_2SO_4处理后，然后蒸馏可得到98%的HNO_3，在231K时结晶，可得到无色晶体的纯HNO_3。

纯HNO_3是无色透明油状液体，沸点356K，在231K下凝成无色晶体。与水可以任意比例混合。恒沸点溶液含HNO_3为69.2%，沸点为394.8K，密度为1.42g·mL^{-1}(约16mol·L^{-1})，即一般市售的浓HNO_3。浓HNO_3受热或见光就会逐渐分解，使溶液显黄色。HNO_3具有挥发性，86%以上的浓HNO_3由于逸出的NO_2与水蒸气结合，而形成烟雾。

HNO_3具有不稳定性、强氧化性、硝化作用三大化学特性。

HNO_3的稳定性：浓HNO_3受热或见光即分解，使溶液呈黄色。因此，HNO_3一般应储存在棕色瓶中，置于阴凉处。溶解了过量NO_2的浓HNO_3呈红棕色，称为“发烟硝酸”。由于NO_2起催化作用，反应被加速，所以发烟HNO_3具有比纯硝酸还强的氧化性。

$$4HNO_3 \xrightarrow{h\nu} 4NO_2\uparrow + O_2\uparrow + 2H_2O \qquad \Delta_r H_m^\ominus = 259.4kJ \cdot mol^{-1}$$

HNO_3最突出的性质是它的强氧化性。除稀有气体和贵金属Au、Pt、Ir等外，几乎所有的单质都能被HNO_3氧化。HNO_3的浓度越大，其氧化性越强。而且硝酸本身可以被还原到各种低氧化值的产物：

$$\overset{+4}{N}O_2—H\overset{+3}{N}O_2—\overset{+2}{N}O—\overset{+1}{N_2}O—\overset{0}{N_2}—\overset{-3}{N}H_4^+$$

具体以何种产物为主，不仅与硝酸本身的浓度有关，还取决于还原剂的本性和温度，一般有以下几种情况。

(1) 与非金属作用。加热时，硝酸可将许多非金属氧化成相应的氧化物或含氧酸，本身一般被还原成NO。例如

$$3C + 4HNO_3 = 3CO_2\uparrow + 4NO\uparrow + 2H_2O$$
$$S + 6HNO_3 = H_2SO_4 + 6NO_2\uparrow + 2H_2O$$
$$3P + 5HNO_3 + 2H_2O = 3H_3PO_4 + 5NO\uparrow$$
$$I_2 + 10HNO_3 = 2HIO_3 + 10NO_2\uparrow + 4H_2O$$
$$3I_2 + 10HNO_3(稀) = 6HIO_3 + 10NO\uparrow + 2H_2O$$

(2) 与金属作用。除Ti、Nb、Ta、Au、Pt、Ir、Ru、Rh等金属外，硝酸几乎可氧化所有金属。其中Fe、Al、Cr等在冷的浓HNO_3中钝化，Ge、Sn、Sb、As、Mo、W和U等偏酸性的金属与浓HNO_3反应后生成含水的氧化物或含氧酸，其余金属与硝酸反应则生成可溶于水的硝酸盐。HNO_3本身被还原的程度通常为以下几种情况：

浓硝酸和金属(包括活泼金属和不活泼金属)反应，均以NO_2为主要产物。例如

$$Cu + 4HNO_3(浓) = Cu(NO_3)_2 + 2NO_2 + 2H_2O$$

稀硝酸($6\sim8mol \cdot L^{-1}$)与不活泼金属反应，以NO为主要产物。例如

$$3Cu + 8HNO_3(稀) = 3Cu(NO_3)_2 + 2NO + 4H_2O$$

较稀硝酸($2\sim6mol \cdot L^{-1}$)与较活泼金属反应，以N_2O为主要产物。例如

$$4Mg + 10HNO_3 = 4Mg(NO_3)_2 + N_2O + 5H_2O$$

很稀硝酸($<2mol \cdot L^{-1}$)与活泼金属反应，产物为铵盐。例如

$$4Zn + 10HNO_3 = 4Zn(NO_3)_2 + NH_4NO_3 + 3H_2O$$

对于上述问题，应注意的是，硝酸与同种金属反应时，硝酸越稀，氮被还原的程度(指氧化值下降的程度)越大，但这并不能说明稀硝酸的氧化性比浓硝酸强，因为含氧酸的氧化能力和本身被还原的程度是两个不同的概念。实际上浓HNO_3的氧化性比稀HNO_3强。例如

$$3HCl + HNO_3(浓) = NOCl + Cl_2 + 2H_2O$$
$$HCl + HNO_3(稀) = 不反应$$
$$Pb\overset{-2}{S} + 8H\overset{+5}{N}O_3(浓) = Pb\overset{+6}{S}O_4 + 8\overset{+4}{N}O_2 + 4H_2O$$
$$3Pb\overset{-2}{S} + 8H\overset{+5}{N}O_3(稀) = 3Pb(NO_3)_2 + 2\overset{+2}{N}O + 3\overset{0}{S}\downarrow + 4H_2O$$

可见，氧化能力强的氧化剂，本身被还原的程度不一定就大。至于硝酸与同一种金属反应时其主要产物不同，主要是由于体系内存在以下平衡：

$$3NO_2 + H_2O \rightleftharpoons 2HNO_3 + NO$$

当 HNO_3 浓度大时平衡左移，产物以 NO_2 为主；反之，体系中水含量多(一定范围内)平衡右移，产物以 NO 为主。

一体积浓硝酸与三体积浓盐酸的混合液被称为王水。

$$HNO_3 + 3HCl \longequal NOCl + Cl_2\uparrow + 2H_2O$$

由于王水中不仅含有 HNO_3、Cl_2、NOCl 等强氧化剂，同时还有高浓度的氯离子，它与金属离子形成稳定的配离子如 $[AuCl_4]^-$ 或 $[PtCl_6]^{2-}$，降低了溶液中金属离子的浓度，有利于金属的溶解。电对 $[AuCl_4]^-/Au$ 的标准电极电势显然比电对 Au^{3+}/Au 低得多

$$Au^{3+} + 3e^- \rightleftharpoons Au \qquad E_A^\ominus = 1.42V$$

$$[AuCl_4]^- + 3e^- \rightleftharpoons Au + 4Cl^- \qquad E_A^\ominus = 1.002V$$

因此，王水可溶解不能与硝酸作用的金属，例如

$$Au + HNO_3 + 4HCl \longequal H[AuCl_4] + NO\uparrow + 2H_2O$$

$$3Pt + 4HNO_3 + 18HCl \longequal 3H_2[PtCl_6] + 4NO\uparrow + 8H_2O$$

硝酸的硝化作用是硝酸以硝基(—NO_2)取代有机化合物分子中的一个或几个氢原子的作用。例如

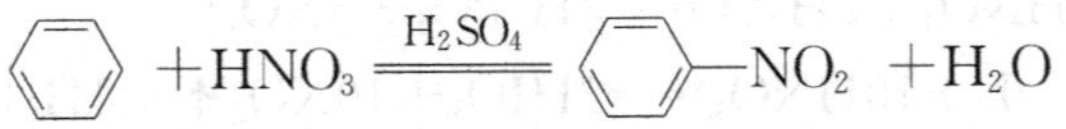

硝化过程中有水生成，因此，浓硫酸可以促进硝化作用的进行。

利用硝酸的硝化作用可以制造许多含氮染料、塑料、药物，还可制造含氮炸药，如硝化甘油、三硝基甲苯(TNT)、三硝基苯酚等，它们都是应用广泛的烈性炸药。

几乎所有的硝酸盐都是无色、易溶于水的晶体，它的水溶液不显氧化性。硝酸盐的重要性质就是它的热稳定性，主要表现在 NO_3^- 的不稳定性和氧化性上，它们的分解情况比较复杂，一般可分为以下几种情况。

(1) 不含结晶水的硝酸盐晶体，受热时易分解而显氧化性。其分解过程可认为分为以下三步进行：

$$MNO_3 \longrightarrow MNO_2 + O_2$$

$$MNO_2 \longrightarrow M_2O + NO_2$$

$$M_2O \longrightarrow M + O_2$$

碱金属、部分碱土金属(主要指比 Mg 的活泼性强的金属)的亚硝酸盐比较稳定，所以反应一般进行到第一步就终止了。例如

$$2NaNO_3 \xlongequal{\triangle} 2NaNO_2 + O_2$$

活泼性在 Mg 和 Cu 之间的金属，因其亚硝酸盐也不稳定，受热继续分解，反应一般进行到第二步。例如，$Pb(NO_3)_2$ 受热分解的总反应为

$$2Pb(NO_3)_2 \xlongequal{\triangle} 2PbO + 4NO_2 + O_2$$

活泼性在 Cu 以后的金属，因其氧化物也不稳定，反应将进行到第三步。例如，$AgNO_3$ 受热分解的总反应为

$$2AgNO_3 \xlongequal{\triangle} 2Ag + 2NO_2 + O_2$$

上述硝酸盐热分解的一般规律与金属离子的价电子构型有关，可用离子极化观点加以解释。硝酸盐受热分解均有氧气放出，所以无水固体硝酸盐都是强氧化剂，可用于熔矿、配制火药及各种焰火等。

(2) 含有结晶水的硝酸盐受热时，HNO_3首先挥发，使体系酸度降低，部分盐水解，形成碱式盐。

NO_3^- 和 NO_2^- 可用棕色环实验进行鉴定。

$$NO_3^- + 3Fe^{2+} + 4H^+ \longrightarrow 3Fe^{3+} + NO + 2H_2O$$

$$NO + [Fe(H_2O)_6]^{2+}(剩余) \longrightarrow \underset{(棕色配离子)}{[Fe(NO)(H_2O)_5]^{2+}} + H_2O$$

NO_2^- 有类似作用，但鉴定 NO_3^- 溶液时用硫酸，鉴定 NO_2^- 溶液时用乙酸即可。溶液中加入 $FeSO_4$(s)和浓 H_2SO_4或乙酸后有棕色环出现，证明其盐溶液是 NO_3^- 或 NO_2^- 的溶液。

【例题 18-2】 浓 HNO_3和稀 HNO_3的氧化性谁大？

解　主要原因有

(1) 浓 HNO_3的氧化性强于稀硝酸，其氧化反应速率也要快得多。NO_3^- 中氧原子的质子化有利于 N—O 键断裂，浓 HNO_3中质子化程度比较大。

(2) 浓 HNO_3的反应速率快，生成的 NO_2来不及与还原剂反应即离开体系；而稀硝酸反应中生成的 NO_2来得及与还原剂进一步反应转化为 NO。

(3) 浓 HNO_3的氧化性与 HNO_3中经常会存在由光化分解而来的 NO_2催化作用有关。NO_2起到传递电子的作用。

$$NO_2 + e^- = NO_2^- \qquad NO_2^- + H^+ = HNO_2 \qquad HNO_3 + HNO_2 = H_2O + 2NO_2$$

18.2.5　氮的卤化物

已经分离和鉴定过的氮的卤化物只有 NF_3和 NCl_3。纯 NBr_3直到 1975 年才分离出来，但极不稳定，甚至在－100℃时也爆炸；NI_3尚未制得。NBr_3和 NI_3的氨合物 $NBr_3 \cdot 6NH_3$(紫色)和 $NI_3 \cdot 6NH_3$(黑色)已制得，都是易爆炸的固体。

NF_3(熔点 64.5K，沸点 154K)是无色气体，在 398K 时可以通过电解熔融的 $NH_4F \cdot HF$ 制的，用 F_2 直接氟化氮也可以制得；NF_3是最稳定的氮-卤衍生物，它与水、氨、碱溶液或硫酸均不反应。虽然 NF_3分子中 N 原子上有孤对电子，但由于 F 的电负性很大，所以 NF_3几乎不具有路易斯碱性，但可以与水蒸气发生反应形成氟化氢及氮的氧化物。点燃 NF_3和 H_2的混合物会发生爆炸。

$$2NF_3 + 3H_2 = N_2 + 6HF$$

电解法制备 NF_3，还生成不同量的三种其他氮氟衍生物：NH_2F(196K 时升华)、NHF_3(熔点 148K，沸点 203K)和 N_2F_2(沸点～148K)，对这三种产物的反应和结构知道不多。

NCl_3是黄色油状液体，沸点 344K，极不稳定，超过沸点或受震动即发生爆炸性分解。可以通过 Cl_2与 NH_4Cl 的酸性溶液反应或通过电解 NH_4Cl 水溶液制得。此外，次氯酸与低价氮的化合物(如 NH_3、NH_2OH、N_2H_4、NaN_3或尿素)反应可以制得。

$$NH_3 + 3HOCl = NCl_3 + 3H_2O$$

NH_4Cl 与 Cl_2反应而生成的含氮产物的性质，主要取决于介质的酸度。$pH < 4.5$ 时，主要产物是 NCl_3；pH 为 4.5～5.0 时，主要生成 $NHCl_2$；$pH > 8.5$ 时，主要生成 NH_2Cl。

NCl_3和 $NHCl_2$都能与 NH_3反应形成 N_2和 NH_4Cl。

$$NCl_3 + 4NH_3 = N_2 + 3NH_4Cl$$

$$3NHCl_2 + 7NH_3 = 2N_2 + 6NH_4Cl$$

注意：NH_2Cl 与 NH_3 反应可以得到 N_2H_4。

$$NH_2Cl + 2NH_3 \xlongequal{} N_2H_4 + NH_4Cl$$

$$N_2H_4 + 2NH_2Cl(过量) \xlongequal{} N_2 + 2NH_4Cl$$

这样一氯胺、二氯胺及三氯胺一样，它们与氨的反应最终产物是相同的，但在适当的条件下，由一氯胺可以得到中间物联氨，这个反应是拉席希法制备联氨的基础。

NCl_3 在水和碱溶液中水解，其水解产物和同一族的 PCl_3 不同。

$$NCl_3 + 3H_2O \xlongequal{} NH_3 + 3HOCl$$

$$PCl_3 + 3H_2O \xlongequal{} H_3PO_3 + 3HCl$$

【思考题】

18-7　NCl_3 易发生水解，NF_3 水解很难，为什么？请从结构上解释？

18-8　PCl_3 与 NCl_3 水解机理有何不同？

18.3　磷及其化合物

18.3.1　磷单质

在自然界以磷灰石、磷钙石 $Ca_3(PO_4)_2$、氟磷灰石 $Ca_5(PO_4)_3F$、羟基磷灰石 $Ca_5(PO_4)_3(OH)$ 存在。磷是动物体中的重要成分，骨头中 $Ca_5(PO_4)_3(OH)$ 是形成矿物质部分，牙齿中含有 $Ca_5(PO_4)_3F$，大脑和神经细胞中含有复杂的有机磷的衍生物，所以磷是动物体中的重要成分。

1. 制备

将磷酸钙矿混以石英砂(SiO_2)和炭粉放在 1773K 左右电炉中加热。通过蒸馏，把生成的磷蒸气和 CO 通过冷水，磷便凝结成白色固体(图 18-5)。

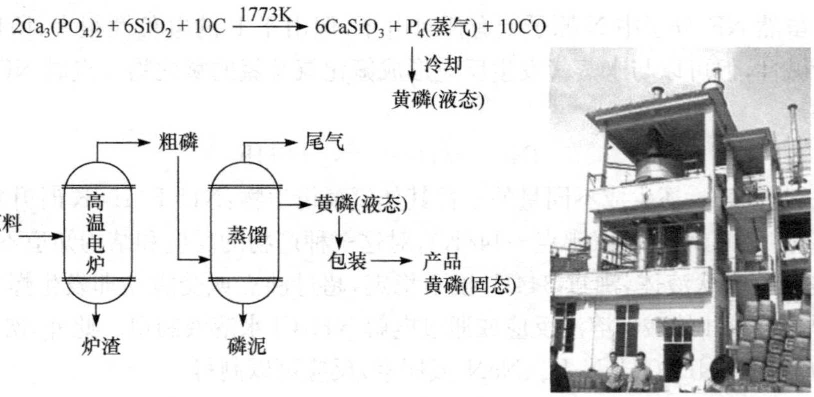

图 18-5　白磷的制备

电炉炼磷的主要问题是利用电炉还原法制取黄磷耗能高，固体废弃物、尾气排放污染大，严重破坏周边的生态环境。

另外，单质磷的用途不广，主要是用于制备磷酸，然后再通过磷酸制备各种磷化工产品。

2. 同素异形体

报道的磷有七种同素异形体。其中五种为晶形磷，最常见为白磷、红磷和黑磷三种（表 18-3，图 18-6）。

表 18-3　白磷、红磷和黑磷的物理性质

单质磷	熔点/K	沸点/K	燃点 /K	密度 /$(g \cdot cm^{-3})$	CS_2中的溶解情况
白磷	317.25	553.75	307.15	1.82	易溶
红磷	863.15(43.1atm)	升华	533	2.20	不溶
黑磷	862.15(43.1atm)	升华	538	2.69	不溶

注：1atm=101 325Pa

纯白磷不溶于水，易溶于 CS_2 中，纯白磷是无色而透明的晶体，遇光即逐渐变为黄色，所以又称黄磷。黄磷剧毒，误食 0.1g 就能致死，皮肤经常接触到单质磷也会引起吸收中毒。

不论在溶液中或蒸气状态，白磷的相对分子质量相当于分子式 P_4。磷蒸气加热至 1073K，P_4 开始分解为 P_2（与 N_2 结构相近）。白磷晶体是由四面体构型的 P_4 分子组成的分子晶体，分子中 P—P 键长是 221pm，∠PPP 键角是 60°。在 P_4 分子中每个 P 原子用它的 3 个 p 轨道与另外三个磷原子的 p 轨道间形成三个 σ 键时，这种纯 p 轨道的键角应为 90°（理论上研究认为在这分子中的 P—P 键是 98% 3p 轨道形成的键，而 3s 和 3d 仅占很少成分），实际上却是 60°。这种低的键角表明 P_4 分子是有张力的分子，其张力能估计为 $96kJ \cdot mol^{-1}$。这个张力使每一个 P—P 的键能降低了。P—P(P_4)的键能仅为 $201kJ \cdot mol^{-1}$，这说明为什么白磷在常温下有很高的化学活性。

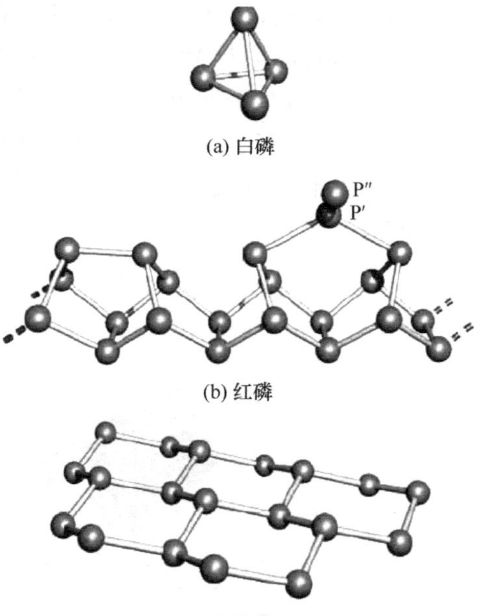

图 18-6　磷的三种同素异形体的结构

白磷和潮湿空气接触时发生缓慢氧化作用，部分反应能量以光能的形式放出，因此在暗处可以看到白磷发光。当白磷在空气中缓慢氧化到表面上积聚的热量使温度达到 313K，便达到磷的燃点，引起自燃，因此通常白磷要储存于水中以隔绝空气。

单质磷的化学活泼性远高于氮。白磷又比红磷活泼得多。易与卤素单质猛烈反应，如它在氯气中也能自燃，也能同硫及若干金属剧烈地反应。强氧化剂如浓硝酸能将磷氧化成磷酸。白磷溶解在热的浓碱溶液中生成磷化氢和次磷酸盐。

$$P_4 + 3KOH + 3H_2O = PH_3\uparrow + 3KH_2PO_2$$

白磷是剧毒品，应避免吸入人体内及接触皮肤。它的蒸气毒性也很强，吸入 0.15g 即可致人死亡。如不慎，有白磷沾到皮肤上，可用 $0.2mol \cdot L^{-1} CuSO_4$ 溶液冲洗解毒。

$$11P + 15CuSO_4 + 24H_2O = 5Cu_3P + 6H_3PO_4 + 15H_2SO_4$$

$$2P+5CuSO_4+8H_2O \longequal 5Cu+2H_3PO_4+5H_2SO_4$$

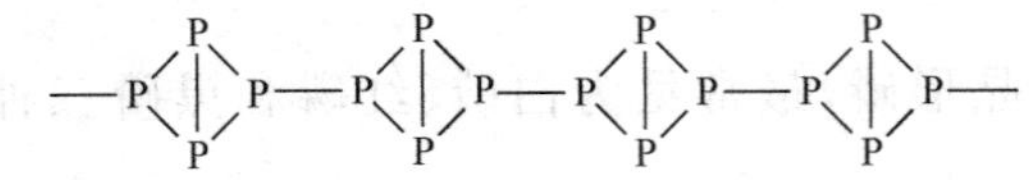

图 18-7 红磷的一种链状的结构

红磷的分子结构直到 1968 年才测定出来，由 P_2 基团连接 P_8 和 P_9 基团，这些线形管状排列具有五角形截面，属单斜晶系，是一种复杂的分子晶体，也有学者认为红磷中含有的一种长链状环-链结构(图 18-7)。

暗红色粉末的红磷，不溶于水、碱和 CS_2 中，没有毒，加热到 673K 以上才着火。它的化学活泼性比白磷小得多，但它仍易被氧化为磷酸，与 $KClO_3$ 摩擦即着火，甚至爆炸。红磷与空气长期接触也缓慢地氧化，形成极易吸水的氧化物，所以红磷保存在未密闭的容器中会逐渐潮解，使用前应小心用水洗涤、过滤和烘干。

$$P(白磷) \longrightarrow P(红磷) \quad \Delta_r H_m^{\ominus}(298K)=-17.6kJ\cdot mol^{-1}$$
$$\Delta_f G_m^{\ominus}(298K)=-12.1kJ\cdot mol^{-1}$$

热力学上规定，$\Delta_f H_m^{\ominus}$(白磷，298K) 和 $\Delta_f G_m^{\ominus}$(白磷，298K)的值都为零。

黑磷有多种晶形及无定形形态。其中，正交黑磷具有皱褶层状结构[图 18-6(c)]。黑磷比白磷和红磷更稳定、密度更大、化学反应性更差。黑磷不溶于有机溶剂，但能导电，素有"金属磷"之称。由于形成黑磷所需的活化能较高，在一般条件下，其他变体难以转变为黑磷。在高压(1200atm)、较高温度下(773K)及较长时间下，白磷可转化为类似石墨的片状结构的黑磷(图 18-8)。

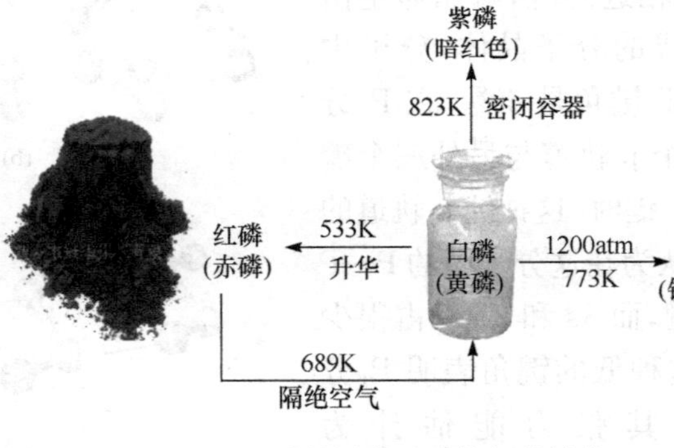

图 18-8 磷的同素异形体间的转化

3. 磷的用途

单质磷的用途不很广。工业上用白磷来制备高纯度的磷酸，利用白磷的易燃性和燃烧产物 P_2O_5 能形成烟雾的特性，在军事上用来制"白磷弹"烟雾弹。在青铜中若含有少量磷就称为**磷青铜**，它富有弹性、耐磨、抗腐蚀，用于制轴承、阀门等。红磷用于制造农药和安全火柴，火柴盒侧面所涂的物质就是红磷、三硫化二锑等混合物。

【思考题】

18-9 用炭粉从磷酸钙矿还原制备磷时，为什么要加入石英砂？请通过文献查找电炉冶炼黄磷的尾气的处理方法。

18.3.2　磷的氢化物

磷能形成比氮更多的的氢化物，且从其组成看，可有多种系列，具有实际意义的是P_nH_{n+2}系列。该系列中第一个成员PH_3（$n=1$）是磷的所有氢化物中最稳定的一种，称为磷化氢（也成为膦）；当$n=2$，该化合物为与P_2H_4，称为联膦；随着n值增大，热稳定性迅速降低。

1. 膦的制备

当热浓碱与白磷反应，可以生成PH_3，此外还有磷化物的水解、碘化磷同碱的反应生成PH_3。

$$Ca_3P_2+6H_2O = 3Ca(OH)_2+2PH_3\uparrow$$

$$PH_4I+NaOH = NaI+PH_3\uparrow+H_2O$$

2. 膦的物理性质

膦是一种无色剧毒的气体，有类似大蒜的臭味，在 185.6K 冷凝为液体，在 140K 凝结为固体。纯净的膦在空气中的着火点是 423K，燃烧时生成磷酸。若所制得的气体中含有P_2H_4，则在常温时可自燃。

磷化氢在水中的溶解度比NH_3的溶解度小得多，在 290K 时每 100 体积水能溶解 26 体积的PH_3。PH_3水溶液的碱性比氨水弱得多。所以在水溶液中不能生成鏻盐。磷化氢与卤化氢在气相中反应曾制得卤化磷，碘化磷是卤化磷中较稳定的，氯化磷、碘化磷在室温时就分解。磷化氢有较强的还原性，它能从某些金属盐（如Cu^{2+}、Ag^+、Hg^{2+}）溶液中置换出金属。

PH_3和它的取代衍生物PR_3能与过渡金属形成配合物，它们的配位能力比NH_3和胺要强得多。

磷化氢的分子结构与氨相似，是三角锥形，P—H 键长 142pm，∠HPH 键角 93°。

【思考题】

18-10　为什么PH_3的化学性质比NH_3活泼？请从结构上解释。

18-11　“鬼火”发生的原因是什么？

18-12　试说明在水溶液中是否存在PH_4^+(aq)。

18.3.3　氧化物

磷在空气或氧中燃烧，如果氧量不足生成P_4O_6，如果氧量充足则生成P_4O_{10}。P_4O_{10}与P_4O_6的分子结构见图 18-9。

在P_4O_6中，四个 P 原子占据四面体的顶角，而 O 原子则在四面体的六条棱的外侧上和 P 原子相连。这可看成是在每一对 P 原子之间嵌入一个 O 原子而形成的。形成P_4O_6后，四个 P 原子的四面体排列并未发生变化。由于P_4O_6分子具有类似球状的结构，因此P_4O_6具有滑腻感。

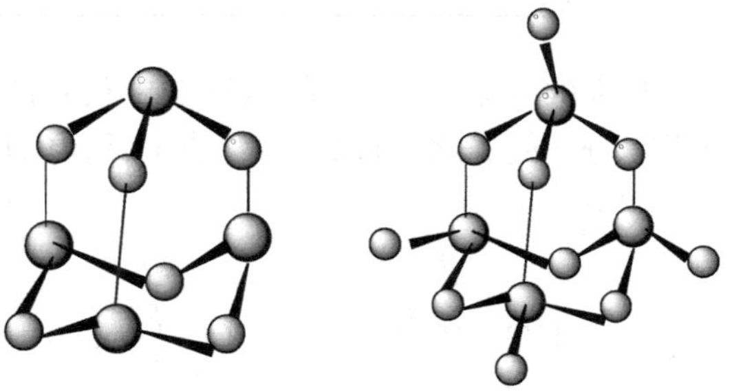

图 18-9　P_4O_6 和 P_4O_{10}的结构

P_4O_6为白色吸湿性蜡状固体，熔点 297K，沸点 447K，有很强的毒性，可溶于苯、二硫化碳和氯仿等非极性溶剂中。P_4O_6是亚磷酸的酸酐，但只有和冷水或碱溶液反应时才缓慢地生成亚磷酸或亚磷酸盐。在热水中它发生强烈的歧化反应。

$$P_4O_6 + 6H_2O(冷) = 4H_3PO_3$$
$$P_4O_6 + 6H_2O(热) = 3H_3PO_4 + PH_3\uparrow$$

P_4O_{10}是白色雪花状固体，632K 时升华，在加压下加热到较高温度，晶体就转变为无定形玻璃状，在 839K 熔化。

P_4O_{10}与水反应的产物与水的用量、反应温度及催化剂有关。反应如下：

$$P_4O_{10}\begin{cases}\xrightarrow{+2H_2O}(HPO_3)_4\\ \xrightarrow{+3H_2O}H_3PO_4+(HPO_3)_3\\ \xrightarrow{+4H_2O}H_3PO_4+H_5P_3O_{10}\\ \xrightarrow{+5H_2O}2H_3PO_4+H_4P_2O_7\\ \xrightarrow{+6H_2O}4H_3PO_4\end{cases}$$

只有在硝酸作催化剂的热溶液(水充足)中，P_4O_{10}才能迅速、完全转化为正磷酸。P_4O_{10}对水有很强的亲和力，吸湿性强，因此，它常用作气体和液体的干燥剂。它甚至可以从许多化合物中夺取化合态的水，而使硫酸、硝酸脱水。

$$P_4O_{10} + 6H_2SO_4 = 6SO_3\uparrow + 4H_3PO_4$$
$$P_4O_{10} + 12HNO_3 = 6N_2O_5\uparrow + 4H_3PO_4$$

在几种常用的干燥剂中 P_4O_{10} 的干燥效率最高(表 18-4)。

表 18-4 几种常用干燥剂的干燥效率

干燥剂	$CuSO_4$	$ZnCl_2$	$CaCl_2$	NaOH	H_2SO_4	KOH	P_4O_{10}
298K 时水蒸气含量/(g·m^{-3})	1.4	0.8	0.34	0.16	0.003	0.002	0.000 01

最近发现 P_4O_{10}可用来生产生物玻璃。生物玻璃是一种填有 P_4O_{10}的苏打石灰玻璃，把它移到体内，钙离子和磷酸根离子在玻璃和骨头的间隙中溶出，并在此区域诱导长出新生的骨头，玻璃就固定在骨头上了。

18.3.4 含氧酸及其盐

磷有以下几种较重要的含氧酸见表 18-5。

表 18-5 磷的重要含氧酸

名 称	正磷酸	焦磷酸	三磷酸	偏磷酸	亚磷酸
化学式	H_3PO_4	$H_4P_2O_7$	$H_5P_3O_{10}$	$(HPO_3)_n$	H_3PO_3
氧化态	+5	+5	+5	+5	+3

在磷的氧化态为+5 的四种酸中仅正磷酸与焦磷酸已制得结晶状态的纯物质。强热使H_3PO_4分子间脱水，可以依次生成 $H_4P_2O_7$、$H_5P_3O_{10}$、$(HPO_3)_n$。以形成 $H_4P_2O_7$为例，其反应过程如下：

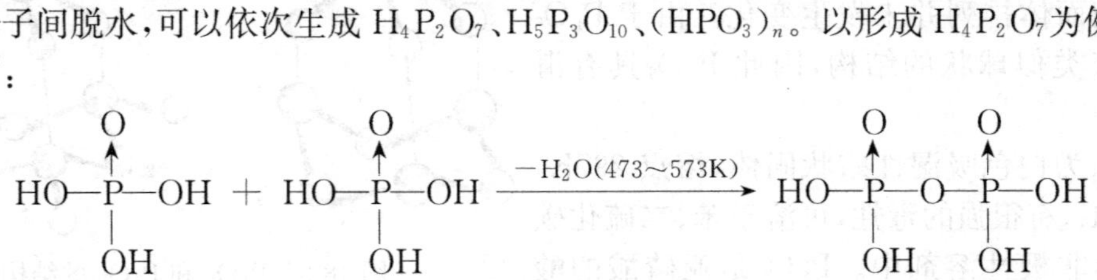

焦磷酸可看作是由两个磷酸分子间脱水后通过氧原子连接起来的多酸。三磷酸 $H_5P_3O_{10}$ 的形成过程与焦磷酸相似，也是形成链状结构，但四偏磷酸$(HPO_3)_4$是环状结构。

磷酸盐可分为简单磷酸盐和复杂磷酸盐。简单磷酸盐是指正磷酸的各种盐，而复杂磷酸盐包括多磷酸盐和偏磷酸盐玻璃体，其基本结构单元都是磷氧四面体。

1. 正磷酸及其盐

正磷酸简称为磷酸。在磷酸分子中 P 原子是 sp^3 杂化的，P 原子与羟基 O 原子之间形成三个 σ 键。另一个 P—O(非羟基氧原子)键的形成比较特殊(图 18-10)。

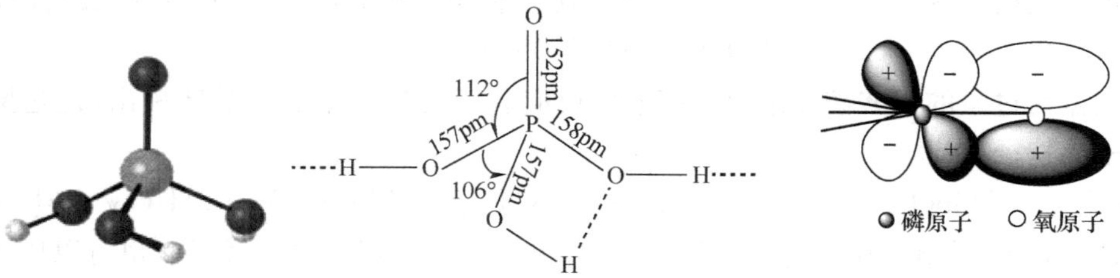

(a) (b) (c)

图 18-10 磷酸的分子结构和 P—O 键中的 d←pπ 配键

氧原子空出 1 个 2p 轨道，氧原子空的 2p 轨道可接受磷原子 sp^3 杂化轨道上的孤对电子，形成 σ 配键。同时，氧原子 2p 轨道上的两对孤对电子可与磷原子空的 3d 轨道重叠形成两个 p→dπ 配键，即$\overrightarrow{\underleftarrow{\ \ }}$键，从形式上看是三重键，但实测键长接近双键(150pm)。

工业上主要用 76%左右的硫酸分解磷酸钙以制取磷酸。

$$Ca_3(PO_4)_2+3H_2SO_4 \xlongequal{} 2H_3PO_4+3CaSO_4$$

这样制得的磷酸很不纯，但可用于制造肥料。纯的磷酸可用黄磷燃烧生成 P_2O_5，再用水吸收而制得。

纯净的磷酸为无色晶体，熔点 315K，加热磷酸时逐渐脱水生成焦磷酸、偏磷酸，因此磷酸没有自身的沸点。磷酸能与水以任意比例混合。市售磷酸是黏稠的浓溶液(质量分数约85%)，物质的量浓度为 14.63mol · L^{-1}。

磷酸是一种无氧化性的不挥发的三元中强酸，在 298K 时，$K_{a_1}^{\ominus}=6.92\times10^{-3}$，$K_{a_2}^{\ominus}=6.10\times10^{-8}$，$K_{a_3}^{\ominus}=4.79\times10^{-13}$。

磷酸还有强的配位能力，能与许多金属离子形成可溶性配合物分子。

正磷酸能生成三个系列的盐：M_3PO_4、M_2HPO_4 和 MH_2PO_4(M 是+1 价金属离子)。溶解性：$MH_2PO_4>M_2HPO_4>M_3PO_4$。$MH_2PO_4$ 都易溶于水，而 M_2HPO_4 和 M_3PO_4 除了 K^+、Na^+ 和NH_4^+ 的盐外，其余一般不溶于水。

磷酸盐在水中均会发生不同程度的水解，使 Na_3PO_4 溶液显碱性，可用作洗涤剂。在酸式盐中，其酸根离子同时发生水解和解离，溶液的酸碱性取决于水解和解离的相对强弱。Na_2HPO_4 的溶液显弱碱性；NaH_2PO_4 溶液显弱酸性。它们的碱金属盐主要用作缓冲试剂、食品加工的焙粉和乳化剂，如磷酸二氢盐(NH_4^+、Na^+、Ca^{2+})用于发酵制品中。

$$NaH_2PO_4+Na_2CO_3 \xlongequal{} CO_2+Na_3PO_4+H_2O$$

难溶性的磷酸盐可作优良的**无机黏结剂**，如经过特殊处理的酸式磷酸铝溶液和特制的氧化铜粉末调制而成的磷酸盐黏结剂，能耐高温(1273K)和低温(87K)且黏结牢固不易老化。磷

酸二氢锰 $Mn(H_2PO_4)_2$（Mazhef salt，马日夫盐）是钢铁防锈及上漆的**磷化剂**。磷酸锌 $Zn_3(PO_4)_2 \cdot 2H_2O$ 是可代替传统使用的有毒铅丹等的**防腐颜料**。

天然的磷矿都是正磷酸盐，主要的一个是氟磷灰石。部分含有磷酸根的羟基磷灰石是形成牙齿的矿物质部分，痕量 F^- 的作用在巩固牙齿的珐琅质方面估计与氟磷灰石等的结构有关。

磷肥是重要的无机肥料，但天然磷酸盐都难溶于水，很难被作物吸收。

用适量硫酸处理磷酸钙，所生成的混合物（称为**过磷酸钙**）可直接用作肥料，其有效成分 $Ca(H_2PO_4)_2$ 溶于水易被植物吸收。$CaHPO_4$ 也是磷肥，它不溶于水，撒入酸性土壤后溶解性增加。

$$Ca_3(PO_4)_2 + 2H_2SO_4 = 2CaSO_4 + Ca(H_2PO_4)_2$$

重过磷酸钙成分为 $Ca(H_2PO_4)_2$，可作磷肥。它是用磷酸代替硫酸处理磷酸钙而得。

$$Ca_3(PO_4)_2 + 4H_3PO_4 = 3Ca(H_2PO_4)_2$$

磷酸盐与过量的钼酸铵在浓硫酸溶液中反应有淡黄色磷钼酸铵晶体析出，这是**鉴定正磷酸根离子**的特征反应。

$$PO_4^{3-} + 12MoO_4^{2-} + 3NH_4^+ + 24H^+ = (NH_4)_3[P(Mo_{12}O_{40})] \cdot 6H_2O\downarrow + 6H_2O$$

在含 HPO_4^{2-} 的试液中加适量 $NH_3 \cdot H_2O$ 和 $MgCl_2$，则生成白色沉淀，也可以用于**鉴定正磷酸根离子**。

$$Mg^{2+} + NH_4^+ + HPO_4^{2-} = NH_4MgPO_4\downarrow + H^+$$

AsO_4^{3-} 也有类似白色沉淀，但 Ag_3AsO_4 沉淀是暗红色。

2. 焦磷酸、焦磷酸盐及其他多聚(偏)磷酸盐

焦磷酸是无色玻璃状固体，易溶于水，在冷水中会慢慢地转变为正磷酸。焦磷酸水溶液的酸性强于正磷酸，它是一个四元酸（291K，$K_{a_1}^{\ominus}=1.23\times10^{-1}$、$K_{a_2}^{\ominus}=7.94\times10^{-3}$、$K_{a_3}^{\ominus}=1.99\times10^{-7}$、$K_{a_4}^{\ominus}=4.47\times10^{-10}$），显然，酸性比磷酸强。焦磷酸能生成三种盐：二代、三代和四代盐。常见的焦磷酸盐有 $M_2H_2P_2O_7$ 和 $M_4P_2O_7$ 两种类型。将磷酸氢二钠加热可得到 $Na_4P_2O_7$。

$$2Na_2HPO_4 \xlongequal{\triangle} Na_4P_2O_7 + H_2O$$

分别向 Cu^{2+}、Ag^+、Zn^{2+}、Hg^{2+} 等溶液中加入 $Na_4P_2O_7$ 溶液，均有沉淀生成，但由于这些金属离子能与过量的 $P_2O_7^{4-}$ 形成配离子如 $[Cu(P_2O_7)]^{2-}$、$[Mn_2(P_2O_7)_2]^{4-}$，当 $Na_4P_2O_7$ 溶液过量时，沉淀便溶解。

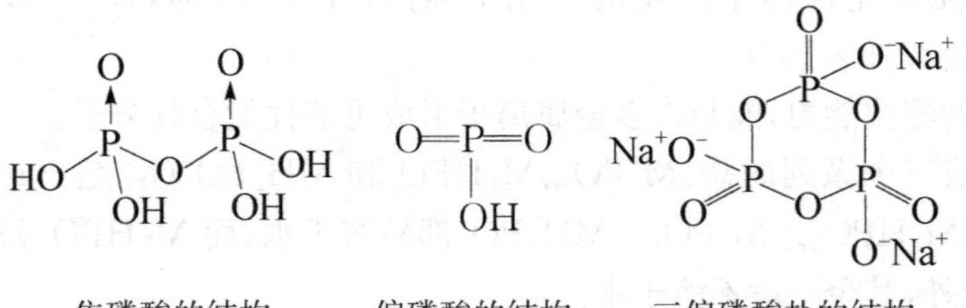

焦磷酸的结构　　偏磷酸的结构　　三偏磷酸盐的结构

将磷酸二氢钠加热，在 670～770K 间得到三聚偏磷酸盐。

$$3H_2PO_4^- \xlongequal{670\sim770K} (PO_3)_3^{3-} + 3H_2O$$

把磷酸二氢钠加热到 970K，然后骤然冷却则得到直链多偏磷酸盐的玻璃体即格氏盐

$$xNaH_2PO_4 \xlongequal{970K} (NaPO_3)_x + xH_2O$$

它没有固定熔点，易溶于水，水溶液黏度大。它能与钙、镁等离子形成配合物，因此常用作软水剂和锅炉、管道的去垢剂。格氏盐是长链状的聚合物，链长达 16～90 个 PO_3^- 单位。

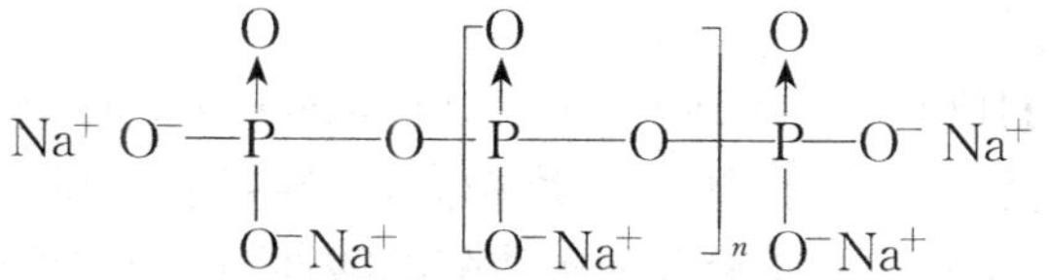

正磷酸、焦磷酸和偏磷酸可以用硝酸银和蛋白质水溶液加以鉴别。正磷酸根与硝酸银产生黄色沉淀，焦磷酸和偏磷酸都产生白色沉淀，但偏磷酸能使蛋白质沉淀。

3. 亚磷酸

P_4O_6水解或将含有 PCl_3的空气流通入 270～273K 的水都可得到亚磷酸。

纯的亚磷酸是白色固体(熔点 347K)，在水中的溶解度极大。亚磷酸是一种二元中强酸，有一个氢原子直接和磷原子相连，其结构如下图所示。

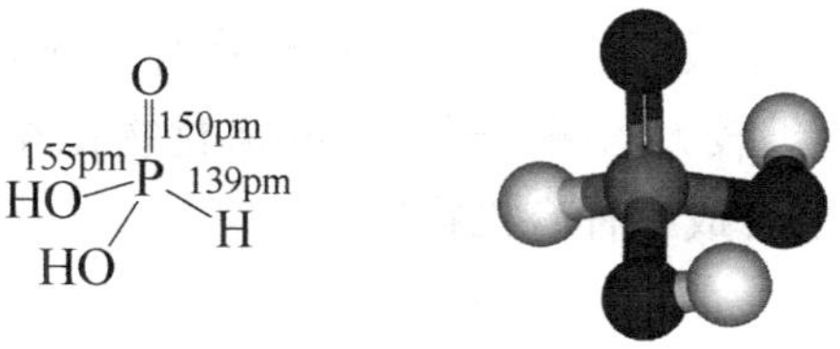

它的解离常数 $K^{\ominus}_{a_1}=3.72\times10^{-2}$，$K^{\ominus}_{a_2}=2.09\times10^{-7}$，能形成 NaH_2PO_3和 Na_2HPO_3两种类型的酸式盐。亚磷酸及其盐都是强还原剂，能将 Ag^+、Cu^{2+}等离子还原为金属。

$$H_3PO_3+CuSO_4+H_2O = Cu+H_3PO_4+H_2SO_4$$

亚磷酸及其浓溶液受热时会发生歧化反应。

$$4H_3PO_3 \xlongequal{\triangle} 3H_3PO_4+PH_3$$

4. 次磷酸

在次磷酸钡溶液中，加硫酸使钡离子沉淀，便可得游离状态的次磷酸。

$$Ba(H_2PO_2)_2+H_2SO_4 = BaSO_4\downarrow+2H_3PO_2$$

I_2在一定量水存在的情况下也可将 PH_3氧化为 H_3PO_2。

$$PH_3+2I_2+2H_2O = H_3PO_2+4HI$$

H_3PO_2是一种白色易潮解的固体(熔点 299.8K)。H_3PO_2是一元酸($K^{\ominus}_{a_1}=1.0\times10^{-2}$，298K)，分子中有两个与 P 原子直接键合的氢原子，结构如下。

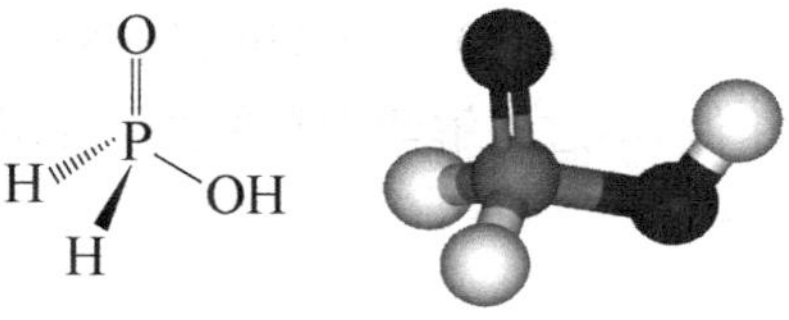

次磷酸及其盐都是强还原剂，还原性比亚磷酸强，能将 Ag^+还原为 Ag，Cu^{2+}还原为 Cu^+或 Cu，Hg^{2+}还原为 Hg_2^{2+}或 Hg，还可把冷的浓 H_2SO_4还原为 S。

次磷酸盐[如 KH_2PO_2或 $Ca(H_2PO_2)_2$]常用作化学镀镍中的还原剂。化学镀镍是利用镍盐溶液在强还原剂的作用下，使 Ni^{2+}还原为 Ni 并在其他金属或塑料表面沉积，形成牢固的镀层。Ni^{2+}与 $H_2PO_2^-$ 的反应如下：

$$Ni^{2+}+H_2PO_2^-+H_2O = HPO_3^{2-}+3H^++Ni$$

H_3PO_2及其盐都不稳定，受热时分解，放出 PH_3。

注意：磷的含氧酸的酸性大小次序为

$$(HPO_3)_n > H_3PO_3 > H_4P_2O_7 > H_3PO_2 > H_3PO_4$$

一般来说，同一氧化数的含氧酸中，聚合度越高，酸性越强，因此聚偏磷酸的酸性强于焦磷酸，焦磷酸的酸性强于正磷酸。但亚磷酸和次磷酸的酸性强于正磷酸，这与中心的氧化数越高酸性越强的规律不符。

【思考题】

18-13 在 PO_4^{3-}、HPO_4^{2-}、$H_2PO_4^-$ 盐溶液中各加入 $AgNO_3$ 溶液后，其产物是什么？

18-14 举例说明对于同一中心元素而言缩合酸的酸性大于单酸的酸性。

18.3.5 卤化物

磷能与卤素单质直接化合生成卤化物。磷的卤化物有两种类型 PX_3 和 PX_5，但 PI_5 不易生成，这可能因磷原子周围难容纳较大的碘原子。这些卤化物比相应的氮卤化物稳定。卤化磷中以 PCl_5 和 PCl_3 较重要，用于合成各种有机物质。

1. 三氯化磷

三氯化磷是无色液体，在 PCl_3 分子中，P 原子轨道是以 sp^3 杂化的，分子形状为三角锥，在 P 原子上还有一对孤对电子，因此，PCl_3 是电子对给予体，可以与金属离子形成配合物，能与卤素加合生成卤化磷。在较高温度或有催化剂存在时，可以与氧或硫反应生成三氯氧化磷 $POCl_3$ 或三氯硫化磷 $PSCl_3$。PCl_3 易水解生成亚磷酸和氯化氢，因此 PCl_3 在潮湿空气中要冒烟。

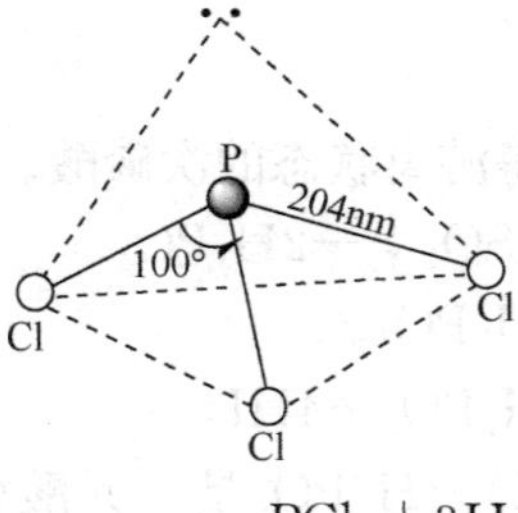

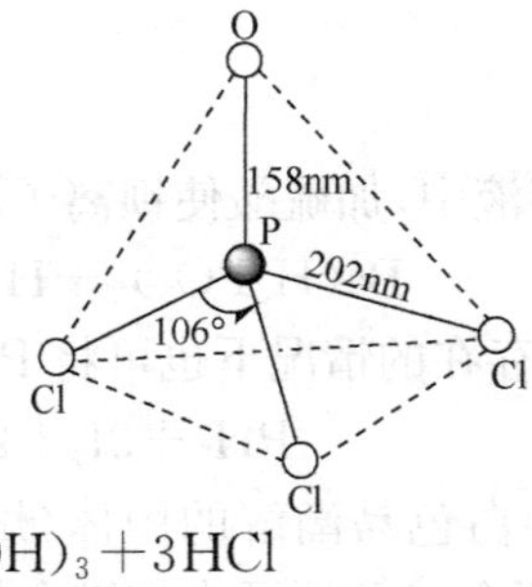

$$PCl_3 + 3H_2O \longrightarrow P(OH)_3 + 3HCl$$

本族元素的 RCl_3 水解产物不全与 PCl_3 相似，如 NCl_3 的水解按下式进行。

$$NCl_3 + 3H_2O \longrightarrow 3HOCl + NH_3$$

$AsCl_3$ 的水解产物和 PCl_3 相似，不过水解能力稍弱些。水解并不完全。

2. 五氯化磷

过量氯与 PCl_3 反应可生成 PCl_5。

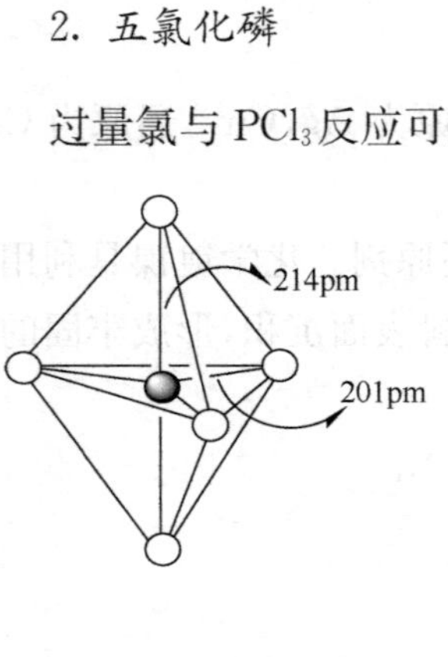

$$PCl_3 + Cl_2 \longrightarrow PCl_5$$

PCl_5 是白色固体，加热时升华(433K)并可逆地分解为 PCl_3 和 Cl_2，在 573K 以上分解完全。

$$PCl_5 \longrightarrow PCl_3 + Cl_2$$

在气态和液态时，PCl_5 的分子结构是三角双锥，磷原子位于锥体的中央，磷原子以 sp^3d 杂化轨道成键。在固态时 PCl_5 不再保持三角双锥结构而成离子化合物，在 PCl_5 晶体中含有正四面体的 $[PCl_4]^+$ 和正八面体的 $[PCl_6]^-$。

PCl_5 与 PCl_3 相同，易于水解，但水量不足时，则部分水解为氯氧磷和氯化氢

$$PCl_5 + H_2O \xlongequal{} POCl_3 + 2HCl$$

在过量水中则完全水解

$$POCl_3 + 3H_2O \xlongequal{} H_3PO_4 + 3HCl$$

POX_3：磷酰卤、卤化磷酰或卤氧化磷，其中最重要的是 $POCl_3$，可用于与醇类化合物反应，合成磷酸酯（杀虫剂）。

18.4　砷、锑、铋

本族中的砷、锑、铋又称砷分族，它们次外层的电子结构都是 18 电子，而与氮、磷次外层 8 电子的结构不同。砷、锑、铋为亲硫元素，在性质上表现出更多的相似性。

18.4.1　单质

砷、锑、铋有时以游离态存在于自然界中，但主要以硫化物矿存在。例如，雄黄（As_4S_4）、雌黄（As_2S_3）、砷硫铁矿（FeAsS）、辉锑矿（Sb_2S_3）、辉铋矿（Bi_2S_3）等。这三种元素在地壳中的含量都不大。我国和瑞典是世界上主要产砷的国家，我国锑的储量为世界第一，主要分布在湖南冷水江锡矿山，其产量占全国 3/4、世界 1/2，称世界锑都。

从这些硫化物矿提取单质，一般先将硫化物煅烧为氧化物，再用炭还原。

$$As_4O_6 + 6C \xlongequal{} 4As + 6CO\uparrow$$

$$2Sb_2S_3 + 3O_2 + 6Fe \xlongequal{} Sb_4O_6 + 6FeS$$

$$Sb_4O_6 + 6C \xlongequal{} 4Sb + 6CO\uparrow$$

高品位的辉锑矿（Sb_2S_3）和辉铋矿（Bi_2S_3）可直接用铁在 830K 时还原。

$$M_2S_3 + 3Fe \xlongequal{} 2M + 3FeS$$

砷与锑各有灰、黄、黑三种同素异形体，而铋没有。在常温下灰砷、灰锑是最稳定的同素异形体。

迅速冷却砷蒸气（270K）和锑蒸气（93K）得到黄砷和黄锑。它们的结构和黄磷相似，是以 As_4 或 Sb_4 为基本结构单元组成的分子晶体，呈明显的非金属性。黄砷易溶于 CS_2，黄锑稍溶于 CS_2，它们都不稳定，在室温下就转变为灰色变体。

用液态空气冷却砷或锑的蒸气可得到黑砷或黑锑的无定形体。

灰砷、灰锑和铋都有金属的外形，能传热导电，但不是良导体（锑导热率相当于铜的 1/20，导电率约为铜的 1/27），性脆易碎，都是易熔易挥发的金属。铋凝固时体积膨胀 3.33%，纯锑凝固时体积收缩（0.79±0.14）%。

砷和锑的蒸气分子都是四原子分子，加热到 1070K 开始分解为 As_2、Sb_2。铋的蒸气密度表明，单原子分子和双原子分子处于平衡状态。

砷、锑、铋的主要化学性质体现在：

(1) 高温时能和氧、硫、卤素直接化合形成三价化合物，而与氟反应形成五价化合物（还原性）。

(2) 与金属反应（氧化性）。与碱金属反应形成 M_3R 型化合物，与碱土金属反应生成 M_3R_2 化合物，与第 3 族元素化合成 MR 型半导体材料。

(3) 常温下砷、锑、铋都不溶于稀酸，但能和硝酸、热浓硫酸、王水等氧化性酸反应。

$$2As+3H_2SO_4(热、浓)=\!=\!=As_2O_3+3SO_2\uparrow+3H_2O$$

$$2Sb+6H_2SO_4(热、浓)=\!=\!=Sb_2(SO_4)_3+3SO_2\uparrow+6H_2O$$

$$2Bi+6H_2SO_4(热、浓)=\!=\!=Bi_2(SO_4)_3+3SO_2\uparrow+6H_2O$$

(4) 与碱反应。

$$2As+6NaOH(熔融)=\!=\!=2Na_3AsO_3+3H_2\uparrow$$

Sb、Bi 不与 NaOH 作用。

与酸碱的反应说明 As—Sb—Bi 顺序金属性增强，非金属性减弱，值得注意的是它们的化合物一般有毒。

砷分族元素能与许多金属形成合金，如在铅中加入 0.5%砷，可增加铅的硬度，用于制造子弹和轴承；锑的主要功用也是提高合金的硬度，且使其在常温下不氧化，含锑合金可用于制造蓄电池栅极、用作轴承合金（如可代替磷青铜的锑青铜）和印刷合金等。由铋组成的武德合金（质量分数：Bi 50%，Pb 25%，Sn 12.5%，Cd 12.5%）其熔点（343K）很低，可作保险丝并用于自动灭火设备和蒸气锅炉的安全装置。铋的熔点（544K）和沸点（1743K）两者相差一千多度，因此在原子能反应堆中用作冷却剂。

18.4.2 重要化合物

1. 氢化物

砷、锑、铋都能生成氢化物 RH_3，它们的氢化物都是无色有恶臭和有毒的气体，极不稳定。砷氢化物（又称胂）较重要。将砷化物水解或用活泼金属在酸性溶液中使砷化合物还原都能得到胂。

$$Na_3As+3H_2O=\!=\!=AsH_3+3NaOH$$

$$As_2O_3+6Zn+6H_2SO_4=\!=\!=2AsH_3+6ZnSO_4+3H_2O$$

在缺氧条件下，胂受热分解为单质砷

$$2AsH_3\xlongequal{500K}2As+3H_2$$

生成的砷在器皿的冷却部位聚集，形成亮黑色的“砷镜”，这种检测砷的方法称为马氏（Marsh）试砷法，检出的下限为 0.007mg As。

SbH_3 分解时也能形成类似的“锑镜”，但“砷镜”能被次氯酸钠溶解，“锑镜”不溶。

$$5NaClO+2As+3H_2O=\!=\!=2H_3AsO_4+5NaCl$$

胂是非常强的还原剂，与 $AgNO_3$ 反应析出黑色 Ag，该种检测砷的方法称为古氏（Gutzeit）试砷法。比马氏试砷法更灵敏，检出的下限为 0.005mg As。

$$2AsH_3+12AgNO_3+3H_2O=\!=\!=As_2O_3+12HNO_3+12Ag\downarrow$$

胂不稳定，室温下在空气中发生自燃。

$$2AsH_3+3O_2=\!=\!=As_2O_3+3H_2O$$

KBH_4（硼氢化钾）是一种强还原剂，还原 $KSb(C_4H_4O_6)_2$（酒石酸锑钾）得 SbH_3，用更强的还原剂 $LiAlH_4$（氢化铝锂）还原 $BiCl_3$ 可得 BiH_3，需在 173.15K 下进行。

2. 卤化物

砷、锑、铋的所有三卤化物均已制得，其中 AsF_3、$AsCl_3$ 为液体，其余为固体。AsI_3、SbI_3 为红色，$BiBr_3$ 为黄色，BiI_3 为棕色，其余为白色。而已知的五卤化物只有 AsF_5、$AsCl_5$、SbF_5、$SbCl_5$ 和 BiF_5 五种。

在砷、锑、铋三卤化物中 BiF_3 是离子型固体，铋的其他卤化物和 SbF_3 的晶体介于离子型和共价型之间，其余的 MX_3 都是共价化合物。

砷、锑、铋的三卤化物在溶液中都会较强烈地水解，因为它们相应氧化物的水合物不是弱酸便是弱碱。例如，卤化砷水解后生成相应的氢卤酸和亚砷酸。

$$AsX_3 + 3H_2O \xlongequal{} H_3AsO_3 + 3HX$$

锑和铋的卤化物水解后生成难溶的锑和铋的酰基盐。

$$SbCl_3 + 2H_2O \xlongequal{} Sb(OH)_2Cl + 2HCl$$

$$Sb(OH)_2Cl \longrightarrow SbOCl\downarrow + H_2O$$

（氯化氧锑或氯化锑酰）

$$BiCl_3 + 2H_2O \xlongequal{} Bi(OH)_2Cl + 2HCl$$

$$Bi(OH)_2Cl \longrightarrow BiOCl\downarrow + H_2O$$

（氯化氧铋或氯化铋酰）

按 As、Sb、Bi 顺序，$M(OH)_3$ 的碱性逐渐增强，本族卤化物（除 NF_3 外）水解倾向从上至下减弱。$AsCl_3$ 水解产物和 PCl_3 相似。由于 Sb(+3) 和 Bi(+3) 的酰基盐是难溶的，$SbCl_3$ 和 $BiCl_3$ 水解不完全。

【例题 18-3】 为什么 As、Sb、Bi 硫化物的颜色依次加深？

解 S^{2-} 是一个易变形的大阴离子，与 18 电子结构或 18+2 电子结构的阳离子相结合组成硫化物时，随着 M^{n+} 半径增大，离子间的相互极化和变形作用强烈，产生了附加极化力。结果化学键的共价性也逐渐增加，颜色就逐渐变深。

阳离子极化力	As^{3+}	>	Sb^{3+}	>	Bi^{3+}
离子半径 /pm	58		76		103
附加极化力	As^{3+}	<	Sb^{3+}	<	Bi^{3+}
总极化力	As^{3+}	<	Sb^{3+}	<	Bi^{3+}
M_2S_3 的共价性	As_2S_3	<	Sb_2S_3	<	Bi_2S_3
硫化物的颜色	黄		橙		黑

3. 氧化物

1) 砷、锑、铋的氧化物的基本性质

砷、锑、铋的氧化物有 R_2O_3 和 R_2O_5 两种，它们的基本性质列于表 18-6。

砷、锑、铋的 R_2O_3 在常温下，像磷的氧化物一样，具有 R_4O_6 的通式，在较高温度下才解离为 As_2O_3 和 Sb_2O_3，对于砷、锑、铋的氧化物，由 $As_4O_6 \rightarrow Sb_4O_6 \rightarrow Bi_2O_3$，碱性逐渐增强，由 $As_2O_5 \rightarrow Sb_2O_5 \rightarrow Bi_2O_5$ 碱性逐渐增强，其中 Bi_2O_5 不稳定，在 373.15K 分解，至今未制得纯态的Bi_2O_5。

表 18-6 砷、锑、铋的氧化物的性质

性　质	As_2O_3	Sb_2O_3	Bi_2O_3
酸碱性	两性,酸为主	两性,碱为主	碱性
在水中溶解度	25°C, 2.16g·(100g H_2O)$^{-1}$	15°C, 0.002g·(100g H_2O)$^{-1}$	
酸液中存在形式	As^{3+}	SbO^+ 或 Sb^{3+}	BiO^+ (Bi^{3+})
碱液中存在形式	AsO_3^{3-}	SbO_3^{3-}	
水合物	H_3AsO_3	$Sb(OH)_3$	$Bi(OH)_3$
氧化还原性	还原性	还原性	极弱还原性
	As_2O_5	Sb_2O_5	Bi_2O_3
酸碱性	酸性	两性,酸为主	两性,碱为主
在水中溶解度	20°C, 230g·(100g H_2O)$^{-1}$		
酸液中存在形式			
碱液中存在形式	AsO_4^{3-}	$Sb(OH)_6^-$	BiO_3^-
水合物	H_3AsO_4	$HSb(OH)_6$	
氧化还原性	氧化性	氧化性	强氧化性

2) 砷、锑、铋的氧化物的制备

直接燃烧砷、锑、铋单质能得到 M_2O_3。M_2O_5 通常是由单质或三氧化物先氧化为+V 氧化态的相应氧化物的水化物,然后再脱水而得。生成砷、锑、铋氧化物的反应如下:

$$4M+3O_2 = M_4O_6\ (M=As,\ Sb)$$

$$4Bi+3O_2 = 2Bi_2O_3$$

$$3As+5HNO_3+2H_2O = 3H_3AsO_4+5NO$$

$$3As_2O_3+4HNO_3+7H_2O = 6H_3AsO_4+4NO$$

$$2H_3AsO_4 = As_2O_5+3H_2O$$

$$3Sb+5HNO_3+8H_2O = 3H[Sb(OH)_6]+5NO$$

$$2H[Sb(OH)_6] = Sb_2O_5+7H_2O$$

硝酸只能把铋氧化成硝酸铋。

$$Bi+4HNO_3 = Bi(NO_3)_3+NO\uparrow+2H_2O$$

在碱性介质中用较强的氧化剂氯气氧化三价铋生成铋酸钠。

$$Bi(OH)_3+Cl_2+3NaOH = NaBiO_3+2NaCl+3H_2O$$

以酸处理铋酸钠则得红棕色的五氧化二铋,它极不稳定,很快分解为三氧化二铋和氧气。

As_2O_3 俗称砒霜或信石,是剧毒的白色粉状固体,致死量为 0.1g。可用于制造杀虫剂、除草剂以及含砷药物。As_2O_3 中毒时,可服用新制的 $Fe(OH)_2$(把 MgO 加入到 $FeSO_4$ 溶液中强烈摇动制得)悬浮液来解毒。

As_2O_3 微溶于水,在热水中溶解度稍大,生成亚砷酸,亚砷酸仅存在于溶液中。As_2O_3 是两性偏酸性氧化物,因此它易溶于碱生成亚砷酸盐。

$$As_2O_3+6NaOH = 2Na_3AsO_3+3H_2O$$

$$As_2O_3+6HCl = 2AsCl_3+3H_2O$$

Sb_2O_3(白色)是两性偏碱性的氧化物,难溶于水,易溶于碱生成亚锑酸盐,溶于酸生成锑盐。

$$Sb_2O_3 + 3H_2SO_4 = Sb_2(SO_4)_3 + 3H_2O$$

$$Sb_2O_3 + 2NaOH = 2NaSbO_2 + H_2O$$

Sb_2O_3又称锑白，是优良的白色颜料，是许多塑料的理想阻燃剂成分。

Bi_2O_3是碱性氧化物，只溶于酸生成相应的铋盐。

R_2O_5及其水合物的酸性强于相应的 R_2O_3及其水合物。As_2O_5易溶于水得砷酸。它是三元酸。水合五氧化二锑不溶于硝酸溶液，仅稍溶于水，但溶于 KOH 溶液生成锑酸钾。锑酸是一元酸，它与碲酸和碘酸有相同的结构，都是六配位八面体结构，而且它们互为等电子体。

3）砷、锑、铋的含氧酸

砷(Ⅲ)、锑(Ⅲ)、铋(Ⅲ)氧化物水合物的酸碱性与它们的氧化物相似，按照 H_3AsO_4—$Sb(OH)_3$—$Bi(OH)_3$顺序酸性依次减弱。

铋酸钠是一种很强的氧化剂，能把 Mn^{2+}氧化为 MnO_4^-，可用于 Mn^{2+}的鉴定。

$$2Mn^{2+} + 5BiO_3^- + 14H^+ = 2MnO_4^- + 5Bi^{3+} + 7H_2O$$

而砷的氧化态为+3 的亚砷酸盐是还原剂，能还原像碘这样弱的氧化剂。

$$AsO_3^{3-} + I_2 + 2OH^- = AsO_4^{3-} + 2I^- + H_2O$$

上述这两个反应与溶液的酸度有关。反应必须在弱酸性介质中才能进行。若在较强酸性溶液中反应的方向会发生改变，I_2就不可能氧化 AsO_3^{3-}，因为电对 AsO_4^{3-}/AsO_3^{3-} 的电极电势随着溶液 pH 的增大而变小。

$$AsO_4^{3-} + 2H^+ + 2e^- \longrightarrow AsO_3^{3-} + H_2O \qquad E_A^\ominus = +0.58V$$

$$I_2 + 2e^- \longrightarrow 2I^- \qquad E_A^\ominus = +0.535V$$

电对 I_2/I^-的电极电势在一定的 pH 范围内无变化。AsO_4^{3-}/AsO_3^{3-}电对的电极电势随溶液的 pH 变化而变化，在较强酸性的溶液中 H_3AsO_4可以氧化 I^-，而在弱酸性时 H_3AsO_3才可能还原 I_2。实际上，AsO_3^{3-}与 I_2的反应在 pH=5～9 时较为适宜，pH 小于 4 反应不完全，pH 大于 9 时会引起 I_2的歧化反应。

总之，砷、锑、铋三元素的氧化态为+3 的化合物具有还原性且依次减弱，而氧化态为+5 的化合物具有氧化性且依次增强。

4. 硫化物及硫代酸盐

1）硫化物

As、Sb、Bi 的硫化物很稳定，在自然界都能以硫化物形式存在，如 As_4S_4(雄黄)、As_2S_3(雌黄)、Sb_2S_3(辉锑矿)、Bi_2S_3(辉铋矿)(图 18-11)。

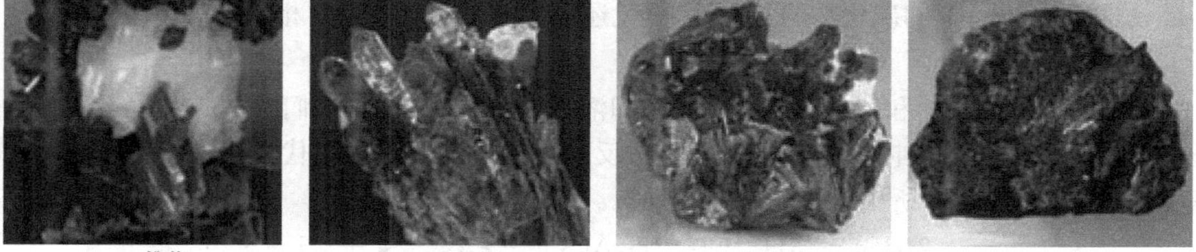

As_4S_4(雄黄)　As_2S_3(雌黄)　Sb_2S_3(辉锑矿)　Bi_2S_3(辉铋矿)

图 18-11　硫化物

在砷、锑、铋的 M^{3+} 盐溶液中或用强酸酸化后的 RO_3^{3-}、RO_4^{3-} 溶液中加入 H_2S 都可得到有颜色的相应的硫化物沉淀，均属在 0.3mol · L^{-1} 的盐酸中不可溶的硫化物。其颜色和溶解性见表 18-7。

表 18-7 砷分族元素硫化物的颜色及它们在酸碱溶液中的溶解性

硫化物	As_2S_3	As_2S_5	Sb_2S_3	Sb_2S_5	Bi_2S_3
颜色	黄色	黄色	橙红	橙红	棕黑
在浓 HCl 中	不溶	不溶	溶(~9mol · L^{-1})	溶*	溶(~4mol · L^{-1})
在 NaOH 中	溶	溶	溶	溶	不溶
在 Na_2S 溶液中	溶**	溶**	溶	溶	不溶

* $Sb_2S_5+6H^++8Cl^-$ ══ $2SbCl_4^-+3H_2S\uparrow+2S\downarrow$

** 在 $(NH_4)_2S$ 溶液中也易溶，Sb_2S_3 溶解性差些

As_2S_3、As_2S_5 也溶于碳酸铵溶液(或氨水中)，可用于与 HgS 等硫化物的分离。

As_2S_3 和 Sb_2S_3 显两性，前者两性偏酸性不溶于浓 HCl，只溶于碱，而后者既溶于酸又溶于碱。Bi_2S_3 呈碱性不溶于碱。

$$As_2S_3+6OH^- \xlongequal{} AsO_3^{3-}+AsS_3^{3-}+3H_2O$$

$$Sb_2S_3+6OH^- \xlongequal{} SbO_3^{3-}+SbS_3^{3-}+3H_2O$$

$$Sb_2S_3+12Cl^- \xlongequal{} 2SbCl_6^{3-}+3H_2S$$

As_2S_3 和 Sb_2S_3 还能溶于碱性硫化物如 Na_2S 或 $(NH_4)_2S$ 中，生成硫代亚砷酸盐和硫代亚锑酸盐，而 Bi_2S_3 不溶。

$$As_2S_3+3S^{2-} \xlongequal{} 2AsS_3^{3-}$$

硫代亚砷酸盐可以看作是亚砷酸中的 O 被 S 所取代的产物，上面这个反应就好像具有酸性的氧化物，能够溶解在碱中一样。

$$As_2O_3+6NaOH \xlongequal{} 2Na_3AsO_3+3H_2O$$

As_2S_5 和 Sb_2S_5 的酸性分别比相应的 R_2S_3 强，因此，M_2S_5 比 M_2S_3 更易溶于碱性硫化物溶液中。

$$Sb_2S_5+3S^{2-} \xlongequal{} 2SbS_4^{3-}$$

同 As_2O_3 和 Sb_2O_3 相似，As_2S_3 和 Sb_2S_3 都具有还原性，可以与多硫化物反应生成硫代酸盐，而 Bi_2S_3 的还原性极弱不和多硫化物作用。

$$As_2S_3+3S_2^{2-} \xlongequal{} 2AsS_4^{3-}+S\downarrow$$

总之，As、Sb、Bi 的硫化物的酸碱性、氧化还原性及其变化规律与相应的氧化物相似。

2) 硫代酸盐

砷、锑的硫代酸盐和硫代亚酸盐在固态和溶液中都是稳定的，它们的 Na^+、K^+ 及 NH_4^+ 盐易溶，其他大多难溶。砷、锑的硫代酸盐与酸反应时生成硫代酸。硫代酸极不稳定，在生成时立刻分解放出 H_2S 并析出硫化物。

$$2AsS_4^{3-}+6H^+ \longrightarrow (2H_3AsS_4) \longrightarrow As_2S_5\downarrow+3H_2S\uparrow$$

$$2AsS_3^{3-}+6H^+ \longrightarrow (2H_3AsS_3) \longrightarrow As_2S_3\downarrow+3H_2S\uparrow$$

$$2SbS_3^{3-}+6H^+ \longrightarrow (2H_3SbS_3) \longrightarrow Sb_2S_3\downarrow+3H_2S\uparrow$$

因此硫代酸盐只能在中性或碱性介质中存在。根据以上性质，分析化学上用 Na_2S 或

$(NH_4)_2S$ 溶液将砷、锑的硫化物溶解，使之与某些金属硫化物从沉淀中分离出来。将分离后的溶液酸化，又得到原来的硫化物沉淀而达到提纯的目的。硫代砷酸盐和硫代亚砷酸盐也用于杀虫剂。

5. As、Sb、Bi 的鉴定

(1) 砷镜反应可被用来鉴定砷，也可用钼砷酸铵黄色沉淀来鉴别。

$AsO_4^{3-} + 3NH_4^+ + 12MoO_4^{2-} + 24H^+ \xlongequal{} (NH_4)_3AsO_4 \cdot 12MoO_3 \cdot 6H_2O\downarrow + 6H_2O$

(2) Bi(Ⅲ)鉴定：在碱性溶液中用 Sn(Ⅱ)还原 Bi(Ⅲ)为 Bi 沉淀(黑色)。

$2Bi^{3+} + 3Sn(OH)_3^- + 9OH^- \xlongequal{} 3Sb(OH)_6^{2-} + Bi\downarrow$

(3) Sb(Ⅲ)鉴定，用鉴别 Bi(Ⅲ)的方法，若缓慢生成黑色沉淀，则为 Sb(Ⅲ)。

【思考题】

18-15　为什么不能发生 $Bi_2S_3 + 3S^{2-} \xlongequal{} 2BiS_3^{3-}$ 反应？

18-16　为什么 As、Sb、Bi 氧化物及硫化物的形式不同？

习　题

18-1　在 N_2^+、NO^+、O_2^+、Li^+、Be_2^+ 五种离子中，哪一种稳定性最高？为什么？

18-2　为什么 NH_3 的沸点高(240K)，是一种典型的路易斯碱，而 NF_3 的沸点低(144K)，且不显碱性？

18-3　汽车尾气中的 NO 和 CO 均为有害气体，请利用热力学理论论述可否通过下列反应实现对这两种废气污染的治理？

$$2NO(g) + 2CO(g) \longrightarrow N_2(g) + CO_2(g)$$

18-4　某工业废液中含有 2%～5%的 $NaNO_2$，直接排放将对环境造成污染，问下列 5 种试剂中，哪些能消除 $NaNO_2$ 而不会引起二次污染？用相关化学方程式说明理由。

(1) NH_4Cl

(2) H_2O_2

(3) $FeSO_4$

(4) $CO(NH_2)_2$

(5) $NH_2SO_3^-$(氨基磺酸盐)

18-5　试说明在 Na_2HPO_4 和 NaH_2PO_4 溶液中加入 $AgNO_3$ 溶液均析出黄色沉淀，而在 PCl_5 完全水解后的产物中，加入 $AgNO_3$ 只有白色沉淀，而无黄色沉淀了。

18-6　如何鉴定NH_4^+、NO_3^-、NO_2^-、PO_4^{3-}、$P_2O_7^{4-}$？写出其反应方程式。

18-7　在下列关联图各箭号上填入适当试剂和条件，以实现各物质之间的转变。

(1)

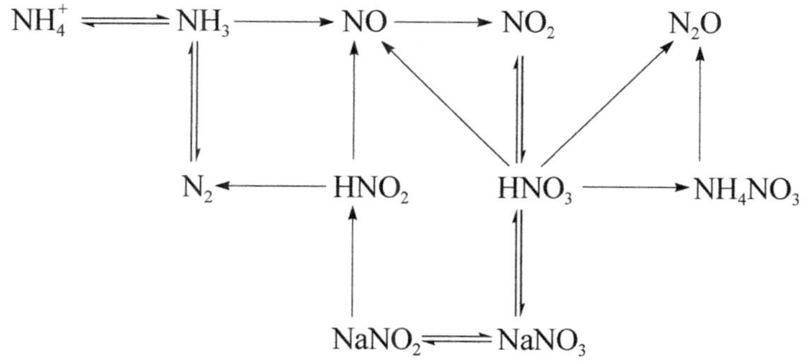

(2)

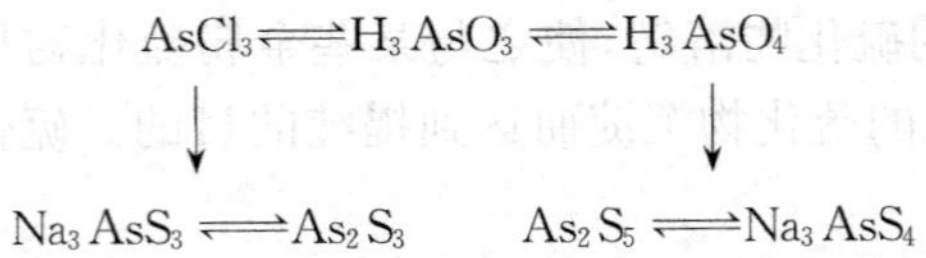

(3)

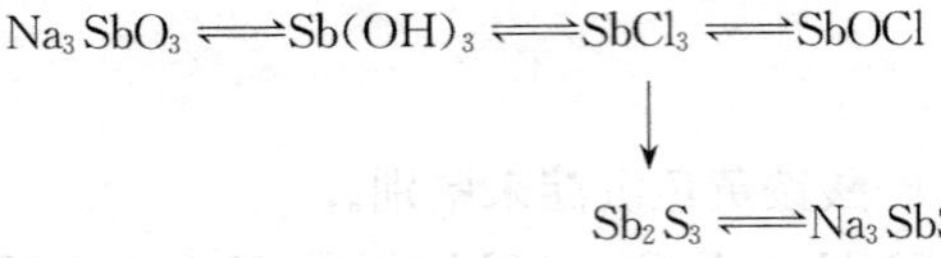

(4)

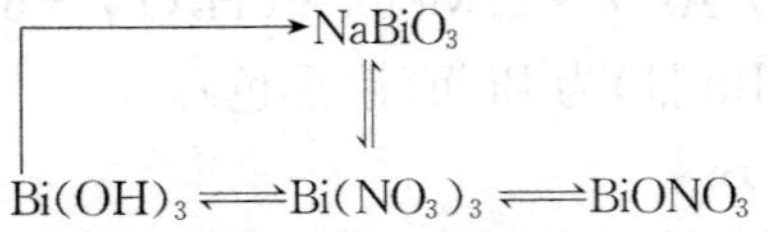

18-8　计算①0.1mol·L^{-1} K_2HPO_4、KH_2PO_4、K_3PO_4溶液的 pH，②KH_2PO_2和等体积、等物质的量的K_3PO_4混合液的 pH。

18-9　利用电极电势讨论在酸性介质中 Bi(Ⅴ)氧化 Cl^- 为 Cl_2，在碱性介质中 Cl_2 可将Bi(Ⅲ)氧化为 Bi(Ⅴ)。

18-10　有一白色固体化合物 A，微溶于水，但易溶于氢氧化钠溶液和浓盐酸中。A 溶于浓盐酸得到 B 溶液，向其中通入硫化氢气体得黄色沉淀 C。C 难溶于盐酸，易溶于氢氧化钠溶液，C 溶于硫化钠溶液得一无色溶液 D，若将 C 溶于 Na_2S_2溶液中则得无色溶液 E。向 B 中滴加溴水，则溴水褪色，同时 B 转为无色溶液 F，向 F 的酸性溶液中加入淀粉碘化钾溶液，溶液变蓝。试确定 A、B、C、D、E、F 各代表什么物质，并写出相关的化学方程式。

第 19 章　氧 族 元 素

本章学习要求

(1) 了解氧族元素的通性；

(2) 掌握氧、过氧化氢的结构、性质、制备和用途；

(3) 熟悉硫的成键特征及多种氧化态所形成的重要物种的结构、性质、制备和用途，以及它们之间的相互转化关系。

【背景问题】

(1) O_2对生命的重要性尽人皆知，生物体通过呼吸将其转化为CO_2。但人体吸入的氧并不易溶解在血液中。您知道这个氧是怎样在人体内循环的吗？

(2) 液氧和双氧水为什么都能作为火箭推进剂中的氧化剂？

(3) 20 世纪 70 年代，荷兰化学家克鲁岑、美国化学家莫利纳和罗兰证明了人造化学物质对臭氧层构成破坏作用的机理，因此获得了 1995 年诺贝尔化学奖。对此您能了解多少？

(4) 火山喷发过程中可以形成纯度很高、产量很大的硫矿。您能知道其中的原理并写出化学方程式吗？

15	16	17
N	**O**	F
P	**S**	Cl
As	**Se**	Br
Sb	**Te**	I
Bi	**Po**	At
	Lv	

氧族元素性质表现出强烈的周期性递变规律，这些都与它们的电子结构相关。氧和硫元素是两个典型的非金属元素和生命元素，所以在本章将重点讲述它们及其化合物的结构、性质、制备和用途。考虑到前面和后面章节多处涉及氧和含氧化合物，对氧而言本章只讨论臭氧和过氧化氢。对于硫的成键特征及多种氧化态之间的相互转化也是强调内容之一。同时，也将提及一些相关新知识。

19.1　氧族元素的基本性质

19.1.1　氧族概述

氧族元素(oxygen group element)最外层电子数都是 6 个，电子构型为 ns^2np^4，在周期表中占据第 16 列位置，氧族元素包括氧(O)、硫(S)、硒(Se)、碲(Te)、钋(Po)和 Lv 6 种元素。

【思考题】

19-1　116 号元素发现的意义何在？

氧是地球表面丰度最大、分布最广的元素，在地壳中的含量约为 48.6%(如水、石灰石、砂子、硅酸盐、铝土矿、赤铁矿等)，单质氧(O_2)在大气中约占 21%。氧有三种稳定同位素：氧-16、氧-17 和氧-18，其中氧-16 的含量最高。O_2对生命的重要性尽人皆知。氧的工业用途主要是炼钢，生产 1t 钢约需消耗 1t 氧。大气是工业上制取 N_2和 O_2的最重要的资源。不论是当今工业规模的空气深冷精馏(air cryogenic distillation,图 19-1),还是正在研究中的膜分离技术(membrane separation technology,图 19-2),总能同时得到 N_2 和 O_2。

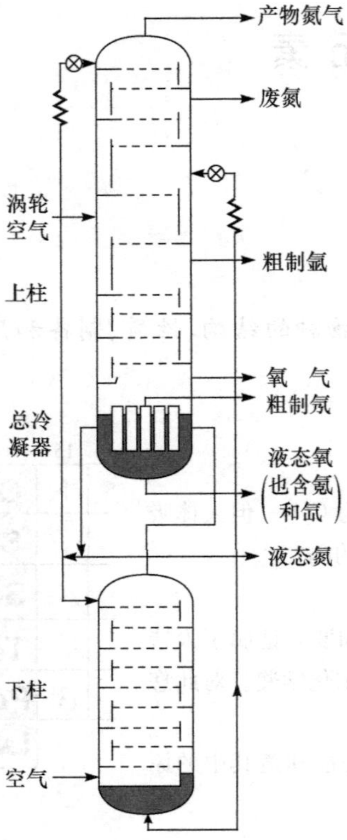

图 19-1　空气深冷精馏塔

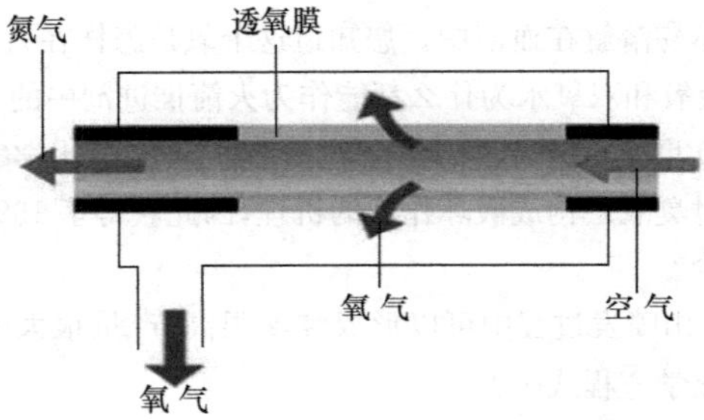

图 19-2　氮-氧膜分离器示意图

硫是生命体中一种必不可少、多种氨基酸的组成要素,也是大多数蛋白质的构成部分。在自然界中它经常以化合物硫化物或硫酸盐的形式存在,单质硫在火山口有大量生成。硫的化合物主要应用在肥料工业中,也广泛地应用于火药、润滑剂、杀虫剂和抗真菌剂中。氧和硫是典型的非金属元素。

硒在地壳中的含量大约为 0.05×10^{-6}%,通常极难形成工业富集,到目前为止,已发现硒矿物百余种,其中首次在中国发现的有两种,即硒锑矿(antimonselite,Sb_2Se_3)和单斜蓝硒铜矿(blue selenium copper mine,$CuSeO_3 \cdot 2H_2O$)。硒可以用作光敏材料、电解锰行业催化剂、动物体必需的营养元素和植物有益的营养元素等,其在人体组织内含量约为千万分之一,但它却决定了生命的存在,对人类的健康起着巨大而无可替代的作用。碲单质有结晶形态和无定形态两种存在形式:结晶碲具有银白色的金属外观,密度 6.25g·cm^{-3},熔点 452℃,沸点 1390℃,硬度是 2.5(莫氏硬度),一般不溶于同它不发生反应的溶剂;无定形碲(褐色),密度 6.00g·cm^{-3},熔点(449.5±0.3)℃,沸点(989.8±3.8)℃。

由于硒和碲两种元素与典型的金属、非金属相比具有特殊的物理、化学性质,两者共同被归属于非金属中的准金属元素(metalloid element)。

钋是一种银白色放射性金属元素,由著名科学家居里夫人与丈夫皮埃尔在 1898 年发现,两人为了纪念居里夫人的祖国波兰,把这种元素命名为 Po。天然的钋存在于所有铀矿石和钍矿石中,但由于含量过于微小,主要通过人工合成方式取得。

116 号元素 Lv 的性质尚未见报道。

19.1.2　氧族元素的一般性质

有关氧族元素的一些基本性质列在表 19-1 中。

表 19-1　氧族元素的一般性质

性　质	氧	硫	硒	碲	钋
原子序数	8	16	34	52	84
价层电子构型	$2s^22p^4$	$3s^23p^4$	$4s^24p^4$	$5s^25p^4$	$6s^26p^4$
常见氧化值	−2、−1、0	−2、0、+2、+4、+6	−2、0、+2、+4、+6	−2、0、+2、+4、+6	—
相对原子质量	15.99	32.06	78.96	127.60	209
共价键半径/pm	66	102	116	135	146
第一电离能/($kJ \cdot mol^{-1}$)	1314	1000	941	869	812
第一电子亲和能/($kJ \cdot mol^{-1}$)	−141	−200	−195	−190	−183
第二电子亲和能/($kJ \cdot mol^{-1}$)	780	590	420	295	—
电负性	3.44	2.58	2.55	2.10	2.00
常见配位数	1、2	2、4、6	2、4、6	6、8	—
单质晶体类型	分子晶体	分子晶体	分子晶体(红硒) 链状晶体(灰硒)	链状晶体	金属晶体

氧族元素表现出非金属元素特征，但其结合两个电子不如卤素原子结合一个电子容易，因此，氧族元素的非金属活泼性弱于卤素。除氧以外，硫、硒、锑在价电子层中都存在空的 d 轨道，当与电负性大的元素结合时，它们也参与成键，所以可显+2、+4、+6 氧化态。它们的最高氧化数与其族数相一致。氧族元素的氢化物表现出了强烈的周期性递变规律(表 19-2)。

表 19-2　H_2R 性质规律

H_2R	H_2O	H_2S	H_2Se	H_2Te
化学活性	小	——————→		大
稳定性	强	——————→		弱
酸性	弱	——————→		强
熔点和沸点	最高	低	————→	高

从氧族元素的电势图可以看出它们的氧化还原性。

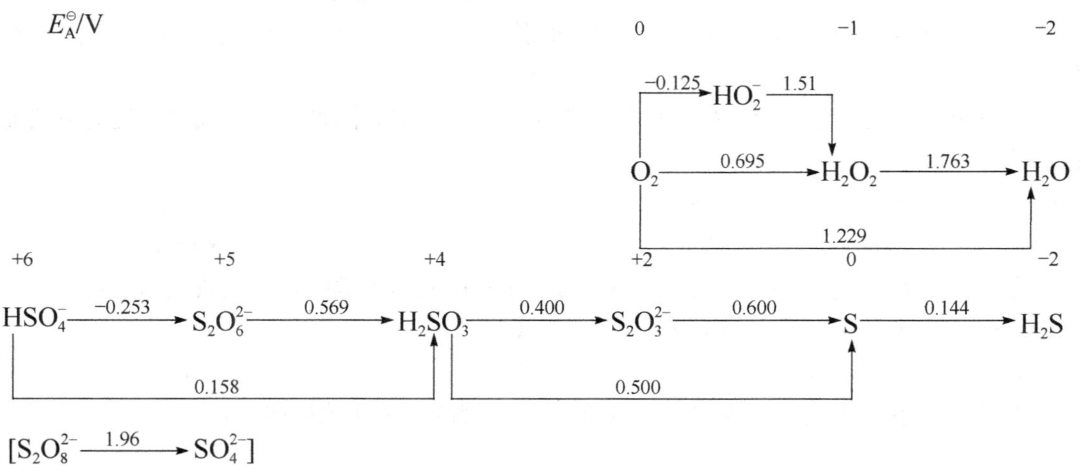

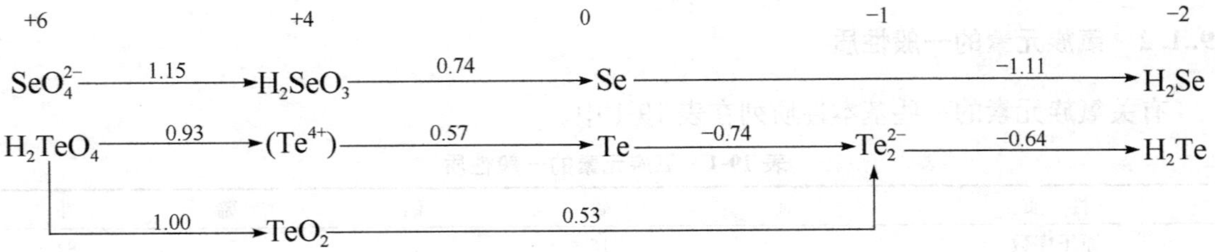

$E_B^\ominus$/V

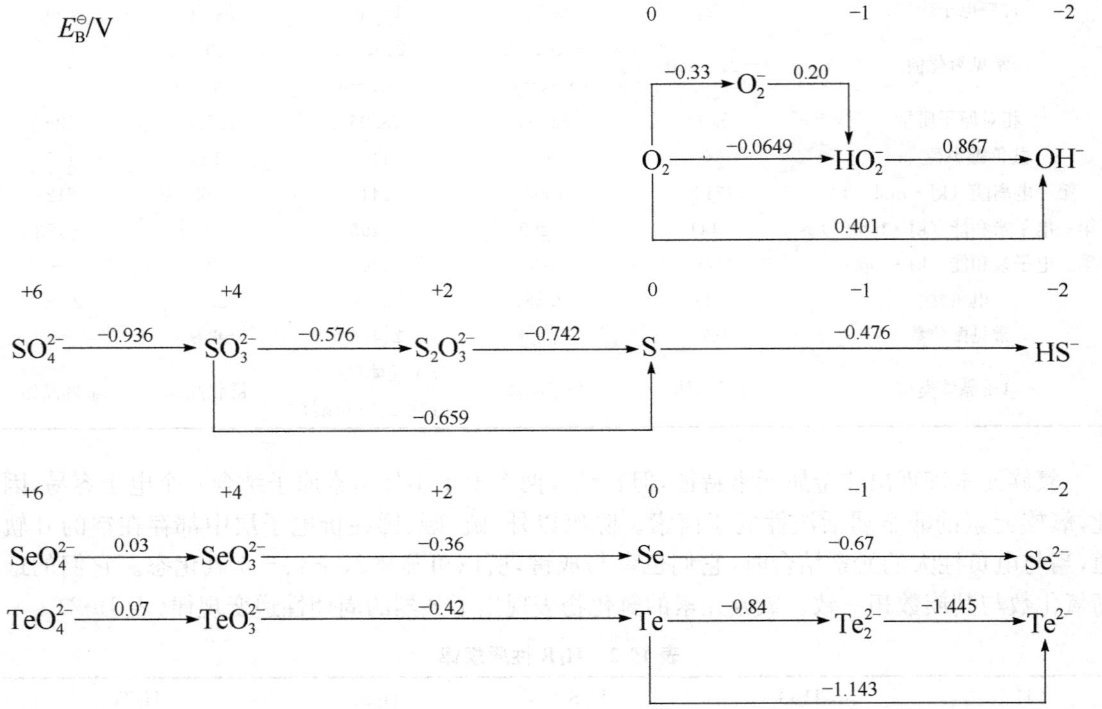

19.1.3　氧的特殊性

氧元素的常见氧化态为负值(−2)，而其他氧族元素的常见价态均为正值。由表 19-1 可见，氧是本族元素中电负性最大、原子半径最小、电离能最大的元素。由于氧的电负性很大，仅次于氟，所以只有与氟元素化合时，其氧化值才表现为正值；其他氧族元素与电负性较大的元素化合时，很容易形成氧化值为+2、+4、+6 等多种正价态的化合物。

氧元素的第一电子亲和能小于同族硫元素的第一电子亲和能，这一特性与氯元素类似。

键的解离能是判断化合物的稳定性的重要参数之一。本族同种元素形成的单键的解离能数据如下：

O—O	<	S—S	>	Se—Se	>	Te—Te	
142		264		172		—	(单位：kJ · mol^{-1})

与电负性较大、价电子数目较多的氟、氯两种元素形成的单键的解离能数据如下：

O—F	<	S—F	O—Cl	<	S—Cl	
190		326	205		255	(单位：kJ · mol^{-1})

与电负性较小、价电子数目较少的元素形成的单键的解离能数据如下：

O—C	>	S—C	O—H	>	S—H	
359		272	374		467	（单位：kJ · mol^{-1}）

对本族同种元素形成的双键的解离能来说，O═O(493.59kJ · mol^{-1})>S═S(427.7kJ · mol^{-1})，这是因为第二周期的相邻氧原子可形成 p-pπ 键，而第三周期的硫元素由于空间禁阻原因，并没有形成 3p-3pπ 键的可能性。但硫元素可与第二周期元素形成 p-d 反馈 π 键，如 SO_4^{2-}、PO_4^{3-}。

另外，以氧化物形式存在的氧的化合物多数为离子型，而硫化物、硒化物、碲化物多数为共价型，仅ⅠA、ⅡA 化合物 Na_2S、BaS 等为离子型。

19.2　臭氧和过氧化氢

19.2.1　臭氧

臭氧(ozone，O_3)是氧的同素异形体，在常温下是一种有特殊臭味的蓝色气体。气态臭氧浓度高时与氯气气味相似，液态臭氧深蓝色，固态臭氧紫黑色。臭氧主要存在于距地球表面 25km 的同温层下部的臭氧层中，可吸收对人体有害的短波紫外线，防止其到达地球。

1. 臭氧的产生

太阳的紫外线辐射导致 O_2 生成 O_3。

$$O_2 + h\nu = 2O, \quad O + O_2 = O_3$$

O_3 吸收波长稍长的紫外线，又能重新分解，从而完成 O_3 的循环。

$$O_3 + h\nu = O_2 + O$$

雷雨的时候，空气中的氧受电火花的作用也会产生少量臭氧。

2. 分子结构

价层电子对互斥理论认为 O_3 分子具有角形结构(图 19-3)，∠OOO 为 116.8°。中心氧原子采取 sp^2 杂化，与两个端氧原子分别形成一个键级为 1 的 σ 键。3 个氧原子以其平行的 3 条 p 轨道形成 3 条分子轨道(Π_3^4 离域大 π 键，图 19-4)，其中成键、非键和反键分子轨道各 1 条。离域大 π 键中的 4 个电子成对地填在成键和非键轨道上。电子的这种分布方式可以解释 O_3 分子的反磁性，也可以解释 O_3 的活泼性。Π_3^4 键的键级为 1(分配于每个 O—O 键相当于 0.5)，所以每个 O—O 键的键级为 1.5。O_3 分子中的 O—O 键长(127.8pm)大于 O_2 分子中的 O—O

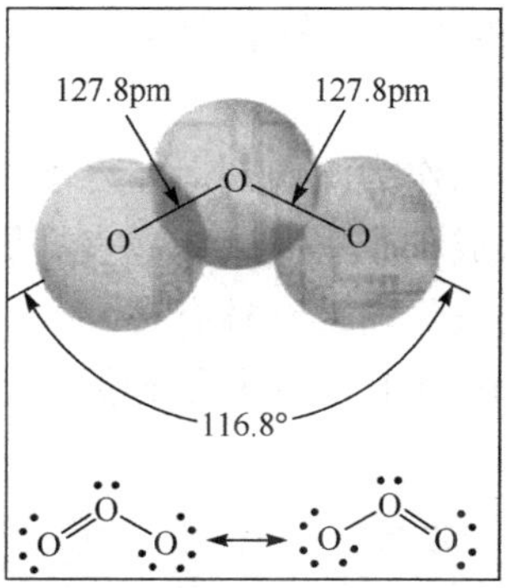

图 19-3　臭氧的分子结构

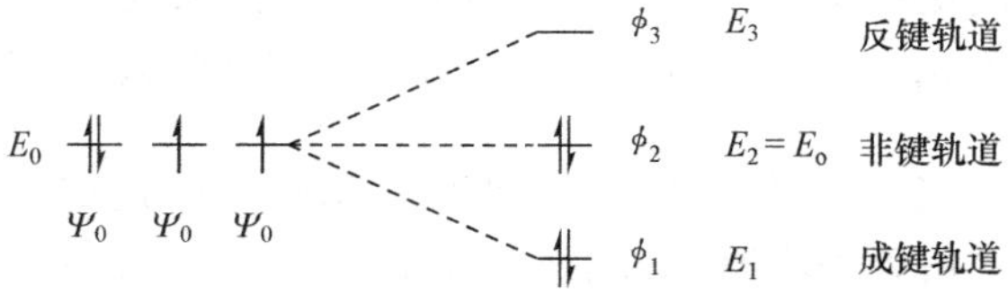

图 19-4　臭氧分子的 Π_3^4 分子轨道示意图

键长(120.8pm),因而显示比 O_2 更高的活泼性。中心 O 原子以 sp^2 方式杂化,并与其他两个非中心原子形成离域 Π_3^4 键(三中心四电子)。分子形状是 V 形,为极性分子。键角为 116.8°,偶极矩 $\mu=1.8\times10^{-3}C\cdot m$,是极性单质。

【思考题】

19-2 怎样用化学键理论的价键理论、分子轨道理论解释臭氧分子的几何形状、极性、磁性质和键的稳定性?

3. 臭氧的性质

臭氧很不稳定,室温下即可分解(若无催化剂或紫外线照射时,它分解得很慢)。

$$2O_3 = 3O_2 \qquad \Delta_r H_m^{\ominus} = -285.4kJ\cdot mol^{-1}$$

臭氧还具有很强的氧化性,其相关的电极电势如下:

酸性条件下

$$O_3 + 2H^+ + 2e^- = O_2 + H_2O \qquad E_A^{\ominus} = 2.076V$$

$$O_2 + 4H^+ + 4e^- = 2H_2O \qquad E_A^{\ominus} = 1.23V$$

碱性条件下

$$O_3 + H_2O + 2e^- = O_2 + 2OH^- \qquad E_B^{\ominus} = 1.24V$$

$$O_2 + 2H_2O + 4e^- = 4OH^- \qquad E_B^{\ominus} = 0.401V$$

从上面的电极电势数据大小可以得出结论:无论在酸性或碱性溶液中,臭氧都是比氧更强的氧化剂。

此外,臭氧还能氧化一些具有弱还原性的单质或化合物,并且有时可把某些元素氧化到最高价状态,如

$$2Ag + 2O_3 = Ag_2O_2 + 2O_2$$

$$PbS + 4O_3 = PbSO_4 + 4O_2$$

$$O_3 + XeO_3 + 2H_2O = H_4XeO_6 + O_2$$

臭氧还能迅速且定量地将 I^- 氧化成 I_2,此反应被用来鉴定 O_3 和测定 O_3 的含量。

$$O_3 + 2I^- + H_2O = I_2 + O_2 + 2OH^-$$

臭氧不溶于液态氧、四氯化碳等。有很强的氧化性,在常温下可将银氧化成氧化银,将硫化铅氧化成硫酸铅。臭氧可使许多有机色素脱色,侵蚀橡胶,很容易氧化有机不饱和化合物。臭氧在冰中极为稳定,其半衰期约为 2000 年。臭氧在水中的溶解度较氧大,0℃,一个标准大气压时,一体积水可溶解 0.494 体积臭氧。

臭氧可用于净化空气,漂白饮用水,杀菌,处理工业废物和作为漂白剂。在夏季,由于工业和汽车废气的影响,尤其在大城市周围农林地区的地表会形成和聚集臭氧。地表臭氧对人体,尤其是对眼睛、呼吸道等有侵蚀和损害作用。地表臭氧也对农作物或森林有害。

臭氧还能将 CN^- 氧化成 CO_2 和 N_2,因此常被用来治理电镀工业中的含氰废水。

【例题 19-1】 请您写出下列两个可用于环保的反应方程式:

(1) 用 O_3 处理电镀工业含 CN^- 废液。

(2) 金在 O_3 作用下可以迅速溶解于 HCl。

解 (1) $O_3+CN^- \longrightarrow OCN^- +O_2 \longrightarrow CO_2+N_2+O_2$

(2) $2Au+3O_3+8HCl = 2H[AuCl_4]+3O_2+3H_2O$

【思考题】

19-3 您怎样理解臭氧层是人类的"生命之伞"这句话?

19-4 查阅文献,了解臭氧层是怎样遭到破坏的,臭氧层破坏能产生哪些极大危害。

19.2.2 过氧化氢

过氧化氢(H_2O_2)的水溶液一般也称为双氧水(hydrogen peroxide solution),这是因分子中含有过氧键(O—O)而得名(图 19-5)。纯的过氧化氢熔点为 -0.89℃(无水),沸点为 152.1℃(无水),折射率为 1.4067(25℃),相对密度(水=1)为 1.46(无水),液态饱和蒸气压为 0.13kPa(15.3℃)。其分子似一本打开的书,2 个 O 原子在夹缝中,且均为 sp^3 杂化。

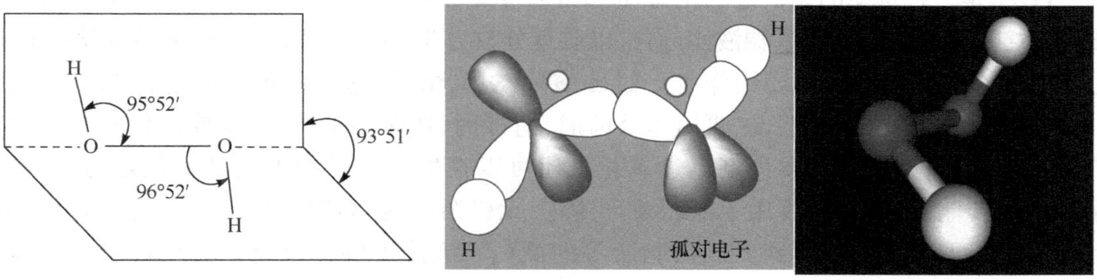

图 19-5 过氧化氢的结构示意图

1. 过氧化氢的制备和用途

实验室制备过氧化氢采用下面的反应:

$$BaO_2+2HCl = BaCl_2+H_2O_2$$

$$BaO_2+H_2SO_4(稀) = BaSO_4+H_2O_2$$

这时可得 6%~8% 的过氧化氢水溶液。

工业上制备过氧化氢的方法主要有异丙醇氧化法(isopropanol oxidation method)、电化学氧化法(electrochemical oxidation)和蒽醌法(the anthraquinone route)。

1) 异丙醇氧化法

在 90~140℃,1.5~2.0MPa 反应条件下,以异丙醇和氧气为原料,发生如下主要反应:

$$CH_3CH(OH)CH_3+O_2 = CH_3COCH_3+H_2O_2$$

2) 电化学氧化法

电化学氧化法又称电解-水解法。通过电解硫酸氢铵水溶液,发生如下反应:

$$2HSO_4^- = H_2(阴极)+S_2O_8^{2-}(阳极)$$

将电解产物过二硫酸盐进行水解,便得到 H_2O_2 溶液:

$$(NH_4)_2S_2O_8+2H_2O = 2NH_4HSO_4+H_2O_2$$

硫酸氢铵可循环使用。减压蒸馏,可得质量分数为 20%~30%的 H_2O_2 溶液,再进一步减压分级蒸馏,H_2O_2 浓度可高达 98%,再冷冻,可得纯 H_2O_2 晶体。

3）蒽醌法

1953 年美国杜邦公司提出一种“零污染”的绿色化学工艺，在苯溶液中催化剂存在的条件下，用 H_2 还原蒽醌变为蒽醇，然后蒽醇用空气中的氧气氧化，即可得到原来的蒽醌和过氧化氢。

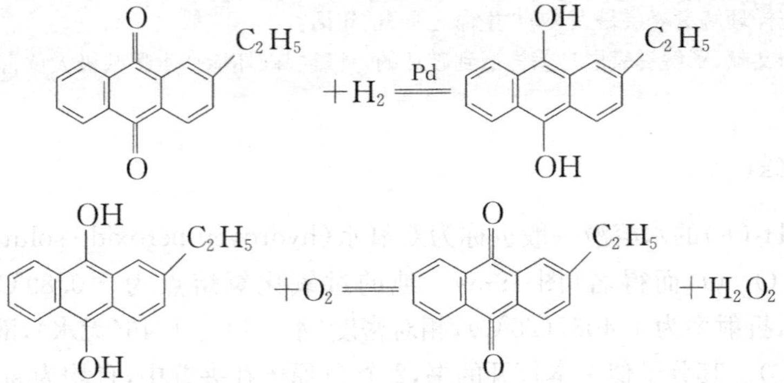

H_2O_2 是一种重要的无机过氧化物，世界年产量估计超过 1×10^6 t（以纯 H_2O_2 计）。纯过氧化氢为接近无色的淡蓝色黏稠液体，通常以质量分数为 35%、50%和 70%的水溶液投入市场。过氧化氢在化学工业上主要用作生产过硼酸钠、过碳酸钠、过氧乙酸、亚氯酸钠、过氧化硫脲等的原料；在医药工业上，主要用作杀菌剂、消毒剂；在印染工业上，主要用作棉织物的漂白剂，还原染料染色后的发色剂。过氧化氢还可以在生产金属盐类或其他化合物时，用于除去铁及其他重金属，也可用于电镀液，可除去无机杂质，提高镀件质量，还广泛用于羊毛、生丝、皮毛、羽毛、象牙、猪鬃、纸浆、脂肪等的漂白。高浓度的过氧化氢甚至可用作火箭动力燃料。H_2O_2 的用途随地区不同而异，如欧洲国家将总产量的 40%用于制造过硼酸盐和过碳酸盐，50%用于纸张和纺织品漂白；美国则没有前一用途，总产量的 25%用于净化水（杀菌和除氯）。

【思考题】

19-5　为什么中国人绝不会忘记非典时期过氧化氢的作用？

2. 过氧化氢的化学性质

1）弱酸性

过氧化氢是一种二元弱酸，298K 时，其 $K_{a_1}^{\ominus}=2.4\times10^{-12}$，$K_{a_2}^{\ominus}$ 约为 10^{-25}，H_2O_2 的酸性比 HCN 更弱。过氧化氢能与一些金属氢氧化物反应，生成过氧化物（可看作过氧化氢的盐）和水，过氧化氢的盐的特点在于含有过氧基。例如

$$H_2O_2+Ba(OH)_2 \xlongequal{} BaO_2+2H_2O$$

2）氧化还原性

从氧的拉蒂麦尔图和氧化数-吉布斯自由能图（图 19-6）可知过氧化氢兼具氧化性和还原性，其主要用途是作为氧化剂使用。过氧化氢作为氧化剂时，其优点是显而易见的，产物为水，不会给反应系统引入额外的杂质。因此，过氧化氢是一种“清洁的”氧化剂和还原剂。

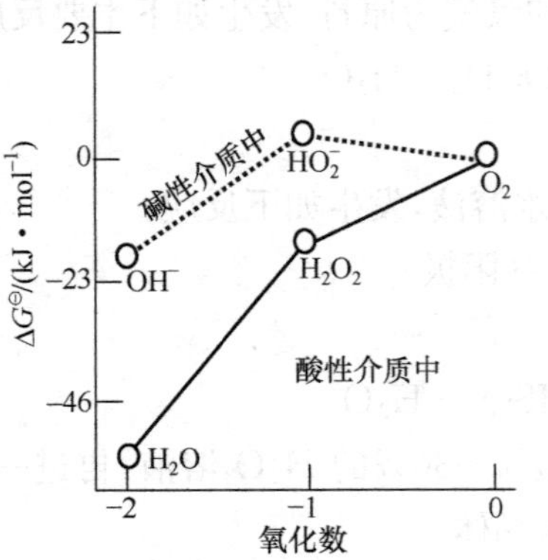

图 19-6　氧的氧化数-吉布斯自由能图

过氧化氢作为氧化剂时，重要的反应有

$$H_2O_2+2I^-+2H^+ = I_2+2H_2O$$
$$PbS+4H_2O_2 = PbSO_4+4H_2O$$
$$H_2O_2+2Fe^{2+}+2H^+ = 2Fe^{3+}+2H_2O$$
$$H_2O_2+Mn(OH)_2 = MnO_2\downarrow+2H_2O$$
$$3H_2O_2+2NaCrO_2+2NaOH = 2Na_2CrO_4+4H_2O$$

过氧化氢作为还原剂时，在酸性环境中还原性很弱；在碱性环境中，表现为中强还原剂。常见的反应有

$$2MnO_4^-+5H_2O_2+6H^+ = 2Mn^{2+}+5O_2\uparrow+8H_2O$$
$$H_2O_2+Ag_2O = 2Ag+O_2\uparrow+H_2O$$
$$H_2O_2+Cl_2 = 2Cl^-+O_2\uparrow+2H^+ \text{（工业除氯）}$$

过氧化氢还可以发生自身氧化还原反应(歧化反应)：

$$2H_2O_2 = O_2\uparrow+2H_2O$$

3）不稳定性

过氧化氢的稳定性是相对的。例如，90% H_2O_2在325K时每小时仅分解0.001%。分解与外界条件有关，如加热温度大于426K时，或有Fe^{3+}、Fe^{2+}、Mn^{2+}、Cr^{3+}和有机物等杂质混入时，以及波长为320～380nm的光(紫外光)可以加速过氧化氢的自身氧化还原反应速率，并且在碱性介质中的分解速率远比在酸性介质中快。加入稳定剂，如微量的锡酸钠Na_2SnO_3、焦磷酸钠$Na_4P_2O_7$或8-羟基喹啉等，可以用来抑制所含杂质的催化作用。

【例题 19-2】 为什么重金属离子可促进H_2O_2分解？

解 人们发现，能促进H_2O_2分解的这些金属离子的电极电势总是处于+1.76V(H_2O_2/H_2O电对的标准电极电势)和+0.70V(O_2/H_2O_2电对的标准电极电势)之间，这一事实为了解催化分解机理提供了某些启示。以Fe^{3+}的催化作用为例，$E^\ominus(Fe^{3+}/Fe^{2+})=+0.77V$，这意味着它与$O_2/H_2O_2$电对构成的电池电动势为正值，$Fe^{3+}$将$H_2O_2$氧化为$O_2$的反应可以进行：

$$2Fe^{3+}(aq)+H_2O_2(aq)+2H_2O(l) = 2Fe^{2+}(aq)+O_2(g)+2H_3O^+(aq)$$

反应过程中生成的Fe^{2+}又是还原剂，可将H_2O_2还原成H_2O：

$$2Fe^{2+}(aq)+H_2O_2(aq)+2H_3O^+(aq) = 2Fe^{3+}(aq)+4H_2O(l)$$

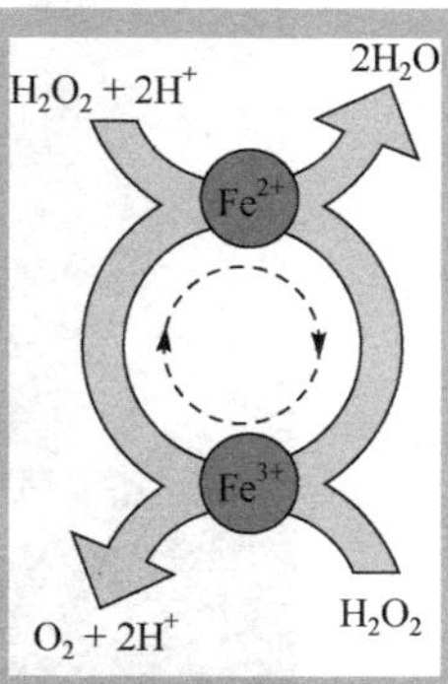

图19-7 两种铁离子催化H_2O_2分解的催化循环

该反应涉及Fe^{3+}/Fe^{2+}电对与H_2O_2/H_2O电对构成的电池，由计算不难得知电池电动势也为正值。因此，这些金属离子在催化过程中穿梭于自身的两种氧化态之间。图19-7所示两种铁离子催化H_2O_2分解的催化循环，H_2O_2像是钻进风箱的老鼠——“两头受气”。

【思考题】

19-6 从热力学上判断Br^-和Cl^-哪一个能催化H_2O_2的反应。

4）特征反应(鉴定反应)

在酸性溶液中，H_2O_2能与重铬酸盐反应生成蓝色的CrO_5。CrO_5在乙醚或者戊醇中比较稳定。这个反应可以用来检验H_2O_2的显著存在，也可以用H_2O_2来检验铬酸根或重铬酸根的显著存在。其反应如下：

$$H_2O_2 + H_2Cr_2O_7 = 2CrO(O_2)_2 + 5H_2O$$

该反应之前，应在待检测溶液中提前加入适量乙醚，否则在水溶液中 CrO_5 可以进一步与过氧化氢反应，蓝色迅速消失。

$$2CrO(O_2)_2 + 7H_2O_2 + 6H^+ = 2Cr^{3+} + 7O_2 + 10H_2O。$$

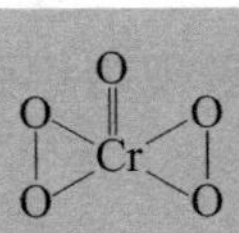

【例题 19-3】 画出 CrO_5 的结构，说明 Cr 在此化合物中的氧化数。

解 CrO_5 中，铬原子位于中心，通过双键连接一个氧原子，同时连接两个过氧基，铬的氧化态为 6。

19.3　硫及其化合物

19.3.1　单质硫

硫(sulfur)在自然界以化合态和单质两种形态出现。重要的化合态有如黄铁矿(FeS_2)、有色金属(如铜、镍、铅、锌、钴)的硫化物矿、石膏($CaSO_4 \cdot 2H_2O$)和芒硝($Na_2SO_4 \cdot 10H_2O$)等硫酸盐矿、矿物燃料(如石油、天然气和煤)中的无机和有机化合物。单质硫出现在火山喷发形成的沉积中(图 19-8)。

图 19-8　硫矿床的形成和抽取

【例题 19-4】 单质形态的硫怎样在火山喷发时形成并沉积？

解 火山喷发过程中，地下硫化物与高温水蒸气作用生成 H_2S，H_2S 再与 SO_2 或 O_2 反应生成单质硫：

$$2H_2S(g) + SO_2(g) = 3S(s) + 2H_2O(g)$$

$$2H_2S(g) + O_2(g) = 2S(s) + 2H_2O(g)$$

工业制硫采用 H_2S 氧化法。该法以天然气、石油炼气和炼焦炉气中的 H_2S 为原料，几乎是对上述天然过程的模拟，另一种方法是在隔绝空气的条件下加热分解黄铁矿。

$$2H_2S(g) + 3O_2(g) = 2SO_2(g) + 2H_2O(g)$$

$$2H_2S(g) + SO_2(g) = 3S(s) + 2H_2O(g)$$

$$FeS_2(g) \xlongequal{1200^\circ C} S(g) + FeS(s)$$

1. 单质硫的结构

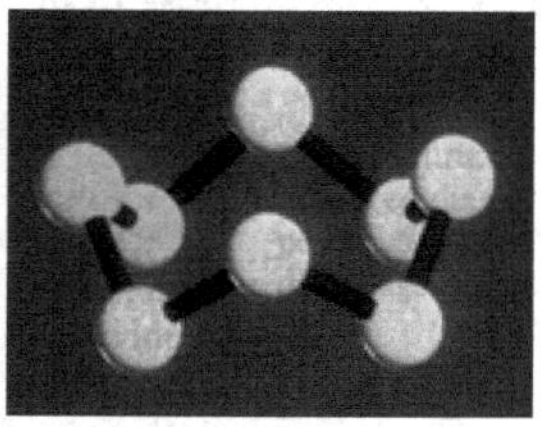

图 19-9　S_8的分子形状

单质硫俗称硫磺，是淡黄色分子晶体，S 以sp^3杂化形成环状S_8分子（图 19-9）。硫有 25 种同位素，其中四种是稳定的：S-32(95.02%)、S-33(0.75%)、S-34(4.21%)和 S-36(0.02%)；除 S-35外，其他放射性同位素的半衰期都很短。单质硫的同素异形体主要有三种：菱形硫(斜方硫)、单斜硫、弹性硫，并且一定条件下可互变(表 19-3)。

表 19-3　单质硫的同素异形体

性　质	斜方硫(S_8)	单斜硫(S_8)	弹性硫(S_n)
英文名称	rhombic sulfur	monoclinic sulfur	elastic sulfur
密度/(g · cm^{-3})	2.06	1.99	—
颜色	黄色	浅黄色	黄色
稳定性	>95.5℃	<95.5℃	190℃的熔融硫用冷水速冷
形状	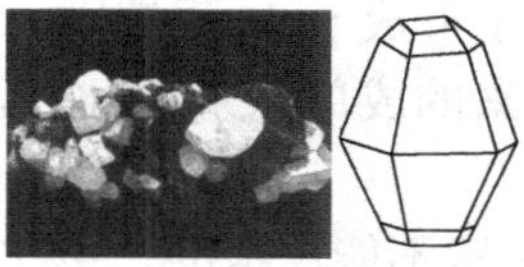	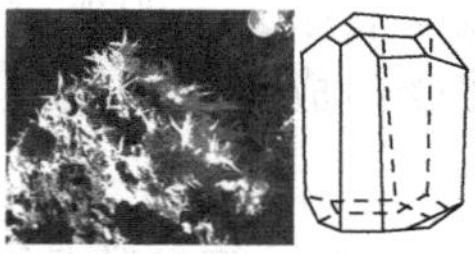	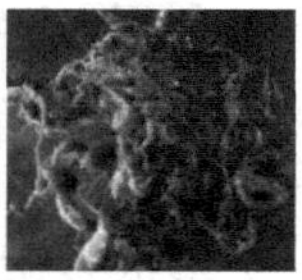

硫单质可以溶于苯、甲苯、四氯化碳和二硫化碳，微溶于乙醇和乙醚，不溶于水。导热性和导电性差。在空气中的着火点在 261℃以上，在氧气中的着火点在 260℃以上，并产生二氧化硫。硫单质可以与卤素及多种金属化合，但不与碘、氮、碲、金、铂和铱化合，易燃，有刺激性。

单质硫主要用于制造硫酸、亚硫酸盐、杀虫剂、橡胶硫化等化工产品，还可用于药物合成、油漆制备。

2. 硫的化学性质

(1) 能与许多金属直接化合。

$$2Al+3S = Al_2S_3$$

$$Hg+S = HgS$$

(2) 能与氢、氧、碳、卤素(碘除外)、磷等直接作用。

$$S+3F_2(\text{过量}) = SF_6$$

$$S+Cl_2 = SCl_2$$

$$S+O_2 = SO_2(\text{硫在空气中燃烧})$$

(3) 能与氧化性酸作用。

$$S+2HNO_3 = H_2SO_4+2NO_2(g)$$

$$S+2H_2SO_4(\text{浓}) = 3SO_2(g)+2H_2O$$

(4) 能与碱的作用。

$$3S+6NaOH = 2Na_2S+Na_2SO_4+3H_2O$$

$$4S(\text{过量})+6NaOH = 2Na_2S+Na_2S_2O_3+3H_2O$$

【思考题】

19-7　您能写出几个单质(包括金属和非金属)与碱的反应式？

19.3.2 硫的价键特征

硫原子的价电子层结构为

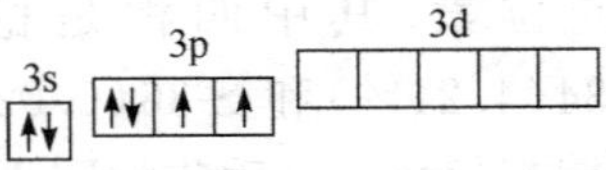

硫元素与氧元素一样，是典型的电负性较大的非金属元素，其价层电子排布为 $3s^2 3p^4 3d^0$，与氧元素相比较，最显著的特征为多出空的 d 轨道。这一结构决定了硫原子在形成化合物时可按多种成键方式进行，主要有下列几种。

(1) 从电负性较小的原子中夺取 2 个电子形成含 S^{2-} 的离子型化合物。S^{2-} 可以与碱金属、碱土金属或铵根离子形成离子型硫化物，如 Na_2S、CaS、$(NH_4)_2S$ 等。

(2) 与电负性较大的原子共用电子形成含两个共价单键的共价化合物，如 H_2S、SCl_2。

(3) 在形成共价单键的同时，硫原子上孤对电子占据的轨道和配位原子轨道，可以组成各种类型的离域 π 键如 Π_3^4、Π_4^6 等。

(4) 利用 3d 空轨道接受氧原子上的孤对电子形成 p-dπ 反馈键。

(5) 利用 3d 空轨道接受由成对电子拆开而来的成单电子，进而形成共价键。硫的氧化数可以是+4、+6。

(6) 形成多硫链—S_x—的特点是本族其他元素不能比拟的。单质硫由 8 个 S 原子组成的环状分子或由 n 个 S 原子组成的链状分子所构成。可以形成过硫化物(如 Na_2S_2、FeS_2、H_2S_2、S_2Cl_2 等)、多硫化氢 H_2S_n(硫烷)、多硫化物 MS_n 和连多硫酸 $H_2S_nO_6$。

由此可见，硫在形成化合物时的成键特点和价键结构是多种多样的，现归纳在表 19-4。

表 19-4 硫元素的成键特点和化合物的结构特征

结构基础	键型			结构图式	σ键数目	π键 类型	π键 数目	孤对电子数	分子形状	实例
S	离子键			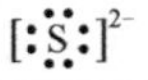	—	—	—	—	Na_2S、CaS	
	共价键	成键轨道	p		1	π_3^4	2	1	直线	CS_2
			sp^2	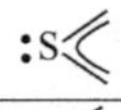	2	π_3^4	1	1	角形	SO_2
					3	π_4^6	1	0	平面三角形	SO_3(g)
			sp^3		2	—	0	2	角形	H_2S、SCl_2
				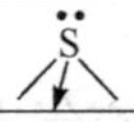	3	p-dπ	1	1	三角锥	H_2SO_3
					3	p-dπ	3	1	三角锥	SO_3^{2-}
					4	p-dπ	2	0	四面体	H_2SO_4
					4	p-dπ	4	0	正四面体	SO_4^{2-}
			sp^2d		4	—	0	1	变形四面体	SF_4、SCl_4
			sp^3d^2		6	—	0	0	八面体	SF_6、S_2F_{10}

续表

结构基础	键　型	结构图式	σ键数目	π键		孤对电子数	分子形状	实　例
				类型	数目			
—S_x—	$x=2$	S_2Cl_2，过硫化氢（H_2S_2）及其盐（Ns_2S_2、FeS_2），连二硫酸（$H_2S_2O_6$）等						
	$x>2$	多硫化氢（H_2S_x）和多硫化物[Na_2S_x、$(NH_4)_2S_x$]，连多硫酸（$H_2S_5O_6$）和连多硫酸盐（如 $Na_2S_4O_6$）						

19.3.3　含硫的化合物的性质

1．硫化氢

1）硫化氢（hydrogen sulfide）的制备

工业：$S(g)+H_2(g)=\!=\!=H_2S\uparrow$

实验室：$FeS+H_2SO_4(稀)=\!=\!=H_2S\uparrow+FeSO_4$

$Na_2S+H_2SO_4(稀)=\!=\!=H_2S\uparrow+Na_2SO_4$

2）H_2S 的结构

H_2S 的结构与 H_2O 相似，如图 19-10 所示，中心原子硫原子的杂化形式为 sp^3 杂化，其周围有两对孤对电子，分子形状为 V 形。

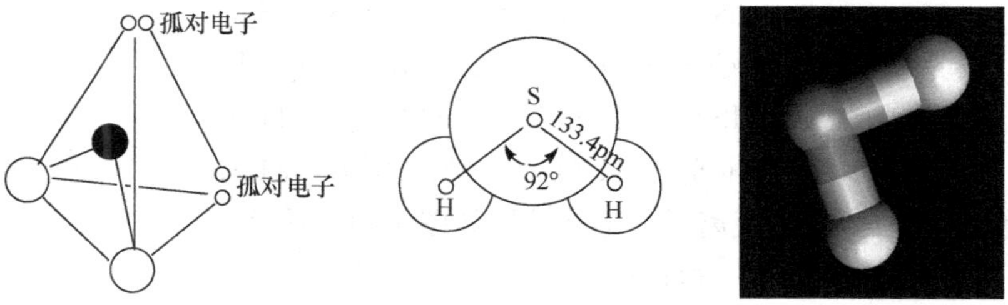

图 19-10　H_2S 的分子结构

3）硫化氢的性质

硫化氢常温下为无色气体，有刺激性臭鸡蛋气味，熔点为－85.5℃，沸点为－60.4℃，蒸气压为 2026.5kPa（25.5℃），可溶于水（溶解比例 1∶2.6）、乙醇。其相对空气密度 1.19（空气密度设为 1），为剧毒气体。其水溶液呈酸性，称为氢硫酸（hydrosulfuric acid），为二元弱酸。

$$H_2S \rightleftharpoons H+HS^- \qquad K_{a_1}^{\ominus}=1.3\times10^{-7}$$

$$HS^- \rightleftharpoons H^- +S^{2-} \qquad K_{a_2}^{\ominus}=7.1\times10^{-15}$$

无论在酸性或碱性溶液中，H_2S 都具有较强的还原性。

$$S+2H^+ +2e^- =\!=\!= H_2S \qquad E_A{}^{\ominus}=0.142V$$

$$S+2e^- =\!=\!= S^{2-} \qquad E_B{}^{\ominus}=-0.476V$$

其还原性体现在：

（1）与 O_2 反应。

$$2H_2S+3O_2 \xlongequal{完全} 2H_2O+2SO_2$$

$$2H_2S+O_2 \xlongequal{不完全} 2H_2O+2S$$

（2）与中等强度氧化剂作用。

$$H_2S+X_2 =\!=\!= S+2HX \quad (X=Cl、Br、I)$$

$$H_2S+2Fe^{3+} = S+2Fe^{2+}+2H^+$$

(3) 与强氧化剂反应(产物为 S 或 SO_4^{2-})。

$$H_2S+4X_2+4H_2O = H_2SO_4+8HX \quad (X=Cl、Br)$$

$$5H_2S+2MnO_4^-+6H^+ = 2Mn^{2+}+5S+8H_2O$$

$$5H_2S+8MnO_4^-+14H^+ = 8Mn^{2+}+5SO_4^{2-}+12H_2O$$

【思考题】

19-8　您能总结一下氧族元素氢化物的结构和性质规律吗?

19-9　为什么实验室的氢硫酸试剂瓶过一段时间就会出现白色沉淀?白色沉淀是什么物质?请写出化学反应方程式。

2. 硫化物和多硫化物

1) 轻金属硫化物

轻金属硫化物包括碱金属、碱土金属(除 Be 外)、铝及铵离子的硫化物。其主要化学性质体现在如下几个方面。

(1) 易溶于水,在水中易水解,其中 Al_2S_3 为双水解。

$$Na_2S+H_2O = NaOH+NaHS$$

$$2CaS+2H_2O = Ca(OH)_2+Ca(HS)_2$$

$$Ca(HS)_2+2H_2O = Ca(OH)_2+2H_2S$$

$$Al_2S_3+6H_2O = 2Al(OH)_3+3H_2S$$

(2) 易形成多硫化物,多硫离子的链状结构如图 19-11 所示。

$$Na_2S+(x-1)\ S = Na_2S_x$$

$$(NH_4)_2S+(x-1)\ S = (NH_4)_2S_x$$

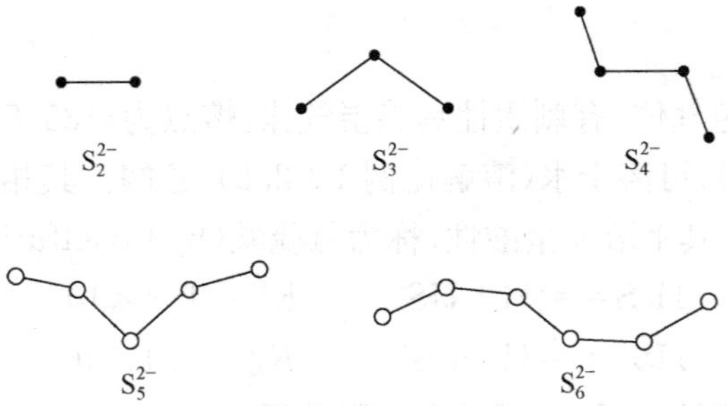

图 19-11　多硫离子的链状结构

【例题 19-5】 溶性金属硫化物中以 Na_2S 和 NaHS 最重要,大量用于硫化染料的制造和用作鞣革工业中的脱毛剂。请写出它们的制备反应。

解　(1) 制备 Na_2S 反应:$Na_2SO_4(s)+4C(s) \xrightarrow{730\sim790℃} Na_2S(s)+4CO(g)$

(2) 制备 NaHS 反应:$Na_2S(aq)+H_2S(g) = 2NaHS(aq)$

2) 重金属硫化物

重金属离子在溶液中与硫化氢或硫离子作用,生成溶解度很小的硫化物,大多数为黑色,如

FeS、CoS、NiS、Ag_2S、CuS、HgS(也有红色的 HgS)、PbS 等;少数为其他颜色,如 ZnS 白色,MnS 浅粉色,CdS、SnS_2 黄色,Sb_2S_3、Sb_2S_5 橙色,SnS 褐色。它们的 $K_{sp}^{\ominus}$ 都很小,均为难溶硫化物,它们在周期表中的位置列于表 19-5。又由于 $K_{sp}^{\ominus}$ 相差较大,所以常利用难溶硫化物来分离金属离子。

表 19-5　难溶硫化物在周期表中的位置

6 列	7 列	8 列	9 列	10 列	11 列	12 列	13 列	14 列	15 列
MoS_3	MnS	FeS	CoS	NiS	CuS	ZnS	Ga_2S_3	GeS_2	As_2S_5
WS_3	Tc_2S_7	Fe_2S_3	RhS_2	PdS	Cu_2S	CdS	In_2S_3	GeS	As_2S_3
	Re_2S_7	RuS_2	IrS_2	PtS	Ag_2S	HgS	Tl_2S	SnS_2	Sb_2S_5
		OsS_2			Au_2S	Hg_2S		SnS	Sb_2S_3
								PbS	Bi_2S_3

3) 硫化物的酸碱性

同周期、同族以及同种元素硫化物,它们的酸碱性变化规律都和氧化物相同,同周期元素最高氧化态硫化物从左到右酸性增强;同族元素相同氧化态的硫化物从上到下酸性减弱,碱性增强;在同种元素的硫化物中,高氧化态硫化物的酸性强于低氧化态硫化物的酸性。硫化物的组成、性质均和相应氧化物相似。例如

H_2S	NaSH	Na_2S	As_2S_3	As_2S_5	Na_2S_2
H_2O	NaOH	Na_2O	As_2O_3	As_2O_5	Na_2O_2
	碱性	碱性	两性,还原性	酸性	碱性,氧化性

酸性硫化物可溶于碱性硫化物,如 As_2S_3、As_2S_5、Sb_2S_3、Sb_2S_5、SnS_2、HgS 等酸性或两性硫化物可与 Na_2S 反应。

$$As_2S_3 + 3Na_2S \xlongequal{} 2Na_3AsS_3 \text{(硫代亚砷酸钠)}$$

$$HgS + Na_2S \xlongequal{} Na_2HgS_2$$

SnS 显碱性,不溶于 Na_2S 中,但可溶于多硫化物中。

$$SnS + S_2^{2-} \xlongequal{} SnS_2 + S^{2-}$$

19.3.4　硫的含氧化合物

1. SO_2

SO_2 是最常见的硫氧化物(oxysulfide),无色气体,有强烈刺激性气味,是大气主要污染物之一。火山爆发时会喷出该气体,在许多工业过程中也会产生二氧化硫。由于煤和石油通常都含有硫化合物,因此燃烧时会生成二氧化硫。当二氧化硫溶于水中,会形成亚硫酸(酸雨的主要成分)。若把 SO_2 进一步氧化,通常在催化剂的存在下,便会生成硫酸。这就是对使用这些燃料作为能源的环境效果担心的原因之一。

在 SO_2 气态分子中,中心原子硫原子杂化形式为 sp^2 杂化,$\angle OSO = 119.5°$,S—O 键长 143.2pm,SO_2 是极性分子(图 19-12)。

SO_2 常温下为无色有刺激性气味的有毒气体,密度比空气大,易液化,易溶于水(约为 1∶40,体积比)。从酸性溶液中氧族元素的弗洛斯特图(图 19-13)可以看出,SO_2 中硫的氧化态为 +4,所以具有氧化性和还原性。

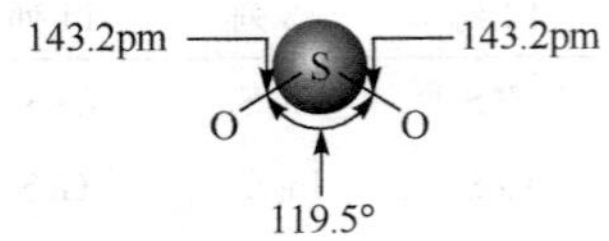

图 19-12　SO_2的分子结构

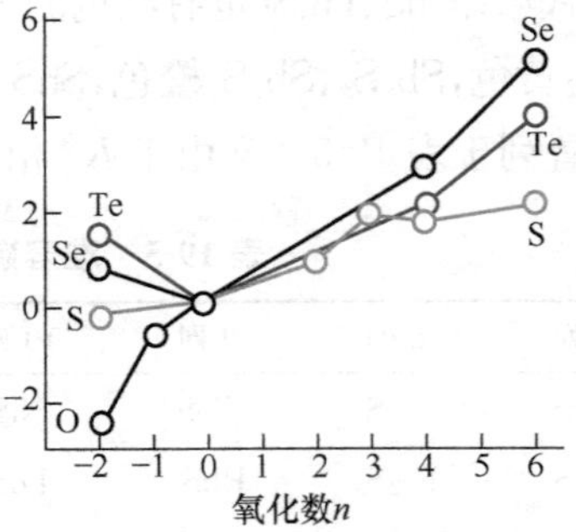

图 19-13　酸性溶液中氧族元素的弗洛斯特图

显示还原性的一些典型反应有：

$$SO_2+Br_2(I_2)+2H_2O=\!=\!=H_2SO_4+2HBr(HI)$$

$$SO_2(g)+Cl_2(g)=\!=\!=SO_2Cl_2(l)$$

$$2SO_2(g)+O_2(g)=\!=\!=2SO_3$$

显示氧化性的一些典型反应有：

$$SO_2+2H_2S=\!=\!=3S+2H_2O$$

$$SO_2+2CO=\!=\!=2CO_2+S$$

另外，它还具有漂白作用，能和一些有机色素结合成无色有机化合物。SO_2还可以作配体以不同的方式与过渡金属形成配合物。

【例题 19-6】 给出 SO_2F^- 和$(CH_3)_3NSO_2$可能的结构并预言它们与 OH^- 的反应。

解　本题意在推断 SO_2配合物的结构和化学性质。

虽然 SO_2路易斯结构(a)中的 S 原子符合八隅律，但该原子仍可作为接受体，使 SO_2分子可以通过价层电子重排而显示路易斯酸性。形成的两种配合物的 S 原子上都有一对孤对电子，4 对电子对绕 S 原子形成三角锥[(b)，(c)]。OH^- 的路易斯碱性比 F^- 或 $N(CH_3)_3$都强，因此两个配合物中无论哪个和 OH^- 相遇都会产生酸式亚硫酸氢根离子 HSO_3^-。人们发现这样得到的 HSO_3^- 存在两种异构体[(d)，(e)]。

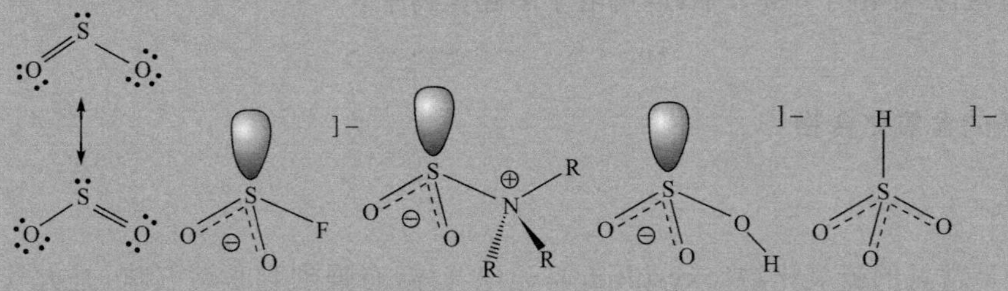

(a)　(b)　(c)　(d)　(e)

SO_2可采取多种方法制备。

还原法：

$$2CaSO_4+C=\!=\!=2CaO+2SO_2+CO_2$$

$$2H_2SO_4(浓)+Zn=\!=\!=ZnSO_4+SO_2+2H_2O$$

氧化法(工业制法)：

$$S+O_2=\!=\!=SO_2\uparrow$$

$$4FeS_2+11O_2=\!=\!=2Fe_2O_3+8SO_2\downarrow$$

置换法(实验室制法)：

$$SO_3^{2-}+2H^+ \longrightarrow SO_2\uparrow +H_2O$$

SO_2溶于水产生如下平衡：

$$SO_2(aq)+2H_2O(l) \rightleftharpoons HSO_3^-(aq)+H_3O^+(aq)$$

水溶液中不能离析出亚硫酸(sulphurous acid)，溶液中的主要物种为 $SO_2(aq)$而不是 $HSO_3^-(aq)$和 $H_2SO_3(aq)$(图 19-14)。这种性质与 CO_2相类似，CO_2饱和水溶液中只有约 1% 转化为 H_2CO_3。与 H_2SO_3对应的正盐为亚硫酸盐，与 SO_2一样，其中的 S 原子具有中间氧化态，因而既显氧化性，也显还原性。

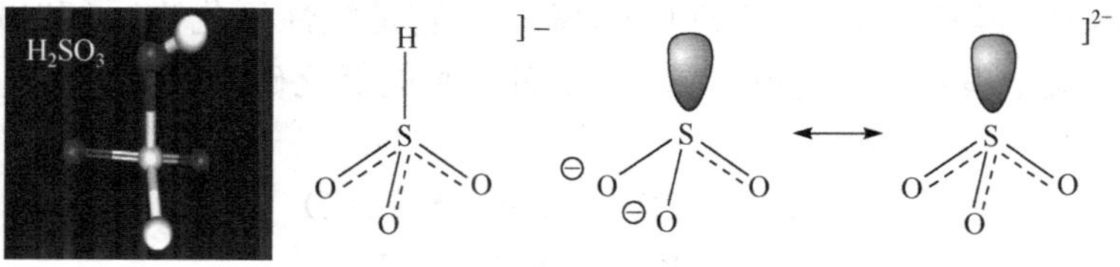

图 19-14　H_2SO_3、HSO_3^-和 SO_3^{2-}的结构

H_2SO_3是二元弱酸，在水溶液中的解离方程为

$$H_2SO_3 \longrightarrow H^+ + HSO_3^- \qquad K_{a_1}^{\ominus}=1.3\times10^{-2}$$

$$HSO_3^- \longrightarrow H^+ + SO_3^{2-} \qquad K_{a_2}^{\ominus}=6.3\times10^{-8}$$

亚硫酸及其盐的氧化还原性表现在：

$$H_2SO_3+I_2+H_2O \longrightarrow H_2SO_4+2HI$$

$$2Na_2SO_3+O_2 \longrightarrow 2Na_2SO_4$$

$$H_2SO_3+2H_2S \longrightarrow 3S+3H_2O$$

亚硫酸及其盐是不稳定性的。

$$4Na_2SO_3 \longrightarrow 3Na_2SO_4+Na_2S$$

$$3H_2SO_3 \longrightarrow 2H_2SO_4+S+H_2O$$

$$SO_3^{2-}+2H^+ \longrightarrow H_2O+SO_2\uparrow$$

$$HSO_3^-+H^+ \longrightarrow H_2O+SO_2\uparrow$$

亚硫酸根可采用下述步骤检出：

$$\text{试液}\xrightarrow{Sr^{2+}}\text{白色沉淀}\xrightarrow{HCl}\text{溶液}\xrightarrow{H_2O_2+BaCl_2}\text{白色沉淀}$$

2. 焦亚硫酸钠

$NaHSO_3$受热后分子间脱水得焦亚硫酸钠(sodium pyrosulfite)，为白色或黄色结晶粉末或小结晶，带有强烈的 SO_2气味，密度 1.4g · cm^{-3}，溶于水，水溶液呈酸性，与强酸接触则放出 SO_2而生成相应的盐类，久置空气中，则氧化成 $Na_2S_2O_6$，因此该产品不能久存。高于 1500℃，即分解出 SO_2。

焦(一缩二)亚硫酸钠是受热时两个分子缩一个水，缩水时不变价，$Na_2S_2O_5$中的 S 仍为Ⅳ价。其化学反应为

$$2NaHSO_3 \longrightarrow Na_2S_2O_5+H_2O$$

焦亚硫酸钠工业上用于印染、有机合成、印刷、制革、制药等部门，在食品加工中作防腐剂、漂白剂、疏松剂，还可用作化学试剂(印染和摄影等方面)、漂白剂、媒染剂、还原剂、橡胶凝固剂，也用于有机合成、制药及香料等。

3. 三氧化硫

将 SO_2 氧化即得 SO_3(sulfur trioxide)：

$$2SO_2(g)+O_2(g)\xlongequal{V_2O_5,400℃}2SO_3(g)\qquad \Delta_r H_m^\ominus=-132.44kJ\cdot mol^{-1}$$

SO_3 溶于水，并和水反应生成硫酸和放出大量的热。因此又称硫酸酐(sulfuric acid anhydride)。SO_3 极易与水化合生成硫酸。

$$SO_3(g)+H_2O\ (l)=\!=\!=H_2SO_4(aq)\qquad \Delta_r H_m^\ominus=-132.44kJ\cdot mol^{-1}$$

SO_3 溶于 H_2SO_4 得发烟硫酸($H_2SO_4\cdot xSO_3$)。它是酸性氧化物，可和碱性氧化物反应生成盐。三氧化硫是很强的氧化剂，特别是在高温时能氧化硫、磷、铁、锌以及溴化物、碘化物等。

$$5SO_3+2P=\!=\!=5SO_2\uparrow+P_2O_5$$

$$SO_3+2KI=\!=\!=K_2SO_3+I_2$$

气态 SO_3 中 S 采取 sp^2 杂化，在竖直方向(未参与杂化的 p 轨道)上的 p 轨道中有一对电子，在形成的杂化轨道中有一对成对电子和 2 个单电子，有 2 个氧原子分别与其形成 σ 键，2 个氧原子竖直方向上 p 轨道各有 1 个电子，一个氧原子与杂化轨道的孤对电子形成配位键，其竖直方向上有 2 个电子，这样，在 4 个原子的竖直方向的电子共同形成一个 Π_4^6 的大 π 键[图 19-15(a)]。纯净的固体 SO_3 无色，易挥发，有三种同素异形体：α-SO_3 丝质纤维状和针状，密度 1.97g · cm^{-3}，熔点 16.83℃，沸点 44.8℃；β-SO_3 石棉纤维状[图 19-15(b)]，熔点 62.4℃，在 50℃可升华，是由 SO_4 四面体连成一个无限长链分子；γ-SO_3 玻璃状[图 19-15(c)]，熔点 16.8℃，沸点 44.8℃。

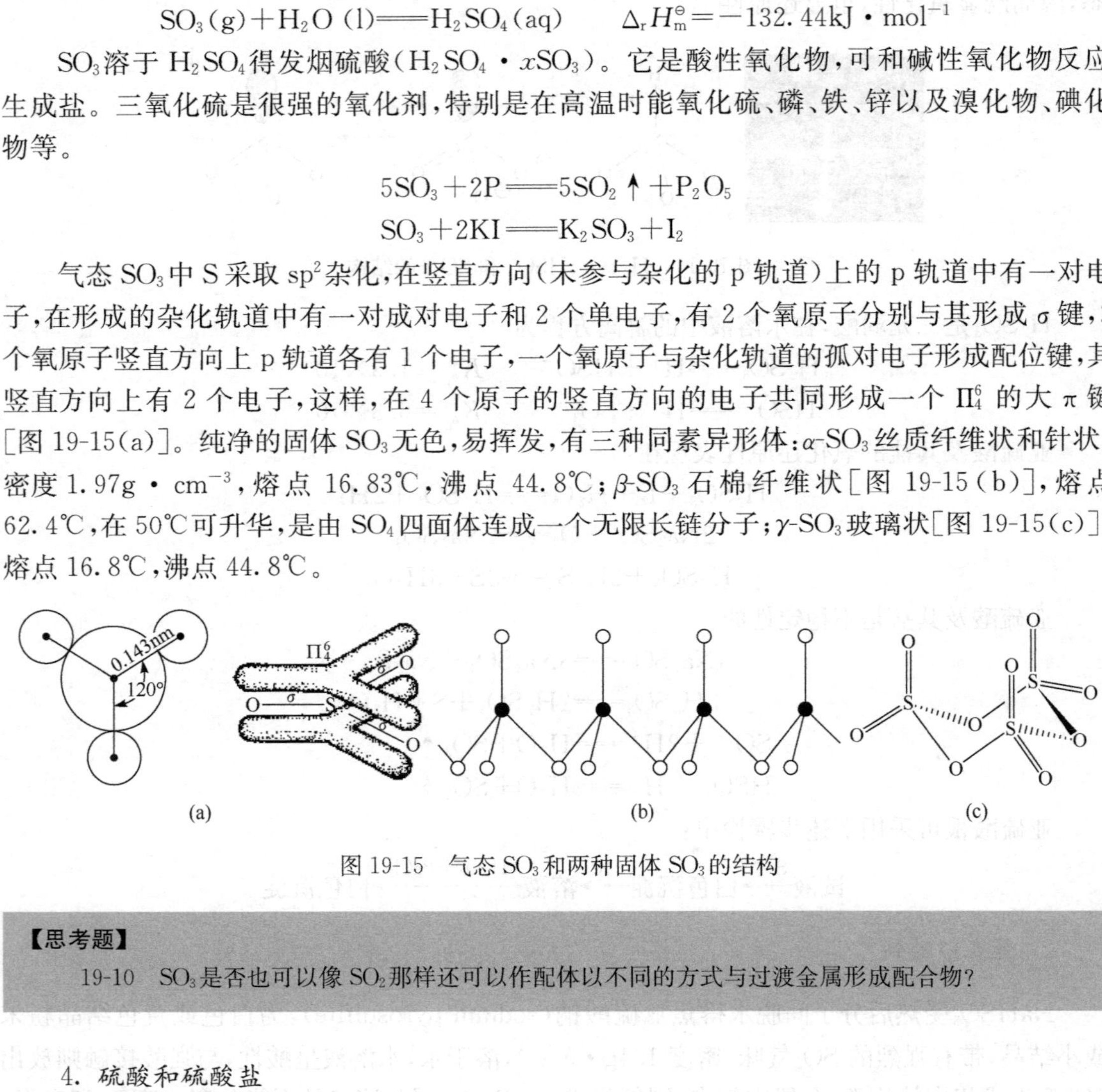

图 19-15　气态 SO_3 和两种固体 SO_3 的结构

【思考题】

19-10　SO_3 是否也可以像 SO_2 那样还可以作配体以不同的方式与过渡金属形成配合物？

4. 硫酸和硫酸盐

1) 硫酸的结构和性质

硫酸(sulfuric acid)是化学工业最重要的原料，其用途涉及冶金、石油精炼、造纸等许多领域。但是，最大的耗量则是制造磷肥，有些国家(如美国)用于制造磷肥的比例高达 70%。全世界 H_2SO_4 年产量(折合成 100%H_2SO_4)高达 1×10^8 t，多年来一直居化工产品产量之榜首。工业硫酸以 78%、96%和 100%等几种浓度投入市场。

纯 H_2SO_4 为无色黏稠液体，凝固点和沸点分别为 283.4K 和 611K。试剂硫酸的密度为 1.84g · cm^{-3}，用质量分数表示的浓度为 0.98(98%)，相应于物质的量浓度为 18mol · dm^{-3}。

H_2SO_4的中心 S 原子采用 sp^3杂化(图 19-16),在 S 与非羟基氧原子之间除存在 σ 配键,还存在 p-d 反馈配键。

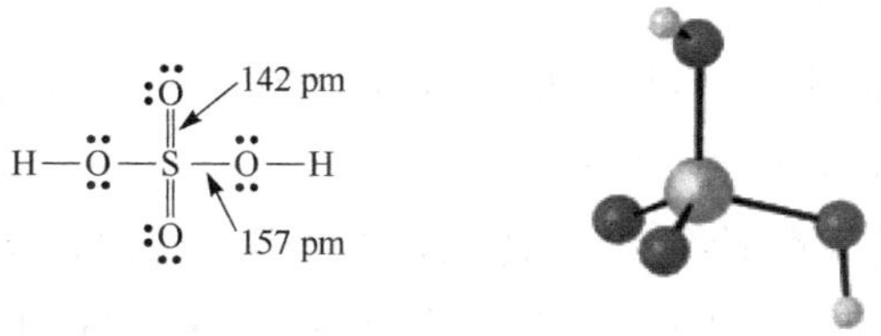

图 19-16　H_2SO_4分子的成键情况及球棍模型

工业上主要采用接触法生产硫酸:

$$S\text{ 或 }FeS_2 \xrightarrow{O_2,\text{燃烧}} SO_2 \xrightarrow{O_2\ ,V_2O_5} SO_3 \xrightarrow{H_2O\text{ 吸收}} H_2SO_4$$

浓 H_2SO_4是高沸点酸,能置换挥发性酸。

$$Na_2SO_3(s)+2H_2SO_4 = 2NaHSO_4+H_2SO_3\uparrow$$

$$NaCl(s)+H_2SO_4 = NaHSO_4+HCl\uparrow$$

浓 H_2SO_4又是二元强酸:

$$H_2SO_4 = H^+ + HSO_4^-$$

$$HSO_4^- = H^+ + SO_4^{2-}$$

浓 H_2SO_4最重要的性质之一就是强吸水性和脱水性,甚至可使有机物炭化,从纤维、糖中按水分子组成比例夺取氢、氧两种元素(脱水作用)。

$$C_{12}H_{22}O_{11} = 12C+11H_2O$$

因此可作干燥剂和脱水剂使用,干燥一些不与浓硫酸反应的各种物质,如氯气、氢气和二氧化碳等气体。浓 H_2SO_4的另一个最重要的性质就是它的强氧化性,可氧化许多金属和非金属元素。

与活泼金属作用:

$$3Zn+4H_2SO_4(\text{浓}) = 3ZnSO_4+S+4H_2O$$

与不活泼金属作用:

$$Cu+2H_2SO_4 = CuSO_4+2SO_2+2H_2O$$

与非金属作用:

$$C+2H_2SO_4(\text{浓}) = CO_2+2SO_2+2H_2O$$

$$2P+5H_2SO_4(\text{浓}) = P_2O_5+5SO_2+5H_2O$$

$$S+2H_2SO_4(\text{浓}) = 3SO_2+2H_2O$$

【思考题】

19-11　浓 H_2SO_4的氧化性那么强,可氧化许多金属和非金属元素。为什么还可以用铝罐和铁罐盛放浓 H_2SO_4?

2) 硫酸盐

硫酸可形成正盐和酸式盐(normal salt and acid salt)两种。在酸式盐中,只有碱金属元素(Na、K)能形成稳定的固态盐。酸式盐易溶于水,其水溶液因 HSO_4^- 部分解离而使溶液显酸性。固态酸式盐受热脱水生成焦硫酸盐。

$$2NaHSO_4 = Na_2S_2O_7 + H_2O$$

硫酸正盐的性质主要有以下几个方面。

(1) 大多数硫酸盐易溶于水，常见的难溶盐有 $BaSO_4$（自然界的矿物称为重晶石）、$SrSO_4$（天青石）、$CaSO_4 \cdot 2H_2O$（石膏）和 $PbSO_4$。

(2) 形成水合晶体是硫酸盐的一个特征，如 $CuSO_4 \cdot 5H_2O$（胆矾）、$MgSO_4 \cdot 7H_2O$、$ZnSO_4 \cdot 7H_2O$、$FeSO_4 \cdot 7H_2O$（绿矾或黑矾）、$Al_2(SO_4)_3 \cdot 18H_2O$ 等。水合晶体盐中水分子多配位于阳离子，有时也通过氢键与阴离子 SO_4^{2-} 相结合。

(3) 易形成复盐(double salt)。复盐是由两种或两种以上的简单盐类所组成的结晶化合物，常见的几种矾如下：

$(NH_4)_2SO_4 \cdot FeSO_4 \cdot 6H_2O$　（莫尔盐，Mohr，淡绿色晶体）

$K_2SO_4 \cdot Al_2(SO_4)_3 \cdot 24H_2O$　（明矾，alum，无色透明晶体）

$(NH_4)_2SO_4 \cdot Fe_2(SO_4)_3 \cdot 24H_2O$　（铁铵矾，ferric ammonium alum，淡紫色晶体）

$K_2SO_4 \cdot Cr_2(SO_4)_3 \cdot 24H_2O$　（铬钾矾，potassium chrome alum，灰绿色晶体）

这些复盐在水溶液中完全解离为组成离子，因此可将其看作稳定性极小的一类配合物。尽管如此，有些矾仍然表现出不同于简单盐的性质。例如，$FeSO_4 \cdot 7H_2O$ 水溶液中的 Fe^{2+} 容易被空气中的 O_2 氧化为 Fe^{3+}，而莫尔盐在水溶液中则稳定得多。正是由于这个原因，分析化学用莫尔盐而不用 $FeSO_4 \cdot 7H_2O$ 配制 Fe^{2+} 的标准溶液。

(4) 硫酸盐热分解的基本形式是产生金属氧化物和 SO_3。

$$MgSO_4 = MgO + SO_3$$

若金属离子有强的极化作用，其氧化物在强热时也可能进一步分解。例如

$$4Ag_2SO_4 = 8Ag + 2SO_3 + 2SO_2 + 3O_2$$

其中，金属氧化物 Ag_2O 分解为单质 Ag 和 O_2，SO_3 部分分解为 SO_2 和 O_2。若阳离子有还原性，则能将 SO_3 部分还原为 SO_2。

$$2FeSO_4 = Fe_2O_3 + SO_3 + SO_2$$

硫酸盐分解与温度的关系为①若同族，等价金属硫酸盐的热分解温度从上到下升高：

$$MgSO_4(895℃) < CaSO_4(1149℃) < SrSO_4(1374℃)$$

②若同种元素能形成几种硫酸盐，则高氧化态硫酸盐的分解温度低：

$$Mn_2(SO_4)_3(300℃) < MnSO_4(755℃)$$

③若金属阳离子的电荷相同、半径相近，则 8 电子构型比 18 电子构型的阳离子硫酸盐的分解温度要高：

$$CdSO_4(816℃) < CaSO_4(1149℃)$$

3) 焦硫酸及其盐

冷却发烟硫酸时，可以析出焦硫酸(disulfuric acid)晶体。

$$SO_3 + H_2SO_4 = H_2S_2O_7$$

$H_2S_2O_7$ 为无色晶体，吸水性、腐蚀性比 H_2SO_4 更强。焦硫酸与水反应又生成硫酸。

$$H_2S_2O_7 + H_2O = 2H_2SO_4$$

焦硫酸盐可作为熔剂熔化矿物

$$\alpha\text{-}Al_2O_3 + 3K_2S_2O_7 = Al_2(SO_4)_3 + 3K_2SO_4$$

$$TiO_2 + K_2S_2O_7 = TiOSO_4 + K_2SO_4$$

这也是分析化学中处理难熔样品的一种重要方法。焦硫酸盐水解后生成 HSO_4^-。

加热固体碱金属酸式硫酸盐可制得焦硫酸盐。

$$2NaHSO_4 \xlongequal{\triangle} Na_3S_2O_7 + H_2O$$

$$2KHSO_4 \xlongequal{\triangle} K_2S_2O_7 + H_2O$$

5. 其他价态的含氧化合物

1) 硫代硫酸及其盐

硫代硫酸 $H_2S_2O_3$(thiosulfuric acid)和硫代硫酸盐 $M_2S_2O_3$($M=Na^+$、NH_4^+ 等)中 S 的氧化数为+2,两个硫原子具有不同的化学环境。硫代硫酸盐得名于硫酸盐化学式中的一个氧原子被与它同族的 S 原子所代替(图 19-17)。

硫代硫酸钠可以通过下面的方法制得:

$$Na_2SO_3 + S = Na_2S_2O_3$$

$$2Na_2S + Na_2CO_3 + 4SO_2 = 3Na_2S_2O_3 + CO_2$$

$$2NaOH + SO_2 + S = Na_2S_2O_3 + H_2O$$

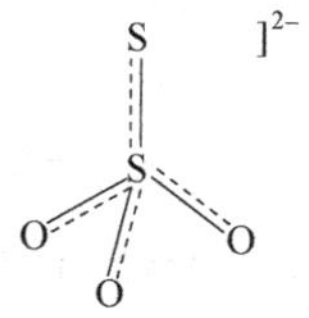

图 19-17　$S_2O_3^{2-}$ 的结构

硫代硫酸易溶于水,水溶液呈弱酸性;它不稳定,与酸迅速分解生成 S。

$$Na_2S_2O_3(aq) + 2HCl(aq) = 2NaCl(aq) + S(s) + SO_2(g) + H_2O(l)$$

硫代硫酸盐是个中等强度的重要还原剂,较强的氧化剂如氯、溴等,可将硫代硫酸钠氧化为硫酸钠。

$$Na_2S_2O_3 + 4Cl_2 + 5H_2O = Na_2SO_4 + H_2SO_4 + 8HCl$$

碘可将硫代硫酸钠氧化成连四硫酸钠 $Na_2S_4O_6$(sodium tetrathionate dihydrate)

$$2S_2O_3^{2-} + I_2 = S_4O_6^{2-} + 2I^-$$

分析化学中的"碘量法"就是利用这一反应来定量测定碘。

重金属的硫代硫酸盐难溶且不稳定,例如

$$2Ag^+ + S_2O_3^{2-} = Ag_2S_2O_3\downarrow$$

$$Ag_2S_2O_3 + H_2O = Ag_2S\downarrow + H_2SO_4$$

其反应现象是由白色经黄色、棕色、最后生成黑色的 Ag_2S。用此反应也可鉴定 $S_2O_3^{2-}$ 的存在。

$S_2O_3^{2-}$ 还是个良好的配位体,与 AgBr 反应生成可溶性配合物,用作定影液的成分以溶去胶片上未起作用的 AgBr。

$$AgBr + 2Na_2S_2O_3 = Na_3[Ag(S_2O_3)_2] + NaBr$$

$Na_3[Ag(S_2O_3)_2]$不稳定,遇酸分解。

$$2[Ag(S_2O_3)_2]^{3-} + 4H^+ = Ag_2S + SO_4^{2-} + 3S\downarrow + 3SO_2\uparrow + 2H_2O$$

2) 过硫酸及其盐

过氧硫酸(peroxymonosulfuric acid)可看作 H_2O_2 中的 H 原子被 HSO_3^- 取代的产物。

一个 H 原子被取代的产物是过一硫酸 H_2SO_5，两个 H 原子被取代的产物是过二硫酸 $H_2S_2O_8$。

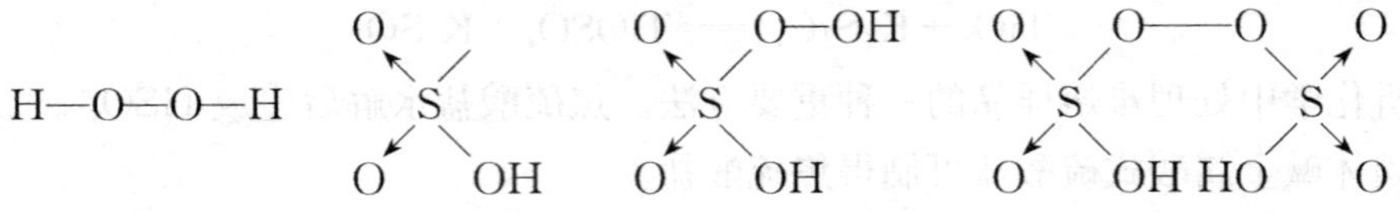

过氧化氢　　磺酸基　　过一硫酸　　过二硫酸

H_2SO_5 和 $H_2S_2O_8$ 中 S 原子的氧化数分别为＋8 和＋7，都超过了 S 的族氧化态。

过二硫酸盐虽是强氧化剂，但氧化过程的速率很慢。加入催化剂可使反应大大加速，如在酸性介质和 Ag^+ 催化的条件下，可将 Mn^{2+}、Cr^{3+}、Ce^{3+} 等氧化至它们的高氧化态。

$$5S_2O_8^{2-}(aq)+2Mn^{2+}(aq)+24H_2O(l)=\!=\!=2MnO_4^-(aq)+10SO_4^{2-}(aq)+16H_3O^+(aq)$$

$$2S_2O_8^{2-}(aq)+2Cr^{3+}(aq)+21H_2O(l)=\!=\!=Cr_2O_7^{2-}(aq)+4SO_4^{2-}(aq)+14H_3O^+(aq)$$

$$S_2O_8^{2-}(aq)+2Ce^{3+}(aq)=\!=\!=2Ce^{4+}(aq)+2SO_4^{2-}(aq)$$

3) 连二亚硫酸及其盐

在无氧条件下，用锌粉还原亚硫酸氢钠即可制得连二亚硫酸钠(sodium hydrosulfide)。

$$2NaHSO_3+Zn=\!=\!=Na_2S_2O_4+Zn(OH)_2$$

连二亚硫酸钠在碱性溶液中为中强还原剂[$E^\ominus(SO_3^{2-}/S_2O_4^{2-})=-1.12V$]。在催化剂(2-蒽醌磺酸盐)存在下，其水溶液可用以洗涤惰性气体(N_2、Ar 等)，有效地除去其中所含的氧气。$Na_2S_2O_4 \cdot 2H_2O$ 是染料工业上常用的还原剂，称为保险粉。

习　题

19-1　为什么氧一般只表现氧化性，而硫却有氧化性和还原性？

19-2　有三瓶试剂，分别盛放 KI 溶液、H_2S 溶液和 H_2O_2 溶液，请设计一个不用其他试剂而加以鉴别的方案。

19-3　某一金属盐溶液，加入适量 Na_2CO_3 生成灰绿色沉淀，再加入 H_2O_2 并煮沸，此时溶液呈黄色，冷却并酸化此溶液，再加入 H_2O_2 溶液呈蓝色，此蓝色化合物在水中不稳定，在乙醚中较稳定，写出上述各反应的离子方程式。

19-4　如果有少量的单质汞洒落地上，您将用什么办法处理？为什么？

19-5　有下列四种硫化物，分别试验在水、$2mol \cdot L^{-1}$ 的 HCl、HNO_3、王水中的溶解情况，其中符合下列情况的是：

A. HgS　B. BaS　C. MnS　D.　CuS

(1) 在上述溶剂中都溶解的是(　　)

(2) 不溶于水，而在上述酸中都溶解的是(　　)

(3) 只溶于 HNO_3 和王水中的是(　　)

(4) 只溶于王水中的是(　　)

19-6　用反应方程式完成下列各化合物间的转化。

$$KHSO_4 \longrightarrow K_2S_2O_8 \longrightarrow H_2O_2$$

19-7　在钢铁分析中常用过二硫酸钾的强氧化性来测定钢铁中锰的含量，请写出这一氧化还原方程式。

19-8　制备硫代硫酸钠时，溶液为什么须控制在碱性范围，写出有关的反应方程式。

19-9　某钠盐 A 易溶于水，其水溶液呈碱性，加稀盐酸有刺激性臭味的气体 B 生成，气体 B 能使浓硫酸变浑浊生成沉淀 C，并有气体 D 生成，D 能使品红褪色，B 还能使银离子生成黑色物质 E，指出 A、B、C、D、E 各为何物，并写出相应的化学方程式。

19-10　一瓶两种阴离子混合的溶液，加入 HCl 有浑浊现象，且有刺激性气味产生，加入过量的 HCl，再加入 $BaCl_2$ 溶液有白色沉淀产生。试判断阴离子溶液的组成，并写出相应的化学反应方程式。

第20章 卤 素

本章学习要求

(1) 掌握卤素单质、氢化物、含氧酸及其盐的结构、性质、制备和用途，会用结构理论和热力学解释它们的某些化学现象的规律性；

(2) 会用元素电势图判断卤素及其化合物的氧化还原性以及它们之间的相互转化关系；

(3) 熟悉含氧酸的氧化性和热稳定性变化规律；

(4) 熟悉含氧酸的酸性强弱变化规律。

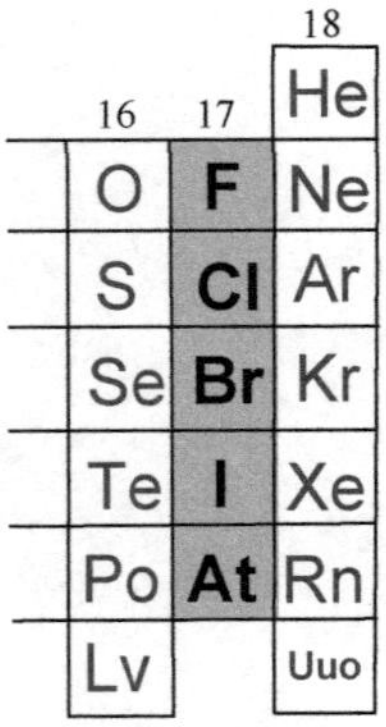

【背景问题】

(1) 周期表第17列元素为什么称为“卤素”？它的原意是什么？

(2) 为什么在自然界中不存在游离的氯和氟？

(3) 甲状腺肿大症(大脖子病)、智力衰退和机能衰退是因为饮食中长期缺少什么元素造成的？我国是怎么解决的？

(4) 美国和德国的化学家试图制造出电子亲和能为10eV的超级卤化物。他们认为，超级卤化物有助于研究人员发现其他新奇的化学物质，其或将在工业领域“大展拳脚”，用于制造清洁无毒的产品。这是为什么呢？

卤素是最活泼的非金属元素。由于本书多个地方都涉及卤素化学，本章将在讲述卤素单质、氢化物、含氧酸及其盐的结构、性质、制备和用途时，将重点放在族内性质的变化趋势上，并用结构理论和热力学原理进行诠释。

20.1 卤素的通性

周期系第17列族元素包括氟(fluorine，F)、氯(chlorine，Cl)、溴(bromine，Br)、碘(iodine，I)和砹(astatine，At)五种元素，总称为卤素(halogen)。卤素来源于希腊语halos(盐)和gennan(形成)两个词。在中文里，卤的原意是盐碱地的意思。砹极不稳定。砹-210是半衰期最长的同位素，其半衰期为8.3h。

卤素原子的一些基本性质见表20-1。由于卤素原子的价电子层构型为ns^2np^5，它们很容易得到一个电子形成卤离子，或与另一个原子形成共价键，所以卤素原子都能以−1氧化态形式存在。除氟外，在一定的条件下，氯、溴、碘的外层ns、np成对电子受激发可跃迁到nd轨道，nd轨道也参与成键，因此可呈现+1、+3、+5、+7氧化态，这些氧化态突出地表现在氯、溴、碘的含氧化合物和卤素间化合物中，如HClO、HIO_3、Cl_2O_7和BrF_3等。

表20-1 卤素原子的一些基本性质

性 质	氟	氯	溴	碘	砹
原子序数	9	17	35	53	85

续表

性　质	氟	氯	溴	碘	砹
电子构型	[He]$2s^2 2p^5$	[Ne]$3s^2 3p^5$	[Ar]$3d^{10} 4s^2 4p^5$	[Kr]$4d^{10} 5s^2 5p^5$	[Xe]$4f^{14} 5d^{10} 6s^2 6p^5$
常见氧化态	−1	−1、1、3、5、7	−1、1、3、5、7	−1、1、3、5、7	可能有−1、1、5
共价半径/ pm	64	99	114.2	133.3	145
X^- 半径/ pm	133	181	196	220	227
第一电离能/(kJ · mol^{-1})	1681	1251	1140	1008	—
电子亲和能/(kJ · mol^{-1})	327.9	348.8	324.6	295.3	270
X^- 的水合能/(kJ · mol^{-1})	−507	−368	−335	−293	—
X_2的解离能/(kJ · mol^{-1})	156.9	242.6	293.8	152.6	—
电负性(鲍林标度)	3.98	3.16	2.96	2.66	2.2

卤素中从氯到碘的电子亲和能依次减小，但氟的电子亲和能却比氯小，其反常的原因是因为氟的原子半径特别小，核周围电子密度较大，当接受外来电子或共用电子对成键时，将引起电子间较大的斥力，从而部分抵消了气态氟原子形成气态氟离子时所放出的能量。尽管如此，氟化物的标准摩尔生成焓通常仍远高于氯化物的标准摩尔生成焓。

$$Na^+(g) + F^-(g) \longrightarrow NaF(s);\quad \Delta_r H_m^\ominus = -1505.59 kJ \cdot mol^{-1}$$

$$Na^+(g) + Cl^-(g) \longrightarrow NaCl(s);\quad \Delta_r H_m^\ominus = -787.38 kJ \cdot mol^{-1}$$

对此的解释是离子型氟化物的高晶格能和共价型氟化物高的键能补偿了氟的较低电子亲和能所致(图 20-1)。当其他元素原子的半径较大或最外电子层没有孤对电子时，电子之间的斥力减小，于是与氯相比，半径小的氟同这些元素原子更易形成稳定的共价键。例如，PF_3 和 PCl_3 中 P—F 键和 P—Cl 键键能分别为 490kJ · mol^{-1} 和 319kJ · mol^{-1}，CF_4 和 CCl_4 的 C—F 键和 C—Cl 键键能分别是 485kJ · mol^{-1} 和 327kJ · mol^{-1}。

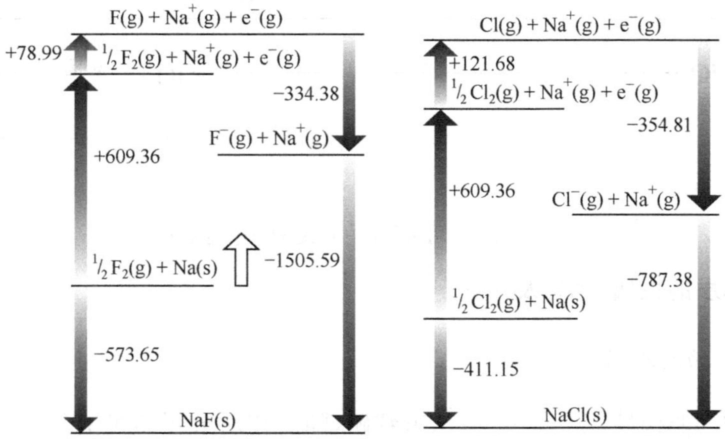

图 20-1　生成氟化钠和氯化钠的热化学循环(图中数据的单位是 kJ)

【思考题】

20-1　查阅文献，了解有关 117 号元素的争论。

由卤素元素的电势图可以看出，卤素各氧化态之间组成的电对都具有正的电极电势值，尤其是在酸性溶液中大多数电对的电极电势具有较大的正值，因此它们都具有比较强的氧化能力。

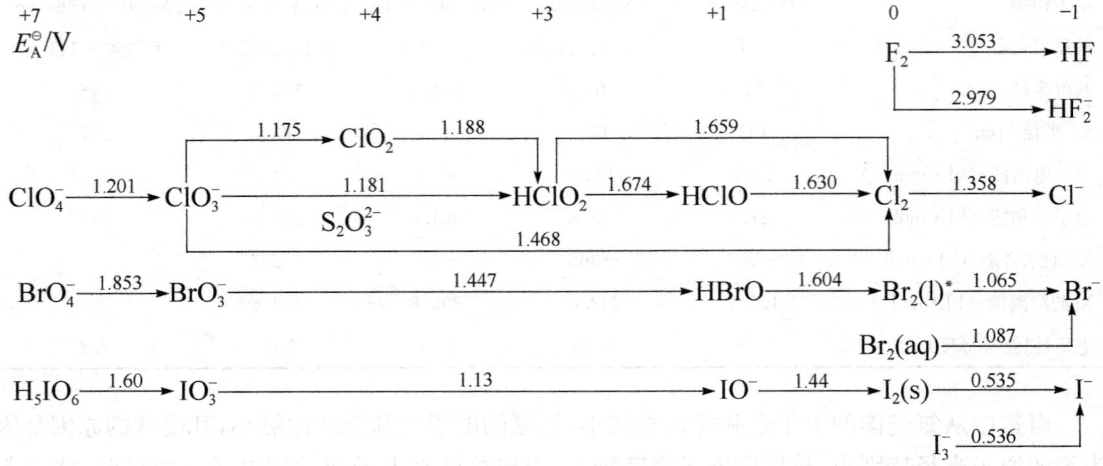

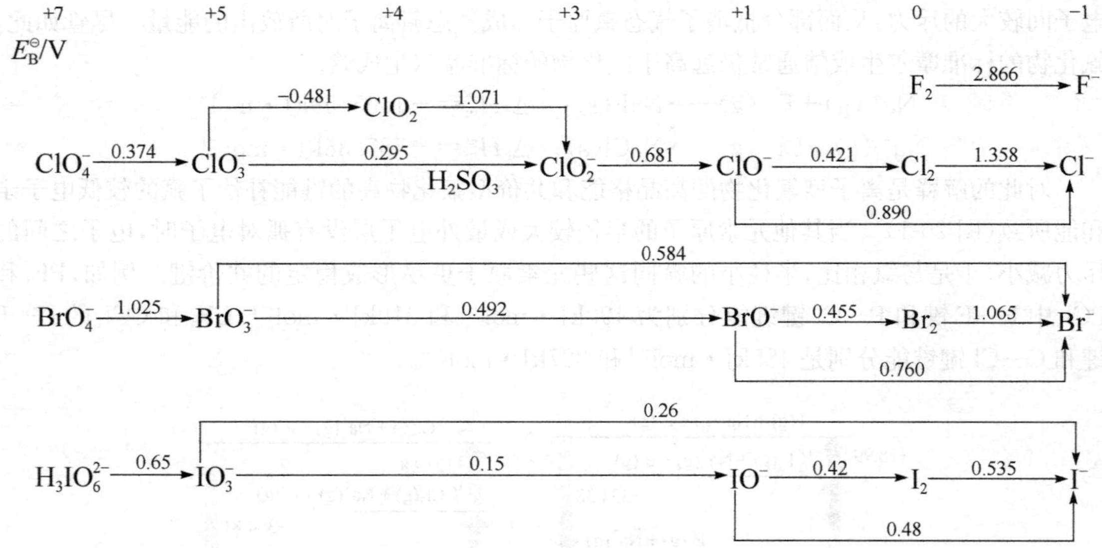

20.2　卤素单质及其化合物

20.2.1　卤素单质的性质、制备及用途

1. 卤素单质的物理性质

卤素单质均为非极性双原子分子，从氟到碘，随着相对分子质量的增大，分子间色散力逐渐增加，卤素单质的密度、熔点、沸点等物理性质均依次递增(表 20-2)。卤素单质都是有颜色的，且随着原子序数的增大，颜色逐渐加深(图 20-2)。物理性质表现出最有规律的单向变化。

卤素单质在水中的溶解度不大。其中，氟使水剧烈地分解而放出氧气。常温下，$1m^3$ 水可溶解约 $2.5m^3$ 的氯气。氯、溴和碘的水溶液分别称为氯水、溴水和碘水。卤素单质在有机溶剂中的溶解度比在水中的溶解度大得多。根据这一差别，可以用四氯化碳等有机溶剂将卤素单质从水溶液中萃取(extraction)出来。

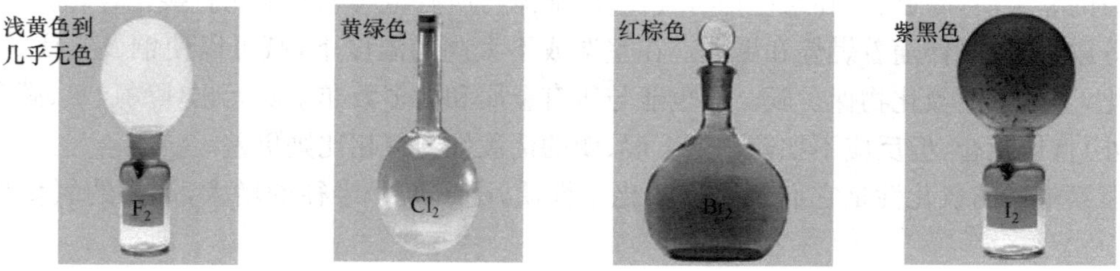

图 20-2　卤素单质的颜色

卤素单质都具有毒性，毒性从氟到碘而减弱。卤素单质强烈地刺激眼、鼻、气管等器官的黏膜，吸入较多的卤素蒸气会导致严重中毒，甚至死亡。液溴会使皮肤严重灼伤而难以治愈，在使用溴时要特别小心。

表 20-2　卤素单质的一些性质

性　质	氟	氯	溴	碘	砹
物态(298K，101.3kPa)	气体	气体	液体	固体	固体
颜色	浅黄色到几乎无色	黄绿色（有金属光泽）	红棕色（有金属光泽）	紫黑色	紫黑色
密度(液体)/$(g \cdot mol^{-1})$	1.513 (−188℃)	1.655 (−70℃)	3.187 (0℃)	3.960 (120℃)	—
沸点/℃	−188.13	−30.04	58.8	185.24	302
熔点/℃	−219.61	−101.5	−7.25	113.60	337
$\Delta_f H_m^\ominus(X^-, aq)/(kJ \cdot mol^{-1})$	−332.63	−167.159	−121.55	−55.19	—
$E^\ominus(X_2/X^-)/V$	2.889	1.360	1.0774	0.5345	0.5
X—X 键能/$(kJ \cdot mol^{-1})$	159	243	193	151	—
晶体结构	分子晶体	分子晶体	分子晶体	分子晶体（具有部分金属性）	—

【思考题】

20-2　I_2蒸气呈紫色，I_2溶于 CCl_4 或环己烷也呈紫色，但它溶于苯、乙醚、三乙胺等溶剂却要发生颜色的变化，为什么？

【例题 20-1】　为什么卤素单质的颜色由氟到碘依次加深？

解　结构的单一性导致了颜色的单调变化。渐变现象是由元素的最高占有分子轨道(HOMO)与最低未占有分子轨道(LUMO)之间的能量差自上而下减小，而使激发波长变长(能量变小)造成的。

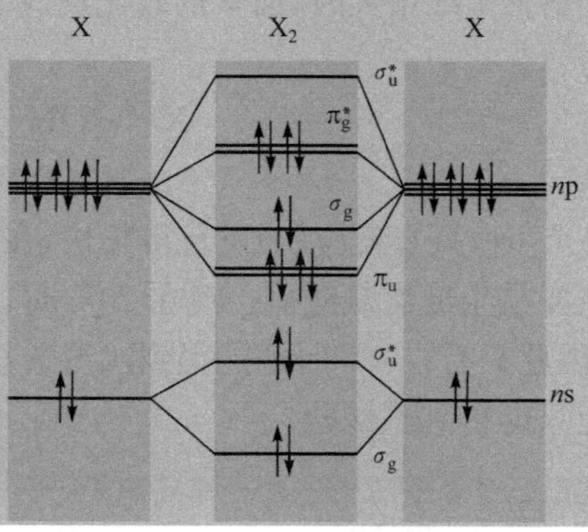

2. 卤素单质的化学性质

卤素是很活泼的非金属元素。卤素单质具有强氧化性，能与大多数元素直接化合。氟是最活泼的非金属，除氮、氧和某些稀有气体外，氟能与所有金属和非金属直接化合，而且反应通常十分剧烈，有时伴随着燃烧和爆炸。在室温或不太高的温度下，氟可以使铜、铁、镁、镍等金属钝化，生成金属氟化物保护膜。氯也能与所有金属和大多数非金属元素(除氮、氧、碳和稀有气体外)直接化合，但反应不如氟剧烈。溴、碘的活泼性与氯相比则更差。

卤素单质的氧化性是它们最典型的化学性质，随着原子半径的增大，卤素的氧化性依次减弱。

$$F_2 > Cl_2 > Br_2 > I_2$$

卤素单质化学活泼性的变化在卤素与氢的化合反应中表现得十分明显。氟与氢化合即使在低温、暗处也会发生爆炸。氯与氢在暗处反应极为缓慢，但在光照射下可瞬间完成。溴与氢的反应需要加热才能进行。碘与氢只有在加热或有催化剂存在的条件下才能反应，且反应是可逆的。

从卤素的标准电极电势 $E^{\ominus}(X_2/X^-)$ 看，卤素单质在水溶液中的氧化性也同样按 $F_2 > Cl_2 > Br_2 > I_2$ 的次序递变，因此，位于前面的卤素单质可以氧化后面卤素的阴离子。例如，Cl_2 能氧化 Br^- 和 I^-，分别生成相应的单质 Br_2 和 I_2；Br_2 则能氧化 I^-，生成 I_2。卤素能氧化某些硫化物，生成单质硫。例如

$$CS_2 + 2Cl_2 \longrightarrow CCl_4 + 2S$$

卤素与水发生两类重要的化学反应。第一类反应是卤素置换水中氧的反应

$$2X_2 + 2H_2O \longrightarrow 4X^- + 4H^+ + O_2 \qquad (1)$$

第二类反应是卤素的歧化反应

$$X_2 + H_2O \rightleftharpoons X^- + H^+ + HXO \qquad (2)$$

卤素单质与水发生第一类反应的剧烈程度同样按 $F_2 > Cl_2 > Br_2 > I_2$ 的次序递变。氟的氧化性最强，只能与水发生第一类反应，反应是自发的、剧烈的放热反应。

$$2F_2 + 2H_2O \longrightarrow 4HF + O_2 \qquad \Delta_r G_m^{\ominus} = -713.02\text{kJ} \cdot \text{mol}^{-1}$$

氯只有在光照下缓慢地与水反应放出 O_2，氯与水作用放出 O_2 的反应极其缓慢。碘与水不发生第一类反应。相反，氧却可以作用于碘化氢溶液，析出单质碘。Cl_2、Br_2、I_2 与水主要发生第二类反应，反应是可逆的。在 25℃时，Cl_2、Br_2、I_2 歧化反应的标准平衡常数分别为 4.2×10^{-4}、7.2×10^{-9}、2.0×10^{-13}。由此可见，反应进行的程度随原子序数的增大依次减小。

当溶液 pH 增大时，卤素的歧化反应平衡向右移动。卤素在碱性溶液中易发生如下的歧化反应：

$$X_2 + 2OH^- \longrightarrow X^- + OX^- + H_2O \qquad (3)$$

$$3OX^- \longrightarrow 2X^- + XO_3^- \qquad (4)$$

氯在 20℃时，只有反应(3)进行得很快，在 70℃时，反应(4)才进行得很快，因此常温下氯与碱作用主要是生成次氯酸盐。溴在 20℃时，反应(3)和(4)进行得都很快，而在 0℃时反应(4)较缓慢，因此只有在 0℃时才能得到次溴酸盐。碘即使在 0℃时反应(4)也进行得很快，所以碘与碱反应只能得到碘酸盐。

【思考题】

20-3 为什么氟单质与水的反应类型不同于氯、溴、碘？

20-4 卤素单质在水中的歧化反应受哪些因素的影响？

【例题 20-2】 试写出将盐卤中的 Br^- 转化为 Br_2 的反应方程式和电位。从热力学观点解释 Br^- 可被 O_2 氧化为 Br_2，但为什么不用 O_2 达到此目的。

解 Br^- 用 Cl_2 氧化：

$$Cl_2(g)+2Br^-(aq)=\!=\!=2Cl^-(aq)+Br_2(g)$$

$$E_{MF}^{\ominus}=1.35V-1.07V=+0.26V$$

从热力学角度 Br^- 在酸性溶液中可被 O_2 所氧化：

$$O_2(g)+4Br^-(aq)+4H^+(aq)=\!=\!=2H_2O(l)+2Br_2(l)$$

$$E_{MF}^{\ominus}=1.23V-1.07V=+0.16V$$

该反应在 pH=7 的溶液中不能进行($E=-0.15V$)。因为 O_2 的反应涉及约 0.6V 的超电位。即使酸性溶液中的反应在动力学上是有利的，但由于需要将如此大量的盐卤酸化然后又将废液中和，在经济上显然没有吸引力。

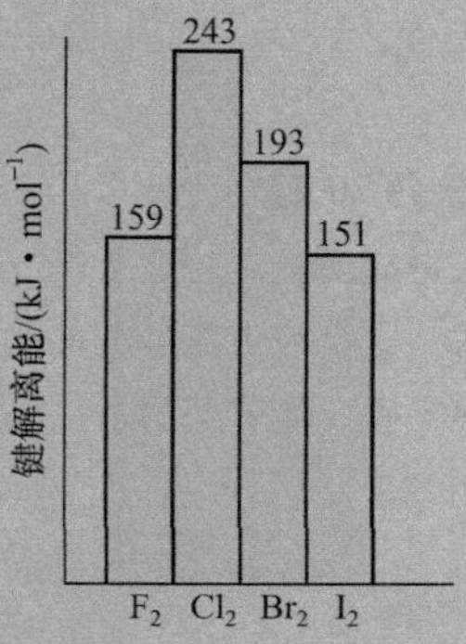

【例题 20-3】 为什么 F 的电负性最大，但其电子亲和能却小于 Cl，而且 F—F键解离能也低于 Cl—Cl 键？

解 这是因为 F 原子体积太小，导致价层电子间有较强的排斥力，使键变弱，这种现象在 N、O 族中也存在。

3. 卤素的存在及其单质的制备和用途

由于卤素是具有强化学活泼性的非金属元素，所以它们在自然界以化合状态存在。由卤化物制备卤素单质的方法，可以归结为卤素负离子氧化手段的选择。根据不同卤素的氧化还原性的差别，可以利用电解的方法氧化或用氧化剂来氧化。

1) 氟

氟主要以萤石 CaF_2、冰晶石 Na_3AlF_6、氟磷酸钙 $3Ca_3(PO_4)_2\cdot CaF_2$ 等矿物存在。制取氟通常采用电解氧化法，这是由于氟是很强的氧化剂，很少有比氟更强的氧化剂能夺取 F^- 中的电子而将其氧化为 F_2。通常，电解所用的电解质是三份氟化氢钾(KHF_2)和两份无水氟化氢的熔融混合物(熔点为 72℃)，目的是减轻 HF 的挥发，并且可降低电解质的熔点。电解时，在阳极生成氟气，在阴极生成氢气。电解槽材料用抗氟腐蚀的 Monel 合金(含 Cu 30%、Ni 60%～65%的合金)，电解反应的方程式为

$$2HF\xrightarrow[373K]{电解}F_2+H_2$$

由上述反应可以看出，电解所不断消耗的是 HF，而不是 KF，所以要不断加入无水 HF，以降低电解质的熔点，保证电解反应继续进行。为了防止产物 F_2 和 H_2 相互混合而引起爆炸，电解槽中有一特制的隔膜将两者严格分开(图 20-3)。储存氟的容器是用含镍合金制成的钢瓶。

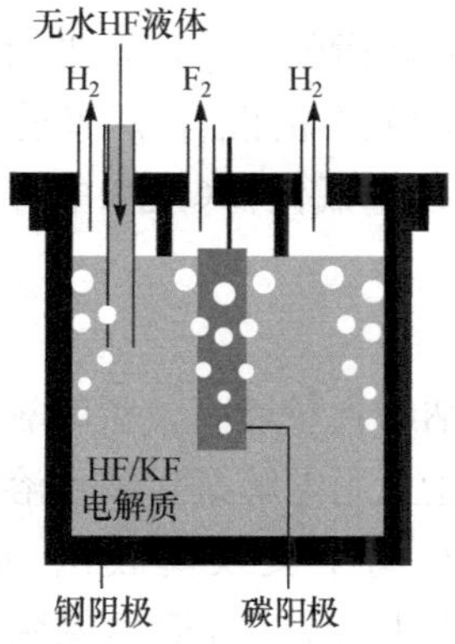

图 20-3　由电解质 HF-KF 生产 F_2 的电解槽简图

【思考题】

20-5　为什么从 1768 年发现 HF 以后，直到 1886 年才制得 F_2，历时 118 年？1886 年 Moissan 采用如下装置制得 F_2 的原理是什么？

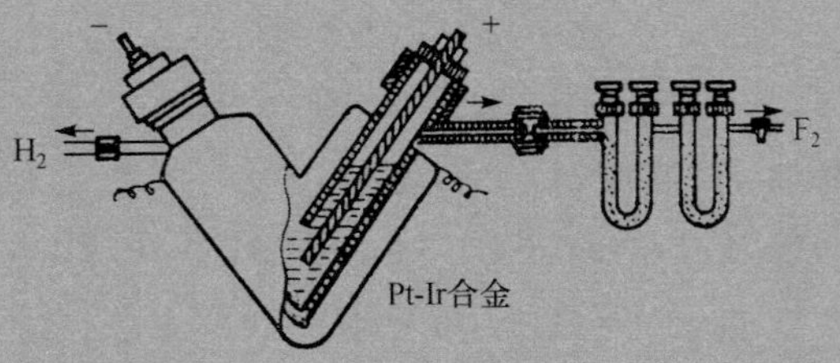

【例题 20-4】　为什么从 1886 年 Moissan 制得 F_2 后，又历时 100 年化学方法制氟才由化学家 K. Christe 获得成功？又为什么说"这一发现看来不会代替电解法生产氟"？

解　这是因为氟是电负性最强的元素，找不到比它更强的氧化剂所致。K. Christe 于 1986 年实现了这一突破。他依据的是一条最普通的化学原理，强酸能将弱酸从弱酸盐中置换出来。他先制备 K_2MnF_6 和 SbF_5：

$$2KMnO_4 + 2KF + 10HF + 3H_2O_2 \longrightarrow 2K_2MnF_6 + 8H_2O + 3O_2$$

$$SbCl_5 + 5HF \longrightarrow SbF_5 + 5HCl$$

再用 K_2MnF_6 和 SbF_5 制备 MnF_4，而 MnF_4 不稳定，分解为 MnF_3 和 F_2：

$$2K_2MnF_6 + 4SbF_5 \xrightarrow{423K} 4KSbF_6 + 2MnF_3 + F_2$$

显然，这不是一个直接制备 F_2 的方法，何况工业上已能大量采用电解法制备。

氟主要用来制造有机氟化物，如塑料单体 $CF_2{=}CF_2$（四氟乙烯）、杀虫剂 CCl_3F、制冷剂 CCl_2F_2（氟利昂-12）、高效灭火剂 CBr_2F_2 等。氟的另一重要用途是在原子能工业上制造六氟化铀 UF_6，液态氟也是航天工业中所用的高能燃料的氧化剂。SF_6 的热稳定性好，可以作为理想的气体绝缘材料。含 ZrF_4、BaF_2、NaF 的氟化物玻璃可用作光导纤维材料。

氟的有机产品也进入了大众的生活领域，如烹饪用具表面上的防粘涂层为特氟隆。氟化烃已用作血液的临时代用品用于临床，以挽救病人生命。

元素氟是生命必需的微量元素，是体内骨骼正常发育、增加骨骼和牙齿强度不可缺少的成分。氟与钙、磷有强的亲和力，与形成骨骼的羟基磷灰石作用形成氟磷灰石的混合体，使骨骼矿化。牙膏中的活性成分——氟化钠的防龋齿作用就在于此。但当大量氟化物（饮水中含氟量大于 $1mg \cdot L^{-1}$）进入人体时，会对人体组织产生危害。

2) 氯

氯主要以钠、钾、钙、镁的无机盐形式存在于海水中，其中以氯化钠的含量最高。氯的氧化性也很强，只能用电解氧化法或强氧化剂作用将 Cl^- 氧化为 Cl_2。工业上用电解氯化钠水溶液的方法来制取氯气。目前主要采用隔膜法（diaphragm process）和离子交换薄膜法（ion exchange membrane method）。隔膜电解槽以石墨作阳极，铁网作阴极，而以石棉为隔膜材料。电解过程中，阳极产生氯气，阴极产生氢气和氢氧化钠。

$$2NaCl + 2H_2O \longrightarrow 2NaOH + Cl_2 + H_2$$

石墨电极在电解过程中不断受到腐蚀，需要定期更换。20 世纪 70 年代以来，已逐渐被金属阳极（如钌钛阳极）所替代。离子交换膜法是 20 世纪 80 年代起采用的新工艺，以高分子离子交换膜代替石棉隔膜(图 20-4)，这种离子交换膜对 Na^+ 渗透性高，对 Cl^- 和 OH^- 渗透性低，即只允许 Na^+ 由阳极室迁移至阴极室，不允许 Cl^- 和 OH^- 发生迁移，这种工艺制得的氢氧化钠浓度大、纯度高，并能节约能量。

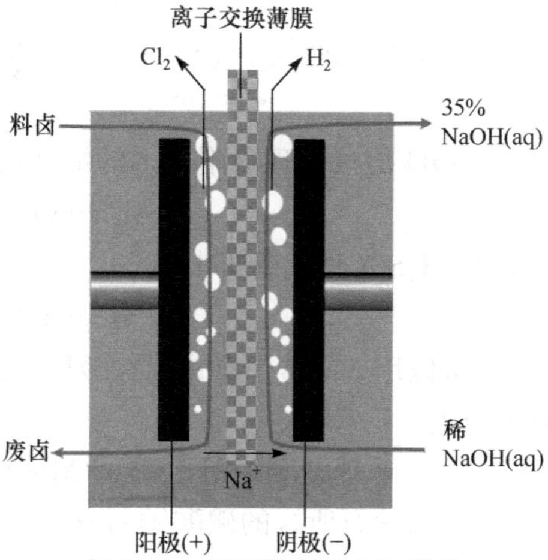

图 20-4　使用阳离子交换膜的现代氯碱电解池简图

实验室常用强氧化剂如 $KMnO_4$、$K_2Cr_2O_7$、MnO_2 和 HCl 反应制取少量氯气。

$$2KMnO_4 + 16HCl \longrightarrow 2KCl + 2MnCl_2 + 5Cl_2 + 8H_2O$$
$$K_2Cr_2O_7 + 14HCl \longrightarrow 2KCl + 2CrCl_3 + 3Cl_2 + 7H_2O$$
$$MnO_2 + 4HCl \longrightarrow MnCl_2 + Cl_2 + 2H_2O$$

用重铬酸钾或二氧化锰作氧化剂制取氯气时必须用较浓的盐酸。用重铬酸钾作氧化剂，当加热时产生氯气，不加热时则反应停止发生。此外，也可用氯化物和浓硫酸的混合物与 MnO_2 反应制取氯气。

$$2NaCl + 3H_2SO_4 + MnO_2 \longrightarrow 2NaHSO_4 + MnSO_4 + Cl_2 + 2H_2O$$

氯是重要的化工产品和原料。除用于合成盐酸外，还广泛用于染料、炸药、塑料生产和有机合成。用氯制造漂白剂可用于纸张和布匹的漂白。另外，氯还用于药剂合成。氯气用于饮水消毒已经多年，但近年来发现它与水中含有的有机烃会形成有致癌毒性的卤代烃，因此改用臭氧或二氧化氯作消毒剂。

3) 溴

与氯类似，溴也主要以钠、钾、钙、镁的无机盐形式存在于海水中。工业上从海水或卤水中制溴时，首先是通入氯气将 Br^- 氧化

$$Cl_2 + 2Br^- \longrightarrow 2Cl^- + Br_2$$

然后用空气在 pH 为 3.5 左右时将生成的 Br_2 从溶液中吹出，并用碳酸钠溶液吸收。Br_2 与 Na_2CO_3 发生反应，生成溴化钠和溴酸钠而与空气分离开。

$$3Br_2 + 3CO_3^{2-} \longrightarrow 5Br^- + BrO_3^- + 3CO_2$$

将溶液浓缩后用硫酸酸化就得到液溴。

$$5Br^- + BrO_3^- + 6H^+ \longrightarrow 3Br_2 + 3H_2O$$

实验室中也可用制备氯的方法制备溴。例如，将溴化物和浓硫酸的混合物与 MnO_2 混合，微热可制取溴。

$$2NaBr + 3H_2SO_4 + MnO_2 \longrightarrow 2NaHSO_4 + MnSO_4 + Br_2 + 2H_2O$$

溴广泛应用于医药、农药、感光材料以及各种试剂的合成上。例如，溴化钠和溴化钾在医疗上作镇静剂；溴化银用于照相行业；磷酸二溴代丙三酯 $(Br_2C_3H_5O)_3PO$ 被广泛用作纤维、地毯、塑料的阻燃剂。

4) 碘

碘主要存在于海水中，某些海藻体内含有碘元素。此外，碘还可以碘酸盐的形式存在于自然界。例如，智利硝石($NaNO_3$)中含有少量碘酸钠 $NaIO_3$。

从天然盐卤水中提取碘是工业生产碘的主要途径。其原理与制溴相似。应该注意，若选氯气作氧化剂，氯气不能过量，否则会把 I_2 氧化成为 IO_3^-。

$$I_2+5Cl_2+6H_2O \longrightarrow 2IO_3^-+10Cl^-+12H^+$$

通常用 $NaNO_2$ 氧化含 I^- 的溶液，并用活性炭吸附 I_2

$$2NO_2^-+2I^-+4H^+ \longrightarrow I_2+2NO+2H_2O$$

再用 NaOH 溶液处理吸附了 I_2 的活性炭，使 I_2 歧化为 NaI 和 $NaIO_3$，与活性炭分离

$$3I_2+6OH^- \longrightarrow 5I^-+IO_3^-+3H_2O$$

最后，经 H_2SO_4 酸化后析出 I_2

$$5I^-+IO_3^-+6H^+ \longrightarrow 3I_2+3H_2O$$

也可以用 MnO_2 作氧化剂在酸性溶液中制取 I_2。通过加热可使碘升华，以达到分离和提纯的目的。

$$2NaI+3H_2SO_4+MnO_2 \longrightarrow 2NaHSO_4+MnSO_4+I_2+2H_2O$$

从智利硝石所含的碘酸钠制取碘时，采用的是亚硫酸氢钠还原法。

$$2IO_3^-+5HSO_3^- \longrightarrow I_2+2SO_4^{2-}+3HSO_4^-+H_2O$$

碘主要用来制备药物、人工降雨的催化剂、食用盐和饲料添加剂、感光剂等。例如碘仿 CH_3I 和碘酒在医药上用作消毒剂；碘化银可用作人工降雨的“晶种”。碘酸钾添加到食盐中形成碘盐，对甲状腺肥大有预防和治疗的功能。碘是人体必需的微量元素之一，人体中缺乏碘，不仅可能导致甲状腺肿大，还可能引起发育迟缓、生殖系统异常等现象。

【思考题】

20-6 氟的生产为什么不能用水溶液电解？

20-7 从电化学角度解释为什么要用浓盐酸和二氧化锰反应来制备氯气？

20-8 提取碘的原料之一是 $NaIO_3$，SO_2(aq)和 Sn^{2+}(aq)这两个还原剂中哪一个在热力学上是可行的？（提示：通过标准电极电势计算）

20-9 从卤素单质的制备说明卤素单质的氧化性强弱变化规律。

20-10 为什么我国的食用盐要使用“碘盐”？碘盐里含的是碘的什么化合物？

20.2.2 卤化氢和氢卤酸

常温下卤化氢都是无色、有刺激性臭味的气体。卤化氢分子都是共价型分子，分子中键的极性按 HF、HCl、HBr、HI 的顺序减弱。液态 HX 都不导电。卤化氢的一些性质列于表 20-3 中。

表 20-3 卤化氢的一些性质

性 质	HF	HCl	HBr	HI
熔点/℃	−83.57	−114.18	−86.87	−50.8
沸点/℃	19.52	−85.05	−66.71	−35.1
核间距/pm	92	127	141	161
偶极矩/($\times10^{-30}$C·m)	6.37	3.57	2.76	1.40
熔化焓/(kJ·mol^{-1})	19.6	2.0	2.4	2.9
气化焓/(kJ·mol^{-1})	28.7	16.2	17.6	19.8
键能/(kJ·mol^{-1})	570	432	366	298
$\Delta_f H_m^\ominus$/(kJ·mol^{-1})	−271.1	−92.3	−36.4	−26.5
$\Delta_f G_m^\ominus$/(kJ·mol^{-1})	−273.2	−95.3	−53.4	1.70

1. 卤化氢或氢卤酸的性质递变

由表 20-3 可见，卤化氢的许多性质表现出规律的变化。卤化氢都是极性分子，随着卤素电负性的减小，卤化氢的极性按 HF＞HCl＞HBr＞HI 的顺序递减。氟化氢的熔点、沸点在卤化氢中非但不是最低，甚至熔点高于溴化氢，沸点高于碘化氢，这是由于 HF 分子间存在氢键形成缔合分子的缘故。

卤化氢的稳定性可以用键能的大小来说明。键能越大，卤化氢越稳定，从表 20-3 中的数据可以看出，HF、HCl、HBr 和 HI 的键能依次减小，所以卤化氢的热稳定性的次序是 HF＞HCl＞HBr＞HI。HF 的分解温度高于 1000℃，而 HI 则在 300℃就明显分解。此外，从卤化氢的标准摩尔生成焓也可以看出上述稳定性变化规律，即卤化氢的键能越大，则标准摩尔生成焓数值越负，卤化氢的稳定性越高。

从图 20-5 可以看出，卤素离子的半径是决定卤化氢性质的重要因素。

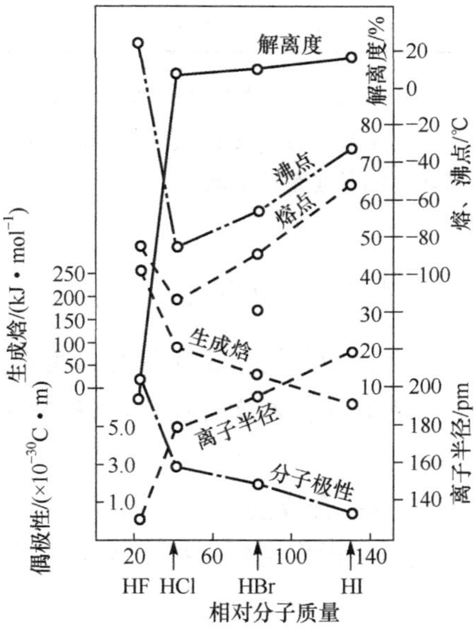

图 20-5　卤化氢的性质

卤化氢的水溶液为氢卤酸(halogen acid)。不论其浓度高低，蒸馏氢卤酸最后得到的残液都具有恒定的组成和沸点。这种具有恒定组成和沸点的溶液称为**恒沸溶液**(azeotropic solution)。

除氢氟酸没有还原性外，其他氢卤酸都具有还原性。卤化氢或氢卤酸还原性强弱的次序是 HF＜HCl＜HBr＜HI。盐酸可以被强氧化剂如 $KMnO_4$、$K_2Cr_2O_7$、PbO_2、$NaBiO_3$ 等氧化为 Cl_2。空气中的氧能氧化氢碘酸

$$4I^- + 4H^+ + O_2 \longrightarrow 2I_2 + 2H_2O$$

在光照下反应速率显著增大。氢溴酸和氧的反应比较缓慢，而盐酸在通常条件下则不能被氧氧化。在升高温度和催化剂存在下，氯化氢可以被空气中的氧气氧化为氯气。

氢卤酸的酸性按 HF＜HCl＜HBr＜HI 的顺序依次增强。其中，除氢氟酸为弱酸($K_a^{\ominus}=6.9\times10^{-4}$)外，其他的氢卤酸都是强酸，氢溴酸、氢碘酸的酸性甚至高于高氯酸。

在氢氟酸中，HF 分子间以氢键缔合成$(HF)_x$，这就影响了氢氟酸的解离，如 0.1mol · L^{-1}的氢氟酸的解离度约为 8%。在较浓的氢氟酸溶液中，一部分 F^- 与 HF 按下式结合：

$$HF + F^- \longrightarrow HF_2^- \qquad K^{\ominus}=5.2$$

由于这个反应的存在，F^- 的浓度降低，有利于氢氟酸的解离。因此氢氟酸与一般的酸不同，其解离度随着溶液浓度的增大而增大。在 HF_2^- 中，HF 与 F^- 也可以氢键结合，可以表示成$[F\cdots HF]^-$。由于有 HF_2^- 存在，所以氢氟酸可以生成酸式盐，如氟化氢钾 KHF_2 等。

卤化氢及氢卤酸都是有毒的，特别是氢氟酸毒性更大。浓氢氟酸会把皮肤灼伤，难以痊愈。

【思考题】

20-11 在卤素的氢化物中，为什么 HF 的熔点、沸点最高？

20-12 卤素的氢化物的稳定性、酸性变化规律如何？

20-13 为什么 HF 的解离度随溶液浓度的增大而增大？

【例题 20-5】 为什么氢卤酸的酸性强度次序为：HI＞HBr＞HCl＞HF？

解 由 $HX(aq) \longrightarrow H^+(aq) + X^-(aq)$ 而定，可通过下表数据计算说明：

$HX(aq) \longrightarrow H^+(aq) + X^-(aq)$	HF	HCl	HBr	HI
$\Delta H_m^\ominus/(kJ \cdot mol^{-1})$	−2.1	−57.3	−63.6	−59.0
$\Delta G_m^\ominus/(kJ \cdot mol^{-1})$	+20.3	−39.7	−49.8	−49.8
$\Delta S_m^\ominus/(J \cdot mol^{-1} \cdot K^{-1})$	−75.3	−58.6	−46.0	−31.0
计算的 pK_a	14.9	−29.2	−36.6	−36.6
观察的 pK_a	13.4	−29.3	<−29.3	<−29.3
291K，$0.1mol \cdot dm^{-3}$，解离度/%	10	92.6	93.5	95.0

HF 酸性最弱是因为 F^- 是一种特别的质子接受体，与 H_3O^+ 通过氢键结合成强度很大的离子对，即使在无限稀的溶液中，它的解解度也只有 15%，而 HX 中 I^- 半径最大，最易受水分子的极化而解离，因而 HI 是最强的酸。

2. 卤化氢或氢卤酸的制备

制备卤化氢可以采用氢和卤素直接合成法、金属卤化物与酸发生复分解反应法或非金属卤化物水解法。在实际应用中，根据卤离子 X^- 的还原性和卤素单质 X_2 的氧化性不同而具体选择。

1）直接合成法

氢与卤素作用可直接生成卤化氢。

$$X_2 + H_2 \longrightarrow 2HX$$

氟与氢能直接反应生成氟化氢，而且反应完全，但反应过于剧烈，不易控制，所以不用直接合成法制取氟化氢。氯和氢的混合物在加热或被强光照射时即可形成氯化氢，溴和碘在一定条件下可以与氢反应生成溴化氢和碘化氢，但反应慢，而且产率不高，所以不用直接合成法制取溴化氢和碘化氢。直接合成法对氯化氢的制备有实际意义。工业上生产盐酸是使氢气在氯气中燃烧（两种气体只在相互作用的瞬间才混合），生成的氯化氢用水吸收得到盐酸。

2）复分解反应法

由于卤化氢具有挥发性，一般实验制备卤化氢均采用复分解反应法，即用金属卤化物与酸发生反应制备卤化氢。制备氟化氢、氯化氢时选用浓硫酸，由于反应是吸热反应，均需加热。

$$CaF_2 + H_2SO_4 \xrightarrow{200\sim250℃} CaSO_4 + 2HF$$

$$NaCl + H_2SO_4 \xrightarrow{150℃} NaHSO_4 + HCl$$

$$NaCl + NaHSO_4 \xrightarrow{540\sim600℃} Na_2SO_4 + HCl$$

溴化氢和碘化氢不能用浓硫酸与溴化物和碘化物作用的方法来制取，这是由于溴化氢和碘化氢有较显著的还原性，它们将与浓硫酸进一步发生氧化还原反应

$$2HBr + H_2SO_4(浓) \longrightarrow Br_2 + SO_2 + H_2O$$

$$8HI + H_2SO_4(浓) \longrightarrow 4I_2 + H_2S + 4H_2O$$

所以，实际上得不到纯的溴化氢和碘化氢。如果改用无氧化性的高沸点浓磷酸代替浓硫酸，可以制得溴化氢和碘化氢。

$$NaBr + H_3PO_4(浓) \xrightarrow{\triangle} NaH_2PO_4 + HBr$$

$$NaI + H_3PO_4(浓) \xrightarrow{\triangle} NaH_2PO_4 + HI$$

3）水解法

通常采用非金属卤化物水解的方法制取 HBr 和 HI。PBr_3和 PI_3分别与水作用时，由于强烈水解而生成亚磷酸和相应的卤化氢。

$$PBr_3 + 3H_2O \longrightarrow H_3PO_3 + 3HBr$$

$$PI_3 + 3H_2O \longrightarrow H_3PO_3 + 3HI$$

水解时电负性较小的磷与 OH^- 结合成 H_3PO_3，而电负性较大的卤素则与 H^+ 结合成 HX。利用上述反应制取 HBr 和 HI 时，在有些情况下，并不需要预先制成三卤化磷。若把溴逐滴加在磷和少许水的混合物上，或把水逐滴加在磷和碘的混合物上，即可分别产生 HBr 和 HI。

$$2P + 3Br_2 + 6H_2O \longrightarrow 2H_3PO_4 + 6HBr$$

$$2P + 3I_2 + 6H_2O \longrightarrow 2H_3PO_4 + 6HI$$

【思考题】

20-14　三个试管中分别放置一些 NaCl、NaBr、NaI 晶体，再分别加入浓 H_2SO_4，试问各有什么现象，用什么方法鉴定？

3. 卤化氢和氢卤酸的用途

盐酸是最重要的强酸之一。纯盐酸为无色溶液，有氯化氢的气味。一般浓盐酸的浓度约为 37%，工业用的盐酸浓度约为 30%，由于含有杂质（主要是$[FeCl_4]^-$）而带黄色。

盐酸是重要的化工生产原料，常用来制备金属氯化物、苯胺和染料等产品。盐酸在冶金工业、石油工业、印染工业、皮革工业、食品工业以及轧钢、焊接、电镀、搪瓷、医药等部门也有广泛的应用。

氟化氢和氢氟酸都能与二氧化硅作用，生成挥发性的四氟化硅和水。

$$SiO_2 + 4HF \longrightarrow SiF_4 + 2H_2O$$

二氧化硅是玻璃的主要成分，氢氟酸能腐蚀玻璃。因此，通常用塑料容器来储存氢氟酸，而不能用玻璃瓶储存。根据氢氟酸的这一特殊性质，可以用它来刻蚀玻璃或溶解各种硅酸盐。此外，氟化氢还用于电解铝工业（合成冰晶石）、铀生产（UF_4/UF_6）、石油烷烃催化剂、不锈钢酸洗、制冷剂及其他无机物的制备。

20.2.3　卤化物、卤素互化物、多卤化物

1. 卤化物

卤素和电负性比它小的元素生成的化合物称为卤化物（halide）。卤化物可以分为金属卤

化物和非金属卤化物两类。根据卤化物的键型，又可分为离子型卤化物和共价型卤化物。

1）非金属卤化物

非金属硼、碳、硅、氮、磷等都能与卤素形成各种相应的卤化物。这些卤化物都以共价键结合，是共价型卤化物。共价型卤化物的熔点、沸点按 F、Cl、Br、I 顺序而升高（表 20-4）。这是因为非金属卤化物分子间的色散力随相对分子质量的增大而增强的缘故。

表 20-4　卤化硅的熔点和沸点

卤化物	SiF_4	$SiCl_4$	$SiBr_4$	SiI_4
熔点/℃	−90.3	−68.8	5.2	120.5
沸点/℃	−86	57.6	154	287.3

2）金属卤化物

所有金属都能形成卤化物。金属卤化物可以看作是氢卤酸的盐，具有一般盐类的特征，如熔点和沸点较高，在水溶液中或熔融状态下大都能导电等。电负性最大的氟与电负性最小、离子半径最大的铯化合而形成的 CsF 是典型的离子化合物。碱金属、碱土金属以及镧系和锕系元素的卤化物大多属于离子型或接近于离子型，如 NaCl、$BaCl_2$、$LaCl_3$ 等。在某些卤化物中，阳离子与阴离子之间极化作用比较明显，表现出一定的共价性，如 AgCl 等。有些高氧化值的金属卤化物则为共价型卤化物，如 $AlCl_3$、$SnCl_4$、$FeCl_3$、$TiCl_4$ 等。这些金属卤化物的特征是熔点、沸点一般较低，易挥发，能溶于非极性溶剂，熔融后不导电。它们在水中强烈地水解。总之，金属卤化物的键型与金属和卤素的电负性、离子半径以及金属离子的电荷数有关。

金属卤化物键型及熔点、沸点等性质的递变会表现出一些规律。

同一周期元素的卤化物，自左向右随阳离子电荷数依次升高，离子半径逐渐减小，键型从离子型过渡到共价型，熔点和沸点显著地降低，导电性下降。表 20-5 列出了第二至第六周期部分元素氯化物的熔点和沸点。

表 20-5　同周期元素氯化物的熔点、沸点

	LiCl	$BeCl_2$	BCl_3	CCl_4
熔点/℃	613	415	−107	−22.9
沸点/℃	1360	482.3	12.7	76.7
	NaCl	$MgCl_2$	$AlCl_3$	$SiCl_4$
熔点/℃	800.8	714		−68.8
沸点/℃	1465	1412	181(升华)	57.6
	KCl	$CaCl_2$	$ScCl_3$	$TiCl_4$
熔点/℃	771	775	967	−25
沸点/℃	1437	约 1940	1342	136.4
	RbCl	$SrCl_2$	YCl_3	$ZrCl_4$
熔点/℃	715	874	721	437(2.5MPa)
沸点/℃	1390	1250	1510	334(升华)
	CsCl	$BaCl_2$	$LaCl_3$	
熔点/℃	646	962	852	
沸点/℃	1300	1560	1812	
氯化物类型		离子型		共价型

同一金属的不同卤化物，从 F 至 I 随着离子半径的依次增大，极化率逐渐变大，键的离

子性依次减小，而共价性依次增大。例如，AlF_3是离子型的，而 AlI_3是共价型的。卤化物的熔点和沸点也依次降低。例如，卤化钠的熔点和沸点高低次序为 NaF>NaCl>NaBr>NaI，卤化铝的熔点和沸点键型过渡不符合上述变化规律。AlF_3为离子型化合物，熔点、沸点均高，其他卤化铝多为共价型，熔点、沸点均较低，且沸点随着相对分子质量增大而依次增高（表 20-6）。

表 20-6 卤化钠、卤化铝的熔点和沸点

卤化钠	熔点/℃	沸点/℃	卤化铝	熔点/℃	沸点/℃
NaF	996	1704	AlF_3	1090	1272(升华)
NaCl	800.8	1465	$AlCl_3$		181(升华)
NaBr	755	1390	$AlBr_3$	97.5	253(升华)
NaI	660	1304	AlI_3	191.0	382

同一金属不同氧化值的卤化物中，高氧化值的卤化物一般共价性更显著，所以熔点、沸点比低氧化值卤化物低一些，较易挥发。表 20-7 列出了几种金属氯化物的熔点和沸点。

表 20-7 几种金属氯化物的熔点和沸点

氯化物	熔点/℃	沸点/℃	氯化物	熔点/℃	沸点/℃
$SnCl_2$	246.9	623	$SbCl_3$	73.4	220.3
$SnCl_4$	−33	114.1	$SbCl_5$	3.5	79(2.9kPa)
$PbCl_2$	501	950	$FeCl_2$	677	1024
$PbCl_4$	−15	105(分解)	$FeCl_3$	304	约 316

3）卤化物的溶解性

大多数金属卤化物易溶于水，常见的金属氯化物中，AgCl、Hg_2Cl_2、$PbCl_2$和 $CuCl_2$是难溶的。溴化物和碘化物的溶解性和相应的氯化物相似。氟化物的溶解度与其他卤化物有些不同。例如，CaF_2难溶，而其他卤化钙则易溶；AgF 易溶，而其他卤化银则难溶。这与离子间吸引力的大小和离子极化作用的强弱有关。氟离子半径特别小，它与钙离子之间的吸引力较大，晶格能较大，所以 CaF_2难溶，其他卤化钙的晶格能较小，因此易溶于水。银离子具有 18 电子构型，极化率和极化力都较大；另外，氯、溴、碘离子的半径和极化率依次增大，所以 Ag^+与 Cl^-、Br^-、I^-间的相互极化作用依次增强，键的共价性逐渐增大，由此导致 AgCl、AgBr、AgI 均难溶于水，且溶解度依次降低。而氟离子难变形，Ag^+与 F^-之间极化作用不显著，所以 AgF 易溶于水。

同一金属的不同卤化物，离子型卤化物的溶解度按 F、Cl、Br、I 顺序增大，共价型卤化物的溶解度则按 F、Cl、Br、I 顺序而减小。

由于卤离子能和许多金属离子形成配合物，所以难溶金属卤化物常可以与相应的 X^-发生加合反应，生成配离子而溶解。例如

$$CuI + I^- \longrightarrow [CuI_2]^-$$

$$AgCl + Cl^- \longrightarrow [AgCl_2]^-$$

$$HgI_2 + 2I^- \longrightarrow [HgI_4]^-$$

卤离子也可以和许多共价型卤化物形成配合物，如 $FeCl_4^-$、HgI_4^{2-}、SiF_6^{2-} 等。不同卤离子 X^- 与金属离子 M^{n+} 形成配合物的稳定性与 M^{n+} 的电荷、半径等因素有关。一般配合物的稳定性按 F、Cl、Br、I 顺序降低。

4）卤化物的水解性

共价型卤化物以及一些金属卤化物遇水发生水解反应，不同的卤化物水解产物类型常不同，一般生成含氧酸、碱式盐或卤氧化物。例如，BCl_3 的水解产物为 H_3BO_3，$SnCl_2$ 的水解产物为 Sn(OH)Cl，而 $SbCl_3$ 和 $BiCl_3$ 的水解产物分别为 SbOCl 和 BiOCl。CCl_4 和 SF_6 不水解，但这并不意味着 CCl_4 和 SF_6 在热力学上是稳定的。由下列反应可以看出：

$$CCl_4(g) + 2H_2O(g) \longrightarrow CO_2(g) + 4HCl(g) \quad \Delta_f G_m^\ominus = -258kJ \cdot mol^{-1}$$

$$SF_6(g) + 3H_2O(g) \longrightarrow SO_3(g) + 6HF(g) \quad \Delta_f G_m^\ominus = -3021kJ \cdot mol^{-1}$$

CCl_4、SF_6 不水解是由动力学因素决定的，即 CCl_4 和 SF_6 在热力学上不稳定，在动力学上稳定。

【思考题】

20-15 什么是离子型卤化物和共价型卤化物？各举一例。

20-16 卤化物的键型及性质的递变规律？

5）卤化物的制备

由于金属卤化物的水解性、挥发性不同，所以制备金属卤化物要采用不同的方法，一般分为干法和湿法。湿法生产卤化物常是用金属或金属氧化物、碳酸盐与氢卤酸作用。例如，$CaCl_2$、$MgCl_2$、$ZnCl_2$、$FeCl_2$ 的制取采用的是湿法。干法制取卤化物是氯气和金属直接化合得到易挥发的无水卤化物。例如，无水 $AlCl_3$、$FeCl_3$、$SnCl_4$ 的制取采用的是干法。该法常用于易水解的卤化物的制取。另外，用金属氧化物与氯、碳反应也可以制取无水卤化物。例如

$$TiO_2 + 2C + 2Cl_2 \longrightarrow TiCl_4 + 2CO$$

反应中也有 CO_2 产生。

【例题 20-6】 氟化物表现出了哪些特殊性？

解 卤化物中，氟化物表现出两个鲜明的特征：

其一，分子型氟化物具有高挥发性，都高于相应的氯化物，有的甚至比相应的氢化物还要高。这与 F 原子（体积小）中的电子紧紧地被核所控制，因而变形性小、色散力也比较弱有关。

其二，化合物中，F 原子有能力从与之键合的另一个原子上将电子吸引向它自身，导致化合物的 Brønsted 酸性增大，如三氟甲基磺酸 HSO_3CF_3 的酸性比甲基磺酸 HSO_3CH_3 高 3 个数量级（pK_a 分别等于 3.0 和 6.0）。

2. 卤素互化物

不同卤素之间彼此可以靠共用电子对形成一系列化合物，这类化合物称为卤素互化物（interhalogen compound）。卤素互化物的通式为 XX'_n，其中 X 的电负性小于 X′的电负性，n=1、3、5 或 7。卤素互化物的物理性质列在表 20-8 中。

表 20-8 卤素互化物的物理性质

类 型	化合物	相对分子质量	熔点/℃	沸点/℃	颜 色
XX'	ClF(g)	54.46	−155.6	−100.1	无色
	BrF(g)	98.92	−33	20	红棕
	BrCl(g)	115.37	约−66	约 5(解离)	红棕
	ICl(s)	162.38	27.2	97	红棕
	IBr(s)	206.84	40	116(分解)	深红
XX'_3	ClF_3(g)	92.46	−76.3	11.75	浅绿
	BrF_3(l)	136.92	8.77	125.74	无色
	ICl_3(s)	233.29	约 33	64(升华)	橙
XX'_5	BrF_5(l)	174.92	−60.5	40.76	无色
	IF_5(l)	221.92	9.43	100.5	无色
XX'_7	IF_7(g)	259.92	6.45	4.77(升华)	无色

卤素互化物的许多性质类似于卤素单质。卤素互化物中原子间以共价键结合,所以熔点、沸点都较低。大多数卤素互化物是不稳定的。

卤素互化物可由卤素单质直接合成,反应的剧烈程度取决于两种卤素的电负性的大小。两种卤素等物质的量混合相互反应时可以生成 XX',但同时也有 XX'_n($n>1$)的生成,所以产物往往不纯。这是由于 XX' 歧化所导致的结果。

在卤素互化物中,XX' 型化合物有一氟化氯 ClF、一氟化溴 BrF、一氯化溴 BrCl、一氯化碘 ICl、一溴化碘 IBr 等。它们都是强氧化剂,对金属和非金属都有强氧化作用。这些卤素互化物在水中发生水解,电负性较大的 X' 与 H 结合生成 HX',电负性较小的 X 与 OH 结合生成 HXO。

$$XX'+H_2O \longrightarrow HX'+HXO$$

XX'_3卤素互化物有三氟化氯 ClF_3、三氟化溴 BrF_3、三氯化碘 ICl_3等。XF_3很活泼,是强氧化剂。除稀有气体、氮、氧和少数金属外,XF_3能与其他金属和非金属作用形成氟化物。与水发生反应时,BrF_3分解为溴酸、溴、氢氟酸和氧等。ICl_3的化学活泼性较差,受热容易分解一氯化碘和氯。ICl_3也能水解。

已知的 XX'_5型化合物有两种,即五氟化溴 BrF_5和五氟化碘 IF_5。它们都可由过量的氟与相应的卤素单质作用而制得。IF_5加热时分解为碘和七氟化碘。

$$7IF_5 \longrightarrow I_2+5IF_7$$

已知的 XX'_7型化合物只有七氟化碘(IF_7)一种。氟与五氟化碘共热可得 IF_7。IF_7与大多数金属和少数非金属如硫、氯等发生反应。在水中 IF_7比其他多氟化物稳定,缓慢地水解为高碘酸和氢氟酸。

卤素互化物分子的空间构型可以用价层电子对互斥理论来推测,并且可以用杂化轨道理论加以说明。卤素互化物 XX'_n($n\geqslant 3$)成键时,X 原子的外层 d 轨道参与杂化。多原子卤素互化物的结构列于表 20-9 中。

表 20-9 多原子卤素互化物的结构

卤素互化物的类型	价层电子对数	分子构型	X 的杂化方式
XX'_3	5	T 形	sp^3d
XX'_5	6	四方锥形	sp^3d^2
XX'_7	7	五角双锥	sp^3d^3

某些氟的卤素互化物具有工业用途。例如,用ClF_3作氧化剂可将铀氧化为UF_6,UF_6用于生产核燃料。卤素互化物的主要用途是作卤化剂,用于无机制备和有机合成。BrF_3和IF_5这两种液体本身能够解离。所以它们具有较高的导电性。BrF_3可以作为无机氟化物的非水溶剂。

$$2BrF_3 \rightleftharpoons BrF_2^+ + BrF_4^-$$

$$2IF_5 \rightleftharpoons IF_4^+ + IF_6^-$$

3. 多卤化物

有些金属卤化物能与卤素单质或卤素互化物发生加合反应,生成的化合物称为多卤化物。例如

$$KI + I_2 \longrightarrow KI_3$$

I_2在含有I^-的溶液中溶解度比在纯水中大得多,这与上述加合反应有关。这一反应中,I^-和I_2结合而生成I_3^-,溶液中存在下列平衡:

$$I^- + I_2 \rightleftharpoons I_3^- \quad K^\ominus = 725$$

溴和氯也可以发生类似的反应,但反应的程度按碘、溴、氯依次减小。

$$Br^- + Br_2 \rightleftharpoons Br_3^- \quad K^\ominus = 17.8$$

$$Cl^- + Cl_2 \rightleftharpoons Cl_3^- \quad K^\ominus = 0.01$$

多卤化物阴离子中的卤素可以是同种卤素,也可以是两种或三种卤素,如ICl_2^-、IBr_2^-、I_2Cl^-、I_2Br^-、$IBrCl^-$等。

含3个卤原子的多卤化物阴离子的空间构型几乎都是直线形的。如卤原子不同时,则半径较大的卤原子位于中间,而半径较小的卤原子位于两侧。

【思考题】

20-17　拟卤素离子是否也可生成相关的酸?

20.2.4　氧化物、含氧酸及其盐

1. 氧化物

电负性最大的氟元素与其他元素形成的化合物中,氟的氧化值总是−1。因此,氟与氧形成的二元化合物是氟化氧,而不是氧化氟(图20-6)。除了氟以外,其他卤素的电负性都比氧的电负性小,它们不仅可以和氧形成氧化物,还可以形成含氧酸及其盐。在所有这些含氧化合物中,卤素的氧化值都是正值。它们的有关$E_A^\ominus$值都是正的,且数值较大,所以都具有较强的氧化性。

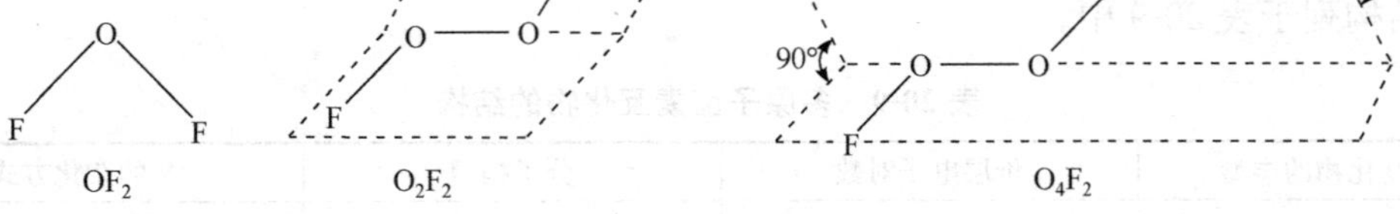

图20-6　一些氟氧化物的结构

【例题 20-7】 氟氧化物最重要的用途是什么？

解 其一，OF_2 室温下稳定，不与玻璃起反应，是个强氟化剂，但弱于 F_2 本身。

$$2NaOH + 2F_2 \xlongequal{} 2NaF + OF_2 + H_2O$$

其二，O_2F_2 是比 ClF_3 更强的氟化剂。

$$Pu(s) + 3O_2F_2(g) \xlongequal{} PuF_6(g) + 3O_2(g)$$

该反应用来从废核燃料中以挥发性 PuF_6 的形式除去强放射性的金属 Pu。

卤素的含氧化合物大多数是不稳定或比较不稳定的，其中最不稳定的是氧化物，其次是含氧酸，相对比较稳定的是含氧酸盐。卤素的含氧化合物中以氯的含氧化合物最为重要。

已经制得且经过研究的卤素氧化物见表 20-10。

表 20-10 卤素的氧化物

氧化值	−1	+1	+3	+4	+5	+6	+7
F	OF_2、O_2F_2						
Cl		Cl_2O	Cl_2O_3	ClO_2		Cl_2O_6	Cl_2O_7
Br		Br_2O		BrO_2	Br_2O_5	BrO_3	Br_2O_7
I				I_2O_4	I_2O_5		

【思考题】

20-18 您能准确地画出表 20-10 中所有卤素氧化物的结构吗？

这些氧化物都具有较强的氧化性，大多数是不稳定的，它们受到震动或有还原剂时会爆炸。一般来说，高氧化态的卤素氧化物更稳定一些，其中 I_2O_5 是最稳定的卤素氧化物。

在氯氧化物中，ClO_2 是最稳定的，也是唯一大量生产的卤素氧化物，工业上大量制取 ClO_2 的方法是用稀硫酸和二氧化硫处理氯酸钠。

$$2NaClO_3 + SO_2 + H_2SO_4 \xrightarrow{\text{痕量 NaCl}} 2ClO_2 + 2NaHSO_4$$

比较安全的制备方法是，将经干燥空气稀释的氯气通入填有固体亚氯酸盐的柱内。

$$2NaClO_2 + Cl_2 \longrightarrow 2ClO_2 + 2NaCl$$

安全的制备方法还有乙二酸还原氯酸钠

$$2NaClO_3 + 2H_2C_2O_4 \xrightarrow{H_2O,90℃} 2ClO_2 + 2CO_2 + Na_2C_2O_4 + 2H_2O$$

此法的优点是生成的 ClO_2 可被 CO_2 稀释。当 ClO_2 的分压超过 6.6kPa 时会发生爆炸。

ClO_2 的分子构型为 V 形，是有成单电子的分子，具有顺磁性。ClO_2 为黄绿色气体，熔点为 −59.6℃，沸点为 10.9℃。ClO_2 的化学活性强，可用于水的净化和纸张、纺织品的漂白。

【思考题】

20-19 请用价层电子对互斥理论预测 ClO_2 分子的空间构型，并用杂化轨道理论给予解释。

20-20 ClO_2 主要用于纸浆漂白、污水杀菌和饮用水净化。目前对此争论的焦点：一种观点是，ClO_2（和 Cl_2）与有机物反应生成低浓度的碳氯化合物可能致癌；另一种观点则强调，通过对水消毒而挽救的生命肯定比致癌副产物夺去的生命多。您对此的评论是什么？

2. 含氧酸及其盐

除了氟的含氧酸仅限于次氟酸 HOF 外，氯、溴、碘可以形成四种类型的含氧酸，见表 20-11。

表 20-11　卤素的含氧酸

命　名	氟	氯	溴	碘
次卤酸	HOF	HClO*	HBrO*	HIO*
亚卤酸		$HClO_2$*		
卤酸		$HClO_3$*	$HBrO_3$*	HIO_3
高卤酸		$HClO_4$	$HBrO_4$*	HIO_4、H_5IO_6

* 表示仅存在于水溶液中

在卤素的含氧酸根离子中，卤素原子作为中心原子，采用 sp^3 杂化轨道与氧原子成键，形成不同构型的卤素含氧酸根(图 20-7)。而在 H_5IO_6 中，碘原子采用 sp^3d^2 杂化轨道与氧原子成键，如图 20-8 所示。

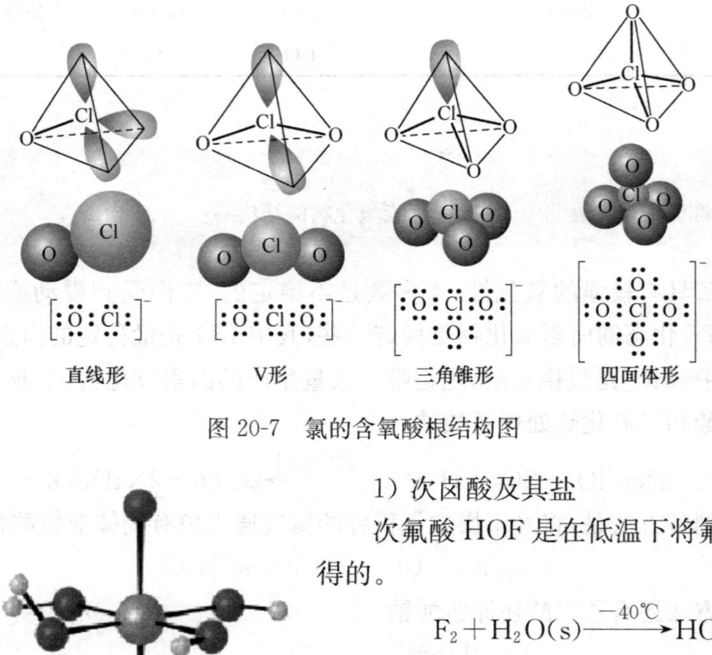

图 20-7　氯的含氧酸根结构图

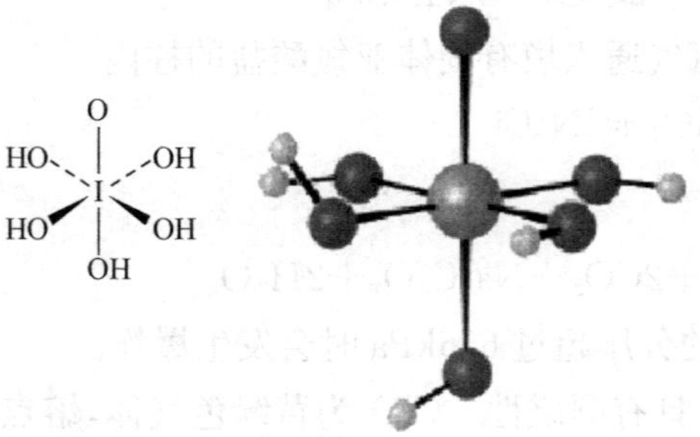

图 20-8　H_5IO_6 分子的八面体形结构

1) 次卤酸及其盐

次氟酸 HOF 是在低温下将氟通过冰的表面制得的。

$$F_2 + H_2O(s) \xrightarrow{-40℃} HOF + HF$$

HOF 为白色固体，很不稳定，易挥发分解为 HF 和 O_2。

氯、溴、碘在冷水中歧化可以分别生成次氯酸 HClO、次溴酸 HBrO 和次碘酸 HIO。

$$X_2 + H_2O \longrightarrow HXO + HX \qquad (X = Cl、Br、I)$$

但由于反应的标准平衡常数很小，所以在氯、溴、碘的饱和水溶液中对应的次卤酸(hypochlorous acid)的浓度都很小。次卤酸均为弱酸，酸性按 HClO、HBrO、HIO 的次序而减弱。

	HClO	HBrO	HIO
$K_a^\ominus$	2.8×10^{-8}	2.6×10^{-9}	2.4×10^{-11}

HIO 的 $K_b^\ominus = 3.2\times10^{-10}$，其碱式解离的倾向稍大于酸式解离。在次卤酸中，只有 HOF

可得到纯的化合物，次氯酸、次溴酸、次碘酸都不稳定，只能存在于稀溶液中，即使在稀溶液中也很容易分解，在光的作用下分解得更快。

$$2HXO \xrightarrow{光} O_2 + 2HX$$

当在碱性介质和加热条件下，次卤酸按另一种方式分解，即歧化为卤酸和氢卤酸

$$3HXO \longrightarrow HXO_3 + 2HX \quad 或 \quad 3XO^- \longrightarrow XO_3^- + 2X^-$$

ClO^- 在 75℃时歧化速率快，BrO^- 在 50℃时歧化速率快，而 IO^- 在室温下就迅速歧化。

次卤酸都具有强氧化性，其氧化性按 Cl、Br、I 顺序降低。

氯、溴和冷的碱性溶液作用能生成相应的次氯酸盐 MClO、次溴酸盐 MBrO

$$X_2 + 2NaOH \longrightarrow NaXO + NaX + H_2O \quad (X=Cl、Br)$$

这一反应相当于卤素在水中的歧化反应，加入碱而使平衡向右移动，使反应进行得完全。次碘酸盐的稳定性极差，所以碘与碱溶液反应得不到次碘酸盐。

在次卤酸及其盐中，以次氯酸及其盐最为重要。次氯酸是很强的氧化剂。次氯酸作氧化剂时，本身被还原为 Cl^-。氯气具有漂白性就是由于它与水作用而生成次氯酸的缘故，所以完全干燥的氯气没有漂白能力。次氯酸盐的溶液也有氧化性和漂白作用。漂白粉就是用氯气与消石灰作用而制得的，是次氯酸钙、氯化钙和氢氧化钙的混合物。制备漂白粉的主要反应也是氯的歧化反应

$$2Cl_2 + 3Ca(OH)_2 \longrightarrow Ca(ClO)_2 + CaCl_2 \cdot Ca(OH)_2 \cdot H_2O + H_2O$$

次氯酸盐的漂白作用主要是基于次氯酸的氧化性。

NaBrO 在分析化学上常用作氧化剂。

2）亚卤酸及其盐

已知的亚卤酸(halous acid)仅有亚氯酸。亚氯酸是二氧化氯与水反应的产物之一。

$$2ClO_2 + H_2O \longrightarrow HClO_2 + HClO_3$$

从亚氯酸盐可以制得比较纯净的亚氯酸溶液。例如

$$Ba(ClO_2)_2 + H_2SO_4 \longrightarrow 2HClO_2 + BaSO_4$$

但亚氯酸溶液极不稳定，只要数分钟便分解出 ClO_2 和 Cl_2，溶液从无色变为黄色

$$8HClO_2 \longrightarrow 6ClO_2 + Cl_2 + 4H_2O$$

在氯的含氧酸中，亚氯酸最不稳定。

二氧化氯与碱溶液反应时，得到亚氯酸盐和氯酸盐。

$$2ClO_2 + 2NaOH \longrightarrow NaClO_2 + NaClO_3 + H_2O$$

二氧化氯与过氧化物反应时，得到亚氯酸盐和氧气。

$$2ClO_2 + Na_2O_2 \longrightarrow 2NaClO_2 + O_2$$

$$2ClO_2 + BaO_2 \longrightarrow Ba(ClO_2)_2 + O_2$$

亚氯酸盐虽比亚氯酸稳定，但加热或敲击固体亚氯酸盐时，立即发生爆炸，分解成氯酸盐和氧化物。亚氯酸盐的水溶液较稳定，具有强氧化性，可作漂白剂。

3）卤酸及其盐

用氯酸钡或溴酸钡与硫酸作用可制得氯酸或溴酸溶液。

$$Ba(XO_3)_2 + H_2SO_4 \longrightarrow BaSO_4 + 2HXO_3 \quad (X=Cl、Br)$$

将氯气通入溴水或碘水中也可以得到溴酸或碘酸。

$$Br_2 + 5Cl_2 + 6H_2O \longrightarrow 2HBrO_3 + 10HCl$$

$$I_2 + 5Cl_2 + 6H_2O \longrightarrow 2HIO_3 + 10HCl$$

另外也可以用硝酸氧化单质碘制得碘酸。

$$3I_2 + 10HNO_3 \longrightarrow 6HIO_3 + 10NO + 2H_2O$$

氯酸和溴酸均为强酸($pK_a^{\ominus} \leqslant 0$),而碘酸为中强酸($pK_a^{\ominus} = 0.8$)。卤酸(halogen acid)的酸性按 Cl、Br、I 顺序依次减弱。氯酸和溴酸都只能存在于溶液中,将其水溶液蒸发,氯酸可以浓缩至 40%,溴酸可以浓缩至 50%。

$$8HClO_3 \longrightarrow 4HClO_4 + 3O_2 + 2Cl_2 + 2H_2O$$
$$4HBrO_3 \longrightarrow 2Br_2 + 5O_2 + 2H_2O$$

碘酸 HIO_3 为无色斜方晶体。可见,卤酸的稳定性按 Cl、Br、I 顺序依次增强。

在酸性介质中,卤酸根离子被还原为单质的标准电极电势如下:

电对	ClO_3^- / Cl_2	BrO_3^- / Br_2	IO_3^- / I_2
$E_A^{\ominus}/V$	1.458	1.513	1.209

由此可见,BrO_3^- 的氧化性最强。这也反映了 p 区第四周期元素的异样性。IO_3^- 的氧化性最弱,因此碘能从氯酸盐和溴酸盐中取代氯和溴。例如

$$I_2 + 2ClO_3^- \longrightarrow 2IO_3^- + Cl_2$$

氯酸作为强氧化剂,其还原产物可以是 Cl_2 或 Cl^-,这与还原剂的强弱及氯酸的用量有关。例如,$HClO_3$ 过量时,还原产物为 Cl_2。

$$HClO_3 + 5HCl \longrightarrow 3Cl_2 + 3H_2O$$

重要的氯酸盐有氯酸钾和氯酸钠。当氯与热的苛性钾溶液作用时,生成氯酸钾和氯化钾

$$3Cl_2 + 6KOH \longrightarrow KClO_3 + 5KCl + 3H_2O$$

在这一反应中,生成 1mol $KClO_3$ 的同时,有 5mol KCl 生成。如果 Cl_2 和 KOH 来自 KCl 水溶液的电解,则合成 $KClO_3$ 时只利用了 1/6 的 KCl,其余 5/6 又恢复为原料 KCl,在这经济上是低效益的。工业上采用无隔膜槽电解 NaCl 水溶液,产生的 Cl_2 在槽中与热的 NaOH 溶液作用而生成 $NaClO_3$。然后将所得到的 $NaClO_3$ 溶液与等物质的量的 KCl 进行复分解而制得 $KClO_3$。$KClO_3$ 的溶解度小,可以分离出来。

$$NaClO_3 + KCl \longrightarrow KClO_3 + NaCl$$

在有催化剂存在下加热 $KClO_3$ 时,它便分解为氯化钾和氧气

$$2KClO_3 \xrightarrow{\text{催化剂}} 2KCl + 3O_2$$

在没有催化剂存在时,小心加热 $KClO_3$,则发生歧化反应而生成高氯酸钾和氯化钾。

$$4KClO_3 \longrightarrow 3KClO_4 + KCl$$

固体 $KClO_3$ 是强氧化剂,与各种易燃物(如硫、磷、碳或有机物质)混合后,经撞击会引起爆炸着火。因此 $KClO_3$ 多用来制造火柴和焰火等。氯酸钠比氯酸钾易吸潮,一般不用它制炸药、焰火等,多用作除草剂。氯酸钠还大量用来制备二氧化氯和高氯酸及其盐。溴酸钾、碘酸钾是重要的分析基准物质,溴酸盐主要用于测定 As(Ⅲ)和 Sb(Ⅲ),而碘酸盐用于分析测定各种不同的金属。卤酸盐的水溶液只有在酸性条件下才有较强的氧化性。

4) 高卤酸及其盐

高氯酸盐(perchlorate)和浓硫酸反应,经减压蒸馏可以制得高氯酸。

$$KClO_4 + H_2SO_4 \longrightarrow KHSO_4 + HClO_4$$
$$Ba(ClO_4)_2 + H_2SO_4 \longrightarrow BaSO_4 + 2HClO_4$$

工业上生产高氯酸采用的是电解氧化法。电解盐酸时，在阳极区生成高氯酸

$$Cl^- + 4H_2O \longrightarrow ClO_4^- + 8H^- + 8e^-$$

减压蒸馏后可制得 60%的高氯酸。电解氯酸盐，经酸化后也能制得高氯酸。

在碱性溶液中用氟气来氧化溴酸钠可以得到高溴酸钠 $NaBrO_4$

$$NaBrO_3 + F_2 + 2NaOH \longrightarrow NaBrO_4 + 2NaF + H_2O$$

低温下用 XeF_2 氧化 BrO_3^- 也可以制备高溴酸盐。

在碱性的碘或碘酸溶液中通入 Cl_2，可以得到高碘酸盐

$$NaIO_3 + Cl_2 + 3NaOH \longrightarrow Na_2H_3IO_6 + 2NaCl$$

若在上述 $Na_2H_3IO_6$ 的悬浮液中加入 $AgNO_3$ 溶液，有 Ag_5IO_6 黑色沉淀生成

$$Na_2H_3IO_6 + 5AgNO_3 \longrightarrow Ag_5IO_6 + 2NaNO_3 + 3HNO_3$$

用氯气和水处理 Ag_5IO_6 的悬浮液便可生成 H_5IO_6

$$4Ag_5IO_6 + 10Cl_2 + 10H_2O \longrightarrow 4H_5IO_6 + 20AgCl + 5O_2$$

也可以利用高碘酸钡 $Ba_5(IO_6)_2$ 和硫酸反应制取游离的高碘酸。

$$Ba_5(IO_6)_2 + 5H_2SO_4 \longrightarrow 5BaSO_4 + 2H_5IO_6$$

高氯酸是最强的无机含氧酸。高溴酸也是强酸，而高碘酸是一种弱酸（$K_{a_1}^\ominus = 4.4\times10^{-4}$，$K_{a_2}^\ominus = 2\times10^{-7}$，$K_{a_3}^\ominus = 6.3\times10^{-13}$）。高卤酸的酸性按 Cl、Br、I 顺序依次减弱。

无水的高氯酸是无色液体。$HClO_4$ 的稀溶液比较稳定，在冷的稀溶液中 $HClO_4$ 的氧化性弱，但浓的 $HClO_4$ 不稳定，受热分解为氯、氧和水。

$$4HClO_4 \longrightarrow 2Cl_2 + 7O_2 + 2H_2O$$

浓的 $HClO_4$ 是强氧化剂，与有机物质接触会引起爆炸，所以储存时必须远离有机物，使用时也务必注意安全。在钢铁分析中常用高氯酸来溶解矿样；高氯酸也可作为制备乙酸纤维的催化剂。

高溴酸呈艳黄色，在溶液中比较稳定，其浓度可达 55%，蒸馏时可得到 83%的 $HBrO_4$，利用脱水剂可结晶出 $HBrO_4 \cdot 2H_2O$。高溴酸是强氧化剂。

高碘酸 H_5IO_6 是无色单斜晶体，其分子为八面体构型，碘原子采用 sp^3d^2 杂化轨道成键。这与其他高卤酸是不同的。由于碘原子半径较大，因此其周围可容纳 6 个氧原子。与其他高卤酸相应的 HIO_4 称为偏高碘酸。高碘酸在真空下加热脱水则转化为偏高碘酸。

高碘酸具有强氧化性，可以将 Mn^{2+} 氧化成 MnO_4^-。

$$5H_5IO_6 + 2Mn^{2+} \longrightarrow 2MnO_4^- + 5IO_3^- + 7H_2O + 11H^+$$

在高卤酸中，$HBrO_4$ 的氧化性最强，这也是 p 区第四周期元素异样性的一个例子。有关电极反应及 $E^\ominus$ 值如下：

$$ClO_4^- + 2H^+ + 2e^- \rightleftharpoons ClO_3^- + H_2O \quad E^\ominus = 1.226V$$

$$BrO_4^- + 2H^+ + 2e^- \rightleftharpoons BrO_3^- + H_2O \quad E^\ominus = 1.763V$$

$$H_5IO_6 + H^+ + 2e^- \rightleftharpoons IO_3^- + 3H_2O \quad E^\ominus = 1.60V$$

大多数高氯酸盐是热稳定的，如高氯酸钾在 400℃时熔化，并按下式分解：

$$KClO_4 \longrightarrow KCl + 2O_2$$

除 K^+、NH_4^+、Cs^+、Rb^+ 的盐外，高氯酸盐多易溶于水。有些高氯酸盐易吸湿，如 $Mg(ClO_4)_2$ 和 $Ba(ClO_4)_2$ 可用作干燥剂。高氯酸根离子的配位作用很弱，因此高氯酸盐常在金属配合物的研究中用作惰性盐，以保持一定的离子强度。

工业上用电解 $KClO_3$ 水溶液的方法来制取 $KClO_4$。高温下固体高氯酸盐是强氧化剂。$KClO_4$ 常用于制造炸药。用 $KClO_4$ 制作的炸药比用 $KClO_3$ 制造的炸药稳定些。NH_4ClO_4 是现代火箭推进剂的主要成分。

$KBrO_4$为白色晶体，加热时分解为$KBrO_3$和O_2，说明$KBrO_3$的稳定性比$KBrO_4$的高。这一点相似于碘相应的化合物，而不同于氯的化合物。这也是p区第四周期元素异样性的一个例子。

高碘酸盐一般难溶于水。可以利用电解碘酸盐溶液的方法得到高碘酸盐。在碱性条件下用氯气氧化碘酸盐也可以得到高碘酸盐：

$$IO_3^- + Cl_2 + 6OH^- \longrightarrow IO_6^{5-} + 2Cl^- + 3H_2O$$

【思考题】

20-21　氯的含氧酸的氧化性为什么是$ClO^- > ClO_3^- > ClO_4^-$？市售的84消毒液的主要成分是什么？

20.2.5　含氧酸的氧化性和热稳定性的变化规律

卤素氧阴离子和含氧酸参加氧化还原反应的热力学性质研究的比较透彻。事实上，不论在酸性或碱性溶液中+1、+3、+5和+7氧化态的卤素氧阴离子都是强氧化剂，只是酸性溶液中的氧化性更强些。

氯能形成四种含氧酸，即次氯酸、亚氯酸、氯酸和高氯酸，现将氯的各种含氧酸及其盐的性质的一般规律性总结如下：

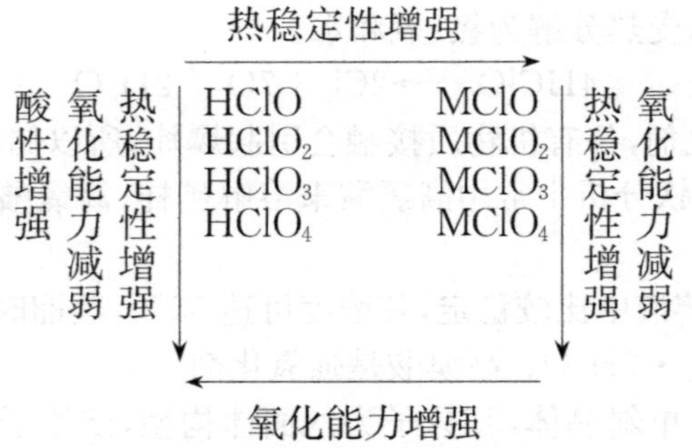

随着Cl的氧化值增加，H—O键被Cl极化而引起的变形程度增加，在水分子的作用下，H^+容易解离出来，所以氯的含氧酸的酸性随氯的氧化值的增加而增强。由于氯的各种含氧酸的最终还原产物都是Cl^-和H_2O，因此，其氧化性的强弱主要取决于Cl—O键的断裂难易。表20-12中含氧酸根中Cl—O的键长和键能数据足以说明氯的含氧酸中Cl—O键的断裂顺序。至于含氧酸根在酸性介质中才显氧化性，可能与H^+的极化作用有关，含氧酸根质子化有利于Cl—O键的断裂，所以，氯的含氧酸的氧化能力强于氯的含氧酸根。氯的含氧酸及其盐的热稳定性也与含氧酸根的结构有关；盐的热稳定性比相应酸的热稳定性强，也与H^+的极化作用有关。

表20-12　氯的含氧酸根中的键长和键能

含氧酸根	Cl—O键长/pm	Cl—O键能/($kJ \cdot mol^{-1}$)
ClO^-	170	209
ClO_3^-	157	244
ClO_4^-	145	364

人们对反应速率和反应机理的了解远不如对热力学了解的透彻，但还是能找到一些规律。例如，氧阴离子的氧化速率往往随卤素氧化态的降低而增大(介绍硫和氮的氧阴离子时已遇到

过类似现象)：

$$ClO_4^- < ClO_3^- < ClO_2^- \approx ClO^- \ (\approx Cl_2)$$

$$BrO_4^- < BrO_3^- \approx BrO^- \ (\approx Br_2)$$

$$IO_4^- < IO_3^- \ (< I_2)$$

ClO_4^- 的氧化反应进行得如此慢，只要没有溶解氧，含 Fe^{2+} 和 ClO_4^- 的水溶液可以稳定数月之久，但“氯水”则可迅速将 Fe^{2+} 氧化为 Fe^{3+}。

另一条规律是，较重元素(特别是在其最高氧化态)形成的氧阴离子的反应速率比较快：

$$ClO_4^- < BrO_4^- < IO_4^-$$

IO_4^- 参与的氧化还原反应快得足以用作氧化还原滴定的试剂。

20.2.6　含氧酸的酸性强弱变化规律

各种含氧酸的酸性有规律的变化，如氯的四种含氧酸：

酸	HOCl	HOClO	$HOClO_2$	$HOClO_3$
$pK_a^{\ominus}$	7.53	2.00	−1.2	−10
q/p	0	1	2	3

$\longrightarrow$

酸性增强

q 和 p 分别代表氧基和羟基的数目，这种酸性变化规律可由鲍林规则作解释。

$HClO_4$ 是最强的酸之一，这意味着它的共轭碱 ClO_4^- 是很弱的碱。ClO_4^- 的碱性如此弱，以致它几乎没有能力取代水合金属阳离子中的 H_2O 分子。这一性质使氯酸盐具有特殊用途，即研究金属水合离子的性质时，往往选择高氯酸盐溶液作介质。

作为大体积阴离子，ClO_4^- 还被用来稳定某些大体积阳离子。只是不要忘记 ClO_4^- 的氧化性，如果被稳定的阳离子具有还原性，操作过程就潜伏着危险。由于 ClO_4^- 的氧化反应速率比较慢，一些看来稳定的高氯酸盐事实上处于介稳状态，一旦被外部条件(如静电或加热)所诱发，就可能造成灾难性后果。为了避免这种状况，研究工作中往往选用更安全的弱碱阴离子(如$[BF_4]^-$和$[PF_6]^-$)代替 ClO_4^-。

【例题 20-8】　画出表示某些重要氯化合物之间的相互转化关系。

解

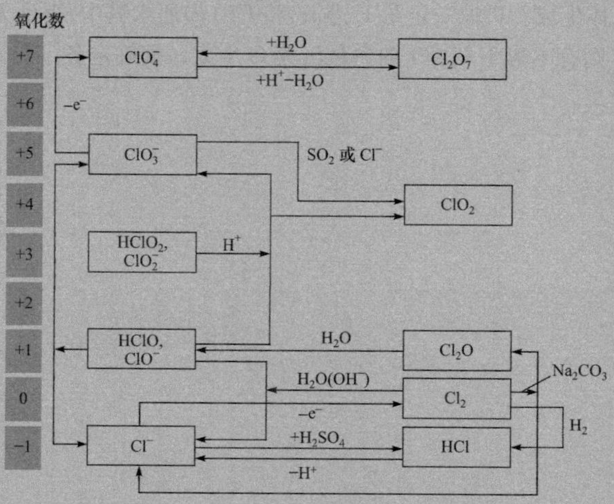

习　题

20-1　写出下列物质间的反应方程式。

(1) 氯气与热的碳酸钾。

(2) 常温下,液溴与碳酸钠溶液。

(3) 将氯气通入 KI 溶液中,呈黄色或棕色后,再继续通入氯气至无色。

(4) 碘化钾晶体加入浓硫酸,并微热。

20-2　由海带提碘生产中,可以用 $NaNO_2$、NaClO 或 Cl_2 作氧化剂将 I^- 氧化为 I_2,试分别写出有关反应的离子方程式。如何由智利硝石中的碘化合物制取单质碘？写出相关的反应方程式。

20-3　写出两个具有共价键的金属卤化物的分子式,并说明这种类型卤化物的共同特性。

20-4　回答下列问题。

(1) 比较高氯酸、高溴酸、高碘酸的酸性和它们的氧化性。

(2) 比较氯酸、溴酸、碘酸的酸性和它们的氧化性。

20-5　根据价层电子对互斥理论,推测下列分子或离子的空间构型。

$$ICl_2^-,ClF_3,ICl_4^-,IF_5,TeCl_4$$

20-6　食盐是基本的化工原料之一。以它为主要原料,如何制备 Cl_2、$Ca(ClO)_2$、$KClO_3$。简要叙述并写出相关重要反应方程式。

20-7　计算 25℃时碱性溶液中下列歧化反应的标准平衡常数。

$$3ClO^-(aq) \rightleftharpoons 2Cl^-(aq)+ClO_3^-(aq)$$

20-8　在碘量瓶中加入 5.00mL 的 NaClO 漂白液($\rho=1.00g\cdot mL^{-1}$),再加入过量的 KI 溶液。然后用稀 H_2SO_4酸化,控制 pH<9。立即以淀粉液为指示剂,用 $0.100mol\cdot L^{-1}Na_2S_2O_3$溶液滴定。到达终点时消耗 $Na_2S_2O_3$溶液体积为 33.8mL。写出相关反应的离子方程式,并计算漂白液中 NaClO 的质量分数 ω(NaClO)。

20-9　比较下列各组化合物酸性的递变规律,并解释。

(1) H_3PO_4,H_2SO_4,$HClO_4$

(2) HClO,$HClO_2$,$HClO_3$,$HClO_4$

(3) HClO,HBrO,HIO

20-10　有一种白色的钾盐固体 A,取其少量加入试管中,然后加入一定量的无色油状液体酸 B,有紫色蒸气凝固在试管壁上,得到紫黑色固体 C。C 微溶于水,加入 A 后 C 的溶解度增大,可得到棕黄色溶液 D。取一定量 D 溶液,将其加入一种无色钠盐溶液 E,D 褪色;在 E 溶液中加入盐酸有淡黄色沉淀和有强烈刺激性气味的气体生成。再取一定量 E 溶液,将 $Cl_2(g)$通入其中,得到无色溶液 F。若在 F 溶液中再加入 $BaCl_2$溶液,则有不溶于 HNO_3的白色沉淀 G 生成。试确定各字母所代表物质的化学式,并写出相关的反应方程式。

第 21 章　氢和稀有气体

本章学习要求

(1) 了解氢原子结构的特殊性及成键特点，氢的存在、用途和氢能源的开发进展；
(2) 掌握氢气及氢化物的制备、应用，了解二元氢化物的分类及特性；
(3) 认识氢的三种同位素；
(4) 了解稀有气体的发现简史，熟悉稀有气体的通性及主要用途；
(5) 掌握用 VSEPR 理论分析稀有气体化合物的结构、成键原理、结构特点。

【背景问题】

(1) 如何认识氢在周期表中的特殊位置？氢与其他元素的化合物在周期表中是如何展现的？

(2) 氢能源是一种可实现真正零排放的二次能源，但现阶段并未获得广泛应用。查阅资料，分析现阶段制约这一绿色高效能源推广应用的主要障碍。

(3) 稀有气体为什么可以成单原子气体？

(4) 稀有气体氩的发现为什么被称为“第三位小数的胜利”？

(5) 写出第一个人工合成的稀有气体化合物的化学式。从这个化合物合成过程中，您受到何种启发？

7	8	9	10	11	12	13	14	15	16	17	18
	H										He
						B	C	N	O	F	Ne
						Al	Si	P	S	Cl	Ar
Mn	Fe	Co	Ni	Zn	Cu	Ga	Ge	As	Se	Br	Kr
Tc	Ru	Pd	Pd	Cd	Ag	In	Sn	Sb	Te	I	Xe
Re	Os	Pt	Pt	Hg	Au	Tl	Pb	Bi	Po	At	Rn
Bh	Hs	Ds	Ds	Cn	Rg		114		116		118

很奇怪的是这里虽然讲的都是气体，却一个是最轻的双原子气体，一类是特殊的单原子气体。氢的结构尽管简单，却有着极其丰富的化学内容。前面已有不少章节涉及氢，特别是在有关酸和碱的讨论中。本章扼要介绍氢元素及其二元化合物的某些性质。我们会看到，化合物的许多反应与它提供 H^- 或 H^+ 的能力有关，而且往往还能判断哪一种趋势占优势。本章第二个单元是讲解远不如了解其他 p 区元素那么多的稀有气体(noble gas)。这个名称被化学界接受是因为它表达了这些元素反应活性很低但仍然具有一定反应活性的事实。学完稀有气体的一些知识，您会发现它们与后面将讲的卤素化合物，在结构和反应类型方面会表现出相似性。

本章涉及的氢和氙的部分元素电势图如下：

$E_A^\ominus/V$

$$H^+ \xrightarrow{0} H_2 \xrightarrow{-2.25} H^- \qquad H_4XeO_6 \xrightarrow{2.42} XeO_3 \xrightarrow{2.10} Xe$$

$$H_4XeO_6 \xrightarrow{2.18} Xe$$

$E_B^\ominus/V$

$$H_2O \xrightarrow{-0.828} H_2 \xrightarrow{-2.25} H^- \qquad HXeO_6^{3-} \xrightarrow{0.94} XeO_4^- \xrightarrow{1.24} Xe$$

21.1 氢

21.1.1 氢的存在

氢是宇宙中最丰富的元素，在地壳和海洋中化合形式的氢在丰度中居第15位。地球上丰度的下降显然与星体形成过程中氢的挥发性有关。含氢化合物的种类比其他任何元素的化合物都多，水、生命物质、化石燃料等化合物均含有氢。

氢的主要同位素有三种：${}_1^1H$(氕，符号 H)、${}_1^2H$(氘，符号 D)和${}_1^3H$(氚，T)，此外还有瞬间即逝的 ${}^4H$ 和 ${}^5H$。自然界中 H 的丰度最大，原子分数占 99.98%，D 原子分数约为 0.016%，T 的存在量仅为 H 的 10^{-17}，是一种不稳定的放射性同位素。氢的三种同位素具有相同的电子层结构，核外均有一个电子，因此其化学性质基本相同. 由于它们的质量相差较大，因而导致它们的单质和化合物在物理性质上的差异。这称为同位素效应(isotope effect)。H_2、D_2 及其化合物的物理性质见表 21-1。

表 21-1　H_2、D_2及其化合物的物理性质

性　质	H_2	D_2	H_2O	D_2O
沸点/℃	−252.8	−249.7	100.00	101.42
平均键能/($kJ \cdot mol^{-1}$)	436.0	443.3	463.5	470.9

氢可有三种状态，气态、液态和固态(表 21-2)。在距木星大气层顶 24 000km 的深处，温度增加到 11 000K，压力高达 3×10^8kPa，在此条件下木星海洋中存在着液态金属氢。液态金属氢形成一个大气球，占有木星的大部分质量。在低温高压下，氢气可以转变成黑色晶体，即金属氢。

$$H_2(g) \xrightarrow[77K，金刚石]{>2.5\times10^8 kPa} H_2(s)$$

表 21-2　氢的状态

氢的状态	气态氢(g)	液态氢(l)	固态氢(s)
密度	$0.089g \cdot L^{-1}$	$70.8kg \cdot m^{-3}$	$\approx 86kg \cdot m^{-3}$

21.1.2 氢的成键特征

氢原子的价电子结构为 $1s^1$，电负性为 2.2，当氢原子同其他元素的原子化合时，具有如下成键特征。

1. 形成离子键

H 与活泼金属(Na、K、Ca 等)形成氢化物时，H 获得一个电子形成 H^-。这个离子因具有较大的半径(208pm)而仅存在于离子型氢化物的晶体中。

2. 形成共价键

形成非极性共价键(H_2)和极性共价键(H 与非金属元素原子形成的氢化物如 H_2O、HCl 等)。

3. 独特的键型

(1) H 原子可以填充到许多过渡金属晶格的空隙中，形成一类非整比化合物，一般称为金属氢化物，如 $ZrH_{1.30}$ 和 $LaH_{2.87}$。

(2) 在硼氢化合物(如 B_2H_6)和某些过渡金属配合物(如 $H(Cr[CO)_5]_2)$)中均存在着氢桥键。氢桥不属于经典的共价键。

(3) 在含有强极性共价键的共价氢化物中，近乎裸露的氢原子核可以定向吸引邻近电负性高的原子(如 F、O、N)上的孤对电子而形成分子间或分子内氢键。

21.1.3 氢的性质和应用

1. 物理性质

H_2是由两个氢原子以共价单键的形式结合而成的双原子分子，其键长为 74pm。H_2是无色、无臭、无味的可燃性气体，质量是空气的 1/14.38，具有很大的扩散速率和很好的导热性，在水中的溶解度很小(273K 时 1L 水仅能溶解 0.02L 的 H_2)。氢气容易被 Ni、Pd、Pt 等金属吸附。当用液态空气冷却普通的氢气并用活性炭吸附分离，可得到氢分子的两种变体，即正氢和仲氢。将氢冷却到 20K 时，气态氢可被液化。液态氢可以把除氦以外的其他气体冷却而变为固体。在同温同压下，氢气的密度最小，常用来填充气球。

2. 化学性质

H_2中 H—H 键的解离能为 $436kJ \cdot mol^{-1}$，比一般的单键高很多，相当于一般双键的解离能。因此常温下分子氢不活泼。但氢在常温下能与单质氟在暗处迅速反应生成 HF，而与其他卤素或氧不发生反应。所以有氢参加的反应一般要在高温或有催化剂存在下进行。这是因为在加热、光照或选择适当的催化剂都容易将 H_2分子活化，产生非常活泼的氢原子。图 21-1 给出 H_2在金属铂表面被活化的示意图。H_2分子一旦被活化，就容易与多种物质发生反应。

高温下，氢是一个很好的还原剂。氢气能在空气中燃烧生成水，火焰温度可以达到 3273K 左右，工业上常利用此反应切割和焊接金属。氢还能将许多金属氧化物和卤化物还原。

$$CuO + H_2 \xlongequal{} Cu + H_2O$$

$$Fe_3O_4 + 4H_2 \xlongequal{} 3Fe + 4H_2O$$

$$WO_3 + 3H_2 \xlongequal{} W + 3H_2O$$

$$TiCl_4 + 2H_2 \xlongequal{} Ti + 4HCl$$

在适当的温度、压强和相应的催化剂存在下，H_2可与 CO 反应，生成一系列的有机化合物。例如，甲醇的合成：

$$CO(g) + 2H_2(g) \xrightarrow{Cu/ZnO} CH_3OH(g)$$

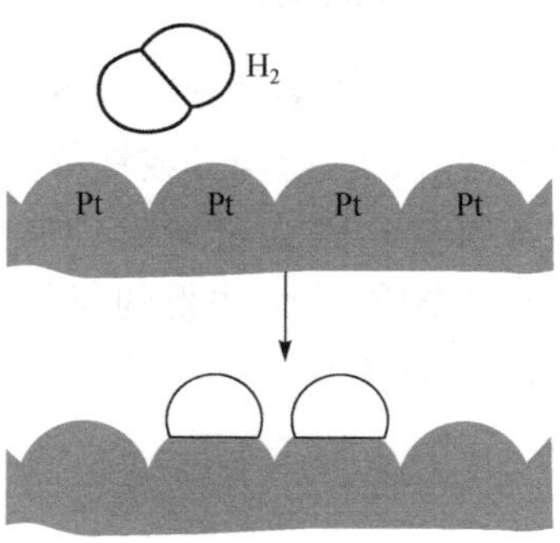

图 21-1　H_2 分子在 Pt 表面被活化

【思考题】

21-1　为什么氢是周期表中唯一尚未找到确切位置的元素？

21-2　在自然界，H 为什么大多以化合物的形式存在？

3. 应用

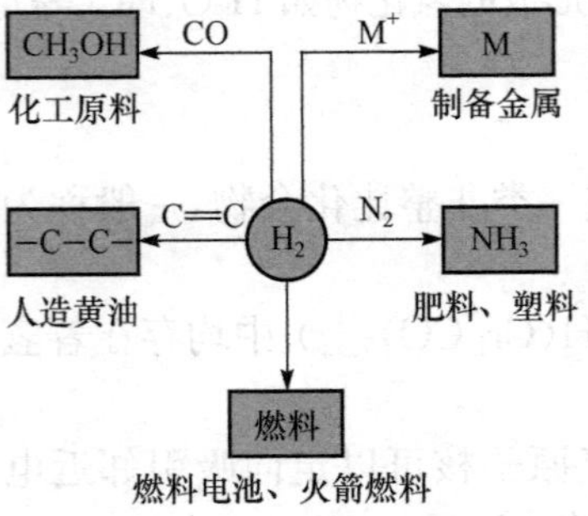

图 21-2　氢的主要用途

氢无疑是用途最大的元素之一，图 21-2 给出其主要用途。遗憾的是由于氢的运输不便，既低效又不安全。工业方法制得的氢大都在原产地消耗。例如，合成氨以 H_2 为原料，为了利用烷烃脱氢的副产物，往往将合成氨厂与炼油厂建在一起。氢是石油工业中烷烃脱氢的副产物，同时又在原产地的其他生产环节被消耗。

显然，目前氢最重要的用途是合成氨，合成氨耗去氢产量的 40%以上，其次是石油炼制工业，炼制过程的耗氢量略低于 40%，如烃的增氢、煤的气化、重油的精炼等。在催化剂存在的条件下，氢原子加到其他分子的双键或叁键上的反应称为"加氢反应"(hydrogenation reaction)。例如，人造黄油就是通过加氢反应制造的，通过加氢将液体油酸($C_{17}H_{33}COOH$)转化为固体硬脂酸($C_{17}H_{35}COOH$)。

另外，氢还大量应用于电子工业、冶金工业、食品工业、浮法玻璃、精细有机合成、航空航天工业等领域。早在第二次世界大战期间，氢即用作 A-2 火箭发动机的液体推进剂。1960 年液氢首次用作航天动力燃料。1970 年美国发射的"阿波罗"登月飞船使用的起飞火箭也是用液氢作燃料。现在氢已是火箭领域的常用燃料了。对现代航天飞机而言，减轻燃料自重，增加有效载荷变得更为重要。氢的能量密度很高，是普通汽油的 3 倍，这意味着燃料的自重可减轻 2/3，这对航天飞机无疑是极为有利的。今天的航天飞机以氢作为发动机的推进剂，以纯氧作为氧化剂，液氢就装在外部推进剂桶内，每次发射需用 1450m^3，重约 100t。现在科学家正在研究一种"固态氢"的宇宙飞船。固态氢既作为飞船的结构材料，又作为飞船的动力燃料。在飞行期间，飞船上所有的非重要零件都可以转作能源而"消耗掉"，这样飞船在宇宙中就能飞行更长的时间。随着制氢技术的进步和储氢手段的完善，氢将能在 21 世纪的能源舞台上大展风采。

21.1.4　氢的制备

氢可采用多种方法制备(图 21-3)。在实验室常用稀盐酸(硫酸)与锌或铁等活泼金属作用或电解法制备氢气。因为金属锌中常含有 Zn_3P_2、Zn_3As_2、ZnS 等杂质，化学法得的氢气含有 PH_3、AsH_3、H_2S 等杂质而不纯，经纯化后才能得到纯净的氢气(表 21-3)。

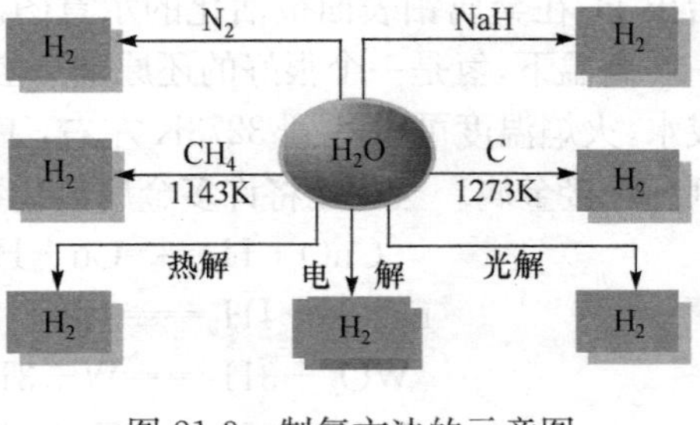

图 21-3　制氢方法的示意图

表 21-3　氢气中杂质的来源与除去方法

杂　质	来　源	除去杂质的反应
H_2S	锌中含微量硫化锌	$H_2S+Pb^{2+}+2H_2O \longrightarrow PbS+2H_3O^+$
AsH_3	锌和硫酸中含微量砷	$AsH_3+3Ag_2SO_4+3H_2O \longrightarrow 6Ag+H_3AsO_3+3H_2SO_4$
SO_2	锌还原硫酸产生	$SO_2+2KOH \longrightarrow K_2SO_3+H_2O$

电解法采用质量分数为 25%的 NaOH 或 KOH 溶液作为电解液实现电极反应。电解法制得的氢气比化学法纯。

$$\text{阴极}\quad 2H_2O + e^- \longrightarrow H_2\uparrow + 2OH^-$$

$$\text{阳极}\quad 4OH^- \longrightarrow O_2\uparrow + 2H_2O + 4e^-$$

工业生产中，主要利用碳还原水蒸气、烃类裂解法或水蒸气转换法制取氢气。主要反应如下：

$$C(\text{赤热}) + H_2O(g) \xrightarrow{1273K} H_2(g) + CO(g)$$

$$CH_4(g) \xrightarrow{1273K/\text{催化剂}} C + H_2(g)$$

$$CH_4(g) + H_2O(g) \xrightarrow{1073\sim1173K/\text{催化剂}} CO(g) + H_2(g)$$

上述第一个反应称为水煤气反应(water-gas reaction)，H_2和 CO 的混合物称为水煤气，可用作工业燃料，此处不必分离 H_2和 CO，但为了制备 H_2，必须分离出 CO。具体方法是将水煤气与水蒸气一起通过红热的 Fe_2O_3，CO 转变成 CO_2，然后在 2×10^6 Pa 下用水洗涤 H_2和 CO_2的混合气体，使 CO_2 溶于水而分离出 H_2。上述第三个反应称为水蒸气转化反应(steam reforming)，催化剂使用 NiO。

H_2还是氯碱工业(电解食盐水)和石油化学工业(烷烃脱氢制取烯烃)的副产物。

【思考题】

21-3　用焦炭或天然气与水反应制 H_2都需在高温下进行，试根据热力学原理分析。

21-4　水蒸气转化反应制氢的反应产物是混合气体，其中的杂质气体，如 N_2、CO 和 CO_2等如何除去?

21.1.5　氢化物

氢与其他元素形成的二元化合物称氢化物(hydride)。除稀有气体外，大多数的元素都能与氢结合生成氢化物。据元素电负性的不同，氢化物分为三大类。

1. 似盐型氢化物

氢与电负性很小的碱金属和碱土金属在较高温度下直接化合，氢获得一个电子成为 H^-，生成离子型氢化物(saline hydride)。

$$2Na(s) + H_2(g) \xlongequal{} 2NaH(s)$$

$$Ca(s) + H_2(g) \xlongequal{} CaH_2(s)$$

离子型氢化物都是白色盐状晶体(常因含少量金属而显灰色)。除 LiH 和 BaH_2具有较高的熔点(LiH 965K，BaH_2 1473K)外，其他氢化物均在熔化前就分解成单质。离子型氢化物还溶于非水溶剂，但能溶解在熔融的碱金属卤化物中。离子型氢化物熔化时能导电，电解这种熔融盐溶液，阳极放出 H_2，这一事实证实离子型氢化物都含有 H^-。

离子型氢化物都具有很高的反应活性，可与水发生剧烈反应，放出 H_2。

$$NaH(s) + H_2O \xlongequal{} NaOH + H_2(g)$$

利用这一特性，可用离子型氢化物除去水蒸气或溶剂中微量的水分，但水量较多时不能使用此法，因为这是一个放热反应，能使产生的氢气燃烧。

离子型氢化物都是还原剂，尤其在高温之下能还原金属氯化物、氧化物和含氧酸盐。

$$4NaH+TiCl_4 \xlongequal{} Ti+4NaCl+2H_2(g)$$

$$CaH_2+UO_2 \xlongequal{} U+Ca(OH)_2$$

$$2CaH_2+PbSO_4 \xlongequal{} PbS+2Ca(OH)_2$$

$$BaH_2(热)+2CO_2 \xlongequal{} 2CO+Ba(OH)_2$$

$$NaH+2CO \xlongequal{} HCOONa+C$$

离子型氢化物在非水极性溶剂中与缺电子化合物结合成复合氢化物。

$$2LiH+B_2H_6 \xrightarrow{乙醚} 2LiBH_4$$

$$4LiH+AlCl_3 \xrightarrow{乙醚} LiAlH_4+3LiCl$$

这类氢化物被广泛用作合成化学中的还原剂或野外生氢剂，用于生氢剂时十分方便，但价格昂贵，反应式如下：

$$LiAlH_4+4H_2O \xlongequal{} Al(OH)_3+LiOH+4H_2$$

2. 金属型氢化物

氢能与许多过渡金属形成金属型氢化物(metallic hydride)，这类物质中，H 填充在金属的晶格间隙，其组成不固定，有些是整比的(NiH、CrH_2)，而大多是非整比的($PdH_{0.8}$、$ZrH_{1.98}$、$LaH_{2.76}$)，其中以 $LaNi_5$ 最为重要，可吸收其自身体积数倍的氢气，是很有实用前途的储氢材料。金属型氢化物基本上保留着金属的外观特征与通性。其导电性随氢含量的改变而改变；密度比母体金属的密度低；某些过渡金属能够可逆地吸收和释放氢。

3. 分子型氢化物

氢同 p 区元素的单质(除稀有气体、铝、铋、钋外)结合形成共价型氢化物，也称分子型氢化物(molecular hydride)。根据它们结构中电子数和键数的差异，分为三种存在形式。一是缺电子氢化物(electron deficient hydride)，如 B_2H_6 分子中，B 未满足 8 电子构型。在这个分子中，两个 B 原子通过氢桥键连在一起，形成一三中心两电子键。二是满电子氢化物(full electronic hydride)，第 14 列的 C、Si 等均有 4 个价电子，在形成 CH_4、SiH_4 时，中心原子的价电子全部参与成键，没有剩余的非键电子，满足了 8 电子构型，形成满电子氢化物 CH_4、SiH_4。三是富电子氢化物(electron rich hydride)，如 H_2O、NH_3、HF 等，中心原子成键后，还有剩余未成键的孤对电子。由于孤对电子对成键电子的排斥作用，因而使 NH_3 分子成为三角锥形，H_2O 分子成为 V 形，HF 是通过氢键而缔合的链状结构。

p 区氢化物属分子型晶体，它们是由单个的饱和共价分子通过很弱的范德华力或在某些情况下通过氢键把分子结合在一起而构成的。这种结构使得共价型氢化物的熔点、沸点比较低，一般条件下多为气体，比较软，有挥发性，没有导电性等。

由于分子型氢化物共价键的极性差别较大，所以它们的化学性质比较复杂。

氢的大多数二元化合物可归入上述三大类中的某一类。但是这种分类的界限也不十分明确，结构类型并非非此即彼，而是表现出某种连续性(图 21-4)。

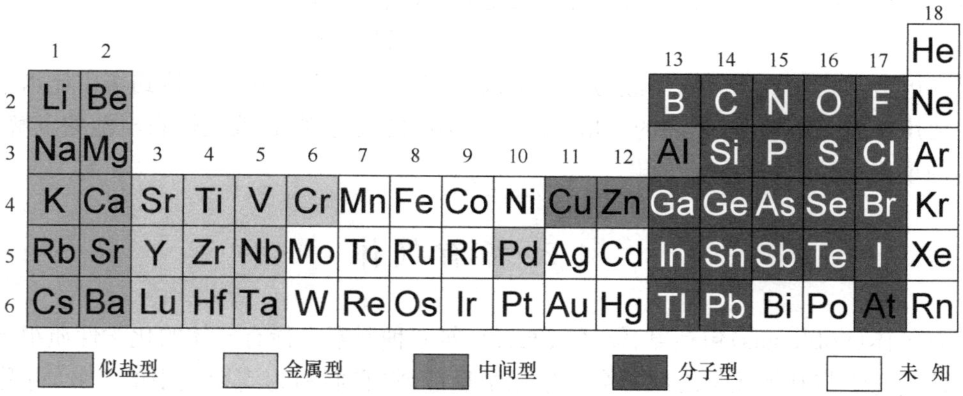

图 21-4　二元氢化物的分类

【例题 21-1】 将下列化合物归类并讨论其物理性质。

$HfH_{1.5}$　　PH_3　　CsH　　B_2H_6

解　$HfH_{1.5}$ 和 CsH 两个氢化物，为固体，前者是金属型氢化物，显示良好的导电性，d 区金属和 f 区金属往往形成这类化合物。后者是 s 区金属似盐型氢化物，是具有岩盐结构的电绝缘体。p 区分子型氢化物 PH_3 和 B_2H_6 具有低的摩尔质量，可以预料具有很高的挥发性(标准状况下实际上是气体)。路易斯结构表明 PH_3 的 P 原子上有一对孤对电子，因而是个富电子化合物，乙硼烷是缺电子化合物。

21.1.6　氢能源

近 10 年来，对以 H_2 作为未来动力燃料的氢能源(hydrogen energy)的研究获得迅速的发展。氢能源有如下特点：原料来自于地球上丰富的水，因而资源不受限制；氢气燃烧时放热量很大，其燃烧热为同质量石油的三倍，是一种高能燃料；燃烧产物是水，不会污染环境。所以氢能是未来最有发展前景的新能源。氢气的大量廉价制取、存储和运输及氢气的高效利用是目前氢能源开发利用面临的三大课题。

目前工业上主要通过化石燃料与水蒸气反应制氢及电解制氢，这些传统工业制氢气方法能源利用效率低，成本大，污染严重，主要维持满足目前电子、冶金、化工等方面的需要。要实现氢成为广泛使用的新能源，必须研究廉价氢的制取新方法。目前认为有前途的有太阳能分解水制氢、生物分解水制氢和核能制氢，利用太阳能光解水是最好的办法，因为太阳能取之不尽，而水又用之不竭。但光解水的工作尚在研究中，目前还达不到工业化水平。

因为氢气的密度小、易燃易爆，装运不便，怎样把氢存储起来备用和运输是制约氢能源发展的关键瓶颈之一。目前，氢的储存主要有高压气态储氢、冷液化储氢、金属氢化物储氢及碳质材料储氢。近年来，利用氢与某些金属生成合金型金属氢化物的储氢方法取得了令人鼓舞的研究进展，在有些发达国家已接近商业化水平。

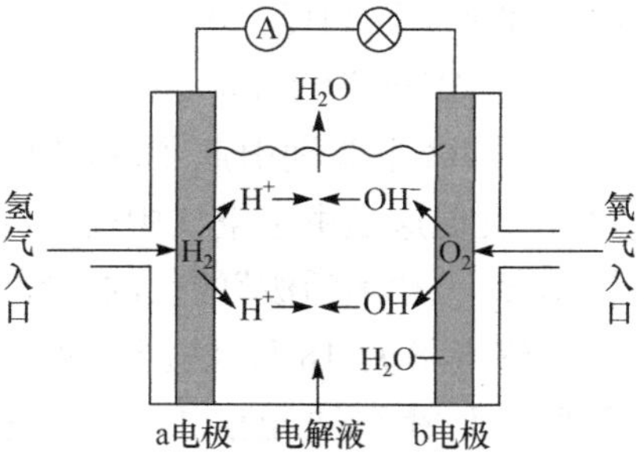

图 21-5　燃料电池示意图

燃料电池(fuel cell)具有能量转化效率高、污染小、可靠性高等特点，是氢能利用的最理想方式。氢-氧燃料电池的结构示意图如图 21-5 所示，它是电解制氢的

逆反应，负极活性物质是氢气，正极活性物质是氧气，电池反应为

$$2H_2(g)+O_2(g)=\!=\!=2H_2O(l)$$

燃料电池从发明到实际应用经历了一个世纪，在19世纪60年代已达到实用化水平，但现阶段主要用于航天等领域，过高的价格是限制其推广的关键因素，改变燃料电池的电解质是降低成本的重要途径之一。

21.2 稀有气体

稀有气体(noble gas)包括氦、氖、氩、氪、氙、氡6种元素。稀有气体的化学性质很不活泼，人们曾认为它们与其他元素之间不会发生化学反应，将它们列为周期表中的0族，并称为“惰性气体”。正是这种绝对化的观点束缚了人们的思想，阻碍了稀有气体化学的发展。1962年，在加拿大工作的英国青年化学家巴特利(N. Bartlett)合成了第一个稀有气体化合物——$Xe[PtF_6]$，随后不久人们发现了氙的一系列氟化物和氟氧化物。$Xe[PtF_6]$的发现是化学发展史上一次重要的突破，巴特利为开拓稀有气体化学作出了历史性贡献。

【例题 21-2】 18族元素的命名经历了哪些变化？

解 ①1962年前，确信它们的性质不活泼，称它们为“惰性气体”(inert gas)；②曾因它们与各种化学试剂都不发生反应，于是认为它们的化合价为零，又将其称为“零族元素”；③根据这六个元素在地壳中的含量稀少，又广泛地称它们为“稀有气体”(noble gas)；④自上而下，以氦为首，因此也称为“氦族元素”；⑤也有人称它们为“单原子气态元素”(monoatomic gas element)。

当今国际化学界接受的“noble gas”这个名称，它是参照“noble metal”提出的，意指这些气体元素具有较低的(但不是不具有)反应活性。“noble metal”在汉语中被译为“贵金属”，但对“noble gas”而言，“贵气体”的译法显然难以为人们接受。国内将其译为“稀有气体”，表面上回到原先那个名称，却不是原先的含义了。也许，你可从“物以稀为贵”的说法找到“noble”与“稀有”之间的某种联系。

21.2.1 稀有气体的发现

六种稀有气体元素是在1894～1900年陆续被发现的。发现稀有气体的主要功绩应归于英国化学家莱姆赛(W. Ramsay，1852—1916)。

早在1785年，英国著名科学家卡文迪什(H. Cavendish，1731—1810)在研究空气组成时，发现一个奇怪的现象。当时人们已经知道空气中含有N_2、O_2、CO_2等，卡文迪什把空气中的这些成分除尽后，发现还残留少量气体，这个现象当时并没有引起化学家应有的重视。1894年，英国物理学家瑞利(J. W. S. Rayleigh，1842—1919)在研究N_2时发现从氮的化合物中分离出来的N_2密度为$1.2508g\cdot L^{-1}$，而从空气中分离出来的N_2密度为$1.2572g\cdot L^{-1}$，这0.0064g的微小差别引起了瑞利的注意。他与化学家莱姆赛合作，反复认真地实验，精确测量，终于发现这是由于空气中尚有约1%略重于N_2的其他气体所造成的。通过光谱实验证实了新元素——“不活泼”的氩的存在。这就是科学史上的“第三位小数点的胜利”。

1868年8月18日，法国天文学家简森(P. J. C. Janssen，1824—1907)在观察日全食时，在太阳光谱上紧靠钠光谱D线旁边发现了一条新的黄线。同时，英国天文学家洛克耶尔(J. N. Lockyer，1836—1920)也观测到这条黄线D。当时天文学家认为这条线只有太阳才有，并且还认为是一种金属元素，把这个元素取名为helium(出自希腊文，意为太阳神的意思，后

缀-ium是指金属元素而言)，中译名为氦。1895年，莱姆赛和另一位英国化学家特拉弗斯(M. W. Travers，1872—1961)合作，在用硫酸处理沥青铀矿时，产生了一种不活泼的气体，用光谱鉴定为氦。之后莱姆赛又从空气中分离出了氦，证明了地球上氦的存在并且是非金属元素。

由于氦和氩的性质非常相近，而且它们与周期系中已被发现的其他元素在性质上有很大差异，莱姆赛根据周期系的规律性，推测出氦和氩可能是新的一族，并预言存在着同族其他元素。1898年5月30日莱姆赛和特拉弗斯从空气中相继分离出了氪、氖和氙。1899年，英国物理学家欧文斯(R. B. Owens)和卢瑟福(E. Rutherford)在研究钍的放射性时发现钍射气，即氡-220。1900年，德国道恩(F. E. Dorn)在研究镭的放射性时发现镭射气，即氡-222。1902年，德国吉赛尔(F. O. Giesel)在锕的化合物中发现锕射气，即氡-219。1908年，莱姆赛确定镭射气是一种新元素，和已发现的其他稀有气体一样，是一种化学惰性的稀有气体元素。其他两种射气，是它的同位素。1923年国际化学会议上命名这种新元素为radon，中文音译成氡，化学符号为Rn。

美国劳伦斯·利弗莫尔国家实验室2006年10月16日宣布，该实验室科学家与俄罗斯杜布纳联合原子核研究所的科学家合作，利用俄方的回旋加速器设备，两次将许多钙-48离子加速，用来轰击人造元素锎-249，从而制造出3颗新原子。每颗新原子的原子核包含118个质子和179个中子。也就是说，这种新元素在元素周期表中的序号为118，相对原子质量为297。其中一个原子是在2003年的实验中获得，另外两个则是在2005年年初的实验中获得，成功合成了118号超重元素。这种拥有118个质子的元素是目前已知最重的元素，也是第一种人造惰性气体。这种超重元素存在的时间极其短暂，约有0.9ms，即万分之九秒，之后即迅速衰变为相对原子质量较小的其他元素：先是从118号元素衰变为116号元素，接着继续衰变为114号元素，然后又衰变为112号元素，最后一分为二。该元素命名为ununoctium，元素符号为Uuo，它的合成意义重大。

21.2.2　稀有气体的性质和用途

稀有气体都是单原子分子，表21-4给出了稀有气体的某些重要性质。

表21-4　稀有气体的基本性质

性　质	氦	氖	氩	氪	氙	氡
元素符号	He	Ne	Ar	Kr	Xe	Rn
原子序数	2	10	18	36	54	86
相对原子质量	4.003	20.18	39.95	83.80	131.3	222.0
价电子层结构	$1s^2$	$2s^2 2p^6$	$3s^2 3p^6$	$4s^2 4p^6$	$5s^2 5p^6$	$6s^2 6p^6$
原子半径/pm	93	112	154	169	190	220
第一电离能/(kJ·mol^{-1})	2372	2081	1521	1351	1170	1037
蒸发热/(kJ·mol^{-1})	0.09	1.8	6.3	9.7	13.7	18.0
熔点/K	0.95	24048	83.95	116.55	161.15	202.15
沸点/K	4.25	27.25	87.45	120.25	166.05	208.15
临界温度/K	5.25	44.45	153.15	210.65	289.75	377.65
临界压强/(×10^{5}Pa)	2.29	27.25	48.94	55.01	58.36	63.23
气体密度/(g·L^{-1})(STP)	0.176	0.8999	1.7824	3.7493	5.761	9.73
在水中的溶解度/(cm^3·dm^{-3})	8.8	10.4	33.6	62.6	123	222

稀有气体原子的最外电子层都有相对饱和的结构，除氦有 2 个电子外，其余均有 8 个电子，这种电子结构是相当稳定的。稀有气体的电子亲和能都接近于零；与其他元素相比较，它们都有很高的电离能。因此，稀有气体原子在一般条件下不易得到或失去电子而形成化学键。表现出化学性质很不活泼，不仅很难与其他元素化合，而且自身也以单原子分子的形式存在。原子之间仅存在着微弱的范德华力（主要是色散力）。它们的物理性质随原子序数的递增而有规律地变化，如熔点、沸点、溶解度、密度和临界温度等随原子序数的增大而递增。

稀有气体的熔、沸点都很低，氦的沸点是所有单质中最低的。氦是所有气体中最难液化的，温度在 2.2K 以上的液氦是一种正常液态，具有一般液体的通性。温度在 2.2K 以下的液氦则是一种超流体，具有许多反常的性质。例如，具有超导性、低黏滞性等，它的黏度为氢气黏度的 1/100，并且这种液氦能沿着容器的内壁向上流动，再沿着容器的外壁往下慢慢流下来，这种现象对于研究和验证量子理论很有意义。

稀有气体广泛应用到光学、冶金和医学等领域中。

利用液氦可以获得 0.001K 的低温，超低温技术中常用液氦气体代替 H_2 填充气球或汽艇。氦在血液中的溶解度比 N_2 小，因此常用“氦空气”（He 占 79%，O_2 占 21%）代替空气供潜水员呼吸，以防止潜水员出水时因压力猛然下降使原先溶在血液中 N_2 迅速逸出阻塞血管而造成“气塞病”（gas slug disease）。这种“人造空气”（artificial atmosphere）在医学上也用作气喘、窒息病人的治疗。

氖在放电管内放射出美丽的红光，加入一些汞蒸气后又发射出蓝光，所以，氖被广泛用来制造霓虹灯或仪器中的指示灯（小氖泡）。

氩在空气中含量最高，再加上它的热传导系数小和惰性，被广泛用于填充灯泡（在高压灯泡中充填的氩气中只需含有 15%，可以防止产生电弧）。在冶金工业中，氩的最大用途是为熔焊不锈钢等提供氩保护气氛。

氙在电场的激发下能放出强烈的白光，高压长弧氙灯经常用于电影摄影、舞台照明等。氦氖激光器、氩离子激光器等在国防和科研上有着广泛的用途。氪和氙的同位素在医学上被用来测量脑血流量和研究肺功能、计算胰岛素分泌量等。

氡在医疗上用于恶性肿瘤的放射性治疗，但在居室中长期接触微量氡（释自建筑石料或地基岩层等）会导致肺癌。

21.2.3 稀有气体的存在和分离

稀有气体在自然界是以单质状态存在的。除氡以外，它们主要存在于空气中。在空气中氩的体积分数约为 0.93%，氖、氦、氪和氙的含量则更少。空气中各稀有气体的含量列于表 21-5中。

表 21-5 空气中稀有气体的含量

稀有气体	氦	氖	氩	氪	氙
体积分数	5.239×10^{-4}	1.818×10^{-3}	0.934	1.14×10^{-4}	8.6×10^{-5}
质量分数	7.42×10^{-5}	1.267×10^{-3}	1.288	3.29×10^{-4}	3.9×10^{-5}

氦也存在于天然气中，含量约为 1%，有些地区的天然气中氦含量可高达 8%左右。另外，某些放射性物质中常含有氦。氡也存在于放射性矿物中，是镭、钍的放射性产物（图 21-6）。

从空气中分离稀有气体的方法是利用它们物理性质的差异，将液态空气分级蒸馏。首先

蒸馏出来的是 N_2，再继续分馏，得到含少量 N_2 的以氩为主的稀有气体混合物。将这种气体通过 NaOH 以除去 CO_2，再通过赤热的铜丝以除去微量的氧，最后通过灼热的镁粉屑使 N_2 转变为 Mg_3N_2 而除去。余下的气体便以氩气为主的稀有气体混合物。从天然气中分离氦也可以采用液化的方法。

稀有气体之间的分离是利用低温下活性炭对这些气体的选择性吸附来进行的。由于各种稀有气体气体分子间的色散力有差异，相同温度下相对分子质量大的稀有气体被吸附得多些，而相对分子质量小的氦最不易被吸附。吸附了稀有气体混合物的活性炭在低温下经过分级解吸，即可得到各种稀有气体。

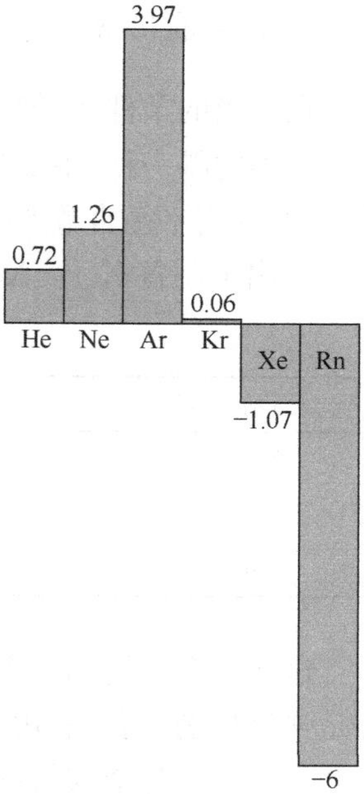

图 21-6　稀有气体在地壳中的分布

21.2.4　稀有气体化合物

1962 年，在加拿大工作的英国化学家巴特利(N. Bartlett)在一次实验中发现 PtF_6 和 O_2 反应生成一种深红色的固体并确定其分子式为 $O_2^+[PtF_6]^-$。当时考虑到稀有气体的电离能从上到下依次减小，而氙的第一电离能($1170kJ \cdot mol^{-1}$)与 O_2 的第一电离能($1180kJ \cdot mol^{-1}$)相近，据此推测 Xe 和 PtF_6 也能发生类似的反应。据 Xe 和 O_2 的范德华半径估计 O_2^+ 和 Xe^+ 的半径也相近。由此估算的 $O_2[PtF_6]$ 晶格能与 $Xe[PtF_6]$ 的晶格能差不多，因而从热力学判断预料 $Xe[PtF_6]$ 可能会稳定存在。经过多次实验，他终于在室温下合成出了第一个真正的稀有气体化合物——$Xe[PtF_6]$(橙红色晶体)。这一发现震动了当时的化学界，推动了稀有气体化学的广泛和迅速发展。迄今为止，人们已经合成出了数百种稀有气体化合物。

【例题 21-3】 巴特利是怎样预料 $Xe[PtF_6]$ 可能会稳定存在的？

解 巴特利是从热力学出发分析的。

首先当时氟化物正处于火热研究中，制备的 PtF_6 是当时最强的氧化剂，为制备 $O_2^+[PtF_6]^-$ 提供了条件。巴特利就想到了推而广之，用在了制备稀有气体化合物上。

但是，巴特利并不盲目进行实验，详细比较了稀有气体与氧气的一些参数，认为其中 Xe 与氧气最为相近，完全有可能发生类似反应：$O_2(g)+PtF_6(s) = O_2^+[PtF_6]^-(s)$

$$\begin{cases} O_2 \longrightarrow O_2^+ + e^- \\ Xe \longrightarrow Xe^+ + e^- \end{cases} \quad \begin{cases} I_1 = 1180kJ \cdot mol^{-1} \\ I_2 = 1170kJ \cdot mol^{-1} \end{cases} \quad \begin{cases} r_{O_2^+} = 201pm \\ R_{Xe^+} = 210pm \end{cases}$$

于是，巴特利设计了如下循环，设计并测定了 $Xe[PtF_6]$ 的标准生成焓为负值($-60kJ \cdot mol^{-1}$)

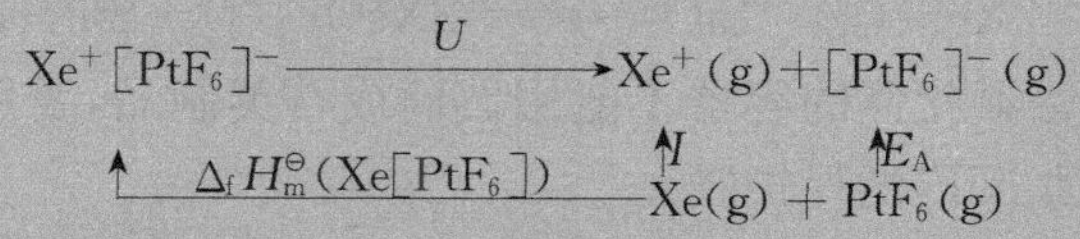

最后，根据已有热力学数据估算的 $O_2[PtF_6]$ 晶格能与 $Xe[PtF_6]$ 的晶格能差不多，才在 1962 年 3 月 2 日下午 6 时 45 分第一个观察到"惰性气体"元素的化学行为：$XePtF_6$ 红色液体生成！

除了氡以外，相对来说氙是稀有气体中最活泼的元素，因此，有关氙的化合物研究得比较多。

1. 氙的氟化物

在适当的条件下，加热氙与氟的混合气体能制得 XeF_2、XeF_4 和 XeF_6。制得的究竟是这些化合物中的哪一种，主要与反应中氟与氙的比例、反应温度以及反应器内的压力有关。从热力学出发，利用平衡常数严格控制这些条件就可以做到基本上只生成其中一种氙的氟化物。表 21-6 列出了制备 XeF_2、XeF_4 和 XeF_6 的条件。

表 21-6　各种氟化物的制备条件

欲制备的化合物	反应物比例/ $Xe:F_2$	反应温度/℃	反应时间/h	反应压力/atm
XeF_2	7.5∶1	400	16	75
XeF_4	1∶5	400	1	6
XeF_6	1∶20	250	16	50

这几个氟化物都是无色固体，属共价化合物。它们的熔点分别为 129℃、117℃、49.5℃，都是强氧化剂，而且氧化能力随氧化数升高而增强。

它们能定量地与氢反应：

$$XeF_2(s)+H_2(g)═══2HF(s)+Xe(g)$$
$$XeF_4(s)+2H_2(g)═══4HF(s)+Xe(g)$$
$$XeF_6(s)+3H_2(g)═══6HF(s)+Xe(g)$$

它们还能将 Cl^- 氧化成 Cl_2，把 I^- 氧化成 I_2，把 Ce(Ⅲ)氧化成 Ce(Ⅳ)，把 Co(Ⅱ)氧化成 Co(Ⅲ)，把 Hg 氧化成 Hg_2^{2+}，把 Pt 氧化成 Pt(Ⅳ)等。

$$XeF_2(s)+H_2O_2(g)═══2HF(s)+Xe(g)+O_2(g)$$
$$XeF_2(s)+2HCl(aq)═══2HF(s)+Xe(g)+Cl_2(g)$$
$$XeF_2(s)+KClO_3+H_2O(g)═══2HF(s)+Xe(g)+KClO_4$$
$$XeF_2(s)+CH_2=CH_2(g)═══CH_2F—CH_2F(s)+Xe(g)$$
$$XeF_4(s)+Pt═══PtF_4(g)+Xe(g)$$
$$XeF_4(s)+4Hg═══2Hg_2F_2+Xe(g)$$
$$XeF_6(g)+8NH_3(g)═══Xe(g)+N_2(g)+6NH_4F(s)$$

氙的氟化物都是优良而温和的氟化剂，能将许多化合物氟化。

$$IF_5(s)+XeF_2(s)═══IF_7(s)+Xe(g)$$
$$XeF_2(s)+SbF_5(l)═══[XeF][SbF_6](s)$$
$$XeF_4(s)+2SF_4(g)═══Xe(g)+2SF_6(s)$$
$$2XeF_6(g)+SiO_2(s)═══2XeOF_4(l)+SiF_4(g)$$

最后一个反应说明盛氟化氙的容器不能用玻璃或石英制品，要用镍制容器(使用之前用 F_2 使之钝化形成一层很薄 NiF_2 的保护膜)。

氙的氟化物都与水发生反应，但对水的反应活性是不同的。XeF_2 溶于水，在稀酸中缓慢水解，在碱性溶液中迅速水解。

$$2XeF_2(s)+2H_2O(l)═══2Xe(g)+4HF(l)+O_2(g)$$
$$XeF_2(s)+2OH^-(aq)═══Xe(g)+\frac{1}{2}O_2(g)+2F^-(aq)+H_2O(l)$$

XeF_4 在水中既发生歧化反应，又发生氧化还原反应。

$$3XeF_4(g)+6H_2O(l)\!=\!=\!=3Xe(g)+3O_2(g)+12HF(l)\text{（氧化还原反应）}$$

$$3XeF_4(s)+6H_2O(l)\!=\!=\!=2XeO_3(s)+Xe(g)+12HF(l)\text{（歧化反应）}$$

总反应式为

$$6XeF_4(s)+12H_2O(l)\!=\!=\!=2XeO_3(s)+4Xe(g)+3O_2(g)+24HF(l)$$

总反应方程式只是 XeF_4 等物质的量参与歧化反应以及与水的氧化还原反应的配平结果，实际上是一个多重配平的方程式。

XeF_6 遇水可发生完全水解和不完全水解，低温水解比较平稳，反应如下：

$$XeF_6(s)+H_2O(l)\!=\!=\!=XeOF_4(l)+2HF(l)\quad\text{（不完全水解）}$$

$$XeOF_4(l)+2H_2O(l)\!=\!=\!=XeO_3(s)+4HF(l)\quad\text{（完全水解）}$$

XeF_6 在碱性条件下也能发生歧化反应。

$$4XeF_6+18Ba(OH)_2\!=\!=\!=3Ba_2XeO_6+Xe+12BaF_2+18H_2O$$

氙的氟化物具有许多实际用途。作为强氧化剂，XeF_2 在水溶液中能够使 $HCl \longrightarrow Cl_2$，$KI \longrightarrow I_2$，Ce(Ⅲ)⟶Ce(Ⅳ)，Co(Ⅱ)⟶Co(Ⅲ)，Ag(Ⅰ)⟶Ag(Ⅱ)。1968 年第一次制得 BrO_4^-。

$$NaBrO_3+XeF_2+H_2O\!=\!=\!=NaBrO_4+2HF+Xe$$

XeF_2 作为氟化剂，制得了 SO_3F。

$$XeF_2+2HSO_3F \rightleftharpoons Xe+HF+2SO_3F$$

另外，原子能工业中用作分离放射性 Xe、Kr；XeF_4 可作减速剂；UF_6 的生产等。

2. 氙的氧化物

目前已知氙的含氧化合物有 XeO_3、XeO_4 及氙酸盐和高氙酸盐等。XeF_4 加水水解可得无色无味且不导电的水溶液，小心蒸发溶液得 XeO_3 的无色晶体。XeO_3 是一种白色、易潮解、易爆炸的固体，在水中稳定。但其固体经摩擦、挤压、微热，特别是在靠近水溶液附近操作粉末时，都会发生爆炸，威力与 TNT 相近，反应为

$$2XeO_3(s)\!=\!=\!=2Xe(g)+3O_2(g)$$

XeO_3 在水溶液中是一种极强的氧化剂（$XeO_3+6H^++6e^-\!=\!=\!=Xe+3H_2O, E^\ominus=2.10V$），能将盐酸、$MnSO_4$、$H_2O_2$ 等氧化。

$$XeO_3(s)+6HCl(aq)\!=\!=\!=3H_2O+Xe(g)+3Cl_2(g)$$

$$5XeO_3(s)+6MnSO_4+9H_2O\!=\!=\!=6HMnO_4+5Xe(g)+6H_2SO_4$$

在碱性溶液中，XeO_3 主要呈 $HXeO_4^-$ 形式，与 XeO_3 处于平衡状态。

$$XeO_3(s)+OH^-(aq)\!=\!=\!=HXeO_4^-\qquad K^\ominus=1.5\times10^3$$

$HXeO_4^-$ 发生缓慢歧化，得到 XeO_6^{4-}。

$$2HXeO_4^-(aq)+2OH^-(aq)\!=\!=\!=XeO_6^{4-}(aq)+Xe(g)+O_2(g)+2H_2O(l)$$

XeO_4 由 XeF_6 在 $Ba(OH)_2$ 中歧化制得的高氙酸钡 Ba_2XeO_6，高氙酸钡再与硫酸反应制得。

$$Ba_2XeO_6(s)+2H_2SO_4(aq)\!=\!=\!=2BaSO_4(s)+XeO_4(g)+2H_2O(l)$$

XeO_4 是一种无色气体，呈正四面体几何构型。XeO_4 缓慢分解成 XeO_3 和 O_2。

在 XeO_3 的 NaOH 溶液中通入 O_3，得 Na_4XeO_6 溶液。

$$XeO_3(s)+4NaOH+O_3(s)+6H_2O\!=\!=\!=Na_4XeO_6\cdot 8H_2O(s)+O_2(g)$$

$Na_4XeO_6\cdot 8H_2O$ 在室温下干燥后变成 $Na_4XeO_6\cdot 2H_2O$，373K 以上烘干可得 Na_4XeO_6。Na_4XeO_6 是比 Na_2XeO_6 更强的氧化剂。

$$5Na_4XeO_6+2MnSO_4+7H_2O\!=\!=\!=2NaMnO_4+5NaHXeO_4(g)+2Na_2SO_4+9NaOH$$

或

$$5XeO_6^{4-} + 2Mn^{2+} + 9H^+ \xlongequal{} 5HXeO_4^- + 2MnO_4^- + 2H_2O$$

除了 Xe 与高电负性的 F、O 和 Cl 的化合物，近些年来少量含有 Xe—N 键和 Xe—C 键的化合物也有报道。

【思考题】

21-5　为什么稀有气体的化合物基本是氙的化合物？氙的化合物又主要是氟或氧的化合物？

21.2.5　稀有气体化合物的结构

自从合成出稀有气体化合物以后，这些化合物的结构问题就引起人们极大的兴趣，但目前还存在着不同的理论解释和一些矛盾，因此稀有气体化合物的结构还未完全解决。目前，据 VSEPR 理论可推测出氙的某些化合物的分子或离子的空间构型(表 21-7)。

表 21-7　某些氙化合物分子(或离子)的构型及成键情况

化合物	价层电子对数	成键电子对数	孤对电子对数	分子或离子的空间构型	杂化形式
XeF_2	5	2	3	直线形	sp^3d
XeF_4	6	4	2	平面四方	sp^3d^2
XeF_6	7	6	1	变形八面体	sp^3d^3
XeO_3	4	3	1	三角锥形	sp^3
$XeOF_4$	6	5	1	四方锥	sp^3d^2
XeO_2F_2	5	4	1	变形四面体	sp^3d
XeO_4	4	4	0	正四面体	sp^3
XeO_6^{4-}	6	6	0	正八面体	sp^3d^2

利用杂化轨道理论可以解释氙的化合物的空间构型。当稀有气体与电负性很大的原子作用时，稀有气体原子 np 轨道中的电子可能会被激发到能量较高的 nd 轨道上去而形成电子，同时以杂化轨道与其他原子形成共价键。例如，XeF_2 和 XeF_4，氙原子分别以 sp^3d 和 sp^3d^2 杂化轨道的一部分与氟原子形成 σ 键。而在 XeF_6 中，氙原子则可能以 sp^3d^3 杂化轨道与氟原子形成 σ 键，其可能的结构如图 21-7 所示。

(a) 孤对电子对位于八面体的棱边　　(b) 孤对电子对位于八面体的面上

图 21-7　XeF_6 的分子构型

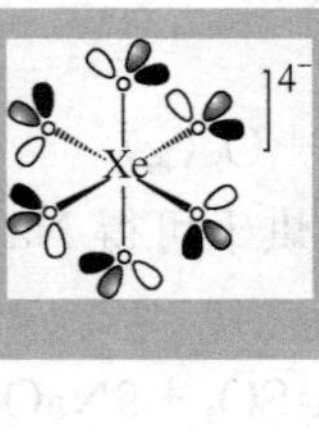

【例题 21-4】　用 VSEPR 理论推断高氙酸根离子可能具有的结构。

解　由于氙原子周围有 6 对电子，根据 VSEPR 理论成键电子对应按八面体排列形成八面体结构。

自然，也可用分子轨道法讨论氙化合物的分子结构，如 XeF_2 中 Xe 原子的 $5p_x$ 轨道与两个 F 原子的各 1 个 $2p_x$ 轨道，组成 1 个成键轨道，1 个反键轨道和 1 个非键轨道。两个电子填入成键分子轨道，两个电子填入非键分子轨道，反键分子轨道为空轨道。键级为 1，这个键属于 σ 键，它有效地将氙原子和两个氟原子结合在一起(图 21-8)。

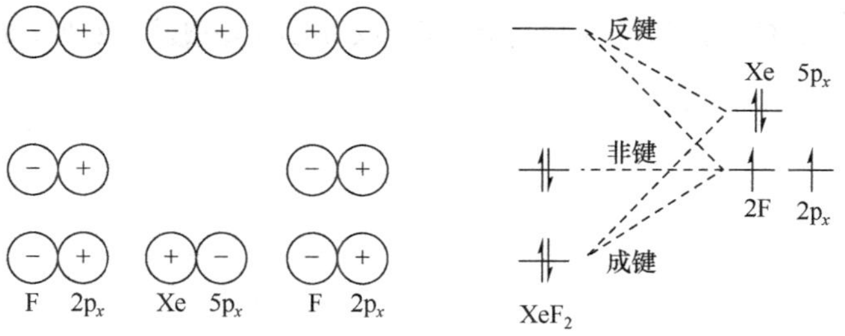

图 21-8　XeF_2的分子轨道图及线性组合

习　　题

21-1　完成并配平下列化学反应方程式。

(1) $XeF_6 + HCl \longrightarrow$

(2) $LiH + B_2H_6 \longrightarrow$

(3) $XeF_2 + NH_3 \longrightarrow$

(4) $XeO_3 + NaOH + O_3 + H_2O \longrightarrow$

(5) $XeF_2 + KBrO_3 + H_2O \longrightarrow$

(6) $XeF_4 + H_2O \longrightarrow$

21-2　写出 BaH_2、SiH_4、NH_3、AsH_3、$PdH_{0.9}$、HI 的名称，它们各属何种类型的氢化物？室温下各呈何种状态？哪些是电的良导体？

21-3　试根据高氙酸(H_4XeO_6)的结构及元素在周期表中的变化规律，推测高氙酸的酸性强弱。

21-4　制备氙的氟化物 XeF_6 一般用镍制容器而不用石英容器，为什么？

21-5　过渡金属的氢化物适于作储氢材料，试举例分析其原因。

21-6　依所给分子或离子完成下表的填充。

分子或离子	中心原子价层电子对数	中心原子价层电子对空间构型	中心原子电子对数	分子或离子的空间构型	杂化轨道类型
XeF_2					
XeF_4					
XeF_6					
XeO_3					
$XeOF_4$					
XeO_2F_4					
$XeOF_2$					
XeO_6^{4-}					

21-7　简要回答下列问题。

(1) 电解水制备 H_2 为什么通常选用 KOH 作电解液？写出电极反应式。

(2) PtF_6 与 Xe 形成 $XePtF_6$，在某次实验中，PtF_6 的起始压强为 12.40kPa，加入 Xe 直到压强为 26.08kPa，反应后 Xe 的残余压强为 2.27kPa，试计算产物的化学式。

21-8 氢气在室温下还原性并不强，在一般条件下和许多物质也不容易发生反应。试解释氢气通常条件下不活泼的原因。

21-9 写出 XeO_3 在强酸性条件下，将 Cl^- 氧化成 Cl_2，Br^- 氧化成 BrO_3^-，Mn^{2+} 氧化成 MnO_4^- 的化学方程式。

21-10 氢键和氢桥键都是有氢原子参与的由三个原子形成的键，试举例说明这两种键在本质上的区别。

第 22 章　过渡元素概论

本章学习要求

(1) 了解过渡元素的概念；

(2)了解过渡元素的物理性质和化学性质；

(3) 熟悉过渡金属离子和化合物的颜色；

(4) 掌握过渡元素氧化态的特点；

(5) 初步了解过渡元素的磁性；

(6) 理解过渡金属配合物的多样性。

【背景问题】

(1) 如果说钢是“虎”，那么过渡元素就是“翼”，钢含少量过渡元素犹如“如虎添翼”。如只需在钢中加入百分之几的钒，就能使钢的弹性、强度大增，抗磨损和抗爆裂性极好，既耐高温又抗奇寒，难怪在汽车、航空、铁路、电子技术、国防工业等部门，到处可见到钒的踪迹。您能列举出钛钢、锰钢、铬钢、镍钢等的一些实际用途吗?

(2) 一种有益于人体的微量元素要发挥正常的生物功能，除了与它的存在形式和合适浓度有关外，还与在人体内存在的其他元素有密切关系。查阅文献，试以与钼有拮抗作用和协同作用的元素或离子作图，标明它们之间的相互作用。

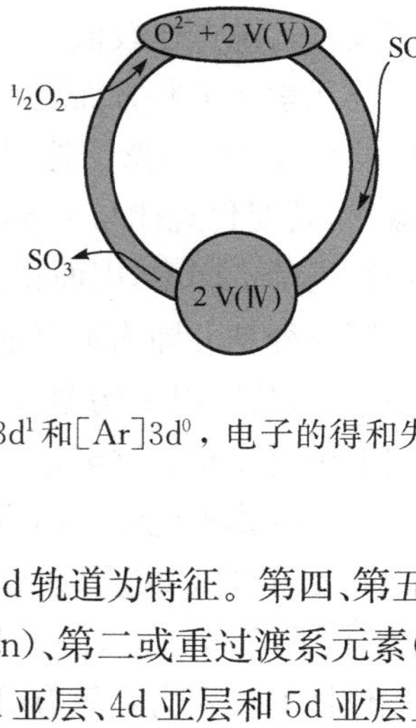

(3) 据认为，d 区元素的高催化活性是因为它们既易失去又易得到 d 亚层的电子。章图表示了 d 电子参与 V_2O_5 催化 SO_2 氧化的催化循环的过程。图的右半部显示 V(Ⅴ)从 SO_2 取得电子将后者氧化为 SO_3，本身还原为 V(Ⅳ)；图的左半部显示 V(Ⅳ)将电子转移给 O_2 分子，本身氧化为 V(Ⅴ)而完成循环。这里强调指出，V(Ⅳ)和 V(Ⅴ)的电子组态分别为[Ar]$3d^1$ 和[Ar]$3d^0$，电子的得和失都发生在 d 亚层。您能依此画出一个金属配合物用于有机底物的催化循环吗?

d 区元素包括第 3～12 族共 40 种金属元素，以电子填充次外层 d 轨道为特征。第四、第五和第六各周期的 10 种元素分别又称第一或轻过渡系元素（由 Sc 至 Zn)、第二或重过渡系元素(由 Y 至 Cd)和第三或重过渡系元素(由 La 至 Hg)，电子分别填充在 3d 亚层、4d 亚层和 5d 亚层上。德国科学家 1996 年 2 月宣布发现 112 号元素(Cn,鎶)，使周期表中由四个过渡系元素组成的“方阵”不再“缺员”。因此，第七周期的 10 种元素又称第四或超重过渡系元素（由 Ac 至 Cn)。

2	3	4	5	6	7	8	9	10	11	12	13
Be											B
Mg											Al
Ca	Sc	Ti	V	Cr	Mn	Fe	Co	Ni	Cu	Zn	Ga
Sr	Y	Zr	Nb	Mo	Tc	Ru	Rh	Pd	Ag	Cd	In
Ba	La	Hf	Ta	W	Re	Os	Ir	Pt	Au	Hg	Tl
Ra	Ac	Rf	Db	Sg	Bh	Hs	Mt	Ds	Rg	Cn	Uut

本章着重介绍 d 区元素的通性，至于各过渡系的元素将分别放在第 23 章“4～7 族重要元素及其化合物”、第 24 章“8～10 族元素”、第 25 章“11 族和 12 族元素”和第 25 章“镧系元素和锕系元素”里讲述。化学家对第四过渡系元素的了解实在太少，不在本课程介绍的范围。

22.1 过渡元素的概念

由于人们对元素性质研究的出发点不同，所以对于哪些元素被划分为“过渡元素”产生了不同的观点。

在早期使用的短周期表中，每个长周期元素的排列呈两个短行，而 8～10 族处于两横行的中间过渡位置，所以早期教科书常把第 8～10 族称为过渡元素(transition element)。另外，就第一过渡系元素的特征矿物比较，由 19 号元素钾至 30 号元素锌，很明显由含氧酸盐或氧化物类型逐渐转向硫化物类型，此种矿物类型的过渡是在铁系元素中表现出来的，也许这也是称 8～10族为过渡元素的依据之一吧。

第二种关于过渡元素的划分是指 4～11 族元素。其理由在于第 12 族元素的特殊性在于 d 电子通常不能用作价电子，过渡元素的许多重要性质在这里突然消失。例如，11 族的铜族元素与 12 族的锌族元素电子结构虽然都为 $(n-1)d^{10}ns^{1\sim2}$，但区别在于 d^{10} 结构的稳定性质不同。铜族元素的氧化态有多种，不少氧化态使用 d 电子成键，在单质中金属键强，表现出熔、沸点比较高；而锌族元素的特征氧化态是 +2，在水溶液和晶体中均存在 M^{2+}，它们的单质金属键很弱，熔、沸点比较低。d 区与 p 区交界处出现的这种模糊现象也出现在与 s 区的交界处，第 3 族元素在某些方面更像与之相邻的碱土金属，如它们的特征氧化态是三价，在水溶液和晶体中均存在 M^{3+}，离子外围电子结构是稀有气体的 8 电子构型；在电离能性质上，钪族自上而下减小，其变化规律与 s 区的两族元素相同，而与其他 d 区各族不同。由于它们与 4f 元素一起被称为稀土元素，因而将随 4f 区元素一起讨论。

第三种划分即为本书前面讲的观点，包括第 3～12 族共 40 种金属元素，很整齐的 4 个水平系列，其特征电子构型分别为 $(n-1)d^{1\sim9}ns^{1\sim2}$ (Pd 为 $4d^{10}5s^0$ 例外)和 $(n-1)d^{10}ns^{1\sim2}$。在同一周期中自左至右逐渐填充 d 电子，最外层电子数几乎不变。

元素的物理化学性质主要取决于电子结构。过渡元素有许多不同于 s 区和 p 区元素的特征，如“变价多”(d 电子参与成键有关)、“颜色多”(d-d 跃迁或荷移跃迁引起的)、“配合物多”[能量相近的 $(n-1)d$、ns、np 等价层轨道参与杂化成键，离子的有效电荷较大，半径较小以及与配位体的作用力强等有关]。因此，过渡元素化学在相当程度上可以说是“d 轨道的化学”。

【思考题】

22-1 您能从元素的电子结构和性质角度谈谈对过渡元素概念的理解吗？

22.2 过渡元素的通性

过渡元素显示出许多有别于主族元素的性质。例如，熔、沸点高，硬度、密度大的金属大都集中在这一区；不少元素形成有颜色的化合物；许多元素形成多种氧化态，从而导致丰富的氧化还原行为；形成配合物的能力比较强，包括形成经典配合物(维尔纳配合物)和金属有机配合物;多种金属(和它们的化合物)是工业催化过程和酶催化过程的催化剂。所有这些特征不同程度上与价层存在的 d 电子有关。

22.2.1　原子半径

由于$(n-1)$d 电子对 ns 电子的屏蔽作用较小,有效核电荷增加,对外层电子的吸引力增大,所以在同一过渡系的元素中自左至右原子半径依次缓慢减小,直到铜分族附近,d 轨道全充满,电子之间相互排斥作用增强,原子半径才略有增加(图 22-1)。主族元素中原子半径自上而下逐渐增大,这是由于随着电子层数增加,核对外层电子的吸引力逐渐减弱起了主要作用的结果。过渡元素的原子半径从上到下发现有不寻常的变化。第一、二、三、四过渡系同族上下两个元素的原子半径与主族元素自上而下的变化总体相似,原子半径略有增加,但二、三过渡系同族上下三个元素的原子半径却极为接近,其中 Zr 与 Hf、Nb 与 Ta、Mo 与 W 表现特别明显。这是"镧系收缩"效应的结果。

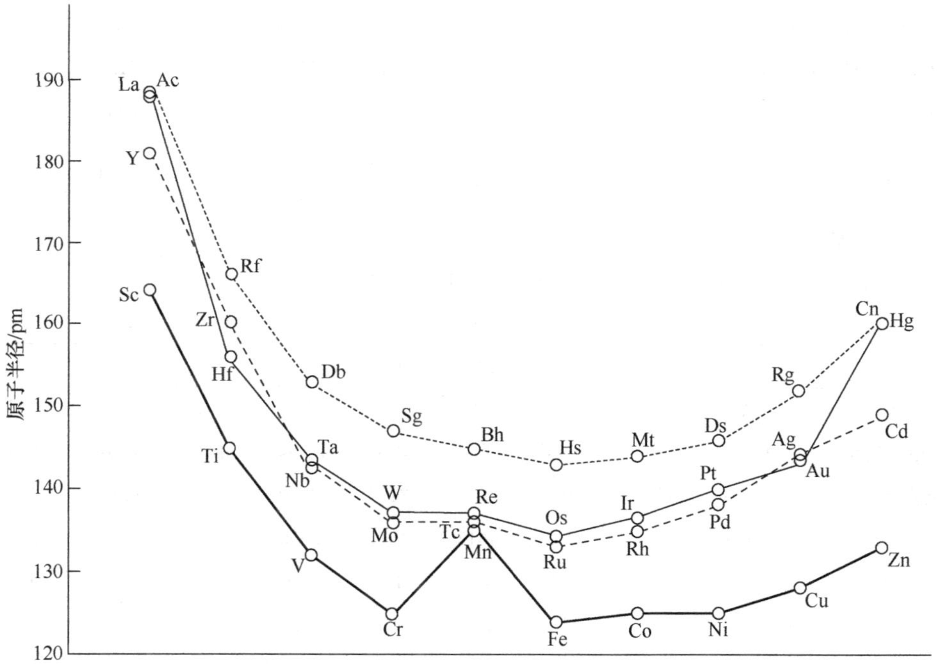

图 22-1　过渡元素的原子半径

22.2.2　过渡元素的物理性质

四个过渡金属系的常见性质汇总于表 22-1 中,由表中数据可以看出,过渡元素一般都有较高的熔点(图 22-2)、沸点、气化焓等。这是由于在 d 区元素中,不仅 s 电子参与形成金属键,d 电子也可以参与成键,所以它们一般熔点高的金属也具有较大数目的成对电子数,硬度也高,如 W 是熔点[(3683±20)℃]最高的金属,俗称"烧不死的乌鸦",Cr 是硬度(莫氏 9)最大的金属,Os 是密度(22.48g · cm^{-3})最大的金属(图 22-3)。一般气化焓高的金属(图 22-4),尤其是第六周期 Hf 以后的过渡金属都是较为惰性的金属。这些典型特性使它们在工业生产和科研领域中得到广泛的应用。据文献报道,由 C_{60} 组成的分子以惊人的速度自转,为了进行 X 光拍照必须将它减速或停下来,科学家巧用 Os 密度大的特性,用含有两个 Os 原子的配合物

C_{60}[OsO_4(4-叔丁基吡啶)$_2$]$_2$将它紧紧钳住，达到了拍照的目的，获得了第一个 C_{60} 配合物，直接证明 C_{60} 的球形结构。

表 22-1　过渡金属的性质

第一过渡金属系										
金属	Sc	Ti	V	Cr	Mn	Fe	Co	Ni	Cu	Zn
价层电子构型	$3d^14s^2$	$3d^24s^2$	$3d^34s^2$	$3d^54s^1$	$3d^54s^2$	$3d^64s^2$	$3d^74s^2$	$3d^84s^2$	$3d^{10}4s^1$	$3d^{10}4s^2$
熔点/℃	1539	1660	1890	1857	1244	1535	1495	1453	1083	420
沸点/℃	2832	3287	3380	2672	1962	2750	2870	2732	2567	907
原子半径/pm	164	145	132	125	137	124	125	125	128	133
离子半径 M^{2+}/pm	—	76	88	84	80	76	72	72	72	74
第一电离能/(kJ·mol^{-1})	632	661	648	653	716	762	757	736	745	908
第二电离能/(kJ·mol^{-1})	1866	1968	2064	2149	2227	2320	2404	2490	2703	2640
M^{2+}水合能/(kJ·mol^{-1})	—	—	—	−1850	−1845	−1920	−2054	−2106	−2100	−2045
气化焓/(kJ·mol^{-1})	304.8	428.9	456.6	348.8	219.7	351.0	382.4	371.8	341.1	131
室温密度/(g·cm^{-3})	2.99	4.51	6.10	7.20	7.44	7.86	8.9	8.90	8.92	7.14
氧化态	3、2	2、3、4	2、3、4、5	0、1、2、3、4、5、6	0、1、2、3、4、5、6、7	0、1、2、3、4、5、6	2、3、4	2、3、4	1、2、3	2
$E^\ominus(M^{2+}/M)$/V	—	−1.63	−1.18	−0.91	−1.05	−0.45	−0.27	−0.23	0.34	−0.76
$E^\ominus(M^{3+}/M)$/V	−2.08	−1.37	−0.88	−0.71	1.54	0.036	0.42	—	—	—
电负性(鲍林标度)	1.31	1.5	1.63	1.66	1.55	1.83	1.88	1.91	1.90	1.65
第二过渡金属系										
金属	Y	Zr	Nb	Mo	Tc	Ru	Rh	Pb	Ag	Cd
价层电子构型	$4d^15s^2$	$4d^25s^2$	$4d^45s^1$	$4d^55s^2$	$4d^65s^1$	$4d^75s^1$	$4d^85s^1$	$4d^{10}5s^0$	$4d^{10}5s^1$	$4d^{10}5s^2$
熔点/℃	1523	1852	2468	2617	2172	2310	1966	1552	961.8	320.9
沸点/℃	3337	4377	4742	4612	4877	3900	3727	3140	2212	765
原子半径/pm	181	160	143	136	136	133	135	135	144	149
第一电离能/(kJ·mol^{-1})	636	669	653	694	699	724	745	803	732	866
气化焓/(kJ·mol^{-1})	393.3	581.6	772	651	577.4	669	577	376.6	289	99.8
室温密度/(g·cm^{-3})	4.478	6.52	8.57	10.2	11.487	12.30	12.41	12.02	10.5	8.642
氧化态	3	2、3、4	−1、2、3、4、5	−2、0、1、2、3、4、5、6	−1、0、1、2、3、4、5、6、7	2、3、4、5、6、7、8	−1、0、1、2、3、4、	0、2、3、4	1、2	1、2
电负性(鲍林标度)	1.21	1.4	1.60	1.8	1.90	2.20	2.21	2.20	1.9	1.7
第三过渡金属系										
金属	La	Hf	Ta	W	Re	Os	Ir	Pt	Au	Hg
价层电子构型	$5d^16s^2$	$5d^26s^2$	$5d^36s^2$	$5d^46s^2$	$5d^56s^2$	$5d^66s^2$	$5d^76s^2$	$5d^96s^1$	$5d^{10}6s^1$	$5d^{10}6s^2$
熔点/℃	920	2227	2996	3410	3180	3045	2410	1772	1064	−38.87
沸点/℃	3454	4602	5425	5660	5627	5027	4130	3827	2807	356.58
原子半径/pm	188	156	143	137	137	134	136	139	144	160

续表

第三过渡金属系										
金属	La	Hf	Ta	W	Re	Os	Ir	Pt	Au	Hg
价层电子构型	$5d^16s^2$	$5d^26s^2$	$5d^36s^2$	$5d^46s^2$	$5d^56s^2$	$5d^66s^2$	$5d^76s^2$	$5d^96s^1$	$5d^{10}6s^1$	$5d^{10}6s^2$
第一电离能/($kJ \cdot mol^{-1}$)	540	531	577	770	762	841	887	866	891	1010
气化焓/($kJ \cdot mol^{-1}$)	399.6	611.1	774	844	791	728	690	510.4	344.3	56.9
室温密度/($g \cdot cm^{-3}$)	6.145	13.31	16.6	19.35	21.04	22.48	22.42	21.45	19.3	13.59
氧化态	3	2、3、4	−1、2、3、4、5	−2、0、1、2、3、4、5、6	−1、0、1、2、3、4、5、6、7	2、3、4、5、6、8	0、2、3、4、6	0、2、3、4、5、6	1、3	1、2
电负性(鲍林标度)	1.10	1.30	1.50	1.7	1.90	2.20	2.20	2.28	2.40	1.9

第四过渡金属系										
金属	Ac	Rf	Db	Sg	Bh	Hs	Mt	Ds	Rg	Cn
价层电子构型	$6d^17s^2$	$6d7s^2$	$6d^37s^2$	$6d^47s^2$	$6d^57s^5$	$6d^67s^2$	$6d^77s^2$	$6d^87s^2$	$6d^97s^2$	$6d^{10}7s^2$
熔点/℃	1050	2673	—	—	—	—	—	—	—	—
沸点/℃	3200	6073	—	—	—	—	—	—	—	—
原子半径/pm	187.8	166	153	147	145	143	144	146	152	160
第一电离能/($kJ \cdot mol^{-1}$)	669	490.08	595.78	682.27	624.61	711.10	789.97	903.28	989.77	1066.64
室温密度/($g \cdot cm^{-3}$)	10.07	17.0	21.6	23.2	27.2	28.6	28.2	27.4	24.4	16.8
氧化态	3	4	5	6、4	7、6、5	8、6、4	6、4	4、6	3、5	2、4
电负性(鲍林标度)	1.1	—	—	—	—	—	—	—	—	—

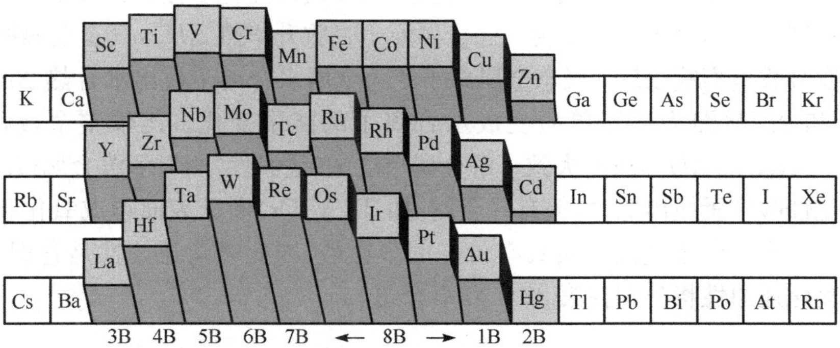

图 22-2　过渡元素熔点大小的形象化表示

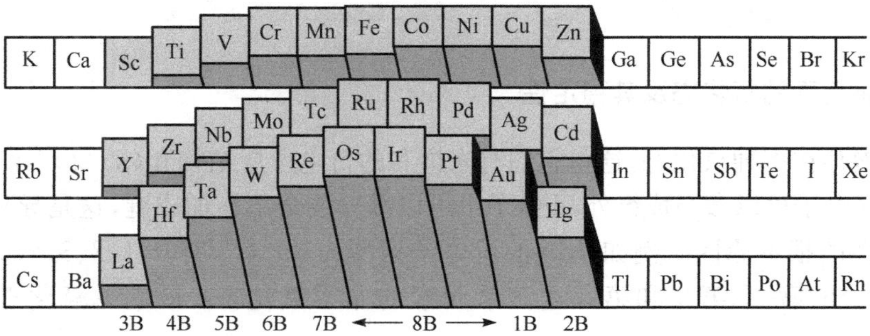

图 22-3　过渡元素密度大小的形象化表示

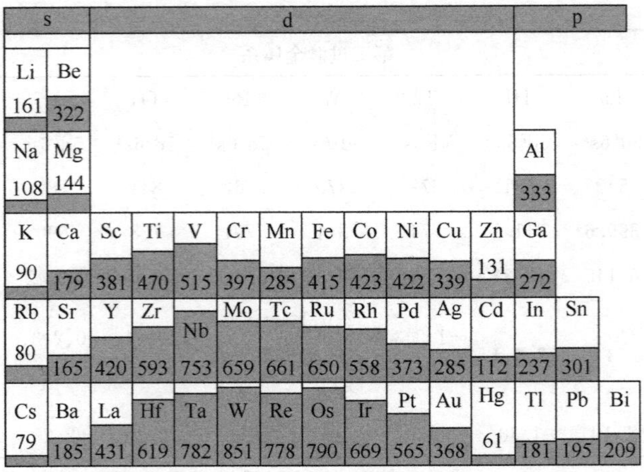

图 22-4　金属元素气化焓大小的形象化表示(单位:kJ · mol^{-1})

22.3　过渡元素的化学性质

22.3.1　过渡金属单质的化学活泼性

过渡金属单质的化学“活泼性”有较大的差别,钪分族是较活泼的金属(第 26 章),铂系金属为惰性金属(第 24 章)。第一过渡系金属较活泼,第二、三过渡系金属较稳定。从表 22-1 中所列标准电极电势可以说明这种倾向。电极电势的大小与金属的升华热、水合热、电离能有关,用电极反应可以粗略说明这种能量的变化趋势,即设计热化学循环比较金属单质变成水合离子的难易程度。金属固体单质变为气态金属原子吸收升华热 $\Delta H_s^\ominus$,气态金属原子变为气态金属离子需要吸收电离能 $\Delta H_I^\ominus$,气态金属离子变为金属水合离子放出水合热 $\Delta H_h^\ominus$,以上三步热效应的总和 $\Delta_f H_I^\ominus$ 即为金属单质变成水合离子的能量变化。比较整个过程的热效应:$\Delta_f H^\ominus = \Delta H_s^\ominus + \Delta H_I^\ominus + \Delta H_h^\ominus$,就能大致了解金属单质的“活泼性”。对活泼金属($E^\ominus$为负值),它们能从非氧化性酸中置换出氢气,但有些金属(如 Ti、V、Cr)由于表面形成氧化膜,变为钝态,观察不到氢气放出。由于过渡金属具有价态的多样性,因此氧化还原性是它们的重要特征。具体元素的氧化还原性将分别在第 23～26 章介绍。

【思考题】

22-2　随周期数的增加,为什么 s 区元素化学活性增加,而 d 区元素化学活性却减弱?

22.3.2　过渡元素的氧化态及其稳定性

过渡元素存在多种氧化态,这与它们有未饱和的价电子层结构和$(n-1)$d 和 ns 能量相近有关。除了 s 电子可以参与成键外,d 电子也可以部分或全部参加成键,这是导致 d 区元素具有价态多样性的根本原因。例如,Mn 的价电子构型为 $3d^5 4s^2$,有 0、1、2、3、4、5、6、7 等氧化态。表 22-2 给出第一、第二和第三过渡系元素的非零氧化态,最常见氧化态用斜体数字表示。

表 22-2　过渡元素的非零价氧化态(斜体代表较稳定的氧化态)

Sc	Ti	V	Cr	Mn	Fe	Co	Ni	Cu	Zn
3	2	1	*2*	1	1	1	1	1	1
	3	2	*3*	*2*	*2*	*2*	*2*	*2*	*2*
	4	3	4	3	*3*	*3*	3	3	
		4	5	*4*	4	4	4		
		5	*6*	5	5	5			
				6	6				
				7	8				
Y	Zr	Nb	Mo	Tc	Ru	Rh	Pd	Ag	Cd
3	2	2	2	1	1	1	1	*1*	
	3	3	3	2	2	2	*2*	2	*2*
	4	4	*4*	*3*	*3*	*3*	3	3	
		5	*5*	4	*4*	4	*4*		
			6	5	5	5	6		
				6	*6*	6			
				7	7				
					8				
La	Hf	Ta	W	Re	Os	Ir	Pt	Au	Hg
3	2	2	2	1	1	1	1	*1*	*1*
	3	3	3	2	2	2	2	*3*	*2*
	4	4	*4*	3	3	*3*	3		
		5	5	*4*	*4*	*4*	*4*		
			6	*5*	5	5	5		
				6	*6*	6	6		
				7	7				
					8				

【例题 22-1】 为什么 p 区元素氧化数的改变往往是不连续的，而 d 区元素往往是连续的？

解　①p 区元素除了单个 p 电子首先参与成键外，还可依次拆开成对的 p 电子，甚至 ns^2 电子对，氧化数总是增加 2，自然也有个别例外，如二氧化氯；②d 区元素增加的电子填充在 d 轨道，d 与 s 轨道接近，d 电子可逐个地参加成键。

表 22-2 反映出过渡元素氧化态变化具有如下的规律性。

1. 同周期元素族氧化态稳定性变化趋势

如果价层的 s 电子和 d 电子全部参与成键，元素则达到各自的族氧化态。第 3～8 族（不涉及本章不讨论的第四过渡系元素，下同）都已制得族氧化态化合物。相反，第 9～12 族的 12 个元素均未达到族氧化态。d 区元素氧化态一个明显的变化趋势是：自左至右形成族氧化态的能力下降。第一过渡系元素的族氧化态和实际达到的最高氧化态如下：

元素	Sc	Ti	V	Cr	Mn	Fe	Co	Ni	Cu	Zn
族氧化态	+3	+4	+5	+6	+7	+8	+9	+10	+11	+12
实际最高氧化态	+3	+4	+5	+6	+7	+8	+4	+4	+3	+2

从表面看，似乎在第 8 与第 9 族之间出现了突变，事实上这种变化趋势是逐渐发生的。如果计算一下实际最高氧化态与族氧化态之间的差值，不难看出由 Fe 至 Zn 这种差值越来越大，说明越来越难以达到族氧化态。

2. 同周期元素低氧化态(+2 氧化态)稳定性变化趋势

二价水合离子 M^{2+}(aq)特别是按八面体方式配位的水合离子$[M(H_2O)_6]^{2+}$在 3d 元素化学

中起着十分重要的作用。+2 氧化态稳定性增强的方向恰是族氧化态稳定性下降顺序的方向。

d 电子组态	d^1	d^2	d^3	d^4	d^5	d^6	d^7	d^8	d^9	d^{10}
M^{2+}(aq)	Sc^{2+}	Ti^{2+}	V^{2+}	Cr^{2+}	Mn^{2+}	Fe^{2+}	Co^{2+}	Ni^{2+}	Cu^{2+}	Zn^{2+}

$\longrightarrow$ 稳定性增强

最不稳定的二价水合离子是 Sc^{2+}(aq)，而最稳定的则是 Zn^{2+}(aq)。迄今尚未从水溶液中制得 Sc^{2+}(aq)，核电荷对 Sc d 轨道上的电子的控制力极弱，该 d 电子似乎总是与两个 4s 电子一起参与成键。Zn 尚未发现高于+2 的氧化态，本章一开始就提到，第 12 族元素的 d 电子通常不能用作价电子。

水溶液中尽管可以制得 Ti^{2+}(aq)，但它十分不稳定。V^{2+}(aq)和 Cr^{2+}(aq)的稳定性稍高些，但能被 H_2O 中 H_3O^+ 所氧化。

$$2V^{2+}(aq)+2H_3O^+(aq) \longrightarrow 2V^{3+}(aq)+H_2(g)+2H_2O(l)$$

$$2Cr^{2+}(aq)+2H_3O^+(aq) \longrightarrow 2Cr^{3+}(aq)+H_2(g)+2H_2O(l)$$

上述两个释放 H_2 反应的速率极慢，在无氧条件下，这两种离子可以用作实验室还原试剂。从 Mn^{2+}(aq)开始的二价水合离子对水都稳定，Ni 和 Cu(当然还有 Zn)的稳定水合离子只能是二价的。

d 区金属自左至右族氧化态稳定性下降和低氧化态稳定性上升的趋势，可以理解为核电荷逐渐增高，对价层电子控制力逐渐加大的结果。

过渡元素同周期元素氧化态的比较也可从其弗洛斯特图看出(图 22-5、图 22-6)。

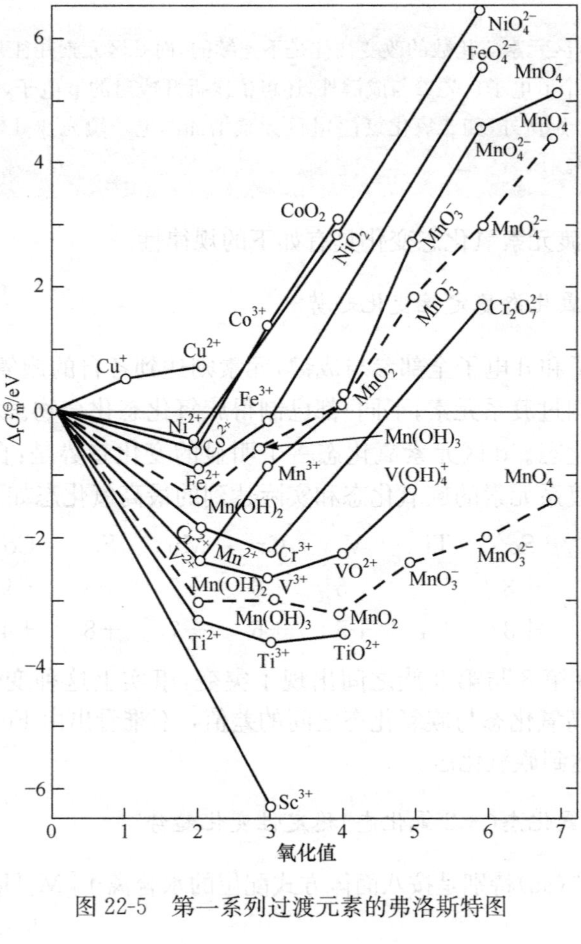

图 22-5　第一系列过渡元素的弗洛斯特图

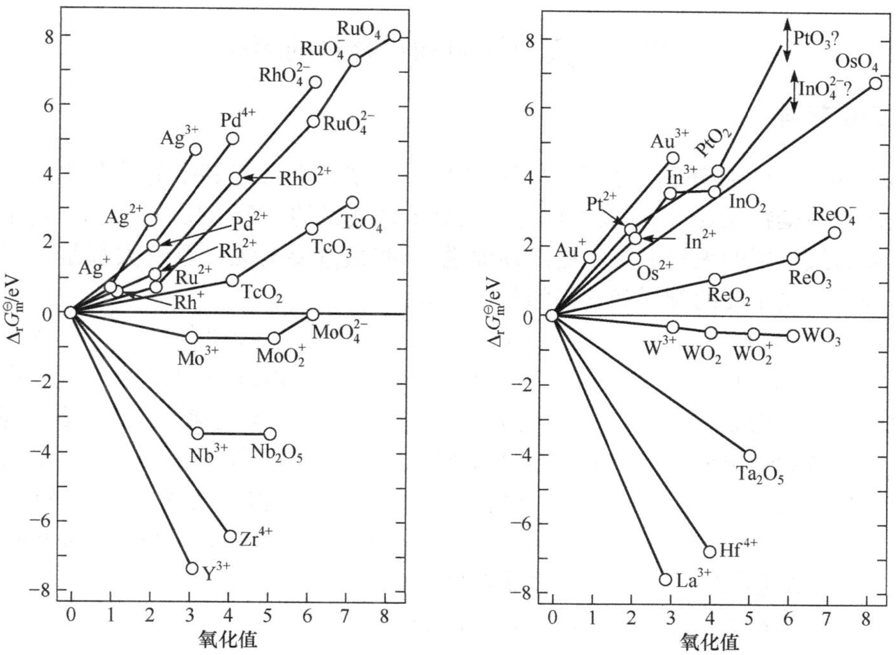

图 22-6　第二、第三系列过渡元素的弗洛斯特图

【例题 22-2】 为什么随周期数的增加，主族元素低氧化态趋于稳定，而过渡元素高氧化态趋于稳定？

解　提示：①主族因“惰性电子对效应”；②过渡元素是 I_1 和 I_2 往往是第二、第三过渡系列比第一过渡系列的大，但从 I_3 开始，往往相反。

元　素	$(I_1+I_2)/(\text{MJ}\cdot\text{mol}^{-1})$	$(I_3+I_4)/(\text{MJ}\cdot\text{mol}^{-1})$
Ni	2.49	8.69
Pt	2.66	6.70

3. 同族元素族氧化态稳定性变化趋势

d 区元素氧化态另一个明显的变化趋势是：同族元素自上而下形成族氧化态的趋势增强。更准确地说，应该是形成高氧化态的趋势增强（有些族的元素达不到族氧化态）。以第 6 族元素为例，铬酸盐（如 K_2CrO_4、$K_2Cr_2O_7$）是常用的氧化剂，而钼酸盐和钨酸盐则不是。这表明 Mo(Ⅵ)和 W(Ⅵ)物种比 Cr(Ⅵ)物种更稳定(图 22-7)。

需要指出，这个规律对第 3 族和第 12 族表现不明显，体现了 d 区两个边界族的特殊性。

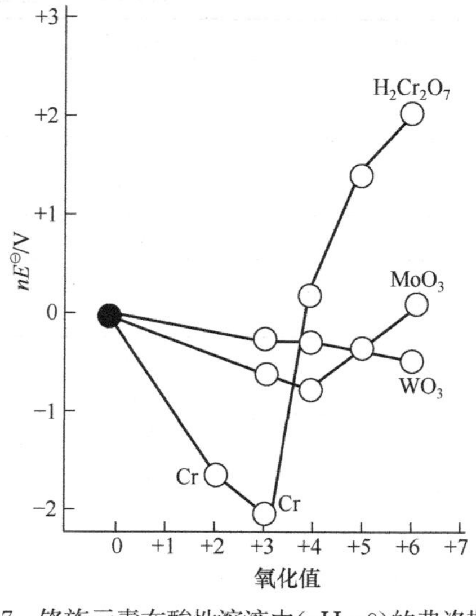

图 22-7　铬族元素在酸性溶液中(pH=0)的弗洛斯特图

22.4　无机颜料和化合物的颜色

22.4.1　无机颜料

颜料(pigment)是指不溶于黏合剂而只能以微粒状态分散于其中的着色剂。可溶于黏合剂的着色剂称为**染料**(dye)。形成有色化合物是 d 区元素的一个重要特征,这一特征使 d 区元素化合物成为最重要的无机颜料。更准确地说,那些最重要的无机颜料大都是 d 区元素化合物。下面列出一些重要的颜料和它们的化学组成。

白色:	钛白	锌白	锌钡白	硫化锌
	TiO_2	ZnO	$ZnS/BaSO_4$	ZnS
红色:	镉红	钼红	红铅粉	红色氧化铁
	$CdS/CdSe$	$Pb(Cr,Mo,S)O_4$	Pb_3O_4	α-Fe_2O_3
黄色:	镉黄	铬黄	铬锑钛黄	黄色氧化铁
	CdS	$PbCrO_4$ 或 $Pb(Cr,S)O_4$	$(Ti,Cr,Sb)O_2$	α-$FeO(OH)$
绿色:	氧化铬绿	尖晶石绿		
	Cr_2O_3	$(Co,Ni,Zn)_2O_4$		

22.4.2　过渡元素的离子的颜色

过渡元素的离子和化合物一般都呈现颜色。表 22-3 列出第一过渡系列水合离子的颜色,从中可以看出有一个大致的规律,水合离子呈现颜色与它们的 d 电子的数目有关。过渡元素中,同一种元素的同一种价态与不同阴离子配位时,会显出不同的颜色,呈现出一个五彩缤纷的世界,如 Fe^{3+} 在盐酸中显黄色,在乙二酸中显草绿色,在硫酸中显浅紫色,而在硫氰化钾中显血红色,这是由于配体静电场强度不同,导致 d 轨道分裂能不同,d-d 跃迁吸收的光谱不同。这里的跃迁是低能级 d 轨道电子向高能级 d 轨道的跃迁。这种发生在金属离子本身的跃迁能量通常都很弱,不能解释无机颜料的颜色(图 22-8)。

表 22-3　某些过渡元素水合阳离子的颜色

电子构型	阳离子	未成对电子数	水合离子颜色
$3d^0$	Sc^{3+}	0	无色
	Ti^{4+}	0	无色
$3d^1$	Ti^{3+}	1	紫色
	V^{4+}	1	蓝色
$3d^2$	V^{3+}	2	绿色
$3d^3$	V^{2+}	3	紫色
	Cr^{3+}	3	紫色
$3d^4$	Mn^{3+}	4	紫色
	Cr^{2+}	4	蓝色
$3d^5$	Mn^{2+}	5	粉色
	Fe^{3+}	5	浅紫色
$3d^6$	Fe^{2+}	4	绿色
$3d^7$	Co^{2+}	3	粉红色
$3d^8$	Ni^{2+}	2	绿色
$3d^9$	Cu^{2+}	1	蓝色
$3d^{10}$	Zn^{2+}	0	无色

需要指出，颜色是一种十分复杂的物理和化学现象，切不可用已经熟悉了的生色机理任意解释尚不熟悉的化合物的颜色。我们曾在第 3 章讲过因离子极化引起的金属化合物颜色的变化，认为极化作用越强，金属化合物的颜色越深。图 22-8 中的 LMCT（配体至金属的电荷转移）显示的强度一般大于 d-d 跃迁（配位场跃迁）。这就是说，如果配位体有能量较高的孤对电子（如 S 和 Se 中）或者金属有能量较低的空轨道，电荷-转移谱带就可能出现在可见光区，从而使配合物产生强烈的颜色。

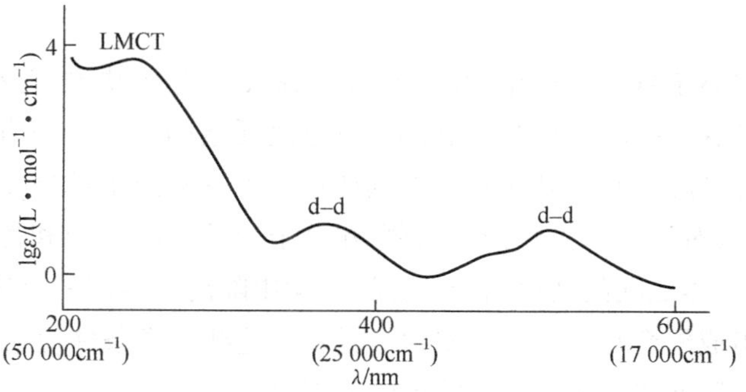

图 22-8 水溶液中$[CrCl(NH_3)_5]^{2+}$的紫外-可见光谱

【思考题】

22-3 三价铁离子是黄色的吗？

22-4 查阅书籍，举例说明无机化合物的生色机理有哪几种。

22.5 过渡元素的磁性

过渡金属及其化合物中，由于含有未成对电子，而呈现顺磁性。铁系金属（Fe、Co、Ni）和它们的合金中可以观察到铁磁性，铁磁性物质和顺磁性物质一样其内部均含有未成对电子，都能被磁场所吸引，只是磁化程度上的差别。铁磁性物质与磁场间的相互作用要比顺磁性物质大几千到几百万倍，在外磁场移走后仍可保留很强的磁性，而顺磁性物质不再具有磁性。

研究过渡金属配合物的磁性，不仅有助于了解中心金属离子的电子结构，区分高自旋和低自旋配合物，还有助于预测配合物的几何构型。

此外，通过磁性测定，还有助于确定某些特殊类型的化学键，如金属-金属多重键。例如，$CrCl_3 \cdot 6H_2O$ 和 CH_3COOH 在还原剂 Zn 存在下，于惰性气氛中制得了含水乙酸亚铬。它最先是由法国化学家皮里哥（E. M. Peligot）在 1844 年发现。然而，该分子特殊的成键性质却是在 100 年之后才发现。磁性测定化合物为抗磁性。Cr^{2+} 为 d^4 构型，按洪德规则有未成对电子存在，应为顺磁性。若以 $Cr(CH_3COO)_2 \cdot H_2O$ 形式存在则与实验事实不相符。磁性测定结构表明，电子全部配对，乙酸亚铬只有形成二聚体$[Cr(CH_3COO)_2 \cdot H_2O]_2$才能满足。在二聚物中，由于两个 Cr^{2+} 的 8 个电子均已配对，所以乙酸亚铬呈抗磁性。可以设想 Cr 与 Cr 之间形成了金属-金属四重键（$\sigma+2\pi+\delta$），其结构见图 22-9。

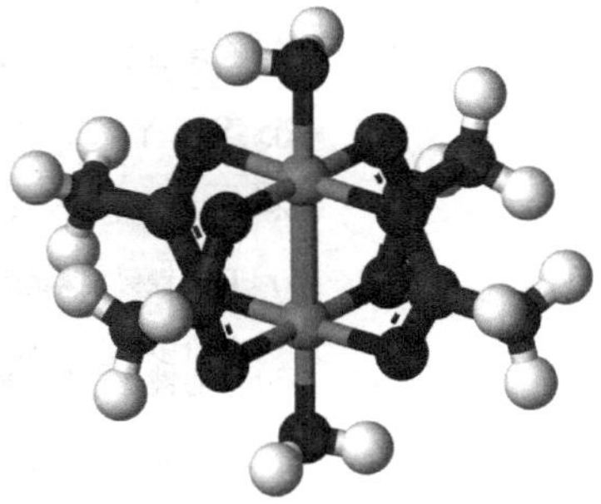

图 22-9 乙酸亚铬二聚体的结构

22.6　过渡元素配位化合物

第一个成功制备的金属配合物是过渡元素形成的配合物 $CoCl_3 \cdot 6NH_3$，该化合物的出现促进了化学家对类似体系进行研究的极大兴趣，并最终导致维尔纳配位学说的建立。把形成配合物作为过渡元素的特征之一，主要是相对于 s 区元素而言的，是前者的 d 轨道能参与成键的缘故。

由于过渡元素的离子具有能量相近的 $(n-1)$d、ns、np 等价轨道，有利于形成各种成键能力较强的杂化轨道，以接受配体提供的孤对电子；过渡元素的离子一般有较高的正电荷，它们的离子半径较小，对配体的静电作用强；未充满的 $(n-1)$d 轨道上的电子屏蔽作用较小，使离子的有效核电荷较大，对配体的极化能力较强，d 电子层结构的不饱和性，使它具有较大的变形性，从而增强了与配体之间的共价结合。过渡元素中除离子可作配合物的形成体外，某些原子也可作为形成体组成配合物。过渡元素由于具备了这些成键条件使它容易形成多种多样的配位化合物。这是 d 区元素与 s 区元素的重要差别之一。

简单离子形成配合物后其性质发生变化，如氧化还原性、溶解性、磁性、颜色和稳定性等。利用这些特性，在电镀、分离、萃取、合成等方面有着广泛的应用(第 9 章)。

过渡元素中，V、Nb、Ta、Cr、Mo、W 等的含氧酸容易发生“缩合”反应，形成比较复杂的酸，称为多酸(同多酸或杂多酸)。某些多酸的化合物有高的催化活性和抗肿瘤的功能(第 23 章)。

由于过渡元素与碳直接成键产生了金属有机化合物化学(metal organic compound chemical)交叉学科(图 22-10)，它是现代无机化学中第一个活跃的领域。另外，由于过渡金属在生物体中的特殊作用，又产生了生物无机化学(biological inorganic chemistry)学科(图 22-11)，这是最近几十年发展起来的无机化学与生物化学交叉的边缘学科，其基础研究方向直接与生命过程相关，主要探讨人体中的微量金属离子与蛋白质的配位作用以及金属酶的活性中心对生物功能的影响和在生命过程中的作用。这些与过渡元素配合物相关的科学分支将在后续课中介绍。

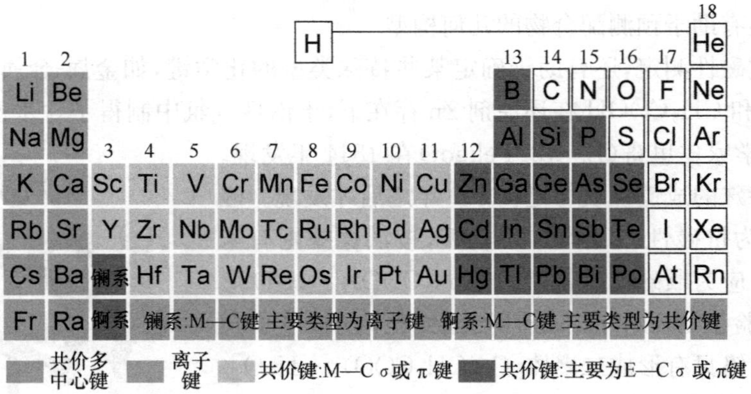

图 22-10　金属有机化合物成键类型在周期表中的分布

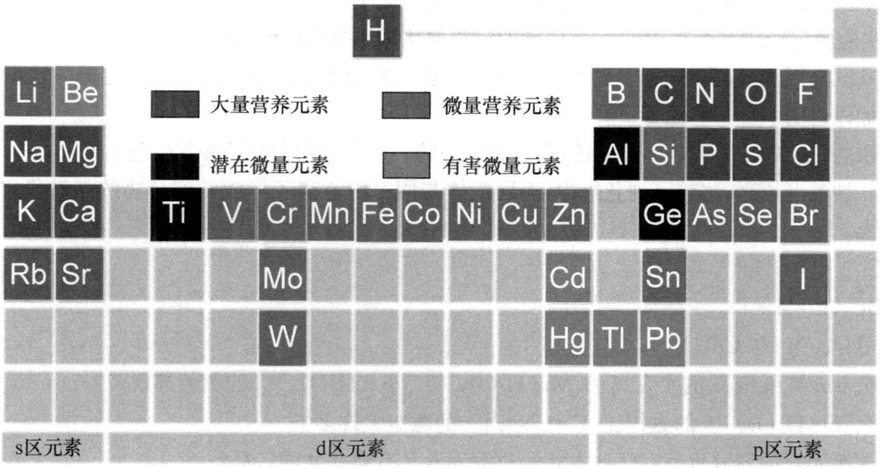

图 22-11 生命元素在周期表中的分布

22.7 过渡金属与工业催化

用 d 区金属氧化物 MnO_2 作为 $KClO_3$ 制氧的催化剂几乎已成常识。事实上，几种产量最大又涉及催化过程的无机化学产品的生产没有例外地使用 d 区金属催化剂。例如

工业过程	被催化的反应	催化剂
制造硫酸	$2SO_2(g)+O_2(g)\longrightarrow 2SO_3(g)$	V_2O_5
合成氨	$N_2(g)+3H_2(g)\longrightarrow 2NH_3(g)$	Fe_3O_4
制造硝酸	$4NH_3(g)+5O_2(g)\longrightarrow 4NO(g)+6H_2O(g)$	Pt-Rh 或 Pt-Rh-Pd 合金
氯碱工业	$2NaCl(aq)+2H_2O(l)\longrightarrow Cl_2(g)+2NaOH(aq)+H_2(g)$	RuO_2 阳极(电解)
合成气制汽油	$CO(g)+H_2(g)\longrightarrow$ 多种烷烃的混合物	Fe

习 题

22-1 讨论过渡元素下列性质的变化倾向。

(1) 半径 (2) 氧化态 (3) 电离能 (4) 磁性 (5) 颜色 (6) 熔点

22-2 请回答和说明过渡元素的一些性质。

(1) 有可变的氧化态。

(2) 形成许多配合物。

(3) 产生有色的顺磁性的离子和化合物。

(4) 有好的催化活性。

22-3 解释下列事实。

(1) 某些含氧酸根离子(如 MnO_4^-、CrO_4^{2-}、VO_4^{3-} 等)呈现颜色的原因。

(2) Cu^{2+} 是有颜色的、顺磁性的离子，而 Zn^{2+} 是无色的、抗磁性大的。K^+、Ca^{2+} 是无色的，Fe^{2+}、Mn^{2+}、Ti^{2+} 都是有颜色(通常指水合金属离子的颜色)。

(3) 许多过渡元素 $E^{\ominus}$ 虽为负值，但不能从酸中放出氢气。

(4) 实验测定四羰基合镍中的 Ni—C 键的键长要比理论推测的值约短 10%。

22-4 比较 d 区金属和 p 区金属自上而下族氧化态稳定性变化的趋势，引用有关电极电势的数据对这种变化趋势加以说明。

22-5 镉和汞的化合物中不存在 d-d 跃迁，为什么它们的一些化合物常有较深的颜色？

22-6 根据软硬酸碱原理，比较下列各组中，不同配体与同一中心离子形成的配合物的相对稳定性大小，简述理由。

(1) Cl^-、I^- 与 Hg^{2+}

(2) Br^-、F^- 与 Al^{3+}

(3) NH_3、CN^- 与 Cd^{2+}

22-7 为什么 Mn^{2+} 和 Fe^{3+} 的水合离子 $[Mn(H_2O)_6]^{2+}$、$[Fe(H_2O)_6]^{3+}$ 的颜色都很淡？

22-8 为什么 $[Fe(H_2O)_6]^{3+}$ 的磁矩比 $[Fe(CN)_6]^{3-}$ 的磁矩大许多？

22-9 关于过渡元素的划分目前有哪些方式？过渡元素具有哪些共同特征？

22-10 说明下列问题。

(1) 在 NaCl 和 CuCl 中，阳离子半径相近(分别为 95pm 和 96pm)，晶格能和熔点的差别却很大，这似乎与所学理论发生矛盾，该如何解释？

	CuCl	NaCl
$U/(kJ \cdot mol^{-1})$	929	777
熔点/℃	430	801

(2) Cu 与 K 同属第四周期的元素，最外层均有一个 4s 电子。为什么它们在性质上(电离能、升华热和熔点)差别却非常大？

	Cu	K
$I_1/(kJ \cdot mol^{-1})$	750	419
$\Delta H/(kJ \cdot mol^{-1})$	331	90
熔点/℃	1083	64

第 23 章　4～7 族重要元素及其化合物

本章学习要求

(1) 熟悉轻过渡金属钛、钒、铬和锰单质及重要化合物的性质;

(2) 初步认识重过渡金属锆和铪、铌和钽、钼和钨、锝和铼;

(3) 了解钛、钒、铬、锰单质及重要化合物的制备和用途。

【背景问题】

(1) TiO_2 光触媒是一种纳米级二氧化钛活性材料,它涂布于基材表面,干燥后形成薄膜,在光线的作用下,产生强烈催化降解功能,能有效地降解空气中有毒有害气体;能有效杀灭多种细菌,抗菌率高达 99.99%,并能将细菌或真菌释放出的毒素分解及无害化处理;同时还具备除臭、抗污等功能。您对此能了解多少?

(2) 前些年人们发现深海海底存在团块形式的含锰矿物"锰结核",这种瘤状物的总储量约达 1×10^{12} t。您知道人们获取这种矿物的主要兴趣在哪里?

3	4	5	6	7	8
Sc	Ti	V	Cr	Mn	Fe
Y	Zr	Nb	Mo	Tc	Ru
La	Hf	Ta	W	Re	Os
Ac	Rf	Db	Sg	Bh	Hs

本章着重介绍 4～7 族(ⅣB～ⅦB 族)几个有重要性质和用途的轻过渡金属元素及其化合物,其中钛、钒、铬和锰在特种钢中的作用,三价铬与六价铬的转变,锰的变价及其氧化性都是重点讲述内容。初步认识重过渡金属锆和铪、铌和钽、钼和钨、锝和铼,可能会给您带来一些兴趣。

23.1　钛　分　族

23.1.1　钛及其重要化合物

1. 钛单质的性质

钛 Ti、锆 Zr 和铪 Hf 三种元素同属第 4 族(ⅣB 族),位于周期表中第 4 列。在大自然中,锆几乎总是和铪伴生在一起,而锆和铪的性质又很相似,很难分开。

钛元素原子序数为 22,其特征为质量轻、强度高、具有金属光泽,也有良好的抗腐蚀能力(包括海水、王水及氯气)。由于其稳定的化学性质,良好的耐高温、耐低温、抗强酸、抗强碱,以及高强度、低密度,被美誉为"太空金属"。钛于 1791 年由格雷戈尔(W. Gregor)于英国康沃尔郡发现,并由克拉普罗特(M. H. Klaproth)用希腊神话的泰坦为其命名。钛的矿石主要有钛铁矿及金红石,广布于地壳及岩石圈之中。钛也同时存在于几乎所有生物、岩石、水体及土壤中。钛最常见的化合物,二氧化钛可用于制造白色颜料。其他化合物还包括四氯化钛($TiCl_4$)(作催化剂及用于制造烟幕或空中文字)及三氯化钛($TiCl_3$)(用于催化聚丙烯的生产)。

钛能与铁、铝、钒或钼等其他元素熔成合金，造出高强度的轻合金，在各方面有着广泛的应用，包括航天（喷气发动机、导弹及航天器）、军事、工业程序（化工与石油制品、海水淡化及造纸）、汽车、农产食品、医学（义肢、骨科移植及牙科器械与填充物）、运动用品、珠宝及手机等。

虽然钛在热力学上是一种活性很高的金属，但是它与水及空气的反应是非常缓慢的。钛暴露在高温空气中时会生成一层钝化的氧化物保护膜，阻止氧化持续。在最初形成时，保护层只有1～2nm厚，但会缓慢地持续增厚，4年间可达25nm厚。但当温度高于1200℃时，钛很容易与氧发生反应。因此不能在空气中熔掉钛，因为在到达熔点前钛会先燃烧起来，所以只能在惰性气体或真空中熔化钛。在550℃时，钛会与氯气结合。钛也会与其他卤素结合，并吸收氢气。钛也是少数会在纯氮气中燃烧的元素，达800℃就会燃烧起来，生成一氮化钛，导致脆化。

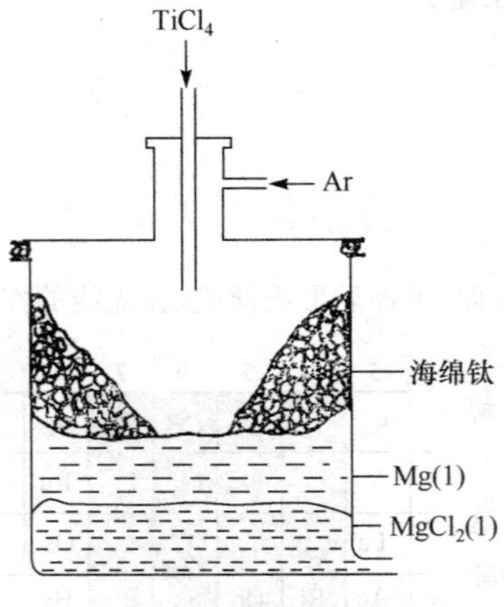

图 23-1　制备海绵钛装置示意图

钛的良好耐腐蚀性特征使它和人长期接触以后也不影响其本质，不会造成过敏，这在医学领域已经得到广泛的应用。例如，钛接骨板、钛髋关节以及钛膝关节等。因此对金属有过敏反应的人可放心使用。

以金红石为原料制备金属钛时，首先通过氯化法制得四氯化钛，然后在氩气气氛中用金属镁还原制得海绵钛（图 23-1）。

$$TiO_2(s)+2C(s)+2Cl_2(g)\xrightarrow{800\sim900℃}TiCl_4(g)+2CO(g)$$

$$TiCl_4(l)+2Mg(s)\xrightarrow{\triangle}Ti(s)+2MgCl_2(s)$$

【例题 23-1】　钛的广泛用途与其哪些性质有关？

解　主要在于：①钛的密度小（$d=4.54g\cdot cm^{-3}$），比钢（$7.9g\cdot cm^{-3}$）轻43%；②强度大，合金抗拉强度最高达$180kg\cdot mm^{-2}$，且机械强度适应温度宽；③具有超强的耐腐蚀性，不怕大多数酸、碱、海水和体液。

【思考题】

23-1　为什么在由TiO_2制备$TiCl_4$时，反应中要加入C而不能直接由TiO_2和Cl_2反应来制取？

2. 钛的重要化合物

1) $TiCl_3$

$TiCl_3$为离子型化合物，熔点为1073K，可溶于水，在空气中易潮解。$TiCl_3$有多种变体，颜色上有差别，如α-$TiCl_3$为蓝色晶体。

慢慢加热蒸发$TiCl_3$水溶液时，可得到$[Ti(H_2O)_6]Cl_3$紫色晶体。如果在浓的$TiCl_3$水溶液中加入乙醚，再加入氯化氢至饱和，溶液将变为绿色，其组成可能是$[Ti(H_2O)_5Cl]Cl_2\cdot H_2O$和$[Ti(H_2O)_4Cl]Cl_2\cdot 2H_2O$。两者颜色和性质的不同，是由于内界水分子数随制备时温度和介质不同而引起的一种水合异构现象。

还原$TiCl_4$可得$TiCl_3$，目前工业上主要采用铝还原法。将四氯化钛和铝粉加入反应器，为使铝粉反应完全，四氯化钛需过量加入。反应在接近 $TiCl_4$ 的沸点温度时，生成 $TiCl_3$ 和 $AlCl_3$，其反应如下：

$$3TiCl_4 + Al \longrightarrow 3TiCl_3 + AlCl_3$$

通过蒸发、真空蒸馏和升华法分离出副产物和剩余反应物，得到 $TiCl_3$。

$TiCl_3$ 有较强的还原性[$E^\ominus(TiO^{2+}/Ti^{3+})=0.10$]，极易被空气或水氧化，遇水与空气立即分解，在空气中流动能自燃，冒火星。因而，$TiCl_3$ 必须储存在二氧化碳等惰性气体中。

$TiCl_3$ 主要用作还原剂和 α-乙烯烃聚合的催化剂，用于比色法测定铜、铁、钒等含量。

Ti^{3+} 的还原性常用于钛含量的测定。一般将含钛试样溶解于强酸溶液中，加入铝片将 TiO^{2+} 还原为 Ti^{3+}，然后以 NH_4SCN 溶液为指示剂，用 $FeCl_3$ 标准溶液滴定。

$$3TiO^{2+} + Al + 6H^+ \longrightarrow 3Ti^{3+} + Al^{3+} + 3H_2O$$

$$Ti^{3+} + Fe^{3+} + H_2O \longrightarrow TiO^{2+} + Fe^{2+} + 2H^+$$

Ziegler-Natta 反应，就是在无水、无氧气、无二氧化碳的加氢汽油中加入 $Al(C_2H_5)_3$ 和 $TiCl_3$ 作催化剂，通入丙烯聚合为聚丙烯。

$$nCH_3-CH=CH_2 \xrightarrow{Al(C_2H_5)_3\text{-}TiCl_3} \left[\begin{array}{c}CH_3\\|\\CH-CH_2\end{array}\right]_n$$

【思考题】

23-2　为什么一些金属的氢氧化物沉淀静置一段时间后，其化学活性会显著降低？

2) $TiCl_4$

$TiCl_4$ 为无色带有刺激性臭味的液体，其熔点为 250K，沸点为 409K。$TiCl_4$ 为共价型化合物，固态时为分子晶体，因此不导电。它是制备一系列钛化合物及金属钛的重要原料。

$TiCl_4$ 极易水解，暴露在潮湿空气中发烟。部分水解生成钛酰氯，完全水解生成偏钛酸。

$$TiCl_4 + H_2O \longrightarrow TiOCl_2 + 2HCl\uparrow$$

$$TiCl_4 + 3H_2O \longrightarrow H_2TiO_3 + 4HCl\uparrow$$

利用其水解性，可作为烟雾剂。

3) TiO_2

自然界中 TiO_2 有三种晶形，金红石型、锐钛矿型和板钛矿型，其中最重要的是金红石型，它属于简单四方晶系($a=b\neq c$，$\alpha=\beta=\gamma=90°$)。氧原子呈畸变的六方密堆积，钛原子占据一半的八面体空隙，而氧原子周围有 3 个近于正三角形配位的钛原子，所以钛和氧的配位数分别为 6 和 3(图 23-2)。

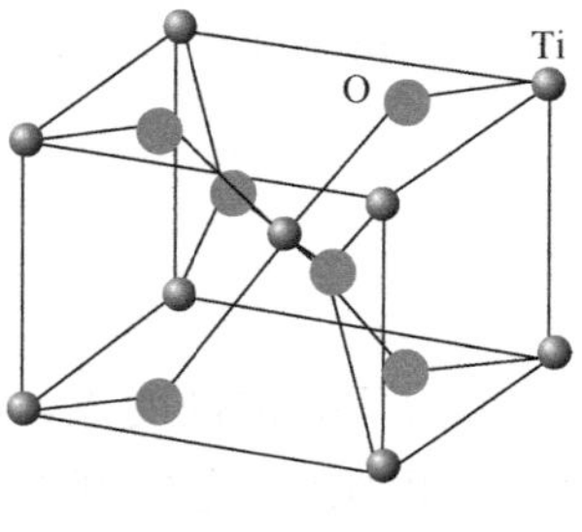

图 23-2　金红石的结构

TiO_2 不溶于水和稀酸，微溶于碱，属于两性氧化物。在强酸和强碱溶液中，均缓慢溶解。与碱反应生成偏钛酸盐；与热、浓的强酸如 H_2SO_4 和 HCl 反应分别生成 $TiSO_4^{2-}$、$TiOCl_2$ 及 H_2O。

纯净的 TiO_2 俗称钛白或钛白粉，室温下呈白色，加热时呈浅黄色。钛白是钛工业中产量最大并与国民经济密切相关的精细化工产品，世界钛矿的 90%以上是用于生产钛白。一个国家的钛白消费量已被认为是其消费水平高低的标志之一。在白色颜料中，钛白迄今为止公认最好。它既有铅白[$2PbCO_3\cdot Pb(OH)_2$]的遮盖性，又有锌白(ZnO)的耐久性，着色力强，无毒，是高级白色颜料。特别是耐化学腐蚀性、热稳定性、抗紫外线粉化及折射率高等方面均显示出良好的性能，因此广泛应用于涂料、印刷、油墨、造纸、塑料、橡胶、化纤、搪瓷、电焊条、冶金、电子陶瓷、日用化工等领域。由于钛白的折射率高，用作合成纤维的增白消光剂。用钛金属配合物浸泡 TiO_2 可作为水的光分解反应的催化剂。研究表明，根据 TiO_2 的光半导体特性，可作为一种特殊的杀菌剂。

在 Ti(Ⅳ)盐溶液中加入 H_2O_2，呈现特征颜色。在强酸溶液中呈现红色，在稀酸溶液中呈现橙黄色。这一特征反应常用于钛或 H_2O_2 的比色分析。

$$TiO^{2+} + H_2O_2 \longrightarrow [TiO(H_2O_2)]^{2+}$$

钛白在工业上可用硫酸法生产。基本反应为

$$FeO \cdot TiO_2 + 2H_2SO_4 \longrightarrow TiOSO_4 + FeSO_4 + 2H_2O$$

$$TiOSO_4 + 2H_2O \longrightarrow H_2TiO_3 \downarrow + H_2SO_4$$

$$H_2TiO_3 \xrightarrow{\triangle} TiO_2 + 2H_2O$$

具体过程是：钛铁矿($FeO \cdot TiO_2$)和 H_2SO_4(93%)以一定比例加入酸解器中，通蒸汽加热至 353K，使钛铁矿分解成多孔状固相产物。产物用酸性水浸取，加铁屑(Fe^{3+} 还原为 Fe^{2+})，将沉淀除杂质，冷冻分离副产物硫酸亚铁之后，加晶种使硫酸氧钛水解成白色偏钛酸。经水洗达标后在 1023～1223K 煅烧，即转化成产品二氧化钛。

硫酸法制钛白工艺比较突出的问题是副产物的利用和环境保护。副产物硫酸亚铁的综合利用有多种途径，如以硫酸亚铁为原料生产聚合硫酸铁无机高分子絮凝剂；用于生产各种氧化铁红；制造铁肥、改良盐碱地等。废酸经处理可综合利用，如以石灰或石灰乳中和排放，副产物石膏等回收利用。

4) TiC

TiC 是具有金属光泽的铁灰色晶体，有类似于金属的若干特性，高熔点(3723K)，高沸点(4573K)，硬度仅次于金刚石，有良好的导电和导热性，且导电性随温度的升高而降低，在温度极低时表现出超导性。

TiC 不溶于水、盐酸和硫酸，但溶于硝酸、氢氟酸的混合酸以及王水中。在碱中不溶，但可溶于碱性氧化性熔盐中。

TiC 可在高温下用钛和碳直接反应制取，也可在电炉中于高温下用碳还原 TiO_2 而制得。用化学气相沉淀法可以在枪管的内表面涂覆 TiC 层。

$$TiO_2 + 3C \xrightarrow{\triangle} TiC + 2CO$$

$$TiCl_4 + CCl_4 + 4H_2 \xrightarrow{\triangle} TiC + 8HCl$$

因为 TiC 的硬度大，所以它是硬质合金的重要原料。TiC 和其他碳化物如 WC、TaC、NbC 等相比较，它的密度最小而硬度最大，能与 WC 等形成固溶体，它们都是重要的切削材料。

【思考题】

23-3　为什么把钛称为生物金属？

23-4　纳米 TiO_2 的光催化性质有何用途？

5) $BaTiO_3$

具有钙钛矿型结构(本身是 $CaTiO_3$,通式 ABX_3 中的 A 是 Ca,而 B 是 Ti,图 23-3)的 $BaTiO_3$ 是最重要的电陶瓷材料。$BaTiO_3$ 陶瓷主要用作电容器的介电体,全世界陶瓷电容器年产值在 20 亿美元以上。$BaCO_3$ 与 TiO_2 通过高温固相反应制备 $BaTiO_3$。

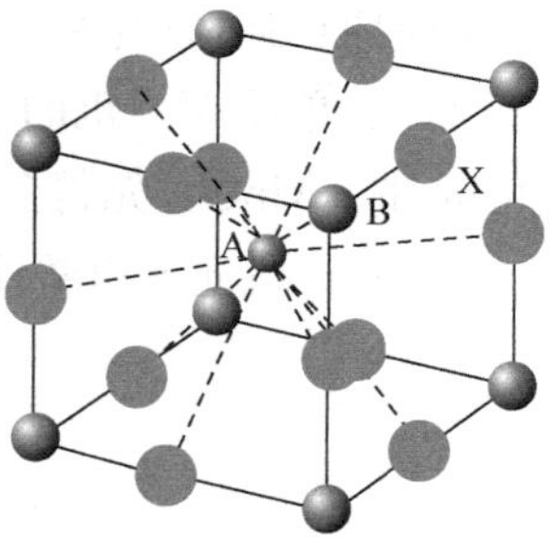

图 23-3　钙钛矿型晶体结构

$$BaCO_3(s) + TiO_2(s) \xrightarrow{\triangle} BaTiO_3(s) + CO_2(g)$$

23.1.2　锆和铪

锆英石($ZrSiO_4$)具有很高的化学稳定性和热稳定性。目前尚未发现铪的独立矿物,它总是伴生在锆矿物中,含量大约是锆含量的 2%。

金属锆具有耐高温、强抗腐蚀和易加工等优良性质,特别是它的热中子俘获截面非常小(0.18b),所以适用于在原子能反应堆中作结构材料。铪的热中子俘获截面却非常大(105b),可用于制作反应堆中的控制棒等。如果欲使金属锆用在原子反应堆中,则必须将其中的铪除去,一般常将含铪量小于 0.001%的金属锆称为反应堆级锆或无铪的锆。

制备反应堆级锆的主要步骤为

(1) 湿法或火法分解锆英石制得锆盐和 $ZrCl_4$。

(2) 锆铪分离制取 ZrO_2 和 HfO_2。

(3) 氯化 ZrO_2 制取 $ZrCl_4$,经提纯后,用钠或镁还原-蒸馏制得海绵锆。

(4) 海绵锆经精炼提纯后用碘化物热解法制得纯锆。

$$Zr(粗锆) + 2I_2 \xrightarrow{572K} ZrI_4$$

$$ZrI_4 \xrightarrow{1573\sim1672K} Zr(纯锆) + 2I_2$$

前面讲过,由于镧系收缩,锆和铪非常相似,难于分离。其中一个分离方法是将 $ZrCl_4$ 水解得 $MOCl_2 \cdot 8H_2O$(M=Zr、Hf),然后利用其在浓盐酸中溶解度的差别将其分离(图 23-4)。通常是在浓盐酸中反复进行重结晶,最后使铪盐富集于固相中。

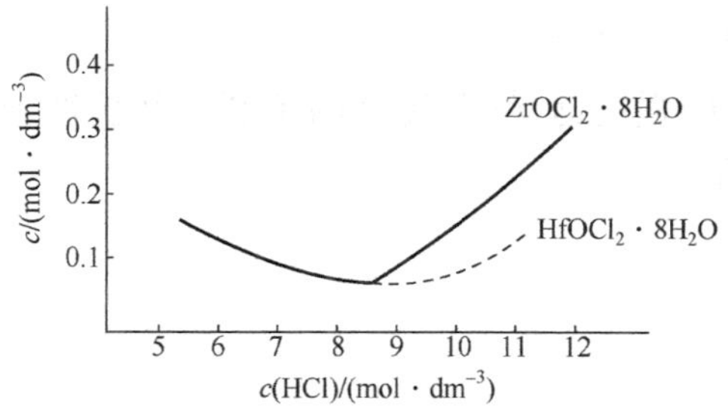

图 23-4　$MOCl_2 \cdot 8H_2O$(M=Zr、Hf)在盐酸中的溶解度

【思考题】

23-5　锆和铪难于分离是什么原因引起的?查阅文献,锆和铪的现代分离方法还有哪些?

23.2　钒　分　族

23.2.1　钒及其重要化合物

钒和铌、钽同属第 5 族(ⅤB 族),钒的价电子结构为 $3d^34s^2$,最高氧化态为+5,与族数相一致,其他常见氧化态还有+2、+3、+4,在某些配合物中,可以呈现+1、0、-1 氧化态。V(Ⅴ)和 V(Ⅳ)较为稳定,在水溶液中不存在简单的水合 V^{5+}、V^{4+},主要以钒氧离子(VO_2^+ 和 VO^{2+} 的水合物)存在。V^{3+} 的还原性不如 Ti^{3+},它在水中较为稳定,只是慢慢被空气氧化。

V^{2+}还原性较强，它与水反应并迅速被空气氧化；此外，它的固态化合物容易发生歧化反应生成V(Ⅲ)和单质V。钒的不同氧化态的离子颜色各不相同。若向紫色V^{2+}的酸性溶液中加入氧化剂如$KMnO_4$，先得到绿色V^{3+}溶液，继续被氧化为蓝色VO^{2+}溶液，最终被氧化为黄色VO_2^+溶液。钒元素电势图如下：

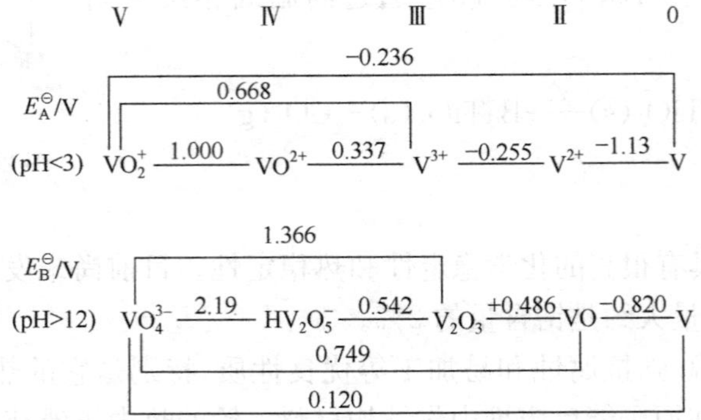

研究发现，钒的某些化合物对治疗糖尿病有很好的疗效；钒在材料领域也有广泛的应用。

1. 单质钒的性质及用途

钒是银灰色的金属，纯钒具有延展性，不纯时硬而脆，有高的熔点，是难熔金属。钒容易形成钝态氧化膜，因此在常温下活泼性较低，块状钒在常温下不与空气、水、苛性碱作用，也不和非氧化性酸作用，但溶于氢氟酸，也溶于强的氧化性酸中，如硝酸和王水。在高温下，钒与大多数非金属元素反应，并可与熔融的苛性碱发生反应。

$$2V+6HF \longrightarrow 2VF_3+3H_2\uparrow$$

钒主要用于冶炼特种钢——钒钢，它具有很高的强度、弹性及优良的抗磨损和抗冲击性能，广泛用于结构钢、弹性钢、工具钢、装甲钢和钢轨。

2. 钒的重要化合物

1) V_2O_5

V_2O_5是橙黄色或砖红色固体，无臭、无味，有毒。热分解偏钒酸铵可得V_2O_5。

$$2NH_4VO_3 \xrightarrow{\triangle} V_2O_5+2NH_3\uparrow+H_2O$$

V_2O_5在工业上用于接触法制H_2SO_4及空气氧化萘($C_{10}H_{18}$)制邻苯二甲酸酐的催化剂。

V_2O_5具有催化性能，这与它具备可变价态有关。它在高温能可逆地得失氧。实测表明，V_2O_5相中含有V(Ⅳ)，构成缺氧的半导体。有人认为与混合价(4和5)物相V_6O_{13}的形成有关。

V_2O_5为两性偏酸性的氧化物，溶于强碱生成钒酸盐；溶于强酸，生成含钒氧离子的盐。

$$V_2O_5+6NaOH \longrightarrow 2Na_3VO_4+3H_2O$$

$$V_2O_5+H_2SO_4 \longrightarrow (VO_2)_2SO_4+H_2O$$

V_2O_5有较强的氧化性，若将其溶于浓盐酸时，钒(Ⅴ)则被还原成钒(Ⅳ)，并且放出氯气。

$$V_2O_5+6HCl \longrightarrow 2VOCl_2+Cl_2\uparrow+3H_2O$$

研究表明，V_2O_5薄膜(可用真空蒸镀、溅射、电沉积和溶胶-凝胶方法制备)具有电学(与

V^{4+}有关)、光学、物理化学等方面的特性，主要用于湿度传感器、气体传感器、抗静电涂料、电源开关、微电池以及电致变色显示器件等方面。

2) 钒酸盐和多钒酸盐

钒酸盐有偏钒酸盐 M(Ⅰ)VO_3 和正钒酸盐 M(Ⅰ)$_3VO_4$，多钒酸盐有 M(Ⅰ)$_4V_2O_7$、M(Ⅰ)$_3V_3O_9$ 等。正钒酸根离子为四面体构型。但是 V—O 之间的结构并不十分牢固，其中的 O^{2-} 可以同 H^+ 结合成水。VO_4^{3-} 只存在于强碱性溶液中。在正钒酸盐溶液中加酸，会发生钒酸根的缩合作用，即由小分子经脱水缩合而形成较复杂的大分子。首先形成质子化离子，然后逐步脱水缩合成多钒酸根离子，并且随着 pH 的下降，多钒酸根缩合程度增大。

$$2VO_4^{3-} + 2H^+ \rightleftharpoons 2HVO_7^{4-} + H_2O \qquad pH \geqslant 13$$

$$3V_2O_7^{4-} + 6H^+ \rightleftharpoons 2V_3O_9^{3-} + 3H_2O \qquad pH = 8 \sim 7.2$$

$$10V_3O_9^{3-} + 12H^+ \rightleftharpoons 3V_{10}O_{28}^{6-} + 6H_2O \qquad pH = 6 \sim 5.5$$

聚合度增大，溶液的颜色逐渐加深，由无色到黄色再到深红色。当溶液变为酸性后，聚合度不再增大，只是作为路易斯碱俘获 H^+。在 pH＝2 时，如浓度大于 0.1mol · L^{-1}，则脱水生成 V_2O_5 水合物的红棕色沉淀，而当 pH≤1 时，溶液以 VO^{2+} 黄色离子存在。

【例题 23-2】 溶液 pH 变化与钒总浓度怎样影响钒酸盐和多钒酸盐的存在形式？

解　实验表明其关系如图所示。

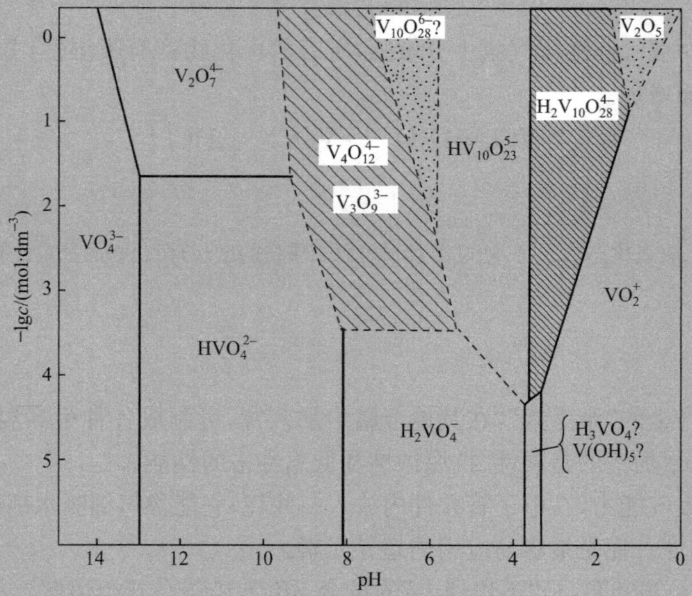

与 Ti(Ⅳ)相似，V(Ⅴ)也能与 H_2O_2 生成有色配合物(过氧化物)。在强酸性溶液中，得到红棕色的过氧钒离子$[V(O_2)]^{3+}$；在弱碱性、中性或弱酸性溶液中，生成黄色的二过氧钒酸根阴离子$[VO_2(O_2)_2]^{3-}$。

$$VO_2^+ + H_2O_2 + 2H^+ \longrightarrow [V(O_2)]^{3+} + 2H_2O$$

$$VO_2^+ + 2H_2O_2 \longrightarrow [VO_2(O_2)_2]^{3-} + 4H^+$$

两者之间存在下述平衡，在一定条件下可以转化：

$$[VO_2(O_2)_2]^{3-}+6H^+\longrightarrow[V(O_2)]^{3+}+H_2O_2+2H_2O$$

钒酸盐与 H_2O_2 的反应，可以用来鉴定钒和过氧化氢的比色分析测定。

VO_2^+ 可以被 Fe^{2+}、乙二酸、酒石酸和乙酸等还原为 VO^{2+}。这些反应可以用于氧化还原法测定钒。

$$VO_2^++Fe^{2+}+2H^+\longrightarrow VO^{2+}+Fe^{3+}+2H_2O$$

$$2VO_2^++H_2C_2O_4+2H^+\longrightarrow VO^{2+}+2CO_2\uparrow+2H_2O$$

钒的盐类五颜六色，因此可制成鲜艳的颜料，加到玻璃中可制成彩色玻璃，也可制成彩色墨水。

3）卤化物

钒的卤化物是一类重要的化合物，它们可以作为合成钒的其他化合物的起始物质。各种不同氧化态的钒的卤化物其热力学稳定性差异很大，氧化数为+5 的卤化物，只有 VF_5 能稳定存在。VX_4、VX_3、VX_2（X=F、Cl、Br、I）都为已知。氧化态相同时，随着卤素相对原子质量的增加，卤化物的稳定性降低，一般来说，钒的碘化物是最不稳定的。钒的卤化物会发生歧化反应或自氧化还原反应。

$$2VCl_3\longrightarrow VCl_2+VCl_4$$

$$2VCl_3\longrightarrow 2VCl_2+Cl_2$$

钒的卤化物对氧气和潮湿气氛十分敏感，所有的卤化物都有吸湿性，并会水解，其水解趋势随氧化态升高而增加。

$$VCl_4+H_2O\longrightarrow VOCl_2+2HCl\uparrow$$

【思考题】

23-6　为什么钒氧化态相同时，随着卤素相对原子质量的增加，卤化物的稳定性降低？

23.2.2　铌和钽

人们称铌是合金的“维生素”，在其他金属中加入铌，可制成各种耐高温的合金。例如，在铬钢中加入铌，可增加钢的延展性、抗腐蚀性和低温冲击的性能。

铌有惊人的吸气能力，在电子管元件内放入一些铌，它能像海绵吸水那样把残留的气体吸干净，以保证真空度。铌是最容易应用的超导元素。

钽的熔点高达 2996℃，是“不怕烈火”的黄金，熔点 1063℃开始熔解。钽最突出的性能是有极高的抗腐蚀性，它不怕硝酸、硫酸，甚至浓硝酸和王水中，钽也不溶解。唯一使钽“投降”的腐蚀剂是氢氟酸。全世界生产的钽半数用在冶金工业中，将钽放入钢中，成为钽钢，是一种耐热耐腐蚀的超强钢。

【例题 23-3】　为什么钽还被称为“亲生物金属”？有什么用途？

解　因为钽的本身特性，它对人的机体无刺激，在受到人体体液的浸泡时仍能保持原状，钽板、钽片、钽箔可以修补骨头和器官，钽丝可以缝合血管和神经等。

铌和钽不仅矿物的类型相同，而且总是共生在一起。主要矿物可用通式(Fe、Mn)MO_3，Nb_2O_5 表示，若 M 以铌为主，该矿物就称为铌铁矿，反之若 M 以钽为主，则称该矿物为钽铁矿。它们的分离技术也是化学难题之一。

铌和钽的氧化物溶解于氢氟酸中，可生成含氟配合物。

$$M_2O_5+14HF═══2H_2MF_7+H_2O\quad (M=Nb、Ta)$$

铌的含氟配合物尤其是 K_2NbF_7，在水溶液中很易水解生成氟氧铌酸盐

$$K_2NbF_7+H_2O \rightleftharpoons K_2NbOF_5+2HF$$

这是一个可逆反应(图 23-5)。在氢氟酸浓度介于5%～7%时，铌和钽含氟配合物的溶解度差别最大，因此，可用分级结晶法分离铌和钽。

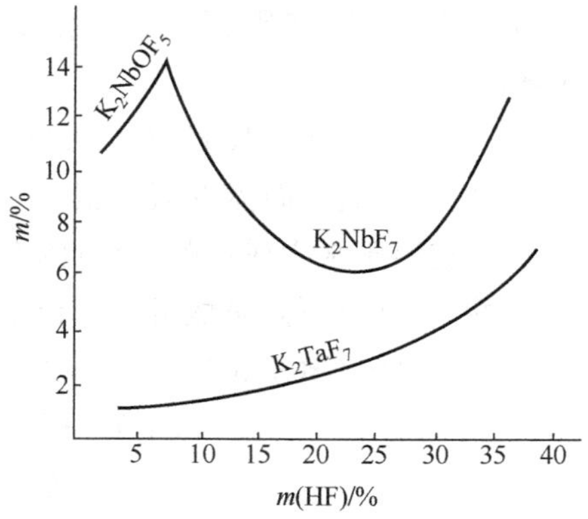

图 23-5　K_2NbF_7 和 K_2TaF_7 在 HF 中的溶解度曲线(298K)

23.3　铬　分　族

23.3.1　铬及其重要化合物

铬、钼、钨同属第 6 族元素(ⅥB 族)，铬的价电子构型为 $3d^54s^1$，主要氧化态为+6、+3、+2，少数+5、+4 氧化态的化合物虽然存在，但不稳定，易发生歧化反应。铬在一些配合物中还表现出更低的氧化态，如−2、−1、0 和+1。在水溶液体系中，最稳定的氧化态为+3，其元素电势图如下：

$$E^\ominus_A/V\qquad Cr_2O_7^{2-}\xrightarrow{1.33}Cr^{3+}\xrightarrow{-0.41}Cr^{2+}\xrightarrow{-0.91}Cr\quad (Cr^{3+}\xrightarrow{-0.74}Cr)$$

$$E^\ominus_B/V\qquad CrO_4^{2-}\xrightarrow{-0.12}Cr(OH)_4^-\xrightarrow{-1.1}Cr(OH)_2\xrightarrow{-1.4}Cr\quad (CrO_4^{2-}\xrightarrow{-1.3}Cr(OH)_2)$$

1. 单质铬的性质及用途

铬是具有银白色光泽的金属，可提供 6 个电子构成金属键，金属原子间结合力较强，熔点和沸点都非常高，熔点在第一过渡系中仅次于钒，为 2130K，沸点为 2945K，硬度在所有金属中为最大，因此极耐磨损。铬表面上容易形成一层钝化膜，因此有很高的耐腐蚀性。在常温下，王水和硝酸都不能溶解铬。但未钝化的铬很活泼，可从非氧化性酸中置换出 H_2，还能将 Cu、Sn、Ni 从其盐水溶液中置换出来。由于铬的光泽度好，抗腐蚀性强，硬度大，熔、沸点高，因此广泛用作电镀保护涂层，它也是合金钢的最重要的组合之一，铬的加入不仅增加钢的抗腐蚀性、耐酸性，而且增强其硬度。

2. 铬的重要化合物

1) Cr(Ⅵ)的化合物

Cr(Ⅵ)的化合物主要有三氧化铬(CrO_3)、氯化铬酰(CrO_2Cl_2)、铬酸盐和重铬酸盐。Cr(Ⅵ)的特征配位数为 4，CrO_4^{2-} 可视为它的配阴离子，呈四面体构型。Cr(Ⅵ)的化合物因发

生电荷转移跃迁常具有颜色。另外 Cr(Ⅵ)的化合物毒性较大。

在重铬酸钾(红矾钾)或重铬酸钠的浓溶液中加入浓硫酸,都可析出暗红色针状晶体 CrO_3。

$$K_2Cr_2O_7 + 2H_2SO_4 \longrightarrow 2CrO_3 + 2KHSO_4 + H_2O$$

CrO_3 是铬氧四面体以角氧相连而成的链状结构。CrO_3 表现出强氧化性、热不稳定性和水溶性。它溶于水生成铬酸,过量的 CrO_3 也可与水反应生成重铬酸(从未分离出游离的铬酸和重铬酸),因此也称"铬酸酐"。有机物如乙醇遇 CrO_3 发生猛烈反应以至着火,本身被还原成 Cr_2O_3。加热 CrO_3 超过 470K 则逐步分解,经一系列中间氧化态最后生成 Cr_2O_3。

$$CrO_3 \rightarrow Cr_3O_8 \rightarrow Cr_2O_5 \rightarrow CrO_2 \rightarrow Cr_2O_3$$

$$4CrO_3 = 2Cr_2O_3 + 3O_2 \uparrow$$

CrO_3 的不稳定性被用于制备磁性颜料 CrO_2。CrO_2(由 CrO_3 分解为 Cr_2O_3 过程的中间产物)是棕黑色固体,具有金红石结构,具有金属的电导率,而它的铁磁性质使其在记录磁带制造业方面占有重要地位,据称用它比用铁氧化物制造的磁带分辨率和高频响应性能更好。CrO_3 主要用于电镀铬。

在水溶液中铬酸(H_2CrO_4)表现为中强酸:

$$H_2CrO_4 \rightleftharpoons H^+ + HCrO_4^- \quad K_1^\ominus = 4.1$$

$$HCrO_4^- \rightleftharpoons H^+ + CrO_4^{2-} \quad K_2^\ominus = 3.2\times10^{-7}$$

在溶液中存在着下列平衡:

$$2CrO_4^{2-} + 2H^+ \rightleftharpoons Cr_2O_7^{2-} + H_2O \quad K = 1.2\times10^{14}$$

当向黄色的 CrO_4^{2-} 溶液加酸时,溶液变为橙色,向橙色的 $Cr_2O_7^{2-}$ 溶液中加碱时,溶液又变为黄色的 CrO_4^{2-}。可见溶液颜色的转变与 pH 有关,pH 降低时,有利于 $Cr_2O_7^{2-}$ 的形成;pH 增大时,有利于 CrO_4^{2-} 的形成。

CrO_4^{2-} 在酸性溶液中的缩合程度比 VO_4^{3-} 要小,一般仅至重铬酸根 $Cr_2O_7^{2-}$ 或三铬酸根 $Cr_3O_{10}^{2-}$ 等。

碱金属、钙、镁的铬酸盐和重铬酸盐都溶于水。某些金属离子(如 Ba^{2+}、Ag^+、Pb^{2+} 等)的铬酸盐难溶于水,并显示特征的颜色,可用以鉴定 CrO_4^{2-}。

$$Ba^{2+} + CrO_4^{2-} \longrightarrow BaCrO_4 \downarrow (黄色) \quad K_{sp}^\ominus = 1.2\times10^{-10}$$

$$Pb^{2+} + CrO_4^{2-} \longrightarrow PbCrO_4 \downarrow (黄色) \quad K_{sp}^\ominus = 2.8\times10^{-13}$$

$$Ag^{2+} + CrO_4^{2-} \longrightarrow Ag_2CrO_4 \downarrow (砖红色) \quad K_{sp}^\ominus = 2.0\times10^{-12}$$

【思考题】

23-7 为什么不论是酸性还是碱性介质,溶液中加入 Ag^+、Pb^{2+}、Ba^{2+} 等重金属离子得到的总是铬酸盐沉淀而不是重铬酸盐沉淀?

$K_2Cr_2O_7$ 和 $Na_2Cr_2O_7$ 都是橙红色的晶体,在工业上被分别称作"红矾钾"和"红矾钠"。主要用于制备铬酐、其他铬盐和铬黄颜料,也用于制造安全火柴、烟火、炸药、油脂漂白剂及制革工业的皮革鞣制和皮革染色等。$K_2Cr_2O_7$ 不含结晶水,用重结晶法提纯后,常用作基准氧化试剂。Cr(Ⅵ)在酸性溶液中是强氧化剂,其还原产物均为 Cr^{3+}。

$$Cr_2O_7^{2-} + 6Fe^{2+} + 14H^+ \longrightarrow 2Cr^{3+} + 6Fe^{3+} + 7H_2O$$

$$2Cr_2O_7^{2-} + 3CH_3CH_2OH + 16H^+ \longrightarrow 4Cr^{3+} + 3CH_3COOH + 11H_2O$$

$$Cr_2O_7^{2-} + 6I^- + 14H^+ \longrightarrow 2Cr^{3+} + 3I_2 + 7H_2O$$

$$Cr_2O_7^{2-} + 3SO_3^{2-} + 8H^+ \longrightarrow 2Cr^{3+} + 3SO_4^{2-} + 4H_2O$$

$$Cr_2O_7^{2-} + 3H_2S + 8H^+ \longrightarrow 2Cr^{3+} + 3S + 7H_2O$$

在分析化学中，常用 $K_2Cr_2O_7$ 来测定 Fe 的含量；利用 $K_2Cr_2O_7$ 能将乙醇氧化成乙酸的反应，可以检测司机酒后开车的情况；$K_2Cr_2O_7$ 还被用来配制实验室的铬酸洗液，铬酸洗液的氧化性很强，在实验室中用于洗涤玻璃器皿上附着的油污。

Na_2CrO_4 也是一种优良的无机缓蚀剂，利用它的氧化性在金属表面形成氧化物保护膜，使金属与介质隔开，延长了金属材料的使用寿命，其反应机理如下：

$$2Na_2CrO_4 + 2Fe + 2H_2O \longrightarrow Cr_2O_3 + Fe_2O_3 + 4NaOH$$

由于生成了 Cr_2O_3 和 Fe_2O_3 两种氧化物而使铁件得到保护。

与 Ti、V 等类似，高氧化态的 Cr(Ⅵ)和 H_2O_2 也能生成不稳定的过氧化物。例如，重铬酸盐的酸性溶液中加入 H_2O_2 时，能生成深蓝色的过氧化铬 $CrO(O_2)_2$。

$$Cr_2O_7^{2-} + 4H_2O_2 + 2H^+ = 2CrO(O_2)_2 + 5H_2O$$

$CrO(O_2)_2$ 水溶液中很不稳定，容易分解为 Cr^{3+} 和 O_2。

$$4CrO_5 + 12H^+ = 4Cr^{3+} + 7O_2\uparrow + 6H_2O$$

当 $CrO(O_2)_2$ 被萃取到乙醚、戊醇等溶剂中时，因生成溶剂配合物如$[CrO(O_2)_2(C_2H_5)_2O]$而比较稳定，因此定性分析中常在上述反应中加入乙醚，利用 $CrO(O_2)_2$ 的深蓝色来鉴定 Cr(Ⅵ)。在$[CrO(O_2)_2(C_2H_5)_2O]$中，Cr(Ⅵ)周围的四个配位体呈四面体排布，过氧基离子 O_2^{2-} 是一种配位体，它的 O—O 键的轴面对着中心原子铬。

2)Cr(Ⅲ)的化合物

Cr^{3+} 的最外电子层结构是 $3s^23p^63d^3$，属 9～17 电子结构，离子半径比较小。

Cr^{3+} 的配合能力较强，容易和 H_2O、NH_3、Cl^-、CN^- 和 $C_2O_4^{2-}$ 等配位生成配位数为 6 的配位化合物。Cr^{3+} 的配合物在可见光作用下发生 d-d 跃迁，使化合物都显各种颜色。

绿色的 Cr_2O_3 可用金属铬在氧气中燃烧或 S 还原重铬酸盐或重铬酸铵分解制得。例如

$$Na_2Cr_2O_7 + S \xrightarrow{\triangle} Cr_2O_3 + Na_2SO_4$$

$$(NH_4)_2Cr_2O_7 \xrightarrow{\triangle} Cr_2O_3 + N_2\uparrow + 4H_2O$$

Cr_2O_3 是暗绿色粉末，为难熔氧化物，熔点高(2608K)，常用作绿色颜料，俗称铬绿。它也用于制耐高温陶瓷及用铝热法制备金属铬及有机合成的催化剂。

Cr_2O_3 与 α-Al_2O_3的结构相同，天然或人工合成的红宝石是 α-Al_2O_3 中含有少量的 Cr^{3+}(取代 Al^{3+})形成的。

Cr_2O_3 与 Al_2O_3 相似，呈现两性，既能溶解于酸，也能溶解于浓碱，但不能溶于水。

$$Cr_2O_3 + 3H_2SO_4 \longrightarrow Cr_2(SO_4)_3 + 3H_2O\text{(紫色)}$$

$$Cr_2O_3 + 2NaOH + 3H_2O \longrightarrow 2NaCr(OH)_4\text{(深绿色)}$$

但灼烧过的 Cr_2O_3 则不溶于酸中，因此只能用焦硫酸盐熔融，使它转化为可溶性铬盐。

$$Cr_2O_3 + 3K_2S_2O_7 \longrightarrow K_2SO_4 + Cr_2(SO_4)_3$$

向 Cr(Ⅲ)盐溶液中加碱，或亚铬酸钠溶液加热水解，都可以得到灰蓝色的氢氧化铬 $Cr(OH)_3$胶状沉淀。有人认为灰蓝色沉淀不是 $Cr(OH)_3$，而是水合三氧化二铬 $Cr_2O_3\cdot nH_2O$

沉淀。

$$Cr^{3+} + 3OH^- \longrightarrow Cr(OH)_3 \downarrow$$

$$CrO_2^- + 2H_2O \xrightarrow{\triangle} Cr(OH)_3 \downarrow + OH^-$$

$Cr(OH)_3$ 也是两性的，溶于酸生成 Cr^{3+}，溶于碱生成 CrO_2^- 或 $Cr(OH)_4^-$。$Cr(OH)_3$ 在溶液中存在着如下平衡：

$$\underset{\text{紫色}}{Cr^{3+} + 3OH^-} \rightleftharpoons \underset{\text{灰蓝色}}{Cr(OH)_3} \rightleftharpoons \underset{\text{亮绿色}}{H^+ + CrO_2^- + 2H_2O}$$

最重要的铬(Ⅲ)盐有硫酸铬和铬矾。硫酸铬由于含结晶水不同而有不同的颜色。例如，$Cr_2(SO_4)_3 \cdot 12H_2O$ 紫色、$Cr_2(SO_4)_3 \cdot 6H_2O$ 绿色、$Cr_2(SO_4)_3$ 桃红色。硫酸铬与金属硫酸盐形成铬矾 $MCr(SO_4)_2 \cdot 12H_2O$ 或 $M_2SO_4 \cdot Cr_2(SO_4)_3 \cdot 24H_2O$($M = Na^+$、$K^+$、$Rb^+$、$Cs^+$)。用 SO_2 还原 $K_2Cr_2O_7$ 的 H_2SO_4 溶液可制得铬钾矾。

$$K_2Cr_2O_7 + H_2SO_4 + 3SO_2 = K_2SO_4 \cdot Cr_2(SO_4)_3 + H_2O$$

铬钾矾广泛用于皮革鞣制和染色过程中。鞣制的基本原理是利用 Cr^{3+} 的水解缩聚及配位的特性。在水溶液中，Cr^{3+} 是以 $[Cr(H_2O)_6]^{3+}$ 形式存在，由于水解产生羟基水合离子和水合质子，溶液呈酸性。

$$[Cr(H_2O)_6]^{3+} + H_2O \rightleftharpoons [Cr(H_2O)_5(OH)]^{2+} + H_3O^+$$

在水解过程中，同时发生配聚作用(一般有两个或三个羟基“桥”将 Cr^{3+} 联系起来，形成多核配合物的过程)。

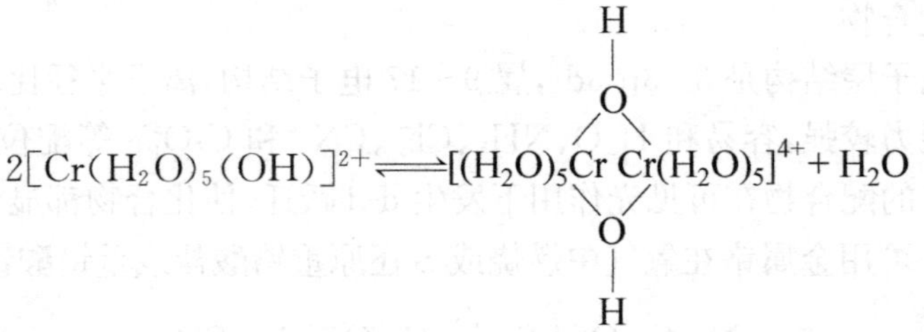

鞣制中铬盐和溶液中的酸和盐先渗透到裸皮内部，靠静电引力和分子间的范德华力将铬盐吸附到胶原分子上。这时铬的配阴离子和胶原的碱性基之间发生电价结合，而配阳离子则和分子侧链上的羧基逐渐配位，即水溶性的羧酸的阴离子进入铬配合物内界。这样就使胶原细微结构间产生交联，使裸皮再获得皮原有的一些特性。

由于 Cr(Ⅲ)盐离子在水溶液中强烈水解，又因为 $Cr(OH)_3$ 的溶度积非常小，因此不能从水溶液中制取 Cr_2S_3 或 $Cr_2(CO_3)_3$。

Cr(Ⅲ)形成配合物的能力很强，除少数例外，其配位数都是 6，其单核配合物的空间构型为八面体，Cr^{3+} 提供 6 个空轨道，以 d^2sp^3 杂化轨道与配位体成键，形成配阳离子或配阴离子或中性配合物分子。

实验式为 $CrCl_3 \cdot 6H_2O$ 的配位化合物有三种水合异构体(由于水合物的水分子取代不同数目的内界配位体而产生的)：紫色的 $[Cr(H_2O)_6]Cl_3$、浅绿色的 $[Cr(H_2O)_5Cl]Cl_2 \cdot H_2O$、暗绿色的反式 $[Cr(H_2O)_4Cl_2]Cl \cdot 2H_2O$。

【例题 23-4】 为什么实验式为 $CrCl_3 \cdot 6H_2O$ 的配位化合物有三种水合异构体？

解　这是由于 Cr(Ⅲ) 配合物中的配体交换进行得十分缓慢，往往会出现多种稳定的水合异构体的缘故。

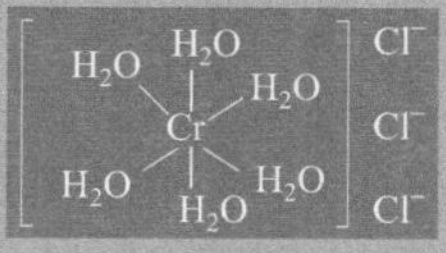
紫色

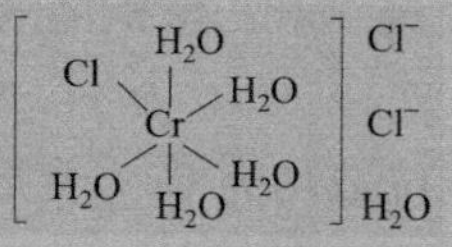
浅绿色

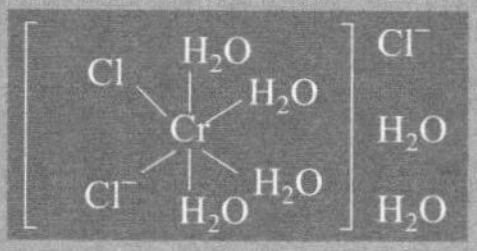
暗绿色

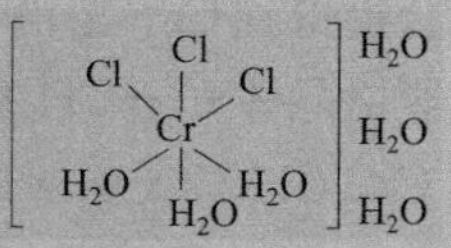
黄色

3）铬(Ⅲ)与铬(Ⅵ)的相互转化

Cr(Ⅲ)、Cr(Ⅵ)在酸性溶液中以 Cr^{3+}、$Cr_2O_7^{2-}$ 形式存在，而在碱性溶液中存在着 $Cr(OH)_4^-$（或 CrO_2^-）、CrO_4^{2-}，碱性溶液中 Cr(Ⅵ)-Cr(Ⅲ)的标准电极电势为－0.12V，酸性溶液中 Cr(Ⅵ)-Cr(Ⅲ)的标准电极电势为 1.33V，因此，在酸性溶液中，使 Cr^{3+} 氧化为 $Cr_2O_7^{2-}$ 是比较困难的，通常采用氧化性更强的过硫酸铵 $(NH_4)_2S_2O_8$、PbO_2 等作氧化剂，反应如下：

$$2Cr^{3+} + 3S_2O_8^{2-} + 7H_2O \longrightarrow Cr_2O_7^{2-} + 6SO_4^{2-} + 14H^+$$

相反地，在碱性溶液中，$[Cr(OH)_4]^-$ 被氧化为铬酸盐就比较容易进行，选择的氧化剂较宽，如 H_2O_2、Br_2 和 Na_2O_2 等。

$$[Cr(OH)_4]^- + 3H_2O_2 + 2OH^- \longrightarrow CrO_4^{2-} + 8H_2O$$

$$[Cr(OH)_4]^- + 3Br_2 + 2OH^- \longrightarrow 2\,CrO_4^{2-} + 6Br^- + 8H_2O$$

由 Cr(Ⅵ)转化为 Cr(Ⅲ)常在酸性溶液中进行，其还原产物均为 Cr^{3+}，如 $Cr_2O_7^{2-}$ 与 I^-、Fe^{2+}、H_2SO_3、H_2S 和 $S_2O_3^{2-}$ 等的反应。若在碱性溶液中进行，其产物通常为 $Cr(OH)_3$，如 CrO_4^{2-} 与 $S_2O_3^{2-}$、SO_3^{2-} 等的反应。以上部分还原试剂可用于消除 Cr(Ⅵ)的污染，如 $FeSO_4 \cdot 7H_2O$、$NaHSO_3$、Na_2SO_3 和 $Na_2S_2O_4$ 等。

碱性溶液中 $[Cr(OH)_4]^-$ 与 H_2O_2 的反应产物通常为黄色的 CrO_4^{2-}，当 H_2O_2 过量时（不加热），与 CrO_4^{2-} 继续反应，可能有红色的 CrO_8^{3-} 产生，而 CrO_8^{3-} 与 CrO_4^{2-} 的混合色为红棕色。

$$2CrO_4^{2-} + 7H_2O_2 + 2OH^- \longrightarrow 2CrO_8^{3-} + 8H_2O$$

在水溶液中 CrO_8^{3-} 比 CrO_4^{2-} 不稳定。由于慢慢分解放出 O_2，会有气泡产生。

$$4CrO_8^{3-} + 2H_2O \longrightarrow 4CrO_4^{2-} + 4OH^- + 7O_2\uparrow$$

【例题 23-5】 为什么 Cr(Ⅵ) 在酸性介质中具有较强的氧化性，而 Cr(Ⅲ) 在碱性介质中具有较强的还原性？

解　在酸性和碱性介质中，电极电势分别为

$$Cr_2O_7^{2+} + 14H^+ + 6e^- \rightleftharpoons 2Cr^{3+} + 7H_2O \quad E_A = 1.33V$$

$$CrO_4^{2-} + 2H_2O + 3e^- \rightleftharpoons CrO_2^- + 4OH^- \quad E_B = -0.12V$$

碱性介质中，负电性配体 OH^- 或它的解离产物 O_2^- 所产生的配位效应、熵效应等更有利于稳定高氧化态，降低了 Cr(Ⅵ) 的氧化性而增加了 Cr(Ⅲ) 的还原性。酸性介质中，OH^- 浓度极小，以中性配体 H_2O 为主，不能产生熵效应，配位效应也很弱。对电荷较低的 Cr(Ⅲ) 来说，与 H_2O 配位更有利，形成稳定的 $Cr(H_2O)_6^{3+}$。因此在酸性溶液中增强了 Cr(Ⅳ) 的氧化性。

4）铬(Ⅱ)的化合物

有相当数量的 Cr(Ⅱ)的化合物，包括所有的二卤化物和 CrO，也有许多配合物，但很易被氧

化。在水中,可得到天蓝色的$Cr(H_2O)_6^{2+}$,这是一个强还原剂,可用来除去氮气中的痕量氧气,它在非中性的溶液中不稳定,有H_2放出,与空气反应迅速。

在Cr(Ⅱ)的盐中,最常见的是水合乙酸盐$Cr_2(CH_3COO)_4 \cdot 2H_2O$。在酸性条件下用锌还原高价化合物得到$Cr^{2+}$溶液,再在无氧的氢气气氛下与饱和乙酸钠溶液发生复分解反应,析出红色的乙酸亚铬晶体$Cr_2(CH_3COO)_4 \cdot 2H_2O$。

在$Cr_2(CH_3COO)_4 \cdot 2H_2O$中,两个$Cr^{2+}$的配位数均为6,为变形的八面体。化合物的反磁性及两个Cr之间具有较短的键长(235pm,与Cr—Cr单键键长328pm相比),表明Cr与Cr之间除形成σ键和π键之外,还形成了δ键。Cr^{2+}为$3d^4$型,4个电子分别占据$3d_{z^2}$、$3d_{xz}$、$3d_{xy}$、$3d_{yz}$轨道,当它们相互靠近时,从z轴方向与另一个Cr^{2+}的d^2轨道以头碰头的方式重叠形成一个金属-金属σ键;每个Cr还有3个3d轨道没有参与杂化,且每个轨道上有1个单电子,其中$3d_{xz}$、$3d_{yz}$分别与另一个Cr以"肩并肩"的方式重叠,形成两个金属-金属π键;而剩下的$3d_{xy}$则彼此以"面对面"的方式重叠,形成一个δ键,因此在乙酸亚铬中两金属铬原子间存在四重键或四对成键电子是造成该化合物中Cr—Cr距离很短的根本原因。两个Cr^{2+}的八个电子都已配对,所以乙酸亚铬呈反磁性。这类四重键也常出现在较重的过渡元素配合物中。

23.3.2 钼和钨

钼、钨及其化学的特点是:

(1) 它们都属熔点最高、硬度最大的金属元素之列,与其他金属制成的合金钢广泛用于军事和高速工具制造工业。我国是钨资源最丰富的国家之一。

(2) 它们形成一类称为同多酸(中心原子相同的聚含氧酸)和杂多酸(中心原子除Mo或W外,还掺入P、As等杂原子的聚含氧酸)的化合物,"多酸化学"主要涉及钼、钨、钒三种过渡金属。

(3) 钼还是一个重要的生命元素,它存在于诸如固氮酶分子这样的结构中。

钼和钨重要矿物有辉钼矿(MoS_2)、黑钨矿[$(Fe,Mn)WO_4$]和白钨矿($CaWO_4$)。由矿石制备金属钼和钨时,通常需要经过如下步骤:

(1) 高温焙烧法和碱熔法处理矿石。像处理其他硫化物矿一样,高温焙烧辉钼矿可以得到相应的氧化物。

$$2MoS_2(s)+7O_2(g) \xrightarrow{\triangle} 2MoO_3(s)+4SO_2(g)$$

在空气参与下,碱熔法可使黑钨矿的钨转化为可溶物。与碱熔法处理铬铁矿和软锰矿的反应不同,空气的参与不是为了氧化被提取的元素,而是将杂质元素Fe(Ⅱ)和Mn(Ⅱ)氧化。

$$4FeWO_4(s)+4Na_2CO_3(s)+O_2(g) \xrightarrow{\triangle} 4Na_2WO_4(s)+2Fe_2O_3(s)+4CO_2(g)$$

(2) 分离焙烧产物和碱熔块中的杂质。尽管焙烧后的钼以氧化物形式存在,但由于杂质含量高而不能直接用于冶炼金属钼。烧结块用氨水沥取时,MoO_3转化为$(NH_4)_2MoO_4$进入溶液。产物$(NH_4)_2MoO_4$和Na_2WO_4是水溶性化合物,可直接用水沥取。通过沥取操作,使目标化合物与杂质分离。

(3) 将沥取液进行酸化,以制取H_2MoO_4和H_2WO_4,并进而制取氧化物。将水浸得到的$(NH_4)_2MoO_4$溶液和Na_2WO_4溶液加酸酸化,分别得到钼酸沉淀和钨酸沉淀;钼酸和钨酸加热分解生成相应的纯氧化物。

$$(NH_4)_2MoO_4(aq)+2HCl(aq) \longrightarrow H_2MoO_4(s)+2NH_4Cl(aq)$$

$$Na_2WO_4(aq)+2HCl(aq) \longrightarrow H_2WO_4(s)+2NaCl(aq)$$

$$H_2MO_4(s) \xrightarrow{\triangle} MO_3(s) + H_2O(g) \qquad (M=Mo、W)$$

(4) 氧化物还原冶炼金属。用碳或金属铝还原 MoO_3 可得金属钼，制备金属钨和高纯度钼时选用氢气作还原剂。

$$MoO_3(s) + 2Al(l) \longrightarrow Mo(s) + Al_2O_3(s)$$

$$MO_3(s) + 3H_2(g) \xrightarrow{\triangle} M(s) + 3H_2O(g) \qquad (M=Mo、W)$$

反应中涉及的钼和钨的氧化物都是族氧化态氧化物。室温下 MoO_3 为白色固体，加热时转变为黄色。WO_3 是深黄色固体，加热时转变为橙黄色。与铬形成明显对照的是，两种元素的族氧化态物种(包括氧化物、酸和盐)都不是典型的氧化剂。这是过渡元素自上而下形成族氧化态能力增强的体现。

【例题 23-6】 溶液酸度是怎样影响同多酸和杂多酸形成的？

解 以溶液酸度对钨的同多酸离子的影响可以说明：

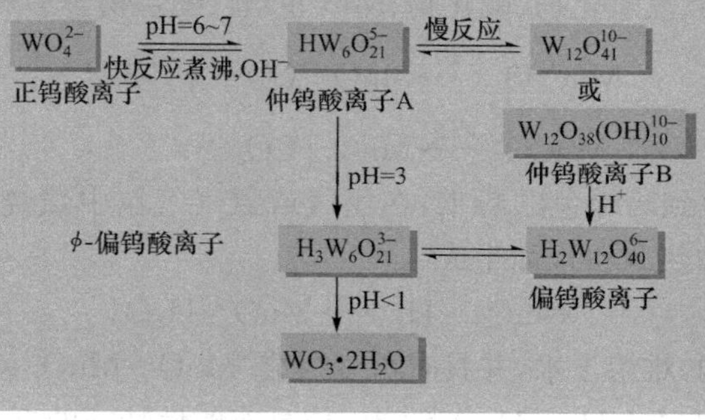

23.4 锰 分 族

23.4.1 锰元素及其重要的化合物

锰、锝、铼同属第 7 族(ⅦB)元素，锰原子的价电子构型为 $3d^54s^2$，它的最高氧化态与族数相同，为+7，同时有多变的氧化态：+6、+5、+4、+3、+2、+1、0、−1、−2、−3 等，低氧化态在配合物中可遇到。一般来说，锰比较稳定的氧化态是+7、+4、+2，其中 d 电子处于半充满状态的 Mn(Ⅱ)最稳定，+3、+6 氧化态易发生歧化反应。锰最重要的矿是软锰矿($MnO_2 \cdot xH_2O$)、黑锰矿(Mn_3O_4)和水锰矿[MnO(OH)]。近年来在深海底发现大量的锰矿——锰结核(铁锰氧化物及铜、钴、镍等重要金属元素)。显而易见，锰的多变氧化态决定了锰的化合物具有显著的氧化还原特性。锰的元素电势图如下：

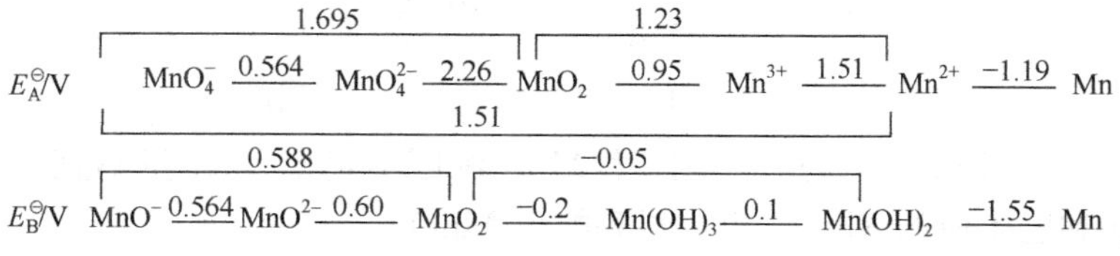

1. 锰的单质及其性质

块状锰是银白色金属，外表像铁。粉末状锰是灰色的，呈顺磁性。锰是一种较活泼的金属，与氧化合的能力较强，在空气中金属锰的表面被一层褐色的氧化膜所覆盖，使其不再继续被氧化。在高温时，锰能够与卤素、氧气、硫、硼、碳、硅、磷等直接化合。在1473K以上，锰与氮气化合形成不同组成的氮化物如 Mn_3N_2；与铁相似，熔融的锰熔解碳后形成碳化物 Mn_3C；锰与硫共热则形成MnS。

锰主要用于钢铁工业中生产锰合金钢，在炼钢中有脱硫作用，由于生成MnS而将硫除去。锰可以代替镍制造不锈钢。锰铜镍合金的膨胀系数很大，电阻温度系数很小。铜锰合金除了机械强度很大之外，还有一个优异特性——不会被磁化，用于船舰需要的防磁部位。

锰是人体不可缺少的微量元素，是人体多种酶的核心组成部分。若缺锰，会导致人的畸形和脑惊厥。锰对植物体的光合作用以及一些酶的活动、维生素的转化起着十分重要的作用，小麦、玉米若缺锰，叶子则会出现红色和褐色斑点，果树叶子会因此变黄。

2. 锰的重要化合物

1) Mn(Ⅱ)的化合物

Mn(Ⅱ)常以氧化物、氢氧化物、硫化物、Mn(Ⅱ)盐、配合物等形式存在。

$$MnC_2O_4 \xrightarrow{\triangle} MnO + CO\uparrow + CO_2\uparrow$$

$$MnCO_3 \xrightarrow{\triangle} MnO + CO_2\uparrow$$

MnO是一种灰白色到暗绿色的粉末，在氢气或氮气气氛中焙烧碳酸盐或乙二酸盐而得到，也可以在氢气流中加热 MnO_2 而生成。

$$MnO_2 + H_2 \longrightarrow MnO + H_2O$$

MnO具有岩盐结构，难溶于水，并具有可变组成（$MnO \sim MnO_{1.5}$），呈半导体性质。

Mn^{2+} 溶液遇NaOH或 $NH_3 \cdot H_2O$ 都能生成具有碱性特征的近肉色的沉淀。

$$Mn^{2+} + 2OH^- \longrightarrow Mn(OH)_2\downarrow$$

$$Mn^{2+} + 2NH_3 \cdot H_2O \longrightarrow Mn(OH)_2\downarrow + NH_4^+$$

$Mn(OH)_2$ 极易氧化，甚至溶于水中的少量氧气也能将其氧化成褐色。

$$Mn(OH)_2 + O_2 \longrightarrow MnO(OH)_2$$

锰(Ⅱ)盐具有以下主要性质。

(1) 水溶性。除 $MnCO_3$、$Mn_3(PO_4)_2$、MnS、MnC_2O_4 难溶于水外，其他强酸的锰盐都易溶于水中，通常锰的难溶盐都易溶于稀酸中。

(2) 还原性。由元素电势图可见，碱性条件下，$Mn(OH)_2$ 的还原性显著；酸性条件下，只有遇强氧化剂[如 $(NH_4)_2S_2O_8$、$NaBiO_3$、H_5IO_6、PbO_2 等]，才会被氧化

$$2Mn^{2+} + \begin{cases} S_2O_8^{2-} \\ NaBiO_3 \\ H_5IO_6 \\ PbO_2 \end{cases} \xrightarrow{H^+} MnO_4^- + \begin{cases} SO_4^{2-} \\ Bi^{3+} \\ I_2 \\ Pb^{2+} \end{cases}$$

前两个反应用于鉴定 Mn^{2+}。做这些实验时，Mn^{2+} 浓度不宜太大，用量不宜过多，因为尚未被氧化的 Mn^{2+} 能和已生成的 MnO_4^- 反应得到棕色 MnO_2。

(3) 可形成复盐和配离子。$MnCl_2$ 和碱金属氯化物形成相应的复盐 $MCl \cdot MnCl_2 \cdot nH_2O$，$MnSO_4$ 和碱金属硫酸盐也形成相应的复盐 $M_2SO_4 \cdot MnSO_4 \cdot nH_2O(n=2、4、6)$；在中性或酸性水溶液中，生成浅粉红色的六水合配离子 $Mn(H_2O)_6^{2+}$。由于Mn(Ⅱ)为 d^5 的特殊构型，决定了Mn(Ⅱ)的大多数配合物是高自旋的。许多配合物都显示出很浅的颜色，

如$[Mn(NH_3)_6]Cl_2$、$[Mn(NH_3)_6](ClO_4)_2$、$[Mn(en)]_3^{2-}$、$[Mn(C_2O_4)_2]^{2-}$等。这是由于在高自旋配合物中，d-d 跃迁不仅涉及使一个电子从低能级跳到高能级，而且涉及该电子自旋方向的反转，这种跃迁称为“自旋禁阻”的跃迁。发生这种跃迁的概率很小，即对光的吸收的概率很小，因此颜色的强度很小，Mn(Ⅱ)的高自旋八面体型配位化合物的颜色极淡，几乎无色，大多为很淡的粉红色。

Mn(Ⅱ)只有与一些强的配位体如 CN^-，才能形成低自旋配合物如$[Mn(CN)_6]^{4-}$(蓝紫色)。

锰是重要的微量元素肥料之一，是植物合成叶绿素的催化剂。$MnSO_4$ 也用于电解制备金属锰，用作油漆的催干剂和杀菌剂的起始物，此外还被用作动物饲料的添加剂。$MnCl_2$ 主要用于制造抗腐蚀的锰合金，也用于砖的着色和干电池中。碳酸锰用于制备其他二价锰盐、铁氧体和焊条。

2) Mn(Ⅲ)的化合物

Mn(Ⅲ)的化合物都不太稳定，在水溶液中易发生歧化反应，并具有水解性。

$$2Mn^{3+} + 2H_2O = MnO_2 + Mn^{2+} + 4H^+$$

$$Mn^{3+} + H_2O = Mn(OH)^{2+} + H^+$$

欲使 Mn(Ⅲ)在水溶液中稳定存在，无非是抑制其歧化和水解反应。由上述方程式可见，可以采取强酸性溶液和提高 Mn^{2+} 的浓度以及生成配合物达到目的。据报道将酸性 $KMnO_4$ 中加入足量的酸性 Mn(Ⅱ)(约过量 25 倍)中，酸浓度约 $4mol \cdot L^{-1}$，此时所得 Mn(Ⅲ)溶液能稳定存在几天。或用固体的 $MnSO_4$ 使 Mn(Ⅱ)大大过量于MnO_4^-，用浓 H_2SO_4 形成强酸性环境，可使 Mn^{3+} 稳定存在。若欲在弱酸性、中性溶液中稳定 Mn(Ⅲ)，则可通过加入合适的配合剂来实现，如 $Mn(PO_4)_2^{3-}$、$Mn(CN)_6^{3-}$、$Mn(acac)_2^{3-}$(acac，乙酰丙酮)、$MnCl_5^{2-}$ 等都是已知的配合物。

制备 Mn(Ⅲ)的主要途径是还原，如固体 $MnSO_4$ 和 $KMnO_4$ 溶液在硫酸介质中反应可得到 Mn(Ⅲ)。

Mn(Ⅲ)在生命体系中参与光合作用和酶反应，是许多酶的核心组成部分。

3) Mn(Ⅳ)的化合物

最稳定且最重要的 Mn(Ⅳ)化合物是 MnO_2，它是一种黑色粉末状固体物质，晶体呈金红石结构，不溶于水。MnO_2 显弱酸性。锰(Ⅳ)氧化数居中，既可被氧化又可被还原。

(1) MnO_2 作氧化剂。在酸性介质中，MnO_2 是一种强氧化剂，如实验室常用 MnO_2 与浓盐酸反应制取氯气。

$$MnO_2 + 4HCl(浓) \xrightarrow{\triangle} MnCl_2 + Cl_2 \uparrow + 2H_2O$$

MnO_2 与浓 H_2SO_4 作用，可得 $MnSO_4$ 并放出氧气。

$$2MnO_2 + 2H_2SO_4 \xrightarrow{\triangle} 2MnSO_4 + 2H_2O + O_2 \uparrow$$

(2) MnO_2 作还原剂。在碱性介质中，有氧化剂存在并加热时，被氧化成锰酸盐。

$$2MnO_2 + 4KOH + O_2 \xrightarrow{\triangle} 2K_2MnO_4 + 2H_2O$$

$$3MnO_2 + 6KOH + KClO_3 \xrightarrow{\triangle} 3K_2MnO_4 + KCl + 3H_2O$$

(3) MnO_2 的用途很广。例如，将其加入熔态的玻璃中作为脱色剂，可以把 Fe(Ⅱ)盐氧化成 Fe(Ⅲ)盐而消除 Fe(Ⅱ)盐的绿色，呈浅的黄色。在锰-锌干电池中用作去极剂。

在锰锌干电池中，锌作为负极，石墨为正极，NH_4Cl 和淀粉糊作电解质，电解中 NH_4Cl 水解，产生 H^+

$$NH_4^+ + H_2O = NH_3 \cdot H_2O + H^+$$

当有电流通过时，H^+ 在正极上得到电子产生 H_2，它有一定的超电势，将阻止电子的传递，所以要用 MnO_2 消去这种极化作用，即利用氧化性将氢氧化成水而除去，MnO_2 本身被还原成 Mn(Ⅲ)。半反应如下：

$$MnO_2 + NH_4^+ + 2H_2O + e^- \longrightarrow Mn(OH)_3 + NH_3 \cdot H_2O$$

4) Mn(Ⅵ)的化合物

锰(Ⅵ)的化合物中比较稳定的是锰酸盐，如锰酸钾 K_2MnO_4 和锰酸钠 Na_2MnO_4。锰酸盐是制备高锰酸盐的中间产品。

锰酸盐在强碱性溶液中呈绿色，较稳定，但在酸性、中性及弱碱性溶液中立即歧化

$$3K_2MnO_4 + 2H_2O \longrightarrow 2KMnO_4 + MnO_2 + 4KOH$$

因此 MnO_4^{2-} 只能在强碱性溶液中存在。固体 K_2MnO_4 加热至 493K 以上，开始分解成 K_2MnO_3 和 O_2。

$$2K_2MnO_4 \xlongequal{\triangle} 2K_2MnO_3 + O_2\uparrow$$

5) 锰(Ⅶ)的化合物

锰(Ⅶ)的化合物中最重要的是高锰酸钾 $KMnO_4$，$NaMnO_4$ 因易潮解而不常用。$KMnO_4$ 是一种深紫色的晶体，比较稳定，但加热时容易分解。

$$2KMnO_4 \xrightarrow{\triangle} K_2MnO_4 + MnO_2 + O_2\uparrow$$

实验室也可用上述方法制氧气。$KMnO_4$ 溶液为紫红色，不稳定，在酸性溶液中明显地分解。

$$4MnO_4^- + 4H^+ \longrightarrow 4MnO_2 + 3O_2\uparrow + 2H_2O$$

在中性或弱碱性溶液中，$KMnO_4$ 分解十分缓慢。但光会使分解反应加速，因此配制 $KMnO_4$ 标准溶液时，要存放在棕色瓶中。

$KMnO_4$ 是最重要和最常用的氧化剂之一，它的氧化能力和还原产物因介质的酸度不同而不同。另外，$KMnO_4$ 的加入方式也会影响最终产物。

(1) 介质酸度的影响。在酸性溶液中，$KMnO_4$ 是很强的氧化剂，它可以氧化 Cl^-、I^-、SO_3^{2-}、$C_2O_4^{2-}$、Fe^{2+} 等。本身被还原为 Mn^{2+}。

$$MnO_4^- + H^+ + \begin{cases} Cl^- \\ C_2O_4^{2-} \\ Fe^{2+} \\ SO_3^{2-} \end{cases} \longrightarrow Mn^{2+} + \begin{cases} Cl_2\uparrow \\ CO_2\uparrow + H_2O \\ Fe^{3+} \\ SO_4^{2-} \end{cases}$$

在中性、微酸性或微碱性溶液中 $KMnO_4$ 被还原成 MnO_2。

$$2MnO_4^- + 5SO_3^{2-} + H_2O = 2MnO_2 + 5SO_4^{2-} + 2OH^-$$

$$2MnO_4^- + I^- + H_2O = 2MnO_2 + IO_3^- + 2OH^-$$

在强碱性溶液中，$KMnO_4$ 被还原为 MnO_4^{2-}。

$$2MnO_4^- + SO_3^{2-} + 2OH^- \longrightarrow 2MnO_4^{2-} + SO_4^{2-} + H_2O$$

(2) $KMnO_4$ 加入方式的影响。以 $KMnO_4$ 与 $H_2C_2O_4$ 的反应为例。在酸性条件下，如果

是 $KMnO_4$ 逐滴加入到 $H_2C_2O_4$ 溶液中，其最终产物为 Mn^{2+}。相反，若将 $H_2C_2O_4$ 逐滴加入到 $KMnO_4$ 溶液，则最终产物是 MnO_2。

【例题 23-7】 用图表的形式描述锰的常见氧化态之间的转化。

解

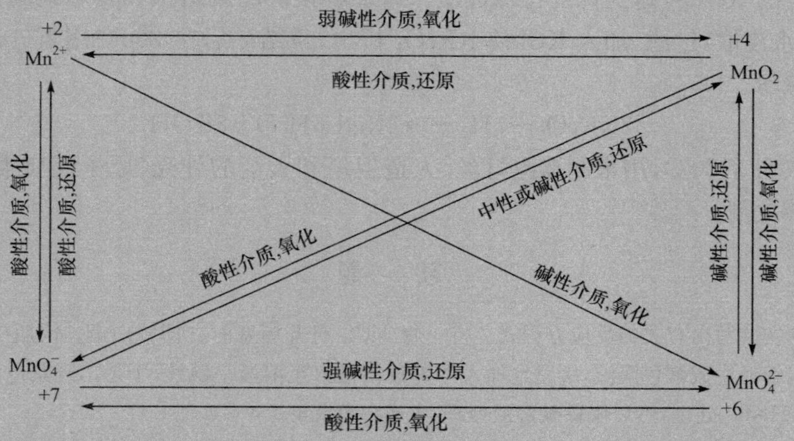

【思考题】

23-8　为什么 Mn(Ⅱ)的化合物大多数是浅色的?

23-9　为什么用高锰酸钾作强氧化剂时，都要用硫酸来酸化溶液，能否选用其他酸?

23.4.2　锝和铼

锰族三种元素在自然界的存在很有特点，Mn 是丰富元素，Tc 是人造元素，而 Re 是一种分散元素。Re 和 Tc 比较，虽然原子序数增加了 32，电子层增加了一层，然而电离能和电负性都是增大而非减小。

元　素	电负性	电离能/($kJ \cdot mol^{-1}$)
Tc	1.40	707
Re	1.46	766

这是过渡元素的共性，根本原因还是第六周期过渡元素受到镧系收缩的影响。由于 Tc 和 Re 不但在自然界含量极少，而且无集中形式的独立矿物，所以它们发现得很晚。

锝是第一个用人工方法制得的元素，由意大利科学家波日珥(C. Perrier)和谢格瑞(E. G. Segré)在 1937 年用回旋加速器以氘核轰击钼发现。在 1962 年，科纳(B. T. Kenna)及库饶德(P. K. Kurod)在非洲的一个八水合三铀矿中，从铀-238 的裂变物之中，找到了微量的锝-99。锝在空气中加热到 500℃时，燃烧生成溶于水的 Tc_2O_7，在氟气中燃烧生成 TcF_5 和 TcF_6 的混合物，和氯气反应生成 $TcCl_4$ 和其他含氯化合物的混合物，和硫反应生成 TcS_2，不和氮气反应，不溶于氢卤酸或碱性 H_2O_2 中，但溶于中性或酸性的 H_2O_2 溶液中。用氢在 500～600℃还原硫化锝(Tc_2S_7)或过锝酸铵，可得金属锝。锝是在诊断骨癌是否转移进行的射线检查时要用的一种药剂。

铼是在自然界最后发现的一种稳定元素。1925 年，德国科学家诺达克夫妇(W. Noddack)

用X射线光谱分析方法从铂矿和铌铁矿的样品中确定了此种元素的存在。铼的主要来源是辉钼矿，我国有储量丰富的辉钼矿资源。在辉钼矿中可能以ReS_2或Re_2S_7形式存在。铼的外表与铂相同，纯铼质软，有良好的机械性能。溶于稀硝酸或过氧化氢溶液。不溶于盐酸和氢氟酸中。在高温下，与硫的蒸气化合而形成硫化铼ReS_2。不与氢、氮作用，但可吸收H_2。能被氧化成很安定的Re_2O_7，这是铼的特殊性质。焙烧辉钼矿的烟道灰和精炼铜的阳极泥中都含有Re_2O_7，用水浸取，过滤，加入KCl使$KReO_4$析出，重结晶后在800℃用氢气还原或水溶液电解法制得铼粉。

$$2KReO_4 + 7H_2 \longrightarrow 2Re + 6H_2O + 2KOH$$

铼的熔点为3180℃，用来制造电灯丝、人造卫星和火箭的外壳、原子反应堆的防护板等，化学上用作催化剂。

习　题

23-1　根据下列实验写出有关的反应方程式。将一瓶$TiCl_4$打开瓶塞时立即冒白烟。向瓶中加入浓HCl溶液和金属锌时生成紫色溶液，缓慢地加入NaOH溶液直至溶液呈碱性，于是出现紫色沉淀。沉淀过滤后，先用HNO_3处理，然后用稀碱溶液处理，生成白色沉淀。

23-2　完成并配平下列反应方程式。

(1) $V_2O_5 + NaOH$

(2) $V_2O_5 + HCl$

(3) $VO_4^{3-} + H^+$（过量）

(4) $VO^{2+} + Fe^{2+} + H^+$

(5) $VO^{2+} + H_2C_2O_4 + H^+$

23-3　根据下述各实验现象，写出相应的化学反应方程式。

(1) 往$Cr_2(SO_4)_3$溶液中滴加NaOH溶液，先析出葱绿色絮状沉淀，后又溶解，此时加入溴水，溶液就由绿色变为黄色。用H_2O_2代替溴水，也得到同样结果。

(2) 当黄色$BaCrO_4$沉淀溶解在浓HCl溶液中时得到一种绿色溶液。

(3) 在酸性介质中，用锌还原$Cr_2O_7^{2-}$时，溶液颜色由橙色经绿色而变成蓝色。放置时又变回绿色。

(4) 把H_2S通入已用H_2SO_4酸化的$K_2Cr_2O_7$溶液中时，溶液颜色由橙变绿，同时析出乳白色沉淀。

23-4　当Cr^{3+}和Al^{3+}共存时，怎样分离它们？Zn^{2+}也共存时，怎样分离？

23-5　用H_2S或硫化物设法将下列离子从它们的混合溶液中分离出来。

Hg_2^{2+}，　Al^{3+}，　Cu^{2+}，　Ag^+，　Cd^{2+}，　Ba^{2+}，　Zn^{2+}，　Pb^{2+}，　Cr^{3+}

23-6　某橙红色钾盐晶体A用浓HCl处理产生黄绿色刺激性气体B和生成暗绿色溶液C。在C中加入适量KOH溶液生成灰绿色沉淀D，加入过量KOH溶液则沉淀溶解，生成亮绿色溶液E。在E中加入H_2O_2，加热则生成黄色溶液F，F用稀硫酸酸化，又变为原来的化合物A的溶液。A、B、C、D、E、F各为何物？写出各步变化的反应方程式。

23-7　测定水中溶解氧量的方法是：在隔绝空气的条件下，将一定量的Mn^{2+}盐溶液和过量的NaOH溶液①加到欲分析的一定体积的水中，得到沉淀A，而水中溶解的氧将A氧化成B；②加入适量稀硫酸和过量的KI溶液，反应得到沉淀C；③再用标准溶液D测定C的量，即可计算出水中的含氧量。写出①②③步反应式，指出A、B、C、D各为何物？

23-8　根据下列实验现象写出反应方程式。

(1) 向酸性$VOSO_4$溶液中滴加$KMnO_4$溶液，则溶液由蓝色变为黄色。

(2) 向$Cr_2(SO_4)_3$溶液中滴加NaOH溶液，先有灰绿色沉淀生成，后沉淀溶解得亮绿色溶液。再加入H_2O_2，溶液由绿色变为黄色。

(3) 在酸性介质中，用 Zn 还原 $Cr_2O_7^{2-}$ 时，溶液由橙色经绿色最后变为蓝色，放置一段时间后又变为绿色。

(4) 向酸性 $K_2Cr_2O_7$ 溶液中通入 SO_2 时，溶液由橙变绿。

(5) 向 $MnSO_4$ 溶液中滴加 NaOH 溶液有白色沉淀生成，在空气中放置沉淀逐渐变为棕褐色。

(6) 向酸性 $KMnO_4$ 溶液通入 H_2S，溶液由紫色变成近无色，并有乳白色沉淀析出。

23-9　解释下列实验现象，有反应的写出相关反应方程式。

(1) $TiCl_3 \cdot 6H_2O$ 晶体一般呈紫色，有时也可得到绿色的 $TiCl_3 \cdot 6H_2O$ 晶体。

(2) 三氯化钛溶液与氯化铜溶液混合后稀释有白色沉淀析出。

(3) 四氯化钛试剂瓶打开后会冒白烟。

(4) 向 $K_2Cr_2O_7$ 与 H_2SO_4 溶液中加入 H_2O_2，再加入乙醚并摇动，乙醚层出现蓝色，水层逐渐变绿。

(5) 向 $BaCrO_4$ 固体加浓盐酸时无明显变化，经加热后溶液变绿。

(6) 向 $K_2Cr_2O_7$ 溶液中滴加 $AgNO_3$ 溶液，有砖红色沉淀析出，再加入 NaCl 溶液并煮沸，沉淀变为白色。

23-10　黑色化合物 A，它不溶于碱液中，与浓盐酸共热则得到很淡的桃红色溶液 B，同时放出气体 C。在 B 溶液中加入 NaOH 溶液可得到白色沉淀 D。D 在空气中缓慢变为棕色沉淀 E。将 E 和固体氢氧化钠熔融并通入气体 C，可得到绿色物质 F。将 F 溶于水后再通入气体 C，则生成紫红色溶液 G。试给出上述字母所代表物质的化学式，并写出有关反应方程式。

第 24 章　8～10 族元素

本章学习要求

(1) 掌握铁、钴、镍单质及其重要化合物的性质、制备和用途，了解铁、钴、镍氧化还原性变化规律；

(2) 了解钌、铑、钯单质及其重要化合物的性质和用途；

(3) 了解铂系元素的性质和用途。

【背景问题】

(1) 对于缺铁型贫血患者，如果要补充铁，是应该补充+3 价铁还是+2 价铁呢？

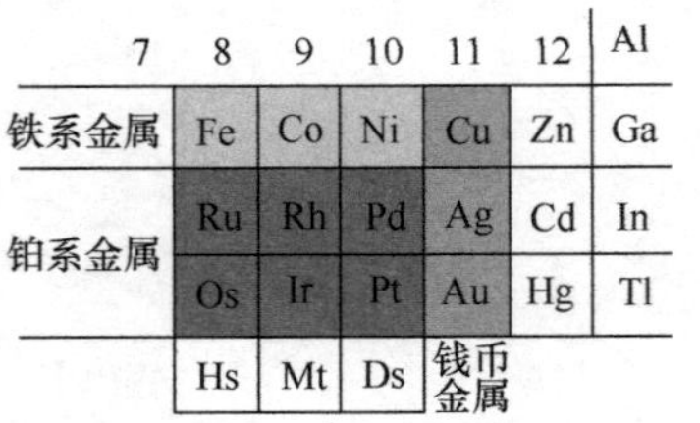

(2) 如果您是医生，您对缺铁性贫血患者在饮食方面有哪些好的建议呢？

(3) 二茂铁可用来替代四乙基铅用作汽油抗爆剂，二茂铁和四乙基铅相比有哪些优点？

(4) 顺铂被称为抗癌药物里的青霉素，这里的"顺"是什么意思？

(5) 维生素 B_{12} 可以防止人的恶性贫血病，其中含有一种非常重要的金属元素，你知道是谁吗？

第 8、9、10 族元素在周期系中是特殊的一族，它包括 4、5、6 三个周期的 9 个元素：铁、钴、镍、钌、铑、钯、锇、铱、铂。它们在周期系中位置的特殊性是与它们之间性质的类似和递变关系相联系的。在 9 个元素中，显然也存在通常的垂直相似性，如 Fe、Ru 和 Os，但是水平相似性如 Fe、Co 和 Ni 却更为突出些。因此为了研究方便，通常称 Fe、Co、Ni 3 个元素为铁系元素，并在一起叙述和比较，其余六个元素则称为铂系元素，放在一起叙述和讨论。讲解中，要注意到这反映出第一过渡系元素发展到该族时，由于 3d 轨道已超过半充满状态，全部价电子参加成键的趋势大大降低的规律性；还要注意到铁、钴、镍最能反映出过渡元素的特点，如它们的氧化还原性、配位性等。自然，不活泼性和催化活性是铂系金属最重要的特点。

24.1　铁系元素资源

24.1.1　铁系元素概述

铁系元素(iron series element)位于元素周期表第四周期，包括铁、钴、镍三种元素，基本性质如表 24-1 示。

表 24-1　铁系元素的基本性质

性　质	铁	钴	镍
元素符号	Fe	Co	Ni
原子序数	26	27	28
相对原子质量	55.85	58.93	58.69

续表

性　质	铁	钴	镍
价层电子构型	$3d^6 4s^2$	$3d^7 4s^2$	$3d^8 4s^2$
颜色	银白略带灰色	银白略带灰色	银白色
主要氧化数	+2、+3、+6	+2、+3、+4	+2、+3、+4
r(M)/pm	124.1	125.3	124.6
$r(M^{2+})$/pm	74	72	69
$r(M^{3+})$/pm	64	63	77
$E_1/(kJ \cdot mol^{-1})$	762.5	760.4	745.5
$E_2/(kJ \cdot mol^{-1})$	1561.9	1648	1957.9
$E_3/(kJ \cdot mol^{-1})$	2957	1753	3555
电负性	1.83	1.88	1.91
密度/$(g \cdot cm^{-3})$	7.847	8.90	8.902
熔点/K	1808	1768	1726
沸点/K	3023	3143	3005

铁在地壳的岩石中占 6.2%，丰度为 4.65%，仅次于氧、硅、铝。月球的土壤中约含 0.5% 的铁，其表面大约有铁 10^{12} t。

地球上铁元素分布很广，有赤铁矿 Fe_2O_3、磁铁矿 Fe_3O_4、褐铁矿 $2Fe_2O_3 \cdot 3H_2O$、菱铁矿 $FeCO_3$、黄铁矿 FeS_2。我国东北、华北、华中地区都有很丰富的铁矿。

钴的丰度为 0.0018%，位于第 30 位，它是第一过渡系除钪外(0.001%)最少见的元素，现已发现 200 多种含钴矿石，但有开采价值的很少，常与硫、砷共生，如辉钴矿 CoAsS。

镍的丰度为 0.0058%，在过渡元素中排第 7 位，地壳中排第 22 位。主要与砷、锑、硫结合，与铜、铁、钴及贵金属伴生，如镍黄铁矿 $(Ni,Fe)_9S_8$。

$$E_A^\ominus/V \quad FeO_4^{2-} \xrightarrow{2.20} Fe^{3+} \xrightarrow{0.771} Fe^{2+} \xrightarrow{-0.473} Fe$$

$$CoO_2 \xrightarrow{1.416} Co^{3+} \xrightarrow{1.82} Co^{2+} \xrightarrow{-0.277} CO$$

$$NiO_2 \xrightarrow{1.68} Ni^{2+} \xrightarrow{-0.232} Ni$$

$$E_B^\ominus/V \quad FeO_4^{2-} \xrightarrow{0.72} Fe(OH)_3 \xrightarrow{-0.56} Fe(OH)_2 \xrightarrow{-0.887} Fe$$

$$CoO_2 \xrightarrow{0.62} Co(OH)_3 \xrightarrow{0.17} Co(OH)_2 \xrightarrow{-0.73} Co$$

$$Ni(OH)_4 \xrightarrow{0.60} Ni(OH)_3 \xrightarrow{0.48} Ni(OH)_2 \xrightarrow{-0.72} Ni$$

从电极电势看，铁、钴、镍的单质都是中等活泼金属，活泼性铁>钴>镍。但纯金属在大气中比较稳定。印度一座清真寺内于公元 310 年竖起的一根高达 6.7m 的铁柱（铁的纯度 99.72%）至今仍无严重腐蚀(图 24-1)。

图 24-1　印度“阿育王铁柱”

铁系金属在常温无水环境下性质稳定，但在高温下能与氧气、硫、氯气发生剧烈反应。

$$3M + 2O_2 \xlongequal{} M_3O_4 \qquad (M=Fe、Co)$$

$$M + S \xlongequal{} MS \qquad (M=Fe、Co、Ni)$$

$$M + Cl_2 \xlongequal{} MCl_2 \qquad (M=Co、Ni)$$

$$2Fe + 3Cl_2 \xlongequal{} 2FeCl_3$$

在常温下，铁和铝、铬一样因"钝化"不能与浓硝酸、浓硫酸反应，所以可以用铁制品盛装和罐装运输浓硫酸和浓硝酸。稀硝酸能溶解铁，若铁过量则生成 $Fe(NO_3)_2$，若硝酸过量则生成 $Fe(NO_3)_3$。铁能与非氧化性稀酸反应放出氢气，能被浓碱腐蚀。炽热的铁和水蒸气反应也能放出氢气，在潮湿空气中生锈（$Fe_2O_3 \cdot xH_2O$）。钴和镍能在大多数无机酸中缓慢溶解，但在碱中性质相对稳定（它们的氢氧化物溶解度小）。

【思考题】

24-1　铁在地壳的岩石中占 6.2%，丰度为 4.65%，仅次于氧、硅、铝。但为什么国际上的铁矿石价格却一直在快速增长？

24-2　请用软硬酸碱理论解释为什么铁在地壳中常以赤铁矿 Fe_2O_3、磁铁矿 Fe_3O_4、褐铁矿 $2Fe_2O_3 \cdot 3H_2O$、菱铁矿 $FeCO_3$、黄铁矿 FeS_2 形式存在。

24-3　我们说盐酸属于非氧化性酸，但为什么稀盐酸却可以将铁氧化为+2 价？

24.1.2　铁系元素的重要化合物

1. 氧化物

氧化数为+2、+3 的氧化物有一定的颜色（表 24-2），均属于碱性氧化物，一般易溶于酸而不溶于水和碱溶液。低氧化态氧化物碱性强于高氧化态氧化物。氧化数为+3 的氧化物都具有较强的氧化性，且按照铁、钴、镍的顺序递增。氧化数为+2 的氧化物都具有还原性，且按照铁、钴、镍的顺序递减。

表 24-2　铁、钴、镍的氧化物

氧化数	氧化物	颜色	氧化数	氧化物	颜色	氧化数	氧化物	颜色
	FeO	黑色		Fe_2O_3	砖红色		Fe_3O_4	黑色
+2	CoO	灰绿色	+3	Co_2O_3	黑色	其他	Co_3O_4	黑色
	NiO	暗绿色		Ni_2O_3	黑色		NiO_2	黑色

在隔绝空气的条件下，加热分解 FeC_2O_4 可得到 FeO，加热分解 Co(Ⅱ)、Ni(Ⅱ)的乙二酸盐、碳酸盐、硝酸盐可以得到 CoO、NiO。

$$FeC_2O_4 = FeO + CO\uparrow + CO_2\uparrow$$
$$CoC_2O_4 = CoO + CO\uparrow + CO_2\uparrow$$
$$CoCO_3 = CoO + CO_2\uparrow$$
$$NiC_2O_4 = NiO + CO\uparrow + CO_2\uparrow$$

Fe_2O_3 俗称铁红，可作红色染料，是两性氧化物，碱性强于酸性。与酸作用生成铁(Ⅲ)盐，与 NaOH、Na_2CO_3、Na_2O 等碱性物质共熔生成铁(Ⅲ)酸盐。

$$Fe_2O_3 + 6HCl = 2FeCl_3 + 3H_2O$$
$$Fe_2O_3 + Na_2CO_3 = 2NaFeO_2 + CO_2\uparrow$$

在空气中加热分解 Co(Ⅱ)、Ni(Ⅱ)的乙二酸盐、碳酸盐、硝酸盐、氧化物可以得到 Co_2O_3、Ni_2O_3。

$$4NiCO_3 + O_2 = 2Ni_2O_3 + 4CO_2\uparrow$$
$$4NiO + O_2 = 2Ni_2O_3$$

目前还没有得到纯的无水 Co_2O_3，只能得到其水合物 $Co_2O_3 \cdot H_2O$。水合物加热到 570K

时分解，并失去水，得到 Co_3O_4。

纯的无水 Ni_2O_3 也未得到证实，但 β-NiO(OH)是存在的，它是在低于 298K 时用次溴酸钾的碱性溶液与硝酸镍(Ⅱ)反应得到的，是易溶于酸的黑色粉末。用次氯酸钠氧化碱性硫酸镍(Ⅱ)溶液可得到 $NiO_2 \cdot xH_2O$。它的性质不稳定，是一种强的氧化剂，常用于有机反应。

Fe_3O_4 又称磁性氧化铁，可作黑色颜料，经证明，它是一种铁(Ⅲ)酸铁(Ⅱ)。

铁丝在氧气中燃烧可生成 Fe_3O_4。

【例题 24-1】 写出铁系元素＋3 价氧化物分别与浓盐酸的化学反应式，说明它们的反应有什么不同。

解　反应式如下：

$$Fe_2O_3 + 6HCl \xlongequal{} 2FeCl_3 + 3H_2O$$

$$Co_2O_3 + 6HCl \xlongequal{} 2CoCl_2 + Cl_2\uparrow + 3H_2O$$

$$Ni_2O_3 + 6HCl \xlongequal{} 2NiCl_2 + Cl_2\uparrow + 3H_2O$$

前一反应是酸碱反应，后两个反应是氧化还原反应，浓盐酸是还原剂，Co_2O_3 和 Ni_2O_3 是氧化剂。这组反应正好说明了铁系元素＋3 价氧化物的氧化性按照铁、钴、镍的顺序递增。

2. 氢氧化物

铁、钴、镍的氢氧化物有两种，均难溶于水(表 24-3)，高氧化态的氧化能力强于低氧化态，且氧化能力按照铁、钴、镍的顺序递增。

表 24-3　铁、钴、镍的氢氧化物

氧化数	氧化物	颜　色	氧化数	氧化物	颜　色
	$Fe(OH)_2$	白色		$Fe(OH)_3$	红棕色
+2	$Co(OH)_2$	粉红色	+3	$Co(OH)_3$	棕褐色
	$Ni(OH)_2$	绿色		$Ni(OH)_3$	黑色

1) $M(OH)_2$

在＋2 价的盐溶液中加入碱，可得到 $M(OH)_2$。

$$Fe^{2+} + 2OH^- \xlongequal{} Fe(OH)_2\downarrow$$

$$Co^{2+} + 2OH^- \xlongequal{} Co(OH)_2\downarrow$$

$$Ni^{2+} + 2OH^- \xlongequal{} Ni(OH)_2\downarrow$$

$Fe(OH)_2$ 不稳定，极易被空气中的氧气氧化，生成红棕色的 $Fe(OH)_3$ 沉淀。

$$4Fe(OH)_2 + O_2 + 2H_2O \xlongequal{} 4Fe(OH)_3\downarrow$$

$Co(OH)_2$ 虽然比较稳定，但也能被空气中的氧气缓慢氧化，生成棕褐色的 $Co(OH)_3$ 沉淀。

$$4Co(OH)_2 + O_2 + 2H_2O \xlongequal{} 4Co(OH)_3\downarrow$$

$Ni(OH)_2$ 却很稳定，不会被空气中的氧气所氧化，可在碱性介质下被强氧化剂溴水或双氧水氧化，生成黑色的 $Ni(OH)_3$ 沉淀。

$$2Ni(OH)_2 + Br_2 + 2NaOH \xlongequal{} 2Ni(OH)_3\downarrow + 2NaBr$$

$Fe(OH)_2$ 主要呈碱性，酸性很弱，但能溶于过量的浓碱，生成$[Fe(OH)_6]^{4-}$。

$$Fe(OH)_2 + 4OH^- \xlongequal{} [Fe(OH)_6]^{4-}$$

$Co(OH)_2$ 的两性较为显著，既可溶于酸，又可溶于碱。

$$Co(OH)_2 + H_2SO_4 \longrightarrow CoSO_4 + 2H_2O$$

$$Co(OH)_2 + 2NaOH \longrightarrow Na_2[Co(OH)_4]$$

$Ni(OH)_2$ 是碱性的，只能溶于酸。

【思考题】

24-4 实验室中如何制得纯白色 $Fe(OH)_2$ 或 $Mn(OH)_2$？

2) $M(OH)_3$

在 Fe(Ⅲ)盐溶液中加入碱，就可得到红棕色的 $Fe(OH)_3$ 沉淀。

$$FeCl_3 + 3NaOH \longrightarrow Fe(OH)_3 \downarrow + 3NaCl$$

氢氧化铁 $Fe(OH)_3$ 实际上是含水量不定的水合氧化铁 $Fe_2O_3 \cdot xH_2O$，略显两性，碱性强于酸性，只有新生成的能溶于强碱，生成铁(Ⅲ)酸盐离子 FeO_2^- 或$[Fe(OH)_6]^{3-}$。

$$Fe(OH)_3 + KOH \longrightarrow KFeO_2 + 2H_2O$$

$$Fe(OH)_3 + 3KOH \longrightarrow K_3[Fe(OH)_6]$$

$Co(OH)_3$ 和 $Ni(OH)_3$ 必须通过对应的 $M(OH)_2$ 的氧化制备。如果在 $Co(OH)_2$、$Ni(OH)_2$中加入强氧化剂，如 Cl_2、Br_2、NaClO 等，则可得到 $Co(OH)_3$ 和 $Ni(OH)_3$ 沉淀。

$$2Co(OH)_2 + NaClO + H_2O \longrightarrow 2Co(OH)_3 \downarrow + NaCl$$

$$2Co(OH)_2 + 2NaOH + Br_2 \longrightarrow 2Co(OH)_3 \downarrow + NaBr$$

$$2Ni(OH)_2 + 2NaOH + Br_2 \longrightarrow 2Ni(OH)_3 \downarrow + NaBr$$

$$2Ni(OH)_2 + NaClO + H_2O \longrightarrow 2Ni(OH)_3 \downarrow + NaCl$$

铁、钴、镍的 $M(OH)_3$ 与盐酸反应情况不一样。$Fe(OH)_3$ 与盐酸发生的是酸碱中和反应，但 $Co(OH)_3$ 和 $Ni(OH)_3$ 与盐酸发生的是氧化还原反应。

$$Fe(OH)_3 + 3HCl \longrightarrow FeCl_3 + 3H_2O$$

$$Co(OH)_3 + 6HCl \longrightarrow 2CoCl_2 + Cl_2 \uparrow + 6H_2O$$

$$Ni(OH)_3 + 6HCl \longrightarrow 2NiCl_2 + Cl_2 \uparrow + 6H_2O$$

【思考题】

24-5 某同学在实验中发现：$CoCl_2$ 与 NaOH 作用所得的沉淀久置后用 HCl 酸化时，有刺激性气体产生。请给予解释，并写出有关化学方程式。

3. 铁、钴、镍的盐

1) M(Ⅱ)盐

铁、钴、镍的+2 价水合离子和无水盐都有颜色(表 24-4)。

表 24-4 铁、钴、镍的+2 价离子

水合离子	颜 色	无水盐	颜 色
$[Fe(H_2O)_6]^{2+}$	浅绿色	Fe^{2+}	白色
$[Co(H_2O)_6]^{2+}$	粉红色	Co^{2+}	蓝色
$[Ni(H_2O)_6]^{2+}$	亮绿色	Ni^{2+}	黄色

它们的硝酸盐、氯化物、硫酸盐、高氯酸盐等强酸盐都易溶于水，在水中有微弱的水解，使溶液显酸性。

$$M^{2+} + H_2O = M(OH)^+ + H^+$$

它们的碳酸盐、磷酸盐、硫化物等弱酸盐都难溶于水。

可溶性盐从溶液中析出时，常带有相同数目的结晶水。

$$M(\text{II})SO_4 \cdot 7H_2O \qquad (M=Fe、Co、Ni)$$

$$M(\text{II})(NO_3)_2 \cdot 6H_2O \quad (M=Fe、Co、Ni)$$

另外，它们的硫酸盐和碱金属或铵的硫酸盐形成复盐。

$$(NH_4)_2M(SO_4)_2 \cdot 6H_2O \qquad (M=Fe、Co、Ni)$$

$FeSO_4 \cdot 7H_2O$ 是一种浅绿色的晶体，俗称绿矾(green vitriol)，经加热脱水可得到白色的无水 $FeSO_4$，若加强热则分解，生成三氧化二铁。工业上用此反应制备红色的 Fe_2O_3。

$$FeSO_4 \cdot 7H_2O = FeSO_4 + 7H_2O$$

$$2FeSO_4 = Fe_2O_3 + SO_2\uparrow + SO_3\uparrow$$

$FeSO_4 \cdot 7H_2O$ 性质稳定，但在空气中可逐渐风化失去部分结晶水，表面容易被氧化，生成黄褐色碱式硫酸铁。

$$4FeSO_4 + 2H_2O + O_2 = 4Fe(OH)SO_4$$

绿矾用作杀虫剂、除草剂、农药、鞣革剂、媒染剂、防腐剂、补血剂和局部收剑剂等。

Fe^{2+} 有还原性，强氧化剂能将其氧化为 Fe^{3+}。

$$MnO_4^- + 5Fe^{2+} + 8H^+ = Mn^{2+} + 5Fe^{3+} + 4H_2O$$

$$6Fe^{2+} + Cr_2O_7^{2-} + 14H^+ = 6Fe^{3+} + 2Cr^{3+} + 7H_2O$$

$$H_2O_2 + 2Fe^{2+} + 2H^+ = 2Fe^{3+} + 2H_2O$$

在碱性介质中，Fe^{2+} 极易被空气中的 O_2 氧化，生成氢氧化铁；在酸性溶液中，空气中的 O_2 可缓慢氧化 Fe^{2+}，生成 Fe^{3+} 盐。

$$4Fe^{2+} + O_2 + 4H^+ = 4Fe^{3+} + 2H_2O$$

因此，在制备、保存 Fe(Ⅱ)盐溶液时，需要加酸防水解、加几颗铁钉防氧化，这里用到了铁的反歧化反应：

$$2Fe^{3+} + Fe = 3Fe^{2+}$$

在常见的亚铁盐中，硫酸亚铁铵最为稳定，$FeSO_4 \cdot (NH_4)_2SO_4 \cdot 6H_2O$ 俗名莫尔盐，它可由硫酸亚铁溶液和硫酸铵溶液按照一定的比例混合，经浓缩、结晶、重结晶而制得。

$$FeSO_4 + (NH_4)_2SO_4 + 6H_2O = FeSO_4 \cdot (NH_4)_2SO_4 \cdot 6H_2O$$

氯化钴是钴的重要化合物，因所含结晶水数目不同而显示出不同颜色。

$$\underset{(粉红色)}{CoCl_2 \cdot 6H_2O} \xrightarrow{52.3K} \underset{(紫红色)}{CoCl_2 \cdot 2H_2O} \xrightarrow{90K} \underset{(蓝紫色)}{CoCl_2 \cdot H_2O} \xrightarrow{120K} \underset{(蓝色)}{CoCl_2}$$

蓝色的无水 $CoCl_2$ 在变色硅胶干燥剂中常用来指示硅胶的吸湿情况。干燥的硅胶吸水后，逐渐由蓝色变成粉红色。硅胶再生时，可在烘箱中加热除去所吸收的水分，再次变为蓝色。

【例题 24-2】 如何解释 $CoCl_2 \cdot 6H_2O$ 在受热失水过程中颜色的多变性？

解 提示：实现 d-d 跃迁所需能量大小取决于 d 轨道的分裂能 Δ。由于 $CoCl_2 \cdot 6H_2O$ 及其失水产物 $CoCl_2 \cdot 2H_2O$、$CoCl_2 \cdot H_2O$、$CoCl_2$ 的配位环境变化，而其结构形式不同，导致了分裂能 Δ 不同，从而各物质颜色不同。

	$CoCl_2 \cdot 6H_2O$	$CoCl_2 \cdot 2H_2O$	$CoCl_2 \cdot H_2O$	$CoCl_2$
结构形式	简单分子	简单分子	链状结构	层状结构
配位情况	$Co(H_2O)_4Cl_2$	$Co(H_2O)_4Cl_2$	$Co(H_2O)_2Cl_4$	$CoCl_6$
分裂能/($kJ \cdot mol^{-1}$)	104	104	96	88
颜色	粉红	紫红	蓝紫	蓝色

氯化镍 $NiCl_2$ 存在一系列水合物，均为绿色晶体，加热逐渐失去结晶水，最后得到黄褐色的无水氯化镍 $NiCl_2$。

$$NiCl_2 \cdot 7H_2O \xrightarrow{239K} NiCl_2 \cdot 4H_2O \xrightarrow{301K} NiCl_2 \cdot 2H_2O \xrightarrow{337K} NiCl_2$$

$NiCl_2$ 在乙醚或丙酮中的溶解度比 $CoCl_2$ 小得多，利用这一性质可分离钴和镍。

【思考题】

24-6 在电子天平中总放着一个小布袋，里面装着一些被称为“蓝色变色硅胶”的固体物，您知道这些物质的用途吗？

2) M(Ⅲ)盐

铁、钴、镍只有铁和钴有氧化数为+3 的盐，而 Ni(Ⅲ)氧化性极强，其 Ni(Ⅲ)盐尚未找到。

Co(Ⅲ)盐只能存在于固态，溶于水则迅速分解，生成 Co(Ⅱ)盐，如 $Fe_2(SO_4)_3 \cdot 9H_2O$ 是稳定的，而 $Co_2(SO_4)_3 \cdot 18H_2O$ 在固态时就不稳定，分解成 CoO 和 O_2。

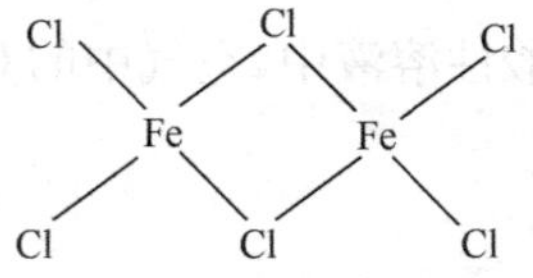

图 24-2 氯化铁双聚分子

$FeCl_3 \cdot 6H_2O$ 是一种常用试剂，无水三氯化铁可用铁粉和氯气在高温下直接反应制备，它在 573K 以上升华，易溶于有机溶剂，具有明显的共价性。在 673K 时，其蒸气中有双聚分子存在(图 24-2)，1023K 时双聚分子分解为单分子。无水 $FeCl_3$ 在空气中易潮解。

$$2Fe + 3Cl_2 = 2FeCl_3$$

$$Fe + 2HCl = FeCl_2 + H_2$$

$$2FeCl_2 + Cl_2 = 2FeCl_3$$

$$2FeCl_2 + H_2O_2 + 2HCl = 2FeCl_3 + H_2O$$

【思考题】

24-7 如何解释三氯化铁易溶于有机溶剂？

三氯化铁及其他 Fe(Ⅲ)盐溶于水后易水解(分步水解，生成一系列复杂物质)，使溶液显酸性。

$$Fe^{3+} + 3H_2O = Fe(OH)_3 \downarrow + 3H^+$$

三氯化铁及其他 Fe(Ⅲ)盐在酸性介质下是比较强的氧化剂。

$$2Fe^{3+} + 2I^- = 2Fe^{2+} + I_2$$

$$2Fe^{3+}+H_2S \xlongequal{} 2Fe^{2+}+S+2H^+$$

$$2Fe^{3+}+SnCl_2+2Cl^- \xlongequal{} 2Fe^{2+}+SnCl_4$$

$$2FeCl_3+Cu \xlongequal{} 2FeCl_2+CuCl_2$$

三氯化铁常用作止血剂、印刷电路腐蚀液。

FeF_3、$FeCl_3$、$FeBr_3$ 都是稳定的化合物，而 CoF_3 受热则分解，$CoCl_3$ 室温和有水存在时即分解。

Ni(Ⅲ)的氟化物、氯化物尚未制得。

【例题 24-3】 为什么铁、钴、镍的氯化物中只能见到 $FeCl_3$ 而不曾见到 $CoCl_3$、$NiCl_3$；铁的氯化物中常见到的是 $FeCl_3$ 而不曾见到 FeI_3？

解　提示：该问题应考虑到铁、钴、镍的氧化还原性变化规律和 Fe^{3+} 能氧化 I^-。

例如，解释：用浓HCl 处理 $Fe(OH)_3$，棕色沉淀溶解，得黄色溶液，但用浓 HCl 处理棕褐色$Co(OH)_3$ 和黑色 $Ni(OH)_3$ 时，却分别得粉红色溶液和绿色溶液，同时有刺激性气体放出。

只考虑高价铁、钴、镍的氧化性变化规律即可。

3) Fe(Ⅵ)

Fe(Ⅵ)的电极电势如下：

$$FeO_4^{2-}+8H^++3e^- \xlongequal{} Fe^{3+}+4H_2O \qquad E^\ominus=2.20V$$

$$FeO_4^{2-}+4H_2O+3e^- \xlongequal{} Fe(OH)_3+5OH^- \qquad E^\ominus=0.72V$$

可以看出，强酸性介质中，FeO_4^{2-} 是一种非常强的氧化剂，一般的氧化剂很难将 Fe^{3+} 氧化为 FeO_4^{2-}，而在碱性介质中，Fe^{3+} 却能被一些氧化剂如 NaClO 所氧化。

$$ClO^-+H_2O+2e^- \xlongequal{} Cl^-+2OH^- \qquad E^\ominus=0.89V$$

在强碱性介质中，NaClO 可以氧化 $Fe(OH)_3$，得到紫红色高铁酸盐溶液。

$$2Fe(OH)_3+3ClO^-+4OH^- \xlongequal{} 2FeO_4^{2-}+3Cl^-+5H_2O$$

将 Fe_2O_3、KNO_3 和 KOH 共熔，生成紫红色高铁酸钾。

$$Fe_2O_3+3KNO_3+4KOH \xlongequal{} 2K_2FeO_4+3KNO_2+2H_2O$$

在高铁酸溶液中加入 $BaCl_2$ 溶液，析出难溶于水的物质 $BaFeO_4 \cdot H_2O$，它和 $BaSO_4$ 属于一类物质。

高铁酸盐溶液酸化，FeO_4^{2-} 迅速分解。

$$4FeO_4^{2-}+20H^+ \xlongequal{} 4Fe^{3+}+10H_2O+3O_2\uparrow$$

4. 配合物

铁、钴、镍能形成多种配合物。

1) 氨合物

Fe^{2+}、Co^{2+}、Ni^{2+} 均能和与氨形成配离子，其配离子的稳定性按 Fe^{2+}、Co^{2+}、Ni^{2+} 顺序依次递增。

Fe^{2+} 不能与氨水发生配位反应，只能发生水解反应，生成 $Fe(OH)_2$ 沉淀。但在无水状态下，$FeCl_2$ 能与液氨作用，可生成$[Fe(NH_3)_6]Cl_2$，但遇水即分解。

$$Fe^{2+}+2NH_3 \cdot H_2O \xlongequal{} Fe(OH)_2\downarrow+2NH_4^+$$

$$Fe^{2+} + 6NH_3(l) = [Fe(NH_3)_6]^{2+}$$

$$[Fe(NH_3)_6]Cl_2 + 6H_2O = Fe(OH)_2\downarrow + 4NH_3 \cdot H_2O + 2NH_4Cl$$

Fe^{3+}与氨水也不能生成氨合物，Fe^{3+}强烈水解生成$Fe(OH)_3$沉淀。

$$[Fe(H_2O)_6]^{3+} + 3NH_3 \cdot H_2O = Fe(OH)_3\downarrow + 3NH_4^+ + 6H_2O$$

Co^{2+}与过量的氨水反应，可形成土黄色的$[Co(NH_3)_6]^{2+}$，此配离子在空气中会被慢慢氧化为更稳定的红褐色$[Co(NH_3)_6]^{3+}$。

$$4[Co(NH_3)_6]^{2+} + O_2 + 2H_2O = 4[Co(NH_3)_6]^{3+} + 4OH^-$$

Co^{3+}的氧化能力很强，不稳定，在酸性溶液中容易被还原成Co^{2+}，因此钴盐在溶液中都是以Co^{2+}形式存在。但当与氨水生成可溶性的氨配离子之后，它们的稳定性发生了变化，$[Co(NH_3)_6]^{2+}$很容易失去1个电子，被氧化成$[Co(NH_3)_6]^{3+}$。为什么会出现这种情况呢？从标准电极电势的变化看：

$$[Co(H_2O)_6]^{3+} + e^- = [Co(H_2O)_6]^{2+} \quad E^\ominus = 1.808V$$

$$[Co(NH_3)_6]^{3+} + e^- = [Co(NH_3)_6]^{2+} \quad E^\ominus = 0.1V$$

从电极电势数据可以看出，$[Co(H_2O)_6]^{3+}$的氧化能力远高于$[Co(NH_3)_6]^{3+}$，$[Co(H_2O)_6]^{2+}$的还原能力远低于$[Co(NH_3)_6]^{2+}$，也就是说，当二价钴由水合离子变成氨合离子之后还原能力明显提高了，稳定性明显降低了，易被氧化，以至于空气中的氧气都能把$[Co(NH_3)_6]^{2+}$氧化成$[Co(NH_3)_6]^{3+}$。

$$O_2 + 2H_2O + 4e^- = 4OH^- \qquad E^\ominus = 0.401V$$

$E^\ominus\{[Co(NH_3)_6]^{3+}/[Co(NH_3)_6]^{2+}\} < E^\ominus[O_2/OH^-]$，$O_2$能够氧化$[Co(NH_3)_6]^{2+}$。

这一问题还可以从配位键理论来解释。Co^{2+}的电子组态为$3d^7 4s^0 4p^0 4d^0$。

Co^{2+} $3d^7 4s^0 4p^0 4d^0$

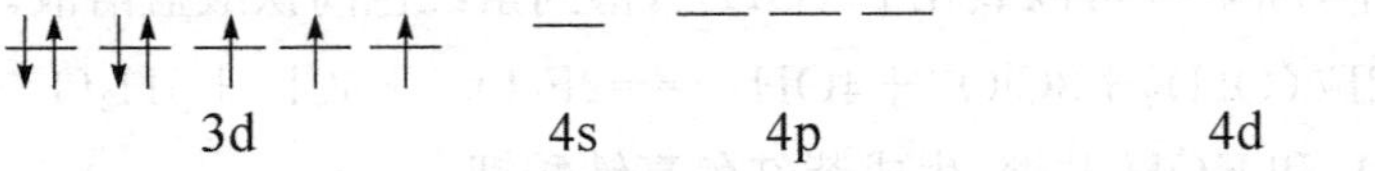

由于H_2O是弱配位体，在与Co^{2+}形成$[Co(H_2O)_6]^{2+}$时，H_2O没有能力改变Co^{2+}的电子组态，Co^{2+}只能利用4s、4p、4d轨道进行杂化，形成6个外轨型的sp^3d^2杂化轨道与H_2O成键，在3d轨道上仍保持7个电子存在。

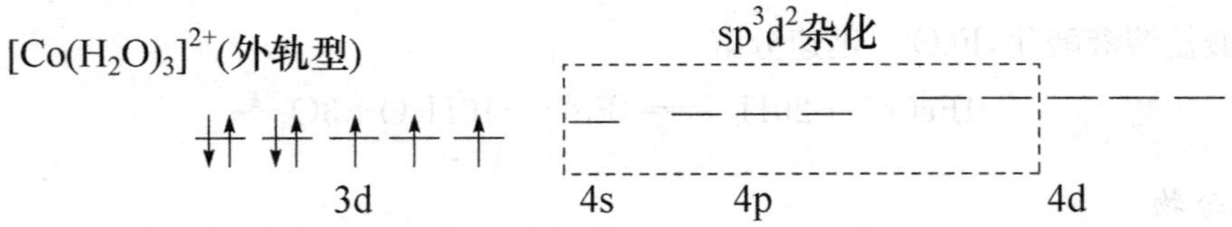

但NH_3是强配位体，在与Co^{2+}形成$[Co(NH_3)_6]^{2+}$时，NH_3有能力强迫Co^{2+}进行电子重排，将3d轨道上的6个挤到3个3d轨道上去，第7个电子激发到外层的5s轨道上，腾出2个空的3d轨道与4s、4p轨道杂化，形成6个内轨型的d^2sp^3杂化轨道与NH_3成键。

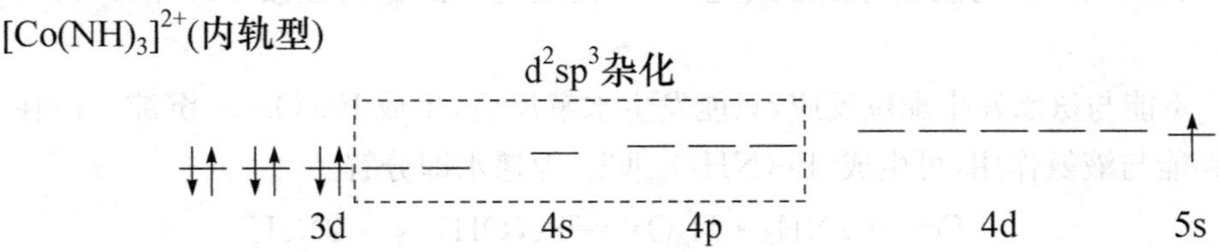

这样，在形成$[Co(NH_3)_6]^{2+}$之后，被激发到 5s 轨道上去的那个电子就显得能量太高，极易失去，使$[Co(NH_3)_6]^{2+}$变得不再稳定，表现出很强的还原性。

在 $CoCl_2$、NH_3、NH_4Cl 溶液中通入空气或加入双氧水，以活性炭作催化剂，就可以析出橙黄色的三氯化六氨合钴(Ⅲ)晶体$[Co(NH_3)_6]Cl_3$

$$2[Co(H_2O)_6]^{2+}+10NH_3+2NH_4^+ +H_2O_2 = 2[Co(NH_3)_6]^{3+}+14H_2O$$

$$4[Co(H_2O)_6]^{2+}+20NH_3+4NH_4^+ +O_2 = 4[Co(NH_3)_6]^{3+}+26H_2O$$

其实，Co^{2+}的配合物稳定性都比较差。

Ni^{2+}在过量的氨水中会生成蓝色的$[Ni(NH_3)_4(H_2O)_2]^{2+}$以及紫色的$[Ni(NH_3)_6]^{2+}$。它们的性质比较稳定。

维生素 B_{12}(vitamin B_{12})因含钴而呈红色，又称红色维生素，常用来治疗恶性贫血病。维生素 B_{12}是一种钴的配合(图 24-3)。

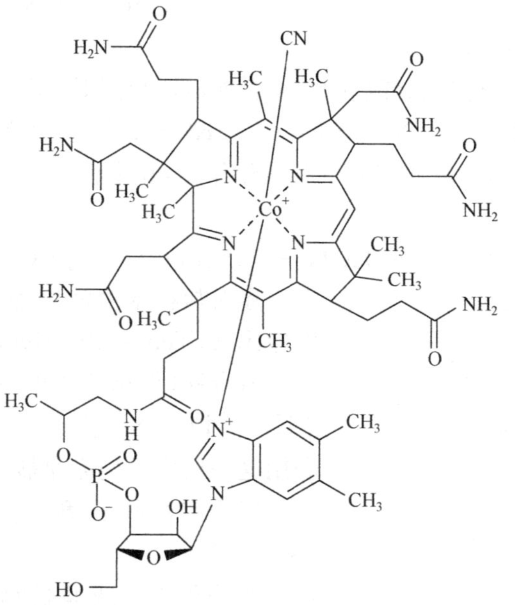

图 24-3　维生素 B_{12}结构示意图

【思考题】

24-8　在水溶液中，+2 价是钴的稳定价态，但加入浓氨水后，+2 价的稳定性却会极大降低，您能解释其中的原因吗？

2) 氰合物

Fe^{2+}、Fe^{3+}均能与 CN^-形成配位化合物。

Fe^{2+}盐与 KCN 反应，首先生成 $Fe(CN)_2$ 沉淀，加入过量的 KCN，则沉淀溶解。

$$FeS+2KCN = Fe(CN)_2\downarrow +K_2S$$

$$Fe(CN)_2+4KCN = K_4[Fe(CN)_6]$$

从溶液中析出的黄色晶体 $K_4[Fe(CN)_6]\cdot 3H_2O$ 称为六氰合铁(Ⅱ)酸钾(亚铁氰化钾或黄血盐，yellow prussiate of potash)。黄血盐 373K 时失去所有结晶水，形成白色粉末 $K_4[Fe(CN)_6]$，进一步加热则分解。

$$K_4[Fe(CN)_6] = 4KCN+FeC_2+N_2\uparrow$$

黄血盐在水溶液中相当稳定，$K_{稳}=1.0\times10^{36}$，溶液中只存在 K^+ 和 $[Fe(CN)_6]^{4-}$，几乎检验不出自由的 Fe^{2+} 存在。

【例题 24-4】 I_2 不能氧化 Fe^{2+}，但在 KCN 存在下，I_2 却可以氧化 Fe^{2+}。为什么？

解 因为 $E^{\ominus}(I_2/I^-)<E^{\ominus}(Fe^{3+}/Fe^{2+})$，所以 I_2 不能将 Fe^{2+} 氧化。但在 KCN 存在下，Fe^{2+} 生成 $[Fe(CN)_6]^{4-}$，Fe^{3+} 生成 $[Fe(CN)_6]^{3-}$，且 $[Fe(CN)_6]^{3-}$ 的稳定性比 $[Fe(CN)_6]^{4-}$ 大，$E^{\ominus}(Fe^{3+}/Fe^{2+})>E^{\ominus}([Fe(CN)_6]^{3-}/[Fe(CN)_6]^{4-})$，这时，$E^{\ominus}(I_2/I^-)>E^{\ominus}([Fe(CN)_6]^{3-}/[Fe(CN)_6]^{4-})$，$I_2$ 就能将 $[Fe(CN)_6]^{4-}$ 氧化。

$$2[Fe(CN)_6]^{4-}+I_2 = 2[Fe(CN)_6]^{3-}+2I^-$$

黄血盐在水溶液中遇到 Fe^{3+}，立即生成深蓝色的**普鲁士蓝**(Prussian blue)沉淀，其化学式为 $KFe[Fe(CN)_6]$，学名六氰合铁(Ⅱ)酸铁(Ⅲ)钾，俗称铁蓝，在工业上用作染料和颜料

$$K^+ + [Fe(CN)_6]^{4-} + Fe^{3+} = KFe[Fe(CN)_6]\downarrow$$

利用这一反应可用黄血盐检验 Fe^{3+} 的存在。

用 Cl_2 氧化黄血盐，可得到深红色的六氰合铁(Ⅲ)酸钾 $K_3[Fe(CN)_6]$，俗称赤血盐。

$$2K_4[Fe(CN)_6]+Cl_2 = 2KCl+2K_3[Fe(CN)_6]$$

赤血盐 $K_{稳}=2\times10^{35}$，在碱性溶液中有氧化作用，在中性溶液中有微弱的水解作用，使用该溶液时要求现用现配。

$$4K_3[Fe(CN)_6]+4KOH = 4K_4[Fe(CN)_6]+O_2\uparrow+H_2O$$

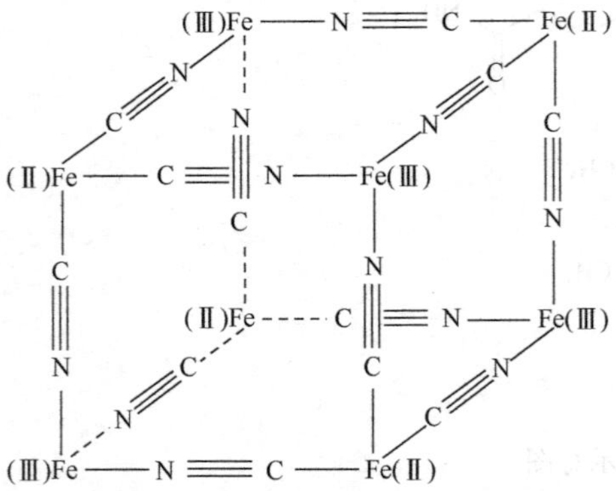

图 24-4 普鲁士蓝和滕氏蓝

赤血盐在水溶液中遇到 Fe^{2+}，立即生成深蓝色的滕氏蓝(Tengs blue) $KFe[Fe(CN)_6]$ 沉淀，其学名为六氰合铁(Ⅲ)酸铁(Ⅱ)钾

$$K^+ + [Fe(CN)_6]^{3-} + Fe^{2+} = KFe[Fe(CN)_6]\downarrow$$

利用这一反应可用赤血盐检验 Fe^{2+} 的存在。

但研究表明，普鲁士蓝和滕氏蓝属于同一种物质(图 24-4)。

在普鲁士蓝或滕氏蓝晶体中，每一个 Fe(Ⅲ)都与 6 个 CN^- 配位，配位原子为 N，每一个 Fe(Ⅱ)也都与 6 个 CN^- 配位，配位原子为 C，根本不存在 $KFe[Fe(CN)_6]$ 显示的那种有的铁原子在外界、有的铁原子在内界这种情况。$KFe[Fe(CN)_6]$ 并不能反映出普鲁士蓝或滕氏蓝的真实结构。

【思考题】

24-9 分析普鲁士蓝和滕氏蓝的结构，说明它们属于同一种结构的物质。

Co^{2+} 与 CN^- 反应，先生成水合氰化物 $[Co(CN)_2(H_2O)_4]$ 沉淀，沉淀溶于过量的 CN^- 溶液形成茶绿色的 $[Co(CN)_5(H_2O)]^{3-}$ 配离子。

例如，在 Co^{2+} 溶液中加入 KCN，就会出现红色的 $Co(CN)_2$ 沉淀，沉淀溶入过量的 KCN 溶液中，就会析出紫红色的 $K_4[Co(CN)_6]$ 晶体。

$$Co^{2+}+2CN^- = Co(CN)_2\downarrow$$

$$Co(CN)_2+4KCN = K_4[Co(CN)_6]\downarrow$$

配离子$[Co(CN)_5(H_2O)]^{3-}$、$[Co(CN)_6]^{4-}$易被空气中的O_2氧化成黄色的$[Co(CN)_6]^{3-}$。这是由于CN^-是一个比NH_3强很多的配位体，在形成配合物时，为了进行d^2sp^3杂化成键，3d轨道上的1个电子被激发到了5s轨道上。这个电子的不稳定性造就了$[Co(CN)_5(H_2O)]^{3-}$的强还原性，这从标准电极电势数据也可以看出来。

$$[Co(H_2O)_6]^{3+}+e^-=\!=\!=[Co(H_2O)_6]^{2+}\quad E^\ominus=1.808V$$

$$[Co(NH_3)_6]^{3+}+e^-=\!=\!=[Co(NH_3)_6]^{2+}\quad E^\ominus=0.1V$$

$$[Co(CN)_6]^{3-}+e^-=\!=\!=[Co(CN)_6]^{4-}\quad E^\ominus=-0.83V$$

把$[Co(CN)_6]^{4-}$溶液微热，它就能把水分子中的氢还原为氢气。

$$2K_4[Co(CN)_6]+2H_2O=\!=\!=K_3[Co(CN)_6]+2KOH+H_2\uparrow$$

Ni^{2+}与CN^-反应，先生成灰蓝色水合氰化物$Ni(CN)_2$沉淀，沉淀溶于过量的CN^-溶液形成橙黄色的$[Ni(CN)_4]^{2-}$配离子。成键时，Ni^{2+}的3d轨道上的8个电子首先进行重排，两两配对，占据4个3d轨道，空出的1个3d轨道与4s、4p轨道进行dsp^2杂化，形成具有平面正方形结构的$[Ni(CN)_4]^{2-}$配离子。

在较浓的CN^-溶液中可形成深红色的$[Ni(CN)_5]^{3-}$配离子。

3）硫氰合物

在含有Fe^{3+}的水溶液中加入KSCN或NH_4SCN，立即生成血红色的$[Fe(SCN)_n]^{3-n}$。

$$Fe^{3+}+nSCN^-=\!=\!=[Fe(SCN)_n]^{3-n}\quad (n=1\sim6)$$

这是检验Fe^{3+}的灵敏反应之一，常用作Fe^{3+}的比色分析。由于Fe^{3+}易水解，该反应要在酸性介质中进行。

在含有Co^{2+}的水溶液中加入KSCN或NH_4SCN，立即生成蓝色的$[Co(SCN)_4]^{2-}$。

$$Co^{2+}+4SCN^-=\!=\!=[Co(SCN)_4]^{2-}$$

$[Co(SCN)_4]^{2-}$稳定性不高，$K_{稳}=1.0\times10^3$，因此，在水溶液中易解离。

$$[Co(SCN)_4]^{2-}=\!=\!=Co^{2+}+4SCN^-$$

$[Co(SCN)_4]^{2-}$可溶于丙酮或戊醇，在有机溶剂中比较稳定，可用于比色分析。该配离子可以与Hg^{2+}作用，生成沉淀。

$$Hg^{2+}+[Co(SCN)_4]^{2-}=\!=\!=Hg[Co(SCN)_4]\downarrow$$

Ni^{2+}可以与SCN^-形成$[Ni(SCN)]^+$和$[Ni(SCN)_3]^-$等配离子，它们都不太稳定。

4）卤合物

Fe^{3+}能与卤离子形成配合物，它与F^-有较强的亲和力。当在含有$[Fe(SCN)_4]^{3-}$的血红色的溶液中加入NaF时，溶液变成无色。

$$[Fe(SCN)_6]^{3-}+6F^-=\!=\!=[FeF_6]^{3-}+6SCN^-$$

这个反应能够进行有两方面的原因：一是Fe^{3+}与F^-之间具有较强的亲和力，二是NaF属于弱酸强碱盐，加入后降低了溶液的酸度，降低了$[Fe(SCN)_6]^{3-}$的稳定性。

在很浓的盐酸中，Fe^{3+}可形成四面体型配离子。

$$Fe^{3+}+4Cl^-=\!=\!=[FeCl_4]^-$$

5）羰基配合物

铁、钴、镍的单质易与CO配位，形成羰基配合物(carbonyl complex，表24-5)。

表 24-5　铁、钴、镍的羰基配合物

羰基配合物	$[Fe(CO)_5]$	$[Co_2(CO)_8]$	$[Ni(CO)_4]$
颜色	淡黄色	深橙色	无色
状态	液体	固体	液体
熔点/℃	−20	51～52 分解	−25
沸点/℃	103	—	43

铁在 373～473K，2.03×10^7Pa 下与 CO 作用，生成淡黄色的液体五羰基铁。

$$Fe+5CO = [Fe(CO)_5]$$

在 CO 气流中轻微加热 Ni 粉，很容易生成无色液体四羰基镍$[Ni(CO)_4]$。

$$Ni+4CO = [Ni(CO)_4]$$

$[Ni(CO)_4]$在 423K 时又分解为 Ni 和 CO，利用这一原理可以提纯镍，制得高纯度的镍粉。

羰基配合物有毒，如羰基镍吸入人体后，CO 与红细胞结合，血液会将胶态的镍带到全身器官，使中毒很难治愈。

6）二茂铁

二茂铁(two ferrocene)，又称二环戊二烯合铁、环戊二烯基铁，是分子式为$(C_5H_5)_2Fe$ 的有机金属化合物，橙色晶形固体，有樟脑气味。

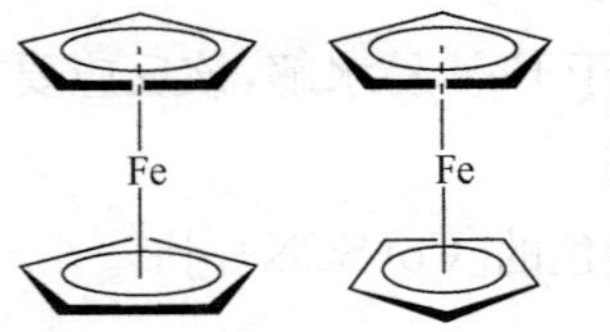

图 24-5　二茂铁

二茂铁的结构为一个铁原子处在两个平行的环戊二烯的环之间(夹心结构，图 24-5)。在固体状态下，两个茂环相互错开成全错构型(交叉式)，温度升高时则绕垂直轴相对转动(左边为“重叠式”，右边为“交叉式”)。

溴化环戊二烯镁与氯化亚铁在有机溶剂中反应可得到二茂铁。

$$2C_5H_5MgBr+FeCl_2 = (C_5H_5)_2Fe+MgBr_2+MgCl_2$$

从反应方程可以看出，二茂铁实际上就是两个 $C_5H_5^-$ 与 Fe^{2+} 形成了配合物。在 $C_5H_5^-$ 中，每个碳原子都采用 sp^2 杂化轨道分别与 2 个碳原子和一个氢原子形成 3 个 σ 键，5 个碳原子构成了 1 个五元环。每个碳原子还有一个没有成键的 $2p_z$ 轨道，而且每个 $2p_z$ 轨道上都有 1 个单电子，这 5 个 $2p_z$ 轨道互相重叠，就形成了 1 个大 π 键——Π_5^5。Fe^{2+} 有空的 d 轨道，可以和 π 键的电子云重叠，形成配位键。

二茂铁可用作火箭燃料添加剂、汽油的抗爆剂和橡胶及硅树脂的熟化剂，也可作紫外线吸收剂。二茂铁的乙烯基衍生物能发生烯键聚合，得到碳链骨架的含金属高聚物，可作航天飞船的外层涂料。

【思考题】

24-10　什么是“金属有机化合物”(metal organic compound)?

7）螯合物

Ni^{2+} 能与多齿配位体形成螯合物。例如，在稀的氨水溶液中，Ni^{2+} 能与丁二酮肟形成鲜红色的丁二酮肟合镍(Ⅱ)沉淀，这是检验 Ni^{2+} 的特征反应。

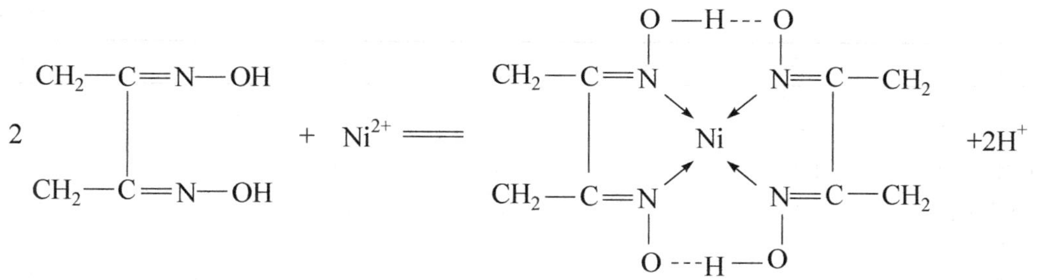

在丁二酮肟合镍(Ⅱ)中，Ni^{2+} 与四个配位原子 N 形成平面正方形结构，Ni^{2+} 处于正方形的中心。

5. 硫化物

铁、钴、镍的硫化物有 FeS、CoS、NiS，它们都是难溶于水的黑色沉淀，其中 FeS 的溶解度最大。

$$FeS \quad K_{sp}=6.3\times10^{-18}$$
$$\alpha\text{-}CoS \quad K_{sp}=4.0\times10^{-21}$$
$$\beta\text{-}CoS \quad K_{sp}=2.0\times10^{-25}$$
$$\beta\text{-}NiS \quad K_{sp}=1.3\times10^{-24}$$

在 M(Ⅱ)盐溶液中通入 H_2S，生成黑色 MS 沉淀。

$$M^{2+}+H_2S = MS\downarrow+2H^+ \qquad (M=Fe、Co、Ni)$$

MS 可溶于盐酸。

$$MS+2HCl = MCl_2+H_2S \quad (M=Fe、Co、Ni)$$

CoS、NiS 可溶于氨水(生成氨合物)，而 FeS 不溶(不能生成氨合物)。

FeS、CoS、NiS 可以通过发生氧化还原反应而溶解。

$$3MS+8HNO_3 = 3M(NO_3)_2+2NO\uparrow+3S\downarrow+4H_2O \quad (M=Fe、Co、Ni)$$

铁、钴、镍的 M(Ⅲ)的硫化物不能稳定存在(由于 M^{3+} 具有氧化性)。

$$2FeCl_3+H_2S = 2FeCl_2+S\downarrow+2HCl$$

24.2 铂 系 元 素

24.2.1 铂系元素概述

铂系元素(platinum family element)包括元素周期表 8、9、10 列的钌(Ru)、铑(Rh)、钯(Pd)、锇(Os)、铱(Ir)、铂(Pt)六种元素。根据密度不同，将钌、铑、钯(密度约为 $12g\cdot cm^{-3}$)称为轻铂系元素，锇、铱、铂(密度约为 $22g\cdot cm^{-3}$)称为重铂系元素。铂系元素的基本性质如表 24-6所示。

表 24-6　铂系元素的基本性质

性　质	钌	铑	钯	锇	铱	铂
元素符号	Ru	Rh	Pd	Os	Ir	Pt
原子序数	44	45	46	76	77	78
价电子构型	$4d^7 5s^1$	$4d^8 5s^1$	$4d^{10} 5s^0$	$5d^6 6s^2$	$5d^7 6s^2$	$5d^9 6s^1$

续表

性　质	钌	铑	钯	锇	铱	铂
主要氧化数	+2、+4、+6、+7、+8	+3、+4	+2、+4	+2、+3、+4	+3、+4、+6	+2、+4
相对原子质量	101.07	102.9	106.4	190.2	192.2	195.1
r(M)/pm	132.5	134.5	137.6	134	135.7	138
$r(M^{2+})$/pm	—	—	80	—	—	80
$E_1/(kJ\cdot mol^{-1})$	716	724	809	842	885	868.4
电负性	2.2	2.2	2.2	2.2	2.2	2.2
$E^\ominus(M^{2+}/M)/V$	0.45	0.6	0.987	0.85	1.0	1.2
密度/$(g\cdot cm^{-3})$	12.41	12.41	12.02	22.57	22.42	21.45
熔点/K	2583	2239±3	1825	3318±30	2683	2045
沸点/K	4173	4000±100	3413	5300±100	4403	4100±100

铂系元素单质中，除了 Os 为蓝灰色晶体外，其他都是银白色。它们的熔点都很高，每一个三元素组中，金属的熔点从左到右逐渐降低，其中 Os 的熔点最高（3318K），Pd 的最低（1825K）。Ru 和 Os 单质硬而脆，不能承受机械加工；Ir 和 Rh 单质虽然可承受机械加工，但很困难；Pd 和 Pt，尤其是 Pt，极易承受机械加工，纯净的 Pt 具有高度的可塑性，将其冷轧可制得厚度为 2.5μm 的箔片。两组元素处于同一列的元素在性质上也有相似性。

铂系元素的价层电子除 Os 和 Ir 为 ns^2 外，其余都是 $ns^{0\sim1}$，这说明铂系元素原子的最外层电子有从 ns 轨道填入$(n-1)$d 轨道的强烈趋势，而且这种趋势在三元素组里随原子序数的增大而增强。铂系元素的氧化数变化与铁、钴、镍相似，即每一个三元素组形成高氧化态的倾向都是从左到右逐渐降低，重铂系元素形成高氧化态的倾向比轻铂系元素相应各元素大。

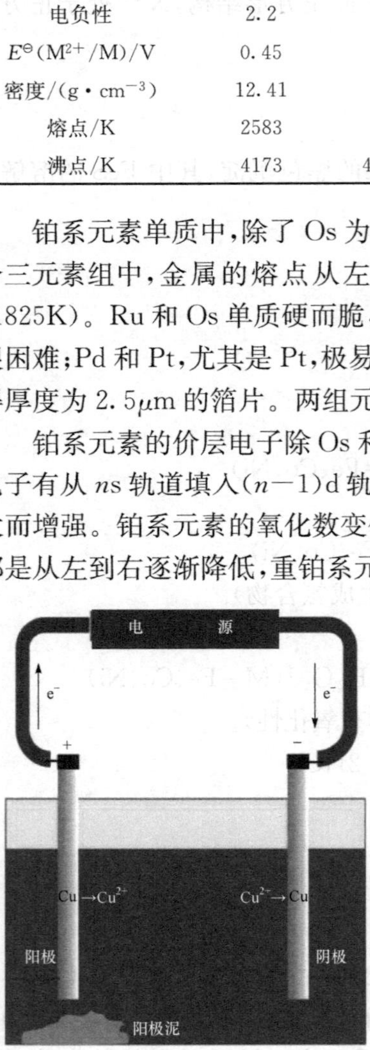

图 24-6　阳极泥的形成

不活泼性是铂系金属的特点之一，几乎所有成员都能以单质形式存在于自然界，“淘金”迄今仍是从金矿获取金的重要方法。贵金属元素主要分散存在于铜、镍、锌等硫化物矿中，不活泼性也决定了从这类矿物进行提取的方法。电解精炼铜或镍的过程中，作为阳极的粗铜、粗镍等比较活泼的金属从极板溶解进入电解液，而后又在阴极极板上沉积出来，贵金属则因难以被氧化而留在阳极形成的阳极泥(anode mud)中(图 24-6)。

大部分铂系元素能吸收氢气(这时铂系金属具有有效催化性能的原因之一)，其中 Pd 吸收氢气的能力特别大，在标准状态下，1 体积海绵状的 Pd 能吸收 900 体积的氢气。但 Pt 吸收氧气的能力却比 Pd 强，1 体积的 Pd 只能吸收 0.07 体积的氧气，而 1 体积的 Pt 却能吸收 70 体积的氧气。

催化活性高也是铂系元素的另一个特性，特别是金属粉末(如铂黑)的催化性能更大。

铂系元素的化学性质非常稳定，特别是前两对金属元素钌和锇、铑和铱。它们的单质不仅不溶于一般的强酸溶液，甚至也不溶于王水。钯和铂溶于王水，钯可以溶于浓硝酸和热硫酸中，它是铂系元素中化学性质最活泼的一个。在有氧化剂存在时，铂系金属与碱熔融，可转变为可溶性化合物。

铂系元素单质在常温下不与氧气、硫、氟气、氯气等非金属单质作用，只有粉末状的锇在室温下可在空气中缓慢氧化。在高温下，铂系元素单质都可与上述非金属单质作用。

铂系金属离子都能形成配合物。

【思考题】

24-11　铂系元素都有哪些特征性质？

24.2.2　铂系元素的重要化合物

1. 铂的配合物

铂系元素的配位能力很强，可以形成各种类型的配合物，如卤离子配合物、含氮配合物、含氧配合物、含磷配合物、羰基配合物等。在大多数情况下，这些配合物为八面体结构，配位数为 6，Pd(Ⅲ)和 Pt(Ⅲ)为 d^8 组态，可形成平面正方形配离子。

铂系元素与氯形成的配合物最常见。将铂系金属与碱金属氯化物在氯气气流中加热即可形成氯配合物，最重要的为氯铂(Ⅳ)酸 $H_2[PtCl_6]$及其盐。$H_2[PtCl_6]$是 Pt(Ⅳ)化学中最常用的原料。将海绵状金属铂溶于王水或将四氯化铂溶于盐酸都可以生成 $H_2[PtCl_6]$。

$$3Pt + 4HNO_3 + 18HCl = 3H_2[PtCl_6] + 4NO\uparrow + 8H_2O$$

$$PtCl_4 + 2HCl = H_2[PtCl_6]$$

在 Pt(Ⅳ)中加碱可制得氢氧化铂(Ⅳ)。

$$PtCl_4 + 4NaOH = Pt(OH)_4 + 4NaCl$$

$Pt(OH)_4$ 是一种两性氢氧化物，既能溶于酸，又能溶于碱。

$$Pt(OH)_4 + 6HCl = H_2[PtCl_6] + 4H_2O$$

$$Pt(OH)_4 + 2NaOH = Na_2[Pt(OH)_6]$$

将 $H_2[PtCl_6]$晶体与硝酸钾晶体混合物灼烧，生成 PtO_2。

$$H_2[PtCl_6] + 6KNO_3 = PtO_2 + 6KCl + 4NO_2\uparrow + O_2\uparrow + 2HNO_3$$

将 $H_2[PtCl_6]$转化为微溶的 $K_2[PtCl_6]$，然后以铂黑为催化剂，乙二酸钾作还原剂，可以制得 $K_2[PtCl_4]$

$$K_2[PtCl_6] + K_2C_2O_4 = K_2[PtCl_4] + 2KCl + 2CO_2\uparrow$$

由此提供了一种 Pt(Ⅱ)化合物的制备方法。

将 NH_4^+、K^+、Rb^+、Cs^+等的氯化物加入 $H_2[PtCl_6]$中生成难溶于水的氯铂(Ⅳ)酸盐。分析化学中常用 $H_2[PtCl_6]$检验 NH_4^+、K^+、Rb^+、Cs^+等。

将 $K_2[PtCl_4]$与 NH_4Ac 溶液作用，可生成顺-二氯·二氨合铂(Ⅱ)，通常称为"顺铂"。

$$K_2[PtCl_4] + 2NH_4Ac = [Pt(NH_3)_2Cl_2] + 2HAc + 2KCl$$

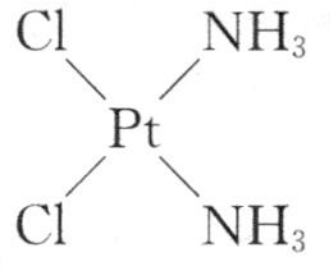

顺-二氯·二氨合铂(Ⅱ)

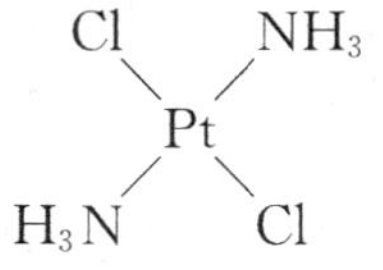

反-二氯·二氨合铂(Ⅱ)

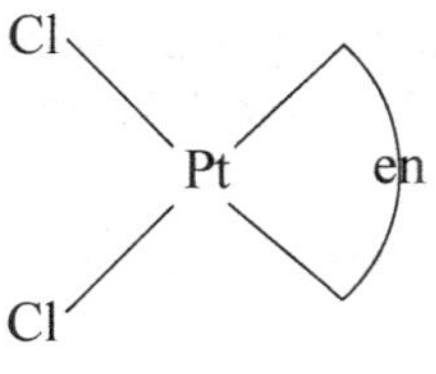

顺-二氯·乙二胺合铂(Ⅱ)

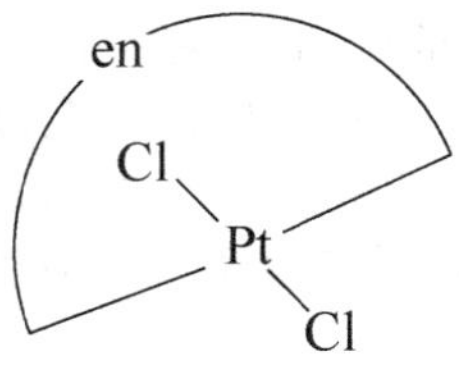

反-二氯·乙二胺合铂(Ⅱ)

1969年，罗森伯格(B. Rosenberg)与他的研究组成员发现“顺铂”具有抗癌活性，从而引起了人们对铂的配合物的极大兴趣。现在，顺铂和$[PtCl_2(en)]$一起已经成为最好的抗癌药物，它们曾给美国的医药业带来了巨大的经济效益。研究表明，顺铂具有抑制细胞分裂，特别是抑制癌细胞增生的作用，其抗癌活性是由于顺铂能与癌细胞DNA(脱氧核糖核酸)分子结合，破坏了DNA的复制，从而阻断了癌细胞增长过程中所固有的细胞分裂。但是，顺铂水溶性不好，且毒性大，对肾脏有毒害作用，目前，人们致力于提高其抗癌能力、降低毒性的研究工作。

2. 二氯化钯

在红热条件下，金属钯可直接与氯气反应，生成二氯化钯。

$$Pd + Cl_2 = PdCl_2$$

在常温常压下，乙烯在$PdCl_2$催化下被氧化为乙醛。这是一个典型的配位催化反应，也是制备乙醛的好方法。

$PdCl_2$溶液可被CO还原为金属钯，析出的少量钯使溶液显黑色，可用来鉴定CO。

$$PdCl_2 + CO + H_2O = Pd\downarrow + CO_2\uparrow + 2HCl$$

习　题

24-1　完成并配平下列方程式。

(1) $FeCl_3 + Cu \longrightarrow$

(2) $FeCl_3 + Fe \longrightarrow$

(3) $FeCl_3 + SnCl_2 \longrightarrow$

(4) $FeCl_3 + H_2S \longrightarrow$

(5) $FeCl_3 + KI \longrightarrow$

(6) $Ni(OH)_2 + Br_2 + OH^- \longrightarrow$

(7) $Co_2O_3 + HCl \longrightarrow$

(8) $Co(OH)_2 + H_2O_2 \longrightarrow$

(9) $Pt + HNO_3 + HCl \longrightarrow$

(10) $Fe^{3+} + SCN^- \longrightarrow$

24-2　解释下列现象，并写出相关化学反应方程式。

(1) 氯化钴溶液中滴加浓氨水，先生成蓝绿色沉淀，继续滴加浓氨水，沉淀溶解，生成棕黄色溶液。通入空气后，溶液颜色稍微加深。

(2) 在氯化铁溶液中加入硫氰化钾溶液，溶液变成了血红色，当加入过量氯化亚锡溶液后，溶液变成了无色。

(3) 在KCN存在下，二价钴易被氧化。

(4) 在硫酸亚铁溶液中加入碘水，碘水不褪色，再加入碳酸氢钠后，则碘水褪色。

24-3　由废铁屑制备(不允许使用氯气)$FeSO_4 \cdot 7H_2O$与$FeCl_3 \cdot 6H_2O$。

24-4　如何分离Fe^{3+}、Cr^{3+}和Al^{3+}？

24-5　某同学的实验报告指出：“溶液中含有NH_4^+、Cu^{2+}、Co^{3+}、SO_4^{2-}、I^-”，这一说法是否合理？为什么？试用化学方程式说明。

24-6　若向含有少量NH_4Cl的$CoCl_2$溶液中，加入氨水，最初生成蓝色沉淀，继续加入氨水，沉淀溶解(以活性炭为催化剂)，得到具有顺磁性的土黄色物质。在空气中放置后该物质逐渐变为棕红色的抗磁性物质。试根据上述现象作出解释，并写出有关反应方程式。

24-7　通过计算说明，在标准状态下，反应$2[Fe(CN)_6]^{4-} + I_2 = 2[Fe(CN)_6]^{3-} + 2I^-$能够自发进行。该反应的平衡常数多大？

已知：$E^\ominus(I_2/I^-) = 0.535V$，$E^\ominus(Fe^{3+}/Fe^{2+}) = 0.770V$，$K_{稳}([Fe(CN)_6]^{3-}) = 1\times10^{42}$，$K_{稳}([Fe(CN)_6]^{4-}) =$

1×10^{35}。

24-8 有一浅绿色晶体 A，可溶于水得溶液 B，在 B 中加入 NaOH 溶液有白色（稍带绿色）沉淀 C 生成，C 在空气中逐渐变为红棕色，如从上述有沉淀 C 的溶液中滤去 C，所得滤液加过量的碱，并徐徐加热，发现有气体 D 逸出，D 具有特殊刺激性气味并能使湿润的红色石蕊试纸变蓝。若将酸化的溶液 B 与适量的另一橙红色酸性溶液 E 混合得绿色溶液 F，于 F 中加入黄血盐溶液，立即产生深蓝色沉淀 G。在溶液 B 中加入氯化钡溶液，有白色沉淀 H 析出，H 不溶于强酸。判断 A、B、C、D、E、F、G、H 各为何物。写出 A 的中文名称和俗名，写出有关各步的化学反应方程式。

24-9 某固体混合物中可能含有 KI、$SnCl_2$、$CuSO_4$、$ZnSO_4$、$FeCl_3$、$CoCl_2$ 和 $NiSO_4$。通过下列实验判断哪些物质肯定存在，哪些物质肯定不存在，哪些物质是否存在尚难以确定，并简要说明原因。

(1) 取少量固体溶入稀硫酸中，没有沉淀生成。

(2) 将盐的水溶液与过量氨水作用，有灰绿色沉淀生成，溶液为蓝色。

(3) 将盐的水溶液与 KSCN 作用，无明显变化，再加入丙酮，也无明显变化。

(4) 向盐的水溶液中加入过量 NaOH 溶液有沉淀生成，溶液无明显颜色。过滤后，向溶液缓慢滴加盐酸时，有白色沉淀生成。

(5) 向盐的水溶液中滴加 $AgNO_3$ 溶液时，得到不溶于硝酸的白色沉淀，该沉淀溶于氨水。

24-10 把钢铁零件放入 $NaNO_2$ 和 NaOH 的混合溶液中，在 135～145℃下发生反应，使表面生成一层蓝黑色或深蓝色磁性氧化铁薄膜，以增加零件的抗腐蚀性，这种方法在金属表面处理工艺中称为“发蓝”。其主要反应为

$$Fe+NaOH+NaNO_2 \longrightarrow Na_2FeO_2+NH_3+H_2O$$

$$Na_2FeO_2+NaNO_2+H_2O \longrightarrow Na_2Fe_2O_4+NH_3+NaOH$$

$$Na_2Fe_2O_4+Na_2FeO_2+H_2O \longrightarrow Fe_3O_4+NaOH$$

(1) 配平上述反应式。

(2) 升高温度，氧化物层增厚的主要原因是什么？

(3) 增大 $NaNO_2$ 浓度，氧化物层增厚的主要原因是什么？

(4) 增大 NaOH 浓度，为什么对氧化物层厚度影响不大？

第 25 章　11 族元素和 12 族元素

本章学习要求

（1）掌握铜族和锌族元素单质的性质及用途；

（2）掌握铜、银、锌、汞的氧化物、氢氧化物、重要盐类以及配合物的制备与性质；

（3）掌握 Cu(Ⅰ)与 Cu(Ⅱ)、Hg(Ⅰ)与 Hg(Ⅱ)之间的相互转化；

（4）了解ⅠA 和ⅠB、ⅡA 和ⅡB 族元素的性质差异。

【背景问题】

(1) 铜族元素和锌族元素为什么常放在一起单列讲解？有什么共性？

10	11	12	Al
Ni	Cu	Zn	Ga
Pd	Ag	Cd	In
Pt	Au	Hg	Tl
Ds	Rg	Cn	

(2) 考古工作者往往先发现大量的古铜器。您能从热力学上说出为什么古代的铜器出现得比铁器要早的原因吗？

(3) 提到铜，您可能就会联系到银和金，它们被称为钱币金属。您能从化学性质上说出它们有趣在哪里？

(4) 这两族元素不但在现代工业和新材料、新技术研究中有至关重要的意义，而且有很大的经济价值。然而它们的开采和提纯造成的环境污染已破坏着人类的根本利益。您是如何看待这一问题的？

铜族元素与碱金属、锌族元素与碱土金属分别都只有 1 个 s 电子和 2 个 s 电子，而单质和化合物却显示出较大差异。这就要从它们的电子结构出发加以讨论，寻找各自的特点，发现它们各自的规律。这也是将铜族元素与碱金属、锌族元素与碱土金属元素性质加以比较的原因。本章将以“铜族元素”和“锌族元素”两节展开它们存在、性质、制备和用途的讨论，着重强调 Cu(Ⅰ)与 Cu(Ⅱ)、Hg(Ⅰ)与 Hg(Ⅱ)之间的相互转化，并从热力学解释。最后简单介绍锌的生物作用和含镉、汞废水的处理。

25.1　铜 族 元 素

铜族元素包含铜(Cu)、银(Ag)、金(Au)及轮(Rg，放射性元素，目前对其了解甚少)，价层电子构型为$(n-1)d^{10}ns^1$，位于元素周期表的 11 列。它们的基本性质见表 25-1。

表 25-1　铜族元素的基本性质

性　质	铜	银	金	轮
元素符号	Cu	Ag	Au	Rg
原子序数	29	47	79	111
相对原子质量	63.55	107.87	196.97	[272.1535]
价电子构型	$3d^{10}4s^1$	$4d^{10}5s^1$	$5d^{10}6s^1$	$5f^{14}6d^9 7s^2$

续表

性　质	铜	银	金	轮
常见氧化态	+1、+2	+1	+1、+3	+3、+5
r(M)/pm	127.8	144.4	144.2	152
$r(M^{+})$/pm	77	115	137	
$r(M^{2+})$/pm	73	94	—	
$r(M^{3+})$/pm	54	75	85	
$E_1/(kJ \cdot mol^{-1})$	745.3	730.8	889.9	
$E_2/(kJ \cdot mol^{-1})$	1957.3	2072.6	1973.5	
$E_3/(kJ \cdot mol^{-1})$	3577.6	3339.4	2895	
$\Delta_h H^{\ominus}(M^{+})/(kJ \cdot mol^{-1})$	−582	−485	−644	
$\Delta_h H^{\ominus}(M^{2+})/(kJ \cdot mol^{-1})$	−2121	—	—	
$\Delta_{sub} H^{\ominus}/(kJ \cdot mol^{-1})$	340	285	385	
ρ(293K)/$(g \cdot cm^{-3})$	8.93	10.49	19.32	
电负性	1.90	1.93	2.54	

与碱金属相比，铜族元素的最外层电子数一样，都是只有 1 个 s 电子，但是，它们的次外层电子数不同，铜族元素的次外层有 18 个电子，碱金属元素次外层只有 8 个电子(锂次外层只有 2 个电子)。由于 18 电子组态对原子核的屏蔽效应小于 8 电子组态，铜族元素原子最外层电子受到较多有效核电荷的吸引，即铜族元素原子的最外层 s 电子受原子核的吸引力比碱金属元素原子要强得多，所以铜族元素原子的电离能比同周期碱金属元素显著增大，原子半径也显著变小，活泼性远不如碱金属，是不活泼金属，并按铜、银、金的顺序递减。其化合物多为共价型。

由于$(n-1)$d 电子与 ns 电子能量相差不大，因此可形成+1、+2、+3 价化合物。

由于铜族元素离子具有 18 电子组态或 9～17 电子组态，具有较强的极化能力和明显的变形性，所以本族元素容易形成共价化合物。同时，本族元素离子的$(n-1)$d、ns、np、nd 轨道的能量相近，且空轨道较多，因此形成配合物的倾向也很显著。

铜(Cu)、银(Ag)、金(Au)的标准电极电势如下：

$E^{\ominus}_{A}$/V　$Cu^{3+} \xrightarrow{+2.4} Cu^{2+} \xrightarrow{+0.159} Cu^{+} \xrightarrow{+0.520} Cu$　（Cu^{2+}—Cu：+0.340）

$Ag^{3+} \xrightarrow{+1.8} Ag^{2+} \xrightarrow{+1.980} Ag^{+} \xrightarrow{+0.799} Ag$

$Au^{3+} \xrightarrow{+1.36} Au^{+} \xrightarrow{+1.83} Au$　（Au^{3+}—Au：+1.52）

$E^{\ominus}_{B}$/V　$Cu(OH)_2 \xrightarrow{-0.08} Cu_2O \xrightarrow{-0.358} Cu$

$Ag_2O_3 \xrightarrow{0.74} AgO \xrightarrow{0.57} Ag_2O \xrightarrow{0.344} Ag$

$H_2AuO_3^{-} \xrightarrow{0.7} Au$

【思考题】

25-1　铜族元素和碱金属元素最外层都只有 1 个电子，为什么金属性差异却很大？

25-2　为什么铜族元素可形成多价态化合物，而碱金属却不能？

25-3　根据铜族元素的元素电势图，预见铜族元素在自然界中的存在形式。

25.1.1 单质

铜、银、金分别为赤红色、银白色、黄色金属，有很好的延展性、导热导电性。在金属中，金的延展性最好，银的传热、导电性能最好，铜的导电性能仅次于银。它们被称为“钱币金属(coinage metals)”。

Cu、Ag 的用途很广，除了作钱币、饰物外，Cu 大量用于制造电线电缆、合金等，它是生命必需的微量元素；Ag 主要用于电镀、制镜、感光材料、电池、药物等；Au 主要作为黄金储备，也可用于铸币、制作首饰等。

铜、银、金相互之间或与其他金属都已形成合金，如黄铜[$w(Cu)=60\%$，$w(Zn)=40\%$]、青铜[$w(Cu)=80\%$，$w(Sn)=15\%$，$w(Zn)=5\%$]、白铜[$w(Cu)=50\%\sim70\%$，$w(Ni)=13\%\sim15\%$，$w(Zn)=13\%\sim25\%$]，广泛用于制作精密仪器零件。

从电势图可以看出，铜族元素的标准电极电势为正值，它们在水溶液中的化学活泼性远小于碱金属，其单质形成+1 价离子的能力按照铜、银、金的顺序依次降低。金在自然界主要以单质形式分散于砂砾或岩石中，银和铜主要以硫化物形式存在，如辉铜矿(Cu_2S)、黄铜矿($CuFeS_2$)、孔雀石[$Cu_2(OH)_2CO_3$]、闪银矿(Ag_2S)等。

在常温下，Cu 在干燥的空气中稳定，只有在加热条件下与氧气反应生成黑色的氧化铜。在潮湿的空气中，铜的表面易生成一层铜绿(碱式碳酸铜)。

$$2Cu+O_2+CO_2+H_2O = Cu_2(OH)_2CO_3$$

Au 是在高温下唯一不与 O_2 反应的金属，在自然界中仅与 Te 形成天然化合物(碲化金)，而 Ag 的活泼性介于 Cu 和 Au 之间，它在高温下不与 O_2、水作用。

空气中如有硫化氢气体，银表面会生成一种黑色的硫化银薄膜而变暗。这是银币、银首饰和银器变暗的原因。

$$4Ag+2H_2S+O_2 = 2Ag_2S+2H_2O$$

Au 即使在高温下也不与 H_2、N_2 或 C 作用，与 X_2 反应缓慢。Cu、Ag 不溶于非氧化性稀酸，能与 HNO_3、热的浓 H_2SO_4 作用；Au 不溶于单一的无机酸中，但能溶于王水中。

铜、银、金易形成配位化合物，可利用这一性质用氰化法提取银和金

$$Ag_2S+4NaCN = 2Na[Ag(CN)_2]+Na_2S$$

$$4Au+8NaCN+2H_2O+O_2 = 4Na[Au(CN)_2]+4NaOH$$

然后用 Zn 置换出银和金

$$2Na[Ag(CN)_2]+Zn = Na_2[Zn(CN)_4]+2Ag$$

冶炼黄铜矿可以得到金属铜。

$$2CuFeS_2+2SiO_2+4O_2 = Cu_2S+2FeSiO_3+3SO_2$$

$$Cu_2S+O_2 = 2Cu+SO_2$$

用电解法可得含量为 99.99%的纯铜，再经真空精馏可除去纯铜中的银和硫等杂质，获得超纯铜(99.999 99%)，可使铜的导电能力提高 2.7%，延展性提高 30%。

中国最早的铜器是在仰韶文化时期，距今已有 6000 余年(图 25-1)。

河南偃师二里头出土的青铜爵　有龙凤装饰的青铜器　河南安阳殷墟出土的司母戊大方鼎

刻有文字的吴王夫差剑　铜绿山古铜矿遗址内纵横交错的古代的采掘井巷

图 25-1　铜冶炼和青铜器

【思考题】

25-4　为什么古代的铜器出现得比铁器要早?(提示:查阅相关 Ellingham 图的内容并计算说明)

25-5　写出金与王水的反应方程式。

25-6　我们常说,同一主族,自上而下,金属性依次增强,但为什么对于铜族而言,从上而下,金属性却依次减弱呢?

25.1.2　铜的化合物

铜通常有+1、+2 两种氧化态的化合物,以+2 价化合物为主。Cu(Ⅱ)为 $3d^9$ 构型,它的化合物或配合物常因 Cu^{2+} 可发生 d-d 跃迁而呈现不同颜色,其化合物种类较多,较稳定;Cu(Ⅰ)为 $3d^{10}$ 构型,不能发生 d-d 跃迁,其化合物一般为无色或白色,配离子一般为无色。

如果单从电子构型来看,Cu^+ 稳定性高于 Cu^{2+},但是,这一判断在水溶液中并不符合实际,Cu^{2+} 稳定性实际上高于 Cu^+。这是因为 Cu^{2+} 能形成稳定的$[Cu(H_2O)_4]^{2+}$配离子,这一点可用元素电势图来解释。

$$E_A^\ominus/V \qquad Cu^{2+} \xrightarrow{+0.159} Cu^+ \xrightarrow{+0.520} Cu$$

可见,Cu^+ 在水溶液中极不稳定,易发生歧化反应。

$$2Cu^+ = Cu^{2+} + Cu$$

这一反应的平衡常数很大,但在一定条件下仍可以逆转,如将氯化铜溶液与铜在浓盐酸存在下加热,就可以发生反歧化反应,生成一价铜的配合物

$$CuCl_2 + Cu + 2HCl = 2H[CuCl_2]$$

生成的 $H[CuCl_2]$ 用大量水稀释,就可以得到 CuCl 沉淀。

后面我们会专门讨论两种价态之间的相互转化。

1. 氧化物和氢氧化物

无论是 Cu(Ⅱ)还是 Cu(Ⅰ),都能形成各自的氧化物和氢氧化物(表 25-2)。

表 25-2　铜的氧化物和氢氧化物的性质

性　质	Cu_2O	CuO	$CuOH$	$Cu(OH)_2$
颜色	红色	黑色	白色	蓝色
溶解性	难溶	难溶	难溶	难溶
酸碱性	碱性	两性偏碱性	碱性	两性偏碱性
热稳定性	稳定	不稳定	易分解	不稳定

1) 氧化亚铜

氧化亚铜可以由铜和氧气在高温下反应制得。

$$4Cu+O_2 = 2Cu_2O$$

也可以在强碱性介质下通过葡萄糖($C_6H_{12}O_6$)还原氢氧化铜而制得，葡萄糖被氧化成葡萄糖酸($C_6H_{12}O_7$)，得到的 Cu_2O 为暗红色。医学上用此来检验糖尿病。

$$2[Cu(OH)_4]^{2-}+C_6H_{12}O_6 = Cu_2O+C_6H_{12}O_7+4OH^-+2H_2O$$

用氢气还原氧化铜也可制得氧化亚铜

$$2CuO+H_2 = Cu_2O+H_2O$$

Cu_2O 属于碱性氧化物，能溶于稀硫酸，产物立即歧化

$$Cu_2O+H_2SO_4 = CuSO_4+Cu\downarrow+H_2O$$

但与盐酸反应由于生成难溶的氯化亚铜而并不歧化。

$$Cu_2O+2HCl = CuCl\downarrow(白色)+H_2O$$

此外，它还能溶于氨水，生成无色的$[Cu(NH_3)_2]^+$配离子

$$Cu_2O+4NH_3+H_2O = 2[Cu(NH_3)_2]^++2OH^-$$

但$[Cu(NH_3)_2]^+$在空气中极不稳定，立即被氧化为深蓝色的$[Cu(NH_3)_4]^{2+}$

$$4[Cu(NH_3)_2]^++O_2+8NH_3+2H_2O = 4[Cu(NH_3)_4]^{2+}+4OH^-$$

利用此反应可以除去气体中的微量氧气。

相关电极电势如下：

$$E^\ominus/V \qquad [Cu(NH_3)_4]^{2+}\xrightarrow{0.10}[Cu(NH_3)_2]^+\xrightarrow{-0.1}Cu$$

氧化亚铜属共价化合物，具有半导体性质(能带间隙仅为 2.2eV)，有毒，常用作制造玻璃、搪瓷的红色颜料，中空亚微球 Cu_2O 在作为日光型催化剂降解有机污染物、制备防污剂用于海洋船舶防污涂料方面表现出良好的性能。

2) 氧化铜

将铜在空气中或氧气中长时间加热，可得到黑色的氧化铜

$$2Cu+O_2 = 2CuO$$

80～90℃时，氢氧化铜分解，也能得到氧化铜。

$$Cu(OH)_2 = CuO+H_2O$$

氧化铜也可以通过分解硝酸铜、碳酸铜得到。氧化铜热稳定性很好，加热到 1000℃才开始分解，生成暗红色的氧化亚铜。

$$4CuO = 2Cu_2O+O_2\uparrow$$

氧化铜能溶于氨水，生成深蓝色铜氨络离子。

$$CuO+4NH_3+H_2O = [Cu(NH_3)_4]^{2+}+2OH^-$$

氧化铜可用于制备高温超导材料，与盐酸、硫酸、硝酸反应得到相应的盐。

3）氢氧化铜

在铜盐的水溶液中加入强碱，可析出浅蓝色的氢氧化铜沉淀。

$$Cu^{2+}+2OH^{-}=\!=\!=Cu(OH)_2\downarrow$$

$Cu(OH)_2$ 为两性偏碱性的物质，易溶于盐酸、硫酸、硝酸等酸中，生成相应的盐，也能溶于浓的强碱中，生成四羟基合铜(Ⅱ)离子。

$$Cu(OH)_2+H^{+}=\!=\!=Cu^{2+}+H_2O$$

$$Cu(OH)_2+2OH^{-}=\!=\!=[Cu(OH)_4]^{2-}$$

$Cu(OH)_2$ 也能溶于氨水，形成深蓝色的铜氨络离子。

$$Cu(OH)_2+4NH_3=\!=\!=[Cu(NH_3)_4]^{2+}+2OH^{-}$$

2. 铜盐

1）氯化铜

$CuCl_2\cdot 2H_2O$ 为绿色晶体，在潮湿的空气中容易潮解，在干燥的空气中容易风化；$CuCl_2$ 为棕黄色固体，不仅易溶于水，还易溶于乙醇、丙酮等有机溶剂。$CuCl_2$ 加热至 500℃时分解，生成氯化亚铜和氯气。

在水溶液中，$CuCl_2$ 可形成$[CuCl_4]^{2-}$和$[Cu(H_2O)_4]^{2+}$两种配离子。$[CuCl_4]^{2-}$显黄色，$[Cu(H_2O)_4]^{2+}$显蓝色，$CuCl_2$ 溶液的颜色取决于其浓度，浓度由大到小，颜色由黄绿色、绿色、到蓝色。

$$[CuCl_4]^{2-}+4H_2O=\!=\!=[Cu(H_2O)_4]^{2+}+4Cl^{-}$$

$CuCl_2$ 为共价化合物，结构为链状，铜离子采用 sp^3 杂化轨道分别与 4 个氯离子成键，每一个氯离子被两个铜离子所共用。

【思考题】

25-7　为什么 $CuCl_2$ 不仅易溶于水，还易溶于乙醇、丙酮等有机溶剂？

2）氯化亚铜

氯化亚铜(CuCl)为白色晶体，难溶于水，能溶于氨水。

在热的浓盐酸溶液中，用铜粉还原氯化铜，生成无色的$[CuCl_2]^{-}$，用水稀释后生成白色的氯化亚铜沉淀。

$$Cu+Cu^{2+}+2Cl^{-}=\!=\!=2CuCl\downarrow$$

CuCl 的盐酸溶液能吸收一氧化碳，形成氯化羰基铜(Ⅰ)$[CuCl(CO)]\cdot H_2O$，此反应可用于测定混合气体中的 CO 含量。在有机合成反应中，可用作催化剂或还原剂。

3）硫酸铜

$CuSO_4$ 为白色粉末，极易吸水，水合物为蓝色，用此可以检验有机物中的微量水分，也可作为干燥剂。

$CuSO_4\cdot 5H_2O$ 为蓝色晶体，又称胆矾或蓝矾。胆矾受热，逐渐失去结晶水，变成 $CuSO_4$。

在 $CuSO_4\cdot 5H_2O$ 晶体中，4 个水分子与铜离子配位，形成平面正方形结构，硫酸根处于平面的上方和下方，第 5 个水分子通过氢键与两个硫酸根及两个水分子相连。

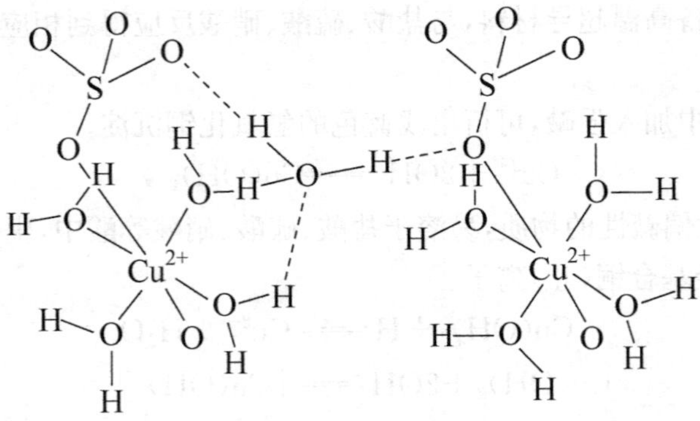

$CuSO_4 \cdot 5H_2O$ 加热失水时，首先失去两个配位水分子，然后失去另外两个配位水分子，最后失去和硫酸根相连的水分子：

$$CuSO_4 \cdot 5H_2O \xrightarrow{102℃} CuSO_4 \cdot 3H_2O \xrightarrow{113℃} CuSO_4 \cdot H_2O \xrightarrow{258℃} CuSO_4$$

$CuSO_4$ 加热到 923K，分解为氧化铜和三氧化硫。

硫酸铜是制备含铜化合物的重要原料，可用其与石灰乳混合制备农药波尔多液。

3. 配合物

1) Cu^+ 的配合物

常见的 Cu^+ 配离子有 $[CuCl_2]^-$、$[Cu(SCN)_2]^-$、$[Cu(CN)_2]^-$、$[Cu(S_2O_3)_2]^{3-}$、$[Cu(NH_3)_2]^+$ 等，Cu^+ 的配离子大多数具有吸收烯烃、炔烃和一氧化碳的能力。

$$[Cu(NH_2CH_2CH_2OH)_2]^+ + C_2H_4 \rightleftharpoons [Cu(NH_2CH_2CH_2OH)_2(C_2H_4)]^+$$

$$[Cu(NH_3)_2]^+ + CO \rightleftharpoons [Cu(NH_3)_2(CO)]^+$$

上述两个反应是可逆的，受热时放出 C_2H_4 和 CO，工业上利用第一个反应从石油气中分离出 C_2H_4，用第二个反应在合成氨的洗气工段除去 CO，防止其使催化剂中毒。

2) Cu^{2+} 的配合物

Cu^{2+} 比 Cu^+ 更容易形成配位化合物，其配位数一般为 4，常见配离子有 $[Cu(NH_3)_4]^{2+}$、$[CuCl_4]^{2-}$、$[Cu(H_2O)_4]^{2+}$ 等。

根据软硬酸碱理论，Cu^{2+} 是交界酸，而 Cl^- 和 OH^- 是硬碱，因此，$[CuCl_4]^{2-}$ 和 $[Cu(OH)_4]^{2-}$ 稳定性较差。

此外，还能和一些有机配体(EDTA、en、8-羟基喹啉等)形成螯合物。

4. Cu^{2+} 和 Cu^+ 相互转化

由于铜第二电离能较高($1970kJ \cdot mol^{-1}$)，因此气态时，Cu^+ 比 Cu^{2+} 稳定。但是，在水溶液中，Cu^{2+} 的水合热($-2100kJ \cdot mol^{-1}$)远低于 Cu^+($-513kJ \cdot mol^{-1}$)，这是水溶液中 Cu^{2+} 稳定性比 Cu^+ 高的原因。

在酸性介质下，发生歧化

$$2Cu^+ \rightleftharpoons Cu^{2+} + Cu$$

298.15K 时，此歧化反应的标准平衡常数为 $K = 1.2 \times 10^6$，这一数值非常大，可以说，水溶液中的 Cu^+ 几乎都要歧化为 Cu^{2+} 和 Cu，所以水溶液中 Cu^{2+} 是稳定的。

只有当 Cu^+ 转化为沉淀或配合物，使溶液中的 Cu^+ 浓度非常低时，反歧化反应才可以进行。

$$CuCl_2+Cu+2HCl=\!=\!=2H[CuCl_2]$$

由于生成了稳定的$[CuCl_2]^-$配离子，溶液中 Cu^+ 浓度很低，该反应可正向进行完全。又如：

$$2Cu^{2+}+4I^-=\!=\!=2CuI\downarrow+I_2$$

由于生成了难溶的 CuI，也可以实现 Cu^{2+} 向 Cu^+ 转化。

【例题 25-1】 通过电极电势计算说明上述氧化还原反应可进行的原因。

解 该反应涉及的两对半电池反应其标准电势差分别为

$$Cu^{2+}+e^-\rightleftharpoons Cu^+\qquad E^\ominus=+0.17V$$

$$I_2+2e^-\rightleftharpoons 2I^-\qquad E^\ominus=+0.535V$$

从标准电极电势看，上述反应似乎不能进行。事实上，这个反应进行得很完全。这是因为 CuI 的溶解度很小($K_{sp}^\ominus=5.06\times10^{-12}$)，当溶液中产生少量 Cu^+ 后就立刻和 I^- 反应生成 CuI 沉淀，致使溶液中的 $c(Cu^+)$降低，影响 Cu^{2+}/Cu^+ 电对的电极电势。

设溶液中的 $c(Cu^{2+})=c(Cu^+)=1mol\cdot dm^{-3}$，则

$$c(Cu^+)=K_{sp}^\ominus/c(I^-)=(5.06\times10^{-12})/1=5.06\times10^{-12}(mol\cdot dm^{-3})$$

代入能斯特方程式：

$$E=E^\ominus+\frac{0.0591V}{n}\lg\frac{[氧化型]}{[还原型]}$$

$$E=0.17V+0.0591V\lg\frac{1}{5.06\times10^{-12}}=0.84V$$

计算结果表明，$E(Cu^{2+}/Cu^+)=+0.84V$，大于 $E^\ominus(I_2/I^-)=+0.535V$，所以，上述反应可以进行。

可见，在水溶液中，Cu^+ 的化合物除了以难溶物或配离子形式存在之外，其他可溶性盐都是不稳定的。

由于 Cu^{2+} 的极化能力强于 Cu^+(Cu^{2+} 半径小，电荷高)，在高温下，Cu^{2+} 的化合物不稳定，受热后转化为稳定的 Cu^+ 的化合物，如 1273K 时，可发生下面反应：

$$4CuO=\!=\!=Cu_2O+O_2\uparrow$$

其他的 Cu^{2+} 化合物(CuS、$CuBr_2$、$CuCl_2$)加热至高温都有分解为相应低价化合物的倾向，甚至有些化合物在常温都不能存在[CuI_2、$Cu(CN)_2$]，要分解为亚铜的化合物。

$$Cu^{2+}+2CN^-=\!=\!=Cu(CN)_2\downarrow(棕黄色)$$

$$2Cu(CN)_2=\!=\!=2CuCN\downarrow(白色)+(CN)_2\uparrow$$

$$CuCN+3CN^-=\!=\!=[Cu(CN)_4]^{3-}(无色)$$

$[Cu(CN)_4]^{3-}$ 非常稳定，通入硫化氢也不会生成硫化亚铜，利用这个性质可以将 Cu^{2+} 与 Cd^{2+} 进行分离。该配离子过去常用作电镀铜的电镀液，但由于氰化物有剧毒而逐渐被焦磷酸合铜配离子$[Cu(P_2O_7)_2]^{6-}$所取代。

【思考题】

25-8　为什么 $CuCl_2$ 的浓溶液加水稀释时，溶液的颜色逐渐由黄绿色经绿色而变为蓝色？

25-9　为什么 CuI_2 在室温下极不稳定而无法制得？

25-10　用铜粉还原 Cu^{2+} 盐溶液来制备 CuCl 时，为什么要用浓盐酸？

25-11　试述从黄铜矿制备电解铜的基本步骤，写出相关反应方程式并加以必要说明。

【例题 25-2】 写出一个制备 Cu(Ⅲ)化合物的反应。

解 可利用下面的反应制得：

$$2CuO+2KO_2=\!=\!=2KCuO_2+O_2\uparrow$$

25.1.3 银的重要化合物

1. 氧化银

在硝酸银溶液中加入氢氧化钠溶液，生成白色的氢氧化银沉淀。

$$AgNO_3 + NaOH = NaNO_3 + AgOH\downarrow$$

AgOH 极不稳定，立即脱水，生成暗棕色氧化银沉淀。

$$2AgOH = Ag_2O + H_2O$$

Ag_2O 微溶于水，其溶液呈弱碱性。其热稳定性差，573K 即分解。

$$2Ag_2O = 4Ag + O_2\uparrow$$

Ag_2O 具有较强的氧化性，可容易被 CO、H_2O_2 还原。

$$Ag_2O + CO = 2Ag + CO_2$$

$$Ag_2O + H_2O_2 = 2Ag + H_2O + O_2\uparrow$$

Ag_2O、MnO_2、Co_2O_3、CuO 的混合物能在室温下将 CO 迅速氧化成 CO_2，常用于防毒面具中。

【例题 25-3】 若想得到 AgOH 沉淀，可用什么办法？

解 可将 $AgNO_3$ 和 KOH 分别溶于 90% 的乙醇溶液中，在低于 228K 温度下小心地进行反应，则能得到白色的 AgOH 沉淀。

2. 硝酸银

硝酸银是最重要的可溶性银盐，将银溶于硝酸，然后蒸发、结晶就可得到。

$$Ag + 2HNO_3(浓) = AgNO_3 + NO_2\uparrow + H_2O$$

$$3Ag + 4HNO_3(稀) = 3AgNO_3 + NO\uparrow + 2H_2O$$

由于原料银中常混有铜，因此，在硝酸银的产品中会混有硝酸铜，这可以根据它们的热分解温度不同提纯硝酸银。

713K 时　　$2AgNO_3 = 2Ag + 2NO_2\uparrow + O_2\uparrow$

473K 时　　$2Cu(NO_3)_2 = 2CuO + 4NO_2\uparrow + O_2\uparrow$

因此，可以将粗产品加热至 473～573K，此时，硝酸铜分解为不溶于水的黑色氧化铜，而 $AgNO_3$ 不分解。

硝酸银见光分解，如有微量的有机物将促进其分解，因此，应将硝酸银晶体及其溶液保存在棕色瓶中。

硝酸银具有氧化性，一些中强或强还原剂可以将其还原为单质银。

$$2AgNO_3 + H_3PO_3 + H_2O = H_3PO_4 + 2Ag + 2HNO_3$$

硝酸银还可以氧化许多有机化合物，如皮肤与布遇到硝酸银会变黑。10%的硝酸银在医学上可用作消毒剂和防腐剂。

3. 卤化银

银的卤化物可用银和卤素单质直接反应制得，除了氟化银外，其余的卤化银还可用硝酸银与卤化物反应得到。

$$2Ag + X_2 = 2AgX \qquad (X = F、Cl、Br、I)$$

$$Ag^+ + X^- = AgX \downarrow \qquad (X = Cl、Br、I)$$

氟化银可用氧化银与氢氟酸反应制备。

$$Ag_2O + 2HF = 2AgF + H_2O$$

卤化银的基本性质如表 25-3 所示。

表 25-3　卤化银的基本性质

性　质	AgF	AgCl	AgBr	AgI
颜色	白	白	淡黄	黄
溶解度/$(g \cdot dm^{-3})$	1800	0.03	0.0055	5.6×10^{-5}
K_{sp}	—	1.77×10^{-10}	5.35×10^{-13}	8.51×10^{-17}
晶格类型	NaCl	NaCl	NaCl	ZnS
熔点/K	708	728	703	829
离子半径之和/pm	262	307	321	342
Ag—X 键长/pm	246	277	288	305
键的类型	离子	→	→	共价

卤化银具有感光性，在光照下分解为单质(先变为紫色，后变为黑色)，可作感光材料。

$$2AgX = 2Ag + X_2 \qquad (X = F、Cl、Br、I)$$

照相底片上涂有一薄层含有 AgBr 的明胶凝胶，在光的作用下，底片上的溴化银分解成极细的银晶核(银原子)。底片上什么地方感光越强，溴化银分解就越多，那个部分就越黑。

$$2AgBr = 2Ag + Br_2$$

将感光的底片在暗室中用有机物还原，如对苯二酚、米吐尔(硫酸对甲氨基苯酚)，含有银核的溴化银进一步被还原为银。

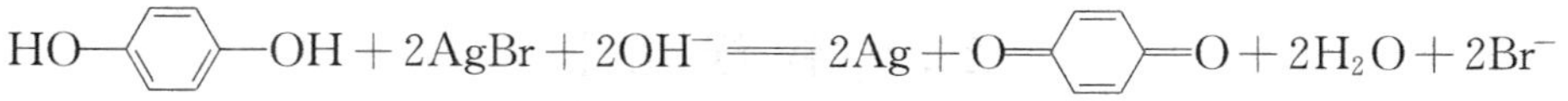

这一过程称为显影。经过一段时间显影后，将底片浸入硫代硫酸钠溶液中，未感光的溴化银形成配离子而溶解，金属银原子不发生变化，这一过程称为定影。

$$AgBr + 2Na_2S_2O_3 = Na_3[Ag(S_2O_3)_2] + NaBr$$

通过定影，得到一张影像与实物在明暗度上相反的像(底片)。将底片放在印相纸上，再经过曝光、显影、定影等过程，就得到和实物明暗度一致的照片。

【思考题】

25-12　硝酸铜固体中混有少量硝酸银，试设计一个简便可行的方法来除去这些硝酸银。

25-13　某学生的定性分析报告说溶液中同时含有 Ag^+、K^+、$S_2O_3^{2-}$、Sn^{2+}。这个结论是否合理，简述原因。

25-14　从角银矿(AgCl)和硫化银矿(Ag_2S)中如何用湿法提取金属银？写出各步反应式。

25-15　在 Ag^+ 溶液中，先加入少量 $Cr_2O_7^{2-}$，再加入适量 Cl^-，最后加入足够量的 $S_2O_3^{2-}$，指出每一步分别有什么现象出现，写出有关的离子方程式。

4. 银的配合物

常见的银配离子有$[Ag(NH_3)_2]^+$、$[Ag(SCN)_2]^-$、$[Ag(S_2O_3)_2]^{3-}$、$[Ag(CN)_2]^-$，它们

的稳定性依次增强。

$[Ag(NH_3)_2]^+$具有弱的氧化性，工业上用其和甲醛或葡萄糖反应在玻璃或暖水瓶上镀银。

$$[Ag(NH_3)_2]^+ + HCHO + 2OH^- = 2Ag\downarrow + HCOONH_4 + 3NH_3 + H_2O$$

$[Ag(NH_3)_2]^+$在放置过程中会逐渐生成具有爆炸性的AgN_3沉淀，因此，切勿将其长期放置，应及时用盐酸处理，将其转化为氯化银沉淀，然后用强的还原剂将其还原为银单质。

$$2NH_2OH + 2AgCl = N_2\uparrow + 2Ag\downarrow + 2HCl + 2H_2O$$

$[Ag(CN)_2]^-$作为电镀液电镀效果很好，但由于其毒性而逐渐被$[Ag(SCN)_2]^-$取代。

25.1.4 金的重要化合物

金在化合状态时的氧化数主要为+3和+1。

金在473K下和氯气作用，得到反磁性的红色固体Au_2Cl_6，其结构和Al_2Cl_6一样是二聚体，具有显著的共价性。例如，在538K下它开始升华而不熔化，虽然在523K时开始分解为AuCl和Cl_2。

Au(Ⅲ)的化合物易被许多有机化合物如乙二酸、甲酸、葡萄糖酸还原成Au的胶体。在盐酸中可形成平面的$[AuCl_4]^-$，与Br^-作用得到$[AuBr_4]^-$，而与I^-作用得到不稳定的AuI。

金的化合物中+3氧化态最稳定，+1氧化态虽存在但不稳定，易歧化转化为Au(Ⅲ)。298K时歧化反应

$$3Au^+ \rightleftharpoons Au^{3+} + 2Au$$

平衡常数为

$$K^\ominus = \frac{c(Au^{3+})}{c(Au^+)^3} = 10^{13}$$

25.2 锌族元素

这是一个长的d区结束与p区元素交界的族，呈现了许多特殊的现象，后过渡金属元素突出的抗氧化性在这里突然消失，Zn^{2+}/Zn电对的标准电极电势低至$-0.76V$；Zn、Cd、Hg的升华焓比其他过渡金属低得多，甚至比同周期的碱土金属还要低，这是由于d轨道不参与成键（或参与成键较弱）引起金属-金属键较弱。汞是人类发现最早的金属之一，又是人类发现的第一个超导体金属，在Hg_2^{2+}中发现的第一个金属-金属共价键。

锌族元素的价层电子组态为$(n-1)d^{10}ns^2$，最外层与碱土金属一样，只有2个电子。但由于锌族元素原子次外层有18个电子，而碱土金属元素原子次外层只有8个电子(Be只有2个电子)，因此锌族元素与碱土金属元素性质差异很大，但比起铜族元素与碱金属元素之间的差异要小一些。由于18电子组态对原子核的屏蔽作用较小，因此锌族元素原子作用在最外层s电子上的有效核电荷较大，原子核对最外层电子吸引力较强。与同周期碱土金属相比，锌族元素的原子半径和离子半径较小，所以锌族元素的电负性和电离能都比碱土金属大，金属活泼性比碱土金属元素差。

锌族元素单质的熔点、沸点、熔化热和气化热不仅比碱土金属低，而且低于铜族元素，这是由于锌族元素原子最外层s电子成对后稳定性增大的缘故。而且这种稳定性随着锌族元素原子序数增大而增高。在汞元素中，最外层的一对s电子最稳定，所以汞的金属键最弱，在室温

下为液体。锌和镉元素最外层的 s 电子也有一定的稳定性，所以金属键也比较弱，单质的熔点、沸点、标准摩尔熔化焓和标准摩尔气化焓也就比较低。由于锌族元素原子最外层的 ns 轨道已填满，能脱离的自由电子数量不多，与铜族元素原子相比，锌族元素单质的导电性较差。锌族元素的基本性质见表 25-4。

表 25-4　锌族元素的基本性质

性　质	锌	镉	汞	鿔
元素符号	Zn	Cd	Hg	Cn
原子序数	30	48	80	112
相对原子质量	65.39	112.41	200.59	285
价电子构型	$3d^{10}4s^2$	$4d^{10}5s^2$	$5d^{10}6s^2$	$5f^{14}6d^{10}7s^2$
常见氧化态	+2	+2	+1、+2	2、4
$r(M)$/pm	133.2	148.9	160	160
$r(M^{2+})$/pm	74	97	110	
$E_1/(kJ \cdot mol^{-1})$	915	873	1013	
$E_2/(kJ \cdot mol^{-1})$	1743	1641	1820	
$E_3/(kJ \cdot mol^{-1})$	3837	3616	3299	
$\Delta_h H^\ominus(M^{2+})/(kJ \cdot mol^{-1})$	−2054	−1816	−1833	
$\Delta_{sub} H^\ominus/(kJ \cdot mol^{-1})$	131	112	62	
$\Delta_{vap} H^\ominus/(kJ \cdot mol^{-1})$	115	100	59	
熔点/K	692.58	593.9	234.16	
沸点/K	1180	1038	629.58	
电负性	1.6	1.7	1.9	

锌族元素原子的次外层 d 轨道已填满，很难失去，ns 电子与 $(n-1)$d 电子的电离能差值远比铜族元素大，因此通常只能失去最外层的 2 个 s 电子而呈现出 +2 价。至于氧化数为 +1 的亚汞离子 Hg_2^{2+} 的存在，可能是汞原子中 4f 电子对 6s 电子的屏蔽较小，使得汞元素的第一电离能特别大($1013kJ \cdot mol^{-1}$)，与 Rn 的第一电离能($1037kJ \cdot mol^{-1}$)相近，于是 6s 电子较难失去而共用，形成$[—Hg:Hg—]^{2+}$。或者说，汞原子的外 3 层电子组态为 32、18、2，是一种封闭的饱和结构，在 Hg_2^{2+} 中，每个汞原子仍保持着这种封闭结构。这是单质汞呈现液态以及表现出一定惰性的原因。

锌族元素的标准电极电势如下：

$$E_A^\ominus/V \qquad Zn^{2+} \xrightarrow{-0.7618} Zn$$

$$Cd^{2+} \xrightarrow{\geq -0.6} Cd_2^{2+} \xrightarrow{\leq -0.2} Cd$$

Cd^{2+} —— Cd：−0.4029

$$Hg^{2+} \xrightarrow{+0.920} Hg_2^{2+} \xrightarrow{+0.7973} Hg$$

Hg^{2+} —— Hg：+0.851

$$HgCl_2 \xrightarrow{+0.53} Hg_2Cl_2 \xrightarrow{+0.281} Hg$$

$$E_B^\ominus/V \quad ZnO_2^{2-} \xrightarrow{-1.245} Zn$$
$$Cd(OH)_2 \xrightarrow{-0.809} Cd$$
$$HgO \xrightarrow{+0.0977} Hg$$

锌族元素的标准电极电势比同周期的铜族元素小，所以锌族元素的单质在水溶液中比铜族元素的单质活泼。锌和镉是活泼金属，活泼性按锌、镉、汞依次减弱。锌和镉化学性质比较接近，汞和它们差别大，类似于铜族元素。

25.2.1 单质

锌、镉、汞均为白色金属，其中锌略带蓝白色。其熔点和沸点都较低，按锌、镉、汞的顺序降低，与 p 区金属单质类似，而比 d 区和铜族元素单质低得多。常温下，汞是唯一的液态金属，有"水银"之称。汞受热均匀膨胀且不润湿玻璃，因此用于制作温度计。汞蒸气吸入人体后会发生慢性中毒，若不慎将汞撒落，可用锡箔将它沾起(形成锡汞齐)，或用吸管将其尽量吸起来，最后在水银撒落地用硫磺处理，使其形成难溶的 HgS。

锌、镉、汞之间或与其他金属可形成合金，锌广泛用于电镀、制造合金(黄铜)，在冶金工业上，锌作为还原剂应用于金属镉、金、银的冶炼。

汞能溶解许多金属形成汞齐，汞齐是汞的合金。钠汞齐与水反应会放出氢气，在有机合成中常作为还原剂。可用其能与金、银等形成汞齐从矿石中提取金、银等(却又会引起环境污染)。银锡汞齐能在很短时间内硬化，并有很好的强度，用作补牙的填料。

锌和镉的化学性质相似，而汞的化学性质活泼性差很多。锌在加热条件下可与大多数非金属元素单质反应，在 1000℃时，锌在空气中燃烧生成氧化锌。

$$2Zn + O_2 \xlongequal{} 2ZnO$$

汞需要加热至沸才缓慢与氧气作用生成氧化汞，在 500℃以上又分解为氧气和汞单质。

$$2Hg + O_2 \rightleftharpoons 2HgO$$

锌在含有 CO_2 的潮湿空气中表面会形成一层致密的氧化膜，使锌具有防腐蚀性能。

$$4Zn + 2O_2 + 3H_2O + CO_2 \xlongequal{} ZnCO_3 \cdot 3Zn(OH)_2$$

锌具有两性，既溶于酸，又溶于碱。

$$Zn + 2H^+ \xlongequal{} Zn^{2+} + H_2\uparrow$$
$$Zn + 2OH^- + 2H_2O \xlongequal{} [Zn(OH)_4]^{2-} + H_2\uparrow$$

铝也是两性金属，但与锌不同，锌能溶于过量的氨水中，而铝不能。

$$Zn + 4NH_3 + 2H_2O \xlongequal{} [Zn(NH_3)_4]^{2+} + 2OH^- + H_2\uparrow$$

汞的电极电势大于零，在通常情况下，只能与浓硫酸或硝酸反应。

$$Hg + 2H_2SO_4(\text{热、浓}) \xlongequal{} HgSO_4 + SO_2\uparrow + 2H_2O$$
$$3Hg + 8HNO_3 \xlongequal{} 3Hg(NO_3)_2 + 2NO\uparrow + 4H_2O$$

用过量的汞与冷的稀硝酸反应，生成硝酸亚汞。

$$6Hg + 8HNO_3 \xlongequal{} 3Hg_2(NO_3)_2 + 2NO\uparrow + 4H_2O$$

汞与硫磺粉一起研磨时，由于汞呈现液态，接触面积较大，且二者亲和力较强，可以形成硫化汞。

25.2.2 重要化合物

1. 氧化物和氢氧化物

锌与氧气直接反应得白色粉末状氧化锌(ZnO)，俗称锌白，常用作白色颜料。与传统的

“铅白”$[Pb(OH)_2 \cdot PbCO_3]$相比，它的优点是无毒，遇到硫化氢气体不变黑（ZnS 也是白色）。ZnO 属于两性氧化物，既能溶于酸，又能溶于碱。

在锌盐溶液中，加入适当的强碱溶液得到氢氧化锌白色沉淀，氢氧化锌也是一种两性物质，即能溶于酸，又能溶于碱。

$$ZnCl_2 + 2NaOH \longrightarrow Zn(OH)_2 \downarrow + 2NaCl$$

$$Zn(OH)_2 + 2H^+ \longrightarrow Zn^{2+} + 2H_2O$$

$$Zn(OH)_2 + 2OH^- \longrightarrow [Zn(OH)_4]^{2-}$$

$$Zn(OH)_2 + 4NH_3 \longrightarrow [Zn(NH_3)_4]^{2+} + 2OH^-$$

氧化镉（CdO）为棕灰色粉末，HgO 为红色或黄色晶体。

氧化镉和氢氧化镉都是两性物质，都难溶于水。氢氧化镉可用镉的水溶液与碱反应制备。同氢氧化锌，氢氧化镉也能溶于氨水。

$$Cd(OH)_2 + 4NH_3 \longrightarrow [Cd(NH_3)_4]^{2+} + 2OH^-$$

当汞盐水溶液遇碱作用时，得不到氢氧化汞，只能得到黄色的氧化汞。

$$Hg^{2+} + 2OH^- \longrightarrow HgO \downarrow + H_2O$$

HgO 的红色变体是通过硝酸汞热分解、在 620K 时在氧气中加热汞、碳酸钠与硝酸汞反应等制得。

$$2Hg(NO_3)_2 \longrightarrow 2HgO + 2NO_2 \uparrow + O_2 \uparrow$$

$$Na_2CO_3 + Hg(NO_3)_2 \longrightarrow HgO + CO_2 \uparrow + 2NaNO_3$$

黄色的 HgO 在低于 570K 加热时也可以转化为红色的 HgO。这两种颜色不同的变体结构相同，颜色差异缘于颗粒大小不同，其中黄色的晶粒较细小，红色的较大。

2. 氯化物

1）氯化锌

无水氯化锌（$ZnCl_2$）是极易溶于水的白色晶体，也极易溶于乙醇、丙酮等有机溶剂，易吸潮。

氯化锌可用锌与氯气直接反应制得，水溶液由于 Zn^{2+} 水解而显弱酸性。

$$Zn^{2+} + H_2O \rightleftharpoons ZnOH^+ + H^+$$

其浓溶液中形成络酸 $H[ZnCl_2(OH)]$，该络酸具有很强的酸性，能溶解金属氧化物。

$$ZnCl_2 + H_2O \longrightarrow H[ZnCl_2(OH)]$$

$$Fe_2O_3 + 6H[ZnCl_2(OH)] \longrightarrow 2Fe[ZnCl_2(OH)]_3 + 3H_2O$$

因此，在用锡焊接金属前，常用氯化锌浓溶液清除金属表面的氧化物，焊接时它不损坏金属表面，当水分蒸发后，熔盐覆盖在金属表面，使之不再氧化。

将氯化锌水合物与氯化亚砜（$SOCl_2$）一起加热，可制备无水氯化锌。

$$ZnCl_2 \cdot xH_2O + xSOCl_2 \longrightarrow ZnCl_2 + 2xHCl + xSO_2 \uparrow$$

蒸发氯化锌的水溶液或加热氯化锌水合物得不到无水氯化锌，而只能得到碱式氯化锌，因为氯化锌要发生水解反应。

$$ZnCl_2 + H_2O \longrightarrow Zn(OH)Cl + HCl \uparrow$$

为了防止其水解，必须在 HCl 气体氛围下加热脱水。铁、锡等金属的氯化物也存在相同现象，这在盐类水解一节已经讨论过。

2）氯化汞和氯化亚汞

氯化汞（$HgCl_2$）熔点较低（549K），易升华，俗称升汞，可由硫酸汞与氯化钠作用经升华制备。

$$HgSO_4 + 2NaCl \longrightarrow HgCl_2\uparrow + Na_2SO_4$$

氯化汞有剧毒，易溶于许多有机溶剂，在水中几乎以 $HgCl_2$ 分子形式存在，解离度很小，这在无机盐中很少见。在气态时，Hg 采用 sp^1 杂化轨道成键，$HgCl_2$ 为直线形分子。

在水中稍有水解，在氨中发生氨解，二者很相似。

$$HgCl_2 + H_2O \longrightarrow Hg(OH)Cl\downarrow + HCl$$

$$HgCl_2 + 2NH_3 \longrightarrow Hg(NH_2)Cl\downarrow + NH_4Cl$$

在酸性溶液中，氯化汞是一种较强的氧化剂，与一些还原剂（如氯化亚锡 $SnCl_2$）反应被还原为氯化亚汞白色沉淀。

$$2HgCl_2 + SnCl_2 + 2HCl \longrightarrow Hg_2Cl_2\downarrow + H_2SnCl_6$$

当 $SnCl_2$ 过量时，生成的 Hg_2Cl_2 被进一步还原为单质汞，沉淀由白色变为灰色，最后变为黑色。

$$Hg_2Cl_2 + SnCl_2 + 2HCl \longrightarrow 2Hg\downarrow + H_2SnCl_6$$

在定性分析中，常用以上两个反应检验 Hg^{2+} 和 Sn^{2+}。

亚汞化合物都是反磁性的，因为在所有的 Hg(Ⅰ)中，并不存在单独的 Hg^+，而是以 Hg_2^{2+} 的形式存在，结构为 $^+Hg:Hg^+$。在 Hg_2^{2+} 中，每个汞原子都以 sp^1 杂化轨道成键，所以 Hg_2Cl_2 是直线形分子。已知的汞存在形式还有 Hg_3^{2+} 和 Hg_4^{2+}。

亚汞盐多数是无色的，微溶于水，只有少数盐如硝酸亚汞是易溶的，但易发生水解。

$$Hg_2(NO_3)_2 + H_2O \longrightarrow Hg_2(OH)NO_3\downarrow + HNO_3$$

在 $Hg_2(NO_3)_2$ 中加入盐酸，就有沉淀生成。

$$Hg_2(NO_3)_2 + 2HCl \longrightarrow Hg_2Cl_2\downarrow + 2HNO_3$$

Hg_2Cl_2 无毒。因其味略甜，称为甘汞，化学上常用其作为电极，在光的照射下会生成有毒物质，因此应将其保存在棕色瓶中。

$$Hg_2Cl_2 \longrightarrow Hg + HgCl_2$$

3. 硫化物

在 Zn^{2+}、Cd^{2+}、Hg^{2+} 溶液中通入硫化氢，即产生白色的 ZnS 沉淀、黄色的 CdS 沉淀、黑色的 HgS 沉淀。

溶解性 ZnS>CdS>HgS，ZnS 能溶于盐酸中，CdS 不溶于稀酸，可溶于浓酸。可以通过控制酸度分离锌和镉。HgS 的溶解度是金属硫化物中最小的，既不溶于浓盐酸，也不溶于浓硝酸，只能溶于王水、HCl 与 KI 混合物、过量的浓 Na_2S 溶液。

$$ZnS + 2H^+ \longrightarrow Zn^{2+} + H_2S\uparrow$$

$$3HgS + 12HCl + 2HNO_3 \longrightarrow 3H_2[HgCl_4] + 3S\downarrow + 2NO\uparrow + 4H_2O$$

$$HgS + 2H^+ + 4I^- \longrightarrow [HgI_4]^{2-} + H_2S\uparrow$$

$$HgS + Na_2S \longrightarrow Na_2[HgS_2]\text{（二硫合汞酸钠）}$$

可用 Na_2S 浓溶液将汞与铜、银、金、锌、镉分离。

硫化锌可作为白色颜料，它与硫酸钡共沉淀生成一种称为锌钡白（立德粉）的白色颜料，其性能优于硫化锌。

$$ZnSO_4(aq) + BaS(aq) \longrightarrow ZnS\cdot BaSO_4\downarrow$$

硫化镉称为镉黄，用作黄色颜料。

4. Hg^{2+}和 Hg_2^{2+} 的相互转化

从汞的元素电势图可以看出：

$$Hg^{2+} \xrightarrow{+0.920V} Hg_2^{2+} \xrightarrow{+0.7973V} Hg$$
$$\underbrace{Hg^{2+} \longrightarrow Hg}_{+0.851V}$$

$E^{\ominus}_{右} < E^{\ominus}_{左}$，表明中间的物质($Hg_2^{2+}$)歧化为两边的物质($Hg^{2+}$ 和 Hg)的趋势很小，即亚汞离子不易发生歧化反应。

$$Hg_2^{2+} = Hg^{2+} + Hg \qquad K^{\ominus} = 8.36 \times 10^{-3}$$

当然，反歧化反应就易进行。其实，在硝酸汞溶液中加入单质汞，振荡，就可以得到硝酸亚汞。将汞和氯化汞一起研磨，就可以得到氯化亚汞。

$$Hg(NO_3)_2 + Hg = Hg_2(NO_3)_2$$
$$HgCl_2 + Hg = Hg_2Cl_2$$

但是，亚汞的歧化反应平衡常数并不是非常小，该反应仍然属于可逆反应的范畴。只要改变条件，降低体系中自由的 Hg^{2+} 浓度(如让 Hg^{2+}形成沉淀或配合物)，歧化反应就可能进行。

$$Hg_2^{2+} + 2OH^- = Hg_2(OH)_2 = HgO\downarrow + Hg\downarrow + H_2O$$
$$Hg_2^{2+} + H_2S = 2H^+ + Hg_2S \longrightarrow HgS + Hg$$

其实，根本不存在亚汞的氧化物和硫化物。

当用氨水处理 Hg_2Cl_2 时，Hg_2Cl_2 首先发生歧化，生成的 $HgCl_2$ 随即发生氨解反应，生成灰色沉淀

$$Hg_2Cl_2 + 2NH_3 = Hg(NH_2)Cl\downarrow(白色) + Hg\downarrow(黑色) + NH_4Cl$$

这是 Hg_2Cl_2 的特征反应，用以区分 Hg^{2+} 和 Hg_2^{2+}。

如果向硝酸亚汞溶液中加入浓盐酸，开始生成沉淀，随即转化生成四氯合汞(Ⅱ)氢酸和单质汞

$$Hg_2(NO_3)_2 + 2HCl = Hg_2Cl_2\downarrow + 2HNO_3$$
$$Hg_2Cl_2 + 2HCl = H_2[HgCl_4] + Hg\downarrow$$

这个过程既有配位反应，又有歧化反应，两反应同时发生，属于偶合反应。

【例题 25-4】 铜和汞都有正一价，但是它们在水溶液中的稳定性却相反。您能给以正确的解释吗？

解　我们可从下面的平衡中可以得到提示：

$$2Cu^+ = Cu^{2+} + Cu \qquad K^{\ominus} = 1.2 \times 10^6$$
$$Hg_2^{2+} = Hg^{2+} + Hg \qquad K^{\ominus} = 8.36 \times 10^{-3}$$

因而，在水溶液中稳定 Cu(Ⅰ)要用到沉淀剂或配合剂，而在第二个反应中，却用到沉淀剂或配合剂去稳定 Hg^{2+}。

5. 配位化合物

Zn^{2+}为 18 电子组态，极化力和变形性都很大，能与 NH_3、CN^- 等配体形成配位数为 4 的配合物。稳定性$[Zn(CN)_4]^{2-} > [Zn(NH_3)_4]^{2+}$。

在硝酸汞里滴加碘化钾溶液，首先生成红色沉淀，继续滴加碘化钾溶液，沉淀溶解，生成无色溶液。

$$Hg^{2+} + 2I^- \longrightarrow HgI_2 \downarrow \text{(红色)}$$

$$HgI_2 + 2I^- \longrightarrow [HgI_4]^{2-} \text{(无色)}$$

$K_2[HgI_4]$的 KOH 溶液称为奈斯勒试剂，可以检验溶液中微量的铵离子。

$$NH_4Cl + 2K_2[HgI_4] + 4KOH \longrightarrow Hg_2NI \cdot H_2O \downarrow \text{(红棕色)} + KCl + 7KI + 3H_2O$$

在硝酸亚汞中滴加碘化钾溶液，首先生成浅绿色沉淀，继续滴加碘化钾溶液，浅绿色沉淀消失，出现黑色沉淀。

$$Hg_2^{2+} + 2I^- \longrightarrow Hg_2I_2 \downarrow \text{(浅绿色)}$$

$$Hg_2I_2 + 2I^- \longrightarrow [HgI_4]^{2-} \text{(无色)} + Hg \downarrow \text{(黑色)}$$

Hg_2^{2+} 和 Hg^{2+} 能生成稳定的有机配合物，如甲基汞$[Hg(CH_3)]$、乙基汞$[Hg(C_2H_5)]$。有机汞易挥发，毒性很大。

【思考题】

25-16　用化学反应方程式表示下述变化事实。

(1) 铜器皿在潮湿空气中生成一层铜绿。

(2) 印刷电路的腐蚀铜板过程。

25-17　焊接铁皮时，为什么常先用浓 $ZnCl_2$ 溶液处理铁皮表面？写出有关化学反应方程式。

25-18　HgC_2O_4 难溶于水，为什么却可溶于含有 Cl^- 的溶液中？

25.2.3　锌的生物作用和含镉、汞废水的处理

1. 锌的生物作用

锌是最重要的生命元素之一，各种生命形式都需要锌。它是生物体内金属酶的辅基或辅因子，存在于大多数生物细胞内。但人体内锌的总量并不多，一个成年人身体内大约含有 2g 左右，其中 50%存在于血液里，25%～30%储存在皮肤及骨骼里，其余主要分布在胰脏、眼组织等器官里。

人体细胞里锌的含量非常低，造成了人类对锌的重要性认识时间并不长。目前有两种锌酶引起了人们的关注，即羧肽酶 A 和碳酸酐酶。例如，碳酸酐酶(图 25-2)的重要功能是催化 CO_2(碳酐)的水合作用。这一反应对呼吸作用极为重要。通常这一反应的速率很低，有酶存在时，可提高 10^6 倍。

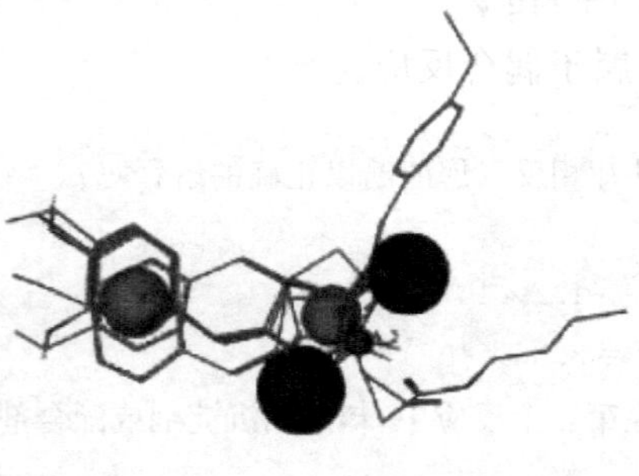

图 25-2　碳酸酐酶的分子结构

人体缺锌的典型症状是皮肤受损，伤口不易愈合，骨骼变异、患侏儒症、视网膜脱落、双目失明。最近研究表明，锌还在生物遗传中起着重要作用，缺乏锌的动物发育迟缓，生殖器的发育和生殖机能受障碍，智力迟钝等。外科常用氧化锌膏就是为了促进伤口愈合。

2. 含镉、汞废水的处理

镉和汞属于毒性最大的重金属污染物。

镉主要积累在人体肾脏和肝脏内，首先引起肾脏损害，导致肾功能不良。积累在人体内的镉能破坏人体内的钙，导致骨质疏松和骨骼软化，使人患“骨痛病”。由于它和锌的化学性质相

似，能置换人体内锌酶里的锌，使酶失去活性，引起高血压、心血管等疾病。

汞可以通过吸入汞蒸气、误食、皮肤吸收等方式进入体内。急性中毒症状表现为严重口腔炎、恶心呕吐、腹痛、腹泻、尿量减少或尿闭，很快死亡。慢性中毒以消化系统与神经系统症状为主，口腔黏膜溃烂、头痛、记忆力减退，语言失常、严重者有各种精神障碍。汞的有机化合物比其无机化合物更危险，1956 年日本的"水俣灾难"导致 439 人死亡，1044 人中毒(图 25-3)，就是由甲基汞中毒引起的。

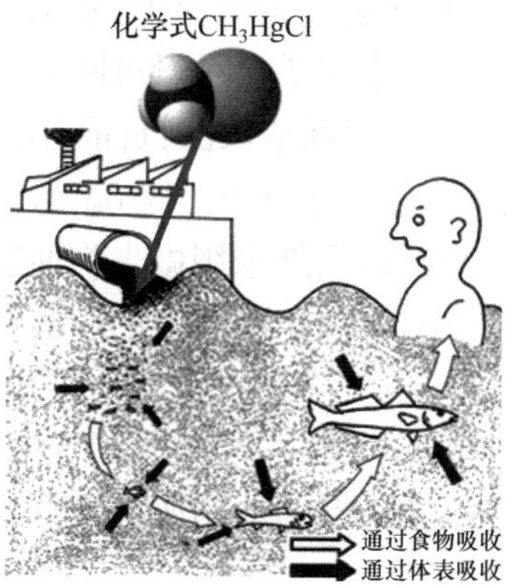

图 25-3　惨不忍睹的水俣病事件

含镉废水处理方法包括氢氧化物或硫化物沉淀法、吸附法、离子交换法、氧化还原法、铁氧体法、膜分离法等。因为中和沉淀法操作简单、工艺成熟、投资省、中和剂来源广，所以最常用的方法为中和沉淀法。但含镉废水中一般含有络合剂(如氰化物)，镉离子难于沉淀，如果废水中存在相当量的络合剂，则必须预处理以破坏这些络合剂，所以电镀废液及漂洗水中镉的有效沉淀程度取决于络合剂的预处理情况。

含汞废水处理方法很多。各种处理方法的效果和成本取决于汞的存在形态、初始浓度、废水中的共存离子以及要求出水水质达到的标准。

(1) 还原法：$NaBH_4$(硼氢化钠)还原法，与汞反应后主要生成汞和偏硼酸、放出氢气。

$$Hg^{2+}+BH_4^-+2OH^-=\!=\!=Hg\downarrow+3H_2\uparrow+BO_2^-$$

(2) 金属还原法：凡是氧化还原电位低于 Hg^{2+} 的，如 Cu、Zn、Fe、Mn、Mg、Al 等，可将相应的金属屑装成填料塔，置换废水中的 Hg^{2+}。以铁为例

$$Fe+Hg^{2+}=\!=\!=Fe^{2+}+Hg\downarrow$$

(3) 硫化法：用硫化钠作沉淀剂。

$$Hg^{2+}+S^{2-}=\!=\!=HgS\downarrow$$

$$Hg_2^{2+}+S^{2-}=\!=\!=Hg_2S=\!=\!=HgS\downarrow+Hg\downarrow$$

(4) 吸附法：常采用活性炭为吸附剂，具体作法是首先用硫化钠使汞离子转化为硫化汞沉淀析出，然后用活性炭吸附，这样处理过的净化液所含的残余汞能达到国家规定的排放标准。

(5) 离子交换法：将几种树脂装柱组成废水净化系列，这样含汞废水通过几个交换柱后，出水中检不出汞。图 25-4 为利用离子交换法从含铬废水中回收铬酸的工艺示意图。

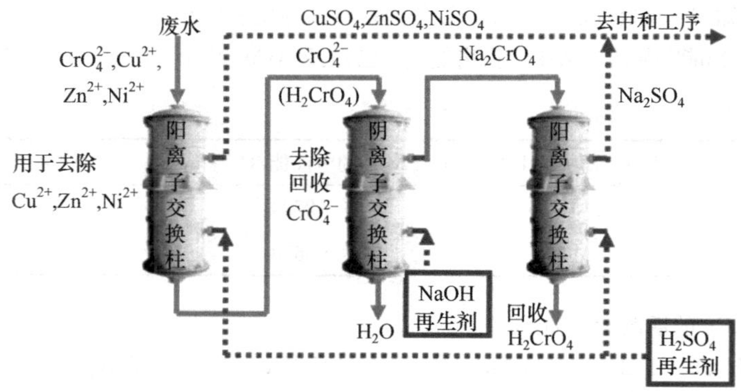

图 25-4　利用离子交换法从含铬废水中回收铬酸

(6) 凝取沉淀法：向含汞废水中投加石灰，生成的 $Ca(OH)_2$ 对汞有凝聚吸附作用，在有三价铁离子存在的情况下，效果更好。用硫酸铝作凝聚剂处理含汞废水，效果也较好。经凝聚沉淀后，出水水质含汞量可降到 0.05mg · dm^{-3} 以下。

(7) 溶剂萃取法：目前，国外有采用三异辛胺-二甲苯对含汞废水进行萃取，经萃取后，净化液中残留汞在 0.017mg · L^{-1} 以下。

此外，国外采用微生物回收汞、电解法回收汞、铁氧体沉淀法除汞、硫化物沉淀-浮选分离法除汞，国内正在研究的有转化法除汞、含腐殖酸煤吸附法除汞等。

习　题

25-1 完成并配平下列反应方程式。

(1) $Cu^{2+} + Cu + HCl \longrightarrow$

(2) $Cu^{2+} + NH_3 \cdot H_2O \longrightarrow$

(3) $Cu_2O + NH_3 + NH_4^+ + O_2 \longrightarrow$

(4) $Au + HNO_3 + HCl \longrightarrow$

(5) $Zn^{2+} + NH_3 \cdot H_2O \longrightarrow$

(6) $Cu^{2+} + I^- \longrightarrow$

(7) $HgS + Al + OH^- \longrightarrow$

(8) $HgCl_2 + SnCl_2 + HCl \longrightarrow$

(9) $Hg(NO_3)_2 + I^- \longrightarrow$

(10) $HgS + HNO_3 + HCl \longrightarrow$

25-2 制备。

(1) 由闪锌矿制备金属锌。

(2) 由辰砂制备金属汞。

(3) 由 $Hg(NO_3)_2$ 制备下列化合物：

$$Hg_2Cl_2,\quad HgO,\quad HgCl_2,\quad Hg_2(NO_3)_2,\quad HgSO_4$$

(4) 氰化法制备黄金。

25-3 选择合适的化学试剂溶解下列难溶物。

(1) CuCl　(2) AgBr　(3) CuS　(4) Hg_2I_2　(5) CuI　(6) $HgNH_2Cl$

25-4 为什么在高温、干态下，Cu(Ⅰ)化合物更为稳定，而在水溶液中 Cu(Ⅱ)化合物更为稳定？倘若在水溶液中形成难溶物或配离子时，是 Cu(Ⅱ)化合物稳定还是 Cu(Ⅰ)化合物稳定？在什么情况下可将 Cu(Ⅱ)转化为 Cu(Ⅰ)？试举例说明，并解释。

25-5 请就已学过的知识判断在 Hg_2^{2+} 中，Hg 原子间存在哪种化学键？

25-6 通过计算说明，铜能否从浓盐酸中置换出氢气？已知：$E^{\ominus}(Cu^+/Cu) = 0.52V$；$K^{\ominus}_{稳}[CuCl_3]^- = 5.0 \times 10^5$。需用的热力学数据：

	升华热/(kJ · mol^{-1})	生成 M^{2+} 的电离能/(kJ · mol^{-1})	M^{2+} 的水合热/(kJ · mol^{-1})
Cu	340	2720	−2121
Zn	131	2658	−2054

通过计算说明 Cu 的活泼性不如 Zn。

25-7 已知 $E^{\ominus}(O_2/H_2O) = 1.229V$，$E^{\ominus}(Au^+/Au) = 1.68V$；$[Au(CN)_2]^-$ 的 $K^{\ominus}_{稳} = 2 \times 10^{38}$，$[Zn(CN)_4]^{2-}$ 的 $K^{\ominus}_{稳} = 1 \times 10^{16}$，$E^{\ominus}(Zn^{2+}/Zn) = -0.763V$。通过计算说明：当 $p(O_2) = 0.21p^{\ominus}$ 时，在纯水体系中 $O_2(g)$ 能否将 Au 氧化为 Au^+？当溶液中$[OH^-] = 1mol \cdot L^{-1}$，$[CN^-] = 1mol \cdot L^{-1}$时，$O_2(g)$ 能否将 Au 氧

化为$[Au(CN)_2]^-$？在标准状态下，Zn 能否从含$[Au(CN)_2]^-$的溶液中将 Au 还原出来？计算该反应的平衡常数 $K^\ominus$。

25-8　请对下列问题作出合理的解释。

(1) 不活泼的金属银，能从氢碘酸 HI(aq)中置换出 H_2。

(2) 不活泼的金属铜，能从浓盐酸中置换出 H_2。

(3) 铜器在潮湿的空气中慢慢生成了一层铜绿。

(4) $CuCl_2$ 浓溶液逐渐加水稀释时，溶液颜色由黄棕色经绿色而变成蓝色。

(5) 当 SO_2 通入 $CuSO_4$ 与 NaCl 的浓溶液中析出白色沉淀。

(6) 往 $AgNO_3$ 溶液中滴加 KCN 溶液时，先生成白色沉淀而后溶解，再加入 NaCl 溶液时，并无沉淀生成，但加入少许 Na_2S 溶液时，就析出黑色沉淀。

25-9　元素 A 的简单离子能够形成氨配位化合物，该配合物的配离子的电荷数正好等于 A 所处的族数，且 A 的氢氧化物具有两性，A 属于第几周期、第几族、什么区的元素？写出 A 的原子序数和元素符号、核外电子分布式。

25-10　在装有 A、B、C、D、E、F 六种试剂的试剂瓶上，标签均已脱落，现分别在试管中取少量试剂进行下列实验，并得到下列结果：

(1) 若在各种溶液中加入稀盐酸，则 A 剧烈产生气体，F 生成沉淀。

(2) 若在各种溶液中加入 A，则 C、D、F 生成沉淀，E 发生气体。

(3) B 有刺激性臭味，若靠近浓盐酸，则剧烈地冒烟。

(4) 若在 C 中加入 E，则生成沉淀。

(5) 若在 D、F 中加入 B，则生成沉淀；如再加过量的 B，则在 D 中不反应，而 F 中的沉淀就溶解。

若六种试剂分别是 H_2SO_4、NH_3、$BaCl_2$、$AgNO_3$、$Al_2(SO_4)_3$、Na_2CO_3 的水溶液，试判断A～F分别是什么。用化学方程式分别表示 A 和 E，A 和 C，B 和 D，B 和 F 的反应。

第 26 章 镧系元素和锕系元素

本章学习要求

(1) 熟悉镧系元素的名称、电子结构、镧系收缩概念及其产生的原因和影响；
(2) 了解镧系元素的存在、制备及用途；
(3) 重点掌握镧系元素氧化物、氢氧化物的性质；
(4) 了解镧系元素的分离方法，特别注意溶剂萃取法及离子交换法的原理；
(5) 简单了解锕系元素电子结构、名称及与镧系元素的相似性。

【背景问题】

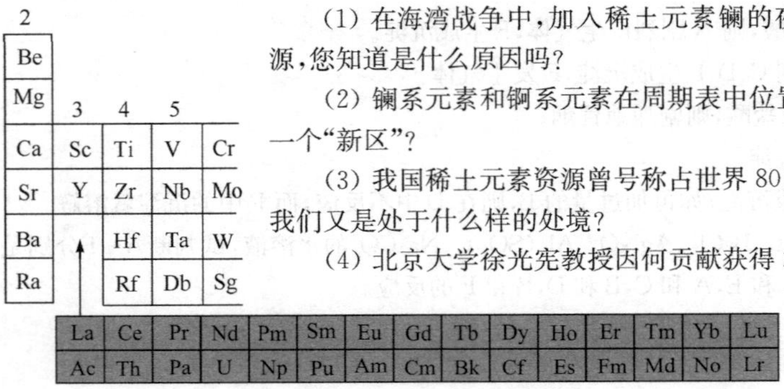

(1) 在海湾战争中，加入稀土元素镧的夜视仪成为美军坦克压倒性优势的来源，您知道是什么原因吗？

(2) 镧系元素和锕系元素在周期表中位置为什么那么特殊？另开天地、重辟了一个“新区”？

(3) 我国稀土元素资源曾号称占世界 80%。但是在今天稀土作为神秘的资源，我们又是处于什么样的处境？

(4) 北京大学徐光宪教授因何贡献获得 2008 年度国家最高科技奖？

镧系元素(lanthanide，简写为 Ln)包括元素周期表中第 57 号元素镧(La)到 71 号元素镥(Lu)15 种第六周期的内过渡元素，它们的化学性质相似，在元素周期表中占有特殊位置；从 89 号元素锕(Ac)到 103 号元素铹(Lr)，这 15 种元素统称为锕系元素(actinide，简写为 An)。镧系和锕系都属内过渡元素，在周期表第 3 列。此外，人们还将镧系元素和第 3 族的钪和钇共 17 种元素总称为稀土元素(rare earth element，简写为 RE)。工业生产中有效分离出高纯度单一稀土化合物，曾经是化学家面前一项十分困难的任务。北京大学徐光宪教授对串级萃取理论的发展，彻底改变了这种状况，使我国由稀土资源大国一跃成为生产大国和出口大国。徐光宪先生因此获得 2008 年度国家最高科技奖，这是化学家第一次获此奖项。

26.1 镧 系 元 素

26.1.1 镧系元素的通性

1. 价层电子构型及成键情况

基态时，镧系元素的价层电子构型及成键情况见表 26-1。

表 26-1 镧系元素基态时的价层电子构型及成键情况

原子序数	元素名称	元素符号	价层电子构型	+2	+3	+4
57	镧	La	$5d^1 6s^2$		$4f^0(La^{3+})$	
58	铈	Ce	$4f^1 5d^1 6s^2$	$4f^1 5d^1(Ce^{2+})$	$4f^1(Ce^{3+})$	$4f^0(Ce^{4+})$

续表

原子序数	元素名称	元素符号	价层电子构型	+2	+3	+4
59	镨	Pr	$4f^3 6s^2$		$4f^2(Pr^{3+})$	$4f^1(Pr^{4+})$
60	钕	Nd	$4f^4 6s^2$	$4f^4(Nb^{2+})$	$4f^3(Nd^{3+})$	$4f^2(Nd^{4+})$
61	钷	Pm	$4f^5 6s^2$		$4f^4(Pm^{3+})$	
62	钐	Sm	$4f^6 6s^2$	$4f^6(Sm^{2+})$	$4f^5(Sm^{3+})$	
63	铕	Eu	$4f^7 6s^2$	$4f^7(Eu^{2+})$	$4f^6(Eu^{3+})$	
64	钆	Gd	$4f^7 5d^1 6s^2$		$4f^7(Gd^{3+})$	
65	铽	Tb	$4f^9 6s^2$		$4f^8(Tb^{3+})$	$4f^7(Tb^{4+})$
66	镝	Dy	$4f^{10} 6s^2$		$4f^9(Dy^{3+})$	$4f^8(Dy^{4+})$
67	钬	Ho	$4f^{11} 6s^2$		$4f^{10}(Ho^{3+})$	
68	铒	Er	$4f^{12} 6s^2$		$4f^{11}(Er^{3+})$	
69	铥	Tm	$4f^{13} 6s^2$	$4f^{13}(Tm^{2+})$	$4f^{12}(Tm^{3+})$	
70	镱	Yb	$4f^{14} 6s^2$	$4f^{14}(Yb^{2+})$	$4f^{13}(Yb^{3+})$	
71	镥	Lu	$4f^{14} 5d^1 6s^2$		$4f^{14}(Lu^{3+})$	

镧系元素的特征价态为+3 价，个别元素还存在+2 价或+4 价。

镧系元素原子在失去电子时，首先失去最外层的 2 个 6s 电子，然后再失去 1 个 5d 电子或 1 个 4f 电子，表现出自己的特征价态。能不能少失去 1 个电子表现为+2 价，完全取决于其第三电离能与第一、第二电离能差异是否足够大。能不能多失去 1 个电子表现为+4 价，则完全取决于其第四电离能和第一、第二、第三电离能之间的差异是否足够小。从表 26-1 可以看出，只有个别元素存在+2 价或+4 价。图 26-1 直观地表示出这一事实，为了便于参照，图上还绘出了 Ba 和 Hf 的氧化态。

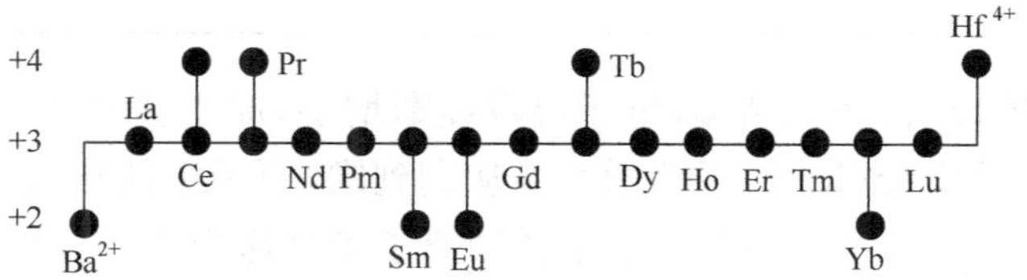

图 26-1　镧系元素的氧化态示意图

【思考题】

26-1　镧没有 f 电子，但是为什么仍把它放在镧系，而且与其他镧系元素的性质很相似？

26-2　查阅镧系元素的电极电势，说明其+2 价或+4 价各具有什么性质。

26-3　如何制得+2 价或+4 价镧系元素的化合物？

26-4　为什么 Ln(Ⅱ)只存在于固体中？

【例题 26-1】　为什么镧系元素的两种非特征氧化态主要出现在与第一个镧系元素(La)、正中一个镧系元素(Gd)和最后一个镧系元素(Lu)邻近的元素上？

解　这是因为相应的 Ln^{3+}，$La^{3+}(4f^0)$、$Gd^{3+}(4f^7)$和 $Lu^{3+}(4f^{14})$ 处于稳定结构，获得+2 氧化态是相当困难的；$Ce^{3+}(4f^1)$ 和 $Tb^{3+}(4f^8)$ 失去一个电子即达稳定结构，因而出现+4 氧化态；$Eu^{3+}(4f^6)$ 和 $Yb^{3+}(4f^{13})$ 接受一个电子即达稳定结构，因而易出现+2 氧化态。

2. 原子半径和离子半径

稀土元素原子半径和离子半径数据见表 26-2。

表 26-2　稀土元素原子半径和离子半径

原子序数	元素符号	价层电子构型	原子半径（金属半径）/pm	离子半径/pm		
				+2	+3	+4
21	Sc	$3d^14s^2$	164.06		73.2	
39	Y	$4d^15s^2$	180.12		89.3	
57	La	$5d^16s^2$	187.91		106.1	
58	Ce	$4f^15d^16s^2$	182.47		103.4	92.0
59	Pr	$4f^36s^2$	182.79		101.3	90.0
60	Nd	$4f^46s^2$	182.14		99.5	
61	Pm	$4f^56s^2$	181.1		97.9	
62	Sm	$4f^66s^2$	180.41	111.0	96.4	
63	Eu	$4f^76s^2$	**204.18**	109.0	95.0	
64	Gd	$4f^75d^16s^2$	180.13		93.8	84.0
65	Tb	$4f^96s^2$	178.33		92.3	84.0
66	Dy	$4f^{10}6s^2$	177.40		90.8	
67	Ho	$4f^{11}6s^2$	176.61		89.4	
68	Er	$4f^{12}6s^2$	175.66		88.1	
69	Tm	$4f^{13}6s^2$	174.62	94.0	86.9	
70	Yb	$4f^{14}6s^2$	**193.92**	93.0	85.8	
71	Lu	$4f^{14}5d^16s^2$	173.49		84.8	

从表中可以看出，从钪经钇到镧，电子层数逐渐增多，原子核对外层电子的吸引力逐渐减小，原子半径和离子半径（M^{3+}）逐渐增大。从镧到镥，原子半径和离子半径逐渐减小。原子半径和离子半径递变规律如图 26-2 所示。三价离子半径的递减很有规律，其递减速度也比原子半径的稍大。

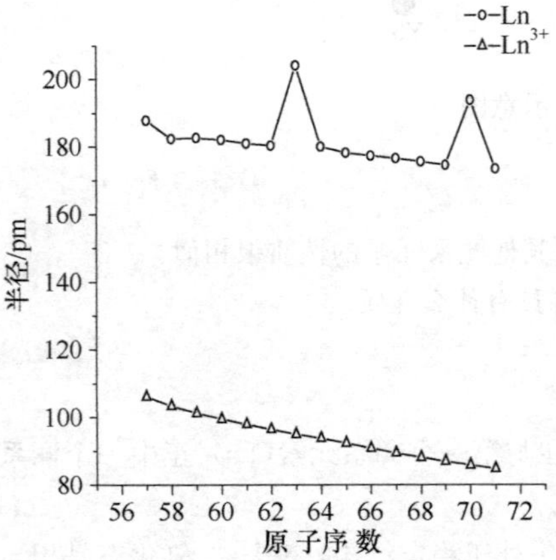

图 26-2　镧系元素原子半径和离子半径变化规律

由图 26-2 可看出，在原子半径的递减过程中也有例外，铕和镱的原子半径比相邻元素的原子半径大得多。我们把原子半径在 Eu 和 Yb 处出现骤升的现象称作镧系元素性质递变的“双峰效应”（bimodaleffect）。这是因为铕的 4f 轨道达到了半充满状态，镱的 4f 轨道达到了全充满状态。半充满和全充满状态属于稳定状态，使得它们的金属晶体中，只有 6s 轨道能够给出 2 个自由电子形成金属键，原子间的结合力就明显不如其他镧系元素那样强，所以金属铕和镱密度较低、熔点较低、升华能也较低，半径特大。

由图 26-2 还可看出，从镧开始一直到镥，原子核每增加一个质子，原子核外就增加一个电子，增加的这个电子并不是进入最外层的原子轨道，而是进入了倒数第 3 层的 4f 轨道。4f 电子对原子核的屏蔽作用较小，因而随着原子序数的增加，有效核电荷呈上升趋势，原子核对最外层的电子吸引力呈增强趋势，但这些元素的电子层数并没有增多，使得原子半径和离子半径的变化总趋势为逐渐减小，这一现象称为**镧系收缩**(lanthanide contraction)。有人也把这称为**“单向变化”**(unidirectionalchange)。

镧系收缩现象产生的影响很大。首先，收缩缓慢使其两两元素之间的减小幅度不如其他过渡元素两两之间的减小幅度大，使镧系元素内部性质太相似，增加了分离困难。其次，由于镧系收缩现象的存在，使得同族第二、第三过渡系金属的原子半径和离子半径非常接近，性质非常相似。如第 4 列的锆(Zr，80pm)和铪(Hf，79pm)、第 5 列的铌(Nb，70pm)和钽(Ta，69pm)、第 6 列的钼(Mo，62pm)和钨(W，62pm)半径接近，矿物中共生，化学性质相似，这三对元素难以分离。第三，镧系收缩使得 Y^{3+} 半径(89.3pm)落在了 Ho^{3+} (89.4pm)和 Er^{3+} (88.1pm)之间，钇成为了稀土元素的成员，并与重稀土元素共生于矿物之中。而同族的 Sc^{3+} 半径(73.2pm)与 Lu^{3+} 半径(84.8pm)接近，加之钪又常与钇共生，于是稀土元素中就包括了钪元素。

由图 26-2 我们还发现，镧系元素三价离子半径的变化中，在 Gd 处出现了微小的可以察觉的不连续性，原因是 Gd^{3+} 具有半充满的 $4f^7$ 电子结构，屏蔽能力略有增加，有效核电荷略有减小，所以 Gd^{3+} 半径的减小要略微小些，这称为“钆断效应”(gadolinium break effect)。

3. 镧系元素离子的颜色

一些镧系元素三价离子具有很漂亮的颜色，见表 26-3。

表 26-3 Ln^{3+} 的颜色

离　子	未成对电子数	颜　色	未成对电子数	离　子
La^{3+}	$0(4f^0)$	无色	$0(4f^{14})$	Lu^{3+}
Ce^{3+}	$1(4f^1)$	无色	$1(4f^{13})$	Yb^{3+}
Pr^{3+}	$2(4f^2)$	绿色	$2(4f^{12})$	Tm^{3+}
Nd^{3+}	$3(4f^3)$	浅紫色、浅红色	$3(4f^{11})$	Er^{3+}
Pm^{3+}	$4(4f^4)$	粉红色、黄色	$4(4f^{10})$	Ho^{3+}
Sm^{3+}	$5(4f^5)$	淡黄色	$5(4f^9)$	Dy^{3+}
Eu^{3+}	$6(4f^6)$	浅粉红色	$6(4f^8)$	Tb^{3+}
Gd^{3+}	$7(4f^7)$	无色	$7(4f^7)$	Gd^{3+}

离子的颜色与未成对电子数有关，镧系元素离子的颜色是由于电子发生 f-f 跃迁引起的。当 f-f 跃迁所需要的能量在可见光范围内，即离子的吸收光谱带在 200～1000nm 范围内，离子就会展示出一定的颜色，否则就为无色。

具有 f^0 和 f^{14} 结构的 La^{3+} 和 Lu^{3+} 由于无法进行 f-f 跃迁，在可见光范围内无吸收光谱而表现为无色；具有 $f^1(Ce^{3+})$、$f^7(Gd^{3+})$、$f^8(Tb^{3+})$ 的离子，因为它们发生 f-f 跃迁需要的能量较高，吸收光谱带全部或大部分落在了紫外区，所以这些离子也是无色的。

$f^{13}(Yb^{3+})$ 发生 f-f 跃迁需要的能量较低，吸收光谱带在近红外区，因而也是无色的。

因此，镧系元素离子的颜色显示出“十分明显的周期性”。

【思考题】

26-5　市场上常见一种色泽与天然宝石相近的宝石，这是利用了稀土离子的什么性质？

26-6　Ce(Ⅳ)呈现橙红色，它的生色机理是什么？

26-7　使波长变短(即增强光能)的转换称为“上转换”。试举出镧系元素材料的上转换功能的两种用途。

4. 镧系元素和化合物的磁性

镧系元素的磁性较复杂，它与 d 区过渡元素磁性的根本区别在于 d 区过渡元素的磁矩主要是由未成对电子的自旋运动产生的，轨道运动对磁矩的贡献往往被周围配体的电场作用所抑制，几乎完全消失。而镧系元素由于 4f 电子能被 5s 和 5p 电子很好地屏蔽掉，受外电场的作用较小，轨道运动对磁矩的贡献并没有被周围配体的电场作用所抑制，所以在计算其磁矩时必须同时考虑电子自旋和轨道运动两方面的影响(图 26-3)。图中显示的双峰形状是由于镧系离子的总角动量呈现周期性变化所致。除了 Sm^{3+}、Eu^{3+} 外，其他离子的计算值和实验值都很一致。Sm^{3+}、Eu^{3+} 的不一致被认为是在测定时包含了较低激发态的贡献。进一步的内容将在后续课程中讲述。

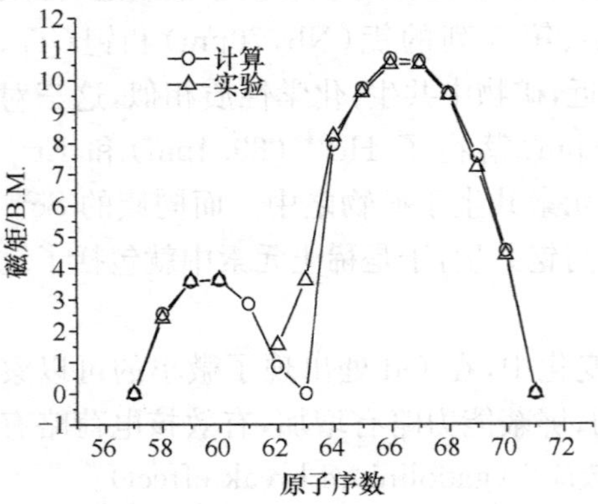

图 26-3　镧系元素磁性变化规律

26.1.2　镧系元素单质

镧系元素为银白色金属，比较软，有延展性。根据它们在元素周期表中的位置可以判断出，它们的活泼性应仅次于碱金属和碱土金属，属于活泼金属，应隔绝空气保存。事实上，镧系元素和潮湿的空气接触就会氧化而变色。

镧系元素的密度、熔点、电离能、电极电势数据列入表 26-4。

表 26-4　镧系元素的密度、熔点、电离能、电极电势数据

元素符号	密度/$(g \cdot cm^{-3})$	熔点/℃	电离能/$(kJ \cdot mol^{-1})$	电极电势/V	
			$I_1+I_2+I_3$	$Ln^{3+}+3e^- \rightleftharpoons Ln$	$Ln(OH)_3+3e^- \rightleftharpoons Ln+3OH^-$
La	6.166	920	3455.4	−2.37	−2.90
Ce	6.773	798	3524	−2.34	−2.87
Pr	6.475	935	3627	−2.35	−2.85
Nd	7.003	1016	3694	−2.32	−2.84
Pm	7.200	1168	3738	−2.29	−2.84
Sm	7.536	1072	3871	−2.30	−2.83
Eu	5.245	826	4032	−1.99	−2.83
Gd	7.886	1312	3752	−2.29	−2.82
Tb	8.235	1356	3786	−2.30	−2.79

续表

元素符号	密度/(g·cm^{-3})	熔点/℃	电离能/(kJ·mol^{-1}) $I_1+I_2+I_3$	电极电势/V	
				$Ln^{3+}+3e^-$ ══ Ln	$Ln(OH)_3+3e^-$ ══ $Ln+3OH^-$
Dy	8.559	1407	3898	−2.29	−2.78
Ho	8.780	1470	3920	−2.33	−2.77
Er	9.045	1522	3930	−2.31	−2.75
Tm	9.318	1545	4043.7	−2.31	−2.74
Yb	6.972	816	4193.4	−2.22	−2.73
Lu	9.840	1675	3885.8	−2.30	−2.74

镧系元素的密度、熔点和电极电势都会随原子序数的递增出现某些规律(图 26-4～图 26-6)。

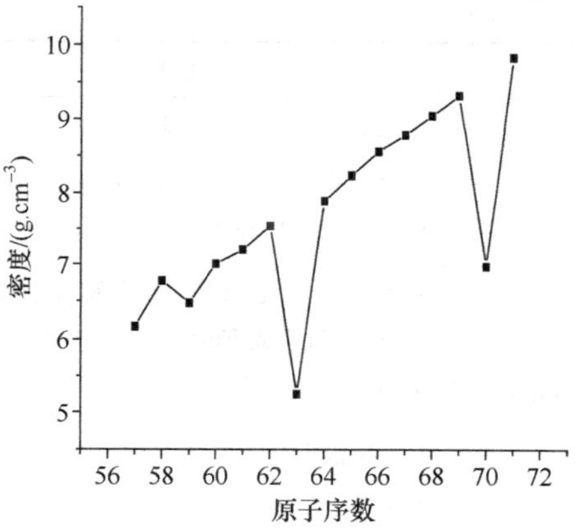

图 26-4 镧系元素的密度变化规律

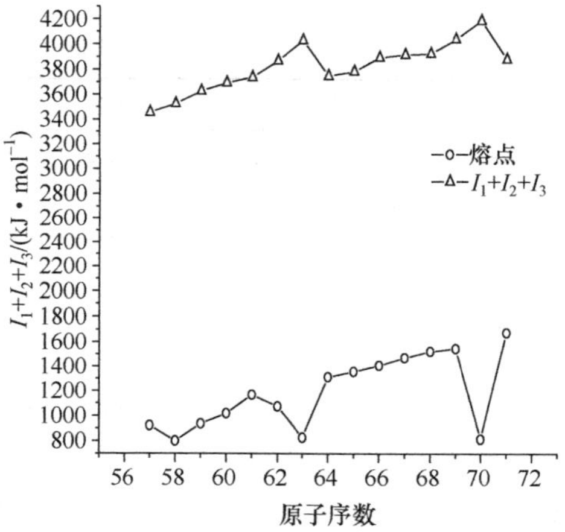

图 26-5 镧系元素熔点、电离能变化规律

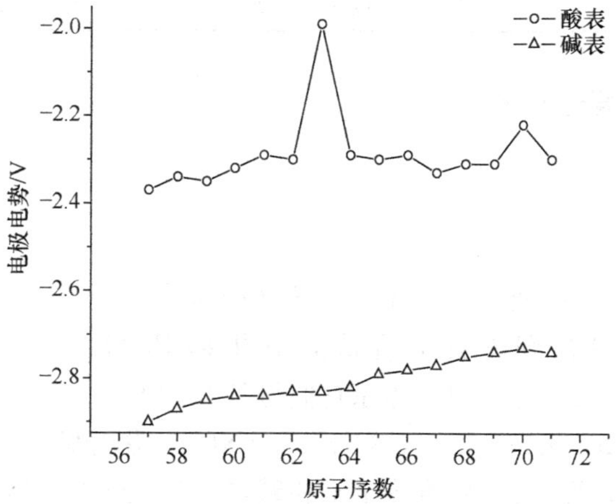

图 26-6 镧系元素电极电势变化规律

图 26-4 显示出镧系元素的密度随着原子序数的增加而增加,但铕和镱密度比较小,其原因是它们的 4f 轨道处于半充满和全充满,是屏蔽效应增大,有效核电荷数降低,导致原子核对 6s 电子吸引力减小,半径增大所致。

图 26-5 显示出镧系元素单质的熔点随原子序数的递增而增加，铕和镱熔点比较低。镧系元素的电离能 I_1、I_2、I_3 之和随着原子序数的递增也呈现出增加趋势，但铕和镱的比较高。这也影响到了它们的电极电势，图 26-6 显示出在酸性介质下，镧系元素的相差并不大，还原能力随原子序数递增而呈现出非常缓慢的降低趋势，但相差非常小。铕和镱表现特殊，还原能力不如其他镧系元素强；在碱性介质下，随着原子序数的增加，镧系元素的单质的还原能力呈现出非常缓慢的减弱趋势。但无论是酸性还是碱性，镧系元素都是活泼的金属。

【思考题】

26-8 为什么镧系元素的密度、熔点和电极电势随原子序数的递增出现不同的规律？

镧系元素的活泼性表现在它们可以和大多数非金属发生化学反应，主要生成氧化数为+3的化合物。其典型反应如表 26-5 所示。

表 26-5 镧系元素的典型化学反应

反应物	产 物	反应条件
X_2(X=F、Cl、Br、I)	LnX_3	室温下反应慢，573K 以上燃烧
O_2	Ln_2O_3	室温下反应慢，423～453K 燃烧 Ce、Pr、Tb 生成 LnO_x(x=1.5～2.0)
O_2+H_2O	$Ln_2O_3 \cdot xH_2O$	室温下轻稀土反应快，重稀土生成 Ln_2O_3，Eu 生成 $Eu(OH)_2 \cdot H_2O$
S_3	Ln_2S_3(某些还生成 LnS、LnS_2、Ln_3S_4)	在硫的沸点
N_2	LnN	1273K 以上
C	LnC_2、Ln_2C_3	高温
H_2	LnH_2、LnH_3	573K 以上反应快
H^+(稀 HCl、H_2SO_4、$HClO_4$、HAc)	$Ln^{3+}+H_2$	室温下反应快
H_2O	Ln_2O_3 或 $Ln_2O_3 \cdot xH_2O+H_2$	室温下慢，较高温度下反应很快

26.1.3 镧系元素的重要化合物

1. 氧化数为+3 的化合物

1) 氧化物

镧系元素的稳定氧化物通式为 Ln_2O_3，三价铈盐在空气中加热分解生成 CeO_2（白色或淡黄色），而镨盐和铽盐则得到混合价态氧化物 Pr_6O_{11}（$4PrO_2 \cdot Pr_2O_3$，棕黑色）和 Tb_4O_7（$2TbO_2 \cdot Tb_2O_3$，暗棕色），用氢还原它们得到 Ln_2O_3。

Ln_2O_3 制备方法：$Ln(OH)_3$、$Ln_2(C_2O_4)_3$、$Ln(NO_3)_3$ 热分解。

Ln_2O_3 为高熔点的碱性氧化物，难溶于水和碱，易溶于强酸，与碱土元素氧化物性质相似，可吸收空气中的 CO_2 形成碳酸盐，在水中发生水合作用形成水合氧化物。和铝一样，镧系元素单质在空气中燃烧生成 Ln_2O_3 的反应为强放热反应，如 La_2O_3、Sm_2O_3、Y_2O_3 的标准摩尔生成焓分别为$-1793kJ \cdot mol^{-1}$、$-1810kJ \cdot mol^{-1}$、$-1905kJ \cdot mol^{-1}$，都高于 Al_2O_3 的标准摩尔生成焓$-1678kJ \cdot mol^{-1}$，因此，镧系元素单质是比铝更优良的还原剂。

2）氢氧化物

在 Ln^{3+} 溶液中加入 NaOH，就生成 $Ln(OH)_3$ 沉淀。

$$Ln^{3+}+OH^{-}=\!=\!=Ln(OH)_3\downarrow$$

$Ln(OH)_3$ 的碱性和碱土金属的氢氧化物差不多，但溶解度却要低很多，即使在氯化铵存在下，在 Ln^{3+} 溶液中加入氨水，也能生成 $Ln(OH)_3$ 沉淀，但 Mg^{2+} 在相同条件下得不到 $Mg(OH)_2$ 沉淀。

$$Ln^{3+}+3NH_3\cdot H_2O=\!=\!=Ln(OH)_3\downarrow+3NH_4^{+}$$

Ln^{3+} 和碱土金属离子相比，半径小、所带电荷高、极化能力强、氢氧化物和氧化物的共价性成分高、溶解度低。$Ln(OH)_3$ 开始沉淀的 pH 和溶度积常数如表 26-6 所示。

表 26-6　$Ln(OH)_3$ 开始沉淀的 pH 和溶度积常数（298K）

离　子	沉淀颜色	开始沉淀的 pH			K_{sp}
		硝酸盐	氯化物	硫酸盐	
La^{3+}	白	7.82	8.03	7.41	1.0×10^{-19}
Ce^{3+}	白	7.60	7.41	7.35	1.5×10^{-20}
Pr^{3+}	浅绿	7.35	7.05	7.17	2.7×10^{-22}
Nd^{3+}	紫红	7.31	7.02	6.95	1.9×10^{-21}
Pm^{3+}	—	—	—	—	—
Sm^{3+}	黄	6.92	6.83	6.70	6.8×10^{-22}
Eu^{3+}	白	6.91	—	6.68	3.4×10^{-22}
Gd^{3+}	白	6.84	—	6.75	2.1×10^{-22}
Tb^{3+}	白	—	—	—	2.0×10^{-22}
Dy^{3+}	黄	—	—	—	1.4×10^{-22}
Ho^{3+}	黄	—	—	—	5.0×10^{-23}
Er^{3+}	浅红	6.76	—	6.50	1.3×10^{-23}
Tm^{3+}	绿	6.40	—	6.21	3.3×10^{-24}
Yb^{3+}	白	6.30	—	6.18	2.9×10^{-24}
Lu^{3+}	白	6.30	—	6.18	2.5×10^{-24}
Y^{3+}	白	6.95	6.78	6.83	—

【思考题】

26-9　镧系元素氢氧化物的碱性有什么规律？原因何在？

3）卤化物

LnF_3 不溶于水，也不溶于 $3mol\cdot dm^{-3}$ HNO_3，这是镧系离子的特性检验方法之一。

$LnCl_3$ 易溶于水，在水溶液结晶出水合物。溴化物和碘化物与氯化物形似，所带结晶水数目如表 26-7 所示。

表 26-7　卤化物的结晶水数目

LnX_3	La	Ce	Pr	Nd	Pm	Sm	Eu	Gd	Tb	Dy	Ho	Er	Tm	Yb	Lu
$LnCl_3$	7	7	7、6	6	6	6	6	6	6	6	6	6	6	6	6
$LnBr_3$	7	7	7、6	6	6	6	6	6	6	6	6	6	6	6	6
LnI_3	9	9	9	9	9	9	9	9、8	9、8	9、8	8	8	8	8	8

无水氯化物不宜从加热水合物得到，水合物热解时会发生水解反应，生成 LnOCl。

$$LnCl_3 \cdot nH_2O = LnOCl\downarrow + 2HCl + (n-1)H_2O$$

为了得到无水 $LnCl_3$，可采用下列方法：在 HCl(g)氛围下脱水

$$LnCl_3 \cdot nH_2O = LnCl_3 + nH_2O$$

$$Ln_2O_3 + 3COCl = 2LnCl_3 + 3CO_2\uparrow$$

$$Ln_2O_3 + 6NH_4Cl = 2LnCl_3 + 3H_2O + 6NH_3\uparrow$$

【思考题】

26-10　解释表 26-7 中镧系元素卤化物的结晶水数目为何不同？

4）硫酸盐

镧系元素氢氧化物和氧化物溶于硫酸得硫酸盐，常见的为水合硫酸盐[$Ln_2(SO_4)_3 \cdot 8H_2O$，其中 Ce 为 9 水]，加热时分解。

428～533K　　$Ln_2(SO_4)_3 \cdot nH_2O = Ln_2(SO_4)_3 + nH_2O$

1128～1219K　　$Ln_2(SO_4)_3 = Ln_2O_2SO_4 + 2SO_2\uparrow + O_2\uparrow$

1363～1523K　　$Ln_2O_2SO_4 = Ln_2O_3 + SO_2\uparrow + 1/2O_2\uparrow$

碱式盐的热稳定性随着离子半径减小而下降(阴阳离子大小不匹配，稳定性差)。镱和镥水合硫酸盐加热最终产物是氧化物 Yb_2O_3 和 Lu_2O_3。

镧系元素硫酸盐都溶于水，溶解度随温度升高而减小。可与碱金属硫酸盐形成复盐：

$$xLn_2(SO_4)_3 + yM_2SO_4 + zH_2O = xLn_2(SO_4)_3 \cdot yM_2SO_4 \cdot zH_2O$$

x、y、z 一般为 1、1、2 或 1、1、4。例如，$Ln_2(SO_4)_3 \cdot Na_2SO_4 \cdot 2H_2O$，利用此性质可把镧系元素分离。

5）乙二酸盐

镧系元素的乙二酸盐 $Ln_2(C_2O_4)_3 \cdot H_2O$ 是最重要的镧系元素盐类之一，制备方法为

$$LnCl_3 + 3H_2C_2O_4 + nH_2O = Ln_2(C_2O_4)_3 \cdot nH_2O + 6HCl$$

可利用镧系元素乙二酸盐在酸性溶液中的难溶性将它们与许多金属离子分离开。633～1073K 时，乙二酸盐热分解可得到镧系元素的氧化物。除 CeO_2、PrO_x（x=1.5～2.0）、Tb_4O_7 外，其余都为 Ln_2O_3。

【思考题】

26-11　为何做完实验回收镧系元素时，总是先把它变成碳酸盐或乙二酸盐？

2. 氧化数为+2 和+4 的化合物

钐、铕、镱可形成二价离子，其中 Eu^{2+} 最稳定。其基本性质如表 26-8 所示。

表 26-8　Ln^{2+} 的性质

离子	颜色	离子半径/pm	电极电势/V $Ln^{3+} + e^- = Ln^{2+}$
Sm^{2+}	浅红色	111	−1.55
Eu^{2+}	草黄	109	−0.429
Yb^{2+}	绿色	93	−1.21

与 Eu^{3+}(aq)相比，Eu^{2+}(aq)与 Ln^{3+}(aq)的分离要容易得多。$Eu(OH)_2$ 开始沉淀的 pH 较 $Ln(OH)_3$ 高得多，以这种差别为基础的分离方法称为碱度法。

Eu^{2+} 表现出与碱土金属离子(特别是与 Sr^{2+} 和 Ba^{2+})的相似性。例如，$EuSO_4$ 和 $BaSO_4$ 的溶解度都很小，而且属于类质同晶。碱度法分离后得到的 Eu^{2+} 溶液中加 $BaCl_2$ 和 Na_2SO_4，可使 $EuSO_4$ 与 $BaSO_4$ 共沉淀。用稀 HNO_3 洗涤时，沉淀中的 Eu^{2+} 被氧化至 Eu^{3+} 而进入溶液。Eu^{2+}(aq)也可被 Fe^{3+}(aq)氧化。

Eu^{2+} 在空气中不稳定，分离和分析操作应在惰性气氛保护下进行。

铈、镨、钕、铽、镝都能形成氧化数为+4 的化合物，但只有 Ce(Ⅳ)化合物在水溶液中和固体中是稳定的，Ce^{4+} 的颜色为橙红色。固体 CeO_2 是白色的，不与酸和强碱作用，当有还原剂如 H_2O_2、Sn(Ⅱ)存在时，可溶于酸得到 Ce(Ⅲ)溶液。

由于 Ce^{3+} 是铈的特征氧化态，所以 Ce(Ⅳ)是强氧化剂。其氧化能力与介质有关。

$$Ce^{4+} + e^- = Ce^{3+} \qquad E^\ominus = +1.70V \quad (1mol \cdot dm^{-3}\ HClO_4)$$

$$E^\ominus = +1.61V \quad (1mol \cdot dm^{-3}\ HNO_3)$$

$$E^\ominus = +1.44V \quad (1mol \cdot dm^{-3}\ H_2SO_4)$$

与 Ce(Ⅲ)转化为 Ce(Ⅳ)需要碱性介质不同，相反方向的转化往往需要在酸性介质中完成。酸性溶液中的 Ce^{4+} 为强氧化剂，以铈(Ⅳ)盐溶液进行氧化还原滴定的方法称为**铈量法**。例如，用铈量法测定铁的反应为

$$Ce^{4+}(aq) + Fe^{2+}(aq) \longrightarrow Ce^{3+}(aq) + Fe^{3+}(aq)$$

Ce(Ⅳ)与 NaOH 反应，生成 $Ce(OH)_3$ 沉淀并放出 O_2。

$$4Ce(NO_3)_4 + 16NaOH = 4Ce(OH)_3\downarrow(\text{黄色}) + 16NaNO_3 + O_2\uparrow + 2H_2O$$

CeO_2 与 H_2SO_4 反应，同样放出氧气。

$$4CeO_2 + 6H_2SO_4 = 2Ce_2(SO_4)_3 + O_2\uparrow + 6H_2O$$

CeO_2 与盐酸反应，放出氯气。

$$2CeO_2 + 8HCl = 2CeCl_3 + Cl_2\uparrow + 4H_2O$$

【思考题】

26-12　用 $Ce(SO_4)_2 \cdot 2(NH_4)_2SO_4 \cdot 2H_2O$ 作氧化剂的铈量法，都有哪些优点？

【例题 26-2】　用硝酸浸取氢氧化铈(Ⅳ)，溶液的酸度一般控制在 pH 为 2.5。通过计算说明，在该条件下，氢氧化稀土(Ⅲ)和氢氧化铈(Ⅳ)可以得到分离。已知：$K_{sp}^\ominus[Ce(OH)_4] = 1.5\times10^{-51}$，$K_{sp}^\ominus[RE(OH)_3]$介于 $1.0\times10^{-19} \sim 2.5\times10^{-24}$之间。

解　pH 为 2.5 即 pOH 为 11.5，则 $c(OH^-) = 3.16\times10^{-12}(mol\cdot L^{-1})$

在该条件下残留的 $c(Ce^{4+}) = \dfrac{K_{sp}^\ominus[Ce(OH)_4]}{[c(OH^-)]^4} = \dfrac{1.5\times10^{51}}{(3.16\times10^{-12})^4} = 1.5\times10^{-5}(mol\cdot L^{-1})$

即在 pH 为 2.5 时氢氧化铈(Ⅳ)基本上沉淀完全。

由于 $K_{sp}^\ominus[RE(OH)_3]$介于 $1.0\times10^{-19} \sim 2.5\times10^{-24}$之间，即使按后者计算，当 $c(RE^{3+})$为 0.10mol·L^{-1}时，沉淀需要的 OH^- 浓度为

$$c(OH^-) = \sqrt[3]{\frac{K_{sp}^\ominus[RE(OH)_4]}{c(RE^{3+})}} = \sqrt[3]{\frac{2.5\times10^{-24}}{0.1}} = 2.9\times10^{-8}(mol\cdot L^{-1}) > 3.16\times10^{-12}(mol\cdot L^{-1})$$

所以在 pH 为 2.5 时(即使 pH 再大一些)都不会析出氢氧化稀土(Ⅲ)沉淀。所以氢氧化稀土(Ⅲ)和氢氧化铈(Ⅳ)可以得到分离。

3. 配位化合物

由于稀土元素的分离技术有了很大的发展,并且鉴定和研究配合物性质的现代物理方法也获得很大的进展,这些因素从许多方面促进了稀土元素配合物化学得到了迅速发展。同时,也因稀土元素配合物的优异性质和功能性应用,稀土元素配合物化学已日益引起人们的兴趣。稀土元素已成为一种战略物资,在高科技领域占有无法替代的作用。例如,制造磁性材料(钕铁硼永磁体 Fe77Nd15B8,钐钴合金 SmCo5)和荧光材料(如彩色电视机荧光粉),广泛用于绿色能源技术和军事用途(如导弹制导)。

稀土元素与 d 区过渡元素的根本区别在于大多数稀土离子含有未充满的 4f 电子。因此,由于 4f 电子的特性而使稀土离子的配位性质有别于 d 区过渡元素。

(1) 由于 4f 电子处于原子结构的内层,受到外层 $5s^2 5p^6$ 对外场的屏蔽,因而其配位场效应较小,配位场的稳定化能(只有 4.18kJ · mol^{-1},约为 d 区金属配合物晶体场稳定化能的 1%)或较少参与化学键的形成,因此可以预期,配合物远不如过渡金属配合物稳定。

(2) 稀土离子的体积较大,有较大的离子半径,因此其离子势较小,极化能力也较小,因此可以认为稀土离子与配位原子是以静电引力相结合的,其键型也将是离子型的。随稀土离子半径的减小,络合物的共价性质随之增加。另外,由于稀土离子有较大的体积,从配体排布的空间要求来看,配合物将会有较高的配位数,CN 可达 6～12,而 d 区的常为 4 或 6。

(3) 从金属离子的酸碱性分类出发,稀土离子属于硬酸类,它们与属于硬碱的配位原子如氧、氟、氮等有较强的配位能力,而与属于弱碱的配位原子如硫、磷等的配位能力则较弱。

(4) 在溶液中,稀土离子与配体的反应一般是相当快的,异构现象较少,拆分稀土络合物的异构体是相当困难的,因此现已知的稀土络合物的类型和数目与过渡元素络合物相比是较少的。

镧系金属常形成一些稳定的螯合物。例如,Ln^{3+} 与某些氨基多羧酸生成 1∶1 的螯合物。与 EDTA 形成螯合物的反应被用于镧系元素的滴定分析。

$$Ln^{3+}(aq) + H_2Y^{2-}(aq) + 2H_2O(l) \longrightarrow [LnY]^-(aq) + 2H_3O^+(aq)$$

【例题 26-3】 离子半径大的镧系离子对配合物键型有何影响?

解 可用下表说明:

性　质	镧系元素离子 Ln^{3+}	轻过渡元素离子 M^{3+}
金属离子轨道	4f	3d
离子半径/pm	85～106	60～75
配位数	6、7、8、9、10、11、12	4、6
典型的配位多面体	三角棱柱体、四方反锥体、十二面体	平面正方形、正四面体、正八面体
键型	金属离子与配体轨道间相互作用很弱	金属离子与配体轨道间相互作用很强
键的方向性	不明显	很强
键的强度	$F^- > OH^- > H_2O > NO_3^- > Cl^-$	$CN^- > NH_3 > H_2O > OH^-$
溶液中的配合物	离子型,配体交换快	常是共价型,配体交换慢

26.2 稀土元素

稀土的英文是 rare earth，18 世纪得名。“稀”字原指稀贵，“土”是指其氧化物难溶于水的“土”性。其实稀土元素在地壳中的含量并不稀少，性质也不像土，而是一组活泼金属，“稀土”之称只是一种历史习惯。

26.2.1 稀土元素的发现

从 1894 年人类发现第一个稀土元素钇，到 1947 年找到最后一个稀土元素钷，整整经历了 153 年的艰苦历程(表 26-9)。

表 26-9 稀土元素的发现

元 素	发现年代	发现者	发现途径及命名来由
Y	1794	[芬兰]J. Gadolin	从瑞典斯德哥尔摩附近的小镇伊特比(Ytterby)的一个采石场所产生的一种黑色矿物(硅铍钇矿)中，用分级结晶的方法分离该矿时发现了一种“新土“(即钇土，实为氧化钇)。它被命名为 ytterbia，意在纪念小镇伊特比
La	1839	[瑞典]C. G. Mosander	从镧土中分离出氧化镧。命名为“lanthanum”，源自希腊词“lanthanein”，意为“躲开人们的注意”、“隐藏起来”
Ce	1803	[德]H. J. Klaproth [瑞典]J. J. Berzelius [瑞典]W. Hisiinger	各自独立在瑞典铈硅矿石中分离出氧化铈，当时把它称为“铈土”。命名是为了纪念发现火星与木星之间的小行星“谷神星”“ceres”
Pr	1885	[奥地利]C. A. von Welsbach	从混合稀土中分离出两种新元素——镨和钕。镨被命名为“praseodymium”。源自拉丁文，系“绿色的孪生子”之意
Nd	1885	[奥地利]C. A. von Welsbach	同上。被命名为“neodymium”。源自拉丁文，系“新的孪生子”之意
Pm	1947	[美]J. A. Marmsky [美]L. E. Glendenln [美]C. D. Coryell	在铀的裂变产物残渣中用离子交换法分离得到钷的同位素，从而发现了钷元素。命名“prnmethmm”源自希腊神话中的盗火者普罗米修斯(Promtheus)的名字，意为“火神”(普罗米修斯从太阳上盗取火种带到人间)
Sm	1879	[法] L. de Boisbaudran	从混合稀土中首先分离出氧化钐，当时称为“钐土”，经光谱研究证明它是一种新元素，从而首先发现了钐。命名“samarium”源自萨马斯基矿石，以纪念一位俄罗斯的矿业官员萨马斯基
Eu	1896	[法]E. A. Demarcay	从不纯的氧化钐中分离出氧化铕，并证明它是一种新元素。命名“europium”源自欧洲 Europe 一词
Gd	1880	[瑞典] J. C. G. Marignac	从铌酸钇矿中首先分离出一种新的不纯的稀土氧化钆。1886 年，法国化学家 L. de Boisbaudran 从不纯的氧化钐中分离出氧化钆，并确定它是一个新元素。命名为“gadolinium”，以纪念稀土元素的第一个发现人——芬兰矿物学家 J. Gadolin
Tb	1843	[瑞典] J. C. G. de Marignac	从伊特比(Ytterby)镇所产的矿石——加多林矿中又发现了一种新“土”。他用氨水中和硝酸钆的酸性溶液，沉淀出氧化铽。命名为“ytterbium”，以纪念这种矿石的产地

续表

元 素	发现年代	发现者	发现途径及命名来由
Dy	1886	[法] L. de Boisbaudran	用分级沉淀的方法从“钬土”中分离出钬和镝，并通过光谱研究证明后者是一种新金属。命名希腊活中的“dysprositos”，意为“难以找到”、“难以获得”
Ho	1879	[瑞典]P. T. Cleve	从不纯的氧化铒中分离出两个新元素的氧化物——氧化钬和氧化铥。命名为“holmium”是纪念克利夫的出生地——瑞典首都斯德哥尔摩，古人称它为“Holmia”
Er	1843	[瑞典] J. C. G. de Marignac	与钇和铽一起从伊特比(Ytterby)镇所产的矿石——加多林矿中发现的一种新“土”。命名同小镇的名字“Ytterby”
Tm	1879	[瑞典]P. T. Cleve	与钬一起发现。命名为“thulium”是纪念克利夫的祖国所在地——斯堪的纳维亚半岛，古人称这一地方为“Thule”
Yb	1878	[瑞典] J. C. G. de Marignac	从伊特比(Ytterby)镇所产的矿石——加多林矿中发现的第四种新“土”。命名同小镇的名字“Ytterby”
Lu	1907	[法]G. Urbain	在采用硝酸盐分步结晶法研究硝酸镱时，分离出氧化镥。命名为“lutecium”源自法国巴黎的古代名称“Lutetia”

26.2.2 稀土矿物

1. 稀土矿物的分布

稀土元素在地壳中丰度并不稀少，只是分散而已。已经发现的稀土矿物约有 250 种，但具有工业价值的稀土矿物只有 50～60 种，目前具有开采价值的只有 10 种左右，现在用于工业提取稀土元素的矿物主要有四种：氟碳铈矿、独居石矿、磷钇矿和风化壳淋积型矿，前三种矿占西方稀土产量的 95%以上。独居石和氟碳铈矿中，轻稀土含量较高。磷钇矿中重稀土和钇含量较高，但矿源比独居石少。

世界稀土资源拥有国除中国外，还有俄罗斯、吉尔吉斯斯坦、美国、澳大利亚、印度、扎伊尔等；主要稀土矿物是氟碳铈矿、离子吸附型矿、独居石、磷钇矿、黑稀金矿、磷灰石、铈铌钙钛矿等。主要进行开采、选矿生产的国家是中国、美国、俄罗斯、吉尔吉斯斯坦、印度、巴西、马来西亚等。日本、英国、法国等国内无稀土资源，全部依靠进口。

2. 稀土矿物的存在形式

稀土矿物赋存状态主要有三种：

(1) 作为矿物的基本组成元素，稀土以离子化合物形式赋存于矿物晶格中，构成矿物的必不可少的成分。这类矿物通常称为稀土矿物，如独居石、氟碳铈矿等。

(2) 作为矿物的杂质元素，以类质同相置换的形式，分散于造岩矿物和稀有金属矿物中，这类矿物可称为含有稀土元素的矿物，如磷灰石、萤石等。

(3) 呈离子状态被吸附于某些矿物的表面或颗粒间。这类矿物主要是各种黏土矿物、云母类矿物。这类状态的稀土元素很容易提取。

重要的稀土矿物有以下几种。

1) 独居石(monazite)

独居石又名磷铈镧矿。化学成分为(Ce,La,Y,Th)[PO_4]，成分变化很大。矿物成分中稀土氧化物含量可达 50%～68%。类质同相混入物有 Y、Th、Ca、[SiO_4]和[SO_4]。独居石溶于 H_3PO_4、$HClO_4$、H_2SO_4 中。

独居石主要用来提取稀土元素,其生产近几年呈下降趋势,主要原因是由于矿石中钍元素具有放射性,对环境有害。

具有经济开采价值的独居石主要资源是冲积型或海滨砂矿床。最重要的海滨砂矿床是在澳大利亚沿海、巴西以及印度等沿海。此外,斯里兰卡、马达加斯加、南非、马来西亚、中国、泰国、韩国、朝鲜等地都含有独居石的重砂矿床。

2) 氟碳铈矿(bastnaesite)

化学成分为(Ce,La)[CO_3]F。机械混入物有 SiO_2、Al_2O_3、P_2O_5。氟碳铈矿易溶于稀 HCl、HNO_3、H_2SO_4、H_3PO_4。

氟碳铈矿是提取铈族稀土元素的重要矿物原料。铈族元素可用于制作合金,提高金属的弹性、韧性和强度,是制作喷气式飞机、导弹、发动机及耐热机械的重要零件。也可用作防辐射线的防护外壳等。此外,铈族元素还用于制作各种有色玻璃。

目前,已知最大的氟碳铈矿位于中国内蒙古的白云鄂博矿,作为开采铁矿的副产品,它和独居石一道被开采出来,其稀土氧化物平均含量为 5%～6%。品位最高的工业氟碳铈矿矿床是美国加利福尼亚州的芒廷帕斯矿,这是世界上唯一以开采稀土为主的氟碳铈矿。

3) 磷钇矿(xenotime)

化学成分为 Y[PO_4]。成分中含 Y_2O_3 61.4%、P_2O_5 38.6%。有钇族稀土元素混入,其中以镱、铒、镝、钆为主。尚有锆、铀、钍等元素代替钇,同时伴随有硅代替磷。一般来说,磷钇矿中铀的含量大于钍。磷钇矿化学性质稳定。

大量富集时,用作提炼稀土元素的矿物原料。

4) 风化壳淋积型稀土矿(ionabsorptdeposit)

淋积型稀土矿即离子吸附型稀土矿是我国特有的新型稀土矿物。"离子吸附"型稀土元素不以化合物的形式存在,而是呈离子状态吸附于黏土矿物中。这些稀土易为强电解质交换而转入溶液,不需要破碎、选矿等工艺过程,而是直接浸取即可获得混合稀土氧化物。因此这类矿的特点是:重稀土元素含量高,经济含量大,品位低,覆盖面大,多在丘陵地带,适于手工和半机械化开采,开采和浸取工艺简单。

风化壳淋积型稀土矿,主要分布在我国江西、广东、湖南、广西、福建等地。

稀土元素在地壳中的丰度 E 呈奇偶变化(图 26-7),服从 Oddo-Harkins 规则(原子序数为偶数的物质含量大于相邻的原子序数为奇数的物质)。

3. 我国稀土矿物的特点

据中国稀土协会估计,我国稀土资源丰富,占世界储量 80%,总含量高达 1 亿 t。白云鄂博矿床距包头 150km,是世界上最大的稀土资源,占全国的 60%。我国稀土有包头、攀枝花和江西三大产地。我国稀土矿物具有储量大、分布广、品种全、品位高、多种金属矿物伴生和综合利用价值高五大特点。

我国的稀土产品产量多年成为最大的出口国。但是过去 20 多年里,超廉价的供应让许多国家得益,中国自己却无利可图,环境也遭到一定程度的破坏。国家有关部门已经制定政策,使稀土产业发展走上有序化轨道。

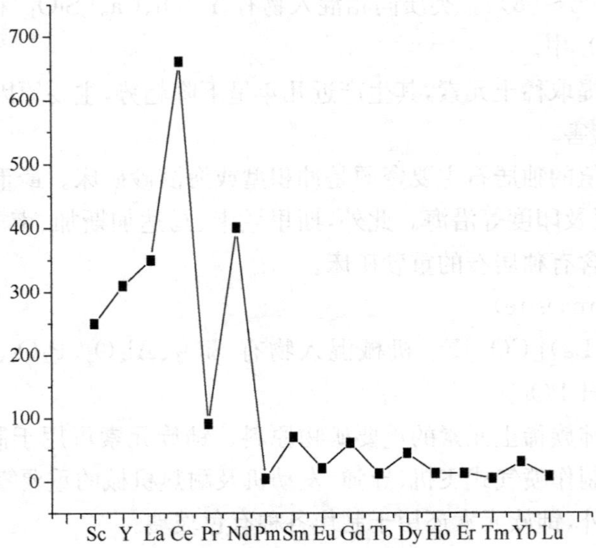

图 26-7 稀土矿中镧系元素的相对丰度

26.2.3 稀土元素提取

从稀土矿物得到稀土金属,有以下三个重要步骤。

1. 分解精矿:湿法和火法(如浓 H_2SO_4 焙烧法、碳酸钠焙烧法)

浓 H_2SO_4 与精矿高温焙烧转为可溶性硫酸盐

$$2LnCO_3F+3H_2SO_4 = Ln_2(SO_4)_3+2CO_2\uparrow+2HF+2H_2O$$

水浸液中加入 Na_2SO_4 使 Ln^{3+} 以硫酸复盐形式沉淀,与铁等大量非镧系杂质分离

$$Ln_2(SO_4)_3 \cdot Na_2SO_4+6NaOH = 2Ln(OH)_3\downarrow+4Na_2SO_4$$

将复盐转化为氢氧化物,转化过程中部分 $Ce(OH)_3$ 被氧化为 $Ce(OH)_4$。盐酸溶解后的氯化物溶液浓缩结晶得产品。

2. 分离提纯:稀土与非稀土分离和稀土元素间相互分离

硫酸复盐沉淀法

难溶性的铈组稀土元素:La、Ce、Pr、Nd、Sm

微溶性的铽组稀土元素:Eu、Gd、Tb、Dy

可溶性的钇组稀土元素:Y、Ho、Tm、Yb、Lu

稀土元素的提取过程如图 26-8 所示。

3. 制备金属:熔盐电解法和金属热还原法

熔盐电解法:电解温度 820~900℃,用 KCl 或 NaCl 作助溶剂。

$$2LnCl_3 = 2Ln+3Cl_2\uparrow$$

热还原法:加热温度 800~850℃

$$2LnCl_3+3Ca = 2Ln+3CaCl_2\uparrow$$

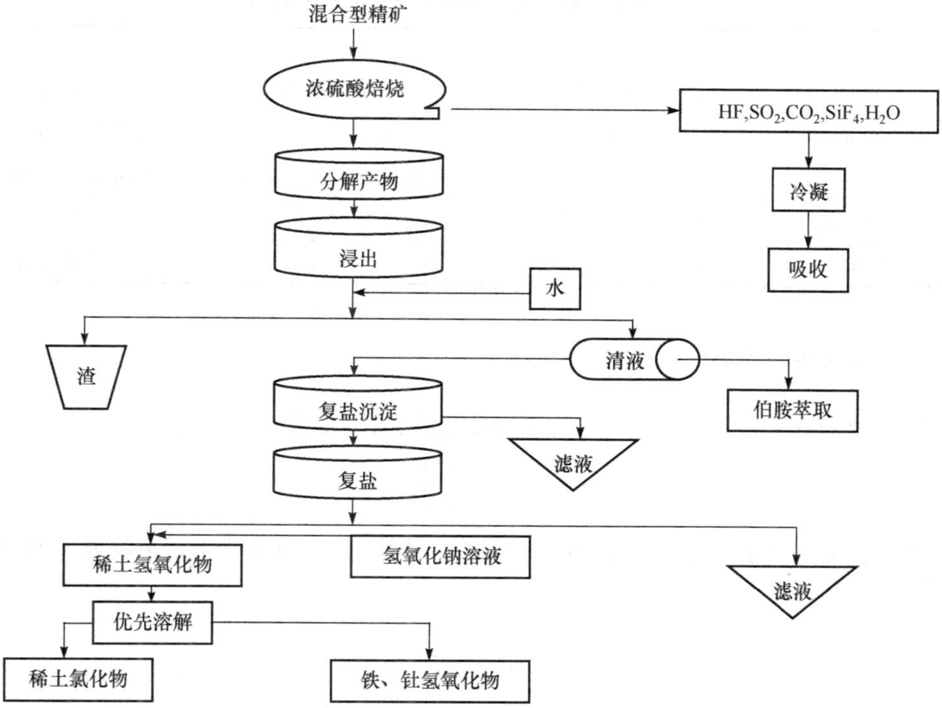

图 26-8　一种稀土提取工艺的示意图

【例题 26-4】 稀土矿的分离提纯中，如何将稀土与非稀土元素分离？

解　可采用如下方法：

(1) 利用稀土硫酸复盐的难溶性使之与铁、磷等杂质元素分离。

$$x\text{Ln}_2(\text{SO}_4)_3+y\text{M}_2\text{SO}_4+z\text{H}_2\text{O}=\!=\!=x\text{Ln}_2(\text{SO}_4)_3\cdot y\text{M}_2\text{SO}_4\cdot z\text{H}_2\text{O}\downarrow$$

(2) 利用稀土乙二酸盐的难溶性使之与可溶性的非稀土元素分离。

$$2\text{RECl}_3+3\text{H}_2\text{C}_2\text{O}_4+n\text{H}_2\text{O}=\!=\!=\text{RE}_2(\text{C}_2\text{O}_4)_3\cdot n\text{H}_2\text{O}\downarrow+6\text{HCl}$$

(3) 利用萃取法，把稀土从杂质元素中分离出来。

26.2.4　稀土元素的相互分离

在国民经济和尖端科学技术中具有特殊作用的稀土化合物往往要求很高的纯度。例如，用作彩色电视红色荧光粉基质材料的 Y_2O_3 和 Eu_2O_3 分别要求大于 99.995%和 99.99%；用作激光材料的 Nd_2O_3 大于 99.9995%；用作 X 射线增感屏基质材料的 Gd_2O_3 大于 99.99%；用作钐钴永磁材料的 Sm_2O_3 大于 99.5%等。分离单个稀土元素化合物的有效方法包括离子交换法和溶剂萃取法，后者的工业生产效率远高于前者。

1. 分离方法简介

稀土元素的分离方法主要有化学分离法、离子交换法和溶剂萃取法(表 26-10)。其中后两种为已工业化生产使用的方法。

表 26-10　稀土元素分离方法的原理和特点

方　法		基本原理	优　点	缺　点
化学法	分级结晶法	溶解度不同	原理、设备简单	操作复杂、分离效果差
	分布沉淀法	溶度积不同	原理、设备简单	操作复杂、分离效果差
	氧化还原法	价态稳定性不同	原理、操作简单、效果好	不同价态稳定性要不同
离子交换法		与树脂、淋洗剂结合力不同	分离效果很好、纯度高	周期长、成本高
溶剂萃取法		物质在两相中溶解度不同	分离效果良好、纯度可以	某些试剂有毒

2. 溶剂萃取法(solvent extraction)

原理：一物质在互不混溶的两个液相中的浓度比为一常数

$$D=\frac{c(\mathrm{O})}{c(\mathrm{A})}$$

D 称为分配比，是有机相萃取能力的量度。若 D_1 和 D_2 分别为某一体系中物质 1 和物质 2 的分配比，则

$$\beta=\frac{D_1}{D_2}$$

β 称为分离系数或分离因数，表示萃取体系对两物质进行分离的难易程度。

分离镧系元素的萃取剂多为一些螯合试剂，如二(2-乙基己基)磷酸(HDEHP)。

$$\mathrm{Ln^{3+}(aq)+3(HDEHP)_2(org)+3H_2O = Ln[(HDEHP)_2]_3(org)+3H_3O^+(aq)}$$

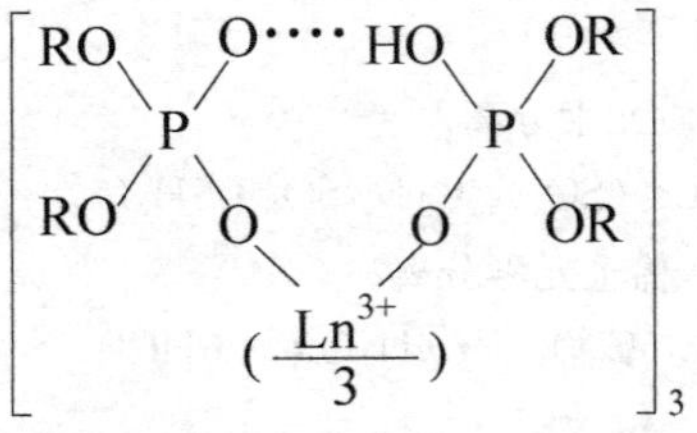

其中R代表：

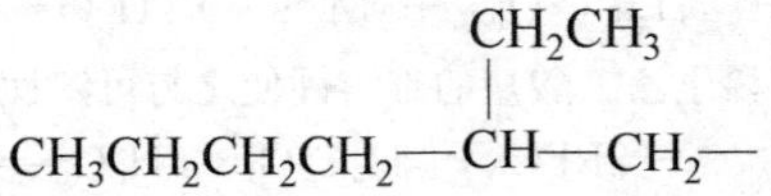

形成螯合物的能力随 Z 的增大而增大；两相邻 $\mathrm{Ln^{3+}}$ 的 β 值平均约为 2.4(表 26-11)。

表 26-11　在 $HClO_4$ 介质中以 HDEHP-甲苯萃取稀土时的分离因数(相比＝1∶1，298K)

Ce/La	Pr/Ce	Nd/Pr	Pm/Nd	Sm/Pm	Eu/Sm	Gd/Eu	Tb/Gd	Dy/Tb	Ho/Dy	Y/Ho	Er/Y	Tm/Er	Yb/Tm	Lu/Yb
2.98	2.05	1.38	2.16	3.05	1.90	1.43	4.93	2.11	1.94	1.65	1.37	2.49	3.09	1.86

生产实践中，一次萃取通常难以达到有效分离。需要让水相(含待分离元素)与有机相多次接触，才能得到纯产品。把若干萃取器串联起来使有机相与水相多次接触，从而大大提高分离效果的萃取工艺称为串级萃取(图 26-9)。

【思考题】

26-13　您是否认为萃取工艺中的串级级数越多，萃取分离的效果越好？

3. 离子交换分离法(ion exchange)

原理：以被分离物种在离子交换树脂固体表面与水溶液之间的平衡为基础。

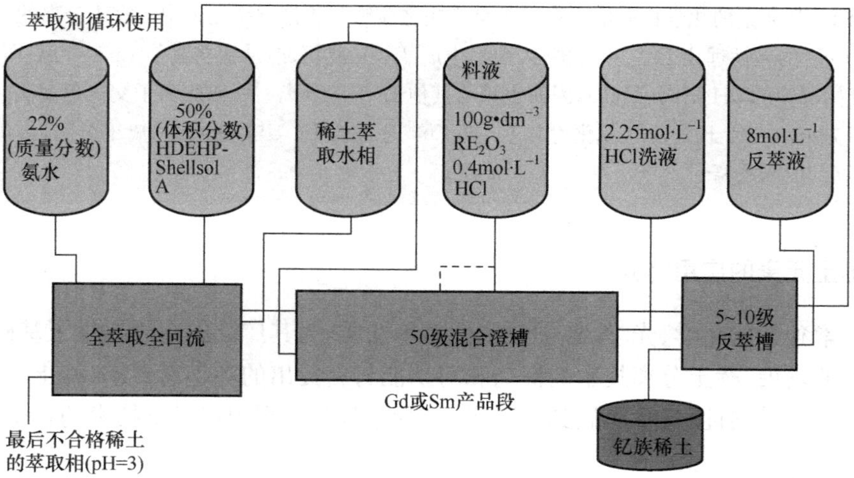

图 26-9　工业多级连续萃取示意图

离子交换树脂是一种高分子聚合物，聚合物的活性基能与溶液中的离子发生交换作用。分离镧系元素通常采用强酸型阳离子交换树脂 R—SO_3H，其活性基为磺酸基上的 H^+。通常先用 NH_4Cl 溶液将其转化为铵型使用。

$$R—SO_3H(res)+NH_4{}^+(aq)+H_2O(l) \longrightarrow RSO_3NH_4(res)+H_3O^+(aq)$$

分离操作包括吸附和淋洗两个步骤。

吸附：$Ln^{3+}(aq)+3NH_4^+(res) = Ln^{3+}(res)+3NH_4^+(aq)$

淋洗：$Ln^{3+}(res)+3RCOO^- +3NH_4^+(aq) = 3NH_4^+(res)+Ln(RCOO)_3(aq)$

Ln^{3+} 半径越小，形成的螯合物越稳定，由树脂表面转入水溶液的趋势也越大。淋洗中交替发生着无数次这种吸附与解吸附过程，导致半径小的 Ln^{3+} 先于半径大的 Ln^{3+} 出现在流出液中。以 2-羟基异丁酸铵作淋洗剂，重镧系元素三价离子的流出顺序见图 26-10。

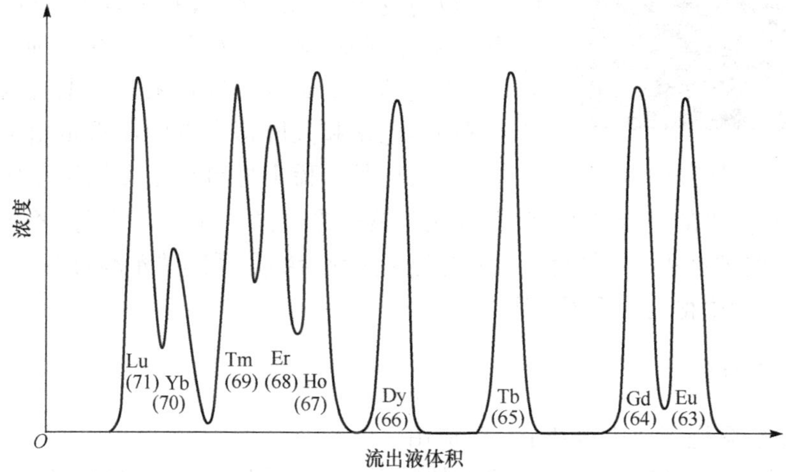

图 26-10　以 2-羟基异丁酸铵为淋洗剂时三价重镧系元素离子的流出顺序

【例题 26-5】 从元素的化学性质解释在离子交换法之前铈和铕是镧系元素中最宜于分离的。

解 由于 Ce^{4+} 的碱性远比 Ln^{3+} 小得多，因而易生成氢氧化物沉淀，从而与其他 Ln^{3+} 分离；而 Eu^{2+} 与其他 Ln^{3+} 开始沉淀的 pH 不同(很高)，因而也易与其他 Ln^{3+} 的分离。所以用离子交换色谱法分离镧系离子前，可以先把混合稀土中 Ce^{3+} 氧化为 Ce^{4+}，把 Eu^{3+} 还原为 Eu^{2+} 与其他镧系离子分离，再用离子交换色谱法分离其他镧系离子。

26.2.5　稀土元素的应用简介

稀土元素独特的化学、光学、磁学及核性能等性质，为其广泛的应用提供了基础。同时，随着科学技术的发展，稀土分离技术的提高和对功能材料提出的各种新要求，稀土元素的应用也从早期主要利用其共性，日益扩展到单一稀土的利用，深入到现代科学技术的各个领域。

1. 磁性材料

稀土金属具有较高的磁矩和有价值的磁学性质，它们和过渡金属的合金可作为磁性材料。已在计算机、汽车电动机、电声器件及轻工产品诸领域中得到广泛应用。

(1) 永磁材料：在某一特定空间产生一恒定磁场，维持此磁场并不需要任何外部能源。图 26-11中的磁体能吸起自重 800 倍的物体。

图 26-11　Nd-Fe-B 磁体的吸力

(2) 磁光材料：指在紫外到红外波段，具有磁光效应的光信息功能，如磁光光盘等。

(3) 超磁致伸缩材料：指稀土-铁汞化合物，具有比铁、镍等大得多的磁场伸缩值。可作声呐系统、驱动器等。

2. 发光、激光材料

稀土元素因 f-f、f-d 跃迁而使其发出的光能量差大、波长短而成为发光宝库。例如，彩色电视机的显像管中含有钇、铕等稀土元素，才能产生红、蓝、绿三种基本色，进而变为五光十色的绚丽景象。近年来彩色电视，特别是计算机显示屏的彩色化和大屏幕彩电的需求量增加，对荧光粉的需求量大大增长。稀土材料在电光源工业应用广泛，由此可以获得接近自然光的高级荧光灯，亮度比一般荧光灯高 1/3，且光色好，不失真，使用寿命长，适用于各种要求自然光的场合。钕和钇等稀土化合物是固体激光器的重要工作物质，这些激光器在国防工业中得到了重要应用。

3. 玻璃陶瓷材料

在光学玻璃、陶瓷工业中得到了广泛应用。

(1) 其氧化物(主要是氧化铈)是良好的抛光粉。它要比原先使用的氧化锆在抛光高级镜片时用量少一半、时间短、效果好。

(2) 氧化镧、钇、钕是特殊光学玻璃的添加剂。例如，加入氧化镧可使玻璃具有高折射率和低色散性能。

(3) 四价铈的化合物等可作为光学玻璃的脱色剂。

(4) 镨、钕等化合物的颜色是玻璃和陶瓷着色剂的原料，可使它们具有艳丽的颜色，并能随光源不同而有不同颜色。更重要的是可用于制造高级陶瓷材料(表 26-12)。在制陶配料中加入混合稀土的氧化物，可大大改善陶瓷的耐高温性和脆性。这种稀土陶瓷可用来制造切削刀具、发动机活塞等部件。稀土氧化物可使陶瓷的釉彩鲜艳柔和，光彩夺目，如稀土颜料有镨锆黄、镨钇锆绿、铈黄、铒红和钕紫等。

表 26-12　稀土元素用来制造的陶瓷材料

稀　土	用　途	功　能	材　料
铈	陶瓷电容器	转换剂	$(BaCe)TiO_3$
	半导体电容器	低阻抗化	$(SrCe)TiO_3$
	PTC 热敏电阻	半导体化	$(BaCe)TiO_3$
	非线性电阻	半导体化	$(SrCe)TiO_3$
	陶瓷振子	微粒子化	$(PbCe)TiO_3$

4. 储氢、发热、超导材料

(1) 稀土储氢材料具有多种功能(图 26-12)。例如，$LaNi_5$，在 $2\times10^5\sim3\times10^5$ Pa 时，可发生储氢反应，常压下微热，则释放出吸收的氢气。

$$LaNi_5 + 3H_2 \rightleftharpoons LaNi_5H_6$$

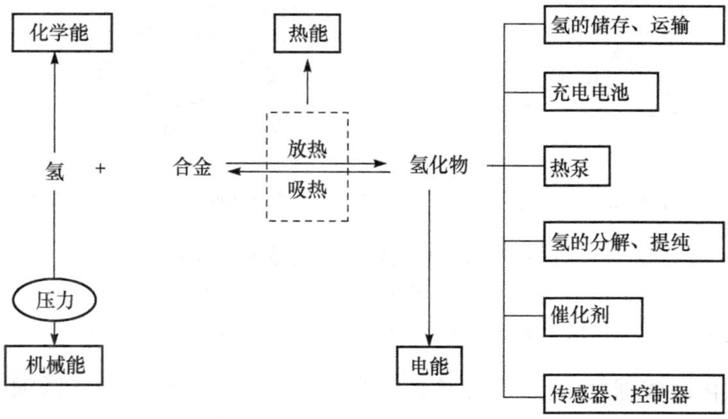

图 26-12　储氢合金的多种功能

(2) 超导材料在临界温度 T_c 以下电阻为零，具有排斥磁场效应(图 26-13)。超导电缆可减少或避免能量损失；可使粒子加速器在极高能量下操作。人们熟知的磁悬浮列车和核磁共振成像技术就是超导技术的实际应用。超导材料制备的关键是提高临界温度 T_c 值。1986 年，由于使用了稀土元素才发现了高温超导体。研究最为广泛的金属氧化物超导体材料之一是 $YBa_2Cu_3O_7$(根据分子式中金属原子的比例非正式的称为“123”化合物)，其结构相当于失去部分晶格 O 原子的钙钛矿(图 26-14)。

5. 在冶金工业中的应用

由于稀土元素对硫、氧等元素有很强的亲和力，炼钢中常用混合稀土脱除氧、硫等杂质。氢在稀土金属中的溶解度很大，利用混合稀土吸收钢水中的氢可以克服氢脆。在铸铁中加入

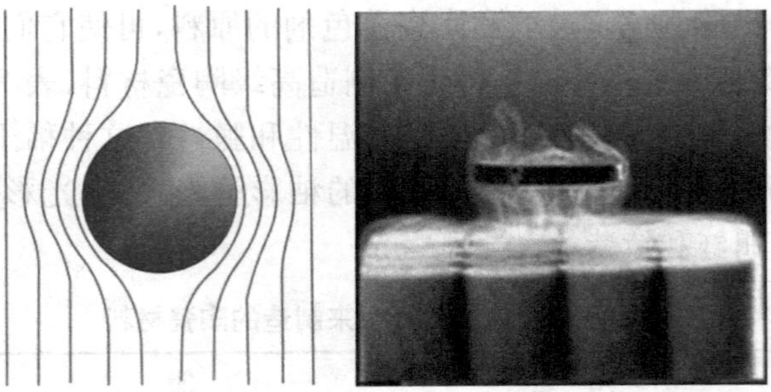

图 26-13　超导体的排斥磁场效应

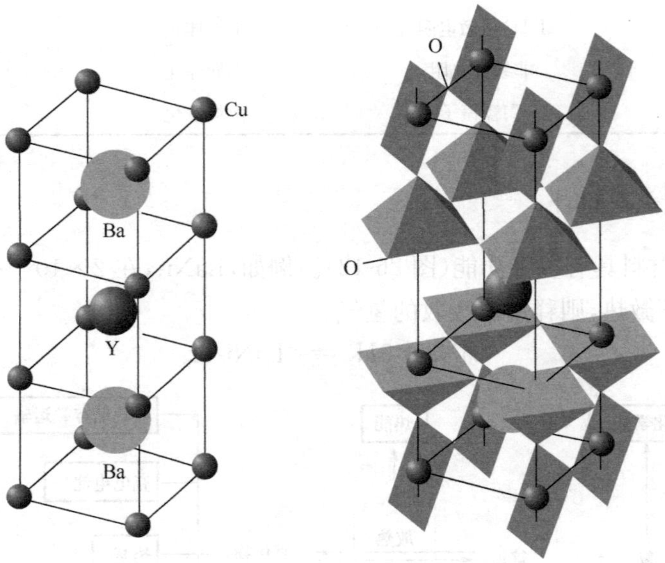

(a) 金属原子的位置　　(b) 以金属原子为中心的氧多面体

图 26-14　$YBa_2Cu_3O_7$ 超导体的结构

与钙钛矿中金属离子的正八面体环境不同，

“123”化合物中的金属离子具有平面四方形或四方锥配位环境

稀土可使石墨球化制成球墨铸铁，能显著地提高铸铁的机械性能。在不锈钢中加入稀土，可提高其在热加工时的可锻性，特别是用于高强度低合金钢的数量增加更快。据统计目前全世界每年生产 600～900 万 t 高强度低合金钢，需用混合稀土 6000～7000t。

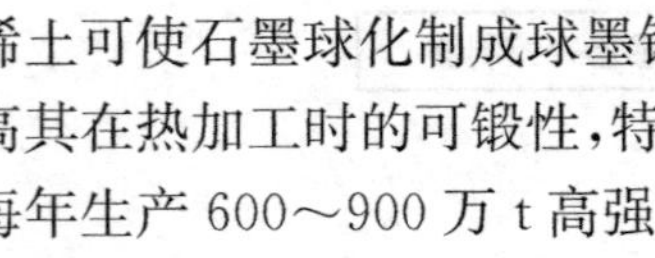

图 26-15　汽车尾气处理器

6. 催化中的应用

稀土化合物作为催化剂可用于石油裂化、汽车尾气净化、合成橡胶、石油化工以及环境污染的治理中。在重油催化裂化反应中加入少量混合稀土，可使分子筛催化剂的效率增加 3 倍，寿命也可延长，并使汽油产率大幅度提高。稀土催化剂还可用于废气和废水的处理，如氧化铈可脱除工业废水的氟离子，清除率高达 90%。内燃机尾气净化稀土催化剂已进入实用阶段(图 26-15)。鉴于环保要求，全球使用汽车催化剂的车辆日益增多。

7. 农业中的应用

稀土微肥已广泛应用于农业中(表 26-13)。用于西瓜田中,可使西瓜个大、皮薄、味甜,并且可提高近两成产量。施于其他瓜果、菜园也都获得增产、优质的效果,使增收值为投入稀土微肥值的十倍以上。此微肥施于小麦和水稻,可增产 8%~10%。

表 26-13　稀土在农业方面的应用

稀土使用方法	增产效果/%				
	春小麦	花生	大豆	甜菜	白菜
浸种	10.8			10.2	
拌种	8.3	8.3	6.7	1.3	15.5
喷施	7.1	9.4	6.4	7.0	15.0

8. 医药中的应用

稀土元素在医药上的应用也是相当广泛的。例如,可制作抗凝血剂(因 RE 对 Ca^{2+} 的拮抗作用所致)、治疗烧伤、抗炎和杀菌(表 26-14)、抗肿瘤、抗动脉硬化作用、降血糖等药物。

表 26-14　稀土制剂对皮肤病的疗效

病　例	例数/人	痊愈/人	有效/人	无效/人	有效率/%
脓疱疮	96	46	35	15	84.4
虫咬皮炎	44	21	17	6	86.4
多发性疖疮	34	17	12	5	85.3
总计	174	84	64	26	85.1

9. 织物纤维染色

稀土在纺织工业领域应用广泛。作为染色助剂目前已应用于羊毛、亚麻、纯棉、真丝、黏胶、人造棉、腈纶等各种天然纤维及化纤等制品的加工。其优点除了适应性强外,还在于能取代全部或大部分染色助剂;改善环境,降低印染的污水排放量;提高匀染性和染色牢度;色泽鲜艳度提高、色光纯正、手感柔软,改善了织物外观;有利于拼色染料的相容性,使拼混染料染色物色泽均匀,提高染色物的染色质量等。

此外,稀土金属在电子材料、原子能材料、制药合成等高新技术领域的应用也日益广泛。面向 21 世纪,稀土元素作为材料研究,在激光、发光、信息、永磁、超导、能源、催化、传感、生物等领域将会作为主攻方向。我国拥有十分丰富的稀土资源,开展稀土的研究、开发和应用,无疑对我国的经济建设和科学技术的发展有重要意义。

26.3　锕系元素简介

锕系元素都具有很强烈的放射性,元素及其化合物均不易得到,有关化学性质的研究均是在微克量级甚至数百个原子的量级上进行的。表 26-15 给出了锕系元素的基本性质。

表 26-15 锕系元素的基本性质

名称	元素符号	质量数	半衰期	M^{3+}半径/pm	氧化态
锕	Ac	227	21.8a	111	+3
钍	Th	232	1.41×10^{10}a	108	+2、+3、+4
镤	Pa	231	3.28×10^{4}a	105	+2、+3、+4、+5、
铀	U	238	4.47×10^{9}a	103	+2、+3、+4、+5、+6
镎	Np	237	2.41×10^{6}a	100	+3、+4、+5、+6、+7
钚	Pu	244	8.1×10^{7}a	99	+3、+4、+5、+6、+7
镅	Am	243	7.38×10^{3}a	98.5	+2、+3、+4、+5、+6
锔	Cm	247	1.6×10^{7}a	98	+3、+4
锫	Bk	247	1.38×10^{3}a	97.7	+3、+4
锎	Cf	249	350a		+2、+3、+4
锿	Es	254	277d		+2、+3
镄	Fm	257	100d		+2、+3
钔	Md	258	55d		+1、+2、+3
锘	No	259	1h		+2、+3
铹	Lr	260	3min		+3

同作为 f 区的元素，锕系元素与镧系元素有许多相似之处。

(1) 虽然锕系元素的前一半容易显示高氧化态，但+3 价离子的稳定性随着原子序数的增加而增加，而+3 价是镧系元素的特征氧化态；锕系元素的氧化态不再单一，比镧系元素复杂。

【例题 26-6】 为什么锕系元素的氧化态与镧系元素不同，显示了多样性？

解 这是由锕系元素电子壳层的结构决定的，锕系前半部分元素中的 5f 电子与核的作用比镧系元素的 4f 电子弱，因而不仅可以把 6d 和 7s 轨道上的电子作为价电子给出，而且也可以把 5f 轨道上的电子作为价电子参与成键，形成高价稳定态。随着原子序数的递增、核电荷增加，5f 电子与核间作用增强，使 5f 和 6d 能量差变大，5f 能级趋于稳定，电子不易失去，这样就使得从镅开始，+3 氧化态成为稳定价态。

(2) 锕系元素的三氯化物、二氧化物以及许多盐与相应的镧系元素化合物类质同晶。

(3) 与镧系收缩相似，随着原子序数的递增，锕系元素的离子半径递减，也有收缩现象（锕系收缩，actinide contraction）。

(4) 与镧系元素的吸收光谱相似，表现出 f-f 吸收的特征。

(5) 在配位化合物中锕系元素显示出某种比镧系元素较大的共价性。

【思考题】

26-14 为什么锕系元素与镧系元素存在许多相似之处？

26-15 为什么锕系元素配位化合物中显示出某种比镧系元素较大的共价性？

分离锕系元素一般用的方法、手段也是萃取和离子交换（与镧系元素是多么类似，图 26-16）。在萃取和离子交换实验中发现 No 的化学行为与碱金属类似，这与它的电子构型 5f 层全满有关。

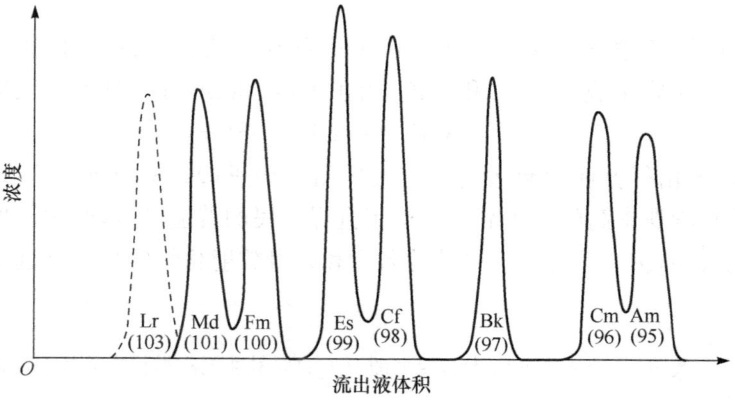

图 26-16　以 2-羟基异丁酸铵为淋洗剂时三价重锕系元素离子的流出顺序

【思考题】

26-16　为什么使用 2-羟基异丁酸铵作为淋洗剂，最先和最后流出的分别是半径最小的 Lr^{3+} 和半径最大的 Am^{3+}？

这里仅介绍铀及其化合物的性质。铀的重要化合物有 UO_2（暗棕色）、U_3O_8（墨绿色）和 UO_3（橙黄色）。

1．铀的氧化物

UO_3 是铀的最重要的化合物，溶于酸生成铀酰离子 UO_2^{2+}。UO_3 是两性化合物

$$UO_3 \begin{cases} \xrightarrow{H^+} UO_2^{2+} \\ \xrightarrow{H^+} U_2O_7^{2-} \end{cases}$$

受热分解

$$2UO_3 = 2UO_2 + O_2$$

UO_3 是采用加热硝酸铀酰制备的：

$$2UO_2(NO_3)_2 = 2UO_3 + 4NO_2 + O_2$$

U_3O_8 是铀的另一个重要氧化物，不溶于水，但溶于酸，生成 UO_2^{2+}。可有如下两种方法制备得到。

$$3U(C_2O_4)_2 = U_3O_8 + 8CO + 4CO_2$$

$$3U + 4O_2 = U_3O_8$$

2．硝酸铀酰

硝酸铀酰[$UO_2(NO_3)_2$]俗称铀黄。加碱生成 $Na_2U_2O_7 \cdot 6H_2O$（黄色），加热脱水，生成无水 $Na_2U_2O_7$，水解生成 $UO_2(OH)^+$、$(UO_2)_2(OH)_2^{2+}$、$(UO_2)_3(OH)_5^+$。可由 UO_3 溶于硝酸制得。

$$UO_3 + 2HNO_3 = UO_2(NO_3)_2 + H_2O$$

3. UF_6(八面体)

UF_6为强氧化剂,易挥发,利用$^{238}UF_6$和$^{235}UF_6$蒸气扩散速率的差别,可达到分离、富集核燃料^{235}U的目的。水解生成UO_2F_2和HF。可由UO_3和SF_4在300℃下反应制得。

$$UO_3 + 3SF_4 \xlongequal{} UF_6 + 3SOF_2$$

讲到铀,我们不由得就怀念起法籍波兰人玛丽·居里(M. S. Curie,1867—1934),她在科学上的巨大成就和她那崇高的思想品质赢得了世界人民的普遍赞誉,两次诺贝尔奖金获得者。玛丽·居里顽强战斗,决心"不虚度一生"的名言和献身放射化学的精神永远激励着化学家。

【思考题】

26-17 在家居装修时,令人们非常头痛的大理石中的放射性超标是哪个元素引起的?

习 题

26-1 简要回答下列问题。

(1) 什么是镧系元素,什么是锕系元素?

(2) 什么是镧系收缩,其产生原因是什么?

(3) 镧系元素电子层结构的最大特点是什么?

(4) 为什么镧系元素的电子结构在固态和气态不同?这对元素的性质会造成什么影响?

(5) 为什么镧系元素彼此间化学性质差别小,而锕系元素彼此间却差别大?

(6) 镧系元素离子的磁性变化有什么规律性,为什么?

26-2 为什么镧系元素的特征氧化态是+3?

26-3 完成反应方程式。

(1) 二氧化铈与浓盐酸反应。

(2) 在三氯化铕溶液中加入锌粉。

(3) $Ce(OH)_3$放在潮湿的空气中。

26-4 已知$E^{\ominus}(Eu^{3+}/Eu^{2+})=0.35V$,$E^{\ominus}(Zn^{2+}/Zn)=-0.76V$。将过量的锌粉加入到1.0L 0.10mol·L^{-1}的Eu^{3+}溶液中,当反应达到平衡时,溶液中各组分的浓度是多少?

26-5 试述稀土元素的原子序数、元素符号、名称、分类方法及其依据。

26-6 稀土元素有哪些重要应用领域?它们与现代科学技术的发展有何关系?

26-7 国内外用于稀土生产的主要矿物原料有哪些?它们如何分类?

26-8 试述溶剂萃取过程中分配比、分离系数、萃取比、萃取率、相比几个参数的定义及相互关系。

26-9 简述我国主要稀土资源矿藏有哪些?中国稀土矿有何特点?

26-10 如何从沥青铀矿中提取铀,从独居石矿中提取钍?

第27章 核 化 学

本章学习要求

(1) 初步了解原子核的组成和亚原子粒子的概念；
(2) 了解有关放射性核素和放射性衰变的概念；
(3) 会正确书写核化学方程式；
(4) 了解放射性碳-14测定年代法；
(5) 了解核能和核能利用的基本概念；
(6) 初步了解核稳定性理论的一些基本概念和超重元素的合成。

【背景问题】

(1) 章图反映了原子核的组成。从图中看，您认为基本粒子还有更小的组成吗？

(2) 核聚变是几个轻原子核聚合为质量更重的原子核的过程。目前世界上的核电站都是通过核裂变方式制造电能的，但是核聚变比核裂变能产生更多能量，而且更高效、清洁。最常见的核聚变是由氢的同位素氘和氚聚合成较重的原子核如氦而释出能量。由欧盟、中国、美国、日本、韩国、俄罗斯和印度等7方共同参与，目前在法国南部卡达拉舍“国际热核聚变实验反应堆”建设工程正在如火如荼地进行着。几十位来自世界各国的最顶尖核能科学家汇聚法国，组成实力强劲的国际科研团队，紧锣密鼓地开展工作，计划到2018年制造出一个“人造太阳”。就您的了解，认为这项工程的意义何在？

(3) 以您对核稳定性理论的理解，周期表的最末位元素到底是多少号？

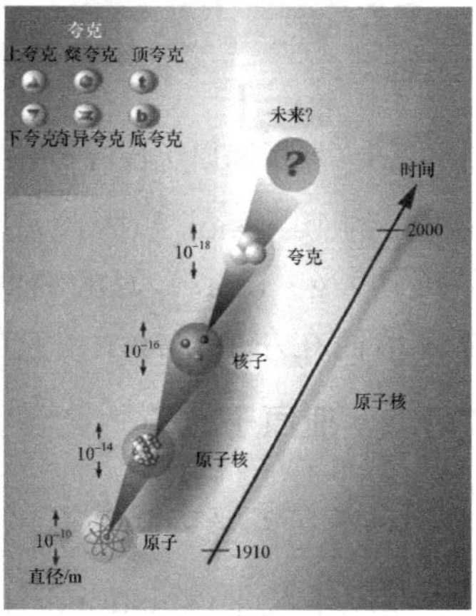

本章介绍放射性与核化学的基本知识。核化学(nuclear chemistry)是研究核反应及其在化学中应用的科学。众所周知，原子核是很小的，它的密度很大，带正电，由质子和中子组成。同一元素的所有原子都具有相同的质子数。具有相同质子数和不同中子数的核素互称为同位素。大多数天然存在的元素都是各同位素的混合物。

一种元素和另一种元素通过核外的电子而发生化学反应，在反应中，原子核本身不发生变化。原子核通过自发衰变或人工轰击而进行的核反应与化学反应有根本的不同：①化学反应涉及核外电子的变化，但核反应的结果是原子核发生了变化；②化学反应不产生新的元素，但在核反应中，一种元素嬗变为另一种元素；③化学反应中各同位素的反应是相似的，而核反应中各同位素的反应不同；④化学反应与化学键有关，核反应与化学键无关；⑤化学反应吸收和放出的能量为 $10\sim10^3\,kJ\cdot mol^{-1}$，而核反应的能量变化在 $10^8\sim10^9\,kJ\cdot mol^{-1}$；最后，在化学反应中，反应物和生成物的质量数相等，但在核反应中会发生质量亏损。

核反应与人类关系密切。放射性同位素在医学上广泛用作诊断工具和治疗手段，特别是治疗癌症。作为示踪原子，它们被用来研究化合物的结构和化学反应机理，研究生物器官功能。放射性同位素还被用来测定重要历史遗物的年代。核能的利用曾经开创了一个时代，既能制造破坏力极大的核武器，也能用于发电等和平目的。

27.1 原子核的组成和基本粒子的概念

27.1.1 原子核的组成

1897 年英国物理学家汤姆孙(J. J. Thomson)发现了比原子更小的微粒——电子。这一石破天惊的发现，打开了人类通往原子科学的大门，标志着人类对物质结构的认识进入了一个新的阶段。1919 年，卢瑟福(E. Rutherford)发现了质子，1932 年，查德威克(S. J. Chadwick)发现了中子。从此，人们知道了原子核是由质子和中子组成的(图 27-1)，这两种粒子统称为核子(nucleons)。在放电中 H_2 能产生氢离子 H^+，此时的 H^+ 就是自由质子。一个自由质子不能长期存活，它很快结合一个电子变成一个氢原子。中子通常产生于核反应过程中，它们也不能长期存活，而易于与其他的原子核结合。

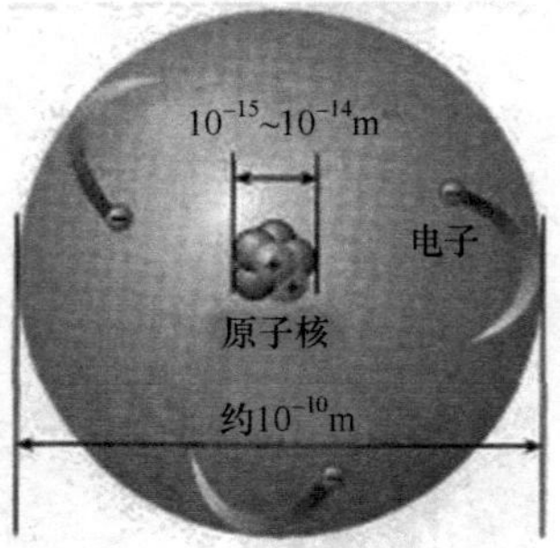

图 27-1 原子和原子核的相对半径

每一种特定的原子核称作一种核素(nuclide)。不同的核素具有不同数目的质子数(Z)和中子数(N)。核素中的质子数总是等于原子序数 Z。一个核素的质量数 A 等于质子数与中子数之和：$A=Z+N$。由于质子和中子各具有摩尔质量约 1g · mol^{-1}，因此 A 在数值上总是接近于该同位素的摩尔质量。例如，氟的摩尔质量为 18.998g · mol^{-1}，氟的 A 值为 19。一个特定的核素表示为在元素符号的左上角标示出它的 A 值而在左下角标示出它的 Z 值，即为 ${}^{A}_{Z}X$，如 ${}^{12}_{6}C$、${}^{13}_{6}C$、${}^{14}_{6}C$ 表示碳元素的三种同位素。

27.1.2 亚原子粒子

1. 亚原子粒子的概念

亚原子粒子(subatomic particle)泛指比原子核小的物质单元，包括电子、中子、质子、光子以及在宇宙射线和高能原子核实验中所发现的一些粒子。亚原子粒子曾经也称为基本粒子(elementary particle)，近些年越来越多的文献将其称为粒子。已发现的基本粒子有 30 余种，连同它们的共振态(基本粒子相互碰撞时，会在短时间内形成由 2 个、3 个粒子结合在一起的粒子)共有 300 余种。许多基本粒子都有对应的反粒子。

每一种基本粒子都有确定的质量、电荷、自旋和平均寿命。它们多数是不稳定的，在经历一定的平均寿命后转化为别种基本粒子。表 27-1 给出与化学相关的某些亚原子粒子的性质。

表 27-1 与化学相关的某些亚原子粒子的性质

名 称	符 号	质量/u	电荷/e
电子	e^-	5.486×10^{-4}	−1
质子	p	1.0073	+1
中子	n	1.0087	0
正电子	e^+	5.486×10^{-4}	+1
α粒子	α	(氦原子的核)	+2
β粒子	β	(原子核射出的 e^-)	−1
γ粒子	γ	(原子核射出的电磁波)	0

表中质量的单位为原子质量单位(atomic mass unit)，单位符号为 u。1u＝1.6605×10^{-27} kg。表中的相对电荷是实测电荷与元电荷 e 的比值。e 的 SI 单位是库仑(C)，1e＝1.602×10^{-19}C。

2. 亚原子粒子的种类

亚原子粒子根据作用力的不同，可以分为强子、轻子和传播子三大类。

(1) 强子：强子就是所有参与强力作用的粒子的总称。它们由夸克组成，已发现的夸克有 6 种，上夸克、下夸克、奇异夸克(1963 年提出)、粲夸克(1974 年发现)、底夸克(1977 年发现)和顶夸克(1994 年发现)。现有粒子中绝大部分是强子，质子、中子、π 介子等都属于强子。

(2) 轻子：轻子就是只参与弱力、电磁力和引力作用，而不参与强相互作用的粒子的总称，包括电子、电子中微子、μ 子、μ 子中微子、τ 子、τ 子中微子等 6 种。电子、μ 子和 τ 子是带电的，所有的中微子都不带电；τ 子是 1975 年发现的重要粒子，不参与强作用，属于轻子，但是它的质量很大，是电子的 3600 倍，质子的 1.8 倍，因此又称为重轻子。

(3) 传播子：传播子也属于基本粒子。传递强作用的胶子共有 8 种，1979 年在三喷注现象中被间接发现，它们可以组成胶子球，但至今尚未被直接观测到。传递弱作用的 W＋、W－和 Z0。中间玻色子是 1983 年发现的，质量非常大，是质子的 80～90 倍。

3. 亚原子粒子的特征量

(1) 粒子的质量。按照粒子物理的规范理论，所有规范粒子的质量为零，而规范不变性以某种方式被破坏了，使夸克、带电轻子、中间玻色子获得质量。现有的粒子质量范围很大，从 0～90GeV。光子、胶子是无质量的，电子质量很小，只有 0.5MeV，π 介子质量为电子质量的 280 倍；质子、中子质量都很大，接近电子质量的 2000 倍，约为 1GeV，已知最重的粒子是 Z0，其质量为 90GeV。已发现的五种夸克，从下夸克到底夸克，质量从小到大。下夸克质量只有 0.3GeV，而底夸克重达 5GeV，顶夸克还没有发现，理论预言它的质量可能超过 100GeV。中微子的质量非常小，目前已测得的电子中微子的质量小于 7eV，即为电子质量的七万分之一，已非常接近零。

(2) 粒子的寿命。电子、质子、中微子是稳定的，称为“长寿命”粒子；而其他绝大多数的粒子是不稳定的，即可以衰变。一个自由的中子会衰变成一个质子、一个电子和一个中微子；一个 π 介子衰变成一个 μ 子和一个中微子。粒子的寿命以强度衰减到一半的时间来定义。质子是最稳定的粒子，实验已测得的质子寿命大于 1033 年。

(3) 粒子具有对称性。有一个粒子，必存在一个反粒子。1932 年科学家发现了一个与电子质量相同但带一个正电荷的粒子，称为正电子；后来又发现了一个带负电、质量与质子完全相同的粒子，称为反质子；随后各种反夸克和反轻子也相继被发现。一对正反粒子相碰可以湮灭，变成携带能量的光子，即粒子质量转变为能量；反之，两个高能粒子碰撞时有可能产生一对新的正反粒子，即能量也可以转变成具有质量的粒子。

(4) 粒子有自旋。自旋为半整数的粒子称为费米子，为整数的称为玻色子。物质是不断运动和变化的，在变化中也有些东西不变，即守恒。粒子的产生和衰变过程就要遵循能量守恒定律。此外还有其他的守恒定律，如轻子数和夸克数守恒，这是基于实验上观察不到单个轻子和夸克的产生和湮灭，必须是粒子、反粒子成对地产生和湮灭而总结出来的。

人类对微观世界的认识是无穷尽的。近代天文观测已证实宇宙不论往大，还是往小的方面延伸都是无限的，物质是无限可分的。基本粒子的概念将随着人们对物质结构认识的进展而不断发展。事实上，“基本粒子”也有其内部结构，因而不能认为“基本粒子”就是物质最后的最简单且最基本的组成单元，而且，也并非所有的基本粒子都存在于原子核中，一些基本粒子，如正电子、介子、中微子等都是核子(质子、中子)-核子以及质-能相互作用的副产物。

27.2　放射性衰变——自发核反应

核反应是指入射粒子(或原子核)与原子核(称靶核)碰撞导致原子核状态发生变化或形成新核的过程。反应前后的能量、动量、角动量、质量、电荷与宇称都必须守恒。核反应是宇宙中早已普遍存在的极为重要的自然现象。现今存在的化学元素除氢以外都是通过天然核反应合成的，在恒星上发生的核反应是恒星辐射出巨大能量的源泉。

核反应包括自发核反应(放射性衰变)和诱导核反应(核裂变与核聚变)两部分。

1. 放射性衰变

自然界迄今已知的核素共有2000多种，大多数为不稳定核素，即放射性核素。它们的原子核是不稳定的，能自发放射质子和电磁辐射。这种从原子核自发地放射出射线的性质，称为**放射性**(radioactivity)；过程称为**放射性衰变**(radioactive decay)，在这种过程中，原来的核素(母体)或变为另一种核素(子体)，或进入另一种能量状态。根据发射射线的性质可将最常见的衰变方式分为α衰变、β衰变和γ衰变三大类(图27-2)。不同射线的穿透力不同(图27-3)，对身体的损害也不同。辐射会使细胞的生长-调节机制受到伤害，以白血细胞过度生长为特征的白血病可能是由辐射造成的。

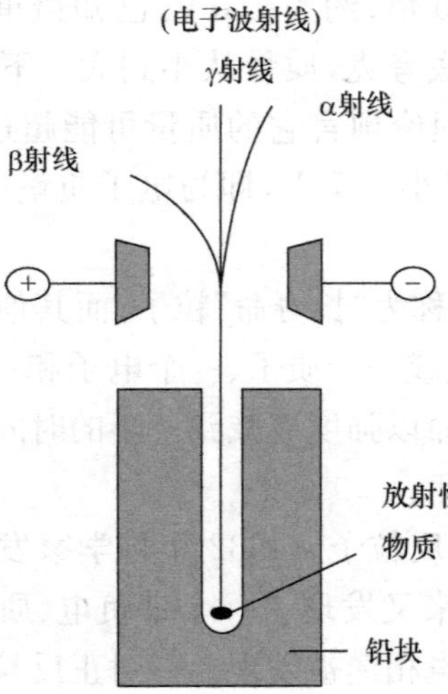

图27-2　在强磁场中的射线

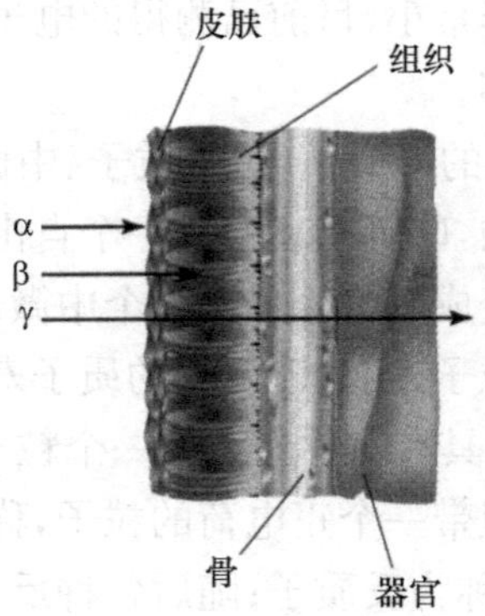

图27-3　不同射线的穿透力

α衰变是指放射性核发射α粒子衰变为另一种核的过程。例如

$$^{226}_{88}Ra \longrightarrow ^{222}_{86}Rn + ^{4}_{2}\alpha(^{4}_{2}He) \tag{27-1}$$

α衰变中，子体的核电荷和质量数比母体分别减少2和4。核电荷数减少2意味着子核在元素周期表中的位置左移2格，这称为**α衰变的位移定则**。

β衰变是指放射性核发射电子变为另一种核的过程。β射线是由原子核发射出来的高速电子流，核化学方程式中将 β 粒子表示为 ${}_{-1}^{\ 0}e$ 或 ${}_{-1}^{\ 0}\beta$。例如

$$ {}_{83}^{210}Bi \longrightarrow {}_{84}^{210}Po + {}_{-1}^{\ 0}e \tag{27-2}$$

β 衰变中，子体的核电荷数比母体增加 1，而质量数不变。核电荷数增加 1 意味着子核在元素周期表中的位置右移 1 格，这称为 **β 衰变的位移定则**。一次 β 衰变相当于将 1 个中子转化为质子。

$$ {}_{0}^{1}n \longrightarrow {}_{1}^{1}p + {}_{-1}^{\ 0}e \tag{27-3}$$

γ 衰变是指激发态原子核发射 γ 射线的过程。γ 射线由高能光子组成，或者说它是波长很短的电磁波(参见图 1-2)。γ 衰变过程中，原子核的质量数和电荷数均不变，改变的只是能量状态。例如，激发态 ${}^{60}Co^*$ 衰变为低能态(或基态) ${}^{60}Co$ 的过程：

$$ {}_{27}^{60}Co^* \longrightarrow {}_{27}^{60}Co + \gamma \tag{27-4}$$

由于 α 衰变和 β 衰变过程中原子核处于激发态，因而往往伴随发射 γ 射线。

人工放射性核素还可以有其他衰变方式，如正电子 β^+、中子 n、X 射线及 K 电子俘获等。

【思考题】

27-1 天然放射性核素在衰变时可以放出哪些射线？

2. 放射系

放射系(radioactive series)即放射性衰变系列。重放射性核素的递次衰变系列包括三个天然放射系和一个人工放射系，它们彼此独立。这些重放射性核素的电荷数 Z 都大于 81。自然界存在 3 个天然放射系，其母核半衰期都很长，和地球年龄(约 45.5 亿年)相近或大于地球年龄，因而经过漫长的地质年代后还能保存下来。每一放射系中的核素主要通过 α 衰变，少数通过 β^- 衰变形成亲代联系，且伴随有 γ 跃迁；有少数核素有分支放射衰变，但绝无 β^+ 衰变或轨道电子俘获；通过 10 余次衰变最后到达稳定的铅同位素。

钍系：从 ${}^{232}Th$ 开始，经过 10 次连续衰变，最后到稳定核素 ${}^{206}Pb$。该系成员的质量数 A 都是 4 的整倍数，$A=4n$，所以钍系也称为 $4n$ 系。

铀系：从 ${}^{238}U$ 开始，经过 14 次连续衰变，最后到稳定核素 ${}^{206}Pb$(图 27-4)。该系成员的质量数 A 都是 4 的整倍数加 2，$A=4n+2$，所以铀系也称 $4n+2$ 系。从图 27-4 可以看出，指向左下方的箭头表示一次 α 衰变，指向右方的箭头表示一次 β 衰变。铀系的母体为铀-238，最终形成稳定核素铅-206。

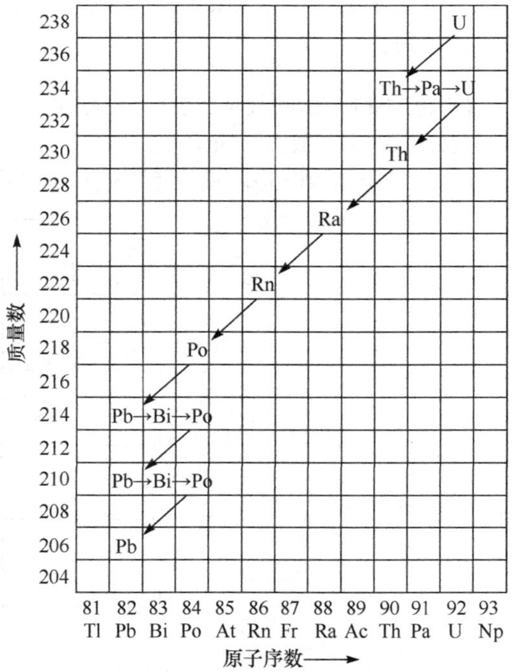

图 27-4 铀-238 放射系

锕系：从 ${}^{235}U$ 开始，经过 11 次连续衰变，最后到稳定核素 ${}^{207}Pb$。由于 ${}^{235}U$ 俗称锕铀，因而该系称为锕系。该系成员的质量数 A 都是 4 的整倍数加 3，$A=4n+3$，所以锕系也称 $4n+3$ 系。

除了上述三个天然放射系之外，还有用核反应方法合成的一个人工放射系——镎系。

镎系：该系母体通常是 ${}^{238}Pu$。把 ${}^{235}U$ 放在反

应堆中照射后，连续俘获 3 个中子，变成^{238}U，再经过两次 β^- 衰变，便得到^{238}Pu。^{238}Pu 的半衰期是 14.4 年，经过 13 次衰变到^{209}Bi。在这个放射系中^{237}Np 的半衰期最长，为 2.14×10^6 年，所以这个系称为镎系。该系成员的质量数 A 都是 4 的整倍数加 1，$A=4n+1$，因此也称为 $4n+1$系。

3. 半衰期

半衰期(radioactive half-life)指放射性原子核素衰变掉一半所需要的统计期望时间，是放射性核素的固有特性，不会随外部因素(温度、压力等)或该核素化合状态不同而改变。放射性物质的衰变速率与样品的原子数目成正比

$$-\mathrm{d}N/\mathrm{d}t=\lambda N \tag{27-5}$$

式中，N 为放射性核素的数目；λ 为速率常数，也称衰变常数。它表示放射性元素在单位时间内的衰变分数。λ 不同，核的稳定程度不同。

积分式(27-5)得

$$\ln N=-\lambda t+\alpha \tag{27-6}$$

式中，α 为积分常数。在开始时 $t=0$，$N=N_0$ 代入上式求出：$\alpha=\ln N_0$

再代回原式 $\ln N=\lambda t+\ln N_0$，即

$$\ln(N/N_0)=-\lambda t$$

$$N=N_0\mathrm{e}^{-\lambda t} \tag{27-7}$$

此式表明任何时间 t 时，剩下的放射性核的数目 N。它是放射性基本定律的数学表达式。更经常用的形式是用半衰期 $t_{1/2}$来描述放射性的强度。半衰期是指一放射性元素衰变到原来数量一半时所需的时间，一般用 τ 表示。即

$$t=t_{1/2}\text{或 } t=\tau$$

$N=N_0/2$ 带入原式得

$$\ln(1/2)=-\lambda t \quad \lambda\tau=\ln2 \quad \tau=0.693/\lambda$$

可见半衰期 τ 是和 λ 成反比的。元素的放射性越强，就是它的衰变常数 λ 越大，它的半衰期就越短。

【例题 27-1】 锶-90 发生 β 衰变，衰变反应的半衰期为 29a。如果将 10.0g 锶-90 同位素放置 29 年，其质量就是 5.0g；再放置 29 年，就余下 2.5g 了。请以此画出质量随时间的变化曲线图。

解 以半衰期为横坐标，质量为纵坐标，画出质量随时间的变化曲线图如图 27-5 所示。

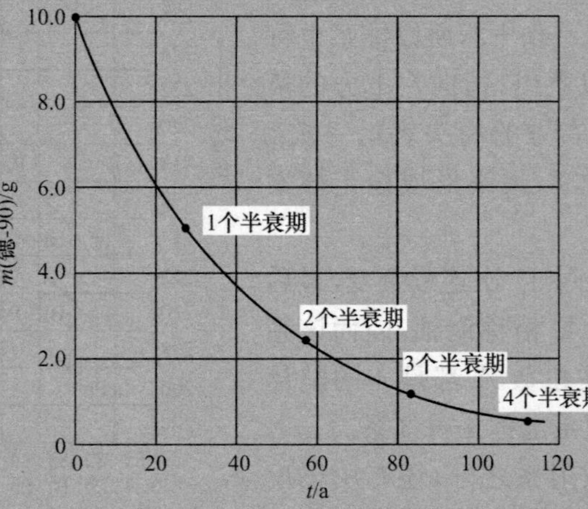

图 27-5　10.0g 锶-90($t_{1/2}=28.8$a)样品的衰变

4. 核化学方程

我们会发现，上面用于表示各种核变化过程的方程式与化学反应方程不同，称为核化学方程(nuclear chemical equation)。核素的符号之后不需表明状态。书写核化学方程式需要遵循两条规则：①方程式两端的质量数之和相等；②方程式两端的原子序数之和相等。例如，氯-35被中子${}_0^1n$轰击，碰撞产生硫-35核和质子${}_0^1p$(或${}_0^1H$)：

$$ {}_{17}^{35}Cl+{}_0^1n \longrightarrow {}_{16}^{35}S+{}_1^1H \quad (27\text{-}8)$$

【例题 27-2】 配平下列方程式。

(1) ${}_{98}^{253}Cf+{}_5^{10}B \longrightarrow 3{}_0^1n+?$

(2) ${}_{53}^{122}I \longrightarrow {}_{54}^{122}Xe+?$

(3) ${}_{26}^{59}Fe \longrightarrow {}_{-1}^{0}e+?$

解 依据配平规则可知：

(1) ${}_{98}^{253}Cf+{}_5^{10}B = 3{}_0^1n+{}_{103}^{260}Lr$

(2) ${}_{53}^{122}I = {}_{54}^{122}Xe+{}_{-1}^{0}e$

(3) ${}_{26}^{59}Fe = {}_{-1}^{0}e+{}_{27}^{59}Co$

27.3　诱导核反应

27.3.1　中子捕获反应和其他双核反应

地球的大气层暴露在太阳的辐射中，中子就是太阳辐射的组成粒子，大气中最丰富的核素${}^{14}N$捕获一个中子生成一个不稳定的核素${}^{15m}N$，该核很快发射一个质子生成${}^{14}C$：

$$ {}_7^{14}N+{}_0^1n \longrightarrow ({}_7^{15m}N) \longrightarrow {}_6^{14}C+{}_1^1p \quad (27\text{-}9)$$

当${}^{14}N$捕获一个高能量的中子时，便裂解成${}^{12}C$和${}^3H$：

$$ {}_7^{14}N+{}_0^1n \longrightarrow ({}_7^{15m}N) \longrightarrow {}_6^{12}C+{}_1^3H \quad (27\text{-}10)$$

虽然中子容易诱发核反应，但它们总产生高 N/Z 值的核素。为了产生低 N/Z 值的不稳定核素，必须往原子核中加入质子。可是质子是带正电荷的，这就要求作为轰击粒子的质子必须有很高的动能，方可克服两个带正电荷粒子之间的排斥作用。

$$ {}_7^{14}N+{}_2^4He \longrightarrow ({}_9^{18m}F) \longrightarrow {}_8^{17}O+{}_1^1H \quad (27\text{-}11)$$

这一功劳应归于美国加州大学物理学教授劳伦斯(E. O. Lawrence)，他于1929年发明、设计了回旋粒子加速器(cyclotron，图 27-6)，它是一种使带电粒子获得很大速度的装置。在加速器中，不仅是 α 粒子，而且质子、电子、重氢核、超重氢核等都得到了加速。从此核物理学家们便取得了大大提高轰击粒子动能的手段。

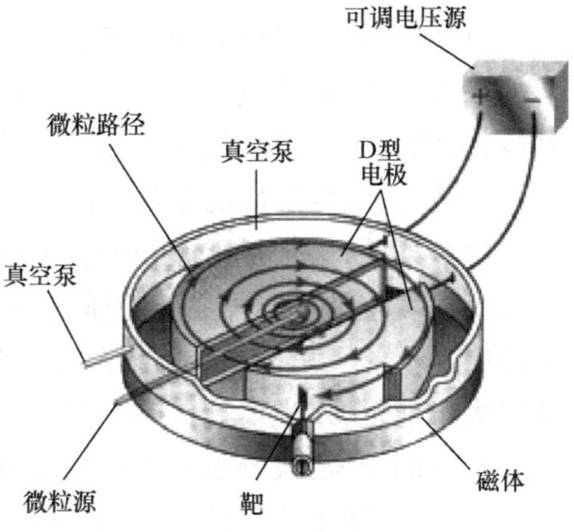

图 27-6　回旋加速器

【思考题】

27-2 回旋粒子加速器(cyclotron)与粒子对撞机(particle collider)的区别在哪里?

27.3.2 人工核反应

最早的人工核反应是1919年卢瑟福用^{214}Po释放的α粒子轰击^{14}N的反应式(27-11)。

1919～1932年,人们用天然放射性核素释放的α粒子轰击B、C、O、F、Na、Al、P等,实现了一系列人工核反应,并得到了许多自然界没有的放射性核素,也称**“人造同位素”**。在这些人工核反应中特别值得一提的是1930年用α粒子轰击铍-9的反应,这一核反应的实施,导致了中子的发现:

$$^{9}_{4}Be+^{4}_{2}He \longrightarrow ^{12}_{6}C+^{1}_{0}n \tag{27-12}$$

1934年居里夫妇用α粒子轰击^{27}Al得到了自然界不存在的同位素^{30}P,开创了人造核素的先河:

$$^{27}_{13}Al+^{4}_{2}He \longrightarrow ^{30}_{15}P+^{1}_{0}n \tag{27-13}$$

这一反应也是第一次由人造核素获得的放射性,后称这种现象为**人工放射性**(artificialradioactivity)。

27.3.3 核裂变与核聚变

1. 核裂变

核裂变(nuclear fission)又称核分裂,是大核分裂为小核的过程。只有一些质量非常大的原子核像铀(U)、钍(Th)等才能发生核裂变。这些原子的原子核在吸收一个中子以后会分裂成两个或更多个质量较小的原子核,同时放出2～3个中子和很大的能量,又能使别的原子核接着发生核裂变……使过程持续进行下去,这种过程称作**链式反应**(chain reaction)。原子核在发生核裂变时,释放出巨大的能量称为原子核能,俗称原子能。1t铀-235的全部核的裂变将产生20 000MW·h^{-1}的能量(足以让20MW的发电站运转1000h),与燃烧300万t煤释放的能量一样多。铀裂变在核电厂最常见,加热后铀原子放出2～4个中子,中子再去撞击其他原子,从而形成链式反应而自发裂变(图27-7)。撞击时除放出中子还会放出热,再加快撞击,但如果温度太高,反应炉会熔掉,而演变成反应炉熔毁造成严重灾害,因此通常会放控制棒(硼制成)去吸收中子以降低分裂速度。U-235的裂变反应在一定条件下会以链式反应的方式呈现,发生链式裂变反应的条件有两个:一是U-235的浓度足够大,二是总质量足够大。为了满足这两个条件,必须从天然铀中分离或浓缩U-235,得到纯的U-235或浓缩铀(U-235占3%以上);另外发生裂变的样品的总质量必须达到一个**临界质量**(critical mass),以使U-235裂变产生的中子不能飞离样品。若样品是达到临界质量的纯铀,链式反应迅速延续,在几微秒时间内放出大量能量,发生爆炸,即原子弹(图27-8)。一个重原子核分裂成为两个(或更多个)中等质量碎片的现象,按分裂的方式裂变可分为自发裂变和感生裂变。自发裂变是没有外部作用时的裂变,类似于放射性衰变,是重核不稳定性的一种表现;感生裂变是在外来粒子(最常见的是中子)轰击下产生的裂变。

核反应堆(nuclear reactor)是通过受控核裂变反应获得核能的一种装置(图27-9)。为使裂变链反应持续和可控进行的关键在于控制中子数目,使裂变产生的中子数等于各种过程消耗的中子数，以形成**自持链反应**(self-sustaining chain reaction)。

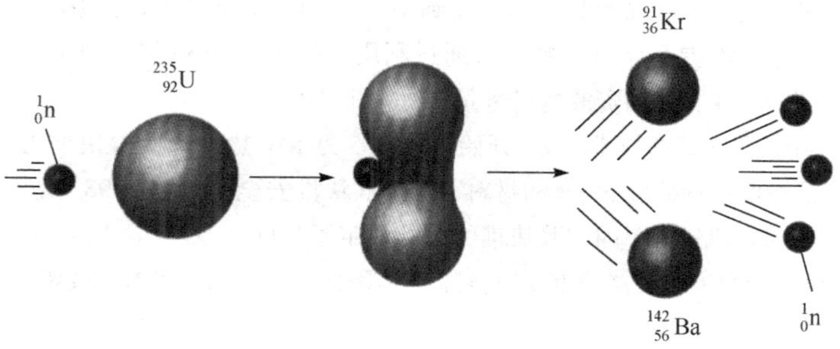

图 27-7 U-235 的裂变示意图

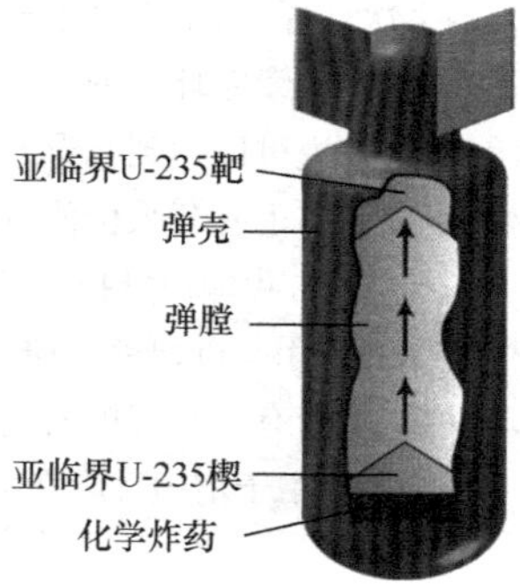

图 27-8 原子弹装置示意图

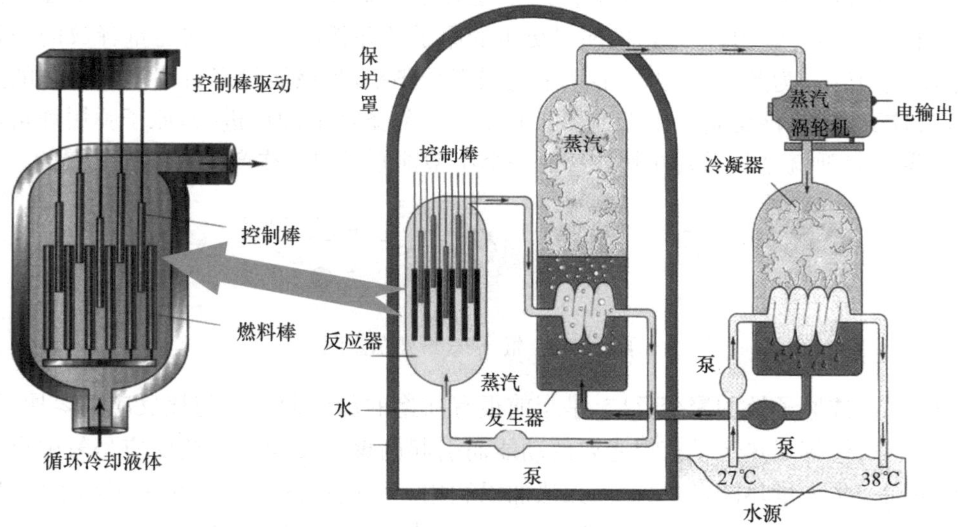

图 27-9 压水堆核电站工作原理示意图

【思考题】

27-3 U-235 发生链式裂变的反应条件有哪些?

27-4 要用反应堆产生核能，需解决哪些问题?

27-5 请简述核能发电的优缺点。

27-6 切尔诺贝利反应堆爆炸灾难为什么加重了人们对核电安全性的担心? 它对世界上使用核电有什么影响?

【例题 27-3】 查阅资料，简单了解快中子增殖反应堆。

解 快中子增殖反应堆(fast breeder reactor，FBR)简称快堆，是一种以快中子引起易裂变核铀-235 或钚-239 等裂变链式反应的堆型。

快堆的重要特点是：运行时一方面消耗裂变燃料(铀-235 或钚-239 等)，同时又生产出裂变燃料(钚-239 等)，而且大于产耗，真正消耗的是在热中子反应堆中不大能利用的且在天然铀中占 99.2%以上的铀-238，铀-238 吸收中子后变成钚-239。在快堆中，裂变燃料越烧越多，得到了增殖，因此快堆的全名为快中子增殖反应堆。快堆是当今唯一现实的增殖堆型。

如果把快堆发展起来，将压水堆运行后产生的工业钚和未烧尽的铀-238作为快堆的燃料也进行如上的多次循环，由于它是增殖堆，裂变燃料实际不消耗，真正消耗的是铀-238，所以只有铀-238消耗完了，才不能继续循环。理论上，发展快堆能将铀资源的利用率提高到100%，但考虑到加工、处理中的损耗，一般来说可以达到60%～70%的利用率，是压水堆燃料一次通过利用率的130～160倍。利用率提高了，贫铀矿也有开采价值，这样，从世界范围讲，铀资源的可采量将提高上千倍。

1986年，我国快堆技术开发纳入国家"863"高技术计划，开始了以6.5万kW热功率实验快堆为工程目标的应用基础研究。研究重点是快堆设计研究、燃料和材料、钠工艺、快堆安全等。至1993年总共建成20多套有一定规模的实验装置和钠回路，为中国实验快堆的设计奠定了基础。

由于快中子增殖反应堆中的核反应会产生核武器的重要原料钚-239，因而有较大的核武器扩散风险。

2. 核聚变

核聚变(nuclear fusion)是指由轻原子核(主要氘或氚)，在一定条件下(如超高温和高压)，发生原子核互相聚合作用，生成新的质量更重的原子核并伴随着巨大的能量释放的一种核反应形式(图27-10)。为此，轻核需要能量来克服库仑势垒，当该能量来自高温状态下的热运动时，聚变反应又称"热核反应"。该反应在40 000 000℃条件下即可进行，原子弹爆炸可以提供这样的高温。氢弹就是利用装在其内部的一个小型铀原子弹爆炸产生的高温引爆的。

图27-10 氘、氚核聚变示意图

热核反应，或原子核的聚变反应，是当前很有前途的新能源。参与核反应的氢原子核，如氢(氕)、氘、氚、锂等从热运动获得必要的动能而引起的聚变反应。热核反应是氢弹爆炸的基础，可在瞬间产生大量热能，但目前尚无法加以利用。如能使热核反应在一定约束区域内，根据人们的意图有控制地产生与进行，即可实现受控热核反应。这正是目前在进行试验研究的重大课题。受控热核反应是聚变反应堆的基础。聚变反应堆一旦成功，则可能向人类提供最清洁而又是取之不尽的能源。

27.4 质量亏损和核结合能

原子核是核子之间靠**核力**(nuclear force)结合而成。核力是核子之间的短程强吸引力，作用范围为2fm。尽管原子核由质子和中子组成，但其质量总是小于组成它的全部核子的质量和。例如，氘(D)的核素由两个核子(1个质子和1个中子)组成，根据表27-1给出的数据计算，两个核子的质量和应为2.015 941 3u，而氘核的实际质量却是2.013 552u，少了0.002 389 3u。核素质量与其组成核子质量和之差称为**质量亏损**(mass defect)，用Δm表示。

既然由核子结合成核素时质量减少了Δm，根据爱因斯坦质能关系式($\Delta E=mc^2$)，其能量应该相应减少。减少的能量称为**核的结合能**(nuclear binding energy)，符号用E_B。例如，^2H核的结合能为

$$E_B(^2H)=\Delta mc^2=931.5MeV \cdot u^{-1}\times 0.002\ 389\ 3u\approx 2.225\ 6MeV$$

式中的常数931.5MeV·u^{-1}是与质量1u对应的能量。

【思考题】

27-7　质量亏损就是这部分质量消失或者质量转变为能量了吗?

核结合能除以质量数称为**平均结合能**(average binding energy),用 ε 表示。是指核子结合为核素的过程中,每个核子平均释放的能量。ε 值的大小反映了原子核的稳定性,平均结合能越大,原子核越稳定(图 27-11)。其实,任何由更小的粒子组成系统的质量都小于组成粒子分散时的质量总和,都有相应的结合能。电子与原子核结合成原子的结合能就是原子的电离能,原子或离子结合成晶体也有结合能。核结合能比原子结合能要大得多。

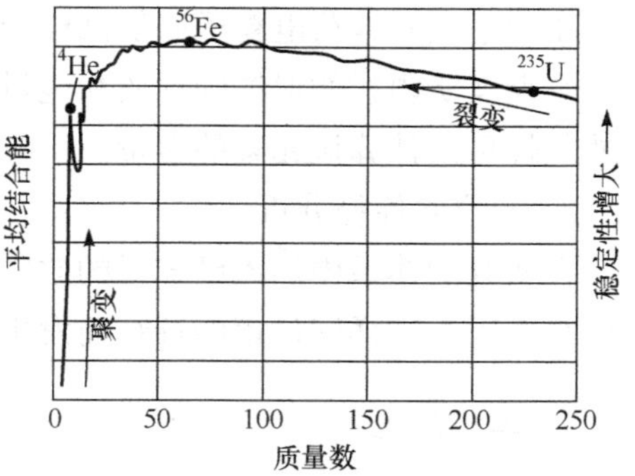

图 27-11　不同核素的平均结合能曲线

【思考题】

27-8　您能从图 27-11 得到些什么启示呢?

【例题 27-4】　计算反应

$$^{60}_{27}Co+^{2}_{1}H = ^{59}_{27}Co+^{1}_{1}H$$

的吸收发射能。相对原子质量:$^{59}_{27}Co$ =58.9332,$^{2}_{1}H$=2.01410,$^{60}_{27}Co$=59.9529,$^{1}_{1}H$=1.007 83。

解　以半衰期为横坐标,质量为纵坐标,画出质量随时间的变化曲线图如图 27-5 所示。

$$\Delta m=59.9529+1.007\ 83-58.933\ 2-2.014\ 10=0.013\ 43(\mathrm{g\cdot mol^{-1}})$$

$$\Delta E=\Delta mc^2=1.343\times10^{-5}\mathrm{kg\cdot mol^{-1}}\times(3.00\times10^{8}\mathrm{m\cdot s^{-1}})^2=1.21\times10^{9}\mathrm{kJ\cdot mol^{-1}}$$

27.5　放射性核素的应用

1. 医疗上的应用

应用辐射对生物体的损害作用被广泛应用于治疗癌症和白血病,这在医学上称为化疗。辐射之所以能用于治疗癌症和白血病是因为癌细胞对辐射的敏感性强于正常细胞。将放射性核素通过针剂或胶囊摄入体内,放射性核素衰变后放出射线可逐渐扰乱癌细胞的生长。不过,化疗的副作用是会引起眩晕和掉头发等。

放射性同位素可用于对动植物体器官及组织的研究,如^{59}Fe 用于血液输送方式、^{32}P 用于生命功能、^{131}I 用于甲状腺作用、^{212}Pb 用于作物营养、^{11}C 和^{18}O 用于代谢过程及生命体的稳定态动力学平衡、^{40}K 和^{24}Na 用于通过细胞膜的离子输送等的研究。

2. 反应机理和化学结构研究

如果一种放射性同位素容易与其他同位素区别,则它可以作为标记或示踪以跟踪化学、物理或生物等变化、演变的踪迹。用于该目的的同位素称为示踪原子或标记同位素。利用放射性同位素作为标记十分有利,因为放射性的测定比较灵敏而且方便。因此,标记同位素常用于反应机理的研究、化学结构的研究。此外,在化学键、化学反应动力学的研究中也广泛应用放射性同位素。

3. 分析测试

1）活化分析

用中子或其他荷电粒子照射试样和标准物，使被测元素转变为放射性同位素，根据同位素的半衰期及所辐射的射线的性质和能量可以对该元素进行定性检测，同时测定样品和标准物的放射性可以计算该元素的含量。

2）同位素稀释分析

在研究的体系中加入已知量的放射性同位素样品，利用放射性同位素作为指示剂，根据其放射强度因受试样同位素的稀释而发生的变化可计算出待测元素在试样中的含量。

4. 工业用途

任何控制或分析系统都可以使用合适的放射性同位素来实现。例如，在管道和储罐的内部放置一个 γ 射线源，则其中油面的高度及其流动情况可在外面用计数器测定。

膜的厚度可用 β 辐射来控制，它是根据膜两侧的辐射强度差来自动调节滚子间距离的。活塞和轮胎的损耗、润滑油的失效等可以在磨损部分加装适当的放射性同位素来探测。

除此之外，食物灭菌和消毒，化学反应的催化和激发等都广泛地应用到放射性同位素。

5. 放射性用于年代测定（放射性 C-14 纪年）

每一个放射性核素具有一个特征的恒定不变的半衰期，就像是一座精密的时钟以恒定不变的速率走动着。由于衰变反应半衰期与反应物的起始浓度无关，美国化学家利比（W. F. Libby）巧妙地利用这一性质发明了放射性碳-14 测定年代法（radiocarbon-14 dating），因此获得 1960 年的诺贝尔化学奖。

自然界的放射性碳-14 是由宇宙射线中子轰击高层大气中的氮原子形成的：

$$^{14}_{7}N + ^{1}_{0}n \longrightarrow ^{14}_{6}C + ^{1}_{1}p \qquad (27\text{-}9)$$

反应中产生的碳-14 以 5730a 的半衰期发生 β 衰变：

$$^{14}_{6}C \longrightarrow ^{14}_{7}N + ^{0}_{-1}e \qquad (27\text{-}14)$$

碳-14 纪年法的一个重要假定是，大气中碳-14 与碳-12 的比值是恒定的。碳-14 进入了大气中的 CO_2，后者通过光合作用进入植物体内复杂的含碳有机分子，动物体内的碳-14 则是进食这些植物而来的。由于碳-14 一面以一定的速率在衰变，活体动植物又不断补充含碳化合物，体内碳-14 与碳-12 的相对比值基本保持不变。当生物体死亡后，新陈代谢停止，由于碳-14 的不断衰变减少，因此体内碳-14 和碳-12 含量的相对比值相应不断减少。通过对生物体出土化石中碳-14 和碳-12 含量的测定，就可以准确算出生物体死亡（即生存）的年代。例如，某一生物体出土化石，经测定含碳量为 m g（或碳-12 的质量），按自然界碳的各种同位素含量的相对比值可计算出，生物体活着时，体内碳-14 的质量应为 m g。但实际测得体内碳-14 的质量内只有 m g 的八分之一，根据半衰期可知生物死亡已有了 3 个 5730 年了，即已死亡了 17 190 年了。

【例题 27-5】 2005年，埃及一法老古墓发掘出来的木质遗物样品中，放射性碳-14的比活度为432Bq·g^{-1}[即s^{-1}·$(gC)^{-1}$]，而地球上活体植物组织相应的比活度则756Bq·g^{-1}，试计算该古墓建造的年代。

解 衰变反应是反应27-14，根据一级反应的速率方程和半衰期公式：

$$\ln c_t(^{14}_{6}C) = -\lambda t + \ln c_0(^{14}_{6}C),\ t_{1/2} = 0.693/\lambda$$

得

$$\lambda = 0.693/t_{1/2} = 0.693/5730a = 1.21 \times 10^{-4} a^{-1}$$

$$t = \ln[756Bq \cdot g^{-1}/432Bq \cdot g^{-1}]/(1.21 \times 10^{-4} a^{-1}) = 4630a$$

即该古墓大约是公元前2625年建造的。

【思考题】

27-9 为什么人和动物的古尸年代也可用放射性碳-14测定年代法测定？而该法又为何不能用来确定5万年以前的物体的年龄？

27.6 超重元素的合成及其鉴定方法

人们通常把元素周期表中104号元素及以后的元素称为超重元素（superheavy element）或者超锕元素（transactinide element）。根据西博格早在1945年提出的锕系元素概念，5f系元素应该到103号元素（Lr）结束，并认为从104号元素（Rf）开始会出现6d过渡系。因此，目前所知道的15个超锕元素，104号元素到118号元素被排列在72号元素（Hf）到86号元素（Rn）的下方形成新的6d过渡系。超重元素的研究是目前核物理和核化学领域的前沿课题之一。

对超重元素进行合成方面的研究有助于探索原子核质量存在的极限，最终确定化学元素周期表的边界，同时也是对原子核壳模型理论正确与否的实际检验。因此，超重元素合成的实验和理论研究已经成为当代核物理的前沿领域，科学家对超重核合成的研究目标就是通过不断地探索最终合成“超重核稳定岛”上的核素。

27.6.1 超重元素的合成

合成超重元素的最佳途径就是在加速器上通过重离子熔合蒸发反应人工合成，并在反冲余核的飞行过程中利用电、磁等相关技术进行分离，分离后的余核被具有单原子衰变测量能力的探测系统进行测量与鉴别。重离子熔合反应是指利用高速重离子轰击合适的靶原子，使靶核和重离子炮弹熔合成一个具有一定激发能的复合核，复合核的质子数为靶核与重离子的质子数之和。由于形成的复合核具有较高的激发能，不稳定，会通过蒸发中子的形式放出多余的能量，退激到稳定状态。人们根据重离子熔合时形成的复合核的激发能不同，又将其分类为“热熔合”、“冷熔合”和“温熔合”。

1. 热熔合

“热熔合”反应最先是由美国劳伦斯伯克利国家实验室的西博格小组提出的，是一种传统的通过重离子熔合反应合成超重元素的方法。一般是以较轻的重离子（如^{18}O、^{22}Ne、^{26}Mg）轰击锕系元素靶（如^{232}Th、^{238}U、^{244}Pu、^{248}Cm以及^{249}Bk等）的重离子熔合过程。一般形成的复合核的激发能在40～50MeV左右，通过蒸发4个以上中子的过程退激发。如美国劳伦斯伯克利国家实验室和俄罗斯杜布纳联合核子研究所利用重离子诱发的“热熔合”反应合成了104、105和106号三种元素的几个同位素(图27-12)。通过“热熔合”反应可合成寿命为数十秒的较丰中子的超重核，从而用于超重元素的化学实验研究。

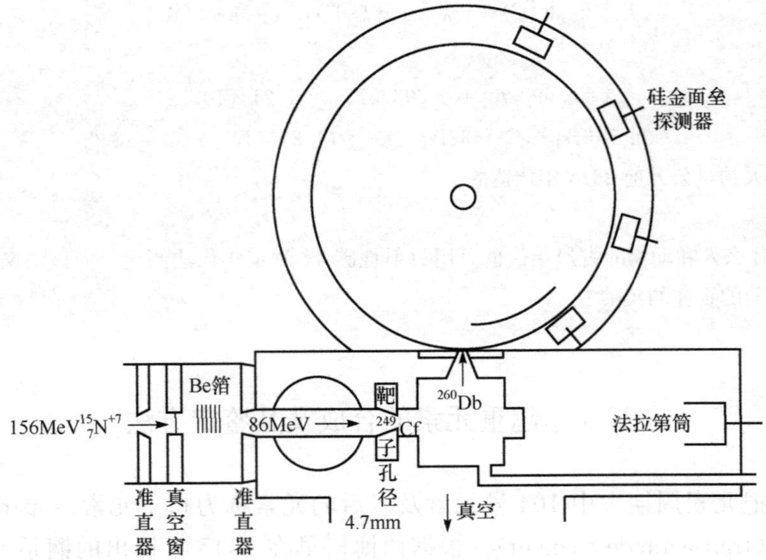

图27-12　105号元素合成装置示意图

2. 冷熔合

在利用热熔合反应合成106号元素后，人们发现“热熔合”反应生成更重元素的截面非常之小，在当时的技术条件下几乎不可能鉴别出目标核。于是俄罗斯核物理学奥嘎涅茨(Y. T. Oganessian)在1974年提出，在质量数$A>40$的丰中子弹核(如^{58}Fe、^{62,64}Ni、^{68,70}Zn等)与幻数靶核^{208}Pb和^{209}Bi的熔合反应中，利用靶核大的质量亏损可形成较低激发能的复合核，复合核通过发射1或2个中子退激。这样生成的复合核蒸发余核的存活概率与“热熔合”反应相比，可以高出数倍至1个数量级。这就是“冷熔合”反应，所形成的复合核的激发能一般在10～15MeV，通过蒸发1～2个中子的过程退激发。德国达姆施塔特的重离子研究所利用“冷熔合”反应在新元素合成中取得了巨大成功，他们利用强流^{54}Cr、^{58}Fe、^{62}Ni、^{64}Ni和^{70}Zn轰击^{208}Pb和^{209}Bi靶，先后合成了107～112号的6种新元素(图27-13)。另外，日本理化学研究所的科学家也成功地通过“冷熔合”反应对110、111和112号元素的合成进行了验证。“冷熔合”反应的优点是可以得到较高的反应截面，但是它的反应产物常是缺中子的核素，大部分核素的半衰期在ms甚至μs量级，这一时间长度对于现有的化学实验技术来说都太短，对于研究超重元素的化学性质是非常困难的。

3. 温熔合

后来，俄罗斯杜布纳联合核子研究所的科学家考虑到“冷熔合”反应产生的截面较小，从而选择了以双幻核^{48}Ca为束流轰击丰中子锕系靶，通过“温熔合”来产生接近理论预言的球形超重稳定岛的长寿命核。一般是以双幻核^{48}Ca为炮弹轰击锕系元素靶(如^{238}U、^{242,244}Pu、

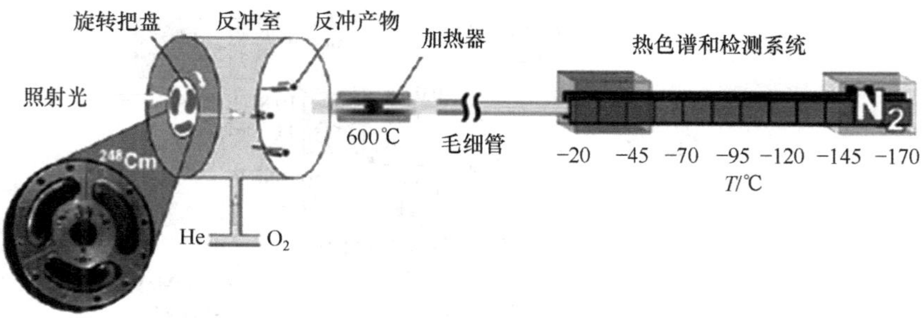

图 27-13 合成 108 号元素的实验装置图

^{243}Am、^{248}Cm、^{249}Cf 等)的重离子熔合过程,所形成复合核的激发能在 20～30MeV,介于"冷熔合"和"热熔合"之间,复合核通过蒸发 3～4 个中子退激发。通过"温熔合"反应,人们在原子序数越来越大的超重元素的合成方面取得了很好的成果,俄罗斯的杜布纳联合核子研究所基于^{48}Ca 的"温熔合"反应已经合成了 112、114～118 号元素。通过"温熔合"反应可以产生寿命相对较长的超重核素,且反应截面比较大,产额较高,已经用于化学性质的研究中。

虽然超重核合成的研究已经取得了长足的发展,但发现的超重核素都还没有达到理论预言的"超重核稳定岛"上。要登上"超重核稳定岛",还存在很大的困难,需要核物理学家不断地探索。

27.6.2 超重元素的鉴定方法

每一个新元素的合成都不是一帆风顺的。但是,所发现的新核素的实验验证却更难。一种新元素的基本证明,应确定它的原子序数,而不一定要确定它的质量数。为新元素提供确凿的证明,必须具备下列三点之一:①化学鉴定是最理想的证明,所采用的化学手段要对单个原子是有效的,如离子交换、吸附淋洗、液相间分布等(图 27-14);②X 射线的鉴定是令人满意的,但应与 γ 射线区别;③α 衰变关系以及已知质量数的子核的证明也是可以接受的(图 27-15)。衰变性质和半衰期需要大量的物理和化学实验验证,才能够被人们所认可。

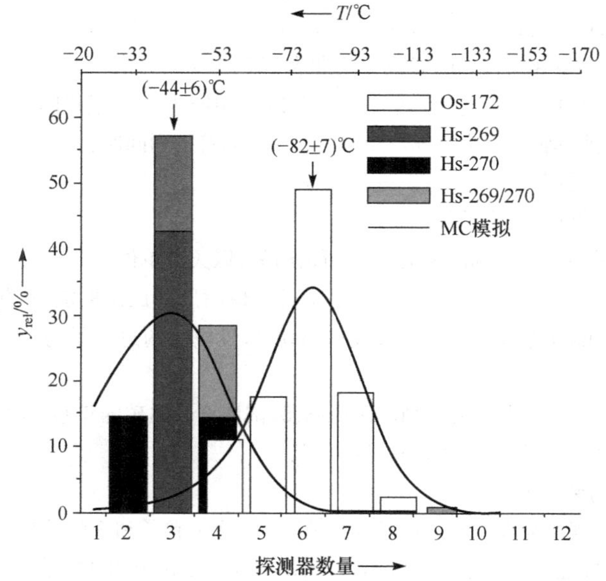

图 27-14 实验中观察到 HsO_4 和 OsO_4 的热色谱结果

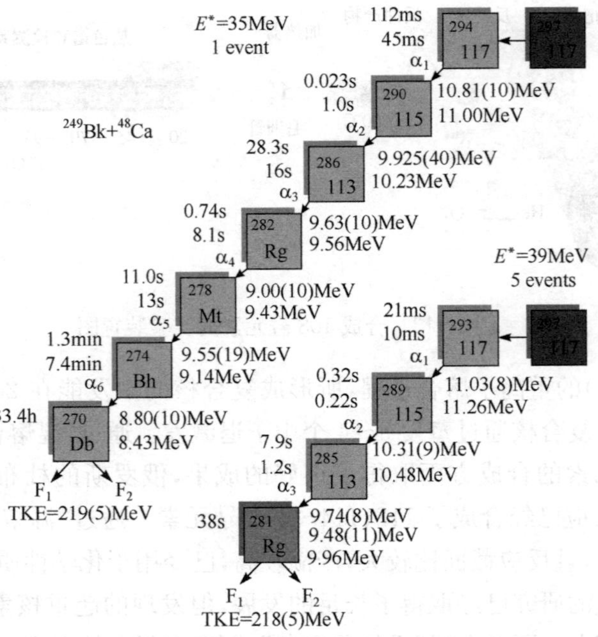

图 27-15　117 号新元素的衰变

习　　题

27-1　解释下列名词。

亚原子粒子，放射性，半衰期，核裂变，核聚变，链式反应，核的结合能，超重元素。

27-2　亚原子粒子根据作用力的不同，可以分为________、________和________三大类。

27-3　请分别写出用 α 粒子轰击 ^{27}Al 得到 ^{30}P 和 α 粒子轰击 ^{9}Be 得到 ^{12}C 的核化学方程式。

27-4　正确确定下列各核反应式中的 X 所代表的核素。

(1) ${}^{2}_{1}He+{}^{2}_{1}He \longrightarrow X$　(2) ${}^{1}_{1}H+{}^{11}_{5}B \longrightarrow 3X$　(3) ${}^{59}_{26}Fe \longrightarrow {}^{0}_{-1}e+X$

27-5　${}^{226}_{88}Ra$ 的半衰期为 1620 年，请计算：① ^{226}Ra 衰变的一级速率常数；② ^{226}Ra 经 100 年后还剩百分之几？

27-6　考古工作者新挖掘到一文物，经测定，其 $^{14}C/^{12}C$ 的比值为现在活植物体内比值的 0.617 倍，请据此估测该文物距今已有多少年？（已知 ^{14}C 的半衰期为 5770 年）

27-7　^{131}I 是碘的一种放射性同位素，它是一个电子发射体，可用于核医学通过闪烁照相法检查甲状腺内分泌失调症。^{131}I 的衰变速率常数 k 为 $9.93\times10^{-7}s^{-1}$。试回答下列问题：

(1) 写出 ^{131}I 的衰变反应式。

(2) 计算 ^{131}I 的半衰期(以天为单位)。

(3) 计算 ^{131}I 的样品活性降低到原来的 30%所需时间(以天为单位)。

27-8　试计算由核反应：${}^{3}_{1}H+{}^{2}_{1}H \longrightarrow {}^{4}_{2}He+{}^{1}_{0}n$ 生成 1mol ${}^{4}_{2}He$ 时所释放出的能量，相当于多少吨碳燃烧时所放出的能量。(已知碳的燃烧热为 $393.76kJ\cdot mol^{-1}$，反应物的总质量为 5.029 05g，产物的总质量为 5.010 17g)。

27-9　某铀矿样含有 Pb 及 U，其质量比为 Pb/U＝0.395，试计算该铀矿的年龄(假定在衰变过程中无放射性气体逸出)。已知 ^{238}U 的半衰期为 4.51×10^{9} 年。

27-10　试由质量数和电荷数的变化推算：

(1) ^{238}U 原子核经连续衰变生成 ^{206}Pb 时，发射出多少个 α 粒子和 β 粒子？

(2) ^{237}Np 原子核经连续衰变生成 ^{209}Bi 时，发射出多少个 α 粒子和 β 粒子？

参考文献

北京师范大学，华中师范大学，南京师范大学无机化学教研室. 2003. 无机化学（上、下册）. 4 版. 北京：高等教育出版社

华彤文，陈景祖，等. 2005. 普通化学原理. 3 版. 北京：北京大学出版社

金若水，王韵华，芮承国. 2003. 现代化学原理. 北京：北京大学出版社

申泮文. 2008-2009. 近代化学导论（上、下册）. 2 版. 北京：高等教育出版社

史启祯. 2010. 无机化学与化学分析. 3 版. 北京：高等教育出版社

宋天佑，程鹏，王杏乔，等. 2009-2010. 无机化学（上、下册）. 2 版. 北京：高等教育出版社

雪维尔 D F. 1997. 无机化学. 2 版. 高忆慈，史启祯，曾克慰，等译. 北京：高等教育出版社

Chang R. 2010. Chemistry. 10th ed. New York：McGraw-Hill

Lide D R. 2008-2009. CRC Handbook of Chemistry and Physics. 89th ed. Boca Raton：CRC Press

Pertrucci R H. 2000. General Chemistry：Principles and Modern Applications. 3rd ed. 北京：高等教育出版社

附　　录

附录 1　我国的法定计量单位

国际单位(SI)			
物理量	单位名称	单位符号	
		中文	国际
长度	米	米	m
质量	千克	千克	kg
时间	秒	秒	s
电流	安培	安	A
温度	开尔文	开	K
光强度	坎德拉	坎	cd
物质的量	摩尔	摩	mol

换算关系

1 厘米(cm)	$=10^{7}$ nm
1 波数(cm^{-1})	$=2.8591\times10^{-3}$ kcal · mol^{-1}
1kcal · mol^{-1}	$=349.76cm^{-1}$
1 电子伏特(eV)	=23.061kcal · mol^{-1}
1kcal · mol^{-1}	=0.0433eV
1kcal	=4.184kJ
1 尔格(erg)	$=2.390\times10^{-11}$ kcal $=10^{-7}$ J
1 大气压(atm)	=101 325Pa=1.0332×104 kg · m^{-2}=760 托(Torr)

附录 2　一些物理和化学的基本常数

物理量	符号及数值
阿伏伽德罗常量	$N_A=6.022\ 169\times10^{23}mol^{-1}$
电子电荷	$e=1.602\ 191\ 7\times10^{-19}C$
电子静止质量	$m_e=9.109\ 558\times10^{28}g$
质子静止质量	$m_p=1.672\ 614\times10^{-24}g$
法拉第常量	$F=9.648\ 670\times10^{4}C$
普朗克常量	$h=6.626\ 196\times10^{-34}J\cdot s$
玻耳兹曼常量	$k=1.380\ 622\times10^{-23}J\cdot K^{-1}$
摩尔气体常量	$R=8.314J\cdot mol^{-1}\cdot K^{-1}$
	$=8.205\times10^{-2}L\cdot atm\cdot mol^{-1}\cdot K^{-1}$
光速(真空)	$c=2.997\ 925\ 0\times10^{10}cm\cdot s^{-1}$
原子的质量单位	$u=1.660\ 531\times10^{-24}g$
	(=^{12}C 原子质量的 1/12)

附录 3　一些弱酸、弱碱在水中的解离平衡常数 $K^{\ominus}$(298K)

弱　酸	解离平衡常数
H_3AsO_4	$K_{a_1}^{\ominus}=6.3\times10^{-3}$;$K_{a_2}^{\ominus}=1.0\times10^{-7}$;$K_{a_3}^{\ominus}=3.2\times10^{-12}$
$HAsO_2$	$K_a^{\ominus}=6.0\times10^{-10}$
H_3BO_3	$K_a^{\ominus}=5.8\times10^{-10}$
$H_2B_4O_7$	$K_{a_1}^{\ominus}=1\times10^{-4}$;$K_{a_2}^{\ominus}=1\times10^{-9}$
H_2CO_3	$K_{a_1}^{\ominus}=4.3\times10^{-7}$;$K_{a_2}^{\ominus}=5.61\times10^{-11}$
$H_2C_2O_4$	$K_{a_1}^{\ominus}=5.90\times10^{-2}$;$K_{a_2}^{\ominus}=6.40\times10^{-5}$
HCN	$K_a^{\ominus}=4.93\times10^{-10}$
H_2CrO_4	$K_{a_1}^{\ominus}=1.8\times10^{-1}$;$K_{a_2}^{\ominus}=3.20\times10^{-7}$
HF	$K_a^{\ominus}=6.6\times10^{-4}$
HIO_3	$K_a^{\ominus}=1.69\times10^{-1}$
HIO	$K_a^{\ominus}=2.3\times10^{-11}$
HNO_2	$K_a^{\ominus}=5.1\times10^{-4}$
NH_4^+	$K_a^{\ominus}=5.64\times10^{-10}$
H_2O_2	$K_a^{\ominus}=2.4\times10^{-12}$
CCl_3COOH	$K_a^{\ominus}=0.23$
$^+NH_3CH_2COOH$	$K_{a_1}^{\ominus}=4.5\times10^{-3}$
$^+NH_3CH_2COO^-$	$K_{a_2}^{\ominus}=2.5\times10^{-10}$
$CH_3CHOHCOOH$	$K_a^{\ominus}=1.4\times10^{-4}$
C_6H_5COOH	$K_a^{\ominus}=6.2\times10^{-5}$
$H_2C_4H_4O_6$	$K_{a_1}^{\ominus}=9.1\times10^{-4}$;$K_{a_2}^{\ominus}=4.3\times10^{-5}$
$H_2C_8H_4O_4$	$K_{a_1}^{\ominus}=1.1\times10^{-3}$;$K_{a_2}^{\ominus}=3.9\times10^{-6}$
$H_3C_6H_5O_7$	$K_{a_1}^{\ominus}=7.4\times10^{-4}$;$K_{a_2}^{\ominus}=1.7\times10^{-5}$;$K_{a_3}^{\ominus}=4.0\times10^{-7}$
C_6H_5OH	$K_{a_1}^{\ominus}=1.1\times10^{-10}$
H_6EDTA^{2+}	$K_{a_1}^{\ominus}=0.13$;$K_{a_2}^{\ominus}=3\times10^{-2}$;$K_{a_3}^{\ominus}=1\times10^{-2}$;
	$K_{a_4}^{\ominus}=2.1\times10^{-3}$;$K_{a_5}^{\ominus}=6.9\times10^{-7}$;$K_{a_6}^{\ominus}=5.5\times10^{-11}$
H_3PO_4	$K_{a_1}^{\ominus}=7.6\times10^{-3}$;$K_{a_2}^{\ominus}=6.3\times10^{-8}$;$K_{a_3}^{\ominus}=4.4\times10^{-13}$
$H_4P_2O_7$	$K_{a_1}^{\ominus}=3.0\times10^{-2}$;$K_{a_2}^{\ominus}=4.4\times10^{-3}$;
	$K_{a_3}^{\ominus}=2.5\times10^{-7}$;$K_{a_4}^{\ominus}=5.6\times10^{-10}$
H_3PO_3	$K_{a_1}^{\ominus}=5.0\times10^{-2}$;$K_{a_2}^{\ominus}=2.5\times10^{-7}$
H_2S	$K_{a_1}^{\ominus}=1.3\times10^{-7}$;$K_{a_2}^{\ominus}=7.1\times10^{-15}$
HSO_4^-	$K_a^{\ominus}=1.0\times10^{-2}$
H_2SO_3	$K_{a_1}^{\ominus}=1.3\times10^{-2}$;$K_{a_2}^{\ominus}=6.3\times10^{-8}$
HCOOH	$K_a^{\ominus}=1.77\times10^{-4}$
CH_3COOH	$K_a^{\ominus}=1.76\times10^{-5}$
$CH_2ClCOOH$	$K_a^{\ominus}=1.4\times10^{-3}$
$CHCl_2COOH$	$K_a^{\ominus}=5\times10^{-2}$

续表

弱碱	解离平衡常数
$NH_3 \cdot H_2O$	$K_b^\ominus = 1.76 \times 10^{-5}$
H_2NNH_2	$K_{b_1}^\ominus = 3.0 \times 10^{-6}$；$K_{b_2}^\ominus = 7.6 \times 10^{-15}$
NH_2OH	$K_b^\ominus = 9.1 \times 10^{-9}$
CH_3NH_2	$K_b^\ominus = 4.2 \times 10^{-4}$
$C_2H_5NH_2$	$K_b^\ominus = 5.6 \times 10^{-4}$
$(CH_3)_2NH$	$K_b^\ominus = 1.2 \times 10^{-4}$
$(C_2H_5)_2NH$	$K_b^\ominus = 1.3 \times 10^{-3}$
$HOCH_2CH_2NH_2$	$K_b^\ominus = 3.2 \times 10^{-5}$
$(HOCH_2CH_2)_3N$	$K_b^\ominus = 5.8 \times 10^{-7}$
$(CH_2)_6N_4$	$K_b^\ominus = 1.4 \times 10^{-9}$
$H_2NCH_2CH_2NH_2$	$K_{b_1}^\ominus = 8.5 \times 10^{-5}$；$K_{b_2}^\ominus = 7.1 \times 10^{-8}$
C_5H_5N	$K_b^\ominus = 1.7 \times 10^{-9}$
AgOH	$K_b^\ominus = 1 \times 10^{-2}$
$Al(OH)_3$	$K_{b_1}^\ominus = 5 \times 10^{-9}$；$K_{b_2}^\ominus = 2 \times 10^{-10}$
$Be(OH)_2$	$K_{b_1}^\ominus = 1.78 \times 10^{-6}$；$K_{b_2}^\ominus = 2.5 \times 10^{-9}$
$Ca(OH)_2$	$K_b^\ominus = 6 \times 10^{-2}$
$Zn(OH)_2$	$K_b^\ominus = 8 \times 10^{-7}$

附录 4　常见难溶电解质的溶度积 $K_{sp}^\ominus$(298K)

难溶电解质	$K_{sp}^\ominus$	难溶电解质	$K_{sp}^\ominus$
AgAc	4.4×10^{-3}	$AuCl_3$	3.2×10^{-25}
AgBr	5.0×10^{-13}	$Au(OH)_3$	5.5×10^{-46}
AgCl	1.8×10^{-10}	$BaCO_3$	5.1×10^{-9}
Ag_2CO_3	8.1×10^{-12}	BaC_2O_4	1.6×10^{-7}
$Ag_2C_2O_4$	3.40×10^{-11}	$BaCrO_4$	1.2×10^{-10}
Ag_2CrO_4	1.12×10^{-12}	BaF_2	1.0×10^{-6}
$Ag_2Cr_2O_7$	2.0×10^{-7}	$Ba_3(PO_4)_2$	3.4×10^{-23}
AgI	8.52×10^{-17}	$BaSO_3$	8×10^{-7}
$AgIO_3$	3.0×10^{-8}	CuBr	5.3×10^{-9}
$AgNO_2$	6.0×10^{-4}	CuCN	3.2×10^{-20}
AgOH	2.0×10^{-8}	$CuCO_3$	1.4×10^{-10}
Ag_3PO_4	1.4×10^{-16}	CuCl	1.2×10^{-6}
Ag_2SO_4	1.4×10^{-5}	$CuCrO_4$	3.6×10^{-6}
$Ag_2S(\alpha)$	6.3×10^{-50}	CuI	1.1×10^{-12}
$Ag_2S(\beta)$	1.09×10^{-49}	CuOH	1.0×10^{-14}
$Al(OH)_3$	1.3×10^{-33}	$Cu(OH)_2$	2.2×10^{-20}
AuCl	2.0×10^{-13}	$Cu_3(PO_4)_2$	1.30×10^{-37}

续表

难溶电解质	$K_{sp}^{\ominus}$	难溶电解质	$K_{sp}^{\ominus}$
$Cu_2P_2O_7$	8.3×10^{-16}	$Fe(OH)_2$	8.0×10^{-16}
CuS	6.3×10^{-36}	$Fe(OH)_3$	4.3×10^{-38}
Cu_2S	2.5×10^{-48}	FeS	6.3×10^{-18}
$BaSO_4$	1.1×10^{-10}	Hg_2Cl_2	1.3×10^{-18}
BaS_2O_3	1.6×10^{-5}	Hg_2I_2	4.5×10^{-29}
$Bi(OH)_3$	4.0×10^{-31}	$Hg(OH)_2$	3.0×10^{-26}
BiOCl	1.8×10^{-31}	Hg_2S	1.0×10^{-47}
Bi_2S_3	1×10^{-97}	HgS(红)	4.0×10^{-53}
$CaCO_3$	2.8×10^{-9}	HgS(黑)	1.6×10^{-52}
$CaC_2O_4\cdot H_2O$	4×10^{-9}	Hg_2SO_4	7.4×10^{-7}
$CaCrO_4$	7.1×10^{-4}	KIO_4	3.71×10^{-4}
CaF_2	5.3×10^{-9}	$K_2[PtCl_6]$	1.1×10^{-5}
$CaHPO_4$	1.0×10^{-7}	$K_2[SiF_6]$	8.7×10^{-7}
$Ca(OH)_2$	5.5×10^{-6}	Li_2CO_3	2.5×10^{-2}
$Ca_3(PO_4)_2$	2.0×10^{-29}	LiF	3.8×10^{-3}
$CaSO_4$	9.1×10^{-6}	$MgNH_4PO_4$	2.5×10^{-13}
$CaSO_3\cdot 0.5H_2O$	3.1×10^{-12}	$MgCO_3$	3.5×10^{-8}
$CdCO_3$	5.2×10^{-12}	MgF_2	6.1×10^{-9}
$CdC_2O_4\cdot 3H_2O$	1.42×10^{-14}	$Mg(OH)_2$	1.8×10^{-11}
$Cd(OH)_2$	2.5×10^{-14}	$MnCO_3$	1.8×10^{-11}
CdS	8.0×10^{-27}	PbC_2O_4	4.8×10^{-10}
$CoCO_3$	1.4×10^{-15}	$PbCrO_4$	2.8×10^{-13}
$Co(OH)_2$(红)	1.6×10^{-15}	PbF_2	7.12×10^{-7}
$Co(OH)_2$(蓝)	5.92×10^{-44}	PbI_2	7.1×10^{-9}
$Co(OH)_3$	1.6×10^{-44}	$Pb(OH)_2$	1.2×10^{-15}
CoS(α)(新析出的)	4.0×10^{-21}	$Pb(OH)_4$	3.2×10^{-66}
CoS(β)	2.0×10^{-25}	$Pb_3(PO4)_2$	8.0×10^{-40}
$Cr(OH)_3$	6.3×10^{-31}	$PbMoO_4$	1.0×10^{-13}
$Mn(OH)_2$	1.9×10^{-13}	PbS	8×10^{-28}
MnS(无定形)	2.5×10^{-10}	$PbSO_4$	1.6×10^{-8}
MnS(晶体)	2.5×10^{-13}	$Sn(OH)_2$	1.4×10^{-28}
Na_3AlF_6	4.0×10^{-10}	$Sn(OH)_4$	1×10^{-56}
$NiCO_3$	6.6×10^{-9}	SnS	1.0×10^{-25}
$Ni(OH)_2$(新析出的)	2×10^{-15}	$SrCO_3$	1.1×10^{-10}
α-NiS	3.2×10^{-19}	$SrC_2O_4\cdot H_2O$	1.6×10^{-7}
β-NiS	1.0×10^{-24}	$SrCrO_4$	2.2×10^{-5}
γ-NiS	2.0×10^{-26}	$SrSO_4$	3.2×10^{-7}
$PbBr_2$	6.60×10^{-6}	$ZnCO_3$	1.4×10^{-11}
$PbCl_2$	1.6×10^{-5}	$ZnC_2O_4\cdot 2H_2O$	1.38×10^{-9}
$PbCO_3$	7.4×10^{-14}	$Zn(OH)_2$	1.2×10^{-17}
$FeCO_3$	3.2×10^{-11}	α-ZnS	1.6×10^{-24}
$FeC_2O_4\cdot 2H_2O$	3.2×10^{-7}	β-ZnS	2.5×10^{-22}

附录5　常见配位化合物的稳定常数

配　体	金属离子	配体数	$\lg\beta_n$
NH_3	Ag^{+}	1,2	3.24、7.05
	Au^{3+}	4	10.3
	Cd^{2+}	1、2、3、4、5、6	2.65、4.75、6.19、7.12、6.80、5.14
	Co^{2+}	1、2、3、4、5、6	2.11、3.74、4.79、5.55、5.73、5.11
	Co^{3+}	1、2、3、4、5、6	6.7、14.0、20.1、25.7、30.8、35.2
	Cu^{+}	1、2	5.93、10.86
	Cu^{2+}	1、2、3、4、5	4.31、7.98、11.02、13.32、12.86
	Fe^{2+}	1、2	1.4、2.2
	Hg^{2+}	1、2、3、4	8.8、17.5、18.5、19.28
	Mn^{2+}	1、2	0.8、1.3
	Ni^{2+}	1、2、3、4、5、6	2.80、5.04、6.77、7.96、8.71、8.74
	Pd^{2+}	1、2、3、4	9.6、18.5、26.0、32.8
	Pt^{2+}	6	35.3
	Zn^{2+}	1、2、3、4	2.37、4.81、7.31、9.46
Br^{-}	Ag^{+}	1、2、3、4	4.38、7.33、8.00、8.73
	Bi^{3+}	1、2、3、4、5、6	2.37、4.20、5.90、7.30、8.20、8.30
	Cd^{2+}	1、2、3、4	1.75、2.34、3.32、3.70
	Ce^{3+}	1	0.42
	Cu^{+}	2	5.89
	Cu^{2+}	1	0.30
	Hg^{2+}	1、2、3、4	9.05、17.32、19.74、21.00
	In^{3+}	1、2	1.30、1.88
	Pb^{2+}	1、2、3、4	1.77、2.60、3.00、2.30
	Pd^{2+}	1、2、3、4	5.17、9.42、12.70、14.90
	Rh^{3+}	2、3、4、5、6	14.3、16.3、17.6、18.4、17.2
	Sc^{3+}	1、2	2.08、3.08
	Sn^{2+}	1、2、3	1.11、1.81、1.46
	Tl^{3+}	1、2、3、4、5、6	9.7、16.6、21.2、23.9、29.2、31.6
	U^{4+}	1	0.18
	Y^{3+}	1	1.32

续表

配　体	金属离子	配体数	$\lg\beta_n$
Cl^-	Ag^+	1、2、4	3.04、5.04、5.30
	Bi^{3+}	1、2、3、4	2.44、4.7、5.0、5.6
	Cd^{2+}	1、2、3、4	1.95、2.50、2.60、2.80
	Co^{3+}	1	1.42
	Cu^+	2、3	5.5、5.7
	Cu^{2+}	1、2	0.1、−0.6
	Fe^{2+}	1	1.17
	Fe^{3+}	2	9.8
	Hg^{2+}	1、2、3、4	6.74、13.22、14.07、15.07
	In^{3+}	1、2、3、4	1.62、2.44、1.70、1.60
	Pb^{2+}	1、2、3	1.42、2.23、3.23
	Pd^{2+}	1、2、3、4	6.1、10.7、13.1、15.7
	Pt^{2+}	2、3、4	11.5、14.5、16.0
	Sb^{3+}	1、2、3、4	2.26、3.49、4.18、4.72
	Sn^{2+}	1、2、3、4	1.51、2.24、2.03、1.48
	Tl^{3+}	1、2、3、4	8.14、13.60、15.78、18.00
	Th^{4+}	1、2	1.38、0.38
	Zn^{2+}	1、2、3、4	0.43、0.61、0.53、0.20
	Zr^{4+}	1、2、3、4	0.9、1.3、1.5、1.2
CN^-	Ag^+	2、3、4	21.1、21.7、20.6
	Au^+	2	38.3
	Cd^{2+}	1、2、3、4	5.48、10.60、15.23、18.78
	Cu^+	2、3、4	24.0、28.59、30.30
	Fe^{2+}	6	35.0
	Fe^{3+}	6	42.0
	Hg^{2+}	4	41.4
	Ni^{2+}	4	31.3
	Zn^{2+}	1、2、3、4	5.3、11.70、16.70、21.60
F^-	Al^{3+}	1、2、3、4、5、6	6.11、11.12、15.00、18.00、19.40、19.80
	Be^{2+}	1、2、3、4	4.99、8.80、11.60、13.10
	Bi^{3+}	1	1.42
	Co^{2+}	1	0.4
	Cr^{3+}	1、2、3	4.36、8.70、11.20
	Cu^{2+}	1	0.9
	Fe^{2+}	1	0.8

续表

配 体	金属离子	配体数	$\lg\beta_n$
F^-	Fe^{3+}	1、2、3、5	5.28、9.30、12.06、15.77
	Ga^{3+}	1、2、3	4.49、8.00、10.50
	Hf^{4+}	1、2、3、4、5、6	9.0、16.5、23.1、28.8、34.0、38.0
	Hg^{2+}	1	1.03
	In^{3+}	1、2、3、4	3.70、6.40、8.60、9.80
	Mg^{2+}	1	1.30
	Mn^{2+}	1	5.48
	Ni^{2+}	1	0.50
	Pb^{2+}	1、2	1.44、2.54
	Sb^{3+}	1、2、3、4	3.0、5.7、8.3、10.9
	Sn^{2+}	1、2、3	4.08、6.68、9.50
	Th^{4+}	1、2、3、4	8.44、15.08、19.80、23.20
	TiO^{2+}	1、2、3、4	5.4、9.8、13.7、18.0
	Zn^{2+}	1	0.78
	Zr^{4+}	1、2、3、4、5、6	9.4、17.2、23.7、29.5、33.5、38.3
I^-	Ag^+	1、2、3	6.58、11.74、13.68
	Bi^{3+}	1、4、5、6	3.63、14.95、16.80、18.80
	Cd^{2+}	1、2、3、4	2.10、3.43、4.49、5.41
	Cu^+	2	8.85
	Fe^{3+}	1	1.88
	Hg^{2+}	1、2、3、4	12.87、23.82、27.60、29.83
	Pb^{2+}	1、2、3、4	2.00、3.15、3.92、4.47
	Pd^{2+}	4	24.5
	Tl^+	1、2、3	0.72、0.90、1.08
	Tl^{3+}	1、2、3、4	11.41、20.88、27.60、31.82
OH^-	Ag^+	1、2	2.0、3.99
	Al^{3+}	1、4	9.27、33.03
	As^{3+}	1、2、3、4	14.33、18.73、20.60、21.20
	Be^{2+}	1、2、3	9.7、14.0、15.2
	Bi^{3+}	1、2、4	12.7、15.8、35.2
	Ca^{2+}	1	1.3
	Cd^{2+}	1、2、3、4	4.17、8.33、9.02、8.62
	Ce^{3+}	1	4.6
	Ce^{4+}	1、2	13.28、26.46
	Co^{2+}	1、2、3、4	4.3、8.4、9.7、10.2

续表

配　体	金属离子	配体数	$\lg\beta_n$
OH^-	Cr^{3+}	1、2、4	10.1、17.8、29.9
	Cu^{2+}	1、2、3、4	7.0、13.68、17.00、18.5
	Fe^{2+}	1、2、3、4	5.56、9.77、9.67、8.58
	Fe^{3+}	1、2、3	11.87、21.17、29.67
	Hg^{2+}	1、2、3	10.6、21.8、20.9
	In^{3+}	1、2、3、4	10.0、20.2、29.6、38.9
	Mg^{2+}	1	2.58
	Mn^{2+}	1、3	3.9、8.3
	Ni^{2+}	1、2、3	4.97、8.55、11.33
	Pa^{4+}	1、2、3、4	14.04、27.84、40.7、51.4
	Pb^{2+}	1、2、3	7.82、10.85、14.58
	Pd^{2+}	1、2	13.0、25.8
	Sb^{3+}	2、3、4	24.3、36.7、38.3
	Sc^{3+}	1	8.9
	Sn^{2+}	1	10.4
	Th^{3+}	1、2	12.86、25.37
	Ti^{3+}	1	12.71
	Zn^{2+}	1、2、3、4	4.40、11.30、14.14、17.66
	Zr^{4+}	1、2、3、4	14.3、28.3、41.9、55.3
NO_3^-	Ba^{2+}	1	0.92
	Bi^{3+}	1	1.26
	Ca^{2+}	1	0.28
	Cd^{2+}	1	0.40
	Fe^{3+}	1	1.0
	Hg^{2+}	1	0.35
	Pb^{2+}	1	1.18
	Tl^{+}	1	0.33
	Tl^{3+}	1	0.92
$P_2O_7^{4-}$	Ba^{2+}	1	4.6
	Ca^{2+}	1	4.6
	Cd^{3+}	1	5.6
	Co^{2+}	1	6.1
	Cu^{2+}	1、2	6.7、9.0
	Hg^{2+}	2	12.38
	Mg^{2+}	1	5.7

续表

配　体	金属离子	配体数	$\lg\beta_n$
$P_2O_7^{4-}$	Ni^{2+}	1、2	5.8、7.4
	Pb^{2+}	1、2	7.3、10.15
	Zn^{2+}	1、2	8.7、11.0
SCN^-	Ag^+	1、2、3、4	4.6、7.57、9.08、10.08
	Bi^{3+}	1、2、3、4、5、6	1.67、3.00、4.00、4.80、5.50、6.10
	Cd^{2+}	1、2、3、4	1.39、1.98、2.58、3.6
	Cr^{3+}	1、2	1.87、2.98
	Cu^+	1、2	12.11、5.18
	Cu^{2+}	1、2	1.90、3.00
	Fe^{3+}	1、2、3、4、5、6	2.21、3.64、5.00、6.30、6.20、6.10
	Hg^{2+}	1、2、3、4	9.08、16.86、19.70、21.70
	Ni^{2+}	1、2、3	1.18、1.64、1.81
	Pb^{2+}	1、2、3	0.78、0.99、1.00
	Sn^{2+}	1、2、3	1.17、1.77、1.74
	Th^{4+}	1、2	1.08、1.78
	Zn^{2+}	1、2、3、4	1.33、1.91、2.00、1.60
$S_2O_3^{2-}$	Ag^+	1、2	8.82、13.46
	Cd^{2+}	1、2	3.92、6.44
	Cu^+	1、2、3	10.27、12.22、13.84
	Fe^{3+}	1	2.10
	Hg^{2+}	2、3、4	29.44、31.90、33.24
	Pb^{2+}	2、3	5.13、6.35
SO_4^{2-}	Ag^+	1	1.3
	Ba^{2+}	1	2.7
	Bi^{3+}	1、2、3、4、5	1.98、3.41、4.08、4.34、4.60
	Fe^{3+}	1、2	4.04、5.38
	Hg^{2+}	1、2	1.34、2.40
	In^{3+}	1、2、3	1.78、1.88、2.36
	Ni^{2+}	1	2.4
	Pb^{2+}	1	2.75
	Pr^{3+}	1、2	3.62、4.92
	Th^{4+}	1、2	3.32、5.50
	Zr^{4+}	1、2、3	3.79、6.64、7.77

附录 6　常见单质和化合物的热力学函数(298K,100kPa)

物　质	状　态	$\Delta_f H^{\ominus}(298K)$/(kJ·mol^{-1})	$S^{\ominus}(298K)$/(J·K^{-1}·mol^{-1})	$H^{\ominus}(298K)-H^{\ominus}(0)$/(kJ·mol^{-1})
Ag	cr	0	42.55±0.20	5.745±0.020
Ag	g	284.9±0.8	172.997±0.0004	6.197±0.001
Ag^+	aq	105.79±0.08	73.45±0.40	
AgCl	cr	−127.01±0.05	96.25±0.20	12.033±0.020
Al	cr	0	28.30±0.10	4.540±0.020
Al	g	330.0±4.0	164.554±0.004	6.919±0.001
Al^{3+}	aq	−538.4±1.5	−325±10	
AlF_3	cr	−1510.4±1.3	66.5±0.5	11.62±0.04
Al_2O_3	cr,刚玉	−1675.7±1.3	50.92±0.10	10.016±0.020
Ar	g	0	154.846±0.003	6.197±0.001
B	cr,斜方晶系	0	5.90±0.08	1.222±0.008
B	g	565±5	153.436±0.015	6.316±0.002
BF_3	g	−1136.0±0.8	254.42±0.20	11.650±0.020
B_2O_3	cr	−1273.5±1.4	53.97±0.30	9.301±0.040
Be	cr	0	9.50±0.08	1.950±0.020
Be	g	324±5	136.275±0.003	6.197±0.001
BeO	cr	−609.4±2.5	13.77±0.04	2.837±0.008
Br	g	111.87±0.12	175.018±0.004	6.197±0.001
Br^-	aq	−121.41±0.15	82.55±0.20	
Br_2	l	0	152.21±0.30	24.52±0.01
Br_2	g	30.91±0.11	245.468±0.005	9.725±0.001
C	cr,石墨	0	5.74±0.10	1.050±0.020
C	g	716.68±0.45	158.100±0.003	6.536±0.001
CO	g	−110.53±0.17	197.660±0.004	8.671±0.001
CO_2	g	−393.51±0.13	213.785±0.010	9.365±0.003
CO_2	aq	−413.26±0.20	119.36±0.60	
CO_3^{2-}	aq	−675.23±0.25	−50.0±1.0	
Ca	cr	0	41.59±0.40	5.736±0.040
Ca	g	177.8±0.8	154.887±0.004	6.197±0.001
Ca^{2+}	aq	−543.0±1.0	−56.2±1.0	
CaO	cr	−634.92±0.90	38.1±0.4	6.75±0.06
Cd	cr	0	51.80±0.15	6.247±0.015
Cd	g	111.80±0.20	167.749±0.004	6.197±0.001
Cd^{2+}	aq	−75.92±0.60	−72.8±1.5	

续表

物 质	状 态	$\Delta_f H^\ominus$(298K)/ (kJ • mol^{-1})	$S^\ominus$(298K)/ (J • K^{-1} • mol^{-1})	$H^\ominus$(298K)−$H^\ominus$(0)/ (kJ • mol^{-1})
CdO	cr	−258.35±0.40	54.8±1.5	8.41±0.08
$CdSO_4$ • 8/3H_2O	cr	−1729.30±0.80	229.65±0.40	35.56±0.04
Cl	g	121.301±0.008	165.190±0.004	6.272±0.001
Cl^-	aq	−167.080±0.10	56.60±0.20	
ClO_4^-	aq	−128.10±0.40	184.0±1.5	
Cl_2	g	0	223.081±0.010	9.181±0.001
Cs	cr	0	85.23±0.40	7.711±0.020
Cs	g	76.5±1.0	175.601±0.003	6.197±0.001
Cs^+	aq	−258.00±0.50	132.1±0.5	
Cu	cr	0	33.15±0.08	5.004±0.008
Cu	g	337.4±1.2	166.398±0.004	6.197±0.001
Cu^{2+}	aq	64.9±1.0	−98±4	
$CuSO_4$	cr	−771.4±1.2	109.2±0.4	16.86±0.08
F	g	79.38±0.30	158.751±0.004	6.518±0.001
F^-	aq	−335.35±0.65	−13.8±0.8	
F_2	g	0	202.791±0.005	8.825±0.001
Ge	cr	0	31.09±0.15	4.636±0.020
Ge	g	372±3	167.904±0.005	7.398±0.001
GeF_4	g	−1190.20±0.50	301.9±1.0	17.29±0.10
GeO_2	cr,正方晶系	−580.0±1.0	39.71±0.15	7.230±0.020
H	g	217.998±0.006	114.717±0.002	6.197±0.001
H^+	aq	0	0	
HBr	g	−36.29±0.16	198.700±0.004	8.648±0.001
HCO_3^-	aq	−689.93±0.20	98.4±0.5	
HCl	g	−92.31±0.10	186.902±0.005	8.640±0.001
HF	g	−273.30±0.70	173.779±0.003	8.599±0.001
HI	g	26.50±0.10	206.590±0.004	8.657±0.001
HPO_4^{2-}	aq	−1299.0±1.5	−33.5±1.5	
HS^-	aq	−16.3±1.5	67±5	
HSO_4^-	aq	−886.9±1.0	131.7±3.0	
H_2	g	0	130.680±0.003	8.468±0.001
H_2O	l	−285.830±0.040	69.95±0.03	13.273±0.020
H_2O	g	−241.826±0.040	188.835±0.010	9.905±0.005
$H_2PO_4^-$	aq	−1302.6±1.5	92.5±1.5	
H_2S	g	−20.6±0.5	205.81±0.05	9.957±0.010
H_2S	aq	−38.6±1.5	126±5	

续表

物　质	状　态	$\Delta_f H^\ominus$(298K)/(kJ·mol^{-1})	$S^\ominus$(298K)/(J·K^{-1}·mol^{-1})	$H^\ominus$(298K)$-H^\ominus$(0)/(kJ·mol^{-1})
H_3BO_3	cr	−1094.8±0.8	89.95±0.60	13.52±0.04
H_3BO_3	aq	−1072.8±0.8	162.4±0.6	
He	g	0	126.153±0.002	6.197±0.001
Hg	l	0	75.90±0.12	9.342±0.008
Hg	g	61.38±0.04	174.971±0.005	6.197±0.001
Hg^{2+}	aq	170.21±0.20	−36.19±0.80	
HgO	cr,红	90.79±0.12	70.25±0.30	9.117±0.025
Hg_2^{2+}	aq	166.87±0.50	65.74±0.80	
Hg_2Cl_2	cr	−265.37±0.40	191.6±0.8	23.35±0.20
Hg_2SO_4	cr	−743.09±0.40	200.70±0.20	26.070±0.030
I	g	106.76±0.04	180.787±0.004	6.197±0.001
I^-	aq	−56.78±0.05	106.45±0.30	
I_2	cr	0	116.14±0.30	13.196±0.040
I_2	g	62.42±0.08	260.687±0.005	10.116±0.001
K	cr	0	64.68±0.20	7.088±0.020
K	g	89.0±0.8	160.341±0.003	6.197±0.001
K^+	aq	−252.14±0.08	101.20±0.20	
Kr	g	0	164.085±0.003	6.197±0.001
Li	cr	0	29.12±0.20	4.632±0.040
Li	g	159.3±1.0	138.782±0.010	6.197±0.001
Li^+	aq	−278.47±0.08	12.24±0.15	
Mg	cr	0	32.67±0.10	4.998±0.030
Mg	g	147.1±0.8	148.648±0.003	6.197±0.001
Mg^{2+}	aq	−467.0±0.6	−137±4	
MgF_2	cr	−1124.2±1.2	57.2±0.5	9.91±0.06
MgO	cr	−601.60±0.30	26.95±0.15	5.160±0.020
N	g	472.68±0.40	153.301±0.003	6.197±0.001
NH_3	g	−45.94±0.35	192.77±0.05	10.043±0.010
NH_4^+	aq	−133.26±0.25	111.17±0.40	
NO_3^-	aq	−206.85±0.40	146.70±0.40	
N_2	g	0	191.609±0.004	8.670±0.001
Na	cr	0	51.30±0.20	6.460±0.020
Na	g	107.5±0.7	153.718±0.003	6.197±0.001
Na^+	aq	−240.34±0.06	58.45±0.15	
Ne	g	0	146.328±0.003	6.197±0.001
O	g	249.18±0.10	161.059±0.003	6.725±0.001

续表

物质	状态	$\Delta_f H^\ominus$(298K)/(kJ·mol^{-1})	$S^\ominus$(298K)/(J·K^{-1}·mol^{-1})	$H^\ominus$(298K)$-H^\ominus$(0)/(kJ·mol^{-1})
OH^-	aq	−230.015±0.040	−10.90±0.20	
O_2	g	0	205.152±0.005	8.680±0.002
P	cr,白	0	41.09±0.25	5.360±0.015
P	g	316.5±1.0	163.199±0.003	6.197±0.001
P_2	g	144.0±2.0	218.123±0.004	8.904±0.001
P_4	g	58.9±0.3	280.01±0.50	14.10±0.20
Pb	cr	0	64.80±0.30	6.870±0.030
Pb	g	195.2±0.8	175.375±0.005	6.197±0.001
Pb^{2+}	aq	0.92±0.25	18.5±1.0	
$PbSO_4$	cr	−919.97±0.40	148.50±0.60	20.050±0.040
Rb	cr	0	76.78±0.30	7.489±0.020
Rb	g	80.9±0.8	170.094±0.003	6.197±0.001
Rb	aq	−251.12±0.10	121.75±0.25	
S	cr,斜方晶系	0	32.054±0.050	4.412±0.006
S	g	277.17±0.15	167.829±0.006	6.657±0.001
SO_2	g	−296.81±0.20	248.223±0.050	10.549±0.010
SO_4^{2-}	aq	−909.34±0.40	18.50±0.40	
S_2	g	128.60±0.30	228.167±0.010	9.132±0.002
Si	cr	0	18.81±0.08	3.217±0.008
Si	g	450±8	167.981±0.004	7.550±0.001
SiF_4	g	−1615.0±0.8	282.76+0.50	15.36±0.05
SiO_2	cr,石英	−910.7±1.0	41.46±0.20	6.916±0.020
Sn	cr,白	0	51.18±0.08	6.323±0.008
Sn	g	301.2±1.5	168.492±0.004	6.215±0.001
Sn^{2+}	aq	−8.9±1.0	−16.7±4.0	
SnO	cr,正方晶系	−280.71±0.20	57.17±0.30	8.736±0.020
SnO_2	cr,正方晶系	−577.63±0.20	49.04±0.10	8.384±0.020
Th	cr	0	51.8±0.5	6.35±0.05
Th	g	602±6	190.17±0.05	6.197±0.003
ThO_2	cr	−1226.4±3.5	65.23±0.20	10.560±0.020
Ti	cr	0	30.72±0.10	4.824±0.015
Ti	g	473±3	180.298±0.010	7.539±0.002
$TiCl_4$	g	−763.2±3.0	353.2±4.0	21.5±0.5
TiO_2	cr,金红石	−944.0±0.8	50.62±0.30	8.68±0.05
U	cr	0	50.20±0.20	6.364±0.020
U	g	533±8	199.79±0.10	6.499±0.020

续表

物 质	状 态	$\Delta_f H^{\ominus}(298K)/(kJ \cdot mol^{-1})$	$S^{\ominus}(298K)/(J \cdot K^{-1} \cdot mol^{-1})$	$H^{\ominus}(298K)-H^{\ominus}(0)/(kJ \cdot mol^{-1})$
UO_2	cr	−1085.0±1.0	77.03±0.20	11.280±0.020
UO^{2+}	aq	−1019.0±1.5	−98.2±3.0	
UO_3	cr,γ	−1223.8±1.2	96.11±0.40	14.585±0.050
U_3O_8	cr	−3574.8±2.5	282.55±0.50	42.74±0.10
Xe	g	0	169.685±0.003	6.197±0.001
Zn	cr	0	41.63±0.15	5.657±0.020
Zn	g	130.40±0.40	160.990±0.004	6.197±0.001
Zn^{2+}	aq	−153.39±0.20	−109.8±0.5	
ZnO	cr	−350.46±0.27	43.65±0.40	6.933±0.040

附录 7 常见电极的标准电极电势(298K)

(1) 在酸性溶液中

电极反应	$E_A^{\ominus}/V$
$Li^+ + e^- \rightleftharpoons Li$	−3.01
$Ba^{2+} + 2e^- \rightleftharpoons Ba$	−2.98
$Rb^+ + e^- \rightleftharpoons Rb$	−2.924
$Cs^+ + e^- \rightleftharpoons Cs$	−2.923
$K^+ + e^- \rightleftharpoons K$	−2.92
$Sr^{2+} + 2e^- \rightleftharpoons Sr$	−2.89
$Ca^{2+} + 2e^- \rightleftharpoons Ca$	−2.84
$Na^+ + e^- \rightleftharpoons Na$	−2.713
$Mg^{2+} + 2e^- \rightleftharpoons Mg$	−2.38
$Be^{2+} + 2e^- \rightleftharpoons Be$	−1.85
$Al^{3+} + 3e^- \rightleftharpoons Al$	−1.66
$Mn^{2+} + 2e^- \rightleftharpoons Mn$	−1.05
$Te^- + 2e^- \rightleftharpoons Te^{2-}$	−0.95
$Se^- + 2e^- \rightleftharpoons Se^{2-}$	−0.78
$Zn^{2+} + 2e^- \rightleftharpoons Zn$	−0.763
$Cr^{3+} + 3e^- \rightleftharpoons Cr$	−0.71
$Ag_2S + 2e^- \rightleftharpoons 2Ag + S^{2-}$	−0.705
$Ga^{3+} + 3e^- \rightleftharpoons Ga$	−0.56
$S + 2e^- \rightleftharpoons S^{2-}$	−0.51
$Fe^{2+} + 2e^- \rightleftharpoons Fe$	−0.44
$Cr^{3+} + e^- \rightleftharpoons Cr^{2+}$	−0.41

续表

电极反应	$E_A^\ominus$/V
$Cd^{2+}+2e^- \rightleftharpoons Cd$	−0.402
$PbSO_4+2e^- \rightleftharpoons Pb+SO_4^{2-}$	−0.351
$In^{3+}+3e^- \rightleftharpoons In$	−0.338
$Tl^++e^- \rightleftharpoons Tl$	−0.335
$Co^{2+}+2e^- \rightleftharpoons Co$	−0.27
$Ni^{2+}+2e^- \rightleftharpoons Ni$	−0.23
$AgI+e^- \rightleftharpoons Ag+I^-$	−0.152
$Sn^{2+}+2e^- \rightleftharpoons Sn$	−0.14
$Pb^{2+}+2e^- \rightleftharpoons Pb$	−0.126
$Fe^{3+}+3e^- \rightleftharpoons Fe$	−0.036
$2H^++2e^- \rightleftharpoons H_2$	0
$Hg_2I_2+2e^- \rightleftharpoons 2Hg+2I^-$	0.0405
$AgBr+e^- \rightleftharpoons Ag+Br^-$	0.071
$Hg_2Br_2+2e^- \rightleftharpoons 2Hg+2Br^-$	0.14
$Sn^{4+}+2e^- \rightleftharpoons Sn^{2+}$	0.15
$Cu^{2+}+e^- \rightleftharpoons Cu^+$	0.159
$AgCl+e^- \rightleftharpoons Ag+Cl^-$	0.222
$Hg_2Cl_2+2e^- \rightleftharpoons 2Hg+2Cl^-$	0.268
$VO^{2+}+2H^++e^- \rightleftharpoons V^{3+}+H_2O(l)$	0.337
$Cu^{2+}+2e^- \rightleftharpoons Cu$	0.34
$1/2O_2+H_2O+2e^- \rightleftharpoons 2OH^-$	0.401
$Cu^++e^- \rightleftharpoons Cu$	0.52
$I_2+2e^- \rightleftharpoons 2I^-$	0.535
$MnO_4{}^-+2H_2O+3e^- \rightleftharpoons MnO_2+4OH^-$	0.57
$Hg_2SO_4(s)+2e^- \rightleftharpoons 2Hg+SO_4^{2-}$	0.615
$C_6H_4O_2+2H^++2e^- \rightleftharpoons C_6H_4(OH_2)$	0.6994
$Fe^{3+}+e^- \rightleftharpoons Fe^{2+}$	0.771
$Hg_2^{2+}+2e^- \rightleftharpoons 2Hg$	0.793
$Ag^++e^- \rightleftharpoons Ag$	0.799
$Hg^{2+}+2e^- \rightleftharpoons Hg$	0.851
$Tl^{3+}+2e^- \rightleftharpoons Tl^+$	0.91
$2Hg^{2+}+2e^- \rightleftharpoons Hg_2^{2+}$	0.92
$Br_2+2e^- \rightleftharpoons 2Br^-$	1.065
$Pt^{2+}+2e^- \rightleftharpoons Pt$	1.2
$Cr_2O_7^{2-}(aq)+14H^+(aq)+6e^- \rightleftharpoons 2Cr^{3+}(aq)+7H_2O(l)$	1.33
$Cl_2+2e^- \rightleftharpoons 2Cl^-$	1.358

续表

电极反应	$E_A^\ominus$/V
$Au^{3+}+3e^- \rightleftharpoons Au$	1.42
$PbO_2+4H^++2e^- \rightleftharpoons Pb^{2+}+2H_2O$	1.456
$2BrO_3^-(aq)+12H^+(aq)+10e^- \rightleftharpoons Br_2(l)+6H_2O(l)$	1.478
$HClO+H^++2e^- \rightleftharpoons Cl^-+H_2O$	1.49
$MnO_4^-+8H^++5e^- \rightleftharpoons Mn^{2+}+4H_2O$	1.51
$Ce^{4+}+e^- \rightleftharpoons Ce^{3+}$	1.61
$PbO_2+4H^++SO_4^{2-}+2e^- \rightleftharpoons PbSO_4+2H_2O$	1.685
$Au^++e^- \rightleftharpoons Au$	1.7
$H_2O_2+2H^++2e^- \rightleftharpoons 2H_2O$	1.78
$Co^{3+}+e^- \rightleftharpoons Co^{2+}$	1.84
$S_2O_8^{2-}(aq)+2e^- \rightleftharpoons 2SO_4^{2-}(aq)$	2.01
$O_3(g)+2H^+(aq)+2e^- \rightleftharpoons O_2(g)+H_2O(l)$	2.075
$F_2+2e^- \rightleftharpoons 2F^-$	2.85

(2) 在碱性溶液中

电极反应	$E_B^\ominus$/V
$Ca(OH)_2(s)+2e^- \rightleftharpoons Ca(s)+2OH^-(aq)$	−3.02
$Mg(OH)_2(s)+2e^- \rightleftharpoons Mg(s)+2OH^-(aq)$	−2.69
$H_2AlO_3^-(aq)+H_2O(l)+3e^- \rightleftharpoons Al(s)+4OH^-(aq)$	−2.33
$Al(OH)_4^-(aq)+3e^- \rightleftharpoons Al(s)+4OH^-(aq)$	−2.31
$Mn(OH)_2(s)+2e^- \rightleftharpoons Mn(s)+2OH^-(aq)$	−1.56
$Cr(OH)_3(s)+3e^- \rightleftharpoons Cr(s)+3OH^-(aq)$	−1.48
$Zn(OH)_2(s)+2e^- \rightleftharpoons Zn(s)+2OH^-(aq)$	−1.246
$As(s)+3H_2O(l)+3e^- \rightleftharpoons AsH_3(g)+3OH^-(aq)$	−1.21
$SO_4^{2-}(aq)+H_2O(l)+2e^- \rightleftharpoons SO_3^{2-}(aq)+2OH^-(aq)$	−0.93
$Fe(OH)_2(s)+2e^- \rightleftharpoons Fe(s)+2OH^-(aq)$	−0.8914
$2H_2O(l)+2e^- \rightleftharpoons H_2(g)+2OH^-(aq)$	−0.8277
$AsO_2^-(aq)+2H_2O(l)+3e^- \rightleftharpoons As(s)+4OH^-(aq)$	−0.68
$AsO_4^{3-}(aq)+2H_2O(l)+2e^- \rightleftharpoons AsO_2^-(aq)+4OH^-(aq)$	−0.67
$SbO_2^-(aq)+2H_2O(l)+3e^- \rightleftharpoons Sb(s)+4OH^-(aq)$	−0.66
$2SO_3^{2-}(aq)+3H_2O(l)+4e^- \rightleftharpoons S_2O_3^{2-}(aq)+6OH^-(aq)$	−0.571
$Fe(OH)_3(s)+e^- \rightleftharpoons Fe(OH)_2(s)+OH^-(aq)$	−0.56
$HPbO_2^-(aq)+H_2O(l)+2e^- \rightleftharpoons Pb(s)+3OH^-(aq)$	−0.54
$S(s)+2e^- \rightleftharpoons S^{2-}(aq)$	−0.455
$Cu_2O(s)+H_2O(l)+2e^- \rightleftharpoons 2Cu(s)+2OH^-(aq)$	−0.36
$CrO_4^{2-}(aq)+4H_2O(l)+3e^- \rightleftharpoons Cr(OH)_3+5OH^-(aq)$	−0.13
$NO_3^-(aq)+H_2O(l)+2e^- \rightleftharpoons NO_2^-(aq)+2OH^-(aq)$	0.01

续表

电极反应	$E_B^\ominus$/V
$HgO(s)+H_2O(l)+2e^- \rightleftharpoons Hg(s)+2OH^-(aq)$	0.0977
$IO_3^-(aq)+3H_2O(l)+6e^- \rightleftharpoons I^-(aq)+6OH^-(aq)$	0.26
$ClO_3^-(aq)+H_2O(l)+2e^- \rightleftharpoons ClO_2^-(aq)+2OH^-(aq)$	0.33
$Ag_2O(s)+H_2O(l)+2e^- \rightleftharpoons 2Ag(s)+2OH^-(aq)$	0.342
$ClO_4^-(aq)+H_2O(l)+2e^- \rightleftharpoons ClO_3^-(aq)+2OH^-(aq)$	0.36
$O_2(g)+2H_2O(l)+4e^- \rightleftharpoons 4OH^-(aq)$	0.401
$2IO^-(aq)+2H_2O(l)+2e^- \rightleftharpoons I_2(s)+4OH^-(aq)$	0.42
$IO^-(aq)+H_2O(l)+2e^- \rightleftharpoons I^-(aq)+2OH^-(aq)$	0.485
$BrO_3^-(aq)+3H_2O(l)+6e^- \rightleftharpoons Br^-(aq)+6OH^-(aq)$	0.584
$MnO_4^-(aq)+2H_2O(l)+3e^- \rightleftharpoons MnO_2(s)+4OH^-(aq)$	0.595
$MnO_4^{2-}(aq)+2H_2O(l)+2e^- \rightleftharpoons MnO_2(s)+4OH^-(aq)$	0.6
$2AgO(s)+H_2O(l)+2e^- \rightleftharpoons Ag_2O(s)+2OH^-(aq)$	0.604
$ClO_3^-(aq)+3H_2O(l)+6e^- \rightleftharpoons Cl^-(aq)+6OH^-(aq)$	0.622
$BrO^-(aq)+H_2O(l)+2e^- \rightleftharpoons Br^-(aq)+2OH^-(aq)$	0.766
$ClO^-(aq)+H_2O(l)+2e^- \rightleftharpoons Cl^-(aq)+2OH^-(aq)$	0.89
$O_3(g)+H_2O(l)+2e^- \rightleftharpoons O_2(g)+2OH^-(aq)$	1.246